MW00809554

מקראות גדולות

Mikraoth Gedoloth

ישעיה

חלק ב׳

ISAIAH

VOLUME TWO

מקראות גדולות

ישעיה

חלק ב׳

תורגם מחדש לאנגלית

מתורגם ומבואר עם כל דבורי
רש״י ולקט המפרשים על ידי

הרב אברהם י. ראזענברג

הוצאת יודאיקא פרעסס

Mikraoth Gedoloth

ISAIAH

VOLUME TWO

A NEW ENGLISH TRANSLATION

TRANSLATION OF TEXT, RASHI
AND OTHER COMMENTARIES BY

RABBI A. J. ROSENBERG

THE JUDAICA PRESS, INC.

Fifth Printing 2012

123 Ditmas Avenue, Brooklyn, New York 11218
718-972-6200 • 800-972-6201
info@judaicapress.com • **www.judaicapress.com**

ISBN 978-0-910818-52-0

Manufactured in the United States of America

Dedicated to
two gracious and warm
chaverim

הרב משה חיים ב״ר יעקב מרדכי לוסטיג ע״ה
Rabbi Murray H. Lustig
נפ׳ כ׳ סיון תש״מ

ישראל משה בר׳ צבי יהוד׳ רוטנברג ע״ה
Israel "Izzy" Rottenberg
נפ׳ ה׳ טבת תשל״ט

whose absence has left a void
in many lives

May their many good deeds
act as advocates of goodwill
for all of their family and friends
now and forevermore

CONTENTS

RABBI MOSES FEINSTEIN
455 F. D. R. DRIVE
New York 2, N. Y.
ORegon 7-1222

משה פיינשטיין
ר"מ תפארת ירושלים
בנוא יארק

בע"ה

הנה ידוע ומפורסם טובא בשער בת רבים ספרי הוצאת יודאיקא פרעסס על תנ"ך שכבר יצא לאור על ספרי יהושע ושמואל ועכשיו בחסדי השי"ת סדרו לדפוס ג"כ על ספר שופטים והוא כולל הפירושים המקובלים בתנ"ך הנקוב בשם מקראות גדולות ועל זה הוסיפו תרגום אנגלית שהוא השפה המדוברת במדינה זו על פסוקי תנ"ך וגם תרגום לפרש"י מלה במלה עם הוספות פירושים באנגלית הנצרכים להבנת פשוטו של קרא והכל נערך ע"י תלמידי היקר הרב הגאון ר' אברהם יוסף ראזענבערג שליט"א שהוא אומן גדול במלאכת התרגום, והרבה עמל השקיע בכל פרט ופרט בדקדוק גדול, וסידר את הכל בקצור כדי להקל על הלומדים שיוכלו לעיין בנקל ואפריון נמטיה למנהל יודאיקא פרעסס מהור"ר יעקב דוד גאלדמאן שליט"א שזכה ומזכה את הרבים בלימוד התנ"ך שמעורר לומדיה לאהבה וליראה את שמו הגדול ולהאמין בו ובעבדיו הנביאים שהוא יסוד ושורש בעבודתו יתברך ואמינא לפעלא טבא יישר ויתברכו כל העוסקים בכל ברכות התורה וחכמינו ז"ל בברוך אשר יקים את דברי התורה הזאת.

וע"ז באתי עה"ח ביום ה' שבט תשל"ו

משה פיינשטיין

ACKNOWLEDGEMENTS

We wish to thank Rabbi Benzion Cohen for lending us his rare copy of *K'li Paz,* to help our work. This invaluable volume was of great assistance, both for accurate readings of the classical commentaries and for ingenious original interpretations.

Again, we wish to thank our friend, Dr. Paul Forchheimer, who, as in earlier volumes, has enlightened us regarding Old French expressions found in Rashi's commentary.

PREFACE

I. Authorship (continued)

In Volume One, we touched upon the question of the dual authorship, or, as some critics claim, the triple authorship of the Book of Isaiah. They credit Isaiah himself with the first thirty-nine chapters only. Chapters XL to lv are credited to a prophet of the Babylonian exile, whom they dub Deutero-(second) Isaiah. The remaining chapters they attribute to a third prophet, who flourished after the return from Babylon, whom they call Trito-(third) Isaiah. This division is based on differences of style and tone, religious and political background. I will not take the time to refute these arguments, since they have been adequately refuted by the Rev. Dr. I.W. Slotki in the Soncino edition of Isaiah. I wish merely to demonstrate the absuridity of splitting up our Book and attributing portions of it to two unknown prophets.

Throughout the Book of the Latter Prophets, we find that all prophecies bear the name of the prophet commanded to proclaim them. Even the short prophecy of Obadiah, consisting of but one chapter, did not pass without a name. The authorship of portions of historic Books, not composed by the author of the beginning of the Book, are duly mentioned in the Talmud (*Baba Bathra* 15, 16), as well as in Scripture (see Preface I Samuel). Yet, large portions of Isaiah, containing the beautiful prophecies of the future redemption, portions that are read as the *haftaroth* of consolation, were written by unknown prophets, unworthy to have their names mentioned anywhere in Scripture, Midrash, or Talmud.

Is it plausible that the Men of the Great Assembly did not record the name of their own contemporary upon his prophecy? Could it have been forgotten so soon?

Moreover, it is obvious that the prophecy mentioned in 45:14: "So said the Lord, 'The toil of Egypt and the merchandise of Cush and the Sabeans . . . shall come over to you,'" is synonymous with that already mentioned in 43:3: "I have given Egypt as your ransom, Cush and Seba in your stead." This prophecy is written in the past tense. It is obvious from the context that it is indeed a past incident, i.e. the slaves captured by Sennacherib and led to Jerusalem where he was prepared to stage his attack. Hence, the prophecy of chapter 45 refers to the same incident, yet there it is expressed in the future. It is, therefore, obviously the prophecy of a prophet who lived during Hezekiah's reign, when Sennacherib threatened Jerusalem, not as the critics claim, that this portion of the Book was authored by a prophet of the exile.

In chapter 57, we find the prophet castigating the people for worshipping idols. According to the critics, this is the third Isaiah, who lived after the return to the Holy Land. It is known that the Jews did not worship idols during that period. They did so only during the existence of the First Temple.

II. So-called Christological Inferences (continued)

As mentioned in the Preface of Volume One, the Christians' favorite quotation is Isaiah 52:13–53:12, which they believe to be a reference to the Nazarene, who, they claim, is 'the servant.' In addition to the explanation we have presented in the Commentary Digest on this passage, that the term 'servant' is used quite often in this book in reference to Israel, the righteous of Israel, and the prophet, we feel it appropriate to quote verbatim from *Milhamot Hashem,* attributed to Jacob son of Reuben, quoted in *Commentaries on the Book of Isaiah,* Vol. 2 pp. 325–328.

> Said the denier: "Behold My servant shall prosper . . . and interceded for the transgressors." Here you see verses, which, from the first letter to the last, serve as a reliable testimony, well-known to all that our claims about our Messiah are true, and and it is unnecessary to say anymore or to explain, since each verse reveals his secrets and his matters and tells of all the deeds he performed; nothing failed from all this testimony that the prophet testifies about him.
>
> Replied the believer in monotheism: You stated that this prophecy, "Behold My servant" from the first letter to the last letter was stated concerning your messiah. Now behold how many refutations there are:
>
> (1) You previously stated that the Psalmist refers to him (in Psalm 45:3), "You are more beautiful than the sons of men; charm is poured in your lips etc." You say that Jeremiah, too, refers to him by stating (11:16), "Verdant olive tree, fair with choice fruit." All this you claimed defnintely, and now you continue . . . and you say that concerning him was stated, "How marred his appearance is from that of a man, and his features from that of people!" Now, how can that possibly be, since you have already stated that you believe that all the words of the prophets are true, yet now you contradict their words? The

Psalmist testifes about him, "You are more beautiful than the sons of men," and Isaiah comes along and testifies about him, "As many have wondered about you, 'How marred his appearance is from that of a man and his features from that of people! . . . Despised and rejected by man.'" And further on, Isaiah calls him, "And he came up like a sapling before it and like a root from dry ground; he had neither form nor comeliness." Then came Jeremiah and stated, "Verdant olive tree, fair with choice fruit." Here you have destroyed their words and have made all their prophecies lies and falsehoods.

(2) Observe closely and see whether the meaning of these verses really agrees with your words, and we will see that it is indeed very far from them. First of all, the prophet commences, "Behold My servant shall prosper; he shall be exalted and lifted up, and he shall be very high. As many wondered about you . . ." Before he attains sovereignty, this one, about whom they said, "How marred his appearance is from that of a man, and his features from that of people, so shall he cast down many nations," and deprive them of their sovereignty. It is obvious from these verses that the servant about whom the prophet is prophesying that he will prosper, was marred in his appearance and many wondered about him before he prospered, and after he prospered, he cast down many nations. Now, according to your words, that you claim that your messiah is God with all divine attributes, how do you understand the meaning of these verses? What was the prophet heralding about him that he would be exalted and lifted up? Is not divinity always exalted and lifted up? See what is written concerning the Creator (57:15), "For so said the High and Exalted One, Who dwells to eternity, and His name is holy." Yet he announces concerning him, "He *shall be* exalted and lifted up, and he *shall be* very high." And who saw a god that was first humble and poor and marred and then to be exalted. This proves that he has no power. Although we find in Scripture, written about the Creator, (Isaiah 33:10), "'Now I will rise,' says the Lord, 'Now I will be raised,'" which appears to mean that until now He was not raised, this does not present any problem, for this is usual in many places, e.g. (Numbers 10:35), "Arise, O Lord, and may Your enemies scatter," and like (Psalms 44:24), "Awaken, why do You sleep, O Lord?" Similarly, we find in many instances that the Scriptures speak anthropomorphically concerning God's strength. God forbid, however, for us to see any reference in any passage, calling God humble and marred.

(3) According to you, the prophet prophesies concerning him that he is "despised and rejected by men, a man of pain and accustomed to illness." It appears to me that no person is called "a man of pain and accustomed to illness" except one who was constantly afflicted by severe illnesses. He is, therefore, called "accustomed to illness." I know for a fact that it is not found in any book, not even in your "New Testament," or in the literature of your sages who relate to you the history of the "messiah" and his deeds, that he ever suffered from as much as a headache all his life until the day of his death, when he

was delivered into the hands of his tormentors. Consequently, the appellation given him, of "a man of pain and accustomed to illness," is very far from him and was not fulfilled in him. Even the agonies he suffered at the time of his death were not called sickness but פְּגִיעָה, *falling*, such as in I Kings 2:29, "Fall upon him," 2:34, "And he fell upon him, and he died." Moreover, when the prophet states, "plagued, smitten by God, and oppressed," he should have said, "plagued, smitten by men, and oppressed," since he was smitten and oppressed only by men, whereas the expression, "smitten by God," is used solely in reference to one suffering of illnesses, none other.

(4) If these verses refer to your messiah, who, you claim, was a god, these verses contradict you, for if he was "plagued, smitten by God," we find that God smote him, and he was smitten by Him. Now, how can you say that he is God if you say that he is smitten and that God smote him. Moreover, the prophet states, "and the Lord made to light on him the punishment for the iniquity of all of us." Consequently, the Lord caused the punishment for the sins to light upon him. It is, therefore, obvious that God is the Lord, and he is subordinate to Him, and that God wished to crush him, meaning that he was crushed, and that God crushed him, yet you say that he himself is God. The result is that the witnesses you have summoned to testify on your behalf are testifying against you.

(5) The prophet states, "Because of the transgression of my people, a plague befell them (לָמוֹ)." Now, if this refers to the messiah, it should say, "A plague befell *him* (לוֹ)," in the singular. Yet, Scripture states, "befell them," in the plural. Moreover, the prophet states, "If his soul makes itself restitution, he shall see children, he shall prolong his days" . . . and it is known that he did not live long on the earth and that he had no children, for he did not reach half the allotted years of "threescore and ten." Morever, the prophet refers to him as "My servant," a title of degradation for God. And as I replied to you (in another responsum that He summons this servant as a witness, as it is written,) "(43:10) You are My witnesses," says the Lord, "and My servant whom I choose, in order that you know and believe Me and understand that I am He; before Me no god was formed, and after Me none shall be."

You should know and understand that all this was said in reference to Israel, who are oppressed and smitten by the nations, and this entire section is explained correctly as referring to them, and they are known as "My servant" throughout Scripture, such as (Isaiah 44:2), "Fear not, My servant Jacob," and similarly in many other places . . .

Reminder: It is imperative that the reader consult all Biblical references cited for a fuller understanding.

An asterisk (*) in the Commentary Digest indicates additional corresponding notations cited in the Appendix in back of the volume.

OUTLINE OF ISAIAH

VOLUME II

XXX. 1–18 Castigation of Hoshea son of Elah, who sent emissaries to Egypt for aid
19–33 Prophecy of the ascent of Hezekiah and the downfall of Sennacherib
XXXI. The prophet again castigates Hoshea son of Elah and the ten tribes for turning to Egypt for aid.
XXXII. 1–9 Contrast between perversion in Ahaz' time and the righteousness of Hezekiah's
10–20 Prophecy of destruction and exile
XXXIII. Prophecy of the enemy's downfall and consolation for Israel
XXXIV. Prophecy of wicked nations in Messianic times
XXXV. Prophecy of return to Zion
XXXVI. 1 Sennacherib's seizure of Judean cities
2–22 Assyrian delegation blasphemes and warns people to surrender
XXXVII. 1–13 Isaiah's encouragement
14–20 Hezekiah's prayer
21–35 Isaiah's prophecy of Sennacherib's downfall
36–38 Destruction of Assyrian camp and Sennacherib's assassination
XXXVIII. 1–13 Hezekiah's illness and prayer
4–8 Prophecy of Hezekiah's cure and additional years
9–20 Hezekiah's writing of thanksgiving upon his recovery
21f. Hezekiah's recovery
XXXIX. 1–2 Babylonian delegation to Hezekiah
3–8 Rebuke by Isaiah
XL. 1–11 Prophecy of the return to Zion
12–26 Power of God and folly of idolatry
27 Israel's complaint to God for being forsaken in exile
28–31 God's answer
XLI. God summons the pagans to judgment since they deny His power to save Israel
2–9 Narrative of Abraham, whom God inspired to follow Him and the miracles He performed for him

10–20 Encouragement to Israel regarding the redemption
21–28 Futility of pagan deities, who do not transmit any prophecy
XLII. 1–21 Messianic prophecy
22 Israel's sorry state in exile and their failure to take heed
XLIII. 1–5 Appeal to Israel to repent, return of prophecy, and redemption
6–20 Futility of idols
21–28 Downfall of Babylon and return to Zion
XLV. 1–8 Prophecy concerning Cyrus, who will conquer Babylon
9f. Rebuke of Habakkuk, who will complain of the length of Nebuchadnezzar's success
11–13 Prophecy concerning Cyrus
14–17 Declaration of Sennacherib's captives
18f. Account of Revelation
20–25 Appeal to survivors of Nebuchadnezzar's sword to abandon idol worship and worship God
XLVI. Derision of Babylonian idols and appeal to the pagans to worship the only God
XLVII. Exile of Babylon
XLVIII. Prophecy of the redemption from Babylon and the return to Zion
XLIX. 1–6 Isaiah's narrative of God's choosing him as a prophet
7–26 The return from exile
L. 1–3 Encouragement to repent and be redeemed
4–11 Isaiah's good faith and sacrifice in his prophetic career
LI, LII. 1–12 Prophecy of final redemption
13–15 Prophecy of the prosperity of the righteous of Israel
LIII. The nations' astonishment at Israel's redemption
LIV. Return of Israel to Jerusalem and its glorification
LV, LVI. 1–8 Exhortation to study Torah and repent, allusions to the World to come, and prophecy of the Messianic Era
9 Destruction of the nations who do not convert
10–12 Rebuke of the leaders who do not urge the people to repent
LVII. 1f. The righteous are taken away before the calamity takes place, and they find their rest in the hereafter
3–13 Castigation of the people because of idolatry
14–21 Exhortation to repent and be saved
LVIII. 1–7 Rebuke for insincerity on fastdays
8–12 Repentance leads to redemption
13f. Reward for Sabbath observance

LIX. 1–8 Lack of salvation because of injustice and oppression
9–16 Prayer of Israel in exile
17–21 God's vengeance upon the nations and His redemption of Israel
LX, LXI, LXII. Joyful return to Jerusalem
LXIII. 1–6 Destruction of Edom
7–14 God's kindness to Israel throughout all generation
15–LXIV. Israel's prayer in exile
LXV. God's answer and promise of redemption for the righteous
LXVI. Redemption for the righteous, the ingathering of the exiles, and eternal damnation for the wicked

ספר ישעיה
חלק ב

•

מקראות גדולות
ISAIAH
VOLUME TWO

לָקַח׃ * ל א הוֹי בָּנִים סוֹרְרִים נְאֻם־
יְהוָה לַעֲשׂוֹת עֵצָה וְלֹא מִנִּי וְלִנְסֹךְ
מַסֵּכָה וְלֹא רוּחִי לְמַעַן סְפוֹת חַטָּאת
עַל־חַטָּאת׃ ב הַהֹלְכִים לָרֶדֶת מִצְרַיִם
וּפִי לֹא שָׁאָלוּ לָעוֹז בְּמָעוֹז פַּרְעֹה
ולחסות

תרגום

אִלֵין יְקַבְּלוּן אוּלְפַן׃
א וַי בְּנַיָּא מְרוֹדַיָּא אֲמַר
יְיָ לְמֶעְבַּד עֵצָה וְלָא
מִמֵּימְרִי וּלְאִתְמַלָּכָא
מְלַךְ וְלָא שָׁאֲלִין בִּנְבִיַּי
בְּדִיל לְאוֹסָפָא חוֹבִין
עַל חוֹבֵי נַפְשְׁהוֹן׃
ב דְּאָזְלִין לְמֵיחַת
לְמִצְרַיִם וּבְפִתְגָמֵי נְבִיַּי
לָא שְׁאִילוּ לְאִתְקַפָּא
בִּתְקוֹף פַּרְעֹה

מהר"י קרא

ל (א) למען ספות חטאת על חטאת. אחת שהולכין לרדת מצרים בדרך שאמרתי לא תוסיפו לראותם. ועוד שמניחים אותי ושמים בטחונם במשענת קנה הרצוץ הזה על מצרים: (ב) לרדת מצרים. זה הושע בן אלה אשר שלח

רש"י

א') אותם שהיו מתאוננים ורגנים על דברי הנביאים ילמדו לקח:
ל (א) סוררים. סרים מן הדרך: ולנסוך מסכה. להמשיל עליהם מושל ולא רוחי ודעתי בדבר ומהו הנסוך הוא פרע': (ב) ההולכים לרדת מצרים. על הושע בן אלה אשר שלח מלאכים אל סוא מלך מצרים (מלכי' ב' י"ז): לרדת מצרים. ארץ ישראל גבוהה מכל הארצות. ד"א ירידה היא להם: ולחסות. להתכסות (אבריאי"ר

רד"ק

התורה כמו כי לקח טוב נתתי לכם תורתי אל תעזובו:
(א) הוי בנים סוררים. הנה אמר בתחלת הספר שישעיהו נבא בימי עוזיהו יותם אחז ולא ראינו במלכים אלה שבקשו עזר ממצרים כמ"ש באלה הפרשיות והוכיחם בזה ואם נאמר כי נתנבא על דור צדקיהו שהיה אח"יו ואמר עליהם הוי שישלחו למצרים לעזרה וכן עשו. ולא יראה כן לענין הפרשיות שהוא אומר אחרי כן בתשועה שנעשית בימי חזקיהו לפיכך נאמר כי בימי אחז היה זה ואע"פ שלא נכתב זה בספר מלכים ולא בדברי הימים או בימי חזקיהו עצמו שלא היו שרי יהודה טובים כי בהכרח גדול השיבם חזקיהו למוטב והנה מלך אשור עלה על כל ערי יהודה הבצורות ויתפשם ואילו היו טובים לא בא להם כן. וזהו הנכון לפי ענין אלו הפרשיות הסמוכות ומה שאמר בכל פרשה מהם קדוש ישראל לפי שנקדש בישראל בדבר מחנה אשור ואמר הוי בנים סוררים אוי להם לאותם שנקראו בנים כמ"ש בנים אתם לה' אלהיכם אבל הם סוררים ונוטים מדרך הטובה ועוזבים אביהם שבשמים וכשתבא אליהם צרה לא ישובו אליו ולא יבקשו ממנו עזר אלא מבקשים עזר מאויביהם ובכל אשר הם עושים לא ישאלו פי נביא לשאול את פי ה' על כל מעשיהם אלא עושים בעצת עצמם: ולא מני. והעצה אינה ממני וכפל הענין במ"ש ואמר ולנסוך מסכה: ולא רוחי. לא מרוחי ולא מדברי: ולנסוך מסכה. כמו לעצות עצה כי העצה בסוד ובסתר וכן לנסוך מסכה ענין כסוי וסתר העצה וכת"י ולאתמלכא מלך ולא שאלן בנביי או פי' ולנסוך מסכה שחושבים להתכסות בצל מצרים: למען ספות חטאת על חטאת. לא די להם בעונם ובחטאתם אלא שמוסיפין עליהם חטאת זו שישאלו על פני עזר מאחר שלא ברשותי וזהו מרד גדול העבד באדוניו שנתלה באדון אחר על פניו: (ב) ההולכים. הולכים מארצם לרדת מצרים לבקש להם עזר ואמר לרדת כי ההולך מירושלים הוא יורד:

אבן עזרא

ל (א) הוי. אוי לבנים הסוררים: ולא מני. ולא ממני וכן שעו מני: ולנסוך מסכה. כמו והמסכה והטעם משל על העצה: ולא מרוחי. הטעם מנבואתי: (ב) ההולכים. והנה פירש הכתוב למעלה. לא השתנה מ"ס

מצודת ציון

ל (א) סוררים. ענין נטיה מדרך הישר וכן סורר ומורה (שם כ"א): מני. ממני: ולנסך מסכה. מל' סכך ומכסה כמו והמסכה הנסוכה (לעיל כ"ה): רוחי. ענין רצון כמו הנני נותן בו רוח (לקמן ל"ז): ספות. מלשון תוספת: (ב) לעוז במעוז. ענין

מצודת דוד

לקח. היא התורה הקרויה לקח טוב כמ"ש כי לקח טוב (משלי ד) וכאומר ואם כל אלה כהם מדוע אם כן יכום יעקב מעתה:
ל (א) הוי. אמר הנביא יש להתאונן על ישראל שהמה בנים הסוררים מדרך הטוב כמה שעושים עצה ואין העצה היא ממני ר"ל אין אני חפץ בה: ולנסוך מסכה. להתכסות במכסה ולחסות בצלם ואין רצוני בזה: למען ספות. כאלו מעט להם בחטאות שמאז והפלא להוסיף עליו כי לחטאת תחשב לבקש עזר ממצרים ואת פי ה' לא שאלו: (ב) ההולכים. עתה יפרש מה עשו ואמר אשר הלכו לרדת למצרים לבקש מהם עזר ולא שאלו פי ה':

of relying on the Almighty is a degradation, hence the expression, *to descend.*

and they have not asked of My mouth—Instead of repenting of their previous sins and begging forgiveness from Me, they seek aid from another. This constitutes rebellion

*From this point we continue with Isaiah, Volume Two — as volume one concluded with the previous sentence.

30

1. "Woe to rebellious children," says the Lord, "to take counsel but not from Me, and to appoint a ruler but not of My spirit, in order to add sin upon sin. 2. Those who go to descend to Egypt, and they have not asked of My mouth, to strengthen themselves with the strength of Pharaoh

1. **rebellious**—Heb. סוֹרְרִים, *who turn away from the way* of God.—[*Rashi*] *Rashi* relates סוֹרְרִים to סוּר, *to turn away.*

and to appoint a ruler—Heb. וְלִנְסֹךְ מַסֵּכָה, *to appoint a ruler to rule over them, with neither My spirit nor My will in the matter, and what is this appointing? This is Pharaoh.*—[*Rashi*] Others render: to make secret plans. [*Ibn Ezra, Redak*] Or, to cover themselves with a covering, i.e. to take shelter.—[*Redak*]

2. **Those who go to descend to Egypt**—*This alludes to Hoshea, son of Elah, who sent emissaries to So, king of Egypt* (II Kings 17:4).—[*Rashi*] *Abarbanel,* too, explains this chapter as referring to Hoshea, son of Elah, who assumed the throne of Israel in the twelfth year of Ahaz. This incident took place during the reign of Hezekiah, who assumed the throne in the third year of Hoshea. During Hoshea's reign, Shalmaneser, king of Assyria, went up against Israel and made Hoshea his vassal, exacting tribute from him. Hoshea sent emissaries to So, king of Egypt, for aid against Assyria. Because of his disloyalty, Hoshea was imprisoned by the Assyrian king. See II Kings 17:1–4. Here the prophet castigates the pro-Egyptian party, who sent emissaries to Egypt, without first consulting God's prophets.

Redak, however, conjectures that this prophecy was transmitted in the time of Ahaz, or in the time of Hezekiah, concerning the Assyrian invasion of Judah. At this time, the piety of the princes was not up to par, until they were compelled by Hezekiah to repent. This is evidenced by the fact that the king of Assyria was able to vanquish all the fortified Judean cities excepting only Jerusalem. These princes did not trust in God, but went down to Egypt for aid against the invader. The following verses will be explained according to both interpretations.

to descend to Egypt—*The land of Israel is higher than all the* other *lands.*—[*Rashi*] According to *Redak,* that they came from Jerusalem, this was surely a descent, since Jerusalem is higher than the rest of the land of Israel. *Alternatively, this is a degradation for them.*—[*Rashi*] I.e. appealing to Egypt for aid, instead

ולחסות בצל מצרים: ג והיה לכם מעוז
פרעה לבשת והחסות בצל־מצרים
לכלמה: ד כי־היו בצען שריו ומלאכיו
חנס יגיעו: ה כל הבאיש על־עם לא־
יועילו למו לא לעזר ולא להועיל כי
לבשת וגם־לחרפה: ו משא בהמות
נגב

א׳ נחה

ת״א כיו בלוען. כתובות קיב סוטה לד:

תרגום

ולאתרחצא בטלל מצרים: ג ויהי לכון תקוף פרעה לבהתא ואתרחצנא בטלל מצרים לאתכניעו: ד ארי הוו בטאנים רברבוהי ואזגדוהי עד תחפנחס מטו: ה כולהון אזלין למבהת לות עמא דלא יהנון להון לא לסעיד ולא להנאה ארי לבהתא ואף לחסודין: ו מטלין על בעירהון

רש״י

בלע״ז): (ד) כי היו בצוען שריו. של מלך ישראל שליחות למלך מצרים: חנס. היא תחפנחס: (ה) כל הובאיש. כולם ביישו את עצמן לקנות להם אדונים חנם ועם הארץ לא יועילו למו: על עם. בשביל עם לא יועילו למו: לחרפה. גידוף (דישטרב״ר בלע״ז): (ו) משא בהמות נגב. מטולין על בעיריהון באורח דרומא לפי שארץ מצרים בדרומה של א״י וזהו הגידוף והחרפה שמחריפין אותן רואין את אלו שטוענין משאות ממונם על בהמתם להוליך שוחד למצרים חנם ומסכנין עצמן

מהר״י קרא

מלאכים אל סוא מלך מצרים: (ה) כל הוביש. כולו יבוש שבוטחים על עם לא יועילו למו: (ו) משא בהמות נגב. נטלין על (עריהון) [בעירהון] באורח דרומא לפי שארץ מצרים בדרומה של ארץ [ישראל] היא. וזהו החרפה והנידוף שמחרפין אותן ראו את אלו שטוענין משאת ממונם על בהמותיהן להוליך למצרים חנם ומסכנין בעצמן במדברות ארץ

אבן עזרא

מעוז בעבור שהוא מפעלי הכפל: (ג) והיה. והחסות. שם והיה ראוי להיות הסיות על משקל עבדות: (ד) כי. שריו. הוי״ו שב אל העם שהיו משלחים אפילו שריהם למצרים אולי יושיעו ירושלם מכף מלך אשור: (ה) כל. אל״ף הובאיש נוסף כל אדם הובישו אלה ההולכים פועל יוצא כי הלכו אל עם לא יכולו לעזרם: (ו) משא בהמות נגב. דבקה על היורדים מצרימה והנה הנביא אומר על בהמות נגב והיא מצרים כי היא בפאת דרום כנגד ארץ ישראל

רד״ק

(ג) והיה. מעוז פרעה. שחשבתם שיהיה לכם מעוז יהיה לכם לבשת שלא תעזרו בו ותכלמו מעצתכם: והחסות בצל מצרים. חסות שם בפלס גלות: (ד) כי היו. שריו. שרי יהודה או הכנוי למלך יהודה: (ה) כל הבאיש. בשני נחין האל״ף והיו״ד וכבר כתבנוהו עם חביריו בספר מכלול בחלק הדקדוק ממנו והוא מענין בשת ופי׳ הכל בושו ממנו ונכלמו כשהלכו על עם לא יועילו למו: על. במקום אל כמו ותתפלל על ה׳ וילך אלקנה הרמתה על ביתו והדומים להם: (ו) משא בהמות נגב. נבואת זו שנתנבא שיצאו בהמות הנגב ר״ל חיות המדבר שיאכלו ההולכים לבקש עזר ממצרים ונגב פי׳ ארץ יבשה וחרבה כמו ארץ הנגב נתתני והוא מדור חיות הרעות יקרא נגב מצרים לפי שהיא דרומית לארץ ישראל: בארץ צרת וצוקה. אותה הדרך שהם הולכים בה היא צרה וצוקה שישכנו בה חיות

מצודת דוד

לעח. להתחזק בחוזק פרעה: (ג) לבושת. כי לא יועילו: (ד) שריו. שרי ישראל הכניעו עצמם לבוא אל פרעה לצוען (ואלה היו מערי הבצורות שביהודה שלא חסו בה׳ ושאלו עזר מפרעה וכבשום סנחריב): חנס. היא עיר המלוכה: (ה) כל הבאיש. הכל בושו ונכלמו בלכתם אל עם אשר לא יועילו להם: לא לעזר. השליחה ההיא לא יהיה לעזר כ״א לכלימה: (ו) משא בהמות נגב.

מצודת ציון

חוזק: (ד) ומלאכיו. שלוחיו: (ה) על עם. אל עם: (ו) לביא

ner. He explains that the emissaries of the people of Judah would encounter all sorts of beasts on their journey to Egypt. They would carry their property on young donkeys and camels to safety in Egypt.

and to take shelter in the shade of Egypt. 3. And the strength of Pharaoh shall be to you for shame, and the shelter in the shade of Egypt for disgrace. 4. For his princes were in Zoan and his emissaries reached Hanes. 5. They all disgraced themselves because of a people that will not avail them, neither for aid nor for avail, but for shame and also for disgrace. 6. The burden of the beasts of

against Me, and, by doing this, they add a grave sin to all their previous sins.—[*Redak*]

and to take shelter—lit. *to cover themselves, abrier in O.F.* This is the equivalent of *s'abriter* in Modern French, *to take shelter.*—[*Rashi*]

3. **And the strength of Pharaoh shall be**—The strength of Pharaoh, which you thought would afford you strength, will, instead, bring shame upon you, for you will not be helped by him, but will be embarrassed by your plan.—[*Redak*]

for disgrace—or degradation.—[*Jonathan*]

4. **For his princes were in Zoan**—*The princes of the king of Israel in their errand to the king of Egypt.*—[*Rashi*] *Redak* explains: The princes of Judah, or the princes of the king of Judah. See above, v. 2. Zoan is synonymous with Tanis.—[*Jonathan*] See above 19:11. This was an ancient city, mentioned in Num. 13:22. It was the capital of the Hyksos kings.—[Bieberfeld, vol 1, *Universal Jewish History*, p. 30]

Hanes—*That is Tahpanhes.* [*Rashi* from *Jonathan*]

5. **They all disgraced themselves**—*They all disgraced themselves to acquire a master for nothing, and the people of the land will not avail them.*—[*Rashi*]

Alternatively, all nations disgraced them.—[*Abarbanel*]

because of a people—Lit. on a people. *Because of a people that will not avail them.*—[*Rashi*]

for disgrace—*For insult, distraber in O.F., to insult.*—[*Rashi*]

6. **The burden of the beasts of the southland**—*The burdens on their beasts on the way to the southland (Jonathan), for Egypt is in the south of Eretz Israel, and this is the insult and the derision that they would insult them: See these people, whose burdens of money are laden on their beasts to transport bribes to Egypt for nothing, and they imperil themselves in the deserts, in a land of trouble and anguish, etc.*—[*Rashi*]

Redak renders: A harsh prophecy concerning the beasts of the desert. He prophesied that the beasts of the desert would devour those who were going to Egypt for aid. *Ibn Ezra,* too, interprets the verse in that man-

נגב בארץ צרה וצוקה לביא וליש
מהם אפעה ושרף מעופף ישאו על־
כתף עורים חיליהם ועל־דבשת
גמלים אוצרותם על־עם לא יועילו:
ז ומצרים הבל וריק יעזרו לכן קראתי

עירים קרי

תרגום

באורח דרומא בארע עקא ועיוק אתר דאריא בר אריון וחיון הורמנין מפרחין נטלין על כתף עילין נכסיהון ועל חטוריאת גמלין קא דבאצריהון מובלין לעם לא יהנון להון:
ז ומצראי למא וריקנו סעדהון בכן ערעית

מהר"י קרא

צרה וצוקה: אפעה. מין נחש רע ואין בעולם אלא שנים זכר ונקבה. ואף שרף מעופף. כן נחש הוא ואין לו כנפים לעוף אלא קופץ ומדלג רחוק מאוד ולהבה זורק מפיו: חיליהם. ממונם: דבשת. חטרתא. הלדרוב"א בלע"ז. ויש לגמל במקום טעינת המשאוי ועל שם שמספקת תמיד וסכין שם דבש לרפואה קרויה דבשת כדאמ' בבבא מציעא דבש והדביש חזי לכתישא דגמלי: (ז) ומצרים הבל וריק יעזורו לכן קראתי לזאת רהב. ותרג' למא וריקנון עדיהון בכל ערעית כנהון קטילין

רש"י

במדברות ארץ צרה וצוקה וכו': אפעה. מין נחש רע הוא ואין בעולם כי אם שנים זכר ונקבה והם יולדים לשבעים שנה ואף שרף מעופף מין נחש הוא ולא שיהיו לו כנפי' לעוף אלא קופץ ומדלג רחוק מאד וזורק להב מפיו: חילידם. ממונם: דבשת. חטוטרת (תלדריב"א בלע"ז) יש לו לגמל במקום טעינת המשא וע"ש שמתרקבת תמיד וסכין שם דבש לרפואה קרויה דבשת כדאמרינן בב"מ דבש והדביש חזי לכתישא דגמלי: (ז) לזאת. למצרים: רהב הם. גסי הרוח: שבת. עם בטל ומתגאים חנם. ד"א שבת רהבם

רד"ק

רעות ואמר שיצא מהם לביא וליש אפעה ושרף מעופף אל אשר ישאו אל כתף עירים חיליהם שנושאים ממון על העירים ועל הגמלים לתת למלך מצרים שיעזרם ממלך אשור: דבשת. היא חטטרת הגמל והיא סובלת המשא כמו הכתף בחמור: על. פי' שהוא כמו אל עם וי"ת משא כמו משא צמד פרדים אדמה אמר נטלין על בעיריהון באורח דרומא: (ז) ומצרים. לכן קראתי לזאת. פי' קראתי לזאת ירושלם: רהב הם שבת. החוזק שלהם הוא שבתם בעיר ירושלם ולא ילכו לבקש עזר

אבן עזרא

ואמר כי בדרך שילכו אלה היורדים יפגעו בהמות קשות כדובים ונמרים על כן לביא וליש מהם אפעה: בארץ צרה. שלא יוכל לברוח ואלה היורדים ישאו על כתף עירים ממונם שיכרהו בו אל מצרים כמו את החיל הזה: דבשת. כמו גבנון ואין רע לו והנה הטעם שבהמות נגב ישאותו מהם: (ז) ומצרים. קראתי לזאת. ירושלם שישלח מי שיזכ

מצודת ציון

וליש. שמות משמות האריה: אפעה. מין נחש רע: ושרף מעופף. מין נחש הדולג ממקו' למקום ונראה כאלו הוא עף ופורח: כתף. כן יקרא המקום הסמוך לראש מהעבר מזה ומהעבר מזה: עירים. חמור הקטן יקרא עיר וכן על עיר בן אתונות (זכריה ט'): חיליהם. עושרם: דבשת גמלים. הוא חטוטרת הגמל שמניחים המשא עליו וע"ש שמתקיב תדיר ורפואתו למשחו בדבש קרוי דבשת: על עם. אל עם: (ז) הבל וריק. ר"ל דבר שאין בו ממש: רהב. ענין גאוה והתחזקות כמו ירהבו הנער בזקן (לעיל ג'): שבת.

מצודת דוד

ר"ל הכלימה תהיה על אשר נשאו משאות מכסף וזהב על בהמתם להוליך שוחד למצרים היושבת בנגב א"י: בארץ צרה וצוקה. ועברו דרך המדבר שהוא ארץ צרה וצוקה מקום אריות: מהם. ר"ל מהמזיקים המצויים שמה יש מהם אפעה ושרף המעופף: ישאו. היו נושאים עושר רב על עירים וגמלים אל עם אשר לא יועילו: (ז) ומצרים הבל וריק יעזורו. ר"ל מלבד שאין הכח בידם לעזור הנה עוד מזדון לבם לא ירצו לעזור כי מצרים המה לאויבים לישראל: לזאת. למצרים: רהב הם. מתגאים בדבר שאין בידם להבטיח עזר

nations that relied on them.—[*Malbim*]

this—*to Egypt.*—[*Rashi*]

They are haughty—Heb. רָהַב, *of proud spirit.*—[*Rashi*]

idlers—Heb. שָׁבֶת. *A people who are idle and are proud for no reason. Alternatively,* שָׁבֶת *means that their pride and haughtiness is fit to be curtailed.*—[*Rashi*] According to *Rashi*'s second interpretation, the root of שָׁבֶת is שבת, to cut off, to curtail, to nullify, to idle. He, therefore, explains that they are haughty although they are idle and do not help. Alternatively, their pride is fit to be curtailed. Others derive the root from ישב, *to sit.* This is the

the southland, in a land of trouble and anguish, the awesome lion and the crushing lion among them, the viper and the flying serpent; they carry their wealth on the shoulders of young donkeys and their treasures on the humps of camels, to a people that will not avail. 7. And the Egyptians help in vain and to no purpose, therefore, I called

the awesome lion—Heb. לָבִיא, derived from לֵב, *heart,* a lion that seizes people's hearts when he roars.— [*Avoth d'Rabbi Nathan,* second version, end of chapter 43]

the crushing lion—Heb. לַיִשׁ, derived from לוּשׁ, *to knead,* i.e. a full-grown lion that tears apart its prey like dough.—[ibid.] For full discussion of the various Hebrew names for the lion, see *Shemoth Nirdafim,* Wertheimer.

viper—*It is a species of deadly snakes, and there are only two of them in the world, a male and a female, which reproduce after seventy years,* i.e. its gestation period is seventy years (*Bechoroth* 8a). *The flying serpent, too, is a species of snake, not that it has wings with which to fly, but it jumps and springs long distances and throws a flame from its mouth*—[*Rashi*] The source of *Rashi*'s statement that there are only two of them in the world, found also in R. Joseph Kara's commentary, is unknown.

their wealth—Heb. חֵילֵיהֶם, *their money.*—[*Rashi*]

a land of trouble—This may also be rendered: *a narrow land,* i.e. a land from which they will be unable to escape.—[*Ibn Ezra*]

young donkeys—*Malbim* renders: young camels.

the humps—Heb. דַּבֶּשֶׁת, *hidroba in O.F. A camel has this in the place the burden is laden, and since it always becomes sore, and they smear honey there to heal it, it is called* דַּבֶּשֶׁת, from דְּבַשׁ, honey, *as we say in Baba Mezia* 38b: *Honey that lost its sweetness is fit for the sores of the camels.*—[*Rashi, Kara*] All these beasts will be attacked by the beasts of the desert.—[*Ibn Ezra*]

their treasures—When their wealth is completely depleted, they send even the treasures that they have stored from years before. [*Malbim*]

7. **help in vain and to no purpose**—The help of the Egyptians was never of any use. They never helped the

לזאת רהב הם שבת: ח עתה בוא
כתבה על־לוח אתם ועל־ספר חקה
ותהי ליום אחרון לעד עד־עולם: ט כי
עם מרי הוא בנים כחשים בנים לא־
אבו שמוע תורת יהוה: י אשר אמרו
לראים לא תראו ולחזים לא־תחזו־לנו
נכחות דברו־לנו חלקות חזו מהתלות:

סנהון קטילין זמינין
איתי עליהון: ח כען עול
כתב על לוח ביניהון
ועל שיטין דספר רשום
ותהי ליום דין לסהדו
קדמי עד עלמא:
ט ארי עם סרבן אינון
בניא כדיביא בניא לא
אבו לקבלא אולפן
אוריתא דיי: י דאמרין
לנביא לא תתנבון
ולמלפיא לא תלפון לנא
אולפן אוריתא בסימן
מלילו עמנא אשתעו

רש״י

ונסותם שלהם ראוי הוא לשבות: (ח) חוקה. חקוק אותה הנבואה הזאת: (ט) עם מרי הוא. ישראל: (י) חלקות.

מהר״י קרא

ומנין אייתי עליהון: (ח) עתה בוא כתבה על לוח אתם וגו׳. ותהי ליום אחרון. תרג׳ ליום דין: לעד עד עולם. שהעדתי בהם שלא [ישענו] במצרים ויבטחו בהן. ולא ישמעו כי עם מרי הוא:

אבן עזרא

בה ולא ירד: (ח) עתה בא. אליהם כי הנביא היה משתומם משבת אתם: ועל ספר חקה. כתוב חקה כרפי ויש ספרים שהה״א במפיק והנה הוא לשון ליווי והשלם חוקקה או הוקק׳ או חקקנה כנו״ן: (ט) כי. כחשים. שם התואר על משקל אכרים ונקמץ הכ״ף בעבור אות הגרון: שמוע. שם הפועל: (י) אשר. לא תראו. לנו לא תתנבאו ונקראו רואים בעבור שנבואתו במראות אלהים: נבוחות. כמו דברים ישרי׳ והוא שם התאר: דברי

רד״ק

ממצרים כי לא יועילו להם ורהב פי׳ חוזק כמו ורהבם עמל ואון וי״ת בכן ערעית מנהון קטולין: (ח) עתה. אמר האל לנביא בוא כתוב אותה הנבואה על לוח אתם ר״ל אתם שתראו מה שתכתוב על לוח ואחר כך חקה אותה הנבואה על ספר כדי שתהיה עדות ליום אחרון ופי׳ לעד עד עולם כדי שיראו הם והבאים אחריהם כי לא לחנם הבאתי אליהם פורענות אלא בעבור עונם כי עם מרי הוא וכבר העידותי בהם יום יום על ידי נביאי ולא אבו שמוע לפיכך כתוב התוכחה והרעה העתידה לבא עליהם כדי שתהיה לעדות: חקה. הה״א במפיק ועניננו חקוק אותה. ולדעת יונתן אין ה״א חקה במפיק ולא ה״א כתבת שתרגם עול כתב על לוח ביניהון ועל שיטין דספר רשום: (ט) כי עם מרי. כחשים. תאר האחד כחש והוא מן הדגושים ולולי החי״ת היה דגוש בשקל אכר אכריהם ופי׳ עם מרי כתרגומו עם סרבן שמורים באל ובמצותיו: בנים כחשים. שהם היו בני האל וכחשו בו שאיננו אביהם כי אינם שומעים אליו כי הבן שאיננו שומע לאביו הרי הוא כאלו מכחש בו שאינו אביו: (י) אשר אמרו לרואים. ולחוזים הם נביאי ה׳: נכוחות. דברים ישרים: חלקות. כמו שאומרים נביאי השקר שמחליקים להם ואומרים שלום יהיה לכם עשו כתאותיכם: מהתלות. הם אינם אומרים שהם מהתלות אבל הנביא קורא לדברי נביאי השקר מהתלות שהם מהתלים בהם ואומרים להם אל היראו והם אומרים לנביאי ה׳ חזו לנו כדברי אלו הנביאים שרואים לנו שלום וטוב והם אינם יודעים כי הם

מצודת דוד

ואין לאל ידם: שבת. והם עם בטל ואינם רוצים לעזור: (ח) עתה בוא כתבת. אמר להנביא עתה כתוב זאת לזכרון על הלוח אשר אתם וחקוק הדבר על הספר למען תהיה לזכרון לימים אחרונים עד עולם לדעת שלא על חנם הבאתי הפורעניות עליהם כי אם בעבור עונם: (ט) כי עם מרי הוא. מה שאלו עוזר מפרעה ולא שאלו פי ה׳ נחשב למרד: בנים כחשים. מכחישים בהשגחת המקום: לא אבו שמוע. אינם רוצים לשמוע תורתו ולזה לא שאלו פיו גם בדבר המלחמה: (י) לרואים. לנביאי האמת יאמרו לא תראו נבואה למען הגיד לנו: לא תחזו לנו. לא תנבאו לנו דברי נכוחות: דברו לנו חלקות. דברו כמו נביאי הבעל שמחליקין דבריהם ומתפיסין לומר שלום יהיה לכם: חזו מהתלות. הם אינם אומרים שהם מהתלות אבל הנביא קורא לדברי נביאי השקר מהתלות ואלו הנביא אומר להם הנה תאמרו הנבאו לנו כדברי הנביאים האומרים שלום הלא דבריהם המה מהתלות ולא דברים ישרים:

מצודת ציון

ענין בטול כמו שבת נוגש (לעיל י״ד): (ח) לוח. כענין טבלא עשוי לכתיבה והוא מלשון לוחות העדות (שמות ל״ב): חוקה. מלשון חקיקה וכתיבה: (ט) מרי. ענין מרד: כחשים. שקרים: לא אבו. לא רצו כמו לא אבה יבמי (דברים כ״ה): (י) ולחוזים. ולנביאים: נכוחות. ענין דברים ישרים כמו כולם נכוחים למבין (משלי ח׳): חלקות. דברים רכים ותנופה: מהתלות. ענין

prophecy comes to them through visions.—[*Ibn Ezra*]

smooth talk—*Flattery.*—[*Rashi*] like the false prophets, who flatter them and say, "You will have peace. Do as you wish."—[*Redak*]

prophesy—Heb. חֲזוּ, lit. *envision.*—[*Rashi*]

mockery—They do not call the prophecy mockery, but the prophet calls the words of the false prophets, "mockery," since they delude the people by assuring them of peace and prosperity. The people say to the true prophets, "Prophesy for us just as those prophets prophesy, and predict peace for us." They are unaware that those prophets are mocking them and not telling them true words of prophecy.—[*Redak*]

this, "They are haughty, idlers." 8. Now, come write it on a tablet with them, and on a book engrave it, and it shall be for the last day, forever to eternity. 9. For a rebellious people are they, lying children, children who would not hearken to the Lord's instruction. 10. Who said to the seers, "You shall not see," and to the prophets, "You shall not prophesy for us true things. Speak to us with smooth talk; prophesy mockery.

gerund, as in Psalms 133:1: "the dwelling (שֶׁבֶת) of brothers closely together." They, therefore, explain: *Their strength is sitting still.* The prophet says: I called to this city of Jerusalem, "Their strength is sitting still." The strength of the city of Jerusalem is dependent on sitting still, not going to Egypt for aid, but staying in the city and trusting in the Lord.—[*Redak, Ibn Ezra*]

8.**Now, come**—to them. God commands the prophet to go to the people, since he had isolated himself from them.—[*Ibn Ezra*]

write it—i.e. this prophecy.—[*Redak*]

on a tablet with them—I.e. write it on a tablet in their presence so that they see it.—[*Redak*]

engrave it—Heb. חֻקָּהּ, *engrave it, this prophecy.*—[*Rashi*] According to *Jonathan,* כְּתָבָה and חֻקָּה are written without a *mappiq he.* He, therefore, renders: And now, come, write on a tablet among them, and mark on the lines of a book.—[*Redak*] *Ibn Ezra,* too, mentions that the editions vary in the punctuation of this word. *Rashi,* who renders: Engrave it, obviously, read חֻקָּהּ with a *mappiq he.*

for the last day—for the day of judgment.—[*Jonathan*] For the day of the destruction.—[*Abarbanel*] *Redak explains* that this prophecy should be permanently recorded for posterity to see that God did not bring retribution upon Israel for nothing, but because they were a rebellious people.

Kara adds: For I warned them not to rely on Egypt, but they, nonetheless, trusted in them.

forever—Heb. לָעַד. *Jonathan* renders: For testimony. It appears that he read, לְעֵד, or interprets לָעַד as related to עֵד.

9. **a rebellious people**—I.e. a disobedient people.—[*Jonathan, Redak*]

they—*Israel.*—[*Rashi*]

lying children—Or, denying children. Children of God, who denied Him, that He is not their father, for they did not obey Him. A son who does not obey his father, is, in effect, denying that he is his father.—[*Redak*]

children who would not hearken to the Lord's instruction—Since they would not obey His instruction, they did not consult His prophets concerning the war.—[*Mezudath David*]

10. **to the seers . . . to the prophets**—to the prophets of God.—[*Redak*]

They are called seers because their

יא סוּרוּ מִנֵּי־דֶרֶךְ הַטּוּ מִנֵּי־אֹרַח הַשְׁבִּיתוּ
מִפָּנֵינוּ אֶת־קְדוֹשׁ יִשְׂרָאֵל׃ יב לָכֵן כֹּה
אָמַר קְדוֹשׁ יִשְׂרָאֵל יַעַן מָאָסְכֶם
בַּדָּבָר הַזֶּה וַתִּבְטְחוּ בְּעֹשֶׁק וְנָלוֹז
וַתִּשָּׁעֲנוּ עָלָיו׃ יג לָכֵן יִהְיֶה לָכֶם הֶעָוֹן
הַזֶּה כְּפֶרֶץ נֹפֵל נִבְעֶה בְּחוֹמָה נִשְׂגָּבָה
אֲשֶׁר־פִּתְאֹם לְפֶתַע יָבוֹא שִׁבְרָהּ׃

תרגום

לנא שנין: יא אסטיונא מאורחא דתקנא אבטלונא ממסרתא ארחיקו מן קדמנא ית מימר קדישא דישראל: יב בכן כדנן אמר קדישא דישראל חלף דקצתון בפתגמא הדין ואתרחיצתון בשקרא ובאונסא ואסתמכתון עלוהי: יג בכן יהי לכון חובא הדין ככרך דחרוב ואתחמר כשור מתקף דבתקיף שלו

ב׳ נונין בצירי

מהר"י קרא

(יא) השביתו מפנינו. את מאמר קדוש ישראל: (יב) יען מאסכם בדבר הזה. בדברי הקב"ה: ותבטחו בעושק (ולא) [ונלוז]. בעוולה. כמו ונלוזים במעגלותם: (יג) לכן יהיה להם [העון] הזה כפרץ נופל נבעה בחומה נשגבה׳ נבעה פת׳ נתבקש. כמו אם תבעיון בעיו. כלומר עון זה יהא מתבקש מכם ויבא לכם כחומה נשגבה אשר פתאום לפתע יבא שברה:

רש"י

הנפיות: חזו. הנבאו: (יא) הטו. אותנו: מני אורח. הפילים אנו בנבואה שקר: (יב) בדבר הזה. בנבואת אמת: ונלוז. מגונה ולוזן: (יג) כפרץ. של חומה שנפל: נבעה בחומה נשגבה. מגולה ליכנס בה בחומות מסגבבם. נבעה ל׳ גלו כמו בעובדיה (א׳ י׳) נבעו מצפוניו איגליין מטמרוהי. ודונש פתר נבעה בליטה שהחומה נעשית כמין אבעבועות מפני הגשמים וקילקול טיט רעוע:

רד"ק

מהתלות ולא דברי ישרים: (יא) סורו מני דרך. מני ארח. שניהם הנו"ן בצר"י אומרים לנביאי ה׳ סורו מן הדרך הזה ומן הארח הזה שאתם רוצים שנלך בו ולא נעשה כתאות לבנו השביתו מפנינו מה שאתם אומרים לנו בכל יום ויום בשם קדוש ישראל: (יב) לכן. בדבר הזה בדבר נביאי ה׳ שמוכיחים אתכם ללכת אל הדרך הטובה: בעשק ונלוז. ותבטחו בממונכם שהוא מעושק וגזל: ונלוז פירוש מוטה כלומר דין מוטה כלומר שתטו משפט דין העשוקים בממון שתקחו מהעושק והנה ממונכם חמס ועשק ואתם בוטחים ונשענים עליו שתושעו כי שתשלחו שחד למלך מצרים לעזור לכם מיד מלך אשור כמו שאמר למעלה ישאו על כתף עירים חיליהם ואמר קדוש ישראל על הבוטחים בו כי הבוטחים בו ומקדישים שמו הוא יהיה בעזרם ואתם שבוטחים בהם תפלו כפרץ נופל: (יג) לכן. כפרץ נופל. אחר שנפל הבנין הוא פרץ כי הפרץ לא יפול אלא נאמר על שם סופו וכן וטחני קמח והנה פירש אחריו מה הפרץ ואמר נבעה בחומה נשגבה. ונבעה. הוא מקום נפוח בקיר והיא מענין שחין אבעבועות וכאשר בקיר מקום נפוח הוא קרוב ליפול ואמר בחומה נשגבה לפי שתכבד החומה שהיא גבוהה על מקום הנפח שהיא באמצעיתה או למטה ממנה ותפול פתאום ותשבר לכובד גבהותה. וכמו שאותו מקום הנפוח הוא גורם לנפילת החומה הנשגבה כן יהיה לכם העון הזה שאתם מבקשים עזר ממצרים יגרום לכם מפלתכם נפילה גדולה בשבר גדול מאין מרפא כנפילת החומה הנשגבת

אבן עזרא

חלקות. שם וכן חזו מהתלו׳: (יא) סורו. אלה דברי העם לנביאים: השביתו. ממנו זכר או שם השם: (יב) לכן. בדבר הזה. בנבואה ותבטחו בעושק ובממון: ונלוז. שם התואר וכן הוא ודבר נלוז כמו כי תועבו׳ ה׳ נלוז והוא הפך הישר לכן טע׳ ותבטחו. בממון שתתנו למלך אשור ולא יבואו: (יג) העון הזה כפרץ. ישחתכם: כפרץ. כמגדל נופל או דבר נבעה והוא מטעם נפוח מגזרת אבעבועות או יהיה נבעה תואר פרץ: פתע. גם פתאום

מצודת ציון

לעג כמו ואיש ברעהו יהתלו (ירמיה ט׳): (יא) מני. כמו מן והיו"ד נוספת: השביתו. ענין בטול: (יב) ונלוז. ענין נטיה מדרך הישר כמו ונלוזים במעגלותם (משלי ב׳): ותשענו. ענין סמיכה: (יג) כפרץ. ענין שבירה: נבעה. מלשון אבעבועות וכן מים תבעה אש (לקמן ס"ד): נשגבה. חזקה: לפתע. כמו בפתע וכן ישבת לכסא (תהלים א׳) ונשפטו בכסא וכפל המלה

מצודת דוד

(יא) סורו מני דרך. אומרים לנביאי ה׳ סורו מן הדרך הזה מן האורח הזה שאתם אומרים לנו בכל יום שלא נעשה כתאות לבבינו: השביתו וגו׳. השביתו ממה שאתם אומרים לנו כל יום בשם קדוש ישראל: (יב) בדבר הזה. בדברי הנביאים האומרים בשם ה׳: בעושק ונלוז. במה שתעשקו עשירי העם לתת שוחד ומתן לנלוז הוא מלך מצרים הנלוז במעגלותיו: (יג) העון הזה. הסרת הבטחון מה׳ והשענה במצרים: כפרץ נופל. כפרץ של החומה שנפל קלת ממנה וכמקום נפוח כעין אבעבועות הנמצא בחומה מקלקול הגשמים שהנה עם כי הפרצה או הנפוח היא בקצת החומה

deterioration of the mortar. Since the wall is high, its weight on the weak spot, which is in the middle or below it, causes the entire wall to collapse and the stones to break. He compares it to a fortified wall because the people believed that they would be protected by Phar-

11. Turn away from the road, turn away from the path, cease
from before us the Holy One of Israel." 12. Therefore, so said
the Holy One of Israel, "Because you have despised this matter,
and you have put your trust in oppression and a perverse one,
and you have relied upon it. 13. Therefore, this iniquity shall
be to you as a breach of a falling [wall], revealed in a fortified
wall, whose breach will come suddenly."

11. **Turn away from the road**—The people say to the true prophets, "Turn away from the road on which you are trying to lead us, to admonish us not to follow the desires of our heart."—[*Redak*]

turn away—Turn *us* away.—[*Rashi*] This verb appears in the causitive.

from the path—*We want the false prophecy.*—[*Rashi*] See above *Redak*.

cease from before us—what you say to us every day in the name of the Holy One of Israel.—[*Redak*] Or, cease from mentioning the Holy One of Israel.—[*Ibn Ezra*]

In this prophecy, God is repeatedly referred to as 'the Holy One of Israel." This alludes to the great sanctification of God's Name when the Assyrian camp is miraculously destroyed.—[*Redak*, verse 1]

12. **this matter**—*the true prophecy.*—[*Rashi*]

and a perverse one—*a disgraceful one and a mocker.*—[*Rashi*]I.e. you put your trust in your riches that were achieved through robbery and oppression. You sent them to the perverse king of Egypt.—[*Mezudath David*]

Others explain: You put your trust in oppression and perverseness. You put your trust in your riches, acquired through oppression and robbery, as well as perversion of the law. You believe that you will be assisted by Pharaoh if you bribe him with your ill-gotten gains.—[*Redak*]

13. ***this iniquity***—of telling the prophets not to prophesy.—[*Abarbanel*]

as a breach—*of a fallen wall.*—[*Rashi*] Alternatively, like a breach in a building, which later falls.—[*Redak*]

revealed in a fortified wall—*Revealed to enter thereby the walls of your fortification.* נִבְעָה *is an expression of revealing, as in Obadiah (1:6): "His hidden things were revealed"* (נִבְעוּ). *Dunash, however, interprets* נִבְעָה *as a protrusion, since the wall develops blisters* (אֲבַעְבּוּעוֹת) *because of the rains and the deterioration of the weak mortar.*—[*Rashi* from *Teshuvoth Dunash*, p. 52] The prophet likens the sin of relying on Egypt to a bulge in a high wall, caused by the

ייתי תברה: יד ותברה כתבור מן דחסף דפחרא דמדקק לא בחים ולא משתכח בדיקוקיה חסף למחתי נור ממבעור ולמדלח מין מפציר:
טו ארי כדנן אמר יי אלהים קדישא דישראל אמרית די תתובון לאוריתא תנוחון ותתפרקון תשקטון ותשרון לרוחצן תהון גברין ולא אביתון:

יד וּשְׁבָרָהּ כְּשֵׁבֶר נֵבֶל יוֹצְרִים כָּתוּת
לֹא יַחְמֹל וְלֹא־יִמָּצֵא בִמְכִתָּתוֹ חֶרֶשׂ
לַחְתּוֹת אֵשׁ מִיָּקוּד וְלַחְשֹׂף מַיִם מִגֶּבֶא׃
טו כִּי כֹה־אָמַר אֲדֹנָי יֱהֹוִה קְדוֹשׁ
יִשְׂרָאֵל בְּשׁוּבָה וָנַחַת תִּוָּשֵׁעוּן
בְּהַשְׁקֵט וּבְבִטְחָה תִּהְיֶה גְּבוּרַתְכֶם
ולא

ת״א מים מגבא. שבת קב: בשובה ונחת. סנהדרין לז (תענית כב):

רש״י

(יד) נבל יוצרים. כוד של חרש: ולא ימצא. במכתת שבריו חרס גדול שיהא ראוי לחתות בו אש מיקוד לשאוב בו אש מן ההסק. כל שאיבת אש נופל בה ל׳ חתייה: ולחשוף מים. ולדלות וכן (חגי ב׳) לחשוף המשים פורה וכן חשפי שובל (לקמן מ״ז) דלי מים מן שבילך (אשפוייש״ט בלע״ז): מגבא. גוב מלא מים: (טו) כי כה אמר. הקב״ה לכם זה ימים אין אתם צריכים לבקש לכם מעוז מצרים ולאבד ממונכם כי בשובה ונחת תהיה לכם תשוע׳ בלא שום טורח אם תשמעו לי: בשובה. ל׳ ישוב ומרגוע וכן שובה ה׳ רבבות אלפי ישראל (במדבר י׳): בהשקט. הבא לכם מאתי

מהר״י קרא

(יד)ושברה כשבר נבל יוצרים. שנשבר כתית כשחומה נמוכת נופלת אין אבניה משתברות אבל כשהיא גבוה ונשגבה ונופלת. אז תהיה אבודה כשבר נבל יוצרים: לחתות איש מיקוד. מן הקידה. וכן היחתה איש אש בחיקו ובגדיו לא תשרפנה:

אבן עזרא

קרובים כטעם אדמת עפר: (יד) ושברה. נבל. כלי יוצר: לא יחמול. לכתותו: לחתות אש. כמו יחתה גחלים אתה חותה על ראשו והוא מפעלי הכפל: ולחשוף. מגזרת מחשוף הלבן חשף ה׳ את זרוע קדשו: מגבא. מגזרת וגבאיו תרגום בור. וטעם לחשוף לגלות כי המים הם בסתר וזה הטעם על היורדים מצרים: (טו) כי. בשובה. השקט כמו שובה ה׳ רבבות אלפי ישראל הטעם כי תשועה

רד״ק

שישברו אבנים בנפילת׳ מפני שנהבטת חבישה רבה מפני גבוהתה וכן המשיל לענין אחר בחומה נשגבה מפני חשבו להם פרעה מלך מצרים שיהיה להם כמו חומה נשגבה מפני האויב: (יד) ושברה. האל ישבור אותה החומה שאתם חושבים להשגב בה ישבור אותה: כשבר נבל יוצרים. כמו שישבר נבל יוצרים שהוא כלי חרש כי העושה כלי חרש יקרא בסתם יוצר ויהיה זה השבר כמו שישבור כלי היוצר בלי חמלה שאין בדעתו להשאיר ממנה מכתת אחת לחתות בה אש מיקוד. או לחשוף בה מים מגבא אלא ישברהו עד שיהיה כתות כתיתות דקית והמקום שיוקדת בו האש נקרא יקוד וכן בדרך העולם לקחת אש מיקוד במכתת חרש ולחתות כמו לקחת. וכן היחתה איש אש בחיקו וגבא יקרא מקום שיקוו בו מעט מים וכן בצאותיו וגבאיו ואין אדם יכול לקחת ממנו בכלי כי אם בשבר כלי שיכול לסמך שפתי השבירה בקרקע הגבא ויקח מעט מים שבו וכאשר יקח המים מן הגבא הנה נשאר הגבא חשוף ומגולה לפיכך אמר ולחשוף וכן לחשוף חמשים פורה לקחת כל התירוש עד שלא ישאר ביקב כלום וי״ת ולהשוף ולמדלה ענין דלוח מים: (טו) כי כה אמר ה׳ בשובה ונחת. כפל ענין במ״ש וכן כפל עוד ואמר בהשקט ובבטחה. אמר אני אמרתי אם תשמעו לי כי בנחת תושעון ולא תצטרכו ללכת

מצודת דוד

ובנין החומה היא חזקה עכ״ז תשבר ותפול כל החומה פתאום בעבור זה: (יד) ושברה. ושבר החומה ההיא תהיה מכותת כשבר נבל מיוצר חרס אשר הוא כתות דק דק כי המכתת לא יחמול עליו מלכתתו כי טוב לו להחזירם לעפר לערבו בסיד לטוח הבתים והבורות: ולא ימצא במכתתו. בהשברים הכתותים לא ימצא חרס גדול שיהיה ראוי לשאוב בו אש מן היקוד או לקחת בו מים מן הגבא וכאומר אם העון הזה הוא קטן בעיניכם מ״מ יהיה סיבה על כליון נפלא: (טו) בשובה ונחת תושעון. אם הייתם בוטחים בי ולא במצרים הייתם אז נושעים בהשקט ונחת מבלי טורח מלחמה: תהיה גבורתכם. הייתם מתגברים על האויב בישיבת השקט

מצודת ציון

בשמות נרדפים וכן אדמת עפר (דניאל י״ב): (יד) נבל. כן יקרא כד היוצר וכן ונבליהם ינפצו (ירמיה מ״ח): יוצרים. אומן חרס נקרא יוצר: כתות. ענין כתישה ושבירה לחתיכות דקות: יחמול. ענין רחמנות: במכתתו. בשבריו: חרש. כמו חרס בסמ״ך: לחתות. ענין לקיחת האש כמו גחלים אתה חותה על ראשו (משלי כ״ה) ועפ״ז יקרא הכלי שחותין בו האש בשם מחתה: מיקוד. כן נקרא מקום תבערת אש כמו על מוקדה (ויקרא ו׳): ולחשוף. ענין שאיבה כמו לחשוף חמשים פורה (חגי ב׳): מגבא. מקום כניסת מעט מים וכן בצאתו וגבאיו (יחזקאל מ״ז): (טו) בשובה. ענין השקט ומרגוע וכן נפשי ישובב (תהלים כ״ג):

If the enemy attacks us, we will have horses upon which to flee.—[*Redak*]

king of Egypt, and we will bring from there swift steeds in order *to flee.*—[*Rashi*]

14. And He shall break it like the breaking of a potter's jug, crushed without pity, and in its crushing shall not be found a shard, to scoop fire from a hearth, or to scoop water from a cistern. 15. For so said the Lord God, the Holy One of Israel: "With tranquility and restfulness shall you be saved, with quietude and trust shall be your might; but you did not want.

aoh, just like a wall.—[*Redak*]

14. **And He shall break it**—God shall break that wall, behind which you expect to find refuge.—[*Redak*]

a potter's jug—*An earthenware jug.*—[*Rashi*] Anyone who makes earthenware vessels is called "a potter." The breaking of this wall will be so thorough that it will be like the breaking of an earthenware jug, which one smashes without pity, because he has no intention of leaving over any pieces even big enough to scoop fire from a hearth or water from a cistern.—[*Redak*]

shall not be found—*in the crushing of its fragments a shard large enough to scoop fire from a hearth, to pick up fire from a hearth. All scooping up of fire is referred to with an expression of* חֲתִיָּה.—[*Rashi*]

or to scoop water—*Or to draw. Comp.* (Haggai 2:16): *"To draw off* (לַחְשֹׂף) *fifty measures." Also,* (below 47:2): *"Draw off* (חֶשְׂפִּי) *the path." Draw water from your path, Epuyse in O.F.*—[*Rashi*]

Ibn Ezra renders: To reveal water, i.e. to uncover the water that is covered up.

from a cistern—Heb. מִגֶּבֶא. *A pit full of water.* [*Rashi*] גֶּבֶא resembles the Aramaic גוּב.—[*Ibn Ezra*]

15. **For so said**—*the Holy One, blessed be He, to you long ago, "You need not seek for yourselves the strength of Egypt and waste your money, for with tranquility and restfulness you shall have salvation, without any toil, if you listen to Me."*—[*Rashi*]

with tranquility—Heb. בְּשׁוּבָה, *an expression of restfulness and tranquility, Comp.* (Num. 10:36): *"Rest* (שׁוּבָה), *O Lord, with the ten thousands of the thousands of Israel."*—[*Rashi*] You will have salvation in your place, and you need not descend to Egypt.—[*Ibn Ezra*]

with quietude—*that comes to you from Me, and with trust, shall be your might.*—[*Rashi*]

trust—If you obey Me, then you will be saved through tranquility, and that you need not go down to Egypt, that trust will be your might, i.e. God will fight for you, but you did not obey.—[*Redak*]

16. **on horses will we flee**—Heb. נָנוּס. *We will ally ourselves with the*

וְלֹא אֲבִיתֶם׃ טז וַתֹּאמְרוּ לֹא־כִי עַל־
סוּס נָנוּס עַל־כֵּן תְּנוּסוּן וְעַל־קַל נִרְכָּב
עַל־כֵּן יִקַּלּוּ רֹדְפֵיכֶם׃ יז אֶלֶף אֶחָד
מִפְּנֵי גַּעֲרַת אֶחָד מִפְּנֵי גַּעֲרַת
חֲמִשָּׁה תָּנֻסוּ עַד אִם־נוֹתַרְתֶּם כַּתֹּרֶן
עַל־רֹאשׁ הָהָר וְכַנֵּס עַל־הַגִּבְעָה׃
יח וְלָכֵן יְחַכֶּה יְהוָה לַחֲנַנְכֶם וְלָכֵן יָרוּם

תרגום

טו וַאֲמַרְתּוּן לָא אֱלָהֵין
עַל סוּסְוָתָא נֶעֱרוֹק וְעַל
וְעַל כֵּן תַּעַרְקוּן וְעַל
קַלִּילִין נִרְכּוּב עַל כֵּן
יְהוֹן קַלִּילִין רָדְפֵיכוֹן׃
יז אַלְפָא חַד מִן קֳדָם
מְזוֹפִית חַד מִן קֳדָם
מְזוֹפִית חַמְשָׁא תֶּעֶרְקוּן
עַד דְּתִשְׁתַּאֲרוּן כְּבוּעֲרָא
עַל רֵישׁ טוּרָא וּכְאָתָא
עַל רָמְתָא׃ יח וּבְכֵן
עֲתִיד יְיָ לְמֵיחַם עֲלֵיכוֹן
ותקיף

מהר"י קרא קמץ בז"ק

(יח) ולכן יחכה ה׳ לחננכם. שאתם חוטאין: ולכן ירום לרחמכם. שכשהקב"ה עושה טובה לישראל שמו

רש"י

ובבטחה תהיה גבורתכם: (טז) על סוס ננוס. נתקש׳ במלכי מצרים ונביא מהם סוסים קלים לנוס: (יז) אלף אחד מכם מפני גערת אחד. מן האויבים או כולכם מפני גערת חמשה תנוסו: אם נותרתם. כמו אשר נותרתם: כתורן. עץ גבוה תקוע בארץ כמין תורן הספינה שקורין (מש"ט בלע"ז): וכנס. אף הוא כלונס גבוה שנותנין בראש הגבעה ובראש׳ הלופה גייסות באין נותן עליו סודר והרוח מוליכו והוא סי׳ שינוסו או יתקבצו: (יח) ולכן. על שלא אביתם לשמוע: יחכה ה׳ לחננכם. איני מדלג לכם על הגזירה הרעה בנגזרה עליכם כדי למהר

רד"ק

לפרוח לבקש עזר כי אם שתשבו בעירכם וזאת תהיה גבורתכם ר"ל כי ה׳ נלחם לכם. ולא אביתם: (טז) ותאמרו לא כי על סוס ננוס. אם יבא האויב יש אתנו סוסים וננוס עליהם מפני האויב עד יעבור ואחר כן נשוב לארצינו: ועל קל נרכב. סוס או גמל קל וכדבריכם כן יהיה שתניסון אבל לא המנוסה שחשבתם שתנצלו מיד האויב כי אם תרכבו אתם על קל רודפיכם יקלו מכם וישיגו אתכם: (יז) אלף אחד. אמר אחד ואע"פ שאין צריך אלא אמר כן לפי שהאל"ף הוא אחד במעלה הרביעית ואחד הוא אחד במעלה הראשונה ואמר שהרב ינוס מפני המעט: מפני גערת חמשה תנוסו. כולכם: עד אם נותרתם. אם במקום אשר כי ימצא במקום אשר כמו עד אם דברתי דברי. ובמקום כאשר כמו אם יהיה היובל לבני ישראל. ואם סובה אבנים תעשה לי והדומים להם אמר כל כך תנוסו הנה והנה עד שהנשארים בכם יהיו מעטים בין רבים. כמו התורן על ראש ההר שיראה יחידי מרחוק וכן כמו הנס על הגבעה והענין כפול כי הנס יפרשו על התרן: (יח) ולכן יחכה ה׳ לחננכם. יחכה פעל יוצא כלומר יבטיחכם שתחכו לו לחננכם שעוד יחון אתכם ויסעד אתכם ובענין הזה על אשר יחלתני יש מפרשים הפסוק הזה עם הפרשה הבאה אחרי׳ עתידה והנכון שהוא מענין הפרשה שמדבר על דורו של חזקיהו ועל הרעים

אבן עזרא

תהיה לכם במקומכם ולא תרדו מצרים: (טז) ותאמרו. אמר רבי יונה המדקדק כי ננוס מגזרת נס כטעם נרכב שיש אחריו ויש אומרים שהוא כמשמעו אתם נסתם ורודפיכם יניסון אתכם: ועל קל. שם התאר לסוס או כר לגמל: (יז) אלף. סמוך אל אחד מהם והוא תאר לבר והטעם כי שר שיש לו אלף אנשים ינוס מפני גערת אדם אחד: תנוסו. כלכם: כתורן. רמז שישארו מעט מהרבה והנכון בעיני כי טעם כנס על הנותרים בירושלם שלא ירדו על מצרים: (יח) ולכן יחכה ה׳. על דרך דיבור בני אדם: לחננכם. מפעלי הכפל על משקל אין גחלת לחמם מהבנין הקל

מצודת ציון

ולא אביתם. ולא רציתם: (טז) ננוס. מלשון נס והוא כלונס ארוך ועניינו הרמה כנס וכן נס להתנוסס (שם ס׳): תנוסון. מל׳ פסה ובריחה: (יז) גערת. ענין נזיפה: כתורן. הוא כמן הגבוה הזקוף על הספינה וכן בל יחזקו כן תרנם (לקמן ל"ג): וכנס. הוא כלונס ארוך עשוי לתלות בו מפה לסימן לאנשי הצבא להתאסף ולבא: (יח) יחכה. ענין איחור כי לדבר המתאחר

מצודת דוד

ובבטחון ה׳ ומבלי עמל: ולא אביתם. לא רציתם בזה כ"א במלחמה בעזרת מצרים: (טז) ותאמרו לא. אמרתם לא נבטח בה׳ אלא נתרומם כנס הזה בעזרת סוסים הבאים ממצרים: על כן תנוסון. בעבור זה תנוסון מפני האויב ויהיה לכם הספנה ולפי שהוא לשון נופל על לשון אמר כן: ועל קל נרכב. נתחזק ברכיבת סוסים קלים הבאים ממצרים: על כן יקלו רודפיכם. בעבור זה יקלו הרודפים ויתחזקו עליכם: (יז) אלף אחד. אלף אנשים מכם אשר כל אחד יהיה מיוחד: מפני. חוזר על מלת תנוסו לומר אלף מכם תנוסו מפני גערת אחד מן האויבים ומפני גערת חמשה תנוסו כולכם: עד אם. תהיו מפוזרים עד אשר תשארו יחידים כתורן בראש הספינה כאשר יעמידהו על ראש ההר בנראה למרחוק יחידית כי אין דבר נראה עמה: (יח) ולכן. הואיל ולא אביתם לשמוע: יחכה וגו׳. לא ידלג על הגזירה הרעה למהר להביא הטובה אלא

you that you wait and He will yet be gracious to you. This may be a prophecy of the future, but, more likely, it refers to the time of Hezekiah. Until now, we have spoken of those who went to Egypt for aid, and now we speak of the righteous, namely Hezekiah and his company.

and therefore, He shall withdraw to have mercy upon you—Heb. יָרוּם, *He shall draw Himself far away to have mercy upon you*—[*Rashi*]. *Rashi,* obviously, explains יָרוּם as an expression of separation and withdrawal as

16. And you said, 'No, but on horses will we flee.' Therefore,
you shall flee. 'And on swift [steeds] will we ride.' Therefore,
your pursuers shall be swift. 17. One thousand, because of the
shout of one, because of the shout of five, shall you flee, until
you remain like a mast on a mountaintop and like a flagpole on
a hill." 18. Therefore, the Lord shall wait to be gracious to you,
and therefore, He shall withdraw

Others associate the word נָנוּס with נֵס, *a flagpole,* rendering: *On horses will we lift ourselves up,* synonymous with "will we ride," in the second half of the verse.—[*Ibn Ezra,* quoting *Ibn Janah*]

and on swift [steeds]—lit. and on swift ones. *Swift* is the adjective modifying *steeds,* although the noun does not appear in the text.—[*Ibn Ezra*] *Redak* conjectures that it may refer to horses or camels. The prophet proclaims: Indeed, you shall flee, but not as you expected, that you would escape your enemies. Indeed, you will ride swift steeds, but your pursuers will be swifter.

17. **One thousand [of you], because of the shout of one**—*of the enemies, or all of you because of the shout of five, shall flee.*—[*Rashi*]

Alternatively, a thousand men, belonging to one officer, shall flee because of the shout of one man.—[*Ibn Ezra*]

you remain—lit. if you remain, *like 'that you remain.'*—[*Rashi*]

like a mast—Heb. כַּתֹּרֶן, *a lofty pole, inserted in the ground, like a sort of mast of a ship, that they call 'mast' in O.F.*—[*Rashi*]

and like a flagpole—Heb. וְכַנֵּס, *That, too, is a lofty pole, which they place on a hilltop, and when the scout sees troops coming, he places a banner on it, and the wind moves it. This is the signal that they flee or assemble.*—[*Rashi*]

This implies that so many of them will flee, that the few remaining will resemble a lone mast or flagpole atop a mountain or hill.—[*Redak*] *Ibn Ezra* comments that these will be the people left in Jerusalem, who did not go down to Egypt.

18. **Therefore**—*Because you would not obey.*—[*Rashi*]

the Lord shall wait to be gracious to you—*He* (acc. to *Parshandatha*) *does not skip for you over the evil decree, which was decreed upon you, in order to hasten and to bring the good, but He will wait until its end comes.*—[*Rashi*]

Ibn Ezra explains this as an anthropomorphism; i.e. God anxiously awaits the opportunity to be gracious to you. This is consistent with the Talmudic interpretation of this verse (*San.* 97b) that the Almighty awaits the coming of the Messiah, as does Israel. His coming is delayed by the Divine Standard of Justice, which does not yet allow him to come.

Redak explains: The Lord assures

לְרַחֶמְכֶם כִּי־אֱלֹהֵי מִשְׁפָּט יְהֹוָה
אַשְׁרֵי כָּל־חוֹכֵי לוֹ׃ יט כִּי־עַם בְּצִיּוֹן
יֵשֵׁב בִּירוּשָׁלִָם בָּכוֹ לֹא־תִבְכֶּה חָנוֹן
יָחְנְךָ לְקוֹל זַעֲקֶךָ כְּשָׁמְעָתוֹ עָנָךְ׃
כ וְנָתַן לָכֶם אֲדֹנָי לֶחֶם צָר וּמַיִם לָחַץ
וְלֹא־יִכָּנֵף עוֹד מוֹרֶיךָ וְהָיוּ עֵינֶיךָ רֹאוֹת

ת"א חוכי לו. סוכה מה סנהדרין לז: עם בציון. סוטה מט: מוריך. ערובין יג סוטה מט הוריות יב כריתות ו:

וְתַקִּיף הוּא דִירַחֵם
עֲלֵיכוֹן אֲרֵי אֱלָהָא
עָבֵיד דִּינָא יְיָ טוּבֵי
צַדִּיקַיָּא דִמְסַבְּרִין
לְפוּרְקָנֵהּ: יט אֲרֵי עַמָּא
בְּצִיּוֹן יָתֵיב בִּירוּשְׁלֶם
מִבְכָּא לָא תִבְכֵּי רַחֲמָא
יְרַחֵם עֲלָךְ קָל צְלוֹתָךְ
יְקַבֵּל וְיַעֲבֵיד בָּעוּתָךְ:
כ וְיִהַב לְכוֹן יְיָ נִכְסֵי
סַנְאָה וּבִזַּת מְעִיקָא וְלָא
יְסַלֵּק עוֹד שְׁכִינְתֵּיהּ
מִבֵּית מַקְדְּשָׁא וְיֶהֶוְיָן

רש"י

זלהביא הטובה אלא יחכה וימתין עד בא קיצה: ולכן ירום לרחמכם. יתרחק לרחמכם: כי אלהי משפט ה'. ויפרע תחלה מן המורדים בו: אשרי כל חוכי לו. לנחמות אשר הבטיח כי לא יפול דבר: (יט) כי. עוד ימים באים אשר ישאר להיות יושב בציון ובירושלים לדיק יהיה: בכו לא תבכה. לא תצטרך לבקש בקשה מאת הקב"ה בבכי כי לקול זעקך ענך: (כ) לחם צר ומים לחץ. אל תהיו כרוכים אחר תענוגים כאשר אתם עתה כמה שנאמר השותים במזרקי יין (עמוס ו') הנה ששון ושמחה (לעיל כ"ב): ולא יכנף. לא יתכסה ממך בכנף בגדיו כלומר לא יסתיר ממך פניו: מוריך. הקב"ה המלמדך להועיל:

מהר"י קרא

מתרומם בעולם: (יט) כי עם בציון ישב. כלפי שאמר למעלה עד אם נותרכם כתורן בראש ההר. חזר ואמר כי עם בציון ישב: (כ) ונתן לכם ה' לחם צר ומים לחץ. לחמו של צר הצורר אתכם ומים של לוחץ הלוחץ אתכם: ולא יכנף עוד מוריך. שתהא משליך דברי אחרי גויך. [כמו] מכנף הארץ. ור' מנחם ביר' חלבו פירש לא תכניסו עוד צלמיכם ופסיליכם בכנף ביתו של הקב"ה כמו שעשיתם עד עכשיו ככתוב ביחזקאל ספם את ספי ומזוזתם אצל מזוזתי והקיר ביני

אבן עזרא

ממשקל לשכב את בת יעקב ואם הם זרות בדקדוק ולכן הוא ירום לרחמכם כי השם יעשה לכם משפט מאשור: (יט) כי עם. בכו לא תבכה. אלה דברי הנביא כי השם יחנך ובא לקול הלמ"ד בעבור שועקת אליו: ענך. מלה זרה בדקדוק וכן כי פארך: (כ) ונתן. לחם צר ומים לחץ. שהיו ברעב כאשר פירשתי ושב לבנין לכרמל זמים איננו סמוך וכן הוא ומים מי לחץ כמו האהלה שרה אמו: ולא יכנף. ירחק שיהיה בכנף הארץ: מוריך.

רד"ק

שבהם שמבקשים עזר ממצרים אמר עד הפסוק הזה והפסוק הזה כנגד השובים חזקיהו וסיעתו: לחננכם. להנן אתכם לחנן בשקל אין נחלת לחמם: ירום לרחמכם. ירום וינשא על מחנה אשור לרחם אתכם: כי אלהי משפט ה'. ולא יספח הצדיקים עם הרשעים: אשרי כל חוכי לו. כי הם ינצלו. (יט) כי עם בציון ישב. לא כשאר ערי יהודה שנתפשו ביד מלך אשור בעבור שלא היו חוסים באל: בירושלם בכה לא תבכה. אתה העם אשר בירושלם שלא יצתה ממנה לבקש עזר מצרים בכה לא תבכה כמו שבוכים האחרים שנתפסו כי האל יחנך לקול זעקך: כשמעתו ענך. כאשר שמע זעקך ענה אותך וזהו שקרע חזקיהו בגדיו והתכסה בשק ובא בית ה' והתפלל שם וענה אותו האל על ידי ישעיהו הנביא ואמר אל תירא מפני הדברים אשר שמעת וגו': (כ) ונתן לכם ה'. המפרשים פירשו כמו ואם נתן כמו כי אינך יוצא שפירושו כי אם אינך יוצא וצמית והלכת ואם צמית והלכת והדומים לחם ויהיה לזה הפי' וי"ו ולא יכנף כפ"א רפ"א בלשון ישמעאל אמר אם עתה נתן לכם לחם צר ומים לחץ לא יהיה עוד זה כי לא

מצודת דוד

יחכה וימתין עד בוא קילה: ירום. יתרומם ויתרחק לרחמכם: כי אלהי משפט ה'. ולכן יפרע תחלה מן המורדים בו: אשרי וגו'. אבל אשרי לכל המקוים לו לנחמות אשר הבטיח כי לא יפול דבר: (יט) כי עם בציון. עוד ימים באים אשר העם הנשאר בציון והעם אשר ישב בירושלים לא יצטרכו לבוא בבקשה מה' בבכיה כי יחון אותם לשמוע קול זעקתם ולא תהיה בזולת הבכי: כשמעתו. מיד כשישמע את הקול יענה לך: (כ) ונתן וגו'. ר"ל המקום יתן בלבבכם להסתפק בלחם צר ומים לחץ כאלו דחוק לכם הלחם והמים ולא תהיו שטופים אחר התענוגים כמו עתה: ולא יכנף עוד מוריך. הקב"ה המלמדך להועיל לא יסתיר פניו ממך ואחז כמשל לאדם

מצודת ציון

מחכים ומקוים לה: לחננכם. מלשון חנינה: ירום. מלשון הרמה למעלה: חוכי. ענין תקוה: (כ) צר. לחץ. פתרון אחד להם מענין דחק: יכנף. מלשון כנף בגד והוא קלות הבגד: מורך.

just as Judah will be saved from their enemy, so will Israel, if they repent.

in Zion—Not in the other cities of Judah, since they were seized by the king of Assyria for not trusting in God.—[*Redak*]

you shall not weep—*You shall not need to offer supplication to the Holy One, blessed be He, with weeping, for, at the sound of your cry, He shall respond to you.*—[*Rashi*]

Redak explains as follows: the people remaining in Jerusalem, who did not go out to Egypt, shall not weep like those others, who were seized, for God shall be gracious to you at the sound of your cry.

to have mercy upon you, for the Lord is a God of justice; fortunate are all who wait for Him. 19. For a nation shall dwell in Zion, in Jerusalem; you shall not weep; He shall be gracious to you at the sound of your cry; when He hears you, He shall respond to you. 20. And the Lord shall give you scant bread and water of oppression, and your Teacher shall no longer be concealed from you, and your eyes shall see your Teacher.

above, 26:11. This, apparently, refers to those who went to Egypt for aid, concerning whom the prophet states that God "will withdraw from having mercy upon you," as he mentioned in the beginning of the verse.

Others render: He shall become exalted to have mercy upon you, meaning that He will exalt Himself over the Assyrian camp to destroy it, in order to have mercy upon you.—[*Redak, Ibn Ezra*] This follows *Redak*'s theory that the chapter deals with the reign of Hezekiah, when he was threatened by the Assyrian invasion.

for the Lord is a God of justice—*and He first metes out justice upn those who rebel against Him.*—[*Rashi*] Again, according to *Rashi,* this refers to those who went down to Egypt for aid. *Redak,* however, renders: And will not destroy the righteous with the wicked. As before, this refers to Hezekiah's party, who will survive the invasion and be saved when the Assyrians meet their downfall.

fortunate are all who wait for him—*for the consolations that He promised, for nothing shall fail.*—[*Rashi*]

Redak explains explicitly that the intention is that they will be saved, referring to the righteous in Jerusalem who were loyal to Hezekiah.

19. **For**—*days will yet come that he who remains to be dwelling in Zion and in Jerusalem, will be righteous.*—[*Rashi*] Manuscripts read: *For days will yet come and a righteous nation will dwell in Zion and in Jerusalem.* Other manuscripts read: *For the nation that He shall leave to be dwelling in Zion and in Jerusalem, shall be righteous people.*

The manuscripts appear to be more accurate than the printed editions, since the text mentions a nation, not individuals. From the following verses, it appears that *Rashi* explains this section as dealing with the Messianic era. Other exegetes, however, not only *Redak,* who explains the entire prophecy as alluding to Hezekiah's time, but even *Abarbanel,* who concurs with *Rashi* in explaining the first part of the chapter as an allusion to the kingdom of Israel, explains the following section as alluding to Hezekiah. The prophet presents the salvation of Jerusalem after Sennacherib's siege as an example for the kingdom of Israel, implying that,

אֶת־מוֹרֶיךָ׃ כא וְאָזְנֶיךָ תִּשְׁמַעְנָה דָבָר
מֵאַחֲרֶיךָ לֵאמֹר זֶה הַדֶּרֶךְ לְכוּ בוֹ כִּי
תַאֲמִינוּ וְכִי תַשְׂמְאִילוּ׃ כב וְטִמֵּאתֶם
אֶת־צִפּוּי פְּסִילֵי כַסְפֶּךָ וְאֶת־אֲפֻדַּת
מַסֵּכַת זְהָבֶךָ תִּזְרֵם כְּמוֹ דָוָה צֵא
תֹּאמַר לוֹ׃ כג וְנָתַן מְטַר זַרְעֲךָ אֲשֶׁר־

עֵינָךְ חָזְיָן יָת שְׁכִנְתִּי בְּבֵית מַקְדְּשָׁא :
כא וְאוּדְנָךְ יִשְׁמְעוּן פִּתְגָמָא מִבָּתְרָךְ לְמֵימַר הָדָא אוֹרְחָא דְתַקְנָא הֲלִיכוּ בָהּ לָא תִסְטוּן מִנַּהּ לְיַמִּינָא וְלִסְמָאלָא:
כב וּתְסָאֲבוּן יָת חִפּוּי צַלְמֵי כַסְפֵּיכוֹן וְיָת תִּקּוּן מַתְּכַת דַּהֲבְכוֹן תְּרַחֲקִינּוּן כְּמָא דִמְרַחֲקִין יָת טוּמְאָתָא כֵּן תְּרַחֲקִינּוּן : כג וְיִתֵּן

ת"א ואזניך תשמענה. שבת קנג מגלה לב (שבת ח) : פסילי כספך. (שבת יא) : כמו דוה. שבת פב :

מהר"י קרא

וביניהם : (כא) ואזניך תשמענה דבר מאחריך לאמר זה הדרך לכו בו. שתהיו שומעין אל הנביאים מדברים לכם תוכחות וכשילך אדם מכם לעבור עבירה ישמע דבר מאחריו לאמר הנה דרך רע שאתה הולך בה. והפוש לך בזה. הה"ד זה הדרך לכו בה. לא באותם שהזכיר למעלה אשר אמרו לרואים לא תראו ולחוזים לא תחזו לנו נכוחות דברו לנו חלקות וגו׳ : [כב] וטמאתם את [צפוי] פסילי כספך. שתהיו מעמידין אותן

רד"ק

יכנף עוד מוריך ויהיה מוריך כמו מטרך מן יורה ומלקוש ופי׳ לא יכנף לא יאסף ולא יעצר יהדומה לו בדברי רז"ל כנופיא לאסיפת העם ולעצירתם. ואז בימי חזקיהו היה להם בצורת ובשר להם אותם בשבע. כמו שאמר אכול השנה ספיח ובשנה השנית שחים ובשנה השלישית זרעו וקצרו וגו׳ או פי׳ ולא יכנף ולא ירחף בכנף הארץ כלומר לא יהיה רחוק מכם המטר אלא קרוב שיהיו עיניכם רואות תמיד ויש לפרש מוריך מן ולא שמעתי לקול מורי ואמר זה על חזקיהו ואם יו"ד מוריך לרבים יהיה חזקיהו ושריו ר"ל שלא ישלח שלוחים בכנף הארץ כמו שעשה אחז ששלח למלך אשור לעזור לו במלהבת רצין ופקח אבל חזקיהו יהיה בטוח במקומו ולא יצטרך אל עזר אדם ועיניך יראו אותו תמיד בירושלים שיורה אותך הדרך הטובה והישרה ויונתן פי׳ הפסוק על מתנה אשור שתרגם הפסוק כן ויהב ה׳ לכון נכסי שנאה וגו׳ ונכון הוא פירושו : ומים לחץ. בא בסמיכות עם הכ"ם כמו מ"ם ברכים: (כא) ואזניך. אפי׳ יקרא אותך המורה מאחריך ויאמר לך זה הדרך לכו בה תשמענה אזניך ותקשבנה כל שכן כשיורה אותך פנים בפנים ר"ל שיהיו דורו של חזקיהו בימים ההם חפצים לשמור התורה והמצות ושומעים לקול מוריהם אפי׳ יקראו אותם מאחריהם : כי תאמינו וכי תשמאילו. כשתרצו להטות אל הימין או אל השמאל לא תעשו אלא הדרך הישר נגד עיניכם לכו בה לא תטו ימין ושמאל ממצות התורה והאמינו כמו כי תימינו האל"ף תמורת היו"ד : (כב) וטמאתם. כשידבר כנגד העם ידבר פעם לשון יחיד דרך כלל ופעם לשון רבים דרך פרט ופי׳ וטמאתם תתנו אותו כמו טמא כי כן אמר חזקיה על הפסילים שעשה אחז אביו אמר ללוים והוציאו את הנדה מן הקדש ואמר ויוציאו את כל הטומאה אשר מצאו בהיכל ה׳ ואמר ויקבלו הלוים להוציא לנחל קדרון חוצה והנדה והטומאה הם הפסילים והמסכות: אפדת. כמו וחשב אפדתו. כתרגומו ענין תקון: תזרם. תזרם למקום רחוק : כמו דוה. כמו הנדה שתשב במקום רחוק מבעלה בימי נדת דותה: צא תאמר לו. תאמר לפסל צאי חוצה וי"מ צא כמו ציאה ותשלכנה לחוץ וכן הוא בבסרה לית לשון טנוף : (כג) ונתן. יתן לך האל מטר לצורך

רש"י

(כא) ואזניך תשמענה וגו׳. לא כמו שאתם עושים עתה שאתם מואסי׳ בדברו ואומרי׳ לא תחזו לנו נכוחות כי אם אזניך יהיו נטויות אף אחריך לשמוע דבר מאתי אולי יבא נביא ויוריך דרך ללכת בין ימין ובין שמאל: (כב) אפודת. נוי: כמו דוה. יהיו מאוסי׳ בעיניך כנדה: (כג) ונתן.

אבן עזרא

בדרך הישרה והם חזקיהו ושריו : והיו עיניך. כפול בטעם כמשפט : (כא) ואזניך. הטעם כי בעיניך תראה מוריך לפניך וכן מאחריך תשמע דברי הנביאים והמוכיחים ויש אומרים כי זה דרך משל על מראה הלב ומשמעו : כי תאמינו. האל"ף תחת יו"ד ימין וכמוהו רבים והטעם כי אם תאמינו או תשמאילו מהדרך ישרה תשמע באזניך מוריך בדרך הטובה: (כב) וטמאתם. צפוי. שם: אפודת. מכסה יקר על הפסל : תזרם. כי הם אסורים בהנאה: כמו דוה. אשה טמאה שלא יגע בה טהור : (כג) ונתן.

מצודת ציון

מלמדך וכן יורה דעה (לעיל כ"ח) : (כא) תאמינו. מלשון ימין ובאה האל"ף במקום היו"ד : (כב) צפוי. ענין חפוי וכסוי : אפדת. חגורה כמו ואפדת לו בחשב האפוד (שמות כ"ט) : מסכת. פסל הניתך ממתכת וכן אלהי מסכה (שם ל"ד) : תזרם.

מצודת דוד

המכסה פניו בכנף בגד שלא יראוהו : והיו עיניך. כשלא יסתיר פניו א"כ יהיו עיניך רואות אותו ר"ל תוכל לשאול כל לרכך כי ימלא משאלותיך : (כא) ואזניך וגו׳. לא כמו שאתם מואסים עתה בדברי ואומרו לא תחזו לנו נכוחות כי אז תטינה אזניך נטויות לאחורך לשמוע דברי מאתי אשר יאמר זה הדרך לכו בו : כי תאמינו. בין כשתרצו ללכת אל הימין בין אל השמאל תהיו מאזינים לשמוע דבר ה׳ אם נכון הדבר : (כב) וטמאתם וגו׳. ר"ל בעיניכם יהיה טמא לפוי פסילי הכסף וחגורת מסכת הזהב : תזרם כמו דוה. תפזרם ותזרקם למרחוק כמו אשה היושבת רחוק מבעלה בימי נדתדותה : צא תאמר לו. תאמר עליו לא הולם וכן אמר חזקיהו והוליאו את הנדה מן הקדש (דה"ב כ"ט) ועל הפסל אמר : (כג) ונתן

Rabbis decreed a state of ritual impurity on idols. Based on our verse, Rabbi Akiva rules that the degree of impurity is identical with that of a menstruant, namely, the ability to transmit impurity either by touching or carrying (*Shabbath* 9:1)

Redak finds this verse reminiscent of Hezekiah's purging the Temple of Ahaz' idols. The Chronicler quotes Hezekiah as exhorting the Levites to "take the 'menstruant' out of the sanctuary (II Chronicles 29:5)."

'Go out,' say to it—Say to the

21. And your ears shall hear from behind you, saying, "This is the way; go on it," whether you will go right or whether you will go left. 22. And you shall contaminate the plate of your silver graven images and the adornment of your golden molten image; scatter them afar like a menstruant; 'Go out,' say to it.
23. And He shall give the rain of your seed, with which

at the sound of your cry—This alludes to Hezekiah, who rent his garments, donned sackcloth, and came to the Temple to pray to God, and God answered him through Isaiah and said to him, "(below 37:6) Have no fear of the words that you have heard, etc."—[*Redak*]

20. **scant bread and water of oppression**—*You shall not run after pleasures as you do now, as it is said:* "(Amos 6:6) *Who drink from basins of wine.*" "(above 22:13) *And behold joy and happiness.*"—[*Rashi*]

shall no longer be concealed—Heb. לֹא יִכָּנֵף, *shall not be covered from you with the skirt of His garments, i.e. He shall not hide His countenance from you.*—[*Rashi*]*

your Teacher—*The Holy One, blessed be He, who teaches you for your profit.*—[*Rashi*]

21. **And your ears shall hear from behind you**—*Not as you do now, that you despise My words and say, "You shall not prophesy for us true things* (verse 10)," *but your ears shall be bent also behind you to hear from Me, perhaps a prophet will come and instruct you the way to go, whether right or left.*—[*Rashi*]

As explained above, *Redak* interprets this section as referring to Hezekiah's generation, when the people will thirst for knowledge of the Torah and seek teachers to teach them the way of God. They will even listen from behind them if their teachers call them from behind.

whether you will go right, etc.—I.e. whether you desire to go right or left from the straight path, you will, nevertheless, follow the instructions of your teachers and take the straight path.

22. **And you shall contaminate**—I.e. you shall regard as contaminated.— [*Mezudath David*]

the adornment—*the beauty.*—[*Rashi*]

like a menstruant—*They shall be repugnant in your eyes like a menstruant.*—[*Rashi*]

Ramban, Gen. 31:35, expounds on the dire effects of contact with a menstruating woman. In ancient times, menstruating women would be isolated in their tents, and people would refrain from talking to them or stepping on the ground where they stepped. Accordingly, the comparison is very apropos.

Ibn Ezra takes this as an indication that the plating and the adornment of the images is prohibited from deriving any benefit therefrom. Hence the analogy to the menstruant, who is unclean and whom no ritually clean person will touch.

In the Mishnah, we find that the

תִּזְרַע אֶת־הָאֲדָמָה וְלֶחֶם תְּבוּאַת
הָאֲדָמָה וְהָיָה דָשֵׁן וְשָׁמֵן יִרְעֶה מִקְנֶיךָ
בַּיּוֹם הַהוּא כַּר נִרְחָב: כד וְהָאֲלָפִים
וְהָעֲיָרִים עֹבְדֵי הָאֲדָמָה בְּלִיל חָמִיץ
יֹאכֵלוּ אֲשֶׁר־זֹרֶה בָרַחַת וּבַמִּזְרֶה:
כה וְהָיָה עַל־כָּל־הַר גָּבֹהַּ וְעַל כָּל־גִּבְעָה
נִשָּׂאָה

ת"א ירעה מקנך. מנחות פז: והאלפים. (מעבדות מט):

תרגום

מְטַר זַרְעָךְ דִי תִזְרַע יַת אַרְעָא וְעִבּוּרָא וַעֲלָלָא יִסְגֵי בְּאַרְעָא וִיהֵי פַּרְנוּס וְטָב וְיִתְפַּרְנְסוּן צַדִּיקַיָּא מִגְּיֵיהוֹן בְּעִדָּנָא הַהִיא שְׁמֵן רַכִּיכִין וּפַטִּימִין: כד וְתוֹרַיָּא וַחֲמָרַיָּא דִי מְפַלְחִין בְּהוֹן יַת אַרְעָא בְּלִיל מְפַטַּם יֵיכְלוּן דִי דְרָא בְרִיחֲתָא וּבְמַדְּרָא: כה וִיהֵי עַל כָּל טוּר רָם וְעַל כָּל רָמָא מְנַטְלָא פְּצִידִין נָגְדִין מַיִין תַּקְלָא

רש"י

הקב"ה את מטר זרעך: ושמן. ל' דבר שמן ואינו ל' שמן לפיכך טעמו למטה ונקוד קמץ: כר נרחב. עד שיהמו הכרים שמנים ורחבים: כר. כבש ל"א מישור נרחב כמו (בראשית י"ג) ככר הירדן וכמו (ויקרא כ"ג) כרמל כר שהוא מלא תבואה: (כד) והאלפים. שוורים: בליל חמיץ. כמו (איוב ו') על בלילו. קשין ותבן מחומצין ומהוזקין בתבואה שבתוכם יאכלו: אשר זורה. התבואה פעמי' אחת ברחת ואחת במזרה כדי לנקות התבואה לפיכך יהיה התבן בלול בתבואה שזורה במזרה אצל הקשין: ברחת. (פיל"א בלע"ז). ובמדרש אגדה בלול לשון בליל שיהא האוכל בלול בתבן:

מהר"י קרא

על חזקתם שהם טמאים ובטמאין כנדה הה"ד תזרם כמו דוה: אפודת. תיקון כמו ואפדת לו בחשב האפוד. דמתרג' ותתקן ליה: (כג) כר נחרב: מישור רחב. כמו כרמל כר מלא: (כד) והאלפים והעירים. הבקר והעירים והעובדים את האדמה שעובדין וחורשין אותה: בליל חמיץ יאכלו. בליל. עומר כמו בלילו יקצורו. חמיץ. לשון גודל ועלה: אשר זרה (ברחת ובמזרה). שלאלתר יכולין לזרותו: ברחת ובמזרח. ברחת מן

אבן עזרא

אשר תזרע. אחר מות מלך אשור: כר. כמו ככר הירדן וכן כי בת עין חסר בי"ת כל כך יהיה הזרע והצמח רב: (כד) והאלפים. השוורים שיחרשו בהם וכן העיירים כמו שגר אלפיך: בליל. כמו אם ינעה שור על בלילו: חמיץ. גם המן שויס: אשר זרה. אותו: ברחת. מגזרת רוח והוא כלי ובמזרה: (כה) והיה על כל הר גבוה. פלגים יבלי מים. כמו ועל יובל ישלח שרשיו והטעם רב המטר עד שיעמוד על ההרים: ביום הרג רב. שימותו

רד"ק

זרעך אשר תזרע וכן יתן לך לחם תבואת האדמה כי לא יבא בו שדפון וירקון ולא יאכלנו הארבה ועוד יהיה לחם ארצך דשן ושמן וגם מקנך ירעה כמו כן: כר נרחב. כי הכל יהיה מלא תבואה וירעה המקנה ברחב. כר הוא מקום מרעה: מקניך. כתוב ביו"ד אפשר שהוא לרבים או הוא תמורת למ"ד הפעל: (כד) והאלפים. השורים כמו שגר אלפיך: והעירים. הם עילי החמורים: עובדי האדמה. שעובדים בהם האדמה: בליל חמיץ יאכלו. מרוב התבואה שיהיה להם יאכלו השורים והחמורים המספא הנקי שינקו אותם להם ויזוו ויבררו כמו החטים למאכל האדם: בליל. הוא המספוא כמו אם יגעה שור על בלילו: חמיץ. נקי לפי ענינו וגם יש לו דוכה בלשון ערבי וי"ת בליל פטים: זורה. בינוני משלא נזכר פעלו מן הדגוש לפי' הוא בסגול: ברחת. רחת מן רוח לפי שמזרין בה ומנקים הקש מן התבואה: (כה) והיה. לענין שאמר שיתן מטר על פני האדמה אמר כל כך יהיה שפע המים עד שההרים והגבעות יבאו בהם מים ויהיה זה ביום הרג רב בנפול מגדלים: ביום. כמו בעת כמו ביום הכותי כל בכור יום צעקתי בלילה נגדך וכן כל ביום ההוא שאומר על עתידה: הרג רב. הוא מה שהכה האל במחנה אשור כי אחר כן ברכם האל ליושבי ירושלם

מצודת דוד

מטר זרעך. האל יתן מטר לצורך זרעך וגו' וכן יתן לך לחם תבואת האדמה כי לא יביא שדפון וירקון ולא יאכלנו הארבה: והיה דשן ושמן. הלחם תהיה דשן ושמן לגדל פירות מבושלים: ירעה. כ"א ממקניך ירעה במרעה טובה עד שכל אחד מהכרים יהיה רחב ובעל בשר: (כד) עובדי האדמה. כי בהם חורשים העבדה לזריעה: בליל חמיץ יאכלו. מאכלם יהיה תבואה בלולה במין המוחזק כרוב תבואה: אשר זורה. ר"ל יחזקו המין בתערובות תבואה נקיה אשר זורה ברוח ע"י הרחת ובמזר' להסיר הפסולת כי מרוב הברכה יאכילו גם לבהמות תבואה נקיה: (כה) והיה וגו'

מצודת ציון

ענין פזור למרחוק וכן זרה הלאה (במדבר י"ז): דוה. כן תקרא הנדה כמ"ש כימי נדת דותה (ויקרא י"ב): (כג) דשן. ענינו כמו שמן: כר. כבש שמן וכן בלחו כר (תהלים ס"ה): (כד) והאלפים. השוורים כמו שגר אלפיך (דברים ו'): והעירים. כן יקראו החמורים עודם קטנים: בליל. מלשון בלבול ועירבוב: חמיץ. מלשון חמץ ור"ל מחוזק כדבר המחמץ: זורה. ענינו פזור התבוא' מול הרוח להפריח הפסולת וכן זורה את גורן (רות ג'): ברחת. הם כלי שזורין בו התבואה ונקרא כן לפי שמניפין אותו אל הרוח: ובמזרה. גם הוא שם כלי עשוי לזרות בו התבואה: (כה) פלגים.

the cattle and donkeys.—[*Rashi* from *Tan. Mishpatim* 17]

Abarbanel renders: fermented mixture. A mixture of various grains, completely cleansed from the chaff, with a shovel and a large sieve, then mixed with water and slightly fermented. Grain will be so plentiful that the cattle will be fed clean grain without straw.

25. **And there shall be**—In conjunction with the preceding verses concerning the rain, the prophet continues to expound on the matter, and he tells us that there will be so much rain that there will even be rivers on the hills and mountains, and that this will take place on the

you shall sow the soil, and bread of the grain of the soil, and it
shall be plenteous and fat; your livestock shall graze, [each one
becoming] on that day a fattened lamb. 24. And the oxen and
the young donkeys who work the soil shall eat enriched prov-
ender, which was winnowed with the shovel and with the fan.
25. And there shall be on every high mountain and on every
raised hill,

idol, "Go out of here." Alternatively, *Call it excrement,* and cast it outside.—[*Redak* from *Masorah*]

23. **And He shall give**—I.e. *the Holy One, blessed be He, shall give the rain for your seed.*—[*Rashi*]

God shall give you rain for your seed which you shall sow. Likewise, he will give you the bread of your grain, for there will be no windblast or yellowing.—[*Redak*]

with which you shall sow—after the death of the king of Assyria.—[*Ibn Ezra*]

fat—Heb. וְשָׁמֵן, *an expression of fat. Therefore, its accent is below* (on the last syllable) *and it is vowelled with a kamatz* (tzeireh).—[*Rashi*]. *Rashi* wishes to distinguish between שָׁמֵן, an adjective meaning fat, and שֶׁמֶן, a noun meaning oil. *Rashi* on Num. 11:8 is more explanatory.

a fattened lamb—*until the lambs will become fat and wide.*

lamb—Heb. כַּר, *a lamb. Alternatively, a wide plain. Comp.* "(Gen. 12:10) *the plain* (כִּכַּר) *of the Jordan,*" "(below 32:15) *Carmel," meaning a wide plain, full of grain.*—[*Rashi*] The second interpretation is found also in the commentaries of *R. Joseph Kara, Ibn Ezra,* and *Redak.* Also, *Ramban* on Gen. 14:6. In certain manuscripts of *Rashi,* however, it does not appear. Moreover, it is inconsistent with *Rashi*'s interpretation of כִּכַּר, Gen. ibid. *Jonathan* interprets it figuratively, referring to the righteous of that time.

24. **And the oxen.**—Heb. אֲלָפִים, *oxen.*—[*Rashi, Ibn Ezra, Redak, Jon.*]

who work the soil—*Jonathan* paraphrases: with whom they work the soil. *Redak,* too, renders it in this manner.

These animals are used for plowing.—[*Ibn Ezra*]

enriched provender—Heb. בְּלִיל חָמִיץ, *comp.* "(Job 6:5) *On his provender* (בְּלִילוֹ). *Stubble and straw, strengthened and enriched with the grain within them, they shall eat.*—[*Rashi*]

which was winnowed—*The grain is winnowed twice, once with a shovel and once with a fan, in order to clean the grain. Therefore, the straw will be mixed with grain that was winnowed with a fan near the stubble.*

shovel—Heb. רַחַת, *paile* (pelle) *in O.F.*

fan,—Heb. מִזְרֶה, *van in O.F. And the Midrash Aggadah states that* בְּלִיל *is an expression of mixing, that the food will be mixed into the straw.* I.e. the grain will be so plentiful that it will be mixed into the straw eaten by

נִשָּׂאָה פְּלָגִים יִבְלֵי־מָיִם בְּיוֹם הֶרֶג רָב
בִּנְפֹל מִגְדָּלִים: כו וְהָיָה אוֹר־הַלְּבָנָה
כְּאוֹר הַחַמָּה וְאוֹר הַחַמָּה יִהְיֶה
שִׁבְעָתַיִם כְּאוֹר שִׁבְעַת הַיָּמִים בְּיוֹם
חֲבֹשׁ יְהוָה אֶת־שֶׁבֶר עַמּוֹ וּמַחַץ מַכָּתוֹ
יִרְפָּא: כז הִנֵּה שֵׁם־יְהוָה בָּא מִמֶּרְחָק

בער

ת"א אור הלבנה. פסחים סח סנהדרין צא: שבעתים. עקידה שער כט:

תרגום

לְמַלְכִין וּלְמַשְׁרְיָתְהוֹן בְּיוֹם קְטוֹל רַב בְּמִפַּל רַבְרְבִין: כו וִיהֵי נְהוֹר סִיהֲרָא כִּנְהוֹר שִׁמְשָׁא וּנְהוֹר שִׁמְשָׁא יְהֵי עָתִיד לְאַנְהָרָא עַל חַד תְּלַת מְאָה אַרְבְּעִין וּתְלָתָא כִּנְהוֹר שִׁבְעַת יוֹמַיָּא בְּיוֹמָא דְיָתִיב יְיָ יָת גָּלְוַת עַמֵּיהּ וּמְחָא מַחֲתֵיהּ יַסֵּי: כז הָא שְׁמָא דַיְיָ מִתְגְּלֵי כְּמָא דְאִתְנַבִּיאוּ עֲלוֹהִי נְבִיַּיָא

מהר"י קרא

חקש. בסורה מן המוץ מן הצרורות ומן הקצה: (כה) ביום הרג רב. באומות: בנפול מגדלים. מגדלי מבצריהם: (כו) ואור החמה יהיה שבעתים כאור שבעת הימים. אילו אמר החמה יהיה שבעתים ושתק. הייתי אומר שבעתים של יום אחד. [עכשיו] שאמר כאור שבעת הימים. למדנו שמוסיף אורה על כל יום ויום של שבעת ימי בראשית שבעתים. נמצא תאורה מתכפלת על אורה של שבעת ימי בראשית שלש מאות וארבעים ושלש. ורבותינו פירשו כאור של שבעת ימי המשתה שהוא עתיד לעשות לצדיקים לעתיד והוא עתיד (להפשיע) [להשפיע] להם אורה. שקשה להם דבר זה. אם יום ראשון נבראו המאורות יפה אומר כאור שבעת הימים. [והלא ברביעי נבראו המאורות. אלא כאינש] דאמר כן וכן אנא מפקד

רש"י

(כה) יבלי מים. נהרי מים כמו (ירמיה י"ז) ועל יובל ישלח שרשיו: ביום הרג רב. שיהא טבח גדול (בארץ אשור) וי"ת ביום קטול רב במיפל רברבין: (כו) שבעתים כאור שבעת הימים. שבעתים שבע שבעיות כאור של שבעת הימים הרי ארבעים ותשע שבעיות העולים לשלש מאות וארבעים ושלשה: (כז) שם ה'. גבורתו שתהא לו לשם מה שיעשה בסנחריב: בא ממרחק. להאמין מה

רד"ק

ויחודה בכל טוב ופי' בנפול מגדלים שרים גדולים וכן ת"י רברבין כמ"ש ויכחד כל גבור חיל ונגיד במחנה אשור: (כו) והיה אור הלבנה. רוב המפרשים פירשו פסוק זה לעתיד ויש שפירשו כמשמעו ואיננו נכון ויש שפירשו משל לרוב הטובה שתהיה לעתיד בימי המשיח וכן הוא אבל יתכן לפרשו גם כן משל בימי חזקיהו שיהיה להם טובה רבה אחרי מות מחנה אשור והתשועה ממנו היתה גדולה וכמו שקורא הצרה חשך ואפלה כמו שאומר שמש וירח קדרו והכוכבים אספו נגהם והפסוקים הדומים להם לזה כן יקרא התשועה אורה כמ"ש ליהודים היתה אורה ושמחה לא שהוסיף להם אור חשמש ואור הלבנה אלא הישועה היא האורה וכן לא יבא עוד שמשך וירחך לא יאסף עוד והדומים לזה ושבעתים ר"ל אורות גדולות רבות כמו שבעתים יוקם קין ר"ל נקמות רבות לא שני פעמים שבעה לבד כי חשבון שבע ושבעה יבא להגדיל החשבון כמו שבע יפול צדיק וקם שבע כחטאתיכם והדומים להם: כאור ז' הימים. דרך משל כאלו אור שבעת ימי השבוע יהיו כאחד בהוספת האחד על חבירו: ביום חבוש ה' את שבר עמו. אם לעתיד ביום קבוץ גליות או אחר מלחמת גוג ומגוג ועליו יתפרש לזה הפי' הפסוק שלפני זה ביום הרג רב שלא תהיה אחר המלחמה ההיא צרה בעולם וכאלו יהי' כל העולם אורה ואם בימי חזקיהו אחרי מות מחנה אשור ולענין הפרשיות האלו לפני הפסוקים הבאים האלה ולאחריהם יראה הענין הזה בימי חזקיהו כמו שפי' וכן דעת הגדול רבינו משה מימון ז"ל ופי' כאור שבעת הימים שבעת ימי חנכת שלמה: (כז) הנה שם ה'. שם ה' שחרפו מלאכי מלך אשור הנה הוא בא להנקם ממנו. ומה שאמר ממרחק לפי שהיה חושב מלך אשור כי האל הוא כאלו הוא במרחק ממנו ולא יוכל להרע לו לפיכך אמר כי הנה הוא בא ממרחק: בוער אפו. שאפו בוער על מלך אשור

אבן עזרא

אנשים: בנפול מגדלים. וזאת נחמה כי אם ימותו עשרה יחיו רבבות כי בעבור שיפול קיר על האלמנה לא יעצור הגשם הגשם שלא ישלחנו להחיות רבים כי אין לגשם דעת שירד על מקום אחד ולא על מקום אחר עמו ביחד: (כו) והיה. כל המפרשים אמרו כי זה הפסוק לעתיד וטעם הפרשה על מלחמות גוג ומגוג רק רבי משה הכהן אמר שהיא כולה דבקה והנה אחריה אומר הוי היורדים מצרים וככה לפניה וטעם אור הלבנה שהם יחזק אור הלבנה והחמה אחרי הגשם הרב וזה דבר פלא: שבעתים. פי' כאשר פי' הנביא כאור שבעת הימים והטעם כאור שבעת הימים מחובר: ביום חבש ה'. בזמן שירפ' השם מכת ישראל בימי גוג או בימי אשור: (כז) הנה. טעם שם שישמע מעשה השם במחנה אשור וטעם ממרחק מהשמים בעבור רדת המלאך:

מצודת ציון

אמות המים המתפלגים ומתפרדים אילך ואילך: יבלי מים. גם הוא מענין פלגים כמו ועל יובל ישלח שרשיו (ירמיה י"ז) וכפל המלה במלות נרדפים וכן אדמת עפר (דניאל י"ב): (כו) חבוש. ענין כריכת מטלית על מקום השבר כמו ולא חובשו (לעיל א'): ומחץ. ענין מכה ופצע כמו מחץ ראש (תהלים ק"י): (כז) זעם.

מצודת דוד

פלגים. מלוב המטר: ביום הרג רב. כל זה הטובה יהיה בעת ביהיה הרג רב במחנה אשור ע"י המלאך המכה בם: בנפול מגדלים. כאבדן השרים הגדולים שבהם: (כו) כאור החמה. תפסיק אורה כמו אור החמה: יהיה שבעתים כאור וגו'. יהיה שבעה פעמים ככה וחוזר ופי' שיהיה כאור שבעת הימים ביחד והוא ענין משל על רוב הטובה כלפי שנאמר ביום למה שמש וירח קדרו (יואל ב'): ביום חבוש. זה הטובה יהיה בעת ירפא בשרם ומכתם ר"ל אחר מפלת אשור שהיה מכה בהם: (ט) הנה שם ה'.

the king of Assyria believed that God was a long distance away from him and would not be able to harm him.—[*Redak*]

canals, rivulets of water, on the day of the great slaying, when the great ones fall. 26. And the light of the moon shall be like the light of the sun, and the light of the sun shall be sevenfold as the light of the seven days, on the day the Lord shall bind the fracture of His people, and the stroke of their wound He shall heal. 27. Behold the Name of the Lord comes from long ago,

day of the great slaying, when the great ones fall.—[*Redak*]

canals—Canals of water that branch off in all directions.—

[*Mezudath Zion*] *Redak* (*Shorashim*) interprets it as distributaries, emanating from the river. *Ibn Janah* interprets it as rivers originating from a spring.

rivulets of water—Heb. יִבְלֵי מָיִם, *rivers of water. Comp.* "(Jer. 17:8) *And upon the river* (יוּבַל) *he sents forth his roots.*"—[*Rashi, Ibn Ezra*]

on the day of the great slaying—*when there will be a great slaughter (in the land of Assyria), and Jonathan renders: On the day of the great slaying, when the great ones will fall.*—[*Rashi*]*

26. **sevenfold**—Heb. שִׁבְעָתַיִם. *This means seven sevens as the light of the seven days, i.e. forty-nine sevens, equalling three hundred forty-three.*—[*Rashi*]*

shall bind the fracture of His people—When God heals the wound of Israel, either in the days of Gog or in the time of Assyria.—[*Ibn Ezra*]

Redak, too, continues with both interpretations. Binding up the fracture may allude to the Ingathering of the Exiles or the aftermath of the war of Gog, and accordingly, the preceding verse should be explained. He quotes *Rambam,* who interprets it as an allusion to the time of Hezekiah, which he compares to the seven days of Solomon's dedication of the Temple.

27. **the Name of the Lord**—*His might, which will be for Him as a name, viz. what He will do to Sennacherib.*—[*Rashi*] *Ibn Ezra,* too, explains similarly. *Redak* explains this as referring to God's Name, blasphemed by the emissaries of Sennacherib. His Name will, so to speak, come to wreak vengeance upon Sennacherib.

comes from long ago—Heb. מִמֶּרְחָק, lit. from afar. *To realize what He promised long ago.*—[*Rashi*] *Rashi* does not clarify the time of this promise. Perhaps the prophet refers to his own earlier prophecies on this matter. See above 7:20, 10:16–19. *Abarbanel* explains that God's Name was already famous long ago, when He visited the ten plagues on the Egyptians and drowned them in the Red Sea. His Name represents His power, as David said to Goliath, "(I Sam. 17:45) And I come to you with the Name of the Lord of Hosts."

Others explain it literally: God's Name will be heard as coming from heaven, whence the angel originated.—[*Ibn Ezra*] Alternatively,

בֹּעֵר אַפּוֹ וְכֹבֶד מַשָּׂאָה שְׂפָתָיו מָלְאוּ
זַעַם וּלְשׁוֹנוֹ כְּאֵשׁ אֹכָלֶת׃ כח וְרוּחוֹ
כְּנַחַל שׁוֹטֵף עַד־צַוָּאר יֶחֱצֶה לַהֲנָפָה
גוֹיִם בְּנָפַת שָׁוְא וְרֶסֶן מַתְעֶה עַל לְחָיֵי
עַמִּים׃ כט הַשִּׁיר יִהְיֶה לָכֶם כְּלֵיל

מִלְקֳדָמִין תְּקִיף רוּגְזֵהּ
וּקְשֵׁי מִלְסוֹבְרָא מִן
קֳדָמוֹהִי עַל רַשִׁיעַיָא
נְפַק לְוָט וּמֵימְרֵהּ כְּאֶשָּׁא
אָכְלָא׃ כח וּמֵימְרֵהּ כְּנַחַל
מְגַבַּר עַד צַוָּאר תַּקִיפִין
יִקְטִיל לְאַרְמָא עַמְמַיָא
בְּרָמוּת רֵיקָנוּ וּזְמָם
דְטָעוּ בְּלֵיסַת עַמְמַיָא׃
כט תּוּשְׁבַּחְתָּא תְּהֵי לְכוֹן

רש"י

שהבטיח זה ימים רבים: **משאה**. ה"א יתירה והינו אלא כמו משא לפיכך נקוד' רפי: **(כח) כנחל שוטף**. אשר העובר בו יהלה בו עד צוארו שאין בו שום כח לעמוד בפני שטף המים: **להנפה**. להניף (אווני"ר בלע"ז): **בנפת שוא**. לא להועיל לכם והם סבורים להועיל: **ורסן**. פרומביא (פריג"ק בלע"ז): **(כט) השיר יהיה לכם**. בליל הפסח תבא לכם שמחה זו: **כליל התקדש חג**. כמו

מהר"י קרא

[לשבעת] יומי משתיתא: (כח) ורוחו כנחל שוטף. **שהוא** עמוק כל כך שעד צואר יחצה. בנחל שמגיע לצוארו של אדם שכיון שבגיע עד צווארו של אדם שוב אינו יכול לעמוד בו: יחצה. לשון מחיצה. ולא לשון מחץ מכה. כלומר כנחל שיעשה מחיצה עד צואר: להנפה גוים בנפת שוא. כמו על הר נשפה שאו נס הרימו קול להם. הניפו יד ויבאו פתחי נדיבים. כלומר שירמזו להם על האומות שיבואו אל ישראל ברמז של שוא שמשגיא לגוים ויאבדם. ומסיר לב ראשי עם **הארץ**. ויתעם בתוהו לא דרך. ומניף להם יד כזה שמניף בסודר שתלה בראש הנס להאות למרחוק לומר בואו. כך לסנחריב מרמז שיבא. וכאשר הלך וכבש עד ירושלים לא יתנגה ביד סנחריב והה"ד להנפה גוים בנפת שוא: (כט) השיר יהיה לכם כליל התקדש חג. עדיין לא למדנו שאמרו שירה מבערב. כהתחילה להם הגאולה מבערב. שבערב ארבעה עשר נתכנסו כל הבכורים אצל פרעה. אמרו לו הרי אנו רואין שמשה נתנבא ונתקיימו דבריו בבקשה ממך שלח את האנשים

אבן עזרא

וכבד משאה. כמו והמשאת החלה כי שמות הם לעשן: **(כה) ורוחו**. הרוח היוצא מפיו דרך משל על דבר המלאך: **להנפה**. רובי המפרשים אומר' כי להנפה כמו להניף ורבי משה הכהן אמר שהוא כמו רסן והנה זה הרוח כרוח שקר שהתנב' עליו מיכיהו וזהו הנכון והטעם כי הרסן יוסס על לחיי הסוס להוליכו לדרך הישרה וזה הרוח ישים רסן מתעה וכמוהו בנפו' שוא והנה טעם להנפה כמו קשר: **(כט) השיר**. הכ"ף לנכח יהודה: **כליל התקדש חג**. ליל

רד"ק

ועל מחנהו: וכובד משאה. הה"א אינה כנוי לנקבה כי היא רפה. ואמר כובד משאה כלומר כבוד יהיה עליהם לסבול המשא הכבדה ההיא שישא האל עליהם: שפתיו מלאו זעם. ולשונו וגו' כפל הענין במ"ש ושפתיו ולשונו הם דברי הנבואה שהתנבא הנביא עליהם: (כח) ורוחו. ודבורו וכן ת"י ומימריה כמו שאמר שפתיו ולשונו כן אמר ורוחו או יהיה פי' ורוחו מלאכו והוא המלאך שהכה במחנה אשור יהיה להם כנחל שוטף שישטפם: עד צואר יחצה. כמו מי הנהר שהגיע לאדם עד צוארו שאין לו דרך לצאת מהם אלא יטבע בתוכם או הוא קריב להיות טובע וכן מחנה אשור כמעט כלו כולם כי לא נשארו אלא מעט כשעור הראש אצל הגוף: להנפה גוים בנפת שוא. מקור כמו להניף פירוש רוחו יבא להניף הגוים אשר במחנה אשור בהנפת שוא ונפה היא הכברה שמניפין בה התבואה ואותה אינה לשוא אלא לברר הבר מן התבן אבל זאת הנפה שיניף האל בה הגוים תהיה נפת שוא שלא ישאר בה דבר צורך אלא הכל ילך לשוא ולאבוד ויהיה גם כן רוחו לעמים האלה כמו רטן מתעה כי הרסן שמשימין בפי הבהמה הוא מישר הבהמה שתלך דרך ישרה למקום שרוצה הרוכב אבל זה הרסן ישים האל על לחיי העמים להתעותם לא לישרם ויוליכם לאבדון: (כט) השיר. באותו היום שתהיה המגפה במחנה אשור יהיה לכם יושבי ירושלם שיר ושמחה כמו הלילה

מצודת דוד

מפנת חבור שהוא שם גבורתו של המקום הנה המפלה ההוא בא ממרחק ר"ל מן השמים ע"י המלאך המכה בהם: בוער אפו. הבערת האף וכובד המשא העמוסה על אשור בא ממרחק מן השמים: שפתיו. שפתי ה' והוא דברי הנבואה על מפלת אשור: ולשונו וגו'. כפל הדבר במ"ש: (כח) ורוחו. רוח פיו היא כנחל השוטף בחוזקה המגיע עד הצואר ושמה יחלקו את הגוף להיות מה ממעל למים ומה במים ור"ל כמו שיש סכנה במים הבאים ושוטפים כשעור זה כן יסתכנו מחנה אשור ויפלו: להנפה גוים. רוח ה' דבר להניף העמים אשר במחנה אשור בנפת שוא כי הנפה היפה עשויה לברר הבר מן התבן אבל הנפה הרעה שנקביה גסות אין בה תועלת כי הכל נופל דרך הנקבים וכן מחנה אשור ינפו בנפת שוא כי כולם יכלו ולא ישאר שארית: ורסן מתעה. כי הרסן הנוסס על לחיי הבהמה מיישר להוליכה בדרך הישר לבל תחטא אבל הרסן שישים האל על לחיי העמים ההם להוליכם לירושלים הרסן הזה יתעה אותם כי ילכו לאבדון ר"ל המקום יתן בלבם ללכת לירושלם לרע להם: (כט) השיר יהיה לכם. בעת יפלו מחנה סנחריב יהיה לכם שיר כמו השיר שהיה במצרים בלילה אשר התקדש להיות בו חג והוא

מצודת ציון

כעס וקצף: אוכלת. שורפת: (כח) ורוחו. ענין דבור הבא בהפח' הרוח: שוטף. ענין מסירות ההלוך: יחצה. ענין חלוקה כמו ותחץ לארבע רוחות השמים (דניאל י"א): להנפה. להוליך ולהביא ולפזרה בתוך הנפה והוא כענין כברה ובדרז"ל ונפה שמוליאה את הקמח (אבות פ"ה): שוא. ר"ל רעה: ורסן. הוא מה שמוליכין הבהמה ע"י כמו במתג ורסן (תהלים ל"ב): מתעה. מל' תועה: לחיי. הוא מקום שאלל העין: (כט) התקדש. מלשון קודש:

separates it from the grain, leaving over the grain, this sieve was the sieve of destruction, not leaving over anything.

29. **This song shall be to you**—*On the night of Passover shall this joy come to you.*—[*Rashi* from unknown Midrashic source. The only Midrashic work that states that the downfall of Sennacherib's camp occurred on the night of Passover is *Midrash Panim Acherim,* second version, on *Megillath Esther,* ch. 6, p. 37. In no place, however, is there

His wrath is kindled, and the weight of the burden; His lips are
filled with fury, and His tongue is like a consuming fire.
28. And His breath is like a flooding stream, up to the neck it
shall divide; to wave the nations with a vain waving, and a mis-
leading bit on the jaws of the peoples. 29. This song shall be to
you as the night of

the burden—Heb. מַשָּׂאָה. *The 'heh' is superfluous, and it is only like* מַשָּׂא. *Therefore, the 'heh' is silent, not punctuated by a mappiq*—[*Rashi*]. Were the 'he' punctuated by a mappiq, we would render: *her burden.*—[*Redak*]

The prophet states that the weight of the burden imposed upon them by the Almighty will be very hard to bear.—[*Redak*]

Ibn Ezra renders: And the weight of the smoke.

His lips . . . His tongue—An allusion to the harsh prophecy of their doom.—[*Redak*]

28. **And His breath**—The breath that comes out of His mouth, figurative for the work of the angel who destroyed the Assyrian camp.—[*Ibn Ezra*]

Redak cites *Targum Jonathan,* who renders: *And His speech,* again referring to the prophecy concerning Assyria. He also suggests that רוחו may refer to the angel. He does not make it clear whether he interprets רוחו as 'His breath' or as 'His spirit.' *Abarbanel,* too, interprets the verse according to the second manner, but he is no clearer on the rendering of the word.

is like a flooding stream—*which divides the one who crosses it, up to his neck, for he has no strength to stand against the current of the water.*—[*Rashi*]

The prophet compares the Assyrian camp to a man crossing a swift stream, so deep that the water comes up to his neck, almost completely submerging him, and making it almost impossible for him to save himself. So was the Assyrian camp almost completely destroyed, with very few survivors, as the proportion of the head to the body.—[*Redak*]

to wave—Heb. לַהֲנָפָה, *vaner in O.F.*—[*Rashi*]

with a vain waving—*Not to avail them, but they think it will avail.*—[*Rashi*]

and a bit—Heb. רֶסֶן, *freynk in O.F.,* a rein or curb.—[*Rashi*]

R. Moshe Hakohen, cited by *Ibn Ezra* explains לַהֲנָפָה as 'to bridle.' God's spirit denotes the false spirit, similar to that prophesied by Micaiah (I Kings 22:19–23). This spirit would inspire the nations to join Assyria in its attack on Judah. Instead of the bit leading the horse on the straight path, it led him astray. So did the spirit of God mislead the nations in their attack on Judah. *Redak,* too, explains in this manner. He differs in one respect, however, by rendering 'to sift the nations with a sieve of destruction', unlike a sieve that sifts the straw and

הִתְקַדֶּשׁ־חָג וְשִׂמְחַת לֵבָב כַּהוֹלֵךְ
בֶּחָלִיל לָבוֹא בְהַר־יְהוָה אֶל־צוּר
יִשְׂרָאֵל׃ ל וְהִשְׁמִיעַ יְהוָה אֶת־הוֹד
קוֹלוֹ וְנַחַת זְרוֹעוֹ יַרְאֶה בְּזַעַף אַף וְלַהַב
אֵשׁ אוֹכֵלָה נֶפֶץ וָזֶרֶם וְאֶבֶן בָּרָד׃
לא כִּי־מִקּוֹל יְהוָה יֵחַת אַשּׁוּר בַּשֵּׁבֶט
יכה

תרגום

כְּלֵילְיָא דְאִתְקַדַּשׁ בֵּיהּ חַגָּא וְחֶדְוַת לִבָּא כְּמָא דְנָגְדִין בְּתוֹדְתָא בְּאַבּוּבָא לְמֵיעַל בְּטוּר קוּדְשָׁא דַיְיָ לְאִתְחֲזָאָה קֳדָם תַּקִּיפָא דְיִשְׂרָאֵל׃
ל וְיַשְׁמַע יְיָ יָת זִיו קָל מֵימְרֵהּ וּתְקוֹף דְּרַע גְּבוּרְתֵּהּ יְגַלֵּי בִּתְקוֹף רְגַז וְשַׁלְהוֹבֵי אֶשָּׁא דְמִשֵּׁיצָא פְּסִילָן בְּדוּר וְזַרְמִית וְאַבְנִין דְּבָרָד׃
לא אֲרֵי מִקָּל מֵימְרָא דַיְיָ

ת"א התקדש חג. פסחים לה ערכין י׳:

מהר"י קרא

פן נמות לפי שנתנבא עלינו ומת כל בכור בארץ מצרים. אמר פרעה צאו וקפחו שוקיהם של אלו מיד נזדרזו הבכורים והתחילו להכות באבותיהן. דכתיב למכה מצרים בבכוריהם. הנה שמענו כי התחילה להם הגאולה מבערב. אבל לא שמענו שאמרו שירה מבערב. ואף עכשיו במפלתו של סנחריב בשוררו ועל]הגם כליל התקדש החג ששרתם כשיצאתם ממצרי׳ למחרת: ושמחת לבב. יהיה לכם במפלתו של סנחריב: כהולך בחליל לבוא בהר ה׳ אל צור ישראל. כמביאי ביכורים לירשלים שהיו באין לירושלם בשמחת לבב והחליל היה מכה לפניהם והדוכסין והאיפרכין עומדין מכאן ומכאן כשמגיעין אל הר ה׳ אל צור ישראל: (ל) [והשמיע וגו׳]. לשומעו כנוח להם. ישמיענו באשור בזעף אף ולהב אש אוכלה: ונחת זרועו. שהוא נוח לישראל ומקבץ אותן כענין שנאמר בזרועו יקבץ טלאים. יראה למלך אשור בנפץ וזרם ואבן ברד: (לא) כי מקול ה׳ יחת אשור בשבט יכה.

רש"י

שאמרתם שיר של הפסחים במצרים ונראה מקרא זה כאלו בא ללמד על סנחריב ולימד על פרעה שאמרו הלל בליל אכילת פסחים. מדרש תהלים: כהולך בחליל. ותשמחו במפלת סנחריב כשמחת מביאי בכורים שהיה החליל מכה לפניהם לבא בהר ה׳ כמו ששנינו במס׳ בכורים: (ל) ונחת זרועו. אין זה ל׳ נוח אלא ל׳ נוחות בו (בושלמנ"ט בלע"ז) כמו וינח בכל גבול מצרים (שמות י"ז) הנחת גבורתו יראה בלהב אש שנשרפו אוכלוסי סנחריב: נפץ. ל׳ שיבור יותר: וזרם. קילוח מטר סוחף: (לא) מקול ה׳ יחת אשור. אזנים פתח להם ושמעו שירה מפי היות ומתו. באגדת חלק: בשבט יכה. אשור אשר היה רגיל להכותך בשבטו:

רד"ק

שמתקדש בו החג והוא הלילה של חג ששמחים בו ואומרים בו שיר כן יהיה לכם זה ביום מפלת מחנה אשור שתשמחו ותשירו ותהללו לאל שעשה לכם נס גדול והשיר הזה הוא בפה והשמחה היא בלב לפיכך אמר ושמחת לבב. ואמר כהולך בחליל כי ההולך בחליל באמת יש לו שמחת לבב ואמר הולך כי המחול היא שהולכים רבים איש ביד חברו סביב סביב והחליל מכה בתוכם: לבא בהר ה׳. שיבאו בהר ה׳ שהוא בית המקדש לשיר ולהלל שם אל צור ישראל שהיה צורם וחזקם עם מלך אשור ורז״ל פירשו כי בליל פסח היתה מגפת מחנה אשור שנאמר השיר יהיה לכם כליל התקדש חג שאומרים בו שירה והלל זהו ליל הפסח: (ל) והשמיע ה׳. כשבא מלאך ה׳ בא בקול רעם שהבהילם ויצאה נשמתם: ונחת. מתרגמינן וירד ונחת ונחה הוא שם הירידה ר״ל שיוריד האל זרועו עליהם ר״ל מכתו: ולהב אש אוכלה. פירשו רז״ל שרפת נשמה וגוף קיים כמו שפירשנו בפסוק ותחת כבודו יקד יקוד: נפץ וזרם. כאלו ירדו עליהם ברקים מנפצים ומשברים וזרם מטר ואבן ברד כן יכלו במהרה: (לא) כי מקול ה׳. בשבט יכה האל יכה אותו בשבטו או פי׳ אשור שהיה מכה בשבט עתה יחת וישבר שהרי קראו שבט כמ״ש הוי אשור שבט אפי וכת״י:

אבן עזרא

הפסח על כן אמרו הקדמונים ז״ל כי בליל הפסח על נכחד מחנה אשור: לבוא בהר ה׳. דבק עם כהולך: (ל) והשמיע. הוד קולו. כאשר יפחד השומע מקול רעם: ונחת. יריד׳ כמו ותנחת עלי ידך: יראה. לעולם בי״ת בזעף מושך אחר: בנפץ. מגזרת תנפץ: ואבן ברד. דרך משל: (לא) כי. בשבט יכה. כאילו בשבט יוכה או כי

מצודת ציון

בחליל. שם כלי נגון: צור. חוזק ומעוז: (ל) הוד. הדר ויופי: ונחת. מלשון הנחה: בזעף אף. כפל המלה בשמות נרדפים: נפץ. ענין רציצה עם הפזור כמו ונפוץ הכדים (שופטים ז׳): וזרם. ענין מרולת המים: ואבן ברד. ר״ל ברד קשה וכבד: (לא) יחת.

מצודת דוד

ליל פסח: ושמחת לבב. יהיה לכם שמחת לבב כשמחת מביאי בכורים שהיה החלול מכה לפניהם לבוא בהר ה׳ הר הבית: (ל) והשמיע ה׳ וגו׳. אהז במבל מדרך בני אדם המלחמי׳ שמרימי׳ קול צווחה לאיים על שכנגדם: ונחת זרוע. הנחת זרועו להכות בהם יראה בקצף גדול ובלהב אש השורפת ובנפץ וזרם ואבן ברד ר״ל לא ישאר מהם שארית כאלו הביא עליהם כל המכות הללו: (לא) כי בקול ה׳. מגערת ה׳ יושבר אשור כאלו הכה אותו בשבט

ing rain.—[*Rashi*]

It will be as though thunder, lightning, and rain would fall upon them suddenly, so quickly will they be destroyed.—[*Redak,* see also *Ibn Ezra*]

31. **from the Lord's voice Assyria** *ears, and they heard the song from the mouth of the Chayoth, and they died.—In the Aggadah of Chapter Chelek.* [*Rashi* from *San.* 95b]

with a rod he would smite—*Assyria, who was wont to smite you with his rod.*—[*Rashi*] I.e. Assyria,

the sanctification of the festival, and the joy of heart like one
who goes with a flute to come upon the mountain of the Lord,
to the Rock of Israel. 30. And the Lord shall make heard the
glory of His voice, and the laying down of His arm shall He
show, with furious anger and a flame of consuming fire, burst-
ing and storming rain, and hailstones. 31. For from the Lord's
voice Assyria shall be broken; with a rod he would smite.

any indication that this verse connects the downfall of Sennacherib with that date, except in reference to what *Rashi* cites further. Perhaps *Rashi,* as well as *Ibn Ezra* and *Redak,* was in possession of a Midrash, since lost.]

as the night of the sanctification of the festival—*Just as you recited a song over the Paschal sacrifices in Egypt [It appears from this verse as though he wishes to teach us about Sennacherib, but he teaches us about Pharaoh, that they recited Hallel on the night of the eating of the Paschal sacrifices. In Midrash Tehillim* (1:20)*].*—[*Rashi*] The bracketed lines are not found in certain manuscripts. The reference to *Midrash Tehillim* does not coincide with our editions of the Midrash. In our editions, the passage is very brief and incomplete. The entire passage, as *Rashi* quotes it, is found in *Yerushalmi Pesachim* 9:3. See also *Siddur Rashi,* ch. 385.

According to its simple meaning, the prophet tells us that the day the plague breaks out in the Assyrian camp will be accompanied by joy and singing like the night of a festival, when everyone rejoices and sings. 'Song' is the celebration by mouth, and 'joy' is the jubilation felt in the heart. Scripture, therefore, states both.—[*Redak*]

like one who goes with a flute—*And you shall rejoice with the downfall of Sennacherib like the joy of those who bring the First Fruits, before whom the flute would play, to come upon the mountain of God, as we learned in Tractate Bikkurim* (3:4).—[*Rashi*]

to the Rock of Israel—*Jonathan* paraphrases: To appear before the Rock of Israel.

30. **And the Lord shall make heard**—When the angel of the Lord came, he came with a loud thunder, which frightened them, and their souls departed from their bodies.—[*Redak*]

and the laying down of His arm—*This is not an expression of resting but an expression of placing, posement in O.F. Comp.* "(Exod. 10:14) And placed it (וַיָּנַח) *throughout the entire boundary of Egypt." The placing of His might He will show in a flame by which the armies of Sennacherib were burnt.*—[*Rashi*] See above 10:16.*

bursting—Heb. נֶפֶץ, *an expression of more intense breaking,* shattering.—[*Rashi*]

יכה: לב והיה כל מעבר מטה מוסדה
אשר יניח יהוה עליו בתפים ובכנרות
ובמלחמות תנופה נלחם בה: לג כי
ערוך מאתמול תפתה גם הוא למלך
הוכן

מתבר אתוראה די די בשולטן מחי: לב ויהי כל מעבר רברביהון ותקיפיהון די יניח יי פורענות גבורתה ביניהון בתופין ובכינורין ישבחון בית ישראל ועל קרבא תקיפא דיתעביד להון בעממיא: לג ארי מסדרא מן עלמין לקביל חוביהון גהנם אף היא מלך עלמיא אתקנא לעמיקא

ת"א תפתה. עירובין יט פסחים נד נדרים לט : בם קרי היא קרי

רש"י

(לב) והיה כל מעבר מטה מוסדה. כל מעברות תוקף יסודות אוכלוסיו כל המקומות אשר עברו שם והשחיתו' וביום מפלתם יניח ה' עליהם על שמועת מפלתם והם יהיו שמחים בתפים ובכינורות. וכה פתרון המקרא בסירוס והיה בתופים ובכינורות. כל מעבר מטה מוסדה אשר יניחם ה' עליו ובמלחמות תנופת שוא מעלה ומוריד נלחם בם הקב"ה. ומדרש אגדה תנופת קציר העומר עמדה לישראל באותה מלחמה כי ליל פסח עשר בניסן היה: (לג) כי ערוך מאתמול. יום שני לבריאת עולם יום שיש לו תמול ואין לו שלשום: תפתה. גיהנם שכל המתפתה בילרו נופל

מהר"י קרא

אותו שהיה רגיל להכות את ישראל בשבט: (לב) והיה כל מעבר מטה מוסדה. והיה כל מעבר שהיה מטה של סנחריב מוסדה. כלומר כל מקום שדרכו רגלי אוכלוסיו בביאתו לארץ ישראל והחריבוהו. כי כל מקום. אשר יניח ה' את סנחריב עליו. כלומר אשר ינהגם ה' לארץ ישראל והחריבו. עכשיו ביום שיחת אשור. יהיו כל המקומות שהיה נלחם. היו מזמרים בתופים ובכינורות על שמיעת מפלתו: ובמלחמות תנופה נלחם בם. וכל אותן המקומות שהיה נלחם בהם. מחמת שרמז להם הקב"ה שיבא עליהן. ומדרש אגדה. בזכות העומר שישראל מקריבין בששה [עשר בניסן] נלחם הקב"ה בחילו של מלך אשור: (לג) כי ערוך מאתמול תפתה. מיום שני של ששת ימי בראשית. כיום שיש בו תמול ואין בו שלשום. והוא ערוך לרשעי ארץ. בה נידונים דור אנוש ודור המבול ודור הפלגה ואנשי סדום ופרעה. שמא תאמר מאחר שנידונין בה כל הדורות הללו כבר נתמלאה. ת"ל העמיק הרחיב. בכל יום הולך ומרחיב. או שמא אש שתוקד בה כבה. ת"ל מדורתה אש ועצים הרבה. כמו להרבות. שמא תאמר אינה שולטת ברוחו של אדם לשרוף את הרוח. ת"ל כנשמת אלוה

אבן עזרא

בשבט יכנו השם: (לב) והיה. מוסדה. פעול מהבנין הכבד הנוסף כי הנה מטה על לשון נקבה שמעו מטה ומי יעדה והטעם כל מקום שיעבור עליו זה השבט וכן המטה: אשר יניח ה' עליו. לא יהיה לשם יגיעה רק יכה והמכה הוא המלאך שמח כמו בתופים ובכנורות: ובמלחמת תנופה. תנופות יד לנגן: (לג) כי. מאתמול. ואם הוא בשורק הוא כמו הולם וטעם אתמול מלפנים: תפתה. שם מקום מעונף סביב ירושלם ושם ישליכו כל דומן ויעלה ממנו עשן והטעם כי השם ערך למלך אשור: גם היא למלך הוכן. הטעם כי נכהד כל נגיד ושר ויש אומר כי הוא

רד"ק

(לב) והיה כל מעבר מטה מוסדה. בכל מקום שיעבור במחנה המטה שיסד האל לו שיניחנו עתה על מלך אשור בתפים ובכנורות ותהי המלחמה שילחם ה' עליו בתפים ובכנרות לא בכלי מלחמה ומה שאמר בתופים ובכנורות כי באבוד רשעים רנה וכאלו המלאך מנגן בשעה שמכה אותם: ובמלחמות תנופה. כפל ענין כי המנגן מניף בידו: מוסדה. שם וה"א רפה: נלחם בה. בה כתוב ר"ל במחנה כי הוא בל' נקבה. כמו המחנה האחת אם תחנה עלי מחנה וקרי בם ר"ל באנשי המחנה: (לג) כי ערוך מאתמול. בשור"ק כמו בחולם: תפתה. הוא גיהנם אומר כי ערוך הוא להם מאתמול קודם מותם שהנביא התנבא בטרם בא הגזרה על נפילתם ובמות גופם תמות גם כן נפשם ותהיה בגיהנם. ותפתה. זכרו בפסוק בל' זכר ובל' נקבה: גם הוא למלך הוכן. גם למלך אשור הוכן התפתה אע"פ שהיה מתגאה ומתנשא בעצמו ואומר בכח ידי עשיתי ובחכמתי כי נבונותי לפיכך אמר גם כן העמיק הרחיב האל העמיק והרחיב תפתה למחנה הגדול הזה שיכנסו כולם

מצודת דוד

במשבר: (לב) והיה כל מעבר וגו'. פתרון המקרא בסירוס כאלו אמר והיה בתופים ובכנורות כל מעבר מטה מוסדה אשר יניח ה' עליו ובמלחמות תנופה נלחם בם ר"ל יהיה שמח לנגן בתופי' ובכנורות כל מקום אשר מהלך אשור שהוא כמטה מוסדה עבר שם בדרך מהלכו והשחתה והשמחה תהיה בשמעם אשר המקום הניח עליו ידועו להכותו ונלחם בם במלחמות תנופה שוא כי כולם כלו ולא נשאר שארית כמ"ש למעלה להנפה גוים בנפת שוא: (לג) כי ערוך מאתמול תפתה. הגיהנם בוערה בחוזק רב כאלו נערך מאתמול ר"ל מזמן קרוב שלא נתקלקל הסדור עדיין: גם היא למלך הוכן. עם בהמלך אשור מגבל בהיו מגבל רב מ"מ ילד גם הוא שמה: העמיק הרחיב. הלא העמיק והרחיב את הגיהנם להחזיק את כל המהנס

מצודת ציון

ענין שבירה כמו חתתה קשתותם (ירמיה כ"א): (לב) מעבר. מל' עברה: מוסדה. מלשון יסוד וחוזק: בתופים ובכנורות. שמות כלי נגון: תנופה. מלשון נפה והוא לענין כברה: (לג) ערוך. ענין סדור: מאתמול. ר"ל מזמן קרוב וכן ואתמול עמי לאויב יקומם (מיכה ב'): תפתה. כן יקרא הגיהנם ע"ש שכל הנפתה בילרו נופל בו וכן ותופת לפנים אהיה (איוב י"ז): הוכן. מל' הכנה:

of the world—a day that has a yesterday but not a day before yesterday. —[*Rashi* from *Gen. Rabbah* 4:6]

Tophteh—*Gehinnom, for whoever is enticed* (מִתְפַּתֶּה) *by his temptation falls into there.*—[*Rashi* from *Eruvin* 19a]

Redak explains that Gehinnom is ready for the wicked during their lifetime, and when they die, the soul dies as well and goes into Gehinnom.

has been prepared for the king—*For the necessity of Sennacherib and his army.*—[*Rashi*]

Redak adds: Even for the king of

32. And it shall be, every place where the established staff shall pass, upon which the Lord shall grant peace, [it shall be] with drums and with harps, and with wars of waving will He fight with them. 33. For Tophteh is set up from yesterday, that too has been prepared for the king,

who was wont to smite you with his rod, will be broken. Assyria was known as God's rod (above 10:5).—[*Redak*]

Redak suggests also, God will smite Assyria with His staff. *Ibn Ezra* suggests this explanation, and also: It is as though he is smitten with a rod.

32. **And it shall be, every place where the established staff shall pass**—*All the crossings of the strength of the foundations of his armies; all the places they passed and destroyed, and on the day of their downfall the Lord shall grant peace upon them through the news of their downfall, and they shall be joyful with drums and harps. And this is the interpretation of the verse in inverted order: And it shall be with drums and harps, every passing of the established staff upon which the Lord shall grant peace, and with wars of vain waving, lifting and lowering, did the Holy One, blessed be He, fight against them. And, according to Midrash Aggadah (Lev. Rabbah* 28:6, *Pesikta d'Rav Kahana p.* 71a, *Pesikta Rabbathi* p. 162, *Yalkut Shimoni* ad loc.), *the waving of the harvest of the Omer stood up for Israel in that war, for it was the night of the sixteenth of Nissan.*—[*Rashi*] It is noteworthy that the midrashim do not state explicitly that the war took place on the night of the sixteenth of Nissan. *Rashi* derives this from the fact that the mitzvah of waving the Omer stood up for Israel. In that case, they had perforce, already fulfilled that mitzvah. We now find a conflict between those midrashim and the midrash quoted by the exegetes on verse 29, that the destruction of the Assyrian camp took place on the first night of Passover, when Hallel is recited. It is not unusual to find conflicting views in different midrashim, nor is it unusual for *Rashi* to quote conflicting views.

Alternatively, we may explain as follows: And every place where the established staff, which God shall place upon him, shall be with drums and harps, and with wars of waving will He fight them. Everywhere God's established staff will be placed to destroy Assyria, it shall be with drums and harps, not with weapons and armaments. It will be as though the angel played music and the soldiers were annihilated. And with wars of waving the baton to conduct the orchestra, will He fight with them. The '*kethib*' is בָּהּ, *with it,* referring to the camp, and the '*kere*' is בָּם, *with them,* referring to the soldiers.—[*Redak, Ibn Ezra*]*

33. **For... is set up from yesterday**— *The second day of the Creation*

הוּכַן הֶעְמִיק הִרְחִב מְדֻרָתָהּ אֵשׁ
וְעֵצִים הַרְבֵּה נִשְׁמַת יְהוָה כְּנַחַל
גָּפְרִית בֹּעֲרָה בָּהּ: לא א הוֹי הַיֹּרְדִים
מִצְרַיִם לְעֶזְרָה וְעַל־סוּסִים יִשָּׁעֵנוּ
וַיִּבְטְחוּ עַל־רֶכֶב כִּי רָב וְעַל פָּרָשִׁים כִּי־
עָצְמוּ מְאֹד וְלֹא שָׁעוּ עַל־קְדוֹשׁ יִשְׂרָאֵל
וְאֶת־יְהוָה לֹא דָרָשׁוּ: ב וְגַם־הוּא חָכָם

ת״א העמיק. מנחות לט: היורדים מצרים. (סוכה נה): וגם הוא חכם. יבמות ט (קידושין סה):

תרגום

וּלְאַפְּתָאָה מְדוּרָא דְאֶשָּׁתָא דָלְקָא בַהּ כַּד בְּאָעִין סַגִיאִין מֵימְרָא דַיְיָ כְּנַחַל מְגַבַּר גָפְרִית דָלְקָא בָהּ: א וַי דְנַחְתִּין לְמִצְרַיִם לְסָעִיד וְעַל סוּסְוָתָא מִסְתַּמְכִין וּמִתְרַחֲצִין עַל רְתִיכַיָא אֲרֵי סַגִיאִין וְעַל פָּרָשַׁיָא אֲרֵי תַקִיפִין לַחֲדָא וְלָא אִסְתְּמִיכוּ עַל מֵימַר קַדִישָׁא דְיִשְׂרָאֵל וְאוּלְפַן מִן קֳדָם יְיָ לָא תְבָעוּ: ב וְאַף הוּא בְּחוּכְמְתֵיהּ אַיְתֵי בִישְׁתָא עַל

מהר״י קרא

יאבדו וכרוח אפו יכלו. הנידונים בהם. שהקב״ה בוער והוא שורף בנשמת אלוה ואינו כבה לעולם:
לא (ב) וגם הוא. הקב״ה: חכם ויבא רע ואת דבריו לא הסיר. אשר אמר והשיבך ה׳ מצרים באניות. מידה כנגד

רש״י

שם: **למלך הוכן.** לצורך סנחריב והילו: **מדורתה.** לי אש נסקת מערכת עצים על האש קרויה מדורה: **נשמת ה׳.** נפיחת רוחו: **בוערה.** בוערת:
לא (א) **הוי.** על הושע ועשרת השבטים היורדים מצרים לעזרה אשר שלחו מלאכים אל סוא מלך מצרים (מלכים ב׳ י״ז): **על סוסים.** הבאים משם שהם קלים לרוץ: **ישענו.** (כמו ולא שעו אל קדוש ישראל) כמו שעשה חזקיה שנא׳ (מלכים ב׳ י״ח) בה׳ אלהי ישראל בטח וימרוד

רד״ק

שם: מדורתה. מדורת התפתה תהיה גדולה לשרוף נפשות הרשעים האלה כי יש שם אש ועצים רבים ונשמת ה׳ שהיא כנחל גפרית להם הם שם כמדורה שבוערת בה שלא תכבה: **בוערה.** דולקת ופי׳ נשמת ה׳ ההבל היוצא מהפה שיקרא **נשימה.** וכן אמר נפשו גחלים תלהט. וכל הענין הזה דרך משל על הגזרה שהביא האל עליהם קשה ורעה וכן אמר על אבדון נפשות הרשעים מדורתה אש ועצים הרבה והעמיק והרחיב הכל דרך משל: (א) **הוי.** ועל סוסים ישענו על סוסי **מצרים:** ולא שעו על קדוש ישראל. ולא בטחו. וכן ישעה האדם **על עושהו:** (ב) וגם הוא חכם. וגם האל חכם ויודע מהשבותם כי לא דרשו אל ה׳ וירדו אל מצרים לעזרה בעבור כי דעתם ומחשבותם כי לא ייטיב ה׳ ולא ירע ולכן לפי מחשבתם הביא עליהם רע להראותם כי ייטיב וירע ולא תועיל להם מה שחשבו להעזר במצרים: ואת דבריו לא הסיר. מה שנבאו

אבן עזרא

רמז למלך אשור: **מדורתה.** מגזרת מדורה מקום בעור האש: **נשמת ה׳.** היוצאה מהרה וזה דרך משל על הגזרות הבאות במהרה:
לא (א) **הוי.** כמו אוי ליורדים מצרים. שלא ראו זאת התשועה והלכו להגלל. ושם ימותו: **ולא שעו.** שלא הרפו עצמם לבטוח בשם מגזרת שעו מני והאומר כי שעו סר נו״ן איננו נכון: (ב) **וגם.** גם השם ידע מהשבותם

מצודת ציון

מדורתה. ענין הבערה כמו אגדיל המדורה (יחזקאל כ״ד): **נשמת.** ענין נשיבת רוח הפה כמו מנשמת אל יתן קרח (איוב ל״ז): **בוערה.** דולקת:
לא (א) **ישענו.** ענין בטחון וסמיכה: **פרשים.** הם רוכבי הסוסים הרגילים בזה: **עצמו.** ענין רבוי כמו עצמו לי אלמנותיו (ירמיה ט״ו): **ולא שעו.** ולא פנו וכן ישעה האדם על

מצודת דוד

הגדול של אשור: **מדורתה אש ועצים הרבה.** מדור הגיהנם היא גחלי אש ושלהבת מעלים הרבה: **נשמת ה׳.** ההבל היוצא מפי ה׳ שהוא כנחל של גפרית דולק בוערה שם בגיהנם והכל הוא דרך משל על מדבית היסורים:
לא (א) **הוי.** אמר הנביא יש להתאונן על הושע ועשרת השבטים היורדים למצרים לעזרה מול סנחריב: **ועל סוסים ישענו.** בטחונם היה על הסוסים הקלים הבאים ממצרים: **על רכב כי רב** על המרכבות אשר רבו ועל מרבית הפרשים רוכבי הסוסים: **ולא שעו.** לא פנו לבטוח על ה׳: (ב) **וגם הוא חכם.** אם הם נתחכמו לבטל הרעה המיועדת ע״י עזרת מצרים הנה גם הוא חכם להפר עצתם ויביא את הרעה ולא ימיר דבריו אשר גזר עליהם על ידי הנביאים: וקם

counteract these two false beliefs, the prophet states: "He too is wise." He knows your deeds and your thoughts. Moreover—

and He brought evil—He does bring retribution upon those who rebel against Him.—[*Abarbanel*]

Redak explains that those who went down to Egypt for aid believed that God could do neither good nor evil, benefit nor harm. They, therefore, appealed to Egypt for assistance. Upon this, the prophet states, "He too is wise." He knows your thoughts. He will, therefore, bring evil upon you to demonstrate that

it deepened, it widened its pile, of fire and much wood; the breath of the Lord is like a stream of brimstone, burning therein.

31

1. Woe to those who go down to Egypt for aid, and who rely on horses and trust in chariots which are many, and on riders who are very strong, and they did not rely on the Holy One of Israel and the Lord they did not seek. 2. He too is wise,

Assyria was the Tophteh prepared, even though he was haughty, and boasted saying, "(above 10:13) With the strength of my hand I accomplished it, and with my wisdom, for I am clever." The prophet, therefore, states, "It deepened, it widened," to make room for such a gigantic camp.

its pile—Heb. מְדֻרָתָהּ, *an expression of a heated fire. An arrangement of wood on the fire is called* מְדוּרָה.—[*Rashi*]

the breath of the Lord—*the blowing of His breath.*—[*Rashi*]

burning—Heb. בֹּעֲרָה, equivalent to בּוֹעֶרֶת.—[*Rashi*]

All this is a symbol of the decrees visited speedily upon the Assyrian armies.—[*Ibn Ezra, Redak*]

1. **Woe**—*Concerning Hoshea and the ten tribes who went down to Egypt for aid, who sent emissaries to So, king of Egypt* (II Kings 17).—[*Rashi*]

They did not see God's salvation, but went to Egypt, where they will perish.—[*Ibn Ezra*]

on horses—*that come from there, for they are swift runners.*—[*Rashi*]

rely—Heb. יִשָּׁעֵנוּ, *and they did not rely on the Holy One of Israel as Hezekiah did, concerning whom it is written:* "(II Kings 18:5, 7) *He trusted in the Lord God of Israel . . . and he rebelled against the king of Assyria.*"—[*Rashi*]

and they did not rely—Heb. שָׁעוּ. This follows *Rashi* above, as well as *Targum Jonathan* and *Redak. Ibn Ezra,* however, objects to equating the two roots, since the root of יִשָּׁעֵנוּ is שען, whereas the root of שָׁעוּ is שעה. The second root means 'to turn.' Hence, 'they did not turn to the Holy One of Israel,' or, 'they did not resign themselves to the mercy of God.' *Jonathan, Rashi,* and *Redak,* definitely do not consider them identical. This is evident from *Redak's Sefer Hashorashim. Rashi,* too, according to the reading of manuscripts, and that of some printed editions, does not identify the two roots as one.

2. **He too is wise**—There were some who denied God's knowledge of what transpires in this world. Others believed that, although He knows what transpires, He does not visit harm upon the world, for no evil descends from heaven. To

וַיָּבֵא רָע וְאֶת־דְּבָרָיו לֹא הֵסִיר וְקָם
עַל־בֵּית מְרֵעִים וְעַל־עֶזְרַת פֹּעֲלֵי אָוֶן׃
ג וּמִצְרַיִם אָדָם וְלֹא־אֵל וְסוּסֵיהֶם בָּשָׂר
וְלֹא־רוּחַ וַיהוָה יַטֶּה יָדוֹ וְכָשַׁל עוֹזֵר
וְנָפַל עָזֻר וְיַחְדָּו כֻּלָּם יִכְלָיוּן׃ ד כִּי־כֹה
אמר

דַעֲבָדֵהּ וְיָת פִּתְגָמוֹהִי
לָא בַטֵּיל וַאֲקִים עַל
בֵּית מְבָאֲשִׁין וְעַל
דְסָעֲדִין לַיאוּת שְׁקַר׃
ג וּמִצְרַיִם אֱנָשׁ וְלָא רַב
וְסוּסְוָתְהוֹן בְּסַר וְלָא רוּחַ
נַיְיָרִים מְחַת גְבוּרְתֵּהּ
וְיִתְקַל סָעִיד וְיִפּוֹל
סְעִיד וּכְחֲדָא כּוּלְהוֹן
יִשְׁתֵּיצוּן׃ ד אֲרֵי כִדְנַן
אמר

ת"א אדם ולא אל. (סוכה נה):

רש"י

במלך אשור: (ב) ואת דבריו לא הסיר. אשר אמר (דברים כ"ח) והשיבך ה' מצרים באניות. מדה כנגד מדה שאמרתי לך (שם) לא תוסיף עוד לראותה ואתה הלכת מדעתך סופך לילך בגלות על כרחך: וקם. על עשרת השבטים שהם בית מריעים ועל מצרים אשר הם להם לעזרה: (ג) יטה ידו. שהקב"ה סומך הכל בידו וכשיטה יפלו ביד סנחריב. עשרת השבטים ומצרים. שנלחם עם תרהקה מלך כוש וישב ממנו שבי. והביא עמו יגיע מצרים

מהר"י קרא

מידה שאמרתי לך לא תוסיפו עוד לראותם. ואתה הלכת מעצמך סופך שתלך בגלות בעל כרחך: וקם על בית מרעים. עשרת השבטים. ועל מצרים עזרתם שהם עדת פועלי און: (ג) וה' יטה ידו וכשל עוזר ונפל עזור. שכן מנהג כאשר ישען איש על יד רעהו. כל זמן שסמך עליו הולך על בוריו. אף הנשען הולך בחזקה. וכיון שמטו רגלי הסומך. מיד הנשען כולו נופל. אף כאן שראו עשרת השבטים שנפלו (ביד) מצרים ביד מלך אשור אמרו הנה כה מבטנו אשר נסנו [שם] לעזרה להנצל מפני מלך אשור ואיך נמלט אנחנו: ויחדו כולם יכליון. שהם

אבן עזרא

והביא רע עליהם: ואת דבריו לא הסיר. לא בטל: (ג) ומצרים. ולא רוח. מלאך. כמו ה' אלהים שלחני ורוחו: ידו. מכתו: ויחדו. מצרים והבורחים אליהם. והטעם כי מלך אשור השחית מצרים כבוא אל ירושלם: יכליון. שלם כמו יחסיון: (ד) כי. יהגה. כטעם ישאג: אשר

רד"ק

הנביאים בשמו לא הסיר אותם הדברים אלא הקים אותם למען ידעו כי האל משגיח בעניני בני אדם ומדבר עם הנביאים ושולח אותם להוכיח בני אדם ובראותם שיבא עליהם הרע שדברו להם הנביאים בשם ה' ידעו כי רואה אותם: וקם על בית מרעים. אלו ישראל: ועל עזרת פועלי און. אלו מצרים: (ג) ומצרים אדם ולא אל. אין בידם לעזור אם לא ירצה האל כי אין בידו הטוב או הרע שיבא לו כי האדם אומר ולא יעשת ודבר ולא יקימנה: וסוסיהם. גם כן שהיו בוטחים בהם ישראל בשר ולא רוח ופי' ולא מלאך ושקר הסוס לתשועה ואיך יעזרום מצרים והם לא יעזרו לעצמם כי ה' ימילהו עליהם: וכשל עוזר, מצרים: ונפול עזור. ישראל: ויחדו. הוא מלך אשור ושבט אפו ומטה זעמו כי גם נשבה מלך אשור ובאותו השבי והבזה בא ירושלם כשחנה עליהם ועל זה נאמר יגיע מצרים וסחר כוש וגו' וי"ת ולא אל ולא רוח: (ד) כי כה אמר ה'. הנה אשור ומצרים יכליון באשר לא ידעוני והנה תדעו כי יריע השם לאשר ירצה וכן יטיב לאשר ירצה והם יושבי ירושלם כי מלך אשור שהשחית את ישראל ויהודה ומצרים ובא להשחית ירושלם ולא יהיה כח בידו לפי שלא ירצה האל: כי כה אמר ה' אלי. אמר הנביא כי כן אמר לו האל כי יבא האל על המחנה ההוא כמו הארי על טרפו ויהגה כמו ישאג: אשר יקרא. כתרגומו דמזדמן: מלא רעים. אסיפת רועים כמו קראו אחריך מלא והדומים לו ענין אסיפה וקבוץ ולשאג האריה יבאו הרועים מפה ומפה להציל הטרף

מצודת דוד

על בית מרעים. האל יקום על ישראל שהם בית מרעים ויביא עליהם הרעה וגם יקום על אנשי עזרתם הם מצרים פועלי האון: (ג) ומצרים. ר"ל מהו הבטחון הזה הלא מצרים אדם ולא אל: וה' יטה ידו. להכות בהם: וכשל עוזר. אלו מצרים שבאו לעזור לישראל כי גם הם יפלו ביד אשור: ונפל עזור. אלו ישראל שחשבו להיות נעזרים במצרים: ויחדו. העוזר והעזור יכלו מן העולם: (ד) כי כה אמר ה' וגו'. ר"ל אז ידעו שהכל בהשגחה כי ירושלים שבטחה כי לא תפול ביד אשור וכאשר מסיים והולך והם יפלו בידו:

מצודת ציון

עשהו (לעיל י"ז): (ב) מרעים. רשעים: (ג) רוח. כן נקרא המלאך וכן ה' אלהים שלחני ורוחו (לקמן מ"ח): (ד) יהגה. ענין המיה כמו וכיונים הגה נהגה (לקמן נ"ט) והושאל על שאגת

Assyria, referred to in other places as the rod of God's wrath and the staff of His fury. God will raise him up and inspire him to attack Egypt.

and the helper shall stumble—These are the Egyptians.—[*Redak*]

and the helped one shall fall—This refers to the kingdom of Israel.—[*Redak*]

together—All three kingdoms: Assyria, Egypt, and Israel, for the king of Assyria attacked Egypt and then marched on Jerusalem with his captives and his spoils of war, as is

and He brought evil, and His words He did not retract; and He rose up on the house of evildoers and upon the aid of workers of iniquity. 3. Now the Egyptians are men and not God, and their horses are flesh and not spirit, and the Lord shall turn His hand, and the helper shall stumble and the helped one shall fall, and together all of them shall perish.

He does bring good and evil.

and His words He did not retract—*What He said, "And the Lord shall take you back to Egypt in ships* (Deut. 28:68)." *This is payment in kind, for I said to you, "You shall no longer see it* (ibid.)," *and you went there of your own free will. Eventually, you shall go there in exile against your will.*—[*Rashi*]

Redak explains that God will not retract what He told the prophets, so that the people should know that He supervises the deeds of human beings, speaks to His prophets, and sends them to admonish His people. When they see that the evil He predicted through His prophets is realized, they will know that He sees them.

and He rose—*on the ten tribes, who are a house of evildoers, and on the Egyptians who came to their aid.*—[*Rashi*]

and upon the aid of workers of iniquity—Upon Egypt, their aid, who are a band of workers of iniquity.—[*Kara*]

3. **and not God**—They have no power to help unless God wills it, for good and evil are not in their power, but in the hand of God.—[*Redak*] *Jonathan* renders: And not a great one.

and their horses—Upon which Israel depended, are but flesh and not spirit. That means that they are not angels, as below 48:16, and in the words of the Psalmist (33:17): A horse is a vain thing for safety.—[*Redak*]

The implication may be that Egypt has no power of its own to aid Israel, neither is it an agent of the Almighty to destroy Assyria. Others explain both terms, אֵל and רוּחַ, as referring to an angel. The prophet alludes to the annihilation of the Assyrian camp by the angel of God. He states that neither the Egyptians nor their horses have the power of the angel who destroyed the Assyrian camp, and reliance on them is, therefore, futile.—[*Ibn Ezra* as explained by *Abarbanel*]

shall turn His hand—*For the Holy One, blessed be He, supports everything with His hand, and when He turns it, they will fall, like one who holds something in his hand, and when he inclines his hand, it falls. So is the Midrash Aggadah* (*Mechilta*, Exodus 15:12). *Jonathan*, however, *renders: shall raise the blow of His might.*—[*Rashi*]

Redak takes this expression, "And the Lord shall raise His hand," as an allusion to the king of

אָמַר־יְהוָה׀ אֵלַי כַּאֲשֶׁר יֶהְגֶּה הָאַרְיֵה
וְהַכְּפִיר עַל־טַרְפּוֹ אֲשֶׁר יִקָּרֵא עָלָיו
מְלֹא רֹעִים מִקּוֹלָם לֹא יֵחָת וּמֵהֲמוֹנָם
לֹא יַעֲנֶה כֵּן יֵרֵד יְהוָה צְבָאוֹת לִצְבֹּא
עַל־הַר־צִיּוֹן וְעַל־גִּבְעָתָהּ׃ ה כְּצִפֳּרִים
עָפוֹת כֵּן יָגֵן יְהוָה צְבָאוֹת עַל־יְרוּשָׁלִָם
גָּנוֹן וְהִצִּיל פָּסֹחַ וְהִמְלִיט׃ ו שׁוּבוּ לַאֲשֶׁר

ת״א כלפרים. ברכות נו: קמץ בז״ק העמיקו

תרגום

אֲמַר יְיָ לִי כְּמָא דְמַכְלֵי
אַרְיָא בַּר אַרְיָוָן עַל
צֵידֵיהּ דְמִזְדַמְנִין עֲלוֹהִי
דִיר רַעֲוָן מִקָּלְהוֹן לָא
אִתְּבַר וּמֵאִתְרְגוּשְׁתְּהוֹן
לָא מִזְדַעְזַע כֵּן תִּתְגְלֵי
מַלְכוּתָא דַיְיָ צְבָאוֹת
לְמִשְׁרֵי עַל טוּרָא דְצִיוֹן
וְעַל רָמָתָהּ׃ ה כְּעוֹפָא
דְטָאִים כֵּן תִּתְגְלֵי
גְבוּרְתֵּהּ דַיְיָ צְבָאוֹת עַל
יְרוּשְׁלֵם יָגֵין וִישֵׁיזֵיב
יַצִּיל וְיַעְדֵי׃ ו תּוּבוּ
לְאוֹרַיְתָא אֲרֵי אַסְגֵיתוּן
למחטי

מהר״י קרא

וסחר כוש וסבא: (ד) מלא רועים. הנמצאים שם: ומהמונם לא יענה. לא יכנע כמו לענות מפני כתרגומו לאיתכנעא: כן ירד ה׳ צבאות לצבא על הר ציון ועל גבעתה. על חיל סנחריב הצרים על הר ציון ואין מציל מידו: (ה) כצפרים עפות. שכנפיהם פרושות ומגיעות לארץ: כן יגן ה׳ צבאות על ירושלם. בשעה שיכה מחנה אשור החונים על ירושלם: גנון והציל פסוח. יושבי ירושלם ומדלג מלהכות יושבי ירושלם כשמכה במחנה

רש״י

אותה יפלו כזה שאוחז דבר בכפו וכשהוא מרכין כפו הוא נופל כך מדרש אגדה וי״ת ירים יד מחת גבורתיה: (ד) כאשר יהגה. המיית קול כמו וכיונים הגו נהגה (לקמן נ״ט): אשר יקרא עליו מלא רועים. יאספון עליו בקריאת קול המון: מלא רועים. אסיפת רועים וכן קראו אחריך מלא (ירמיה י״ב) וכן יחד עלי יתמלאון (איוב ט״ז) כולם ל׳ קיבוץ: לא יענה. לא יכנע לא יעשה עלמו עני וכן לענות מפני (שמות י״א) וכן וענה גאון ישראל (הושע ה׳): כן ירד. ולא יפחד מהמון העכו״ם: (ה) פסוח. דילוג ויש עוד לפתרו ל׳ חיים: והמליט. יוליא את ישראל מן הלרה ל׳ המלטה (איסקמולי״ר בלע״ז): (ו) שובו. למי שהעמקתם מהשבות היאך לסור ממנו

רד״ק

מידו אם יוכלו והוא האריה מקול הרועים לא יחת ולא יעזוב בעבורם טרפו: ומהמונם לא יענה. פי׳ לא יכנע כמו לענות מפני. והדומים לו: כן ירד ה׳ צבאות. על המחנה שבא לצבא על הר ציון ועל גבעתה. וציון הוא ל׳ נקבה. כמו ציון היא דורש אין לה או פי׳ לצבא כי האל ירד עליה לצבא צבא כנגד צבא מחנה אשור: (ה) כצפרים עפות. ל׳ נקבה כמו כל צפור טהורה. וכתב אאז״ל המשיל מלאך ה׳ אשר הכה מחנה אשור לאריה בגבורתו ולצפרים עפות למהירותו: והציל. מקור בחירק הה״א וכן והמליט וכמו כן למען הרגיע את הארץ. והדומים לו כתבנו בספר מכלל: (ו) שובו. אומר כאשר העמיקו לעשות סרה שובו. והם בני ישראל שהרשיעו לעשות שובו מדרככם הרעים שובו טרם בא היום שתשיבו על כל פנים כאשר תראו המעשה הגדול שיעשה האל במחנה אשור ויותר יהיה לכם גמול טוב אם תשובו קודם לכן ותאמינו

אבן עזרא

יקרא. זה אל זה להתחבר להלחם עם האריה: מלא. כלם. שלא יחסר רועה שלא יבוא: ומהמונם לא יענה. מגזרת עני גם לענות. וכמוהו ואמיר עריצים יענה: ירד. רמז למלאך: (ה) כצפרים. מלת צפרים נקבה ואם היא במ״ס כפילגשים לעולם. לשון נקבה על כן עפות שם תואר בפועל כמו רגו׳ נשבות: יגן. יסתיר מגזרת מגן והטעם על בני הצפרים שיגנו עליהם ויצילום: והציל. שם הפועל אף על פי שהוא בחירק: פסוח. מגזרת ופסח ה׳ על הפתח: (ו) שובו. אלה דברי הנביא שובו לשם

מצודת ציון

האריה: והכפיר. שם משמות האריה והוא אריה בחור: יקרא. ענין אסיפה כי על ידי קריאה יתאספו המתאספים כמו ויזעק ברק את זבולון (שופטים ד׳): עליו. בעבורו: מלא. ענין אסיפה כמו יחד עלי יתמלאון (איוב ט״ו): לא יחת. לא יפחד כמו ואל תחת (יהושע א׳): ומהמונם. ענין רבוי אנשים כמו על ההמון הזה (דברי הימים ב׳ ל״ד): יענה. ענין הכנעה כמו מאנת לענות מפני (שמות י׳): לצבוא. ענין חיל אנשי המלחמה: גבעתה. מלשון גבעה והר: (ה) כצפרים. כן יקראו העופות כולן: עפות. מלשון עפיפה ופריחה: פסוח. ענין דלוג וקפילה כמו ופסח ה׳ על הפתח (שם י״ב): והמליט. ענין הצלה והשמטה מן הצרה:

מצודת דוד

כאשר יהגה. כמו האריה ההומה כשעומד על טרפו אשר אם יתאספו עליו אסיפ׳ רועים הנה לא יפחד מקולם ולא יכנע מהמונם הרב לעזוב טרפו כן ירד ה׳ להגן על הר ציון ולהלחם לבאו שמה ולא יחוש להמון העמים ואמר בלשון הנהוג בבני אדם: (ה) כצפרים עפות. כצפרים הממהרות לעוף כן ימהר ה׳ להגן על ירושלים: גנון והציל. יגן עליהם ויצילם: פסוח והמליט. בבוא המלאך להכות במחנה אשור ידלג ממעל ירושלים ויהיו הם נמלטים מן המכה: (ו) שובו

army. I.e. to gather an army against the Assyrian camp.

on its hill—The antecedent is Jerusalem, the hill of Jerusalem.—[*Abarbanel*]

5. **Like flying birds**—The angel of God who annihilated the Assyrian camp will have the might of a lion and the speed of flying birds.—[*Redak*]

passing over—Heb. פָּסוֹחַ, *passing over. Alternatively, it may be interpreted as an expression of sparing.*—[*Rashi*]

and rescuing—*He will extricate Israel from the strait. This is an*

4. For so has the Lord said to me, "As a lion or a young lion
growls over his prey, although a band of shepherds gather
against him, from their voice he is not dismayed and from their
stirring he is not subdued, so shall the Lord of Hosts descend to
gather an army on Mount Zion and on its hill. 5. Like flying
birds, so shall the Lord of Hosts protect Jerusalem, protecting
and saving, passing over and rescuing." 6. Return to Him,
against Whom

mentioned further: "The toil of Egypt and the merchandise of Cush (infra 45:14)."—[*Redak*]

4. **For so has the Lord said to me**—As mentioned above, Assyria and Egypt will perish because they did not know the Lord. You should know that God will do harm to whomever He wills, and He will do good to whomever He wills. These are the people of Jerusalem, for the king of Assyria, who destroyed Israel, Judah, and Egypt, will have no power to destroy Jerusalem, for God does not wish so. God will attack the Assyrians as a lion that stands over his prey and roars, undaunted by the group of shepherds who come to save the prey.—[*Redak*]

As . . . growls—Heg. יֶהְגֶּה, *a roaring sound. Comp.* "(infra 59:11) *And like doves we will moan* (נֶהְגֶּה הָגֹה)."—[*Rashi*]

although a band of shepherds gather against him—Heb. יִקָּרֵא, lit. will be called. *They will gather upon him with a stirring shout.*—[*Rashi*]

band of shepherds—Heb. מְלֹא, *a gathering of shepherds. Comp.* (Jer. 12:6) *They called after you a band* (מָלֵא)." *Comp. also* "(Job 16:10) *Together they gather* (יִתְמַלָּאוּן) *against me." All of these are expressions of gathering.*—[*Rashi*] *Redak* concurs with *Rashi. Ibn Ezra,* however, interprets it as an expression of fullness, a fullness of shepherds, not one of them missing.

from their stirring—Heb. מֵהֲמוֹנָם. This may also be interpreted as: from their multitude.—[*Mezudath Zion*]

he is not subdued—Heb. יַעֲנֶה, *he will not humble himself, he will not make himself as a poor man.* Comp. "(Exodus 10:3) *To humble yourself* (לֵעָנוֹת) *from before Me."* Comp. also "(Hosea 5:5) And the pride of Israel shall be humbled (וְעָנָה)."—[*Rashi*]

so shall . . . descend—This is an allusion to the angel.—[*Ibn Ezra*] This intimates that God will descend *and will not be afraid of the stirring (or the multitude) of the nations.*—[*Rashi*]

to gather an army—*Redak* suggests that the verse be paraphrased, as follows: So shall the Lord of Hosts descend upon the camp that has come to gather upon Mount Zion and upon its hill. Alternatively, we may render the verse: So shall the Lord of Hosts . . . to gather an

הֶעְמִיקוּ סָרָה בְּנֵי יִשְׂרָאֵל: ז כִּי בַּיּוֹם
הַהוּא יִמְאָסוּן אִישׁ אֱלִילֵי כַסְפּוֹ וֶאֱלִילֵי
זְהָבוֹ אֲשֶׁר עָשׂוּ לָכֶם יְדֵיכֶם חֵטְא:
ח וְנָפַל אַשּׁוּר בְּחֶרֶב לֹא־אִישׁ וְחֶרֶב לֹא־
אָדָם תֹּאכְלֶנּוּ וְנָס לוֹ מִפְּנֵי־חֶרֶב וּבַחוּרָיו
לָמַס יִהְיוּ: ט וְסַלְעוֹ מִמָּגוֹר יַעֲבוֹר וְחַתּוּ
מִנֵּס שָׂרָיו נְאֻם־יְהוָה אֲשֶׁר־אוּר לוֹ
בְּצִיּוֹן

לְמִחְטֵי בְּנֵי יִשְׂרָאֵל:
ז אֲרֵי בְּעִדָּנָא הַהִיא
יְרַחֲקוּן גְּבַר טַעֲוַת
כַּסְפֵּיהוֹן וְטַעֲוַת דַּהֲבְהוֹן
דַּעֲבָדוּ לְכוֹן יְדֵיכוֹן
חוֹבָא: ח וְיִפּוֹל אַתּוּרָאָה
בְּחֶרֶב לָא אֱנָשׁ וְחֶרֶב לָא
אֱנָשׁ תְּשֵׁיצִינֵהּ וְיֶעֱרוֹק
לֵיהּ כְּמִן קֳדָם דְּקָטְלִין
בְּחַרְבָּא וְגִבָּרוֹהִי לְתַבַר
יְהוֹן: ט וְשִׁלְטוֹנוֹהִי מִן
קֳדָם דַּחֲלָא יְעִדּוּן
וְיִתַּבְּרוּן מִן קֳדָם נִיסָּא
בְּרַבְרְבוֹהִי אֲמַר יְיָ דְּזִיהוֹר
לֵיהּ

ת"א אור לו בציון. ערובין יט:

רש"י

וסרתם מעליו עתה שובו אליו: (ט) וסלעו ממגור יעבור. וחזקו מרוב פחד יחלוש: וחתו מנס. מפני נסים שיראו שהקדוש ברוך הוא עושה לישראל: אשר אור לו בציון. שם יהיה האש מוכן לשורפם:

מהר"י קרא

אשור והמלים את יושבי ירושלם. כלומר מכה את אלו וממלט את אלו. כאדם שמכה את זה וחומל על [זה] שיצילו ומעבירו ואינו מכהו קורא פסוח. וכן ופסחתי עליכם וכן ופסח [ה'] על הפתח ולא יתן המשחית: (ח) וחרב לא אדם תאכלנו. אלא חרב של מלאך: (ט) וסלעו ממגור יעבור. וחוזקו מרוב הפחד יחלוש: וחתו מנס שריו. שלא יהיו יכולים לנוס: נאם ה' אשר [אור] לו בציון. אשר אור לו שם בציון. וירושלם תנור לכל העמים. שכשם שמביאין עצים לתנור ומבערים לתוכו. כך נותן בלב כל העמים לצבא על ירושלם. [וכשמגיעין לירושלם דנן לבאר שחת. הה"ד ויצא מלאך ה' וגו': מדרש רבותינו.

אבן עזרא

אתם בני ישראל שהעמקתם לו סרה מגזרת סורר: (ז) כי. ידיכם. רמז לעושים. וטעם הטא שאין הטא למעלה ממנו: (ח) ונפל. בחרב לא איש. רק ביד המלאך והרכו השלופה ואם הוא כדרך משל להבין השומעים: ובחוריו. הנמלטים ילקחו בדרך: (ט) וסלעו. יעבור. סלעו הוא גביל מלכותו מרוב פחדו. וזה הטעם ממגור. והטעם כי יברח ולא ישען על סלעו ומכל נס שיראו שריו הנמלטים או הנשארים בארצו: אור והתנור. רמז למזבח. או דרך משל כאשר הזכיר למעלה ולהב אש אוכלה:

רד"ק

לדברי הנביא: (ז) כי ביום ההוא. שיכה האל מחנה אשור ויראו כי לא בחרב איש יפול ידעו כי יד ה' עשתה זאת וימאסו כל איש אלילי כספו וידעו כי הבל המה וה' הוא האלהים ואין עוד. והאלילים שעשו לכם ידיכם תבירו שהוא חטא ושגיאה גדולה שעלתה בדעתיכם כי הם לא יועילו ולא יצילו כי תהו המה ולא הצילו המחזיקים בהם שהרי נתפשו כל ערי יהודה ונצלה ירושלם לפי שהחזיקו בה' והתפללו לפניו שיושיעם מיד מלך אשור: (ח) ונפל. כי המלאך לא איש ולא אדם: ונס לו מפני חרב. פי' ונס לו מלך אשור כמפני חרב כאלו שולפי חרב ירדפו אחריו כשיראה המגפה הגדולה במחנהו ינוס לו: ובחוריו. המעט הנותרים למס יהיו שימס לבבם מפני פחדם: (ט) וסלעו. ואל סלעו ומגדלו החזק יעבור כי לא יבטח בעצמו עד היותו שם מרוב פחד ויש מפרשים אפי' סלעו יעבור מרוב פחד ויברח לו יותר רחוק והראשון נכון וי"ת ושלטונוהי מן קדם דחלא יעדון: וחתו מנס שריו. כמו מנס שיפחד אדם ויחת כשיראה נס החיילות כן יחתו שריו השרידים מהמגפה אשר יראו: אשר אור לו. זה האור וזה התנור יש לו בירושלם שישרפם. וי"מ אשר אור לו בציון ותנור על המזבח שהוא

מצודת דוד

תו'. אתם בני ישראל שובו למי שהעמקתם מחשבות איך לסור ממנו ר"ל שובו לה' אשר סרתם ממנו: (ז) כי ביום ההוא. חוזר למעלה לומר שובו עד לא נעשה הנס כי אחר הנס ימאסו כל איש אלילי כספו אשר עשו לכם ידיכם לעבדם ולחטוא בהם ובהיות כן לא תהיה התשובה חשובה כ"כ לכן מהרו בתשובה עד לא יבוא הנס: (ח) ונפל אשור. ר"ל אחר התשובה יבוא הנס אשר יפול אשור בחרב לא של איש כ"א בחרב המלאך: וחרב וגו'. כפל הדבר במ"ש: ונס לו. כשיראה מלך אשור את המגפה ינוס לו כמפני חרב: ובחוריו למס יהיו. הנשארים מאילו ימס לבבם מפחד: (ט) וסלעו. חזקו יעבור ממנו וילך לו מרוב הפחד: וחתו מנס שריו. שריו יפחדו כאשר יתפחדו אנשים מנושא הנס הנראה למרחוק וראשון לכל אנשי הלגא: אשר אור לו בציון. אשר הכין שם שלהבת ותנור אש לשרוף בהם מחנה אשור והוא דרך משל:

מצודת ציון

(ח) תאכלנו. ענין השחתה: ונס. ענין בריחה: למס. מלשון המסס והמגה: (ט) וסלעו. ר"ל החוזק כסלע: ממגור. ענין פחד כמו ויגר מואב (במדבר כ"ו): וחתו. ענין פחד: מנס. כלונס ארוך אשר ינבא בלגא: אור. שלהבת כמו אור לשבת נגדו (לקמן מ"ז):

9. **And his rock shall pass from fear**—*And his strength shall be weakened from great fear.*—[*Rashi, Kara*]

Ibn Ezra renders: And he shall pass beyond his rock from fear. I.e. he will not rely on the strength of his borders, but flee beyond them out of fear of pursuit. *Redak* prefers: And he will pass out of fear to his rock, i.e. he will flee to his fortified tower out of fear of pursuit.

shall be dismayed at the miracle—*Because of the great miracles that the Holy One, blessed be He, performs for Israel.*—[*Rashi*]

Others render: shall be dismayed at an ensign, i.e. his princes will be dismayed at the sight of any ensign

you have thought deeply to turn away, O children of Israel.
7. For on that day, they shall despise, each man his silver idols
and his golden idols, which your hands have made for you [for]
a sin. 8. And Assyria shall fall by the sword of one not a man,
and the sword of one who is not a man shall consume him,
and he shall flee from before a sword, and his chosen ones shall
melt. 9. And his rock shall pass from fear, and his princes shall
be dismayed at the miracle, the word of the Lord, whose fire

expression of rescue (ésmouçer in O.F.).—[Rashi]

6. **Return**—*To the One about Whom you have thought deeply how to turn away from Him, now return to Him.—[Rashi]*

Accordingly, the word הֶעְמִיקוּ, grammatically in the third person, must be explained as second person. In order to avoid this difficulty, *Redak* explains in a slightly different manner, as follows: The prophet says, "Return," to those who have thought deeply to turn away, i.e. the children of Israel. Repent of your evil ways before the day comes when God performs the great miracle upon the Assyrian camp, for your reward will be much greater if you repent now and believe the prophet's words.*

7. **For on that day**—When God smites the camp of Assyria, and everyone sees that they do not fall by the sword of humans, everyone will recognize that God performed this act, and they will despise, each man his silver idols and his golden idols, and they will know that these are of no substance, for the Almighty is God, and there is no other.—[*Redak*]

which your hands have made for you [for] a sin—Instead of your hands helping you, in accordance with God's intention when He created man, they made idols to lead you to sin.—[*Abarbanel*]

Redak, however, makes this segment of the verse an independent clause: [Recognize] that what your hands made for you is a sin. Recognize that the idols that you have made are a grave error, for they are of no avail to those who worship them. See that all the fortified Judean cities whose inhabitants worshipped idols have fallen to Assyria, whereas Jerusalem, the faithful city, was saved since its inhabitants prayed to the Almighty to rescue them from the hands of Assyria.—[*Redak*]

8. **by the sword of one not a man**—But by the drawn sword of an angel. This is figurative to convey the idea to the listeners.—[*Ibn Ezra*]

and he shall flee from before a sword—The king of Assyria shall flee as from before a sword, as though swordsmen with drawn swords were pursuing him. When he witnesses the devastating plague in his camp, he will flee.—[*Redak*]*

בְּצִיּוֹן וְתַנּוּר לוֹ בִּירוּשָׁלִָם׃ לב א הֵן
לְצֶדֶק יִמְלָךְ־מֶלֶךְ וּלְשָׂרִים לְמִשְׁפָּט
יָשֹׂרוּ׃ ב וְהָיָה־אִישׁ כְּמַחֲבֵא־רוּחַ וְסֵתֶר
זָרֶם כְּפַלְגֵי־מַיִם בְּצָיוֹן כְּצֵל סֶלַע־כָּבֵד
בְּאֶרֶץ עֲיֵפָה׃ ג וְלֹא תִשְׁעֶינָה עֵינֵי

ליה בציון לעבדי אוריתא ותנור בעיר ליה דאשא בירושלם לדעברו על מימריה : א הא לקושטא ימלוך מלכא וצדיקיא למעבד פורענות דין מן עממיא יתרבון : ב ויהון צדיקיא דמיטמרין מן קדם רשיעיא כבא דמיטמרין מן קדם זרמית יתובון ויתרבון ויתקביל אולפנהון בפריע כפצידי מיא דנגדין בארעא משלהיא כטלל כיף מיקר בארעא משלהיא : ג ולא יטמטמן עיני צדיקיא

רש"י

לב (א) הן לצדק ימלוך מלך. הן אין משפט מלך למלוך כי אם לעשות משפט צדק: ולשרים למשפט ישורו. ועל מי יש לו למלוך על שרים אשר למשפט ישורו. ואמר הנביא זאת על אחז שהיה רשע אבל חזקיהו בנו ימלוך וכדי הוא: (ב) והיה איש. הגבור ביראת הקב"ה הוא חזקיהו יהיה לישראל: כמחבא רוח. כמחסה סלע שנחבאים בו מפני רוח ונסתרים שם מפני חורב כן יבטחו בו הנותרים מעשרת השבטים: בציון. ל' יובש ציה: כצל סלע כבד בארץ עיפה. במקום שמש שהארץ עייפה שם וחריבה ותאבה לצל: (ג) ולא תשעינה עיני רואים. לא כמות שהם עכשיו אזניו הכבד ועיניו השע

מהר"י קרא

ר' ינאי ור' שמעון בן לקיש תרוויהו אמרו אין גיהנם [לע"ל] אלא יום שמלהט את הרשעים. מה טעם הנה היום בא בוער כתנור. ורבנן אמרי יש גיהנם [לע"ל שנאמר] נאם ה' אשר אור לו בציון ותנור לו בירושלם. ר' יהודה ב"ר אילעאי אמר לא יום ולא גיהנם אלא אש שהיא יוצאה מגופן של רשעים ומלהטתן מה טעם תהרו חשש תלדו קש רוחכם אש תאכלכם: לב (א) הן לצדק ימלך מלך. זה חזקיה: ולשרים. אלו אנשי דורו: (ב) והיה איש כמחבא רוח. כאשר ימצא איש מחבאות להחבא בפני רוח כך בא חזקיה והנאה לאנשי דורו שבזכותו נצלו מחיל סנחריב: כצל סלע כבד. בארץ ציה ועיפה בלי מים שאין אדם מוצא מים לקרר את נפשו: (ג) ולא תשעינה

אבן עזרא

לב (א) הן. הטעם על חזקיהו ושריו שתעמוד מלכותו. ולמ"ד ולשרים. לא ידעתי לו טעם. וכמוהו והשלישי לאבשלום למן היום: (ב) והיה איש. כל אחד משרי חזקיהו או הוא בעצמו: כמחבא רוח. מקום והוא פועל מהבנין הכבד הנוסף: בציון. מגזרת ציה כמו חורב: בארץ עיפה. צמאה. כמו בארץ עיפה לך סלה. והיה איש יהודה כיושב במקום מחבא רוח: (ג) ולא תשעינה.

רד"ק

בבית המקדש כלומר לכבוד מזבחו ומקדשו יהיה זה: (א) הן לצדק. זה המלך הוא חזקיהו ימלוך לעשות צדק ומשפט לפיכך תהיה תשועה זו בימיו. וכן השרים ישורו למשפט וצדק ולמ"ד לשרים להורות על העצם ויספיק זולתה כמו הרגו לאבנר והשלישי לאבשלום לאמות חמיש והדומים להם שכתבנו בספר מכלל: (ב) והיה איש. איש זה חזקיהו יהיה לבני דורו מחסה: כמחבא רוח. כמקום שנחבא אדם שם מפני הרוח או שנסתר אדם שם מפני זרם מטר כן יסתרו בני דורו בו בצדקתו להנצל מרעת מלך אשור: כפלגי מים בציון. יהיה להם כפלגי מים שימצא אדם במקום ציה. או כצל סלע כבד בארץ עיפה פי' בארץ צמאה וכן בארץ ציה ועיף בלי מים והוא המדבר שהוא מישור אין שם מים ואין שם צל ויצרו ההולכים בו שמכת איתם כל היום שרב ושמש ואם ימצאו מים וכן אם ימצאו סלע גדול שינוחו לצלו מפני השמש ישיבו נפשם אליהם בו כן היית חזקיהו שהיו ישראל בצער בשבי ובבזה בימי אביו. וכבד גדול כמי עמך הכבד הזה: (ג) ולא תשעינה. מענין ועיניו השע שני

מצודת דוד

לב (א) הן לצדק. הנה המלך חזקיהו ימלוך לעשות צדק ולמטך ינהגו את השרים שררותם לעשות משפט ולא לעשוק עושק: (ב) והיה איש כמחבא רוח. האיש חזקיהו יהיה לבני דורו במקום מחבואה מפני הרוח ובמקום סתר להסת' שמה מפני זרם מים ר"ל בצדקתו ינצלו ממחנה אשור: כפלגי מים בציון. והוא יהיה להם כנחלי מים במקום ציה שמשיב נפש אדם: כצל סלע כבד. כמו הצל הבא מסלע כבד בעבו' גדלו ועביו שאז הצל הוא עב וגדול ומשיב נפש ההולך בארץ עיפה המגולה לאור השמש ר"ל הוא ידריכם בדרך הישר וטוב: (ג) ולא תשעינה. לא תהיינה עיני הרואים לפנות מה' לא כמו עכשיו שנא' בהם ועיניו השע

מצודת ציון

לב (א) ישורו. מלשון שררה: (ב) כמחבא. מלשון מחבואה ומסתור: זרם. ענין מיים שוטפים: כפלגי מים. כנחלי מים: בציון. מלשון ציה ומדבר: בארץ עיפה. ר"ל במקום המגולה לאור השמש שהמקום יבש ולמאה למים והוא מהאדם העיף הצמא למים: (ג) תשעינה. ענין הסרה והפנה כמו ועיניו השע

plain, where there is neither water nor shade, causing anguish to travelers who traverse this terrain in the hot sun. Should they discover a rivulet in this dry land, or a huge stone under which to shelter themselves, they find it very refreshing. So did Isaiah compare Ahaz' time to the hot desert, for Judea was plagued by captivity and plunder. In Hezekiah's time, however, there would be relief, refreshing as the rivulets in the arid land and the huge rock in the weary land.—[*Redak*]

3. **And the eyes of them that see shall not be sealed**—Heb. תְּשְׁעֶינָה. *Not as they are now, that 'his ears are becoming heavy, and his eyes are becoming sealed* (הָשַׁע) *(supra 6:10)', an expression of sealing.*—[*Rashi*]

is in Zion and Whose stove is in Jerusalem.

32

1. Behold for righteousness shall a king reign, and over princes
who rule with justice. 2. And the man shall be as a hiding-
place from the wind and a shelter from the rain, as rivulets of
water in an arid land, as the shade of a huge rock in a weary
land. 3. And the eyes of them that see shall not be sealed,

they see. This refers to the surviving princes in the camp or the princes who remained at home and did not participate in the Judean campaign.—[*Ibn Ezra*] *Redak* explains that, just as soldiers are terrified at the sight of the enemy's ensign, so will Assyria's princes be terrified from the plague they will witness.

whose fire is in Zion—*There the fire will be prepared to burn them.*—[*Rashi, Redak*] This is figurative of the plague.—[*Ibn Ezra*]*

1. **Behold, for righteousness shall a king reign**—*Behold a king has no right to reign except to execute righteous judgment.*—[*Rashi*]

and over princes who rule with justice—*And over whom should he reign? Over princes who rule with justice. The prophet says this concerning Ahaz, who was a wicked man, but Hezekiah his son shall rule, and he is worthy.*—[*Rashi*] Manuscripts read: *And he is worthy of reigning.*

Other commentators interpret this verse as referring to Hezekiah and his court. They render: Behold, for righteousness shall a king reign, and princes shall rule with justice.—[*Ibn Ezra, Redak, Kara*]

2. **And the man shall be**—*The hero in the fear of the Holy One, blessed be He—that is Hezekiah—shall be for Israel.*—[*Rashi*]

Redak concurs with *Rashi* that Scripture alludes to Hezekiah. *Ibn Ezra,* however, suggests that it may allude to any one of Hezekiah's princes.

as a hiding-place from the wind—*As a shelter of a rock, where people hide because of the wind, and they hide there because of the heat* (mss. read: *because of the rain*), *so will those remaining from the ten tribes trust in him.*—[*Rashi*]

Redak explains that Hezekiah's contemporaries will gain protection from the Assyrian invasion through his merit.

in an arid land.—Heb. בְּצָיוֹן, *an expression of dryness, desolation* (צִיָּה).—[*Rashi*]

He will be to them as rivulets of water that one discovers in arid land.—[*Redak*]

as the shade of a huge rock in a weary land—*In a sunny place, where the earth is weary and dry and yearning for shade.*—[*Rashi*]

The prophet compares his generation to a desert, a dry, unshaded

זאודני מקבלי אולפן
יציתן: ד ולבב מבהרין
יסבר למידע ולישנהון
דהוה בלים יוחי למללא
בצחצחן: ה לא יתאמר
עוד לרשיעיא צדיקיא
ולדעברו על מימרה לא
יתאמר תקיפין: ו ארי
רשיעיא רשעה ממללין
ובליבהון מתעשתין
אונס למעבד שקר
ולמללא קדם יי סטיא
לשלהאה

ראים ואזני שמעים תקשבנה: ד ולבב
נמהרים יבין לדעת ולשון עלגים
תמהר לדבר צחות: ה לא־יקרא עוד
לנבל נדיב ולכילי לא יאמר שוע: ו כי
נבל נבלה ידבר ולבו יעשה־און
לעשות חנף ולדבר אל־יהוה תועה
להריק

ת"א לנבל נדיב. סוטה מח: וכילי. (סנהדרין נח):

רש"י

(לעיל ו') ל' טוח: (ד) ולבב נמהרים יבין לדעת. לא כמה שעכשיו השמן לב העם (שם): ולשון עלגים וגו'. ולא כמה שעכשיו כי בלעגי שפה (לעיל כ"ח): עלגים. כל מי שאינו יודע לכוין דיבורו להיות נא קרוי עלג וללעג: (ה) ולכילי. רמאי נוכל וחורש רעים: שוע. לשון אדון שהכל שועין ופונין אליו: (ו) נבלה ידבר. מדבר לשון הוה הוא: יעשה און. יקבץ מחשבות און כמו (דברים ח') עשה לי את החיל הזה: לעשות חונף. חושב מחשבות איך יוכל לעשות חנופה. חונף שם דבר לכך טעמו למעלה

מהר"י קרא

עיני רואים. כדרך שעשעו עד עכשיו כמו שאמר למעלה השתעשעו ושועו: (ד) ולשון עלגים. שמלעיגים על דברי הנביא כמו שאמר למעלה כי בלעגי שפה. מעתה תמהר לדבר צחות: נמהרים. נבערים כמו ועצת נפתלים נמהרה: (ה) ולכילי. כמו בנכליהם אשר נכלו. פת' לשון מרמה: (ו) לעשות חנף.

אבן עזרא

כמו ועיניו השע: (ד) ולבב נמהרים. מגזרת מהירות בכסילות: ולשון עלגים. אין חבר. ובלשון קדר כמו עבדים. והנכון שהוא הפך מדבר צחות. ומלת צחות הסירת מלות. כי צחות תואר השם. וטעמו ומשקלו זכות: (ה) לא. נבל. מגזרת נובלת עליה: כילי. הפך שוע. ושוע כמו נדיב שידיו רפות לתת ולא סגורות מגזרת ושוע אל ההר. ויש על דרך דרש שמלת כילי שתים מלות כי יאמר שלי שלי: (ו) כי נבל. הטעם על שרי אחז: תועה. שם.

רד"ק

שרשיו והענין אחד אמר כי באותו זמן לא יהיו עורים וחרשים לדברי ה' אלא יראו וישמעו ויקבלו דברי ה' וכן אמר למעלה ושמעו ביום ההוא החרשים דברי ספר וגו' כי עד הזמן הזה היו עורים וחרשים כמ"ש ויעצם את עיניכם: (ד) ולבב נמהרים. שהיו עד עתה נמהרים עתה יבינו לדעת דבר ה' ונמהרים הם הכסילים כמו ועצת נפתלים נמהרה אמרו לנמהרי לב. אמר אותם שהיו עושים עצמם פתאים ועלגים להבין דבר ה' כמ"ש כי בלעגי שפה ובל' אחרת ידבר אל העם הזה ואחרי התשועה הגדולה הזאת ישובו להיות רואים ושומעים ומבינים ומדברים צחות: (ה) לא יקרא עוד. אינו אומר עוד כל ימי עולם אלא עוד כל ימי חזקיהו וכן הוא אומר ועמלו לא יזכור עוד ר"ל כל זמן שהיין בו ואמר זה בעבור כי היו מתחלה מחניפים הרשעים ומיפים להם מעשיהם בפניהם וקוראים לנבל נדיב ולכילי שוע ואמר כי עוד כל ימיו לא יראו מפני הרשעים ולא יחניפום עוד אלא לכל אחד יאמרו מה שיש בו והנדיב הוא האיש שהוא בעל נפש טובה ונתן מה שנותן בעין טובה ונבל הפכו שהוא אדם פחות ולא יתן אלא בהכרח ובעין רעה: ולכילי. שנותן במדה לא יותר דבר בשום פנים ועינו צרה אבל אינו פחות כמו הנבל: שוע. הוא ותרן בממונו מאד שמח במתנותיו והוא יותר במעלה מהנדיב: (ו) כי. צריך להפריש בין הנבל והנדיב כי מעשיהם ועניינם בהפך כי נבל ידבר בפיו נבלה ויחשב בלבו לעשות און כי הלב אינו עושה אלא חושב ואמר יעשה כי הוא חושב תמיד עד שיבא לידי מעשה וכן אמר לעשות חונף ולדבר

מצודת דוד

(לעיל ו): תקשבנה. לא כמו עכשיו שנא' בהם ואזניו הכבד: (ד) ולבב נמהרים. מי שלבבו נמהר מבלי דעת מיושבת יבין אז לדעת לא כמו עכשיו הנאמר בהם השמן לב העם הזה: ולשון עלגים. מה שנדמה להם מאז דברי הנביאים כאלו ידברו בלשון עלגים כמ"ש כי בלעגי שפה וגו' (לעיל כ"ח) הנה מעתה יחשב להם כאלו תמהר לדבר להיות אמרים ברורים המקובל על הלב: (ה) לא יקרא. לא ימלא בהם חונף לקרוא לנבל בשם נדיב ועל כילי לא יאמר שהוא שוע: (ו) נבלה ידבר. בכל עת מרבה דברים מגונים וכעורי' ומחשבות לבו לקבץ און לחשוב מחשוב לעשות חנופה ולדבר

מצודת ציון

(לעיל ו'): תקשבנה. ענין שמיעה והאזנה: (ד) נמהרים. מלשון מהירות: עלגים. כן יקרא המדבר הפך תכונת הדבר וכן ללעג לשון (לקמן ל"ג) והוא מתהפך כמו כבש כשב והדומים: צחות. דברים זכים ובהירים: (ה) לנבל. כן נקרא אדם פחות ונבזה: נדיב. אדם יקר ובעל נתן: ולכילי. רמאי ובעל ערמה כמו וארור נוכל (מלאכי א'): שוע. ענינו כמו נדיב וכן היערוך שועך לא בצר (איוב ל"ו): (ו) נבלה. דברי כעור וגנות וכן נבלתי עשות עמכם נבלה (בס"מ ב): יעשה. ענין קבוץ וכן ויבהל עושה חיל (במדבר כ"ד): און. דברי רשע: אל ה'. על ה': תועה. ענינו הפך

and no longer be given undeserved praise. This does not mean that there would *never* be any more flattery, but that during Hezekiah's reign, there would be no flattery of the wicked.

6. **For**—we must differentiate between a vile person and a generous one, for their deeds and their characters are the opposite.—[*Redak*]

speaks villainy—Heb. יְדַבֵּר, like מְדַבֵּר, *a present tense*.—[*Rashi*]

works iniquity—Heb. יַעֲשֶׂה. *Gathers thoughts of iniquity. Comp.* "(Deut. 8:17) *Gathered* (עָשָׂה) *for me this wealth.*"—[*Rashi*]

Redak explains that the heart

4. And the heart of the hasty shall understand to know, and the ears of them that hear shall attend, and the tongue of the stammerers shall hasten to speak clearly. 5. A vile person shall no longer be called generous, nor shall a deceitful person be said to be noble. 6. For a vile person speaks villainly, and his heart works iniquity, to practice flattery, and to speak lies about the Lord,

In those days, they will not be blind and deaf to the words of the Lord, but they will see and listen to His teachings. This prophecy resembles that of 29:18.—[*Redak*]

4. **And the heart of the hasty shall understand to know**—*Not like now, that 'this people's heart is becoming fat* (ibid.).'—[*Rashi*]

hasty—I.e. hasty in a foolish way, rash—[*Ibn Ezra, Redak*]

and the tongue of the stammerers etc.—*Not like now, 'for with distorted speech* (supra 28:11).' —[*Rashi*]

stammerers—*Anyone who does not know how to direct his speech to be clear is termed* עִלֵּג *or* נִלְעָג.—[*Rashi*]

Those who feigned stupidity and the lack of ability to speak clearly when it came to studying and listening to the word of the Lord, after the wondrous salvation in the days of Hezekiah, will suddenly be able to speak clearly and grasp the word of God.—[*Redak*]

5. **A vile person**—Heb. נָבָל, one who repays good with evil.—[*Ramban,* Deut. 32:6]

generous—Heb. נָדִיב, one who bestows favors on people without having received favors from them. Hence, he is the opposite of the *naval.* [*Ramban* ibid.] The people would flatter the wicked to their faces and praise them for generous deeds which they did not perform. The prophet, therefore, states that during Hezekiah's reign, the people will no longer fear the wicked and will not be forced to flatter them.—[*Redak*]

deceitful—Heb. כִּילַי, *a plotting deceiver, who plots evil.*—[*Rashi*]

noble—Heb. שׁוֹעַ, *an expression of a lord, to whom everyone turns* (שׁוֹעִין).—[*Rashi*]

Redak renders the four terms as follows: נָדִיב is the generous person who gives generously, the opposite of the נָבָל, who gives only when forced, and then gives begrudgingly. כִּילַי is a stingy person who gives exactly what he must and never relinquishes his claim on the smallest amount. He is, therefore, not as vile as the נָבָל. שׁוֹעַ is the noble, the very generous person, who is lavish with his gifts, even more than the נָדִיב. Because of fear for the wicked, the people would call the נָבָל, נָדִיב, but they would not elevate him to the status of שׁוֹעַ. The כִּילַי, who was above the נָבָל, was raised to the highest status, that of שׁוֹעַ. In Hezekiah's time, however, the wicked would lose their advantage

לְהָרִיק נֶפֶשׁ רָעֵב וּמַשְׁקֶה צָמֵא יַחְסִיר׃
ז וְכֵלַי כֵּלָיו רָעִים הוּא זִמּוֹת יָעָץ לְחַבֵּל
עֲנָוִים בְּאִמְרֵי שֶׁקֶר וּבְדַבֵּר אֶבְיוֹן
מִשְׁפָּט׃ ח וְנָדִיב נְדִיבוֹת יָעָץ וְהוּא עַל־
נְדִיבוֹת יָקוּם׃ ט נָשִׁים שַׁאֲנַנּוֹת קֹמְנָה

ת"א נשים שאננות. ברכות יז זוהר ויקרא : קמץ בז"ק עניים קרי שמענה

תרגום: לְשַׁלְהָאָה נֶפֶשׁ צַדִּיקַיָא דִמְחַמְדִין לְאוּלְפָנָא הָא כְּכַפְנָא לְלַחְמָא וּפִתְגָמֵי אוֹרַיְתָא דְאִינוּן כְּמַיָא לְצַחְיָא מְדַמַן לְבַטָלָא׃ ז וְרַשִׁיעַיָא דְעוֹבָדֵיהוֹן בִּישִׁין וְאִינוּן עַל עֵיצַת חֶטְאִין מִתְמַלְכִין לְחַבָּלָא עִנְוְתָנַיָא בְּמִלֵי שְׁקַר וּפִתְגָמֵי חֲשִׁיכַיָא בְּדִינָא׃ ח וְצַדִּיקַיָא קוּשְׁטָא מִתְמַלְכִין וְאִינוּן עַל קוּשְׁטֵיהוֹן יִתְקַיְמוּן׃ ט מְדִינָן דְיַתְבִין שְׁלֵיוָן קוּמָא שְׁמַעְנָא קָלִי כְּרַכִּין דִי

מהר"י קרא

רשע כמו חנופה. הטעם בחי"ת: (ז) זמות יעץ. כמו מזימות: (ט) נשים שאננות. הקופאות על שמרות' כנגד שהן יושבין

רש"י

ונקוד פתח: **ומשקה צמא יחסיר**. לפי פשוטו שגוזלין העניי' ותרגומו פתגמי אורייתא דאינון כמיא לצחייא מדמן לבטלא: (ז) **ובדבר אביון משפט**. לאבד אביון במשפטו. משפט זה לשון תחלת דברים במשפט כשמדבר האביון טענותיו זה יועץ זימות להכשילו בנכליו. משפט משמש שלשה לשונות תחלת טענות (דרייסמנ"ט בלע"ז) וגמר הדין (ואיימב"ט בלע"ז) ומשטר שסוטרין אותו ביסורין (יוסטיצ"ט בלע"ז): (ח) **על נדיבות יקום**. בשביל נדיבותיו תהיה לו תקומה: (ט) **נשים שאננות**. מדינן דיתבן שליון: **בנות בוטחות**. כרכין דיתבין לרוחצן:

רד"ק

אל ה' תועה יחשב לדבר בעבור דבר התועה שאומר שאינו משגיח בבני אדם לפיכך יגזול כשיוכל כי חושב כי אין משפט **ואין ה' רואה** את הארץ ואינו מפחד כי אם מבני אדם: **להריק נפש רעב**. כי העניים שהם רעבים וצמאים אין להם עוזרים ברוב והנבל יריק נפשם כלומר יגזול מהם מאכלם והרי הוא כאלו יריק נפשם ויוציאה וכן יחסיר משקה: (ז) **וכלי**. בצר"י הכ"ף והוא כמו ולכילי שזכר בחיר"ק הכ"ף ודבר על הנבל **שהוא** עושה מעשה נבלה ועתה מדבר על הכילי שמחשבתו רעה אבל אינו כמו הנבל כי הנבל יעשה מעשה הרעה אבל הכילי אינו רע כל כך שיעשה מעשה אבל חושב ומדבר רע על החלושים העניים ובאמרי שקר שמדבר יועץ לחבל העניים וכן במשפט האביון ידבר להייב אותו בדין ולהענישו זהו שאמר ובדבר אביון משפט כאלו אמר בדבריו על אביון במשפט לחבלו ולהשחיתו ופי' כליו רעים מדותיו ואומר **כמו שהוא צר** עין ודעת חסרה ורעה כן כליו רעים וחסרים וכשימכור ימכור במדה חסרה: זמות. דברי נבלות כמו כי זמה עשו: (ח) **ונדיב**. נכלל בכללו השוע והנה הוא הפך הכילי כי הוא זמות יעץ והנדיב נדיבות יעץ: והוא על נדיבות יקום. בעבור **הנדיבות** יקום ויעלה במעלה גדולה: (ט) נשים. כתרגומו מדינן וכן בנות כרכין אמר כנגד ערי יהודה שהיו **חושבות** להיות **שאננות**

אבן עזרא

כי משקל הפמות משתנים: (ז) **ובירי כליו**. הטעם כלי המשפט. כי היו השרים דינים. והנה אומנותם לעות הדין: (ח) **ונדיב**. הטעם על שרי חזקיה. על כן בתחלה ולשרים למשפט ישורו: (ט) **נשים**. יש אומרים כי הטעם הקריות כי

מצודת ציון

שאמת והוא שאול מהתועה בדרך שהולך בהפך: **להריק**. מל' רקות: (ז) **זמות**. מחשבות רשע כמו זימה היא (ויקרא כ'): **לחבל**. ענין השחתה: **משפט**. ענינו דברים ישרים ונכוחים: (ח) **נדיבות**. נתינת המתן: **יקום**. ענין עמידה והיא הפוך ההעברה: (ט) **שאננות**. ענין השקט ושלוה וכן שאנן מואב (ירמיה מ"ח): **קומנה**. הוא ענין ל' זרוז וכן קום עבור את הירדן (יהושע

מצודת דוד

על ה' דברי תועה הפך האמת כי יאמר שאינו משגיח: **להריק**. ר"ל יחשב כזאת למען לעשוק מאכל הרעב ואלו יריק נפשו ממנו ולא ירא מה' בחושבו שאיננו משגיח: **ומשקה צמא יחסיר**. ר"ל ולמען יחסיר המשקה מן הצמא כי חפצו לקחת ממונו בעושק וזה חוזר למעלה לו' אם כל אלה המדות הרעות נמצאו בנבל איך א"כ ראוי לקראו נדיב שהיא ההפך: (ז) **וכלי כליו רעים**. והרמאי הלא ערמותיו רעים המה לבריות כי הוא מתיעץ בנפשו להשחית עניים באמרי שקר: **ובדבר אביון משפט**. כשהאביון מדבר דברים ראויים ר"ל גם מתייעץ בנפשו לחבל הדלים ההם בדברי שקר וחוזר למעלה לומר אם כל אלה בו איך יקראוהו שוע: (ח) **ונדיב**. אבל הנדיב מתייעץ בנפשו לעשות נדיבות והוא עומד על נדיבות ר"ל לא בלבד יחשוב הנה עומד הוא על נדיבות ולא יעבור ממנה וא"כ אינו דומה לנבל וכילי לא במחשבה ולא במעשה ואיך א"כ יהיו נקראים בשם נדיב ושוע: (ט) **נשים שאננות**. אמר דרך קינה אתן נשי בני יהודה היושבות שאנן כי לא השיגו אותן יד סנחריב:

poor with false words, and when he pronounces judgment upon the needy.'

8. **the generous person**—This includes the noble mentioned above.—[*Redak*]

because of generous deeds, shall stand—*Because of his generous acts, he will have preservation.*—[*Rashi*]

This refers to Hezekiah's princes, mentioned in verse 1, "And princes shall rule with justice."—[*Ibn Ezra*]

9. **Complacent women**—*Provinces*(perhaps 'cities,' cf. *Redak*) *that dwell in tranquility.*—[*Rashi* from *Jon.*]

to empty the soul of the hungry, and the drink of the thirsty he causes to fail. 7. As for the deceitful person, his instruments are evil; he plans wicked plots, to destroy the poor with false words, and when the needy speaks a plea. 8. But the generous person plans generous deeds, and he, because of generous deeds, shall stand. 9. Complacent women, rise,

plots to work iniquity until it is accomplishment.

to practice flattery—Heb. לַעֲשׂוֹת. *He thinks thoughts how he can practice flattery.* חֹנֶף *is a noun; therefore, the accent is on the first syllable, it is vowelized with a 'pattah'* (now called a '*segol*').—[*Rashi*]

and to speak lies about the Lord—He thinks to speak lies about God, that He has no knowledge of people's deeds. He, therefore, steals when the opportunity presents itself.—[*Redak* as in *K'li Paz*]

to empty the soul of the hungry—For the poor, who are hungry and thirsty, generally have no protectors, and the base person can easily 'empty their soul,' i.e. steal their food from them, which is as though he empties their soul.—[*Redak*]

and the drink of the thirsty he causes to fail—According to the simple meaning, they rob the poor. The *Targum,* however, paraphrases: *The words of the Torah, which are like water to the thirsty, they plan to nullify.*—[*Rashi*]

7. **As for the deceitful person, his instruments**—I.e. the instruments of judgment, for Ahaz' princes were judges, and their practice was to pervert justice.—[*Ibn Ezra*]

In the previous verse, we read about the *naval,* the vile person who plunders the poor. Now we read about the *kilai,* the deceitful, or stingy, person, who does not directly rob them, but engineers their destruction by perverting justice, and with his lies, perpetuates their exploitation. The word כִּילַי is changed here to כֵּלַי to match the word כֵּלָיו, *his instruments,* i.e. his measures, for just as he is stingy and begrudging, so are the utensils with which he measures what he sells.—[*Redak*] Rabbenu Yeshayah explains 'his instruments' as his members. The members of his body are trained to do evil.

and when the needy speaks a plea—Heb. מִשְׁפָּט. *To destroy the needy in his plea* (מִשְׁפָּטוֹ). *This word* מִשְׁפָּט *is an expression denoting the initial presentation of the case; when the needy presents his pleas, this one plans wicked plots to trap him with his devices.* The word מִשְׁפָּט *has three meanings: the initial pleas (derajjsnement in O.F.), the sentence (joujjment), and the execution of the verdict, that they discipline him with chastisement (joustize in O.F.).*—[*Rashi*]

Redak renders: in his speaking judgment upon the needy. The deceitful person 'plots to destroy the

שְׁמַעְנָה קוֹלִי בָּנוֹת בֹּטְחוֹת הַאְזֵנָּה
אִמְרָתִי: י יָמִים עַל־שָׁנָה תִּרְגַּזְנָה
בֹּטְחוֹת כִּי כָּלָה בָצִיר אֹסֶף בְּלִי יָבוֹא:
יא חִרְדוּ שַׁאֲנַנּוֹת רְגָזָה בֹּטְחוֹת פְּשֹׁטָה
וְעֹרָה וַחֲגוֹרָה עַל־חֲלָצָיִם: יב עַל־שָׁדַיִם

שָׁרְיָן לְרוֹחֲצָן אַצִיתָא
לְמֵימְרִי: י יוֹמִין עִם
שְׁנִין יְזוּעוּן דִי שָׁרְיָן
לְרוֹחֲצָן אֲרֵי סַף עֲבוּרָא
עֲלָלָא לֵית לְמִכְנַשׁ:
יא אִיתְבָּרוּ דְיָתְבִין שְׁלֵיָן
זָעוּ דִי שָׁרְיָן לְרוֹחֲצָן
שְׁלַחוּ וְאִיתְעַרְטָלוּ
וְאֱסָרוּ עַל חַרְצִין: יב עַל
דְדִין סָפְדִין עַל חַקְלֵי

רש״י ת״א על שדים: מ״ק כז:

(י) ימים על שנה. כמו (לעיל כ״ט) ספו שנה על שנה ותמיד עונותיכם מתגברין וסוף תרגזנה אלו שהן עכשיו בבטח כי יכלה מהם בציר הענבים ואוסף התבואה לא יבוא אל הבית: אוסף. שם דבר לכך טעמו למעלה ונקוד פתח: (יא) רגזה. כמו לרגז: פשטה. כמו לפשוט: ועורה. כמו לערות לשון עריה (מיכה א׳): וחגורה. כמו להגור לכך טעמו למעלה וכן תירגם יונתן שלחו ואיתערטלו ואסרו על חרצין מתוך שיפשיטו ויתערמו מבגדיהם לא יחגרו על בגדיהם כי על מתניהם: (יב) על שדים סופדים. יטפחו על לבם: על

מהר״י קרא

עכשיו תרגזנה: (י) ימים על שנה. ימים ושנים: כי כלה בציר. שחייתי משפיע להם: אוסף בלי יבוא. אסיפת התבואה לא תבוא. הטעם באל״ף: (יא) [פשטה וגו׳] (והגביה בגדיך רכובותיך) *) לעבור נהרות באשר הולכות בגלות: (יב) על שדה חמד. שהיה מוצא בכל השנה זרע לזורע ולחם לאוכל.

*) אולי צ״ל ,והגביהי בגדיך עד ארכבותיך וכו׳״

אבן עזרא

הם השובות כבנות. ושומרון היתה כאם: (י) ימים. הטעם שנה על שנה: רגזה. בחסרון נו״ן והנגיד אומר שהוא לשון ליווי ואם הוא על לשון זכר. ורבי משה הכהן אמר. שהוא שם הפעל: אוסף. הטעם כפול. אוסף התבוא׳: (יא) חרדו. על לשון זכר כמו אם תעירו. אם תמצאו בדרך קרה: רגזה. זכרתיו וככה משפט פשוטה ועורה. שיפשטו הבגדי׳. ועורה מגזרת ערום ועריה. עריה תעור. והנכון בעיני כי הנשים הם כמשמעם: (יב) על שדים סופדים. כל הנשים.

רד״ק

ובטוחות אמר להן אע״פ שאתם בוטחות עתה עוד תרגזנה: (י) ימים על שנה. כמו עם שנה וכן ויבאו האנשים על הנשים ר״ל שנה עם שנה כלומר לא שנה אחת לבד אלא שנה אחר שנה תרגזנה כי האויב ישחית הקציר והבציר ואחר כן יגלה אותם ותהיינה הערים חרבות: אסף. אסיפת התבואה. ונבואה זו אפשר לפרשה עתידה על חרבן ארץ ישראל כלה וחרבן בית המקדש בימי צדקיהו או חרבן בית שני. וכן ת״י כי ארמון נוטש בית מקדשא חריב ויהיה. נחמת עד יערה עלינו רוח ממרום וגו׳ וכל הפרשה עתידה בימי המשיח או תהית נבואה זו על חרבן ערי ישראל וגלותם בימי הושע בן אלה. ויהיה פי׳ ארמון נוטש על שמרון שהיה ארמון מלך ישראל תם על ערי יהודה שתפשם מלך אשור ותהיה נחמת עד יערה עלינו וכו׳ בימי חזקיהו אחר מגפת מחנה אשור: (יא) חרדו שאננות. אמר חרדו שהוא צווי דברים לפי שענינו על העם אשר בתוך הערים: רגזה. צווי הנקבות בא בנו״ן ה״א פעמים בנו״ן לבדה כמו קראן לו ופעמים בה״א לבדה כמו רגזה וכן פשוטה ועורת וחגורה ויש אומרים כי ארבעתם מקור ועורה מן ערום ועריה: וחגורה. פי׳ ויחגור שק: (יב) על שדים סופדים. על שדים שהיו צומקים מהרעב וכן יהיו סופדים על שדי חמד

מצודת דוד

בנות בוטחות וגו׳. כפל הדבר במ״ש: (י) ימים על שנה. שנה עם שנה ר״ל לא שנה אחת כ״א שנה אחר שנה תחרדנה אתן נשים בוטחות כי גם עליכם יביא האויב והוא כ״כ מלך בבל: כי כלה בציר. כי אף שיכלה הבציר לא יבוא האוסף אל הבית כי האויב יקחהו: (יא) חרדו. מעתה חרדו על הצרה הבאה: רגזה. כפל הדבר במ״ש: פשטה ועורה. כי כל אחת תהיה מופשטת מבגדיה ותשאר מגולה בשרה בעת תלך בגולה: וחגורה. תחגור עצמה על החלצים לכסות הערוה לבד: (יב) על שדים. יטפחו על שדיהן דרך

מצודת ציון

א׳): האזנה. ענין נטיית האוזן לשמוע: (י) ימים. ענינו שנים כמו ימים תהיה גאולתו (ויקרא כ״ה): על שנה. עם שנה וכן ויבואו האנשים על הנשים (שמות ל״ה): תרגזנה. ענין חרדה כמו רגזו ואל תחטאו (תהלים ד׳): כלה. ענין השלמה: בציר. כן נקרא תלישת הענבים כמו כי תבצור כרמך (דברים כ״ד): אוסף. הענבים שמכניסים אל הבית עד לא יבואו ימי החורף וכן ולא נאסף את תבואתינו (ויקרא כ״ה): (יא) פשוטה. מל׳ הפשט המלבוש: ועורה. ענין גלוי הבשר כמו ואת ערום ועריה (יחזקאל

[*Rashi*] This is an infinitive despite the absence of the 'lammed.' *Ibn Ezra* explains it as an imperative. It should normally be רְגֹזְנָה, with 'nun' 'he' following the radical as the sign of the feminine plural.

to undress—Heb. פְּשֹׁטָה.—[*Rashi*] According to *Rashi*, this too is an infinitive with the 'lammed' missing.

and to bare—Heb. וְעֹרָה. *An expression of 'naked'* (עֶרְיָה) (Micah 1:11).—[*Rashi*]

and to gird—Heb. וַחֲגוֹרָה. *Therefore, the accent is before the last syllable, and so did Jonathan render: Undress and bare yourselves and gird on your loins. Since they will undress and bare themselves of their garments, they will not gird on their garments but on their loins.*—[*Rashi*]

Rashi wishes to make clear that the word חֲגוֹרָה does not mean 'a girdle.' He proves this from the accent, which should be on the last syllable. Since it is on the second syllable, that proves that the final '*he*'

harken to my voice, confident daughters, bend your ears to my
speech. 10. Year after year, shall you be troubled, you confi-
dent ones, for the vintage has failed; the ingathering shall not
come. 11. Tremble, complacent ones, to be troubled, confident
ones, to undress and to bare, and to gird on the loins. 12. [They
shall beat] on the breasts,

confident daughters—*Walled cities that dwell confidently.*—[*Rashi* from *Jonathan*]

This refers to the cities of Judah that were confident that they would not be conquered by any foreign power.—[*Redak*]

Others interpret the 'daughters' as the cities of Israel attached to Samaria, the mother city.—[*Ibn Ezra*]

10. **Year after year**—lit. 'days upon a year.' *Comp.* "(supra 29:1) *Add year to year,' and your sins are constantly becoming more serious, until eventually you shall be troubled, those who are now confident, for the vintage of the grapes shall be over for them, and the ingathering of the grain shall not come into the house.*—[*Rashi*]

Not one year alone shall you be troubled, but year after year, for the enemy will destroy the harvest and the vintage, and then he will exile you, and the cities will be ruins.—[*Redak*]

the ingathering—Heb. אֹסֶף. *This is a noun; therefore, its accent is on the first syllable and it is vowelized with a 'pattah'* (now called a *'segol'*).—[*Rashi*]

Others explain: For the vintage is over, yet the ingathering shall not come. Although the vintage has been completed, the grapes will not be brought into the house, because the enemy has taken them.—[*Mezudath David*]

This may be referring to the desolation of the entire Holy Land and the destruction of the first Temple during the reign of Zedekiah, or it may refer to the destruction of the second Temple. Indeed, *Jonathan* renders verse 14, "For the palace has been forsaken," as referring to the Temple. In that case, the consolations at the end of the chapter refer to the Messianic era. It may also refer to the destruction of the Israelite cities and their exile during the reign of Hoshea son of Elah. In that case, 'the palace' is the capital city, Samaria, the palace of the king of Israel, also the Judean cities conquered by Sennacherib, and the consolation, the destruction of the Assyrian armies during Hezekiah's reign.—[*Redak*]

Abarbanel prefers the first interpretation, since it follows the dire prophecy concerning Samaria and the prophecy of the salvation of Jerusalem from the threat of Assyria; the prophet continues to state that Jerusalem will not go on forever unscathed, but, like Samaria, will be exiled, i.e., by Nebuchadnezzar.

11. **to be troubled**—Heb. רְגָזָה.—

ספדים על־שדי־חמד על־גפן פריה:
יג על אדמת עמי קוץ שמיר תעלה
כי על־כל־בתי משוש קריה עליזה:
יד כי־ארמון נטש המון עיר עזב עפל
ובחן היה בעד מערות עד־עולם
משוש פראים מרעה עדרים: טו עד־

קמץ בז״ק יערה

חמידתא על גופני
טענין: יג על ארעא
דעמי הובאי ובור תסיק
ארי על כל בתי ביז
קרנא תקיפא: יד ארי
בית מקדשא חרוב המון
קרנא דהואה פלחין
ביה צדיאה בית תקפנא
וסטמורנא אתבלש
וכרי חרוב וצדי עד זמן
אתר דהוה בית חדוא
וחידו למלכיא כדו הוה
מבז למשרין: טו כל

מהר״י קרא

ועכשיו שודד שדה אבלה אדמה כי שודד דגן. כענין שאמר למעלה אוסף בלי יבוא: על גפן. שהיתה פוריה עד עכשיו. ועתה כלה בציר. ומדרש אגדה. על שדה חמד. בית המקדש שעשיתי אותו שדה. על גפן פוריה. ישראל כדאמ׳ גפן ממצרים תסיע: (יג) על אדמת עמי קוץ שמיר תעלה. שכיון שהאדמה לא תתן את יבולה הם מניחין אותה והולכין להם מיד תעלה אדמה קוץ ושמיר: כי על [כל] בתי משוש. כי גזירה זו נגזרה על כל הבתים שנוהגין עכשיו בהן משוש, ועל קריה שהיא עכשיו עליזה: (יד) כי ארמון נטש, זה מקדש: המון עיר. שהיו באין אליה כל המון ישראל שלש פעמים בשנה לראות את פני האדון: עופל ובחן. עופל פת׳ היכל. ובחן אף הוא לשון היכל כמו אבן בוחן פנת יקרת: היה בעד מערות. תהיה חילוף מערות. כל בעד לשון תמורה הוא. כמו עור בעד עור: משוש פראים. משוש כל בני ישמעאל שנקרא פרא אדם: [מרעה עדרים]. מרעת האומות: (טו) עד יערה עלינו רוח

רש״י

שדי חמד. על שדות חמדתן ומ״א על חכמי שנהדראות שהם כשדים המניקי׳ יספדו. ועל עיר חמדתן שתחרש כשדה ועל גפן פוריה הם ישראל שנקראו גפן כמ״ש גפן ממצרים תסיע: (יג) קוץ שמיר. הובאי ובור כי כל חורבן זה יהיה על כל בתי משוש: ועל קריה עליזה. ירושלים שהיא משוש לכל הארץ (איכה ב׳): (יד) כי ארמון. היכל המלך נוטש: והמון העיר. גלה: עופל ובחן בית מקדשי שהיה להם למבצר: היה בעד מערות. יהיה כתוך חורבות מערת ל׳ (תהלים קל״ז) ערו ערו. ובעד כמו הבעד ערפל ישפוט (איוב כ״ב): עד עולם. עד עת קץ. עופל ובחן. שניהם ל׳ מבצר: משוש פראים. לתאוות ישמעאל וחיילותיו: (טו) עד יערה עלינו. ישפוך עלינו

רד״ק

על גפן פוריה. כלומר על לחם ויין שאין להם שדי חמד שדי חמדה שהיו מתחילה ועתה הם בורים וכן גפן פוריה שהיתה מתחילה ועתה בוקקה: (יג) על אדמת עמי. וכן יהיו סופדים על אדמת עמי שתעלה ותצמיח קוצים ושמירים ואע״פ שאמר על שדי חמד לא פירש מה הם ועתה פירש קוץ ושמיר תעלה: קוץ שמיר. חסר וי״ו השמוש כמו קוץ ושמיר וכן שמש ירח. ראובן שמעון מלך שרים והדומים להם: כי על כל בתי משוש. כי גם עליהם יהיה ההספד שהיו בתי משוש מתחילה וכן קריה שהיתה עליזה מתחילה: (יד) כי ארמון, פירשנוהו: עופל ובחן. מגדלים גבוהים וחזקים יהיו: בעד מערות. יהיו עוד למערות שידורו בם חיות השדה: בעד. במקום למ״ד השמוש כי תבא זאת המלה בענין אותיות השמוש וכן בא במקום מ״ם בעד החלון: משוש פראים. שישמחו בם פראים במדבר פרא למוד מדבר מרעה עדרים מחיות השדה: (טו) עד יערה. עד

אבן עזרא

תחס׳ מלת כל כמו וכל הנשים יתנו יקר: (יג) על. עמי. שמרון: קוץ שמיר. הסר וי״ו כמו אדם שת אנוש: כי. שמיר יעלה על כל בתי משוש: (יד) כי ארמון. המלך: עזב. גם נטש. מהבנין הקל שלא נקרא שם פועלו: עופל. מקום שהיה גבוה. מגזרת ויעפילו: ובחן. כמו הקימו בחוניו, והם מגדלים היו מערות: (טו) עד יערה. מבנין

מצודת ציון

ס״ז) חלצים. מתנים: (יג) קוץ שמיר. שמות מיני קוצים: תעלה. תגדל: קריה. עיר: עליזה. ענין שמחה: (יד) נוטש. נעזב. כמו והנה נטש אביך (ש״א י׳): המון. רבוי עם: עופל. מגדל ומבצר כמו וסביב לעופל (דה״ב ל״ג): ובחן. גם הוא כעין מגדל וכן הקימו בחוניו (לעיל כ״ג): בעד. הוא במקום למ״ד השמוש וכן בא במקום מ״ם השמוש כמו בעד החלון (בראשית כ״ו) ומשפטו מהחלון: מערות. מל׳ מערה: פראים. חמור

מצודת דוד

ספד: על שדי חמד. ההספד תהיה על אבדן השדות המחמדות ועל הגפנים המגדלים פירות הרבה: (יג) על אדמת עמי. על האדמה אשר תהיה שממה יגדלו שם קוצים: כי על כל בתי משוש. כי הקוצים יגדלו אף על כל הבתים שהיו שמחים בהם תדיר העומדים בירושלים קריה עליזה: (יד) כי ארמון נטש. היכל המלך יהיה נעזב כי המלך יגלה ממנו: המון עיר. המון העם שבעיר יהיה נעזב ומופקר: עופל ובחן. מגדלי המבצר יחרבו וישובו למערות מדור לחיות השדה: עד עולם. ר״ל עד זמן רב וכן ועבדו לעולם (שמות כ״א): משוש פראים. הם ישמחו שמה כי ימלאו שמה מרעה: מרעה עדרים. יהיה מקום מרעה לעדרי: (טו) עד

lust of Ishmael and his hosts.—[*Rashi*]

The allusion is to Ishmael, called a wild donkey in Gen. 16:12.—[*Kara* and the Pococke ms. of *Rashi*] Other mss. read: *For the lust of Ishmael and for pasture for Edom and his hosts.* Obviously, Edom and his hosts are the ‘flocks’ mentioned at the end of the verse. *Kara* explains that it will be pasture for the nations. In any case, these exegetes interpret this passage figuratively, as does *Jonathan,* who renders: A place which was a joy for the kings has become plunder for the armies. *Redak,*

lamenting, for the desirable fields, for the fruitful vines. 13. On
my people's soil thorns and briers shall come up, for on all the
houses of joy, the joyful city. 14. For the palace has been for-
saken, the multitude of the city has been abandoned, rampart
and tower are amidst ruins forever, a joy for wild donkeys, a
pasture for flocks.

is not essential but is written for poetic style, and that this word, as well as the three preceding words of similar structure, are infinitives.

Redak explains that 'to gird' means that they would gird themselves with sackcloth.*

12. **on the breasts, lamenting**—*They shall beat their heart.*—[*Rashi*] I.e. all the women shall do so.—[*Ibn Ezra*]

Redak explains that they will lament their dried-up breasts [which will no longer supply milk for their infants].

for the desirable fields—*For the fields of their desire. The Midrash Aggadah* (See twenty-fourth proem to *Lamentations Rabbah*) states: *For the sages of the Sanhedrins, who are like breasts that nurture, they will lament, and for the city of their desire that will be plowed up like a field, and for the fruitful vine—that is Israel, called a vine, as it is said: "(Psalms 80:9) You plucked a vine out of Egypt."*—[*Rashi*]

The simple explanation is that the people will lament the bread and wine which they no longer have because of the desolation of the fields and the vines.—[*Redak*]

13. **Thorns and briers**—The Targum renders: הוּבָאֵי וּבוּר, *various types of thorns, for all this destruction shall be on all houses of joy. and on*

the joyful city—*Jerusalem, which is 'the joy of all the land'* (Lamentations 2:15).—[*Rashi*]

Redak explains that they will lament for all the houses of joy and for the joyful city.

14. **For the palace**—*The king's palace has been forsaken.*—[*Rashi, Ibn Ezra*] Others explain it as referring to the Temple.—[*Jonathan, Kara*]

the multitude of the city—*has been exiled.*—[*Rashi*]

rampart and tower—*My Temple, which was a fortification for them.*—[*Rashi*]

are amidst ruins—Heb. הָיָה בְּעַד מְעָרוֹת, *shall be amidst ruins.* מְעָרוֹת *is an expression similar to* "(Psalms 137:7) *Raze it, raze it* (עָרוּ עָרוּ)." בְּעַד *is like* "(Job 22:13) *Can He judge through* (הַבְעַד) *a thick cloud?"*—[*Rashi*]

Others render: have become dens. I.e. they will become dens for wild beasts.—[*Redak*]

forever—*Until the time of the end.*—[*Rashi*]

Others explain that the desolation will last for a long time. The expression עַד עוֹלָם does not necessarily mean 'forever,' but for a long period of time.—[*Jonathan, Abarbanel*]

a joy for wild donkeys—*For the*

יֵעָרֶה עָלֵינוּ רוּחַ מִמָּרוֹם וְהָיָה מִדְבָּר
לַכַּרְמֶל וְ*כַרְמֶל לַיַּעַר יֵחָשֵׁב: טז וְשָׁכַן
בַּמִּדְבָּר מִשְׁפָּט וּצְדָקָה בַּכַּרְמֶל תֵּשֵׁב:
יז וְהָיָה מַעֲשֵׂה הַצְּדָקָה שָׁלוֹם וַעֲבֹדַת
הַצְּדָקָה הַשְׁקֵט וָבֶטַח עַד־עוֹלָם:
יח וְיָשַׁב עַמִּי בִּנְוֵה שָׁלוֹם וּבְמִשְׁכְּנוֹת
מִבְטַחִים וּבִמְנוּחֹת שַׁאֲנַנּוֹת: יט וּבָרַד

ת״א מסכה הלדקה . ב״ב ט עקרים ס״ג פכ״ח : והכרמל קרי ברדת

דְנָא עַד דְיֵיתֵי לָנָא רְוַח
מִן קֳדָם דִשְׁכִנְתֵּהּ בִּשְׁמֵי
מְרוֹמָא וִיהֵי מַדְבְּרָא
לְכַרְמְלָא וְכַרְמְלָא
קִרְוִין סַגִיאִין יְתִיב:
טו וְיִשְׁרוּן בְּמַדְבְּרָא
עָבְדֵי דִינָא וַעֲבְדֵי
צִדְקְתָא יַת כַּרְמְלָא
יִתְבוּן: יז וִיהוֹן עָבְדֵי
צִדְקְתָא שְׁלָם וּמְפַלְחֵי
צִדְקְתָא יִשְׁקְטוּן וְיִשְׁרוּן
לְרוֹחְצָן עַד עָלְמַיָא:
יח וְיִתְּבוּן עַמִּי
בִּמְדוֹרֵיהוֹן שְׁלָם וְעַל
אַרְעֲהוֹן לְרוֹחְצָן
וּבְקִירְוֵיהוֹן שְׁלֵיָן: יט וְיֵיחוֹת בִּרְדָא וְיִקְטִיל מַשְׁרְיַת עַמְמַיָא פַּלְחֵי טַעֲוָתָא וְיִצְדוּן וִיסוּפוּן

רש״י

כמו ותער כדה (בראשית כ״ד). ל׳ שפיכה נופל על הרוח **כמו** ושפכתי על בית דוד רוח חן (יואל ג׳) וכן אשפוך רוחי על כל בשר (זכריה י״ב): **ליער יחשב**. קירוין סגיאין **כיער** הזה שהוא מלא עצים: (טז) **ושכן במדבר משפט**. בירושלים שהיא כמדבר: **וצדקה בכרמל**. היא ארץ **ישראל** שתהא באותן הימים ככרמל: (יט) **וברד ברדת**

אבן עזרא

כפעל. והטעם כי אלינו תביא הרעה על ביאת מלך אשור **אל** ארץ יהודה. והטעם גזירה: **והיה**. כל מדבר. זרוע **כמו** הכרמל: **והכרמל ליער יחשב**. כאשר הראשון: **(טז) ושכן**. הטעם שהשם יעשה משפט בעוזביו: **(יז) והיה מעשה הצדקה שלום**. כי כן היה בימי חזקיהו. כאשר **אמר** ולשלום אין קץ. ויש מפרשים כי יערה עלינו לשבח: **(יח) וישב**. איש יהודה: (יט) **וברד**. הרי״ש פתוח כי

מצודת דוד

יערה. ר״ל כן תהיה תרב׳ עד אשר ישפוך עלינו ממרום רוח **כליון** והכאמים: והיה מדבר לכרמל. מקום שממה כמדבר **תשוב** להיות כרמל והוא מקום שדות וכרמים: והכרמל. מקומות **טעמים** שהם עתה ככרמל תשוב להיות כיער מבלי מלוא שדות **וכרמים**: (טז) ושכן במדבר. ירושלים שהיתה כמדבר ישכון בה משפט ר״ל אנשים עושים המשפט: בכרמל. בא״י שתהיה באותן **ימים** ככרמל שמה תשב לדקה ר״ל אנשים יעשו לדקה: (יז) והיה מעשה הצדקה. **בגמול** הלדקה תבוא שלום: ועבודת הצדקה. **כפל** הדבר במ״ש: (יח) וישב עמי וגו׳. מאז והלאה ישב עמי בנוה שלום וגו׳ וכפל הדבר פעמים ושלש ויורה על מרבית השלום: (יט) וברד ברדת היער. ר״ל ואף ברדת ברד לא תרד על הלאמים כי ביער תרד: ובשפלה. בנין העיר תשפל להבנות במקום שפל

מהר״י קרא

ממרום והיה. ארץ ישראל שהיא מדבר עכשיו לכרמל. **כר מלא** תבואה: והכרמל ליער יחשב. תרג׳ קירוי סגיאין יתיב: (טז) **ושכן** במדבר משפט. שישבו שם אנשי משפט וצדקה נזכרים למעלה. וכלי כליו רעים הוא זימות יעץ לחבל עניים וגו׳: (יח) **ובמנוחות** שאננות. ובמנוחות תשכנה נשים שאננות שתוסיף **תאדמת** תת כחה ולא יוסיף רגל עמי ישראל לנוד מתוכה מפני רעבון. וכלפי שאמר תרדו שאננות הזר ואמר ריפא בצידו. **וישב עמי** בנוה שלום: (יט) וברד ברדת היער. יש מפרשין. ונתן ה׳

רד״ק

ישפך עלינו רוח רצון ממרום כלומר יהיה זה החרבן עד **ירצת** האל וישפוך רצונו עלינו ואז יהיה המדבר לכרמל: רוח. **רצון** ה׳ כמו אל אשר יהיה שמה הרוח: והיה מדבר לכרמל. **מה** שהוא מדבר יהיה כרמל שהוא מקום זרע ושדות תבואה **ועצי** מאכל: והכרמל ליער יחשב. ברוב עצים כלומר **יעלו ישראל** ממדרגה למדריגה. וכרטל כתב והכרמל קרי והענין **אחד**: (טז) ושכן. כתרגומו: (יז) והיה מעשה. בעבור **מעשה הצדקת** ישיעשו יהיה להם שלום ובעבור עבודת הצדקה יהיה **להם** השקט ובטח עד עולם והפסוק כפול בענין במ״ש כי **עבודת** פי׳ מעשה כתרגם מעשה עובדא וכן עובדי פשתים **שריקות** אבל י״ת עבודת ממש ומפלחי צדקתא: (יח) וישב. הפסוק כפל בענין במ״ש ופשוט הוא: (יט) וברד. חציו קמץ **וחציו**

מצודת ציון

סכר: (טו) יערה. ענין שפיכה כמו תחת אשר הערה (לקמן נ״ג): לכרמל. כן יקרא מקום שדות וכרמים: (יז) ועבודת. תרגום של מעשה הוא עובדא: (יח) בנוה. ענין מדור: שאננות. ענין

act of righteousness, there will be tranquility and safety.—[*Redak*]

Ibn Ezra interprets this prophecy as an allusion to the days of Hezekiah, when there was 'peace without end.' Comp. 9:6.

18. **And My people**—The people of Judah.—[*Ibn Ezra*]

19. **And He shall hail down the hailing of the forest**—Heb. וּבָרַד בְּרֶדֶת הַיָּעַר. *Perforce, this* word וּבָרַד *is not a noun, since half of it is vowelized with a 'kamatz' and half of it with a 'pattah' in an expression of* פָּעַל. *Rashi* distinguishes בָּרַד from בָּרָד, the noun denoting hail. *And so is its interpretation, an expression of an action, like 'and he shall wash'* (וְרָחַץ), *'and he shall sit'* (וְיָשַׁב), *'and he shall stand'* (וְעָמַד). *Here too,* וּבָרַד *'and He shall*

15. Until a spirit be poured upon us from on high, and the desert shall become a fruitful field, and the fruitful field shall be regarded as a forest. 16. And justice shall dwell in the desert, and righteousness shall reside in the fruitful field. 17. And the deed of righteousness shall be peace, and the act of righteousness [shall be] tranquility and safety until eternity. 18. And My people shall dwell in a dwelling of peace, and in secure dwellings and in tranquil resting-places.

however, explains it literally, viz. that the land will become overrun with wild donkeys, who will rejoice therein, and it will become pasture for herds of wild beasts.

15. **Until . . . be poured upon us**—Heb. יֵעָרֶה. *He shall pour upon us. Comp.* "(Gen. 24:2) *And she emptied* (וַתְּעַר) *her pitcher." An expression of pouring applies to spirit. Comp.* "(Zech. 12:10) *And I will pour upon the house of David . . . a spirit of grace." Comp. also* "(Joel 3:1) *I will pour My spirit upon all flesh."*—[*Rashi*]

This desolation will continue until a spirit, i.e. a desire of the Almighty be poured upon us, then the desert shall become a fertile field.—[*Redak*]

I.e. this desolation will persist until it is time to bring the Messiah.—[*Abarbanel*]

Jonathan renders: All this shall be until relief comes to us from before the Shechinah on high. Apparently, he explains רוּחַ as רֶוַח, relief. Surprisingly, none of the exegetes mentions the unique rendering of the Targum. Perhaps, the vowelization of our editions is erroneous. *Ibn Ezra* interprets 'spirit' as referring to the evil decree of the approach of the king of Assyria.

shall be regarded as a forest—*Jonathan* renders: *Great cities, like this forest, which is full of trees.*—[*Rashi*]

Redak explains that the land will gain fertility; the desert will become a fruitful field, and the fruitful field a forest of many trees. *Ibn Ezra* explains the verse in just the opposite manner. Comp. 29:17, where he explains that the rich pastureland shall become like the Karmel, which is less fertile, and the Karmel shall be like the forest, producing still less fruit, i.e. they shall have scanty food when Judah is attacked by Assyria.

16. **And justice shall dwell in the desert**—*In Jerusalem, which is like a desert.*—[*Rashi*]

and righteousness shall reside in the fruitful field—*That is the land of Israel, which in those days shall be like a fruitful field.*—[*Rashi*]

Ibn Ezra explains that God will execute justice upon those who forsake Him.

17. **And the deed of righteousness shall be peace**—Because of the righteous deeds they will perform, they will have peace, and because of the

בְּרֶדֶת הַיָּעַר וּבַשִּׁפְלָה תִּשְׁפַּל הָעִיר׃
כ אַשְׁרֵיכֶם זֹרְעֵי עַל־כָּל־מָיִם מְשַׁלְּחֵי
רֶגֶל־הַשּׁוֹר וְהַחֲמוֹר׃ לג א הוֹי שׁוֹדֵד
וְאַתָּה לֹא שָׁדוּד וּבוֹגֵד וְלֹא־בָגְדוּ בָךְ
כַּהֲתִמְךָ שׁוֹדֵד תּוּשַּׁד כַּנְּלֹתְךָ לִבְגֹּד

דיריהון: כ טוביכון צדיקיא עבדתון לכון עובדין טבין דאתון דמן לדזרעין על שקיא משלחין לאדרכא בתורא ולמכנש בחמרא: א וי דאתי למבז ויתך לא יבזון ודאתי למינס ויתך לא יינסון כד תיתי למבז יבזונך וכד תלאי למינס

ת"א אשריכם. ב"ק יז כתו"ס תזהר שמות וכלה: משלחי רגל. ב"ק ג נה חולין פרק קמא (כ"ק ג): דגש אחר שורק

מהר"י קרא

אלהים את כל הקללות האלה האמורים למעלה. כי כלה בציר אוסף בלי יבא. על אדמת עמי וגו׳ .כי ארמון נטש. חוזר והופך לברכה ואמר והיה מדבר לכרמל. ונתן את הקללה על עכו"ם הרשעה. שאמר וברד ברדת היער. שנ׳ יכרסמנה חזיר מיער. ואני אומר על כורחי אין וברד זה שם דבר שהרי נקוד חציו בפתח וחציו בקמץ בל׳ ופעל כמו ורחץ וישב ועמד וכן וברד. וכן פת׳ ויברוד את ברדת היער ובי"ת של ברדת מן יסוד תיבה כמו עטרת (בנקרת) [עקרת]. וכן ברדת לשון ברד. וימטר ה׳ את מטר פחי הרשעים [שהם] בנוים ומלאים כיער: ובשפלה תשפל העיר. עיר (מרוי) חייבת: (כ) אשריכם זרעי על כל מים. אשריכם ישראל שהצליחה צדקתכם כזורעים על כל מים ששותה תמיד. ומעתה תקצרו ותאספו תבואת צדקתכם. תשלחו רגל השור לדוש התבואה. והחמור להביא אל הבית. כך תירג׳. כך תהיו שתקבלו שכר פעולתכם כזה שזורע במקום רטוב כך תהיו בטוחים לקבל שכר:

לג (א) כנלותך. לשון ככלותך. כמו ולא יטה לארץ מנלם. כליון הנגזר עליהם ולא יטה לארץ להיות בטל והולך

רש"י

היער. על כרחי אין ברד זה שם דבר שהרי נקוד חציו קמץ וחציו פתח בל׳ פעל וכן פתרונו ל׳ פעולה כמו ורחץ וישב ועמד. וברד ויברוד את ברידת היער ויהיה הבי"ת של ברדת מן יסוד כמו עטרת עקרת כלומר וימטיר הקדוש ברוך הוא את מטר פחי הרשעים שהם עכשיו בנויים ומלאים ערים כיער: ובשפלה. שנשפלו ישראל עד עכשיו תשפל עיר מטרפולין של פרס ודוגמא כן ת"י ויחות ברדא ויקטול משריי׳ עממיא: (כ) אשריכם. ישראל שהצליחה זריעת צדקתכם כזורעים על מים מעתה תקצרו ותאספו תבואת שכרכם הטוב תשלחו רגל השור לדוש התבואה והחמור להביא אל הבית כך ת"י כלו׳ תקבלו שכר פעולתכם הטובה: לג (א) הוי. האויב שאתה שודד תמיד ואתה לא שדוד ובוגד אתה תמיד ואין אדם בוגדך ובוזזך: כהתימך. להיות שודד ככלותך שדידתך באותם שנגזרה גזרה עליהם להיות שדודים על ידיך תושד: כנלותך לבגוד: מנחם חיבר כנלותך עם ולא יטה לארץ מנלם (איוב

רד"ק

פתח והוא פעל עבר ואם היה שם יהיה כולו קמוץ אמר כשיברד יפיל הברד ביער שלא יזיק לצמחים ועצי מאכל ברדת שם כמו ברד: ובשפלה תשפל העיר. לא יזכר שום שפלות בעיר ירושלם אלא אם כן יזכרו השפלה שהיא העיר אבל לא שפלות מעלה כי לא תשפל מעלת ישראל ויש מפרשים שתשב פרזות שיבנו בתים בבקעה כי לא יצטרכו לבנות בהר מגדלים חזקים: (כ) אשריכם זורעי על כל מים. על כל מקום מים כי בכל מקום שתזרעו תמצאו מים: משלחי רגל השור והחמור. כל כך יהיה השבע גדול עד שישלחו השורים והחמורים לרעות בשדות: (א) הוי שודד. אם נחמה זו כמו שכתבנו היא בימי חזקיהו אמר הוי שודד על סנחריב ואם עתידה בימות המשיח יאמר הוי שודד על מלך העכו"ם שיהי׳ בימים ההם והיא מלכות רביעית במראה דניאל ואמר אוי לך שודד שלא היית עד עתה שדוד והיית בוגד ולא בגדו בך עדיין: כהתימך שודד תושד. כשתשלים להיות שודד כן תושד אתה שישדדו אותך. ר"ל שיבא זמן שתשבר שתשלם מלכותך:

אבן עזרא

הוא פעל. כמו עשן כולו. והטעם כי אם ירד ברד אל היער ירד. ולא אל מקום הזרע. וטעם תשפיל העיר. שתשב פרזות כבקעה: (כ) אשריכם זורעי על כל מים. שיבואו: משלחי רגל השור. כטעם והאלפים והעירים. כי פרש׳ אחת היא כלה:

לג (א) הוי. לשון קריאה. והטעם על אשור: כהתימך שודד. להיותך שודד. תושד: כנלותך. כמו

מצודת ציון

סקט ושלום: (יט) ברדת. מל׳ ירידה: (כ) אשריכם. ענין הצלחה כמו אשריך ישראל (דברים ל"ג): משלחי. ענינו דבר הנעזב לרצונו וכן ונער משולח מביש אמו (משלי כ"ט):

לג (א) הוי. ענין קריאה לצער: שודד. עושק: ובוגד. ענין מרי ומרד: כהתימך. מל׳ תם והשלמה וכן כי אם תם

מצודת דוד

ועומק ועכ"ז יהיו בטוחים מן האויב ולא יצטרכו לבנות בגובה הר להשגב שמה: (כ) אשריכם. הצלחה תהיה לכם כי תזרעו על כל מים ר"ל בכל מקום ימצא מים לגדל התבואה: משלחי רגל. ותהיו משלחים שמה לגל השור והחמור לאכול לשבעה ולרמוס בגלגל ולא יחושו כי תגדל הרבה תבואה:

לג (א) הוי שודד. אוי לך סנחריב השודד כל העכו"ם בלא היית עד עתה שדוד ממי ואתה הוא הבוגד בכולם ועדיין לא בגדו בך: כהתימך. כאומר לא כן תהיה לעולם כי כאשר תשלים

spoiled by you, you shall be spoiled. —[*Rashi*]

when you finish dealing treacherously—Heb. כַּנְּלֹתְךָ. *Menahem classified* כַּנְּלֹתְךָ *with* "(Job 15:29) *And their destruction* (מִנְלָם) *shall not fall to the earth*" *in one group* (*Machbereth Menahem*, p. 123). *In the word* מִנְלָם, *the first 'mem' is a radical which sometimes is absent, like the 'mem' of* מַאֲמַר, *a statement, and of* מַדָּע, *knowledge, and it is possibly an expression of ending, according to the context.* כַּנְּלֹתְךָ is an expression of 'when you finish.' "And מִנְלָם *shall not fall to the earth,*" *the destruction decreed upon*

19. And He shall hail down the hailing of the forest, and into the low state shall the city be humbled. 20. Fortunate are you who sow by all waters, those who send forth the feet of the ox and the donkey.

33

1. Woe to you who spoil and you are not spoiled, and who deal treacherously, and they did not deal treacherously with you. When you finish your spoiling, you shall be spoiled, when you finish dealing treacherously,

hail down the hailing of the forest.' Then the 'beth' of בְּרֶדֶת *is a radical, like* עֲטֶרֶת, *'a crown,'* עֲקֶרֶת *'a barren woman,'. That is to say that the Holy One, blessed be He, shall rain down the rain of the coals of the wicked, those who are now built up and full of cities like a forest.—[Rashi]*

and into the low state—*Into which Israel has been humbled until now, shall the metropolis of Persia (Seir, Edom,* according to various mss.) *be humbled. In a similar manner did Jonathan render it: And hail will come down and kill the camps of the nations.—[Rashi] Jonathan* concludes: that worship idols, and their inhabitants shall become desolate and shall be destroyed.*

20. **Fortunate are you**—*Israel, that the sowing of your righteousness has succeeded like those who sow by all waters. From now on, you shall reap and gather the grain of your good reward; you shall send forth the feet of the ox to thresh the grain, and the donkey to bring it into the house. So did Jonathan render it: You shall receive the reward of your good work.—[Rashi]* Accordingly, the sending of the feet of the ox and the donkey is figurative, like the sowing by all waters. *Redak,* however, explains this verse literally. You shall be blessed with such a degree of prosperity, that wherever you sow, you will find water. The grain will be so plentiful that you will send your oxen and donkeys to graze in the fields.

1. **Woe**—*To the enemy, that you constantly spoil, but you are not spoiled, and you constantly deal treacherously, but no man deals treacherously with you or spoils you.—[Rashi]*

Ibn Ezra identifies this with Assyria. *Redak* writes that if this prophecy indeed deals with Hezekiah's time, its object is Sennacherib, king of Assyria. If it alludes to the Messianic era, its object is the gentile king of that time, the fourth kingdom mentioned in Daniel's vision.

when you finish—*being a spoiler, when you finish your spoiling of those upon whom it was decreed to be*

עֲסוֹנָךְ: ב יְיָ רַחֵים עֲלָנָא
לְמֵימְרָךְ סַבְרָנָא הֱוֵי
תוּקְפָּנָא בְּכָל יוֹם אַף
פּוּרְקָנָנָא בְּעִידַן עָקָא:
ג מִקָל הֲמוֹן אִתְבְּרוּ
עַמְמַיָא מִסְּגֵי גְבוּרָן
אִתְבַּדָרוּ מַלְכְוָתָא:
ד וְיִכְנְשׁוּן בֵּית יִשְׂרָאֵל
נִכְסֵי עַמְמַיָא סַנְאֵיהוֹן
כְּמָא דְכִינְשִׁין יַת זַחֲלָא
וְאַזֵן בְּמָאנֵי זֵינָא כְּמָא

יִבְגְּדוּ־בָךְ: ב יְהוָה חָנֵּנוּ לְךָ קִוִּינוּ הֱיֵה
זְרֹעָם לַבְּקָרִים אַף־יְשׁוּעָתֵנוּ בְּעֵת
צָרָה: ג מִקּוֹל הָמוֹן נָדְדוּ עַמִּים
מֵרֹמְמֻתֶךָ נָפְצוּ גּוֹיִם: ד וְאֻסַּף שְׁלַלְכֶם
אֹסֶף הֶחָסִיל כְּמַשַּׁק גֵּבִים שֹׁקֵק בּוֹ:

ת"א מרוממתך . סנהדרין לח : נשגב

רש"י

ס"ו) בחלק אחד ומגלס המ"ס הראשונה בו יסוד נופל כמו מ"ס של מאמר ושל מדע ויתכן להיות ל' כליון לפי הענין. כנלותך ל' ככלותך ולא יטה לארץ מנלס כליון הנגז' עליהס לא יטה לארץ להיות בטל והולך אלא הולך וחזק: (ב) היה זרועם. של שודדים ביד השודד: לבקרים. מדי יום יום כשהוא מילר להס אף ישועתינו תהיה בעת לרה: (ג) מקול המון. הבא מלפניך נדדו עמים עד הנה כשהפלאת לנו נסיך: (ד) ואסף שללכם. זה מוסב על כנלותך לבגוד יבגדו בך ואוסף שללכם אתם הבוגדים את עמי בבא פקודתכם יבוזו אתכם שארית עמי ויאספו שללכם כאסיפת הסיל שאוסף לו תבואה בקיץ כל אחד לעצמו אף כאן יבוזו איש לו: כמשק גבים שוקק. כקול נהם מים הנאספים

מהר"י קרא

אלא הולך וחזק. ומדבר בסנחריב שכשכילה להחריב את כל העולם נעשה גם הוא שממות עולם. ויונתן תירגם. כנלותך לשון ליאות ועייפות: (ב) היה זרועם. של ישראל: לבקרים. בכל יום שהגליות משעבדות בהן: (ג) מקול המון נדדו עמים מרוממותיך. שנתרוממת ליפרע מאשור נפוצו עמים. שבשעה שהקב"ה עושה משפט ברשעים. שמו מתרומם בעולם: (ד) ואוסף שללכם. כאוסף של חסיל. זה מוסף על כנלותך לבגוד. ואוסף שללכם אותם השודדים את עמי. בבוא פקודתכם יבוזו וישללו אתכם ויאספו שללכם כאסיפת החסיל. שאוסף תבואה בקיץ כל אחד לעצמו אף כאן יבוזו איש לו: כמשק גבים שוקק בו. כקול נהם מים הנאספים והנופלים בגבים כן נוהם ינהמו הבאים לשלול. משק לשון נוהם. כמו ארי נוהם ודוב שוקק. וכן ממשק

אבן עזרא

כהנלותך. וכמוהו ולא יטה לארץ מנלס: (ב) ה'. זאת היא תפילת הצדיקים בבוא מלך אשור והיא בדרך נבואה: היה זרועם. על אנשי המלחמה: (ג) מקול המון. אשור: מרוממתיך. שנתת לו רוממות: (ד) ואסף שללכם. שלל הגוים כי סימן הכ"ף בעבור ישראל שהגלה מלך אשור: גבים. תרגום ארבה בארמית: שוקק. כמו אוסף ויש

רד"ק

כנלותך. משפטו כהנלותך כי הוא מקור מבנין הפעיל וענינו כמו כהשלימך וכן לא יטה לארץ מנלם שפי' השלמתם ותכליתם: כהתימך. משפטו בדגש המ"ם כי שרשו תמם והוא קל. כמו שהוקלו רבים מפעלי הכפל: תושד. בוי"ו עם הדגש: (ב) ה' חננו. אם בימי חזקיהו פחדו יושבי ירושלם ממלך אשור עד שהוצרכו להתפלל ולבקש רחמים כמ"ש ואמרו ה' חננו לך קוינו ואם בימי המשיח יפחדו מפני גוג ומגוג ויצטרכו להתפלל ולבקש רחמים: היה זרועם לבקרים. בכל בקר ובקר היה זרועגו מפני האויב: אף ישועתינו. כ"ש בעת צרה שצריך שתהיה ישועתינו ונהיה נושעים בך. ומה שאמר זרוע' בכנוי הנסתרים ואמר חננו קוינו ישועתינו בכנוי המדברים בעדם כן דרך הל' כמו שמעו עמים כולם ואולם כולם תשובו ובאו נא והדומים להם כמו שכתבנו בספר מכלל: (ג) מקול המון נדדו. אם במחנה אשור אמר פי' מקול המון המלאך המכה במחנה אשור ואם בגוג ומגוג גם כן כמ"ש ויצא ה' ונלחם בגוים ההם: נדדו עמים. נפצו גוים. הנשארים מן המגפה: מרוממתך. מהרוממות שלך שידעו כי רמת ונשגבת עליהם ולא הועילה להם גבורתם ורב חילם: (ד) ואוסף שללכם. שלל הגוים שיהיה שללכם שתאספו ותשללו אותו: אוסף החסיל. כאסיפת החסיל והארבה שאוספים אותם כשנחו על האדמה שיוצאים בני

מצודת דוד

לשדוד אחרים אז תושד גם אתה: כנלותך. כשתכלה לבגוד באחרי' אז הם יבגדו בך: (ב) ה' חננו. לבל תשלוט בנו יד סנחריב כי לך נקוה ולא נבטח במלכים כאשר בטחו עשרת השבטים: היה זרועם לבקרי'. בכל יום היה לחוזק למקוי' לך: אף ישועתנו בעת צרה. אף היה לנו לישועה אם לכל באה הצרה: (ג) מקול המון. ר"ל וכן היה לנו ישועה כי מקול המיית המלאך המכה בהם נדדו העמים מן העולם: מרוממותיך. מהרוממות שלך אשר נשגבת עליהם נפצו הנשארים מן המגפה: (ד) ואוסף שללכם. השלל שתקחו מאת מחנה אשור יהיה מאוסף באין מוחה ובלי פקד כדרך האסיפה שמאספי' את החסיל כשנחים על האדמה שיוצאים

מצודת ציון

הכסף (פרה' מ"ז): כנלותך. ענין תכלית והשלמה וכן לא יטה לארץ מנלם (איוב ט"ו) ר"ל תכליתם והשלמתם: (ב) לבקרים. מלשון בוקר ור"ל בכל יום: (ג) המון. מל' המיה: נפצו. ענין פזור: (ד) החסיל. מין ארבה: כמשק. ענין קול נהם כמו דוב שוקק (משלי כ"ח) וכן ממשק חרול (צפניה ב'): גבים. בורות כמו

dak quotes the *Aggadah* in its entirety: The prophet said to Israel, "Gather your spoils." They asked him, "Shall we plunder it or divide it?" He replied, "Like the gathering of the locusts. Just as the locusts, each one gathers for himself, also your spoils, each one should gather for himself." They asked, "But, is not the property of the ten tribes mingled therein?" He replied, "Like the roaring of the cisterns does he roar therein. Just as cisterns elevate a person from contamination to purity (by immersion), so is it with Jewish property; once it falls into the hands of heathens, it immediately becomes permissible."

they shall deal treacherously with you. 2. O Lord, be gracious
to us! We have hoped for You. Be their arm every morning,
also our salvation in time of trouble. 3. From the sound of roar-
ing peoples have wandered; from Your exaltation, nations have
scattered. 4. And your booty shall be gathered like the gather-
ing of the locusts, like the roaring of the cisterns does he roar
therein.

them shall not fall to the earth to become progressively void, but will become progressively stronger.—[*Rashi*] *Jonathan* renders it as an expression of weariness.—[*Kara*]

2. **O Lord, be gracious to us!**—If it is referred to the time of Hezekiah, the dwellers of Jerusalem feared Sennacherib until they had to pray and beg mercy. This was their prayer. If it refers to the Messianic era, this is the prayer of the Jews who will fear Gog and Magog, and pray to God for mercy.—[*Redak*]

Be their arm—*of the spoiled ones in the hand of the spoiler.*—[*Rashi*] Note that we followed other editions of *Rashi. Nach Lublin* is erroneous in this passage.

every morning—*Daily, when they are in straits, also You be our salvation in time of trouble.*—[*Rashi*]

3. **From the sound of roaring**—*that emanated from before You, peoples wandered until here when You performed wondrous miracles for us.*—[*Rashi*]*

peoples have wandered . . . nations have scattered—Those who survived the plague.—[*Redak*]

from Your exaltation—When they realize that You are exalted over them and that their strength and their armies did not avail them.—[*Redak*]

4. **And your booty shall be gathered**—*This refers back to "when you finish dealing treacherously, they shall deal treacherously with you," and your booty, you, who spoil My people, when your reckoning comes, the remnant of My people shall plunder you and gather your booty like the gathering of locusts, each one of whom gathers grain for himself in summer; here too, each one will plunder for himself.*—[*Rashi*]*

like the roaring of the cisterns—*Like the sound of the roar of water gathering and falling into the cisterns in the river, so will those coming to plunder and pillage, roar.* מַשַּׁק *is an expression of roaring. Comp.* "(Prov. 28:15) *A roaring lion and a growling* (שׁוֹקֵק) *bear." Also* "(Zeph. 2:9) *The noise* (מִמְשַׁק) *of the thorns." When the wind blows on the thorns, and they knock against one another, they produce a sound. Comp. also* "(Joel 2:9) *In the city they roar* (יָשֹׁקּוּ)."—[*Rashi*]

cisterns—Heb. גֵּבִים, *like* "(supra 30:14) *or to scoop water from a cistern* (מִגֶּבֶא)." *Our Sages expounded it in the Aggadah of* Chapter *Chelek* (*San.* 94b) *as referring to the booty of Sennacherib's soldiers.*—[*Rashi*] Re-

ה נִשְׂגָּב יְהוָה כִּי שֹׁכֵן מָרוֹם מִלֵּא צִיּוֹן
מִשְׁפָּט וּצְדָקָה: ו וְהָיָה אֱמוּנַת עִתֶּיךָ
חֹסֶן יְשׁוּעֹת חָכְמַת וָדָעַת יִרְאַת יְהוָה
הִיא

ת"א אמונת עתיך. שבת לא זוהר פקודי: יראת ה'. ברכות לג:

דְאָזֵן בְּזִירְקָתָא: ה תַּקִּיף יְיָ דְאַשְׁרֵי שְׁכִינְתֵּהּ בִּשְׁמֵי מְרוֹמָא דַאֲמַר לְמַמְלֵי צִיּוֹן עָבְדֵי דִין דִקְשׁוֹט וּזְכוּ: ו וִיהֵי מָא דַאֲמַרְתָּ לְאוֹטָבָא לְדַחֲלָתָךְ אַיְתֵיתָא

מהר"י קרא

חרול. כשרוח נושבת בחרולים והם מכים זה את זה ונותנים קול. וכן בעיר ישוקו. גבים. כמו לחשוף מים מגבא: (ו) והיה אמונת עתיך חוסן ישועות. והיה לך לחוסן ישועות ולחכמה ודעת את אשר האמנת לבוראך בגלותך. בקץ העתים שעתיד להרויח לך מן הצרות: ומדרש רבותינו: והיה. לך לחוסן ישועות לחכמה ודעת את אשר תאמין לבוראך עתים שקבע לך לתרומות ומעשרות בעת הפרשתן. ללקט שכחה ופאה בעתם. לקיום שמיטין ויובלות בעתם: יראת ה'. שתירא מלפניו. היא אוצרו הטוב להפתח לך (מסותה) [מאתו] על ידה:

רש"י

ונופלין בגבים בנהר כן ינהמו הבאים לשלול ולבוז. משק לשון נהם כמו (משלי כ"ט) ארי נוהם ודוב שוקק. וכן ממשק חרול (צפניה ב') כשהרוח מנשבת בחרולים והם מכים זה על זה נותנים קול וכן בעיר ישוקו (יואל ב'). גבים כמו לחשוף מים מגבא ורבותינו דרשוהו באגדת חלק בביזת אוכלוסי סנחריב: (ה) כי שוכן מרום. הראה גבורתו שהוא רם על כל ידו וידו על העליונה: (ו) והיה אמונת עתיך וגו'. והיה לך לחוסן ישועות ולחכמה ודעת את אשר תאמין לבוראך עתים שקבע לך לתרומות ולמעשרות בעת הפרשתן ללקט שכחה ופיאה בעתם לקיים שמיטין ויובלות בעתם. ד"א אמונת עתיך. את שהאמנת בהקב"ה בעתים שעברו עליך ולפית לישועה תהיה לך לחוסן: יראת ה'. שתירא מלפניו היא אוצר טוב להפתח לך מאתו על ידה:

רד"ק

הציר ואוספים אותם בכליהם שלא ישחיתו התבואה כן יצאו בני ירושלם ויאספו שלל מחנה אשור ודמה גם כן הליכת המלאך במחנה אשור להלוך הארבה בתבואה ושמשחיתם. ואמר כמשק גבים שוקק בו. ומשק ושוקק ענין הליכה כמו ובן משק ביתי: גבים. ארבה כתרגם ארבה גובא וי"ת הפסוק כן ויכנשין בית ישראל וגו' ואם הענין בימות המשיח הנה כתוב גם כן ויצאו יושבי ערי ישראל ובערו והשיקו בנשק וגו' ושללו את שולליהם ובזזו את בוזזיהם אבל רז"ל פירשוהו בימי חזקיהו וכך אמרו אמר להם נביא לישראל אספו שללכם. אמרו לו לבוז או לחלק אמר להם אוסף החסיל מה אסיפת החסיל זה כל אחד ואחד לעצמו אף שללכם כל אחד ואחד לעצמו אמרו לו והלא ממון עשרת השבטים מעורב בו אמר להם כמשק גבים שוקק בו מה גבים הללו מעלין את האדם מטומאה לטהרה אף ממונם של ישראל כיון שנפל ביד עכו"ם מיד טהור: (ה) נשגב ה'. בזאת התשועה נשגב הוא שישגבוהו העמים על הנס הזה ויודו לו כי הוא שוכן מרום ובידו להשפיל הגבוה ולהרים השפלים שהשפיל מחנה אשור שבאו על ירושלם ביד רמה והרים יושבי ציון שהיו שפלים ומלא ציון משפט וצדקה. נשגב ביניני סבנין נפעל כי הוא קמץ: ופי' מלא ציון: כי מהיום ההוא והלאה יהיו בציון עושין משפט צדקה וכן ת"י דאמר לממלי ציון עבדי דין דקשוט וזכו ויש לפרש מלא ציון משלל העמים במשפט ובצדקה: (ו) והיה אמונת עתיך. אמר כנגד ישראל קיום זמנך וחוזק ישועתך יהיה חכמה ודעת ויראת ה' שהיא אוצרו של אדם כלומר הנה באה לכם ישועה זאת ואתם בשלום אם תרצו שיהיה קיים לכם השלום והישועה כל זמניכם התעסקו בחכמה ודעת ויראת ה' שהיא אוצרו של אדם כי כמו שאוצר האדם הוא מבטחו של אדם ועומד לו בעת צרה כן יראת ה' לפיכך תהיו יראי ה' והתעסקו בחכמה ודעת אלהים ותנצלו מכל צרה ותהיו בשלום כל עתכם. אמונת. קיום כמו במקום נאמן שפירושו קיים: חוסן. חוזק כמו והיה החסן לנעורת: חכמת. בתי"ו במקום ה"א כמו ציצת נובל חלת מצה מכת בלתי סרה והדומים להם ואאז"ל פי' מי גרם לכם ישועה זאת חכמת אלהים ודעת שבחזקיהו ויראת ה' שהיא אוצרו וי"ת הפסוק כן ויהא מה דאמרת וגו':

אבן עזרא

אומרים כי כמוהו וכן משק ביתי ולפי דעתי שכמוהו בספר יואל ישקשקון גם הוא בארבה: (ה) נשגב ה'. והטעם על השכינה שהיא בציון: (ו) והיה אמונת עתיך. לאיש יהודה ידבר: חכמת. סמוך ותחסר חכמת כך: יראת ה'.

מצודת ציון

כמו על גבים (ירמיה י"ד): שוקק. ינהום קול: (ה) נשגב. ענין חוזק: מרום. מל' רום וגובה: (ו) אמונת. ענין קיום כמו יתד במקום נאמן (לעיל כ"ב): עתיך. מל' עת וזמן: חוסן. ענין חוזק

מצודת דוד

בני העיר ומאספי' אותם בכליהם לבל ישחיתו תבואת האדמה: כמשק גבים. כקול נהמת מים המאספי' ונופלים בבורות כן ישמעו קול נהמת בוללים במחנה אשור: (ה) נשגב ה'. המקום נתחזק עליהם כי הוא שוכן מרום בשמים ממעל ואף אם האלהים למעלה לגבור יחשב ומכ"ש חזק ממעל: מלא ציון. בהכם הזה מילא את ציון משפט וצדקה כי מאז בעבור פלאי הנס יעשו משפט וצדקה: (ו) והיה אמונת עתיך. קיום זמניך וחוזק ישועתך יהיה ע"י חכמה ודעת ויראת ה' שהיא אוצרו של אדם ר"ל היא לו למבטח כאוצר בעת הצורך וכאומר הנה באה לכם הישועה ואתם בשלום ואם תרצו שתהא קיום לזמן מרובה וישועה חזקה התעסקו בחכמה ודעת

fear of the Lord, which is man's treasure. Just as a man's treasure is his hope, for it avails him in his time of need, so is the fear of God. Therefore, engage in Torah and fear of God in order to preserve the state of peace and prosperity for all times. Rabbi Joseph Kimchi explains that the cause of the salvation was the 'wisdom and knowledge' of Hezekiah, and the fear of the Lord,' which was his treasure.

The Rabbis of the Talmud (*Shab.* 31a) see here an allusion to the Six Orders of the Mishnah. אֱמוּנַת alludes to the Order of *Zeraim* (seeds), which deals with precepts pertaining to vegetation, *terumoth* and tithes, etc. In this context, a person is believed that he has given the proper

5. The Lord is exalted, for He dwells on high; He has filled Zion with justice and righteousness. 6. And the faith of your times shall be the strength of salvations, wisdom and knowledge; fear of the Lord, that is his treasure.

Redak suggests too that גֵּבִים may be related to the Aramaic גּוֹבָא, meaning 'locust.' Like the marching of the locusts, he shall march therein. *Jonathan* renders the verse as follows: And the house of Israel shall gather the possessions of the nations, their enemies, as they gather locusts; and they shall arm themselves as they arm themselves with a javelin. *Redak* suggests further that the verse refers to the war of Gog and Magog, concerning which Ezekiel prophesies: "(39:10) And they shall rob those who robbed them and plunder those who plundered them."

5. **The Lord is exalted**—With this salvation He is exalted, for all the nations will exalt Him for this miracle and acknowledge Him, that He dwells on high and has the power to humble the high and to raise up the humble, for He humbled the camp of Assyria, that came upon Jerusalem with a high hand. He raised the humble inhabitants of Zion and Jerusalem, and He filled Zion with justice and righteousness.—[*Redak*]

for He dwells on high—*He demonstrated His might, that He is exalted above all, and He has the upper hand.*—[*Rashi*]

6. **And the faith of your times etc.**—*And it shall be for you for strength of salvations and for wisdom and knowledge, that you will be faithful to your Creator concerning the times that He set for you for terumoth and tithes at the time of their separation, for gleanings, forgotten sheaves, and the corner of the field in their time,* to leave them over for the poor, *to keep release years and jubilee years in their time.*—[*Rashi*] *Rabbi Joseph Kara* quotes the identical interpretation from an unknown midrash. The intention is that if a Jew has faith in God to give away part of his property in order to fulfill His commandments, and he does not hesitate because of fear of poverty or hunger, he will be lavishly rewarded with 'strength of salvations, wisdom and knowledge.'

Another explanation is: **faith of your times**—*What you believed in the Holy One, blessed be He, in times that passed over you, and you hoped for salvation, shall become your strength.*—[*Rashi*]

fear of the Lord—*That you shall fear Him—that is a good treasure to open up for you from before Him.*—[*Rashi*]

Redak renders: And the permanence of your times, the strength of salvations, shall be wisdom and knowledge, and fear of the Lord, which is his treasure. The prophet exhorts the people concerning the salvation and the peace. He proclaims that the permanence of the times, the strength of the salvations, can only be assured by engaging in wisdom and knowledge, and in the

וְקַיָּמְתָּא בְּעִידָנֵהּ תְּקוֹף
וּפוּרְקָן חוּכְמְתָא וּמַדַּע
לְדַחֲלַיָּא דַיָי אוֹצַר
טוּבֵיהּ עָתִיד׃ ז הָא כַּד
אִתְגְּלֵי לְהוֹן יְצַוְחוּן
בְּמִסַּר אִיזְגַּדֵּי עַמְמַיָּא
דַּאֲזַלוּ לְבַסָּרָא שְׁלָם
תָּבוּ לְמֶהֱוֵי בָּכַן בִּמְרִיר
נְפַשׁ׃ ח צְדִיאוּ כִּבְשַׁיָּא

הִיא אוֹצָרוֹ׃ ז הֵן אֶרְאֶלָּם צָעֲקוּ חֻצָה
מַלְאֲכֵי שָׁלוֹם מַר יִבְכָּיוּן׃ ח נָשַׁמּוּ
מְסִלּוֹת שָׁבַת עֹבֵר אֹרַח הֵפֵר בְּרִית
מָאַס עָרִים לֹא חָשַׁב אֱנוֹשׁ׃ ט אָבַל
אמללה

ת"א הן אראלם. חגיגה ה זוהר ויחי:

פְּסַקוּ עָדֵי אוֹרְחָא עַל דְּאַשְׁנִיאוּ קְיָמָא אִיתְרַחִיקוּ מִקִּרְוֵיהוֹן לָא חֲשִׁיבוּ בְּנֵי אֱנָשָׁא
דְּבִישְׁתָּא אֲתָא עֲלֵיהוֹן׃ ט אִיתְאַבְּלַת חֲרוּבַת אַרְעָא יְבֵישׁ לִבְנָן נְתַר הֲוָה שָׁרוֹנָא כְּמֵישְׁרָא

רש"י

(ז) הן אראלם צעקו חוצה. היה הנביא מתנבא נחמות ואומר שהפורעניות כבר אכלוהו ומעתה אקום ואנשא לגאלם. הן על אראלם שלהם הוא המזבח כבר צעקו וספדו בחוצות וברחובות בבכי ונהי: מלאכי שלום. ומלאכי שליחותם שהיו רגילין לבשר שלום מר יבכיון ואומרים נשמו מסילות שבת עובר אורח: (ח) הפר. האויב ברית שכרת לישראל: מאס ערים. ביזה בעיניו כל שונא אינו חושב אנוש: (ט) אבל. לשון אבילות: קמל. יבש ונכרת: היה. לשון עבר הוא: השרון. שם מחוז מרעה בהמות

מהר"י קרא

(ז) הן אראלם צעקו חוצה. הנביא היה אומר ומתנבא נחמות ואומר שהפורענות כבר קבלנוה ומעתה אקום וארומם ואנשא לגאלם. הן על אריאל שלהם הוא מזבח כבר צעקו וסיפדו בחוצות וברחובות בכי ונהי. ומלאכי שליחותם שהיו רגילים לבשר שלום. מר יבכיון ואומ' נשמו מסילות וגו': (ח) הפר. אויב ברית שכרותה לישראל: מאס ערים. והחריבם מאין

אבן עזרא

היא אוצר חוסן ישועות: (ז) הן אראלם. יש אומרים מגזרת אריאל כאילו אמר על אראלם ואיננו נכון בטעם הפרשה ויש אומרים שהן שתי מלות אראה להם גם זה רחוק והנכון בעיני שמלת אראלם כמו מלאכיהם והעד מלאכי שלום וכמוהו את שני אריאל מואב והטעם כי מלאכי כל גוי שיבקשו שלום בעולם יבכו בשלוט מלכות אשור: (ח) נשמו מסלות. כי מלך אשור לא יעמוד בבריתו עם גוי: לא חשב אנוש. מאומה נגדו: (ט) אבל. ימלא ארץ לשון זכר כמו נעתם ארץ והנה זה הפסוק מכחיש דברי רבי משה הכהן שאמר כי תאכלהו אש לא נפח כן דרך הלשון כל מלה

רד"ק

(ז)הן אראלם.פרשה זו על הפורענות הבאה לישראל קודם מפלת מחנה אשור: ואראלם. מלאכים כי אריאל שם למלאך וכן רז"ל זכרו המלאך בזה השם ואמרו נצחו אראלים את המצוקים ונשבה ארון הקדש כי כמו שמלת מלאך יאמר על שליח גופני ועל שליח רוחני כן מלת אריאל והפסוק כפול בענין במ"ש אמר המלאך שלהם שהיו שולחים מתחלה מעיר אל עיר והיו מתחילה מלאכי שלום עתה יצעקו חוצה כי האויב בא בארץ ויבכיון מר וי"ת מלת אראלם כשתי מלות כלומר אראה להם וכן תרגומו הא כד אתגלי להון וגו': (ח) נשמו מסלות. מפני האויב נשמו המסלות כי שבת עובר אורח הפר ברית מאס ערים.פי' א"א ז"ל היו ישראל אומרים כבר הפר בריתו האל עמנו ומאס ערינו הפך מש"א עיני ה' אלהיך בה: לא חשב אנוש.לא חשב אותנו לכלום וי"ת על דאשניאו וגו':(ט)אבל.ענין השחתת וכן על כן תאבל הארץ. וזכר ארץ בל' זכר ובל' נקבה וכן

עתם ארץ שרץ ארצם בל' זכר ובל' נקבה ברוב: היה השרון כערבה. השרון יקרא מקום דשן ושמן וכן על הבקר הרועים

מצודת דוד

ויראו את ה': (ז) הן אראלם. אמר הנביא ראוים המה לרחמים כי כבר קבלו גמול העון כי כל מלאך השלוח מאתם הנה כולם בחוצות במקום מהלכם צעקו בקול מר: מלאכי שלום. השלוחים ההולכים לבשר שלום העיר. הנה בכו במר נפש על חורבנה: (ח) נשמו מסלות הדרכי'. נעשו שממה כי נשבת עוברי דרך מפחד האויב: הפר ברית. האויב הפר הברית שכרת עם ישראל ומאס עריהם מלהניח' על תלם כי הרסם עד היסוד: לא חשב אנוש. לא חשב אותנו לבני אדם: (ט) אבל. השחית הארץ ונכרתה: החפיר. הוביש ומאס את הלבנון וכרת האילנות: חית

מצודת ציון

כמו חסין יה (תהלים פ"ט): (ז) אראלם. המלאך נקרא אריאל וכדרז"ל נלחו אראלים את המצוקים (כתובות ק"ד) וכמו שהשם מלאך משותף למלאך רוחני ומלאך גשמי כן שם אריאל משותף לשניהם: מלאכי. ענין שליח: (ח) נשמו. מל' שממה: מסלות. ענינו דרך כבושה: שבת. בטל: אורח. דרך: הפר. ענין בטול: חשב. מל' מחשבה: (ט) אבל. ענין השחתה כמו תאבל הארץ (הושע ד'):

despised cities—*He despised in his eyes; no enemy considers any man.*—[*Rashi*]

Others explain: He—the Almighty—has abrogated the treaty with us and has despised our cities, contrary to His promise in the Torah, "a land . . . the eyes of the Lord your God are on it (Deut. 11:12).—[*Redak* quoting his father]

Jonathan renders: Because they broke the covenant, they were

7. Behold [for] their altar they have cried in the street; ambassadors of peace weep bitterly. 8. Highways have become desolate, the wayfarer has stopped; he has abrogated the treaty, despised cities, considered no man.

amounts of these gifts and has not attempted to avoid any of his obligations. עִתֶּיךָ alludes to the Order of *Mo'ed* (Appointed times), dealing with the Sabbath, festivals, etc. חֹסֶן alludes to the Order of *Nashim* (Women). חֹסֶן is related to אַחְסַנְתָּא, *inheritance,* only possible through marriage and procreation. יְשׁוּעוֹת alludes to the Order of *Nezikin* (Jurisprudence), in which our Savior, God, warns us to avoid damages and liability. חָכְמַת alludes to the Order of *Kodoshim* (Hallowed things), which requires wisdom. וָדָעַת alludes to the Orderof *Tohoroth* (Purities), dealing with ritual contamination and purity. This requires knowledge to fathom its intricacies. It is even more difficult than the preceding Order of *Kodoshim.* Even with the knowledge of all the six orders, 'fear of the Lord, that is his treasure.' That is the most important of all.

7. **Behold [for] their altar they have cried in the street**—*The prophet was prophesying consolations and saying that the retribution had already been completed, and from now I will rise and exalt Myself to redeem them. Behold for their Arel—that is the altar* (See above 29:1)—*they have already cried and lamented in their streets and in their squares with weeping and wailing.*—[*Rashi*]

Others render: Behold their messengers cry in the street, the messengers they would send from city to city, who would usually report peace, will now cry in the streets. In this way it parallels the second half of the verse. This refers to the threat of the advancing Assyrian armies, before their downfall.—[*Ibn Ezra, Redak*]

ambassadors of peace—*And the ambassadors whom they send, who were wont to bring tidings of peace, cry bitterly and say, "Highways have become desolate, the wayfarer has stopped."*—[*Rashi*]

Alternatively: Behold their messengers cried outside—The messengers of the king of Assyria, Rabshakeh and his colleagues, cried aloud outside Jerusalem to blaspheme the God of Israel; messengers of peace—those sent by Hezekiah to make peace with the king of Assyria—weep bitterly. They bring home bad news.—[*Malbim*]

Ibn Ezra explains: Ambassadors of any nation seeking peace, weep bitterly when Assyria rules over them.

8. **Highways have become desolate . . .**—Out of fear of the approaching enemy.—[*Redak*]

he has abrogated the treaty—*The enemy has abrogated the treaty he made with Israel.*—[*Rashi*]

אֻמְלְלָה אֶרֶץ הֶחְפִּיר לְבָנוֹן קָמַל הָיָה
הַשָּׁרוֹן כָּעֲרָבָה וְנֹעֵר בָּשָׁן וְכַרְמֶל׃
י עַתָּה אָקוּם יֹאמַר יְהוָה עַתָּה אֵרוֹמָם
עַתָּה אֶנָּשֵׂא׃ יא תַּהֲרוּ חֲשַׁשׁ תֵּלְדוּ
קַשׁ רוּחֲכֶם אֵשׁ תֹּאכַלְכֶם׃ יב וְהָיוּ

תרגום

צַדִי מַתְנַן וְכַרְמְלָא׃
י כְּעַן אֶתְגְלֵי אֲמַר יְיָ
כְּעַן אֶתְרוֹמֵם כְּעַן
אֶתְנַטָל׃ יא אִתְעַשְׁתּוּן
לְכוֹן עַמְמַיָא עַשְׁתּוֹנִין
דִרְשַׁע עֲבַדְתּוּן לְכוֹן
עוֹבָדִין בִּישִׁין בְּדִיל
עוֹבָדֵיכוֹן בִּישַׁיָא כְּמֵימְרִי
כְּעַלְעוֹלָא לְקַשָׁא יְשֵׁיצֵי
יַתְכוֹן׃ יב וִיהוֹן עַמְמַיָא
יקידת

ת"א תהרו חשש. כנה"ג קה (יבמות ו)׃ קמץ בז"ק פתח באתנח קמץ בז"ק פתח באתנח

מהר"י קרא

יושב: לא חשב. שיעמוד לפניו אנוש: (יב) קוצים כסוחים. כמו וכרמך לא תזמור תרג' לא תיכסח. ויונתן תירגם בשביל שהפר ישראל בריתו של הקב"ה באם והחריבם אותן ערים. לא

רש"י

כמו שטניגו אלים ממואב עגלים משרון: כערבה. חורבה: ונוער. לשון תשנוק כמו (שמות י"ד) וינער ה': (י) עתה אקום. מרוב רעות שעשה האויב לעמי לא אתאפק עוד עתה אקום וארומ' ואנשא:(יא) חשש. מין מוץ דבר שנוח לידלק: רוחכם אש. מגופכם תצא רוח אש ותאכל החשש

רד"ק

בשרון ואומר שאותו המקום יהיה כמדבר: ונער בשן וכרמל. נוער פירותיו הבשן והכרמל כלומר ישלו אילנותיהם פירותיהם: (י) עתה אקום. אקום על מלך אשור המחריב ארצכם וארומם ואנשא עליו: (יא) תהרו חשש. אומר כנגד העמים אשר במחנה מלך אשור וקורא המחשבה הריון והמעשה לידה והם חשבו ללכוד ירושלם ולא עלה בידם הנה מחשבתם הבל ומעשיהם תהו וזהו חשש וקש. וחשש הוא הקש הדק: רוחכם אש תאכלכם. מחשבתכם תהיה אש שתאכל אתכם. כלומר כי בעבור שבאתם לירושלם וחשבתם ללכדה תצא אש ה' שתאכלכם והוא מלאך ה' שהכה במחנה אשור וכנה אותה המגפה בשרפת אש וכן למעלה בפרשת לכן ישלח האדון ושם הארכנו בפירושו: (יב) והיו עמים משרפות שיד. אותם עמים אשר במחנה מלך אשור יהיו כמו האבנים ששורפים לסיד או

אבן עזרא

שהיא לזכר ולנקבה לא יתכן לומר לשון נקבה אחרי לשון זכר: החפיר. לשון מלך אשור כי הוא פעל יוצא עד שקמל שנכרת: היה השרון. כמו הבצלת השרון: ונוער. מגזרת ככה יהיה נעור ורק: (י) עתה. בעבור שהגדיל להשחית עתה אקום: ארומם. מבנין התפע' והיה הרי"ש ראוי להדגש לחסרון התי"ו כנו"ן אנשא: (יא) תהרו. התי"ו לנוכח אשור: חשש. כאשר היא בלשון קדר כמוץ: רוחכם. יש אומרים רוחכם תהיה כאש והוא תאכלכם והנכון שהוא דבק עם חשש ולא תהיה רוח שישאנה כי אם אש שתאכלנה: (יב) והיו. משרפות. כאילו נשרפו בסיד רמז לנכחדי

מצודת ציון

אמללה. ענין כריתה כמו בשם ה' כי אמילם (תהלים קי"ח): החפיר. ענין בושה ומיאוס: לבנון. שם יער בא"י: קמל. ענין כריתה כמו קנה וסוף קמלו (לעיל י"ט): השרון. הוא מקום שמן ודשן וכן חבצלת השרון (ש"ה ב'): בערבה. ענינו כמו מדבר וכן ארץ ציה וערבה (ירמיה נ"א): ונוער. ענין הפלה הבאה מתנועה חזקה וכן גם חצני נערתי (נחמיה ה'): בשן. הוא מקום מרעה שמן כמ"ש שמעו וכו' פרות הבשן (עמוס ד'): וכרמל. הוא מקום שדות וכרמים: (יא) תהרו. מלשון הריון: חשש. הוא תבן הדק וכן והשש להבה ירפה (לעיל ה'): קש. תבן: רוחכם. ענין רצון

מצודת דוד

השרון. מקום המרעה נעשה שממה כמדבר: ונוער וגו'. מקומות השמני' השילו והפילו פירותיהן ר"ל אין מגדל שם פירות: (י) עתה אקום. ר"ל הואיל וקבלו עונש כזה לכן יאמר ה' עתה אקום להפרע ממלך אשור: עתה ארומם. כי כשהמקום עושה דין בא"ה הוא מרומם ומנושא: עתה אנשא. כפל הדבר במ"ש: (יא) תהרו חשש. קרא אל המחשבה הריון ואל המעשה לידה ר"ל מה שחשבתם לכבוש את ירושלים לא תצליחו בה והנה המחשב' הבל והמעשה כמוה: רוחכם. מחשבותיכ' תהיה אש אשר תאכל אתכם ר"ל המחשבה היא סיבה להביא עליכם האבדון: (יב) והיו עמים. ממחנה

shall be fire, they will consume you. I.e. because of your evil thoughts and plans, that you came to Jerusalem to conquer it, fire will emanate from the Holy One, blessed be He, and consume you. This is figurative of the angel who smote the camp.

Abarbanel interprets the conception as referring to the false beliefs of the gentiles. The result of these false

9. The land mourns, it has been cut off; he disgraced the Lebanon, it was cut off; the Sharon became like the plain, and Bashan and Karmel have become emptied. 10. "Now I will rise," says the Lord. "Now I will be raised; now I will be exalted. 11. You shall conceive chaff; you shall bear stubble. your breath is fire; it shall consume you."

driven far from their cities, people did not think that evil would befall them.

9. **mourns**—Heb. אָבַל, *an expression of mourning.*—[*Rashi*]

Redak explains this as an expression of destruction, thus rendering: the land that has been destroyed.

he disgraced—The subject is the king of Assyria. He disgraced the Lebanon until it was cut down.—[*Ibn Ezra*]

it was cut off—*Dried and cut off.*—[*Rashi*]

became—Heb. הָיָה, lit. was—*This is the past tense.*—[*Rashi*]

the Sharon—*The name of a region of pasture for animals, as we learned* (*Men.* 87a): *Rams from Moab, calves from Sharon.*—[*Rashi*]

like the plain—*a ruin.*—[*Rashi*]

The Sharon is a very fertile region, and its animals are very fat and healthy. The prophet reports in the name of God that it will become like a wilderness, a wasteland.—[*Redak*]

have become emptied—Heb. וְנֹעֵר. *An expression of shaking out. Comp.* (Ex. 14:27): *"And the Lord shook* (וַיְנַעֵר)."—[*Rashi*] I.e. the trees will drop their fruits.—[*Redak*]

10. **Now I will rise**—*Because of the many evils the enemy perpetrated against My people, I will no longer restrain Myself; now I will rise, be raised and be exalted.*—[*Rashi*]

I will rise up against the king of Assyria, and be upraised and exalted over him.—[*Redak*]

11. **You shall conceive**—God is addressing Assyria.—[*Ibn Ezra*]

The nations in the camp of the king of Assyria. He calls the thought conception and the deed birth. They plotted to conquer Jerusalem, but failed. Hence, their thoughts were vanity and their deeds naught.—[*Redak*]

chaff—Heb. חֲשַׁשׁ, *a kind of chaff, something that is easily ignited.*—[*Rashi*]

your breath is fire—*From your body shall emanate breath of fire and will consume the chaff and the stubble.*—[*Rashi*]

Ibn Ezra explains it as a wind. The wind will not carry you off, but will consume you as it consumes chaff and stubble.

Redak renders: Your thoughts

עמים משרפות שיד קוצים כסוחים
באש יצתו: יג שמעו רחוקים אשר
עשיתי ודעו קרובים גברתי: יד פחדו
בציון חטאים אחזה רעדה חנפים מי
יגור לנו אש אוכלה מי־יגור לנו מוקדי

יקידת נור כובין
מפסכין בנורא יתוקדון:
יג שמעו צדיקיא דנטרו
אוריתא מלקדמין מא
דעבדית דעו חיביא
דתבו לאוריתי קריב
גבורתי: יד אתברו
בציון חיבין הדלא
אחדתינון לרשיעיא
דהוו מגנבין אורחתהון
אמרין מן ידור לנא
בציון דבה זיהור שכינתה כאשא אכלא מן יתותב לנא בירושלם עתידין רשיעיא לאתדנא לאתמסרא

ת"א משרפות שיד. סוכה לה (סוטה כה): פחדו בציון. ברכות ס': פתח בס"פ

רש"י

זהקש: (יב) כסוחים. קולים כסוחים כמו (ויקרא כ"א) לא תזמור ת"א לא תכסח: (יג) רחוקים. המאמינים כי ועושים רצוני מנעוריה': קרובים. בעלי תשובה שנתקרבו אלי מחדש: (יד) פחדו בציון חטאים. היאך ימלאו פתח לתשובה: מי יגור לנו אש אוכלה. כלומר מי יעמוד בעדנו לשכך חימה בוערת. ל"א מי יגור לנו. פי' מי הוא

מהר"י קרא

חשש אנוש לשוב אל לבו הפורענות שיבוא עליו במעשים הרעים: (יג) שמעו רחוקים. שאי אפשר להם לראות. שמעו אשר עשיתי. והקרובים. שנתקרבו עכשיו כגון בעלי תשובה: (יד) פחדו בציון חטאים. החוטאים. פחד וחיל ורעדה ליום הדין מן הקב"ה שהוא שוכן בציון ודן את הרשעים. וחיל ורעדה תאחז חנפים. שתאמרו מי יגור לנו אש אוכלה. מי שלנו יכול לגור בציון עם משרתיו של הקב"ה שדרים עמו בציון. הולך צדקות ומדבר מישרים וגו' הוא מרומים ישכון. הוא יכול לדור בציון שנקראת מרום שנ' ובאו ורננו במרום ציון. וכן הוא אומר נשגב ה' כי שוכן מרום מלא ציון משפט וצדקה: ומדרש רבותינו. פחדו בציון חטאים וגו'. כדאמר ר' אלעזר משל

אבן עזרא

פתאום על ידי המלאך וכמוהו. קולים כסוחים אשר באש יצתו: (יג) שמעו. קרובים. הם ישראל על כן אחריו פחדו: (יד) פחדו. שיפחדו מהשם בראותם גבורתו במחנה אשור ויאמרו מי ממנו שיוכל לגור עם השם שהוא אש אוכלה

רד"ק

כמו קוצים כסוחים שיצתו וידלקו באש: כסוחים. פי' כרותי' ותרגם לא תזמור לא תכסח ואמר כסוחים לפי שהקוצים שאינם כרותים אלא מחוברים הם לחים ולא ידלקו במהרה אבל כשהן כרותים והם יבשים ידלקו במהרה כן תהיה המגפה בפתע: (יג) שמעו רחוקים אשר עשיתי. במחנה מלך אשור הרחוקים ישמעו והקרובים שהיו במחנה אשור ידעו גבורת האל שגבר עליהם והכם וידעו כי מלך אשור מה שעשה לא בכחו עשה כמו שהתפאר ואמר בכח ידי עשיתי: (יד) פחדו בציון. החטאים שהיו בציון פחדו כאשר ראו מחנה אשור הגדול והחנפים שהיו בה אחזם רעדה. ואמר מי יגור לנו כלומר מי יעמוד בעבורנו כנגד מחנה הזה שהוא אש אוכלה ומוקדי עולם והחטאים והחנפים אשר בציון הם שפחדו כי לא בטחו בה' שיצילם והם שבנא וסיעתו אבל הצדיקים אשר בה הם פחדו ובטחו בה' ולא אמרו מי יגור כי ידעו כי האל יצילם בשובם

מצודת דוד

סנחריב ידמו אל האבנים הנשרפים להיות סיד: קוצים כסוחי'. ידמו אל הקולים הנכרתי' שהמה יבשים וכשמליקין בהם האש נשרפים מהרה וכן מחנה סנחריב מהר יכלו: (יג) שמעו רחוקים. היושבים ממרחק שמעו את אשר עשיתי במחנה אשור: ודעו קרובים. אותן שהיו במחנה אשור תנו לב לדעת את גבורתי: (יד) פחדו בציון. אז בבוא אשור על ציון הצדיקים בטחו בה' אבל החטאים פחדו: אחזה וגו'. כפל הדבר במ"ש: מי יגור לנו. ר"ל וכה אמרו מי הוא מעמנו שיוכל לגור ולהתקיים פה מול מחנה אשור שהי' כאש אוכלה: מי יגור וגו'. כפל הדבר במ"ש: מוקדי עולם.

מצודת ציון

ומחשבה וכן הנני נותן בו רוח (לקמן ל"ז): (יב) שיד. כמו סיד בסמ"ך: כסוחים. ענין כריתה וכן שרופה באש כסוחה (תהלים פ'): יצתו. מלשון הצתה והבערה: (יד) רעדה. ענין חרדה: חנפים. רשעים המחניפים ליצרם למלאות פתויו: יגור. ענין מדור

hosts, since they did not trust in God to save them. These were Shebna and his company (above 8:6, 22:15). The righteous, however, trusted in God and did not ask this question, for they knew that God would save them when they would return to Him and pray to Him. Those were Hezekiah and his faithful company.—[*Redak*]

Jonathan paraphrases: Who of us will dwell in Zion, where the splendor of the Shechinah is like a consuming fire? Who among us will dwell in Jerusalem, where the wicked are destined to be judged to be delivered into Gehinnom, an everlasting fire?

12. And the peoples shall be as the burnings of lime: severed thorns, with fire they shall be burnt. 13. Hearken, you far-off ones, what I did, and know, you near ones, My might. 14. Sinners in Zion were afraid; trembling seized the flatterers, 'Who will stand up for us against a consuming fire? Who will stand up for us against the everlasting fires?'

beliefs will be destruction.

12. **And the peoples shall be as the burnings of lime**—The peoples in the camp of the king of Assyria shall be as stones burned to lime or like severed thorns that are ignited with fire.—[*Redak*]

Ibn Ezra explains: They will be as though burnt by lime. This refers to the sudden destruction of the Assyrian camp by the angel.

severed—Heb. כְּסוּחִים. *Comp.* "(Lev. 25:4) *You shall not prune.*" *Onkelos renders*: לֹא תִכְסַח.—[*Rashi*]

The simile is to severed thorns rather than to growing thorns, since the latter are moist and do not burn as quickly as dry, severed thorns.—[*Redak*]

13. **you far-off ones**—*Those who believe in Me and do My will from their youth.*—[*Rashi*]

you near ones—*Repentant sinners who have recently drawn near to Me.*—[*Rashi*]

Others explain as follows: You far-off ones, listen to what I did in the Assyrian camp. You near ones, who were in the camp, know My might from your own experience, that I smote the camp of Assyria, and that all the conquests of the king of Assyria were not through his own might as he boasted, but only through the power I gave him.—[*Redak*]

Ibn Ezra asserts that the entire verse is addressed to Israel, as is evident from the following verse.

14. **Sinners in Zion were afraid**—*How they would find an opening to repent.*—[*Rashi*]

Who will stand up for us against a consuming fire?—lit. Who will live for us a consuming fire? *I.e. who will stand up for us to appease burning wrath? Alternatively, who among us will dwell, i.e. who among us will dwell in Zion with the Rock, Who is a consuming fire? And he replies, "He who walks righteously etc.*—[*Rashi*]

Ibn Ezra too explains that the consuming fire is God's anger. After the destruction of the Assyrian camp, they fear for themselves, for they will witness God's fury against the wicked. They will be afraid to live in Zion, the seat of the Shechinah.

Redak, however, interprets this verse as referring to the prelude to the destruction of the Assyrian camp. The sinners in Zion and the flatterers feared the ominous foe. They ask, "Who will stand up for us against this camp, which is a consuming fire and an everlasting fire. Only the sinners feared the Assyrian

עוֹלָם: טו הֹלֵךְ צְדָקוֹת וְדֹבֵר מֵישָׁרִים
מֹאֵס בְּבֶצַע מַעֲשַׁקּוֹת נֹעֵר כַּפָּיו מִתְּמֹךְ
בַּשֹּׁחַד אֹטֵם אָזְנוֹ מִשְּׁמֹעַ דָּמִים וְעֹצֵם
עֵינָיו מֵרְאוֹת בְּרָע: טז הוּא מְרוֹמִים
יִשְׁכֹּן מְצָדוֹת סְלָעִים מִשְׂגַּבּוֹ לַחְמוֹ נִתָּן

ת״א הולך צדקות. מכות כד. עקרים פ״ג מ״ג: מאס בבצע. עקדה שער ק: ועלם עיניו. שבת עז ב״ב נז: מרומים. ב״ב י׳:

תרגום

לגהנם יקדות עלם: טו אמר נביא יתבון בה צדיקיא כל דמהלך בזכו וממליל כיונן מתרחק מממון דשקר מרחיק נפשיה מן אנוסין מנע ידוהי מלקבלא שוחדא מטמטים אודנה מלמשמע באשדי דם זכאי וכל עינוהי מלמחזי בעבדי בוש: טז הוא באתר רם ומנטל יהי בית משרוהי בית מקדשא תסבע נפשיה

מהר״י קרא קמץ בז״ק

לשתי תינוקת שברחו מן הספר והיה (להם) זה לוקה וזה מרתת אמר ר׳ יונתן כל חנופה שנאמרה במקרא בפרעים הכתוב מדבר ובנין אב שבכולם זה אחזה רעדה חנפים. אמר ר׳ יהודה ב״ר סימן לארכי ליסטים שמרד במלך. אמר המלך כל מי שתופשו הריני נותן לו פרוקוני. עמד אחד ותפשו. אמר המלך ישמרו עד הבוקר. והיה זה מתפחד וזה מתפחד. זה מתפחד ואמר באי זה דין דן אותי וזה מתפחד ואמר אי זה פרוקוני יתן לי המלך. כך לעתיד לבא. ישראל מתפחדין. ועכו״ם מתפחדין. ופחדו אל ה׳ ואל טובו באחרית הימים. ועכו״ם מתפחדין. פחדו בציון חטאים. ואמר ר׳ יהודה ב״ר סימן למה הוא קורא אותם מוקדי עולם. שאילו ניתן להם רשות היו שורפין את כל העולם על יושביו בשעה קלה: הולך צדקות. זה אברהם. שנאמר ושמרו דרך ה׳ לעשות צדקה ומשפט. ודובר מישרים. מישרים אהבוך. מואס בבצע מעשקות. אם מחוט ועד שרוך נעל. נוער כפיו מתמוך [בשוחד]. הרימותי ידי: הוא מרומים ישכון. הבט נא השמימה. העלה אותו למעלה מכיפת הרקיע. ואין הבטה אלא

רש״י

לנו שיגור בציון עם הגור שהוא אש אוכלה והוא משיב הולך צדקות וגו׳: (טו) הולך צדקות. מי הוא ימלא הולך צדקות: נוער כפיו. (אשקו״ט בלע״ז): אוטם. סותם וכן שקופי׳ אטומים (מלכים א׳ ו׳): עוצם. סוגר וכן (לעיל כ״ט) ויעצם את עיניכם: (טז) לחמו נתן. לא יהא

רד״ק

אליו וזעקם והתפלל לפניו והם חזקיהו וסיעתו: אוכלה. בצר״י ע״ן חפעל וכן ולהב אש אוכלה נוטרה את הכרמים והדומים להם וי״ת אש אוכלה על האל ותרגם אמרין מאן ידור לנא בציון וגו׳: (טו) הולך צדקות. אמר הנביא אתם אומרים מי יגור לנו הולך צדקות יגור לכם והוא חזקיהו ובצדקתו תנצל העיר ואע״פ שתלה הזכות בדוד ואמר למעני ולמען דוד עבדי זכות דוד עמדה להם עם זכות חזקיהו אלא זכר דוד כי הוא עיקר ראש ממלכת ציון ונקראת עיר דוד וי״ת כל הפסוק על כל הצדיקים אשר בירושלם אמר יתבון בה כל צדיקיא וגו׳: הולך צדקות. חסר בית השמוש כמו הולך בצדקות ואלה המדות אשר אמר בפסוק הם ראויות למלך ובהם תעמוד מלכותו: הולך צדקות. כל דרכיו ומעשיו הם בצדקה ובמעשים טובים: מואס בבצע מעשקות. הנה אומר בתורה בשפטים שונאי בצע. אמר בצע סתמא כי כל ממון שונאים שאינם רודפים אחר הממון כי מתוך שאינם חומדים לא יטו אל השחד אבל הנה אמר בבצע מעשקות שרוצה לומר בממון של גזל ושל עשק לפי שזה מדבר במלך והמלך יצטרך לממון לתת לבני חילו ואנשי מלחמתו ועבדיו ומשרתיו וצריך לו שישתדל אחר הממון שיהיה מן הדין אבל ממון שאינו מן הדין מואס אותו לפיכך אמר בבצע מעשקות אע״פ שיש בידו כח לקחת ממון אחרים מואס אותו אם לא יהיה מן הדין כגון שיענש אדם למלכות בממונו: נוער כפיו מתמוך בשוחד. לפיכך אמר נוער כפיו לומר כי שום שוחד בעולם לא יקבל אע״פ לזכות את הזכאי ולחייב את החייב ואפי׳ מנחה לא יקבל מיד בעל הדין בעוד הדין לפניו מנער ידיו משום שוחד בעולם: אוטם אזנו משמע דמים. לפי שביד המלך להרוג העונשים העוברים על מצותו אמר כי לא יהרוג כי אם בדין ואם יבאו בני ביתו ויאמרו לו פלוני חייב לך מיתה שעשה לך כך וכך אוטם אזנו כלומר אינו רוצה לשמוע אם לא יתברר לו באמת שהוא חייב מיתה. ודמים ר״ל דם זכאי או אפי׳ חייב בדבר שהוא לעצמו מוחל ומעביר פשעו כי קשה בעיניו הריגת אדם אם לא לבער רעה מן הארץ: ועוצם עיניו מראות ברע. אינו רוצה לראות בשום רע שבעולם או פי׳ ברע באדם רע כלומר אדם שהוא רע לא יוכל לראותו כמ״ש דוד דובר שקרים לא יכון לנגד עיני וכל אלה המדות היו בחזקיהו: (טז) הוא מרומים ישכון. זה המלך ישכון בטח כשוכן במגדלים גבוהים וכפל עוד הענין במ״ש לחזק ופי׳ מצדות מגדלים

אבן עזרא

והטעם בציון שם הכבוד: (טו) הולך. אלה דברי הנביא כי מי שהוא הולך צדקות והמלה חסרת בי״ת: אוטם. סוגר כמו יאטם אזנו ואם הם שני בניינים: ועוצם. כמו ויעצם את עיניכם ואם הם שנים בנינים: (טז) הוא. עושה אלה: ישכון. בציון כאילו דר במצדות: לחמו נתן. יהיה

מצודת ציון

כמו עם לבן גרתי (בראשית לב): לנו. כמו מעמנו: מוקדי. ענין תבערת אש כמו על מוקדה (ויקרא ו׳): (טו) מישרים. מלשון ישר: בבצע. ענין החמדה כמו מה בצע בדמי (תהלים ל): מעשקות. מל׳ עושק: נוער. ענין הפלה בתנועה חזקה: מתמוך. ענין השענה: אוטם. ענין סתימה כמו בקופים אטומים (מ״א ו׳): ועוצם. ענין סגירה כמו ויעצם את עיניכם (לעיל כ״ט): (טז) מרומים. מל׳ רוממות וגובה: מצדות. ענין מגדל ומבצר החזק

מצודת דוד

ר״ל אשר שרפו והחליאו כל בני עולם: (טו) הולך צדקות. כאלו רוה״ק משיב זהו המתקיים מי שהולך בדרך צדקות ומדבר מישרים ומואס בחמדת עושק: נוער כפיו. מנער כפיו מתמוך בשוחד ולא יאבה לקחתו: אוטם. סותם אזנו משמוע דברים המסיתים לשפוך דם: ועוצם. סוגר עיניו מראות דבר האסור לראות: (טז) הוא. העושה כל אלה ישכון בטח כאלו היה במקום מרום אשר לא תשיג אותו יד האויב: מצדות. כאלו היה מגדלי סלעים לו למשגב: לחמו נתן. מן השמים

who speaks lies will not succeed before my eyes." King Hezekiah possessed all these admirable traits.—[*Redak*]

16. **He shall dwell on high**—In Zion, as though he dwelt in fortresses.—[*Ibn Ezra*]

This king will dwell in safety as though he dwelt in lofty towers.—[*Redak*]

15. He who walks righteously, and speaks honestly, who contemns gain of oppression, who shakes his hands from taking hold of bribe, closes his ear from hearing of blood, and closes his eyes from seeing evil. 16. He shall dwell on high; rocky fortresses shall be his defense; his bread shall be given [him],

15. **He who walks righteously**—*Who will be found? One who walks righteously.*—[*Rashi*] lit. who walks righteousness, i.e. who walks with righteousness.—[*Ibn Ezra, Redak*]

This verse refers to Hezekiah, in whose merit the city was saved. Although Scripture states (37:35): "For My sake and for the sake of David, My servant," it was David's merit combined with that of Hezekiah. David is mentioned as the progenitor of the dynasty. All traits mentioned here are fitting for a monarch, and through them his kingdom will achieve permanence, as follows:

he who walks righteously—All his ways and his deeds are righteousness and good deeds.

who contemns gain of oppression—This differs from Exodus 17:21, that requires that judges 'hate gain,' meaning all types of gain, even honest gain, whereas here Scripture requires that the king contemn 'gain of oppression' only. The solution is that judges should hate all types of gain lest they be tempted to accept bribes. The king, however, must raise funds for the budget of his court. Consequently, he cannot contemn all types of gain. The prophet, therefore, states that he must contemn 'gain of oppression' and endeavor to raise funds from money to which he is entitled.—[*Redak*]

who shakes his hands—(*eskot in O.F.*).—[*Rashi*]

This expression is used to denote that he should refuse any type of bribes, even to convict the guilty party and to vindicate the innocent party, even to receive a gift if the giver is a litigant in a case to be judged by the king.—[*Redak*]

closes his ear—Heb. אֹטֵם. *Comp.* "(1 Kings 6:4) *transparent but closed* (אֲטֻמִים).—[*Rashi*]

from hearing of blood—Since the king is empowered to kill those who disobey his orders, the prophet states that he must kill only if the party is proven guilty. Should the members of his household report that such and such a person deserves death for disobeying the king, he must stop his ear from listening; i.e. he must refuse to listen unless it can be proven that he is indeed liable to death. 'Blood' denotes shedding of innocent blood, or even if the party is guilty, if the king forgives him since he cannot tolerate bloodshed unless it is for the sake of ridding the land of evil.—[*Redak*]

and closes—Heb. וְעֹצֵם. *Comp.* "(supra 29:10) *And He has closed* (וַיְעַצֵּם) *your eyes.*"—[*Rashi*]

from seeing evil—He does not wish to see any evil in the world. It may also mean that he closes his eyes from seeing an evil person, as King David states: "(Ps. 101:7) One

מֵימָיו נֶאֱמָנִים: יז מֶלֶךְ בְּיָפְיוֹ תֶּחֱזֶינָה
עֵינֶיךָ תִּרְאֶינָה אֶרֶץ מַרְחַקִּים: יח לִבְּךָ
יֶהְגֶּה אֵימָה אַיֵּה סֹפֵר אַיֵּה שֹׁקֵל אַיֵּה
סֹפֵר אֶת־הַמִּגְדָּלִים: יט אֶת־עַם נוֹעָז

מְזוֹנֵיהּ מְסַפַּק מוֹהִי קַיָּמִין כְּמַבּוּעַ דְּמַיִן דְּלָא פָּסְקִין מוֹהִי: יז יַת יְקָר שְׁכִינַת מֶלֶךְ עָלְמַיָּא בְּתוּשְׁבַּחְתֵּהּ יֶחֱזְיָן עֵינָךְ תִּסְתַּכַּל וְתֶחֱזֵי בְּנַחְתֵּי אֲרַע גֵּהִנָּם: יח לִבָּךְ יְחַשֵּׁב רַבְרְבָן אֵיכָא סָפְרַיָּא אֵיכָא רַבְרְבָיָא אֵיכָא חֻשְׁבְּנַיָּא יְהוֹן אִם יִכְלוּן לְחַשָּׁבָא מִנְיַן קְטִילֵי רֵישֵׁי מַשְׁרְיַת גִּבָּרַיָּא: יט יַת מָרְוַת עַם

ת"א מלך ביפיו, תענית יז סנהדרין כב (יומא מז סנהדרין כ׳): איה שוקל. חגיגה טו סנהדרין קו:

רש"י

מבקש להם כי מן השמים יספקו לו מזון: **מימיו נאמנים.** מקור מימיו לא יכזב. כלו׳ זרעו יגדל וכל צרכיו יספיקו: **(יז) מלך ביפיו תחזינה עיניך.** (הקב"ה שהוא מלך אותו תהזה מארץ מרחקים שאתה עומד תראה הניסים והגדולה שאעשה לך ועם נועז עמקי שפה לא יראה שכינת המלך ביפיו ע"כ. כל זה בספרים אחרים אינו). מלך ביפיו תחזינה עיניך. לך הצדיק אני אומר שתזכה לראות זיו שכינתו של מקום: **תראינה ארץ מרחקים.** תירגם יונתן תסתכל ותחזי בנחתי ארע גיהנם: **(יח) לבך יהגה אימה.** כשתראה השרים והחכמים של עובדי כוכבים שהיו שולטים בחייהן והרי הם נידונים בגיהנם יהגה אימה לבך ותאמר איה חכמתן וגדולתן של אלי איה שהיה סופר בחייו ושוקל כל דבר הכמה שהיו שואלין ממני כל עצת מלכות: **איה סופר את המגדלים.** גם הוא דבר מלכות ממונה על בתי המלכות כמה הם וכמה מגדלים צריך לעיר פלוני וכן(תהלים מ"ה)סבו ציון והקיפוה ספרו מגדליה כמה מגדלים היא צריכה: **(יט) את עם נועז.** כמו לועז אלו כל העכו"ם

מהר"י קרא

מלמעלה למטה. מצודת סלעים משגבו. אלו ענני כבוד. מלך ביפיו תחזינה עיניך. וירא אליו ה׳. ולפי פשוטו ראוים עיניהם שלא נסתכלו בעבירה. כענין שנאמר למעלה עוצם עיניו מראות ברע. שתראינה מלך ביפיו: (יז) תראינה ארץ מרחקים. מארץ מרחקים שהדחתים שם אראם נפלאות. ותרגומו ארץ מרחקים אלו שנדונים בגיהנם: (יח) לבך יהגה אימה. כשתראה המלכים והשרים והחכמים שהיו שליטים בחייהם והיו נידונים בגיהנם. יהגה לבך ותאמר איה חכמתן וגדולתן של אלו שהיה סופר בחייו ושוקל כל דבר חכמה. שהיו שואלין ממנו כל עצות שבמלכות: סופר את המגדלים. גם הוא דבר מלכות. ממונה על בתי מלכות כמה הם. כמה מגדלים צריך לעיר פלונית. וכן סובו ציון והקיפוה ספרו מגדליה. כמה מגדלים היא צריכה. ולפי תרגומו איה סופר את המגדלים. הם המלכים והשרים. כלומר כל מי שהוא יכול לספור ולידע כמה מלכים ושלטונים הדומים למגדלים השמיד הקב"ה מן העכו"ם ביום שינקום נקמת בניו: (יט)[את עם נועז וגו׳].מלך ביפיו תראינה. אבל את

אבן עזרא

נתון לו להם להספיקו: **נאמנים.** שלא יכזבו והטעם שלא יכרתו והנה הוא יושב בנוה גם יתענג: **(יז) מלך.** הלה דברי הנביא כאומר יזכור יהודה בבא מלאכי מלך אשור לקחת מס מחזקיהו כי כל אוצרות בית השם נתן והעניים כל יהודה והיו אומר׳ מי ילך עמנו מסרי חזקיה אל מלך אשור במס זה הוא מלך ביופיו תחזינה עיניך תראינה ארץ מרחקים כי אשור רחוק׳ מירוש׳: (יח) **לבך.** ידבר בנפשו אימה: **איה סופר.** הוא הכותב כמו עונש כל אדם: **איה שוקל איה סופר את המגדלים.** מגזרת מספר כי נתנו עונש על כל מגדל: **(יט) את. נועז.** לא נדע אם הנו"ן שורש או

רד"ק

חזקים ולא נשתנה בסמיכות להקל הקריאה: לחמו נתן. קמץ כי הוא בינוני: מימיו נאמנים. קיימים שלא יפסקו. ואמר הענין הזה לומר כי שבע יהיה בימי חזקיהו כמו שאמר בפרשת של מעלה אשריכם זורעי על כל מים וגו׳: (יז) מלך ביפיו. הוא חזקיהו ואמר תחזינה עיניך כנגד שבט יהודה ואמר תראינה ארץ מרחקים פי׳ עיניך שהיו רואות עד עתה מלך ארץ מרחקים והוא מלך אשור שהיו עובדים אותו מתחילת ורואים את פניו במנחה שהיו מביאים לו אמר עוד לא תראו אותו אלא מלך זה תראו ביפיו ובהדרו שלא יפחד וישב על כסאו בכבוד ועליו נאמר וינשא לעיני הגוים ומלך שזכר עומד במקום שנים כמנהג המקרא כאלו אמר מלך ביפיו תחזינה עיניך תראינה מלך ארץ מרחקים ומרחקים המ"ם פתוחה: (יח) לבך יהגה אימה. לבך שהיה הוגה אימה טרם זה כלומר כל היום היית בפחד המס והיית מחשב בלבך איה סופר עתה יבא עלינו כותב המס ושוקל הכסף מידינו: סופר את המגדלים. פי׳ שהיה סופר המגדלים אשר בעיר ועיר כי אותם הבתים הגבוהים היו השובים ונותנים יותר במס וכל אותה המחשבה והפחד לא יהיה לך עוד: (יט) את עם נועז לא תראה. עוד לא

מצודת דוד

יספיקו לו לרכיו: מימיו נאמנים. לא יפסק מי באורו: (יז) מלך ביפיו. בעיניך תראה את המלך חזקיהו ביפיו ובגדולתו ולא תהיה גולה מהלך: תראינה ארץ מרחקים. מלת מלך האמור בתחלת עומדת במקום שתים כאלו אמר תראינה מלך ארץ מרחקים ור"ל העינים שראו עד הנה מלך ארץ אשור הנה עתה תראינה את המלך חזקיהו ביפיו ובגדולתו: (יח) לבך יהגה אימה. לבך שהיה חושב אימה ואומר איה סופר המלך עתה יבוא עלינו ויכתוב המס ואיה שוקל כסף המס מידינו ואיה הסופר את מגדלי העיר והבתים הגבוהים כי לפי מספר המגדלים היה המס: (יט) את עם נועז וגו׳. ר"ל

מצודת ציון

כמו מלודת ליון (ש"ב ה): משגבו. ענין חוזק: נאמנים. ענינו דבר המתקיים כמו יתד במקום נאמן (לעיל כ"ב): (יז) תחזינה. ענין ראיה: (יח) יהגה. יחשוב כמו והגיון לבי (תהלים י"ט): אימה. פחד: שוקל. מל׳ משקל: (יט) נועז. מל׳ עוז וחוזק:

the tax; where is he who weighs out the money we pay for the tax; where is he who counts the towers in each city?'' for the conqueror would levy a higher tax on the towers and the prominent buildings.

19. **A people of a strange tongue**—Heb. נוֹעָז, *like* לוֹעֵז. *These are all the heathens, whose language is not the holy tongue.*—[*Rashi*] Other editions read: *These are Assyria and Babylon, whose language is not the holy*

his water sure. 17. The King in His beauty shall your eyes
behold; they shall see [from] a distant land. 18. Your heart
shall meditate [in] fear; where is he who counts, where is he who
weighs, where is he who counts the towers? 19. A people of a
strange tongue

fortresses—or towers.—[*Mezudath Zion, Redak*]

his bread shall be given—*He will not seek bread, for it will be supplied to him from heaven.*—[*Rashi*]

his water sure—*The source of his water will not fail. I.e. his seed will become great, and all his wants will be supplied.*—[*Rashi*]

Redak, who explains the entire passage as pertaining to Hezekiah, explains this verse to mean that there will be plenty in Hezekiah's time, as above (32:20): "Who send forth the feet of the ox and the donkey."

17. **The King in His beauty shall your eyes behold**—(*The Holy One, blessed be He, Who is a King, Him you shall see from a distant land where you are standing. You shall see the miracles and the greatness that I will perform for you, and a people of a strange tongue, of obscure speech, shall not see the Shechinah of the King in His beauty. [This does not appear in many editions.]) The King in His beauty shall your eyes behold. To you, O righteous man, I say that you shall merit to see the splendor of the Shechinah of the Omnipresent.*—[*Rashi*]

they shall see [from] a distant land—*Jonathan renders: You shall look and see those who go down to the land of Gehinnom.*—[*Rashi*]

Redak explains: Your eyes shall see King Hezekiah in his beauty. The eyes that heretofore saw a king of a distant land. The eyes that saw Sennacherib, the king of Assyria, a distant land, the eyes that saw Sennacherib when coming to bring him tribute and serve him, will now see Hezekiah, a king in his beauty, a king who sits on his throne in glory, without fear, for he will be respected by all nations.

18. **Your heart shall meditate [in] fear**—*When you see the princes and the savants of the heathens, who ruled during their lifetime, and who are* now *being judged in Gehinnom, your heart will meditate in terror, and you will say, "Where is the wisdom and the greatness of these* men? *Where is the one who, during his lifetime, would count and weigh every word of wisdom, for they would ask him every counsel of the kingdom?*—[*Rashi*]

Where is he who counts the towers—*This too is a matter of the kingdom. He is appointed over the houses of the kingdom, how many they are, and how many towers a certain city requires. Comp. "*(Ps. 48:13) *Encircle Zion and surround it, count its towers," how many towers it requires.*—[*Rashi*]

Redak interprets the verse as referring to the fear of the tax collectors of the Assyrian conquerors: Your heart will meditate in fear, "Where is the scribe who assesses

לא תראה עם עמקי שפה משמוע
נלעג לשון אין בינה: 20 חזה ציון קרית
מועדנו עיניך תראינה ירושלם נוה
שאנן אהל בל־יצען בל־יסע יתדתיו

ת"א עיניך תראינה. זהר נסח: ·הע' בקמץ · לנצח

תרגום

תקיף לא תחזי למחזי עמא דהוה עמיק ממללהון מלמשמע מלעגין בלישנהון מדלית בהון סוכלתנו:
20 תחזי במפלתהון ציון קרית זמנא עינך יחזין בנחמת ירושלם באצלחותא בשלותא

מהר"י קרא

עם נועז לא תראה. עם נועז זהו עמקי שפה משמוע. בכל מקום שגלו ישראל אל עם ועם אשר לא יוכלו להבין את לשונם [קורא] עם נועז שהוצרכו להיות לועזים להם דברים מחדש בתחילת שבתם שם. אותו עם נועז. לא תראה. כי משם יקבצך ויקחך. ולפי תרגם עם נועז. עם שהיה מתחזק עליך עד עכשיו לא תראה אלא ציון תראה. הה"ד חזה ציון: (כ) קרית. שהיו ישראל שם נאספין במועדות: אהל בל יצען. בל ישוח. ודומה לו עד אלון בצעננים. ותרגם מישר אגניא. והם נקעים שבשדות. גומות שהיו נאספין [שם] מים מן (הנהרות) [ההרים] והגבשושין. ובי"ת של בצעננים אינה נשרשת בתיבה אלא (משרפות) משמשת היא: ובל יסע יתדותיו. שלא יצטרך להסיע משם למקום אחר ונותן טעם לדבריו. למי אינו צריך להסיעו בנוהג שבעולם כשיאהל אדם במקום פעמים ישמע (שניים) [שונאים] באים עליו ויסע משם או פעמים שיטע אהלו אל מקום מוצא מים ויבש ויצטרך להסיעו למקום אחר אבל בציון לא יהא כך:

רש"י

שאין לשונם לשון הקודש: לא תראה. לא תחשוב בלבך כי כולם יהיו חשכים ושפלים: עמקי שפה. כמו ויהי כל הארץ שפה אחת (בראשית י"א): נלעג לשון. ל' עלגים. ועמקי שפה (לעיל ל"ג) כל זה לשון נכרית שאין מכירין בלשון הקודש: (כ) חזה ציון. ואת מי תראה בלבך להחשב מלוכה ושררה את ציון אשר היא קרית בית וועד לנו: בל יצען. בל ישח ודומה לו אילון בצעננים (שופטים ל"ד) ומתרגם מישור אגניא והם נקעים שבשדות שקורין (פוסי"ע בלע"ז) כמו אגני דארעא מיקרי שהמים נאספים שם מן ההרים והגבשושיות ובי"ת של בצעננים אומר אני שאינה נשרשת בתיבה אלא משמשת היא: בל יסע יתדותיו. היתדות שקושרין בו מיתרי האוהל בל יסע אותם מן הארץ ממקום תקיעתם כמו ויסיעו אבנים גדולות (מלכים א' ה') וכן ויסעם עם הבריח (שופטים ט"ז) לשון תלישה:

רד"ק

תראה הסופרים והשוקלים: את עם נועז. כמו עז והוא נפעל ושרשיו עז ויעז ועזוז בענין אחד ועם עז הם הכשדים עם עמקי שפה משמע שהיו מדברים ארמית שלא היו שומעים ומבינים אותו ישראל אלא יחידים כמו שאמרו אליקים ושבנא ויואח אל רבשקה דבר נא אל עבדיך ארמית כי שומעים אנחנו ואל תדבר אלינו יהודית באזני העם נראה כי העם לא היו מבינים ארמית ול' אחרת לאשר לא יבינו הוא לו עמוק ונלעג כמ"ש כי בלעגי שפה ובל' אחרת: משמוע. פי' מהבין כמו גוי אשר לא תשמע לשונו וכן אמר אין בינה שלא היו מבינים אותו והענין כפול במ"ש: (כ) חזה ציון. אותו עם נועז לא תראה אלא מה תראה ציון קרית מועדינו שהיו באים שם במועדים שלש פעמים בשנה כי עד עתה לא היתה קרית מועדינו בימי מלכי ישראל שלא היו באים שם כל ישראל גם בימי אחז שהיו בטלים מועדי השם וקרבנותיו כי גם בתחילת מלכות חזקיהו כתב על אפרים ומנשה אגרות שיבאו בירושלם לעשות פסח והיו מצחקים ברצים ומלעיגים בם ועתה עיניך תראינה ירושלם נוה שאנן כי עד עתה לא היה נוה שאנן כי היתה יד מלכי העכו"ם עליה: אהל בל יצען. פי' לפי ענינו כתרגומו במשכנא דלא מתפרק כי לא מצאנו לו חבר במקרא. ואאז"ל פי' משרש יצע ומענינו והנו"ן נוספת בשקל בנין קנין אלמן רחמן. ופי' אהל שלא יורד ולא יהיה מצע לעולם אלא לעולם יהיה פרוש ונטוי: בל יסע יתדותיו. אפי' אחת מיתדותיו לא יסע ולפי שדמה אותו לאהל אמר יתדותיו וחבליו שינטה עם יתדות וחבלים ומ"ש לנצח ר"ל זמן רב:

אבן עזרא

לבניין נפעל והיא מלה זרה אין לה משפחה והטעם עם נכרי או משנה והאומר כי הנו"ן תחת למ"ד לא דבר נכונה: נלעג לשון. כי כל לשון שלא יבין אדם אותה הוא בעיניו ללעג: (כ) חזה. אין צורך לאדם לחזות מלך אשור רק חזה ציון: קרית מועדינו. כמשמעו או כמו שרפו כל מועדי אל: אהל. חסר כ"ף: יצען. אין לו ריע וטעמו לא יפל או כל יסע יתד מיתדותיו: וכל. החבלים הם

מצודת ציון

עמקי. כן נקרא דבר הקשה שאין להשיגה כאלו היה במקום עמוק: שפה. כן יקרא לשון עם כמו שפה אחת לכולם (בראשית י"א): משמוע. מלהבין כמו כי שומע יוסף (שם מ"ב): נלעג. כן נקרא המדבר בהפך תכונת הדבר כמו בלעגי שפה (לעיל כ"ח): (כ) חזה. ענין ראיה: מועדנו. מלשון וועד ואסיפה: נוה. ענין מדור: שאנן. ענין השקט ושלוה כמו שאנן מואב (ירמיה מ"ח): יצען. ענין עקירה והנעה ממקום למקום כמו ושלחתי לו לוטי' ולעהו (שם): יסע. ענין עקירה כי העוקר דבר מסיעו ממקומו: יתדותיו. מל' יתד ומסמר: לנצח. ר"ל לזמן רב: חבליו. מל' חבל וקו:

מצודת דוד

הנה מעתה לא יהי' כן כי לא תראה בעיניך את העם החזק והוא אשור: עם עמקי שפה. העם אשר שפת לשונם עמוק וקשה להבין: נלעג לשון. מי שאינו מכיר הלשון ידמה לו שמדבר בהפך תכונת הדבר ואין הבנה לדבריו ומוסב לתחלת המקרא לומר לא תראה עוד את העם הזה והענין כפל במ"ש: (כ) חזה ציון. אבל תראה את ציון ולא תגלה ממנו: קרית מועדינו. העיר אשר אנחנו מתוועדים ומתכנסים שמה ברגל: נוה שאנן. שיהיה מדור שקט ואוהל אשר לא יהיה נע ממקומו כי יעמוד תחתיו ועד זמן רב לא יהיו נעקרים יתדות האוהל וכל חבלי האוהל הקשורים ביתדות לא

not be lowered. Comp. "(Jud. 4:11) Elon-bezaanannim (אֵלוֹן בְּצַעֲנַנִּים)*, which is rendered as: the plain of pits* (מִישׁוֹר אַגְנַיָּא)*, which are pits in the fields, called kombes in O.F. (Comp. "(Baba Kamma* 61b) *The pits of the earth* (אַגְנֵי דְאַרְעָא) *they are considered," where water gathers from the mountains and the hills. I believe that the 'beth' of the word* בְּצַעֲנַנִּים *is not radical, but is a prefix.*—[*Rashi*]

Jonathan renders: shall not be dis-

you shall not see, a people of speech too obscure to comprehend, of stammering tongue, without meaning. 20. See Zion, the city of our gathering; your eyes shall see Jerusalem, a tranquil dwelling, a tent that shall not fall, whose pegs shall never be moved.

tongue. Manuscripts read: *These are all the nations whose language is not the holy tongue.*—[*Parshandatha* and *K'li Paz*]

Others render: A brazen people.—[*Redak*] A strange people.—[*Ibn Ezra*]

you shall not see—*You shall not esteem in your heart, for they shall all be dark and humble.*—[*Rashi*]

speech . . . obscure—Heb. שָׂפָה, lit. lip. *Comp.* "(Gen. 11:1) *And all the land was one speech* (שָׂפָה)."—[*Rashi*]

These are the Chaldees, who spoke Aramaic, a language intelligible only to individuals, as Eliakim, Shebna, and Joah said to Rabshekeh, "Please speak to your servants in Aramaic for we understand it; do not speak with us in Judean within the hearing of the people (infra 36:11)." It seems that the people did not understand Aramaic, and since they did not understand it, it seemed to them an obscure and mocking tongue.—[*Redak*]

of stammering tongue—Heb. נִלְעַג לָשׁוֹן. *Comp.* "(32:4) *The tongue of the stammerers* (לְשׁוֹן עִלְּגִים). (*and of obscure speech. All this is a foreign language, for they do not understand the holy tongue.*)—[*Rashi*] Parenthetic material appears only in certain editions. Since these words do not appear in Scripture, it is difficult to determine their meaning, if this reading is indeed accurate.

Ibn Ezra comments that any language a person does not understand appears to him as stammering.

without meaning—lit. without understanding. Since they did not understand it.—[*Redak*]

20. **See Zion**—*But whom will you see in your heart to be regarded as a kingdom and a ruling power? Zion, which is the city of our meeting place.*—[*Rashi*]

There is no necessity for a person to look upon the king of Assyria, but to look upon Zion.—[*Ibn Ezra*]

You shall not look upon that brazen people, but upon what will you look? Upon Zion, the city of our meeting place, where they would go three times a year on the pilgrimage festivals. Until then, they did not all meet there on the pilgrimage festivals, for the people of the northern kingdom did not go. During the reign of Ahaz, the temple worship was curtailed. Also, in the beginning of Hezekiah's reign, when he sent letters to the tribes of Ephraim and Manasseh to come to Jerusalem to celebrate the Passover, they mocked his couriers. Now, however, you shall look upon Zion as the city of our gathering.—[*Redak*]

a tranquil dwelling—Now it will be a tranquil dwelling, not as before, when the hands of the nations were upon it.—[*Redak*]

that shall not fall—Heb. יִצְעָן, *shall*

לָנֶצַח וְכָל־חֲבָלָיו בַּל־יִנָּתֵקוּ׃ כא *כִּי
אִם־שָׁם אַדִּיר יְהוָה לָנוּ מְקוֹם־נְהָרִים
יְאֹרִים רַחֲבֵי יָדָיִם בַּל־תֵּלֶךְ בּוֹ אֳנִי־
שַׁיִט וְצִי אַדִּיר לֹא יַעַבְרֶנּוּ׃ כב כִּי יְהוָה
שֹׁפְטֵנוּ יְהוָה מְחֹקְקֵנוּ יְהוָה מַלְכֵּנוּ
הוּא יוֹשִׁיעֵנוּ׃ כג נִטְּשׁוּ חֲבָלָיִךְ בַּל־

ת"א אני שיט. יומא עז: ה' שפטנו. עקרים מ"א פ"א: חצי הספר בפסוקים יחזקו

בְּמַשְׁכְּנָא דְלָא מִתְפְּרַק
וְלָא מִשְׁתַּלְּפָן סִכּוֹהִי
לַעֲלַם וְכָל אֲטוּנוֹהִי לָא
יִתְפַּסְקוּן׃ כא אֲרֵי אֱלָהֵן
מִתַּמָּן תִּתְגְּלֵי גְבוּרְתָּא
דַיְיָ לְאוֹטָבָא לָנָא מֵאֲתַר
נָפְקִין נַהֲרִין שָׁטְפִין
פְּתָיוּת יְדִין דְלָא תֵיזֵיל
בֵּיהּ סְפִינַת צַיָּדִין וּבוּרְנֵי
רַבְּתָא לָא תְגוּזִנֵּהּ׃
כב אֲרֵי יְיָ דַיָּנַנָא דְאַפְּקָנָא
בִּגְבוּרְתֵּהּ מִמִּצְרַיִם יְיָ
מַלְּפָנָא דִי הֲבַ לָנָא
אוּלְפַן אוֹרַיְתָא מִסִּינַי יְיָ מַלְכָּנָא הוּא יִפְרְקִנָנָא וְיַעֲבֵיד לָנָא פּוּרְעֲנוּת דִין מִן מַשִּׁירְיַת גּוֹג׃
כג בְּעִדָּנָא הַהִיא יִתַּבְּרוּן עַמְמַיָּא סְחוֹר סְחוֹר יְרוּשְׁלֵם מִתּוּקְפְּהוֹן וִיהוֹן דָּמַן לִסְפִינָא דְאִתְפַּסְקוּ

רש"י

(כא) כי אם שם. כי אם מוסב על בל יסע יתדותיו ועל בל ינתקו. הרעה לא תהיה כי אם הטובה ה' יהיה שם אדיר לנו והעיר תהיה מקום נהרים יאורים כענין שנאמר (ביחזקאל מ"ז) וימד אלף ויעבירני נחל אשר לא אוכל לעבור וכן ניבא יואל ומעין מבית ה' יצא (יואל ד' י"ח) והוא הנהל שיהא מתגבר והולך: אני שיט. אניה השטה במים: וצי אדיר. ובורני רבתא: (כב) כי ה' שופטנו. שר ושופט שלנו: (כג) נטשו חבליך. המושכים את הספינה את עיר החייבת: כן. הכן היטב: תרנם. תורן הספינה: בל

מהר"י קרא

(כא) כי אם שם אדיר [ה'] לנו. ואין שם פחד בעולם. וגם מקום נהרים יאורים וגו': אני שיט. ספינה קטנה: וצי אדיר. ובורני רבתא לא תגוזיניה: (כב) ה' מחקקנו. לשון מושל. ולפי תרגומו. ה' שופטנו. שפרע לנו מן המצריים. ה' מחוקקנו. שנתן לנו את התורה. הוא יושיענו. ממלחמת גוג: (כג) נשו חבליך. כלפי שאמר לציון למעלה וכל חבליו בל ינתקו. חוזר ומתנבא על (מרוי) חייבת נטשו חבליך. וגם מזה אל תנח ידיך. שבכל מקום שאתה מוצא בכל קרייה הנחמה לישראל תמצא בו צרה

אבן עזרא

המיתרים: (כא) כי. הטעם לא יסע זה האהל רק יהיה השם אדיר לנו במדינה שיש סביבותיה נהרים: יאורים. חסר וי"ו כמו שמש ירח עמד: ידים. מקומות והטעם מכל פאה והם נהרים שלא ילך באחד מהם אני במשוט והטע' שלא יפחדו מאויב לא מהים ולא מהיבשה כי זה הפסוק כנגד לבך יהגה אימה ואין מי שישפוט עוד שיאמר פלוני תן מס זה והמחוקק הוא הסופר יכתוב מי ומי ילך אל המלך במס כי השם לבדו הוא שפטנו ומחוקקנו ומלכנו: (כג) נטשו. כ"ף חבליך לנכח מחנה אשור נטשו כמו

רד"ק

(כא) כי אם שם. זה אם פירושו כמו אמת וכן כי אם יש אחרית כי אם כחמר היוצר יחשב והדומים לחם אמר איך תהיה ירושלם נוה שאנן ואהל בל יצען כי באמת שם בירושלם אדיר ה' שהוא לנו ובעזרתינו והוא אדיר ויכול על מחנה אשור ואע"פ שהוא רב ועצום: מקום נהרים יאורים. והוא יהיה לנו מקום נהרים כאלו סביב לירושלם יהיו נהרים ויאורים רחבי ידים שלא יוכלו לעבור עליה האויבים ואפי' אני שיט וצי אדיר לא יוכל ללכת בנהר הגדול הזה ולא לעבור אותו ולפי שהמשיל מחנה אשור לנהר גדול כמו שאמר את מי הנהר העצומים והרבים את מלך אשור וגו' אמר כי ה' יהיה להם מקום נהר גדול ממנו שלא יוכל מלך אשור לעבור בו ולכבוש ירושלם: אני שיט. שמוליכים אותו במשוטים: וצי אדיר. ספינה גדולה: (כב) כי ה' שפטנו. והוא ישפטינו מיד מלך אשור כלומר שיקח משפטינו ממנו שעשה לנו כמה רעות: ה' מחוקקנו. הוא מושל בנו. כי המושל יקרא מחוקק כמו ומחוקק מבין רגליו לפי שהוא משים חקים בעם כלומר האל שופטינו ומחוקקנו ומלכנו והוא יושיענו מידו: (כג) נטשו חבליך. אמר כנגד מחנה אשור שדמה אותו לאני שיט ולצי אדיר והספינה ינהיגוה בחבלים הקשורים בוילון הפרוש על

מצודת דוד

יסיו נעתקים מן היתדות: (כא) כי אם שם וגו'. כי באמת שם בירושלים ה' האדיר יהיה לנו ובעזרתנו: מקום נהרים. יהיה ירושלים כאלו סביב לה מקום נהרים ויאורים רחבים עד שלא תוכל לילך שם ספינה השטה ע"פ המים ואף ספינה חזקה וגדולה לא תוכל לעבור את הנהר ור"ל תהיה שמורה מאשור כאלו הי' מהאי אפשר לבוא שמה: (כב) כי ה' שופטנו. הוא יקח משפטינו מיד אשור אשר הרעו לנו מאז: ה' מחוקקנו. ה' הוא מושל בנו והוא מלך עלינו והוא יושיענו מיד אשור וכאשר יאות למלך להושיע לעמו: (כג) נטשו חבליך. לפי שהמשיל את ירושלים כאלו היא נהרות סביב לה אמר במשל ההוא לומר לא תוכל לבוא לה לכבשה כי יהיה

מצודת ציון

ינתקו. ענין העתקה והסרה ממקומו: (כא) אם. באמת כמו כי אם תם הכסף (בראשית מ"ז): אדיר. ענין חוזק: יאורים. הם הנשוי' בידי אדם: ידים. ענין מקום וכן יד חזית (לקמן נ"ז): אני שיט. ספינה השטה במים והוא מל' השטים אותך (יחזקאל כ"ז): וצי אדיר. ספינה חזקה וגדולה כמו אשור יסדה לציים (לעיל כ"ג): (כב) מחוקקנו. המושל יקרא מחוקק וכן יהודה מחוקקי (תהלים ס): (כג) נטשו. נעזבו כמו כי לא יטוש (ש"א י"ב): חבליך.

Jonathan paraphrases: For God is our judge, Who took us out of Egypt with His might; God is our lawgiver, Who gave us the teaching of the Torah on Mount Sinai; God is our king, He will save us and avenge us from the camp of Gog.

23. **Your ropes**—*that draw the ship, you sinful city.*—[*Rashi*] Mss. yield: *You, sinful Rome.*

Redak and *Ibn Ezra* explain that the prophet is addressing the Assyrian camp, which he has compared to a ship.

and all of whose ropes shall not be torn. 21. But there, the Lord
is mighty for us; a place of broad rivers and streams, where a
galley with oars shall not go, and a great ship shall not pass.
22. For the Lord is our judge; the Lord is our ruler; the Lord is
our king; He shall save us. 23. Your ropes are loosed, not to

mantled. *Redak*: shall not be spread out. *Ibn Ezra*: shall not fall, or, shall not be unpegged.

whose pegs shall never be moved—Heb. יִסַּע. *The pegs with which they tie the ropes of the tent—he shall not move them from the earth, from the place into which they are thrust. Comp.* "(1 Kings 5:31) *And they quarried* (וַיַּסִּעוּ) *great stones." Also,* "(Jud. 16:3) *And he plucked them* (וַיִּסָּעֵם) *together with the bolt." an expression of uprooting.*—[*Rashi*]

and all of whose ropes shall not be torn—This follows *Jonathan. Mezudath David* renders: Shall not be loosed from the pegs. This too denotes moving and uprooting.—[*Redak, Shorashim*]

21. **But there**—*'But' refers back to 'whose pegs shall never be moved,' and 'shall not be torn.' The evil shall not be, only the good. There the Lord shall be mighty for us, and the city shall be a place of rivers and streams, in the manner it is said in Ezekiel* (47:4f.): *"And He measured a thousand* (cubits), *and He led me . . . a stream that I could not cross." And so did Joel prophesy:* "(4:18) *And a spring shall emanate from the house of the Lord," that it shall become progressively stronger.*—[*Rashi*]

Redak explains that the prophet is illustrating how Jerusalem will be a tranquil dwelling place, for God, who helps us, is mighty and can overpower the camp of Assyria despite its numbers and might. He will be for us like a place of rivers, as though broad rivers and streams surrounded Jerusalem, so that these enemies cannot cross, and even ships with oars and great ships shall not be able to cross. Since he likens Assyria to a great river (supra 8:7), he states that God will be a greater river, which even the king of Assyria will not be able to cross to conquer Jerusalem.

Abarbanel interprets this as referring to the land of Israel, that the enemy will not be able to conquer it.

a galley with oars—This follows *Redak* and *Abarbanel. Rashi,* however, renders: *a ship that floats on the water. Kara*: a small boat; *Jonathan*: a fishing boat.

and a great ship—Heb. וְצִי אַדִּיר.—[*Rashi* from *Jonathan, Redak*]

22. **For the Lord is our judge**—*Our prince and judge.*—[*Rashi*]

our ruler—Heb. מְחֹקְקֵנוּ, our lawgiver, since the ruler establishes laws.—[*Redak*]

Ibn Ezra explains that we will have no one to fear from any side, neither from the sea nor from the dry land. God will then be our lawgiver; we will need not fear the scribe of the Assyrian king, who will levy taxes upon us.

יחזקו כן־תרנם בל־פרשו נס אז חלק
עד־שלל מרבה פסחים בזזו בז: כד ובל־
יאמר שכן חליתי העם הישב בה
נשא עון: לד א קרבו גוים לשמע
ולאמים הקשיבו תשמע הארץ

ת"א נשוא עון. כתובות קיא: קרבו גוים. עקידה שער ס: הב׳ בסגול ומלואה

חבלהא ולית לה תקוף
על תרנהון דאתפסיק
ולא אפשר למפרס
עלוהי קלע בכן יפלגון
בית ישראל נכסי
עממיא סחור סחור
ירושלם סגיאות עדי
ובוז ואפילו ישתארון
בהון עורין וחגירין אף
אינון יפלגון סגיאות
עדי ובוז: כד ולא יימרון
מכען לעמא דשרן סחור סחור אתיב לשכינתא מלותכון אתת עלנא מחה מרע עמא בית ישראל
יתכנשון ויתובון לארעהון שביק לחוביהון: א אתקרבו עממיא למשמע ומלכותא אציתו השמע

מהר"י קרא

שמהפכת אותה נחמה לפורענות של אומות: בל יחזקו כן תרנם. שינטשו החבלים כל כך שלא יוכל להחזיק את התורן כדי שיהא יכול לפרוש עליו נס. תורן. מש"ם בלע"ז. נס. ויי"ל. כאומר שלא יעמידו שרים שיוכלו להמליך מלך (במרוי): אז חולק עד שלל. אז י... קו עדאה דשנאה. שלל לרוב. וישראל שהם עכשיו כפסחים שאין בהם כח יהיו בוזזים בז: (כד) ובל יאמר שכן. העם הדר בציון חליתי. שאין ייסורין בלא עון:

רש"י

פרשו נס. לא יוכלו לפרוס וילון המנהיג את הספינה: אז חולק עד שלל. עדאה: מרבה. הרבו יחלקו שלל העכו"ם: פסחים. (ישראל) שהיו עד עכשיו חלשים: (כד) ובל יאמר שכן. של ישראל: חליתי. בשביל האומה הזאת באתני הרעה: כי העם. ישראל שנקראו עם היושב בירושלים יהיה סלוח עון:

רד"ק

התורן שימשכו החבלים כפי חכמת רב החובל ויפרשו הנס שהוא הוילון ותלך הספינה ברוח שקולט הוילון ואמר נטשו חבליך בל יחזקו כן תרנם בל פרשו נס כאלו נטשו החבלים ואין חבל למשוך והחובלים לא יוכלו לחזק היטב התורן שלהם ולפרוש הנס כיון שהחבלים נטשו ונפסקו או פירש נטשו נתפשטו ואינם נטוים כמו והנם נטושים על פני האדמה: אז חלק עד שלל מרבה. אז כיון שלא תוכל הספינה ללכת יחלקו שלה השוללים כן מחנה אשור כיון שמתו יצאו ישראל ושללו ובזזו המחנה ואפי׳ הפסחים אשר בירושלם הלכו לשלול ולבוז כי קרוב להעיר היה המחנה: עד. כמו שלל מתרגמינן שלל עדאה וכן בבקר יאכל עד וחסר וי"ו השמוש כאלו אמר עד ושלל וכן שמש ירח ראובן שמעון והדומים להם ואמר עד ושלל כפל ענין במ"ש לחזק הענין כמו שהוא דרך המקרא: מרבה. שם בפלס מראה משקה ר"ל ששלל רב שללו: (כד) ובל יאמר שכן. לא יאמר השוכן בירושלם חליתי כמו שהיו אומרים מתחילה מרוב הצרות חלינו וכאבנו לא יאמרו עוד זה כי ה׳ נשא עונם בסבת חזקיהו שהוכיחם והחזירם למוטב והושיעם האל תשועה גדולה ויש מפרשים הפרשה הזאת כולה עתידה לימות המשיח והנכון כמו שפירשנו: (א) קרבו גוים. פרשה זו עתידה והוא על חרבן אדום ואח"כ זכר תשועת ישראל עד ויהי בארבע עשרה שנה וקרא אותה בשם בצרה כמו שהיתה בצרה עיר גדולה בארץ אדום וכן אמר ירמיה הנביא במגילת איכה תם עונך בת ציון לא יוסיף להגלותך פקד עונך בת אדום גלה על חטאתיך. הנה כשתחרב ארץ אדום יצאו ישראל מגלות זה שלא יוסיפו עוד לגלות. ואמר בנבואה זו גוים ולאמים

אבן עזרא

ונטשתה דרך משל כי הספינה תטבע והים ישליך הממון שיש בה: בל. יחזקו החובלים התורן שלהן ולא יפרשו נס: אז. יחלק עד שלל כמו אדמת עפר מגזרת בבקר יאכל עד: מרבה. כמו הרבה אפילו פסחים בזזו בז ואף כי אחרים: (כד) ובל יאמר. עוד השוכן בציון חליתי כי העם כולו נשוא עון:

לד (א) קרבו. ומלואה. שהיא מליאה מהם: תבל. מקום הישוב: וכל צאצאיה. מגזרת יצא:

מצודת ציון

מלשון חכל: כן. ענינו כראוי וכנכון כמו כי לא יכין לדבר כן (שופטים י"ב): תרנם. הוא העץ הגבוה שעל הספינה וכן וכתורן על ראש ההר (לעיל ל׳): נס. כן נקרא וילון הספינה וכן להיות לך לנס (יחזקאל כ"ז): עד שלל. פתרון אחד להם כמו בבקר יאכל עד (בראשית מ"ט). וכפל המלה במלות נרדפים וכן אדמת עפר (דניאל י"ב): פסחים. חגרים: בזזו. מלשון ביזה: (כד) חליתי. מל׳ חולי: לד (א) הקשיבו. ענין שמיעה: תבל. כן נקרא

מצודת דוד

כאלו מוליכי הספינה עזבו החבלים שמושכים בהם הוילון להספינה אל מול הרוח: בל יחזקו. לא יכלו להחזיק כראוי את התורן הספינה ולא יכלו לפרש הוילון אל מול הרוח: אז. ביום מפלת אשור יחולק שללו הרב: פסחים. אף הפסחים ההולכים על משענתם יבוזו שלל כי מפלתו יהיה סמוך אל העיר ואף הפסחים ילכו בזה לשלול שלל: (כד) ובל יאמר שכן חליתי. השוכן בירושלים לא יאמר מעתה הן נחליתי מרוב הצרות כי העם היושב בה יהיה נשוא ומכופר עון ולא יבוא עוד צרות ולא יהיו חולים:

לד (א) לשמוע. את דברי: ומלואה. הבריות הממלאים אותה: צאצאיה. היולאים ומתהלכים בה:

them from the hand of Sennacherib and performed a great salvation in the merit of Hezekiah who brought the people back to God, and their sins are now forgiven.—[*Redak*]

1. **Nations, come near**—This chapter is a future prophecy, dealing with the destruction of Edom, and then with the salvation of Israel until the end of chapter 35. He calls Edom Bozrah since Bozrah was a large city in the land of Edom. In Lamentations (4:22), the prophet Jeremiah

strengthen their mast properly; they did not spread out a sail; then plunder [and] booty were divided by many; the lame takes the prey. 24. And the neighbor shall not say, "I am sick." The people dwelling therein is forgiven of sin.

34

1. Nations, come near to hear, and kingdoms, hearken. The earth

properly—*prepared well.*—[*Rashi*]

they did not spread out a sail—*They will not be able to spread the sail that guides the boat.*—[*Rashi*]

In order to propel a sailboat, a rope was tied to the sail spread on the mast. When they spread out the sail, the wind blows it and propels the boat. If the ropes are torn or loosened, they will not be able to hold the sails to the mast, and the sailors will not be able to spread the sail to propel the boat. The Assyrian camp is likened to a boat that has become immobilized.—[*Redak*]

then plunder [and] booty were divided—Heb. עַד, related to עֲדָאָה, *plunder*, in Aramaic.—[*Rashi*]

by many—*Many will divide the plunder of the heathens.*—[*Rashi*] Mss. yield: *the plunder of Edom.* Others: *the nations.* Still others: *Sennacherib.* This version is found in the Warsaw edition. It is, however, doubtful, since *Rashi* appears to interpret the entire section as a future prophecy, concerning Gog and Magog. He does not mention Sennacherib all through the chapter. Only *Redak* and *Ibn Ezra* interpret it as referring to Sennacherib's camp, as will be explained at the end of the chapter.

Redak renders: Much plunder and booty were divided.

lame—*Israel, who were weak until now.*—[*Rashi*] Cf. infra 35:6.

24. **And the neighbor shall not say**—I.e. the neighbor *of Israel.*—[*Rashi*]

"I am sick"—*Because of this nation, this misfortune has befallen me, for*—**The people**—*Israel, who is called a people, that dwells in Jerusalem, shall be forgiven of sin.*—[*Rashi*]

As mentioned above, *Redak* explains the chapter as referring to the destruction of the camp of Sennacherib and his allies. The prophet compares the army to a ship that has been immobilized and cannot spread its sail. Such a ship is immediately stormed by plunderers. So it was with the camp. Even the lame were able to do so, because the camp was very near the city.

And the inhabitant shall not say, "I am sick."—The dwellers of Jerusalem shall not say, "I am sick," as they have been saying until now, that they are suffering from all their troubles, for the Lord has delivered

וּמְלֹאָהּ תֵּבֵל וְכָל־צֶאֱצָאֶיהָ׃ ב כִּי קֶצֶף
לַיהוָה עַל־כָּל־הַגּוֹיִם וְחֵמָה עַל־כָּל־
צְבָאָם הֶחֱרִימָם נְתָנָם לַטָּבַח׃
ג וְחַלְלֵיהֶם יֻשְׁלָכוּ וּפִגְרֵיהֶם יַעֲלֶה
בָאְשָׁם וְנָמַסּוּ הָרִים מִדָּמָם׃ ד וְנָמַקּוּ
כָּל־צְבָא הַשָּׁמַיִם וְנָגֹלּוּ כַסֵּפֶר הַשָּׁמָיִם
וְכָל־צְבָאָם יִבּוֹל כִּנְבֹל עָלֶה מִגֶּפֶן

וכנבלת

ת״א ונמקו. עכו״ם יז:

אַרְעָא וּמְלָהָא תֵּבֵל וְכָל דָּדָיְרִין בַּהּ׃ ב אֲרֵי רְגַז מִן קֳדָם יְיָ עַל כָּל עַמְמַיָּא וְרוּגְזָא עַל כָּל מַשִּׁירְיָתֵיהוֹן חַיְבִינוּן מְסַרְנוּן לְקַטָּלָא׃
ג וְקַטִּילֵיהוֹן יִתְרְמוּן וּפִגְרֵיהוֹן יִסַּק תְּנָנְהוֹן וְיִתְיַמְסוּן טוּרַיָּא מִדְּמְהוֹן׃ ד וְיִתְיַמְסוּן כָּל חֵילֵי שְׁמַיָּא וְיִתְמְחוּן מִתְּחוֹת שְׁמַיָּא כְּמָא דַּאֲמִיר עֲלֵיהוֹן בְּסִפְרָא וְכָל מַשִּׁירְיָתְהוֹן יְסוּפוּן כְּמִיתַּר טְרַף מִגֻּפֶן

רש״י

לד (ד) **ונמקו כל צבא השמים.** יפקדו כשאליך את שרי עובדי כוכבים: **ונגולו.** לשון גולל ונגלו כספר השמים ת״י ויתמחון מתחות שמיא כמא דאמיר עליהן בספרא. ואני מפרשו לפי הענין מפני שעכשיו הטובה והאורה לאומות ישמעאלים לכשימחו ויחרבו יהיה דומה העולם חשך עליהם כאילו נגלל השמש והאור כגלילת ספר:

מהר״י קרא

לד (ג) יעלה באשם. כמו ותבאש הארץ וכמו עלה באשו: (ד) ונגולו. לשון גולל. ויונתן תירגם ויתמחון מתחות שמיא כמא דאמיר עליהון בסיפרא. אבל לפי הענין מפני שעכשיו הטובה והאורה לאומות. כשימחו מחרבו יהא דומה עולם

אבן עזרא

(ב) **כי.** כל המפרשים אומרי׳ כי זה לעתיד רק רבי משה הכהן אומר כי אדום חרבה בימי אשור יכל הפרשה הי׳ דבקה: **צבאם.** הם אנשי המלחמה: (ג) **והלליה׳.** **יעלה באשם.** שם והנה הוא בלי סמיכה באש על משקל קדש: **ונמסו.** מפעלי הכפל מבנין נפעל: (ד) **ונמקו.** בבא לאדם יום אידו תחשך לו השמש כאשר הוא כתוב ביום המות והנכון **בעיני** שאלה הדברים רמז לכל עזר שיש לו לכל גוי במספר

רד״ק

תבל **וכל צאצאיה.** ואמר על כל הגוים כגון מלכות ישמעאל תחרב בזמן הזה: (ב) כי קצף. על כל צבאם. שיצבאו גוי על גוי ובזה יהיה ההרג והשבה בהם: (ג) וחלליהם ישלכו. שלא יהיה להם קובר לפיכך יעלה באשם וסרחונם: **ונמסו ההרים** מדמם. זה על דרך הפלגה: (ד) ונמקו. זה על דרך משל כי למי שתבא לו צרה גדולה כאלו נהפכו השמים והארץ עליו

מצודת דוד

(ב) כי קצף. וזהו דברי דעו אשר יש קצף ה׳ על כל העמים וזה יהיה לעתיד: החרימם. כבר נגזר הדבר וכאלו כבר החרימם ומסרם לטבח: (ג) ישלכו. בקרב חוצות: יעלה באשם. כי אין מקבר להם: ונמסו. מרוב הדם ימסו ההרים בהם והוא ענין גוזמא והפלגה: (ד) כל צבא השמים. הם שרי של העכו״ם: ונגולו וגו׳. כי השמש והירח קבועים ברקיע השמים וכשיהיו נגללין ימחו גם המה ולא יאירו בעולם והוא ענין משל לומר שיהא חושך לכם מרוב צרות: וכל צבאם. הם האומות הנתונים תחת שרי מעלה: יבול. כ״מ

מצודת ציון

המקומות המיושבות: (ב) החרימם. ענין אבדון וכריתה: (ג) ופגריהם. גוף המת נקרא פגר: באשם. ענין סרחון: (ד) ונמקו. ענין המסה: ונגולו. מלשון גלילה וכריכה: יבול.

Warsaw ed.) *have fortune and light. When they are erased and destroyed, it will be as though the world has darkened for them, as though the sun and the light are rolled up like the rolling of a scroll.*—[*Rashi*] *Redak* explains the beginning of the verse in the same manner. *Ibn Ezra,* however, prefers the interpretation that the prophet alludes to the heavenly princes who support each nation. *Abarbanel* maintains that, although the stars will indicate success for the nations, these indications will mean nothing. It will be as though the heavens had melted and were rolled up like a scroll, unable to be read.

withers—Heb. יִבּוֹל.—[*Rashi*] *Jonathan* renders: As a leaf falls from a vine.

and as a withered [fig] from a fig tree—*The withered* fruit *of a tree is called* נוֹבְלוֹת. *This is what our Rabbis* (*Ber.* 40b) *explained: What are 'noveloth?'* Fruit *ripened in the heater, that become ripe in the heater. After they are picked, he gathers them and they become heated and ripen.*—[*Rashi*] *Rashi's* intention probably is that only withered fruit requires heating

and the fullness thereof, the world and all its offspring. 2. For
the Lord has indignation against all the nations and wrath
against all their host. He has destroyed them; He has given
them to the slaughter. 3. And their slain ones shall be thrown,
and their corpses—their stench shall rise, and mountains shall
melt from their blood. 4. And all the host of heaven shall melt,
and the heavens shall be rolled like a scroll, and all their host
shall wither as a leaf withers from a vine,

also correlates the redemption of Israel with the destruction of Edom: "Your iniquity has been brought to an end, O daughter of Zion; He will no longer exile you. He has visited your iniquity, O daughter of Edom; He has revealed your sins." This indicates that Israel will come out of exile, never again to be exiled, when Edom will be punished for her sins. The prophet addresses this prophecy to 'nations' and 'kingdoms,' 'the world and all its offspring,' to include the kingdom of Ishmael, which will be destroyed at that time.—[*Redak*]

and all its offspring—*Jonathan* renders: and all who live in it.

2. **For . . . against all the nations**—As mentioned above, this refers to the Messianic era. That is the generally accepted interpretation. *Rabbenu Yeshayah* points out that the redemption from Edom is juxtaposed to the redemption from the threat of Assyrian conquest. *Ibn Ezra,* too, states that all exegetes explain it in this manner, except Rabbi Moshe Hakohen, who claims that the kingdom of Edom was destroyed in the days of Assyria. Accordingly, it is a continuation of the previous chapter.

against all their host—For they will mobilize armies to war with each other. Thus, they will be slaughtered.—[*Redak*]

3. **And their slain ones shall be thrown**—The slaughter will be so great that the unburied corpses will be strewn over the ground, and the stench will rise, and the mountains shall melt from their blood. This is figurative for the tremendous amount of blood running from the corpses.—[*Abarbanel*]

4. **And all the host of heaven shall melt**—*They shall be frightened when I cast down the princes of the heathens.*—[*Rashi*]

Mss. yield: *the princes of the nations.* Warsaw edition: *of Assyria and Babylon.*

shall be rolled—Heb. וְנָגֹלּוּ, *an expression of rolling. And the heavens shall be rolled like a scroll. Jonathan renders: And they shall be erased from beneath the heavens, as it is stated about them in the Book. But I explain it according to the context, for now, the kingdoms of the Ishmaelites (the nations—ms., the wicked—*

וּכְנֹבֶלֶת מִתְּאֵנָה׃ ה כִּֽי־רִוְּתָה בַשָּׁמַיִם
חַרְבִּי הִנֵּה עַל־אֱדוֹם תֵּרֵד וְעַל־עַם
חֶרְמִי לְמִשְׁפָּט׃ ו חֶרֶב לַיהוָה מָלְאָה
דָם הֻדַּשְּׁנָה מֵחֵלֶב מִדַּם כָּרִים
וְעַתּוּדִים מֵחֵלֶב כִּלְיוֹת אֵילִים כִּי זֶבַח
לַיהוָה בְּבָצְרָה וְטֶבַח גָּדוֹל בְּאֶרֶץ

תרגום

וּכְנִבְלָא מִתְּאֵנָה׃ ה אֲרֵי תִתְגְּלֵי בִשְׁמַיָא חַרְבִּי הָא עַל אֱדוֹם תִתְגְּלֵי וְעַל עַמָא דְחַיָבִית לְדִינָא׃ ו חַרְבָּא קֳדָם יְיָ אִיתְמְלִיאַת דַם אַדְהֲנַת מִתְּרַב מִדַם מַלְכִין וְשִׁלְטוֹנִין מִתְּרַב כָּלְיָת רַבְרְבִין אֲרֵי קִטְלָא קֳדָם יְיָ בְּבָצְרָה וְנִכְסָא סַגִיאָה בְּאַרְעָא דאדום

מהר"י קרא

חושך: וכנובלת. פירשו רבותינו מאי נובלת. בושלא דכרמא שמתבשלות (כשמר) [בכומר] לאחר לקיטת צרכן ומתחממות ומתבשלות: (ה) כי רותה בשמים חרבי. בתחילה על שר אומה של (מרוי) שהוא למעלה. שאין לך אומה בארץ שאין שרה למעלה. ואחר כך על אדום תרד: עם חרמי. עם שאני מתגרה בו ומביאו בחרמי: (ו) חרב לה' מלאה דם [וגו'] כרים ועתודים.

רש"י

יבול. יכמוש: וכנובלת מתאנה. כמושה באילן קרויה נובלות וזהו שפירשו רבותינו (ברכות מ"ה) מאי נובלת בושלי כומרא שנתבשלו בכומר לאחר לקיטתן נוברן ומתחממות ומתבשלות: (ה) כי רותה בשמים חרבי. להרוג שרים של מעלה ואח"כ תרד על האומה ישמעאל למטה שאין כל אומה לוקה עד שילקה שר שלה במרום: עם חרמי. עם מלחמתי ל' משנה (כתובות י"ז) בשעת חירום שנו וכן (מלכים א' כ') את איש חרמי דאחאב: (ו) כרים ועתודים. שרים ושלטונים: בבצרה. מארץ מואב היא אבל לפי שהעמידה מלך לאדום שנא' וימת חושם וימלוך תחתיו יובב בן זרח מבצרה (בראשית ל"ו) לפיכך

רד"ק

וחרי העולם לו נהפך וכאלו אין צבא השמים כי אין לו אורה והעולם חשך עליו וזה המשל תראנו תמיד בדברי הנביאים: ונגלו כספר. כי השמים נטוים כאהל ועתה ידמו להם שיהיו נגללים כמו הספר הנגלל: וכנובלת. פי' וכעלה נובלת מתאנה והנכון שיהיה הנסתר תאנה לא עלה כי עלה מן הדומה הוא ל' זכר אלא ר"ל כתאנה הפרי שנובלת מעץ התאנה. כי הפרי יקרא תאנה והעץ תאנה לפיכך היה נכון שיאמר בסתם וכנובלת משיאמר וכתאנה מתאנה תאנה ל' נקבה לפיכך אמר עליה נובלת: (ה) כי רותה. חרבי. שהיא בשמים תרוה מדם החללים האלה ועל מי תרד החרב הזאת מן השמים על אדום ועל עם חרמי כי אדום הוא עם שאני רוצה להחרים לעשות משפט בהם על מה שהרעו לישראל וטעם בשמים וטעם חרב דרך משל כי הגזורות יורדת מן השמים. ורותה פעל עומד מן הדגש וכן רותה ארצי מדם: (ו) חרב לה'. החרב שתהיה בגוים שיהרגו אלת את אלה לה' היא כי הוא צוה ורצת זה: מלאה דם. מרוב הריגה. ואמר מלאה דרך משל על דרך אשכיר חצי מדם: הודשנה. מל' דשן ושמן. כלומר השמנה מחלב כרים: ועתודים. ואלים וראמים ופרים ואבירים הוא משל על מלכי עכו"ם פחות וסגנים ודקדוק מלת הדשנה היא מורכבת מן הפעל והתפעל כי הראוי התדשנה והשי"ן ראויה להדגש:

אבן עזרא

שמים כאשר מפורש בספר דניאל ונמקו מבנין נפעל וכן נגלו מגזרת מגלה: (ה) כי. זה החזוק לאשר רמזתי מהגזירות: הנה על אדום תרד ועל עם חרמי. שיש לי חפץ להיותם חרם לעשות משפט בהם: (ו) חרב. הטעם גזרה: הודשנה. מלה מורכבת מבנין שלא נקרא שם פעלו ומבנין נפעל על דעת רבים ואיננו נכון רק היא מלה זרה והטעם מגזרת והיה דשן ושמן: כרים. כמו הלב כרים דרך משל לגדולים כמו אילי מואב: בבצרה. יש אומר שהיא קוסטנטינה וזה לא יתכן כי אין לה היום אלף שנים

מצודת ציון

ענין כמישה כמו ועלהו לא יבול (תהלים א'): (ה) רותה. ענין שביעה כמו כגן רוה (לקמן נ"ח): חרמי. מלשון חרם ושממה או הוא ענין רשת וכן איש חרמי (מ"א כ') והוא מלשון ילודו חרם (מיכה ז'): (ו) הדשנה. מל' דשן ושמן: כרים. כבשים שמנים: ועתודים. הם הזכרים מן העזים הגדולים: כליות. הם מקום השומן

מצודת דוד

יכמוש כאשר תכמוש עלה מן הגפן: וכנובלת. וכאשר תכמוש עלה מן התאנה: (ה) כי רותה. בתחלה תהיה הרבי רוה בשמים מדם שרה של עכו"ם והוא ענין משל בלשון הנוהג בבן אדם: הנה. אח"ז הנה תרד על אדום ועל העם אשר גזרתי להחרימו. או על העם אשר ילכד בחרמי עליו תרד לעשות משפט: (ו) חרב לה'. החרב של ה' היא מלאה דם הרוגים: הדשנה. נעשית דשן ושמן מן חלב ההרוגים ומדם כרים ועתודים ומחלב של כליות אילים ר"ל מחלב ודם השרים והמושלים והוא ענין משל על גודל האבדון: בבצרה. היא מארץ מואב אבל לפי שהעמידה מלך לאדום כמ"ש וימלוך וגו' מבצרה (בראשית ל"ו) לפיכך תלקה עמהם. או היא

83:3. The statement that Bozrah belonged to Moab is based on Jer. 48:24, where Bozrah is listed among the cities of Moab. See above, verse 1, where *Redak* states that Bozrah was a large city of Edom. *Ibn Ezra* too believes it to be an Edomite city. Perhaps there were two cities by that name. See map in *Kaftor Vaferach*. Also Carta's Atlas of the Bible.

and as a withered [fig] from a fig tree. 5. For My sword has become sated in the heaven. Behold, it shall descend upon Edom, and upon the nation with whom I contend, for judgment. 6. The Lord's sword has become full of blood, made fat with fatness, from the blood of lambs and goats, from the fat of the kidneys of rams, for the Lord has a slaughter in Bozrah and a great slaughter in the land of Edom.

to ripen it. Normal fruit ripens on the tree. *Rashi* on the Talmud explains the expression to mean 'burnt by the sun.' The fruit that is exposed to the sun for too long a period becomes withered.

5. **For My sword has become sated in the heaven**—*To slay the heavenly princes, and afterward it shall descend on the nation Ishmael* (mss. and *Kli Paz*: *Edom,* Warsaw ed.: *Babylonians*) *below, for no nation suffers until its prince suffers in heaven.*—[*Rashi* from *Mechilta,* Ex. 15:1. See above 14:12, 24:21.] Since Scripture states explicitly that it will descend on Edom, the reading of the mss. is obviously correct. The others were apparently the result of censorship. The same is true in many other instances in this Book.

Redak interprets the wording in a reversed manner: My sword that is in the heaven will become sated with the blood of these fallen ones.

the nation with whom I contend—Heb. עַם חֶרְמִי, *the nation with whom I battle. This is a Mishnaic expression:* (*Keth.* 17b) *They taught this in* connection with *time of strife* (חֵרוּם). *Comp.* (1 Kings 20:42) *"The man with whom I contend* (אִישׁ חֶרְמִי)," *referring to Ahab.*—[*Rashi*]

Others render: 'the people of My destruction,' the people upon whom I wish to execute justice.—[*Ibn Ezra, Redak*]

6. **The Lord's sword**—The sword that will be against the nations, that one nation will raise against another, is, in reality, God's sword, for He commanded and willed it.—[*Redak*]

has become full of blood—from the enormous massacre. This is reminiscent of Deut. 32:42.—[*Redak*]

lambs and goats—*princes and governors.*—[*Rashi*] *Jonathan* renders: kings and governors.

in Bozrah—*It is from the land of Moab, but since it supplied a king for Edom, as it is stated:* "(Gen. 36:33) *And Jobab son of Zerah of Bozrah reigned in his stead," it will, therefore, suffer with them. This is found in Pesikta.*—[*Rashi*] This passage is not found in any edition of *Pesikta* known today. A similar passage, however, is found in *Gen. Rabbah*

אֱדוֹם׃ ז וְיָרְדוּ רְאֵמִים עִמָּם וּפָרִים עִם־
אַבִּירִים וְרִוְּתָה אַרְצָם מִדָּם וַעֲפָרָם
מֵחֵלֶב יְדֻשָּׁן׃ ח כִּי יוֹם נָקָם לַיהוָה
שְׁנַת שִׁלּוּמִים לְרִיב צִיּוֹן׃ ט וְנֶהֶפְכוּ
נְחָלֶיהָ לְזֶפֶת וַעֲפָרָהּ לְגָפְרִית וְהָיְתָה
אַרְצָהּ לְזֶפֶת בֹּעֵרָה׃ י לַיְלָה וְיוֹמָם לֹא
תִכְבֶּה לְעוֹלָם יַעֲלֶה עֲשָׁנָהּ מִדּוֹר לָדוֹר
תֶּחֱרָב לְנֵצַח נְצָחִים אֵין עֹבֵר בָּהּ׃
יא וִירֵשׁוּהָ קָאַת וְקִפּוֹד וְיַנְשׁוֹף וְעֹרֵב

תרגום

דֶאֱדוֹם׃ ז וְיִתְקַטְלוּן
גִבָּרִין דְאַרְעָא חֲדָא
עִמְהוֹן וְשִׁלְטוֹנִין עִם
טוּרְנִין וְתִרְוֵי אַרְעֲהוֹן
מִדְמְהוֹן וְעַפְרְהוֹן
מִתַּרְבְּהוֹן יִדְהָן׃ ח אֲרֵי
יוֹם פּוּרְעֲנוּתָא קֳדָם יְיָ
שְׁנַת תּוּשְׁלְמָא לְמֶעְבַּד
פּוּרְעֲנוּת דִין עוּלְבָּנָא
דְצִיוֹן׃ ט וְיִתְהַפְּכוּן
נַחֲלָהָא לְזִפָּא וְעַפְרָא
לְגוּפְרֵיתָא וּתְהֵי אַרְעָהּ
לְזִפָּא בוֹעֲרָא׃ י לֵילֵי
וִימָם לָא תִטְפֵּי לַעֲלָם
יִסַק תְּנָנַהּ מִדָר לְדָר
תֶּחֱרוּב לַעֲלָם עַלְמַיָא
לֵית דִי עָדֵי בַהּ׃
יא וְיַחְסְנוּנַהּ קָתִין

רש"י

תלקה עמהם. בפסיקתא: (ז) ראמים עמם. מלכים עם שלטונים ראמים עם העתודים הכתובים למעלה: אבירים. פרים בריאים וגדולים כמה דאת אמר אבירי בשן כתרוני: (ח) שלומים לריב ציון. שישלם גמול על עסקי ריב ציון הצועקות לפניו לשופטה מן המריעים לה: (ט) ונהפכו נחליה. של עכו"ם: (י) מדור לדור. מאותו דור עד דור אחרון. ד"א היא קללת משה (שמות י"ז) מלחמה לה' בעמלק מדור דור מדורו של משה לדורו של שאול ומשם לדורו של מרדכי ומשם לדורו של מלך המשיח: (יא) וקפוד.

קמץ בז"ק

מהר"י קרא

הודשנה מחלב כליות אילים: (ז) ראמים. פרים. אבירים. הם מלכי ארץ ויועציה. תניא ר' מאיר אומר וירדו ראמים עמם. אלו רומיים: (יא) קאת. ואמ"א בלע"ז: קיפוד. הרצו"ן:

אבן עזרא

שנוסדה רק היא מדינה בארץ אדום: (ז) וירדו. עמם. עם הכרים והעתודים והראמים והפרים הם רמז למלכי אדום: (ח) כי. זה הכתוב יוכיח שהוא לעתיד ויש אומרים כי זאת הנבואה נתקיימה בימי נבוכדנצר אחר גלות ציון כטעם גם עליך תעבור כוס: שנת שלומים. כמו גמולך ישוב בראשך שכתוב גם בספר עובדיה על אדום: (ט) ונהפכו. כן היה או יהיה במעשה פלא ויש אומר' כי הוא דרך משל שלא ישאר שם שותה מים כאלו נהפכו המים לזפת: בוערה. תוכיח כי תי"ו זפת לשון נקבה: (י) לילה. לא תכבה. אשה: לנצח נצחים. זמנים אין קץ להם: (יא) וירשוה. קפוד. ידוע מגזרת קפדתי כאורג חיי

רד"ק

(ז) וירדו. עמם ימותו מלכים אחרים ממלכי עכו"ם: (ח) כי יום נקם. כל זה הוא נקם ושלומים לה' שנוקם מהם ומשלם להם גמולם וריב ציון הוא רב עמהם: (ט) ונהפכו נחליה לזפת. תרגום יונתן ויתהפכון נחלהא וגו' ומה שאמר לזפת ולגפרית משל על חרבנה או תהיה כארץ סדום ועמורה: (י) לילה. על שאמר תהיה גפרית וזפת בערה אמר כי לעולם יעלה עשנה כמו שהיא עוד היום ארץ סדום ועמורה שעולה עשן ממנה תמיד: מדור לדור. בקמ"ץ הלמ"ד ולית כותיה: (יא) וירשוה.

מצודת דוד

מל' מבלר ויאמר על ככך גדול וגו': (ז) וירדו ראמים עמם. כראמים ירדו על המטבח עם הכרים והעתודים ר"ל המלכים עם השרים: ופרים. מלכים עם המושלים וכפל הדבר במ"ש: מדם. ארצם יהיה שבע מן הדם והעפר יהיה שמן מן החלב: (ח) כי יום נקם לה'. היום ההוא יהיה יום נקם לה' לנקום נקמת עמו: שנת שלומים. בשנה ההיא ישלם גמול להאומות בעבור ריב ציון הצועקת לפניו לעשות לה דין: (ט) נחליה. של ארץ אדום: לזפת. להיות זפת: (י) עשנה. עשן השרפה: מדור לדור. מדור ההוא עד סוף כל הדורות תהיה חרבה: אין עובר בה. כי שממה תהיה: (יא) וירשוה.

מצודת ציון

וכמ"ש ואת הכליות ואת החלב אשר עליהן (ויקרא ג'): (ז) ראמים. שם חיה גדולה: אבירים. בהמות חזקים: ידושן. מל' דשן ושמן: (ח) שלומים. מל' תשלומין: (ט) לזפת. הוא שרף אילן הבוער ביותר: (יא) קאת וקפוד. שמות עופות השוכנים בחרבות:

Messiah.—[*Rashi* from *Mechilta,* end of *B'shallach, Pesikta d'Rav Kahana,* p. 29a, *Tan.* end of *Ki thetzei*]

11. **Pelican**—Heb. קָאַת. This follows *Redak,* who identifies this with the *ka'ath* mentioned in Lev. 11:18. This bird is identified as the *kik* in *Hul.* 63a. The latter is, in turn, identified in *Shab.* 21a as a marine fowl. *Redak,* therefore, concludes that it is a desert bird also found on the seacoast. This was already questioned by *Ibn Janah,* who concludes that this bird is a desert bird, not identified with the kik mentioned in *Shab-*

7. And wild oxen shall go down with them, and bulls with fat
bulls, and their land shall be sated from blood, and their dust
shall become saturated from fat. 8. For it is a day of vengeance
for the Lord, a year of retribution for the plea of Zion. 9. And
its streams shall turn into pitch and its dust into sulfur, and its
land shall become burning pitch. 10. By night and by day, it
shall not be extinguished; its smoke shall ascend forever and
ever; from generation to generation it shall be waste, to eter-
nity, no one passing through it. 11. Pelican and owl shall
inherit it, and night owl and raven

7. **wild oxen with them**—*Kings with governors, wild oxen with the goats mentioned above.*—[*Rashi*]

Redak takes this to include other kings of gentile nations.

shall go down with them—Even if they are high and mighty, they shall be humbled.—[*K'li Paz*]

fat bulls—Heb. אַבִּירִים, *fat and large bulls, as it is stated:* "(Ps. 22:13) *Fat bulls* (אַבִּירֵי) *of Bashan surrounded me.*—[*Rashi*]

8. **For it is a day of vengeance**—*Ibn Ezra* proves from this verse that the prophecy is for the future. He quotes others who maintain that it was fulfilled during Nebuchadnezzar's reign, after the exile of Zion.

retribution for the plea of Zion—*That He will mete out punishment* (lit. pay a reward) *for the plea of Zion, who cries before Him to judge her from those who harm her.*—[*Rashi*]

Obadiah too prophesied retribution upon Edom. See ibid. 15: "Your reward shall return upon your head."—[*Ibn Ezra*]

9. **And its streams shall turn**—I.e. the streams *of the heathens.*—[*Rashi*] Mss. yield: *of Edom.* This is obviously the correct version.

Some understand this verse literally, that this will take place or has taken place miraculously.—[*Ibn Ezra*] *Redak* adds: It will become like Sodom and Gemorrah. He further suggests that it may be meant figuratively, as a symbol of its desolation. *Ibn Ezra* suggests that it may mean that no one will be left to drink its water. Consequently, it will be as though the streams have turned to sulfur.

10. **it shall not be extinguished**—I.e. its fire.—[*Ibn Ezra*]

forever and ever—For endless periods.—[*Ibn Ezra*]

from generation to generation—*From that generation until the last generation. Another explanation is that this is Moses' curse:* "(Ex. 17:16) *The Lord has a war against Amalek from generation to generation.*" *From Moses' generation to Saul's generation, and from there to Mordecai's generation, and from there to the generation of the King*

יִשְׁכְּנוּ־בָהּ וְנָטָה עָלֶיהָ קַו־תֹהוּ וְאַבְנֵי־
בֹהוּ: יב חֹרֶיהָ וְאֵין־שָׁם מְלוּכָה יִקְרָאוּ
וְכָל־שָׂרֶיהָ יִהְיוּ אָפֶס: יג וְעָלְתָה
אַרְמְנֹתֶיהָ סִירִים קִמּוֹשׁ וָחוֹחַ
בְּמִבְצָרֶיהָ וְהָיְתָה נְוֵה תַנִּים חָצִיר
לִבְנוֹת יַעֲנָה: יד וּפָגְשׁוּ צִיִּים אֶת־אִיִּים
וְשָׂעִיר עַל־רֵעֵהוּ יִקְרָא אַךְ־שָׁם

תרגום

וְקִפּוֹדִין וְקִפּוֹפִין וְעוּרְבִין יִשְׁרְן בַּהּ וְיִתְנְגִיד עֲלָהּ חוּט דְחוּרְבָּנָא וּמַשְׁקַלְתָּא דְצַדְיוּתָא: יב דַהֲווֹ אָמְרִין בְּנֵי חִירִין אֲנַחְנָא וְלָא צָבַן לְקַבָּלָא עֲלֵיהוֹן מַלְכוּ וְכָל רַבְרְבָהָא יְהוֹן לְלָמָא: יג וְיִסְקוּן בִּרְנְיָתְהָא סִירִין קַרְסוּלִין וְחוֹחִין בִּתְקוֹף כְּרַכְּהָא וּתְהֵי מְדוֹר יְרוּדִין אַתְרָא לְבַת נַעֲמָא: יד וִיעַרְעָן תַּמְוָן בְּחַתוּלִין וְשֵׁידִין חַד עִם חברה

ת"א קו תוהו. חגיגה יב: שם הרגיעה. זוהר ויקרא: — רפה אחר מפיק

מהר"י קרא

וינשוף. זה הקוף: קו תהו. משפט שממה: ואבני בהו. משקלות של (דיו חרבו) [דין חורבן]. כמו אבן שלימה וצדק: (יב) חוריה ואין שם. לא ימצא שם אחד מחוריה שיהיו מכריזין מלוכה לאדום. (כך) [כי] אם אין שרים אין מלך: (יג) קימוש חוח. חרולים: (יד) ופגשו ציים את איים. ויערעון תמוון בחתולין. תמוון. נמיות. (חתולין): [ושעיר]. פר"ש שעיר שד:

רש"י

עוף הפורח בלילה (לוזיט"א בלע"ז): קו תהו. משפט של שממה: ואבני בוהו. משקלות של דין חורבן כמו (דברים כ"ה) אבן שלמה: (יב) חוריה ואין שם מלוכה יקראו. שרים שלה עומדים ואין אחד מהם קורא על עצמו שם שררה ומלוכה: אפס. כלייה: (יג) ועלתה ארמנותיה סירים. כן דרך חורבות לצמוח בהם קוצים וסנאים והוא קימוש והוא חוח כולם מיני קוצים הם כגון ארוטיא"ש וכיוצא בהם: נוה תנים. הוא מדבר שהוא דרך להיות בו תנים שהוא מין חיה רעה: (יד) ופגשו ציים את איים. ויערעון תמון בחתולים כך תירגם יונתן תמון נמיות (מרקריכ"ש בלע"ז): ושעיר. שד: הרגיעה. לשון

רד"ק

שיהיו תמיד בה כאדם שעמד על ירושתו ואלה שזכר דרכם לעמוד בחרבות: קאת. הוא הנקרא במשנה קיק והוא עוף מדברי נמצא בכרכי הים וקפוד הוא הנקרא קנאפ"ד בערבי בלע"ז פרפוג"א: וינשוף. בחולם והוא עוף שהוא עף בלילה או אותו שהוא צועק בלילה ולפיכך נקרא ינשוף מן נשף: ונטה עליה. האל ישה עליה קו תהו ואבני בהו כי מי שבונה נוטה קו ואבן העופרת שהיא המשקולת והקו והמשקלת יהיו של תהו ושל בהו כלומר הפך הבנין יעשה בה שהוא החרבן: (יב) חוריה. שהיו קוראים מתחילה אין שם מלוכה כי אנחנו מלכים הם יהיו עתה אפס וכל שריה: ואין שם. בוי"ו כמו וישא אברהם את עיניו והדומים לו שאינה לתוספת. חוריה. סגניה וכן ואת כל חורי יהודה ואריבה את החורים: (יג) ועלתה. תעלה הארץ מקום ארמנותיה סירים כי במקום החרב יעלו ויצמחו הקוצים: סירים. קמוש והוח. מיני קוצים הם: חציר. כמו חצר בצר"י וכן ישיש וישש ות"י כמו מקום אתרא לבת נעמא: (יד) ופגשו. חיות עם חיות יפגשו שם כי מדור החיות מדבריות תהיה העיר: ציים. חיות השוכנות בציה במדבר ות"י קמוש

אבן עזרא

הקו והאבן ביד הבונה ותוהו ובהו כטעם שממה: (יב) חוריה. הם הגדולים הנמשלים לעין לבן כי הקטנים יקראו חשוכים: מלוכה יקראו. אותם הקרואים ותחסר אות למ"ד ממלת מלוכה: אפס. כמו אין: (יג) ועלתה. על ארמנותיה כל אחד מהסירים והם קוצים כמו כי כקול הסירים תחת הסיר וככה קמוש: תנים. כמו אח הייתי לתנים: חציר. כמו חצר וכמוהו ישיש וזקן או הוא חצר ממש: (יד) ופגשו ציים. דרים בארץ ציה: איים. רבים

מצודת ציון

וינשוף ועורב. שמות מיני עופות: קו. חבל הבנאי: תוהו. שממה: ואבני. אבן העופרת של הבנאי: בוהו. ענין ריקות: (יב) חוריה. ענין שררה כמו ואריבה את החורים (נחמיה ה'): אפס. ענין העדר וכליון: (יג) סירים קימוש וחוח. שמות מיני קוצים: נוה. מדור: תנים. מין נחשים: חציר. כמו חצר וכן ישיש ויבש (דה"ב ל"ו): לבנות יענה. שם עוף מדברי בת היענה: (יד) ופגשו. ענין פגיעה: ציים. איים. שמות חיות קטנות: ושעיר. כן נקרא השד כי נראה כשעיר לפי שמאמין בו וכן ושעירים

מצודת דוד

ידורו שמה כאדם בירושתו: ונטה. המקום ינטה עליו קו תוהו ואבני בוהו כמו שהבונה נוטה על הבנין הקו עם אבן העופרת ליישר הבנין כן ינטה עליה המקום הקו והאבן להחריבו הוא ענין מליצה: (יב) חוריה. שרים שלה עומדים ואין אחד בהם קורא על עצמו שם מלוכה ומושל: יהיו אפס. יהיו כאין: (יג) ועלתה ארמנותיה. הפלטרין שלה תגדל קוצים מרוב השממון: במבצריה. תעלה בערי המבצר שלה: נוה. מדור לתנים וחצר של השמים לבנות יענה כי שם ידורו שמה: (יד) ופגשו. ר"ל שיהיו הרבה מהם עד שיפגשו אלה באלה מדרך מהלכם: ושעיר. השד יקרא שמה אל רעהו כי שמה יספרו זה עם זה כי דרכם להיות במקום שממה: אך שם. רק שמה תמצא הלילית מקום מרגוע

cies of wild animal.—[*Rashi*] Others interpret it as a species of snake. When mentioned as a sea creature, it is a snakelike fish. Others define it as a kangaroo. See *Shorashim* by *Redak*, *Aruch Completum* under יָרוֹד.

14. **And martens shall meet cats**—*And martens shall meet with cats. In this matter Jonathan rendered it.* תַּמְוָן *is* נְמִיּוֹת *(martrines in O.F.), martens.*—[*Rashi*]

Redak connects it with the word צִיָּה, *waste,* hence desert creatures. The city shall be so overrun by

shall dwell therein, and He shall stretch over it a line of waste, and weights of destruction. 12. As for its nobles, there are none who proclaim the kingdom, and all its princes shall be nothing. 13. And its palaces shall grow thorns, thistles and briers in its fortresses, and it shall be the habitat of jackals, an abode for ostriches. 14. And martens shall meet cats, and a satyr shall call his friend, but there

bath. Modern scholars regard all the species mentioned in this verse as various species of owls. These birds frequent desolate places.

owl—Heb. קִפֹּד, *a bird that flies at night (chouette in French), an owl.*—[*Rashi*] *Kara* and *Ibn Ezra* identify it with the French *herisson,* the hedgehog, as does *Rashi* above 19:23. *Redak* identifies it with the *tortuga,* the turtle. Cf. above 19:23.

shall inherit it—I.e. they shall occupy it as a person occupies land he has inherited and which is his own property.—[*Redak*]

a line of waste—*A judgment of desolation.*—[*Rashi*] **and weights of destruction**—*Weights of the judgment of destruction.* Heb. אַבְנֵי, lit. stones. *Comp.* "(Deut. 25:15) *a whole weight* (אֶבֶן)."—[*Rashi*] *Rashi* apparently understands אַבְנֵי as weights, perhaps comparing it to Daniel 5:27: "You have been weighed on the scale and have been found lacking." Other commentators, however, interpret it as the plummets used by builders. They drop a line weighted down by a plummet to indicate where the building stones or bricks are to be laid. In this case, however, God will stretch out a line of waste and a plummet of destruction. Instead of being built up, Edom will be doomed to destruction and waste.—[*Redak, Ibn Ezra*]

12. **As for its nobles, there are none who proclaim the kingdom**—*Its princes stand, and none of them calls upon himself the name of ruling and kingdom.*—[*Rashi*] I.e. none of them has the courage to assume the throne. *Kara* writes: to proclaim kingdom for Edom.

Redak explains: As for its nobles [who were previously rulers] there are none who proclaim the kingdom [for we will be the kings].

Others render: Its nobles call, "There is no kingdom, and all its princes shall be nothing." The birds, who now occupy the country and are its present 'nobles,' will call and caw, "There is no kingdom . . ."—[*K'li Paz*]

nothing—*Destruction.*—[*Rashi*]

13. **And its palaces shall grow thorns**—*So is the nature of ruins to grow thorns and briers, and that is 'kimosh' and that is 'choach'; they are all types of thorns, e.g. ortias,* nettles, *and the like.*—[*Rashi*]

the habitat of jackals—Heb. תַּנִּים. *That is a desert, which is usually frequented by 'tannim,' which is a spe-*

חַבְרַהּ יְחִיכוּן בְּרַם תַּמָּן יִשְׁרְיָן לִילִין וְיִשְׁכְּחָן לְהֶן נְיָח : טו תַּמָּן תְּקַנֵּין קוּפְדָא וּתְשֵׁיזִיב וְקִירֵיהוֹן וְנַצְפוּן בְּטוּרָא בְּרַם לְתַמָּן יִתְכַּנְשׁוּן דַיָּתָא אִתְּתָא לְוַת חֲבֶרְתַּהּ : טז תִּבְעוּ מֵעַל סִפְרָא דַיְיָ וּבְעוּ חֲדָא מִנְהוֹן לָא שְׁנַת וְאִתְּתָא לַחֲבֶרְתַּהּ לָא עֲכִיבַת

הִרְגִּיעָה לִּילִית וּמָצְאָה לָהּ מָנוֹחַ :
טו שָׁמָּה קִנְּנָה קִפּוֹז וַתְּמַלֵּט וּבָקְעָה
וְדָגְרָה בְצִלָּהּ אַךְ־שָׁם נִקְבְּצוּ דַיּוֹת
אִשָּׁה רְעוּתָהּ : טז דִּרְשׁוּ מֵעַל־סֵפֶר יְהוָה
וּקְרָאוּ אַחַת מֵהֵנָּה לֹא נֶעְדָּרָה אִשָּׁה
רעותה

ת"א ודגרה בצלה. חולין קמ :

רש"י

מרגוע: לילית. שם שדה: (טו) קננה. לשון קן לפור (שם כ"ב): קפוז. הוא קפוד: ותמלט. ותלד ביציה: ובקעה. היא יציאת האפרוחים מן הביצה וכן הוא אומר ביצי צפעוני בקעו (לקמן נ"ט): ודגרה. היא קריאה שהעוף קורא בגרונו להמשיך אפרוחים אחריו (גלוציי"ר בלע"ז) וכן (ירמיה י"ז) קורא דגר: דיות. (וולטוייר"ש בלע"ז): אשה רעותה. כמו אל רעותה: (טז) דרשו מעל ספר ה'. קראו מעל ספר בראשית כשהביא המבול גזר שיתקבלו כל הבריות להסגר בתיבה זכר ונקבה ואחת מהנה לא נעדרה מלבא על אחת כמה וכמה כשיגזור עליהם דרשו מעל ספר מעל חשבון שציוני ה' למנותו בפרשה זאת. אחת מהנה לא נעדרה מכל אותו שמניתי כאן: כי פי הוא צוה.

מהר"י קרא

לילית. שאין לה רשות להרגיע בין הבריות. שם תמצא מנוח: (טו) ותמלט. ותלד ביצה: ובקעה. היא יציאת האפרוח מן הביצה: ודגרה. היא קריאה שהעוף קורא בגרונו להמשיך אפרוחין אחריו. וכן קורא דגר: שם נקבצו דיות. וולטו"ר בלע"ז: (טז) דרשו מעל ספר ה'. כלומר מה לי להיות מונה והולך חיות רעות שתרבצנה שם. אלא דרשו מעל ספר ה'. שמספר מלחמות אשר עשה לישראל בהוציאו את אבותינו ממצרים ויבא ערוב כבד ביתה פרעה ובית עבדיו. שגירה בהן כל מיני חיות רעות כגון דובים ואריות ונמרים: אשה רעותה לא פקדו. לא חסרו שכולם תבאינה על אדום. כך פירש מנחם אחי אבא. ואני המפרש יוסף בר' שמעון אומר דרשו מעל ספר. ספר זה לשון מספר הוא כמו אחרי הספר אשר ספרם דויד. וכה פתר' אם תאמר מיני חיות ועופות שאני מונה כאן מה טיבן למנותן כאן שמחר תבוא הישועה ותתקיים נבואתו.

אבן עזרא

כמו ואת האיה ואם בא במ"ס: ושעיר. כדמות שעירים בריס: הרגיעה. מלאה מרגוע: לילית. העוף שיעוף בלילה: (טו) שמה. קפוז. איננו כמו קפוד רק עוף אחר: ותמלט. ותוליד וכן והמליטה זכר: ובקעה. תולד' לבקוע בציה: ודגרה. כמו קורא דגר: דיות. לשון רבות כמו מן הדיה: (טז) דרשו מעל ספר ה'. רמז לגזרו' שמים שהם כתובים באצבע אלהים והטעם שכל

רד"ק

שמין יאיים תרגם חתולין: ושעיר. כתרגומו שד וכן לשעירים אשר הם זונים אחריהם מתרגמינן לשדים. ואפשר שהיא חיה מהחיות המדבר וכן לילית חיה שצועקת בלילה או עוף שעף בלילה ודברי רז"ל המפלת דמות לילית טמאה לידה ולד הוא אלא שיש לה כנפים: (טו) שמה קננה קפוז. כמו קפוד: ותמלט. כמו והמליטה זכר ר"ל ותלד: ובקעה ודגרה. כמו קורא דגר ענין אסיפה כלומר אסיפת הביצים וי"ו ודגרה כמו אחר כלומר אחר שאספה הביצים וחממה אותם ואחר כך תבקע הביצים ויצאו הבנים כמו וי"ו ויבקעו המים הן אתה קצפת ונחטא: דיות. כמו ואת הדיה אולטו"ר בלע"ז: אשה רעותה. פי' עם רעותה: (טז) דרשו מעל ספר ה' וקראו. אומר כנגד מי שיראה בחרבנה דרשו מעל ספר ה' והוא הספר הזה וקראו החיות והעופות הנזכרות בזאת הפרשה כי כן תראו אותם כולם בחרבנה שתהיינה שוכנות בעיר הזאת לא תחסר אחת מהן: לא פקדו. לא חסרו אחת מהן את רעותה אלא כולם תהיינה שם וא"א ז"ל פירש ספר ה' זה ספר תורת משה רבי' דרשו כל חיות ועופות הכתובות בברשת ויהי ביום השמיני אחת מהן לא נעדרה והחכם רבי אברהם פירש כי הוא

מצודת דוד

ויסיבת מנוח כי לא ימלא שם מי מבני אדם לטורדם ולגרשם: (טו) קננה קפוז. שמה תעשה לעצמה קן ומקום מדור ושמה תטיל ביציה ותבקע' להוליא האפרוחים ושמה תקרא בקול להמשיך האפרוחים אליה להסתירם בצלה כדרך העופות: אך שם. ר"ל לא מלאו מקום הגון לקבוץ כמו שמה: אשה רעותה. ר"ל אחת עם חברתה: (טז) דרשו מעל ספר ה'. דרכו בספר ויקרא בפ' שמיני וקראו החיות והעופות הנזכרים שמה ודעו אשר אחת מהנה לא יהיה נחסר מלהיות שמה: אשה. אחת מהנה לא תחסר את

מצודת ציון

יפקדו שם (לעיל י"ג): על רעהו. אל רעהו: הרגיעה. מלשון מרגוע והשקטה: לילית. היא אם השדים: מנוח. מקום מנוחה: (טו) קננה. ענין מדור כמו קן לפור (דברים כ"ב): קפוז. הוא קפוד האמור למעלה: ותמלט. כן נקרא לידת הבילה וכן והמליטה זכר (לקמן ס"ו): ודגרה. כן נקרא קריאת העוף להמשיך אחריו אפרוחיו וכן קורא דגר (ירמיה י"ז): דיות. שם מין עוף דיה: אשה רעותה. כן דרך המקרא נומר על דברים השוים ואף אם אינו בעל חי כמ"ש בכרובים איש אל אחיו (שמות כ"ה): (טז) נעדרה. ענין

Leviticus, in which all the unclean fowl are enumerated. You will see that none of these species is missing in the wasteland of Edom. *Ibn Ezra* explains it figuratively to denote the heavenly decrees 'written with the finger of God.' None of them will fail to be realized.

the *lilith* rests and has found for herself a resting place.
15. There the owl has made its nest, and she has laid eggs and
hatched them, and gathered its young under its shadow, but
there have the vultures gathered, each one to her friend.
16. Seek out of the Book of the Lord and read; not one of them
is missing, one

desert creatures that one will meet with the other.

and a satyr—*A demon.*—[*Rashi*] These may be wild goats that inhabit the desert.—[*Ibn Ezra, Redak*]

rests—Heb. הִרְגִּיעָה, *an expression related to* מַרְגּוֹעַ, *rest.*—[*Rashi*]

lilith—*The name of a female demon.*—[*Rashi*] The mother of the demons.—[*Mezudath Zion*] See *Yalkut Reuveni, Shichchath Leket* p. 26. It may also be a bird that screeches at night (from לַיְלָה).—[*Redak*] Or, that flies at night, the screech owl.—[*Ibn Ezra*]

15. **has made its nest**—Heb. קִנְּנָה, an expression related to 'a bird's nest' (קֵן) (Deut. 22:6).—[*Rashi*]

owl—Heb. קִפּוֹז, that is the owl (קִפֹּד).—[*Rashi*] *Redak* too equates *kipoz* with *kipod,* which he renders as 'turtle.' See above verse 11. *Ibn Ezra* claims that this is another bird. See Friedlander.

and she has laid—*She laid eggs.*—[*Rashi*]

and hatched—*This is the emerging of the chicks from the egg. Comp.* (below 59:5) *The eggs of the viper have hatched.*—[*Rashi*]

and gathered—*This is the call that the bird calls with its throat to draw the chicks after it, gloussera in French. Comp.* "(Jer. 17:11) *A cuckoo gathers* (דָגַר) *what it did not lay.*"—[*Rashi*]

Redak explains it as the gathering of the eggs to sit on them and hatch them. He renders: And hatched after she gathered [them] in her shadow.

vultures—Heb. דַיּוֹת, *voltojjrs in O.F.*—[*Rashi*]

each one to her friend—lit. each one her friend.—[*Rashi*] Or, each one with her friend.—[*Redak*]

16. **Seek out of the Book of the Lord**—*Read out of the Book of Genesis; when He brought the Flood, He decreed that all the creatures gather in the Ark, male and female, and none of them was missing. How much more* will this be so *when He decrees this upon them, to gather to drink blood and to eat flesh and fat!*—[*Rashi*]

Redak suggests that the prophet is addressing those who will live at the time of the destruction of Edom and will witness the desolation. He exhorts them to seek in the Book of the Lord, viz. this Book of Isaiah, and to read the names of all the species mentioned herein. He will see that none of them is missing. He quotes his father as explaining that the Book of the Lord is the Book of

רְעוּתָהּ לֹא פָקָדוּ כִּי־פִי הוּא צִוָּה וְרוּחוֹ
הוּא קִבְּצָן׃ יז וְהוּא־הִפִּיל לָהֶן גּוֹרָל וְיָדוֹ
חִלְּקַתָּה לָהֶם בַּקָּו עַד־עוֹלָם יִירָשׁוּהָ
לְדוֹר וָדוֹר יִשְׁכְּנוּ־בָהּ׃ לה א יְשֻׂשׂוּם
מִדְבָּר וְצִיָּה וְתָגֵל עֲרָבָה וְתִפְרַח
כַּחֲבַצָּלֶת׃ ב פָּרֹחַ תִּפְרַח וְתָגֵל אַף גִּילַת

תרגום

אֲרֵי בְּמֵימְרֵהּ יִתְכַּנְשׁוּן
וּבִרְעוּתֵהּ יִתְקָרְבוּן׃
יז וְהוּא בְמֵימְרֵהּ רְמָא
לְהוֹן עַדְבָא וּבִרְעוּתֵהּ
פְּלֵיג לְהוֹן בְּחוּטָא עַד
עָלְמָא יַחְסְנוּנַהּ לְדָר
וְדָר יִשְׁרוֹן בַּהּ׃ א יֶחְדּוּן
דְּיָתְבִין בְּמַדְבְּרָא
בְּאַרְעָא צִיחִיָא וְיִבְעוּן
דְּשָׁרָן בְּמֵישְׁרָא וְיִזְהֲרוּן
כְּשׁוֹשַׁנַיָא׃ ב מֵידַע יְדוּצוּן
ת"א גלת ורנן. יומ' כח נט (יומ' מח):

מהר"י קרא

כי פי המדבר אליכם ואומר לכם כי הקב"ה ציוני למנות: ורוחו. של הקב"ה. הוא קבצן: (יז) והוא הפיל להן. ארץ אדום בגורל נחלתם: וידו. של הקב"ה: חלקתה להם. ארץ אדום (כזו) [בקו]: מדרש רבותינו. זש"ה והבאים זכר ונקבה מכל בשר. (שבאים) [מובאים] אין כתיב אלא הבאים מאליהן היו באין. אמר ר' יוחנן דרשו מעל ספר ה' וקראו. ומה אם להסגר בתיבה שנים עשר חודש הן באין מאיליהן. [להפטם מבשר] גבורים על אחת כמה וכמה. הה"ד אמור לצפור כל כנף ולכל חית השדה הקבצו ובאו האספו מסביב על זבחי אשר אני זובח לכם זבח גדול על הרי ישראל וגו':

לה (א) ישושום מדבר וציה. ישישו מדבר וציה. ציון הנקראת עכשיו [מדבר] וירושלם [הקרויה ציה] ישישו על

רש"י

זאת ולהקבץ לשתות דם ולאכול בשר וחלב: לא פקדו. לא חסרו כמו (במדבר ל"א) לא נפקד ממנו איש: כי פי הוא צוה. שיבואו ורוחו של פי הוא קבצן. רוחו מוסב על פי כמו (תהלים ל"ג) וברוח פיו כל צבאם אף כאן רוחו של פי הוא קבצן: (יז) והוא הפיל להן. עכשיו הנביא אומר על הקב"ה והוא הפיל להם לאותן החיות והעופות גורל שיעלו אלו לחלקם:

לה (א) ישושום. ישישו עליהם (כמו ישושו מהם) כמו (ירמיה י') בני יצאוני שפתרונו יצאו ממני וכן בשלם הבשר (מלכים א' י"ט) בשל להם הבשר: מדבר וציה. ירושלים הקרויה ציה וציון הקרויה מדבר הן ישושו על מפלתם של גבורי עובדי כוכבים ופרס: ותגל ערבה.

רד"ק

דרך משל רמז לגזרות שמים שכתובות באצבע אלהים והטעם שכל הגזרות תבאנה: כי פי הוא צוה. מאמר האל יתברך. פי' צוה שיהיה כך לפיכך יהיה על כל פנים לא יעדר: ורוחו. פירש רוח פי האל על דרך וברוח פיו כל צבאם ר"ל רצונו וחפצו והוא קבצן שיבאו כולם בארץ אדום: (יז) והוא הפיל. כאלו הפיל גורל בארץ שתהיה להם ירושה: וידו חלקתה. ידו חלקה אותה הארץ להן לחיות ולעופות: בקו. על דרך משל כמו שמחלק אדם הארץ בחבל ובקו: (א) ישושום מדבר וציה. ע"ד משל. ומ"ם ישושום במקום נו"ן הנוספת בעתידים רבים ישמעון יזכרון או מ"ם במקום בם או עמם כמ"ם בשלם הבשר שהוא כמו בשל להם ר"ל המדבר והציה שהיו שוכנות בהם החיות האלה ישישו בהם כשילכו לשכון בארץ אדום ויש לפרש מדבר וציה ארץ ישראל שהיתה כמדבר מיום שגלו ישראל ממנה עתה בחרבן ארץ אדום תשיש ותגיל כי כשתחרב זאת תתישב זאת כמו שפירשנו וי"ת יחדון דיתבין במדברא בארעא צחיא: ותפרח כחבצלת. כמו הוורד שתפרח ותתן ריחה: (ב) פרוח. אף גילת ורנן תגל גילה אחר גילה והתי"ו במקום ה"א וכמוהו רבים ורנן שם מקור: נתן לה. לארץ

אבן עזרא

הגזרות תבאנה אל ארץ אדום גם הם הנכתבות להיות ארץ אדום נוה להן: כי פי. רמז לגזרות היוצאות מפי השם: ורוחו. רוח פיו והנה הטעם כפול כמשפט: (יז) והוא. חלקתה. פועלת ופעולה: בקו. שהוא קו אמת:

לה (א) ישושום. יש אומרים שהמלה חסרת בי"ת וכן הוא ישושו בם ואין זה נכון כי מה טעם בם והאמת כי המ"ם תחת נו"ן נוסף בפעלים כמו פדיום והטעם כי ארץ אדום תהיה לבדה חרבה רק ארץ ישראל להפך ולדעת רבי משה הכהן שהיא ירושלם הנמלטת: (ב) פרוח

מצודת ציון

חסרון כמו איש לא נעדר (לקמן מ'): פקדו. גם היא ענין חסרון כמו כי יפקד מושבך (ש"א כ): קבצן. ענין אסיפה: (יז) בקו. הוא חבל המדה: לה (א) ישושום. המ"ם במקום נו"ן הנוספת בפעלים כגון ישמעון יזכרון: וציה. מקום שממון: ערבה. ענינו כמו מדבר:

מצודת דוד

חברתה כי כלן תהיינה שמה: כי פי. אמר במקום ה' הנה פי הוא זה שיבואו ורוח של פי הוא קבלם והוא הדבור היוצא בהפחת רוח והוא כפל ענין במ"ש: (יז) והוא הפיל. ר"ל נתנה נחלקם כאלו נפל להן בגורל: חלקתה. בידו חלק להם בקו המדה והיא ענין מליצה: לה (א) ישושום מדבר וציה. א"י שהיא עתה כמדבר וציה ישישו אז: ותגל ערבה. א"י שהיא עתה כערבה תגל אז וכפל הדבר במ"ש: ותפרח. תעלה פרחים כחבצלת: (ב) אף גילת ורנן.

Ibn Ezra regards the 'mem' as superfluous. He renders: Desert and wasteland shall rejoice. He explains it as referring to the land of Israel. *Rabbi Mosheh Hakohen,* who explains the entire prophecy concerning the time of the Assyrians, when Edom was conquered, explains that Jerusalem, which escaped from the Assyrian invasion, shall rejoice, while Edom shall become desolate.

did not miss her friend, for My mouth it has commanded, and its breath it has gathered them. 17. And He cast lots for them, and His hand distributed it to them with a line; forever they shall inherit it, to every generation they shall inhabit it.

35

1. Desert and wasteland shall rejoice over them, and the plain shall rejoice and shall blossom like a rose. 2. It shall blossom and rejoice, even to rejoice

did not miss—Heb. פָּקָדוּ. *Comp.* "(Num. 31:49) *Not a man was missing* (נִפְקַד) *of us.*"—[*Rashi*]

for My mouth it has commanded—*that they come, and the breath of My mouth it gathered them. The antecedent of 'its breath' is 'My mouth.' Comp.* "(Ps. 33:6) *And with the breath of His mouth all their host." Here too, the breath of My mouth it gathered them.*—[*Rashi*]

Ibn Ezra and *Redak* concur with *Rashi.* This denotes His will.

Kara explains that the prophet is the speaker in this verse: For my mouth [says] that He commanded me [to count the creatures], and His spirit it gathered them.

17. **And He cast . . . for them**—*Now the prophet says concerning the Holy One, blessed be He, "And He cast lots for them," for all those beasts and fowl, that these shall fall to their share.*—[*Rashi*]

Rashi clarifies that, whereas the Lord is speaking in the preceding verse, the prophet is speaking in this verse.

It is figurative, as though God cast lots to the beasts and the fowl that they should inherit the land.—[*Redak*]

and His hand distributed it—I.e. distributed the land to the beasts and the fowl.—[*Redak*]

1. **shall rejoice over them**—Heb. יְשֻׂשׂוּם. This is usually the sign of the direct object, inappropriate here in the case of an intransitive verb. (*like* יְשׂוּשׂוּ מֵהֶם, *shall rejoice from them*). *Comp.* "(Jer. 10:20) *My sons have gone away from me* (יְצָאֻנִי)." *Also,* "(1 Kings 19:21) *He cooked the meat for them* (בִּשְּׁלָם)," *equivalent to* בִּשֵּׁל לָהֶם *"He cooked the meat for them."*—[*Rashi*]

Desert and wasteland—*Jerusalem, called 'wasteland,' and Zion, called 'desert,' they shall rejoice over the downfall of the mighty of the heathens and Persia* (Manuscripts yield: *of Edom and Bozrah*).—[*Rashi*] The latter reading is obviously correct, the former being subjected to censorship. The Warsaw edition reads: *the mighty of Seir (and Bozrah).* This too may be correct.

וְרַנֵּן כְּבוֹד הַלְּבָנוֹן נִתַּן־לָהּ הֲדַר
הַכַּרְמֶל וְהַשָּׁרוֹן הֵמָּה יִרְאוּ כְבוֹד־יְהוָה
הֲדַר אֱלֹהֵינוּ: ג חַזְּקוּ יָדַיִם רָפוֹת
וּבִרְכַּיִם כֹּשְׁלוֹת אַמֵּצוּ: ד אִמְרוּ
לְנִמְהֲרֵי־לֵב חִזְקוּ אַל־תִּירָאוּ הִנֵּה
אֱלֹהֵיכֶם נָקָם יָבוֹא גְּמוּל אֱלֹהִים הוּא
יָבוֹא וְיֹשַׁעֲכֶם: ה אָז תִּפָּקַחְנָה עֵינֵי

תרגום

וְיֶחְדוּן אַף בִּיעַ וְחֶדְוָא
יְקַר לִבְנָן יִתְיְהֵיב לְהוֹן
זִיו כַּרְמְלָא וְשָׁרוֹנָא בֵּית
יִשְׂרָאֵל דִלְהוֹן אָמְרִין
אִלֵּין אִינוּן יֶחֱזוּן יְקָרָא
דַיְיָ זִיו תּוּשְׁבַּחְתָּא
דֶאֱלָהָנָא: ג אֲמַר נְבִיָּא
תַּקִּיפוּ יְדִין דְּמַרְשְׁלָן
וּרְכוּבִין דִּרְעֲלָן חַסִּינוּ:
ד אֲמַרוּ לְדָמוֹחָן בְּלִבְּהוֹן
לְמֶעְבַּד אוֹרַיְתָא תְּקָפוּ
וְלָא תִדַחֲלוּן הָא
אֱלָהָכוֹן לְמֶעְבַּד
פּוּרְעָנוּת דִּין אִתְגְּלֵי
מָרֵי גְמַלְיָא יְיָ הִיא יִתְגְּלֵי וְיִפְרְקִינְכוֹן: ה בְּכֵן יִתְפַּתְּחָן עֵינֵי בֵּית יִשְׂרָאֵל דְאִינוּן כִּסְמָן מִן

רש"י

ערכתה של ירושלים: (ב) ורנן. כמו ולרנן: הלבנון. בית המקדש: הדר. כבודו לציון: (ג) חזקו ידים רפות. כל הנביאים מבשרי ישועה נחמו את ישראל וחזקו את ידיהם הרפות חזקו ל' משקל כבד ופתרונו חזקו את אחרים ואם היה בא לומר חזקו אתם שידכם רפות היה לינקד כמו חזקו ואמצו (דה"ב ל"ב) עכשיו שאומר להם לחזק ולאמץ אחרים נקוד חזקו אמצו. חזקו אל תיראו. זה נקוד חזקו ל' קל חזקו אתם מאליכם כמו שיאמר ליחיד חזק ואמץ (יהושע א') ולא יאמר חזק: (ד) לנמהרי לב. שממהרין את הגאולה ומצירין על איחורה: נקם יבא. כמו בנקם יבא: גמול אלהים. על הרשעים הוא יבא ואתכם יושיע: (ה) עיני

מהר"י קרא

מפלתם של אדום ובצרה: ותגל. ערבה של ירושלם. ישושום. ישישו מהם. כמו בני יצאוני פת' יצאו ממני. בשלם הבשר בשל להם הבשר: (ב) ורנן. כמו לרנן: כבוד הלבנון נתן לה.

אבן עזרא

תפרח. ארץ ישראל או ירושלם: אף גילת ורנן. והנה התי"ו כמו גילת לב. ויש אומרים כי לה שב אל לבנון בעצמו: המה. יושבי ירושלם: (ג) חזקו ידים. לפי דעת כל המפרשים שהוא לעתיד ולדעת רבי משה על השבים בימי חזקיהו במות מלך אשור וטעם ברכים בעבור ההליכה: (ד) אמרו לנמהרי לב. שלא היו מאמינים להיות כפלא הזה: נקם יבא. לעשות נקם באשור: (ה) אז תפקחנה עיני עורים. בראותם זה הפלא גם כן השומעים:

רד"ק

ישראל: המה. בני ישראל בשובם לארצם יראו כבוד ה' בשוב כבודו בירושלם: (ג) חזקו. פעמים יבא הצווי לא לאדם מיוחד אלא למי שיהיה כמו ראה ריח בני אמור לשלך ולגבירה וכן זה חזקו ידים רפות או אומר זה כנגד הנביאים או כנגד מי שיש להם לב חזק בגלות ובוטחים באל ובוטחים יום יום להביא הישועה אומר להם שיחזקו ידי הרפים בגלות וכת"י אומר נביא תקיפו ידין דמרשלן: (ד) אמרו לנמהרי לב. אותם שהיו נבהלים בלבם בצרות גדולות מן הגלות: נקם יבא. בנקם יבא או לעשות נקמה באדום: גמול אלהים. ועתה תראו גמול אלהים כי הוא יבא ויושיעכם מהגלות: (ה) אז תפקחנה. ישראל שהם

מצודת דוד

ר"ל תגל גילה אחר גילה: כבוד הלבנון. הפאר והכבוד שיש ללבנון יהיה ניתן לה מה' וגם יותן לה הדר הכרמל והשרון ר"ל תהיה ממולאת מכל טוב: המה. יושבי הארץ ההיא יראו כבוד ה': (ג) חזקו. הוא מאמר ה' אל הנביאים חזקו ידים הרפות ר"ל בשרו הגאולה למי שידיו רפות ומתייאש מן הגאולה: וברכים. את מי שברכיו כורעות ומוטות ליפול אמצו וחזקו והוא כפל ענין במ"ש: (ד) לנמהרי לב. לאלה שלבם מתאוות מהירות הגאולה ומצטערים על איחורה אמרו להם חזקו לבבכם ואל תיראו לחשוב פן לא תבוא עוד: הנה. באמת אלהיכם יבוא לנקום נקמת עמו ולשלם גמול הראוי לאלהים לפני מדת המשפט ואז יבוא הוא ויושיעכם: (ה) אז

מצודת ציון

כחבצלת. הוא הורד וכן חבצלת השרון (ש"ה ב): (ב) כבוד. ר"ל פאר: הלבנון. שם יער בא"י: הדר. ענין יופי: הכרמל. כן נקרא מקום שדות וכרמים: והשרון. הוא מקום מרעה שמן: (ג) רפות. מל' רפיון: כושלות. ענין חלשות ומטות ליפול: אמצו. ענין חוזק: (ד) לנמהרי. מלשון מהירות: (ה) תפקחנה. תפתחנה

---

needed strengthening because of the tiring journey.—[*Ibn Ezra*]

4. **to the hasty of heart**—*Who hurry the redemption and are troubled by its delay.*—[*Rashi*] Those frightened by the grave troubles they experience in the exile.—[*Redak*] Those who do not believe that such a miracle can come about.—[*Ibn Ezra*]

[with] vengeance He shall come—lit. vengeance He shall come.—[*Rashi, Redak*] To execute vengeance upon Edom or Assyria.—[*Ibn Ezra, Redak*]

the recompense of God—*Upon the wicked* (mss. *upon your enemies*) *He shall come and save you.*—[*Rashi*]

5. **the eyes of the blind shall be opened**—*Those who were blind, not*

and to sing; the glory of the Lebanon has been given to her, the
beauty of the Karmel and the Sharon; they shall see the glory of
the Lord, the beauty of our God. 3. Strengthen weak hands,
and make firm tottering knees. 4. Say to the hasty of heart, Be
strong, do not fear; behold our God, [with] vengeance He shall
come, the recompense of God, that shall come and save you.
5. Then the eyes of the blind shall be opened,

Redak suggests that the desert and the wasteland, the former habitat of the aforementioned wildlife, shall rejoice when they leave them to occupy the land of Edom.

and the plain shall rejoice—*the plain of Jerusalem.*—[*Rashi*]

2. **and to sing**—lit. and sing.—[*Rashi*]

the Lebanon—*The Temple.*—[*Rashi* from *Sifrei,* Deut. 3:25] The Temple is called the Lebanon from the root לבן, *white,* because it whitens, or cleanses the sins of Israel. *Abarbanel* explains simply that Eretz Israel will be rebuilt with timber from the forest of Lebanon, as in the days of Solomon.

Karmel—This may be a generic term for a fruitful field as in 29:17. However, from the context, since it is juxtaposed to Lebanon and Sharon, it appears to be a placename.

the beauty of—*His glory will be given to Zion.*—[*Rashi*]

3. **Strengthen weak hands**—Heb. חַזְּקוּ. *All the prophets who brought tidings of salvation consoled Israel and strengthened their weak hands.* The word *is in the intensive conjugation, and its meaning is* the causative, i.e. *strengthen others. If he intended to say, "Be strong, you whose hands are weak," it would be vowelized like "*(2 Chron. 32:7) *Be strong* (חִזְקוּ) *and be firm* (וְאִמְצוּ)." *Now that he says to them to strengthen others and to make others firm, it is vowelized* ,חַזְּקוּ אַמְּצוּ. *'Be strong* (חִזְקוּ), *do not fear' is vowelized* חִזְקוּ, *a form of the 'kal' conjugation, meaning 'you be strong by yourselves,' as one says to singular,* "(Jos. 1:6) *Be strong and be firm* (חֲזַק וֶאֱמָץ)," *and he does not say,* חַזֵּק.—[*Rashi*]

Sometimes the imperative is not addressed to any particular person, but to whomever it may concern, e.g. "(Gen. 27:28) See, the smell of my son." Also, "(Jer. 13:18) Say to the king and to the queen." Here too in the case of 'strengthen weak hands.' Or, it is possible that he is addressing the prophets, or those who are stronghearted in exile and trust in God, trusting each day that He will bring salvation. The prophet exhorts them to strengthen the hands of those who have weakened in exile.—[*Redak*]

According to all commentators, this is a future prophecy. According to *R. Moshe Hakohen,* however, it refers to those who returned in the days of Hezekiah after the death of the king of Assyria. Their knees

עורים ואזני חרשים תפתחנה: ו אז
ידלג כאיל פסח ותרן לשון אלם כי
נבקעו במדבר מים ונחלים בערבה:
ז והיה השרב לאגם וצמאון למבועי
מים בנוה תנים רבצה חציר לקנה
וגמא

ת"א אז ידלג. סנהדרין לח:

אוריתא ואודניהון דכחרשין לקבלא למלי נביא יציתן: ו בכן במחזהון גלותא דישראל דמתכנשין וסלקן לארעהון הא כאילין קלילין ולא לא תעכבא וישבח לישנהון דהוה בלים ארי בכן אתבזעו במדברא מיא ונחליא במישרא: ז ויהי שרובא לאגמין דמין ובית צחונא למבועי מיא אתר דהוה ירודין שרן

מהר"י קרא

כלפי שאמר למעלה החפיר לבנון קמל. היה השרון כערבה. ונוער בשן וכרמל. חזר ואמר כבוד הלבנון נתן לה. הדר הכרמל והשרון: (ו) אז ידלג כאיל פסח [וגו'] כי נבקעו במדבר מים. אלו אמר אז ידלג כאיל פסח ותרון לשון אלם. ושותק. הייתי יודע כי ירפאו מכל. רפואתם במה לא הייתי יודע. ועכשיו שהוא תולה דילוג פסחים ורנון אלמים בנבקעו מים במדבר. למדתי שזו היא רפואתן. וזה פתר' אז ידלג כאיל פסח וגו' מה טעם כי נבקעו במדבר מים. זו ירושלם שהיא עכשיו כמדבר. והן הן המים שעתידין לצאת מתחת מפתן הבית שנתנבא עליהם יחזקאל כי באו שמה המים האלה וירפאו (אל) [וחי] כל אשר יבוא שמה הנחל. וסגנון אחד עולה לכמה נביאים: (ז) בנוה

רש"י

עורים. אותם שהיו עד הנה עורים מהכיר את מוראם עליהם: ואזני חרשים. שלא היו שומעים לקול נביאים עד הנה תפקחנה ותפתחנה כי אתן להם רוח נכון ליראה אותי. ועל ישראל הוא אומר שקראם עורים וחרשים כענין שנאמר החרשים שמעו וגו': (ו) אז ידלג כאיל פסח וגו'. ישראל שהם עכשיו פסחים ואלמים אלינו שקורא פסחים אלמים כמו שנאמר פסחים בזוז בז: ותרון. בישועתי: לשון אלם. לשונם של ישראל שהיו בין אויביהם אלמים שומעים חרפתם ואינם משיבים: כי נבקעו במדבר מים. כי תשמחם ישועתי ויפרחו כמדבר ליה הצמאה למים ומעיינות נבקעים בתוכה כלומר כי ימלא ישע לנדכאים: (ז) והיה השרב לאגם. התאב לתשועה יהא נושע והנביא דבר בלשון משל: בנוה תנים רבצה וגו'. (בנוה) מקום שהיה מדבר ליה שהוא נוה מרבץ תנין יהיה לח מקום חציר

רד"ק

בגלות כעורים וכחרשים וכפסחים וכאלמים: (ו) כי נבקעו במדבר מים. הנה אמר מיכה המורשתי כימי צאתך מארץ מצרים אראנו נפלאות והנה יהיה זה מהנפלאות שיבקעו במדבר מים: ונחלים בערבה. שימצאו מים רבים בדרך בשובם לארצם: (ז) והיה השרב. מקום השרב ומקום הצמאון יהיה לאגם ולמבועי מים שיהיו נובעים להם בדרכם בלכתם במקום ציה שהוא מקום השרב שאין שם מים מרוב החום ותרגם אכלני חורב אכלני שרבא: בנוה תנים רבצה. מקום שהיה נוה תנים והיו רובצות התנות שם יהיה חציר לקנה וגומא

אבן עזרא

(ו) אז ידלג. לשוב אל ירושלם: ותרון. דרך משל כי ימלאו מים בכל מקום הפך דבק לשון יונק: (ז) והיה השרב. מקום חורב וכן לא יכם שרב ושמש וכן תרגום אכלני הורב בארמית: בנוה. אשר היתה רבצה בנות תנים והוא מקום ליה: חציר. כמו חצר: לקנה וגומא. שילמחו סביבות

מצודת ציון

כמו אפקח את עיני (זכריה י"ב): (ו) ידלג. ענין קפילה כמו מדלג על ההרים (ש"ה ב): פסח. חגר: ותרון. מלשון רנה: (ז) השרב. ענין יבשות החום כמו ולא יכם שרב ושמש (לקמן מ"ט): לאגם. מקום קבוץ המים: וצמאון. ר"ל מקום יובש: למבועי. ענין מעין ומקור וכן ותשבר כד על המבוע (קהלת י"ב): בנוה. במדור: תנים. מין נחש: רבצה. ענין השכיבה לנוח: חציר. דשא: לקנה

מצודת דוד

וגו'. ר"ל ישראל שהיו בין האומות כעורים והרשים רואים עלבונם ושומעים חרפתם ועושים עצמם כאלו לא יראו ולא ישמעו הנה אז יראו וישמעו: (ו) אז ידלג. ישראל שהיו חשובי כח כחגרים ידלגו אז כמו איל: ותרון. ישראל שהיו כאלם לא יפתח פיו ימלא לשונם רינה: כי נבקעו. במקום שלא היה מים יבקעו מעינות מים וכן ונחלים בערבה ור"ל ימלא ישע רב להנדכאים: (ז) והיה השרב. מקום היובש מרב החום יהפך להיות אגם מים ומקום לצמאון יהפך להיות שמה מבועי מים ר"ל השפלות יהפך לממשל רב: בנוה. במדור שהיה מרבץ לתנים תשוב להיות רטוב וילמח שמה דשא להיות

---

ter is stated: "(Job 8:11) *Can the rush shoot upwards without mire?*"—[*Rashi*]

a resting place—Heb. רִבְצָה. *This is a noun like* מַרְבֵּץ, *since it has no 'mapiq he.'*—[*Rashi*] I.e. there is no dot in the 'he' to give it a consonantal sound. In that case, it would be the feminine singular third person possessive. Since it is not punctuated in that manner, it has a vowel sound and represents a feminine noun. *Redak,* as well as our editions, read it with a 'mapiq,' meaning 'her resting place,' referring to each one of the jackals.

a grassy place—Heb. חָצִיר. *Ibn Ezra* and *Redak* equate it with חָצֵר,

and the ears of the deaf shall be unstopped. 6. Then the lame
shall skip like a hart, and the tongue of the mute shall sing, for
water has broken out in the desert and streams in the plain.
7. And the dry place shall become a pool, and the thirsty place
[shall become] springs of water; in the habitat of jackals, a resting place, a grassy place for reeds and rushes.

to recognize (lit. *from recognizing*) *their fear* (sic) (Warsaw: *this fear*; mss. *My fear*) *upon them.*—[*Rashi*] Manuscript reading appears to be the most correct.

and the ears of the deaf— *Who did not hearken to the voice of the prophets until now, will be opened and unstopped, for I will give them a proper spirit to fear Me. He says this concerning Israel, whom he called blind and deaf, as the matter is stated* (infra 42:18) *You deaf ones, hearken,* etc.—[*Rashi*].

Abarbanel explains that the Jews were as blind and deaf people because of the trials and tribulations of the exile. *Mezudath David* explains that they were blind to their persecution and deaf to their scorn, not reacting to them during the years of their exile.

6. **Then the lame shall skip like a hart, etc.**—*Israel, who are now lame and weak. We find that he calls the weak with an expression of 'lame,' as the matter is stated* (above 33:23): *"The lame take the prey."*—[*Rashi*]

Ibn Ezra explains that they will skip on their return to Jerusalem.

shall sing—*in My salvation.*—[*Rashi*]

the tongue of the mute—*The tongue of Israel, who are among the nations as mutes, for they hear their scorn and do not respond.*—[*Rashi*]

for water has broken out in the desert—*For My salvation shall cheer them up, and they shall blossom like a desert wasteland, which thirsts for water, and springs break out into it; i.e. for salvation shall sprout for the crushed ones.*—[*Rashi*]

Redak explains this verse literally, equating it with Micah's prophecy: "(7:15) As the days of your departure from the land of Egypt, I will show him wonders." This is one of the wonders, viz. that water will break out in the desert.

and streams in the plain—They will find much water on the way when they return to their land.—[*Redak*]

7. **And the dry place shall become a pool**—*He who longs for salvation shall be saved. The prophet spoke figuratively.*—[*Rashi*]

Here too, *Redak* explains the passage literally, that springs of water will spring up in the desert for the Israelites returning from exile.

in the habitat of jackals, a resting place etc.—*A place that was a desert wasteland, which is the habitat, the resting place of jackals, shall become moist, a place of grass, made for reeds and rushes, and it is not customary for reeds and rushes to grow except in a watery place, as the mat-*

וגמא: ח והיה־שם מסלול ודרך ודרך
הקדש יקרא לה לא־יעברנו טמא
והוא־למו הלך דרך ואוילים לא יתעו:
ט לא־יהיה שם אריה ופריץ חיות בל־
יעלנה לא תמצא שם והלכו גאולים:
י ופדויי יהוה ישבון ובאו ציון ברנה
ושמחת

ת״א ופדויי ה׳. ברכות נה שבת סח סנהדרין ק׳ (סנהדרין כ״ט):

תמן יסקון קנה וגומא: ח ויהי תמן כבש אורח ותקון אורחא דקודשא יתקרי לה לא יעדון ביה מסאבין ולא יפסקון עדי אורחא ודלא אליפו לא יטעון: ט לא יהי תמן מלך מבאיש ושלטון מעיק לא יגוזינה ולא ישתכחון תמן ויהכון פריקין: י ופריקיא דיי יתובון ויתכנשון מביני

רש״י

הנעשה לקנה וגומא ואין דרך קנה וגומא גדלים אלא במקום מים כענין שנאמר היגאה גומא בלי בצה (איוב ח׳): רבצה. שם דבר הוא כמו מרבץ שהרי אינו מפיק ה״א: (ח) והיה שם מסלול. לעוברים ושבים: לא יעברנו. לאותו דרך שום טמא כלומר לא יהיה עוד לעכו״ם: והוא למו. והוא הדרך של אותן עורים וחרשים ופסחים ואלמים הנזכרים למעלה יהיה הילוך אותו דרך ואפי׳ הם אוילים לא יתעו כי אישרנו לפניהם: (ט) ופריץ חיות. חזיר מיער (תהלים פ׳) אין לך פריץ בחיות כחזיר הבר וגם אריה מסובכו (ירמיה ד׳) היא נבוכדנצר לא ימצא שם: בל יעלנה. לאותה הדרך דרך משמש לשון זכר ולשון נקבה כדכתיב את הדרך אשר ילכו בה (שמות י״ח) הרי נקבה, בדרך אחד יצאו אליך (דברים כ״ח) הרי זכר: לא תמצא.

מהר״י קרא

תנים רבצה. בנוה שהיה תנין רובץ: (ח) ודרך הקודש יקרא לה לא יעברנו טמא והוא למו. מייחד לישראל שהם קדושים. ור׳ מנחם ב״ר חלבו פירש. לא יעברנו טמא. לאותו דרך. בשביל שלא יצטרך למו לעזור (אותו) [אותן: הולך] דרך. כל מי שהולך דרך אפי׳ אוילים לא יתעו: (ט) לא יהיה. להם. שם אריה. זה מלך בבל שנמשל לאריה שנא׳ עלה אריה מסובכו: ופריץ חיות. זה החזיר. ותרגום לא יהא תמן מלך מבאיש ושלטונין מעיק לא יגוזינה ולא ישתכחון תמן: (י) ופדויי ה׳

אבן עזרא

הנהרים: (ח) והיה. אף על פי שיגדלו נחלים בדרך יהיה שם מסלול דרך מסלה: ודרך הקדש. בעבור שוכם אל ירושלם: לא יעברנו. כל גוי טמא אף על פי שהדרך להם היה יפחדו שיעברו עליו והלכו במסלול הגאולים ועוד כי ההולך בדרך. ואוילים. שלא ידעוהו: לא יתעו. כי יהיה מסלול: (ט) לא יהיה. בדרך אריה ולא פריץ חיות שיזיק עד שיפחדו הרולים לשוב והנה ילכו השבים גאולים מאויבים ומחיות: (י) ופדויי. אלה השבים יבואו אל ציון ברנה ושמחת נלח על ראשם כי כח הנשמה בראש

רד״ק

שיצמחו שם קנה וגומא שאינם צומחים אלא במקום מים: חציר. כמו חצר כמו שפירשנו למעלה. ואמר רבצה כל אחת ואחת מהתנים ותנים אומר על הנקבות כמו שאומר גם תנים חלצו שד: (ח) והיה שם. שם במדבר שלא היה שם דרך מעולם יהיה עתה מסלול ודרך ובדרש עכשיו אין דרך במדבר שכולו חול והשיירה אינה הולכת בלילה אלא לאור המזלות. ואז יהיה מסלול ודרך ומסלול כמו מסלה: ודרך הקדש יקרא לה. לאותה הדרך כי עם קדש ילכו בה: לא יעברנו טמא. ר״ל אחד מן הרשעים: והוא למו. לישראל לבד יהיה אותו הדרך: הולך דרך. בין הולך דרך שהוא רגיל ללכת דרכים בין אוילים לא יתעו באותו הדרך: ואוילים. ר״ל אותם שהם אוילים לענין דרכים שלא הורגלו בהם בזה הדרך לא יתעו אבל ילכו דרך ישר עד ירושלם: (ט) לא יהיה. לפי שמתחילה היה מדור חיות רעות שהיה מדבר עתה שילכו בה בני ישראל לא יהיה שם אריה ופריץ חיות לא יעלה באותה הדרך ולא תמצא שם חיה רעה ופי׳ ופריץ חיות אפי׳ הפריץ שבחיות שפורץ מנהג החיות שהולך למקום שבני אדם מצויין אפי׳ אותה לא תבא שם והלכו שם גאולים בלי פחד: (י) ופדויי ה׳ ישובון.

מצודת דוד

קנה וגומא שאינם גדלים אלא במקום רטוב מאד: (ח) והיה שם מסלול. בהמקומות השוממות יהיה מסילה ודרך כבושה ויקרא בשם דרך הקדש: טמא. אחד מהעכו״ם: והוא למו. הדרך הזה יהיה מיוחד להם לישראל: הולך דרך. בין הרגיל ללכת בדרך בין האוילים בענין הכרת הדרך על כי לא הורגלו ללכת בדרך לא יהיו תועים בזה הדרך כי יהיה דרך כבושה: (ט) לא יהיה שם. בזה הדרך לא יבוא אריה ואפי׳ הפריץ שבחיות הפורץ גדר החיות ללכת במקום אנשים הנה לא יעלה בדרך הזה ולא תמצא שמה: והלכו גאולים. ולכן ילכו שם ישראל הנגאלים מן האומות מבלי אימה ופחד: (י) ופדויי ה׳. ישראל אשר יפדה ה׳ מן הגלות ישובון לארצם ויבואו לציון ברנה: ושמחת עולם. השמחה שהיה להם

מצודת ציון

וגומא. שם מיני למחים: (ח) מסלול. מל׳ מסילה ודרך כבושה: למו. להם: יתעו. מל׳ תועה: (ט) ופריץ. ענין עזות והתחזקות:

der, as it is written: "(Ex. 18:20) *The way* (הַדֶּרֶךְ) *upon which* (בָּהּ) *they shall walk.*" Lit. *on her. Thus it is feminine. Comp.* "(Deut. 28:7) *In one road* (בְּדֶרֶךְ אֶחָד) *they shall come out to you.*" *Thus it is masculine.*—[*Rashi*]

it shall not be found—*any wild beast there.*—[*Rashi*]

8. And there shall be a highway and a road, and it shall be
called the holy way; no unclean one shall traverse it, and it shall
be for them; the traveler, even fools shall not go astray therein.
9. No lion shall be there, nor shall a profligate beast ascend
thereon, it shall not be found there; and the redeemed ones
shall go. 10. And the redeemed of Zion shall return, and they
shall come to Zion with song,

rendering 'a yard.' Cf. supra 34:13.

8. **And there shall be a highway**—*for the travelers.*—[*Rashi*]

There shall be a highway in the desert, a sandy place, where there never was a highway before, where caravans traveled at night by starlight.—[*Redak* from *Tan. Masei* 3]

the holy way—because of their return to Jerusalem, the Holy City.—[*Ibn Ezra*] Alternatively, because the holy people will traverse it.—[*Redak*]

no unclean one shall traverse it—*No unclean one shall traverse that road; i.e. it will no longer belong to the heathens* (mss.: *nations*).—[*Rashi*] This passage does not appear in the Warsaw edition.

Abarbanel extends this passage to refer to sinful Jews. All the wicked will perish during the pre-Messianic period, known as the birth pangs of the Messiah, and only the righteous will traverse this highway to the Holy Land.

and it shall be for them—*And that is the road of those blind, deaf, lame, and mute mentioned above. They shall travel on this road, and even if they are fools, they shall not go astray, for I will straighten it for them.*—[*Rashi*]

Redak explains that both those familiar with traveling and those unfamiliar with this road will traverse it without going astray. 'Fools' in this verse refers to those ignorant of the road, rather than those wanting of intelligence.

9. **a profligate beast**—*The boar out of the forest* (80:14). *There is none as profligate among the beasts as the boar, and also 'the lions from his thicket'* (Jer. 4:7), *i.e. Nebuchadnezzar, shall not be found there.*—[*Rashi* from *Meg.* 11a] Literally, the profligate beast is the one that deviates from the custom of the other beasts and frequents places where humans are found. The prophet predicts that the Jews will pass through this highway to the Holy Land, unmolested by lions and other wild beasts usually found in that region.—[*Redak*] *Rashi,* following *Jonathan,* understands it as figurative of the tyrannic kings and rulers of the nations, who heretofore oppressed them.

nor shall ... ascend thereon—*On that road* (הַדֶּרֶךְ). The word דֶּרֶךְ *is used both as masculine and feminine gen-*

ושמחת עולם על־ראשם ששון
ושמחה ישיגו ונסו יגון ואנחה: לו א ויהי
בארבע עשרה שנה למלך חזקיהו
עלה סנחריב מלך־אשור על כל־ערי
יהודה הבצרות ויתפשם: ב וישלח
מלך־אשור את־רבשקה מלכיש
ירושלמה אל־המלך חזקיהו בחיל
כבד ויעמד בתעלת הברכה העליונה
במסלת

תרגום: גלותהון ועלון לציון בתושבחתא וחדות עלם תהי להון די לא פסקא ועגן יקר תהי מטל על רישיהון ביע וחדוא ישכחון ויסוף מנהון מבית ישראל דונא ותינחתא: א והוה בארבע עסרי שנין למלכא חזקיה סליק סנחריב מלכא דאתור על כל קרויא דבית יהודה כריכתא ואחדנון: ב ושלח מלכא דאתור ית רבשקה מלכיש לירושלם לות מלכא חזקיה במשירית

ת"א ששון ושמחה. סוטה מח:

מהר"י קרא

ישובון. משעה שתהיה שם מסלול: ושמחת עולם על ראשם. תרגם יונתן חדות עלם תהא להון דלא פסק ענן יקרי והוא מטל על ראשיהון:

רש"י

חיה רעה שם: (י) ושמחת עולם. שמחה אשר מעולם שהיתה להם כבר בדרך יציאתן ממצרים וה' הולך לפניהם יומם (שמות י"ג): ונסו. היגון והאנחה מהם:

לו (ב) בתעלת. (פוסיר בלע"ז): הבריכה. מקום כינוס מים חפור בקרקע בידי אדם לתת בו דגים ארוך

רד"ק

ושמחת עולם על ראשם. דרך משל כי ילכו קוממיות ראש נשוא בשמחה: ששון ושמחה ישיגו ונסו יגון ואנחה. זהו ישיגו ונכו ושלמטה מזה בפרשת עורי עורי לבשי עוזך ישיגון בנו"ן נסו אין וי"ו בראש המלה והסימן שלא תטעה בהם וי"ו נו"ן ופי' הסימן כי הוי"ו קודם לנו"ן וזה שהוא ישיגו ונסו בוי"ו בסוף ישיגו וי"ו בראש ונסו הוא הראשון והאחרון נו"ן בסוף ישיגון ונו"ן בתחילה נסו אין שם וי"ו: (א) ויהי בארבע עשרה שנה פרשה זו פירשנוה בספר מלכים באר היטב ויש ביניהם שנוי מעט אלא שהענין אחד במלכים אמרת אך דבר שפתים אמר רבשקה כנגד חזקיהו חשבת בלבך שדבר שפתים יצילך וזו הוא התפלה ואין זה כי עצה וגבורה צריך למלחמה וב זה הספר אמרתי אמר רבשקה אמרתי כי אתה חושב להשען על דבר שפתים ר"ל על תפלתך והחכם רבי אברהם בן עזרא פי' אך דבר שפתים העצה והגבורה שלך בדבר שפתים היא לבד:

אבן עזרא

ויש אומרים כי הם כדמות מסך על ראשם גם הוא נכון: ששון ושמחה ישיגו. אותם ויש אומרים כי הם ירדפו אחרי השטן וישיגוהו ואם יש מלות נוספות הטעמי' הם שוים, כי המלות כללים. והטעמים הם כפועלים:

לו והנה אפרש שיש מלות במלכים כתוב אמרת אך דבר שפתים והטעם אמרת לאנשי' כי יש לך עצה וגבורה וזה הוא והטעם כי גבורתי בדבור היא לבדה ובישעיהו אמרתי בלבי דברי רבשקה כי עצתך וגבורתך בדבר שפתים במלכים ויקראם על הספרים ובישעיהו ויקראהו על הספר לבדו שטם החרפות ובשני ספרים ויפרשהו ובישעיהו תוספת זרים עם מים והטעם נהרי זרים ובמלכים להשות והטעם שישתוו ערים בצורות עם גלים נלים ובישעיה להשאות באל"ף מגזרת שואה כגלים נלים או יתחלף הוי"ו באל"ף כמשפטם ובמלכים שדפ' ובישעיה שדמה והם שתי מלות והטעם אחד ובמלכים סחיש ובישעיה שחיס כמו כשב כבש והטעם אחד:

מצודת ציון

(י) ישיגו. ענין הקרוב הדבוק: ונסו. ענין בריחה: יגון. מל' תוגה וצער:

לו (א) הבצורות. החזקות: ויתפשם. כבשם ולכדם: (ב) בחיל. ענין לצאות עם: כבד. ענין רבוי וכן עמך הכבד הזה (מ"א ג'): בתעלת הברכה. הברכה הוא מקום בנוי באבני' ובסיד ושם מתכנסים

מצודת דוד

מימות עולם תשכון על ראשם: ישיגו. כאלו ירדפו אחריהם וישיגום: ונסו. היגון והאנחה ינום ויברח מפניהם ולא עליהם יהיו:

לו (ב) מלכיש. כי שם היה: ירושלימה. אל ירושלים: בתעלת. בתעלה הנמשכת מהברכה העליונה אשר היא במסילת ההולך אל השדה שמכבסים שם הבגדים ושוטחים שמה מול השמש

agreed to pay tribute in order to gain respite from Assyria, to give him time to mobilize his army and prepare for war. He closed all the springs that flowed outside Jerusalem so that the Assyrians would not find any water. This indicated that he was preparing for battle. When Sennacherib learned of his tactics, he sent his emissaries to intimidate him and persuade him and his people to humble themselves before Sennacherib.

near the conduit—*fosed* (fosse) *in*

with joy of days of yore shall be upon their heads; they shall achieve gladness and joy, and sadness and sighing shall flee.

36

1. And it came to pass in the fourteenth year of King Hezekiah, that Sennacherib the king of Assyria came up against all the fortified cities of Judah and seized them. 2. And the king of Assyria sent Rabshakeh from Lachish to Jerusalem to King Hezekiah with an army of a great [multitude], and he stood near the conduit of the upper pool,

10. **with joy of days of yore**—Heb. שִׂמְחַת עוֹלָם, *joy that is from days of yore, which they already experienced on the way of their Exodus from Egypt, 'and the Lord was going before them by day* (Ex. 13:21).'—[*Rashi*]

Ibn Ezra explains it as 'everlasting joy.'

upon their heads—for the power of the soul is in the head. Others explain that the joy will be like a cover over their heads.—[*Ibn Ezra*] *Redak* explains it figuratively. They will walk upright with head raised in joy.

they shall achieve gladness and joy—lit. overtake. It is as though they will pursue gladness and joy and overtake them. Others render: And gladness and joy shall overtake them.—[*Ibn Ezra*]

. . .shall flee—*The sadness and the sighing* shall flee *from them.*—[*Rashi*]

This prophecy was not realized when the Jews returned from Babylon. There was no 'everlasting joy.' Moreover, they did not achieve gladness and joy until after the sadness and sighing were gradually curtailed. In the future, however, there will be everlasting joy, not followed by another exile. Moreover, gladness and joy will immediately overtake them and dispel sadness and sighing.—[*Malbim*]

1. The following account of Hezekiah's encounter with Sennacherib's ambassadors and the results thereof, are found also in II Kings 18:17–20:19 with slight variations. It is also found in II Chron. 32. We will strive to reconcile the variations between the three accounts. For a more detailed commentary, see Judaica Edition of II Kings.

2. **And the king of Assyria**—Although Hezekiah had paid the tribute levied upon him, the king of Assyria sent his officers to attack.—[*Mezudath David,* II Kings 18:17]

According to *Redak,* ibid. verse 14, this took place after Hezekiah had ceased to send the tribute. *Malbim,* judging from the account in Chron., theorizes that Hezekiah

בִּמְסִלַּת שְׂדֵה כוֹבֵס׃ ג וַיֵּצֵא אֵלָיו
אֶלְיָקִים בֶּן־חִלְקִיָּהוּ אֲשֶׁר עַל־הַבָּיִת
וְשֶׁבְנָא הַסֹּפֵר וְיוֹאָח בֶּן־אָסָף הַמַּזְכִּיר׃
ד וַיֹּאמֶר אֲלֵיהֶם רַבְשָׁקֵה אִמְרוּ־נָא אֶל־
חִזְקִיָּהוּ כֹּה־אָמַר הַמֶּלֶךְ הַגָּדוֹל מֶלֶךְ
אַשּׁוּר מָה הַבִּטָּחוֹן הַזֶּה אֲשֶׁר בָּטָחְתָּ׃
ה אָמַרְתִּי אַךְ־דְּבַר־שְׂפָתַיִם עֵצָה
וּגְבוּרָה לַמִּלְחָמָה עַתָּה עַל־מִי בָטַחְתָּ
כִּי מָרַדְתָּ בִּי׃ ו הִנֵּה בָטַחְתָּ עַל־
מִשְׁעֶנֶת הַקָּנֶה הָרָצוּץ הַזֶּה עַל־מִצְרַיִם

אשר

ת"א עצה וגבורה. עקדה שער ל"ת: קנה הרצוץ. ברכות נו יבמות נג:

תרגום

סגיאן וקם במזיקת
בריכתא עיליתא
דכביש חקל משטח
קצריא: ג ונפק לותה
אליקים בר חלקיה די
ממנא על ביתא ושבנא
ספרא ויואח בר אסף די
ממנא על דכרניא:
ד ואמר להון רבשקה
אמרו כען לחזקיה כדנן
אמר מלכא דרבתנא
מלכא דאתור מה
רוחצנא הדין
דאיתרחיצתא: ה אמרית
ברם במלל ספון
במלך וגבורא אעביד
קרבא כען על מן
איתרחיצתא ארי
מרדתא בי: ו הא
איתרחיצתא על סמך
קניא רעיעא הדין על

רש"י

זרהב: במסילת. דרך כבושה (קמי"ן בלע"ז): שדה כובס. ת"י חקל משטח קצריא שטוחין שם הכובסים את הבגדים: (ג) המזכיר. כותב הזכרונות בספר דברי הימים. (ד"א המזכיר איזה דין בא לפניו ראשון שיפסקנו ראשון): (ה) אמרתי. עד הנה אך דבר שפתים הוא בפיו לאמר לא אעבוד למלך אשור ומשיראה שאעלה עליו לצבא יחזור בו עכשיו הרי עליתי מעתה או יעבדני או צריך הוא לבקש עצה וגבורה למלחמה: עתה. שבא העת אמור נא

מהר"י קרא

לו (ב) במסילת שדה כובס. ששוטחין הכובסים את בגדיהם: (ג) ושבנא הסופר. שהיה כותב פיסוקי דינים שהית המלך דן: המזכיר. מי בא אל המלך לדין תחילה שיהא המלך שופט אותו תחילה: (ה) אמרתי אך דבר שפתים. (כשעמד) [כשמעי] עליך חזקיהו שאתה מבקש לעמוד כנגדי שלא לפתוח לי את העיר. אמרתי אך דבר הוא. ואין בלבו כן אלא משעה שיראני מיד יפתח לי. מעתה שאני רואה שאתה עומד במרדך. עצת וגבורה צריך אדם שנלחם עם מלך גדול כמותי. ותרגם ברם [בממלל] שיפוון במילך ובגבורא אעביד קרבא: על מי בטחת. אם על פרעה. הנה בטחת על משענת קנה וגו'. ואם אל ה'.

מצודת דוד

לנגדם: (ג) על הבית. ממונה על בית המלך: המזכיר. הממונה על ספר הזכרונות: (ד) מה הבטחון. מה בטחונך אשר בטחת בו למרוד בי: (ה) אמרתי. אומר אני שרק בדבר שפתים ועצת יועצים הרלה לעשות מלחמה אבל לא כן הוא כי צריכים אליה עצה עם גבורה: ועתה. הואיל והצורך הוא גם אל הגבורה ואיננה בך א"כ על מי בטחת שיתן בך גבורה: (ו) הנה בטחת. הנה בטחונך על מצרים מה הוא כי הלא הוא כמו משענת קנה רצוץ בראשו אשר אם יסמוך איש עליו באיס עוד הקסמין והקרומיות בכפו ונוקבין אותם

מצודת ציון

המים והתעלה היא השפילה הסמוך לו ובעת הצורך ממשיכים לם את המים מן הבריכה וכן אל קלה תעלת הבריכה (לעיל ז'): במסילת. בדרך הכבושה: (ו) משענת. ענין סמיכה: הרצוץ.

second explanation is not found in all editions. It is, however, found in *Kara's* commentary and in *Rashi* on Kings.

5. **I said**—*(until now), 'It is but words of the lips, that he speaks* (lit. *in his mouth*), *saying, "I will not serve the king of Assyria." And when he sees that I will march against him with an army, he will recant. Now I have marched. From now on, either he will serve me, or he will need to seek counsel and might for war.*—[*Rashi*]

II Kings 18:20 reads: You have said but words of the lips; counsel and might are needed for war. This may be explained as follows: You said that words of the lips are sufficient; i.e. we can wage war with prayer alone. The truth of the matter is, however, that counsel and might are needed for war.—[*Redak*]

Alternatively, you said but with words of the lips to your followers

on the road of the washer's field. 3. And Eliakim the son of
Hilkiah, who was appointed over the Temple and Shebna the
scribe and Joah the son of Asaph, the recorder, came out to him.
4. And Rabshakeh said to them, "Say now to Hezekiah, 'So
has the great king, the king of Assyria, said, 'What is this confi-
dence that you have trusted?' 5. I said, 'It is but words of the
lips; counsel and might are needed for war. Now, on whom do
you depend that you have rebelled against me? 6. Behold you
have depended upon the support of this splintered reed, upon
Egypt,

French, a ditch, a trench, a moat.—[*Rashi*]

the pool—*A place where water is gathered, dug in the ground by man, in which to put fish. It is long and wide.*—[*Rashi*]

Redak (II Kings 18:17) explains that the pool was a ditch dug out in the ground and built up with stones and plaster. There was an outlet which was usually closed with a stone until the water became necessary for drinking or washing. When the stone was removed, the water would run into the conduit, where it could be utilized.

on the road—*A paved road.* (*chemin in French*)—[*Rashi*] *Redak* (ibid.) explains that the road was paved so that it could be used during the rainy season.

the washer's field—*Jonathan renders: A field where the washers stretch out, i.e. where the washers stretch out the garments.*—[*Rashi*]

Our Rabbis (*San.* 60a) state that Rabshakeh was an apostate Jew. The fact that he spoke Hebrew is no proof of his Jewishness, just as Hezekiah's officers speaking Aramaic is no proof of their affiliation with Aram. There was probably an oral tradition to that effect.—[*Redak* II Kings ibid.]

From the context of that statement, however, it appears that the evidence was that Hezekiah and his emissaries rent their garments upon hearing Rabshakeh's blasphemy. Were Rabshakeh a non-Jew, there would be no necessity to rend the garments, as is explained in the Talmud ad loc. See below 37:1.

3. **Eliakim the son of Hilkiah, who was appointed over the Temple**—*See above 22:15–20.*

Shebna the scribe—According to *Tosafoth, Shab.* 12b, this was not Shebna mentioned above (22:15) as being appointed over the Temple. That one had already died, and Eliakim had taken his place. Cf. *Tos. Keth.* 104b, *Yoma* 38b.

the recorder—*The writer of the records in the annals. (Another explanation: He would record which judgment came before him first, that he adjudicate it first.)*—[*Rashi*] The

אֲשֶׁר יִסָּמֵךְ אִישׁ עָלָיו וּבָא בְכַפּוֹ
וּנְקָבָהּ כֵּן פַּרְעֹה מֶלֶךְ־מִצְרַיִם לְכָל־
הַבֹּטְחִים עָלָיו׃ ז וְכִי־תֹאמַר אֵלַי אֶל־
יְהוָה אֱלֹהֵינוּ בָּטָחְנוּ הֲלוֹא הוּא אֲשֶׁר
הֵסִיר חִזְקִיָּהוּ אֶת־בָּמֹתָיו וְאֶת־
מִזְבְּחֹתָיו וַיֹּאמֶר לִיהוּדָה וְלִירוּשָׁלַםִ
לִפְנֵי הַמִּזְבֵּחַ הַזֶּה תִּשְׁתַּחֲווּ׃ ח וְעַתָּה
הִתְעָרֶב נָא אֶת־אֲדֹנִי הַמֶּלֶךְ אַשּׁוּר
וְאֶתְּנָה לְךָ אַלְפַּיִם סוּסִים אִם־תּוּכַל
לָתֶת לְךָ רֹכְבִים עֲלֵיהֶם׃ ט וְאֵיךְ
תָּשִׁיב אֵת פְּנֵי פַחַת אַחַד עַבְדֵי אֲדֹנִי

תרגום

פַּרְעֹה מַלְכָּא דְמִצְרַיִם
דְאִם יִסְתְּמֵיךְ גַּבְרָא
עֲלוֹהִי וְיֵעוֹל בִּידֵהּ
וִיבַזְעִינֵהּ כֵּן פַּרְעֹה
מַלְכָּא דְמִצְרַיִם לְכָל
דְמִתְרַחֲצִין עֲלוֹהִי׃
ז וַאֲרֵי תֵימְרוּן לִי עַל
מֵימְרָא דַיָי אֱלָהָנָא
אִתְרְחֵיצְנָא הֲלָא הוּא
דְאַעְדִי חִזְקִיָה יָת
בָּמָתוֹהִי וְיָת אֱגוֹרוֹהִי
וַאֲמַר לֶאֱנָשׁ יְהוּדָה
וּלְיָתְבֵי יְרוּשְׁלֵם קֳדָם
מַדְבְּחָא הָדֵין תִּסְגְּדוּן׃
ח וּכְעַן אִתְעָרַב כְּעַן עִם
רִבּוֹנִי מַלְכָּא דְאַתּוּר
וְאֶתֵּן לָךְ תְּרֵין אַלְפִין
סוּסָוָן אִם תִּכּוּל לְמַנָאָה
עֲלָךְ רָכְבִין עֲלֵיהוֹן׃
ט וְאֵיכְדֵין אַתְּ מְדַמֵּי
לַאֲתָבָא יָת אַפֵּי חַד
מִשִּׁלְטוֹנֵי עַבְדֵי רִיבּוֹנִי

רש"י

על מי בטחת למרוד בי: (ו) אשר יסמך איש. על הקנה הרצוץ הנשבר והקרומיות באים בכפו ונוקבין אותה כן פרעה לבוטחים בו סופן להיות עזרתן לרעתן: (ז) אשר הסיר חזקיהו את במותיו. ביער את כל בתי עכו"ם ומזבחות ובמות והזקיק את כל יהודה להשתחוות לפני מזבח אחד: (ח) התערב נא. בדבר זה אם תוכל לקיימן לשון ערבון שקורין (גי"ר בלע"ז): (ט) ואיך תשיב. אפי' פני פחת אחד שהוא מעבדי אדוני הקטנים שהקטן בראשי גייסות שלו ממונה על אלפים איש: אחד עבדי. אחד מעבדי

מהר"י קרא

הלא על מרד חזקיה יותר (ממה) [מה] שמרד על אלהיכם: (ז) הלא. הזקיהו הסיר את במותיו ואת מזבחותיו. שלא היה מקום בארץ ישראל שלא היה שם מזבח לשם ה'. והיו מקטירים עליו בזמן הזה ובא חזקיהו והסיר את כולם. ולא השאיר לה' אלא מזבח אחד שבעירו ירושלם. ואדם שהכעים כל כך לאלהים איך יעמוד בשעת דוחקו. חזקיה לשם מצוה הסיר את כולם שהרי (משנכנס) [משנבנה] בית עולמים נאסרו הבמות: (ח) ועתה התערב נא וגו': (ט) ואיך תשיב את פני פחת אחד. מכאן למדנו מרביתינו. שקטן שבעבדי מלך אשור היה ממונה על אלפים: לרכב ולפרשים. פרשים אינם רוכבי סוס אלא סוסים טובים שקורין פילפר"ן. וזהו פתר' ותבטח לך למלך מצרים לקנות לך סוסים טובים ממנו כדי לעשות מלחמה עם מלך אשור. עד שאתה יורד למצרים לקנות. חדל לך לרדת מצרים הריני נותן לך בלא כסף ובלא מחיר צא במלחמה. אבל אני יודע איל

מצודת דוד

כן עזרת פרעה נהפך עוד לרעה: (ז) הלוא הוא. הלא זה הוא אשר הסיר חזקיהו את במותיו אשר היו בכל הארץ ואמר לישראל שרק למזבח העומד בב"המ השתחוו ומיעט א"כ בעבודתו ונכאס בעיניו: (ח) התערב נא. עתה התחייב עצמך עם אדוני אם תוכל למצוא הדבר אשר ישאל: לתת לך. לתת מאצליך: (ט) ואיך תשיב. את פניך להלחם עם פני פחה וגו' הלא אף הקטן שבהם ממונה הוא על אלפים: ותבטח. א"כ ודאי כל בטחונך ברכב ובפרשים

מצודת ציון

סכור ומרוסס כמו הרוללות אביונים (עמוס ד'): (ח) התערב. מל' ערבון ותבכון כי כשבנים הלוקים בדבר מה וכ"א מחייב עצמו בממון באם לא יהיה כדבריו הדבר הוא שכ"א נותן ערבון להיות בטוח ומקיים: (ט) פחת. ענין שררה:

the heads of his troops is in charge of two thousand men.—[*Rashi*]

one of . . . servants—Heb. אַחַד, *one of the servants of.* Comp. "(Gen. 21:15) *One of* (אַחַד) *the bushes.*" *Also,* "(II Sam. 6:20) *One of* (אַחַד) *the idlers.*"—[*Rashi*] *Rashi* in Kings adds: *We deduce from here concerning the heads of the armies, who totaled 185,000, who fell with Sennacherib, that the smallest of them was captain over two thousand men that were with him.*

repulse—lit. turn away the face of. How can you possibly repulse a captain over two thousand men if

upon which a man will lean, and it will go into his palm and puncture it; so is Pharaoh the king of Egypt to all who trust in him.
7. And if you say to me, 'We trust the Lord our God,' is He not the one Whose high places and altars Hezekiah has removed? He has said to Judah and to Jerusalem, 'Before this altar shall you prostrate yourselves.'
8. And now, wager now with my lord the king of Assyria, and I will give you two thousand horses if you are able to supply riders upon them of your men.
9. And how can you repulse a captain, one of the smallest of my master's servants,

that you have counsel and might for war.—[*Ibn Ezra*]

Now—*that the time has come, tell me now on whom you have depended to rebel against me.*—[*Rashi*]

According to *Redak,* he asked him in whom he had confidence to rebel by becoming delinquent in his payments of tribute. According to *Malbim,* he asked him in whom he had confidence in mobilizing for war.

6. **upon which a man will lean**—*On the splintered and broken reed, and the scaly envelopes enter his palm and puncture it, so is Pharaoh to those who trust him. Eventually, their aid will be to their detriment.*—[*Rashi*]

7. **Whose high places . . . has removed**—*He abolished all the pagan temples and the altars and the high places, and has coerced all Judah to prostrate themselves before one altar.*—[*Rashi*]

Rashi, II Kings 22, writes: *It can be deduced from here that Rabshakeh was an apostate Jew, for he admits that the Holy One, blessed be He, is God, but His will is that we worship idols.* Since Rabshakeh believes that God will no longer aid Hezekiah because he abolished the pagan temples, that indicates that he believed that God wished people to worship idols as intermediaries between them and Him.

There was no place in the land of Israel where there was no altar in the name of God, and the people were bringing up offerings upon them. Then, Hezekiah came along and abolished all of them, leaving over only one altar for God in his city, Jerusalem. Now, how can a man who provoked God so much expect His aid in his time of need? The truth was, however, that when the Temple was built, all other altars and high places became taboo, never again to be used for sacrifices.—[*Kara*]

8. **wager now**—*on this matter, if you will be able to accomplish it. This is an expression of a wager, which is called gajjer in O.F.*—[*Rashi*]

9. **And how can you repulse**—*even a captain, who is one of my master's smallest servants, for the smallest of*

זעריא ואיתרחצתא לך על מצרים לרתיכין ולפרשין: י וכען הבר ממימרא דיי סליקית לארעא הדא לחבלותא יי אמר לי סק על ארעא הדא וחבלה: יא ואמר אליקים ושבנא ויואח לרבשקה מליל כען עם עבדך ארמית ארי שמעין אנחנא ולא תמליל עמנא יהודית קדם עמא די על שורא: יב ואמר רבשקה הלות רבונך ועלך שלחני רבוני למללא ית פתגמיא האילן הלא על גבריא דיתבין על שורא למיכל ית מפקתהון

הקטנים ותבטח לך על־מצרים לרכב
ולפרשים: י ועתה המבלעדי יהוה
עליתי על־הארץ הזאת להשחיתה
יהוה אמר אלי עלה אל־הארץ הזאת
והשחיתה: יא ויאמר אליקים ושבנא
ויואח אל־רבשקה דבר־נא אל־
עבדיך ארמית כי שמעים אנחנו ואל־
תדבר אלינו יהודית באזני העם אשר
על־החומה: יב ויאמר רבשקה האל
אדניך ואליך שלחני אדני לדבר את־

רש"י

כמו אחד השיחים (בראשית כ"א) אחד הריקים (שמואל ב' ו'): (י) המבלעדי ה'. שלא מרשותו: ה' אמר אלי. כבר נבאו הנביאים ישא את חיל דמשק ואת שלל שומרון לפני מלך אשור (לעיל ח') והוא טעה לומר כאשר עשיתי לשומרון כן אעשה לירושלים: (יא) כי שומעים אנחני. מכירים אנחנו אותו לשון שומעים (אינטנדנ"ש בלע"ז): ואל תדבר אלינו יהודית. שכל העם מכירים בלשון יהודית והם מתפחדים מדבריך (לפי שאמר להם אמרו נא אל חזקיה סברו שלא בא להפחיד העם ורבשקה ישראל מומר היה סבורים הם אף שמלות רבו על רבשקה אבל לבו נמשך למשפחתו ויכמרו ניחומיו): (יב) האל אדניך. תמיהה הוא לכך נקוד חטף פתח וכי אל שניכם לבדכם שלחני אדוני הלוא אל כולם שלחני ולכך באתי שכל העם

מהר"י קרא

הייתי [ניתן] לך אלפים סוסים לא תוכל וגו'. ואיך תשיב. שהרי פחות שבעבדי מלך אשור היה ממונה על אלפים: (י) ועתה המבלעדי ה'. בלא רשותו של הקב"ה. אינו כן. אלא ה' אמר אלי עלה אל הארץ הזאת להחריבה. ולא היה נביא שאיתנביא [אלא על] עשרת השבטים ואיהו יהיב דעתיה לירושלם: (יא) דבר נא אל עבדיך ארמית. סבורים היו שהיה אוהב אותם לפי שמשומד היה. ומתוך אהבה ותוכחה אומר להם דברים האלו ואמרו לו אל תדבר לנו לפני האנשים אשר על החומה לייראם ולבהלם. והוא משיבם מתוך שנאה. האל אדוניך וגו' הלא על האנשים היושבים על החומה שלחני שאצור עליהם במצור ומצוק עד שאגרום להם לאכול את צואתם מחוסר לחם

מצודת דוד

על מצרים אשר הוא כקנה רצוץ: (י) המבלעדי ה'. וכי מבלי גזרת המקום: ה' אמר. כבר ניבא ישעיה ישא וגו' ואת שלל שמרון (לעיל ח') וטעה לומר שכן יעשה לירושלים: (יא) ארמית. בלשון ארמית: כי שומעים. כי מבינים אנחנו ארמית: יהודית. בלשון יהודית: באזני העם. בפניהם כשהם שומעים כי הכל מכירים בו ואין מהדרך לפרסם דברי המלחמה בפני המון העם: (יב) האל

מצודת ציון

(י) המבלעדי. ענינו כמו זולת:

other languages.—[*Rashi,* 2 Kings 18:26]

do not speak with us in Judean—*for all the people understand the Judean language, and they are frightened by your words. (Since he said to them, "Say now to Hezekiah," they thought that he did not come to frighten the people. Since Rabshakeh was an apostate Jew, they thought that even though his master's orders were incumbent upon Rabshakeh to observe, his heart was attracted to his family and he would take pity upon them.).*—[*Rashi*]

Kara, too, points out that they thought that, since Rabshakeh was of Jewish extraction, he meant to warn them for their own benefit, not to destroy the morale of the people.

12. **Did . . . to your master**—Heb. הַאֶל. *This is the interrogative form. It*

and you rely on Egypt for chariots and horsemen? 10. And
now, is it [with] other than the Lord that I have come up
against this land to destroy it? The Lord said to me, 'Go up to
this land and destroy it.'" 11. And Eliakim and Shebna and
Joah said to Rabshakeh, "Please speak to your servants in
Aramaic for we understand it; do not speak with us in Judean
within the hearing of the people who are on the wall." 12. And
Rabshakeh said, "Did my master send me to speak these words
to your master and to you?

you do not have two thousand men to ride two thousand horses?—[*Mezudath David*]

and you rely on Egypt—Obviously, you rely on Egypt for chariots and horsemen.—[*Mezudath David*]

R. Joseph Kara defines פָּרָשִׁים, not as 'riders', but as 'horses.' The best horses are called פָּרָשִׁים. *Ibn Janah* concurs with this definition. Thus, Rabshakeh says, "You rely on Egypt for chariots and horses." This is totally unnecessary: if you can supply riders, I will give you two thousand horses for nothing. But, of what avail are they? You have no riders for them.

10. **is it [with] other than the Lord**—*Without His permission?*—[*Rashi*]

The Lord said to me—*The prophets have already prophesied:* "(supra 8:4) *The wealth of Damascus and the plunder of Samaria shall be carried off before the king of Assyria." But he erred, saying,*"(supra 10:11) *Indeed, as I did to Samaria. . . , so will I do to Jerusalem . . ."*—[*Rashi*]

Rashi on Kings quotes Is. 7:17: *"The Lord shall bring upon you and upon your people . . . the king of Assyria."*

Redak (ad loc.) quotes "(Is. 8:7) Therefore, behold the Lord is bringing upon them the mighty and massive waters of the river—the king of Assyria."

According to the Rabbis, who say that Rabshakeh was an apostate Jew, it is very likely that he was familiar with Isaiah's prophecies. Otherwise, we may theorize that he made his statement to threaten the Jews by telling them that just as God had delivered other lands into the hands of the king of Assyria, so had He delivered the land of Judah into his hands.—[*Redak*, 2 Kings 18:25]

11. **for we understand it**—Heb. שֹׁמְעִים, lit. hear. *We understand that language, an expression of hearing (entendenc in O.F.).*—[*Rashi*] *Rashi* explains that 'hearing' in this case means understanding. He cites the French word that has the same double definition. Cf. *Rashi*, Gen. 42:23.

We are residents of the palace and understand the Aramaic language and

הַדְּבָרִים הָאֵלֶּה הֲלֹא עַל־הָאֲנָשִׁים
הַיֹּשְׁבִים עַל־הַחֹמָה לֶאֱכֹל אֶת־
חֲרָאֵיהֶם* וְלִשְׁתּוֹת אֶת־שֵׁינֵיהֶם*
עִמָּכֶם: יג וַיַּעֲמֹד רַבְשָׁקֵה וַיִּקְרָא בְקוֹל־
גָּדוֹל יְהוּדִית וַיֹּאמֶר שִׁמְעוּ אֶת־דִּבְרֵי
הַמֶּלֶךְ הַגָּדוֹל מֶלֶךְ אַשּׁוּר: יד כֹּה אָמַר
הַמֶּלֶךְ אַל־יַשִּׁא לָכֶם חִזְקִיָּהוּ כִּי לֹא־
יוּכַל לְהַצִּיל אֶתְכֶם: טו וְאַל־יַבְטַח
אֶתְכֶם חִזְקִיָּהוּ אֶל־יְהוָה לֵאמֹר הַצֵּל
יַצִּילֵנוּ יְהוָה לֹא תִנָּתֵן הָעִיר הַזֹּאת בְּיַד
מֶלֶךְ אַשּׁוּר: טז אַל־תִּשְׁמְעוּ אֶל־
חִזְקִיָּהוּ כִּי כֹה אָמַר הַמֶּלֶךְ אַשּׁוּר עֲשׂוּ
אִתִּי בְרָכָה וּצְאוּ אֵלַי וְאִכְלוּ אִישׁ־גַּפְנוֹ

מַפְּקַתְהוֹן וּלְמִשְׁתֵּי יַת
מֵימֵי רִגְלֵיהוֹן בְּצַיְרָא
עִמְּכוֹן: יג וְקָם רַבְשָׁקֵה
וְאַכְלֵי בְּקָל רַב יְהוּדִית
וַאֲמַר שְׁמָעוּ יַת פִּתְגָּמָא
מַלְכָּא דְּרַבְרְבָתָא מַלְכָּא
דְּאַתּוּר: יד כִּדְנַן אֲמַר
מַלְכָּא לָא יַטְעֵי לְכוֹן
חִזְקִיָּה אֲרֵי לָא יְכוּל
לְשֵׁיזָבָא יַתְכוֹן: טו וְלָא
יְרַחֵיץ יַתְכוֹן חִזְקִיָּה עַל
מֵימְרָא דַיְיָ לְמֵימַר
שֵׁיזָבָא יְשֵׁיזְבִנָּנָא יְיָ לָא
תִתְמְסַר קַרְתָּא הָדָא
בְּיַד מַלְכָּא דְאַתּוּר:
טז לָא תְקַבְּלוּן מִן חִזְקִיָּה
אֲרֵי כִדְנַן אֲמַר מַלְכָּא
דְאַתּוּר עֲבִידוּ עִמִּי
שְׁלָמָא וּפוּקוּ לְוָתִי
וְאֶכוּלוּ גְּבַר פֵּרֵי גוּפְנוּהִי
וּגְבַר פֵּרֵי תֵינוּהִי וּשְׁתוּ
גבר

ת"א מימי רגליהם. מגלה כה:

מוצאם קרי מימי רגליהם קרי

מהר"י קרא

ומים: (טז) ברכה. מנחה. כמו הנה לכם ברכה משלל אויבי ישמעו ויראו ואל יסיתם חזקיה למרוד:

רש"י

לאכול את צואתם. אף הם ברעב המצור יאכלו: **את חריהם.** רעי היוצא דרך הנקב שלהם. ולשון נאה תקנו סופרים לקרותו לאתם כך שנו רבותינו מקראות הכתובים לגנאי קורין אותן לשבח כמו (דברים כ"ח) בעפולים בטחורים (שם) ישגלנה ישכבנה. חוריהם לאתם. שיניהם מימי רגליהם: **שיניהם.** לואה לחה שיני דכרכשתא היא החלחולת שקורין (טבחיא בלע"ז) עומדת על ידי שלש שינים: (יד) **ישיא.** יתעה: (טז) **עשו אתי ברכה.** לאו אלי לשלום וברכוני והביאו אלי תשורת שלום: **ברכה.** (שול"ד בלע"ז) כמו ויברך יעקב את פרעה (בראשית מ"ז י'): **ואכלו איש גפנו.** ואלך מעליכם ושבו בשלום עד שאמצא ארץ טובה כארצכם ואגלה אתכם שם כי כן דרכי להעביר האומות מארץ אל ארץ כמה שנאמר (לעיל י') ואסיר גבולות עמים:

מצודת ציון

(יב) חראיהם. מל' חור ונקב ור"ל לואה היוצאת מנקב פי הטבעת: שיניהם. הוא מי רגלים והוא קרוב מל' שתן: (יד) ישיא. ענין הסתה ופתוי כמו הנחש השיאני (בראשית ג'): (טז) ברכה. ענין מנחה ותשורת שלום כמו קח נא את ברכתי (שם

מצודת דוד

אדוניך. וכי רק אל אדוניך ואליך שלחני אדוני לדבר דברי: על האנשים. אל האנשים: לאכול. להזהירם כי יבואו במצור ומעקת רעבון ולמאון יוכרחו לאכול לואה ולשתות מי רגלים: עמכם. ר"ל גם הם גם אתם: (טז) עשו אתי ברכה. ר"ל עשו עמי שלום

gift of peace. בְּרָכָה *is saloud in O.F., salutation. Comp.* "(Gen. 47:10) *And Jacob greeted Pharaoh.*"—[*Rashi*] *Rashi* defines the 'blessing' as the customary gift offered to a monarch upon greeting him. *Mezudoth,* too, follows this interpretation. We find that Jacob presented Esau with such a greeting gift, which he referred to as *birchathi.* See *Rashi* Gen. 33:10, infra 66:3.

and each man will eat of his vine— *And I will leave you, and dwell in peace until I find a land as good as*

Is it not to the men who sit on the wall to eat their dung and drink their urine with you?" 13. And Rabshakeh stood and called in a loud voice in Judean, and he said, "Listen to the words of the great king, the king of Assyria! 14. So has the king said, 'Let not Hezekiah deceive you, for he will not be able to deliver you. 15. And let not Hezekiah make you rely on the Lord, saying, 'The Lord will save us, and this city will not be given into the hand of the king of Assyria.' 16. Do not listen to Hezekiah, for so has the king of Assyria said, 'Make peace with me, and come out to me, and each man will eat of his vine

is therefore vowelized with a 'hataf pattah' (not so in our editions). *Did my master send me to you two alone? Indeed, he sent me to all of them, and for that reason I have come, so that all the people hear and see, and let not Hezekiah persuade them to rebel.*—[*Rashi*]

to the men—Heb. עַל, on the men, concerning the men. This appears to be the intention of *Targum Jonathan. Mezudath David,* however, renders it as we have.

to eat their dung—*They too* (sic) *would eat in the hunger of the siege.* —[*Rashi*]

their dung—The *k'thib* reads חֲרָאֵיהֶם, *the dung that is excreted through their orifice. Our Sages instituted to euphemize and read it* צוֹאָתָם, i.e. their dung. *Thus did our Rabbis teach: Verses written in uncomplimentary words are to be read in a complimentary manner, e.g.*"(Deut. 28:27) עֲפֹלִים is read טְחֹרִים. Both mean hemorrhoids. The former means 'that which is in the dark holes,' being more explicit than the latter. "(ibid. v. 30) יִשְׁגָּלֶנָּה is to be read יִשְׁכָּבֶנָּה. Both denoting intimacy, the former related as well to a dog. חֲרָאֵיהֶם is to be read צוֹאָתָם, שֵׁינֵיהֶם מֵימֵי רַגְלֵיהֶם.—[*Rashi* from *Megillah* 25b]

their urine—The *k'thib* is שֵׁינֵיהֶם, loose excrement. *The teeth of the large intestine. That is the intestine called tabahie in O.F. that stands on three teeth,* i.e. the glands of the rectum, which is held by three glands. They are called שִׁנַּיִם because they are shaped like teeth. *Rashi* in Kings suggests that it is an expression of excrement that comes about through the chewing of the teeth.

13. **the great king**—in contrast to the insignificant king, Hezekiah.—[*Malbim*]

It was common for the Assyrian monarchs to sign their names in this manner.—[*Antiquities* by Aaron Marcus, p. 168]

14. **deceive**—Heb. יַשִּׁיא, *mislead.*—[*Rashi*]

16. **"Make peace with me**—Heb. בְרָכָה, lit. a blessing. *Come out to me for peace and greet me and bring me a*

וְאִישׁ תְּאֵנָתוֹ וּשְׁתוּ אִישׁ מֵי־בוֹרוֹ׃
יז עַד־בֹּאִי וְלָקַחְתִּי אֶתְכֶם אֶל־אֶרֶץ
כְּאַרְצְכֶם אֶרֶץ דָּגָן וְתִירוֹשׁ אֶרֶץ לֶחֶם
וּכְרָמִים׃ יח פֶּן־יַסִּית אֶתְכֶם חִזְקִיָּהוּ
לֵאמֹר יְהוָֹה יַצִּילֵנוּ הַהִצִּילוּ אֱלֹהֵי הַגּוֹיִם
אִישׁ אֶת־אַרְצוֹ מִיַּד מֶלֶךְ אַשּׁוּר׃
יט אַיֵּה אֱלֹהֵי חֲמָת וְאַרְפָּד אַיֵּה אֱלֹהֵי
סְפַרְוָיִם וְכִי־הִצִּילוּ אֶת־שֹׁמְרוֹן מִיָּדִי׃
כ מִי בְּכָל־אֱלֹהֵי הָאֲרָצוֹת הָאֵלֶּה אֲשֶׁר־
הִצִּילוּ אֶת־אַרְצָם מִיָּדִי כִּי־יַצִּיל יְהוָֹה
אֶת־יְרוּשָׁלִַם מִיָּדִי׃ כא וַיַּחֲרִישׁוּ וְלֹא־
עָנוּ אֹתוֹ דָּבָר כִּי־מִצְוַת הַמֶּלֶךְ הִיא

גְּבַר מֵי גּוּבֵּהּ : יז עַד
מֵיתָא וְאַדְבַּר יָתְכוֹן
לַאֲרַע טָבָא כְּאַרְעֲכוֹן
אֲרַע עִבּוּר וַחֲמַר אֲרַע
חַקְלִין וְכַרְמִין : יח דִּלְמָא
יַטְעֵי יָתְכוֹן חִזְקִיָּה
לְמֵימַר יְיָ יְשֵׁיזְבִנָנָא
הֲשֵׁיזָבָא דַּחֲלַת עַמְמַיָּא
גְּבַר יָת אַרְעֵהּ מִיַּד
מַלְכָּא דְאַתּוּר : יט אָן
דַּחֲלַת חֲמָת וְאַרְפָּד אָן
דַּחֲלַת סְפַרְוָיִם וַאֲרֵי
שֵׁיזִבוּ יָת שֹׁמְרוֹן מִן יְדִי :
כ מַן בְּכָל דַּחֲלַת
מְדִינָתָא הָאִלֵּין דְּשֵׁיזִבוּ
יָת אַרְעֲהוֹן מִן יְדִי אֲרֵי
יְשֵׁיזֵיב יְיָ יָת יְרוּשְׁלֶם מִן
יְדִי : כא וּשְׁתִיקוּ וְלָא
אֲתִיבוּ יָתֵהּ פִּתְגָמָא אֲרֵי
תַּפְקֵידַת מַלְכָּא הִיא
למימר

תולדות אהרן

עד באי. סנהדרין לד : אלהי הארצות. מגלה יא חולין פט :

רש"י

(יז) אל ארץ כארצכם. אמר רבי שמעון בן יוחאי שוטה היה זה משל למלך כו' בספרי פרשת והיה עקב היה לו לומר אל ארץ יפה מארצכם אלא שלא היה יכול לספר בגנותה: (יט) וכי הצילו את שומרון מידי. ובני שומרון היו עובדים לאלהי ארם שכיניהם וחמת היא מארם:

מהר"י קרא

[ת']: (יט) איה אלהי חמת וארפד. ודע לך כי אלהי ע"ז לכל האומות דכת' ופסיליהם מירושלם ומשומרון. ואם אלהי אמת הן היה להציל את שומרון מיד מלך אשור:

מצודת דוד

את תאנתו וגו': ואכלו וגו'. ר"ל לא תהיו עוד כלואים בתוך העיר מבלי לצאת ללקוט פירות האילנות ולשאוב מי הבורות: (יז) ולקחתי. אקח אתכם משם להוליך אל ארץ טובה כארצכם כי כן היה דרכו להעביר את האומות שכבש מארצם לארץ אחרת: ארץ דגן. ארץ המגדל דגן: (יח) פן יסית. שמא יפתה אתכם: ההצילו. ר"ל דעו שאין ממש בדבריו כי האם הצילו וכו': איש. ר"ל כל אלוה: (יט) איה וגו'. ר"ל וכי היה בידם הכח להציל: וכי הצילו. וכי אלהי שמרון הצילו את שמרון מידי: (כ) מי בכל וגו'. ר"ל וכי מי מאלהי העמים הציל את ארצו מידי לשתחשובו שה' יציל

מצודת ציון

נ"ג): (יז) ותירוש. ענבי היין: (יח) יסית. מל' הסתה ופתוי: (כא) ויחרישו. שתקו:

Africa. [*Rashi,* Kings, from *Yerushalmi Sh'viith* 6:1]

a land of bread and vineyards— Lest we think that the land is replete with grain and wine through extensive import trade, like Tyre, Rabshakeh proceeded to clarify the matter, that this land is a land of bread and vineyards, a land that produces bread for its own grain and has its own vineyards.—[*Redak,* Kings, from *Jonathan*]

19. **Now did they save Samaria from my hand?**—*and the inhabitants of Samaria worshipped the gods of the Arameans, who were their neighbors, and Hamath is from Aram.*—[*Rashi*]

and each man of his fig tree, and each man will drink the water of his cistern. 17. Until I come and take you to a land like your land, a land of grain and wine, a land of bread and vineyards.' 18. Lest Hezekiah mislead you, saying, 'The Lord will save us.' Have the gods of the nations saved each one his land from the hand of the king of Assyria? 19. Where are the gods of Hamath and Arpad, where are the gods of Sepharvaim? Now did they save Samaria from my hand? 20. Who are they among all the gods of the lands who saved their land from my hand, that the Lord should save Jerusalem from my hand?" 21. And they remained silent and did not answer him even one word, for it was the king's order,

your land, and I will exile you there, for so is my wont, to transfer nations from land to land, as it is said: "(supra 10:13) *And I remove the boundaries of the peoples.*"—[*Rashi*]

17. **to a land like your land**—*Said Rabbi Shim'on ben Yochai: Was this one* (Sennacherib) *a fool? This is an example of a king, etc. in Sifre, parshath Ekev* (Deut. 7:12). *He should have said, "to a land better than your land, but he could not denigrate it.*—[*Rashi*] *Rashi,* II Kings 18:32, states: *He should have said, "to a land better than yours," since he came to entice them, but he knew that they would recognize that his statement was false.* In the Talmud (*San.* 94a) there is a dispute whether Sennacherib was a foolish king or a clever king. *Rashi* in Kings follows the one who says that he was a clever king. He knew that it would be more effective were he to praise his land over and above theirs. He knew, however, that they would not believe him were he to do so. Others claim that Sennacherib behaved foolishly by saying, "a land like your land," rather than "a land better than your land."

The Talmud states further that for refraining from denigrating the Holy Land, Sennacherib was rewarded with the title, "the great and noble Asenappar (Ezra. 4:10)." Even though he refrained from doing so in order to gain his own ends, he was, nevertheless, rewarded. This follows the view that Sennacherib was a clever king.—[*K'li Y'kar* on Kings]

Rabbi Shim'on, too, cannot conceive of the possibility that Sennacherib should be so foolish as to offer the people a land as good as their own, for that gives them no reason to follow him. It was only that he could not claim that his land was better since that would be an obvious lie. [*Sifrei d'vei Rav* by R. David Fardu]

a land of grain and wine—*This is*

לֵאמֹר לֹא תַעֲנֻהוּ׃ כב וַיָּבֹא אֶלְיָקִים
בֶּן־חִלְקִיָּהוּ אֲשֶׁר־עַל־הַבַּיִת וְשֶׁבְנָא
הַסּוֹפֵר וְיוֹאָח בֶּן־אָסָף הַמַּזְכִּיר אֶל־
חִזְקִיָּהוּ קְרוּעֵי בְגָדִים וַיַּגִּידוּ לוֹ אֵת
דִּבְרֵי רַבְשָׁקֵה׃ לז א וַיְהִי כִּשְׁמֹעַ
הַמֶּלֶךְ חִזְקִיָּהוּ וַיִּקְרַע אֶת־בְּגָדָיו
וַיִּתְכַּס בַּשָּׂק וַיָּבֹא בֵּית יְהוָה׃ ב וַיִּשְׁלַח
אֶת־אֶלְיָקִים אֲשֶׁר־עַל־הַבַּיִת וְאֵת ׀
שֶׁבְנָא הַסּוֹפֵר וְאֵת זִקְנֵי הַכֹּהֲנִים
מִתְכַּסִּים בַּשַּׂקִּים אֶל־יְשַׁעְיָהוּ בֶן־
אָמוֹץ הַנָּבִיא׃ ג וַיֹּאמְרוּ אֵלָיו כֹּה אָמַר
חִזְקִיָּהוּ יוֹם־צָרָה וְתוֹכֵחָה וּנְאָצָה
הַיּוֹם הַזֶּה כִּי־בָאוּ בָנִים עַד־מַשְׁבֵּר

תרגום

לְמֵימַר לָא תְתִיבוּנֵהּ׃ כב נְפַק אֶלְיָקִים בַּר חִלְקִיָה דִי מְמַנָא עַל בֵּיתָא וְשֶׁבְנָא סָפְרָא וְיוֹאָח בַּר אָסָף דִי מְמַנָא עַל דָכְרָנַיָא לְוַת חִזְקִיָה כַּד מְבַזְעִין לְבוּשֵׁיהוֹן וְחַוִיאוּ לֵיהּ יַת פִּתְגָמֵי רַבְשָׁקֵה׃ א וַהֲוָה כַּד שְׁמַע מַלְכָּא חִזְקִיָהוּ בְזַע יַת לְבוּשׁוֹהִי וְאִתְכַּסִי בְּסַקָא וְעַל לְבֵית מַקְדְשָׁא דַיְיָ׃ ב וּשְׁלַח יַת אֶלְיָקִים דִי מְמַנָא עַל בֵּיתָא וְיַת שֶׁבְנָא סָפְרָא וְיַת סָבֵי כַּהֲנַיָא כַּד מִכַסַן סַקַיָא לְוַת יְשַׁעְיָהוּ בַּר אָמוֹץ נְבִיָא׃ ג וַאֲמַרוּ לֵיהּ כִּדְנַן אֲמַר חִזְקִיָה יוֹם עָקָא וְתִיסוּדִין וְנִיאוּצָא יוֹמָא הָדֵין אֲרֵי אֲקִיפְתָּנָא עָקָא כְּאִתְּתָא דְיָתְבָא עַל מַתְבְּרָא וְחֵיל לֵית

ת״א קרועי בגדים . מ״ק כו סנהדרין ע: יום צרה . (שבת ח):

רש״י

(כב) קרועי בגדים. על שׁשמעו גידופי השם והיא כמו ברכת השם:

לז (ג) ותוכחה. (אפרוכמנ״ט בלע״ז) האויבים מוכיחים להשתבח בהצלחתם לאמר ידינו רמה ואין אלהים כאלהינו: כי באו בנים. בני ישראל בניו של הקב״ה: עד משבר וכח אין ללידה. עת צרה הדומה לאשה היושבת

מהר״י קרא קמץ בז״ק

לז (ג) כי באו בנים עד משבר. ומשעה שירד עד משבר שוב אין כח ללידה. משבר. הוא כסא שקורין סיל״א.

אבן עזרא לז אין לו פירוש:

מצודת ציון

לז (ג) ותוכחה. ענין ויכוח וברור דברים: ונאצה. ענין בזיון וכן נאצו האנשים (ש״א ב׳): משבר. מקום מושב

מצודת דוד

את ירושלים מידי: (כב) קרועי בגדים. על ששמעו דברי רבשקה המחרף ומגדף כלפי מעלה להדמותו לאלהי עמי הארצות: לז (א) ויתכס. כסה עצמו בשק דרך לער ואבל: (ג) ותוכחה. האויב מתווכח להשתבח בהצלחתו ואומר ידי רמה: ונאצה. מבזה את המקום בדברי חרוף: כי באו בנים. דימה בני הדור לאשה

ing, "We have power and strength."

Alternatively, this may be rendered as *reproof,* i.e. a day when the Almighty is reproving us, or that Rabshakeh is reproving us with his threats.—[*Redak* ibid.]

Jonathan renders: disgrace.

for the children have come—*The children of Israel, children of the Holy One, blessed be He.*—[*Rashi*]

as far as the birthstool and there is no strength to give birth—*It is a time of distress analogous to a woman sitting on the birthstool, and the fetus has no strength to come out.*—[*Rashi*] See *Rashi,* II Kings 19:3, for important variation.

to give birth—[*Jonathan*]. *Redak* (ibid.) renders: for the birth.

Just as in the case of a woman in

saying, "Do not answer him." 22. And Eliakim the son of Hilkiah who was appointed over the Temple and Shebna the scribe and Joah the son of Asaph the recorder, came to Hezekiah, with torn garments, and they related to him the words of Rabshakeh.

37

1. And it was when King Hezekiah heard, that he rent his garments, and covered himself with sackcloth, and came to the house of the Lord. 2. And he sent Eliakim who was appointed over the Temple, and Shebna the scribe and the elders of the priests, covered with sackcloth, to Isaiah the son of Amoz, the prophet. 3. And they said to him, "So has Hezekiah said, 'This day is a day of distress, proof and blasphemy, for the children have come as far as the birthstool

22. **with torn garments**—*Because they heard blasphemies of the Name of God, and that is tantamount to cursing the Name.*—[*Rashi* from *San.* 60a]

The Talmud learns from here that if one hears God's Name blasphemed, he is required to rend his clothing and never completely repair the rend. This applies only if one hears blasphemy from a Jew, not from a non-Jew. Rabshakeh was, as mentioned above, an apostate Jew. Therefore, his blasphemy required rending the garments.

His blasphemy consisted of his comparing God to pagan deities by saying that He would not be able to save Jerusalem anymore than they were able to save their worshippers.—[*Redak,* 2 Kings 18:37]

1. **that he rent his garments**—since his emissaries reported to him that Rabshakeh had blasphemed the Name of God.—[*Redak,* II Kings 19:1 from *San.* ad loc.]

and covered himself with sackcloth—to mortify himself, so that God would pity him and his people.—[*Redak,* II Kings ibid.]

Alternatively, this was a manifestation of pain and mourning.—[*Mezudath David*]

3. **proof**—*(Aprobement in O.F.) The enemies show evidence to praise themselves with their success, saying, "Our hand has overpowered* (lit. *has become high*), *and there is no God (like our god).*"—[*Rashi*]

Rashi in Kings renders: debate—*that the wicked are debating and showing evidence to their words, say-*

וְכֹחַ אַיִן לְלֵדָה: ד אוּלַי יִשְׁמַע יְהוָה
אֱלֹהֶיךָ אֵת ׀ דִּבְרֵי רַבְשָׁקֵה אֲשֶׁר
שְׁלָחוֹ מֶלֶךְ־אַשּׁוּר ׀ אֲדֹנָיו לְחָרֵף
אֱלֹהִים חַי וְהוֹכִיחַ בַּדְּבָרִים אֲשֶׁר שָׁמַע
יְהוָה אֱלֹהֶיךָ וְנָשָׂאתָ תְפִלָּה בְּעַד
הַשְּׁאֵרִית הַנִּמְצָאָה: ה וַיָּבֹאוּ עַבְדֵי
הַמֶּלֶךְ חִזְקִיָּהוּ אֶל־יְשַׁעְיָהוּ: ו וַיֹּאמֶר
אֲלֵיהֶם יְשַׁעְיָהוּ כֹּה תֹאמְרוּן אֶל־
אֲדֹנֵיכֶם כֹּה ׀ אָמַר יְהוָה אַל־תִּירָא
מִפְּנֵי הַדְּבָרִים אֲשֶׁר שָׁמַעְתָּ אֲשֶׁר
גִּדְּפוּ נַעֲרֵי מֶלֶךְ־אַשּׁוּר אוֹתִי: ז הִנְנִי
נוֹתֵן בּוֹ רוּחַ וְשָׁמַע שְׁמוּעָה וְשָׁב אֶל־

לֵית לַהּ לְמֵילַד: ד מָאִים
שְׁמִיעַ קֳדָם יְיָ אֱלָהָךְ יָת
פִּתְגָמֵי רַבְשָׁקֵה דְשַׁלְחֵהּ
מַלְכָּא דְאַתּוּר רִבּוֹנֵהּ
לְחַסָדָא עַמָא דַיְיָ קַיָמָא
וְיַעְבֵּיד פּוּרְעֲנוּתָא עַל
כָּל פִּתְגָמַיָא דִשְׁמִיעִין
קֳדָם אֱלָהָךְ וְתִתְחַנֵן
בִּצְלוֹ עַל שְׁאָרָא
דְאִשְׁתְּאַר: ה וַאֲתוֹ
עַבְדֵי מַלְכָּא חִזְקִיָה לְוַת
יְשַׁעְיָה: ו וַאֲמַר לְהוֹן
יְשַׁעְיָה כְּדֵין תֵּימְרוּן
לְרִיבּוֹנְכוֹן כִּדְנַן אֲמַר יְיָ
לָא תִדְחַל מִן קֳדָם
פִּתְגָמַיָא דִי שְׁמַעְתָּא
דְחַסְדוּ עוּלֵימֵי מַלְכָּא
דְאַתּוּר קֳדָמַי: ז הָא אֲנָא
יָהֵיב בֵּיהּ רוּחָא וְיִשְׁמַע
בְּשׂוֹרָא וִיתוּב לְאַרְעֵהּ
ואפלינה

רש"י

על המשבר ואין כח לולד לצאת: (ד) והוכיח בדברים. הגיד כחו והראה הצלחתו. והוכיח(איספרוכי"ר בלע"ז): (ז) ושמע שמועה. מיד זו שמועת תרהקה מלך כוש ומתוך כך ילך מעליכם הפעם הזאת להלחם עם תרהקה ואין זו שיבה לארצו ואח"כ ישוב הלום ואני עתיד להשיבו

מהר"י קרא

שמושיבין אותה בשעה שתקרב ללדת: (ד) והוכיח בדברים. והראה פנים לדבריו שהצליח בכל אשר ילך: (ז) הנני נותן בו רוח ושמע שמועה. מה שמועה שמע. וישמע אל תרהקה מלך כוש לאמר יצא להלחם אתך: ושב. והפלתיו בחרב בארצו. הה"ד ויסע וילך וישב סנחריב מלך אשור וישב בנינוה. ויהי הוא משתחוה בית נסרוך אלהיו ואדרמלך ושראצר בניו הכהו

מצודת דוד

הכורעת ללדת בנים ויושבת על המשבר ואין בה כח להוליד הבנים: (ד) אולי ישמע ה'. הלואי יתן לב לשמוע: והוכיח. שתווכח בדברים כאשר שמע ה': ונשאת. כאומר לזה שאלתי מעמך שתשא תפלה לה': השארית הנמצאה. שארית ישראל הנמצא בירושלים כי כבר כבש ערי הבצורות שביהודה: (ז) נותן בו רוח. אעיר רצונו ללכת מפה כאשר ישמע שמועה היא שמועת תרהק' מלך

מצודת ציון

היולדת וכן במשבר בנים (הושע י"ג): (ד) אולי. הלואי וכן אולי יראה ה' בעניי (ש"ב ט"ז): והוכיח. נתווכח: (ו) גדפו. חרפו: (ז) רוח. רצון כמו אל אשר יהיה שמה הרוח ללכת (יחזקאל א'):

“(45:14) The toil of Egypt and the merchandise of *Cush . . . will pass by you . . .*”—[*Rashi*, II Kings 19:7]

Redak (ibid.) explains that the clause, “and he will return to his land,” refers to Sennacherib’s return to Assyria to defend it against Tirhakah, king of Cush. His ultimate downfall, i.e. his assassination, however, would take place after his miraculous defeat outside Jerusalem, and his shameful return to his

return him to his land and to cause him to fall there by the sword.—[*Rashi*]

He heard that Tirhakah had gone out to wage war against him. Consequently, he withdrew from Jerusalem and went to Cush, and waged war with Tirhakah and Put and Egypt, who were with him. He defeated him and took their most coveted treasures, and came to Jerusalem, where he fell. In reference to this, Isaiah stated,

and there is not strength to give birth. 4. Perhaps the Lord your God will take note of the words of Rabshakeh whom the king of Assyria, his master, sent to blaspheme the living God, and he brought proof with the words that the Lord your God heard, and you shall offer up a prayer for the remnant that is found.'" 5. And King Hezekiah's servants came to Isaiah. 6. And Isaiah said to them, "So shall you say to your master, 'So has the Lord said, "Have no fear of the words you have heard, that the servants of the king of Assyria have blasphemed Me. 7. Behold I will imbue him with a desire, and he will hear a rumor and return to

labor, when the fetus comes to the birth canal, her pains become the strongest, and if she has no strength to give birth, she will have no relief from them, so are we experiencing a great distress, and we have no way of extricating ourselves therefrom unless God helps us.—[*Redak* ibid.]

4. **Perhaps**—[*Jonathan*]. Others render: If only [*Mezudoth*]. See *Rashi,* Gen. 50:15.

to blaspheme the living God—by saying, "Will the Lord save Jerusalem from my hand?" *Jonathan* paraphrases: to disgrace the *people* of the living God.—[*Redak* ibid.]

and he brought proof with the words—Heb. וְהוֹכִיחַ. *He told his strength and showed his success.* The word וְהוֹכִיחַ *is éprobér in O.F., to prove.*—[*Rashi*]

I.e. he proved with his blasphemous words that God would not save Jerusalem.—[*Ralbag, Redak,* ibid.]

Alternatively, and may He castigate for the words that the Lord your God has heard.—[*Jonathan, Redak,* ibid.]

that is found—in Jerusalem, for all the other fortified cities had already been conquered.—[*Mezudath David*]

6. **the servants**—Heb. נַעֲרֵי, usually youths.—[*Redak, Ralbag* ibid.]

The emissaries were actually high officials, not properly referred to as servants or youths. God commanded Hezekiah not to respect their exalted position, but to look at them as mere servants or youths.—[*Daath Soferim,* II Kings 19:6]

7. **I will imbue him with a desire**—lit. I will place a spirit in him. The word רוּחַ, *spirit,* is often used in the sense of desire. See Ezekiel 1:12.—[*Mezudoth*]

and he will hear a rumor—*immediately. This is the rumor of Tirhakah, king of Cush, because of which he will leave you this time to battle with Tirhakah, but this is not the return to his land. Afterwards he will return here, and I am destined to*

אַרְצוֹ וְהִפִּלְתִּיו בַּחֶרֶב בְּאַרְצוֹ: ח וַיָּשָׁב
רַבְשָׁקֵה וַיִּמְצָא אֶת־מֶלֶךְ אַשּׁוּר נִלְחָם
עַל־לִבְנָה כִּי שָׁמַע כִּי נָסַע מִלָּכִישׁ:
ט וַיִּשְׁמַע עַל־תִּרְהָקָה מֶלֶךְ־כּוּשׁ לֵאמֹר
יָצָא לְהִלָּחֵם אִתָּךְ וַיִּשְׁמַע וַיִּשְׁלַח
מַלְאָכִים אֶל־חִזְקִיָּהוּ לֵאמֹר: י כֹּה
תֹאמְרוּן אֶל־חִזְקִיָּהוּ מֶלֶךְ־יְהוּדָה
לֵאמֹר אַל־יַשִּׁאֲךָ אֱלֹהֶיךָ אֲשֶׁר אַתָּה
בּוֹטֵחַ בּוֹ לֵאמֹר לֹא תִנָּתֵן יְרוּשָׁלִַם בְּיַד
מֶלֶךְ אַשּׁוּר: יא הִנֵּה | אַתָּה שָׁמַעְתָּ אֲשֶׁר
עָשׂוּ מַלְכֵי אַשּׁוּר לְכָל־הָאֲרָצוֹת
לְהַחֲרִימָם וְאַתָּה תִּנָּצֵל: יב הַהִצִּילוּ

תרגום

ואפלינה בחרבא בארעה: ח ותב רבשקה ואשכח ית מלכא דאתור מגיח קרבא על לבנה ארי שמע ארי נטל מלכיש: ט ושמע על תרהקה מלכא דכוש למימר נפק לאגחא קרבא עמך ושמע ושלח אזגדין לות חזקיה למימר: י כדין תימרון לחזקיהו מלך שבטא דבית יהודה למימר לא יטעינך אלהך די את רחיץ ביה למימר לא תתמסר ירושלם ביד מלכא דאתור: יא הא את שמעתא דעבדו מלכי אתור לכל מדינתא לגמרותהון ואת מדמי לאשתיזבא: יב השיזבא יתהון

רש"י

לארצו ולהפילו שם בחרב: (ט) וישמע. מלך אשור: על תרהקה. לאמר. יצא תרהקה להלחם אתך: וישמע וישלח מלאכים. אין וישמע השני כמו וישמע הראשון הראשון לשון שמועה והשני לשון קבלה קיבל דברי השלוחים וייטבו בעיניו לתת לב להסתלק מעל ירושלים להלחם תחלה עם כוש: וישלח מלאכים אל חזקיהו. להודיע שאינו

מצודת ציון

(י) ישיאך. יסית ויפתה אותך:

מצודת דוד

כוש: וישב אל ארצו. סוף הדבר יהיה שישוב אל ארצו בפחי נפש ובארצו אפיל אותו בחרב: (ח) כי שמע וגו'. ולזה הלך לבקשו כאשר ימצא ומצאו נלחם על לבנה: (ט) על תרהקה. על אודות תרהקה: וישמע. קבל דבריו והוטב בעיניו להלחם עמו תחלה: וישלח מלאכים. בלה שוב לומר שאינו מסתלק לגמרי כ"א על מנת לשוב: (יא) ואתה תנצל. וכי אתה תנצל בתמיה: (יב) ההצילו

the Lord inspired Sennacherib to bring all his captives to Jerusalem, in order to frighten the Jews more intensely. (Perhaps then they would turn more readily to God and repent of their transgressions.)

9. **And he heard**—i.e. *the king of Assyria.*—[*Rashi*]

And he heard, and he sent emissaries—*The second 'and he heard' is not like the first 'and he heard.' The first is an expression of hearing, and the second is an expression of accepting. He accepted the report of the messengers, and it appealed to him to give thought to withdraw from Jerusalem to fight first with Cush.*—[*Rashi*]

and he sent emissaries to Hezekiah—*to notify* [him] *that he was not withdrawing completely, but with the intention of returning.*—[*Rashi*]

to Hezekiah—not to the people. Sennacherib, in his arrogance, did not appeal to the people. He felt that they were to be vanquished and humbled, not appealed to. It appears that Rabshakeh's appeal was his own fabrication, not Senna-

his land, and I will cause him to fall by the sword in his land.'"
8. And Rabshakeh returned and found the king of Assyria
waging war against Libnah, for he heard that he had left
Lachish. 9. And he heard about Tirhakah the king of Cush,
saying, "He has gone out to wage war against you." And he
heard, and he sent emissaries to Hezekiah, saying, 10. "So
shall you say to Hezekiah the king of Judah, saying, 'Let your
God, in Whom you trust, not delude you, saying, 'Jerusalem
shall not be given into the hand[s] of the king of Assyria.'
11. Behold you have heard what the kings of Assyria have done
to all the lands to destroy them. Now will you be saved?

land. This is not mentioned here.

return to his land—of his own volition, lest the Jews believe that it was their military power that caused him to withdraw.—[*Daath Soferim,* II Kings 19:7]

Alternatively, he alone will return to his land without his massive army. Here the prophet alludes to Sennacherib's miraculous defeat, when the angel smites his camp and leaves them all corpses.—[*Abarbanel*]

8. **against Libnah**—another Judean city. Some say that he encountered Tirhakah in Libnah and vanquished him there.—[*Abarbanel*]

According to them, verses 8 and 9 are not in chronological order, since Sennacherib went to Libnah after he heard the rumor of Tirhakah. We may, however, render: And he had heard a rumor concerning *Tirhakah* . . . Additionally, according to this interpretation, he did not return to his land to wage war with Tirhakah. See *Rashi,* v. 9. *Redak's* interpretation of v. 7 cannot conform with that view.

Now, why did God lure Sennacherib away from Jerusalem and not cause his immediate downfall then and there? *Ralbag* (2 Kings 19:8) replies that God wished to give the besieged Jerusalemites an opportunity to leave the city in order to obtain food and other necessities.

Redak (ibid.) explains that Sennacherib was lured to battle Cush and Egypt so that the Jews would benefit from the plunder of these nations. Moreover, God wished to demonstrate to the Cushites and the Egyptians the wonders He would perform for His beloved people. He wished to show them that the mighty armies that had vanquished them and many other nations, would be destroyed instantly with the aid of neither sword nor spear, but by means of a divinely visited plague. Moreover,

יתהון דחלת עממיא
דחבילו אבהתי ית
גוזן וית חרן ורצף
ובני עדן דבתלשר:
יג אן מלכא דחמת
ומלכא דארפד ומלכא
דלקרתא ספרוים הלא
טלטלינון ואגליאינון:
יד ונסיב חזקיה ית
אגרתא מיד אזגדיא
וקרא חדא מנהון וסליק
לבית מקדשא דיי
ופרסה חזקיה קדם יי:
טו וצלי חזקיה קדם יי
למימר: טז יי אלהא
צבאות אלהא דישראל
דשכינתה שריא עיל מן
כרוביא אתה הוא יי
ולית בר מנך לכל
מלכות ארעא את
עבדת ית שמיא וית
ארעא: יז גלי קדמך יי
ודון ושמיע קדמך יי
ואתפרע ועביד פורען
על כל פתגמי סנחריב
דשלח

אותם אלהי הגוים אשר השחיתו
אבותי את גוזן ואת חרן ורצף ובני
עדן אשר בתלשר: יג איה מלך חמת
ומלך ארפד ומלך לעיר ספרוים הנע
ועוה: יד ויקח חזקיהו את הספרים מיד
המלאכים ויקראהו ויעל בית יהוה
ויפרשהו חזקיהו לפני יהוה: טו ויתפלל
חזקיהו אל יהוה לאמר: טז יהוה
צבאות אלהי ישראל ישב הכרבים
אתה הוא האלהים לבדך לכל
ממלכות הארץ אתה עשית את
השמים ואת הארץ: יז הטה יהוה
אזנך ושמע פקח יהוה עינך וראה
ושמע את כל דברי סנחריב אשר

קמץ בז"ק

רש"י

מסתלק לגמרי אלא ע"מ לשוב: (יב) עדן. שם מלכות כמה דאת אמר (יחזקאל כ"ז) חרן וכנה ועדן: (יג) הנע ועוה. הניעהו ועוהו מלך אשור החריבם וטלטל' ממקומם:

מהר"י קרא

בחרב: (יג) ועוה. לשון תפוצה. [כמו] ועוה פניה והפיץ יושביה: (טז) אתה [הוא] האלהים [לבדך] לכל ממלכות הארץ. אבל אלהי הגוים הנזכרים למעלה אין בהם ממש לפיכך לא

רד"ק

(יד) ויקראהו. כל אחד ואחד מן הספרים וכן הוא במלכים ויקראה וכן אמר ויפרשהו וי"ת ויקראהו וקרא חד מנהון. וא"א

מצודת דוד

אותם. וכי אלהי הגוים הצילו את הגוים: (יג) לעיר ספרוים. לפי שהיתה גדולה וחשובה אמר בה לעיר: הנע ועוה. הניעם ממקומם והעקימם: (יד) את הספרים. כי שלח הדברים ההם בספר: ויפרשהו. פרש כל אחת ואחת: (טו) הכרובים. שעל הכפורת אשר על הארון וכאומר ואיך א"כ תמסור בידו את ירושלים ויבואו הכרובים ביד לך: (יז) וראה. דברי הספרים: אשר שלח. ביד מלאכיו:

מצודת ציון

(יג) הנע. מלשון הנעה: ועוה. מל' עוות ועקום: (יז) פקח. פתח כמו הפקח את עיני (זכריה י"ב):

sible that the other letters contained the entire argument presented by Rabshakeh. The author is concerned, however, only with the one blasphemous letter, which Hezekiah spread out before the Almighty to pray for His honor. In order to reconcile the difference between the text of Kings and the text of Isaiah, we may deduce that Hezekiah merely skimmed through the other letters, hence the plural, devoting his attention only to the one blasphemous letter, hence the singular. Perhaps the author of Isaiah is not interested in what he did with the

12. Did the gods of the nations whom my forefathers destroyed—Gozan and Haran and Rezeph and the children of Eden which is in Telashar—save them? 13. Where are the king of Hamath and the king of Arpad and the king of the city of Sepharvaim? He exiled [them] and he twisted [them]!" 14. And Hezekiah took the letters from the hand of the messengers and read it; he went up to the house of the Lord, and Hezekiah spread it out before the Lord. 15. And Hezekiah prayed before the Lord, saying, 16. "O Lord of Hosts, God of Israel, Who dwells between the cherubim, You alone are the God of all the kingdoms of the earth. You made the heavens and the earth. 17. O Lord, incline Your ear and listen, O Lord, open Your eyes and see, and listen to all the words of Sennacherib, who

cherib's orders. (See above 36:17.) Additionally, Rabshakeh added his appeal to Hezekiah to abandon his reliance upon Egypt and upon his own military prowess. Sennacherib attempted only to destroy Hezekiah's reliance on Divine Providence.—[*Abarbanel*]

12. **Eden**—*the name of a kingdom, as it is stated* (Ezekiel 27:23): *"Haran and Canneh and Eden."*—[*Rashi*]

13. **Where are the king of Hamath and the king of Arpad**—In addition to destroying the nations who worshipped these deities, the kings were unable to resist the power of Assyria. And as evidence, where are the king of Hamath and the king of Arpad. . .?—[*Redak,* II Kings 19:13].

the city of Sepharvaim—i.e. the metropolis of Sepharvaim, the largest city of the nation.—[*Redak* ibid.]

He exiled [them] and twisted [them]—Heb. וְעִוָּה הֵנַע. *The king of Assyria exiled him and twisted him; he destroyed them and exiled them from their place.*—[*Rashi*] He scattered them.—[*Kara*]

Others take Hena and Ivvah as proper nouns, names of deities or provinces. [*Redak and Ralbag,* II Kings 18:34]

14. **and read it**—Each one of the letters, as in Kings' 'and he read them.' *Jonathan* renders: And he read one of them, viz. the one containing the blasphemous statements. The same applies to 'and he spread it out.'—[*Redak,* quoting his father]

Since this letter blasphemed the Name of God, he spread it out in the house of God.—[*Abarbanel*]

Obviously, Hezekiah was concerned only with the letter that blasphemed God, not with the other letters, those that belittled his military prowess. According to this, it is pos-

שלח לחרף אלהים חי: יח אמנם יהוה
החריבו מלכי אשור את־כל־הארצות
ואת־ארצם: יט ונתן את־אלהיהם
באש כי לא אלהים המה כי אם־
מעשה ידי־אדם עץ ואבן ויאבדום:
כ ועתה יהוה אלהינו הושיענו מידו
וידעו כל־ממלכות הארץ כי־אתה
יהוה לבדך: כא וישלח ישעיהו בן־
אמוץ אל־חזקיהו לאמר כה־אמר יהוה
אלהי ישראל אשר התפללת אלי אל־
סנחריב מלך אשור: כב זה הדבר אשר־

תרגום

דשלח לחסדא עמא דיי
קימא: יח בקושטא יי
אחריבו מלכי אתור ית
כל מדינתא וית
ארעהון: יט ומוקדין ית
טעותהון בנורא ארי לא
טען דאית בהון צרוך
אינון אלהין עובד ידי
אנשא אעא ואבנא
ואבדונון: כ וכען יי
אלהנא פרוקנא מן
ידה וידעון כל מלכות
ארעא ארי את יי לית
בר מנך: כא ושלח
ישעיה בר אמוץ לות
חזקיה למימר כדנן
אמר יי אלהא דישראל
דבעיתא מן קדמי על
סנחריב מלכא דאתור:
כב דין פתגמא די מליל
יי עלוהי מבסרא עלך
מטיקא עלך מלכות

מהר"י קרא

הצילו את ארצם מיד מלך אשור: (יח) אמנם ה' החריבו מלכי אשור. את כל מלכי הגוים ואת ארצם: (כ) וידעו כל ממלכות הארץ. שלא הצילום אלהיהם. ואתה הצלת: כי אתה ה' לבדך.

רש"י

(יח) **אמנם ה'.** אמת הוא כי החריבו מלכי אשור: **את כל הארצות ואת ארצם.** הארצות (ראשי) המדינות ואת (ארצם) ארץ הסמוכה להם ערי הממלכה אשר הנה ראש למדינות קורא ארצות ושאר המחוזות אשר סביבותיהם קורא ארצם ובספר (מלכים ב' י"ט) כתוב את הגוים ואת ארצם ולשון אחד הוא: (יט) **ונתון.** כמו ונתון אותו על כל ארץ מצרים (בראשית מ"א) לשון פעול אמור זכור (דונג"ש בלע"ז): **עץ ואבן.** הם לפיכך לא היה בהם כח ויאבדם מלך אשור:

רד"ק

ז"ל פי' ויקראהו ויפרשהו על הספר שהית בו גדוף האל: (יח) **את כל הארצות ואת ארצם.** כתרגומו ית מדינתא וית ארעהון. ר"ל המדינות והכפרים:

מצודת דוד

(יח) אמנם ה'. אתה ה' הנה אמת הוא שהחריבו את הגוים: **את כל הארצות.** הם ערי הממלכה: **ואת ארצם.** הם שאר המחוזות: (יט) **כי לא אלהים המה.** אבל כל זה היה בעבור שאין בהם אלהות ולזה אבדום: (כא) **אשר התפללת.** בעבור הדבר אשר התפללת אלי: **אל סנחריב.** על סנחריב: (כב) **עליו.** על סנחריב: **בזה לך.** בת ציון תבזה אותך ותלעג

They were committed to fire because they are not gods . . . therefore, they destroyed them.—[*Mezudath David*]

In contrast to the "living God" of Israel, Whom Sennacherib blasphemed (v. 17).—[*Abarbanel*]

wood and stone—*are they; therefore, they had no power, and the king of Assyria destroyed them.*—[*Rashi*]

sent to blaspheme the living God. 18. Indeed, O Lord, the kings of Assyria have destroyed all the countries and their land. 19. And committing their gods to fire, for they are not gods, but the handiwork of man, wood and stone, and they destroyed them. 20. And now, O Lord our God, deliver us from his hand, so that all the kingdoms of the earth may know that You are the Lord alone." 21. And Isaiah the son of Amoz sent to Hezekiah, saying, "So has the Lord God of Israel said, 'What you prayed to me concerning Sennacherib, king of Assyria—22. This is the word that

other letters. The important point here is that Hezekiah read the one letter in which Sennacherib blasphemed the Name of God.

16. **God of Israel**—Since You are God of Israel, it is proper that You take pity on Your people Israel.—[*Abarbanel*]

Who dwells between the cherubim—Since Your Shechinah dwells between the cherubim in the Holy of Holies, how can You permit Sennacherib to destroy it?—[*Abarbanel*]

You alone are the God of all the kingdoms of the earth—and Sennacherib is not the "great king" he calls himself.—[*Abarbanel*]

You made the heavens and the earth—from absolutely nothing. Destroying Sennacherib with his hosts presents no difficulty for You.—[*Abarbanel*]

17. **who sent**—through his messengers.—[*Mezudath David*]

This refers to Rabshakeh and his colleagues.—[*Abarbanel*]

18. **Indeed, O Lord**—*It is true that the kings of Assyria destroyed*—**all the countries and their land**—*'The countries' refers to the (capitals) of the provinces, 'and (their land' refers to) the land near them, the royal cities, which are the heads of the provinces, he calls 'countries' and the remaining regions surrounding them he calls 'their land.' And in the Book of II Kings* (19:7) *it is written: "the nations and their land." It has, however, one meaning.*—[*Rashi*]

Abarbanel takes 'their land' to mean 'the land of Assyria itself.' *Redak*: the cities and the villages.

19. **And committing**—Heb. וְנָתֹן. *Comp.* "(Gen. 41:43) *And appointing* (וְנָתוֹן) *him over all the land of Egypt, an expression of the infinitive. Comp. 'saying'* (אָמוֹר), *'remembering'* (זָכוֹר), *(donnant in French, giving).*—[*Rashi*]

for they are not gods—i.e. they have no power.—[*Jonathan*]

דִּבֶּר יְהוָה עָלָיו בָּזָה לְךָ לָעֲגָה לָךְ
בְּתוּלַת בַּת־צִיּוֹן אַחֲרֶיךָ רֹאשׁ הֵנִיעָה
בַּת יְרוּשָׁלָםִ׃ כג אֶת־מִי חֵרַפְתָּ וְגִדַּפְתָּ
וְעַל־מִי הֲרִימוֹתָה קּוֹל וַתִּשָּׂא מָרוֹם
עֵינֶיךָ אֶל־קְדוֹשׁ יִשְׂרָאֵל׃ כד בְּיַד
עֲבָדֶיךָ חֵרַפְתָּ ׀ אֲדֹנָי וַתֹּאמֶר בְּרֹב
רִכְבִּי אֲנִי עָלִיתִי מְרוֹם הָרִים יַרְכְּתֵי
לְבָנוֹן וְאֶכְרֹת קוֹמַת אֲרָזָיו מִבְחַר
בְּרֹשָׁיו וְאָבוֹא מְרוֹם קִצּוֹ יַעַר כַּרְמִלּוֹ׃

אני

תרגום

כְּנִשְׁתָּא דְצִיּוֹן בָּתְרָךְ
רֵישֵׁיהוֹן מְנִידִין עַמָּא
דְבִירוּשְׁלֵם׃ כג יָת מַן
חַסֵּדְתָּא וְיָת מַן
אִתְרַחַבְתָּא וְקֳדָם מַן
אֲרֵימְתָא קָלָא וּזְקַפְתָּא
לְרוּמָא עֵינָךְ וַאֲמַרְתָּא
מִלִּין דְּלָא כַשְׁרִין קֳדָם
קַדִּישָׁא דְיִשְׂרָאֵל׃
כד בְּיַד עַבְדָּךְ חַסֵּדְתָּ
עַמָּא דַיָי וַאֲמַרְתְּ
בִּסְגִיאוּת רְתִיכַי אֲנָא
סְלֵקִית לִתְקוֹף כְּרַכֵּיהוֹן
וְאַף אֵיחוּד בֵּית
מַקְדְּשֵׁהוֹן וְאֶקְטוֹל שְׁפַר
גִּבָּרֵיהוֹן מִבְחַר
שִׁלְטוֹנֵיהוֹן וְאֶכְבּוֹשׁ
קִרְיַת תּוּקְפֵיהוֹן וְאֶשֵּׁיצֵי
סַגִּי

ת״א מרום קצו. סנהדרין לד:

רש״י

(כד) מרום הרים. הר הבית: ירכתי לבנון. בית המקדש: ואכרות קומת ארזיו. לא אלך לארצי עד אשר אחריבנו: קצו. סופו: יער כרמילו. טוב שבחו וכובד

מהר״י קרא

ובידך יכולת: (כב) אחריך ראש הניעה. שהניע ראשו על יושבי ירושלם לאמר. הזאת העיר שהרגשתי עליה כל ממלכות וממשלת ידי. והלא חלשה היא מכל ממלכות שכבשתי: (כד) ברוב רכבי אני עליתי. ראיתי לבנון עומד במרום הרים מלא ארזים ועצי ברושים ואביא עליו חוצבים הרבה ואעל ההרת אל ירכתי לבנון מצד זה. ואכרות קומת ארזיו ומבחר ברושיו. לא זזתי כורת ועולה כיסח ונכנס עד שבאתי מרום קצו מצד שני. מליצת המשל ופת׳. שאספתי חיל כל הגוים אל תחת ידי. לא זזתי כובש והולך עד שכבשתי מסוף העולם ועד סופו. ואסיר גבולות עמים. כזה שנכנס ללבנון וכורת קומת ארזיו ומבחר ברושיו (ונכנסתי) [ונכנס] מצד זה ויצא מצד אחר:

מצודת דוד

עליך (וקראה בתולה על כי לא נכבשה מעולם ולא באה ברשות אחר כבתולה שלא באה ברשות הבעל) וכן בתולת בת ציון (לעיל כג): אחריך. אחרי מפלתך תניע בראשה בדרך לעג: (כג) את מי. למה לא שמת על לבך להבין את מי חרפת: מרום. לרום רקיע: (כד) מרום הרים. זה הר הבית: ירכתי לבנון. בסוף יער הלבנון מקום הארזי׳ הגבוהים: קומת ארזיו. ר״ל השרים והגבורי׳: מרום קיצו.

מצודת ציון

(כד) כרמלו. מקום שדות וכרמים משובחים קרוי כרמל:

the people, and figuratively, whiten them, as in the words of the prophet, "(1:18) If your sins will be like scarlet, they will become white as snow."

and I will cut down its tallest cedars—*I will not go to my land until I destroy it.*—[*Rashi*]

its remotest height—lit. the height of *its end.*—[*Rashi*]

its farmland forest— *The best of its praise and the intensity of its strength.*—[*Rashi*]

Hence, *Rashi* explains the entire verse as referring to the Temple. For other interpretations, as well as the difference between our text and that of Kings, see Commentary Digest, 2 Kings 19:23.

the Lord has spoken about him: 'The virgin daughter of Zion has despised you and has mocked you. The daughter has shaken her head at you. 23. Whom have you reviled and blasphemed, and upon whom have you raised [your] voice? And you have lifted your eyes on high against the Holy One of Israel. 24. Through your servants you have reviled the Lord, and you said, "With my many chariots I have ascended to the heights of mountains, to the end of the Lebanon, and I will cut down its tallest cedars, its choice cypresses, and I will come to its remotest height, to its farmland forest.

22. **The virgin daughter of Zion**—the kingdom of the community of Zion—[*Jonathan*]

Zion is like a virgin, never having been conquered by a foreign power.—[*Mezudath David*]

has despised you and has mocked you—You, Sennacherib, should know that, although you have threatened Jerusalem, its inhabitants are mocking you, as one who boasts of future achievements when his listener knows that he will die that day. He will mock him and shake his head at him.—[*Abarbanel*]

This was a message to the people to forget their fears and to expect God's salvation from the threat of Assyrian conquest.—[*Ralbag*, 2 Kings 19:21]

The daughter of Jerusalem—the people of Jerusalem.—[*Jonathan*]

23. **Whom have you reviled and blasphemed**—It is not necessary to answer you on behalf of the people of Jerusalem, for they mock you. However, it is necessary to answer you concerning your blasphemies. Not only have you reviled and blasphemed Me . . . [*Abarbanel*]

And you have lifted your eyes on high—Your expressions and gesticulations have compounded your crime.—[*Abarbanel*]

Why have you not given thought Who it was Whom you reviled?—[*Mezudath David*]

24. **Through your servants you have reviled the Lord**—Not only have *you* blasphemed, but you have sent others to commit the same sin.—[*Abarbanel*]

to the heights of mountains—*the Temple mount.*—[*Rashi*]

to the end of the Lebanon—*the Temple.*—[*Rashi*] In Kings, *Rashi* adds: *which whitens the sins* (Heb. מְלַבִּין). See *Gittin*, 56b, *Rashi* ad loc.

The sacrifices offered up in the Temple would atone for the sins of

כה אֲנִי קַרְתִּי וְשָׁתִיתִי מָיִם וְאַחְרִב
בְּכַף־פְּעָמַי כֹּל יְאֹרֵי מָצוֹר: כו הֲלוֹא־
שָׁמַעְתָּ לְמֵרָחוֹק אוֹתָהּ עָשִׂיתִי מִימֵי
קֶדֶם וִיצַרְתִּיהָ עַתָּה הֲבֵאתִיהָ וּתְהִי
לְהַשְׁאוֹת גַּלִּים נִצִּים עָרִים בְּצֻרוֹת:

תרגום

סַגִי מַשִׁרְיָתְהוֹן: כה אֲנָא הֲוֵיתִי חֲפֵיר גוּבִין וְשָׁתֵי מַיִן וּטְפָחֵית בְּפַרְסַת רִגְלֵי עַמָּא דְעִמִּי כָּל מֵי נַהֲרִין עֲמִיקִין: כו הֲלָא שְׁמַעְתָּא מִלְקַדְמִין מָא עֲבָדִית לְפַרְעֹה מַלְכָּא דְמִצְרַיִם וְאַף עֲלָךְ אִתְנַבִּיאוּ נְבִיֵי יִשְׂרָאֵל וְלָא תַבְתָּא וְדָא חֲזָיָא קֳדָמַי מִיוֹמֵי קֳדָם לְמֶעְבַּד לָךְ וְאַף אַתְקֵנְתָּא כְּעַן אַיְתֵיתָהּ וְדָא הֲוָת לָךְ לְתַקְלָא עַל דַהֲוָאָה קֳדָמָךְ כְּאִתְרְגוּשַׁת גַלִין דִשְׁחוּ

וישביהן

מהר"י קרא

(כה) אני קרתי. כמו בנקרת הצור: ואחריב בכף פעמי. ברוב עם שברגלי: כל יאורי מצור. מים עמוקים: (כו) הלא שמעת למרחוק אותה עשיתי. לפרעה שנפרעתי ממנו: מימי קדם. אני הוא שעשיתי: עתה הבאתיה. אותה פורענות שגזרתי על פרעה. עתה הבאותיה עליך: ותהי להשאות גלים נצים. שתהרוג הפורענות את יושביהן ותהיינה שאייה מאדם.

רש"י

חזקו: (כה) אני קרתי ושתיתי. כלו' התחלתי בכל מעשי וגמרתי והצלחתי כזה הכורה בור ומוצא מים ומצליח לשון מקור: ואחריב בכף פעמי. אם באתי לצור על עיר הבטוחה בחוזק נהרותיה הבאתי עליה גייסות רבים וכלו מימי נהרותם בשתייתם ובשתיית בהמתם ומדרך כף רגליהם: ואחריב. לשון הוה כלו' כן דרכי תמיד: יאורי מצור. יאורי עיר הבאה במצו' ע"י יאורות: (כו) הלא שמעת. ולמה תתפאר אין זה שלך כי גזרה היא מלפני זה שנים רבות שתהיה אתה פורע פורענותי מן האומות כענין שנאמר (לעיל י') הוי אשור שבט אפי: הלא שמעת למרחוק. יותר ממ' שנה שנתנבא עמוס (בעמוס ז') שנתים לפני הרעש וישראל גלה יגלה מעל אדמתו מאז יש לך לשמוע שעשיתי והכנתי פורענות זו: מימי קדם. משמת ימי בראשית עלתה על לבי אותה גזרה שנגזרה עליך שנאמר (לעיל ל') כי ערוך מאתמול תפתה גם הוא למלך הוכן עתה כשהגברתיך על האומות הביאותיה לאותה גזרה כדי שתהא להשאות גלים נצים ערים בצורות. שתהרוג את יושביהן ותהיין שאיה מאדם ויתעתדו לגלים צומחים ירק:

מצודת ציון

(כה) קרתי. חפרתי אחר מקור והוא מל' יקרוה עורבי נחל (משלי ל') שהוא ענין נקב ובקוע: פעמי. רגלי כמו פעמי דלים (לעיל כ"ו): מצור. ענין חוזק והוא מל' צור: (כו) להשאות. ענין שממון וכן אם שואה ומשואה (איוב ל'): גלים. הוא כענין

מצודת דוד

הוא בה"מ שהוא מקום הרים והקן מכל הדברים הנחמדי' שיש בעולם: יער כרמלו. ר"ל מיטב שבחו וכובד חזקו: (כה) אני קרתי ושתיתי. ר"ל מעולם הצלחתי במעשי כמו הכורה באר ומצליח למצוא המקור ושותה מימיו: ואחריב. כאשר באתי להלחם בעיר הבטוחה בחוזק נהרותיה אשר סביב לה אז הבאתי עליה חיילות רבות והחריבו הנהרות במדרך כף רגליהם: (כו) למרחוק. מזמן רחוק: אותה. את הגזירה הזאת עשיתי מימים קדמונים: ויצרתיה. ואני יצרתי את הדבר הזה וכפל הדבר במ"ש: עתה הבאתיה. אני הבאתי עתה את הדבר על ידך: ותהי. אתה תהיה

over the nations, I have brought it, that decree, in order that it shall be to make desolate, blossoming hills [of] fortified cities, that you shall slay their inhabitants and they shall remain devoid of people and they shall be prepared for hills where vegetation grows.—[*Rashi*]

Alternatively, and *you* shall be to make desolate . . . [*Mezudath David*]

Others interpret: Have you not heard from afar that I made it in days of yore? I.e. that I made Jerusalem. And that I formed it? Is it possible that now I brought it that it should be made desolate. . . ?—[*Redak*, Kings, from his father, Rabbi Joseph Kimchi]

25. I dug and drank water, and I dry up with the soles of my feet all rivers of the siege." 26. Have you not heard from long ago what I did in days of yore, and what I formed? Now I have brought it, and it shall be to make desolate, blossoming hills, [of] fortified cities.

25. **I dug and drank**—Heb. קַרְתִּי. *I.e. to say, I started all my deeds and completed them and succeeded, as one who digs a hole and finds water and succeeds. This is an expression of a spring* (מָקוֹר).—[*Rashi*]

and I dry up with the soles of my feet—*If I would besiege a city reliant on the strength of its rivers, I would bring upon it many troops, and the water of their rivers would be depleted from their drinking and the drinking of their cattle and by the treading of their feet.*—[*Rashi*]

and I dry up—lit. and I will dry up—*This is the present tense. I.e. to say, so is my wont always.*—[*Rashi*]

I.e., even though the structure of the word is that of the future, the sense is the present. It is very common for a continual or repeated action to be written in the future tense. *See Rashi* Ex. 15:1.

rivers of the siege—*The rivers of the city that is besieged through its rivers.*—[*Rashi*] Mss. yield: *that is besieged by me. Parshandatha* claims that our reading is erroneous.

Redak (2 Kings 1924) suggests that מָצוֹר is short for מִצְרַיִם, *Egypt*, i.e. all great rivers, which can be compared to the rivers of Egypt.

Now God replies to Sennacherib:

26. **Have you not heard**—*Now why do you boast? This is not yours, for this is a decree that emanated from Me many years ago, that you will exact My recompense from the nations, as the matter is written:* "(supra 10:5) *Woe! Assyria is the rod of My wrath.*"—[*Rashi*]

Have you not heard from long ago—*More than seventy years* (correct version as in *Parshandatha* and Warsaw edition. See Chronological Table.) *since Amos prophesied two years before the earthquake.* "(Amos 7:17) *and Israel shall be exiled from upon its land.*" *Since then, you should have heard that I wrought and prepared this retribution.*—[*Rashi*]

Hence, the expression "לְמֵרָחוֹק" denotes time, not distance. Have you not heard long ago? See *Rashi*, Amos 1:1, that the earthquake took place when Uzziah entered The Temple to offer up the incense.

in days of yore—*Since the six days of Creation, that decree that was decreed upon you entered My mind, as it is said:* "(supra 30:33) *For Tophteh is set up from yesterday, that too has been prepared for the king.*" *Now that I have given you superiority*

כז וְיֹשְׁבֵיהֶן קִצְרֵי־יָד חַתּוּ וָבֹשׁוּ הָיוּ
עֵשֶׂב שָׂדֶה וִירַק דֶּשֶׁא חֲצִיר גַּגּוֹת
וּשְׁדֵמָה לִפְנֵי קָמָה: כח וְשִׁבְתְּךָ וְצֵאתְךָ
וּבוֹאֲךָ יָדָעְתִּי וְאֵת הִתְרַגֶּזְךָ אֵלָי:
כט יַעַן הִתְרַגֶּזְךָ אֵלַי וְשַׁאֲנַנְךָ עָלָה
בְאָזְנָי וְשַׂמְתִּי חַחִי בְּאַפֶּךָ וּמִתְגִּי
בִּשְׂפָתֶיךָ וַהֲשִׁבֹתִיךָ בַּדֶּרֶךְ אֲשֶׁר־בָּאתָ
בָּהּ: ל וְזֶה־לְּךָ הָאוֹת אָכוֹל הַשָּׁנָה
ספיח

קִרְוִין כְּרִיכָן: כז וְיָתְבֵיהוֹן אִתְקַצַּר חֵילֵיהוֹן אִתְבָּרוּ וּבְהִיתוּ הֲווֹ כְּעֶשֶׂב חַקְלָא וִירוֹק דִּתְאָה כְּעֶשֶׂב אִגָּרַיָא דִּשְׁלוֹק עַד לָא מָטֵא לְמֶהֱוֵי שׁוּבְלִין: כח וּמִתְבָּךְ בְּעֵיצָה וּמַפְקָךְ לְבָרָא לַאֲגָחָא קְרָבָא וּמֵיתָיָךְ לְאַרְעָא דְּיִשְׂרָאֵל גְּלֵי קֳדָמַי וְיַת דְּאַרְגֵּיזְתָּא קֳדָמַי גְּלֵי: כט חֲלַף דְּאַרְגֶּזְתָּא עַל מֵימְרִי וְאִתְרְגוּשְׁתָּךְ סְלִיקַת לִקְדָמַי וַאֲשַׁוֵּי שֵׁירִין בְּלִיסָתָךְ וְזָמָם בְּסִפְוָתָךְ וַאֲתִיבִנָּךְ בְּאוֹרְחָא דַּאֲתֵיתָא בָהּ: ל וְדֵין לָךְ אָתָא אֲכוֹל בְּשַׁתָּא הָדָא כַּתִּין וּבְשַׁתָּא תִּנְיָתָא כַּתְכַּתִּין וּבְשַׁתָּא

רש"י

(כז) **ויושביהן קצרי יד.** אני התשתי את כחן לפניך: **ושדמה לפני קמה.** שדמה היא שקורין (אשטובל"א בלע"ז) הנשאר בקרקע שרשי הקציר: **לפני קמה.** כשלא הגיע להתבשל ולהתקשות לבא לידי קמה והוא הלש ורך: **לפני קמה.** בטרם יהיה קמה: (כח) **ושבתך וצאתך ובואך ידעתי.** ת"י ומתבך בעצה ומיפקך לברא לאגחא קרבא ומיתיך לארעא דישראל גלי קדמי כשעלתה מחשבה בלבך ונועצת להחריב את ביתי אני ידעתיה: (כט) **התרגזך.** התרעשך והתגברך עלי: **ושאננך.** כמו ושאונך: **חחי.** כמין טבעת הוא ותוחבין אותו בשפת בהמה שעסקיה רעים למושכה בו: **ומתגי.** ת"י זמם והוא של ברזל ותוחבין אותו בנחירי הנאקה והוא ששנינו ונאקה בחטם במסכת שבת. (נ"ע כי מהפסוק נראה להדיא להיפך כי חח בחטם ומתג בשפה): (ל) **וזה לך האות.** הדבור הזה אינו לסנחריב אלא הנביא אמר לחזקיה והתשועה הזאת ההיא

מהר"י קרא

ויתעתדו לגלים צומחים ירק: (כז) **ויושביהן קצרי יד.** ויושביהן של אותן ערים יהיו קצרי יד. שלא יעמוד איש מהם בפני שיצילם מידי: **ושדמה.** היא שקורין אשטובלא"ה. נשאר בקרקע שרשי הקציר לפני קמה. שלא הגיע להתבשל ולהתקשות. ולפני קמה. **בטרם יהיה קמה:** (כט) **ושאננך.** כמו ושאונך: (ל) [וזה] **לך האות.** אתה חזקיהו זה לך האות כשיתן הקב"ה

מצודת דוד

למקל מרדות להחריב ערים בצורות לעשותם שמה וגלים מלמיחים גלים ופרחים: (כז) **ויושביהן.** יושבי הערים ההן עשיתים להיות קצרה ידם מלהלחם למולך ונשברו ונתייבשו: **עשב שדה.** כעשב שדה: **וירק דשא.** מקום הירוק שבדשא הרלש מאוד: **חציר גגות.** כחציר הגדל על הגגות שהוא הלש: **ושדמה.** כשבלים הנשרפים טרם נגמר בשולם לבוא לכלל קמה כי אז המה חלושים עד למאד וכ"ל הנה אני הוא הממיס לפניך את האומות ולא בעולם ידך נלחמם: (כח) **ושבתך.** ת"י ומיתבך בעצה: **ואת התרגזך.** ואף את התרגזך אני ידעתי: **אלי.** באה אלי: (כט) **ושמתי חחי.** ר"ל בע"כ אשיב אותך: (ל) **וזה לך האות.** אל מול חזקיהו ידבר

מצודת ציון

אל: נצים. פרחים וכן הנלו הרמונים (ש"ה ז'): (כז) **חתו.** פחדו ונשברו: **ושדמה.** הוא כמו ושדפה הנאמ' במ"ב כי בומ"ף מתחלף ועניינו לקות הזרע: (כח) **התרגזך.** ענין תנועת הרדת התהילות וכן הרגיז ממלכות (לעיל כ"ג): (כט) **ושאננך.** הוא מל' שאון והמיה: **חחי.** הוא הטבעת הנוסם בלחיי בהמה שעסקים רעים למושכ' על ידה וכן ונתתי חחים בלחייך (יחזקאל ל"ה): **ומתגי.** הוא **כעין** רסן כמו מתג לחמור (משלי כ"ז): (ל) **ספיח.**

word in Kings are to be rendered as 'tumult.' See *Parshandatha.*

Redak (Kings), however, suggests that it may be rendered: "your tranquility." Sennacherib raged against God because of his 'tranquility'; i.e. because he felt tranquil and secure, he dared to rage against God.

My ring—חַחִי in Heb. *It is a kind of ring that is inserted into the lip of an unruly animal by which to pull it.*—[*Rashi*]

and My bit—*Jonathan renders* וְזָמָם, *which is made of iron, and which they insert into the nostrils of a female camel. This is what we learned, "and the female camel with a nose-ring in Tractate Shabbath* (5:1).—[*Rashi*]

(This is difficult in view of the

27. And their inhabitants became short of strength, broken and
ashamed; they were [like] the grass of the field and green herb-
age, [like] grass of the roofs, and stubble before [becoming]
standing grain. 28. And your sitting and your going out and
your coming I know, and your raging against Me. 29. Because
you have raged against Me, and your tumult has ascended into
My ears, I will place My ring in your nose and My bit in your
lips, and I will return you by the road by which you have come.
30. And this shall be the sign for you, this year you shall eat

27. **And their inhabitants became short of strength**—lit. short of hand. *I weakened the strength before you.*—[*Rashi*] *Rashi* (2 Kings 19:26) adds: And the might is not yours. You are not mighty, but they are weak.

I weakened the inhabitants of the cities that you attacked, so that they could not defend themselves against you.—[*Mezudath David*]

and stubble before [becoming] standing grain—Heb. וּשְׁדֵמָה. *That is what is called 'estoble' in O.F., stubble, what remains in the ground, the roots of the harvest.*—[*Rashi*]

Others identify this with שְׁדֵפָה in the Kings text. Since 'pey' and 'mem' are both labials, they are interchangeable. Accordingly, we render: like blast.—[*Mezudath Zion; Redak, Shorashim* and Kings; *Ibn Janah*]

before [becoming] standing grain—*When it has not yet reached* the time *to ripen and harden, to become standing grain, and it is weak and tender.*—[*Rashi*]

before standing grain—*Before becoming standing grain.*—[*Rashi*]

All these nations were weakened so that Assyria could conquer them.—[*Mezudath David*]

28. **And your sitting and your going out and your coming I know**—*Jonathan paraphrased: And your sitting in counsel, and your going out to wage war, and your coming to the land of Israel, is revealed to Me. When the thought entered your mind, and you took counsel to destroy My house, I knew it.*—[*Rashi*]

and your raging against Me—*And the fact that you will become arrogant and aroused against Me with anger and tumult.*—[*Rashi,* 2 Kings 19:27] The wording in R. Joseph Kara's commentary is: *that you will provoke Me . . .*

29. **you have raged against Me**—*Your raging and your becoming overpowering toward Me* (acc. to *Parshandatha*).—[*Rashi*]

and your tumult—Heb. וְשַׁאֲנַנְךָ, *like* וּשְׁאוֹנְךָ.—[*Rashi, Kara, Jonathan*]

The word שַׁאֲנָן usually means tranquility, which apparently is inappropriate here. It is, therefore, explained as 'tumult.' According to Mesorah, this and the identical

סְפִיחַ וּבַשָּׁנָה הַשֵּׁנִית שָׁחִיס וּבַשָּׁנָה
הַשְּׁלִישִׁית זִרְעוּ וְקִצְרוּ וְנִטְעוּ כְרָמִים
וְאִכְוֹל* פִּרְיָם: לא וְיָסְפָה פְּלֵיטַת בֵּית־
יְהוּדָה הַנִּשְׁאָרָה שֹׁרֶשׁ לְמָטָּה וְעָשָׂה
פְרִי לְמָעְלָה: לב כִּי מִירוּשָׁלִַם תֵּצֵא
שְׁאֵרִית וּפְלֵיטָה מֵהַר צִיּוֹן קִנְאַת יְהוָה
צְבָאוֹת תַּעֲשֶׂה־זֹּאת: לג לָכֵן כֹּה־אָמַר

*ואכלו קרי

תְּלִיתָאָה זְרָעוּ וַחֲצוּדוּ
וְצוּבוּ כַרְמִין וְאֱכוּלוּ
אִבְּהֶן : לא וְיֶסְפוּן
מְשֵׁיזְבַיָא דְבֵית יְהוּדָה
דְאִשְׁתָּאֲרוּן כְּאִילָן
דְמְשַׁלַּח שׁוּרְשׁוֹהִי מִלְרַע
וּמְרִים נוֹפֵהּ לְעֵילָא :
לב אֲרֵי מִירוּשְׁלֵם יִפְּקוּן
שְׁאָר צַדִיקַיָא וְשֵׁיזְבַת
מְקַיְמֵי אוֹרַיְתָא מִטוּרָא
דְצִיוֹן בְּמֵימְרָא דַיְיָ
צְבָאוֹת תִּתְעֲבֵיד דָא :
לג בְּכֵן כִּדְנָן אֲמַר יְיָ עַל
מַלְכָּא דְאַתּוּר לָא יֵעוּל

סהר"י קרא

את סנחריב בידך. דבר זה יהיה לך האות שתאכל השנה זה ספיח. שישלח הקב"ה ברכה בספיח תבואה שקצרו אנשי סנחריב. שתוכלו להתפרנס ממנה בשנה זו: ובשנה השנית שחים. אילנות שקצצו אוכלוסיו: (לא) ויספה פליטת בית יהודה, לא תטעה לומר מכל בני אדם הכתוב מדבר. שלא דבר הכתוב אלא מארץ יהודה. שכשעלה סנחריב על כל ערי יהודה. כל עץ טוב [הפיל] הכאיב כל חלקה. ועמד וקיצץ את האילנות שוה לארץ ולא השאיר שורש ועל אותם שרשים אומר הוא. ויספה פליטת בית יהודה הנשארה שורש למטה ועשה פרי למעלה. ומתוך הענין אתה למד שהוא כן. שהוא אומר למעלה אכול השנה ספיח. שהתבואה לא היה להם. שהרי חיל סנחריב קצרוה. ובשנה השנית שחים. ענבים*) שפוזרין ועולין כשנקצץ האילן. ודרכו להיות גדיל לכמה שנים. ועכשיו הקב"ה יעשה נס שיתנו פרי לשנה השנית. ומפרש והולך היאך יהיה הדבר שתוסיף אדמת יהודה הנשארה שורש למטה. והשמר לא תפרש ותאמר. וזה לך האות שלא תנתן ירושלם בידו אכול השנה כו'. שאם אתה אומר כך נמצאת מפלתו של סנחריב קודם אות, וכל מי שנותן אות ומופת לדבריו נותן קודם למעשה.

*) אולי צ"ל ענפים.

רש"י

לך לאות להבטחה אחרת הנה החריבו הלגיונות את כל הזרעים וגדעו את כל האילנות והקב"ה מבטיחך שתסתפקו השנה הזאת בספיחי הזרעים שילמחו מאליהם: **אכול השנה.** לאכול השנה ספיח: **ובשנה השנית שחים.** הן ספיחי גידועי אילנות כן הוא בסדר עולם אבל יונתן תירגם כתכתין ספיחי ספיחים וזה לך האות כשתראה שיתקיים דברי שישוב סנחריב לארצו ויפול תאמין שיתקיים עוד הבטחה השנייה: **(לב) קנאת ה' צבאות.** שיקנא לשמו ולא מחמת זכות שבידכם למדנו שתמו זכות אבות:

רד"ק

(ל) שחים. ובמלכים סחיש והענין אחד כמו כשב וכבש שלמה ושמלה:

מצודת ציון

הוא הצומח מהגרעין שנופל מאליו כמו ספיח קצירך (ויקרא כ"ה): שחים. ענינו ספיחי ספיחים או ספיחי האילנות ואין לו דומה:

מצודת דוד

הנה התשועה הזאת תהיה לך לאות על הבטחה אחרת כי הנה הלגיונות החריבו וקלקלו הזרעים וגדעו האילנות והקב"ה מבטיחך לכלכל אתכם בשנה הזאת בספיחי הזרעים: ובשנה השנית שחים. אולי היתה שנת השמטה והיו אסורים בחרישה וזריעה לזה נתברכו ספיחי הספיחים: ובשנה השלישית זרעו. ולא תפחדו עוד לצאת השדה מפחד האויב: (לא) שורש למטה. ר"ל יהיו ממולאים בכל טוב כהאילן הנטוע במקום רטוב שמוסיף שורש למטה ומרבה לעשות פרי למעלה: (לב) כי מירושלים וגו'. ר"ל ירושלים תהיה השארית להנצל מיד סנחריב וכן ופליטה מהר ציון וכפל הדבר במ"ש:

survivors of those who keep the Torah.—[*Jonathan*]

Since the rest of the country has been conquered by Assyria, the survivors will be solely from Jerusalem.—[*Kara,* 2 Kings ad loc.]

the zeal of the Lord of Hosts—*that He will be zealous for His Name and not because of the merit you possess. We learn that the merit of the Patriarchs has been depleted.*—[*Rashi* from *Shab.* 55a] See above 9:6.

what grows by itself, and the next year what grows from the tree stumps, and in the third year, sow and reap, and plant vineyards and eat their fruit.
31. And the remaining survivors of the house of Judah shall continue to take root below and they shall produce fruit above.
32. For from Jerusalem shall come forth a remnant, and survivors from Mt. Zion; the zeal of the Lord of hosts shall do this.
33. Therefore, so has the Lord said

wording of the verse, which places חַח *in the nose and* מֶתֶג *in the lips.*)

30. **And this shall be the sign for you**—*This statement is not addressed to Sennacherib, but the prophet said to Hezekiah, "And this salvation shall be a sign for you for another promise. Now the legions have destroyed all the vegetation and chopped off the trees, and the Holy One, blessed be He, promises you that you will have sufficient from the shoots of the plants that will grow by themselves.*—[*Rashi*]

Obviously, they would have to eat the plants that grew by themselves, since the invasion had prevented them from sowing that year. The promise was that the plants which grew by themselves would suffice the population for the remainder of the year.—[*Redak, 2 Kings 19:29*]

this year you shall eat—Heb. אָכוֹל, *to eat this year.*—[*Rashi*] *Rashi* explains this form as an infinitive.

and the next year what grows from the tree stumps—Heb. שָׁחִיס. *They are the shoots of the stumps. So it appears in Seder Olam* (ch. 23), *but Jonathan renders:* כַּתְכַּתִין, *the shoots of the shoots. And this will be the sign for you; when you see that my words, that Sennacherib will return to his land and he will fall, are fulfilled, you will believe that the second promise will yet be fulfilled.*—[*Rashi*]

Alternatively, you have already witnessed the fulfillment of the first part of my prophecy, that Sennacherib will hear a rumor and return to his land (v. 7). When he returned to Assyria to defend it from Tirhakah, king of Cush, this was fulfilled. This fulfillment will be a sign to you that the remainder of the prophecy, that he will fall by the sword in his land, will likewise be fulfilled, and you will never again be threatened by Sennacherib. Another prophecy, which I am revealing to you, is that this year you shall eat . . .—[*Redak,* 2 Kings 19:29]

32. **For from Jerusalem shall come forth a remnant**—the remnant of the righteous.—[*Jonathan*]

and survivors from Mt. Zion—the

יְהֹוָה אֶל־מֶלֶךְ אַשּׁוּר לֹא יָבוֹא אֶל־
הָעִיר הַזֹּאת וְלֹא־יוֹרֶה שָׁם חֵץ וְלֹא־
יְקַדְּמֶנָּה מָגֵן וְלֹא־יִשְׁפֹּךְ עָלֶיהָ סֹלְלָה:
לד בַּדֶּרֶךְ אֲשֶׁר־בָּא בָּהּ יָשׁוּב וְאֶל־הָעִיר
הַזֹּאת לֹא יָבוֹא נְאֻם־יְהֹוָה: לה וְגַנּוֹתִי עַל־
הָעִיר הַזֹּאת לְהוֹשִׁיעָהּ לְמַעֲנִי וּלְמַעַן
דָּוִד עַבְדִּי: לו וַיֵּצֵא ׀ מַלְאַךְ יְהֹוָה וַיַּכֶּה
בְּמַחֲנֵה אַשּׁוּר מֵאָה וּשְׁמֹנִים וַחֲמִשָּׁה
אָלֶף וַיַּשְׁכִּימוּ בַבֹּקֶר וְהִנֵּה כֻלָּם פְּגָרִים

לְקַרְתָּא הָדָא וְלָא
יַקְשֵׁית תַּמָּן גִּיר וְלָא
יַקְדְּמִינַהּ בִּתְרֵיסִין וְלָא
יִצְבּוֹר עֲלַהּ מְלֵיתָא:
לד בְּאוֹרְחָא דַאֲתָא בַהּ
יְתוּב וּלְקַרְתָּא הָדָא לָא
יֵעוֹל אֲמַר יְיָ: לה וְאַגֵין
עַל קַרְתָּא הָדָא לְמִפְרְקַהּ
בְּדִיל מֵימְרִי וּבְדִיל דָּוִד
עַבְדִּי: לו וּנְפַק מַלְאֲכָא
דַיְיָ וּקְטַל בְּמַשְׁרִית
אַתּוּרָאָה מְאָה וְתַמְנָן
וְחַמְשָׁא אַלְפִין וְאַקְדִּימוּ
בְצַפְרָא וְהָא כוּלְהוֹן
פִּגְרִין

ת"א וגנותי. כתובות קיא:

רש"י

(לג) ולא יקדמנה מגן. לא יערוך לפניה מגן כדמתרגם לפני קדם: ולא ישפוך עליה סוללה. ולא יצבור עלה מליתא. אומר אני הוא ששופכין עפר וצוברין לפני החומה והמגדלות לבנות עליה כרכום: סוללה. ע"ש שסוללים וכובשין אותה במקבות כדי שיתקשה ותרגומו מליתא על שם שעושין לו מתחילה שני מחילות גדר קנים ושופכין העפר ביניהם וכובשין אותו שם לאחר שמלאו את המחילות ושמעתי שפותרין אותו זריקת האבנים גדולות שקורין (פורייר"א בלע"ז) אבל אין באבנים לשון שפיכה ולא לשון סוללה ואין לשון התרגום נופל על פתרון זה: (לו) ויצא מלאך ה' וגו'. לאחר שהלך ונלחם עם כוש חזר ובא לירושלים ובאותו שעה ויצא מלאך ה' וכך שנוייה בסדר עולם הנני נותן בו רוח ושמע שמועה כמה שנאמר וישמע אל תרהקה וגו' (לעיל ל"ו) שטף שבנא (הסופר) וסיעתו והוליכם בזיקים והלך לו לכוש ולקח חמדת כל האוצרות ובא לו לירושלים לקיים מה שנאמר (לקמן מ"ה) יגיע מצרים וסחר כוש עליך יעבורו זו ירושלים. אחריך ילכו. זה חזקיהו. באותה שעה וישלח את תרתן ואת רב סרים הם הנזכרים בספר מלכים (ב' י"ח) והם הם המלאכים שנאמר עליהם ששלח אחר השמועה שנאמר (לעיל ל"ו) וישלח מלאכים אל

מהר"י קרא

ובה הדבר יודע כי היה יהיה הדבר אשר קרא הנביא: (לו) ויצא מלאך ה'. לאחר שהלך ונלחם עם כוש. וחזר ונלחם בירושלם באותה שעה. ויצא מלאך ה'. וכך שנויה בסדר עולם. הנני נותן בו רוח ושמע שמועה. מה היא השמועה. ששמע אל תרהקא מלך כוש לאמר יצא להלחם אתך. שטף שבנא וסיעתו הולכים וזקוקים והלך לו לכוש. לקחת חמדת כל הארץ. ובא לו לירושלם לקיים מה שנאמר יגיע מצרים וסחר כוש וסבאים אנשי מדה [עליך] יעברו. זה ירושלים. אחריך ילכו. זה חזקיהו. באותה שעה וישלח את תרתן [ואת רב סרים] ואת רב שקה הם הנזכרים בספר מלכים הם המלאכים [שנאמר] עליהם ששלח אחר השמועה [שנאמר] וישלח מלאכים אל חזקיהו. ולא הם הבאים עם רבשקה בשליחות הראשון. ועל אותם הספרים השיב ישעיהו בזה לך לעגה לך. באותה שעת ויצא מלאך ה' ויך במחנה אשור. כולם מלכים קשורי תגים בראשיהם ונפלו שם וגייסותיהם:

מצודת דוד

קנאת ה'. כי יקנא לשמו אשר הרף רבשקה וסנחריב: (לה) למעני. למען כבוד שמי: (לו) ויצא מלאך ה'. לאחר שנלחם בכוש חזר ובא לירושלים ואז יצא מלאך ה' וגו': וישכימו בבוקר. סנחריב והמעט אשר נשארו חיים:

מצודת ציון

(לג) יורה. ישליך כמו ירה בים (שמות ט"ו): ולא יקדמנה. לא יערוך לפניה כי התרגום של לפני הוא קדם וכן במה אקדם ה' (מיכה ו'): סוללה. הוא צבור העפר ששופכין מול העיר ועולים בה להלחם וכן ושפכו על ירושלים סוללה (ירמיה ו) : (לה) וגנותי. מלשון הגנה:

salem. "After you they shall go." This refers to Hezekiah. At that time, "And . . . sent Tartan and Rabsaris." They are the ones mentioned in the Book of Kings (2 18:17), *and they are the emissaries concerning whom it is stated that he sent after the rumor, as it is said:"* (v. 9) *And he sent emissaries to Hezekiah," and they did not come with Rabshakeh on his first mission. And concerning those letters, Hezekiah replied, "*(v. 22) *. . . has despised you, has mocked you." At that time, "an angel of the Lord went out and slew etc." All of them were kings with crowns tied to their heads, and the smallest of them was an officer over two thousand men, and they and their armies fell.*—[Rashi]

And they arose in the morning—

concerning the king of Assyria: 'He shall not enter this city,
neither shall he shoot there an arrow, nor shall he advance
upon it with a shield, nor shall he pile up a siege mound against
it. 34. By the way he comes he shall return, and this city he
shall not enter,' says the Lord. 35. 'And I will protect this city
to save it, for My sake and for the sake of My servant David.'"
36. And an angel of the Lord went forth and slew one hundred
eighty-five thousand of the camp of Assyria. And they arose in
the morning, and behold they were all dead corpses.

Jonathan renders simply: By the word of the Lord of Hosts this will be accomplished.

33. **concerning the king of Assyria**—lit. to the king of Assyria.

He shall not enter this city—lit. He shall not come to this city. I.e. he shall not come to this city to conquer it. Indeed, he came to the city and encamped outside it, where his entire army was smitten. Our translation is also plausible.—[*Redak,* 2 Kings 19:32]

nor shall he advance upon it with a shield—Heb. יְקַדְּמֶנָּה *He shall not set a shield before it, since the Aramaic of "before" is* קֳדָם.—[*Rashi*]

Alternatively, the *first* soldiers to advance upon a city where the shield-bearers.—[*Redak* ibid.]

Hence, we render: A shield-bearer shall not advance upon it.—[*Ralbag* ibid.]

Thus, we explain יְקַדְּמֶנָּה as the first or the earliest.

a siege mound—Heb. סֹלְלָה, *since it is trodden* (סוֹלְלִים) *and pressed down with sledge hammers in order that it harden. The Targum renders:* מְלֵיתָא, *since they first make for it two walls of a fence of reeds and pour the earth between them and press it down there after they have filled* (מְלָאוּ) *the walls. And I heard that they interpret it as the throwing of huge stones, called pérére in O.F., but the expression of piling up, lit. spilling, does not apply to stones, neither is the expression of pressing down, nor the rendering of the Targum, appropriately for this interpretation.—[Rashi*]

36. **And an angel of the Lord went forth** etc.—*After he went and battled with Cush, he returned and came to Jerusalem, and at the time an angel of the Lord went forth.' In the following manner, it was taught in Seder Olam* (ch. 23): "(supra v. 7) *Behold I will imbue him with a desire, and he will hear a rumor," as it is said:* "(v. 9) *And he heard about Tirhakah etc." He swept Shebna (the scribe)* (Warsaw edition: *the treasurer*) *and his company and led them in chains, and went away to Cush, and took all the coveted treasures, and came to Jerusalem, to fulfill what was stated:* "(infra 45:14) *The toil of Egypt and the merchandise of Cush . . . shall pass over to you." This refers to Jeru-*

מֵתִים׃ לז וַיִּסַּע וַיֵּלֶךְ וַיָּשָׁב סַנְחֵרִיב מֶלֶךְ־
אַשּׁוּר וַיֵּשֶׁב בְּנִינְוֵה׃ לח וַיְהִי הוּא
מִשְׁתַּחֲוֶה בֵּית ׀ נִסְרֹךְ אֱלֹהָיו וְאַדְרַמֶּלֶךְ
וְשַׂרְאֶצֶר בָּנָיו הִכֻּהוּ בַחֶרֶב וְהֵמָּה
נִמְלְטוּ אֶרֶץ אֲרָרָט וַיִּמְלֹךְ אֵסַר־חַדֹּן
בְּנוֹ תַּחְתָּיו׃ לח א בַּיָּמִים הָהֵם חָלָה
חִזְקִיָּהוּ לָמוּת וַיָּבוֹא אֵלָיו יְשַׁעְיָהוּ בֶן
אָמוֹץ הַנָּבִיא וַיֹּאמֶר אֵלָיו כֹּה־אָמַר
יְהוָה צַו לְבֵיתֶךָ כִּי מֵת אַתָּה וְלֹא
תִחְיֶה׃ ב וַיַּסֵּב חִזְקִיָּהוּ פָּנָיו אֶל־הַקִּיר
וַיִּתְפַּלֵּל אֶל־יְהוָה׃ ג וַיֹּאמַר אָנָּה יְהוָה

ת״א בית נסרוך. סנהדרין לס לו: חלה חזקיהו. (סנהדרין כח): ויסב חזקיהו. ברכות ה זוהר ויחי ואתחנן (ברכות ח):

תרגום

פִּגְרִין מֵתִין: לז וּנְטַל וַאֲזַל וְתַב סַנְחֵרִיב מַלְכָּא דְאַתּוּר וִיתֵיב בְּנִינְוֵה: לח וַהֲוָה הוּא סָגִיד בֵּית נִסְרוֹךְ טַעֲוָתֵיהּ וְאַדְרַמֶּלֶךְ וְשַׂרְאֶצַר בְּנוֹהִי קַטְלוּהִי בְּחַרְבָּא וְאִינוּן אִשְׁתֵּזִבוּ לַאֲרַעָא קַרְדוּ וּמְלַךְ אֵסַרְחַדּוֹן בְּרֵיהּ תְּחוֹתוֹהִי: א בְּיוֹמַיָא הָאִנוּן מְרַע חִזְקִיָה לִמְמָת וַאֲתָא לְוָתֵיהּ יְשַׁעְיָהוּ בַר אָמוֹץ נְבִיָא וַאֲמַר לֵיהּ כִּדְנַן אֲמַר יְיָ פַּקֵד עַל אֱנָשׁ בֵּיתָךְ אֲרֵי מָאֵת אַתְּ וְלָא תֵיחֵי מִמַרְעָךְ: ב וְאַסְחַר חִזְקִיָהוּ אַפּוֹהִי לְכוֹתֵל בֵּית מַקְדְשָׁא וְצַלִי קֳדָם יְיָ: ג וַאֲמַר קַבֵּל בָּעוּתִי יְיָ אִדְכַּר כְּעַן יָת דִי

פלחית

רש״י

כצ״ל

חזקיהו ולא הס באו עס רבשקה בשליחות הראשון ועל אותן הספרים השיב ישעיה (שם) בזה לך לעגה לך אותה שעה ויצא מלאך ה׳ ויכה וגו׳ כולם מלכי׳ קשורי כתרים בראשיה׳ וקטן שבכולם היה שר על שני אלפים שנאמר (לעיל ל״ו) ואתנה לך אלפים סוסים ואיך תשיב את פני פחת אחד וגו׳ למדנו על קטן שבפחותים שהוא שר על אלפים איש ונפלו הס וגייסותס: (לז) וישב בנינוה. היא ראש המלכות כענין שנא׳(בראשית י׳) מן הארץ ההיא יצא אשור ויבן את נינוה: (לח) בית נסרוך. נסר מתיבתו של נח כדמפורש באגדת חלק: הכוהו בחרב. שאמר אם תציל אותי שלא יהרגוני בני מלכותי שהבאתי בניהם כאן ומתו אקריב שני בני לפניך עמדו והרגוהו:

לח (א) בימים ההם. שלשה ימים לפני מפלתו של סנחריב חלה חזקיה ויום ג׳ כשעלה בית ה׳ הוא יום מפלתו של סנחריב והוא י״ט ראשון של פסח: כי מת אתה ולא תחיה. מת אתה בעולם הזה ולא תחיה לעולם הבא משום דלא נסבת איתתא כו׳ כדאיתא בברכות: (ג) אנה ה׳. אני רחמנותך:

מצודת ציון

לח (ב) הקיר. הכותל: (ג) אנה. הוא ענין לשון בקשה:

מצודת דוד

(לז) בנינוה. היא ראש למלכות אשור: (לח) בית נסרוך. נסר מתיבתו של נח היה לו לאלוה ובעת אשר השתחוה לה הכהו בניו: והמה. בני סנחריב אשר הכוהו: **לח**(א) בימים ההם. אמז״ל שהיו שלשה ימים לפני מפלת סנחריב: למות. ר״ל חולי אנוש ומסוכנת שיש

saved Noah from the Deluge."—[*San.* ibid.]

slew him by the sword—*for he said, "If you save me that my subjects do not kill me for I brought their sons here* (sic) *and they died, I will sacrifice my two sons before you." They rose and slew him.*—[*Rashi* from *San.* ibid.] For more details of the narrative, see Commentary Digest, 2 Kings, end of ch. 19.

1. **In those days**—*Three days before Sennacherib's downfall, Hezekiah became ill, and the third day, when he went up to the house of the Lord, was the day of Sennacherib's downfall, and it was the first festive day of Passover.*—[*Rashi* from *Seder Olam* ch. 23]

for you are going to die and you shall not live—*You are going to die in this world, and you shall not live in*

37. And Sennacherib, the king of Assyria, left and went away,
and he returned and dwelt in Nineveh. 38. And he was pros-
trating himself in the temple of Nisroch his god, and Adra-
melech and Sharezer, his sons, slew him by the sword, and they
fled to the land of Ararat, and his son Esarhaddon reigned in
his stead.

38

1. In those days Hezekiah became critically ill, when Isaiah the
son of Amoz, the prophet, came to him and said to him, "So
has the Lord said, 'Give orders to your household, for you are
going to die and you shall not live.'" 2. And Hezekiah turned
his face to the wall, and he prayed to the Lord. 3. And he said,
"Please, O Lord,

Sennacherib, his two sons, Nebuzaradan, and Nebuchadnezzar. [*San.* 95b] When Nebuchadnezzar cast Hananiah, Mishael, and Azariah into the furnace, he saw four people instead of three. "(Dan. 3:25) The appearance of the fourth one was like an angel," Nebuchadnezzar cried. He knew the appearance of an angel because he had been in Sennacherib's camp when Gabriel slew the entire camp.

dead corpses—They were slain just as Nadab and Abihu had been on the day of the inauguration of the Tabernacle; their souls were burnt out while their bodies remained intact.—[*Abarbanel* from *San.* 94a] See above 10:16–19.

37. **and he returned**—The Chronicler elaborates, "(2 Chron. 32:21) and he returned shamefacedly."

Sennacherib was spared death at the hand of the angel in order to suffer disgrace in the wake of his return to Nineveh after his defeat. He remained in Nineveh, never again to go out in battle, and died an ignoble death at the hands of his own sons, rather than a hero's death on the battlefield.—[*Abarbanel*]

and dwelt in Nineveh—*That is the capital, as it is said:* "(Gen. 10:11) *From that land Asshur came out, and he built Nineveh.*"—[*Rashi*]

According to inscriptions, Sennacherib rebuilt Nineveh as the capital of Assyria.—[*The Mizvah Candle, Maharal,* p. 23]

38. **the temple of Nisroch**—*A board* (נְסָר) *from Noah's ark, as is related in the Aggadah of Chelek* (*San.* 96a).—[*Rashi*]

Sennacherib prostrated himself before a portion of Noah's ark, believing it to be "the great god who

זְכָר־נָא אֵת אֲשֶׁר הִתְהַלַּכְתִּי לְפָנֶיךָ
בֶּאֱמֶת וּבְלֵב שָׁלֵם וְהַטּוֹב בְּעֵינֶיךָ
עָשִׂיתִי וַיֵּבְךְּ חִזְקִיָּהוּ בְּכִי גָדוֹל׃ ד וַיְהִי
דְּבַר־יְהוָה אֶל־יְשַׁעְיָהוּ לֵאמֹר׃ ה הָלוֹךְ
וְאָמַרְתָּ אֶל־חִזְקִיָּהוּ כֹּה־אָמַר יְהוָה
אֱלֹהֵי דָּוִד אָבִיךָ שָׁמַעְתִּי אֶת־תְּפִלָּתֶךָ
רָאִיתִי אֶת־דִּמְעָתֶךָ הִנְנִי יוֹסִף עַל־
יָמֶיךָ חֲמֵשׁ עֶשְׂרֵה שָׁנָה׃ ו וּמִכַּף מֶלֶךְ־
אַשּׁוּר אַצִּילְךָ וְאֵת הָעִיר הַזֹּאת וְגַנּוֹתִי
עַל־הָעִיר הַזֹּאת׃ ז וְזֶה־לְּךָ הָאוֹת מֵאֵת
יְהוָה אֲשֶׁר יַעֲשֶׂה יְהוָה אֶת־הַדָּבָר
הַזֶּה אֲשֶׁר דִּבֵּר׃ ח הִנְנִי מֵשִׁיב אֶת־
צֵל הַמַּעֲלוֹת אֲשֶׁר יָרְדָה בְמַעֲלוֹת אָחָז

פְּלָחִית קֳדָמָךְ בִּקְשׁוֹט וּבְלֵב שְׁלֵם וּדְתַקִּין בְּעֵינָךְ עֲבָדִית וּבְכָא חִזְקִיָּה בְּכִיא סַגִּיאָה׃ ד וַהֲוָה פִּתְגָּמֵי נְבוּאָה מִן קֳדָם יְיָ עִם יְשַׁעְיָה לְמֵימָר׃ ה אֱזֵיל וְתֵימַר לְחִזְקִיָּה כִּדְנַן אֲמַר יְיָ אֱלָהֵיהּ דְּדָוִד אֲבוּךְ שְׁמִיעַ קֳדָמַי צְלוֹתָךְ גְּלֵיָא קֳדָמַי דִּמְעֲתָךְ הָא אֲנָא מוֹסִיף עַל יוֹמָךְ חֲמֵשׁ עַסְרֵי שְׁנִין׃ ו וּמִיַּד מַלְכָּא דְאַתּוּר אֲשֵׁיזְבִינָךְ וְיַת קַרְתָּא הָדָא וְאַגֵּין עַל קַרְתָּא הָדָא׃ ז וְדֵין לָךְ אָתָא מִן קֳדָם יְיָ דְּיַעְבֵּיד יְיָ יַת פִּתְגָּמָא הָדֵין דִּי מַלֵּיל׃ ח הָא אֲנָא מְתִיב יַת טוּל אֶבֶן שַׁעֲיָא דִּנְחָתַת בְּמַסְקָנָא דְאָחָז שִׁמְשָׁא לַאֲחוֹרוֹהִי עֲסַר שְׁעִן וְתַב שִׁמְשָׁא עֲסַר

ת"א והטוב בעיניך. זוהר ויחי תרומה: צל המעלות, סנהד' לו עקידה שער יג:

רש"י

(ה) **הנני יוסיף.** הנני הוא אשר יוסיף על ימיך: (ו) **ומכף מלך אשור אצילך.** למדנו שלפני מפל' סנחריב חלה: (ז) **וזה לך האות.** שתתרפא ויתוספו ימיך כמפורש למטה ובמלכים (ב' כ') שאל לו מה אות כי אעלה: (ח) **הנני משיב.** אחורנית עשר מעלות את הצל אשר ירדה: **צל המעלות.** כמין מדרגות עשויות כנגד החמה לבחון שעות היום כעין אירלוגין שעושין האומנין: **אשר ירדה.** מיהרה לירד ונתקצר היום י' שעות ביום שמת אחז כדי שלא יהיו מספידין אותו ועלו עכשיו לאחוריהם ביום שנתרפא חזקיהו וניתוספו

מהר"י קרא

לח (ח) **הנני משיב את צל המעלות אשר ירדה במעלות אחז.** אחז תיחם שנים עשר מעלות כנגד שנים עשר שעות ביום וכשחזה*) השמש עומד וחוזר על מעלה ראשונה. ושהא עליה שעה אחת והולך ויורד עד שעומד בתחילת שעה שנית (של) [על] מעלה שניה וסובב שם ועושה שנית. וכן בכולם עד שיעמוד בסוף היום למעלה תחתונה. ונתן הקב"ה אות לחזקיה להשיב את השמש כשתרד במעלה העשירית. על מעלה הראשונה. והיה לעת ערב יהיה אור כאור בוקר. ומדרש

*) אולי צ"ל וכשזורחה.

מצודת דוד

בה כדי למות: צו. היה מלוה על עניני ביתך: (ה) הנני יוסיף. הנני הוא אשר יוסיף: (ח) הנני משיב. מעלות היו עשויות מול החמה לבחון בהם שעות היום כי כל שעה ירד הצל מעלה אחת ואמר הנני משיב את הצל עשר מעלות לאחוריו להאריך היום עשר שעות: אשר ירדה.

מצודת ציון

(ח) המעלות. המדרגות:

in many mss. See below, 38:22.

8. **Behold I return**—*the shade backwards ten steps which it went down.*—[*Rashi*]

the shade of the steps—*A sort of steps made opposite the sun to determine the hours of the day, like the clocks (horloge in French) that craftsmen make (sectarians make—Parshandatha). Rashi* refers to the sun clocks made by the Catholic priests in the Middle Ages.

that it went down—*It hastened to go down, and the day was shortened by ten hours on the day Ahaz died, in order that they should not eulogize*

remember now, how I walked before You truly and wholeheartedly, and I did what is good in Your eyes." And Hezekiah wept profusely. 4. And the word of the Lord came to Isaiah, saying, 5. "Go and say to Hezekiah, 'So has the Lord God of your father David said, "I have heard your prayer; I have seen your tears. Behold I will add fifteen years to your life. 6. And from the hand of the king of Assyria will I save you and this city, and I will protect this city." 7. And this is your sign from the Lord, that the Lord will fulfill this word that He spoke. 8. Behold I return the shade of the steps that it went down on the steps of Ahaz

the world to come, for you have not married, as it is stated in Berachoth 10b.—[*Rashi*]

3. **"Please, O Lord**—Heb. אָנָּה. *Jonathan* renders: Accept my plea. Although this spelling usually means, "where," the *Masorah* points out that in six instances in the Scriptures, אָנָּה in this sense is spelled with a *heh* instead of an *aleph. Rashi,* however, renders: *Where is Your mercy?* Since the Tetragrammaton signifies the Divine attribute of mercy, it is as though Hezekiah says, "Where is the Divine attribute of mercy?"

how I walked before You truly and wholeheartedly—This refers to serving God in his heart, i.e. with fervent prayer.—[*Redak,* 2 Kings 20:3]

and I did what is good in Your eyes—Here he refers to his serving God through his deeds, as the Scripture testifies: "(2 Kings 18:3) And he did what was right in the eyes of the Lord, like all that his father David had done." Our Rabbis explained that he suppressed the book of medicines, composed by King Solomon, since the people commenced to depend solely on the medicines and did not seek God in their hour of distress.—[*Redak* ad loc.; *Rashi, Ber.* 10b]

Rambam (*Commentary on Mishnayot, Pesachim* 4:9) explains that the book of medicines contained many remedies that were involved with astrology, and many people were misled by them.

5. **Behold I will add**—Heb. יוֹסִיף, lit. he will add. *Rashi,* therefore, explains: *Behold I am He Who will add to your life.*—[*Rashi*]

6. **And from the hand of the king of Assyria will I save you**—*We deduce that he became ill before the downfall of Sennacherib.*—[*Rashi*]

7. **And this is your sign**—*That you shall be cured, and that your days shall be increased, as is explained below* (v. 22), *and in Kings* (2 20:8) *he asked, "What is the sign that I will go up?"*—[*Rashi*]) This does not appear

בשמש אחרנית עשר מעלות ותשב
השמש עשר מעלות במעלות אשר
ירדה: ט מכתב לחזקיהו מלך־יהודה
בחלתו ויחי מחליו: י אני אמרתי
בדמי ימי אלכה בשערי שאול פקדתי
יתר שנותי: יא אמרתי לא־אראה יה

ת"א אראה יה. זוכר נח:

עסר שעין בצורת אבן
שעיא דנחתת: ט כתב
אודאה על ניסא
דאתעביד לחזקיה מלכא
שבטא דבית יהודה כד
מרע ואתסי ממרעה:
י אנא אמרית בדן יומי
אהך בתרעי שאול על
דכרני לטב אתוסף על
שני: יא אמרית לא
אתחזי עוד קדם דחילא
דיי בארעא בית
שכינתה

מהרי קרא

רבותינו. [יום] שמת בו אחז. כשהיה לו לשמש לעמוד על מעלה ראשונה ירד ממעלה ראשונה ועמד במעלה עשירית. שלא יספדוהו, שתקצר היום לו. והיום שנתקצר לאחז נתארך לחזקיהו עשר שעות. כמו במדה שומרון*): (י) פקדתי. נחסרתי. כמו ולא נפקד ממנו איש: יתר שנותי. פירש ר' מנחם בר' חלבו אחי אבא. יתר כמו חבל. כלומר פוקדתי (יתר) חבל ומידת שנותי. ויש לומר (פוקד) [פוקדתי] שאר שנותי שהיה לי להיות עדיין: (יא) אמרתי לא אראה יה יה בארץ החיים. לא

רש"י

על היום י' שעות: (ט) מכתב. תירגם יונתן כתב אודאה על ניסא דאיתעבד לחזקיהו: (י) אני אמרתי בדמי ימי. כשראיתי ימי בדמי בשממון ובחרישה כמו נדמה כל עם כנען (צפניה א') כלומר כשאליתי אמרתי אלכה בשערי שאול עתה אמות לפי שעד אותו היום לא נתרפא חולה: פקדתי יתר שנותי. כמו (במדבר ל"א) לא נפקד ממנו איש נחסרתי שאר שנותי ויונתן תירגם על דכרני לטב איתוספו על שני נפקדתי לטובה ונתייתרו שנותי: (יא) (תוספות אמרתי לא אראה יה. לא אשתמש עוד בשם של יה:

*) כ"כ בכ"י ואולי ג' תיבות אלו שייכים על פסוק י' וכצ"ל: בדמי. כמו נדמה שומרון (הושע י ז):

רד"ק

(ט) מכתב. כתב הודאה זו כשנתרפא מחליו ועלה בית ה' אמר הודאה להיות לבזכרת על החסד שעשה עמו האל שהוסיף על ימיו ובמלכים ובשמואל פירש ענין תוספת הימים: ויחי. ענין רפואה וכן עד חיותם: (י) אני אמרתי בדמי ימי. בכריתת ימי כי לא היה אלא בן שלשים ותשע שנה וכן ודמיתי ואמר אוי לי כי נדמתי והדומים להם ענין כריתה אמר אני חשבתי כשאמר לי הנביא כי מת אתה ולא תחיה איך אלך בכריתת ימי לקבר טרם זמני ואיך פקדתי יתר שנותי שחיים רוב בני אדם יותר מחמשים שנה ואמרו רז"ל כי מת עד חמשים שנה זו היא מיתת כרת: פקדתי. חסרתי וכן אשה רעותה לא פקדו ולא נפקד ממנו איש והדומים להם ענין חסרון: (יא) אמרתי לא אראה יה. פירש רבינו סעדיה ענין הודאה ונכון הוא כי ראות האל הוא ההודאה והשבח לפניו והתבונן בדרכיו. ואדוני אבי ז"ל פירש לא אראה שלא יראה מעשי השם בעולם הזה והוא שיכיר מעשי השם בעולם הזה וזהו בארץ החיים כאילו הוא יפרש דבריו והנה הזכיר בתחלה תענוג האדם בעולם הזה והוא שיכיר מעשי השם ואחר כך שיתענג במראה העין להיות עם חביריו וזהו לא

אבן עזרא

לח (ט) מכתב לחזקיהו. ויחי. כמו עד חיותם כמו עמידה וכן אתה מחיה את כולם גם כן גבול החי: (י) אני. בדמי. יש אומרים מגזרת דם כמו לחלוחית והנכון כמו כריתו' כמו נדמה מלך ישראל: שאול. הוא הקבר שהוא בתחתית הארץ הפך השמים שהם למעלה לעולם והעד ואליעה שאול הנך ואיננו ניהגם כלל: פקדתי. מגזרת לא נפקד ממנו איש והוא לשון אחות גם כן בלשון קדר. ויש אומרים כי פקדתי פקד ממני כמו בני ילאוני ואחרים אמרו פקדתי כי פקד יותר והטעם יתר שנותי כמו את מספר ימיך אמלא וגם פרשתיו: (יא) אמרתי. השם איננו מקרה עד שתשלט העין בו רק הוא נר' במעשיו והטע'

מצודת ציון

(ט) ויחי. ענין רפואה כמו עד חיותם (יהושע ה'): (י) בדמי. ענין כריתה וכן עד מואב נדמה (לעיל ט"ו): פקדתי. ענין חסרון כמו כי יפקד מושבך (ש"א כ'):

מצודת דוד

ר"ל את הצל אשר כ"כ ירדה: במעלות אחז. כי אחז בנה המעלות האלה: בשמש אחורנית. מוסב למעלה לומר בנטיית צילון השמש השיב הצל אחורנית עשר מעלות: ותשב השמש. ר"ל שכן היה כי שבה נילון השמש עשר מעלות אשר ירדה וא"כ שב גם הצל:

(ט) מכתב לחזקיה. מכתב זה הוא לחזקיהו ר"ל הוא כתב הודאה זה: בחלותו. בעבור שהיה חולה ונתרפא מחליו: (י) בדמי ימי. בכריתת ימי אלך אל הקבר: פקדתי. חסרתי שנותי הנשארים עד מלאת השנים הקצובים לרוב בני אדם: (יא) לא אראה יה. עוד לא

Redak accepts the former interpretation. He comments that Hezekiah questioned why he was being deprived of the years most people live, since the Rabbis state that if one dies before fifty, it is a death of *kareth,* spiritual excision and premature death. According to *Yerushalmi Bikkurim,* ch. 2, it means death at fifty. At this time, Hezekiah was not yet fifty, since he died at fifty-four after having fifteen years added to his life. See *Tos. Yevamoth* 2a.

by the sun backwards ten steps, and the sun returned ten steps on the steps that it had descended. 9. The writing of Hezekiah, king of Judah, when he became ill and recovered from his illness. 10. I said, "In the desolation of my days will I go into the gates of the grave; I am deprived of the rest of my years." 11. I said, "I will not see the Eternal;

him, and now they went backwards on the day Hezekiah recovered, and ten hours were added to the day.—[*Rashi*]

9. **The writing of Hezekiah**—*Jonathan paraphrases: A writing of thanksgiving for the miracle performed for Hezekiah.*—[*Rashi*]

He wrote this psalm of thanksgiving when he recovered from his illness and went up to the Temple. He committed it to writing to be a remembrance of the kindness God had bestowed upon him by adding to his lifespan.—[*Redak*]

He composed this psalm to send it to all kings and princes and to all his subjects to publicize the matter that he had come to the gates of death and was healed by God. Although the Rabbis say that the first person to become ill and recover was Hezekiah, the writing of this letter does not prove that, for anyone who recovers from illness is obliged to thank the Almighty.—[*Abarbanel*]

10. **I said, In the desolation of my days**—Heb. בִּדְמִי. *When I saw my days* בִּדְמִי, *in desolation and in silence. Comp.* "(Zeph. 1:11) *For the entire people of Canaan has been silenced* (נִדְמָה)." *That is to say that when I became ill, I said, "I will go into the gates of the grave." Now I will die, since, until that day, no sick person had recovered.*—[*Rashi* from *Pirkei d'Rabbi Eliezer* ch. 52, *Gen. Rabbah* 65:9]

Others render; In the cutting off of my days.—[*Ibn Ezra, Redak*] The two interpretations are very similar.

Although we find several instances of sick people recovering from illness, we do not find anyone recovering from a critical illness, such as Hezekiah's. For this reason, the Midrash does not mention Elisha, considered by the Talmud (*Baba Mezia* 97a) as the first sick person to recover.—[*Radal* on *Pirkei d'Rabbi Eliezer*] Others claim that Hezekiah was the first to recover through prayer. [*Baith Hagadol*]

into the gates of the grave—Heb. שְׁאוֹל. This refers to the grave, which is under the earth, the opposite of the heavens which are above the earth. This does not refer to Gehinnom.—[*Ibn Ezra*]

I am deprived of the rest of my years—Heb. פֻּקַּדְתִּי. *Comp.* "(Num. 31:49) *No man was missing* (נִפְקַד) *of us." I am missing the rest of my years. Jonathan, however, renders: My remembrance has entered for good; years have been added to my years. I have been visited* (נִפְקַדְתִּי) *for good, and my years have been increased.*—[*Rashi*]

יָהּ בְּאֶרֶץ הַחַיִּים לֹא־אַבִּיט אָדָם עוֹד
עִם־יוֹשְׁבֵי חָדֶל׃ יב דּוֹרִי נִסַּע וְנִגְלָה
מִנִּי כְּאֹהֶל רֹעִי קִפַּדְתִּי כָאֹרֵג חַיַּי
מִדַּלָּה יְבַצְּעֵנִי מִיּוֹם עַד־לַיְלָה
תַּשְׁלִימֵנִי׃

ת״א יושבי חדל. זוהר פקודי: מדלה יבלעני. נדרים מ:

שְׁכִינְתֵּהּ דִי בַהּ אֲרִיכוּת חַיָא וְלָא אֶפְלַח קֳדָמוֹהִי עוֹד בְּבֵית מַקְדְּשָׁא דְמִתַּמָן עֲתִיד לְמִפַּק חֶדְוָא לְכָל יָתְבֵי אַרְעָא מְלְמֵידַר בִּירוּשְׁלֵם קַרְתָּא דְקוּדְשָׁא מְדוֹרֵי פְּסַק: יב מִבְּנֵי דָרִי אִתְנְטִילוּ יוֹמֵי אִתְקַצִּיצוּ וּגְלוֹ מִנִי אִתְכְּפִילוּ כְּמַשְׁכְּנָא דְרָעֵי אִתְקְפָדוּ כְּנַחַל נְגְדָאִין חַיַי מִיקַר מַלְכוּתִי אֲנָא גְלֵי יְסַמָא

רש״י

בארץ החיים. חיים משתמשין בו אבל המתים אינם רשאין שנא׳ לא המתים יהללויה הך למתים שאין מזכירין שם בן שתי אותיות לעולם ע״כ): בארץ החיים. בנ״ה: לא אביט אדם. חי עוד: עם יושבי חדל. שאהיה עם המתים היושבים בארץ הדלה ומנועה מן החיים: (יב) דורי נסע ונגלה מני. בני דורי נסעו ממני. נסעו כמו נסחו כמו (לעיל ל״ג) בל יסע יתדותיו: כאהל רועי. כאוהל רועי בהמה שמסיעו מכאן ותוקעו במקום אחר כשכלה מרעה זה: קפדתי. הכרתי מהר חיי כאורג הממהר לארוג כל זה הייתי סבור. ויונתן תירגם כנחל גידודין כנחל המושך בין גדות גבוהין שאינו מתפשט ומתוך כך מימיו קלים לרוץ ואומר אני שהוא נחל חריף ששמו אורג והוא שאמר (איוב ז׳) ימי קלו מני ארג. חלפו עם אניות אבה (שם ט׳): מדלה יבצעני. תירגם יונתן מיקר מלכותי אנא גלי סבור הייתי שעתה יבלעני מכל כבודי דלה לשון גובה וכן ודלת ראשך (ש״ה ז׳): מיום ועד לילה תשלימני. כמו מזכר ועד נקבה כלומר מימים

מהר״י קרא

אגוע ליום שקורין בו את ההלל שמקלסין בו את חללוית. שחזקיהו חלה שלשה ימים קודם הפסח ועלייתו לבית ה׳. ומפלתו של סנחריב ביום ראשון של פסח היה: יה בארץ החיים. קילום זה מקלסין החיים. כלומר כלשון זה בלשון י״ה מקלסין החיים ולא המתים: לא אביט אדם עוד עם יושבי חדל. כמו חלד: (יב) דורי נסע ונגלה מני. שאני מת והם חיים. כאוהל רועה שנסע ונגלה ממקים למקום: קפדתי כאורג חיי. כאורג הקוצץ הפתיל מן הבגד כשמשלים לארוג הבגד: מדלה יבצעני. כמו דלות ורעות תאר. כלומר מחסירות בשר שהיה לי מחמת החולי: יבצעני. ישלימני. כמו והיה כי יבצע ה׳ את כל מעשהו: מיום עד לילה תשלימני. ביום אחד נחליתי כמעט שהשלמתי

אבן עזרא

לא אביט אדם עוד: חדל. כמו תבל ויתכן היות המלה הפוכה כמו כבש מגזרת הלדי ויתכן היות כמוהו מה חדל אני ויתכן שנקר׳ העולם הזה הדל שחדל לעולם להיות אדם בו: (יב) דורי. כמו מגורי מדור באהלי רשע וזאת הלשון ידועה בארמית גם נכון היות דור ודור מגזרתו כטעם כי גר אנכי עמך: נסע. מבנין נפעל ונדגש הסמ״ך בחסרון הנו״ן שהוא פ״א הפועל: נגלה. כמו גלות: מני. כמו ממני וכן שעו מני: כאהל רועי. היו״ד ליהם המלה או כיו״ד פנימי גם אכזרי כי אהל הרועה לא יעמד במקום אחד: קפדתי. כמו כפלתי וכמוהו וימי קלו מני ארג: מדלה. החולי כמו מדוע ככה דל בן המלך כי מזאת המהלה יבלעני יתמו שני כמו יתר ידו ויבלעני וזאת המחלה כלומר תשלים ימי ובאמרו יבצעני ואחר כך אמר ישלימני כן

רד״ק

מעון יה כלומר בית המקדש והנה הוא פירש מהו לא אראה יה בארץ החיים ר״ל בזה העולם שיש בו ראית הלב וראית העין וראית הלב הוא בלב והוסיף עוד ואמר לא אביט אדם עוד וזהו ראית העין: עם יושבי חדל. עם יושבי העולם הזה שנקרא חדל וחלד כמו כבש וכשב: (יב) דורי. פי׳ מגורי וכן מדור באהלי רשע אמרתי כי מגורי בעולם הזה נסע ממני: ונגלה מני. כמו ממני: כאהל רעי. כמו רועה היו״ד תמורת ה״א למ״ד הפעל. ופירוש כמו הרועה שמסיע אהלו ממקום למקום. ונגלה ענין גלות שהוא הטלטול: קפדתי כארג חיי. אמרתי שקפדתי חיי כמו האורג שמקפד היריעה כשנשלמה אריגתה וקפדתי ענין כריתה כמו קפדה בא שהוא ענין כריתה ומ״ש קפדתי ר״ל אני גרמתי בעונותי: מדלה יבצעני. אמרתי כי מחולי זה ימיתני האל: מדלה. ממחלה כמו מדוע אתה ככה דל בן המלך חולה: יבצעני. ענין פתיתה וחתיכה וכן יתר ידו ויבצעני ותרגם פתות אותה פתים בצע יתה בצוען: מיום עד לילה תשלימני. ביום החולי אמרתי כי עד לילה תשלימני דרך הכתוב לדבר בפסוק אחד לנכח ושלא לנכח כמו שמעו

מצודת דוד

אסתכל להתבונן במעשה יה ויפרש אמריו לומר לא אסתכל מעשה יה בארץ החיים ר״ל בזה העולם כי אמות ואלך ממנה: לא אביט אדם. מעתה לא אביט אותן בני אדם אשר הם עם יושבי חדל ר״ל המתהלכים עם הבריות היושבים בזה העולם: (יב) דורי נסע. מגורי בעוה״ז נסע ונגלה ממני כמו הרועה המסיע אהלו ממקום למקום: קפדתי. בעבור העון כאלו בעצמי כרתי חיי חיש מהר כנוו האורג הממהר לכרות היריע׳ אחר שנשלמ׳: מדלה יבצעני. מהחולי הזה ישלים ימי חיי: מיום עד לילה תשלימני. חשבתי אשר מהתחלת היום עד הליל׳ תשלים ימי חיי כי בוודאי אמות בתוך זמן

מצודת ציון

(יא) חדל. כן נקרא העולם וכן כל יושבי חלד (תהלים מ״ט) כי הוא מתהפך כמו כבש כשב והדומים: (יב) דורי. מל׳ מדור: נסע. מלשון הסעה ועקירה: ונגלה. מל׳ גלות: מני. ממני: רועי. כמו רועה בה״א: קפדתי. ענין כריתה כמו קפדה בא (יחזקאל ז׳): מדלה. ענין חולי וכחישות כמו מדוע אתה ככה דל (ש״ב י״ג): יבצעני. ענין השלמה כמו כי יבלע ה׳ (לעיל י׳):

like a shepherd's tent—*Like the tent of one who tends animals, which he moves from here and sets up in another pasture when this pasture is depleted.*—[*Rashi*]

I severed—Heb. קִפַּדְתִּי. *I severed*

mous with נִסְחוּ. *Comp.* "(supra 33:20) *whose pegs shall never be moved* (יִסַּע)."—[*Rashi*]

Others render: My dwelling, meaning 'my dwelling in this world.'—[*Ibn Ezra, Redak*]

the Eternal is in the land of the living; I will no longer look upon man, [but I will be] with those who dwell in withdrawal.
12. My generation was removed and exiled from me like a shepherd's tent; I severed, like a weaver, my life; from glory He shall deprive me; from day and night You shall finish me.

11. (Addendum: **I will not see the Eternal**—Heb. יָהּ. *I will no longer use the name* יָהּ.—[*Rashi*]

in the land of the living—*The living use it, but the dead are not permitted, as it is said:* "(Ps. 115:17) *The dead shall not praise the Eternal* (יָהּ)." *It is a rule for the dead that they may never mention the Name consisting of two letters.*)—[*Rashi*] As indicated above, this is an addendum to *Rashi,* according to some mss., added by his contemporary, Rabbi Joseph Kara. We find a similar interpretation in his commentary. He explains the beginning of the verse in a slightly different manner. I will not see the Eternal; the Eternal is in the land of the living.—I will not reach the day the Hallel is recited, when people praise the Lord with the expression of הַלְלוּיָהּ, praise the Eternal. Hezekiah became ill three days before Passover and recovered on the first day of the festival, which coincided with his ascent to the Temple.

The Eternal is in the land of the living—This praise is recited by the living. This Name is pronounced by the living only, not by the dead.

Rashi, himself, continues:

in the land of the living—*in the Temple.*—[*Rashi*]

I will no longer look upon man—I.e. I will *no longer* look upon *a living* man.—[*Rashi*]

with those who dwell in withdrawal—Heb. חָדֶל. *For I will be with the dead, who dwell in a land withdrawn and withheld from the living.*—[*Rashi*]

Ibn Ezra renders: I said, "I will not see [the deeds of] the Eternal, [I will not recognize the deeds of] the Eternal in the land of the living." Then he expresses his unhappiness that he will no longer enjoy seeing his fellowmen.

with dwellers of the world—חָדֶל is synonymous with חָלֶד, the same word with the letters in inverted order. This is similar to כֶּבֶשׂ and כֶּשֶׂב. The world is called חָדֶל because those living there will someday be withdrawn from it, cease their existence thereon.

Redak quotes Rav Saadiah Gaon, who equates seeing the Eternal with thanking and praising Him and studying His ways. He quotes his father, who paraphrases: I will not see the dwelling of the Eternal; the contemplation of the Eternal is in the land of the living, i.e. in this world. Then he continues to say that he thought that he would no longer enjoy physical vision, viz. looking upon his fellowmen with those who dwell in the world.

12. **My generation was removed and exiled from me**—*The people of my generation were removed from me.*—[*Rashi*]

was removed—Heb. נִסַּע, *synony-*

תשלימני: יג שויתי עד־בקר כארי כן
ישבר כל־עצמותי מיום עד־לילה
תשלימני: יד כסוס עגור כן אצפצף
אהגה כיונה דלו עיני למרום יהוה
עשקה־לי ערבני: טו מה־אדבר ואמר־

תרגום

ולילותי שלימו:
יג נהמית עד צפרא
כאריא דנהים ותבר
גרמי חיותא כן מתברין
מן קדם דונא כל גרמי
יממי ולילותי שלימו:
יד כסוסיא דאחיד
ומנציף כן נציפת
ונהמית כיונה זקפית
עיני דייתי לי רוח מן
קדם דשכינתה בשמי מרומא יי קביל צלותי עביד בעותי: טו מה אמליל תושבחתא

מהר"י קרא

הכ' בקמץ

נפשי: (יד) כסוס עגור. פירש מנחם. כעוף ששמו סום כמו עורג וצוות. כך הייתי מצפצף מחמת החולי. ופירש עגור כמו עורג מן האותיות המאוחרות והמוקדמות כמו כשב כבש. שמלה שלמה. והשיב לו דונש. אין נופל לשום [עוף] לשון עורג. כי עורג הוא לאילים. וכהם לסוסים צפצופים וכן לעגורים. וסום עגור. הוא כמו סום ועגור. והרבה תמצא מן התיבות שהם חסירות כאילו נכתבות וי"ו כמו ואני ככבש אלוף. שפתרונו כמו ככבש ואלוף. כמו שגר אלפיך. אף כאן כסום עגור פת' כסום ועגור. עגור. בלע"ז גרוא"ה: עשקה לי. לחולי זה. הסר מעלי חולי זה: ערבני. כמו קולך ערב. כלומר הרווח לי מחולי זה וערבה לי. כלומר הקל אותו: (טו) מה אדבר ואמר לי והוא

רש"י

ומלילות תכלני וכן תירגם יונתן יממי ולילותי שלימו: (יג) שויתי. עלמי כל הלילה לסבול יסורי חולי ונתגברתי כארי לסבול: כן ישבר כל עצמותי. כמו (שמות א') כן ירבה וכן יפרוץ כל מה שאני מתגבר כן יגבר החולי עלי לשבור כל עלמותי: (יד) כסום. כמו כסיס והוא שם עוף: כסום עגור. כמו כסום ועגור. (ד"א) כעוף זה שתפשוהו בגרונו והוא מלפלף וכן תירגם יונתן כסוסיא דאחיד ומנליף: עשקה לי. כמו עשוק אותי לקחני מיד מלאך המות וערבני להצילני לשון ערבות(גרנטיא"ה בלע"ז)כמו (תהלים קי"ט) ערוב עבדך לטוב: עשקה לי. עשוק אותי מידו כאשר תאמר רפא נא לה (במדבר י"ב) רפא אותה: (טו) מה

רד"ק

עמים כולם וזולתו: (יג) שויתי עד בקר. שויתי כמו שמתי. והנה בהיותי בערב וראיתי כי לא מתי עדין שמתי זמני עד בקר והנה הלילה חזק חליי עד ששבר החולי כל עצמותי כמו האריה ששובר עצמות החיה הנטרפת בפיו וחשבתי כי מיום עד סוף הלילה והוא עד הבקר שאמר תשלימני. תשלים זמני ואמות. ויש מפרשים כארי כן ישבר רצוץ עצמות לא שבירתם מפני הקדחת זהו שאמר כי האריה תקחנו קדחת בכל יום ויש לו רצוץ עצמות: (יד) כסוס עגור. חסר וי"ו השמוש. ופי' כסוס ועגור וכן שמש ירח ראובן שמעון והדומים להם. וסוס הוא עוף והוא נכתב בי' בירמיה ותור וסיס ועגור ות"י וכורכיא ובדברי רז"ל קם ריש לקיש וצוח ככרוכיא ופרש"י שהוא גרוא"ה בלע"ז ועגור תרגם יונתן וסנוניתא והוא סנונית הנזכר בדברי רז"ל ופירש רבי' האיי כמאף בערבי' והוא שקורין ארונד"א אבל בכאן תרגם יונתן כסוס עגור בענין אחר כמשמעו כמו סוס ורוכבו כסוסיא דאחיד ומנציף כן נצפית תרגם עגור כענין צפצוף וענין מנציף כמו הפוך בדברי רז"ל סוס שצנף אמר אני בחליי אצפצף כמו העופות המצפצפים ואהגה כמו היונה והוא נהימות החולה בחליו: דלו עיני למרום. ומתוך חליי הכבד נשאו עיני למרום לאל שהוא במרום ואמרתי לו ה' עשקה לי מחלתי: ערבני. אתה כמו ערוב עבדך לטוב. ענין הנחת והשקט. ויש לפרש עשקה צווי ואע"פ שהעי"ן אינה חטופ' אלא נקראת במאריך וכמוהו שמרה נפשי כי חסיד אני וענינו ענין תוספת ויתור וכן בדברי רז"ל עשיק לגביך ישווי לכרסיך. אמר הוסיף לי על ימי וערבני: דלו עיני. ענין הרמה ויש לו חברים בשרש דלה ארוממך ה' כי דליתני והדומה לו לענין הרמת העינים כמ"ש אליך נשאתי את עיני היושבי בשמים לפי שהאל נקרא יושב שמים ואע"פ שאין לו מקום כבודו הגדול הוא בשמים: (טו) מה אדבר. מה אוכל לדבר ולשבח לפניו ואמר

אבן עזרא

שהוא עושה עמי שלום ביום ומלחמה בלילה וככה רובי התחלואים והנה תשלימני כמו ואם לא תשלים: (יג) שויתי. מגזרת שוה ותחסר מלת נפשי והנכון שהוא החולי כי הוא שוה בגבורת מלחמתו עמי: כארי. ומנהג הארי לשבר העלמות והתמה כי בלילה ילחם עמי ויעשה שלום לי בבוקר: (יד) כ"ף כסום עגור. מושך אחר עמו כמו כרע כלא לי וכמוהו ככבש אלוף ואלה עופו' והטעם שהחולה בכוכד חליו ילפלף ויהגה ואין מבין דבריו: דלו. מפעלי הכפל וכמוהו דלו שוקים כטעם נשיאות: ה' עשקה לי. זאת הדלה: ערבני. עתה ערוב עבדך לטוב ויש אומר כי העין תחת חי"ת וזה הבל ומלת ערבני כדרך לשון בני אדם והטעם התערב עמי בלרתי: (טו) מה אדבר ואמר לי.

מצודת ציון

(יג) שויתי. שמתי: (יד) כסוס עגור. כמו כסוס ועגור והם מיני עופות וכן ותור וסיס ועגור (ירמיה ח'): אצפצף. ענין השמעת קול עופות: אהגה. כן נקרא המיית היונה כמו וכיונים הגה נהגה (לקמן נ"ט): דלו. ענין הרמה כמו ארוממך ה' כי דליתני (תהלים ל'): עשקה. ענין לקיחה וחטיפה ואמר בלשון שאלה: ערבני. היטב והכשר לי וכן ערוב עבדך לטוב (שם קי"ט) והוא מענין מתיקות כמו ושנתי ערבה לי (ירמיה ל"א): (טו) מה אדבר. מלת מה יורה על הרבוי וכן מה רב טובך (תהלים ל"א): אדדה. מלשון

מצודת דוד

היום: (יג) שויתי עד בוקר. ר"ל כשבא הלילה שמתי זמן השלמת חיי עד בוקר: כארי. ר"ל נתחזק חליי עד ששבר החולי את כל עצמותי כמו הארי' המשבר עצמות החיה הנטרפת בפיו: מיום וגו'. ר"ל חשבתי שוב אשר מהתחלת היום עד הלילה תשלים ימי חיי כי אמות במשך זמן היום: (יד) כן אצפצף. מגודל הכאב הייתי מלפלף כעופות והומה כיונה: דלו עיני למרום. הרמו עיני להביט השמים לעזרתך ואמרתי ה' עשוק ממני החלי הזה והמתק והכשר לי: (טו) מה אדבר. ר"ל הרבה שבח וקילוסין יש לי לדבר כי הוא

night to suffer the tortures of the illness, and I strengthened myself like a lion to suffer.—[*Rashi*]

so it would break my bones—*Comp.* "(Ex. 1:12) *So they would multiply and so they would spread.*" *The more I would strengthen myself, so the illness would overpower me to break all my bones.*—[*Rashi*]

Others render: I regarded [the ill-

13. I made [myself] until morning like a lion, so it would break
my bones; from day and night You shall finish me. 14. Like a
crane [and] a swallow, so I chatter; I moaned like a dove. My
eyes were lifted on high. O Lord! Rob me! Pledge Yourself to
me! 15. What shall I speak? He said

my life quickly, like a weaver who hastens to weave. All this I thought. Jonathan renders: Like a stream with banks, like a stream that flows between high banks, which does not spread out, and consequently, its water flows swiftly. And I say that it is a swift stream named Oreg, and this is what Job (7:6) *said, "My days are lighter than Areg,"* also, "(ibid. 9:26) *They passed with the ships of Ebeh."—[Rashi]* *Rashi* explains Ebeh also as the name of a river. This coincides with his commentary on Job. The former verse, interpreting 'Ereg' or 'Areg' as a river, is not found in any commentary.

Aruch quotes *Targum* as reading: My life has been shortened (or folded up) like the material of the weaver. This reading appears in many editions of *Mikraoth Gedoloth,* such as the Venice edition of 1423, and the Warsaw edition.

Musaf He'aruch suggests that it should read, "like the weaving of a weaver." See *Aruch Completum* under גול, קפד. This seems much simpler and closer to the simple meaning of the verse.

Redak explains that the weaver cuts off the threads after the garment is woven. Thus, Hezekiah laments: I severed, like a weaver, my life; i.e. as a weaver cuts off the threads after completing the material.

from glory He shall deprive me—Heb. מִדַּלָּה יְבַצְּעֵנִי. *Jonathan renders: From the glory of my kingdom I am exiled. I thought that now He would deprive me of all my glory.* The word דַּלָּה *is an expression of height. Comp.* "(Song 7:5) *And the braid* (וְדַלַּת) *of your head."—[Rashi]*

Redak renders: Through sickness He shall crumble me. *Ibn Ezra*: Through sickness He shall finish me.

from day and night You shall finish me—lit. from day to night. *Comp.* "(Num. 5:3) *Both male and female,*" lit. from male to female. *That is to say, from days and nights you shall finish me, and so did Jonathan render: My days and my nights are over.—[Rashi]*

Redak renders literally: From day until night, you shall finish me. On the day of his illness, Hezekiah lamented, "From now until tonight You shall finish me," i.e. You shall complete my days. This is parallel with the previous clause. Although he switches from third person to second person, this is common in Scripture.

Ibn Ezra renders: From day until night it makes peace with me. The pains of his illness became more severe at night. It was as though they made peace with him by day and fought with him at night.

13. **I made [myself]**—*myself all*

לי והוא עשה אדדה כל־שנותי על־
מר נפשי: טז אדני עליהם יחיו ולכל־
בהן חיי רוחי ותחלימני והחייני: יז הנה
לשלום מר־לי מר ואתה חשקת נפשי

ת"א חיי רוחי. מנחות מד: ותחלימני. ברכות נה נז. הנה לשלום. ברכות יא (סנהדרין כז):

ואימר קדמוהי והוא אסגי טבון למעבד עמי מה אפלח ואשלים קדמוהי כל שניא דאוסיף על חיי ושיזיב ממריר נפשי: טז יי על כל מיתיא אמרתא לאחאה וקדם כולהון אחייתא רוחי ואחייתני וקיימתני: יז הא לעבדי אוריתא סגי שלמא קדמך ואת מייתי מרירא לרשיעיא בבן

רש"י

אדבר. שבח וקילוסין לפניו והרי אמר לי נחמות והוא עשאן: אדדה כל שנותי. כמו (בראשית ל"א) ותדד שנתי אתנודד מכל שנתי לקלס לפניו. יונתן תירגם שנותי לשון שנים: על מר נפשי. שהיתה מרה ונחמתני: (טז) ה' עליהם יחיו. יונתן תירגם ה' על כל מיתיא אמרתא לאחיאה: ולכל בהן חיי רוחי. וקדם כלהון אחייתא חיי רוחי. ואני אומר לפי פשוטו ה' עליהם על שנותי הנזכרים לעיל: אדדה כל שנותי. (ה') שיכן שכנו וחסדו עליהם ואמר לי על פי נביאיו יחיו: ולכל דבר אשר תלויין בהן חיי רוחי. ולכל אמר ה' עליהם ויחיו: ותחלימני. ומעתה ידעתי שתחלימני ותחייני: תחלימני. תבריאני ותחזקני כמו (איוב ל"ט) יחלמו בניהם: (יז) הנה

מהר"י קרא

עשה. מה אועיל לי אם אצעק וכבר עשה. כשם שאמר לי כי מת אתה ולא תחיה. וכך עשה: אדדה כל שנותי. כמו ותדד שנתי מעיני. מנודד אנכי מכל שנותי מחמת מרירות נפשי: (טז) ה' עליהם יחיו. ה' אמר עליהם על המתים שיחיו: ולכל בהן חיי רוחי. קודם לכולם תחיה את רוחי. שהרי נאמר כי מת אתה ולא תחיה. וחזר ותחלימני והחייני. והחזיקני כמו יחלמו בניהם ירבו בבר. שפת' יחזקו בניהם: (יז) הנה לשלום. שבישרני

אבן עזרא

הנני יוסיף על ימיך ומלת עשה כמו יעשה וכן נתתי כסף השדה או טעם עשה שעשה זה החסד עמי אעפ"כ אדדה כל שנותי בזכרי זאת המדה שעברה עלי ומלת אדדה מגזרת נפעל ואין ריע לו במקרא רק אדדם עד בית אלהים כמשנה מדדה את בנה והטעם ידוע: (טז) ה'. על דרך הוא הנזכר שאמר והוא אמר והנה על אמרתך ומעשיך יהיו החיים: ולכל. עת. בהן חיי רוחי: ותחלימני. מגזרת יחלמו בניהם ירבו בבר ובדברי חכמים ז"ל עתים אלים: (יז) הנה לשלום. כאשר הייתי בחלי ימי כי בן תבע

רד"ק

לי על ידי הנביא שאחיה מחלי זה ואעלה בית ה' ביום השלישי וכן עשה. וכן יעשה גם כן בתוס' השנים אין לי לעשות אלא שאזכור זה כל שנותי ובדברי זה אודה לאל שהצילני ופי' אדדה כמו האשה שמדדה את בנה בדברי רז"ל והוא הענוע מעט מעט וכן הוא דרך האדם כשזוכר הצרה שעברה עליו ונצול ממנה מנענע בראשו ופי' על מר נפשי על מרירות נפשי שהיה לי ונצלתי ממנה; (טז) ה' עליהם יחיו. אמר עתה ידעתי כי עליהם יחיו. פי' עליהם על הימים הקצובים לאדם יוכלו לחיות אם רצונך כמו שאני עושה כי כבר נשלמו ימי הקצובים והוספת עליהם חמשה עשר שנה: ולכל בהן חיי רוחי. לכל אספר ואומר כי בהן בשני התוספת חיי רוחי: ותחלימני והחייני. אני מתחנן לפניך שבאלה חשנים שהוספת לי תחלימני ותחייני והוא כפל ענין במ"ש והוא ענין הבריאות שאהיה בריא באלה השנים: (יז) הנה לשלום. הנה בחליי היה

מצודת דוד

אמר לי נחמות והוא עשאן: אדדה. לכן אודד כל השינה לקלס לפניו על נפשי שהיתה מרה ונחם אותה: (טז) ה' עליהם יחיו. על כל המתים גזר ה' שיעמדו בתחיה: ולכל בהן. וראשון שבכולם תחיה חיי רוחי כי הייתי קרוב למות: ותחלימני. שלחת לי בריאות ונתתי לי החיים: (יז) הנה לשלום. הנה בחליי מה שהייתי מלפה

מצודת ציון

נדידה: שנותי. מל' שינה: (טז) ותחלימני. ענין בריאות וחזוק כמו יחלמו בניהם (איוב ל"ט): (יז) חשקת. מלשון חשק ותאוה:

fled.'' Jonathan renders שְׁנוֹתַי *as an expression of years.*—[*Rashi*] *Jonathan* renders: How can I serve Him and repay Him for all the years that He added to my life and saved me from the bitterness of my soul.

because of the bitterness of my soul—*which was bitter, and You consoled me.*—[*Rashi*]

Redak renders: I will shake my head all my years concerning the bitterness of my soul. When a person experiences trouble and is saved from it, when he reminds himself of his previous trouble, he shakes his head.

Ibn Ezra: I will go softly in the bitterness of my soul, i.e. when I remember the bitterness of my soul.

16. **O Lord! Concerning them, [You said] they shall live**—*Jonathan renders: O Lord! Concerning all the dead, You said to resurrect.*—[*Rashi*]

and before all of them the life of my spirit—*And before all of them He resurrected the life of my spirit. But I say according to the simple meaning: The Lord is upon them, upon 'my*

to me, and He fulfilled it. I will cause all my sleep to flee because of the bitterness of my soul. 16. O Lord! Concerning them, [You said] they shall live, and before all of them the life of my spirit, and You cured me and gave me life. 17. Behold for peace, it is bitter for me, yea it is bitter, and You desired my soul

ness] until morning like a lion, that breaks all my bones; but surprisingly, from day until night it makes peace with me.—[*Ibn Ezra*]

Redak explains the beginning of the verse like *Ibn Ezra,* but the end he renders: From day until [the end of] night, You shall finish me.

14. **like a crane**—Heb. סוּס, *same as* "(Jer. 8:7) סִיס," *and that is the name of a bird.*—[*Rashi*] *Redak,* as well as *Rashi* on Jer., identifies it as the *grue* in French, crane in English.

like a crane, a swallow—*like a crane and a swallow.*—[*Rashi*]

This bird is identified as belonging to the family of *Hirundinidae,* [*Redak, Rashi* on Jer.] This is the swallow. *Redak* suggests also that it may be the magpie.

Alternatively, *like this bird, seized by the neck, and it screeches. So did Jonathan render: Like a crane that is caught and screeches.*—[*Rashi*]

Redak differs on the explanation of Targum. He renders: Like a horse that is caught and it whinnies.

I moaned like a dove—This denotes the moaning of the sick.—[*Redak*]

my eyes were lifted on high—Because of my severe illness, my eyes were lifted on high to the Almighty.—[*Redak*]

Rob me.—Heb. עָשְׁקָה, like עֲשֹׁק. *Rob me, take me out of the hand of the angel of death, and pledge Yourself to save me. This* (עָרְבֵנִי) *is an expression of surety (garantieh in O.F.). Comp.* "(Ps. 119) *Pledge Yourself* (עֲרוֹב) *to Your servant for good.*" The intention is: Sympathize with me in my *straits.*—[*Ibn Ezra*]

Rob me—Heb. לִי. *Rob me from his hand. Comp.* "(Num. 12:13) *Please cure her* (לָהּ)" *like 'cure her* (אוֹתָהּ).'—[*Rashi*] *Rashi* wishes to bring out that although it is prefixed by a 'lammed,' meaning 'to,' it is, nevertheless, the direct object. He cites an example of לָהּ, lit. 'to her,' which is also a direct object.

Others interpret this as a past tense: It has oppressed me, referring to the illness.—[*Ibn Ezra, Redak*]

15. **What shall I speak**—*praise and adorations before Him? Behold He promised me consolations, and He fulfilled them.*—[*Rashi*]

Redak elaborates: He told me through His prophet that I would recover from this illness, and that I would ascend to the house of God on the third day, and so He did. And so will He do concerning the additional fifteen years He promised me.

Ibn Ezra renders: He shall fulfill it, referring to the fifteen years.

I will cause all my sleep to flee—*Comp.*"(Gen. 31:40) *And my sleep*

משחת בלי כי־השלכת אחרי גוך כל־
חטאי: יח כי־לא שאול תודך מות
יהללך לא־ישברו יורדי־בור אל־
אמתך

כד ידעית יום מותי שפכית דמעתי בצלו קדמך מר לי סגי ואת אתרעיתא בחיי בדיל דלא לחבלא נפשי ארי ארחיקתא מן קדמך כל חטאי : יח ארי לא דבשאול מודן קדמך מיתיא לא משבחין לך לא מסברין נחתי גוב בית אבדנא לפורקנך :

מהר"י קרא

הנביא. לכן כה אמר ה׳ לא יבא אל העיר הזאת ולא יורה שם חץ וגו׳. מה לי על אותו שלום שהוא בישר אותי. הואיל ואני לא אראני כל שכן שהייתי מצטער עליו: ואתה חשקת נפשי משחת. בלי להורידה לשחת. שאילו הייתי [מת] קודם מפלתו של סנחריב ולא ראיתי בתשועה ולא הייתי מקלסך בשאול על הנסים ועל הגבורות שעשית לחיים שאין נודע בהושך פלאיך: (יח) [כי לא שאול תודך]. לא המתים יהללויה. לפיכך חייתני מיורדי בור: לא ישברו יורדי בור אל אמיתך. (לא) [לשבור אשור] בארצי ועל הרי אבוסנו. אם ימות עכשיו לא יראה תשועתי בסנחריב. מה מועיל לו הבטחתי שהבטחתי. הישברו יורדי בור אל הבטחתי. משהם מתים איך יסופר בביר בקבר נפלאותי מבטיחים לחיים הוא אומר (לא) ולא למתים. אם כך מוטב שיחיה מחולי זה ויראה ששמרתי לו הבטחתי ויודיני על

רש"י

לשלום מר לי מר. כשנתבשרתי שלום אף הוא לי מר שהרי תלו לי הרפואה בזכות אחרים כה אמר ה׳ אלהי דוד אביך (לעיל ל"ז) למעני ולמען דוד עבדי כאן הודעתני שאני הוטא כך פירשו חכמים אבל לפי ישוב המקרא משמע הנה לשלום מר לי מר כשנתבשרתי מאתך להושיעני מיד סנחריב מר לי מר על חליי שהייתי נטוי למות ולא שמחתי בבשורה ואתה בטובך חשקת נפשי מבלי רדת ב...: (יח) כי לא שאול תודך. אם הייתי מת לא הייתי מודה לך על הנס

רד"ק

לי מר בעבור שלום שלא היה לי והחכם רבי אברהם אבן עזרא פי׳ הנה לשלום כאשר הייתי בחצי ימי כי בן תשעה ושלשים שנה היה כשחלה כי אם תתגבר המרה האדומה על האדם לעולם יהיה חולה בנערותו ויהיה בשלום בזקניהו והפך זה אם תתגבר הליחה והנה אמצעיים שנות שלום: ואתה חשקת נפשי משחת בלי. חשקת נפשי להצילה משחת הבליה והוא הקבר שגופו של אדם בלה בו: כי השלכת. ואע"פ שהייתי חייב לפי עונותי וחטאי אתה השלכתם אחרי גוך דרך משל כאדם המשליך הדבר אחרי גוו שלא יראה אותו: (יח) כי לא שאול תודך. ושנה ושלש הענין במ"ש להזק הענין אמר טוב הוא שתחיה בני אדם בזעקם לפניך בשובם מחטאם כי יודך בחייהם ולא יודך במיתתם. ועל הגוף אמר שהוא מת לא על הנשמה שתחיה אחר מיתת הגוף: מות. ולא מות ולא שוכר עומד במקום שנים זכמוהו רבים: לא ישברו. הגופות שהם

אבן עזרא

ושלשים שנה היה כאשר חלה כי אם תתגבר המרה האדומה על תולדת האדם לעולם יהיה חולה בנערותו ויהי בשלום בזקנותו והפך זה תתגבר הלחה והנה האמצעים שנות שלום: מר לי מר. פעמים לחזוק ויש אומרים מגזרת תמורה: משחת בלי. יש אומרים מגזרת בליתי והוא שם על משקל פרי ואחרים אמרו שהוא במקום הזה כמו לא והוא הפך והראשון הוא הישר בעיני כאילו אמר ואתה חשקת נפשי והעליתני משחת בלי: כי השלכת אחרי גוך. דרך משל כבן אדם שלא יראה מה שיש אחריו כי ידענו שאין ע לבורא הגויות הנה ראיה על אשר אמרו קדמונינו שבעבור הטא שעשה היה מת בקוצר שנים והם העתיקו כי המת קודם המשים ושתים שנה הנו בכרת ועל זה נעצב כי לא ידע שעבר עבירה שהוא חייב שימות בכרת על כן אמר זכר נא את אשר התהלכתי לפניך והטוב בעיניך עשיתי והנה הזכיר המחשבה והמעשה והקדמונים אמרו כי לא התעסק במצות פריה: (יח) כי לא שאול תודך. הטעם

מצודת ציון

משחת. הוא בור הקבר: בלי. מלשון בליה ורקבון: גוך. גופך כמו גוי נתתי למכים(לקמן נ׳): (יח) ישברו. ענין תקוה כמו עיני

מצודת דוד

לשלום ולבריאות היה נתוסף לו מר על מר ר"ל כאב על כאב: ואתה. אבל אתה בטובך חשקת נפשי להעלותך משחת המבלה והוא הקבר: כי השלכת. אחז במשל מדרך האדם המשליך דבר מה אחורי גיפו לבל יראהו ר"ל הסתרת עין מחטאי ומחלת עליהם: (יח) כי לא שאול תודך. מי שהוא בשאול אינו מודה לך ר"ל אם הייתי מת לא הייתי נודה לך על מפלת סנחריב: מות יהללך. אנשי מות לא יהללוך. ימלת לא ממשמש בשתים וכפל הדבר במ"ש:

before the fifty-second year was liable to *kareth* (*Moed Katan* 28a). This saddened Hezekiah very much because he was unaware that he had committed any sin of such magnitude. He, therefore, said, "Remember now how I walked before You truly and wholeheartedly, and I did what is good in Your eyes." As mentioned above, Hezekiah had sinned by not marrying.—[*Ibn Ezra*] Hezekiah's reason for not marrying is discussed in *Berachoth* 10b. See 2 Kings 20:1, Commentary Digest.

18. (**For the grave shall not thank You**—*Had I died, I would not thank You for the miracle of the downfall of Sennacherib, and I would not hope for the realization of Your promise that You promised me concerning him.*—[*Rashi*])

He repeats this theme several times for emphasis. The intention is that it is better that You grant life to

from the grave of decay, for You have cast behind You all my sins. 18. For the grave shall not thank You, nor shall death praise You; those who descend into the pit shall not hope for Your truth.

years' mentioned above, 'How can I serve Him and repay Him for all the years,' He caused His Shechinah and His kindness to rest upon them and said to me through His prophets, that they shall live.—[*Rashi*] Note that *Rashi* does not follow his own commentary on v. 15, but that of *Jonathan.*—[*Parshandatha*]

and to all upon which the life of my soul depends—*And to everything upon which the life of my soul depends, the Lord said concerning them and they shall live.*—[*Rashi*]

and You shall make me well—*From now on, I know that you shall make me well and give me life.*—[*Rashi*] This does not follow our translation, which follows *Targum Jonathan* in this instance.

You shall make me well—Heb. תַּחֲלִימֵנִי, *You shall make me well and strengthen me. Comp.* "(Job 39:4) *Their children shall become strong* (יַחְלְמוּ)."—[*Rashi*]

Redak renders: O Lord! In addition to them, they can live.—In addition to their allotted years, people can live.

and before all of them the life of my spirit—To everyone I will tell that in these years my spirit lives.

and You cured me and gave me life—and I beg You to give me good health and strength in these fifteen additional years that You have granted me.

17. **Behold for peace, it is bitter for me, yea it is bitter**—*When I was notified of the tidings of peace, even that was bitter for me, for my recovery was dependent upon the merit of others:* "(v. 5) *So has the Lord God of your father David said . . .*" "(supra 37:35) *For My sake and for the sake of David your father.*" *Here You let me know that I am a sinner* (See *Ber.* 10b). *(So did the Sages explain it, but in order to reconcile the verse, it appears to mean: Behold for peace, it was bitter for me, yea it was bitter—When I was given the news by You that You would save me from the hand of Sennacherib, it was bitter for me, yea it was bitter because of my illness, that I was close to death, and I did not rejoice with the news.) but You desired my soul, that it descend not to the grave.*—[*Rashi*]

You desired my soul from the grave of decay—I.e. You have desired my soul to save it from the grave of decay.—[*Redak*]

for You have cast behind You—lit. behind Your body. This is an anthropomorphism, like a person who does not see what is behind his back.—[*Ibn Ezra, Redak*]

all my sins—Although my sins warranted that I die, You disregarded them and cured me of my illness.—[*Redak*]

This supports the Rabbinic view that Hezekiah was to die young because of a sin he had committed. They also stated that one who dies

אֲמִתֶּךָ: יט חַי חַי הוּא יוֹדֶךָ כָּמוֹנִי הַיּוֹם
אָב לְבָנִים יוֹדִיעַ אֶל־אֲמִתֶּךָ: כ יְהוָה
לְהוֹשִׁיעֵנִי וּנְגִנוֹתַי נְנַגֵּן כָּל־יְמֵי חַיֵּינוּ
עַל־בֵּית יְהוָה: כא וַיֹּאמֶר יְשַׁעְיָהוּ יִשְׂאוּ
דְּבֶלֶת תְּאֵנִים וְיִמְרְחוּ עַל־הַשְּׁחִין וְיֶחִי:

יט דְחַי חַי יוֹדֵי קֳדָמָךְ
כְּוָתִי יוֹמָא הָדֵין אֲבָהָן
לִבְנֵיהוֹן יְחַוּוּן גְּבוּרְתָךְ
וְיוֹדוּן לְמֵימַר דְּכָל אִלֵּין
קְשׁוֹט: כ יְיָ לְמִפְרְקָנָא
אֲמַר יְיָ וְנִגּוּן תּוּשְׁבַּחְתֵּיהּ
נְנַגֵּן כָּל יְמֵי חַיָּנָא עַל
בֵּית מַקְדְּשָׁא דַיְיָ:
כא וַאֲמַר יְשַׁעְיָהוּ יִסְּבוּן
דְּבֵילַת תְּאֵינִין וִישׁוּרְטוּן

רש"י

של מפלת סנחריב ולא הייתי סובר אל אמתת הבטחתך שהבטחתני עליו: (יט) **חי חי**. לשון בני אדם חיים כלומר כשיש בני אדם חיים בעולם זה חי וזה חי יוצאת ההודאה מביניהם: **יודיע**. (אשיספ"ר בלע"ז) (ס"א חי חי אתה חי וגאה להודות לחי): **אל אמתך**. האב מודיע ומכוין דעת בנו אל אמתך להאמין בך: (כא) **דבלת תאנים**. דבלת העשוי מתאנים כשהן לחין קרויין תאנים וכשנדרסין בעיגול קרויה דבלה: **וימרחו**. ויחלקוה לדבקה על השחין וגם בתוך נס היה שאף בשר חי שנותנין עליו דבלה מסריח אלא הקב"ה נותן דבר המחבל לתוך דבר המחבל ומרפא:

מהר"י קרא

הנס: (יט) חי חי הוא יודך כמוני היום. אתה אלהי כמו שהחייתני הוא יודך: אב לבנים יודיע אל אמיתך. אל הבטחתך שהבטחתני להושיעני מסנחריב וקימת הבטחתך. יודיע אל אמיתך. אל הבטחתך. ילמדנו וישכילנו אל תורתך: (כ) ה' להושיעני. ה' ממך להושיעני: ונגינותי ננגן כל ימי חיינו. זה פתר' ה' אמר להושיעני אף אני איני כפוי טובה וגם אני נגינותי כל ימי חיינו. על יד בן לוי המופקד בית ה' להודות לפניו על מה שעשה לי: (כא) וימרחו על השחין ויחי. ויתרפא ויחלקוה לדבקה על השחין:

אבן עזרא

על הגוף הנקבר בשאול וכן הוא מות לא יהללך כמו מתן בסתר יכפה אף: **ישברו**. כמו ייחלו כמו עיני כל אליך ישברו ורבים יתמהו איך כתב הנביא כדברים האלה שמכחישים בתחיי' המתי' ויש להשיב כי הגוף אין לו כח ולא דעת בלאת הנשמה ממנו ולמה יתמהו והנה גם בהיות הנשמה דבקה עם הגוף איננו מבין ואף כי במותו: (יט) **חי חי**. פעמים והטעם מי שהי כמוני או שיהיה אחרי חליו הוא חייב שיודה והטעם בפה שבו תראה הבור הנשמה עם הגוף בדרך ההודאות ויש אומר' כי הי הראשון הוא השם ואין צורך: **אב לבנים יודיע**. אלה האמונות: (כ) **ה'**. אמר או יאמר או יגוה: **ונגינותי**. שאחבר אנגנס אני והמשוררים שהם בבית השם כל ימי חיינו: (כא) **ויאמר**. זה פלא כי התאנים הם מזיקים לשחין וזה שאמר יש אומרים

רד"ק

יורדי בור לא ישברו **אל אמתך** לספרה ולהגידה כמו שהחיים עושים ואין זה כנגד תחיית המתים כי הוא אינו מדבר אלא על הגופות בעודם בקבר ולא כל הגופות יחיו ויעמדו מן הקבר: (יט) **חי חי**. כל חי וחי יודך כמוני היום ואם הייתי מת **לא** הייתי מודה לך הודאת הפה כמו שאני עושה עתה ועוד **אב** לבנים יודיע **אל אמתך** אם **לא** היו לו בנים ותחיהו ויהיו לו בנים ויודיע אמתך כמו שאעשה אני ואף אם יהיו לו בנים כל זמן שיחיה עמהם ילמדם יודיעם אם כן הוא טוב שתאריך לאדם ואם חלה שתרפאהו מחליו ויודה לך הטובה שעשית לו ויודיע לבניו אחריו וכן אמרו רז"ל כי לא היו בנים לחזקיהו אלא עד אחר חליו ואע"פ שההודאה וההודעה לא תועיל לו ולא תסכן. כמו שאמר אם צדקת מה יסכן לו אע"פ כן אחר שהוא רצה וברא בני אדם אם כן הוא רוצה בקיומם ובלכתם בדרך טובה ושיהיה בהם דעת להבין בחסדי הבורא ולהודות לפניו עליהם כי זה מהדרך הטובה וכאשר לבם נכון הוא מסייע אותם ועוזרם בזה: אל אמתך. כמו את אמתך וכן יבא את במקום אל כמו והראה את הכהן והדומים לו וכן יבא אל במקום את כמו אספרה אל חק וירדפו אל מדין או פירוש יודיעם הדרך שיבאם **אל** אמתך והחסד שעושה האל עם בני אדם אמת הוא מצד עצמו כי הוא רב חסד וזהו מדרכיו אם כן הוא אמת. ונראה כי **יונתן** תרגם אל זה כמו בצר"י כמו הארצות האל שתרגם אבהן לבנן יחוון גבורתך ויודון למימר דכל אילן קשוט וכן פי' **החכם** רבי אברהם אבן עזרא וזהו לשון פירושו אב לבנים יודיע אלה האמונות ואני תמה בזה כי לא ראיתי בשום ספר **אלא** אל נקוד סגולה וסמוך במקום עם אמתך כמו האחר והמסרה אל אמתך שנים והם אלה השנים אשר הם בפסוק כי **לא** שאול תודך ובפסוק חי חי: (כ) ה' להושיעני. ה' אמר להושיעני מן החלי וכן עשה שהושיעני וכמו למ"ד להרג: **בערמה** לשכב את בת יעקב והדומים לחם: ונגינותי ננגן. ועל התשועה שהושיעני אודה לפניו תמיד וננגן אני וחברי **בנגינותי** שחברתי על התשועה כל ימי חיינו ננגן אותם: על בית ה'. כמו בבית ה' כי יבא על בענין בי"ת השמוש כמו ועל **חרבך** תחיה שהוא כמו בחרבך ונתת אותם על סל אחד כמו בסל המלט על נפשך כמו בנפשך: (כא) ויאמר ישעיהו. זה **הפסוק** והפסוק שאחריו אינה מהמכתב ולא מצאתי להם טעם למה נכתבו הנה אחר המכתב כי משפטם למעלה אחר ונגנותי

מצודת דוד

לא ישברו. האנשים אשר כבר ירדו אל הבור לא יקוו שתאמת להם **הבטחתך** כי אין להם תועלת בעניני זה העולם ור"ל אם כבר הייתי **מת** לא הייתי מקוה עוד על מפלת סנחריב כאשר הבטחת: (יט) **חי חי**. כל חי וחי. הוא יודך: כמוני היום. כאשר אני היום בחיים ומודה לך: אב לבנים. כל אב מלמד לבניו ומודיעם אמתך וכאומר הנה כמו כן אעשה גם אני כשאחיה ואוליד בנים אלמדה ואודיעם אמונתך: (כ) ה' להושיעני. ר"ל ה' אמר להושיענו מהחלי וכן עשה ודוגמתו להרגו בערמה (שמות כ"א) ור"ל שחשב להרגו וכן עשה: ונגינותי ננגן. נגינת השבח הזה אנגנה אני והמשוררים בבית ה' כל ימי חיינו: (כא) **ישאו**. יקחו חתיכה מתאנים דרוסות

מצודת ציון

כל אליך ישברו (תהלים קמ"ה): (יט) **אל אמתך**. את אמתך וכן וירדפו אל מדין (שופטים ז'): (כ) **ונגינותי**. מלי נגון וזמר: **על בית**. כמו בבית על במקום בי"ת וכן עמדתם על חרבכם (יחזקאל ל"ג): (כא) **ישאו**. יקחו: **דבלת תאנים**. חתיכת תאנים יבשות הנדרסות יחד עד שנעשה גוף אחד וכן ויתנו לו פלח דבלה (ש"א ל'): **וימרחו**. ענין טיחה וכדרך התחבושת ובדרז"ל מפני שהוא ממרח (שבת ק"ו): **השחין**. מין נגע שנחלה על ידם וכן

cle within a miracle, for, even healthy flesh, upon which pressed figs are

placed, decays. But the Holy One, blessed be He, places an injurious

19. The living, the living, he shall thank You, like me today; a father shall inform his children of Your truth. 20. The Lord [has promised] to save me, and we will play my hymns all the days of our life in the house of the Lord." 21. And Isaiah said, "Let them take a cake of pressed figs and lay it for a plaster on the boil, and it will heal."

people who cry out to You and repent of their sins, for they thank you in their lifetime, not after death. He is referring to the body, which lies in the grave after death, not to the soul, for it is the body that 'does not hope for Your truth.' This is not inconsistent with the belief in the resurrection of the dead, for he is referring to the bodies while they are in the grave; moreover, not all bodies will rise from their graves.—[*Redak*]

19. **The living, the living**—*This is an expression denoting living people; i.e. when they are living people in the world, this one is living and this one is living, thanksgiving emanates from between them.*—[*Rashi*] (Other editions: **A living one to a living one-** *You are living, and it is proper to give thanksgiving to a living one.*—[*Rashi*]) The parenthetic material does not appear in any manuscripts, and only in certain printed editions. The intention is probably that it is proper for a living one to give thanks to a living One, rather than for a dead one to give thanks to a living One.

like me today—One living, like me, or, one who recovered from illness, like me, shall thank You today.—[*Ibn Ezra*]

Were I to die, I would not be able to thank You today with my mouth.—[*Redak*]

inform—*enseigner in French,* to teach.—[*Rashi*]

of Your truth—lit. to your truth. *The father informs and directs his son's thoughts to Your truth, to believe in You.*—[*Rashi*]*

20. **The Lord to save me**—Has said to save me.—[*Redak, Ibn Ezra*] The latter suggests: shall say, shall command. I.e. the Lord has promised to save me from my illness, and so He has done.—[*Redak*]

and we will play my hymns—As a token of thanskgiving for my deliverance from peril, my colleagues and I will always play the hymns I have composed for this salvation.—[*Redak*]

in the house of the Lord—with the Levites who sing and play musical instruments in the Temple.—[*Mezudath David*]

21. **a cake of pressed figs**—Heb. דְּבֶלֶת. *A pressed cake made from figs. When they are fresh, they are called* תְּאֵנִים*, and when they are pressed into a circular cake, they are called* דְּבֵלָה.—[*Rashi*]

and lay it for a plaster—*And they shall smooth it out to cause it to adhere to the boil, and this was a mira-*

כב וַיֹּאמֶר חִזְקִיָּהוּ מָה אוֹת כִּי אֶעֱלֶה
בֵּית יְהוָה׃ לט א בָּעֵת הַהִיא שָׁלַח
מְרֹאדַךְ בַּלְאֲדָן בֶּן־בַּלְאֲדָן מֶלֶךְ־בָּבֶל
סְפָרִים וּמִנְחָה אֶל־חִזְקִיָּהוּ וַיִּשְׁמַע כִּי
חָלָה וַיֶּחֱזָק׃ ב וַיִּשְׂמַח עֲלֵיהֶם חִזְקִיָּהוּ
וַיַּרְאֵם אֶת־בֵּית נְכֹתֹה אֶת־הַכֶּסֶף
וְאֶת־הַזָּהָב וְאֶת־הַבְּשָׂמִים וְאֵת הַשֶּׁמֶן
הַטּוֹב וְאֵת כָּל־בֵּית כֵּלָיו וְאֵת כָּל־
אֲשֶׁר נִמְצָא בְּאוֹצְרֹתָיו לֹא־הָיָה דָבָר

תרגום

על שיחנא ואתסי:
כב ואמר חזקיה מה את
ארי אסק לבית מקדשא
דיי: א בעידנא ההיא
שלח מרודך בלאדן בר
בלאדן מלכא דבבל
איגרין וקורבנין לות
חזקיה כד שמע ארי
מרע ואתסי: ב וחדי
עליהון חזקיה ואחזינון
ית בית גנזוהי ית כספא
וית דהבא וית בוסמנא
וית משחא טבא וית
כל בית מנוהי וית כל
דאישתכח בגנזוהי לא
הוה מדעם דלא אחזינון

ת"א שלח מראדך. יבמות סב סנהדרין נו (יבמות ד): בית נכותה. סנהדרין קד:

מהר"י קרא

לט (א) בעת ההיא שלח מראדך בלאדן בן בלאדן מלך בבל ספרים ומנחה אל חזקיהו. אמרו רבותינו היה למוד **לאכול** בשש שעות ולישן עד תשע שעות. וכיון שחזר גלגל חמה **בימי** חזקיהו. ישן לו ועמד ומצאו שחרית ביקש להרוג את עבדיו. [אמר] הנחתם אותי ישן כל היום כולו וכל הלילה. אמרו ליה מן אכלית בעונתך ישנת בעונתך. אלא יומא הוא דחזר. ואי זה אלוה [החזירו]. אמרו אלוהו של חזקיהו החזירו. ואמר וכי יש אלוה גדול מאלהי אמרו לו אלוהו של חזקיהו גדול מאלהיך. מיד שלח מלאכים ומנחה אל חזקיהו שנ׳ בעת ההיא שלח מרודך בלאדן בן בלאדן מלך בבל ספרים ומנחה אל חזקיהו כי שמע כי חלה ויחזק: (ב) בית נכותה. בית אוצרותיו: השמן **הטוב.** יש פותרים שמן המשחה. וי"א הוא שמן אפרסמון שהיה מצוי בא"י והוא נכאות וצרי ולוט: **ואת השמן הטוב.** יש פותרים שמן המשחה.

רש"י

(כב) **מה אות.** מה טוב ומה נאה אות זה הניתן לי אשר אעלה בית ה׳:

לט (א) **וישמע כי חלה ויחזק.** היה למוד לאכול בשלש שעות ויישן עד ט׳ כיון שחזר גלגל חמה לחזקיהו כשעמד משנתו בט׳ שעות מלא שהיא שחרית בקש להרוג את כל עבדיו אמר הנחתם אותי ישן יומם ולילה עד הבקר אמר לו גלגל חמה הוא שחזר אמר להם ומי החזירו אמר לו אלוהו של חזקיה כו׳. כדאיתא בתנחומא ובפסיקתא: (ב) **בית נכתה.** בית גנזיו של בשמים כמו (בראשית ל"ז) נכאות וצרי ולוט: **ואת השמן הטוב.** יש פותרים שמן המשחה. וי"א הוא שמן אפרסמון שהיה מצוי בא"י והוא

רד"ק

על העיר הזאת וכן הם בספר מלכים: דבלת תאנים. וזה היה נס בתוך **נס** כי התאנים מזיקים לשחין: וימרחו. ענין חבישה וחתול: ויחי. וירפא כמו עד חיותם: (כב) ויאמר חזקיהו. מה שאמר למעלה שאמר ישעיהו וזה לך האות חזקיהו שאלו מישעיהו ואמר לו מה אות כי אעלה בית ה׳ ר"ל שארפא ואעלה בית ה׳ כמו שאתה אומר: (א) בעת ההיא. גם זו הפרשה פירשתיה בספר מלכים באר היטב:

אבן עזרא

כי הם במלות דבלת תאנים נפתחים דבקים ויהתכו במאכלת: **וימרחו.** קרוב בלשון קדר וטעמו ידוע: (כב) **ויאמר.** הטעם וכבר אמר חזקיהו מה אות וכבר הזכירו למעלה וזה לך האות מאת ה׳:

לט אין לו פירוש:

מצודת ציון

שהין אבעבועות (שמות ט׳): ויחי. ענין רפואה: (כב) מה אות. מלת מה יורה על גודל הדבר והשיבתו:

לט (ב) נכתה. ענין אוצר נחמד וכן נכאת וצרי (בראשית ל"ז)

מצודת דוד

להניח תחבוש׳ על השחין וירפא: (כב) מה אות. מה טוב ומה נאה האות הנפלא הזה אשר נרפאתי ואוכל לעלות לבית ה׳:

לט (א) וישמע. ר"ל על כי שמע שחלה ונתרפא לכן שלח לו ספרים ומנחה דרך אהבה ובד"ס נאמר ששלח לדרוש המופת הנעשה בחליו: (ב) עליהם. על בואם:

God's miracle, as indeed the sign of the shade accomplished.

1. **Merodach-baladan the son of Baladan, the king of Babylonia**—Although Sennacherib ruled over Babylonia, as in 2 Kings 17:24, there was, nevertheless, a king in Babylonia. He was subordinate to the king of Assyria and paid tribute annually, as was the custom of all the nations conquered by Assyria. This continued until Nebuchadnezzar became king, when he became the independent ruler of Babylonia. He occupied the throne, followed by his

22. And Hezekiah said, "What a sign that I will go up to the house of the Lord!"

39

1. At that time, Merodach-baladan the son of Baladan, the
king of Babylonia, sent letters and a gift to Hezekiah when he
heard that he had been ill and had recovered. 2. And Hezekiah
rejoiced over them, and he showed them his entire treasure-house, the silver, the gold, the spices, and the good oil, and the entire house in which he kept his vessels, and everything that was found in his treasures; there was nothing

substance upon vulnerable tissue, and it heals.—[Rashi from Mechilta, Ex. 15:25]

22. **What a sign**—*How good and how beautiful is this sign which is given to me that I will go up to the house of the Lord!*—[*Rashi*]

Others explain it as a question: And Hezekiah had already said: What is the sign that I will go up to the house of the Lord?—[*Ibn Ezra, Redak*]

This follows the narrative in 2 Kings 20, in which the prophet tells Hezekiah in the name of God that he will recover and that he will go up to the house of God on the third day. Immediately thereafter, Isaiah ordered them to bring a cake of pressed figs, which he applied to the boil, and it was healed. At this point, Hezekiah's question appears: "What is the sign that the Lord will heal me and that I will go up to the house of the Lord on the third day?" Upon this query, Isaiah gives him the sign of the shade returning ten steps on the steps of Ahaz. It appears that the sign of the figs was inadequate, therefore necessitating the second sign. *Abarbanel* explains that Hezekiah believed that the remedy of the figs was Isaiah's own remedy, not divinely inspired. He, therefore, requested "a sign that God will heal me." In response to this request, the sign of the shade was given. The author of Isaiah, wishing to justify Hezekiah, lest it appear that his question was due to lack of faith in God's prophet, relates the incident of the pressed figs after the sign of the shade, to indicate that the question was asked only because the sign of the figs was perhaps Isaiah's own sign, not given him by God.

Rashi, however, takes this as an exclamation of Hezekiah's enthusiasm at the cure of the boil by the pressed figs. Accordingly, we have no reason for the second sign of the shade. See Commentary Digest, 2 Kings 20:8, also *Rashi* above 38:7. *K'li Paz* explains that Hezekiah requested a sign that would be visible to the whole world, to publicize

אשר לא־הראם חזקיהו בביתו ובכל־
ממשלתו: ג ויבא ישעיהו הנביא אל־
המלך חזקיהו ויאמר אליו מה־אמרו
האנשים האלה ומאין יבאו אליך
ויאמר חזקיהו מארץ רחוקה באו אלי
מבבל: ד ויאמר מה ראו בביתך
ויאמר חזקיהו את כל־אשר בביתי
ראו לא־היה דבר אשר לא־הראיתם
באוצרתי: ה ויאמר ישעיהו אל־חזקיהו
שמע דבר־יהוה צבאות: ו הנה ימים

חזקיהו בביתה ובכל
שולטנה : ג ואתא
ישעיה נביא לות מלכא
חזקיה ואמר ליה מה
אמרו גבריא האלין ומנן
אתו לותך ואמר חזקיה
מארעא רחיקא אתו
לותי מבבל : ד ואמר
מה חזו בביתך ואמר
חזקיה ית כל די בביתי
חזו לא הוה מדעם דלא
אחזיתינון בגנזי :
ה ואמר ישעיה לחזקיה
קביל פתגמא דיי
צבאות : ו הא יומיא
אתן ויתנטיל כל די
בביתך

ת"א ימים באים . זוהר פקן :

רש"י

פנג האמו' (ביחזקאל כ"ז) יהודה וישראל המה רוכליך בחטי מנית ופנג וראיתי בספר יוסיפון שהוא אפרסמון וגדל ביריחו לכך נקרא יריחו על שם הריח : **לא היה דבר.** אף ס"ת : (ג) **מארץ רחוקה באו אלי.** זה אחד משלשה בני אדם שבדקן המקום ומצאן עביט של מימי רגלים קין ואחזקיהו ובלעם חזקיהו היה לו להשיב אתה נביאו של מקום ולי אתה שואל התחיל מתגאה ואומר מארץ רחוקה באו אלי לפיכך נענש ועל ששמח עליהן והאכילן על שולחנו וכן בלעם שאמר לו מי האנשים האלה עמך והשיב ואמר בלק בן צפור מלך מואב שלח אלי (במדבר כ"ב) וכן קין שאמר לו אי הבל אחיך (בראשי' י"ד) והיה לו לומר רבש"ע הלא כל הנסתרות גלויות לך וגו'. כדאיתא בתנחומא :

מהר"י קרא

הטוב . **אפרסמון** : (ד) **כל אשר בביתי ראו וגו'** : (ו) **הנה ימים** באים ונשא כל אשר בביתך. ואף מה שלא ראו בביתך . הה"ד ובניך אשר יצאו ממך . והיו סריסים . בביתו. שנסתרסו מחמת שהיו עומדין לפני המלך . ומעמידין עצמן ממימי רגלים :

מצודת דוד

(ו)**תשא.** יהיה נשא ונלקח : **ואשר אצרו.** אשר טמנו באוצר: לא יותר

מצודת ציון

שר"ל דברים נחמדים : (ג) **ומאין** . מאיזה מקום :

of the Law.—[*Rashi* from *Pirkei d'Rabbi Eliezer*, ch. 52] *Rashi* on 2 Kings 20:13, states: *Even the Ark, the Tablets, and the Scroll of the Law.* This appears to more accurate, since *Pirkei d'Rabbi Eliezer* continues regarding the Tablets: He told them, "With this we wage war and are victorious." See also, *Song Rabbah* 3:4, *Mattenoth Kehunnah* ad loc.

It displeased God when Hezekiah showed the emissaries from Babylon all his treasures, for it demonstrated arrogance, assuming that they had come from a distant land to do him honor since he prospered in all his undertakings, as the Chronicler states (2 32:25), ". . . for his heart became haughty." He should have realized that the visitors had come in honor of the Almighty. He concludes: "(v. 31) And so with the messengers of the princes of Babylonia, whom they sent to him to inquire of the wonder that was in the land, God allowed him, to test him, to know all that was in his heart."—[*Redak*, 2 Kings 20:13]

3. **They have come to me from a distant country** — *This is one of three people whom the Holy One, blessed be He, tested and found to be a*

that Hezekiah did not show them in his palace and in his kingdom. 3. And Isaiah the prophet came to King Hezekiah and said to him, "What did these men say, and whence did they come to you?" And Hezekiah said, "They have come to me from a distant country—from Babylonia." 4. And he said, "What did they see in your palace?" And Hezekiah said, "They saw everything that is in my place. There was nothing that I did not show them in my treasuries." 5. And Isaiah said to Hezekiah, "Hearken to the word of the Lord of Hosts, 6. 'Behold a time

son and his grandson, for a total of seventy years. [*Ralbag*, 2 Kings 20:12]*

when he heard that he had been ill and had recovered—*and until that time no person had ever been ill and become well.*—[*Rashi*, 2 Kings 20:12 from *Pirkei d'Rabbi Eliezer*, ch. 52; *Gen. Rabbah* 65:9]

He was accustomed to eating after the first *three hours* of the day had elapsed *and he would sleep until the ninth hour. Since the sphere of the sun had gone backwards because of Hezekiah, he awoke from his sleep after nine hours and found that it was morning. He sought to kill all his servants. He said, "You let me sleep a day and a night until morning!" They said to him, "It was the sphere of the sun that went backwards." He said to them, "Who brought it back?" They said to him, "The God of Hezekiah etc." As is stated in Tanhuma* (Ki Thissa 5) *and in Pesikta* (d'Rav Kahana p. 14a).—[*Rashi*]*

2. **his entire treasure-house**—Heb. נְכֹתֹה, *the storehouse of his spices, like* "(Gen. 37:25) *spices* (נְכֹאת), *balm, and lotus.*"—[*Rashi*]

Alternatively, the term נְכֹת includes all his choice possessions. Subsequently, they are enumerated. In the Talmud, *San.* 104a, there is a variance of opinion concerning בֵּית נְכֹתֹה. Some say that his wife was waiting on them. Some say that he showed them iron that could destroy other iron, or his most powerful weapons. Some say that he showed them his treasure-house.—[*Redak*, 2 Kings 20:13]

and the good oil—*Some interpret this as the anointment oil* (Ex. 30:22–33), *and others say that it is balsam oil, which is found in Eretz Israel, and that is Pannag mentioned in Ezekiel* (27:17): *"Judah and the land of Israel, they were your merchants, with wheat of Minnith and Pannag. I saw in the book of Josephon* (book 4, ch. 22), *Pannag is balsam, and it grows in Jericho. Therefore, it is called Jericho because of the aroma* (רֵיחַ).—[*Rashi*]

there was nothing—*Even the Scroll*

בָּאִים וְנִשָּׂא כׇּל־אֲשֶׁר בְּבֵיתֶךָ וַאֲשֶׁר
אָצְרוּ אֲבֹתֶיךָ עַד־הַיּוֹם הַזֶּה בָּבֶל לֹא־
יִוָּתֵר דָּבָר אָמַר יְהוָה: ז וּמִבָּנֶיךָ אֲשֶׁר
יֵצְאוּ מִמְּךָ אֲשֶׁר תּוֹלִיד יִקָּחוּ וְהָיוּ
סָרִיסִים בְּהֵיכַל מֶלֶךְ בָּבֶל: ח וַיֹּאמֶר
חִזְקִיָּהוּ אֶל־יְשַׁעְיָהוּ טוֹב דְּבַר־יְהוָה
אֲשֶׁר דִּבַּרְתָּ וַיֹּאמֶר כִּי יִהְיֶה שָׁלוֹם
וֶאֱמֶת בְּיָמָי: מ א נַחֲמוּ נַחֲמוּ עַמִּי יֹאמַר

תרגום

בְּבֵיתָךְ וְדִי גְנַזוּ אֲבָהָתָךְ עַד יוֹמָא הָדֵין וְיִתּוֹבַל לְבָבֶל לָא יִשְׁתְּאַר מִדַּעַם אֲמַר יְיָ: ז וּמִבְּנָךְ דְיִפְּקוּן מִנָּךְ דְּתוֹלִיד יִדַּבְּרוּן וִיהוֹן רַבְרְבִין בְּהֵיכְלָא מַלְכָּא דְבָבֶל: ח וַאֲמַר חִזְקִיָּה לִישַׁעְיָה תַּקִּין פִּתְגָמָא דַּיְיָ דְּמַלֵּילְתָּא וַאֲמַר אֲרֵי יְהֵי שְׁלָם וּקְשׁוֹט בְּיוֹמָי: א נְבִיַּיָּא אִתְנַבִּיאוּ תַּנְחוּמִין עַל עַמִּי אֲמַר אלהכון

ת"א יותר דבר. (שקלים מט) : נחמו. עקידה שער פח :

פתח באתנח

מהר"י קרא

(ח) ויאמר חזקיהו. טוב דבר ה' אשר דברת. מכמת דברים. אחת שבשרתני מתוך תוכחתך שאני עתיד להוליד. שנית שיהיה שלום ואמת בימי. שלא תבא הרעה בימי. והיה לו לבקש רחמים על ישראל שנגזר עליהם גלות בבל בשבילו ולא ביקש. אמר הקב"ה. חזקיה שהיה לו לנחם אתכם ואינו מנחם את ירושלם ואינו מבקש רחמים על ישראל אלא [אמר] טוב שיהיה שלום ואמת בימי. הריני מנחם את ירושלם. הה"ד נחמו נחמו עמי : מ (א) יאמר אלהיכם. יאמר. לשון הוה :

רש"י

(ו) לא יותר דבר. מדה כנגד מדה כנגד לא היה דבר : ומבניך. הם חנניה מישאל ועזריה : (ח) טוב דבר ה'. מאחר שבימי יהיה שלום :

מ (א) נחמו נחמו. חוזר על נבואותיו העתידות לפי שמכאן ועד סוף הספר דברי נחמות הפסיק פרשה זו בינים לבין הפורענות. נחמו אתם נביאי נחמו את עמי :

רד"ק

(א) נחמו נחמו. כל אלה הנחמות עתידה לימות המשיח והכפל לחזק ת"י נבייא אתנביאו תנחומין על עמי אמר אלהכון נחמו וכן דברו כמו שפירשנו בפסוק חזקו ידים

אבן עזרא

מ (א) נחמו נחמו עמי. נדבקה זאת הפרשה בעבור שהזכיר למעלה כי כל אוצרות המלך גם בניו יגלו לבבל על כן אחרי זאת הנחמות ואלה הנחמות הראשונות מחצי הספר על דעת רבי משה הכהן נ"ע על בית שני. ולפי דעתי הכל על גלותינו רק יש בתוך הספר דברי גלות בבל לזכר כי כורש שלח הגולה ואולם באחרית הספר דברים הם לעתיד כאשר אפרש. ודע כי מעתיקי המצות ז"ל אמרו כי ספר שמואל כתבו שמואל והוא אמת עד וימת שמואל והנה דברי הימים יוכיח שהם דור אחר דור לפני זרובבל והעד מלכים יראו וקמו שרים וישתחוו ויש להשיב כאשר ישמעו שם הנביא ואם איננו והמשכיל יבין. ומלת נחמו דברי השם

מצודת ציון

(ז) סריסים. שרים וממונים :

מצודת דוד

דבר. מכל אשר בביתך : (ז) ומבניך. הם דניאל חנניה מישאל ועזריה : אשר יצאו וגו'. כפל הדבר פעמים ושלש כדרך המקרא : (ח) טוב דבר ה'. טוב הדבר בעיני ופי' דבריו ואמר הואיל ויהיה בימי שלום וה' יאמת לי הבטחתי אינני חושש מה שיהיה אחרי מותי : מ (א) נחמו נחמו. אלהיכם יאמר אל הנביאים נחמו את עמי וכפל המלה יורה על החוזק :

For he thought—lit. And he said. This may be interpreted as a second statement. First he justified God's retribution upon his descendants. He felt, too, that perhaps this gloomy prophecy would be revoked if they would improve their ways.—[*Malbim*]

peace and truth—The prophecy of peace in my days will surely come true, since favorable prophecies are never revoked.—[*Malbim*] For further commentaries, see Commentary Digest, 2 Kings 20:18f.

1. **Console, console My people**—*He returns to his future prophecies; since from here to the end of the Book are words of consolations, this section separated them from the prophecies of retribution. Console, you, My prophets, console My people.*—[*Rashi*] *Ibn Ezra* and *Redak* concur with *Rashi* that the following proph-

shall come when everything in your palace and what your forefathers have stored up, shall be carried off to Babylonia; nothing shall remain,' said the Lord. 7. And they shall take [some] of your sons, who shall issue from you, whom you shall beget, and they shall be officers in the palace of the king of Babylonia." 8. And Hezekiah said to Isaiah, "The word of the Lord that you have spoken is good." For he thought, "For there shall be peace and truth in my days."

40

1. "Console, console My people," says

chamber pot: Cain, Hezekiah, and Balaam. Hezekiah should have replied, "You are a prophet of the Omnipresent. Yet you ask me?" Instead, he commenced to become haughty, and said, "They have come to me from a distant country." Therefore, he was punished, and because he rejoiced over them and fed them on his table. Similarly, Balaam, to whom He said, "Who are these men with you?" (Num 22:9) *And he replied and said, "Balak the son of Zippor sent them to me." Similarly, Cain, to whom He said, "Where is your brother Abel?"* (Gen. 4:9) *He should have replied, "Lord of the Universe, are not all hidden things revealed to You?" As it is stated in Tanhuma.—[Rashi]* In our editions of *Tanhuma* this is not found. It is found, however, in *Num. Rabbah* 20:6.

6. **nothing shall remain**—*You shall be paid in kind, corresponding to "There was nothing* (v. 4)."—*[Rashi]*

I.e. Hezekiah would be punished for showing off all his treasures, by having all those treasures carried off to Babylonia.

7. **And . . . [some] of your sons**—*Hananiah, Mishael, and Azariah.—[Rashi]*

officers—Heb. *sarisim,* usually interpreted as eunuchs. There is a dispute in the Babylonian Talmud (*Sanhedrin* 93b). Some say that Hananiah, Mishael, and Azariah were actually eunuchs, as was the custom of the kings to castrate those who were to serve in their palace, so that they would not marry, and would be completely dedicated to their service. Others maintain that the expression is figurative. It represents the fact that paganism was emasculated in their time. I.e., its impotency and folly were generally recognized. Although no harm was done them, it was, nevertheless, an evil decree that they would be exiled to Babylonia.*

8. **"The word of the Lord . . . is good"**—*since there will be peace in my days.—[Rashi]*

אֱלֹהֵיכֶם׃ ב דַּבְּרוּ עַל־לֵב יְרוּשָׁלִַם וְקִרְאוּ
אֵלֶיהָ כִּי מָלְאָה צְבָאָהּ כִּי נִרְצָה עֲוֹנָהּ
כִּי לָקְחָה מִיַּד יְהוָה כִּפְלַיִם בְּכָל־
חַטֹּאתֶיהָ׃ ג קוֹל קוֹרֵא בַּמִּדְבָּר פַּנּוּ
דֶּרֶךְ יְהוָה יַשְּׁרוּ בָּעֲרָבָה מְסִלָּה
לֵאלֹהֵינוּ

אֱלָהֲכוֹן׃ ב מַלִּילוּ עַל
לִבָּא דִירוּשְׁלֵם וְאִתְנַבּוּ
עֲלַהּ אֲרֵי עֲתִידָא
דְתִתְמְלֵי מֵעַם גָלְוָתַהָא
אֲרֵי אִשְׁתְּבִיקוּ לַהּ
חוֹבָהָא אֲרֵי קַבִּילַת כָּס
תַּנְחוּמִין מִן קֳדָם יְיָ
כְּאִלּוּ לְקַת עַל חַד תְּרֵין
בְּכָל חַטָאתָהָא׃ ג קָל
דְמַכְלֵי בְּמַדְבְּרָא פַּנּוּ
אוֹרַח מִן קֳדָם עַמָּא דַיְיָ

ת"א לב ירושלים. (ברכות ח): כי. עקידה שער לג:

רש"י

(ב) כי מלאה צבאה. ת"י עתידא דתתמלי מעם גלוותהא כמו כי מלאה מלבאה ויש פותרין לבאה כמו (איוב ז') הלא לבא לאנוש עלי ארץ: נרצה. נתפייס: כי לקחה וגו'. ארי קבילת כס תנחומין מן קדם ה' כאילו לקת על חד תרין בכל חטאתהא ולפי פשוטו יתכן לפרש כי לקחה פורענות כפלים וא"ת היאך מדתו של הקב"ה לשלם לאדם כפלים בחטאו מלאנו מקרא מלא (ירמיה ט"ז) ושלמתי ראשונה משנה עונם וחטאתם: (ג) קול. רוח הקודש

מהר"י קרא

(ב) כי מלאה. הארץ צבאת. עוד היום שבא. שנתמלא אוצרותיה: כי נרצה עונה. כלומר ועוד זה דברו על לבה. כי נרצה עונה. נמצאת אומר שמתנחמת בכפליים. ד"א כי מלאה צבאה. עבר זמנה ולקתה בכל גזירותי ולכן נרצה עונה. ודומה לו. הלא צבא לאנוש עלי ארץ. ויורה סופו על תחילתו שהוא אומר כי לקחת וגו': (ג) קול קורא במדבר. בציון שהיא מדבר: פנו דרך. לשבי גולה: ישרו בערבה. היא ארץ ישראל שהיא עכשיו ארץ

אבן עזרא

לנביאו או לגדולי העם וטעם פעמים דרך מהירות או רגע אחרי רגע: (ב) דברו. לעולם דבור על לב להסיר העצב והדאגה שעברה וכן וידבר על לבם. וטעם ירושלם כנסת ישראל: כי מלאה צבאה. מלאו ימיה וכמוהו כל ימי צבאי איחל הלא צבא לאנוש והמפרשים אמרו שהוא כמשמעו והראשון הוא הנכון: כי נרצה. נשלם ותם כמו עד ירצה כשכיר יומו אז תרצה הארץ כטעם תם עונך: כפלים. מצרות שלקחה מכל גוי: בכל חטאותיה. בעבור כל חטאותיה: (ג) קול קורא. הם המבשרים: פנו. יאמר

רד"ק

רפות: (ב) דברו. צבאה. זמנה וכן הלא צבא לאנוש עלי הארץ ופי' כי מלאה כי השלימה שם זמנה ר"ל זמן שהיה לה להיות בגלות וי"ת ארי עתידה דתתמלי מעם גלותהא תרגם צבאה כמשמעה מן לצבא צבא: כי נרצה עונה. נשלם ענשה כמו אז תרצה הארץ את שבתותיה וכן עונת ענשה כמו כי לא שלם עון האמורי וגו' וי"ת אשתביקו לה חובאה: כי לקחה מיד ה' כפלים בכל חטאתיה. הכפל יוכל להיות פעמים שתים או יותר כמו ותכפל חרב שלישיתה ר"ל שלש פעמים תכפל. ובאמרו כפלים ר"ל שתים והוא אומר על שתי גליות שגלו ישראל גלות בבל וזה הגלות ולמה היה זה בעבור כל חטאתיה והחכם ר' אברהם א"ע פי' כפלים מצרות שלקחת כל גוי ואאז"ל פירש כפלים עונותיהם ועונות אבותיהם כמו שאמר ירמיהו הנביא אבותינו חטאו ואינם ואנחנו עונותיהם סבלנו וי"ת ארי קבלת כס תנחומין מן קדם ה' כאלו לקתה על חד תרין בכל חטאתהא: (ג) קול קורא. כאלו קול קורא וטעם פנו ישרו כי ימצאו במדבר ובערבה דרך סלולה כאלו פנו וישרו

מצודת דוד

(ב) על לב. דברים המקובלין על הלב: וקראו אליה. אמרו לה אשר מלאה ונשלמה זמן גלות: כי נרצה. נתפייס עונה ר"ל נתכפר עונה: כי לקחה. כי כבר לקחה תשלומין מיד ה': כפלים. ר"ל שתי גליות גלות בבל וגלות אדום: בכל חטאתיה. בעבור כל חטאתיה: (ג) קול קורא. כאלו קול מכריז ואומר פנו במדבר דרך ה' להשיב בו בני הגולה: ישרו בערבה. עשו בערבה דרך ישרה לאלהינו כי הוא ילך לפניהם:

מצודת ציון

מ (ב) צבאה. ענינו זמן קצוב וכן הלא צבא לאנוש (איוב ז): נרצה. מל' רצוי ופיוס: (ג) פנו. ענין הסרת המכשול וכן ואנכי פניתי הבית (בראשית כ"ד): ישרו. מל' ישר ושוה: בערבה.

sin, I will tell you that *we find an explicit verse:* "(Jer 16:18) *And I will pay first the doubling of their iniquity and their sin.")*—[*Rashi*] The parenthetic material is absent in many mss. In fact, *Rashi,* Jer. 16:18, explains the verse to mean that God would pay them back for doubling their iniquity, i.e. for adhering to the sins of their forefathers. It is, indeed puzzling that *Jonathan,* while avoiding the simple explanation of our verse, explains the verse in Jeremiah to mean that God will punish doubly for their iniquity and their sin.

Alternate commentaries are, as follows: She received double, viz. two exiles, the Babylonian exile and the exile of Edom.—[*Redak*]

She received double what any other nation suffered.—[*Ibn Ezra*]

She received double, viz. for their sins and for adhering to the sins of their forefathers.—[*R. Joseph Kimchi*]

for all her sins—Because of all her sins.—[*Ibn Ezra*] This is to avoid the explanation that they received dou-

your God. 2. Speak to the heart of Jerusalem and call to her, for she has become full [from] her host, for her iniquity has been appeased, for she has taken from the hand of the Lord double for all her sins. 3. A voice calls, "In the desert, clear the way of the Lord, straighten out in the wilderness, a highway

ecy deals with the Messianic redemption. According to *Rabbi Moshe Hakohen* and *Ibn Caspi,* this refers to the return from Babylon.

The latter dwells at length on this matter and maintains that, if the end of the present exile is intended, there should be a prophecy concerning the return from the Babylonian exile, the rebuilding of the Temple, and its destruction. The absence of such prophecy proves that this prophecy is indeed dealing with the return from the Babylonian exile and the rebuilding of the Temple and the land. He claims that the wonders related in this chapter and in later chapters, did, in fact, occur in the return to the Holy Land after the Babylonian exile.

Abarbanel quotes *Midrash Song of Songs* (not found in any of our midrashim) that this chapter follows Hezekiah's statement, "The word of the Lord that you have spoken is good." For he thought, "For there wil be peace and truth in my days." Although Hezekiah did not console you and did not console Jerusalem, and did not beg mercy for you, I will console you. Therefore, "Console, console my people." The double expression alludes to the two exiles: the exile to Babylon, and the exile of Edom. Alternatively, the repetition may be for emphasis, as the commentators explain. A similar midrash is quoted by R. Joseph Kara, without the explanation of the double expression.

2. **Speak to the heart**—This is always an expression denoting speaking kindly to remove sorrow and worry. Jerusalem here represents the entire congregation of Israel.—[*Ibn Ezra*]

for she has beome full [from] her host—*Jonathan renders: She is destined to become full from the people of the exiles, as though it would say, "She has become full from her host. Others interpret* צְבָאָהּ *like* "(Job 7:1) *Is there not a time* (צָבָא) *for man on the earth?"*—[*Rashi*] Accordingly, we would render: She has completed her time, meaning the time destined for her exile.—[*Ibn Ezra, Redak*]

has been appeased—Heb. נִרְצָה.—[*Rashi*] I.e. her punishment has been completed. We find a similar expression in Lev. 27:43: "Then the land shall appease its sabbaths."

for she has taken etc.—Jonathan paraphrases: *For she has received a cup of consolation from before the Lord as though she has been punished doubly for all her sins. (According to its simple meaning, it is possible to explain, 'for she received double punishment.' Now if you ask, how is it the standard of the Holy One, blessed be He, to pay back a person double his*

לאלהינו: ד כל־גיא ינשא וכל־הר
וגבעה ישפלו והיה העקב למישור
והרכסים לבקעה: ה ונגלה כבוד יהוה
וראו כל־בשר יחדו כי פי יהוה דבר:
ו קול אמר קרא ואמר מה אקרא כל־

תרגום

כבישא במישרא כבשין
קדם כנשתא דאלהנא:
ד כל חיליא יראמון וכל
טור ורמא ימאכון ויהי
כפלא למישרא ובית
גדודין לבקעה:
ה ויתגלי יקרא דיי
ויחזון כל בני בשרא
כחדא ארי במימרא דיי
גזר כן: ו קל דאמר
אתנבי

ת"א גיא ינשא. עירובין נד נדרים נה (עירובין כח):

מהר"י קרא

ערבה ושוחה: מסילה לאלהינו. ומפת' והולך היאך: (ד) כל גיא ינשא וגו'. ויונתן פירש כל גיא ינשא. שהן עכשיו שפלים יהיו נשאים: וכל הר וגבעה ישפלו. והעכו"ם שהן עכשיו נישאין יהיו שפלים: (ו)[קול אומר קרא.] קול ה' אומר אלי קרא את הקריאה הזאת אשר אנכי דובר אליך. ואמר מה אקרא. וישם דבר בפי והודיעני מה אקרא: [כל הבשר חציר.] בשר ודם זה שמבטיח לחבירו דומה לציץ השדה. ומה דרכו של חציר. יבש חציר. ומה דרכו של ציץ. נבל [ציץ]. אף בשר

רש"י

קורא במדבר דרך ירושלים: פנו דרך ה'. לשוב גליותי' לתוכה: (ד) כל גיא ינשא. וההר ישפל הרי דרך חלקה ושוה ונוחה: והרכסים. הרים הסמוכים זה לזה ומתוך סמיכתן מורד שביניהם זקוף ואינו מעוקם שיהא נוח לירד ולעלות (ברכסים מתורגם גדודים לשון גובה כמו גדודי הנהר): הרכסים. כמו וירכסו את החשן (שמות כ"ח): לבקעה. (קפנייא בלע"ז) ארץ חלקה ושוה: (ו) קול. את הקב"ה אומר אלי קרא: ואמר. רוחי אליו מה אקרא והקול משיבו זאת קרא כל הבשר חציר כל המגביהים תהפך גדולתם ותהיה כחציר. (ד"א כל הבשר חציר) סוף אדם למות לפיכך אם אמר לעשות חסד הרי הוא

רד"ק

אותה להם בני אדם וטעם לאלהינו כי הוא מנהיג זה העם היוצא מהגלות: (ד) כל גיא. כל זה דרך משל כי העליה בהרים והירידה תייגע הולכי דרכים והם לא ייגעו ולא ייעפו והעקוב הוא הדרך המעוות: והרכסים. גבשושית הדרכים כי הוא ענין גבהות וכן מרוכסי איש: (ה) ונגלה. אז כשיצאו מהגלות ביד רמה וימצאו אפי' במדבר מים וכל צרכם כמו שאמר לא ירעבו ולא יצמאו אז יגלה כבוד ה' לעיני כל העמים: וראו כל בשר. ידעו כל בני אדם כי פי ה' דבר כלומר ידעו אז כי הנחמות האלה שדברו הנביאים על פי ה' דברו מה שדברו כשיראו שיתקיימו הנבואות. וראו ענין ידיעה והבנה ר"ל ראית הלב כמו ולבי ראה הרבה והדומים לו: (ו) קול אומר קרא. כאלו קול קורא או פירושו קול נבואה קורא לנביא קרא. ואמר הנביא מה אקרא ויאמר לו הקול קרא ואמור כי כל הבשר חציר ר"ל על הגוים שיבאו עם גוג ומגוג שימותו רובם ומה שאמר כל הבשר הוא דרך הפלגה כמו וכל הארץ באו מצרימה והדומים לו ומש"א וכל חסדו אפי' עשו חסדים הרבה לא יזכרו להם כי

אבן עזרא

לכל גוי: דרך ה'. הטעם אלה שהיו בגלות שישובו להר הקודש וזהו דרך ה': ישרו. הטעם כפול: (ד) כל גיא ינשא. שהוא שפל אז ינשא והנה גיא איננו סמוך כמו גיא חזיון המון גוג ויתכן שתחסר מלת גיא כך וכך כמו מה מליל והטעם שיבאו השבים בלא יגיעה: העקוב. כמו עקוב מלב והוא הפך מישור: והרכסים. מגזרת מרכסי איש כטעם מקום מעוות: (ה) ונגלה. כאשר יהדע השם זה הפלא אז יראה כבוד השם: (ו) קול. דבק בכבוד השם כי דברו יקום לבדו ולא כבן אדם. וטעם קול אומר קרא הוא המלאך שיאמר לנביא קרא: כל הבשר חציר. כחציר כמו כי

מצודת ציון

ענינו כמו מדבר: מסלה. דרך כבושה: (ד) גיא. עמק: העקוב. ענין עקום ועוות כמו עקוב הלב (ירמיה י"ז): למישור. מל' ישר ושוה: והרכסים. ענין גבהות וכן מרכסי איש (תהלים ל"א) ופי'

מצודת דוד

(ד) כל גיא. כל עמק ירומם וכל ההרים ישפלו להיות הדרך ישר ושוה: העקוב. דרך המעוות יהיה מישור: והרכסים. ממקומות הגבוהות יהיה בקעה: (ה) ונגלה. אז יגולה כבוד ה' וכולם יראו כי פי ה' דבר הנחמות האלה הואיל ונתקיימו: (ו) קול אומר קרא. קול נבואה אומר להנביא קרא והכרז ברבים: ואמר. כאלו הנביא שואל מה אקרא וקול הנבואה משיבו קרא לאמר כל הבשר

I.e. the voice of prophecy calls out to the prophet.—[*Redak*]

and it says—*My spirit* says *to Him, "What shall I call?" And the voice answers him, "Call this, all flesh is grass. All those who are haughty—their greatness shall be turned over and become like grass.* (Manuscripts yield: *All the princes of the kingdom—their greatness shall be turned over and shall wither away* (lit. shall end) *like grass.*—[*Rashi*]

and all its kindness is like the blossom of the field—*For "the kindness of the nations is sin* (Prov. 14:34)."—[*Rashi*] *Rashi* on Proverbs explains that among the nations, one steals from the other, and then they do kindness with the stolen property. (*Ed. note*: We have invert-

for our God." 4. Every valley shall be raised, and every mountain and hill shall be lowered, and the crooked terrain shall become a plain and the close mountains a champaigne. 5. And the glory of the Lord shall be revealed, and all flesh together shall see that the mouth of the Lord spoke. 6. A voice says, "Call!" and it says, "What shall I call?" "All

ble of their sins. This follows *Ibn Ezra's* previous explanation.

3. **A voice**—*The Holy Spirit calls, "In the desert, the way to Jerusalem."*—[*Rashi*]

Ibn Ezra explains that the voice will be that of the heralds.

Redak explains that it will be as though a voice is calling.

clear the way of the Lord—*for her exiles to return to her midst.*—[*Rashi*]

The Warsaw edition yields: **Clear the way of the Lord**—*The way of Jerusalem for her exiles to return to her midst.*—[*Rashi*]

R. Joseph Kara comments: **A voice calls in the desert**—In Zion, which is a desert. **Clear a way**—for those returning from exile. Perhaps *Rashi* alludes to this interpretation. This interpretation, however, does not agree with the accents.

Jonathan paraphrases: Clear a way from before *the people* of the Lord; straighten out in the wilderness a highway from before the congregation of our God. This is to avoid attributing any corporeality to the Almighty.

for our God—for He is the leader of this people, coming out of exile. They will find a paved road in the desert and in the wilderness, as though it had intentionally been paved for the returning exiles.—[*Redak*]

4. **Every valley shall be raised**—*and the mountain shall be lowered, thus resulting in a smooth, even, and easily traversed road.*—[*Rashi*]

Redak explains it figuratively. The returnees will travel over hill and dale without effort, as though the valleys had been raised and the mountains lowered.

the crooked terrain—This follows *Ibn Ezra. Redak,* however, renders: the crooked road.

and the close mountains—Heb. רְכָסִים, *mountains close to each other, and because of their proximity, the descent between them is steep and it is not slanty, that it should be easy to descend and ascend.* רְכָסִים *is translated by Jonathan as 'banks,' an expression of height like the banks of a river.)*—[*Rashi*]

close mountains—Heb. רְכָסִים. *Comp.* "(Ex. 28:28) *And they shall fasten* (וְיִרְכְּסוּ) *the breastplate.*—[*Rashi*]

Others render it as 'crooked places' [*Ibn Ezra*] or 'bumps' in the road.—[*Redak*]

a champaigne—*Canpayne in O.F., a smooth and even terrain.*—[*Rashi*]

6. **A voice**—*from the Holy One, blessed be He, says to me, "Call!"*—[*Rashi*]

אִתְנַבֵּי וּמְתִיב וַאֲמַר מָה
אִתְנַבֵּי כָּל רַשִׁיעַיָא
כְּעִשְׂבָּא וְכָל תּוּקְפְהוֹן
כְּמוֹצָא דַחֲקַלָא: ז יְבֵשׁ
עִשְׂבָּא נְתַר נְצִיה אֲרֵי
רוּחָא מִן קֳדָם יְיָ נְשַׁבַת
בֵּיהּ בְּכֵן כְּעִשְׂבָּא
חֲשִׁיבִין רַשִׁיעַיָא בְּעַמָּא:
ח מִית רַשִׁיעַיָא אֲבָדוּ
עֶשְׁתּוֹנוֹהִי וּפִתְגָמָא
דֶאֱלָהָנָא קַיָם לְעָלְמִין:
ט עַל טוּר רָם סְקוּ לְכוֹן
נְבִיַיָא דִי מְבַשְּׂרִין לְצִיוֹן

הַבָּשָׂר חָצִיר וְכָל־חַסְדּוֹ כְּצִיץ הַשָּׂדֶה׃
ז יָבֵשׁ חָצִיר נָבֵל צִיץ כִּי רוּחַ יְהוָה
נָשְׁבָה בּוֹ אָכֵן חָצִיר הָעָם׃ ח יָבֵשׁ
חָצִיר נָבֵל צִיץ וּדְבַר אֱלֹהֵינוּ יָקוּם
לְעוֹלָם׃ ט עַל הַר־גָּבֹהַ עֲלִי־לָךְ מְבַשֶּׂרֶת
צִיּוֹן הָרִימִי בַכֹּחַ קוֹלֵךְ מְבַשֶּׂרֶת

ת"א הר גבוה. זוהר שלח: כצ"ל כצ"ל ירושלם

רש"י

כציץ השדה אשר ימולל ויבש ואין לסמוך עליו שאין בידו לקיים שמא ימות שכשיבש חציר נבל ציץ כן כשמת האדם בטלה הבטחתו אבל דבר אלהינו יקום כי הוא חי וקי' ובידו לקיים לפיכך על הר גבוה עלי בשרי מבשרת ציון כי מפי החי לעולם היא הבטחת הבשורה: וכל חסדו כציץ השדה. כי חסד לאומים חטאת (משלי י"ד): (ז) נבל. כמש: (ט) מבשרת ציון. נביאי דמבשרין לציון ובמקום אחר הוא אומר רגלי מבשר (לקמן נ"ב) זכו קל כזכר לא זכו

מהר"י קרא

ודם בנוהג שבעולם אדם גדול ממנו. והגדול קושר עמו אהבת ומבטיחו ואומר לו למחר אני עושה אותך עשיר ומחר אני אעלת אותך לגדולה. ישן ולא עמד לו. היכן הבטחתו והיכן הוא. אך דבר אלהינו יקום לעולם. מה אמר המלאך לשרה למועד [אשוב אליך] כעת חיה ולשרה בן. מה כתיב ותהר ותלד שרה לאברהם בן לזקוניו. הקב"ה אמר לאברהם ועבדום וענו אותם וגו' וכיון שהגיע הקץ לא עיכבם שעה אחת. שנאמר ויהי בעצם היום הזה וגו'. בגלות בבל מהו אומר. לחורבות ירושלם שבעים שנה אפקוד אתכם. כיון ששלמו מהו אומר בשנת שתים לדריוש. היה דבר ה' ביד חגי הנביא. עלו ההר והבאתם עץ ובנו הבית. הוי אומר ודבר אלהינו יקום לעולם. וממה שראיתם שקיימתי הבטחתי כבר על הגאולה. תדעו ותאמינו לי שאקיים הבטחתי שהבטחתי אתכם לגאול אתכם מגלות אחרון. הה"ד: (ט) על הר גבוה עלי לך מבשרת ציון [וגו']. הרי אל תיראי שלא אקים הבטחתי. ונמצאו דבריך דברי כזב

אבן עזרא

שמש ומגן ה': כציץ השדה. בבקר יציץ וחלף ולערב ימולל ויבש: (ז) יבש חציר. הוא הצמח הלח וכן בלשון ישמעאל: כי רוח ה'. והטעם הרוח שישלח נושב בחציר וייבש: נשבה בו. כמו מרחפת מגזרת וישב אותם אברם ואם הם שני ענינים: אכן. כחציר כל העם: (ח) יבש. אחר היותו כחציר יבש ואחר היותו כציץ הנו כנבל רק דבר השם יקום כמו יעמד ואין מי ישיבנו: (ט) על. מבשרת ציון.

רד"ק

עונותיהם רבים ועוד שהרעו לישראל ויקבלו ענשם והמשילם לחציר ולציץ השדה שהם יבשים במהרה והציץ נופל גם כן ברוח הנושבת: (ז) יבש. עבר במקום עתיד כמנהג ובדברי הנבואה ברוב: (ח) יבש. כפל עוד הענין לחזק הענין: ודבר אלהינו. שדבר על ידי נביאיו: (ט) על הר גבוה. דרך משל כי מי שרוצה להשמיע קולו עולה במקום גבוה ולפי שירושלם היא עיקר ארץ ישראל וכן ציון כי שתיהן עיר אחת לפיכך שם אותן בדברי הנבואה כאלו הן מבשרות שאר הערים. ופי' מבשרת ציון את ציון המבשרת וכן מבשרת ירושלם: אל תיראי. אל

מצודת דוד

חציר ר"ל כל העמים שיבואו עם גוג על ירושלים למלחמה יבלו ויכמשו כחציר: וכל חסדו. ר"ל אף מי מהם עשה חסד מה לא חשב למאומה ויהיה כציץ השדה הכמוש מהר כי מאד הרעו לישראל והכריע הכף: (ז) יבש חציר. לזה התייבשו כחציר ויבלו כציץ: כי רוח וגו'. ר"ל בהפחת רוח יאבדו: אכן. באמת העם שעם גוג יהיה כחציר וכפל הדבר לחזוק: (ח) יבש חציר. העם הזה יתייבש כחציר ויכמוש כציץ וכולם יאבדו ודבר ה' שהבטיח ע"י הנביאים יתקיים לעולם ולא יוכלו לבטל דבריו: (ט) על הר גבוה. להשמיע הקול למרחוק: מבשרת ציון. עדת הנביאים המבשרים

מצודת ציון

מגאות הים ומגבהותו: (ו) חציר. כחציר: כציץ. כפרח: (ז) נבל. ענין כמישה כמו ועלהו לא יבול (תהלים א'): נשבה. ענין הפחה כמו ישב

that city is the herald of the redemption, announcing it to all the other cities of the Holy Land. Accordingly, we interpret: O herald, Zion.—[*Redak*]

Rashi, however, quotes *Targum Jonathan,* who renders as follows: **O herald of Zion**—Heb. מְבַשֶּׂרֶת. *The prophets who herald Zion.* This is the feminine form. *Elsewhere* (infra 52:7), *he says, "the feet of the herald* (מְבַשֵּׂר)." This is the masculine form. *This denotes that if they are worthy, he will be as swift as a male. If they are not worthy, he will be as weak as a female and will delay his steps until the end.*—[*Rashi*] See *San.* 98a, *Rashi* infra 60:22.

Alternatively, the feminine denotes the congregation, עֵדָה, in Heb.—[*Ibn Ezra*]

fear not—that I will not fulfill My

flesh is grass, and all its kindness is like the blossom of the field.
7. The grass shall dry out, the blossom shall wilt, for a wind
from the Lord has blown upon it; behold the people is grass.
8. The grass shall dry out, the blossom shall wilt, but the word
of our God shall last forever. 9. Upon a lofty mountain ascend,
O herald of Zion, raise your voice with strength, O herald of

ed the order of *Rashi* and followed the order of *K'li Paz* and *Parshandatha,* to connect the second part of the verse with the first. *Rashi's* explanation of the second part follows his first explanation of the first part. In the Lublin edition, the second explanation of the first part of the verse interrupts the sequence.)

Redak, too, explains this verse as referring to the nations, viz. Gog and Magog, the majority of whom will perish. Even if they have performed many kind deeds, these will not be remembered for them, for their iniquities greatly overweigh them. Moreover, they harmed Israel, and they will receive their just deserts. The prophet compares them to grass and blossoms of the field, which dry up quickly, and the blossom falls in the wind.

Rashi continues: *(Another explanation is: All flesh is grass—) A person's end is to die; therefore, if he says to do kindness, he is like the blossom of the field, that is cut off and dries, and one must not rely on him, for he has no power to fulfill his promise, perhaps he will die, for, just as the grass dries out and the blossom wilts, so* is it that *when a man dies, his promise is null, but the word of our God shall last for He is living and existing, and He has the power to fulfill. Therefore, "Upon a lofty mountain ascend and herald, O herald of Zion, for the promise of the tidings emanates from the mouth of Him Who lives forever."*—[*Rashi*]

The second explanation is found only in certain editions of *Rashi.*

7. **The grass shall dry out**—This is literally a past tense, but it is to be understood as the future, as in customary in many prophecies.—[*Redak*]

shall wilt—Heb. נָבֵל.—[*Rashi*] Others render: shall fall off.—[*Jonathan, Redak*]

8. **but the word of our God**—that He spoke through His prophets.—[*Redak*]

Just as He fulfilled the prophecy of the return to the Holy Land after the Babylonian exile at the exact time it was prophesied, so will He fulfill His promise to redeem His people from the present exile.—[*Rabbenu Yeshayah*]

shall last forever—lit. shall rise, meaning, 'shall stand.'—[*Redak*]

9. **Upon a lofty mountain**—This is figurative, for one who wishes his voice to carry a long distance ascends to a high place, and since Jerusalem, also called Zion, is the capital of Eretz Israel, it is as though

יְרוּשָׁלִָם הָרִימִי אַל־תִּירָאִי אִמְרִי לְעָרֵי
יְהוּדָה הִנֵּה אֱלֹהֵיכֶם׃ י הִנֵּה אֲדֹנָי
יֱהוִֹה בְּחָזָק יָבוֹא וּזְרֹעוֹ מֹשְׁלָה לוֹ הִנֵּה
שְׂכָרוֹ אִתּוֹ וּפְעֻלָּתוֹ לְפָנָיו׃ יא כְּרֹעֶה
עֶדְרוֹ יִרְעֶה בִּזְרֹעוֹ יְקַבֵּץ טְלָאִים וּבְחֵיקוֹ
יִשָּׂא עָלוֹת יְנַהֵל׃ יב מִי־מָדַד בְּשָׁעֳלוֹ
מים

ת"א בשעלו. סנהדרין לט ק זוהר תרומה:

תרגום

אֲרִימוּ בְּחֵילָא קָלְכוֹן דִי מְבַשְּׂרִין לִירוּשְׁלֵם אֲרִימוּ לָא תִדְחֲלוּן אֲמָרוּ לְקִרְוַיָא דְבֵית יְהוּדָה אִתְגְלִיאַת מַלְכוּתָא דֶאֱלָהֲכוֹן׃ י הָא יְיָ אֱלֹהִים בִּתְקוֹף מִתְגְלֵי וּתְקוֹף דְרַע גְבוּרְתֵּהּ שַׁלְטָא קֳדָמוֹהִי הָא אַגַר עָבְדֵי מֵימְרֵהּ עִמֵּהּ דְכָל עוֹבָדֵיהוֹן גְלַן קֳדָמוֹהִי׃ יא כְּרַעְיָא דְעֶדְרֵהּ רָעֵי בִּדְרָעֵהּ מְכַנֵּשׁ אִמְּרִין וּבְחֵיקֵהּ מְסוֹבַר רַכִּיכִין מֵינִקְתָּא בְּנִיחַ מְדַבַּר׃ יב מַן אֲמַר אִלֵּין קָיָם אֲמַר וַעֲבַד דְכָל מִי

מהר"י קרא

שהרי דבר אלהינו יקום לעולם: (י) הנה ה' אלהים בחזק יבוא וזרועו מושלה לו. ואינו צריך סייעע כבשר ודם: הנה שכרו אתו. לשלם למחכים לו. ואין צריך לומר אין אותו שלם כבשר ודם: (יא) עלות. מניקות. כמו הצאן והבקר עלות עלי: (יב) הסתכלו. מי מדד בשעלו מים. בקומצו. כשהעלם חצים למעלה וחצים ביקע לתהום: תיכן. כמו והוכן לבנים תתנו וכן

רש"י

תא כנקבה ומאחר פעמיו עד הקץ: (י) בחזק יבוא. על העכו"ם ליפרע: הנה שכרו אתו. מזומן אתו לצדיקים: ופעולתו. שכר פעולה שעליו ליתן להם: (יא) כרעה. אשר עדרו ירעה בזרועו ומקבץ טלאים ובחיקו נושאם: עלות ינהל. מניקות בניה מדבר האלן המניקות: ינהל. כמו מנהל: (יב) מי מדד וגו'. כל זה היה בו כח לעשות וכ"ש שיש בו כח לשמור הבטחות הללו: בשעלו. בהליכתו

רד"ק

תפחדי מלבשר ולאמר לערי יהודה הנה אלהיכם כי על כל פנים יבא ר"ל כבודו שישוב לירושלם. ומה שזכר יהודה בעבור ירושלם ועוד כי המלכות ליהודה: (י) הנה ה'. בחזק יבא. יד חזק כי לא יצטרך ליד אחרת אלא ידו החזקה: וזרועו משלה לו. ר"ל לעצמו היא תעמוד לו למשול בעמים. ותואר היד בחזק שהוא ל' זכר כי ימצא ל' זכר כמו והנה בו מגלת ספר: שכרו. שיתן לבוטחים בו בגלות: ופעלתו. שכר פעלה לפעלי אמת והנה היא פעלתו ופעלתם. וכן נסכתי מלכי מקדם בבית תפלתי שמעתי את תפלתך והדומים להם. וחסרון שכר מפעלתו כמו לא תלין פעולת שכיר ר"ל שכר פעולת שכיר: (יא) כרעה עדרו. כמו רועה טוב שירעה עדרו שיקבץ הטלאים הקטנים שלא יוכלו עדיין ללכת כשאר הבהמות ויקבצם מזה אחד ומזה אחד וישאם בחיקו והעלות שהן אמותיהן ינהל לאטם ולא ידפקם כך הקב"ה ינהל את ישראל מהגלות לאטם ויסמוך כל חולה וכל נשבר ונקראו האמות עלות על שם בניהם שהם קטנים כמו עול ימים שהם נסמכים לאמותיהם לינק וא"א ז"ל דקדק במלת עדרו שהעדר שהוא שלו חומל עליו יותר מן העדר שישמור בשכירות: (יב) מי מדד. אמר לא יתמהו הגוים

אבן עזרא

הטעם על עדה ולא נקבה ממש: (י) הנה. בחזק יבא. תואר היד כי ימצא על לשון זכר כמו והנה בו מגילת ספר: הנה שכרו. שיתן שכר להוכי לו וככה פעלתו פעולת שכיר והטעם שכר הפועל ולפי דעתי שזה הטעם איננו דבק עם הפרשה רק הוא אומר שאיננו מבקש שכר והטעם איננו כרועה שכיר על כן אחריו כרועה עדרו: (יא) ובחיקו ישא. מי שלא יוכל ללכת: עלות. הם ההרות שיעלו עליהם הזכרים: ינהלם. בלט וזה הטעם שהשם יקבץ בני הגולה ויחבוש הנשברים: (יב) מי. והתמה' איך יהיה זה והלא השם ברא הכל וידע כמה מים יש בים כאילו מדדם היד:

מצודת ציון

רומו (שם קמ"ז): (יא) יקבץ. יאסף: עלות. קטנות והוא מל' עולל ויונק: ינהל. ענין הנהגה בנחת וכן אתנהלה לאטי (בראשית ל"ג): (יב) בשעלו. באגרופו וכן בשעלי שעורים (יחזקאל י"ג): בזרת. שם מדה חצי אמה וכן זרת ארכו (שמות כ"ז): תכן. מל' הכנה: וכל. ענין מדידה כי וימודו בעומר (שם י"ו) ת"א וכלו: בשליש. שם מדה גדולה וכן ותשקמו בדמעות שליש (תהלים פ'): בפלס. כן נקרא מטה המשקל המסומן לדעת משקל הדבר הנשקל וכן פלס ומאזני משפט (משלי ט"ז): במאזנים. הוא כף

מצודת דוד

הגאולה לציון: אל תיראי. להרים קול במושבך פן תמלא מכתש ומשקר: הנה אלהיכם. בא המקום לגאול אתכם: (י) בחזק. בכח ובגבורה: וזרועו משלה לו. ר"ל לא יהיה לריך לעזרת זולתו: שכרו אתו. שכר המעשה מזומנת עמו לשלם לכ"א כגמולו: ופעולתו. שכר הפעולה מזומנת לפניו והוא כפל ענין במ"ש: (יא) כרועה. כמו הרועה המרע' עדרו בנחת ומקבץ הטלאים בזרועו לא במקל ונושאם בחיקו והקטנות שבהם מנהל בנחת כן יוליכם המקום בנחת בבואם מהגולה: (יב) מי מדד. ר"ל מי כמוהו היודע עומק המים כאלו מדד באגרופו ויודע רוחב השמים כאלו תכן מדתו בזרת ויודע מדת עפר הארץ כאלו מדדם בשליש ויודע משקל ההרים כאלו שקלם בפלס ומאזנים וכאומר היודע כל

12. **Who measured etc.**—*He had the power to do all this, and surely He has the power to do all this, and surely He has the power to keep these promises.*—[*Rashi*]

Let the nations not be astonished when I free Israel from their bondage, in which they have been standing for many years, for the One Who created the world from noth-

Jerusalem; raise [your voice], fear not; say to the cities of Judah, "Behold your God!"
10. Behold the Lord God shall come with a strong [hand], and His arm rules for Him; behold His reward is with Him, and His recompense is before Him.
11. Like a shepherd [who] tends his flock, with his arm he gathers lambs, and in his bosom he carries [them], the nursing ones he leads.
12. Who measured water

promise, and you will be a liar, for the word of our God will last forever.—[*R. Joseph Kara, Redak*]

Judah is mentioned because of Jerusalem, and because it is the ruling tribe.—[*Redak*]

10. **with a strong [hand]**—'Hand' does not appear in the text. It is understood.—[*Ibn Ezra, Redak*] Alternatively, 'with strong power.'—[*Ibn Caspi*]

shall come with a strong [hand]—*to mete out retribution upon the heathens.*—[*Rashi*] Mss. read: *Upon the nations.*

behold His reward is with Him—*It is prepared with Him for the righteous.*—[*Rashi*]

and His recompense—lit. His deed, *the recompense for the deed, which He is obliged to give them.*—[*Rashi*]

Redak interprets this to mean, 'His reward' for those who trust in Him during the exile, and 'His recompense' for those who perform good deeds.

Jonathan renders: for all their deeds are revealed before Him.

Ibn Ezra claims that this interpretation is not supported by the context. He interprets it to mean that God has His own reward and needs no reward from anyone. He is not like a shepherd who is hired to tend a flock, but like a shepherd who tends his own flock.

11. **Like a shepherd [who] tends his flock**—*Like a shepherd who tends his flock; with his arm he gathers lambs, and he carries them in his bosom.*—[*Rashi*]

the nursing ones he leads—*Jonathan* renders: *The nursing ones he leads gently, the nursing sheep.*—[*Rashi*]

he leads—Heb. יְנַהֵל, lit. he shall lead, *like* מְנַהֵל, *he leads.*—[*Rashi*]

Ibn Ezra interprets it as the pregnant sheep.

The prophet likens the Almighty to a good shepherd, who tends his flock. He gathers the young lambs who cannot yet walk like the other animals, carries them in his bosom, and leads their mothers slowly and gently. So will the Holy One, blessed be He, lead Israel out of exile slowly and gently, supporting every sick and broken one.—[*Redak*] He quotes his father, who interprets the verse to mean that the Almighty is like a shepherd who tends his own flock, who is more careful and gentler than a hired shepherd. See *Ibn Ezra* on preceding verse.

מים ושמים בזרת תכן וכל בשלש
עפר הארץ ושקל בפלס הרים וגבעות
במאזנים: יג מי־תכן את־רוח יהוה
ואיש עצתו יודיענו: יד את־מי נועץ

עלמא חשיבין קדמוהי כטפא בשעולא ומשחת שמיא כאלו בזירתא מתקנין ועפרא דארעא כאלו במכילא אתכל וטוריא כאלו מתקל תקילין ורמתא כד במוזנוא: יג מן תקין ית רוח קודשא בפום כל נביא הלא יי וצדיקיא עבדי מימרה פתגמי רעותה הודעינון: יד להון

רש"י

שנאמר דרכת בים סוסיך (חבקוק ג') בשעלו כמו (במדבר כ"ב) במשעול הכרמים שביל. ד"א שעל שם כלי הוא וכן בשעלי שעורים (יחזקאל י"ג): תכן. (אמולאי"ר בלע"ז) לשון מדה ומניין כמו ותוכן לבנים תתנו (שמות ה'): וכל בשליש. ומדד בשלישיות שליש מדבר שליש ישוב שליש ימים ונהרות. ל"א בשליש מגודל עד אמה שליש לאצבעות. ומנחם פירש שהוא שם כלי וכן ותשקמו בדמעו' שליש(תהלים פ'): ושקל בפלס הרים. הכל לפי הארץ הר כבד תקע בארץ קשה והקליס בארץ רכה: (יג) מי הכן. את רוח הקודש בפי הנביאים ה' תכנו וכדי היא להאמן: ואיש עצתו יודיענו. רוהו כן תירגם יונתן ולפי משמעו ואיש עצתו מוסב לראש המקרא מי תכן את רוחו ומי איש עצתו אשר יודיענו להקב"ה עצה: (יד) את מי נועץ ויבינהו.

מהר"י קרא

נתנו את הכסף המתוכן: וכל בשליש. בשלישיות. שליש מדבר. שליש יישוב. שליש ימים ונהרות. לשון אחר בשליש. מאגודל עד אמה שליש לאצבעות. ומנחם פירש שהוא שם כלי. וכן ותשקמו בדמעות שליש: (יג) מי תיכן את רוח ה'. מוציא את רוח זה במידה כשהוא יוצא לעולם. שאילמלא הוא יוצא בלא מידה: ואיש עצתו יודיענו. [כמו] את מי ניעץ ויבינהו. מי האיש שיהא הקב"ה נמלך בו כשרוצה לעשות דבר. מי שבראש המקרא ככל עצתו יודיענו: (יד) את מי

אבן עזרא

בשעלו. כמו בשעלי שעורים: ושמים. שנטה כיריעה ידע מדתם כי הוא בראם בגבורתו כפי החכמה כאילו מדדם בזרת וכדרך בן אדם דבר הכתוב: וכל. כמו מדד ותרגום וימדו בעומר וכלו: בשליש. כמו משורה ויתכן להיותו מגזרת שלש לכן לא נדע היום איך יהיו המדות הקדמונים וכן ותשקמו בדמות שליש: ושקל בפלס. הוא הנקרא קריסתון הוא שיש לו זרוע ארוך והוא מגזרת פלס מעגל: וגבעות במאזנים. והטעם שישים בכף מאזנים גבעה ובכף האחר אחרת וזה דרך משל: (יג) מי. אמר הגאון כי לא הזכיר הרוח עם השלשה המוסדים ואמר כי השם תשובה כאילו אמר מי תכן הרוח והתשובה השם ולפי דעתי שזה איננו נכון בעבור שהכתוב הוא את רוח ומה טעם איש עצתו יודיענו וכן פירושו מי תכן רוח השם וסמך הרוח אליו כמו ורוח אלהים מרחפת ומי הראשון מוסך אחר ומי איש שיודיענו השם עצתו למה ברא כן: (יד) את מי נועץ. מבנין נפעל פועל עבר על כן הוא

רד"ק

אם אוציא ישראל מעבודתם שעמדו ברשותם כמה שנים כי מי שברא העולם מאין יכול לעשות זה לפיכך אמר מי מדד בשעלו מים ופי' שעלו אגרופו והוא עד"מ כי אין לו יד ואגרוף יתברך ויתברך ופי' מדד לפי שהמים במקום מקוה כאדם שמודד מים ונותן בתוך כלי שידע מידתן כן שם האל המים במקומם וידע מידתן והשמים לפי שהם שטוחים אמר בם מדת הזרת כי דבר השטוח ימדד אותו בזרת ובקנה ואמר תכן מפני השטח שצריך תקון כמ"ש וימתחם כאהל לשבת: וכל. פי' ומדד תרגום וימדו בעמר וכלו בעומרא: בשליש. מדה גדולה וכן בדמעות שליש: בפלס. הוא מטה הברזל שהוא מסומן בנקודות לדעת בהם המשקל: במאזנים. ידוע. ואמר וכל בשליש עפר הארץ הוא כאלו הוא מדוד אצלו וכן ההרים והגבעות כאלו הן שקולים אצלו וכולם בראם בשיעור טוב ומדה נכונה. כמ"ש וירא אלהים את כל אשר עשה והנה טוב מאוד ומי שעשה כל זה בלי עוזר יוכל להוציא ישראל מיד חזקים מהם וזכר מד' יסודות השלש כי שמים זכר במקום יסוד האש כי הם לדעת רבים מיסוד האש ואפי' יהיה יסוד חמישי כדברי ארסטו' זכרן במקום יסוד האש לפי שהוא סמוך לגלגל הלבנה ולא זכר יסוד הרוח לפי שאיננו נראה ואע"פ שהוא מורגש וענין הפסוק לא נאמר אלא כנגד הסכלים שהם לא יאמינו אלא מה שיראו לפיכך זכר שלש היסודות הנראים אבל החכמים לא יתמהו בזה אם יוציא האל ישראל מהגלות כי ידעו בחכמתם כי לא קצרה יד השם מהושיע ויש מפרשים כי זכר גם כן הרוח והוא מי תכן את רוח ה' כי מפרשים מלת ה' תשובה לשאלה ואינו נסמך רוח אל ה' והחכם רבי אברהם אבן עזרא פירש על זה בענין סמוך כמו ורוח אלהים מרחפת ולפי דעתי כי שמים שזכר הוא במקום שני היסודות העליונים כי שמים במקום יסוד האש כמו שפירשנו וכן במקום יסוד האויר כי נקרא שמים כמ"ש ויקרא אלהים לרקיע שמים וסכך השלש לעצמו שאמר בשעלו ובזרת לפי שהם עליונים ואע"פ שהמים התחתונים פעמים יעלו כמו העבים אבל יסוד העפר שהוא התחתון שבהם והכבד סמוך אותו לדבר חוץ מעצמו בשליש ובפלס ובמאזנים ואע"פ שזה וזה דרך משל כמו שפירשנו: (יג) מי תכן את רוח ה'. כשעשה כל זה מי תכן את רוחו כמו ונפשו אותה ויעש אין מלאך וכל שכן אדם שיתקן את רוחו ושיודיעהו עצתו כשעשה העולם ואמר לו כן תעשה וכן אמר נוטה שמים לבדו ומי שזכר עומד במקום שנים כאלו אמר ומי איש עצתו יודיענו וכפל הענין עוד ואמר:(יד) את מי נועץ ויבינהו וילמדהו בארח משפט. פי' בדרך תכונת העולם מי למדהו וכן וארמון על משפטו ישב פי' על תכונתו

מצודת דוד

אלה יוכל הוא לעשות את זאת: (יג) מי תכן. מי הכין רצונו של מקום כ"ל מי הטה רצון המקום אחר דעתו: ואיש. מוסב על מלת מי לומר מי הוא האיש אשר המקום יודיענו עצתו: (יד) את מי. עם מי נתייען ומי השכילו בינה ומי למדו ללכת בדרך משפט

Alternatively, who fixed the spirit of the Lord, and who was His adviser who told Him? I.e. who directed His spirit and His will when He created the world? There was no angel, surely no man to advise Him.—[*Redak*]

14. **With whom did He take counsel and give him to understand**—*With which of the heathens* (mss., *K'li Paz:*

with his gait, and measured the heavens with his span, and measured by thirds the dust of the earth, and weighed mountains with a scale and hills with a balance? 13. Who meted the spirit of the Lord, and His adviser who informs Him? 14. With whom did He take counsel, and

ing can easily accomplish this. He, therefore, commences, "Who measured. . . ?"—[*Redak*]

with his gait—Heb. בְּשָׁעֳלוֹ. *With his walking, as it is said:* "(Habakkuk 3:15) *You trod with Your horses in the sea." Comp.* "(Num. 22:24) *In the path* (בְּמִשְׁעוֹל) *of the vineyards, a path (for walking). (Another explanation is that* שׁעל *is the name of a receptacle. Comp.* "(Ezekiel 13:19) *For measures* (בְּשַׁעֲלֵי) *of barley."*—[*Rashi*]

Redak renders: with his fist. Obviously, this is all figurative, for the Lord has no hand and no fist. The intention is that just as a person gathers water in a vessel to measure it, so does the Almighty gather water in the seas, and He knows their measure.

measured—*Amolad in O.F., an expression of measure and number. Comp.* "(Ex. 5:18) *And the number* (וְתֹכֶן) *of bricks you shall give."*—[*Rashi*]

Since the heavens are spread out, they are said to be measured with a span.—[*Redak*]

and measured by thirds—Heb. בַּשָּׁלִישׁ, *and measured by thirds, one third wilderness, one third civilization, and one third seas and rivers. Another interpretation:* בַּשָּׁלִישׁ, *from the thumb to the middle finger, the third of the fingers. Menahem explains it as the name of a vessel. Comp.* "(Ps. 80:6) *And You gave them to drink tears with a vessel* (שָׁלִישׁ)."— [*Rashi* from *Machbereth Menahem* p. 175.]

Ibn Ezra interprets it as a measure, unknown to us; *Redak,* as a large measure, based on the verse in Psalms.

and weighed mountains with a scale—*Everything according to the earth, a heavy mountain He inserted into hard earth, and the light ones into soft earth.*—[*Rashi*]

and hills with a balance—As though He placed a hill on one side of the scale and another on the other side.—[*Ibn Ezra*]

13. **Who meted**—*the Holy Spirit in the mouth of the prophets? The Lord prepared it, and He is worthy of belief.*—[*Rashi*]

and His adviser who informs Him—According to *Jon.*, we render thus: and the one with whom He takes counsel He informs—of *His spirit. So did Jonathan render it.* Who meted out the spirit? The Lord, and the one with whom He takes counsel He informs him. I.e. the righteous in whom God confides, He informs of His plans for the future. *But, according to its context,* וְאִישׁ עֲצָתוֹ *refers back to the beginning of the verse. Who meted out His spirit and who is His adviser who informs the Holy One, blessed be He, of counsel?*—[*Rashi*]

ויבינהו וילמדהו בארח משפט
וילמדהו דעת ודרך תבונות יודיענו:
טו הן גוים כמר מדלי וכשחק מאזנים
נחשבו הן איים כדק יטול: טז ולבנון
אין די בער וחיתו אין די עולה: יז כל־
הגוים כאין נגדו מאפס ותהו נחשבו־
לו

ת"א הן גוים. עקידה שער ו: כאין נגדו. סנהדרין לח:

תרגום

דבעון מן קדמוהי אסבר חוכמא ואלפינון אורח דדין ויהב לבניהון אוריתא ואורח דסוכלתנו לבני בניהון הודעינון: טו הא עממיא כטפא מדול וכעיול מוזניא חשיבין הא נגותא כדוקא דפרח: טז ואילני לבנן לא יספקון לאדלקא וחיותא דבה לית היא כמיסת לעלתא: יז כל עממיא

מהר"י קרא

נועץ ויבינהו. כשברא את העולם: (טו) הן גוים. חשובין לפניו כטיפה הנוטפת משולי הדלי שהיא מרה: כדק. כאבק דק: יטול. הנישא על ידי הרוח: (טז) ולבנון אין די בער. כל הלבנון שבעולם אין די לפניו להבער אחד: וחיתו אין די.

רש"י

את מי מן העכו"ם נועץ כמו שנועץ עם הנביאים כמו שנאמר באברהם וה' אמר המכסה אני מאברהם (בראשית כ"ו) וגו': **ויבינהו וילמדהו באורח משפט**. את מי מן העכו"ם עשה כן שלמדו חכמה כמו שעשה לאברהם שנתן לו לב להכירו מאליו ולהבין בתורה שנא' וישמור משמרתי ואומר למען אשר יצוה (שם י"ח) וגו' וכליותיו היו נובעות חכמה שנאמר אף לילות יסרוני כליותי (תהלים ט"ז): **(את מי נועץ ויבינהו**. האיש להקב"ה הן כל גוים לפניו כמר מדלי ואיך ילמדו לו): (טו) **הן גוים כמר מדלי**. ואין חשובין לו להעמיד מהם לנביאים לגלות סודו. **כמר מדלי** כטיפה מרה המטפטפת משולי הדלי ומשקע טנופת המים ורוקבין העץ (לימוויד"א בלע"ז): **וכשחק מאזנים**. שהנחשת מעלה עיפוש ומשתחק: **כדק**. אבק דק: **יטול**. כאבק הנישא ועולה על ידי רוח כדק אשר ינטל: (טז) **אין די בער**. על מזבחו: **וחיתו**. של לבנון אין די עולה. דבר אחר ולבנון אין די בער וגו' לכפר על עון העכו"ם: (יז) **כאין נגדו**. כאין הם בעיניו ואינם השובין לפניו:

רד"ק

וכן כמשפט הראשון והדומים להם: (טו) הן גוים. ואחר שכל זה עשה מאין עוזר ומאין מלמד איך יוכלו הגוים למונעו מהוציא ישראל מתוכם והלא כולם הן לפניו כמו הטפה מדלי שהוא דבר מועט כנגד מי הדלי וזכר הדלי לפי שהטיפ' נופלת מהדלי כששואבין. או כשחק מאזנים. שהוא דבר מועט מן המעט כי בנפיחה מעוטה יצא העפר הדק ההוא אשר במאזנים: הן איים כדק יטול. כשירצה כל האיים ישאם ויטלם ויהפכם כמו הדבר הדק וי"ת הא נגותא כדוקא דפרח פי' יטול פעל עומד אם כן הוא מבנין נפעל משרש טיל וכן כתבו רבי יהודה חיו"ג: (טז) ולבנון. לגוים שחושבים עלי ואומרים שאין לי יכולת להוציא ישראל מידם לא יכופר להם בשום עולה שיקריבו לפני אחר שיראו שאוציאם ויתחרטו במה שאמרו. כל עצי הלבנון להדליק אש וכל חית הלבנון לשרפה לעולה לפני לא יספיקו להם ומה שאמר לבנון דבר על ההוה לפי שהוא יער בארץ ישראל: (יז) כל הגוים. מאפס. פחות מאפס על דרך

אבן עזרא

פתוח עי"ן עם מי התיעץ: ויבינהו. ויתן בינה לשם ולימדו בארח משפט שם לכל מוסר: וילמדהו דעת. העתידות: (טו) הן גוים כמר מדלי. כטיפה הנופלת מהדלי ואין רע לו: וכשחק. הוא האבק הדק מגזרת ושחקת ממנה הדק ואחר שכל בני אדם הבל נגדו את מי נועץ: יטול. ישליך כמו ויטילו את הכלים אך הוא משורש אחר ורבי יונה המדקדק אמר כי יטול מבנין נפעל בדרך רחוקה או פירוש יטול ישא כמו נוטל: (טז) ולבנון. ואין לשם צורך לעולות כי אין די בלבנון לבער וטעם לבנון שיבינו השומעים כי הטעם כל עצי הארץ וכן טעם חיתו: (יז) כל.

מצודת ציון

המשקל: (טו) כמר מדלי. הכלי ששואבים בו מים נקרא דלי וכן ותבאנה ותדלנה (שמות ב') ור"ל שאיבה עם הדלי והטפה הנופלת מאחורי הדלי היא מרה בעבור עפוש הדלי מאחוריו: וכשחק. מל' שחיקה ועניינה כמו ושחקת ממנה הדק (שם ל'): כדק. כאבק דק: יטול. ישליך וכן ויטילו את הכלים (יונה א'): (טז) ולבנון. שם יער בה"י: בער. מל' הבערה ומוקד: (יז) מאפס. דבר

מצודת דוד

ומי למדו דעת ומי הודיעו דרך תבונות וכפל הדבר פעמים הרבה לתפארת המליצה: (טו) הן גוים. גבורת הגוים נחשב למולו כטפה המרה הנוטף משולי הדלי שהיא דבר מועט מול מימי הדלי: וכשחק מאזנים נחשבו. בעיני המקום חשובים הם כאבק הנשחק מעפוש מאזני נחשת אשר יולאים ממנה בנפיחה קלה: הן איים. איי הים ישליך כאבק דק וכאומר ואם כן הוא איך יעמדו העכו"ם למולו למחות בידו מלהוליא את ישראל מתוכם: (טז) ולבנון. לפי רוב גדלו אין די בעלי יער הלבנון להבעיר בהם אש על מזבחו ואין די בחיות הלבנון להקריבם עולות לפניו: (יז) כאין. כלא דבר:

whom did He take counsel, and who gave Him to understand, and taught Him in the way of the custom of the world (*Redak*), or the path of judgment, the proper punishment for each sin (*Ibn Ezra*).

15. **Behold the nations are like a drop from a bucket**—As a drop that falls from a bucket.—[*Ibn Ezra*] As a bitter drop that falls from a bucket, that is worthless.—[*Rabbenu Yeshayah*]

give him to understand, and teach him in the way of justice, and teach him knowledge, and the way of understandings did He let him know? 15. Behold the nations are like a drop from a bucket, and like dust on a balance are they counted; behold the islands are like fine [dust] that blows away. 16. And the Lebanon—there is not enough to burn, and its beasts—there is not enough for burnt offerings. 17. All the nations are as nought before Him; as things of nought and vanity are they regarded by Him.

nations) *did He take counsel, as He took counsel with the prophets, as it is said concerning Abraham,* "(Gen. 18:17) *Do I conceal from Abraham . . ?*"—[*Rashi*]

and give him to understand, and teach him in the way of justice— *With which one of the heathens* (mss., *K'li Paz: nations*) *did He do so, that He taught him wisdom as He did to Abraham, to whom He gave a heart to recognize Him by himself and to understand the Torah, as it is said:*" (ibid. 26:5) *And he kept My charge," and Scrupture states further:* "(ibid. 18:19) *For he commands etc." And his kidneys would pour forth wisdom to him, as it is said:* "(Ps. 16:7) *Even at night my kidneys chastised me.*"—[*Rashi,* based on *Mid. Ps.* 1:13] *Rashi* alludes to the midrashic account of Abraham's discovery of God's existence. See *Gen. Rabbah* 39:1; *Sefer Hayashar, Noach* p. 24; *Yalkut Sippurim, Noach* 13:3. According to *Rashi's* interpretation of our verse, this power of discernment was a special gift granted him by the Almighty. *Rashi* alludes too to the midrashim that teach us that Abraham was aware of all the commandments before they were officially given to Israel on Mt. Sinai. He became aware of them through Divine inspiration, in the words of the Rabbis, "His two kidneys became like two pitchers (or 'two rabbis'), which would pour forth wisdom and knowledge." This concept appears in many midrashim. See *Midrash Psalms* mentioned above, with notes by Salomon Buber.

(With whom did He take counsel and who gave Him to understand— With which man did He take counsel and which *man gave the Holy One, blessed be He,* to understand? *Behold all the nations are like a drop in a bucket, and how could they teach Him?*)—[*Rashi* appearing in some printed editions] This commentary is obviously inconsistent with *Rashi* above. At best, it is an alternate explanation. This, however, seems unlikely, since he does not explain the beginning of the verse. It is more likely a later addendum.

Ibn Ezra and *Redak,* in accordance with the explanation of the preceding verse, explain: With

לוֹ: יח וְאֶל־מִי תְּדַמְּיוּן אֵל וּמַה־דְּמוּת
תַּעַרְכוּ־לוֹ: יט הַפֶּסֶל נָסַךְ חָרָשׁ וְצֹרֵף
בַּזָּהָב יְרַקְּעֶנּוּ וּרְתֻקוֹת כֶּסֶף צוֹרֵף:
כ הַמְסֻכָּן תְּרוּמָה עֵץ לֹא־יִרְקַב יִבְחָר
חָרָשׁ חָכָם יְבַקֶּשׁ־לוֹ לְהָכִין פֶּסֶל לֹא
יִמּוֹט: כא הֲלוֹא תֵדְעוּ הֲלוֹא תִשְׁמָעוּ

כַּלְמָא עוֹבָדֵיהוֹן נְמִירָא
וְשִׁיצָאָה אִינוּן חֲשִׁיבִין
קֳדָמוֹהִי: יח וּלְמָן אַתּוּן
מְדַמִין קֳדָם אֵל וּמָה
דְמוּת אַתּוּן מְסַדְרִין
קֳדָמוֹהִי: יט הָא צַלְמָא
נַגְרָא עֲבִיד וְקֵינָאָה
בִּדְהַב מְחַפֵּי לֵיהּ
וְשַׁלְשְׁלָן דִכְסַף קֵינָאָה
מְאַחֵיד לֵיהּ: כ אוּרָן
בְּרֵי אָעָא דְלָא אָחִיד בֵּיהּ
רְקָבָא בָּחַר נַגַּר אוּמָן
בָּעֵי לֵיהּ לְאַתְקָנָא צְלַם דְלָא יִצְטְלֵי: כא הֲלָא יְדַעְתּוּן הֲלָא שְׁמַעְתּוּן הֲלָא אִתְחֲוָאָה מִן אוּלָא

קמץ בז"ק

רש"י

(יט) נסך. לשון מסכה: נסך חרש. חרש של ברזל נוסכו מברזל או מנחשת ואח"כ הצורף מרקעו בטסי זהב ומצפהו מלמעלה: ורתוקות. שלשלאות: (כ) המסכן תרומה. או אם בא לעשותו של עץ המלומד להבחין בין עץ המתקיים לשאר עצים עץ שלא ירקב מהר יבחר. המסכן המלומד כמו (במדבר כ"ב) ההסכן הסכנתי: תרומה. הפרשה ברירת העצים: (כא) הלא תדעו. מוסדות הארץ

מהר"י קרא

לעולה אחת. ועץ אחד שאתם כורתין מן הלבנון די לכם לצלם כולו. ומאחר שהלבנון אין די בער וחיתו אין די עולה: (יח) ואל מי תדמיון אל. אי זה דמות אתם יכולין לומר ששוה לו. שמא אתם יכולין לדמות לו הפסל שנסכו חרש וצורף בזהב ירקענו: (יט) ורתוקות. שרשרות. [כמו] ויעבר ברתוקות זהב לפני הדביר: (כ) המסוכן תרומה. המלומד להבחין ולהבדיל בין עץ המתקיים לעץ שאינו מתקיים. הפרשה זו. עץ אחד מכל עצים. ראה כמה הוא עלול אלוה זה שצריך לחזור אחר עץ שלא ירקב. ואף משמצאו צריך לבקש לו חרש עצים חכם להכין פסל שלא ימוט הציפוי מעליו. כשיצפנו זהב או כסף. ועוד שאתם משתחוים לעץ רקבון לפסל (ימוס) [ימוט]: (כא) הלא תדעו הלא תשמע. שימו לב לדעת ולשמיע את מי ראוי

אבן עזרא

והנה הזכיר כל הגוים והם האדם ואחר כך האמחים והחיות והטעם אחר שכל הגוים הם כאין. ומ"ש מאפס. כמ"ש המה מהבל יחד כאילו אמר פחותים מאפס הם נחשבים והתמה מהגאון ז"ל שאמר שבני אדם נכבדים ממלאכי השם והלא קרא זאת הפרשה: (יח) ואל. אל. הם בלא ה"א הדעת כמו אלהים הוא יודע: (יט) הפסל. הוא הנכרת מאבן או מעץ: נסך. כמו עגל מסכה: ירקענו. כמו וירקעו את פחי הזהב ומגזרת רקיעי: ורתוקות. כמו עשה הרתוק כדמות שלשלאות: (כ) המסכן. יש אומרים כי המסכן כמו סוכן הוא המושם על האוצרות וכן הוא המסכן שהוא מסכן על תרומה ויש נכון שהוא תואר שהוא אצור באוצר שהוא תרומה לעשות ממנו פסל: יבחר. בעל התרומה: לא ימוט. לחזקו במסמרים: (כא) הלא תדעו.

רד"ק

המה מהבל יחד: (יח) ואל מי. אתם חושבים כי כמו שהאלוהות שלכם אין בהם כח להציל כך הוא האל חלילה שתדמו או תערכו אותם לו כי הפסל שאתם עושים אלוה מעשה ידי אדם הוא: (יט) הפסל נסך. ענין כסוי כלומר שעושה הפסל מאבן או מעץ ואחר כך מכסהו בזהב או בכסף או פי' נסך ענין התכה ועניננו על הכסף ועל הזהב: ירקענו. כמו וירקעו את פחי הזהב: ורתוקות כסף. שלשלאות כסף כמו עשה הרתוק ואם אינו ממשקלו: צורף. הצורף נותן בו שלשלאות של כסף וי"ת שלשלן דכסף קינאה מאחיד ליה: (כ) המסכן תרומה. מסכן כמוילד מסכן כי זכר למעלה זהב וכסף והם העשירים שעושים הפסולים בזהב ובכסף. אבל העני שלא יוכל לעשות בזהב ובכסף יבחר לו עץ טוב שלא ירקב וממנו יעשה פסלו כל כך הוא בטחונם בפסל: (כא) הלא תדעו. אמר כנגד עובדי הפסל

מצודת דוד

נחשבו לו. למולו נחשבים כאלו המה מאפס ותוהו: (יח) ואל מי. אל מי מהדברים תדמו את המקום ומהו הדמיון אשר תשוו לו וכפל הדבר כמ"ש: (יט) הפסל. וכי תדמו לו את הפסל אשר האומן התיכו ממתכת והצורף ירדד עליו את הזהב ממעל והצורף יעשה לו שלשלאות כסף לנסכו בהם כי ממקומו לא ימיש: (כ) המסכן. העני מהסרים מכספו על הפסל כמו העשירים הנה יבחר מבין העצים עץ חזק אשר לא ירקב ויבקש לו חרש חכם להכין לו ממנו פסל חזק בנאה ימוט ר"ל בכה יתפרדו חלקיו זה מזה וכאומר אם מהצורך לחזקו לבל יתפרדו חלקיו איך ידמהו לעליון: (כא) הלא תדעו.

מצודת ציון

שאין בו ממש: ותוהו. ענין ריקות: (יח) דמות. מל' דמיון: תערכו. מל' ערך ושווי: (יט) הפסל. כן נקרא הצורה הנעבדת: נסך. ענין התכה וכן אלהי מסכה (שמות ל"ד): חרש. אומן: ירקענו. ענין שטיחה ורדוד כמו כסף מרוקע (ירמיה י'): ורתוקות. שלשלאות כמו עשה הרתוק (יחזקאל ז'): (כ) המסכן. העני והדל כמו טוב ילד מסכן (קהלת ד'): תרומה. הפרשה: ימוט. מל'

19. **The graven image**—Heb. הַפֶּסֶל, an image hewn from stone or wood.—[*Ibn Ezra*] Since the verse is obviously referring to a molten image, it is difficult to interpret פֶּסֶל as a graven image, although its etymology warrants it. This will be discussed further in conjunction with other commentaries.

melted—Heb. נָסַךְ, *an expression of melting* (מַסֵּכָה).—[*Rashi*]

the craftsman has melted—*The ironsmith has cast it from iron or from copper, and then the goldsmith*

18. And to whom do you compare God, and what likeness do
you arrange for Him? 19. The graven image, the craftsman has
melted, and the smith plates it with gold, and chains of silver he
attaches. 20. He who is accustomed to select, chooses a tree that
does not rot; he seeks for himself a skilled craftsman, to prepare
a graven image, which will not move. 21. Do you not know,
have you not heard,

Rashi comments: *And are not worthy to Him to appoint some of them as prophets to reveal His secret.*

like a drop from a bucket—Heb. כְּמַר, *like a bitter drop that drips from the bottom of the bucket, bitter from the putrid water that is imbedded* in the bucket *and the decay of the wood, limonéde in O.F.*—[*Rashi*]

and like dust on a balance—*for the copper corrodes and wears off.*—[*Rashi*]

like [fine]—*fine dust.*—[*Rashi*]

that blows away—lit. that will be taken. *Like dust that is picked up and goes up through the wind, like fine dust that is carried away.*—[*Rashi*]

This indicates the insignificance of the nations as compared to God, Who created the world without any assistance. Now how will they protest God's redeeming His people from their bondage.—[*Redak*]

16. **And the Lebanon**—the trees of the Lebanon.—[*Jonathan, Redak*]

there is not enough to burn—*on His altar.*—[*Rashi*]

and its beasts—the beasts *of the Lebanon—there is not enough for burnt offerings. Another explanation is:* **And the Lebanon etc.**—*to expiate the iniquity of the heathens.*—[*Rashi*] For the nations who think about Me and say that I have no power to redeem the Jews from their bondage, the entire Lebanon will not suffice to kindle on the altar to ignite the sacrifices, nor will all the beasts of the Lebanon suffice to sacrifice as burnt offerings to expiate their sins. The Lebanon is mentioned because it is in the Holy Land, and wood was customarily taken therefrom.—[*Redak*]

17. **All the nations are as nought before Him**—*In His eyes they are as nought, and are not regarded by Him.*—[*Rashi*]

18. **And to whom do you compare God**—You, who believe that God's ability is limited, and you speak of Him as of a material being, whose power is finite, for you think that He has a likeness among material beings, for you cannot imagine God Who is incorporeal, and you make an image to which to compare Him, what image can you make to which to compare God?—[*Malbim*]

Redak explains: You who think that, just as your deities are powerless to save, so is the Almighty, God forbid that you compare them or arrange them as a comparison to Him, for the image you are making for a god is man-made.

הֲלוֹא תֵדְעוּ֙ הֲל֣וֹא תִשְׁמָ֔עוּ הֲל֛וֹא הֻגַּ֥ד מֵרֹ֖אשׁ לָכֶ֑ם הֲלוֹא֙ הֲבִ֣ינֹתֶ֔ם
מוֹסְד֖וֹת הָאָֽרֶץ׃ כב הַיֹּשֵׁב֙ עַל־ח֣וּג
הארץ

עוֹבַד סִדְרֵי בְרֵאשִׁית
לְכוֹן הֲלָא תִסְתַּכְּלוּן
לְמִדְחַל קֳדָם מַן דִּבְרָא
יְסוֹדֵי אַרְעָא׃ כב דְּאַשְׁרֵי

ת"א חוג הארץ. (ברכות ג'):

מהר"י קרא

לעבוד: הלא הוגד. מדבור ראשון כשנתן לכם התורה. לא תעשה לך פסל וכל תמונה: הלוא הבינותם מוסדות הארץ. בצקת עפר למוצק ורגבים ידובקו. ומהם נבראו מוסדות הארץ. והרי כמה שנים שנבראו ויסד ארץ על מכונה ולא תמוט לעולם ועד. ואתם מניחים אלוה שאפילו בריותיו אינן מתים ומשתחוים לעץ רקבון ולפסל ימוט: (כב) ולמלך. היושב על חוג הארץ.

רש"י

מי יסדה ואותו היה לכם לעבוד: (כב) חוג. לשון מחוגה

רד"ק

איך תוכלו לטעות בזה ולעבוד הפסל וכי הוא אדון העולם הלא תדעו כדעתכם מי הוא אדון העולם ואם לא תדעו זה מדעתכם הלא תשמעו ממה שקוראים בספרים ואם לא זה וזה הלא הגד מראש לכם והיא הקבלה לא שמעתם דרך קבלה שהיא מראש מימים קדמונים כי באלה השלש ידע האדם או יבין מעצמו או ילמד ממי שילמדהו או ישמע מן המגידים דרך קבלה וחזר ואמר הלא הבינותם מוסדות הארץ כלומר אם יש לכם דעת להבין הוכלו להבין ממוסדות הארץ. ונאריך מעט בזה הענין ונאמר כי העובדי הפסילים אינם חושבים שהאבן ההוא או העץ ההוא או הזהב או הכסף ברא את העולם ושהוא אדון עולם לא יעלה על הדעת שיש סכל בעו ם שיאמין זה אלא הפסילים נעשו מתחילה לשם כוכב מן הכוכבים או צורה מן הצורות העליונות דמי העישים מתחילה שהם מורידים כח הכוכב ההוא על הצורה ההיא ושעובד הצורה כאלו עובד את הכוכב והכוכבים מנהיגים העולם התחתון אם כן ראוי לעבדם עד שנשתקע דבר זה בלבות בני אדם לעבוד את הצורות ולא נתנו לב למה שעשו בתחילה אלא הושבים שהצורה הזאת הנעשת מאבן או מעץ או משום דבר כיון שנעשת בצורה הזאת מטיבה ומריעה ואחרים בצורה אחרת והנה הראשונים טעו בדעתם והאחרונים טעו מבלי דעת וע"ז היו מוכיחים אותם הנביאים כמ"ש ולא ישיב אל לבו וגו' חציו שרפתי במו אש וגו' וכן אומר ממקומו לא ימיש וכן אמר אף לא ולא יריחון וגו' נראה שהם היו חושבים כי הצורות ההם ייטיבו ויריעו והיו מקריבים להם ומנסכים ומקטירים להם לא נתנו אל לבם שיש לעולם בורא והוא מנהיג העולם ומטיב לטובים ומריע לרעים אלא העולם הוא כמו שהוא היה ויהיה מאין בורא ומאין מנהיג כמו הדבר שיפול במקרה והדברים האלה שאנחנו עובדים ומכבדים כן עשו אבותינו ובעבודה זו היו מצליחים וכן אנהנו אחריהם וכן חשבו בדברים רבים ובמעשים שיעשו אותם ואמר שהדבר ההוא יועיל או יזיק יחלה או יבריא ואין הדברים ההם לא מדרך חכמה ולא מדרך רפואה ולא מדרך כח מן הכחות הידועים אלא כמו שהורגלו דור אחר דור וחושבים כי הדברים ההם הם עקר ואין לדרוש בורא או מנהיג או מכוין ואילו הם דרכי האמרי שזכרו רז"ל ומי שהוא משתדל בדעות להבין העולם בכלל ובפרט יבין כי לעולם מנהיג ואליו ראוי לדרוש לפיכך אמר הנביא כנגד עובדי הפסל הלא הבינותם מוסדות הארץ כלומר אם יש בכם דעת להבין תוכלו להבין ממוסדי הארץ ומהשמים כמו שאמר הנוטה כדוק שמים וכמו שאמר גם כן אחר זה מן הככבים אמר הנביא מכל זה תוכלו להבין כי בורא יש לעולם שמנהיגו ובראו בסדר מסודר לא נפל כך במקרה ומוסדות הארץ הם ארבע יסודות האש והרוח והמים והעפר וכל הנבראים אשר בארץ הם מארבע יסודות אלה נמזגים ובין היסודות האלה מחלוקת וטבעם משונה זה מזה והנה האש חם ויבש והמים בהפך קרים ולחים ושניהם כדורים זה על זה והאויר שביניהם לא ימנע האש ולא המים מלעבור בתוכו אם כן שם גבול לאש שלא ירד ממקומו ולמים שלא יעלו ממקומם עד שיפגשו זה בזה ונמצא מחלוקת ביניהם וינצח הגובר כמו שאנו רואים באש ובמים אשר בינינו כשיפגשו זה בזה אם כן מי יוכל לומר שזה היה במקרה בלא הנהגת מנהיג ששם טבע באש שלא ירד אלא יעלה ובעלותו גם כן שם לו גבול ולא יוכל לעלות אלא עד גלגל הלבנה כי שם גלגל הלבנה חזק בטבעו מגלגל האש שלא יוכל אש לעוברו אע"פ שטבעו הוא לעלות וכן שם טבע במים לרדת ולא לעלות ובירידתן גם כן שם גבול ולא ירדו אלא עד הארץ כי שם לארץ טבע הזק וקשה לעמוד כנגד המים שהם לחים ורכים והארץ יבשה ולא יעברום המים וכן שם האויר בין האש ובין המים להפריד ביניהם לפיכך האויר חם ולח דומה בחימו לאש ובלחותו למים ומי יאמר שהיה כל זה אלא במסדר חכם שם כל אחד מהם בסדר שיוכל לעמוד וכל א"ד יעמוד בסדרו ולא ישתנה לעולם ודבר שהוא במקרה לא יהיה על סדר אחד קיים אלא פעם יהיה כך ופעם יהיה כך ועוד שהארבע יסודות הם נמזגים בגוף אחד חי וזה כנגד זה וטבעו בהפך חברו ואיך יעמוד הגוף שהם בו בשלום אלא שיש מסדר ומנהיג סדרם בדרך שלא יגבר האחד על חברו ויעמדו ארבעתם כאחד הגוף עד עת יבא קצו וגם בגופות המתים כגון האבנים והמתכות הם נמזגים ארבעתם בכל אחד ואחד כפי משפטו והנה העולם בכללו כמו בית בנוי והשמים כמו התקרה על הבית והככבים כנרות בבית וצמחי הארץ כשלחן ערוך בבית ובעל הבית שבנה הבית הוא האל יתברך בעולם והאדם בעולמו כמו הפקיד בבית אשר נתן בידו כל עניני הבית והוא לא ראה בעל הבית בעיניו אלא שגדל באותו הבית ואמרו לו שאביו היה פקיד בזה הבית והוא גם כן יהיה כן אחריו ואם הפקיד בעל שכל ידרוש לבעל הבית מי הוא כדי שיבא לפניו תמיד ובדי שלא יחטא בפקודתו כי יודע הוא כי לזמן קרוב או רחוק יבא לחשבון עמו על פקידתו וחושב בלבו כאלו בעל הבית על ראשו תמיד ונותן עיניו בו ובמעשיו ואם עשה מעשיו בשכל ימצא חן בעיני בעל הבית ואם ימצא בו רעה יעבירנו מפקידתו והפקיד הסכל לא יעשה זה אלא כיון שרואה עצמו פקיד יעשה בו כרצונו וכתאות לבו לא ישגיח אל בעל הבית מי הוא ואומר בלבו כיון שאינני רואה בעיני כי יש לבית זה בעלים כי יביאני לחשוב זה שיש לו בעלים אלא אוכל ואשתה מה שאני מוצא בבית הזה ואעשה בו כלבבי בעוד שאני מוצא אינני חושש אם יש בעל בית אם איננו וכשיודע זה לבעל הבית בא ומוציאו מן הבית בחיפזה ובקצף גדול כן האל יתברך הוא אדון העולם ושם האדם פקיד בעולם התחתון ואם נותן אל לבו שיש אדון בעולם והוא הוא שנתנו פקיד בעולם ויירא ממנו כעבד שירא מאדוניו כי יראה בשכלו כי אי אפשר לזה העולם מבלי אדון המנהיג ומסדר ימצא חן בעיני האדון ואם הוא סכל ולא ישיב אל לבו לא דעת ולא תבונה ואמר בלבו אינני חושש אם יש אדון אם אין אדון כי בשרירות לבי אלך ובכח לבי אעשה כתאות לבי. האל סורדו ועוקרו מן העולם ומונע הכח והיכולת ממנו לפיכך אמר אחר זה הנותן רוזנים לאין וגו' ויראה להם שהוא אדון בעולם מוריש ומעשיר משפיל אף מרומם: (כב) היושב. כאלו אמר על

אבן עזרא

בשיקול הדעת שהוא העיקר: הלא תשמעו. שילמדוהו אותם אחרי': הלא הוגד מראש. וזה למטה מכל הדעות: מראש. מיום היותכם ואם אין לכם דעת הלא הבינותם מוסדות הארץ: (כב) היושב. חוג. מגזרת ובמחוגה

מצודת ציון

נטיה וקיקיו: (כב) חוג הארץ. כן יקראו השמים והוא מושאל מעגול הכעבה במחוג שמעמידים אחד מרגלי המחוגה במקום אחד

מצודת דוד

תשכול הדעת תוכלו לדעת מי הוא אדון העולם: הלא תשמעו. מן התורה והמלמד אבר חקר מדעתו: הלא הוגד. מן הקבלה איש מפי איש המקובל אללו: מראש. ר"ל מימים קדמונים: הלא הבינותם וגו'. הלא תוכלו להבין יסודות הארץ מה הוא ומה יעמוד הלא אין לה יסוד כי השמים מקיף אותה מסביב ועל מה עומדת אם לא בגזירת המקום: (כב) היושב וגו'. הלא הוא יושב על השמים המסבבים את הארץ ויושבי הארץ המה

has it not been told to you from the beginning? Do you not understand the foundations of the earth? 22. It is He Who sits above the circle of

plates it with plates of gold and covers it from above.—[*Rashi*]

Redak suggests: The graven image, the craftsman covered [with silver or gold], and the smith plates it with gold. This makes more plausible the connection between the graven image and the word נָסַךְ, since now we render it as 'covered,' rather than 'melted.' It is difficult, however, because the covering or plating is repeated. Moreover, it is apparent that *Redak* does not consider this difficult, since he mentions *Rashi*'s and *Ibn Ezra*'s rendering and does not reject it. *Ibn Caspi* explains that the craftsman covers it with gold and then the goldsmith hammers out the gold to make it into a plate.

and chains—Heb. וּרְתֻקוֹת.—[*Rashi*]

he attaches—Heb. צֹרֵף. Alternatively, the smith [attaches to it] silver chains.—[*Redak*]

20. **He who is accustomed to select**—Heb. הַמְסֻכָּן תְּרוּמָה. *Or, if he comes to make it of wood, one who is accustomed to discern between a durable tree and other trees, chooses a tree that does not decay quickly.*—[*Rashi*]

He who is accustomed—Heb. הַמְסֻכָּן. *Comp.* "(Num. 22:30) *Have I been accustomed* (הַהַסְכֵּן הִסְכַּנְתִּי)?"—[*Rashi*]

to select—Heb. תְּרוּמָה. *Separation, selection of the trees.*—[*Rashi*]

Alternatively, הַמְסֻכָּן is synonymous with מְסֻכֵּן, *a poor man.* תְּרוּמָה means 'setting aside,' or 'oblation.' Hence, we render: One who is too poor for such an oblation chooses a tree etc.

Ibn Ezra renders: The treasurer of the offering. *Targum Jonathan*: A healthy laurel-tree.—[*Kohut*] A healthy sapling.—[*Levita*]

which will not move—Whose parts will not separate.—[*Mezudath David*]

He, therefore, strengthens it with nails.—[*Ibn Ezra*]

If it must be strengthened with nails, lest it fall apart, how can you compare it to the Almighty?—[*Mezudath David*]

Kara explains that he seeks a skilled craftsman to fix it so that the plate does not fall off.

21. **Do you not know . . . the foundations of the earth**—*Who founded it, and you should have worshipped Him.*—[*Rashi*]

The prophet addresses the pagans and asks them how they could possibly err in this matter and worship a graven image. Is he the lord of the world? 'Do you not know' from your own intelligence who the Lord of the world is? And if you do not understand this from your own intelligence, 'have you not heard' from what is read in books? And if you have not heard this, 'has it not been told to you from the beginning?' Have you not heard of a tradition transmitted from time immemorial? Through one of these three methods understand that the world has a Creator, Who created it with an order, and guides it. It did not come about by accident.—[*Redak*]

Here *Redak* proceeds to elaborate on the four elements of the world, which he considers the foundations, or elements, of the earth. They are: air, fire, water, and earth. He explains how they are arranged in the world, concluding with a beautiful allegory, in which he depicts the world as a house, with the heavens as a ceiling, like candles in the house. The plants of the earth are like a set table, and the owner is the Almighty. Man is in this world like an employee in the house, into whose care the owner has placed all the affairs of the house. He, himself, has never seen the owner but he has lived in the house all his life and was told to seek the owner and to do what pleases him constantly, for at some time, perhaps soon and perhaps at a later time, the owner will bring him to account for all his deeds. If he neglects his responsibility, the owner will discharge him from his position. The foolish employee does not keep this in mind, but considers himself the ruler of the house and follows his desires and lusts. He does not think of any owner, since he does not see him. He feels, "There is no owner. I have never seen one. No one will bring me to give an account of my deeds. I will eat and drink as much as I wish from what I find in this house. I don't care whether the house has an owner or not." When the owner hears of his attitude and his tactics, he will surely expel him from the house in wrath.

The same applies to the Almighty, Who is the Lord of the world and Who placed man in charge of the lower world. If he keeps in mind that there is a Lord Who has appointed him and he fears Him as a slave should fear his master, for he perceives Him with his intellect, for he knows that the world cannot be without a Master Who guides and arranges, he will please Him. If he is foolish and does not give any thought to the Almighty, not caring whether there is a Master or not, but follows his own desires, God will expel him from the world and withhold His power and ability from him. The prophet expresses this thought in v. 23, "Who brings princes to nought." He shows them that He is the Lord of the world, Who makes wealthy and poor, Who humbles and raises up.

22. **the circle**—Heb. חוּג, *an expression similar to* "(infra 44:13) *And with a compass* (וּבַמְּחוּגָה)," *a circle (compas in O.F.).*—[*Rashi*]

The heavens are the circle, or the compass of the earth. The prophet compares the heavens to a compass, which has two movable, rigid legs, one which remains stationary for the center of the circle, and the second, which draws the circle. Thus, the earth is the center of the circle, and the heavens the circle surrounding it. God is depicted anthropomorphically, since He is incorporeal and obviously has no place, but the intention is that He sees everything as one who sits on a high place sees everything that transpires on the lower places before him. For this reason, the prophet describes the inhabitants of the earth as grasshop-

people learn things, either through their own understanding, by learning from others, or by hearing what others have received through tradition.—[*Redak*]

Redak proceeds to dwell at length upon the origin of idolatry. We will devote a few pages to present his discussion in brief.

The pagans did not believe that the stone, the wood, the silver, or the gold image, created the world and rules it. It is incredible that anyone could be so foolish. They originally made the idols to represent stars or other ethereal beings, who, they believed, controlled the lower world. They believed that this idol would bring down the power of this star or other being, and that worshipping the image was tantamount to worshipping the star itself. Later on, when they became accustomed to worshipping these images, they forgot the original intention of this worship and commenced to believe that the image itself had the power to benefit and harm mankind. Thus, the first error was an error of thought, whereas the second error was one made because of lack of thought. For this reason, the prophets constantly castigated the people, especially as in ch. 44, in which Isaiah depicts very graphically how the pagan shapes out his idol from a block of wood, uses half of it for fuel with which to cook, and the other to manufacture a god. The Psalmist describes the idols as having a mouth and not speaking, eyes and not seeing, ears and not hearing, a nose and not smelling, having no sensation in their hands, etc. Apparently, the pagans believed that these images could benefit or harm them, and they would offer up various kinds of sacrifices to them, without giving any thought to the fact that the world has a Creator, Who guides it, benefiting the good and punishing the evil. They thought that the world always existed and would continue in that manner, without a Creator and without a Guide, like something that came about accidentally. They followed the practice of their forefathers, who worshipped these images and prospered. So they thought about many practices that they followed, and they would say that this certain practice helps or harms, makes one ill or healthy. These practices, however, had no basis in logic, in medicine, or in any known way of bringing down heavenly powers, but were merely what they had become accustomed to doing for many generations, thinking that these practices were efficacious, and that there was no need to seek a Creator, a Guide, or One Who arranged the world. These were the practices of the Amorites mentioned by our Sages.

One who attempts to understand the world in general and in detail, however, will soon realize that the world does, indeed, have a Guide, and that it is proper to turn to Him and seek Him. Therefore, the prophet addresses the pagans by saying, "Do you not understand the foundations of the earth?" That is to say, if you have intelligence, you will be able to understand from the foundations of the earth and the heavens, as he goes on in verse 22, and as he discusses the stars in verse 26. From all this, you will be able to

הָאָרֶץ וְיֹשְׁבֶיהָ כַּחֲגָבִים הַנּוֹטֶה כַדֹּק
שָׁמַיִם וַיִּמְתָּחֵם כָּאֹהֶל לָשָׁבֶת׃ כג הַנּוֹתֵן
רוֹזְנִים לְאָיִן שֹׁפְטֵי אֶרֶץ כַּתֹּהוּ עָשָׂה׃
כד אַף בַּל־נִטָּעוּ אַף בַּל־זֹרָעוּ אַף בַּל־
שֹׁרֵשׁ בָּאָרֶץ גִּזְעָם וְגַם־נָשַׁף בָּהֶם וַיִּבָשׁוּ

בְּתְקוֹף רוּמָא שְׁכִינַת יְקָרֵהּ וְכָל יָתְבֵי אַרְעָא חֲשִׁיבִין קֳדָמוֹהִי כְּקַמְצִין דְּמָתַח כִּזְעֵיר שְׁמַיָא וּפְרַסִינוּן כְּמַשְׁכַּן יְקָרָא לְבֵית שְׁכִינְתֵּהּ׃ כג דִּמְסַר שִׁלְטוֹנִין לְחוּלְשָׁא דַּיָנֵי אַרְעָא כִּלְמָא עֲבֵיד׃ כד אֲפִילוּ יִפְשׁוּן אֲפִילוּ יִסְגוֹן אֲפִילוּ יִתְרַבּוֹן בְּאַרְעָא בְּנֵיהוֹן וְאַף

ת"א כדוק שמים. חגיגה יב: נשף בהם. סנהדרין לה: קמץ ברביע קמץ בז"ק קמץ בז"ק

רש"י

(לקמן מ"ד) עוגל (קומפ"ש בלע"ז): **ויושביה.** לפניו כחגבים: **כדוק.** כיריעה (טייל"א בלע"ז): **(כד) אף בל נטעו.** אף הרי הם כמי שלא נטעו: **אף בל זרעו.** ועוד יתר מכאן שיושרשו ויעקרו כאילו לא זורעו זריעה פחותה מנטיעה: **בל שורש בארץ גזעם.** לכשיעקרו לא ישריש הגזע בארץ שיהא מחליף כל שורש שבמקרא טעמו באות ראשונה ונקודה הרי"ש פתח וזה טעמו למטה ונקוד קמץ

אבן עזרא

והטעם הכלי העושה החוג והוא הקו הסובב בעגול והנה לעד כי הארץ עגולה לא רבועה ואם אין צורך לפסוק כי הדבר ידוע בראיות גמורות וטעם היושב שהכל מלא כבודו: **כדוק.** כספיר והוא קרוב מתבנית האהל ואלה השמים אינם האופנים: **וימתחם.** כמו ויפרשם: **לשבת.** תחתיו והטעם כי השם הוא היושב על חוג הארץ: **(כג) הנותן רוזנים.** סגנים כמו מהתת רזון כי שמו' התואר ישתנו: **(כד) אף.** הטעם כעלים שאבדו כאלו לא נטעו מבנין נפעל זורעו מבנין שלא נקרא שם פועלו: **בל שרש.** פעל מבנין פעל הקל: **וגם נשף.** כמו נשפת ברוחך וטעם וגם כמו עוד:

מהר"י קרא

הוא מחוגה. כל דבר שמקיף קורא חוג אף השמים לפי שמקיפין את הארץ כביסוי הקדירה. נקראו חוג: **ויושביה.** על הארץ נחשבים לפניו כחגבים: **הנוטה כדוק.** שעל העין: **וימתחם** כאוהל לשבת. וכל המעשים הכתובים הראיתם שנתמוטטו מיום הבראם. ר' יצחק ור' יהושע בן לוי. ר' יהושע אומר בשר ודם מותח אוהל אננקי על ידי שהות הוא רפא קימעא ברם הכא. תרקיע עמו לשחקים. ואם תאמר שמתרפים חזקים הם ת"ל כראי מוצק נראים כבשעת יציקתו: (כג) **הנותן רוזנים לאין**: (כד) **אף בל נטעו.** כמו שלא ניטעו ולא זורעו. **אף**

רד"ק

השמים כי הם חוג הארץ כמו שיעשה אדם במחוגה העגולה כי למחוגה יש שתי אצבעות האחת יעמוד ובשנית יקיף העגולה והנה הנקודה בתוך העגולה והארץ כמו הנקודה כי היא התחתון שבעגולה והשמים סביב הארץ כמו העגולה ואמר היושב דרך משל כי אין לו מקום יתעלה מכל דמיון אלא כאדם היושב על מקום גבוה מאד ומביט במקום השפל ידמה לו הדבר הגדול קטן לפיכך אמר ויושביה כחגבים כמו שאמר ונהי בעינינו כחגבים וכן היינו בעיניהם וי"ת דאשרי בתקוף רומא שכינת יקריה תרגום היושב כמו המושיב ואלה השמים שהם חוג הארץ הוא נוטה אותם וכפל הענין במ"ש כי וימתחם כמו הנוטה וכאהל כמו הדוק כי פי' דוק יריעה שיעשה אדם ממנה אהל ופי' לשבת תחתיהם כי לא ישב אדם בבית אם אין עליו תקרה וי"ת הנוטה כדוק דמתח כזעיר. וענין וימתחם הנטיה והפרישה וכן בדברי רז"ל מקום שנמתח עמו וממנו נקרא השק אמתחת כמו שפירשנו בספר מכלל בחלק הדקדוק ממנו: (כג) **הנותן רוזנים. ושופטי ארץ.** שמתגאים בגדולתם ובוטחים בכחם ובחילם וכה שאמר עשה כמו שאמר ונטה עליה קו תהו כי ההריסה אינה מעשה על דרך האמת: **ורוזנים.** ידוע כמו ורוזנים ניסדו יחד כענין שרים וגדולים: (כד) **אף בל נטעו.** כל כך יתנם עד שיאמרו עליהם לא נטעו ולא זורעו ולא נשרש בארץ גזעם על דרך שאמר עליהם ולא נודע מקומו איה ונאמר עוד עליהם על הדרך הזה אם יבלענו ממקומו וכחש בו לא ראיתיך ואמר אף ג' פעמים כל אחד לרבות את חברו כמו גם אנחנו גם אתם גם טפנו: **שרש.** ענינו כמו נשרש והוא מהבנין אשר לא נזכר פעלו על דרך המרובע: **גזעם.** שרש האילן מה שנראה ממנו על הארץ יקרא גזע והטמון תחת הארץ יקרא שרש כמו שאמרו רז"ל העולה מן הגזע שלו מן השרשים של בעל הבית: **וגם נשף.** וגם עקירתם היא במהרה כנשיבת הרוח.

מצודת דוד

בעיניו כחגבים ואחז במשל מדרך האדם היושב ממעל שכל מה שמתחת לו נדמה בעיניו לקטן: **הנוטה.** הלא הוא הנוטה את השמים כאדם הנוטה קרום כל שהוא: **וימתחם.** פרסם כאהל להיות מוכן לשבת תחתיו: **(כג) הנותן.** הוא הנותן רוזנים להיות כאלו אינם: **כתוהו עשה.** עושה אותם להיות תוהו: **(כד) אף בל נטעו.** והרי הם אפי' כאלו לא נטעו מעולם ואפי' כאלו לא נזרעו מעולם שהוא פחות מנטיעה: **אף בל שורש וגו'.** לכשיעקרו לא ישריש אפי' הגזע בארץ שיהא מחליף ר"ל לא יחזרו לקדמותם: **וגם נשף.** ואפי' בנפיחה בעלמא יבשו ויאבדו ורוח סערה תשאם ממקומם

מצודת ציון

ובהשני מקיף מסביב ומקום מעמד הרגל נקרא נקודה האמצעית והסובב נקרא חוג וכן השמים מקיפים הארץ והם לה לחוג: **כדוק.** ענין קרום כמו או גבן או דק (ויקרא כ"א): **וימתחם.** ענין משיכה ופריסה ובדרז"ל המותח זמורה מאילן לאילן (כלאים פ"ו) ומענין זה אמתחת בנימין (בראשית מ"ד) לפי שהוא נמתח בעת שממלאין אותו: **(כג) רוזנים.** שרים כמו ורוזנים נוסדו יחד (תהלים ב'): **(כד) גזעם.** שרשם וכן מגזע ישי (לעיל י"א): **נשף.** ענין הפחה כמו נשפת ברוחך (שמות ט"ו):

the earth, and whose inhabitants are like grasshoppers, who
stretches out the heaven like a curtain, and He spread them out
like a tent to dwell. 23. Who brings princes to nought, judges of
the land He made like a thing of nought. 24. Even [as though]
they were not planted, even [as though] they were not sown,
even [as though] their trunk was not rooted in the earth; and
also He blew on them, and they dried up,

pers, in keeping with the anthropomorphism of the person sitting on high and viewing all that is below him. *Jonathan* renders הַיֹּשֵׁב as the causative; He causes His Shechinah to rest on high.—[*Redak*]

and whose inhabitants—*are to Him* (lit. *before Him*) *like grasshoppers.*—[*Rashi*]

like a curtain—Heb. כַּדֹּק, *toile in French.*—[*Rashi*]

This is a curtain from which one forms a tent.—[*Redak*]

Ibn Ezra, too, defines it as a kind of tent.

to dwell—under which to dwell, for a person does not dwell in a house without a ceiling.—[*Redak*]

23. **Who brings princes to nought**—Princes and judges, who are haughty because of their high positions and rely on their strength, He reduces to nothing.—[*Redak*]

24. **Even [as though] they were not planted**—*They are even as though they were not planted.*—[*Rashi*]

even [as though] they were not sown—*And still more than this, that they shall be uprooted and plucked out, as if they were not sown. Sowing is less than planting.*—[*Rashi*]

their trunk was not rooted in the earth—*When they will be plucked out, the trunk will not take root in the ground that it will grow up anew. Every* שֹׁרֵשׁ, *root, in Scripture is accented on the first letter, and the 'reish' is vowelized with a 'pattah' (segol). This one, however, is accented on the latter syllable and it is vowelized with a 'kamatz katan' (tzeireh) because it is a verb, present tense, (enracinant in French) being rooted.*—[*Rashi*]

Alternatively, they will be so reduced to nothingness that one will sayy that they had never been planted or sown.—[*Redak*]

וּסְעָרָה כַּקַּשׁ תִּשָּׂאֵם׃ כה וְאֶל־מִי
תְדַמְּיוּנִי וְאֶשְׁוֶה יֹאמַר קָדוֹשׁ׃ כו שְׂאוּ
מָרוֹם עֵינֵיכֶם וּרְאוּ מִי־בָרָא אֵלֶּה
הַמּוֹצִיא בְמִסְפָּר צְבָאָם לְכֻלָּם בְּשֵׁם
יִקְרָא מֵרֹב אוֹנִים וְאַמִּיץ כֹּחַ אִישׁ לֹא
נֶעְדָּר

רוּגְזֵיהּ יְשַׁלַּח בְּהוֹן
וִיבַהֲתוּן וּמֵימְרֵיהּ
כְּעַלְעוֹלָא לְקַשָּׁא יְבַדַּר
יָתְהוֹן׃ כה וּלְמַן תְּדַמּוּן
קֳדָמַי וְאִשְׁתְּוֵי יֵימַר
קַדִּישָׁא׃ כו זְקוֹפוּ לִרְוּמָא
עֵינֵיכוֹן וַחֲזוֹ לִמְדַחַל
קֳדָם מַן דִּבְרָא אִלֵּין
דְּאַפֵּיק בְּמִנְיַן חֵילֵי
שְׁמַיָּא לְכוּלְהוֹן בִּשְׁמָהָן
קָרֵי מִסְּגֵי גְבוּרָן וּתְקוֹף

ת״א תדמיוני. עקידה שער כד עקרים מ״ד פי״ז: שאו מרום. זהר בראשית:

מהר״י קרא

בנשיפה אחת שנשף ויבשו. הה״ד נשפת ברוחך כסמו ים: (כה) ואל מי תדמיוני. שאהיה שוה ודומה לו. אומר קדוש: (כו) שאו מרום עיניכם וראו מי ברא אלה. תולדות השמים הירח והשמש והכוכבים: איש לא נעדר. לא נפקד אחד מהם אשר לא יקרא בשם ובמנין. אם הוא קורא לצבא השמים לכולם

רש״י

לפי שהוא ל׳ פועל (איגרני״ר בלע״ז): (כו) מי ברא אלה. כל הצבא אשר תראו במרום: מרוב אונים. שיש לו ושהוא

רד״ק

נשף כמו נשפת ברוחך: וסערה. כמו ורוח סערה: (כה) ואל מי תדמיוני ואשוה. אל מי תוכלו לדמות אותי שאהיה אני נדמה לאותו הדבר ואשוה לו כי לא תוכלו לדמותי בדבריכם אם לא בשכל ובעבור דמיונכם לא אשוה אני אם כן אני יחיד ובורא העולם כולו ואמר קדוש כי הוא קדוש ובעל המחשבות: (כו) שאו מרום עיניכם. אמר הסתכלו בככבים לפי שהם גופים עצומים וגדולים בגוף ובמראה מנבראי מטה וכבר אמר להם שיבינו בארבע יסודות ובארץ ובשמים הנטוים עליהם כאהל עתה אמר להם שיסתכלו בככבים שהם נבראים עצומים וראו בדעתכם מי ברא אלה כי ברואים הם ואינם בוראים כי יש לאדם להבין בדרכי החכמה כי העולם מחודש וכיון שיתברר לו שהעולם מחודש ידוע שיש לו מחדש כי אין הדבר מחדש עצמו והמחדש לא יתכן להיות אלא אחד כמו שיתברר במופת בדרכי החכמה אם כן הכוכבים שהם רבים ברואים הם ולא בוראים וראו גם כן בדעתכם המוציא במספר צבאם מה שאין כן יכולת באדם לספור אותם ומה שאמרו חכמי התכונה והסכימו כי יש מספר לככבים והם אל״ף וצ״ח זהו לככבים הגדולים המאירים על הארץ אבל ידוע מדרך החכמה כי יש ככבים רבים אין מספר להם אצל בני אדם אבל מי שבראם יודע מספרם ופי׳ לכולם בשם יקרא כמ״ש דהע״ה מונה מספר לככבים לכולם שמות יקרא ר״ל כי לכל אחד מהם יקרא שם הנאות לו לפי הדבר הנברא בעבורו לסבת אותו הדבר אחר סבת עצמו כי כל כוכב וכוכב יש לו כח וממשלה על נבראי מטה כל אחד על מין ידוע שנותן בו כח לעשות מלאכתו ותולדתו וכן אמרו רז״ל אין לך כל עשב ועשב מלמטה שאין לו מזל מלמעלה מכה אותו ואמר לו גדל שנאמר הידעת חקות שמים אם תשים משטרו בארץ וזהו שאמר הנה ג״כ מרוב אתים השכות שקורא להם מרוב כחות שיש לכל אחד מהם על יצורי מטה ולפי הכח שיש לכוכב נקרא שמו לפי אותו ענין ושכל אחד מהם הוא אמיץ כח כי לא יפסיד כחו ולא ישתנה כמו שהוא בנבראי מטה שהם נפסדים באישיהם אף על פי שעומד מיניהם אבל נבראי מעלה איש מהם לא נעדר לעולם בשום העדר לא בכולו ולא במקצתו וכמו שהיה ביום הבראו כן יהיה כל ימי עולם לא יוסיף ולא יגרע כי אין התוספת אלא לבעלי החסרון והם שלמים בבריאתם וכל זה חייב אדם ללמוד מספרי החכמות ולהבין בדעתו בנבראים בין בנבראי מעלה בין בנבראי מטה ומהם יכיר הבורא והנה הנביא הזהיר בני אדם בזה ואמר הלא תדעו הלא תשמעו הלא הבינותם ואמר שאו מרום עיניכם וראו ופי׳ וראו כמו שפירשנו ראית הלב ואמרו רז״ל כל כי שאינו מחשב בתקופות ומזלות עליו הכתוב אומר ואת פעל ה׳ לא הביטו ומעשה ידיו לא ראו ואמרו מנין שמצוה לאדם לחשב בתקופות ומזלות שנאמר ושמרתם ועשיתם כי היא הכמתכם ובינתכם לעיני העמים איזו היא חכמה ובינה שהיא לעיני העמים זהו חשב תקופות ומזלות ואמרו רז״ל כל היודע לחשב בתקופות ומזלות ואינו מחשב אסור לספר הימנו:

אבן עזרא

(כה) ואל. הטעם יאמר לעובדי הפסל היש בבני אדם בעיניכם נכבדים מהרוזנים והשופטים הלא תראו שהשם ישמידם כרגע: ואשוה. אהיה שוה עמו וטעם קדוש כי השם קדוש מהשתוות עם אח׳ ממעשיו אף כי עם מעשה ממעשיו: (כו) שאו. מי ברא אלה. הבריאות שהם שם ומי הוא המוציא בכל יום במספר לבאם וזה כנגד הרואים גם יתכן להיותו רמז לכוכבי לכת שיש מספר לאת ידוע לכל אחד. אלא השם רק בני קדם וכל חכמי המזלות עד היום לא יוכלו לעמוד על אמונת מספ׳ לאת כל אחד או ידבר על מספר הכוכבים שהם בגלגל העליון כי אין יכולה בחכם לדעת מספרם: מרוב אונים. שיש לשם ושהוא אמיץ כח: איש לא נעדר. והטעם על המספר או על עלם כל כוכב כי איננו מת לעולם והנה איש כמו עלם וכן

מצודת ציון

כקש. תבן: (כה) תדמיוני. מלשון דמיון: (כו) אונים. ענין כח כמו ואונו בשרירי בטנו (איוב מ׳): ואמיץ. ענין חוזק: איש. ר״ל אחד מהם: נעדר. ענין חסרון כמו אחת מהנה לא

מצודת דוד

כקש הנישא ברוח: (כה) ואל מי תדמיוני. ר״ל הואיל וכל אלה כי א״כ אל מי תדמיוני להיות שוה לי באמת: יאמר קדוש. ר״ל האל הקדוש יאמר אל מי וגו׳: (כו) מי ברא אלה. הכוכבים והמזלות הנראים במרום ומי הוא המוציא בכל יום לבא מרום במספר אחד לכולם. לכל כוכב קרא בשם הנאה והראוי לו וכאומר הלא ה׳ עושה כל אלה: מרוב אונים. בעבור רוב האון ואמצות הכח שיש לו לכן לא נעדר אחד מהם כל ימי עולם מתחלת עשאן שיהיו קיימים לעולם:

Redak explains that each heavenly body is appointed over a certain function in this world. According to the power given it over its particular function, it is named. Hence, the prophet states: All of them He calls by name, because of the many powers [each one possesses], and because it is strong in power; none of them is missing. I.e. none of the stars

and a tempest shall carry them away like straw. 25. "Now, to whom will you compare Me that I should be equal?" says the Holy One. 26. Lift up your eyes on high and see, who created these, who takes out their host by number; all of them He calls by name; because of His great might and because He is strong in power, no one is missing.

25. **Now, to whom**—He asks the pagans, "Have you anyone more esteemed than the princes and the judges? Yet you see that they are easily blown away."—[*Ibn Ezra*]

that I should be equal?—To whom can you compare Me that I should in fact be equal to him, not only with your words but with logical proof. Since you cannot logically compare anyone to Me, that proves that I am the One and the Creator of the world.—[*Redak*]

says the Holy One—He Who is too hallowed and exalted to be compared to any of His creatures, much less to one of their products.—[*Ibn Ezra*]

He is hallowed and exalted above your conception.—[*Redak,* acc. to *K'li Paz*]

Abarbanel explains: Will you compare Me to the one who says, "Holy"? Can you compare Me to the angels who say, "Holy" but once? You cannot compare Me to any earthly creatures, even those of the highest status. You cannot even compare Me to the angels, who are but My servants.

26. **who created these**—*All the host that you will see on high.*—[*Rashi*]

Now he exhorts them to lift their eyes and look at the stars after exhorting them to concentrate on the earth, the heavens, and the four elements. Now look at the stars, creations of unfathomable immensity, and think who created these, for they are creations and not creators. A person can understand philosophically that the world had a beginning, and since it had a beginning, it must have had a creator, for no thing can create itself, and the creator must be one, as can be proved philosophically. Consequently, the stars cannot be creators but creations. "See" also that there is One Who takes out their host by number, something unknown to man, for he cannot count the stars. Although the astronomers claim that there are 1,098 stars, this refers to the large stars that shed light upon the earth. It is, however, known that there are innumerable stars that cannot be counted by man. He Who created them, however, knows their number.

because of His great might—*that He has, and that He is strong in power, no one of His host is missing, that He does not call by name.*—[*Rashi*]

Alternatively, 'no one is missing,' none of the stars and planets will terminate its existence, unlike the mortal earthly creatures.—[*Ibn Ezra*]

נֶעְדָּר: כז לָמָּה תֹאמַר יַעֲקֹב וּתְדַבֵּר
יִשְׂרָאֵל נִסְתְּרָה דַרְכִּי מֵיְהוָה וּמֵאֱלֹהַי
מִשְׁפָּטִי יַעֲבוֹר: כח הֲלוֹא יָדַעְתָּ אִם־
לֹא שָׁמַעְתָּ אֱלֹהֵי עוֹלָם ׀ יְהוָה בּוֹרֵא
קְצוֹת הָאָרֶץ לֹא יִיעַף וְלֹא יִיגָע אֵין
חקר

חֵיל חַד מִסְדַּרְהּ לָא
מִתְעַכַּב: כז לְמָה תֵימַר
יַעֲקֹב וּתְמַלֵּיל יִשְׂרָאֵל
מִטַּמְרָא אוֹרְחִי מִן קֳדָם
יְיָ וּמִן קֳדָם אֱלָהִי דִּינִי
יַעֲדֵי: כח הֲלָא יְדַעְתָּא
אִם לָא שְׁמַעְתָּא אֱלָהָא
עָלְמָא יְיָ דִּי בְרָא יְסוֹדֵי
אַרְעָא לָא בְעָמַל וְלָא
בְלֵיאוּ לֵית סוֹף

ת"א למה תאמר. עקרים מ"ק פ"ג: הלא ידעת. תענית י"ב עקידה שער ג ר"ס פ"ח:

רש"י

אמיץ כח איש מהלכה לא נעדר שלא יקרא בשם: (כז) למה תאמר. עמי יעקב ותדבר בגלות: נסתרה דרכי מה'. העלים מנגד עיניו כל מה שעבדנוהו והמשיל עלינו אותם שלא ידעוהו: ומאלהי משפטי יעבור. העביר מלפניו משפט הגמול הטוב שהי' לו לשלם לאבותינו ולנו: (כח) בורא קצות הארץ וגו'. אין חקר לתבונתו. ומי שיש לו כח כזה וחכמה כזו הוא יודע את המחשבות למה הוא מאחר טובתכם אלא כדי לכלות את הפשע ולהתם את החטאה על

מהר"י קרא

בשם יקרא: (כז) למה תאמר יעקב ותדבר ישראל נסתרה דרכי מה' ומאלהי משפטי יעבור. למה תאמר יעקב נסתרת דרכי מה'. שאין הקב"ה רואה מעשי. שאילו נגלו לפניו לא היה משליט את האומות עלינו: (כח) הלא ידעת אם לא שמעת

אבן עזרא

והאיש גבריאל: (כז) למה. נסתרה דרכי. אין השם רואה מה אני עושה וככה משפטי: יעבור. והטעם יעבור ממני משפטי ולא ישפטני על דרכי: (כח) הלא ידעת. בשקול הדעת כי בראיות גמורות ידע המשכיל את בוראו: אם לא שמעת. שיהיה מאמין כדברי המשכילים: אלהי עולם. אלהי נצח והטעם כאשר היה כן הוא ולא ישנה: בורא קצות הארץ. כבר פרשתי בסדר בראשית כי בורא קרוב מגזרת גוזר וטעם קצות הוא הקו הסובב ועל דעת אנשי תושיה כי הקו איננו גוף ואחר שהוא השם עומד לעולם והנה הארץ לעד שהוא מעמיד אותה תמיד בתוך הגלגלים על בלימה לא יעף ולא ייגע ואין חקר לתבונתו והנה לעולם לא תמוש גבורתו וחכמתו. ויש אומרים כי נסתרה דרכי רמז על הצרות שישראל יחשבו כי השם לא

רד"ק

(כז) למה תאמר יעקב. אומר כנגד ישראל שהם בגלות למה תאמר זה כי בעבור אורך הגלות תאמר כי נסתרה דרכך מה' ולא ישגיח עליך ועל צרות הגלות שאתה סובל: דרכי. ר"ל עניני שאני בו. וכן מדוע דרך רשעים צלחה והדומים לו רבים: משפטי יעבור. משפטי ודיני שהיה לו לריב עם הרשעים העובדים בי יעבור ממנו ולא יהיה לפניו לזכרון כי איננו חושש בו ולמה תאמר זה: (כח) הלא ידעת. מדרך השכל מדעתך: אם לא שמעת. ממלמד ומורה. כי אלהי עולם ה'. אלהי שופט כמו עד האלהים יבא דבר שניהם וכן כל אלהים שהוא על האל יתברך ר"ל שופט העולם ומשגיח בו ושופט כל א' לפי מה שהוא אלא שאין אנחנו משיגים דעת משפטו בכל מקום לפיכך אמר איך תחשוב כי לא ישגיח עליך והוא משגיח על כל העולם כלו כי הוא בראו וכיון שמעשה ידיו הוא באמת משגיח עליו ואחר שהוא שופט העולם באמת יקח משפטך מן הגוים העובדים בך ומ"ש בורא קצות הארץ להודיע שברא הארץ עגולה באמצע הגלגלים המקיפים סביבותיה והיא כנקודה בתוך העגולה והקב"ה מעמידה בכחו באמצע בלי שום סמיכה כמו שנאמר תולה ארץ על בלימה ואין אחת מקצותיה נוטה לאחת משש הפאות אלא כולה באמצע מכל צד ומכל קצה זהו שאמר בורא קצות הארץ ואם תאמרו הנה כי הוא אלהי עולם וברא אותו ומשגיח עליו אבל לא יוכל בכל עת לשפוט כי ייגע לפעמים וילאה לפיכך אמר לא ייעף ולא ייגע שהרי אתה רואת כי הוא מסבב הגלגלים והם סובבים סביב שאין לו הפסק וזה בכח מסבב שאין הפסק לכחו ולפיכך אין הפסקה לסבוב הגלגלים שהם סובבים בכח שאין לו הפסק אם כן אתה רואה כי לא ייעף ולא ייגע אם כן אינו מצד לאות ויגיעה כאשר אינו עושה משפט ברשעים המעבידים ישראל. ואם תאמר מאחר שברא העולם ומעמידו בכחו הגדול ומשגיח בו ושופטו והכח בידו לשפוט בכל עת ואין לכחו הפסק למה ראה זה הזמן הארוך בצרת ישראל בגלות ולא יושיעם מצרתם ולא יעשה משפט ברשעים. התשובה אין חקר לתבונתו אין אנחנו יודעים ויכולים להשיג חכמתו ותבונתו ולא נוכל לחקור עליה

מצודת דוד

(כז) נסתרה דרכי. העלים עיניו מכל מה שעבדנוהו והעביר מלפניו משפט הגמול כי לא שלם לנו הטוב כפי הגמול: (כח) הלא ידעת. הלא תוכל להשכיל מדעתך אם לא שמעת ממלמד המורה: אלהי עולם ה'. ר"ל ואת זה תשכיל אשר ה' הוא אלהים עד עולם והוא ברא כל הארץ מקצה אל הקצה ובכל ידו משלה ולא ייעף ולא ייגע וכחו שוה בכל זמן א"כ יכול הוא לשלם גמול בכל זמן ובכל מקום: אין חקר לתבונתו. ר"ל ומה שמאחר לשלם הגמול הוא על כי אין חקר לתבונתו כי בחכמת התבונה יעשה את זאת

מצודת ציון

נעדר (לעיל ל"ד): (כח) ייעף. יגע. פתרון אחד להם:

pression of Israel? This question he answers with the concluding words of the verse: "There is no fathoming His understanding."—[*Redak*]

Ibn Ezra explains this as a continuation of the description of God's powers, that He supports the world on nothing, without tiring, and with His infinite, unfathomable wisdom and understanding.

27. Why should you say, O Jacob, and speak, O Israel, "My way has been hidden from the Lord, and from my God, my judgment passes"? 28. Do you not know—if you have not heard—an everlasting God is the Lord, the Creator of the ends of the earth; He neither tires nor wearies; there is no

or planets will cease to exist.

27. **Why should you say**—*My people (K'li Paz,* mss.: *the people of) Jacob, and speak in exile.*—[*Rashi*]

Why should Israel complain of the length of the exile and claim that God is not aware of their troubles?—[*Redak*]

"My way has been hidden from the Lord—*He hid from before His eyes all that we served Him, and gave those who did not know Him, dominion over us.*—[*Rashi*]

and from my God, my judgment passes"?—*He ignores the judgment of the good reward He should have paid our forefathers and us.*—[*Rashi*]

Alternatively, He ignores my plea against the nations who have kept me in bondage all these years. Why do you say this? Do you not know . . .—[*Redak*]

28. **Do you not know**—through your own understanding.—[*Ibn Ezra, Redak*]

if you have not heard—from teachers.—[*Ibn Ezra, Redak*]

an everlasting God—Heb. אֱלֹהֵי עוֹלָם. As He was, so is He now, and He will never change.—[*Ibn Ezra*]

Others render: the judge of the world. God is the judge of the world, guiding and supervising it, judging each individual according to his merits. We, however, cannot fathom the wisdom of His justice. The prophet, therefore, proclaims, "How can you think that the Almighty does not pay attention to you? Indeed, He supervises the entire world for He created it, and since He created it, He surely gives it His attention. Since He judges the world, He will surely mete justice upon the nations who oppress you and keep you in bondage.—[*Redak*]

the Creator of the ends of the earth . . . there is no fathoming His understanding—*And One who has such strength and such wisdom—He knows the thoughts. Why does He delay your benefit, only to terminate the transgression and to expiate the sin through afflictions.*—[*Rashi*] By inflicting pains and troubles upon His people in exile, He allows them to atone for their sins. Then He will execute judgment upon their oppressors.

He created the earth in the exact center of the universe, never nearing any side. All this He does with His supreme power. Now, if you ask, "Since God created the earth and supervises it constantly, perhaps He does not judge at all times because He is weary." The prophet, therefore, adds: "He neither tires nor wearies." Hence, His failure to mete judgment upon the nations is not due to fatigue. Why, then, does God not judge the nations for their op-

חֵקֶר לִתְבוּנָתוֹ׃ כט נֹתֵן לַיָּעֵף כֹּחַ וּלְאֵין
אוֹנִים עָצְמָה יַרְבֶּה׃ ל וְיִעֲפוּ נְעָרִים
וְיִגָעוּ וּבַחוּרִים כָּשׁוֹל יִכָּשֵׁלוּ׃ לא וְקוֹיֵ
יְהוָה יַחֲלִיפוּ כֹחַ יַעֲלוּ אֵבֶר כַּנְּשָׁרִים
יָרוּצוּ וְלֹא יִיגָעוּ יֵלְכוּ וְלֹא יִיעָפוּ׃

ל ׳קמץ בז״ק
החרישו

ת״א ויעפו. שם עקרים מ״ד פמ״ט: וקוי ה׳. קדושין פב סנהדרין לב (קידושין סו):

תרגום

לְסוּכְלְתָנוּתֵיהּ: כט דִיהַב לְצַדִּיקַיָּא דְמִשַׁלְהַן לְפִתְגָמֵי אוֹרַיְתָא חוּכְמָא וּדְלֵית לְהוֹן תְּקוֹף נִכְסִין מַסְגֵּי: ל וְיִשְׁתַּלְהוֹן עוּלֵימִין חַיָּבִין וְיִלְאוֹן וְרַוְקֵי רַשִׁיעַיָּא אִתְקָלָא יִתְקְלוּן: לא וּדְסַבָּרוּ לְפוּרְקָנָא דַיְיָ יִתְכַּנְשׁוּן מִבֵּינֵי גָלְוָתְהוֹן וְיוֹסְפוּן חֵיל וְיִתְחַדְתּוּן לְעוּלֵימַתְהוֹן כְּצִימוּחַ דְסָלֵיק עַל גַדְפֵּי נִשְׁרִין יְרַהֲטוּן וְלָא יִלְאוֹן יְהָכוּן וְלָא

רש״י

ידי היסורין: (כט) נותן ליעף כח. וסופו להחליף כח לעייפותיכם: (ל) ויעפו נערים. גבורת אויביכם המנוערים מן המלות תיעף: ובחורים כשול יכשלו. אותם שהם עכשיו גבורים וחזקים יכשלו ואתם קוי ה׳ תחליפו כח חדש וחזק: (לא) אבר. כנף:

מהר״י קרא

וגו׳ לא ייעף ולא ייגע. לא ייעף בלא עמל ובלא יגיעה: (כט) נותן ליעף כח. נותן כח לאומה זו ומחזיק את זו שהיתה [אין] אונים ועצמה. ליתן גאולה לישראל נותן כח לכורש ולדריוש שהיו יגעים וחלשים מתחילה והחזיקם לבא על בבל להשחיתה כדי שיבנה עיר (ישלח) [ירושלם]. ונותן רוזני בבל לאין בפני כורש כמי שלא ניטעו ולא זורעו כמי שלא נשרש בארץ גזעם שיבא כורש ויכרית לבבל שם ושאר ונין ונכד: (ל) ויעפו נערים ויגעו. אלו בחורים של בבל. שהיו בכחם ובתוקפם שלימים כבחור זה שהוא בכוחו שלם: (לא) וקוי ה׳. וישראל (שקורין) [שמקוין] להקב״ה (לא) לגאולת בבל שבעים שנה. יחליפו כח: יעלו אבר כנשרים. וימהרו לצאת מבבל כשם שאמר לישעיהו. צאו מבבל ברחו מכשדים. וכן ירמיה אמר צאו מתוכה עמי ומלטו איש את נפשו: ומדרש רבותינו. האנוש מאלוה יצדק. וכי יש אדם שהוא צדיק מבוראו. או אלא אם מעושהו יטהר גבר. אמר הקב״ה בועז מנחם ואני איני מנחם. ויען בועז ויאמר לה הגד הוגד לי. למה שני פעמים. אלא הוגד לי בבית. והוגד לי בשדה. את אשר עשית את חמותך אחרי מות אישך. (וכי) [ואין] צריך לומר בחיי אישך. ותעזבו אביך ואמך וארץ מולדתך. זו איפרכיא שלך. ותלכי אל עם אשר לא ידעת תמול שלשום. אילו באת אצלינו תמול שלשום לא היינו מקבלים אותך שעדין לא נתחדשה הלכה עמוני ולא עמונית. מואבי ולא מואבית. ישלם ה׳ פעלך. אמר לה מי שהיא עתיד לשלם שכרו לצדיקים הוא יתן שכרך. ותהי משכורתך שלימה מעם ה׳. אמר ר׳ יוסי אמר לה. שלמה יעמוד ממך. מעם ה׳ אלהי ישראל. [אשר באת לחסות תחת כנפיו] אמר רבין כנפים לשחר. כנפים לשמש. כנפים לחיות. כנפים לכרובים. כנפים לשרפים. כנפים לארץ. כנפים לשחר דכתיב אשא כנפי שחר. כנפים לשמש דכתיב וזרחה לכם יראי שמי [שמש צדקה ומרפא בכנפיה]. כנפים לכרובים דכתיב וקול כנפי הכרובים. כנפים לחיות דכתיב וקול כנפי החיות. כנפים לשרפים דכתיב שרפים עומדים [וגו׳ שש כנפים לאחד] כנפים לארץ דכתיב מכנף הארץ. וגדול כחן של גומלי חסד שאין חסין לא בצל כנפי ארץ. ולא בצל כנפי שחר. ולא בצל כנפי הכרובים ולא בצל [כנפי] החיות. ובצל מי חסים בצל מי שאמר והיה העולם שנא׳ מה יקר חסדך אלהים בצל כנפיך יחסיון. ותאמר אמצא חן בעיניך אדוני כי נחמתני. [ואנכי לא אהיה כאחת שפחותיך]. אמר לה בועז לא (תאמין בדין) [תימר כדין] חס ושלום מן האומות את נמנית. אין את נמנית אלא מן האימהות. והרי דברים קל וחומר ומה אם בועז שדיבר על לבה של רות דברי ניחומין דברים טובים. ניחמה. כשיבא הקב״ה לנחם את ירושלם על אחת כמה וכמה. נחמו נחמו עמי וגו׳. דברתי אני עם לבי לאמר. הלב מדבר. הלב רואה. הלב שומע. הלב יודע. הלב מהלך. הלב עומד. הלב נופל. הלב צועק. הלב שמח. הלב מתנחם. הלב רואה דכתיב ולבי ראה הרבה חכמה ודעת. הלב מדבר דכתיב דברתי אני עם

רד״ק

ולדעת אותה אבל הוא יודע מה יעשה אלא שאין אנחנו מכירים ויודעים וזהו: (כט) נותן ליעף כח. והוא יתן כשירצה כח ועצמה לישראל שהם בגלות ויעפים ויגעים מאין אונים: (ל) ויעפו נערים ויגעו. רשעי העולם שמוסיפים כח בכל יום כמו הנערים יעפו כשיהיה רצון האל ייגעו ויפסיק כחם ולא יהיה להם אפילו כח נערים ובחורים ורשעי העולם שהם גם כן כבחורים שהם שלמים בכחם כימי הבחרות לא יועילם כחם כשירצה האל אלא כשול יכשלו: (לא) וקוי ה׳. וקוי כתיב ביו״ד אחת לבד והיא עי״ן הפעל ויו״ד הרבים נעלמת מהמכתב ונשארה במבטא. אמר הרשעים כשול יכשלו אבל ישראל שהם קוי ה׳ בגלות ואפס כח עוד יחליפו כח כמו העץ אם יכרת ועוד יחליף והוא ענין התחדשות הדבר בתמורת הדבר שחלף ועבר: יעלו אבר כנשרים. כתב רבינו סעדיה כי הנשר יעלה לעשר שנים גבוה מאד על פני רקיע השמים ויקרב לחום האש ויפיל עצמו לים מרוב חומו וימרט ויתחדש אחר כן ויעלה אבר וישוב לימי עלומיו וכן כל עשר שנים עד מאה ובשנת המאה יעלה

אבן עזרא

ידעם או אם ידעם לא יוכל להושיעם: (כט) נותן. הוא איך ייגע והוא הנותן ליעף כח ולאשר אין אונים לו ירבה עצמה על משקל חכמה: (ל) ויעפו. והנערים שיש להם כח ייעפו והבחורים יכשלו: (לא) וקוי ה׳ יחליפו. קודם תום הכח הראשון יבא כח אחר מהשם להם וכמוהו אם יכרת ועוד יחליף וזאת הלשון קרובה בלשון קדר: יעלו אבר. כמו כנף מי יתן לי אבר ויתכן היות זה הטעם כי ישראל שקוו השם הוא יחזיקם וישיבם אל ירושלם והבבליים שהם גבורים יחלשו:

מצודת ציון

(כט) עצמה. ענין חוזק כמו ועלם כוחו (דניאל ח׳): (לא) יחליפו. ענין התחדשות ותמורה: אבר. כנף כמו אבר כיונה (תהלים נה): ירוצו. ענין מהירת ההליכה:

מצודת דוד

ואנחנו לא נדע: (כט) נותן ליעף כח. יבוא הזמן שיתן כח לישראל הינעפבגולה: ולאין אונים וגו׳. כפל הדבר במ״ש: (ל) ויעפו. ואז העכו״ם שמוסיפים כח כנערים יעפו ויגעו: ובחורים וגו׳. כפל הדבר במ״ש: (לא) וקוי ה׳. אבל המקווים לה׳ יחליפו כח חדש בכל עת: יעלו אבר. יגדלו כנף כנשרים למהר לעוף אל ארצם והוא ענין מגילה: ירוצו. בבואם לארצם ירוצו ולא ייגעו וילכו בדרך ולא ייעפו:

fathoming His understanding. 29. Who gives the tired strength, and to him who has no strength, He increases strength. 30. Now youths shall become tired and weary, and young men shall stumble. 31. But those who put their hope in the Lord shall renew [their] vigor, they shall raise wings as eagles; they shall run and not weary, they shall walk and not tire.

29. **Who gives the tired strength—** *And who will eventually renew strength for your tiredness.—[Rashi]*

Others explain: How can He tire? He gives strength to the weary.—[*Ibn Ezra*]

Jonathan renders: Who gives the righteous who are exhausted from studying the words of the Torah, wisdom, and to those who have no strength He increases riches. He explains the words אוֹנִים and עָצְמָה in the sense of financial strength, rather than physical strength. We find also that wealth is known as חַיִל (Deut. 8:17), lit. strength.

30. **Now youths shall become tired** —Heb. נְעָרִים. *The might of your enemies who are devoid* (מְנֹעָרִים) *of commandments, shall become faint.—[Rashi]*

Redak, too, takes this as an allusion to the nations of the world, who become progressively stronger, and who will eventually lose their might.

and young men shall stumble— *Those who are now mighty and strong, shall stumble, but you, who put your hope in the Lord shall gain new strength and power.—[Rashi]*

Redak, too, takes this as figurative of the nations of the world, who have reached the peak of their strength like young men. Their strength shall not avail them when God wishes to punish them.

31. **But those who put their hope in the Lord shall renew [their] vigor—** Before their first strength is exhausted, they receive new strength from the Almighty.—[*Ibn Ezra*]

This is conclusive evidence of Divine Providence, for the youths and the young men, who are naturally strong, will tire and stumble, and the weak ones, because they hope in the Lord, will gain strength.—[*Abarbanel*]

Rav Saadiah Gaon writes that once in ten years the eagle flies up very high, until, heated by the sun, it throws itself into the sea for relief. Its feathers fall out then, new ones are grown, and its youth is renewed. But in the hundredth year it falls into the sea after its upward flight and dies.—[*Redak*]

Ibn Ezra explains the sense of the entire verse as referring to the return from Babylon. God will strengthen the Israelites, who hoped in Him, and bring them back to Jerusalem, but the mighty Babylonians will be weakened. See above, verse 1.

they shall run and not weary— They shall run on the way to their land, and not weary.—[*Redak*]

וְלָא יִשְׁתַּלְהוּן: א אֲצִיתוּ לְמֵימְרִי נַגְוָן וּמַלְכְּוָן יוֹסְפוּן חֵיל יִתְקָרְבוּן בְּכֵן יְמַלְּלוּן כַּחֲדָא לְדִינָא נִתְקָרֵב: ב מַן אַיְתִי בְגָלֵי מִמַּדִינְחָא אַבְרָהָם בְּחִיר צַדִּיקַיָּא בְּקֻשּׁוֹט קָרְבֵהּ לְאַתְרֵהּ

מא א הַחֲרִישׁוּ אֵלַי אִיִּים וּלְאֻמִּים יַחֲלִיפוּ כֹחַ יִגְּשׁוּ אָז יְדַבֵּרוּ יַחְדָּו לַמִּשְׁפָּט נִקְרָבָה: ב מִי הֵעִיר מִמִּזְרָח צֶדֶק יִקְרָאֵהוּ לְרַגְלוֹ יִתֵּן לְפָנָיו גּוֹיִם וּמְלָכִים

מסר ת"א מי העיר. שבת קנו ל"ב טו סנהדרין קח זוהר לך תרומה:

רש"י

מא (א) החרישו אלי. כדי לשמוע דברי: איים. עכו"ם: יחליפו כח. יתקבצו ויתחזקו בכל גבורתם אולי יעמדו בדין בכח: יגשו. הלום ואז משיגשו ידברו: למשפט נקרבה. להוכיחם על פניהם: (ב) מי העיר ממזרח. אותו שצדק יקראהו לרגלו מי העיר את אברהם להביאו מארם שהוא במזרח וצדק שהיה עושה היא היתה לקראת רגליו בכל אשר הלך: יתן לפניו גוים. מי

מהר"י קרא

לבי. הלב יודע דכתיב לב יודע מרת נפשו. הלב שומע דכתיב ונתת לעבדך לב לשמוע. הלב עומד. היעמוד לבך אם תחזקנה ידיך. הלב נופל. אל יפול לב אדם. הלב מהלך. ויאמר אליו [לא] לבי הלך. הלב צועק. צעק לבם. הלב שמח. לכן שמח לבי. הלב מתנחם. דברו על לב ירושלם. מה אעידך ומה אדמה לך. כמה נביאים העדתי בכם. ר' יר' נתן. [ר'] אמר נביא אחד בשחרית ונביא אחד במנחה. הה"ד ויעד ה' בישראל ביד כל נביא. ר' נתן אומר שני נביאים בשחרית ושנים במנחה. השכם ושלוח בבוקר. השכם ושלוח בערב. ד"א מה אעידך. (כי) הרבה קישוטים קישטתי אתכם. (ד"א) אמר ר' נתן ביום שירד הקב"ה ליתן תורה וירדו עמו ששים רבוא של מלאכי השרת. וביד כל אחד ואחד עטרה לעטר כל אחד בישראל. ר' אבא בר כהנא בשם ר' יוחנן אמר מאה ועשרים רבוא. אחד להלבישו עטרה. אחד לאסרו. ר' חנא רבא בציפורי. אמר זיינא כבד"א מוסר מלכים פתח ויאסר אזור במתניהם. ד"א מה אעידך. כמה ביזות נתתי לכם. ביזת מצרים. וביזת הים. ביזת סיחן ועוג. ביזת שלשים ואחד מלך. ד"א מה אעידך. נועדתי לכם אוהל מועד. גלגל ושילה ונוב וגבעון ובית עולמים שנים. [מה] אדמה לך לאי זו אומה דמיתי לכם. ולאי זו אומה גאלתי ביד חזקה ועל אויביה הבאתי עשר מכות. לאי זו אומה קרעתי את הים. לאי זו אומה הורדתי את המן. לאי זו אומה הגזתי את השליו. לאי זו אומה הקפתי ענני כבוד. לאי זו אומה קרבתי לפני הר סיני ונתתי לחם תורתי. הבת ירושלם. שהיא ראויה ומושלמת לכל. ומה אשוה לך ואנחמך בתולת בת ציון. בנים המצויינים לי במילה ובציצית ובתגלחת. כי גדול כים שברך מי ירפא לך. אמר ר' אילעאי מי שעתיד לרפאות שבר שלך הוא ירפא לך. אמר ר' יהושע ומי שאמרתם לו מי כמוך הוא ירפא לך:

מא (א) החרישו אלי איים. פת' חכו לי: ולאומים יחליפו כח. מי שהוא מחליף כח אומות שמעביר כח מאומה זו ונותן לאומה זו: (ב) מי העיר ממזרח. מי העיר רוח כורש ממזרח לבוא ולצור על בבל: צדק יקראהו. כלומר מה ראה הקב"ה ליתן ולהחזיק ביד כורש שנתן בו רוח להחריב את בבל. בשביל צדקה. שעתיד לשלח לגלות בבל ולבנות ירושלם וליסד את ההיכל. בשביל אותו צדק יקראהו הקב"ה להשמיד את בבל. וכן הוא אומר כה אמר ה' למשיחו לכורש אשר החזקתי בימינו וגו' למען עבדי יעקב וישראל בחירי ואקרא לך בשמך. זהו שאמר כאן. צדק יקראהו: יתן לפניו גוים

אבן עזרא

מא (א) החרישו. כאילו אמר החרישו ושמעו אלי: ולאומים יחליפו כח. אם יש בהם יכולת: יגשו. אחרי שיחליפו כח אז ידברו ונקרב למשפט לדעת אי זה גבור: (ב) מי העיר. הקדמונים אמרו כי זה רמז על אברהם שהתגבר על המלכים ושבר הצלמים והראיה שאמר אחר כן זרע אברהם אוהבי גם זה נכון ולפי דעתי שהוא רמז על כורש כי כל הפרשה היא דבקה וכן כתוב קורא ממזרח עיט והנה אחריו העירותי מצפון ויאת ממזרח שמש יקרא בשמי ובפרשה כולה מפורש שם כורש ממזרח כי עילם לפאת מזרחית בבל: צדק יקראהו

רד"ק

כמנהגו ויפול בים וימות: ירוצו. בשובם לארצם ולא ייגעו ילכו בדרך ולא ייעפו: (א) החרישו אלי איים. החרישו שתקו והאזינו אלי כי המדבר לא יאזין ופי' איים שוכני איים: יחליפו כח. יתאמצו בטענות אם יוכלו להשיבני: יגשו אלי. לשמוע דברי: אז ידברו. אז אחר שישמעו דברי ידברו אם יש להם טענה: יחדו. אני והם נקריב למשפט על טענותי וטענותיהם כי הם מחסרים כחי ויכולתי ואומרים שאין בי כח להציל ישראל מידם ועובדים פסילים שאין בהם ממש יאמרו לי: (ב) מי העיר ממזרח. והוא אברהם אבינו שהעיר אותו האל לצאת מארץ מזרח שהיתה ארץ מולדתו כמו שאמר ארצה בני קדם והעיר אותו האל מבית עובדי פסילים: צדק יקראהו לרגלו. בכל מקום שהיה הולך זהו לרגלו בכל מקום שהיה רגלו שם היה קורא צדק ואמת כמו שאמר ויקרא שם אברם בשם ה' וכנוי יקראהו לצדק זהו הצדק והאמת שהיה אומר להם עזבו העכו"ם כי אין בהם ממש ועבדו מי שברא העולם והיה מלמד אותם דרכי האמונה היש פלא כזה איש אחד בין כל בני הארץ שהיו כולם עכו"ם ומוכיחם על אמונתם ולא פחד מהם וממלכיהם מי העיר לבבו לעשות זה הלא אנכי ה': יתן לפניו גוים. ומי הוא

מצודת דוד

מא (א) החרישו אלי איים. יושבי האיים החרישו לשמוע אלי כי המדבר לא ישמע ולא יאזין: יחליפו כח. יחדשו כח להתאמץ בטענות אם יכלו להשיבני: יגשו אז ידברו. יגשו אלי לשמוע אמרי ואז אחרי שמעם ידברו דבריהם אם ימלאו מענה: יחדיו. אני והם נקרב למשפט על מה שהם אומרים שאין היכולת בידי להציל את עמי מידם: (ב) מי העיר ממזרח. אברהם שהיה במזרח מי העירו ללכת משם ולמאס באלילי ארץ מולדתו: צדק יקראהו לרגלו. בכל מקום מדרך כף רגלו היה קורא את הצדק לעזוב האלילים ולהאמין בה' וכאומר ומי העירו הלא אני ה': יתן

מצודת ציון

מא (א) החרישו. ענין שתיקה כמו יחריש באהבתו (צפניה ג'): (ב) העיר. מל' התעוררות: ירד. ענין שלטנות כמו

place to cause him to move, He placed before him four kings and their hosts.—[*Rashi*]

These are Chedorlaomer and his allies whom Abraham pursued with three hundred and eighteen men, defeated them and recovered all the plunder they had taken from Sodom

41

1. Be silent to Me, you islands, and kingdoms shall renew [their] strength; they shall approach, then they shall speak, together to judgment let us draw near. 2. Who aroused from the East, [the one] whom righteousness accompanied? He placed nations before him

1. **Be silent to Me**—*in order to hear My words.*—[*Rashi, Ibn Ezra, Redak*]

islands—*Heathens* (mss. *K'li Paz: nations*).—[*Rashi*]

Island dwellers.—[*Redak*]

shall renew [their] strength—*They shall adorn themselves and strengthen themselves with all their might, perhaps they will succeed in their judgment by force.*—[*Rashi*]

They will strengthen themselves with arguments, perhaps they will be exonerated.—[*Redak*]

they shall approach—*here, and then, when they approach, they shall speak.*—[*Rashi*]

then they shall speak—Then, after they hear My words, let them speak if they have arguments.—[*Redak*]

together—They and I will draw near for judgment concerning My arguments and their arguments, for they claim that I have no strength to save Israel, and they worship graven images of no substance. Let them tell Me 'who aroused from the East. . . ?'—[*Redak*]

to judgment let us draw near—*to reprove them to their faces.*—[*Rashi*]

2. **Who aroused from the East**—*One whom righteousness accompanied? Who aroused Abraham to bring him from Aram, which is in the East, and the righteousness that he would perform, that was opposite his feet wherever he went.*—[*Rashi* from *Jonathan, Baba Bathra* 15a, *Gen. Rabbah* 43:3 with variations]

Redak, too, interprets this passage as an allusion to Abraham, whom the Lord aroused to leave his birthplace, the land of the East, and aroused him to leave the house of idolaters.

whom righteousness accompanied—This may also be rendered: He would call righteousness to his foot. Wherever he went, he would preach righteousness and truth, as the Torah tells us repeatedly, "And Abraham called in the name of the Lord." Wherever he went, he would preach to the heathens of the futility of their idols and teach them to worship the only true God, Who created the world. It is not a wonder, that one man out of all the inhabitants of the land, all of whom were idolaters, should admonish them concerning their faith and not fear them or their kings? Who aroused his heart to do this? Indeed, it was I, the Lord.—[*Redak*]

He placed nations before him—*He, Who aroused him to leave his*

וּמְלָכִים יַרְדְּ יִתֵּן כֶּעָפָר חַרְבּוֹ כְּקַשׁ
נִדָּף קַשְׁתּוֹ׃ ג יִרְדְּפֵם יַעֲבוֹר שָׁלוֹם
אֹרַח בְּרַגְלָיו לֹא יָבוֹא׃ ד מִי־פָעַל וְעָשָׂה
קורא

ת״א כעפר חרבו. תענית כה:

מְסַר קֳדָמוֹהִי עַמְמִין
וּמַלְכִין תַּקִּיפִין תְּבַר
רְמָא כְּעַפְרָא קְטוֹלִין
קֳדָם חַרְבֵּהּ כְּקַשָּׁא
רְדוּפִין קֳדָם קַשְׁתֵּהּ׃
ג רְדָפִינוּן עֲדָא שְׁלָם
חֵילַת אוֹרַח בְּרַגְלוֹהִי
לָא עָלַת׃ ד מַן אֲמַר אִלֵּין קַיָּם אֲמַר וַעֲבִיד וְסַדַּר דָּרַיָּא מִלְּקַדְמִין אֲנָא יְיָ בְּרֵית עָלְמָא

מהר״י קרא

ומלכים ירד. כשם שהוא אומר בדברי הימים בשנת אחת לכורש מלך פרס [וגו׳] ויעבר קול בכל מלכותו וגם במכתב לאמר כה אמר כורש מלך פרס כל ממלכות הארץ נתן לי [ה׳] אלהי השמים והוא פקד עלי לבנות [לו] בית [וגו׳] מי בכם וגו׳: יתן כעפר חרבו. וקשתו. על כורש. יתן הגוים כעפר. כקש נדף מבין האומות בפני חרבו: (ג) ירדפם יעבור שלום. שאיש מכל האומות [לא עמד] בפניו: אורח ברגליו [לא יבוא]. באותו אורח: (ד) מי פעל ועשה. שקורא לדריוש לראש עד

רש״י

שהעירו ממקומו להסיעו הוא נתן לפניו ארבעה מלכים וחיילותיהם: ירד. ירדה: יתן כעפר חרבו. רמא כעפרא קטולין קדם חרביה. נתן את חרבו ועושה חללים רבים כעפר ואת קשתו נתן מרבה הרוגי׳ ונופלים כקש נדף: (ג) ירדפם יעבור שלום. הלך כל מעברותיו בשלום לא נכשל ברודפו אותם: אורח ברגליו לא יבא. דרך אשר לא בא קודם לכן ברגליו. לא יבא לא היה רגיל לבא: (ד) מי פעל ועשה. לו את זאת מי שהוא קורא הדורות מראש לאדם הראשון הוא עשה לאברהם גם את זאת: אני

רד״ק

שנתן לפניו גוים והרדה אותו במלכים והם ארבעת מלכים כדרלעומר והמלכים אשר אתו רדפם אברהם בשלש מאות ושמנה עשר איש והכם והציל מהם כל השבי וכל הרכוש אשר לקחו וזה היה ברוב בטחונו בי: ירד. ענין ממשלה והוא מבנין הפעיל ומענינו כמו לא תרדה בו בפרך ורדו בכם שנאיכם ופי׳ ומלכים ירד ובמלכים ר״ל שהשליטו במלכים והוא במעט עם יקראהו יתן ירד ירדפם יעבר יבא כולם עתיד במקום עבר וכמוהו רבים. והטעם שאמר אלה כולם בלשון עתיד כי כמו שעשה האל עם אברהם אז כן יעשה בכל דור ודור עם כל צדיק שיהיה בו אהבת האל כמו אברהם: יתן כעפר חרבו. נתנם האל כעפר לדוש לפני חרב אברהם ונתנם כקש נדף לפני קשתו. וכן ת״י רמא כעפרא קטולין קדם חרביה כקשא רדופין קדם קשתיה ויש מפרשים נתן חרב של כל אחד מהמלכים וקשתו כעפר וכקש נדף: (ג) ירדפם יעבר שלום. רדף אותם ועבר בשלום כי לא מת במלחמה אחד מאנשיו. שלום בחסרון בי״ת השמוש וכן הנמצא בית ה׳ כמו בבית ה׳ וכמוהו רבים ויש לפרש שלום שם תאר כמו ויבא יעקב שלם ויהי בשקל קרוב רחוק וכמוהו שלח ידו בשלומיו: אורח ברגליו לא יבא. והו תימה אורח שלא כאבו רגליו ולא עפת בו בלילה שבא עליהם והכם. וי״מ אורח רע ברגליו לא יבא שלא קרה לו שום רע בדרך ההיא וי״ת חילת ארח ברגלוהי לא עלת. ויש מפרשים הענין הזה ענין נבואה על כורש שיעירהו האל ממזרח לבא על בבל ויתפשה ולא יעמדו לפניו גוים ומלכים והנכון כמו שפירשנו וכן פירשו א״א ז״ל וכן פירש יונתן שתרגם מי העיר ממזרח מאן אייתי בגלאי ממדינחא אברהם בחיר צדיקיא: (ד) מי פעל ועשה. כפל הענין בכ״ש אמר מי פעל ועשה גבורות

אבן עזרא

לרגלו. יפגע או צדק יקראהו בכל מקום לכתו: ומלכים ירד. ישליט אחרים על מלכים כי זאת המלה מבנין הפעיל והטעם כמו וירד מיעקב: יתן כעפר חרבו. חרב כל מלך וי״א כי היו לו חרבות רבות וקשתותיו תעופינה כקש נדף: (ג) ירדפם. ירדף אחרי המלכים ויעבר בשלום ולא ייעף כאילו לא בא ברגליו האורח: (ד) מי. ועשה. כדרך תקון כמו וימהר לעשות אותו והטעם מי פעל זה השם עשהו שהוא קורא הדורות מראש קודם שיהיו והטעם שידע כל הדורות הבאים ויקרא כל דור לעמוד בעתו: אני ה׳.

מצודת ציון

כדה בקרב אויביך (תהלים ק״י): נדף. ענין כתישה כמו אל ידפנו (איוב ל״כ): (ג) ארח. מסילה ודרך:

מצודת דוד

לפניו גוים. ר״ל מי הוא הנותן לפניו גוים הם כדרלעומר והמלכים אשר אתו: ומלכים ירד. השליטו במלכים: יתן כעפר חרבו. חרבו נתן הרוגים ומרוסים כעפר הארץ וקשתו הרבה חללים כקש נדף: (ג) ירדפם. רדף אחריהם ועבר בשלום עם כי רדפם באורח שלא בא בו ברגליו מעולם ולא היה רגיל באורח ההוא: (ד) מי פעל. מי הוא שפעל ועשה את זאת הלא ה׳ עשהו קורא הדורות מראש קודם שיהיה ר״ל שיודע כל הדורות הבאים ויקרא לכל דור

Who aroused the desire of Cyrus to come from Elam, northeast of Babylon, to attack Babylon?—[*Kara, Ibn Ezra*]

Righteousness will call him to his step—God will call him to go to attack Babylon because of the righteousness he will do by assisting the exiles to return to Jerusalem and rebuild the city and the Temple.—[*Kara*]

Alternatively, righteousness will meet him wherever he goes.—[*Ibn Ezra*]

The rest can be explained in a manner similar to the former interpretation.

4. **Who worked and did**—*for him all this? He Who called the generations from the beginning, to Adam, He did this also for Abraham.*—[*Rashi*]

Alternatively, Who performed all these mighty deeds for Abraham to strengthen him and give him esteem? He Who calls the generations from the beginning. He knew that Abraham's descendants would become

and over kings He gave him dominion; He made his sword like dust, his bow like wind-blown stubble. 3. He pursued them and passed on safely, on a path upon which he had not come with his feet. 4. Who worked and did,

and its sister cities. This entire victory was due to his implicit faith in God.—[*Redak*]

He gave him dominion—Heb. יַרְדְּ, like יַרְדֶּה.—[*Rashi*] This is the causative form. He made him rule.—[*Ibn Ezra, Redak*]

All these verbs appear in the future tense although the past is intended. *Redak* explains that, just as God performed these miracles for Abraham, He will perform similar miracles for any righteous person who loves Him as much as Abraham.

He made his sword like dust—*Jonathan* paraphrases: *He cast slain ones before his sword like dust. He suffered his sword to take its toll of casualties as* numerous as grains of *dust, and his bow He suffered to take its toll of casualties who would fall like wind-blown stubble.*—[*Rashi*]

Others render: He made his sword—the sword of each king—like dust, as ineffective as dust, his bow—the bow of each king—like wind-blown stubble, as ineffective as wind-blown stubble.—[*Ibn Ezra, Redak*]

They quote others who explain that Abraham had many swords and bows, which flew as speedily as dust and stubble to slay the foe.

The Talmud explains that Abraham would throw dust, and it would be converted into swords; straw, and it would be converted into arrows.—[*Ta'anith* 21a]

3. **He pursued them and passed on safely**—*He traversed all his fords safely; he did not stumble when he pursued them.*—[*Rashi*]

He pursued them and returned safely; none of his men was killed.—[*Redak*]

a path upon which he had not come with his feet—*A road upon which he had not come previously with his feet.* The future tense of יָבוֹא means that *he was not accustomed to come.*—[*Rashi*]

I.e. he traversed unfamiliar territory without straying or stumbling.

Ibn Ezra and *Redak* explain that it was as though he did not travel on this road. He pursued them so easily and swiftly, without becoming weary, that it was as though he did not travel on this road with his feet.—[*Ibn Ezra, Redak*] Indeed, the Rabbis of the Midrash (*Gen. Rabbah* 43:3) interpret this passage literally, that God gave Abraham a miraculously huge stride, and his steps were three mils long, or, according to others, one mil. Rabbi Nehemiah says in the name of Rabbi Abahu, that they did not soil their feet anymore than one who walks from his home to the synagogue. This coincides with *Ibn Ezra* and *Redak*.

Many exegetes interpret this section as an allusion to Cyrus, king of Persia, destined to vanquish Babylon and to free the Judean exiles. They render as follows:

[2] **Who aroused from the East**—

קֹרֵא הַדֹּרוֹת מֵרֹאשׁ אֲנִי יְהוָה רִאשׁוֹן
וְאֶת־אַחֲרֹנִים אֲנִי־הוּא׃ ה רָאוּ אִיִּים
וְיִירָאוּ קְצוֹת הָאָרֶץ יֶחֱרָדוּ קָרְבוּ
וַיֶּאֱתָיוּן׃ ו אִישׁ אֶת־רֵעֵהוּ יַעְזֹרוּ וּלְאָחִיו

מִבְּרֵאשִׁית אַף עָלְמֵי
עָלְמַיָא דִילִי אִינוּן בַּר
מִנִי לֵית אֱלָהָא׃ ה חֲזוֹ
נְגוָתָא וִידַחֲלוּן דִבְסְיָפֵי
אַרְעָא יְזוּעוּן יִתְקָרְבוּן
וְיֵיתוּן׃ ו גְבַר יַת חַבְרֵהּ
יִסְעֲדוּן וְלַאֲחוּהִי יֵימַר

ת״א קורא הדורות. עדיות ב: אני ה׳ (סנהדרין יח):

רש״י

ה׳ ראשון. להפליא פלא ולעזור: ואת אחרונים אני הוא. אף עמכם בניס אחרונים אהיה ואעזור אתכם: (ה) ראו איים. עובדי עכו״ם הגבורות שאעשה ויראו: קרבו ויאתיון. זה אל זה נאספים להלחם כשיראו הגאולה: (ו) איש את רעהו וגו׳. יאמר חזק למלחמה

מהר״י קרא

שלא נולד. שעדיין עתיד לבוא לעולם לכמה ימים ועדיין לא עמד מלכות בבל שעתיד להחריב את (הכלים) [ירושלים]. קורא לדריוש רועי של חפצי הוא יבנה עירי וגלותי ישלח לא במחיר ולא בשוחד: אני [ה׳] ראשון. שהגדתי לאברהם גאולת ראשונה עד שלא ירדו בניו למצרים: ואת אחרונים אני הוא. שמגיד לכם גלות בבל וקורא לדריוש מגלות בבל ועדיין לא גלו לבבל ולא נולד כורש: (ה) ראו איים וייראו. ראו ששני אנשים שהם שפלים מתחילה הם כורש ודריוש (החריבן בכל שנה) [החריבו בבל] שהייתה מושלת בכל העולם: (וייראו) קצות הארץ יחרדו. אך*) לכם לכורש ולדריוש לבוא ולהשחית את יושבי בבל: קרבו ויאתיון. כל האומות. קול שאון ממלכת גוים נאספים זה אצל זה להלחם על כורש ודריוש כשראו נקמתי (בבל) [בבבל]: (ו) איש את רעהו יעזורו ולאחיו יאמר

*) נ״י פה המקום חלק כמו יחסרו ד׳ או ה׳ תיבות.

אבן עזרא

הראשון לכל הדורות שעברו ועם אחרונים אני הוא: (ה) ראו איים. גבורת כורש: קרבו. אלה: ויאהיון. מלה שלימה כי היו״ד תחת ה״א הנח שהוא למ״ד הפעל: (ו) איש. כל אי ואי וכל איש ואיש וכל גוי וגוי יוסיפו לעבוד ע״ז אולי

רד״ק

אלו: קורא הדורות מראש. מי שקורא הדורות העתידות מקדם והחזיק באברהם וגדלו שידע שיצא ממנו זרע שיהיה נכון לפניו נבחר מכל העמים: אני ה׳. אני הוא שאני ראשון ואני עם אחרונים שעתידים להיות כלומר שאני יודע כל הדורות מראש ועד סוף ופי׳ קורא כאלו קורא כך וכך יהיה בעתיד וכן קורא על ידי נביאיו עתידות רבות: (ה) ראו איים. יושבי האיים ההם כשראו ושמעו זה הדבר הגדול שעשה יראו ויפחדו גם כן קצות הארץ ששמעו זה הדבר מפי המגידים חרדו לזה הדבר: קרבו ויאתיון. קרבו ובאו לפני אברהם כמו מלך סדום שיצא לקראתו ואעפ״כ איש את רעהו יעזרו לעשות הפסילים ולא נתנו אל לבם לא דעת ולא תבונה איך היה זה הדבר באברהם שלא היה אלא בשלש מאות וי״ח איש ונצח ד׳ מלכים גדולים וזה דבר פלא שאם תאמרו המלכים היו חלשים הרי הם שהיו ארבעה ונצחו מתחילה חמשה מלכים והכו כל הארץ אם כן היה להם לתת לב למה היה זה הפלא על ידי אברהם אלא שאמונתו נבדלת מאמונת כל גוים והאל אשר דבק בו ועבד אותו הוא עזרהו על המלכים האלה ולא די שלא אמרו זה אלא שהחזיקו יותר בפסילים ואמרו בפחדם וביראתם מהמעשה הגדול אשר ראו נתחזק ונתאמץ בעבודת אלהינו כל אחד בפסלו והם יעזורונו: (ו) איש את רעהו. ולאחיו. כמו ואיש אל אחיו והפסוק

מצודת דוד

לעמוד בעתו: אני ה׳ ראשון. ראשון לכל הדורות שעברו ואני הוא עם הדורות האחרונים אשר יהיו: (ה) ראו איים. יושבי איים ראו הנס שעשיתי לאברהם ופחדו גם השוכנים בקצות הארץ חרדו בשמעם הנס: קרבו ויאתיון. קרבו ובאו לפני אברהם לשאול ממנו מתנת חנם ולא באו במלחמה כמ״ש ויאמר מלך סדום וגו׳ תן לי הנפש וגו׳ (בראשית י״ד): (ו) איש את רעהו יעזורו. ועכ״ז אף שראו פלאי האל מ״מ עזרו זה לזה לעשות הפסילים: ולאחיו. כ״א אמר לאחיו חזק בעשיית הפסל וכפל הדבר כמ״ש:

מצודת ציון

(ה) ויאתיון. ענין ביאה כמו אתא בוקר (לעיל כ״א):

their fellows to strengthen their allegiance to it.—[*Redak*]

6. **Each one ... his fellow etc.**—*He shall say, "Strengthen yourself for war," perhaps their gods will protect them* (lit. *stand up for them*).—[*Rashi*]

As mentioned before, *Rashi* explains this passage as a reference to the future, when the nations will be called to task for oppressing the Jews. *Ibn Ezra* interprets it as the reaction of the nations to Cyrus' victories. In order to defend themselves

Who calls the generations from the beginning; I, the Lord, am first, and with the last ones I am He. 5. The islands shall see and fear; the ends of the earth shall quake; they have approached and come. 6. Each one shall aid his fellow, and to his brother

His chosen people.—[*Redak*]

Ibn Ezra renders: Who worked and prepared this? He Who calls the generations from the beginning, before they come into existence, and calls all future generations to rise at the proper time.

I called Cyrus and Darius before they were born and before the kingdom of Babylon came into existence.—[*Kara*] See below 45:1.

I, the Lord, am first—*to perform wonders and to aid.*—[*Rashi*]

and with the last ones I am He—*Also with you, the last sons, I will be, and I will aid you.*—[*Rashi*]

I am first, and I am with the last, those destined to come into the world. I.e. I know all the generations from the beginning of the world until its end. It is as though I called them from the beginning.—[*Redak*]

5. **The islands shall see**—lit. saw. *The heathens* shall see *the mighty deeds that I will perform, and they shall fear.*—[*Rashi*]

they have approached and come—*One to another they will gather to war when they see the redemption.*—[*Rashi*] According to this, it is a future tense, although grammatically a past tense. Other exegetes explain this verse as referring to Abraham's victory over the kings, a continuation of the preceding verses.

[5] **The islands saw and feared**—The inhabitants of the islands, when they witnessed God's miracle for Abraham, feared.—[*Redak*]

they approached and came—They approached and came before Abraham, as the king of Sodom, who came before Abraham and welcomed him after the war. Nevertheless,

[6] **Each one helped his fellow**—to make idols, and they gave the matter no thought, how Abraham with his three hundred eighteen men defeated four mighty world powers, who had previously defeated five kings and wrought havoc throughout the entire region. They should have pondered the matter, why this came about through Abraham, and come to the conclusion that his faith differed from their faith and that his God was superior to the deities of all the nations. Not only did they not ponder on these matters, but, on the contrary, they clung tenaciously to their idol worship, and, out of fear of the great wonder, called upon

יֹאמַר חֲזָק׃ ז וַיְחַזֵּק חָרָשׁ אֶת־צֹרֵף
מַחֲלִיק פַּטִּישׁ אֶת־הוֹלֶם פָּעַם אֹמֵר
לַדֶּבֶק טוֹב הוּא וַיְחַזְּקֵהוּ בְמַסְמְרִים
לֹא יִמּוֹט׃ ח וְאַתָּה יִשְׂרָאֵל עַבְדִּי
יַעֲקֹב אֲשֶׁר בְּחַרְתִּיךָ זֶרַע אַבְרָהָם
אֹהֲבִי

תרגום

תַּקִּיף׃ ז הֲלָא יְבַהֲתוּן בְּעוֹבָדֵיהוֹן דְּמַתְקֵיף נַגָּרָא עִם קֵינָאָה מָחֵי בְּפַטִּישָׁא עִם דִּמְטַפַּח בְּקוּרְנָסָא זִמְנָא אֲמַר עַל דִּבְקָא תַּקִּין הוּא וּמַתְקֵיף לֵיהּ בְּמַסְמְרִין דְּלָא יִצְטְלֵי׃ ח וְאַתְּ יִשְׂרָאֵל עַבְדִּי יַעֲקֹב דְּאִתְרְעֵיתִי בָךְ זַרְעֵהּ דְּאַבְרָהָם

ת"א זרע אברהם. סוטה לא:

מהר"י קרא

חזק. ותחזק מלחמתך: (ז) ויחזק חרש את צורף. כל עם ועם יתפוס איש את אלוהו. ויחזק חרש. נוסך הפסל. את צורף. המרקעו בזהב: מחליק פטיש. באחרונה כשהוא מכה להחליק את המלאכה: את הולם פעם. הוא המתחיל בם שהיא נעשית מכה בכל כחו: אומר לדבק טוב הוא. לאלוה המדובק על ידי פטיש ומסמרים עליו הוא אומר טוב הוא. על אותו אלוה שצריך לחזקו במסמרים שלא ימוט. ולא ישום אל לבו לא דעת ולא תבונה לאמר לעצמו אינו יכול לעמוד איך יעמוד לאחרים: (ח) ואתה ישראל עבדי יעקב. עם נושע בה' אשריך:

רש"י

אולי יעמדו להם אלהיהם: (ז) ויחזק חרש. נוסך הפסל: את צורף. המרקעו בזהב: מחליק פטיש. באחרונה כשהוא מכה בנחת להחליק את המלאכ': את הולם פעם. הוא המתחיל בה כשהוא עשת ומכה בכל כחו: אומר לדבק טוב הוא. על אותן שהיו מחזירים אחר קרקע טובה לדבק בה עששיות ברזל. דבק (שולדור"א בלע"ז): ויחזקהו. לצלם: במסמרים לא ימוט. כולם יחזקו זה את זה: (ח) ואתה ישראל עבדי. ועלי יש לעזור לך סוף המקרא אל תירא כי עמך אני כך נראה לי חבור הענין לפי פשוטו ומ"א בבראשית רבה דורש כל הענין במלכי צדק ואברהם. ראו איים אותה מלחמה ויראו. שם נתיירא מאברהם פן יאמר לו העמדת רשעים אלו בעולם ואברהם נתיירא משם לפי שהרג את בניו את בני עילם שהם משם איים כשם שאיי הים מסויימין בעולם כך אברהם ושם היו מסויימין בעולם: איש את רעהו יעזורו. זה עוזר את זה בברכות ברוך אברם (בראשית י"ד) וזה עוז' את זה במתנות (שם) ויתן לו מעשר מכל: ויחזק חרש. זה שם שהיה נפח לעשות מסמרות ובריחים לתיבה: את צורף. זה אברהם שהיה צורף את הבריות לקרבן אל השכינה: את הולם פעם. זה אברהם שהלם כל המלכים האלו פעם אחת: אומר לדבק טוב הוא. טוב לידבק באלוה של זה: ויחזקהו. שם לאברהם להיות דבק בהקב"ה ולא ימוט: ואתה ישראל עבדי. אברהם שלא היה מזרע צדיקים עשיתי לו כל זאת. ואתה ישראל עבדי הקנוי לי משני אבות: זרע

רד"ק

כפול בענין במ"ש: (ז) ויחזק חרש. חרש עצים עושה תחילה הפסל מעץ ומחזק בדבריו צורף הכסף והזהב לעשות צפוי הכסף מהרה ויצפנו: מחליק פטיש. והצורף מה יעשה ממהר מלאכתו ומחליק פטיש להכות בו טסי הכסף או הזהב. מחליק מענין ואנכי איש חלק, חלקלקות: את הולם פעם. הולם שם דבר כי הוא מלעיל ופי' הולם מכה כן והלמה סיסרא ופי' פעם הסדן שמכין עליו ופי' מחליק פטיש להכות בו הטסין על הסדן ואת במקום למ"ד השמוש כאלו אמר למכת הסדן י"ת מחא בפטישא עם דמטפח בקורנסא. ויהיה לדבריו פטיש המקבת הגדולה ופעם המקבת הקטנה תקרא בדברי רז"ל קורנס וכן דרך הצורף מתחילה מכה במקבת גדולה ואחר כך בקטנה: אומר לדבק טוב הוא. כשמדבק הטסין על פסל העץ וכשמדבק יפה שמח ואומר טוב הוא ואחר כן יחזקהו במסמרים כדי שלא ימוט היום או מחר טס הכסף מעל פסל העץ: (ח) ואתה ישראל עבדי. אינך כגויי הארצות כי עבדי אתה ואני בחרתיך

אבן עזרא

ימלטו מיד כורש: (ז) ויחזק. מחליק. מגזרת ואנכי איש חלק: פטיש. ידוע כמו וכפטיש יפוצץ סלע: הולם פעם. מגזרת והלמה סיסרא והוא הברזל שיוכה עליו בו ופעם יתכן היותו כלי הברזל שיכה עליו ונקרא פעם בעבור שיוכה עליו או הלום פעם כלי אחד: אומר לדבק. עד שיהיה הדבק טוב: (ח) ואתה. אלה הם עובדי עבודה זרה

מצודת ציון

(ז) מחליק. מל' חלק: פטיש. הוא המקבת וכן וכפטיש יפוצץ סלע (ירמיה כ"ג): הולם פעם. שניהם ענין הכאה כמו והלמה סיסרא (שופטים ה') וכמו נפעמתי ולא אדבר (תהלים ע"ז) וכפל המלה בשמות נרדפים ויורה על חוזק ההכאה: במסמרים. יתדות וכן וברזל לרוב למסמרים (דה"י א'

מצודת דוד

(ז) ויחזק חרש. חרש העצ' העוש' הפסל חיזק בדבריו את הצורף להיות זריז במלאכת לצפוי טסי הזהב אשר ילפנו: מחליק פטיש. המכה בפטיש קטן להחליק את הטסין היה מזרז את המכה על הטסין בחוזק רב בהתחלת הרדוד למען יתהיל הוא מעשהו: אומר לדבק. כאשר ידבק הטסין על הפסל ישמח ויאמר הנה טוב הוא וכן יפה לו: ויחזקהו. מחזק הצפוי על ידי מסמרים למען לא יתפרד מעל הפסל: (ח) ואתה. הבל אתה ישראל אינך כמוהם כי עבדי אתה אשר בחרתיך לי לעם לפי שאתה זרע אברהם אשר אהבני ופירוש מעכו"ס:

[7] **And the craftsman strengthened**—*This is Shem, who was a blacksmith, to make nails and bars for the ark.*

the smith—*This is Abraham, who purified* (צוֹרֵף) *the people, to bring them near to God* (lit. *to Heaven*).

the sledge hammer—*This is Abraham, who smote* (הָלַם) *all these kings at one time.*

He says of the cement—Heb. דֶּבֶק. The nations said, *"It is good to*

he shall say, "Strengthen yourself." 7. And the craftsman strengthened the smith, the one who smooths with the hammer [strengthened] the one who wields the sledge hammer; he says of the cement, "It is good," and he strengthened it with nails that it should not move. 8. But you, Israel My servant, Jacob whom I have chosen, the seed of Abraham, who loved Me.

from his sweeping across Asia, they strengthened themselves in their worship of idols.

7. **And the craftsman strengthened**—I.e. *the one who molds the idol.*—[*Rashi*]

Redak interprets it as the carpenter who carves out the image from wood, who encourages the smith.

the smith—*who plates it with gold.*—[*Rashi*] *Redak* explains it as the one who smites the gold and silver to make the plate for the wooden image.

the one who wields the sledge hammer—*He is the one who commences on it when it is a block, and beats it with all his might.*—[*Rashi*]

Redak renders: The hammer flattens [the plate] on the anvil. *Jonathan* renders: The one who flattens with the sledge hammer, with the one who taps with the mallet.

he says of the cement, "It is good,"—Heb. דֶּבֶק. *He alludes to those who seek suitable ground upon which to adhere iron plates.* דֶּבֶק is *soudure in French, weld.*—[*Rashi*]

and he strengthened it—*The idol.*—[*Rashi*]

with nails that it should not move—*All of them will strengthen each other.*—[*Rashi*]

Alternatively, when he attaches the plate to the wooden image, he rejoices and says, "It is good." Then he reinforces it with nails so that the silver or gold plate should not move and slip off the wooden image.—[*Redak*]

8. **But you, Israel My servant**—*and I am obliged to help you. The end of this sentence is:* "(infra 10) *Do not fear." This appears to me to be the sequence of the section according to its simple meaning. But the Midrash Aggadah in Gen. Rabbah* 44:7 *expounds the entire section as alluding to Malchizedek and Abraham*—

[5] **Islands saw**—*the war and feared. Shem* (Malchizedek) *feared Abraham, lest he say to him, "You begot these wicked men in the world. And Abraham feared Shem, since he slew his sons, the people of Elam, who was descended from Shem.*

islands—*Just as the islands of the sea are distinguished and recognized in the sea, so were Abraham and Shem distinguished in the world.*

[6] **Each one aided his fellow**—*This one* (Shem) *aided this one* (Abraham) *with blessings, "Blessed be Abram* (Gen. 14:19), *"and this one* (Abraham) *aided this one* (Shem) *with gifts, "And he gave him tithe from everything* (ibid. verse 20)."

אֹהֲבִי׃ ט אֲשֶׁר הֶחֱזַקְתִּיךָ מִקְצוֹת
הָאָרֶץ וּמֵאֲצִילֶיהָ קְרָאתִיךָ וָאֹמַר
לְךָ עַבְדִּי־אַתָּה בְּחַרְתִּיךָ וְלֹא
מְאַסְתִּיךָ׃ י אַל־תִּירָא כִּי־עִמְּךָ אָנִי
אַל־תִּשְׁתָּע כִּי־אֲנִי אֱלֹהֶיךָ אִמַּצְתִּיךָ
אַף־עֲזַרְתִּיךָ אַף־תְּמַכְתִּיךָ בִּימִין
צִדְקִי׃ יא הֵן יֵבֹשׁוּ וְיִכָּלְמוּ כֹּל הַנֶּחֱרִים

דְאַבְרָהָם רְחִימִי׃
ט דְקָרֵיבְתָּךְ מִזַרְעִית
אַרְעָא וּמִמַלְכְּוָתָא
בְּחַרְתָּךְ וַאֲמָרִית לָךְ
עַבְדִּי אַתְּ אִתְרְעֵיתִי בָךְ
וְלָא אַרְחֵקִינָךְ׃ י לָא
תִדְחַל אֲרֵי בְסַעֲדָךְ
מֵימְרִי לָא תִתְבַּר אֲרֵי
אֲנָא אֱלָהָךְ אִתְקְפִינָךְ
אַף אֲסַעֲדִינָךְ אַף
אַחֲדִינָךְ בִימִין קוּשְׁטִי׃
יא הָא יִבְהֲתוּן וְיִתְכַּנְעוּן
כָּל עַמְמַיָא דַהֲווֹ מִתְגָרִין

ת״א הנחרים בך. זוכר תתח׳:

קמץ בז״ק קמץ בטרחא

רש״י

אברהם אוהבי. שלא הכירני מתוך תוכחה ולימוד אבותיו אלא מתוך אהבה: (ט) אשר החזקתיך. לקחתיך לחלקי כמו (שמות ד׳) וישלח ידו ויחזק בו: מקצות הארץ. משאר האומות: ומאציליה. מן הגדולי׳ שבהן: קראתיך. בשם לחלקי בני בכורי ישראל: ולא מאסתיך. כעשו שנא׳ בו (מלאכי א׳) ואת עשו שנאתי: (י) אל תשתע. אל ימס לבך להיות כשעוה זו וזה הכלל כל תיבה שתחלת יסודה שי״ן כשבא לדבר בל׳ מתפעל או התפעל או יתפעל התי״ו חולקת ונכנסה בין שתי אותיות שרשי התיבה כמו (ישעיה

מהר״י קרא

(ט) אשר החזקתיך מקצות הארץ. בוא וראה מה בין אלהיכם לבין אלהי העכו״ם. העכו״ם מחזיקים את אלהיהם שלא ימוטו. ואתה ישראל אלהיך מחזיק אותך. הה״ד אשר החזקתיך מקצות הארץ. ממה שאני קורא לשני אצילי הארץ. הם כורש ודריוש להשמיד את בבל. קראתיך ישראל לצאת מבבל. שהרי שנת שחרבה בבל השיב ה׳ את שבות עמו: (י) אל תירא כי עמך אני. בגלותך: אמצתיך. בגלות בבל: אף עזרתיך. בגלות מדי: אף תמכתיך. בגלות אדום: (יא) כל הנחרים בך.

אבן עזרא

דברי הנביא ואתה ישראל עבדי וטעם זכר אברהם כי הוציאו מבין עובדי ע״ז ואוהבי איננו כמו אהובי כי אהובי פעול אוהבי פועל יוצא מאוהב ונדבק באהוב והוא הפעול: (ט) אשר. מקצות הארץ. שיהיו בבבל והיא רחוקה מארצם: ומאציליה. מגדוליה הם נאצלים מהכל כמו ואצלתי מן הרוח וכן ואל אצילי בני ישראל או פירושו מבין אציליה: (י) אל תשתע. תי״ו לבנין התפעל ובא פ״א הפועל קודם התי״ו כמשפט הלשון והטעם תרפה כמו שעו מני: (יא) הן. הנחרים בך. מבנין נפעל מגזרת חרי אף וכמו נחרו בי והטעם על בני בבל כי בעת פקדת הש״י על בבל והחריבם פקד את בניו ושבו לגבולם במצות כורש:

רד״ק

להיות לי עבד. ולמה שאתה זרע אברהם אוהבי שאהבני ודבק בי ויצא מתוך עובדי פסילים ואלילים: (ט) אשר החזקתיך. עבר במקום עתיד כדרך הנבואות ר״ל אחזיק בך להוציאך מהגלות: מקצות הארץ ומאציליה. מגדולי הארץ וממלכיה קראתיך שתצא מרשותם ולא יהיה בהם כח לעצור אותך: ולא מאסתיך. אע״פ שארך הגלות: (י) אל תירא. זהו כי עמך אני ואשר אחריו בפרשת החרשים שמעו אל תירא כי אתך אני וחד פסוק סימן וירדתי ודברתי עמך שם וגו׳: אל תשתע כי אני אלהיך. לפי ענינו אל תפחד וי״ת לא תתבר ובדברי רז״ל אל תשתע כי אני אלהיך אל תהיה כשעות כלומר כדונג שנמס מפני האש כן אל תמס אתה. ואאז״ל פירש מענין שעו ממנו שפי׳ הרפו ופי׳ אל תשתע אל תתרפה כענין אל ירפו ידיך: (יא) הן יבשו. הנחרים בך. כמו בני אמי נחרו בי מן חרה: יבשו ויכלמו. כיון שלא תעלה מחשבתם

מצודת דוד

(ט) אשר החזקתיך. עבר במקום עתיד כדרך הנבואות ור״ל אחזיק בך להוציאך מגלות מקצות הארץ: ומאציליה. מגדולי הארץ ומלכיה קראתיך שתצא מרשותם ולא יהיה בהם כח לעצור אותך: בחרתיך. מאז בחרתי בך: ולא מאסתיך. אע״פ שארך הגלות: (י) אל תשתע. אל תסור מעלי בחושבך אשר כבר עזבתיך כי אני אלהיך כמאז: אמצתיך. בדברים טובים ונחומים: אף עזרתיך. בימים הקדמונים: אף תמכתיך. בהיותך ביד האויב בימיני תמכתיך לבל יענה בך האויב ככה: בימין צדקי. ר״ל לא בגמול כ״א בצדקה: (יא) הן יבושו. באמת סוף הדבר יבושו כל הכועסים בך:

מצודת ציון

כ״ב): ימוט. מלשון נטיה וקלקול: (ט) החזקתיך. ענין אחיזה כמו ויחזיקו האנשים בידו (בראשית י״ט): ומאציליה. כן יקראו הגדולים וכן ואל אצילי בני ישראל (שמות כ״ד): (י) תשתע. ענין הפנה והסרה כמה ועיניו השע (לעיל ו׳): אמצתיך. ענין חוזק: תמכתיך. ענין סעד ומשען: (יא) הנחרים. מלשון חרון וכעס וכן בני אמי נחרו בי (שיר השירים א׳): כאין. כלא דבר:

that Babylon was destroyed, the Jews were released and allowed to return to the Holy Land. *Ibn Ezra* explains that Babylon was called "the ends of the earth," because of its distance from the Holy Land.

Redak, as well, explains this verse as a future prophecy, as a reference to the future redemption, when Israel will be freed from the subjugation of the nations of the world. He explains the verse substantially the same as *Ibn Ezra,* with the exception of 'I did not despise you,' to which

9.Whom I grasped from the ends of the earth and from its nobles
I called you, and I said to you, "You are My servant"; I chose
you and I did not despise you. 10. Do not fear for I am with
you; be not discouraged for I am your God; I encouraged you, I
also helped you, I also supported you with My righteous hand.
11. Behold all those incensed against you shall be ashamed and
confounded;

cleave to this one's God, rather than to Nimrod's idols.

And he strengthened him—*Shem strengthened Abraham to cleave to the Holy One, blessed be He, and not to move.* (Mid.: Abraham strengthened Shem with mitzvoth and good deeds, and Abraham did not move.)

[8] **And you, Israel My servant**—*Abraham, who was not descended from righteous men—I did all this for him, and you, Israel My servant, who belong to Me by dint of two forefathers.*

the seed of Abraham, who loved Me—*who did not recognize Me because of the admonition and the teaching of his fathers, but out of love.*—[*Rashi*]

Redak explains: **But you, Israel My servant**—You are not like the nations of the world, for you are My servant, and I chose you to be My servant because you are descended from Abraham who loved Me and clung to Me, and left the land of the pagans. *Ibn Ezra,* too, explains in this manner.

9. **whom I grasped**—Heb. הֶחֱזַקְתִּיךָ. *I took you for My share. Comp.* "(Ex. 4:4) *And he stretched out his hand and grasped* (וַיַּחֲזֵק) *it.*—[*Rashi*]

from the ends of the earth—*from the other nations.*—[*Rashi*]

and from its nobles—*from the greatest of them.*—[*Rashi*]

I called you—*by name for My share, "My firstborn son, Israel* (ibid. v. 22)"—[*Rashi*]

and I did not despise you—*like Esau, as it is said,* "(Malachi 1:3) *And Esau I hated."*—[*Rashi*]

It is apparent that *Rashi* interprets this entire section as a reference to God's choosing Israel after their departure from Egypt. Accordingly, the past tense is literally the past tense. *Ibn Ezra,* however, explains it in reference to Cyrus, as does R. Joseph Kara. In that case, it is the prophetic past, actually the future. *Kara* takes v. 9 to emphasize the difference between the Lord and the pagan gods. As delineated in the preceding verses, the pagans go to all lengths to give strength to their gods. In contrast, 'I strengthened you (הֶחֱזַקְתִּיךָ) from the ends of the earth and from its nobles I called you'—I strengthened you from Babylon, the end of the earth, by calling some of its nobles, Cyrus and Darius, to destroy Babylon. I called you from Babylon, for the very year

בָּךְ יִהְיוּ כְאַיִן וְיֹאבְדוּ אַנְשֵׁי רִיבֶךָ׃
יב תְּבַקְשֵׁם וְלֹא תִמְצָאֵם אַנְשֵׁי מַצֻּתֶךָ
יִהְיוּ כְאַיִן וּכְאֶפֶס אַנְשֵׁי מִלְחַמְתֶּךָ׃
יג כִּי אֲנִי יְהוָֹה אֱלֹהֶיךָ מַחֲזִיק יְמִינֶךָ
הָאֹמֵר לְךָ אַל־תִּירָא אֲנִי עֲזַרְתִּיךָ׃
יד אַל־תִּירְאִי תּוֹלַעַת יַעֲקֹב מְתֵי יִשְׂרָאֵל
אֲנִי עֲזַרְתִּיךְ נְאֻם־יְהוָֹה וְגֹאֲלֵךְ קְדוֹשׁ
יִשְׂרָאֵל׃

תרגום

בך יהון כלמא ויבדון אנשי דינך: יב תבעינון ולא תשכחינון לאנשי מצותך יהון כלמא וכלא מדעם גברין דהוו מתגרין למעבד עמך קרב: יג ארי אנא יי אלהך מתקיף ימינך דאמרית לך לא תדחל מימרי בסעדך: יד לא תדחלון שבטיא דבית יעקב זרעיתא דישראל מימרי בסעדכון אמר יי ופריקכון קדישא דישראל

ת"א אל תירחי. זוהר ויקהל:

מהר"י קרא

המתגרים בך: (יב) אנשי מצותך. אלו שעושין*) הייתם מבקשים לפי מלאת לבבל שבעים שנה אפקוד אתכם אלו תבקשם ולא תמצאם. לפי שנאבדו לעד: נחזור למדרש רבותינו. מי העיר ממזרח. מי העיר בלבן של מזרחיים שיבאו ויפלו ביד אברהם. צדק יקראהו לרגלו. צדיק חי העולמים היה מאיר בכל מקום שהיה הולך. אמר ר' ברכיה מזל צדק היה מאיר לו. אמר ר' ראובן צדקה היתה צווחת ואומרת אם [אין] אברהם עושה אותי. מי עושה אותי. יתן לפניו גוים ומלכים [ירד]. ר' יהודה ור' נחמיה חד מנהון אמר משליך עליהם עפר והיא נעשה חרבות קש והוא נעשה חצים. הה"ד יתן כעפר חרבו. אמר ליה חבריה יתן עפר אין כתיב כאן אלא כעפר. הם היו משליכים חרבות על אברהם. והם נעשים עפר. חצים והם נעשות קש. הה"ד ירדפם יעבור שלום אורח ברגליו לא יבא. [ר' לוי] ור' אליעזר בשם ר' יוסי בן זימרא אמ'. פסיעותיו של אברהם אבינו היו ג' מילין. ר' יהודה אומר מיל. שנאמר אורח ברגליו לא יבא. ר' נחמיה בשם ר' אייבו אמר לא נתאבקו עפר רגלים של אברהם אלא כזה שהולך מביתו לבית הכנסת. ראו איים וייראו. הה"ד ראו איים וייראו. מה איים הללו מסויימים בים. כך שם (ועבר) [ואברהם] היו מסויימים בעולם. זה נתיירא מזה וזה נתיירא מזה. אברהם נתיירא משם ואמר יש בלבו עלי שהרגתי את בניו. ושם נתיירא מאברהם ואמר יש בלבו עלי שהעמדתי את הרשעים. קצות הארץ יחרדו. זה (שם) [שרוי] בקיצו של עולם. [וזה שרוי בקיצו של עולם]. קרבו ויאתיון. [זה קרב אצל זה וזה קרב אצל זה. איש את רעהו יעזורו. זה עזר את זה בברכות. וזה עזר את] זה במתנות. זה עזר את זה בברכות. ויברכהו ויאמר ברוך וגו'. וזה עזר את זה במתנות ויתן לו מעשר מכל. ויחזק חרש. זה (נח) [שם] שעשה את התיבה. את צורף. זה אברהם אבינו שצירפו הקב"ה בכבשן האש. מחליק פטיש את הולם פעם שהחזיק פטישו והלם את כל העולם פעם אחת. אומר לדבק טוב הוא. אלו אומות העולם שנדבקין באלוהו של נמרוד. ויחזקהו במסמרים לא ימוט. חיזק אברהם את שם במצות ובמעשים טובים. ולא ימוט אברהם. מי פעל ועשה וגו'. זה ששנינו במסכת עדיות. מספר הדורות לפניו מי פעל ועשה וגו'. ואתה ישראל עבדי יעקב וגו'. אשר החזקתיך. מאפסיה ומחברותיה. ומאציליה קראתיך. ממושלים שבה. אמצתיך אף עזרתיך וגו'. אמצתיך באברהם. ולא מאסתיך. ביצחק. אל תירא כי עמך וגו'. אמר ר' הושעיא בשעה שאמר יצחק גשה נא ואמושך בני. נשפכו מים על שוקיו. והית לבו רפה עליו כשעוה. וזימן הקב"ה שני מלאכים אחד בימינו ואחד בשמאלו. והיו מחזיקין אותו במרפיקו שלא תפול. הה"ד אל תשתע כי אני אלהיך. אל יהי לבך רפה עליך כשעוה וכו'. בבראשית רבא: (יד) אל תיראי תולעת יעקב. בני יעקב שחלשין כתולעת: מתי ישראל. מתי מעט שבישראל. אם אתם חלשים עכשיו כתולעת. אני שמתיך למורג חרוץ חדש שמוריג את

*) בכ"י גם פה המקום חלק כשיעור ג' תיבות

רש"י

כ"ט) ויטתומס (מיכה ז') ויטתמר חוקות עמרי (שמואל א' א') תשתכרין (איוב ל') תשתפך נפשי: (יד) **תולעת יעקב**. משפחת יעקב החלשה כתולעת שאין לה גבורה אלא בפיה. תולעת (ווירמוג"א בלע"ז): **מתי ישראל**.

רד"ק

שהיו חושבים שלא יצאו מרשותם לעולם: (יב) תבקשם. אפילו אם תבקשם לא תמצאם כל כך יאבדו ויהיו כאין וכאפס: מציתך. כמו הן לריב ומצה: (יג) כי אני. ואחר שאני אומר לך אל תיראי בטוח תהיה כי לא איש אל ויכזב: (יד) אל תיראי תולעת יעקב. לפי שהם חלשים בגלות כתולעת ובילמדנו למה נמשלו ישראל לתולעת לומר לך מה תולעת זו אינה מכה את הארזים אלא בפה והיא רכה ומכה

אבן עזרא

(יב) **תבקשם. מצותך**. חסר נו"ן על כן נדגש הצד"י על משקל מלקות וכן אוהב מלה כי ינלו אנשים: **וכאפס**. כמו לא: (יג) **כי. מחזיק ימינך**. כי זה דבר פלא שנלכדה בבל ונהרגו בחוריה במדינה ונמלטו ישראל: (יד) **אל תיראי הולעת**. שהיה ישראל נחשב כתולעת בעיני הכבליים והטעם אל תיראי שתהרגי עם הבבליים: **כי אני עזרתיך**. פועל עבר תחת עתיד והטעם כי כל הגזירות העתידות להיותם הטובות כאילו הם ועוד כי עבר ועתיד

מצודת ציון

(יב) מצתך. ענין מריבה כמו הן נריב ומלה תלומו (לק' נ"ח): וכאפס. דבר שאין בו ממש: (יג) מחזיק. אוחז: (יד) מתי. אנשי

מצודת דוד

אנשי ריבך. המריבים עמך: (יב) תבקשם. אפי' אם תבקשם לא תמלא את אנשי מלותך: יהיו כאין וגו'. כפל הדבר בשמות רבות לגודל האבדון: (יג) מחזיק ימינך. אוחז ימינך לבל תפול: האומר לך וגו'. ר"ל הואיל ואני האומר לך לזה אל תירא כי אעזור לך: (יד) הולעת יעקב. עדת יעקב החלושה כתולעת ואין כחה אלא בפה היא התפלה כתולעת הזה שבפיה מכסרת הארזים: אני עזרתיך. מאז: וגאלך. והיה גואלך לעתיד אני קדוש ישראל:

gage. And your redeemer, the Holy One of Israel. I will redeem you for the holiness of My name, that My name be not desecrated among the nations.—[*K'li Paz*]

Ibn Ezra explains that the Jewish

those who quarreled with you shall be as nought and be lost.
12. You may seek them but not find them, those who quarrel
with you; those who war with you shall be as nought and as
nothing. 13. For I, the Lord your God, grasp your right hand;
Who says to you, "Fear not, I help you." 14. Fear not, O worm
of Jacob, the number of Israel; "I have helped you," says the
Lord, and your redeemer, the Holy One of Israel.

he adds, "although the exile is long."

10. **be not discouraged**—Heb. אַל תִּשְׁתָּע. *Let your heart not melt like wax* (שַׁעֲוָה). *This is the rule: Every word whose first radical is 'shin,' when it is used in the reflexive present, past, or future, the 'tav' separates it and enters between the first two radicals. Comp.* "(infra 49:16) *And He was astounded* (וַיִּשְׁתּוֹמֵם)." "(Micah 6:16) *For the statutes of Omri shall be observed* (וְיִשְׁתַּמֵּר)." "(1 Sam. 1:14) *will you be drunk* (תִּשְׁתַּכָּרִין)?" "(Job 30:16) *My soul is poured out* (תִּשְׁתַּפֵּךְ)."—[*Rashi* from *Gen. Rabbah* 65:19: *Tan. Buber, Toledoth* 15.]

Others render: Do not fear.—[*Redak*] Do not break down.—[*Jonathan*] Do not turn away.—[*Ibn Ezra*]

Kara takes this verse as an allusion to all the exiles. Do not fear for I am with you—in your exile. I encouraged you—in Babylonian exile. I also helped you—in Median exile. I also supported you—in the exile of Edom.

11. **shall be ashamed and confounded**—since their plans will be frustrated, for they thought that the Jews would never be free from their bondage.—[*Redak*]

12. **You may seek them**—Even if you seek them, you will not find them, for they will be as nought and as nothing.—[*Redak*]

13. **For I, the Lord your God etc.**—And since I exhort you not to fear, you may be confident, for God is not a man, who lies.—[*Redak*]

14. **O worm of Jacob**—Heb. תּוֹלַעַת. *The family of Jacob, which is weak like a worm, which has no strength except in its mouth.* תּוֹלַעַת *is vermener in O.F.,* vermisseau in Modern French, a worm.—[*Rashi* from *Tan., Beshallach* 9]

Redak quotes the midrash in its entirety: Why were the Jews likened to a worm? To tell you that, just as the worm cuts through the cedar trees only with its mouth, and it is soft and cuts through the hard cedars, so is Israel; all their strength is in prayer, by which they smite the wicked of the world, who are as strong as cedars, and to which they are compared (in Ezekiel 31:3), as it is said: "The cedar in the Lebanon."

"Worm of Jacob" is an esteemed title. The people whose strength is in their mouth, that their prayers are heard. How did they merit this title? I helped you with the word of the Lord, with the Torah and the prayers in which you constantly en-

ישראל: טו הנה שמתיך למורג חרוץ
חדש בעל פיפיות תדוש הרים ותדק
וגבעות כמץ תשים: טז תזרם ורוח
תשאם וסערה תפיץ אתם ואתה תגיל
ביהוה בקדוש ישראל תתהלל:
יז העניים והאביונים מבקשים מים ואין
לשונם בצמא נשתה אני יהוה אענם

דישראל: טו הא
שויתיכון למורג תקיף
חדת מלי ספסורין
תקטיל פלחי כוכביא
ותשיצי ומלכותא
כמוצא תשני:
טז תדרינון ורוחא
תטלנון ומימרה
כעלעולא קשא יבדר
יתהון ואת תבוע
במימרא דיי בקדישא
דישראל תשתבח:
יז ענותניא וחשיכיא
דמחמדין לאולפנא
הא כצחיא למיא
ולא משכחין רוחיהון בסגופא משלהיא אנא יי אקביל צלותהון אלהא דישראל לא

ת"א למורג חרוץ. עכו"ם כד זבחים קטז מנחות כב: תורם. עכו"ם מד:

רש"י

מספר ישראל: (טו) למורג חרוץ. כלי הוא של עץ וככד ועשוי חריצים חריצים כעין כלי נפחים של ברזל שקורין (לימ"א בלע"ז) וגוררין על הקשין של שבלין ומחתכן עד שנעשו תבן דק: חדש. כשהוא חדש עד שלא הוהלקה פיות חריציו הוא חותך הרבה אבל משנתיישן הוהלקו פיות חריציו: בעל פיפיות. הם הידודי החריצין: תדוש הרים. מלכים ושרים: (טז) תזרם. תזרה אותם כבמזרה לרוח: ורוח תשאם. מוליכם לגיהנם: (יז) מבקשים מים. נתנבא הנביא על אחרית הימים (עמוס ח') לא רעב ללחם ולא צמא למים כי אם לשמוע את דברי ה' ישוטטו לבקש את דבר ה' ולא ימצאו וכשישוב אפו יכין להם לחם ומים וישכין

מהר"י קרא

הכל: (טו) תדוש הרים ותדוק. שתדוש ותדוק עמים רבים שחזקים כהרים וגבעות: (טז) תזרם ורוח תשאם. אתה תהא זורה אותם כמוץ. ורוח ישא אותם: (יז) העניים והאביונים מבקשים מים. בגלותן מבקשים דברי תורה: ואין. שאין נביאיה מוצאין חזון. אני ה' אענם: (יח) אפתח על שפיים

אבן עזרא

הם כנגד הנבראים לבדם: (טו) הנה. למורג. ידוע וכמוהו המוריגים: חרוץ. שהוא גוזר כמשפט כמו כן משפטיך אתה חרצת אל תתמה בעבור שהכתוב ידבר עם ישראל בלשון נקבה גם לשון זכר בפסוק אחד כי טעם הנקבה העדה ואיננה נקבה ממש. וטעם תדוש הרים משל לבבליים: (טז) תזרם. רמז שיאבדו רוב הבבליים גם ישראל שללו הבבליים: (יז) העניים. כאשר תשובו מבבל אל ירושלם: נשתה. חרבה כמו ונשתו מים מהים: אני ה' אענם.

רד"ק

את הקשה כך ישראל כל כחם בתפלה ומכים רשעי העולם שהם חזקים כארזים ונמשלים בהם שנאמר ארז בלבנון: מתי. כמו אנשי: עזרתיך. ל' נקבה כנגד התולעת אע"פ שאמר מתי: (טו) הנה שמתיך למורג חרוץ. כמו למורג וחרוץ וכן שמש ירח ראובן שמעון והדומים להם ואע"פ שהמורג הוא ההרוץ הכלי ההוא עשוי בשתי תכונות לאחד קוראים מורג ולאחד חרוץ או יהיה חרוץ תאר למורג ר"ל מורג מחתך היטב כי חרוץ ענין חותך כמו אם חרוצים ימיו אמר כנגד תולעת יעקב הנה שמתי אותך לרשעים בצאתך מהגלות למורג וחרוץ חדש: בעל פיפיות. בעל פאת רבות לפיכך נכפל בו הפ"א והיו"ד כי כל מורג הוא בעל פיפיות והם המסירים הקליפה מעל הבר: הרים וגבעות. משל למלכי האומות ושריהם: (טז) תזרם. אתה תזרם אותם כאדם שזורה התבואה אחר הדישה והרוח תשא ותפיץ המוץ והם יהיו כמו המוץ: (יז) העניים והאביונים. בני הגלות בצאתם מהגלות לשוב

מצודת דוד

(טו) הנה שמתיך. שמתיך אותך להיות מורג העשוי חריצים והוא חדש החדוד ביותר והוא בעל פיפיות רבות: תדוש הרים. ר"ל תכלה את מלכי העכו"ם: (טז) תזרם. אתה תפזרם והרוח תשאם למרחוק: וסערה וגו'. כפל הדבר במ"ש: בה'. בתשועת ה' תתהלל. תתפאר בעצמך במה שתלית בטחונך בקדוש ישראל: (יז) העניים וגו'. בני הגליות כשישובו לארצם דרך המדבר יבקשו מים ולא ימצאהו: בצמא. בעבור הצמאון כאלו נעתק לשונם

מצודת ציון

(טו) למורג. הוא כעין לוח עץ ובתחתיתו תחובים אבנים דקים ובו דשים התבואה וכן והמוריגים וכלי הבקר (ש"ב כ"ד): חרוץ. עשוי חריצים ובקיעות בין אבן לאבן: בעל פיפיות. ר"ל שיש בו פיות וחדודים רבים והם החריצים: תדוש. מל' דישה: ותדק. מלשון דק: כמוץ. הוא פסולת התבואה: (טז) תזרם. ענין פזור כמו וזרתי פרש (מלאכי ב'): תפיץ. תפזר: תתהלל. מל' הלול ושבח: (יז) נשתה. ענין העתקה מן המקום וכן ונשתו מים

17. **seek water**—*The prophet prophesied concerning the end of days,* "(Amos 8:11) *Not a famine for bread nor a thirst for water, but to hear the words of the Lord . . . They shall wander to seek the word of the Lord, but they shall not find it.*" *And when His wrath subsides, He shall prepare for them bread and water and cause His Shechinah and His spirit to rest in the mouth of their prophets.*—[*Rashi*] See *Shab.* 138b, *Midrash Psalms* 63:2.

The Talmud explains that there

15. Behold I have made you a new grooved threshing-sledge,
with sharp points; you shall thresh the mountains and crush
them fine, and you shall make hills like chaff. 16. You shall
winnow them, and a wind shall carry them off, and a tempest
shall scatter them, and you shall rejoice with the Lord, with the
Holy One of Israel shall you praise yourself. 17. The poor and
the needy seek water, but there is none; their tongue is parched
with thirst; I, the Lord, will answer them,

people, regarded by the Babylonians as being as weak as a worm, need not fear being slain with the Babylonians when the country is conquered by Cyrus.

the number of Israel—Heb. מְתֵי יִשְׂרָאֵל.—[*Rashi*]

Alternatively, men of Israel.—[*Redak*] Dead of Israel, i.e. weak as the dead.—[*Abarbanel*]

15. **a ... grooved threshing-sledge**—*It is a heavy wooden implement made with many grooves, similar to the ironsmiths' tool known as 'lime' in French, a file, and they drag it over the straw of the ears of grain and it cuts them until they become fine straw.*—[*Rashi*]

new—*When it is new, before the points of its grooves are smoothed off, it cuts very much, but when it becomes old, the points of the grooves are smoothed off.*—[*Rashi*]

with sharp points—Heb. פִּיפִיּוֹת. *Those are the points of the grooves.*—[*Rashi*]

Redak in *Shorashim* explains it in a slightly different manner, interpreting מוֹרַג חָרוּץ as 'a cutting threshing-sledge.' He describes it as a board, the underside of which is studded with small stones, to cut the straw and to remove the grain from its shell. He suggests too that the two expressions refer to two slightly variant implements. He does not delineate the difference between the two. It is apparent that this is conjecture. See above 28:27. The form פִּיפִיּוֹת, instead of פִּיּוֹת, denotes a multiplicity of sharp points.—[*Redak*]

you shall thresh the mountains—*kings and princes.* [*Rashi, Redak*]

Ibn Ezra takes this as figurative of the Babylonians. He points out that in the beginning of the verse, Israel is addressed in the feminine שַׂמְתִּיךְ, whereas at the end of the verse they are addressed in the masculine, תָּדוּשׁ, וְתָדֹק, תָּשִׂים. Also, in the following verse they are addressed in the masculine. He states that this is perfectly regular since the feminine is not a real feminine, but a reference to עֵדָה, *congregation.*

16. **You shall winnow them**—*You shall scatter them, as with a pitchfork, to the wind.*—[*Rashi*]

and a wind shall carry them off—*by themselves to Gehinnom.*—[*Rashi*]

Ibn Ezra interprets this to denote that most of the Babylonians will be destroyed and that the Jews will plunder the Babylonians.

אֱלֹהֵי יִשְׂרָאֵל לֹא אֶעֶזְבֵם׃ יח אֶפְתַּח
עַל־שְׁפָיִים נְהָרוֹת וּבְתוֹךְ בְּקָעוֹת
מַעְיָנוֹת אָשִׂים מִדְבָּר לַאֲגַם־מַיִם וְאֶרֶץ
צִיָּה לְמוֹצָאֵי מָיִם׃ יט אֶתֵּן בַּמִּדְבָּר אֶרֶז
שִׁטָּה וַהֲדַס וְעֵץ שָׁמֶן אָשִׂים בָּעֲרָבָה
בְּרוֹשׁ תִּדְהָר וּתְאַשּׁוּר יַחְדָּו׃ כ לְמַעַן
יִרְאוּ וְיֵדְעוּ וְיָשִׂימוּ וְיַשְׂכִּילוּ יַחְדָּו כִּי
יַד־יְהוָה עָשְׂתָה זֹּאת וּקְדוֹשׁ יִשְׂרָאֵל
בראה

ת"א ארז שטה. סוכה לז ר"ה כג ב"ב פ' (כתובות לא):

תרגום

אֲרַחְקִינוּן: יח אֲקָרֵב גָלְוָתְהוֹן מִבֵּינֵי עַמְמַיָא וְאֶדְבְּרִינוּן בְּאוֹרַח תַּקְנָא וְאֶפְתַּח לְהוֹן עַל נִגְדִין נַהֲרִין וּבְגוֹ מֵשְׁרַיָן מַבּוּעִין אֲשַׁוֵי מַדְבְּרָא לַאֲגַמִין דְמַיָן וַאֲרַע בֵּית צַחְוָנָא לְמַבּוּעֵי מַיָא׃ יט אֶתֵּן בְּמַדְבְּרָא אַרְזִין שִׁטִין וַהֲדַסִין וְאָעִין דִמְשַׁח אֲרַבֵּי בְּמֵישְׁרָא בּוּרָנִין מוּרְנִין וְאֶשְׁכְּרוּעִין כַּחֲדָא׃ כ בְּדִיל דְיֶחֱזוּן וְיֵדְעוּן וִישַׁוּוּן דַחַלְתִּי עַל לִבְּהוֹן וְיִסְתַּכְּלוּן כַּחֲדָא אֲרֵי גְבוּרְתָא דַיָי עֲבָדַת דָא וְקַדִּישָׁא

רש"י

שכינתו ורוחו בפי נביאיהם: נשתה. ל' (לעיל י"ט) ונשתו מים מהים ל' (איכה ג') השאת והשבר וכולן לשון חורבה ויובש ולכך התי"ו מודגשת שהרי באה במקום שתים שאין שאת בלא תי"ו והיה לו לומר לנקבה נשתתה שהרי לזכר יחיד אומר נשתה ולרבים ונשתו: (יח) נהרות. לב מבין לתורה ולנבואה: מדבר. מקום שלא היתה חכמת התורה: (יט) אתן במדבר ארז שטה. כל מיני ייסוב אף בם אתן כל מיני חכמה וטובה ושלום: תדהר ותאשור. שמות

רד"ק

לארצם וילכו דרך מדברות מקום שאין מים יבקשו מים במדבר ולא ימצאו ולשונם יבשה בצמא ויצעקו אלי ואני אענם כי אני אלהי ישראל ואני הוצאתם מהגלות לא אעזבם למות בצמא במדבר אלא מה אעשה להם. אפתח על שפיים נהרות: נשתה. כמו נשתה גבורתם. ודגש התי"ו מפני הפסק (יח) אפתח על שפים. המקומות הגבוהים כמו וילך שפי: נהרות. מים שילכו נהרות מהם: ובתוך בקעות. וכל שכן בתוך בקעות שיצאו מעינות רבות והכל יהיה דרך פלא כי לא יצאו מים במדבר לא בהר ולא בבקעה: (יט) אתן. לא שימצאו מים במדבר לבד אלא אפילו עצים יגדלו בהם. ואם תאמר מה צורך להם בעצים אלה בעלות מהגלות נוכל לומר שיבראו אלה העצים במדבר בקומתן כמו שנבראו בימי בראשית ויהי להם צל שלא יכם שרב ושמש או להעמיד הפלא ההוא מהיום ההוא והלאה ויהיו באותן מדברות לעולם מים ועצים גדלים בהם ויאמרו בני העולם בעברם בהם זה עשה האל לכבוד ישראל ויודו לשם ה' לעולם על הפלא ההוא וכן אמר למטה בפרשה דרשו ה' והיה להם לשם לאות עולם לא יכרת: ועץ שמן. הוא העץ שקורין בלע"ז פי"ן והוא עצי שמן והשמן שיוצא ממנו היא הזפת. וכן ת"י אעין דמשחא ולא נוכל לומר כי הוא עץ זית כי בעזרא זוכר אותם בשנים והביאו עלי זית ועלי עץ שמן: תדהר. ת"י מורנין ובדברי רז"ל תדהר שאגא ופירושו שא"ף בלע"ז: ותאשור. ת"י ואשכרועין ובדברי רז"ל תאשור שורבינא וכתב רבי יונה כי כן נקרא בערבי שורבין ובעל הערוך פירש אשכרוע בערבי בקס והוא שקורין לו בלע"ז בוס"ו אם כן לדבריו ברוש אינו בויי"ש: (כ) למען. אעשה הנפלאות האלה למען יראו אותם אומות העולם לפיכך אמר יחרדו כל הגוים וידעו.

אבן עזרא

אני אלהי ישראל כי אני מושך אחר עמו כמשפט: (יח) אפתח. שפיים. הם גבוהים הפך בקעות גם זה פלא להיות נהר על ספי: אשים מדבר. שאין שם יישוב: (יט) אתן במדבר ארז שטה. חסר וי"ו ארז ושטה כמו שמש ירח עמד: תדהר ותאשור. אילנים וכל אלה סביבות הנהרים כי בכל מקום שהוא חסר מים לא ימצאו: (כ) למען יראו. האביונים יראו בעיניהם וישימו לב: וקדוש ישראל

מצודת ציון

מהים (לעיל י"ט): אענם. מלשון עניה ותשובה: (יח) שפיים. כן נקראו המקומות הגבוהים וכן רוח צח שפיים (ירמיה ד'): לאגם. כן נקרא מקום כניסת המים וכן ועל אגמיהם (שמות ז'): ציה. שממון: (יט) ארז וגו'. שמות אילני סרק: בערבה. במדבר: ברוש וגו'. שמות אילני סרק:

מצודת דוד

ממקומו: אענם. כדבר שאתם על המים: (יח) על שפיים. במקומות הגבוהים אוליך נהרות עם כי אין דרך הנהרות לעבור שמה: מעיינות. אפתח מעינות: למוצאי מים. להיות מקום מוצא מים: (יט) אתן במדבר ארז וגו'. שיתענגו בני הגליה כלם יחדו. כולם יחדו יהיו שמה: (כ) למען יראו וגו'. זה הפלא אעשה

there. Now what is the necessity of trees in the desert? They will grow to their original height as they were created, and they will afford shade to the returnees who will travel through the hot, arid terrain. Perhaps, this miraculous phenomenon will remain as a monument of the redemption, so that all nations, when passing through this region, will remark that this miracle was performed by God in honor of His people Israel, and they will constantly praise God for this marvel.

pines—Heb. עֵץ שֶׁמֶן, oil trees. This is the pine from which pine tar is ex-

I, the God of Israel, will not forsake them. 18. I will open rivers
on the high places, and springs in the midst of valleys; I will
make a desert into a pool of water and a wasteland into sources
of water. 19. I will give in the desert cedars, acacia trees,
myrtles, and pines; I will place in the wilderness boxtrees, firs,
and cypresses together. 20. In order that they see and know,
and pay attention and understand together that the hand of the
Lord did this and the Holy One of Israel created it.

will come a time when a woman will take a loaf of bread and go to all the synagogues and study halls to inquire of its ritual purity, and no one will be able to answer.

is parched—Heb. נָשָׁתָּה. *An expression similar to* "(supra 19:5) *And water from the sea shall dry up* (וְנִשְּׁתוּ)." *An expression similar to* "(Lam. 3:45) *The destruction* (הַשֵּׁאת) *and the breach." And all of them are an expression of destruction and dryness. Therefore, a 'dagesh' appears in the 'tav,' since it comes instead of two, for there is no* שֵׁאת *without a 'tav,' and he should have said for the feminine* וְנָשְׁתְתָה, *since for the masculine singular he says* נשתה *and for the plural* ונשתו.—[*Rashi*] *Redak* explains that the 'dagesh' appears because the word is the last of a clause, accented by a separating accent.

18. **rivers**—*an understanding heart for Torah and prophecy.* —[*Rashi,* following the aforementioned Midrashic exegesis]

a desert—*a place where there was no Torah wisdom.*—[*Rashi*]

19. **I will give in the desert cedars, acacia trees,**—*all kinds of civilization. Even in them will I give all kinds of wisdom, goodness, and peace.*—[*Rashi*]

firs and cypresses—*names of trees that do not produce fruit, used for building.*—[*Rashi*]

Redak explains these verses according to their simple meaning, as follows:

[17] **The poor and the needy**—The exiles, when they leave their exile to return to their land and will go through deserts, places where there is no water, they will seek water in the desert and not find it, and their tongue will become parched from thirst. They will cry out to Me and I will answer them, for I am the God of Israel, and I took them out of exile. Therefore, I will not forsake them to die of thirst in the desert, but I will do the following for them.

[18] **I will open rivers on the high places**—Rivers will commence to flow on the high places, and surely in the valleys. Many springs will open up miraculously in the desert, for springs do not naturally spring up in the desert even in the valleys.

[19] **I will give in the desert**—Not only will they find water in the desert, but even trees will grow

בְּרָאָהּ׃ כא קָרְבוּ רִיבְכֶם יֹאמַר יְהוָה
הַגִּישׁוּ עֲצֻמוֹתֵיכֶם יֹאמַר מֶלֶךְ יַעֲקֹב׃
כב יַגִּישׁוּ וְיַגִּידוּ לָנוּ אֵת אֲשֶׁר תִּקְרֶינָה
הָרִאשֹׁנוֹת ׀ מָה הֵנָּה הַגִּידוּ וְנָשִׂימָה
לִבֵּנוּ וְנֵדְעָה אַחֲרִיתָן אוֹ הַבָּאוֹת
הַשְׁמִיעֻנוּ׃ כג הַגִּידוּ הָאֹתִיּוֹת לְאָחוֹר
וְנֵדְעָה כִּי אֱלֹהִים אַתֶּם אַף־תֵּיטִיבוּ

דְיִשְׂרָאֵל בְּרָא יָתַהּ׃
כא קְרִיבוּ דִינְכוֹן אֲמַר יְיָ
אַעִילוּ תְּוָתְכוֹן אֲמַר
מַלְכֵּיהּ דְיַעֲקֹב׃
כב יִתְקָרְבוּן וִיחַווּן לָנָא
יַת דְעָרְעִינָנָא קַדְמֵיתָא
מָה אִינוּן הֲווֹ וּנְשַׁוֵי
לִבָּנָא וְנֵדַע סוֹפְהוֹן אוֹ
דַעֲתִידִין לְמֵיתֵי
בִּסְרוּנָא׃ כג חֲווֹ דְאָתְיָן
לְסוֹפָא וְנֵדַע אִם לְטַעֲוָן
דְאִית בְּהוֹן צְרוֹךְ אַתּוּן
פָּלְחִין אִם יָכְלִין אִינוּן
לְאֵיטָבָא וּלְאַבְאָשָׁא

רש"י

אילני סרק העשויין לבנין: **(כא) קרבו ריבכם.** כל העכו"ם בואו וריבו והתווכחו עם בני: **עצמותיכם.** טענות בריאות וחזקות שלכם. ולשון ריב הוא זה בל' משנה שנים שהיו מתעצמין בדין. במסכת סנהדרין: **(כב) יגישו.** מכחישי תורה את נביאיהם וקוסמיהם: **ויגידו לנו את אשר תקרינה.** לעתיד: **הראשונות.** שהיו קודם בריאת עולם ועל מה נברא ומה הנה (ס"א מאורעות שהתחילו כבר מה יהא בסופן): **או הבאות.** לעתיד השמיעונו ונראה אם יש בהם ממש שיתקיימו דבריה': **(כג) הגידו האותיות**

מהר"י קרא

נהרות. הריני מגלה להן דברי תורה: (כא) קרבו ריבכם יאמר ה' הגישו עצומותיכם. תוקף שלכם. אלהיכם שאתם בוטחים בהם: (כב) יגישו ויגידו לנו. יגידו לנו מה עתיד לבוא: הראשונות מה הנה. הראשונות שכבר עברו גלות ראשון כשירד עמי במצרים לגור שם. כלום [יש] באלהי נכר שלכם שהגיד מה יהא בסופו. (דבמה) [כמו] שהגדתי לאברהם שאני עתיד לגואלם משם. שנאמר וגם את הגוי אשר יעבודו דן אנכי וגו'. ודור רביעי ישובו הנה: הגידו ונשימה לבנו ונדעה אחריתן. כלום יש בכם שיודע אחריתו של דבר מראשיתו. כמו שעשיתי אני שהודעתי לאברהם אחריתו של גלות מצרים: או הבאות השמיעונו. ואם הגידו על שעבר ישמיעוני על העתידות לבא. כגון גלות בבל מתי ימלא ימי גלות בבל: (כג) הגידו האותיות לאחור. מה יהא באחרית הימים ונדעה כי אתם אלהים: אף תיטיבו ותרעו. וגם יש

אבן עזרא

בראה. כפי דעתי כמו גזר זאת ולפי דעת רבים שהשם יביא מים ולא אים: **(כא) קרבו.** לווי מהבנין הכבד הדגוש על משקל ברכו ה': **עצומותיכם.** כמו ריבכם וכן ובין עצומים יפריד ויתכן היותו מגזירת עצום והנה הוא תואר הרבים: **(כב) יגישו.** הצלמים והנה טעם קרבו עם ישראל שלא היו מאמינים והיו עובדים גם בבבל צלמים וטעם ריבכם עד שנראה אי זה טוב: **(כג) הגידו.** מדבר עם

רד"ק

וישימו על לבם וישכילו כי יד ה' עשתה זאת שהוציא ישראל מהגלות ועשה להם הנפלאות האלה: בראה. זאת הנפלאה כי הפלא הוא חדוש לפיכך אמר בלשון בריאה: (כא) קרבו. ציווי מפני הדגוש אלא שהרי"ש אינה מקבלת דגש עתה **שב** לדבר כנגד עובדי הפסילים: ריבכם. הריב שיש לכם עם ה' ועם עמו וכפל הענין במ"ש: עצמותיכם. טענות עצומות שיש לכם פי' אחר עצמותיכם הוא לשון ריב וזה בלשון משנה שנים שהיו מתעצמין בדין. וי"א עצמותיכם הדברים העצומים שעשיתם בעולם: (כב) יגישו. הפסילים שאתם אומרים שהם אלהים יגישו אלינו דבריהם אומר הנביא בעדו ובעד ישראל שאינם עובדי הפסילים כמו הגוים אלא האל יתברך לבדו: ויגידו לנו את אשר תקרינה. המקרים העתידים לבא ואמר בלשון נקבות כאלו אמר הקורות המוצאות בני העולם: הראשונות מה הנה. יאמרו לנו הראשונות שעברו מה הנה: הגידו. אמר כנגד הפסילים כאלו מדבר עמהם: ונשימה לבנו. לזכור אם היו ראשונות כמו שתאמרו: ונדעה אחריתן. ונדעה שתדעו אחריתן אם ידעתם ראשיתם או הבאות השמיעונו העתידות לבא: (כג) הגידו האותיות. פי' הבאות וכן אתא

מצודת דוד

להם למען יראו העכו"ם וישימו על לב וישכילו לדעת אשר יד ה' עשתה זאת הגאולה והוא ברא הפלא ההוא: (כא) קרבו ריבכם. שב לדבר לעובדי הפסל ואמר להם קרבו הריב שיש לכם עם ה' ועם עמו: הגישו עצומותיכם. תוכן הטענות ועצמות הדבר: (כב) יגישו. הפסילים שאתם אומרים אלהים המה יגישו נא ויגידו לנו את אשר יקרא באחרית הימים: הראשונות מה הנה. יאמרו מה היה קודם בריאת העולם: הגידו. אמרו נא ונשימה לבנו לזכור אם כן היה ובזה נדע שתדעו גם אחריתן של העולם: או הבאות השמיעונו. השמיעו אותנו את העתידות לבוא אם ידעתם: (כג) האותיות לאחור. הבאות באחרית הימים: ונדעה. ואז נדעה אשר אלהים אתם ואף תוכלו לטבות למי שזוכה או רעה:

מצודת ציון

(כא) עצמותיכם. ענין תוקף הדבר ועצמותו וכן לא נכחד עצמי ממך (תהלים קל"ט): (כב) תקרינה. מלשון מקרה: (כג) האותיות.

Others derive **אוֹתִיּוֹת** from the root **אתא**, *coming events*.—[*Redak*]

coming later—Then we will know whether you have the power to benefit and harm.—[*Ibn Ezra*]

let us talk—Heb. **וְנִשְׁתָּעָה**. *Let us tell your words. "And he told* (Gen. 24:66)" (**וַיְסַפֵּר**), *the Targum renders* **וְאִשְׁתָּעֵי**.—[*Rashi*]

and let us see together—what we

21."Present your plea," says the Lord; "present your strong
points," says the King of Jacob. 22. Let them present and tell
us what will happen; the first things what were they? Tell, and
we will take it to heart, and we will know their end, or the com-
ing events let us hear. 23. Tell the signs coming later, and we
will know, for you are gods; you will even benefit

tracted. This is not the olive, as is evidenced by Neh. 8:15, where the two are mentioned.

boxtrees . . . cypresses—According to *Ibn Janah,* the last one is boxtrees. Consequently, the first one cannot be so. In that case, we render: cypresses . . . boxtrees.—[See *Redak*]

20. **In order that they see**—I will perform these wonders so that the nations of the world see, pay attention, and understand that the hand of the Lord did this and the Holy One of Israel created it.—[*Redak*]

created it—Since it is a new phenomenon, it is regarded as a creation.—[*Redak*]

Ibn Ezra renders: decreed it.

21. **Present your plea**—*All the heathens* (mss. *K'li Paz: nations*), *come and contend and debate with My children.*—[*Rashi*]

Redak adds: the plea you have with the Lord and His people.

your strong points—Heb. עִצֻּמוֹתֵיכֶם. *Your sturdy and strong arguments. This is an expression of a dispute in Mishnaic Hebrew: "Two who were engaged in a legal dispute* (מִתְעַצְּמִין)," in Tractate Sanhedrin (31b).—[*Rashi*] *Ibn Ezra* and *Redak* concur with *Rashi. Redak,* however, quotes other who explain: Present the strong things you have accomplished in the world.

22. **Let them present**—*Let those who deny the Torah* (mss., *K'li Paz: the nations*) *present their prophets and their soothsayers.*—[*Rashi*]

Redak explains: Let the idols you regard as deities present their words to us. The prophet speaks for himself and for Israel, who does not worship idols, but the Almighty Himself.

Ibn Ezra explains that the prophet is addressing the Israelites in Babylonia, who worshipped idols. He exhorts them to produce proof of the just of idol worship.

and tell us what will happen—*in the future.*—[*Rashi*]

the first things—*that were before the Creation of the world, and concerning what was created and what they are. (Other editions: The incidents that have already begun, what will be their end.)*—[*Rashi*]

Tell—It is as though he is addressing the idols.—[*Ibn Ezra, Redak*]

or the coming events—*in the future, let us hear, and we will see if there is any substance to them, that their words will come true.*—[*Rashi*]

23. **Tell the signs coming later**—Heb. הָאוֹתִיּוֹת לְאָחוֹר, *the wonders coming at the end.*—[*Rashi*]

וְתָרֵעוּ וְנִשְׁתָּעָה וְנִרְאֶ* יַחְדָּו׃ כד הֵן
אַתֶּם מֵאַיִן וּפָעָלְכֶם מֵאָפַע תּוֹעֵבָה
יִבְחַר בָּכֶם׃ כה הַעִירוֹתִי מִצָּפוֹן וַיַּאת
מִמִּזְרַח־שֶׁמֶשׁ יִקְרָא בִשְׁמִי וְיָבֹא

ת״א העירותי מלפון. זהר ויצב: ונראה קרי סגנים

וְנִסְתַּכֵּל וְנִידוֹן כַּחֲדָא׃ כד הָא אַתּוּן לְמָא וְעוֹבָדֵיכוֹן לָא מִדַּעַם תּוֹעֵיבָא דְאִתְרְעֵיתוּן בֵּיהּ לְכוֹן׃ כה אַיְתֵיתִי בִגְלָאֵי מַלְכָּא דְתַקִּיף מֵרוּחַ צִפּוּנָא וְיֵיתֵי כְּמִפַּק שִׁמְשָׁא בִגְבוּרְתֵּיהּ מִמַּדְנְחָא אַגְבְּרִינֵהּ

מהר״י קרא

בידכם להרע ולהיטיב: ונשתעה. פת׳ ונספר בלשון תרג׳: (כד) הן אתם מאין. הלא אתם מאין. כלומר אין אתם יכולין להגיד האותיות לאחור או הבאות. ואתם אין: ופעלכם מאפע. פעולה שלכם זו ע״ז שפעלתם אותה אין בה ממש אלא פעייה אחת שאתם עושין על ידי מכשפות שמצפצפים ומהגים. תועבה יבחר בכם: (כה) העירותי מצפון ויאת. הנני מעיר לבנות החומות של ירושלים. את כורש מלך פרס מצפון. ויאת, שארץ פרס מזרחית צפונית של ארץ ישראל: ויבא סגנים כמו חומר. ויבא על מלך בבל ועל שריו כאשר אדם [בא] לרמוס חומר: וכמו יוצר. חרש חרשים ברומס טיט לכלי חרש. כלומר [כמו] יוצר אשר ירמוס טיט. כן ירמוס

רש״י

לאחור. המופתים הבאים באחרונה: ונשתעה. ונספר דבריכם ויספר מתרגמינן ואישתעי: (כד) הן אתם מאין. ודבריכם איך יתקיימו: ופעלכם מאפע. אינכם אלא פועים ומרימים קול להטעות בדברי כזב: תועבה. הנתעבים הם יבחרו בכם ולא הקב״ה ולא עבדיו ולא משרתיו: (כה) העירותי מצפון ויאת. אני מגיד העתידות הנני מעיר לבנות חרבות ירושלים את כורש מצפון ויאת על בבל להחריבה: ממזרח שמש יקרא בשמי. כל ממלכות הארץ נתן לי ה׳ אלהי השמים (עזרא א׳) ונראה שארץ פרס במזרחית צפונית היא לארץ ישראל. ד״א העירותי מצפון את נבוכדנצר להחריב את עירי. ויאת וכורש העירותי ממזרח שיקרא בשמי לבנות את עירי שמלכות פרס ממזרח ארץ ישראל היא שנאמר ראיתי את האיל וגו׳ ויונתן תירגם איתיתי בגלאי מלך דתקיף מרוח צפונא וייתי כמיפק שמשא בגבורתיה ממדינחא אגבריניה בשמי: ויבא סגנים. ויבא על מלך בבל ועל שריו כאשר בא לרמוס על חומר וכמו יוצר חרשים ירמוס טיט לכלי חרס

רד״ק

בקר כתרגום בא אתא: לאחור. לסוף וכן תרגומו לסופו. כי בתחילה אמר הבאות לעתיד שלא בזמן רחוק מאד ואחר כך אמר הגידו האותיות לאחור ר״ל באחרית הימים אם תעשו זה: ונדעה כי אלהים אתם. אף תטיבו ותריעו כמו שחושבים עובדיכם: ונשתעה ונרא. כן כתוב בלא ה״א וקרי ונראה בה״א והענין אחד ונשתעה פירוש ונספר כמו שהוא תרגום ואשתעינא כלומר נספר עליכם ונראה אתכם יחדיו אנחנו כמו עובדיכם אחר שתאמרו כל זה: (כד) הן אתם. ופעלכם. על מחשבת העובדים כי אין לאלילים פעל: מאפע. כמו מאפס כי הסמ״ך עי״ן באחת מאלפא ביתא אשר במאתים ועשרים ואחד שערים ורבי אחי רבי משה ז״ל פי׳ כמו אפעה כלומר פעליכם כמעשה הנחשים הממיתים לדבקיהם: תועבה יבחר בכם. איש תועבה כלומר הנתעבים יבחרו בכם לא הקב״ה כי האל ימאס בכם: (כה) העירותי מצפון ויאת. המפרשים פירשו זה על כרש מלך פרס כי ארצו מזרחית צפונית לבבל לפיכך אמר מצפון ואמר ממזרח שמש כי הוא החריב בבל וצוה את ישראל לעלות לארצם לפיכך אמר ראשון לציון הנה הנם. ואאז״ל פירש הפרשה על המשיח ואמר העירותי ולא אמר מי עד שאמר הן עבדי אתמך בו וזהו הנכון ומה שאמר מצפון ואמר ממזרח כי שם עשרת שבטים בחלח וחבור נהר גוזן וערי מדי ואותה הארץ היא צפונית מזרחית: ויאת. בא בחסרון למ״ד הפעל והוא כמו ויאתה: ויבא סגנים. כמו על טגנים והם מלכי העכו״ם: כמו חומר. כמו היוצר על החומר שמגבל אותו

אבן עזרא

הגלמים: האותיות. מגזרת אתא בקר וטעם העתידות הבאות: לאחור. הוא הזמן הבא כי הזמן שעבר יקרא לפנים אז נדע כי יש בכם כח להטיב ולהרע: ונשתעה. ונספר ותרגום ויספר משה בארמי׳ ואישתעי ויש אומרים כמו ואל תשתע: (כד) הן אתם. סימן לגלמים: מאפע. כמו אין והבל ואין ריע לו בכל המקרא: תועבה. הטעם איש תועבה יבחר בכם או לתועבה יבחר בכם עובד אתכם: (כה) העירותי. נפתח הה״א בעבור העין שהוא אחריו: מצפון. כי עילם לפונית מזרחית לבבל ותחסר מלת איש וכן הוא העירותי איש מלפון והוא כורש: ויאת. מלה זרה בעבור שהפ״א והלמ״ד מאותיות הנח והיה ראוי להיותו על משקל ויפן וכאשר נעלם האל״ף הרחיבו מה שיש לפניו כמשפט אותיות הגרון על כן נפתח היו״ד והנה הוא מבנין הקל: ויבא. באדנות: סגנים. או במחנה סגנים וירמסם:

מצודת ציון

הבאות כמו אתא בוקר (לעיל כ״א): לאחור. מל׳ אחרון: ונשתעה. ענין סיפור דברים כי תרגום של ויספר הוא ואשתעי וכן ואשעה בחקיך תמיד (תהלים קי״ט): (כד) מאפע. הוא אפעה והוא מין נחש רע: תועבה. איש תועבה וכן ואני תפלה (תהלים ק״ט) ומשפטו איש תפלה: (כה) העירותי. מלשון התעוררות: ויאת. ענין ביאה:

מצודת דוד

ונשתעה. ואז נספר אני ואתם ונראה יחדו מה לעשות בעולם ואמר בדרך לעג והתול: (כד) הן אתם מאין. באמת אתם הם מדבר שאין בו ממש: מאפע. ממעשה האפעה הממית להדבקים בו: תועבה. איש מתועב בוחר בכם: (כה) העירותי. כאומר הנה אני אגיד עתידות אשר כבר גזירה מלפני להעיר את נ״נ מצפון לבוא על

earthenware vessels, so will he trample the princes.—[*Rashi*]

Jonathan paraphrases: And he shall come *and trample* rulers of nations.

Ibn Ezra: And he shall come in the

and harm; let us talk and let us see together. 24. Behold you are of nought, and your deed is one of shouting; the abominable one will select you. 25. I have aroused from the north and he came; from the rising of the sun he shall call in My name. And he shall come [upon]

will do in the world. The prophet is speaking sarcastically.—[*Mezudath David*]

24. **Behold you are of nought**—*and how will your words be fulfilled.*—[*Rashi*]

and your deed is one of shouting—Heb. מֵאָפַע. *You only shout and raise your voice to mislead* the people *with lies.*—[*Rashi*]

Others explain מֵאָפַע as synonymous with מֵאֶפֶס, *of nothingness.*—[*Redak*] This is parallel with מֵאַיִן in the beginning of the verse.—[*Ibn Ezra*] Alternatively, מֵאָפַע is related to אֶפְעֶה, a carpet viper; i.e. your deed is like the work of the vipers, who kill those they touch.—[*Redak* from his brother]

the abominable one—Heb. תּוֹעֵבָה, lit. an abomination. *The abominable ones select you, and not the Holy One, blessed be He, or His servants or His ministers.*—[*Rashi*] תּוֹעֵבָה is equivalent to אִישׁ תּוֹעֵבָה, *a man of abomination.*—[*Ibn Ezra, Redak*]

25. **I have aroused from the north and he came**—*I tell the future events. Behold I arouse Cyrus from the north to build the ruins of Jerusalem, and he came upon Babylon to destroy it.*—[*Rashi*]

from the rising of the sun he shall call in My name—"(Ezra 1:2) *All the kingdoms of the earth has the Lord God of the heavens given me." And it appears that Persia is northeast of Eretz Israel.*—[*Rashi*] *Ibn Ezra* and *Redak* concur on this interpretation. The former paraphrases: I have aroused *a man* from the north.

Another explanation is: I aroused Nebuchadnezzar from the north to destroy My city, and he came, and I aroused Cyrus from the east, that he call in My name to build My city, for the kingdom of Persia is east of Eretz Israel, as it is stated: "(Dan. 8:4) *I saw the ram butting etc." (This verse in Daniel proves it. "I saw the ram butting to the west and to the north and to the south." We deduce that he came from the east.) Jonathan paraphrases: I brought speedily a king, strong as the north wind, and he will come as the sun comes out with its might from the east; I will strengthen him with My name.*—[*Rashi*] This second explanation does not appear in many manuscripts. The parenthetic material is found in certain editions. It clarifies the matter more clearly than the former reading. The Targum has been translated according to Levita. Kohut renders: *I brought with fright.*

and he shall come [upon] princes—*And he shall come upon the king of Babylon and upon his princes as he would come to trample upon mire, and as a potter tramples clay for*

סגנים כמו־חמר וכמו יוצר ירמס־טיט׃
כו מי־הגיד מראש ונדעה ומלפנים
ונאמר צדיק אף אין־מגיד אף אין
משמיע אף אין־שמע אמריכם׃
כז ראשון לציון הנה הנם ולירושלם
מבשר

בשמי וייתי וידוש שלטוני עממיא כמא דדישין ית עפרא וכפחרא דעריך ית טינא׃ כו מן חוי מן אולא ונדע ומלקדמין ונימר קשוט אף לית די מחוי אף לית דמבסר אף לית דשמע למיליכון׃ כז פתגמי נחמתא דאתנביאו

ת"א ראשון לציון. פסחים ס'׃ קמץ בז"ק

רש"י

כן ירמוס הוא סגנים׃ (כו) מי. מנביאי הבעל הגיד כמוני דבר העתיד לבוא. ומי מלפנים הגידה ולכשתבא נאמר שהוא צדיק שנבואתו צדק׃ אף אין מגיד. אבל אין בכם שיגיד עתידות ותתקיים׃ אף אין שומע אמריכם. שיעיד בבא העתיד פלוני נביא הבעל ניבא אותה מלפנים׃ (כז) ראשון לציון הנה הנם. מלך ראשון שיתן לב לציון הנה זה הוא שאמרתי ואע"פ שלא תגמור הגאולה על ידו הוא יהיה המתחיל מי בכם מכל עמו (עזרא א')׃ הנם. זקני ישראל יהיו נכונים על פי דברו לעלות מן הגולה ולהתחיל׃ ולירושלם מבשר אתן. באותן הימים חגי זכריה אשר יזרזום לבנותה בימי דריוש השלישי לפרס׃

מהר"י קרא

הוא סגנים׃ (כו) מי הגיד מראש ונדעה. מי מנביאי הבעל יגיד כמוני דבר העתיד לבא׃ ומלפנים ונאמר צדיק. ומלפנים הגידה. ולכשתבא נאמר צדיק הוא. שהוא אלהי אמת׃ אף אין מגיד. מכל אלהי הנכר שבכם אין מי שיכול להגיד העתידות׃ אף אין שומע. אחריכם אמריכם מפיכם שיעיד בבוא העתידה פלוני נביא הבעל ניבא אותה מלפנים. (כז) ראשון לציון הנה הנם. מלך ראשון שיתן [לב אל] ציון. הנה. זה שאמרתי. ואעפ"כ שלא הצמח הגאולה על ידו הוא יהיה המתחיל. מי בכם מכל עמו׃ הנם. זקני ישראל יהיו נכונים על פי דבריו לעלות מן הגולה ולהתחיל׃ ולירושלים מבשר אתן. באותן הימים הן חגי זכריה ומלאכי אשר יזרזום

אבן עזרא

(כו) מי. ונאמר צדיק. לדקו דבריו והפך הכזב והנה אין משמיע ואין מי שישמע אמרי האלמים כי פה להם ולא ידברו; (כז) ראשון. ראשון אחר ראשון וזה תואר המבשר׃ הנה. הם שיאמר המבשר לציון והנה בניך והנם והכפל

רד"ק

בתליו. ושנה הענין ואמר וכמו יוצר ירמס טיט ויוצר הוא האומן העושה כלי החרס׃ (כו) מי הגיד מראש. מתחילת טרם בא העתידה מתחילה מי הגידה מהאלילים ועובדיהם ואם הגידה אחד מהם נדעה כי הם אמת׃ ומלפנים. ומי הגידה מלפנים ונאמר עליו כי הוא צדיק ונאמן בדברו׃ אף אין מגיד. אבל ידענו כי אין מגיד׃ ואין משמיע. בכל האלילים ואין מעובדיהם שיאמר ששמע את אמריכם אמר לנכח האלילים כי פה להם ולא ידברו והענין כפול במ"ש׃ (כז) ראשון לציון. ראשון שיבוא לציון מהגלות יבשר ציון ויאמר לציון הנה הנם בניך וכפל המלה למהירות הענין׃

מצודת דוד

ירובלים להבהיתה ואח"ז יבוא כורש ממזרח ויקרא בשמי להאמין כי והוא יהיה על ידי בבל למסס כמו הומר וכמו היוצר הרומס טיט וכפל הדבר במ"ש׃ (כו) מי הגיד מראש. מי מהפסילים הגיד דבר מראש טרם בוא ובבוא הדבר נדעה שאמת דבר׃ ומלפנים. מי הגיד דבר לפני בוא ובבוא הדבר נאמר לדקו דבריו והוא כפל ענין במ"ש׃ אף אין מגיד. אבל באמת אין בהם מגיד שום דבר אף שהוה כי פה להם ולא ידברו׃ אף אין משמיע. דבור בעלמא והיא כפל במ"ש׃ אף אין שומע אמריכם. אף אין בהם מי שישמע אמריכם כי אזנים להם ולא יאזינו׃ (כז) ראשון לציון. כאומר אבל אני אגיד עתידות אשר הראשון שיבוא לציון מהגלות יבשר ויאמר הנה באה הגאולה ומיד הנה הם יבואו ולא יוסיף תוחלת ממושכה׃ ולירושלים מבשר אתן. ר"ל בהשגחה אביא מבשר כזה לבשר סמוך לה׃

מצודת ציון

סגנים. מין שררה׃ חמר. הוא כעין טיט׃ יוצר. אומן חרס׃ ירמס. ענין דריסה ברגל׃ (כז) הנה. הנה הם׃

Alternatively, we render: The first prophecy about Zion—the destruction by Nebuchadnezzar—behold, behold them. You see that it has been fulfilled. Likewise, for Jerusalem, I will give a herald. In the future I will send a herald to herald the coming redemption. That will be the one who will come from the east and call in My name.—[*Abarbanel*]

princes like mortar and as the potter treads clay. 26. Who told from the beginning that we may know, and from before, that we may say, "He is just"? Not one told; not one let us hear; not one hears your statements. 27. The first one to Zion, behold, behold them, and for Jerusalem

lands of princes, or, in the camp of princes, and trample them.

treads clay—He kneads it with his feet.—[*Redak*]

26. **Who**—of the prophets of Baal told, like me, a thing destined to come, and who told it from before, that when it comes we will say that he is just, that his prophecy is just?—[*Rashi*] Who of the idols and their worshippers?—[*Redak*]

Not one told—*But there is none among you who will foretell the future and that it will come true.*—[*Rashi*]

not one hears your statements—*who will testify when the future comes, that so-and-so the prophet of the Baal prophesied this from before.*—[*Rashi*]

Not one let them hear, and not one of their worshippers will testify that he heard your statements—the prophet is addressing the idols—for they have a mouth but do not speak.—[*Ibn Ezra, Redak*]

27. **The first one to Zion, behold, behold them**—*The first king who will give heart to Zion, behold he is the one I mentioned, and even though the redemption will not be completed through him, he will be the one to initiate it.* "(Ezra 1:3) *Whoever of you from all His people . . ."*—[*Rashi, Kara*]

behold them—*The elders of Israel will be ready, according to his statement, to go up from the exile and to begin.*—[*Rashi, Kara*]

and for Jerusalem I will give a herald—*in those days,* viz. *Haggai and Zechariah, who will encourage them to build it in the days of Darius III of Persia.*—[*Rashi, Kara*]

Redak renders: The first one who comes to Zion from exile will bring the news to Zion and will say to Zion, "Behold, behold they are your children." The repetition denotes the herald's haste.

In contrast to the prophets of the Baal, who do not predict the future, I foretell that the first to return to Zion from the exile will bring the news and announce, "Behold, the redemption has come," and behold, they will come. It will not be a drawn out hope.—[*Mezudath David*]

and for Jerusalem I will give a herald—By Divine Providence I will bring such a herald immediately before the redemption.—[*Mezudath David*]

מְבַשֵּׂר אֶתֵּן׃ כח וָאֵרֶא וְאֵין אִישׁ וּמֵאֵלֶּה
וְאֵין יוֹעֵץ וְאֶשְׁאָלֵם וְיָשִׁיבוּ דָבָר׃ כט הֵן
כֻּלָּם אָוֶן אֶפֶס מַעֲשֵׂיהֶם רוּחַ וָתֹהוּ
נִסְכֵּיהֶם׃ מב א הֵן עַבְדִּי אֶתְמָךְ־בּוֹ
בְּחִירִי רָצְתָה נַפְשִׁי נָתַתִּי רוּחִי עָלָיו

תרגום

נְבִיַּא מִלְקַדְמִין עַל צִיוֹן הָא אֲתוֹ וְלִירוּשְׁלֵם מְבַסַּר אֶתֵּן׃ כח וּגְלֵי קֳדָמַי וְלֵית גְּבַר דִּלְיֵהּ עוֹבָדִין טָבִין וּמֵאִלֵּין לֵית דְּמָלִיךְ מִלַּךְ וּשְׁאֵילְתִּינוּן אִם יְתוּבוּן פִּתְגָם׃ כט הָא כּוּלְּהוֹן לְמָא וְלָא מִדַּעַם עוֹבָדֵיהוֹן בְּזָא וְתִבְרָא עֲשַׁוֹּנֵיהוֹן׃ א הָא עַבְדִּי מְשִׁיחָא אֲקָרְבִינֵהּ בְּחִירִי דְּאִתְרְעֵי בֵּיהּ מֵימְרִי אֶתֵּן רוּחָא

מהר"י קרא

לבנות בימי דריוש השלישי לפרס: (כח) וארא ואין איש. המיד אני מביט לנביאי הבעל ואין מגיד דבר: ומאלה. מכל אלה העתידות לבא. ואין איש מהן עמד בסוד ה' ויודע אותו: ואשאלם וישיבו דבר. אשר ישיבו דבריהם: (כט) [הן] כולם און. יש לכם לדעת שכל נביאי הבעל און ואפס כל מעשיהם: נסכיהם. צלמי מסכותם:

מב (א) הן עבדי אתמוך בו בחירי רצתה נפשי. הוא כורש שאני עתיד להחזיק בימינו. בחירי אותה [נפשי]. אני עתיד להיות ביהר בו למלך לגבות נקמתי על ידו בבבל. ונתתי רוחי עליו. בשנת אחת לכורש. העיר ה' את רוח כורש מלך פרס וגו': משפט לגוים יוצא. שיעשה משפט

רש"י

(כח) וארא ואין איש. תמיד אני מביט בנביאי הבעל ואין איש מגיד דבר עתיד: ומאלה. מכל אלה העתידות לבא ואין מהם יועץ שעמד בסוד ה' וידע אותם: ואשאלם וישיבו דבר. אשר ישיבו דבר אם אשאלם: (כט) הן כלם און. יש לכם לדעת שכל נביאי מכחישי תורה און ואפס כל מעשיהם: נסכיהם. דמות מסכותם כמו הפסל נסך חרש ויונתן תירגם בענין אחר. ראשון לציון וגו'. פתגמי נחמתא דאיתנביאו נבייא מלקדמין על ציון הא אתו ולפי התרגום כל הענין מדבר במלך המשיח ובגאולה אחרונה אבל אני רואה נבואה שנתנבא ישעיה על כורש כולה בלשון הסיגנון של פרשה זו אני ה' העירותיהו בצדק. קורא ממזרח עיט האותיות שאלוני מגיד מראשית אחרית כולה נוטה אחר ענין פרשה זו:

מב (א) הן עבדי אתמך בו. הן עבדי יעקב אינו כמותכם כי אתמוך בו: בחירי. ישראל קרוי בחירי (תהלים קל"ה) כי יעקב בחר לו יה ואומ' (לקמן מ"ה) למען עבדי יעקב וישראל בחירי: רצתה נפשי. עליו נתתי רוחי להודיע נביאיו את סודו וסופו משפט לנכרים יוציא שנא' (לעיל ב') והלכו גוים רבים וגו' ויורנו מדרכיו

רד"ק

(כח) וארא ואין איש. מעובדי האלילים שידע דבר: ואין יועץ. מאלה אמר על האלילי' ואין בהם יועץ לעובדיו מה לעשו': ואשאל' וישיבו דבר. אני אשאלם והם לא יענו ולא ישיבו דבר. ואין שזכר שהיא כמו לא עומד ענינו במקום שנים כאלו אמר ולא ישיבו: (כט) הן כלם. כל האלילים ונסכיהם כמו הפסל נסך חרש כלו לרוח ותהו עשו אותם ונתכו וחפו אותם כסף וזהב כי לא יועילום ולא יגידו להם מן העתידות דבר: (א) הן עבדי. זהו מלך המשיח כמו שפירשנו: אתמך בו. דרך משל כמו המלך הנשען בעבדו הנאמן לו: נתתי רוחי עליו. כמ"ש גם כן עליו ונחה עליו רוח ה': משפט לגוים יוציא. יוציא משפטם לאור וישלים בין גוי לגוי שלא יהיה עוד מלחמה ביניהם כמו שאמר לאור גוים ואתנך לברית עם: נתתי רוחי. רוח נבואה:

אבן עזרא

להורות על המהירות: (כח) וארא. והנה אין איש מאנשי הצלמים שיגידו זאת: (כט) הן כולם. על הצלמים יש אומרים כי וי"ו און תחת יו"ד כי אותיות יהו"א מתחלפות ויתכן היותו כמשמעו הם הבל ואף כי מעשיהם: נסכיהם. יש אומרים מגזרת עגל ומסכה והנכון בעיני הנסכים שיסכו להן עובדיהם:

מב (א) הן. רובי המפרשים אמרו כי עבדי הם צדיקי ישראל ויאמר הגאון כי הוא כורש והנכון בעיני שהוא הנביא והוא מדבר בעד נפשו כאשר הזכיר ונתתיך משפט. אלה העתידות כל אשר יקרה לכל גוי יוציאנו.

מצודת ציון

(כט) און אפס רוח ותוהו. פתרון אחד להם דבר שאין בו תועלת ממש: נסכיהם. הפסל הנעשה בהתכ' המתכת וכן הפסל נסך חרש (לעיל מ'): מב (א) אתמך. ענין השענה: רצתה. מלשון רצון:

מצודת דוד

(כח) וארא. אבל בעובדי הפסל אראה שאין בהם איש יודע העתיד: ומאלה. מהפסילים עצמן אין בהם מי מייעץ לעובדיו מה לעשות: ואשאלם. מלת ואין עומדת במקום שתים לומר אין בהם מי אשר אשאלם שישיבו דבר כי הדבור אין בהם: (כט) הן כולם. באמת הפסילים עם עובדיהם המה הבל ולא ממש וכפל הדבר: מב (א) הן עבדי. הנה עבדי אשר אתמוך בו והוא מלך המשיח ואמר במשל מתלך בשר ודם הנשען על עבדו הנאמן: בחירי רצתה נפשי. הנבחר לי אשר רצתה נפשי בו: נתתי רוחי עליו. כמ"ש ונחה עליו רוח ה' וגו' (לעיל י"א): משפט וגו'. יוציא משפטם לאור וכמ"ש ושפט בין הגוים וגו' (לעיל ב'):

Ibn Ezra quotes the majority of commentators who identify the servant with the righteous of Israel. This probably coincides with *Rashi.* He quotes the Gaon (Rav Saadiah)—as also Kara and Rabbenu Yeshayah—who identifies the servant with Cyrus. *Ibn Ezra* identifies the servant with Isaiah himself. *Redak* identifies him with the King-Messiah.

whom My soul desires; I have placed My spirit upon him—*to let his prophets know My secret, and his end*

I will give a herald. 28. And I look, and there is no man, and of
these, and there is no counselor, and I ask them that they reply
with a word. 29. Behold them all, their deeds are nought, of no
substance; wind and nothingness are their molten images.

42

1. Behold My servant, I will support him, My chosen one,
whom My soul desires; I have placed My spirit upon him,

28. **And I look and there is no man**—lit. and I will see, in the future tense. *I always look at the prophets of Baal, and there is no man who tells of a future event.*—[*Rashi*]

and of these—*of all these destined to come, and none of them is a counselor who stood in God's counsel and will know them.*—[*Rashi, Kara, Ibn Ezra, Redak*].

and I ask them that they reply with a word—*That they should reply with a word if I should ask them.*—[*Rashi*]

29. **Behold them all, ... nought**—*You should know that, as for the prophets of those who deny the Torah* (mss.: *pagan prophets*; other mss.: *prophets of Baal*), *all their deeds are nought and of no substance.*—[*Rashi*]

their molten images—Heb. נִסְכֵּיהֶם. *Comp.* "(supra 40:19) *The graven image the craftsman melted* (נָסַךְ)."—[*Rashi*]

Ibn Ezra renders: Their libations.

Jonathan renders this section differently:

[27] **The first one to Zion etc.**—*The words of consolation that the prophets prophesied concerning Zion, from before, behold they have come. And according to the Targum, the entire section speaks of the King-Messiah and of the last redemption, but I see that the prophecy that Isaiah prophesied concerning Cyrus is all in the same language as this section. Comp.* "(infra 45:13) *I aroused him with righteousness.*" "(Infra 46:11) *Calling from the east a bird of prey.*" "(Infra 45:11) *The signs ask Me.*" "(Infra 46:10) *Who tells from the beginning the end.*" *All of this resembles the topic of this section.*—[*Rashi*]

1. **Behold My servant, I will support him**—*Behold My servant Jacob is not like you, for I will support him.*—[*Rashi*] This is in opposition to the pagans, whose gods do not support them.

Redak renders: I lean on him. This is figurative of the king who leans on his faithful servant.

My chosen one—*Israel is called 'My chosen one'* (mss.: *His chosen one*) "(Ps. 135:4) *For the Eternal chose Jacob for Himself.*" *Scripture states also:* "(infra 45:4) *For the sake of My servant Jacob and Israel My chosen one.*"—[*Rashi*]

דְּקוּדְשֵׁי עֲלוֹהִי דִינִין
לְעַמְמִין יְגַלֵּי: ב לָא
יִצְוַח וְלָא יַכְלֵי וְלָא
יָרִים לְבָרָא קָלֵיהּ:
ג עִנְוְתָנַיָּא דְּאִינוּן דָּמָן
לְקַנְיָא רְעִיעַ לָא יִתַּבְּרוּן
וַחֲשִׁיכַיָּא דִּכְבוּצִין עֲמֵי
לָא יִטְפּוּן לְקוּשְׁטָא יַפֵּיק
דִּינָא: ה לָא יִלְהֵי וְלָא
יִלְאֵי עַד דִּיתַקֵּן בְּאַרְעָא
דִּינָא וּלְאוֹרַיְתֵיהּ נַגְוָן
יְכַתְּרוּן: ה כִּדְנַן אֲמַר יְיָ

מִשְׁפָּט לַגּוֹיִם יוֹצִיא: ב לֹא יִצְעַק וְלֹא
יִשָּׂא וְלֹא־יַשְׁמִיעַ בַּחוּץ קוֹלוֹ: ג קָנֶה
רָצוּץ לֹא יִשְׁבּוֹר וּפִשְׁתָּה כֵהָה לֹא
יְכַבֶּנָּה לֶאֱמֶת יוֹצִיא מִשְׁפָּט: ד לֹא
יִכְהֶה וְלֹא יָרוּץ עַד־יָשִׂים בָּאָרֶץ
מִשְׁפָּט וּלְתוֹרָתוֹ אִיִּים יְיַחֵילוּ: ה כֹּה־
אמר

ת"א קנה רצוץ. ברכות נ"ו יבמות לג:

רש"י

וגו': (ב) ולא ישא. לא יגביה קול לא יצטרך להוכיח ולהתנבאות אל הגוים שהם מעצמם יבואו ללמוד מהם כענין שנא' (זכריה ח') נלכה עמכם כי שמענו אלהים עמכם: (ג) קנה רצוץ לא ישבור. ת"י ענותניא דאינון כקניא רעיע לא יתברון וחשיכיא דאינון כבוצין עמי (פי' כנר כבה) לא יטפון: ופשתה כהה. פתילת פשתה לחה שקרובה ליכבות מלך שלהם לא יגזול את הדלים ולא ירצץ את העניים ואת החלשים: (ד) ולא ירוץ. כמו ולא ירצץ כי מלאה הארץ דעה (לעיל י"א) וישמעו להן כענין שנא' (צפניה

מהר"י קרא

בבבל: (ב) לא יצעק. שישמיע קולו לשאון ממלכות גוים האספו ונבואה אל ארץ כשדים להשחיתה. כלומר לא בחיל ולא בכח כי אם ברוחי: ולא ישמיע בחוץ קולו. לאסוף אליו כל הגוים כי אם במתי מספר ויוכל להם: (ג) קנה רצוץ לא ישבור. ישראל שהם כקנה רצוץ לא ישבור. וישראל שהם חלשים שבעים שנה כפשתה כהה לא יכבנה. אלא לאמת יוציא משפט. שיוציא משפטו בבבל. ודע כי כל אדם שאינו בקי בסדר ובהילוך הכתובים. יפרש פרשה זו על מלך המשיח. וממקומות הרבה יכול להביא ראיה לדבריו. אך חלילה לחניח סדר הפרשה והילוכה לדבר המתיישב. ולחבר כל הענין ממה שאוחז שנים ושלשה פסוקין בפרשה והפסיק ביניהן: (ד) לא יכהה ולא ירוץ עד ישים בארץ משפט. אותה שעה יכהה

יירוץ. אלא כאדם האומר לחבירו לא אעזבך עד אשר אעשה את אשר דברתי לך. ולא ירוץ. פת' ולא יתרוצץ: ולתורתו

אבן עזרא

ולפי דעת הגאון כי כורש יהיה מלך צדק: (ב) לא יצעק. כאשר יעשה השופט בחוץ שיתחברו אל השופט אנשים: (ג) קנה רצוץ. נקרא על שם סופו וככה ובגדי ערומים תפשיט והטעם הוא לא ישבר קנה והטעם לא יבריח: ופשתה. לא יכבנה. שהוא דבר קל עד שתהיה כהה כמו והנה כהה הנגע ויש הפרש ביניהם בדקדוק כי כהה של תורה פועל עבר וזאת כהה תואר השם והטעם הוא לא יזיק גוי בעבור נבואתו רק יאמר מה שיהיה באמת: לאמת יוציא משפט. כל גוי כאשר הוא עתיד להיותו בגזרת השם: (ד) לא יכהה. הנביא רמז על הדבק כרוח בגוף: ולא ירוץ. גופו מפעלי הכפל מגזרת רצון כמו ירוץ ושמח והטעם לא ימוש או טעמו אדם לא יכריחנו כטעם הנזכר למעלה והוא הנכון: עד ישים בארץ משפט. שתתגלה נבואתו וזה טעם ולתורתו תורת נבואתו כמו לתורה ולתעודה כאשר פירשתי: (ה) כה. בורא השמים.

רד"ק

גם כן עליו ושפט בין הגוים והוכיח לעמים רבים וגו' ואמר ודבר שלום לגוים ומשלו מים ועד ים וזה יהיה אחר מלחמת גוג ומגוג: (ב) לא יצעק. כמו שהוא דרך השופט לזעוק על הנשפטים לפניו ולהכריחם לדברי משפטו הוא לא יהיה צריך לזה בי בנחת ידבר להם והם יקבלו דבריו: ולא ישא. פי' ולא ישא קולו וכפל הענין לחזק: (ג) קנה רצוץ. רצוץ ענינו קנה שהוא קרוב להשבר וכן על משענת קנה הרצוץ שאם היה שבור מכל וכל לא היה אדם נשען עליו אמר כל כך יהיו דבריו והנהגת מלכותו בנחת עד שאפילו החלושים לא ירגישו בו ודמה החלושים לקנה רצוץ ולפשתה כהה שענינה שהיא קרובה לכבות ולא יעלה על דעתך לפי שיהיה נח ורפה לא יעשה משפט אלא אעפ"כ לאמת יוציא משפט כי לא יבצר ממנו מזימה: (ד) לא יכהה ולא ירוץ. לא יתרשל ולא יחלש ולא יתרפה עד שישים לארץ משפט ופירוש לארץ ליושבי הארץ וכן איים שוכני איים: ולהורתו. שיורה להם ייחלו כמ"ש והלכו עמים רבים ואמרו לכו ונעלה אל הר ה' ואל בית אלהי יעקב ויורנו מדרכיו ונלכה באורחותיו: (ה) כה אמר האל ה'. האל שהוא בורא שמים. הענין הזה אמרו הנביא כמה פעמים לפי שהיו בדורו בעלי אמונה רעה שהיו מאמינים

מצודת דוד

(ב) לא יצעק. לא כדרך השופט הצועק על הנשפטים לפניו להכריחם על המשפט כי בנחת יקבלו דבריו: ולא ישא. לא ישא קולו וכפל הדבר לחוזק: ולא ישמיע בחוץ קולו. אף כשיעשה משפט בחוצות במקום מרבית אנשים לא יצטרך להשמיע קול חזק להשתיקם לשמוע אמריו כי מעצמם ישימו כף לפיהם: (ג) קנה רצוץ. קנה המרוסס שהוא קרוב להשבר: לא ישבור. ר"ל לא יטה דין תשושי הכח לא כדרך שופטי העכו"ם שמחניפים לגדולים ומטים דין החלשים: ופשתה כהה. פשתה הדולקת שהולכת מאורה וקרובה להכבות לא יגמור כבויה והוא ג"כ משל על תשושי הכח וכפל הדבר במ"ש: לאמת יוציא משפט. כי יוציא המשפט לאמיתו ולא יטהו בעבור חלשות תשושי הכח: (ד) לא יכהה. לא יכהה מאורו ולא ירוצץ ר"ל לא יחלש ולא יתרפה עד ישים משפט באנשי הארץ: ולתורתו. אל

מצודת ציון

(ג) קנה. מטה: רצוץ. מרוסס וכן משענת הקנה הרצוץ (לעיל ל"ו): ופשתה. פשתן: כהה. ענין עכירות וחושך וכן בהרות כהות (ויקרא י"ג): יכבנה. מלשון כבוי: (ד) ירוץ. מל' רציצה:

That is what follows: And for his instruction islands shall long. They shall all obey his instruction.—[*Rashi*] The intention is that it will require no great effort to influence the nations to follow God's teachings, since this refers to the Messianic era, following the war of Gog

he shall promulgate justice to the nations. 2. He shall neither
cry nor shall he raise [his voice]; and he shall not make his voice
heard outside. 3. A breaking reed he shall not break; and a
flickering flaxen wick he shall not quench; with truth shall he
execute justice. 4. Neither shall he weaken nor shall he be
broken, until he establishes justice in the land, and for his
instruction, islands shall long.

will be that 'he shall promulgate justice to the nations,' as it is stated: "(supra 2:3) *And let Him teach us of His ways etc."*—[*Rashi*]*

he shall promulgate justice to the nations—He will announce what will happen to every nation. According to Rav Saadiah Gaon, who explains this passage in reference to Cyrus, it means that Cyrus will be a righteous king and govern the nations justly.—[*Ibn Ezra*] *Rabbenu Yeshayah* explains that he will rule over all nations and pass judgment upon them. *Kara* explains that he will execute judgment upon the Babylonians. *Redak,* who interprets this as a reference to the Messiah, explains that he will pass judgment on all differences between nation and nation and make peace between them, as above (2:4).

2. **nor shall he raise [his voice]**—*He shall not raise his voice. It will not be necessary to admonish and to prophecy to the nations, for they will come by themselves to learn from them* (i.e. from Israel), *as the matter is stated:* "(Zech. 8:23) *Let us go with you, for we have heard that God is with you."*—[*Rashi*]

Redak explains that the Messiah will not shout at the litigants to force them to comply with his verdict as is the usual practice of the judge.

and he shall not make his voice heard outside—He shall not find it necessary to raise his voice so high that it can be heard outside.—[*Abarbanel*]

Alternatively, he will not shout in the street to gather people to him.—[*Ibn Ezra*]

3. **A breaking reed he shall not break**—*Jonathan paraphrases: The meek, who are like a breaking reed, shall not break, and the poor, who are like a flickering candle, shall not be quenched.*—[*Rashi*]

and a flickering flaxen wick—*A wet flaxen wick, that is nearly extinguished. Their king will not rob the poor and will not break the poor and the weak.*—[*Rashi*]*

4. **Neither shall he weaken nor shall he be broken**—Jonathan renders: Neither shall he weaken nor shall he tire. *Rashi* explains וְלֹא יָרוּץ to mean that *he shall not be broken* (לֹא יֵרָצֵץ), *'for the earth shall be full of knowledge of the Lord as water covers the seabed* (supra 11:9).' *And they shall obey them, as the matter is stated:* "(Zeph. 3:9) *For then I will make the nations pure of speech etc."*

אמר האל ׀ יהוה בורא השמים
ונוטיהם רקע הארץ וצאצאיה נתן
נשמה לעם עליה ורוח להלכים בה:
ו אני יהוה קראתיך בצדק ואחזק
בידך ואצרך ואתנך לברית עם לאור

אלה עלמא יי די ברא
שמיא ותלנון שכליל
ארעא ודירהא יהיב
נשמתא לעמא די עלה
ורוח לדמהלכין בה :
ו אנא יי רביתך בקשוט
ואתקפית בידך
ואתקנינך ואתנינך
לקים עם לניהור
עממין

ת"א בורא השמים. זוהר וישלח: נותן נשמה. כתובות קיא (כלאים לג): להולכים בה. ערכין טו זוהר וישלח:

מהר"י קרא

איים ייחלו. כי היתה תורת [ה'] בפיהו. שיהא מודה לאלוה שבשמים כשם שכתוב כל ממלכות הארץ נתן לי [ה'] אלהי השמים: (ו) אני ה' קראתיך בצדק. קראתיך אתה כורש שאתה עתיד לבנות עירי וגלותי תשלח. בשביל כך גוזרני עליך שתמלוך: ואחזק בידך ואצרך. שעד עכשיו לא נבראת. ועד שלא באת לעולם אני קורא אותך וגוזר עליך להיות מלך: ואתנך לברית עם. לברית שכרתי לעמי. לפי מלאת לבבל

רש"י

ג') כי אז אהפוך אל עמים וגו' וזהו ולתורתו איים ייחלו כולם ישמעו לתורתו: (ה) האל ה'. בעל הדין ובעל הרחמים: בורא השמים. תחילה כמין פקיע של שתי ואח"כ נטה אותה כדאיתא במסכת חגיגה: וצאצאיה. ובורא את היוצאים ממנה: נותן נשמה. נשמת חיים: לעם עליה. לכולם בשוה: ורוח. קדושה: להולכים בה. למתהלכים לפניו: (ו) קראתיך. לישעיה הוא אומר: ואצרך. כשיצרתיך זאת היתה מחשבתי שתשיב את עמי לבריתי

רד"ק

כי העולם לא נברא אלא כך היה קדמון אבל הוא עלול ויש לו עלה ויש שהיו מאמינים כי העולם מקרה אין לו בורא ולא עלה כמו שכתבנו ומפני האמונות הרעות ההם היה שתה תמיד הענין הזה כי השם יתעלה הוא בורא העולם ומחדשו והוא מוציאו מאין ליש ואמר בורא השמים אמר אל יחשב אדם כי השמים בעבור שהם קיימים ולא יקרה אותם שום הפסד ושום שנוי שהם קדמונים אלא האל בראם וחדשם: ונוטיהם. שנטה אותם כאהל על הארץ ומלת ונוטיהם נכתבת ביו"ד הרבוי בלשון רבים כמו איה אלהי עושי ישמח ישראל בעושיו: רוקע הארץ. הרקוע היא הפרישה והרדוד כמו וירקעו את פחי הזהב ורקע ברגליך והנה הארץ עגולה ככדור והנה האל כשתקות המים אשר על פני הארץ אל מקום אחד להיות עליה צמחים וכולל אותם במלת וצאצאיה עשה הארץ שהיא היבשה כאלו היא שטוחה לשבת עליה כאדם הרוקע דבר ושוטח אותו כמו הצורף ששוטח הפסים: וצאצאיה. פי' ברא צאצאיה עליה כי אחר שאמר ותראה היבשה אמר תדשא הארץ ואחר כן נתן נשמה לעם עליה ורוח להולכים בה וזה היה ביום הששי שברא האדם ונפח בו נשמה כמו שאמר ויפח באפיו נשמת חיים והוא נותן נשמה לעם עליה ויצר שאר בעלי חיים כמ"ש תוציאו הארץ נפש חיה למינה וזהו ורוח להולכים בה כי לא יאמר נשמה אלא על האדם ופי' כל אשר נשמת רוח חיים באפיו אמר נשמת בעבור האדם ואמר רוח בעבור שאר בעלי החיים והקדים אדם אע"פ שהיה אחרון לפי שהוא עיקר היצירה וכן אמר עשיתי ארץ ואדם עליה בראתי זכר אדם לבדו לפי שהוא עיקר היצירה: (ו) אני ה'. אומר לישראל אני ה' שעשיתי כל זה יכול להוציאך מהגלות ואני הוא שקראתיך בצדק כשתגיע זמנך לצאת שתצא ולא תירא בצאתך כי אני אחזיק בידך: ואצרך. אשמרך מן הגוים שלא יראו לך: ואחזק. בצר"י והחי"ת בשוא לבדו: לברית עם. לקיום כל עם ועם כי

אבן עזרא

כי יש להם קו שהוא גבול להם: ונוטיהם. על הארץ. רמז לרקיע: רוקע הארץ וצאצאיה. פעל ונפתח הקו"ף בעבור העי"ן הנוטע אזן הלא ישמע: וצאצאיה. הם הצמחים שעל פני האדמה: נותן נשמה. לאדם והם העם אשר עליה: ורוח. לחיות ההולכים ואמר עליה בעבור הליכתו בקומה זקופה: (ו) אני. אלה דברי הנביא שאמר לו השם כנגד נפשו: ואצרך. שלא יגע בך רע: לברית עם. להקים ברית עם וכן במקום אחר לברית עם להקים

מצודת ציון

ולתורתו. מל' הוראה ולמוד: ייחלו. יקוו כמו יחל ישראל (תהלים קל"א): (ה) רוקע. ענין הרישה וכן לרוקע הארץ על המים (שם לו): (ו) ואחזק. ענין אחיזה: ואצרך. ענין שמירה:

מצודת דוד

מה שיורה וילמד ילפו ויקוו יושבי האיים הרחוקים: (ה) ונוטיהם. הוא נטה אותם להיות כאוהל: רוקע. פרש את הארץ והוציא צאצאיה הם הצמחים כולם: לעם עליה. אל העם אשר הם עליה נתן נשמה ואל שאר הבריות המתהלכים בה נתן רוח החיוני: (ו) קראתיך בצדק. על המשיח יאמר מה שקראתי בשמך ע"י הנביאים הוא בצדק ודבר המתקיים: ואחזק בידך. אאחוז בידך להגביר אותך על כל: ואצרך. אני אשמור אותך: ואתנך לברית עם. אתן הכח בידך להשב עמי לבריתי לקיים התורה והמצות:

to the people upon it—*To all of them equally.*—[*Rashi*]

and a spirit—*of sanctity.*—[*Rashi*]

to those who walk thereon—*To those who walk before Him.*—[*Rashi*]

Rashi apparently explains the entire latter half of the verse as a reference to the creation of man, in whose reference the expression נִשְׁמַת חַיִּים, *a soul of life,* is used in Genesis 2:7. The spirit is a higher degree of spirituality endowed upon the righteous, such as Abraham, to whom God spoke (Gen. 17:1) and said, "Walk beforer Me." Perhaps it alludes to Enoch, as the Bible (ibid. 5:22,24) says, "And Enoch walked with God," and to Noah, as in Gen. 6:9.

Other exegetes interpret this verse in a somewhat opposite manner.

He gives a soul—to man, and they

5. So said God the Lord, the Creator of the heavens and the One Who stretched them out, Who spread out the earth and what springs forth from it, Who gave a soul to the people upon it and a spirit to those who walk thereon. 6. I am the Lord; I called you with righteousness and I will strengthen your hand; and I formed you, and I made you for a people's covenant, for a light to nations.

and Magog, when the remaining nations will be those faithful to the Lord.

Redak points out the similarity between this verse and 2:3.

5. **God the Lord**—*The Master of justice and the Master of clemency.*—[*Rashi*]

Here God is called by two names. First, the name אל, usually translated as 'God.' This is the short form of אלהים, denoting the Divine standard of justice. The second name is the Tetragrammaton, the name denoting the Divine trait of mercy or clemency. Cf. *Rashi,* Ex. 34:6, *Mizrachi, Gur Aryeh.*

the Creator of the heavens—*first like a sort of ball of warp thread, and afterward He stretched it out as it is stated in Tractate Hagigah* 12a.—[*Rashi*]

Redak explains that the prophet sought to counteract two false beliefs prevalent in his time. One was the belief that the world always existed and did not have a Creator. The other was that the world came about by accident, without any *intention* of a Creator. He, therefore, describes God as the Creator of the heavens, to proclaim that the heavens have a Creator, and they have a beginning. God created them from nothing, with intention, not by accident. The prophet chose the heavens rather than the earth, since the heavens are unchanging. Therefore, one may think that they were always existing. He, therefore, emphasizes that even the heavens are God's creation.

Who stretched them out—like a tent over the earth.—[*Redak*]

Who spread out the earth—Heb. רֹקַע. This word denotes flattening and thinning out, as we find regarding the gold threads used in making the priestly raiments. When God gathered the waters on the earth and made a place for vegetation and life, viz. the dry land, it was as though He flattened out the earth to make a place for its inhabitants.—[*Redak*]

and what springs forth from it—*And He creates what springs forth from it.*—[*Rashi*]

This refers to the plants on the surface of the earth.—[*Ibn Ezra*]

After He flattened the earth by gathering the waters into one place, He called upon the earth to give forth vegetation.—[*Redak,* according to *K'li Paz*]

Jonathan renders: its inhabitants.

Who gave a soul—*A soul of life.*—[*Rashi*]

עממין: ז למפתחא עיני
בית ישראל דאינון
כסמן מן אוריתא
לאפקא גלותהון מביני
עממיא דאינון דמן
לאסירין ולמפרקהון
משעבוד מלכותא
דאינון עניין כאסירי
קבל: ח אנא יי הוא
שמי ויקרי דאתגליתי עליכון לעם אוחרן לא אתן ותושבחתי לפלחי צלמיא: ט קדמיתא הא

גּוֹיִם: ז לִפְקֹחַ עֵינַיִם עִוְרוֹת לְהוֹצִיא
מִמַּסְגֵּר אַסִּיר מִבֵּית כֶּלֶא יֹשְׁבֵי חֹשֶׁךְ:
ח אֲנִי יְהוָה הוּא שְׁמִי וּכְבוֹדִי לְאַחֵר לֹא
אֶתֵּן וּתְהִלָּתִי לַפְּסִילִים: ט הָרִאשֹׁנוֹת
הנה

רש״י

ולהאיר להם: לאור גוים. כל שבט קרוי גוי לעצמו כענין שנא׳ גוי וקהל גוים: (ז) לפקוח עינים עורות. שאינם רואין את גבורותי לתת לב לשוב אלי: להוציא ממסגר אסיר. ועל ידי שיתפקחו עיניהם יצאו אסירים ממסגר. ד״א לבשרם על גלות העתידה לבא עליהם שסופן לצאת ממנה: (ח) הוא שמי. הוא מפורש בלשון אדנות וכח עלי להראות שאדון אני לפיכך כבודי לאחר לא אתן שיהיו עובדי כוכבים מושלים בעמי עולמית ויאמרו יד אלהיהם רמה: (ט) הראשונות. שהבטחתי לאברהם על גלות מצרים (שם ט״ו) וגם את הגוי וגו׳: הנה באו. שמרתי הבטחתי

מהר״י קרא

שבעים שנה וגו׳. ואוציאם מגלות בבל על ידך: (ז) להוציא ממסגר. מבבל ישראל שהם אסורים בו: (ח) אני ה׳ הוא שמי. ישראל שאני מתכבד בהן איני מניחם ביד אומה אחרת: ותהלתי לפסילים. ולא אניח ישראל שאני מתהלל בהם לעובדי פסילים. ד״א וכבודי לאחר לא אתן ואי איפשר ותהלתי לפסילים. לאלוה אחר שאין אלוה שיעשה כמעשי וכגבורותי. מגיד העתידות כמוני: (ט) הראשונות. שהגדתי לאברהם

אבן עזרא

ארץ: (ז) לפקוח. שהוא מבשר ישראל שיצאו מגלות בבל וכן לאמר לאסורים צאו: (ח) אני. הוא שמי. הנכבד כי אין במקרא שם עצם לבדו רק זה לבדו וזה הוא כבודי

רד״ק

בעבורך מתקיים כל העולם וכל ברית הוא ענין קיום וכן תחית גם כן לאור גוים כמו שאמר והלכו גוים לאורך והאור הוא התורה שתצא להם מציון וישראל יהיו קיום האומות על שני פנים האחד שיהיה שלום בעבורם בכל הגוים כמו שאמר על המשיח ודבר שלום לגוים ואמר והוכיח לעמים רבים וכתתו חרבותם לאתים וגו׳ השנית כי בסבת ישראל יהיו הגוים שומרים שבע מצות וילכו בדרך טובה כמו ויורנו מדרכיו ונלכה באורחותיו וגו׳: (ז) לפקוח. אני ה׳ קראתיך לפקוח עינים עורות כלומר עיניכם שהם עורות בגלות מרוב הצרות. וכן להוציא ממסגר אסיר. אתה שאתה אסיר בגלות ובבית כלא ויושב בחשך. אסיר. בדגש: (ח) אני ה׳ הוא שמי. הוא שמי המיוחד לי לא כשם הפסילים אע״פ שעובדיהם ישתתפו אותם עמי בשם אלהים ולא יוכלו לשתפם עמי בזה השם כי אני הוא אדון על הכל ועוד לא אתן כבודי לאחר כמו שעשיתי עד הנה שלא עשיתי משפט ברשעים על כן לא הכירוני ונטו אחרי האלילים ואחרי הוציאי ישראל מהגלות ואעשה עמהם נפלאות גדולות יכירוני כל העמים כי אין בלעדי אחרי עשותי משפט ברשעים כמו שאומר והיו כל זדים וכל עושי רשעה קש ולהט אותם היום הבא וגו׳: ותהלתי לפסילים. ולא תהלתי. ולא שוכר עומד במקום שנים וכן תקות ענוים תאבד ורבים כמוהם: (ט) הראשונות הנה באו. אמר הנביא הנבואות

מצודת דוד

לאור גוים. להאיר עיני הגוים כולם לדעת שם׳ הוא האלהים: (ז) לפקוח. מי שנתעוורו עיניו מלראות פועל ה׳ אתה תפקחם ותשכילם: להוציא. את ישראל האסורים בגולה תוציא מבית מסגרים ומבית כלא תוציא את היושבים שמה בחושך: (ח) הוא שמי. המיוחד לי לא כשם הפסילים שאין שמם מיוחד להם כי יקראום בשם אלוה ואין איל אתם: וכבודי וגו׳. לא אתן עוד כבודי לאחר כי עד הנה על מה שלא עשיתי משפט בעכו״ם נטו אחר הפסילים וכבדו אותם במקום שהיה ראוי לכבד אותי אבל מעתה אעשה משפט ולא יכבדו עוד לפסילים: ותהלתי. מלת לא עומדת במקום שתים לומר לא תהלתי לפסילים ר״ל מה שראוי להלל אותי לא יהללו לפסילים כמאז וכפל הדבר כמ״ש: (ט) הראשונות. הנבואות הראשונות שנבאתי על סנחריב הנה כבר באו: וחדשות.

מצודת ציון

(ז) לפקוח. ענין פתיחה כמו פוקח עורים (שם קמ״ו):

Abarbanel connects this to the two mentioned in the preceding verse, the people, meaning Israel, and the nations, meaning the nations of the world. I call you (the Messiah) to open the blind eyes of both of them.

to bring prisoners out of a dungeon—*And because their eyes will be opened, the prisoners will come out of the dungeon. Another explanation: To inform them of the exile destined to befall them, out of which they will eventually come.*—[*Rashi*]

8. **that is My Name**—*This is explained as an expression of Lordship and power. I must show that I am the Master. Therefore, My glory I will not give to another, that the heathens shall rule over My people forever and say that the hand of their god is powerful.*—[*Rashi*]*

9. **The former things**—*that I promised Abraham concerning the exile of Egypt,* "(Gen. 15:14) *And also the nation etc.*"—[*Rashi*]

Others take this as an allusion to

7. To open blind eyes, to bring prisoners out of a dungeon,
those who sit in darkness out of a prison. 8. I am the Lord, that
is My Name; and My glory I will not give to another, nor My
praise to the graven images. 9. The former things,

are the people who are upon it.—[*Ibn Ezra*]

and a spirit—to the beasts who walk. He says, "Upon it," because they walk upright.—[*Ibn Ezra*] *Ibn Ezra* wishes to explain the difference between עָלֶיהָ, *upon it,* used in reference to man, and בָּהּ, lit. *in it,* used in reference to the beasts. He explains that man, who walks upright, high above the earth, is described as 'the people upon it,' in contradistinction to quadrupeds, referred to as 'who walk therein.'*

6. **I called you**—*To Isaiah He says.*—[*Rashi*]

and I formed you—Heb. וְאֶצָּרְךָ. *When I formed you* כְּשֶׁיְּצַרְתִּיךָ, *this was My thought, that you return My people to My covenant and to enlighten them.*—[*Rashi*] Apparently, *Rashi* derives וְאֶצָּרְךָ from יצר, to form, rendering: *And I formed you.*

for a light to nations—*Every tribe is called a nation by itself, as the matter is stated:* "(Gen. 35:11) *A nation and a congregation of nations.*"—[*Rashi*]

Ibn Ezra, too, interprets this passage as referring to the prophet, himself. He deviates from *Rashi*'s interpretation, however, and renders וְאֶצָּרְךָ, as derived from נצר, to watch, thus rendering: **And I will watch you**—that no harm befall you.

for a people's covenant—To establish a people's covenant.

Redak interprets it as a reference to Israel. God says to Israel, **I, the Lord**—Who has done all this, can take you out of exile.

I called you with righteousness—When the time arrives for you to return from exile, I will call you; i.e. I will call you at the proper time.

and I will strengthen your hand—Fear not when you leave your exile for I will strengthen your hand.

and I will watch you—so that the nations do no harm to you.

for the existence of a people—Heb. לִבְרִית. *Redak* renders this as an expression of existence, for the existence of every people, for the entire world exists because of you.

for a light to nations—This resembles "(infra 60:3) And nations shall go to your light." The light is the Torah, which will emanate from Zion to the nations. Israel will ensure the existence of the nations in two ways: Because of Israel, there will be peace throughout the world, as in Chapter 2, and secondly, because of Israel all the nations will observe the Noachide commandments and will deal justly with one another, as above 2:3.—[*Redak*]*

7. **To open blind eyes**—*who do not see My might, to take heart to return to Me.*—[*Rashi*]

This follows the preceding verse: I called you . . . to open blind eyes. I.e. your eyes that have become blind from the many centuries of exile.—[*Redak*]

הִנֵּה־בָאוּ וַחֲדָשׁוֹת אֲנִי מַגִּיד בְּטֶרֶם
תִּצְמַחְנָה אַשְׁמִיעַ אֶתְכֶם: י שִׁירוּ
לַיהוָה שִׁיר חָדָשׁ תְּהִלָּתוֹ מִקְצֵה
הָאָרֶץ יוֹרְדֵי הַיָּם וּמְלֹאוֹ אִיִּים
וְיֹשְׁבֵיהֶם: יא יִשְׂאוּ מִדְבָּר וְעָרָיו חֲצֵרִים
תֵּשֵׁב קֵדָר יָרֹנּוּ יֹשְׁבֵי סֶלַע מֵרֹאשׁ

תרגום

אֲתָאָה וְחַדְתָּן אֲנָא מְחַוֵי עַד לָא אַתְיָן אֲבַסַר יַתְכוֹן: י שַׁבְּחוּ קֳדָם יְיָ תּוּשְׁבְּחָתָא חַדְתָּא אֱמָרוּ תּוּשְׁבַּחְתֵּהּ מִסְיָפֵי אַרְעָא נָחֲתֵי יַמָא וּמְלָאֵהּ נַגְוָן וְיָתְבֵיהוֹן: יא יְשַׁבַּח מַדְבְּרָא וְקִרְוִין דְיָתְבִין בֵּיהּ פְּצִיחִין יָתְבִין מַדְבְּרֵי עַרְבָאֵי יְשַׁבְּחוּן מֵיתַיָא כַּד יִפְּקוּן מִבָּתֵּי עַלְמֵיהוֹן מֵרֵישֵׁי

רש"י

ועתה חדשות אני מגיד לעמי להבטיח על גלות שנייה: (י) תהלתו מקצה הארץ. על הנסים כשיראו את גבורתי לישראל יודו כל העכו"ם כי אלהים אני: יורדי הים. פורשי בספינות: ומלואו. הקבועים בים ולא באיים אלא מתוך המים שופכים עפר כל אחד ואחד כדי בית והולכי' מבית לבית בספינה כגון עיר וניציי"א: (יא) ישאו מדבר. קול בשיר: חצרים תשב קדר. (מוסב על ישאו מדבר קדר שהם דרים עתה באוהלים ישאו קול וירונו כמו והחצרים אשר תשב קדר). מדבר קדר שהם דרים עתה באהלים יהיו ערים וחצרים קבועים: יושבי סלע.

מהר"י קרא

שאני משעבד את זרעו במצרים. ואני גואלם. הנה ראיתם כי באו דברי והבטחתי: וחדשות אני מגיד. זה גלות בבל וגאולתו: בטרם תצמחנה. עד שלא גליתים לבבל הריני משמיע אתכם גאולת בבל: (י) שירו לה' שיר חדש. על גאולת בבל כשם ששרתם אותו על גאולת מצרים. ולא ישראל בלבד. אלא תהלתו מקצה הארץ: (יא) ישאו מדבר ועריו. קול לשורר יושבי ערים ויושבי מדבר: חצרים תשב קדר. אף בני קדר היושבים בחצרים. כי בני קדר יושבי אהל ומקנה הם. וכולן יושבין באין חומה ובריח ודלתים: ירונו יושבי סלע. אמצודה

אבן עזרא

שאגלה העתידות לנביא ויגלם על שמי לכבדני ולא אמרת אחר עמו ולא תהלתי לפסילים: (י) שירו. דברי הנביא שכל אנשי היבשה יתנו שבח לשם בשוב ישראל מבבל על כן הזכיר קדר עם יושבי האיים ויודו האיים בשומעם זה הפלא: (יא) ישאו. כל מדבר ועריו וכל חצרים שיושבים שם קדר והנה הקדריים לעולם בערבה: ירונו. הגוים

רד"ק

הראשונות שנבאתי על סנחריב הנה באו כי בימי ישעיהו הנביא באו: וחדשות אני מגיד. ועתה אני מגיד לכם נבואות חדשות שלא שמעתם ואשמיע אותן אתכם בטרם תצמחנה ותדעו כי כמו שנתקיימו הראשונות כן יתקיימו האחרונות ואלה הם העתידות שאומר להוציא ישראל מגלות זה. ואמר תצמחנה על דרך משל וכן אצמיח קרן לדוד אצמיח קרן לבית ישראל כי הדבר החדש הוא כמו הצמח שיתחדש ויתגלה על פני הארץ אחרי הסתרו כן תהיה תשועת ישראל: (י) שירו לה'. בעת גאולת ישראל: מקצה הארץ. תהלתו יגידו הגוים מקצה הארץ כי ממזרח שמש ועד מבואו ידעו בגאולת ישראל כי הם מפוזרים בכל פאות והגוים בראותם הנפלאות ההם ישירו תהלתו. וכן יורדי הים באניות כלומר בים וביבשה ישירו לה' ואמר ומלואו על דגי הים שהם מלא הים והוא על דרך משל כמו וכל עצי השדה ימחאו כף וכן איים ויושביהם באלו המקומות ישירו: (יא) ישאו. קול: מדבר ועריו. על דרך משל כאלו ישאו קול בשירה המדבר והערים כי יש מקומות במדבר שיש שם ערים: חצרים תשב קדר. וכן ישאו קול החצרים שתשב קדר בהם כי בני קדר שוכנים במדבר באהלים שהם כמו החצרים שהם הכפרים כמו ובתי החצרים כי בני קדר אינם יושבים כאחד אלא מפוזרים במדבר שהם בו הנה והנה כמו הפרזים ופי' תשב קדר עדת קדר כמו ותהי ישראל ותהי ארם וזכר מדבר ובני קדר כי דרך מדבר יצאו ישראל מהגלות: ירונו יושבי סלע. וכן יושבי סלע ר"ל המגדלים הבנוים על הסלעים ועל ההרים ירונו ויצוחו ושניהם ענין צעקה וזכר יושבי סלעים והרים שהם רואים הולכי מדבר והערבה מרחוק:

מצודת ציון

מבית כלא. מקום מאסר: (יא) יצוחו. ענין הרמת קול:

מצודת דוד

עתה אני מגיד חדשות שלא שמעתם עדיין והוא הגאולה העתידה: בטרם תצמחנה. ר"ל עד לא התחילה להתגלות אשמיע אתכם: (י) שירו לה'. אז ישירו לה' שיר חדש ותהלתו יהיה נשמע מקצה הארץ: יורדי הים. הפורשים בים והבריות הממלאים את הים גם המה יהללו לה': איים ויושביהם. האיים עצמם והיושבים בהם יהללו לה' והוא ענין מליצה כי אין האיים והבריות בעלי דעה ודבור להלל וכן נאמר נהרות ימחאו כף (תהלים צ"ח): (יא) ישאו מדבר וגו'. כל מדבר ועריו וכל חצרים תשב בהם עדת קדר כולם

vant to the context than the second one. We see no connection between the desert raising its voice to praise God for the redemption of Israel and Kedar being settled with villages instead of tents. Others render: The Kedarites who dwell in villages. I.e. the Kedarites, or the community of Kedar, that dwells in open villages, without walls and bars, will also raise its voice in praise.—[*Kara, Ibn Ezra, Redak*] This is similar to *Rashi*'s first interpretation. Kedar is identified with the Arabs.—[*Targum Jonathan*] See above 21:16f., Gen. 25:15.

rock dwellers—*The dead who will be resurrected. So did Jonathan render this.*—[*Rashi*]

Alternatively, those who dwell in

behold they have come to pass, and the new things I tell; before
they sprout I will let you hear. 10. Sing to the Lord a new song,
His praise from the end of the earth, those who go down to the
sea and those therein, the islands and their inhabitants. 11. The
desert and its cities shall raise [their voice]; Kedar shall be
inhabited with villages; the rock dwellers shall exult,

the prophecy of the downfall of Sennacherib, which came about during Isaiah's time.—[*Redak*]

behold they have come to pass—*I kept My promise, and now new things I tell My people, to promise them concerning a second exile.*—[*Rashi*]

This is the Babylonian exile and the redemption therefrom.—[*Kara*]

before they sprout—Before I exile you to Babylon, I tell you about the redemption.—[*Kara*]

You shall know that, just as the former prophecies were fulfilled, so shall the new ones that I tell you, be fulfilled. The term 'sprouting' is figurative. Comp. Ps. 132:17: "There I will cause a horn to sprout for David." A new thing resembles a plant, which is renewed and revealed upon the surface of the earth after being hidden under the soil. So will Israel's redemption be revealed after being hidden.—[*Redak*]

10. **Sing to the Lord**—at the time of Israel's redemption.—[*Redak*]

His praise from the end of the earth—*Perforce, when they see My mighty deeds for Israel, all the heathens (nations—Parshandatha, K'li Paz) will admit that I am God.*—[*Rashi*]

Nations all over the world will recite His praises, for the redemption will become known throughout the world, wherever the Jews are scattered, and the nations, upon seeing the wonders, will sing His praise.—[*Redak*]

those who go down to the sea—*Those who embark in ships.*—[*Rashi*]

and those therein—*Those whose permanent residence is in the sea and not in the islands, but in the midst of the water, they spill earth, each one of them, enough for a house, and go from house to house by boat, like the city of Venice.*—[*Rashi* as in Warsaw ed. and *Parshandatha*]

Redak takes this as a figurative allusion to the fish, who occupy the sea.

11. **The desert and its cities shall raise [their voice]**—*their voice in song.*—[*Rashi*]

Kedar shall be inhabited with villages—*(Connected to "The desert . . . shall raise." The desert of Kedar, where they now dwell in tents, shall raise their voice and sing. It is like: And the villages with which Kedar is settled.) The desert of Kedar, where they now dwell in tents, will be permanent cities and villages.*—[*Rashi*]

This appears to be two different interpretations. The first interpretation, enclosed by parentheses, is not found in Rashi mss., neither does it appear in its entirety in the Warsaw edition. It is, however, more rele-

הָרִים יִצְוָחוּ׃ יב יָשִׂימוּ לַיהוָה כָּבוֹד
וּתְהִלָּתוֹ בָּאִיִּים יַגִּידוּ׃ יג יְהוָה כַּגִּבּוֹר
יֵצֵא כְּאִישׁ מִלְחָמוֹת יָעִיר קִנְאָה יָרִיעַ
אַף־יַצְרִיחַ עַל־אֹיְבָיו יִתְגַּבָּר׃
יד הֶחֱשֵׁיתִי מֵעוֹלָם אַחֲרִישׁ אֶתְאַפָּק
כַּיּוֹלֵדָה אֶפְעֶה אֶשֹּׁם וְאֶשְׁאַף יָחַד׃
טו אַחֲרִיב הָרִים וּגְבָעוֹת וְכָל־עֶשְׂבָּם

אוביש

ת״א כחשתי. עגו״ס ג׳:

תרגום

טוּרַיָא יְרִימוּן קָלְהוֹן׃
יב יְשַׁווּן קֳדָם יְיָ יְקָרָא
וְתוּשְׁבַּחְתֵּהּ בְּנַגְוָן יְחַווּן׃
יג יְיָ לְמֶעְבַּד גְבוּרָן
אִתְגְלֵי לְמֶעְבַּד גְבוּרָא
מִתְגְלֵי בִּרְגַז בְּמִלוּל אַף
בְּזִיעַ עַל בַּעֲלֵי דְבָבוֹהִי
מִתְגְלֵי בִּגְבוּרְתֵּהּ׃
יד יְהָבִית לְהוֹן אַרְכָּא
מֵעַלְמָא דְאִם יְתוּבוּן
לְאוֹרַיְתָא וְלָא תָבוּ
כְּחַבְלִין עַל יָלִידְתָּא
יִתְגְלֵי דִינִי עֲלֵיהוֹן
יִצְדוּן וִיסוּפוּן כַּחֲדָא׃
טו אַחֲרִיב טוּרִין וְרָמָן

רש״י

המתים שיחיו כן ת״י: מראש הרים יצוחו. מריש טוריא ירימון קליהון: (יד) החשיתי מעולם. זה ימים רבים החשיתי על חורבן ביתי ותמיד אחריש: אתאפק. לשון הווה עד עתה הליקתי רוחי ומעתה כיולדה אפעה: אשום. אתבהל: ואשאף. ואתאוה להשמיד הכל יחד כל אויבי: (טו) אחריב הרים וגבעות. אהרוג מלכים ושלטונים: וכל עשבם. כל הגלוים עליהם: אוביש. לשון

מהר״י קרא

ויושבי ראשי ההרים יצוחו. ירימו קול לנגן: (יד) החשיתי מעולם. כל מה שהרעו להם אומות לישראל. אחריש ואתאפק. אבל מכאן ואילך. כיולדה אפעה: ואשאף. פת׳ אשים לב איך

אבן עזרא

יושבי סלע ירימו קול כמו ותעבר הרנה: יצוחו. הרמת קול לשבח או לנגאי וכמוהו צוחה על היין: (יב) ישימו. יודו כי עשה גבורת השם וכן יאמרו: (יג) ה׳ כגבור יצא. רמז לגזרו׳ היואלות על פי השם שהיו בסתר: קנאה. בעבור הכבליים עובדי כל: יריע. מן תרועה: יצריח. כמו מר צורח יצעק ואם הם שניים בענינים: יתגבר. שנולחה בכל: (יד) החשתי. אלה דברי השם החשתי כמו החרשתי וכן גם אני ידעתי החשו: אתאפק. כמו להתאפק: ביולדה אפעה. אצעק ואין רע לו ויש אומרים שהוא כן כיולדה שהיא יולדת אפעה כן אשום ואשאף מגזרת אפעה שרף מעופף: אשם. מבנין נפעל מפעלי הכפל: ואשאף יחד. כטעם שואף זורח והנה היא שממה בלב עם שאוף בפה וזה הכתוב הוא כנגד שיהיו אנשי העולם חושבים כי אין לו כח להושיע עמו: (טו) אחריב. ואיך חשבו זה והלא יראו שאחרים הרים וגבעות וכל העשב

רד״ק

(יב) ישימו. יתנו לו בפיהם הכבוד והתהלה: (יג) ה׳ כגבור יצא. לתשועת ישראל כמו הגבור שיצא למלחמה בלא פחד: יעיר קנאה. קנאת ישראל שהעבידום בגלות כמה שנים: יריע אף יצריח. הכל דרך משל למנצחים במלחמה שהם מריעים ומצריחים להתגבר על אשר כנגדם. ויצריח כמו יריע ובאמרו אף יצריח כי הצריחה יותר בהגבהת קול מהתרועה ויתגבר על אויביו: (יד) החשיתי. אמר האל יתברך מזמן רב החשיתי ושתקתי בצער ישראל בגלות והתאפקתי בסבל לחצם כאדם המתאפק ולא יראה לאחרים מה שבלבו ומתחזק להסתיר רצונו כמו ויתאפק ויאמר שימו לחם ויתאפק המן: כיולדה אפעה. עתה אצעק כמו היולדת שצועקת בחבליה כן אזעק על הרשעים שהם אויבי כמו שאמר בפסוק שלמעלה מזה כי יותר מדאי התאפקתי ולא אוכל עוד לסבול בצערה: אשום ואשאף יחד. אשומם ואבלעם יחד כל אויבי וכן כי שאפני אנוש. שאפה רוח. שמום ושאוף ענין בליעה והשחתה: (טו) אחריב הרים וגבעות. משל על מלכי האומות וכן עשבם

מצודת דוד

ישאו קול שיר: ירונו וגו׳. היושבים על הסלע ירונו תהלות ה׳: יצוחו. ר״ל יהיה נשמע קול צוחה של שמחה והלל: (יב) ישימו. ר״ל בפיהם יתנו לו כבוד: יגידו. האנשים השוכנים שמה: (יג) יצא. לתשועת ישראל: יעיר קנאה. יעורר לקנאות קנאת עמו: יריע. כגבור המנצח במלחמה: יתגבר. יתחזק את עצמו על אויביו: (יד) החשיתי מעולם. זה זמן רב אני שותק על מה שעשה העכו״ם לעמי: אתאפק. אתחזק לכבוש כעסי: כיולדה אפעה. אבל מעתה אשאג בקול כיולדה להומם ולאבדם: אשום ואשאף יחד. אעשה שממה ואבלעם כולם יחד: (טו) אחריב. את ההרים והגבעות אעשה חורבה ואוביש את עשבם ר״ל אאבד

מצודת ציון

(יג) יעיר. מלשון התעוררות: יריע. מלשון תרועה: יצריח. ענין צעקה בקול גדול כמו מר צורח (צפניה א׳): (יד) החשיתי. ענין שתיקה כמו לא אחשה (לקמן ס״ב): אחריש. אשתיק: אתאפק. ענין התחזקות כמו המון מעיך וגו׳ התאפקו (לקמן ס״ג): אפעה. ענין צעקה ובדרז״ל פיעתא הוא דא (סוכה נ״א): אשום. מל׳ שממון: אשאף. ענין בליעה וכן ושאף למים חילם (איוב ה׳): (טו) אחריב. מל׳ חורבן: אוביש. מלשון יבש: ואגמים. מקום

destroy My enemies at once, or, I will desolate and swallow My enemies at once.

Ibn Ezra interprets it as a continuation of the simile of the travailing woman: I will be desolate and sigh together. This is directed toward those who will think that God has no power to save His people. He continues in v. 15 to illustrate His power.

A very apt interpretation is found in *K'li Paz*. God is likened to a pregnant woman, who, during her preg-

from the mountain peaks they shall shout. 12. They shall give
glory to the Lord, and they shall recite His praise on the
islands. 13. The Lord shall go out like a hero; like a warrior
shall He arouse zeal; He shall shout, He shall even cry, He shall
overpower His foes. 14. I was silent from time immemorial; I
am still, I restrain Myself. Like a travailing woman will I cry; I
will be terrified and destroy them together. 15. I will destroy
mountains and hills, and all their grass

towers built on mountains and rocks, who overlook the valleys and the plains and see all travelers in these regions.—[*Redak*]

from the mountain peaks they shall shout—*From the mountain peaks they shall raise their voices.*—[*Rashi* from *Jonathan*] *Kara* adds: They shall raise their voices to sing. The root צוח, generally used in a bad sense, as a cry of distress, e.g., as above 24:11, is used here in a good sense, as a shout of joy.—[*Ibn Ezra*]

12. **They shall give**—They shall acknowledge that God has done great things, and they shall say as follows:—[*Ibn Ezra*]

13. **The Lord shall go out like a hero**—to save Israel without fear.—[*Redak*]

This is an allusion to the decrees issued by God, that were heretofore secret.—[*Ibn Ezra*]

shall He arouse zeal—He shall arouse vengeance against those who enslaved Israel for many years.—[*Redak*]

Ibn Ezra interprets it as jealousy of the Babylonians who worship Bel. See Exodus 34:14.

He shall shout, He shall even cry—This is figurative of the victors in battle, who shout and cry as they overpower their adversaries. The cry is louder than the shout. Hence, the expression, "He shall even cry."—[*Redak*]

His foes—Babylonia.—[*Ibn Ezra*] This apparently follows Rabbi Moshe Hakohen, who explains the redemption mentioned in this Book as referring to the redemption from Babylon.

He shall overpower—[*Mezudath David*] *Jonathan* renders: He shall reveal Himself with His might.

14. **I was silent from time immemorial**—*Already for a long time I have been silent about the destruction of My Temple, and always*—

I am still; I restrain Myself—*This is present tense. Until now My spirit has constrained Me, and from now, like a travailing woman will I cry.*—[*Rashi*]

I will be terrified—Heb. אשם.—[*Rashi*]

and destroy [them] together—*And I will long to destroy everyone together, all My adversaries.*—[*Rashi*]

Redak renders: I will desolate and

אוֹבִישׁ וְשַׂמְתִּי נְהָרוֹת לָאִיִּים וַאֲגַמִּים
אוֹבִישׁ: טז וְהוֹלַכְתִּי עִוְרִים בְּדֶרֶךְ לֹא
יָדָעוּ בִּנְתִיבוֹת לֹא־יָדְעוּ אַדְרִיכֵם
אָשִׂים מַחְשָׁךְ לִפְנֵיהֶם לָאוֹר וּמַעֲקַשִּׁים
לְמִישׁוֹר אֵלֶּה הַדְּבָרִים עֲשִׂיתִם וְלֹא
עֲזַבְתִּים: יז נָסֹגוּ אָחוֹר יֵבֹשׁוּ בֹשֶׁת
הַבֹּטְחִים בַּפָּסֶל הָאֹמְרִים לְמַסֵּכָה
אַתֶּם אֱלֹהֵינוּ: יח הַחֵרְשִׁים שְׁמָעוּ

קמץ בז״ק

תרגום

וְכָל עִסְבֵּיהוֹן אֵיבֵּשׁ נַאֲשַׁוֵי נַהֲרִין לְנַגְוָן וַאֲגַמִין אֵיבֵּשׁ: טו וְאֲדַבַּר לְבֵית יִשְׂרָאֵל דְדָמִין כְּסָמָן בְּאוֹרַח דְלָא יָדְעוּ בִּשְׁבִילִין דְלָא אֲלִיפוּ אַדַרְכִינוּן אֲשַׁוֵי קֳבָל קֳדָמֵיהוֹן לִנְהוֹר וְכַפְלָא לְמֵישְׁרָא אִלֵין פִּתְגָמַיָא אַעְבְדִינוּן וְלָא אַרְחִיקִינוּן: יז יִסְתַּחֲרוּן לַאֲחוֹרָא יִבְהֲתוּן בַּהֲתָא פָּלְחֵי צַלְמַיָא דְאָמְרִין לְצַלַם מַתְּכָא אַתּוּן טַעֲוָתָנָא: יח רַשִׁיעַיָא דְאִינוּן כְּחֵרְשִׁין הֲלָא אוּדְנִין

ת״א והולכתי עורים . עקדה שער ע זוהר ותתקן: החרשים . שם שער ק עקרים מ״ג פ״ב זוהר ויחי:

מהר״י קרא

לאבדם מן העולם: (יח) החרשים. ישראל שעושין עצמן כחרשים בגלות. ששומעים חרפתם ואינם משיבין: והעורים. הרואים בזיונם ועושין עצמן כאילו אינן רואין. מכאן ואילך הביטו לראות. מי הם המחרפים והמגדפים אתכם ואני פורע מהם:

רש״י

יובש הוא לענין דבר לח כגון עשב ונהרות: (טז)והולכתי. ישראל שהיו עורים עד הנה מהביט אלי בדרך הטוב אשר לא ידעו להלוך בה: עשיתם. אעשה כן לשון נבואה לדבר על העתיד כאלו עשוי: (יח) החרשים. והעורים. על

רד״ק

משל על האומות. וכן נהרים ואגמים משל על האומות שהם מלאים כל טוב כמו הנהרות והאגמים עתה יחסרו כל הטוב ההוא ויהיו כמו הנהרות והאגמים שיבשו ושבו איים שהם מקימות לשבת: אחריב. ענין חרבן: (טז) והולכתי. אבל ישראל שהם כעורים בגלות אוליך אותם בדרך לא ידעו שאוליכם לארצם דרך מדבר העמים: לאור. כי ההולך בחשך או בדרך מעקשים יכשל וההולך בדרך לא ידע כאלו הולך בחשך או במעקשות וישראל ילכו כהולך באור ובדרך מישור: עשיתים. עבר במקום עתיד וכמוהו רבים ובדברי הנבואות ברוב העתידות כאלו נעשו: (יז) נסוגו. ואז יבושו עובדי הפסילים וכן הבוטחים בהם ויסוגו אחור ממחשבתם: (יח) החרשים. אמר האל כנגד ישראל אשר בדור הנביא אתם ישראל שאתם חרשים לשמוע דבר ה׳ ועורים לראותו שמעו אלו הטובות שאני עתיד להטיב לישראל ומן הראשונות שבאו תדעו שהאחרונות העתידות יבאו ואיך תקשו לבבכם ולא תשמעו לי להטיב דרכיכם ולא עוד אלא שאתם אומרים לנביאי

אבן עזרא

אוכים ואעשה מהנהרות איים שירדו שם בני אדם: (טז) והולכתי. ואני מוליך עורים בדרך לא ידעו כי העור אם היה רגיל בדרך ילך בה בלי אור ואני אשי׳ המחשך כאילו הוא אור להם ומעקשים למישור יש אומרים כי זה רמז לשוב ישראל מבבל: (יז) נסוגו. הטעם אני יש לי כח כאשר ארצה ולא לפסילים מוסך אחר עמו וכן לפסילי המסכה בעבור מלת אתם: (יח) החרשים. השמיעה והמראה

מצודת ציון

כניסת המים: (טז) בנתיבות. מלשון נתיב ושביל: אדריכם. מלשון דריכה והלוך: אשים. מל׳ שימה: ומעקשים. מלשון עקש ועקום: למישור. מל׳ ישר ושוה: (יז) נסוגו אחור. ענין החזרה לאחור וכן ונסוג מאחרי אלהינו (לקמן נ״ט): למסכה. לקבולת פסל

מצודת דוד

המלכים והשרים וכל המון העם: לאיים. להיות חורב ויובש כאיים ר״ל אאבד העכו״ם הנמשלים למים רבים: ואגמים וגו׳. כפל הדבר במ״ש: (טז) והולכתי עורים. אז אוליך את ישראל לארצם דרך המדבר בדרך אשר לא ידעוהו והמה כעורים לה: בנתיבות וגו׳. כפל הדבר במ״ש: אשים מחשך. ההולך בדרך שאין ידוע לו הוא כאלו הולך בחשך: ומעקשים למישור. דרך המעוקש אעשה ישר ושוה: עשיתים. מאז כשילאו ממלרים עשיתי כאלה: ולא עזבתים. נעתיד לבוא: (יז) נסוגו וגו׳. אז הבוטחים בפסל יבושו בבושת ויחזרו לאחור כדרך אדם הנכלם שחוזר לאחוריו לבל יראהו בבשתו: האומרים וגו׳. כפל הדבר במ״ש: (יח) החרשים שמעו. אתם ישראל החרשים משמוע דבר ה׳

those who trust in them, will be ashamed and will turn back from their belief in these useless things.—[*Redak*]

The prophet compares them to people who sneak away when they are ashamed, to avoid experiencing embarrassment.—[*Mezudath David*]

I have the power to do as I wish. Not so the graven images and the molten idols.—[*Ibn Ezra*]

18. **You deaf ones . . . and you blind ones**—*He is referring to Israel.*—[*Rashi*]

He addresses the Jews of Isaiah's generation, who turned deaf ears to God's prophecy and were blind from seeing it. Listen to the favor-

I will dry out, and I will make rivers into islands and I will dry
up the pools. 16. And I will lead the blind on a road they did
not know; in paths they did not know I will lead them; I will
make darkness into light before them, and crooked paths into
straight ones. These things, I will do them and I will not forsake
them. 17. They shall turn back greatly ashamed, those who
trust in the graven image, who say to the molten idols, "You
are our gods." 18. You deaf ones, listen,

nancy, is quiet. When she enters labor, she cries, feels desolation, and gasps for air. Thus, with the Jewish people, all during their exile, God was silent. He did not react to the oppressions by the gentiles. When the redemption approaches, however, He will react and destroy the oppressors of His people. He ventures to say that the various expressions allude to the various exiles. *I was silent* during the exile in Egypt. *I will be still* during the Babylonian exile. *I will restrain Myself* during the exile of Edom. And finally—*Like a travailing woman will I cry.* This alludes to the final redemption.

15. **I will destroy mountains and hills**—*I will slay kings and rulers.*—[*Rashi*]

and all their grass—*All their followers.*—[*Rashi*] This is figurative of the nations.—[*Redak*]

I will dry out—Heb. אוֹבִישׁ. *This is an expression of drying, used in reference to wet things, e.g. grass and rivers.*—[*Rashi*]

These too are figurative of the nations, heretofore replete with all good. Now they will lack that good and become like rivers and pools that have become islands, places for dwelling.—[*Redak*]

16. **And I will lead the blind**—*Israel, who were heretofore blind from looking to Me, I will lead in the good way, upon which they did not know to walk.*—[*Rashi*]

Redak explains this verse literally: But Israel, who are like the blind in exile, I will lead them on a road they did not know, for I will lead them to their land through the wilderness of the nations.

into light—For one who travels in the dark or on crooked roads is apt to stumble. So it is with someone traveling on unknown roads. The Jews, however, will travel like one walking in the light on straight paths.—[*Redak*] Some interpret this as an allusion to Israel's return from Babylon.—[*Ibn Ezra*]

I will do them—Heb. עֲשִׂיתִם, lit. I did them. *I will do. So is the language of prophecy, to speak of the future as if it was already done.*—[*Rashi*]

Abarbanel, however, prefers to render this in the past, as a reference to the redemption from Egypt.

17. **They shall turn back**—Then those who worship idols, as well as

וְהַעִוְרִים הַבִּיטוּ לִרְאוֹת: יט מִי עִוֵּר כִּי
אִם־עַבְדִּי וְחֵרֵשׁ כְּמַלְאָכִי אֶשְׁלָח מִי
עִוֵּר כִּמְשֻׁלָּם וְעִוֵּר כְּעֶבֶד יְהוָה: כ רָאִית
רַבּוֹת וְלֹא תִשְׁמֹר פָּקוֹחַ אָזְנַיִם וְלֹא
יִשְׁמָע: כא יְהוָה חָפֵץ לְמַעַן צִדְקוֹ יַגְדִּיל

ת"א ה׳ חפץ. מגלה כח מכות כג אבות יג חולין סו נדה נא עקרים מ"ג פכ"ט: ראות קרי

אוּדְנִין לְכוֹן שְׁמַעוּ וְחַיָּבַיָּא דְאִינוּן כְּסָמָן הֲלָא עֵינִין לְכוֹן אִסְתַּכָּלוּ וַחֲזוֹ: יט הֲלָא אִם יְתוּבוּן רַשִׁיעַיָּא יִתְקְרוּן עַבְדַי וְחַיָּבַיָּא דִנְבִיַּי שְׁלָחִית עֲלֵיהוֹן אֶלָא רַשִׁיעַיָּא עֲתִידִין לְאִשְׁתַּלָמָא פּוּרְעֲנוּת חוֹבֵיהוֹן בְּרַם אִם יְתוּבוּן יִתְקְרוּן עַבְדַיָּא דַיְיָ: כ חֲזֵיתוּן סַגִיאָן וְלָא נְטַרְתּוּן אִתְפַּתְּחָא אוּדְנֵיכוֹן וְלָא קַבֵּילְתּוּן אוּלְפָן: כא יְיָ רָעֵי בְּדִיל לְזַכָּאוּתֵהּ

רש"י

ישראל הוא אומר: (יט) מי עור. בכם אין אחד כי אם עבדי הוא העור שבכולכם. וחרש שבכם הרי הוא כמלאכי אשר אני שולח להגבא נבואות: מי עור כמשולם. מי שהיה עור בכם כבר קבל יסוריו והרי הוא כמשולם כל תגמוליו ויצא נקי: (כ) ראות רבות. ראיות הרבה לפניכם ואינכם שומרים להביט במעשי ולשוב אלי: פקח אזנים. אני עסוק לפקוח אזניכם ע"י נביאי ולא ישמע איש מכם את דברי ולשון הוה הוא: (כא) ה׳ חפץ. להראותכם להצדיקם ליום הדין. וכן הוא אומר וה׳ חפץ דכאו החלי.

מהר"י קרא

(יט) מי עור כי אם עבדי מי הוא שקראתים עור. אלו ישראל ששומעין חרפתם ואינן משיבין. והם שקולים עלי כאליהו שאני עתיד לשלוח: מי עור כמשולם. כל מי שעושה עצמו עור. שרואה ועושה עצמו כאילו אינו רואה מעלה אני עליו כאילו קיים כל מצוותי. ומשולם ורצוי לבי. ועור. כמשה עבד ה׳: (כ) [ראות רבות]. לפיכך קראתים עורים שרואים צרות רבות: ולא תשמור. אינן שומרין את הדבר אלא עושין [עצמן] כאילו לא ראו: פקוח אזנים ולא ישמע. פקחי אזנים הן ועושין עצמן כאילו לא שומעין חרפתם: (כא) ה׳ חפץ למען צדקו. מאחר שכל כך חביבין לפניו. שכל אחד שקול כמשה ואליהו. ומפני מה הגלה אותם לבין האומות. למרק עונם וכן הוא אומר כי את אשר יאהב ה׳ יוכיח: יגדיל תורה ויאדיר.

אבן עזרא

עקרה בלב והנה אלה חרשי לב ועורי לב: (יט) מי. זה הכתוב לעד על יושר פירושי החשתי. והטעם אתם עורים כי תאמרו כי אין עור רק הנביא: כמלאכי אשלח. הוא שליח השם וכן כתיב ויאמר חגי מלאך ה׳: מי עור כמשולם. כמו וירא מלוה הוא ישולם מגזרת שלם וכן המשולם הוא הצדיק: ועור כעבד ה׳. שיעבד השם ואם איננו נביא: (כ) ראות. מלה זרה בעבור התחברות שני משקלי שם הפעל בא המוכרת והסמוך וכן הוא יראו דברי אל רבים ולא תשמרם הנפש או העין ואזניהם יפקחו ולא יסגרום ולא ישמעו וזה תמה: (כא) ה׳ חפץ. זה שלא

רד"ק

כשאקרא אתכם שאתם חרשים ועורים: (יט) מי עור. אתם תאמרו על נביא ה׳ שהוא עבדי שהוא עור: כמלאכי. נביאי שאשלח לכם תאמרו מי עור וחרש כמוהו וכפל הענין במלות שונות: כמשלם. עבדי הנביא שהוא שלם בראות הלב תאמרו עליו מי עור כמוהו: (כ) ראות. ואתם תראו צרות רבות: ולא תשמור. בעין לבכם למה באו אלינו הצרות האלו והנה עיניכם רואות ועורות כי מה תועיל הראיה לרואה אם לא ישמור את דרכו וכן אזניכם פקוחות ולא ישמע אחד מכם התוכחה והנה אתם כחרשים. ראות מקור וכן פקוח ואמר תשמור ישמע לשון יחיד כי אפילו אחד מהם לא ישמור ולא ישמע לשוב אל הדרך הטובה ובאמרו תשמור בתי"ו חנוכה ואחר כך ישמע אין תימה בזה כי כמוהו רבים במקרא ידבר לנכח ושלא לנכח בפסוק אחד כמו שמעו עמים כולם וזולתו: (כא) ה׳ חפץ למען צדקו. יעשה לא למענכם שיגדיל תורתו עדין בימי הגאולה ויאדיר אותה כמ"ש כי מלאה הארץ דעה את ה׳ ואז תפקחנה עיני עורים ואזני חרשים תפתחנה אבל עתה הם חרשים ועורים

מצודת דוד

והעורים מלראות מלותי שמעו מעתה והביטו לראות הואיל וטובה גדולה מוכנת לכם: (יט) מי עור וגו׳. כאלו יפרש דבריו לומר מה שכללתי גם הכשרים שבכם להקראם חרשים ועורים כי מי הוא היותר ראוי להקרא עור כי אם עבדי על כי היא יודע ומכיר בקלקול הדור ואינו מסתכל במעשיהם להסירם ולתקנם: וחרש וגו׳. חוזר על מלת מי לומר מי הוא היותר ראוי להקרא חרש כמלאכי אשר אשלח ר"ל מי שנתתי חכמה בלבו וכאלו שלחתיו ללמד דעת את העם והוא כחרש לא ישמע מעשה בני העם להזהירם על הדבר: כמשולם. השלם במדות: כעבד ה׳. כפל הדבר פעמים ושלש כדרך המליצה: (כ) ראות רבות. הלא המה רואים הרבה חכמה ואין בהם מי אשר ישמור את הזולת להשיבו מדרכו הרעה ולכן מהראוי להקרא עור: פקוח אזנים. הלא יש להם אזנים פתוחות להבין מלות ה׳ ואין בהם מי אשר ישמע כי עושה עלמו כאלו לא יבין ואינו מזהיר לזולת ולכן מהראוי להקרא חרש: (כא) ה׳ חפץ. ר"ל הלא עיקר חפץ ה׳ באנשים כאלה הוא בעבור שכ"ה מהם ילדיק

מצודת ציון

סנעשה ממתכת ביליקה והתכה: הביטו. ענין הסתכלות וראיה: (יט) כמלאכי. ענין שליח: (כ) פקוח. ענין פתיחה: (כא) חפץ. ענין

fect and acceptable to Me, and the blind is accounted like Moses, called 'the servant of the Lord.'

20. **There is much to see**—*There are many sights before you, and you do not observe to look at My deeds and to return to Me.*—[*Rashi*]

to open the ears—*I am busy opening your ears through My prophets, but none of you listens to My words. This is a present tense.*—[*Rashi*]*

21. **The Lord desires**—*to show you and to open your ears for His righteousness' sake; therefore, he magnifies and strengthens the Torah for you.*—[*Rashi*]*

and you blind ones, look to see. 19. Who is blind but My serv-
ant, and deaf as My messenger whom I will send? He who was
blind is as the one who received his payment, and he who was
blind is as the servant of the Lord 20. There is much to see but
you do not observe, to open the ears but no one listens. 21. The
Lord desires [this] for His righteousness' sake; He magnifies

able prophecies I will bring upon you, just as I have already brought good upon you in the exile in Egypt. Now, why do you harden your heart and not obey Me to improve your ways?—[*Redak*]

Jonathan, too, paraphrases: You wicked ones, who are like deaf, have you no ears? Listen! And you sinful ones, who are like blind, have you no eyes? Look and see!

Kara explains it favorably: Israel, who make themselves like deaf in exile, for they hear their disgrace and do not respond, and they see their disgrace and pretend not to see, from now on look to see who disgrace and mock you, and I will mete out to them their just deserts.

19. **Who is blind**—*among you? There is no one but My servant; he is the most blind of all of you. And the most deaf among you is like My messenger whom I send to prophesy prophecies.*—[*Rashi*]

He who was blind is as the one who received his payment—*He who was blind among you has already received his chastisements, and he is as one who was paid all payments due him and has emerged cleansed.*—[*Rashi*]

Ibn Ezra and *Redak* understand this verse as the retort of the people to the prophet. When I call you blind and deaf, you retort that no one is blind but My servant, the prophet, and no one is deaf like My messenger, whom I send to prophesy to you.

Who is as blind as the perfect one—*Redak* renders in this manner. You claim that My prophet, who is really perfect in his senses, to see with his heart, is blind. *Ibn Ezra* renders: He who is recompensed; viz. the righteous, who is recompensed for his good deeds.

and blind as the servant of the Lord—One who serves God, even if he is not a prophet.—[*Ibn Ezra*]

Abarbanel interprets these verses as an explanation of verse 14. Why was God silent from time immemorial? Why did He restrain Himself? Because the prophets exhorted the people to take heed of what happened to them, to realize that it was all God's doing, and to repent. Instead, they retorted, "Who is blind but My servant . . ."

Kara, following his explanation of the preceding verse, continues: Whom did I call blind? Israel, who hear their derision but do not respond. To Me, they are equal to Elijah, whom I am destined to send, and anyone who makes himself blind, who sees and pretends not to see, is equal to one who performed all My commandments, and is per-

תורה ויאדיר: כב והוא עם בזוז ושסוי
הפח בחורים כלם ובבתי כלאים
החבאו היו לבז ואין מציל משסה ואין
אמר השב: כג מי בכם יאזין זאת יקשב
וישמע לאחור: כד מי נתן למשוסה

ת"א למשיסה יעקב. גטין נח זוהר חיי שרה (הוריות פח):

למשיסה קרי — יעקב

תרגום

ישראל ורבי לעבדי אוריתה ויתקיף יתהון: כב והוא עם בזיז נאנים אתחפיאו בהתא עולימין כולהון ובבתי יסורין עגינין הוו לעדי ולית דמשיזיב לבזא ולית דאמר אתיב: כג מן בכון יצית דא יקבל ויסבר לסופא: כד מן מסר לעדי יעקב

מהר"י קרא

ולבד משיעבוד מלכיות (המלכיות) הגדיל להם תורה שיהיו עוסקין בה. ועל ידי עוסקן בה יאדירו אותם ליום הדין. כלומר יחזיקו אותם ליום הדין. ר' שמעון בר אבא בשם ר' יוחנן אמר. ד' דברים הראה הקב"ה לאברהם אבינו. גיהנם. ומלכיות. ומתן תורה. ובית המקדש. אמר [לו:] כל זמן שבניך עוסקין בשתים ניצולין משתים. מדינה של גיהנם ומשיעבוד מלכיות. פירשו משתים הרי נרדים בשתים. כלומר באחת (שתים) [משתים] מה שאתה רוצה (שירדנו כבר) [שירדו בניך] או בגיהנם או במלכיות. ר' חנינא בר פפא אמר. אברהם בירר לו את המלכיות. הה"ד אם לא כי צורם מכרם. זה אברהם. וה' הסגירם. שהסכים על ידו: (כב) והוא עם בזוז ושסוי. ומה שישראל עם בזוי ושסוי. (ומה) [הוא מה] שישראל עם בזוי בין האומות: הפח בחורים כולם. הפח. לשון אבילות ואנינות כמו שנאמר ונפש בעליה הפחתי. וכן תקותם מפח נפש: **ובבתי כלאים החבאו היו לבז ואין מציל** [וגו']. אין בכל האומות שיפתח שפתיו בהשבה להשיב את הבז. השב כמו השבון. שם דבר הוא ולא לשון ציווי. וכאשר סבלתם כל אלו הצרות שהייתם עם בזוי ושסוי והייתם לבז ואין מציל: (כג) מי בכם יאזין זאת. שיקשיב לאחרית: (כד) מי נתן למשיסה יעקב וגו'. הלא זו אשר חטאנו לו. בשביל דבר זה שחטאני

רש"י

ולפקוח אזניכם למען לדקו ולכך הוא מגדיל ומאדיר לכם תורה: (כב) והוא. העם הזה בזוי ושסוי וסוף הענין ולא ישים על לב כל זה לומר למה קראתני זאת מי נתן למשיסה יעקב: **הפח בחורים כולם**. בחוריהם פחי נפש כולם. (תוספת ד"א. הפח בחורים כולם ישימו את עצמם בפחי האדמה ובחורים ובבתי כלאים החבאו יוכיח שכן הוא): **ואין אומר השב**. כמו השב לפיכך הוא רפי אבל השב באתנחתא דגש: (כג) יאזין. לתת לב לזאת מי נתן למשיסה יעקב: **לאחור**. יקשיב וישמע דבר שיעמוד לו באחרונה וכן ת"י לאחור לסופא וכן כל לאחור שבמקרא

רד"ק

ובצעים כי היא עם בזוז ושסוי ולא יבינו ולא ישכילו כי בעונותיהם יהיה להם זה: (כב) והוא עם. ישראל הוא עם בזוז שבוזזים אותם אויביהם ושוסים אותם תמיד: הפח בחורים כולם. כמו על חור פתן אומר כי בחורים אשר התחבאו שם יפיחו אותם אויביהם כלומר ילכדו אותם בפח שלהם ובאמרם חורים ר"ל מערות ואמר חורים על דרך גנאי כמו שאמרו פלשתים הנה עברים יוצאים מן החורים אשר התחבאו שם: ובבתי כלאים החבאו. אמר כשילכדום אויביהם יחביאום בבתי כלאים ובכל הרע הזה ובכל הבזיון הזה לא ישובו אל לבם בעונינו הוא זה: השב. בפתח השי"ן מקום צרי בעבור ההפסק ור"ל אין אומר לאויב השב הבזה: (כג) מי בכם יאזין זאת. זאת התוכחה מי בכם שיאזינה ויבקשנה וישמע מה שעתיד להיות בסוף הימים והו לאחור ויתודה ויאמר מי נתן למשסה: (כד) מי נתן. שלא יאמר מקרה הוא היה לנו אלא שהקב"ה הוא עשה זה בחטאתי': למשוסה. כתיב בוי"ו וקרי בלא וי"ו והענין אחד אלא שבכתיב הוי"ו במקום אות הכפל: זו חטאנו. זו אשר חטאנו לו. ויש מפרשים זו במקום אשר וכן ברשת זו טמנו:

אבן עזרא

יביט להראות לדק השם עד שיגדיל תורתו שיפחדו כל עוזביה אז יהיה זה הכתוב עם הבא אחריו כי השם הראה לדקתו ושם זה העם האומ' על הנביא שהוא עוד שסוי ובזוי: (כב) והוא. ושסוי. מבעלי הה"א כמו שוסי' את הגרנות: הפח. שם הפעל כמו נפיחה ואם הם שנים שרשים: בחורים. מגזרת חור פתן והטעם שהם אסורים יושבים בתחתית יולאי הפבי השב בעבור שהוא סוף פסוק והוא פועל יוצא השב המשסה: (כג) מי בכם. יגיד זאת כמו זה הנביא שתאמרו שהוא עור וישמע העתיד וזה לאחור והוא מגזרת אל תאחרו אותי. לפנים. מגזרת פנה: (כד) מי. אז יודה העם ויאמר מי נתננו למשיסה הלא ה'

מצודת ציון

כלון: ויאדיר. ענין חוזק: (כב) בזוז. מל' בזה ושלל: ושסוי. ענין רמיסה כמו שסוהו כל עוברי דרך (תהלים פ"ט): הפח. ענין דאבון ודאגה כמו ונפש בעליה הפחתי (איוב ל"א): ובבתי כלאים. הוא משמר בית אסורים: החבאו. מל' מחבואה ומסתור: משסה. כמו למשסה והוא ענין רמיסה: (כג) יאזין. ישמע באזניו:

מצודת דוד

את הזולת ללמדו דרך הישר ולהגדיל בתורה ולהאדירה ר"ל להרבות למוד דעת את העם: (כב) והוא עם בזוז ושסוי. ר"ל והם לא כן עשו כי לא למדו דעת את העם ולא שבו מדרכם והמה בעונם בזוזים ורמוסים לכל העכו"ם: הפח בחורים כולם. כל בחוריהם יש להם מפח נפש והמה הבואים וכלואים בבתי כלאים: ואין מציל. אין מי מציל מן הבזה: משיסה. היו למשוסה ואין מי אומר השיבהו למקומו ואל תוסיף לרמסו ומוסב למעלה לומר הלא על כי לא נתנו לב לשמוע ולראות בקלקול הדור ולתקנם באה עליהם הצרה הזאת ומהראוי הוא להקראם עורים וחרשים: (כג) מי בכם. ר"ל וכי נמצא מי בכם אשר יאזין לתת לב לזאת האמור למטה: יקשיב. וכי נמצא מי בכם אשר יקשיב לשמוע דבר שיעמוד לו באחרונה: (כד) מי נתן. ר"ל וזהו הדבר להבין מי הוא אשר מסר את

and hear something that will stand him in good stead at the end? Jonathan, too, renders: לְסוֹפָא, *at the end, and likewise, every* לְאָחוֹר *in Scrupture refers to something that is destined to be.*—[*Rashi*]

Redak renders: What is destined to be at the end of days. Then he will confess and say, "Who subjected Jacob to plunder . . .

24. **Who**—Then the people will confess and say, "Who subjected us

the Torah and strengthens it. 22. And it is a robbed and pil-
laged people; all their youths are grieved, and they are hidden
in dungeons; they are subject to plunderers, and none rescues
[them], to pillagers, and no one says, "Return." 23. Who
among you will hearken to this, will listen and hear for the
future? 24. Who subjected Jacob to plunder

22. **And it**—*This people is despised and pillaged, and the end of the section is* (infra v. 25) *"And they laid not to heart" all of this to say, "Why did this befall me?" "*(v. 24) *Who subjected Jacob to plunder?"*—[*Rashi*]

Rashi apparently renders בָּזוּז as despised, like בָּזוּי. *Kara,* too, explains that Israel is despised among the nations. Other exegetes, however, such as *Jonathan, Redak,* and *Mezudath Zion,* render as our translation. *Redak* explains that Israel is constantly robbed and pillaged by its enemies.

pillaged—According to *Jonathan* and *Ibn Ezra. Mezudath Zion* renders: trampled.

all their youths are grieved—Heb. הָפֵחַ בַּחוּרִים. *Rashi* explains the *beth* of בַּחוּרִים as a radical. He, therefore, renders it as 'youths.' *Jonathan,* too, renders it as 'youths.' *Rashi* explains הָפֵחַ as related to the Talmudic פַּחֵי נֶפֶשׁ, lit. blowing out the soul, an expression of grief and melancholy. —[*Rabbenu Yeshayah*] See *Aruch Completum,* vol. 6, p. 306. *Jonathan* renders: All their youths are covered with shame. In printed editions of *Rashi,* the following appears in parentheses: (*Addendum: Another explanation of* הָפֵחַ בַּחוּרִים כֻּלָּם—*They will put themselves into snares* (פַּחֵי) *of the earth and into pits.* The clause, *"And they are hidden in dungeons," proves that this is so.*)—[*Rashi*] According to this explanation, the radical is חוּרִים, *holes,* and the *beth* a prefix, meaning *in.* הָפֵחַ is related to פַּח, a trap. They put themselves into snares, or traps. Thus, *Rashi,* or some later copyist, arrives at the rendering: They will put themselves into snares of the earth and into pits. Similarly, *Redak* renders: They are all of them snared in holes. I.e. the enemies snare them in the holes, or caves, in which they are hiding.

and they are hidden in dungeons—When the enemies seize them, they hide them in dungeons. Yet, despite all these trials and tribulations and all this disgrace, no one is inspired to attribute it to their sins.—[*Redak*]

and no one says, "Return."—*Like* הָשֵׁב, the imperative. *Therefore, it is not punctuated with a dagesh, but "*(Gen. 43:17) *That returned* (הַשָּׁב) *in our sacks," is punctuated with a dagesh.*—[*Rashi*] The latter is the definite article, voweled with a *pattah,* always followed by a *dagesh.* In our case, since the *he* is voweled with a *kamatz,* a long vowel, the *dagesh* is absent.

No one says to the enemy, "Return the spoils."—[*Redak*]

23. **will hearken**—*to pay attention to this, "Who subjected Jacob to plunder?"*—[*Rashi*]

for the future—Who *will hearken*

יעקב וישראל לבזזים הלוא יהוה זו
חטאנו לו ולא־אבו בדרכיו הלוך ולא
שמעו בתורתו: כה ויִשפך עליו חמה
אפו ועזוז מלחמה ותלהטהו מסביב
ולא ידע ותבער־בו ולא־ישים על־לב:
מג א ועתה כה־אמר יהוה בראך

וישראל לבזוזין הלא יי
מן קדם דחבו קדמוהי
ולא אבו למיהך באורחן
דתקנן קדמוהי ולא
קבילו אולפן אוריתה:
כה ושפך עליהון חימת
רוגזה ותקוף עבדי
קרבה איתי עליהון
וקטלו בהון מסחור
סחור ולא ידעו ושליטו
בהון ולא שויאו דחלתה
על לבא: א וכען כדנן

רש"י

עתיד להיות הוא: (כד) זו חטאנו לו. זו היא שגרמה את המשיסה והבז את אשר חטאנו לו: ולא אבו. אבותינו בדרכיו הלוך: (כה) ותלהטהו מסביב. הבאתי פורעניות על עכו"ם מסביב כדי שיראו ישראל ויקחו מוסר כענין שנא' (צפניה ג׳ ו׳) הכרתי גוים נשמו פנותם אמרתי אך תיראו וגו׳: ולא ידע. יודע הוא אלא שדש בעקב לא חש להבין זאת ולשוב מרשעו: ותבער בו. אחר פורעניות העכו"ם שמסביב בערה בעצמו: מג (א) ועתה. אף על כל זאת כה אמר ה׳ אל תירא:

קסת בז"ק

מהר"י קרא

לו: (כה) ועזוז מלחמה. ותוקף מלחמה: ותלהטהו מסביב ולא ידע. ואף כשנגעה (בה) [בו] הרעה. ותבער בו ולא ישים על לבו:

אבן עזרא

זו כטעם זה הוא שחטאנו לו ולא אבו אבותינו שמוע ללכת בדרכיו: (כה) וישפך עליו. כמו בנות לעדה עלי שור על כל אחד מאבותינו: חמה. והוא חמת אפו כמו האהל׳ שרה אמו: ותלהטהו מסביב. מגזרת להט החרב והנה יודו כי אבותם היו עורי לב שלא ידעו:

מג (א) ועתה. אמר הנביא אחרי שאתם מודים עתה ינאלכם השם: קראתי בשמך. מעלה גדולה כמו ראה קראתי בשם והמעלה היא שאתם שלי:

רד"ק

ולא אבו. כן דרך המקרא כמ"ש כמה פעמים שיאמר בפסוק אחד בכנוים משונים זה מזה והענין אחד ודומה לזה היה זרועם לבקרים אף ישועתינו בעת צרה: (כה) וישפוך. לפי שחטא ישראל לפניו שפך עליו חמה אפו כמו חמה באפו או הוא מוכרת במקום סמוך כאלו אמר חמת אפו וכן כאיפה שעורים אסיפה אסיר: ועזוז. שם שלם והוא כמו עז אלא שברוב יבא חסר הכפל וזה בא שלם וכן ועזוזו ונפלאותיו: ותלהטהו. המלחמה: ולא ידע. ולא ישום על לב כי בעונותיו בא לו כל זה וישוב בתשובה ותסור מעליו הרעה ואמר ותלהטהו מסביב על ביאת סנחריב על ערי יהודה ויתפשם: ותבער בו. כאשר בא חילו לירושלם כן פירש אדוני אבי ז"ל: (א) ועתה כה אמר ה׳. יש מפרשים פרשה זו בענין כרש מלך פרס ששלח ישראל מגלות בבל ואאז"ל פירש אותה בענין סנחריב והוא הנכון והנה הענין הזה דבק במה שלמעלה מזה ותלהטהו מסביב כמו שפירשנו ועתה הבטיח יושבי ירושלים מסנחריב ויש לפרש גם כן זאת הפרשה עתידה: בוראך יעקב. שתכיר כי אני בוראך ובורא העולם: אל תירא כי גאלתיך. מחרב סנחריב כי

מצודת דוד

ישראל למשיסה ולבוזזים הלא ה׳ מסרם ולא במקרה בא: זו חטאנו לו. ר"ל זו היא הסיבה אשר חטאנו לו וגמול הוא משלם: ולא אבו. ולא רצו ישראל ללכת בדרכיו: (כה) וישפוך. ולכן שפך עליו חמה קשה וחוזק מלחמה: ותלהטהו מסביב. ר"ל אבל אין נותנים לב לדעת שבא בהשגחה וכאשר בערה מסביב לא ידע שמה׳ בא וכאשר בערה בו בעצמו ובגופו עכ"ז אינו משים על לבו להבין שבא בהשגחה ר"ל אינו משים על הלב לא בעת כשהצרה ממשמשת לבוא ולא בעת שכבר באה:

מג (א) ועתה. ר"ל אף על כל זאת כה אמר ה׳ וגו׳. אל תירא פן תכלה בגולה: כי גאלתיך. כי הלא ממצרים גאלתיך

מצודת ציון

יקשיב. ענין שמיעה: (כד) ולא אבו. ולא רצו כמו לא אבה יבמי (דברים כ"ה): (כה) חמה אפו. כפל המלה בשמות נרדפים וכן אדמת עפר (דניאל י"ב) והדומים: ועזוז. מל׳ עוז וחוזק: ותלהטהו. ענין שריפה ובערה כמו אש לוהט (תהלים ק"ד): ותבער. מל׳ שריפה:

Jerusalem.—[*Redak* quoting his father]

and it burned among them—*After the retribution of the heathens* (ms. *nations*) *around, it burned upon them themselves.*—[*Rashi*]

1. **And now**—*despite all this, so said the Lord,* ". . . do not fear."—[*Rashi*]

Some interpret this chapter as an allusion to Cyrus, king of Persia, who sent Israel back from the Babylonian exile. Others as an allusion to the downfall of Sennacherib, and it is also possible to explain it as a prophecy for the future.—[*Redak*]

your Creator—That you shall acknowledge that I am your Creator and the Creator of the world.—[*Redak*]

Do not fear, for I have redeemed

and Israel to spoilers? Was it not the Lord? This, that we sinned against Him, and they did not want to go in His way and did not hearken to His Torah. 25. And He poured out upon them the fury of His anger and the strength of battle, and it blazed upon them all around and they did not know, and it burned among them and they did not take heed.

43

1. And now, so said the Lord, your Creator,

to plunder? Was it not the Lord?"—[*Ibn Ezra*]

This, that we sinned against Him—*This is what caused the plunder and the spoiling, what we sinned against Him.*—[*Rashi*] *Rashi,* as well as *Redak* and *Kara,* explains the verse as lacking the word אֲשֶׁר, that. *Redak* quotes others who render: Against Whom we sinned. *Ibn Ezra*: It is He, against Whom we sinned.

and they did not want—*Our forefathers did not want to go in His ways.*—[*Rashi, Ibn Ezra*] This solves the problem of the change from first person to third person. *Redak* maintains that it is not unusual for Scripture to change in such a manner. Comp. supra 33:2.

25. **the fury of His anger**—Heb. חֵמָה אַפּוֹ, an irregular form, like חֲמַת אַפּוֹ. It is also possible to render: fury in His anger, like חֵמָה בְּאַפּוֹ.—[*Redak*] *Ibn Ezra* renders: fury, the fury of His anger.

and it blazed upon them all around—*I brought retribution upon the heathens* (Ms. *nations*) *all around so that they see and learn their lesson, like the matter stated:* "(Zeph. 3:6f.) *I cut off nations, their towers were desolate . . .* I said, '*You shall but fear Me, you shall learn a lesson . . .*'"—[*Rashi*] This appears in certain manuscripts and in printed editions. In *Nach Lublin,* the reading is: *So that Israel see and learn a lesson.* In agreement with the verse in Zephaniah, however, it should read: So that they (Israel) fear. The difference depends upon one letter, the letter 'yud,' which was probably inadvertently omitted by a copyist or a printer somewhere along the line.

and they did not know—*They actually did know, but they trod with their heels. They did not care to understand this and to repent of their wickedness.*—[*Rashi*]

Redak interprets this as an allusion to Sennacherib's invasion of Judah, when he had captured all the fortified cities, leaving Jerusalem surrounded by enemy territory. Thus, he renders: And the war blazed upon them all around—This alludes to the captured cities around Jerusalem.

and it burned among them—When Sennacherib undertook to besiege

יַעֲקֹב וְיֹצֶרְךָ יִשְׂרָאֵל אַל־תִּירָא כִּי
גְאַלְתִּיךָ קָרָאתִי בְשִׁמְךָ לִי־אָתָּה׃ ב כִּי־
תַעֲבֹר בַּמַּיִם אִתְּךָ־אָנִי וּבַנְּהָרוֹת לֹא
יִשְׁטְפוּךָ כִּי־תֵלֵךְ בְּמוֹ־אֵשׁ לֹא תִכָּוֶה
וְלֶהָבָה לֹא תִבְעַר־בָּךְ׃ ג כִּי אֲנִי יְהוָה
אֱלֹהֶיךָ קְדוֹשׁ יִשְׂרָאֵל מוֹשִׁיעֶךָ נָתַתִּי
כָפְרְךָ מִצְרַיִם כּוּשׁ וּסְבָא תַּחְתֶּיךָ׃

אֲמַר יְיָ דְבָרָאָךְ יַעֲקֹב
וּדְאַתְקְנָךְ יִשְׂרָאֵל לָא
תִדְחַל אֲרֵי פְרִיקְתָךְ
רַבִּיתָךְ בִּשְׁמָךְ דִילִי אַתְּ׃
ב אֲרֵי בְקַדְמֵיתָא כַּד
עֲבַרְתּוּן בְּיַמָּא דְסוּף
מֵימְרִי הֲוָה בְּסַעְדְּכוֹן
פַּרְעֹה וּמִצְרָאֵי דְסַגִּיאִין
כְּמֵי נַהְרָא לָא יְכִילוּ
לְכוֹן וְאַף בְּתִנְיָנֵיתָא כַּד
תְּהָכוּן לְבֵינֵי עַמְמַיָּא
דְתַקִּיפִין כְּאֶשָּׁתָא לָא
יְכִלּוּן לְכוֹן וּמַלְכְּוָן
דְחַסִּינָן כְּשַׁלְהוֹבִיתָא
לָא יְשֵׁיצוּן יָתְכוֹן׃ ג אֲרֵי אֲנָא יְיָ אֱלָהָךְ קַדִּישָׁא דְיִשְׂרָאֵל פָּרְקָךְ יְהָבִית חֲלִיפָךְ מִצְרָאֵי כּוּשׁ

מהר"י קרא

מג (ב) כי תעבור במים אתך אני. כי תעבור בין האומות שנמשלו לשאון מים כבירים. אתך אני להצילך. ואף האומות שמשולים לנהרות לא ישטפוך: כי תלך במו אש. הנזכר למעלה ותלהטהו מסביב. ולא תכוה: (ג) נתתי כפרך מצרים. ואעשה לכם לפנים משורת הדין. שהרי מצרים שנקראים חמורים אתן תחתיכם שנקראתם שה. והיה אומר פטר חמור תפדה בשה. ואני פודה שה בחמור. כל כך למה:

רש"י

(ב) כי תעבור במים. כשעברת בים סוף אתך הייתי: ובנהרות לא ישטפוך. גרתה בין המצרים והעכו"ם המרובין כמי נהר ולא יכלו לך לכלות: כי תלך במו אש. לעתיד לבא כי הנה יום בא בוער כתנו' (מלאכי ג') שאקדיר המה על הרשעים וליהט אותם היום הבא (שם) גם שם לא תכוה: ולהבה. שתשרוף את העכו"ם כמ"ש (לעיל ג') והיו עמים משרפות סיד גם היא לא תבער בך: (ג) נתתי כפרך מצרים. והם היו לך לפדיון שבכורותיהם מתו ואתה בני בכורי נגלת והייתם חייבים כליה כמו שנא' (ביחזקאל כ') ואומר לשפוך חמתי עליהם בארץ מצרים:

רד"ק

לא ילכוד ירושלם ואם היא עתידה פירש גאלתיך מן הגלות: לי אתה. ועלי לגאלך: (ב) כי תעבור במים. לפי שהמשיל חיל סנחריב למי הנהר כמו שאמר את מי הנהר העצומים והרבים את מלך אשור וגו' ואמר שטף ועבר עד צואר יגיע אמר ליושבי ירושלים כי לא ישטפום נהרות מלך אשור ולא תבער בהם אשו כי המשילם ג"כ לאש כמו ותלהטהו מסביב ואם היא עתידה יאמר כי בצאתך מהגלות ותעבור בין העמים שהם כנהרות או כמו אש לא יזיקך: (ג) כי אני ה'. קדוש ישראל. אני קדוש ישראל אביך ואני מושיע אותך: נתתי כפרך מצרים כוש וסבא תחתיך. כאשר בא חיל סנחריב ושם פניו לירושלם שמע אל תרהקה מלך כוש לאמר יצא להלחם אתך ושב לו ונלחם עם כוש וסבא ומצרים ושב לו עם השבי ההוא להלחם בירושלים ושם נגף האל מחנהו ועתה אומר כי כוש וסבא ומצרים נתנם האל כופר לישראל ונתנו ביד מלך אשור תחת ישראל ואע"פ שסבא בן כוש כלל בכוש הבנין האחרון. ואם היא עתידה יהיה הענין מה שנא' בנבואת דניאל כי בא מלך הצפון ברכב ובפרשים ובאניות רבות וישלח ידו בארצות וארץ מצרים לא תהיה לפלטה. ואמר ומשל במכמני הזהב והכסף וכל חמודות מצרים ולובים וכושים במצעדיו ואמר בעת ההיא יעמד מיכאל השר הגדול העומד על בני עמך וגו':

אבן עזרא

(ב) כי. הכתוב ידמה השרים לנהרים גם אש כמו אש יצאה מחשבון והטעם כי תעבור במים על מדי ופרס כאשר ילכדו בבל: (ג) כי. נתתי כפרך מצרים. שמלכי מדי יעשו להם רעה:

מצודת ציון

מג (ב) במו. בתוך וכן כמו מדמנה (לעיל כ"ה): תכוה. ענין חרוך ושריפה כמו מכות אש (ויקרא י"ג): (ג) כפרך.

מצודת דוד

וקראתי אז בשמך שאתה שלי עמי ובני בכורי: (ב) כי תעבור במים. ותהיה קרוב להיות נטבע בה: ובנהרות. אף אם תעבור בנהרות השוטפים לא ישטפוך: לא תכוה. לא תהיה נכוה מן האש ואף שלהב לא תבער בך ר"ל אף אם תהיה בעומק הגלות לא תכלה שמה: (ג) כי אני ה' וגו'. והכל בידי: נתתי כפרך מצרים. הלא במצרים הייתם חייבים כליה כמ"ש ואומר לשפוך חמתי עליהם וגו' בתוך ארץ מצרים (יחזקאל כ') ונתתי אז כפרך מצרים כי המה נאבדו תחתיך: כוש וסבא תחתיך. כאשר סנחריב שם פניו להלחם בירושלים יצא להלחם בתחלה עם כוש וסבא ואבדום במקומך והם

the nations who are as strong as fire, they will not prevail against you, and kingdoms that are as strong as a flame shall not destroy you.

Ibn Ezra writes: Scripture compares the princes to rivers, also to fire. Comp. Num. 21:28. Here the "water" alludes to Persia and Media, when they will conquer Babylon.

3. **the Holy One of Israel**—I am the Holy One of Israel, your Patriarch, and I am your Savior.—[*Redak*]

I have given Egypt as your ransom—*And they were your ransom,*

O Jacob, and the One Who formed you, O Israel, "Do not fear, for I have redeemed you, and I called by your name, you are Mine. 2. When you pass through water, I am with you, and in rivers, they shall not overflow you; when you go amidst fire, you shall not be burnt, neither shall a flame burn amongst you. 3. For I am the Lord your God, the Holy One of Israel, your Savior; I have given Egypt as your ransom, Cush and Seba in your stead.

you—from the sword of Sennacherib, for he will not seize Jerusalem. If the chapter is a future prophecy, the intention is that I redeemed you from exile.—[*Redak*] Accordingly, this is the prophetic past.

Alternatively, I redeemed you from Egypt and publicized to the entire world that I took you to Me as My nation. That is the meaning of "I called by your name, you are Mine."—[*Abarbanel, Mezudath David*]

2. **When you pass through water**—*When you passed through the Red Sea, I was with you.*—[*Rashi*]

and in rivers, they shall not overflow you—*You dwelt among the Egyptians and the heathens* (*peoples*: mss.) *numerous as the waters of a river, and they could not prevail against you to destroy you.*—[*Rashi*]

when you go amidst fire—*In the future, "For behold, a sun is coming, burning like an oven* (Malachi 3:19)," *for I will cause the sun to burn upon the wicked, "and the coming sun shall burn them." There, too, you shall not be burnt.*—[*Rashi* from *Mid. Psalms* 19:13, *Gen.* 6:6, *Ned.* 8b, where it is not connected with our verse.]

a flame—*which shall burn the heathens* (mss.: *the nations*), *as it is said:* "(supra 33:12) *And the peoples shall be as the burnings of lime." That too shall not burn amidst you.*—[*Rashi*]

According to Rabbi Joseph Kimchi, quoted above, who explains the passage as an allusion to Sennacherib, this verse too alludes to him. Above 8:7f. the prophet compares the Assyrian army to the 'mighty and massive waters of the river . . . And it will penetrate into Judah, overflowing as it passes through.' He is also compared to fire, as in the preceding chapter, v. 25. Here the prophet assures the inhabitants of Jerusalem that they will not fall before the Assyrian hordes. If the passage is a future prophecy, it is an assurance that the Jews will pass among the nations likened to rivers and fire, and not be harmed.—[*Redak*]

Jonathan paraphrases as follows: For, at the beginning, when you passed through the Red Sea, My words supported you; Pharaoh and the Egyptians, who were as numerous as the water of a river, could not prevail against you, and also in the second exile, when you go among

ד מֵאֲשֶׁר יָקַרְתָּ בְעֵינַי נִכְבַּדְתָּ וַאֲנִי
אֲהַבְתִּיךָ וְאֶתֵּן אָדָם תַּחְתֶּיךָ וּלְאֻמִּים
תַּחַת נַפְשֶׁךָ׃ ה אַל־תִּירָא כִּי־אִתְּךָ־אָנִי
מִמִּזְרָח אָבִיא זַרְעֶךָ וּמִמַּעֲרָב אֲקַבְּצֶךָּ׃
ו אֹמַר לַצָּפוֹן תֵּנִי וּלְתֵימָן אַל־תִּכְלָאִי
הָבִיאִי בָנַי מֵרָחוֹק וּבְנוֹתַי מִקְצֵה
הָאָרֶץ׃ ז כֹּל הַנִּקְרָא בִשְׁמִי וְלִכְבוֹדִי

וְסָבָא תְּחוֹתָךְ׃ ד מִדְּאַתְּ
חֲבִיב קֳדָמַי אִתְיְקַרְתָּא
וַאֲנָא רְחִימְתָּךְ וּמְסָרֵית
עַמְמַיָּא תְּחוֹתָךְ
וּמַלְכְוָתָא חֲלַף נַפְשָׁךְ׃
ה לָא תִדְחַל אֲרֵי בְסַעְדָּךְ
מֵימְרִי מִמַּדִינְחָא אַיְתֵי
בְנָךְ וּמִמַּעְרְבָא אֲקָרֵיב
גָלְוָתָךְ׃ ו אֵימַר לְצִפּוּנָא
אַיְתָא וּלְדָרוֹמָא לָא
תְעַכֵּב אַיְתוֹ בָנַי מֵרָחִיק
וְגָלְוַת עַמִּי מִסְיָפֵי אַרְעָא׃
ז כָּל דָא בְּדִיל אֲבָהָתְכוֹן
צַדִּיקַיָּא דְאִתְקְרֵי שְׁמִי

ת"א אומר לצפון. זוהר שלח: הביאי בני. מנחות קי: כל הנקרא. יומא לח- ב"ב עה אבות יג זוהר תרומה אמור (יומא מא שקלים מט):

רש"י

(ד) ואתן אדם תחתיך. תמיד אני רגיל בכך: (ו) אומר. לרוח צפון תני הגליות שבצפון: ולתימן. שהוא רוח חזק אל תכלאי מלגשב בחזקה להביא גליותי וכן (ש"ה ד') עורי צפון ובאי תימן מתוך שהרוח צפונית חלשה לריכ' חיזוק לכך כתוב עורי תני אבל דרומית שאינה לריכה חיזוק כתוב בואי כמות שהיא וכן אל תכלאי: (ז) כל הנקרא בשמי ולכבודי בראתיו. כל הלדיקים הנקראים בשמי וכל העשוי לכבודי יצרתיו אף עשיתיו תכנתיו בכל הלריך לו

טהר"י קרא

(ד) מאשר יקרת בעיני. נתתי לאומים תחת נפשך. וממה שעשיתי לשעבר אתה למד מה אני עושה להבא. הה"ד: (ה) אל תירא כי אתך אני ממזרח אביא זרעך וגו': (ו) אומר לצפון תני וגו'. לאומות שבתימן אל תכלאי הביאי בני ובנותי מרחוק ומקצה הארץ. כיוצא בדבר אתה אומר כי מה טובו ומה יפיו דגן בחורים ותירוש ינובב בתולות. והוא הדין לדגן. וכן בהרבה מקראות (אקצר אחת) [תקצר] מידת הניגון מלת אחת. ופעמים שהוא מיסב המלה בטעם אחר, מפני משקל הניגון. כגון אפלה נא ביד ה' כי רבים רחמיו וביד אדם אל אפלה*) הראשון אפלה והשני אפולה. וכל זה הניגון גורם. אף כאן אומר הנביא הביאי בני מרחוק והוא הדין לבנותי. ובנותי מקצה הארץ. והוא הדין לבני. את מי תביאו: (ז) לכל הנקרא בשמי. תביאו לכבודי: בראתיו. לכורש. לצורך מה

*) כלשון הזה לא נמלא במקרא במקום אחד.

אבן עזרא

(ד) מאשר. ואתן אדם. שאני ברואתים כאשר בראתיך: (ה) אל. ממזרח. היא בבל: וממערב. היא מצרים ואשור יכתי' והסב לב מלך אשור: (ו) אומר. תני. בני: ולתימן. ימין והנה יקבלם מארבע כנפות הארץ: בני. ובנותי. אנשים ונשים: (ז) כל. י"א כי נקרא כמו קורא ואיננו נכון רק הוא כמשמעו כל הנקרא בשמי שהם עם ה':

רד"ק

(ד) מאשר יקרת. כפל הענין עוד ואמר מאשר יקר ונכבד ישראל בעיני אתן אלה העמים תחתיך הם יכלו וישראל ינצלו ויצאו מהגלות: (ה) אל תירא. זה לא יתכן פירושה אלא עתידה ולמה שפירשנו מה שלפני זה על סנחריב יאמר אל תירא כי כמו שעשיתי עמך כאשר עבר כן אעשה עמך בעתיד ואקבץ גלותך מארבע כנפות העולם. ומה שאמר זרעך ר"ל אפי' הקטנים אנהלם לאטם. או אמר זרעך בעבור שהנבואה עתידה לזה הגלות והנבואה נאמרה לאותם שהיו בזמן ההוא והם לא יהיו בזה אלא זרעם הוא שיהיה לפיכך אמר אביא זרעך. ומה שאמר אקבצך יורה על תחית המתים שיחיו אותם שהיו בדור ההוא וגלו: (ו) אומר. והנה זכר ארבע רוחות כי תימן הוא דרום. ואמר תני תכלאי הביאי בל' נקבה לפי שהרוח בלשון נקבה. ומה שאמר לרוחות הוא ע"ד משל כאלו הרוחות ישאום במקומם ויביאום אל ארץ ישראל או אמר על יושבי הרוחות כמ"ש והביאו בניך בחצן וגו' וטעם בני ובנותי האנשים והנשים כי ינהל לאט הנשים עם ילדיהם כמו שאמר עלות ינהל: (ז) כל הנקרא בשמי. כי ישראל נקרא עם ה' ובאמרו כל אומר כי לא ישאר אחד מהם אע"פ שהם מפוזרים בכל פאות או אמר כל הנקרא בשמי. מישראל והם הצדיקים כי יצרפם האל בצאתם והטובים ימלטו כמו שאמר כל הכתוב לחיים בירושלים והם הנקראים בשם ה': ולכבודי בראתיו. כמו שאמר בוראך יעקב ויוצרך ישראל שהם מכירים ויודעים כי האל בראם וברא העולם והם מודים בזה והנה הם נבראים לכבוד האל כי הם מודים בו ויודעים שהשם ברא יצירת האדם מאין ליש לא מאין ממש שהרי נברא מן העפר אלא כיון

מצודת דוד

היו לך לפדיון: (ד) מאשר יקרת. בעבור אשר יקרת בעיני ונכבדת מכל העכו"ם ואני אהבתיך ולזה דרכי ליתן בני אדם אחרים תחתיך ולאומים וגו'. כפל הדבר במ"ש וכאומר כאשר עשיתי לשעבר כן אוסיף לעשות עוד: (ה) ממזרח. הנפוצים שמה: (ו) תני. תן את ישראל הפזורים שמה: אל תכלאי. אל תמנע מליתן את ישראל: הביאי. כאלו יצוה לכל אחד מרוחות השמים להביא את ישראל: (ז) כל הנקרא בשמי. כל ישראל הנקראים בשם עם ה': ולכבודי. הנעשה להתכבד להתפאר בהם כמ"ש ישראל אשר בך אתפאר

מצודת ציון

ענין פדיון: (ד) יקרת. מלשון יקר וחשוב: (ו) תכלאי. ענין

gather your exiles from all over the world.—[*Redak*]

your seed—The descendants of the prophet's contemporaries, who will be gathered and returned to the Holy Land in Messianic times.—[*Redak*]

I will gather you—after the resurrection of the dead.—[*Redak*]

Ibn Ezra explains 'the east' as re-

4. Since you are dear in My eyes, you were honored and I loved
you, and I give men in your stead and nations instead of your
life. 5. Fear not for I am with you; from the east I will bring
your seed, and from the west I will gather you. 6. I will say to
the north, "Give," and to the south, "Do not refrain"; bring
My sons from afar and My daughters from the end of the
earth." 7. Everyone that is called by My name, and whom I
created for My glory,

for their firstborn died, and you, My firstborn son, although you were deservant of destruction, as it is said in Ezekiel (20:8): *"And I thought to pour out My fury upon them . . . in the land of Egypt."*—[*Rashi*]

Redak continues to explain this verse as an allusion to the Assyrian campaign. When the Assyrian armies turned toward Jerusalem, Sennacherib heard that Tirhaka, king of Cush, had gone out to attack him. He returned to wage battle with Cush and Egypt. He then returned to Jerusalem with his captives and attempted to besiege the city. On that night, God plagued the camp. The prophet says that Egypt, Cush and Seba were ransom for Israel. Although Seba was the son of Cush, he is counted separately, and in Cush Scripture includes the other sons.

If it is a future prophecy, it coincides with the prophecy of Daniel (11:40–12:1) when 'the king of the north comes with chariots and with riders, and with many ships . . . and he will stretch out his hand upon lands, and the lands of Egypt will not escape. And he will rule over the treasures of gold and of silver and over all the costly things of Egypt, and the Lybians and the Cushites will follow in his steps . . . And at that time, Michael the great prince, who stands over the children of your people, shall stand, and there shall be a time of trouble, that never was from the time they became a nation until that time, and at that time your nation shall escape, all those written in the book.'—[*Redak*]

Ibn Ezra explains that the kings of Persia and Media will do harm to Egypt, Seba, and Cush, instead of harming Israel.

4. **Since you are dear in My eyes**—This is a repetition of the preceding verse. The prophet states that because Israel is dear and respected in God's eyes, He gives nations in their stead, and they are destroyed instead of Israel.—[*Redak*]

and I give—*I am always accustomed to this.*—[*Rashi*] This accounts for the future tense of the verb וְאֶתֵּן.

5. **Fear not**—This verse must be interpreted as a reference to the future. If the preceding verses deal with Sennacherib, the intention is that, just as I delivered you from your oppressors in the past, so will I do to you in the future, when I will

בְּרָאתִיו יְצַרְתִּיו אַף־עֲשִׂיתִיו: ח הוֹצִיא
עַם־עִוֵּר וְעֵינַיִם יֵשׁ וְחֵרְשִׁים וְאָזְנַיִם
לָמוֹ: ט כָּל־הַגּוֹיִם נִקְבְּצוּ יַחְדָּו וְיֵאָסְפוּ
לְאֻמִּים מִי בָהֶם יַגִּיד זֹאת וְרִאשֹׁנוֹת
יַשְׁמִיעֻנוּ יִתְּנוּ עֵדֵיהֶם וְיִצְדָּקוּ וְיִשְׁמְעוּ

ויאמרו קמץ בז"ק

עֲלֵיהוֹן וְלִיקָרִי בְּרֵיתִינוּן אַתְקֵנִית גָּלְוָתְהוֹן אַף עֲבָדִית לְהוֹן נִסִּין: ח דְּאַפֵּיק עַמָּא מִמִּצְרַיִם דְּאִינוּן כְּסַמָן וְעַיְנִין לְהוֹן וּכְחַרְשִׁין וְאוּדְנִין לְהוֹן: ט כָּל עַמְמַיָא יִתְכַּנְשׁוּן כַּחֲדָא וְיִתְקָרְבוּן מַלְכְּוָן מַן בְּהוֹן יְחַוֵּי דָא וְקַדְמָיָתָא יְבַסְרוּנָנָא יִתְּנוּן סַהֲדֵיהוֹן וְיִזְכּוּן

מהר"י קרא

יצרתיו אף עשיתיו: (ח) להוציא עם עור. ועינים למו יש: וחרשים ויאזנים למו. אלא לכך נתכנו חרשים ששומעין חרפתן ואינן משיבין: (ט) כל הגוים נקבצו יחדו ויאספו לאומים. ליום הדין: מי. אל נכר בכם שיגיד בדבר זה יבא. כשם שאני מגיד על כורש שעדיין לא יצא בעולם. ואני מגיד אני בטרם יבוא כי הוא יבנה עירי וגלותי ישלח: וראשונות ישמיעונו. הניחו להגיד האותות הראשונות שעברו לשעבר בטרם יבא וכשם שעשיתי יהא עדיהם ויצדקו. וגם אני שאלה (אמת) אם ישמעו ויאמרו אמת. ישמעו עובדיהם כלום יכולים להעיד את אלהיכם ולאמר אמת הדבר שאף אלהים שאנו עובדים גאל

רש"י

והכנתי הכל כלו' אע"פ שעברו בגולה ובצרה כבר הכנתי להם כל צרכי גאולתם: (ח) הוציא עם עור. הוציא כמו להוציא מן הגולה אותם שגלו על שנעשו כעורים ועינים להם ולא ראו: (ט) כל הגוים נקבצו. אם כל הגוים מאומות נתקבצו יחדיו מי בהם ובנביאיהם יגיד עתידות וכיוצא בה מפני טעותם או הראשונות שכבר עברו ישמיעונו לאמר אנחנו הגדנו אותם קודם שבאו: יתנו עדיהם. ששמעו שנבאו עליהם קודם לכן ויצדקו אבל אני יש לי עדים שאתם

רד"ק

שלא נברא מכמותו שהוא בשר כאלו נברא מאין. היצירה תקון איבריו. העשיה תקון מזונותיו וצרכי גופו לפיכך אמר עשיתיו לפיכך צריך האדם להתבונן ביצירת האדם ומתקון איבריו היאך נעשו בחכמה ובתקון פרנסתו מיום הולדו וזאת החכמה מביאה האדם להכיר בוראו ולשבחו ולהודות לשמו וזהו כבו׳ האל לפיכך אמר ישראל שבראתיו לכבודי והוא מתבונן במעשי ומודה על יחודי דין הוא שאוציאנו מהגלות. ויש לפרש הפסוק על העולם כולו לפי שאמר אומר לצפון תני וגו׳ אמר אני ראוי לצוות לארבע רוחות העולם כי כל העולם הוא הנקרא בשמי כמו שאמר בראשית ברא אלהים את השמים וגו׳ ולכבודי בראתיו שהוצאתיו מאין ליש כי לא היה שם דבר שנברא ממנו: יצרתיו. צורותיו וגבורתו: עשיתיו. ר"ל תקון פרטיו וי"ת כל דא בדיל וגו׳: (ח) הוציא. מקור כלומר אמרתי להוציא עם עור שהם בגלות כעורים וכחרשים: (ט) כל הגוים נקבצו. עבר במקום עתיד יאספו הם וחכמיהם כולם: מי בהם. שיגיד זאת העתידה: וראשונות ישמיענו. הראשונות הם ענין סנחריב. ישמיענו אותם טרם היותם כמו שהשמעתיך אני על ידי נביאי: יתנו עדיהם. שאמרום טרם היותם: ויצדקו. נאמר עליהם כי צדיקים הם במאמרם ונאמנים בדבריהם: וישמעו ויאמרו אמת. ואם לא ידעו ישמעו מה שיאמר הנביא ויאמרו כי אמת הוא ויודו על האמת:

אבן עזרא

ולכבודי: להיות כבוד לשמי: בראתיו. זה הטעם: אף עשיתיו. הטעם ותקנתיו ורבי שלמה בעל השירים הספרדי ז"ל פירש בו כי זה סוד העולם ואיננו דבק בטעם הפרשה: (ח) הוציא. שם הפועל: עם עור. שהיו כן בתחילה ואף על פי שיש להם עינים והנה כל הפרשה דבקה: (ט) כל. ושמא יאמר אדם כי ישראל לא ידעו אלה העתידות כי הם עורים שמא יש בגוים ובחכמיהם מי שידע׳ מי בכם יגיד אלה העתידות וישמיעם ראשונות שעברו הן קודם היותם שתהיינה: יתנו עידיהם. מי שישמע זה אז יהיו צדיקי פה.

מצודת ציון

מניעה כמו ויכלא העם מהביא (שמות ל"ו): (ט) וישמעו. סוי"ו

מצודת דוד

(לקמן מ"ט): בראתיו וגו׳. ר"ל כבר הכנתי לו כל צרכי הגאולה אין מחסור: (ח) הוציא. מהגולה אותם שגלו על שנעשו כעורים ועינים להם ולא ראו מעשה ה׳ רלה לומר יש להם לב נבל ואינם רוצים להשכיל: וחרשים. נעשו כחרשים ואזנים להם ולא ישמעו מלות ה׳: (ט) כל הגוים נקבצו. אם כל הגוים יתקבלו יחד מי בהם יגיד עתידות כזאת וכי האליל אמר להם: וראשונות. או הראשונות שכבר עברו ישמיעונו לאמר אנחנו הגדנו אותם עד לא באו ואז יהיו צדיקים בדבריהם: וישמעו. או ישמעו מה שיאמר הנביא ויאמרו אמת הדבר וכאומר או יביאו עדים או יודו על האמת:

Let them present their witnesses—*who heard that they prophesied concerning them prior to their occurrence, and they shall be deemed just. But I have witnesses, for you are My witnesses that I told Abraham your forefather about the exiles, and they came about.*—[*Rashi*]

and they shall be deemed just—We will say that they are just in their statement and trustworthy in their words.—[*Redak*]

and let them hear and say, "True."—And if they do not know, let them hear what the prophet says, and admit that it is true.—[*Redak*]

I formed him, yea I made him. 8. To bring out a blind people,
who have eyes, and deaf ones who have ears. 9. Were all the
nations gathered together, and kingdoms assembled, who of
them would tell this or let us know of the first events? Let them
present their witnesses, and they shall be deemed just, and let
them hear

ferring to Babylon, and 'the west' as referring to Egypt and Assyria.

6. **I will say**—*to the north wind, "Give the exiles who are in the north."*—[*Rashi*]

and to the south—*which is a strong wind, "Do not refrain from blowing strongly to bring My exiles." Similarly,* "(Song 4:16) *Awaken, O north wind, and come, O south wind." Since the north wind is weak, it needs strengthening. Therefore, it is written, "Awaken," "Give." But concerning the south wind which does not need straightening, it is written, "Come," as it is, and so, "Do not refrain."*—[*Rashi*]

This is figurative, as though the winds were to carry the exiles back to their land.—[*Redak*]

My sons . . . My daughters—The men and the women, for the women with children must be led slowly and gently.—[*Redak*]

7. **Everyone that is called by My name, and whom I created for My glory**—*All the righteous, who are called by My name and everyone who was made for My glory, I formed him, yea, I made him. I fixed him with all that is necessary for him, and I prepared everything. That is to say, that although they experienced exile and trouble, I prepared for them all the necessities of their redemption.*—[*Rashi*]*

and whom I created for My glory—See above verse 1. Since Israel recognizes that God created them and created the world, and they publicize God's creation, it is regarded that they were created for God's glory.—[*Redak*]

I created—from nothing. Although man was created from dust, since he was not formed from flesh, the substance of which he is composed, it is regarded that he was created from nothing.

formed—his limbs and organs.

made—Prepared his food and his necessities.—[*Redak*]*

8. **To bring out a blind people**—Heb. הוֹצִיא, *like* לְהוֹצִיא, *to bring out of the exile those who were exiled because they became like blind; although they had eyes, they did not see.*—[*Rashi*] See above 18–20.

9. **Were all the nations gathered**—*If all the nations* (*of the peoples*—Lublin; *of the heathens*—Warsaw; absent in all mss. and in *K'li Paz*) *would gather together, who of them and of their prophets would tell the future, or the like, quoting their pagan gods, or the first events, that have already passed, would they let us know, saying "We foretold them before they came about"?*—[*Rashi*]

Did anyone predict the Sennacherib episode as I did through My prophets?—[*Redak*]

ויאמרו אמת: י אתם עדי נאם־יהוה
ועבדי אשר בחרתי למען תדעו
ותאמינו לי ותבינו כי־אני הוא לפני
לא־נוצר אל ואחרי לא־יהיה: יא אנכי
אנכי יהוה ואין מבלעדי מושיע:
יב אנכי הגדתי והושעתי והשמעתי

ישמעון ויימרון קשוט: י אתון סהדין קדמי אמר יי ועבדי משיחא דאתרעיתי ביה בדיל דתידעון ותהימנון קדמי ותסתכלון ארי אנא הוא דמלקדמין אף עלמי עלמיא דילי אינון ובר מני לית אלה: יא אנא אנא יי ולית בר מני פריק: יב אנא חויתי לאברהם אבוכון מה דעתיד למיתא אנא

ת״א אתם עדי. תענית׳ חגיגה. טז עקרים מ״א פ״כ זוהר קדושים: אנכי אנכי. זוהר לך עקרים מ״ב פי״ט ומ״ד פי״ז:

רש״י

עדי שהגדתי לאברהם אביכם הגליות וכאו: (י) ועבדי. יעקב: אשר בחרתי. גם הוא יעיד שהבטחתיו בלכתו לארם נהרים ושמרתי הבטחתי: למען תדעו וגו׳. כל זה עשיתי למען תתנו לב לדעת אותי: (יב) אנכי הגדתי. הגליות לאברהם: והושעתי. לקיים דבר בעת קץ:

מהר״י קרא

אותנו מתוך אומה אחרת: (י) אתם עדי נאום ה׳. שהגדתי לאברהם בטרם תבוא: ועבדי אשר בחרתי. אלו ישראל. מה ראיתי להגיד הגאולה בטרם תבוא. למען תאמיני לי ותדעו ותבינו כי אני הוא. שלא תאמרו אל נוצר לפני ולאחרי. דבר זה אי איפשר להיות שאין אחרית לשנותי: (יא) אנכי אנכי ה׳. אנכי שהגדתי הראשונות בטרם תבאנה ואני מגיד החדשות בטרם תצמחנה. הוא גאולת כורש: ואין מבלעדי מושיע. שיושיע את העובד. מתוך אומה אחרת: (יב) אנכי הגדתי והושעתי והשמעתי. איני אומר לאלהי נכר הארץ שלא עשיתי

אבן עזרא

ישמעו העדים כן ויאמרו אמת כך היה: (י) אתם. עם ישראל ידבר ועבדי הוא הנביא: כי אני הוא. זה הייחוד שאין למעלה ממנו כי כל יש איננו הוא בעצמו: לפני לא נוצר אל. יש אומרים לפני מעמד הר סיני ואחרי אחרי המעמד ואין צורך רק הוא אין לפני אל וכן אחרי לא יהיה והטעם כי הוא ראשון ואחרון ונזכר נוצר עם אל כי אין אל מבלעדיו כי אם נוצר ועורי לב יחשבו שילא מדברי הנביא שהשם נוצר הלילה חלילה רק לא יבינו האמת: (יא) אנכי אנכי. הטעם אנכי אנכי פעמים שלא אשתנה כהשתנות לבאות מעלה כנגד המולק והתחתים בעצם ובתבנית על כן אושיע בכל עת: (יב) אנכי הגדתי. במצרים להושיעכם:

רד״ק

(י) אתם עדי. אמר לישראל ועבדי אשר בחרתי הוא הנביא. אמר אתם עדי כי מה שאמרתי לכם בדבר סנחריב על הרעה שעשה לכם ועל מפלתו הכל אמרתי לכם על ידי הנביא קודם שיהיה.וכן הנביאעד. שאמר לכם בשמי וכאשר אמר כן היה: למען תדעו. מן הראשונות תדעו האחרונות כי יתקיימו ותאמינו לי כן אקיים העתידות כמו שאמרתי להוציא בניכם מהגלות האחרון ותבינו כי אפי׳ לא היה לכם עדות בזה מדעתכם תוכלו להבין כי מה שאני אומר אמת הוא כי אני הוא אמת ודברי אמת. והחכם רבי אברהם בן עזרא פי׳ אני הוא זה היחוד שאין למעלה ממנו כי כל יש איננו הוא בעצמו: לפני לא נוצר אל. הדבר הזה קשה למפרשים בעבור שאמר לפני ואחרי והוא יתברך אין לו ראשית ואחרית ועוד שאמר נוצר לפיכך פירשו מקצתם נוצר כמו יצר ור״ל לפני שיצרתי היצירות לא יצר אל זולתו שום יצירה ואמר זה על האלילים ואחרי שיצרתי גם כן לא יצר אל זולתי שום יצירה. וא״א ז״ל פי׳ נוצר כמשמעו נפעל ופירשו סמוך כי הוא פתוח ר״ל לא היה דבר נוצר על ידי אל זולתי לפי שהיו נוצרים היצירות על ידי וכן לא יהיה דבר נוצר על יד שום אל אחר גם כן כלומר אחר שנוצרו על ידי לא יהיה דבר נוצר על יד שום אל. וי״ת אתון סהדין וגו׳: (יא) אנכי אנכי. הכפל להזק וכן אני אני הוא אמר אנכי השם המורה על עצם אמתתו ואחר שאני עיקר המצואים וכל המצואים בסבתי אין מושיע זולתי ר״ל מאין רצוני ועושה דבר זולתי והושעתי כמה פעמים אתכם ואושיע עוד ואין מונע. והחכם רבי אברהם בן עזרא פי׳ אנכי אנכי שתי פעמים שלא השתנה כהשתנות צבאות מעלה כנגד המוצק והתחתיים בעצם ובתבנית על כן אושיע בכל עת: (יב) אנכי הגדתי והושעתי. ר״ל הפעמים שהושעתי אתכם קודם הגדתי

מצודת דוד

(י) אתם עדי. אבל לי יש עדים כי אתם ישראל עדי ועבדי הנביא אשר בחרתי בו גם הוא לעד לפי שהגדתי מפלת סנחריב מאז עד לא כא: למען תדעו. מן הראשונות תדעו על האחרונות שכן יהיה: ותאמינו לי. שאקיים מאמרי: ותבינו כי אני הוא. ממה שאין מי יודע עתידות כמוני תבינו אשר אני הוא לבד ואין עוד אלהים: לפני לא נוצר אל. ר״ל לפני שילדתי אני את הילידות לא היה דבר נולד מאל זולתי ואחר שילדתי את הילידות לא יהיה דבר נולד מאל זולתי כי אין אלהי זולתי: (יא) אנכי אנכי ה׳. הכפל לחזק: ואין מבלעדי מושיע. אין זולתי מושיע: (יב) אנכי הגדתי. קודם כל תשועה הגדתי אותה וכן הושעתי: והשמעתי. ר״ל לא להנביא

מצודת ציון

היא וי״ו המחלקת: (יא) מבלעדי. ענינו כמו זולת וכן בלעדי

Ibn Ezra explains the double expression to mean that 'I am unchanging. Therefore, I can save at all times.'—[*Redak*]

12. **I told**—of *the exiles to Abraham.*—[*Rashi*]

and I saved—*to fulfill the word at the time* designated for its *end.*—[*Rashi*]

Redak elaborates: The times I saved you, prior thereto I told through My prophets and let you know through them that I would save you. And so I did.

and say, "True." 10. "You are My witnesses," says the Lord,
"and My servant whom I chose," in order that you know and
believe Me, and understand that I am He; before Me no god
was formed and after Me none shall be. 11. I, I am the Lord,
and besides Me there is no Savior. 12. I told and I saved, and I
made heard

10. **You**—The Jewish people—[*Ibn Ezra, Redak*]

and My servant—*Jacob, whom I chose. He, too, shall testify that I promised him when he went to Mesopotamia, and I kept My promise.*—[*Rashi*]

Alternatively, 'My servant' is the prophet himself.—[*Ibn Ezra, Redak*] You are witnesses that I predicted to you the attack by Sennacherib and his hordes, as well as his subsequent downfall. The prophet, too, is a witness that he told you in My name and that it came to pass as he had prophesied.—[*Redak*]

in order that you know—*I did all this in order that you put your heart to know Me.*—[*Rashi*]

From the experience of the early events, you will know that the later events will take place, and you will believe that I will fulfill the prophecies of the future, that I will take your children out of the last exile, and you will understand, for, even if you had no witnesses on this prophecy, you could understand by yourselves that what I say is true, for I am true, and My words are true.—[*Redak*]

before Me no god was formed—This is a difficult verse, for there is no such thing as 'before God' or 'after God.' Therefore, some explain it to mean that before the Revelation on Mount Sinai no god was formed, and after the Revelation on Mount Sinai, no god would ever be. *Ibn Ezra,* however, writes that this deviation from the simple meaning is totally unnecessary. The intention is that there is, indeed, no time before God or after God, since He has no beginning and no end. Therefore, no god could have formed before Him. *Rabbi Joseph Kimchi* renders: Before Me there was nothing created by a god, and after Me there shall not be. I.e., before I created the world, no other god formed any creature, and after I created the world, there shall not be.

The term "formed" is used, because any other god, even if there were one existing, would have to be formed, since there cannot be two beings whose existence is absolute, i.e. independent of any other being.—[*Ibn Ezra*]

11. **I, I am the Lord**—The double expression is for emphasis. The intention is that God is the only Being Whose existence is absolute, and other beings are solely dependent upon Him. Therefore, He can save at any time, whereas other beings cannot save without His consent. The expression, "besides Me," means "independent of My will."

ואין בכם זר ואתם עדי נאם־יהוה
ואני־אל: יג גם־מיום אני הוא ואין
מידי מציל אפעל ומי ישיבנה: יד כה־
אמר יהוה גאלכם קדוש ישראל
למענכם שלחתי בבלה והורדתי
בריחים

ת״א למענכם שלחתי. מגלה כט (תענית כד):

תרגום

פרקית יתכון ממצרים כמא דקימית ליה בין בתריא ואנא אשמעית יתכון אולפן אוריתי מסיני ועד אתון קימין ולית בכון נוכרי ואתון סהדין קדמי אמר יי ואנא אלהא: יג אף מעלמא אנא הוא ולית דמן ידי משיזיב אעבדינה ולא אתיבינה:
יד כדנן אמר יי פריקכון קדישא דישראל בדיל חוביכון אגליתי יתכון לבבל ואחתית

רש״י

והשמעתי. לכם הראשונות: ואין בכם זר. באותן הימים שעשיתי כל אלה לא נראה בכולכם בינו העכו״ם אל זר להראות גדולתו ואלהותו בפני: ואתם עדי. שפתחתי לכם שבעה רקיעים ולא ראיתם כל תמונה: (יג) גם מיום אני הוא. לא אותו היום לבדו הייתי לבדי כי גם מאז היות יום אני הוא לבדי: אפעל. אם באתי לפעול אין משיב: (יד) למענכם שלחתי בבלה. יונתן תירגם בדיל חוביכון אגליתי יתכון לבבל: והורדתי בריחים כולם. ואחתית במשוטין כולהון. משוטין הוא עץ שמנהיג את

מהר״י קרא

כבר. אני אומר לכם מי בכם מגיד זאת. שמא תאמרו אף אתה הגד להבין. הגדתי תשועה בטרם תבוא. והושעתי כאשר הבטחתי. וכן כל הענין. עד: (יג) ואין [מידי] מציל. לא דור אנוש. ולא דור הפלגה. ולא אנשי סדום. ולא פרעה וכל חילו. ולא סיסרא וחמונו. ולא סנחריב ואגפיו. ולא נבוכדנצר ואוכלוסיו. אנכי שפעלתי עם הראשונים. אנכי אפעל עם האחרונים. ומי ישיבנה: ומדרש רבותינו. כל הגוים נקבצו יחדיו ויאספו לאומים מי בכם יגיד זאת וראשונות ישמיענו. לעתיד לבא נוטל הקב״ה ספר תורה ומניחו בחיקו וכו׳. כדאיתא בפרק קמא דע״ז: (יד) כה אמר [ה׳] גואלכם קדוש ישראל למענכם שלחתי בבלה. למענכם שלחתי כורש ודריוש לבבל. והורדתי לפני כורש כל הגוים שהיו מסוגרים בריחי ברזל: וכשדים באניות רנתם. ואף יושבי כשדים המתפארים בחוזק נהרותם לומר (עלינו) [ערינו] ומי נחר בנו חומה. אף

אבן עזרא

והושעתי והשמעתי. אתכם קולי בהר סיני: ואין בכם זר. כי ישראל לבדם היו: ואתם עדי. והטעם שמעתם כן מפי אבותיכם: ואני אל. תמיד כטעם אני ה׳ לא שניתי: (יג) גם. הטעם אני אל קודם היות שם יום על כן מלת גם מהיות יום אני הוא ואחר שאני אל מי יגאל מידי: אפעל. חפצי ורצוני ומי ישוב פעולתי: (יד) כה. שלחתי בבלה. יש אומרים כי תי״ו שלחתי רמז לנביא ולפי דעתי שהוא דבר ה׳ כי בתחלה כה אמר ה׳ ואחר כן אני ה׳ קדושכם והנה הטעם כל כך באתי במהרה כאילו שלחתי וחכם גדול בספרד אמר כי הכבוד ידבר עם הנביא ושר ישראל הוא המשלח אל בבל לגאול ישראל: והורדתי בריחים. בריחי בבל והיתה נלכדת כטעם אבד ושבר בריחיה שערי המדינה והוריד כשדים שהם אניות רנתם

רד״ק

לכם על ידי נביאי והשמעתי אתכם על ידיהם אושיעכם. וכן עשיתי: ואין בכם זר. ואין בכם אל זר לפיכך שמתי פני אליכם לטובם להושיעכם ולא עשיתי כן לשאר העמים כי יש בהם אל זר ובוטחים בו ואתם עדי בזה כי כן עשיתי עם אבותיכם ועמכם ואני אל היכול בראשונה ובאחרונה וי״ת אנא חויתי לאברהם אבוכון וגו׳: (יג) גם מיום. טרם שיהיה יום. כלומר קודם שהיה העולם וטעם גם לפי שאמר הגדתי והשמעתי ר״ל בימים הקדמונים בימי אבותיכם אמר כי גם קודם זה אני הוא ועוד קודם שהיה העולם גם כן אני הוא וכן מעולם ועד עולם אתה אל מטרם שהיה העולם ואחר שאני כן אין מידי מציל כשארצה להושיע עם מעם או ארצה להרע להם: אפעל ומי ישיבנה. וכאשר אפעל ואעשה דבר מי ישיב אותה הפעולה לאחור ויש לפרש גם כן מיום אני הוא מזמן רב אני הוא עמכם. כמו שאמר כי מעולם שברתי עולך וגו׳ ר״ל מזמן רב ובכל אשר הייתי עמכם והושעתי אתכם מיד צריכם ואין מידי מציל: (יד) כה אמר ה׳. נבואה זו על גלות בבל: גואלכם. מגלות בבל: קדוש ישראל. אביכם וכבר פירשנו בפסוק כי בראותו טעם אמרו קדוש ישראל אביכם ואמר אותו כמה פעמים בזה הספר ר״ל כי בזכותו הוא מטיב להם בגלותם כמו שאמר וזכרתי את בריתי יעקב: למענכם שלחתי בבלה. בעבורכם כדי שתבאו מהגלות שלחתי כורש לבבל להחריבת ולהוציא אתכם מתוכה ולהשיבכם לארצכם: והורדתי בריחים כולם. אוריד יושבי בבל ממעלותם ויברחו להם בבא כורש: בריחים. תאר כמו בריחית עד צוער אלא שזה מן הדגוש

מצודת דוד

לכך הגדתי כי אם לכולכם השמעתי על ידו: ואין בכם זר. ר״ל לא היה מי בכם זר מלדעת הדבר כי כולכם שמעתם מהנביא: ואתם עדי. שכן הוא האמת: ואני אל. אני הוא אשר הושעתי אתכם: (יג) גם מיום. גם מאז היות יום אני הוא לבדי לעזור ולהושיע: ואין מידי מציל. את מי שאחלה לאבדו: אפעל. מה שאחלה אפעל. הן להושיע הן לאבד: ומי ישיבנה. מי יוכל להשיב הפעולה ההיא ולמנעה: (יד) למענכם. למען אתכם מן הגולה שלחתי את כורש לבבל להחריבה: והורדתי בריחים כולם. כל בני בבל הורדתים כולם בספינות וכשדים השמיעו קול לעקתם באניות שהלכו בהם

מצודת ציון

אלהים יענה (בראשית מ״א): (יד) בריחים. ענינו כמו ספינות ע״ש שכל מהלכם הוא ע״י הרוח: באניות. בספינות: רנתם.

a reference to the redemption from Babylon. He differs with *Rashi* in several points, however. We will, therefore, repeat the entire verse according to his interpretation, as follows:

[14] **So said the Lord**—this prophecy concerning the Babylonian exile.

your redeemer—from the Babylonian exile.

the Holy One of Israel—your

and there was no stranger among you, and you are My witnesses," says the Lord, "and I am God. 13. Even before the day I am He, and there is no saving from My hand; I do, and who retracts it?" 14. So said the Lord, your Redeemer, the Holy One of Israel, "Because of you, I sent [you] to Babylon, and I lowered,

and I made heard—*to you the first events.*—[*Rashi*]

and there was no stranger among you—*In those days, when I did all these, there did not appear among all of you, among the heathens* (*the children of the nations*—mss., *K'li Paz*) *a strange god, to show his greatness and his godliness.*—[*Rashi*] Other manuscripts read: *And I made My Torah heard to you, and none among you estranged himself from accepting.* This follows *Jonathan.*

and you are My witnesses—*that I opened seven heavens for you, and you saw no image.*—[*Rashi*] According to *Midrash Asereth Hadibberoth,* end of First Commandment; *Midrasch Schir Ha-schirim,* Grunhut, 1:2, this transpired at the time of the giving of the Torah. Hence, the latter reading seems more accurate than ours.

and I am God—always, just as Scripture states: "(Mal. 3:6) I, the Lord, do not change."—[*Ibn Ezra*]

13. **Even before the day I am He**—*Not only that day was I alone, but even before it became day I am He alone.*—[*Rashi*]

I do—*If I came to do, no one can retract.*—[*Rashi*]

Even before there was any such thing as day, I was God. Consequently, who can be saved from My hand?—[*Ibn Ezra*]

I do—My will, and who can retract My act?—[*Ibn Ezra*]

Since the prophet states above that God told our forefathers of the coming exiles before they came about, he continues to tell us that God was God even before the Creation of the world, not only from the time of our forefathers. Hence, He is Omnipotent, and His deeds cannot be undone.—[*Redak*]

14. **Because of you, I sent [you] to Babylon**—*Jonathan paraphases: Because of your sins I exiled you to Babylon.*—[*Rashi*]

and I lowered them all with oars—Heb. וְהוֹרַדְתִּי בָרִיחִים. Jonathan renders: *And I lowered with oars* (בִּמְשׁוֹטִין) *all of them.* מְשׁוֹטִין *denotes the wood that guides the ship and straightens it out.*—[*Rashi*]

and Chaldees—*led you in the ships of their rejoicing.*

This may also be explained as regards the news of the redemption, as follows:

Because of you, I sent—*I will send the kings of Media to Babylon, and I will lower the Chaldees in ships and oars into exile to the land of Media. And the Chaldees I will lower in ships which their rejoicing was.*—[*Rashi*] I.e. the Chaldees would be taken into captivity with the very boats in which they had previously rejoiced.

Redak, too, interprets this verse as

בָרִיחִים כֻּלָּם וְכַשְׂדִּים בָּאֳנִיּוֹת רִנָּתָם:
טו אֲנִי יְהוָה קְדוֹשְׁכֶם בּוֹרֵא יִשְׂרָאֵל
מַלְכְּכֶם: טז כֹּה אָמַר יְהוָה הַנּוֹתֵן בַּיָּם
דָּרֶךְ וּבְמַיִם עַזִּים נְתִיבָה: יז הַמּוֹצִיא
רֶכֶב־וָסוּס חַיִל וְעִזּוּז יַחְדָּו יִשְׁכְּבוּ בַּל־
יָקוּמוּ דָּעֲכוּ כַּפִּשְׁתָּה כָבוּ: יח אַל־תִּזְכְּרוּ
רִאשֹׁנוֹת

בִּמְשׁוֹטִין כּוּלְהוֹן
וְכַסְדָּאֵי בִּסְפִינֵי
תּוּשְׁבַּחְתְּהוֹן: טו אֲנָא
יְיָ קַדִּישְׁכוֹן דִּבְרָאִי
לְיִשְׂרָאֵל מַלְכְּכוֹן:
טז כִּדְנַן אֲמַר יְיָ דְּאַתְקֵין
בְּיַמָּא אוֹרְחָא וּבְמַיִין
תַּקִּיפִין שְׁבִילָא:
יז דְּאַפֵּיק רְתִיכִין וְסוּסְוָן
מַשְׁרְיָן וְעַם סַגִּי כַּחֲדָא
אִתְבְּלָעוּ וְלָא קָמוּ
דְּעִיכוּ כְּבוּצָא עֲמֵי טְפוּ:
יח לָא תִדְּכְּרוּן קַדְמָיָתָא

ת"א בים דרך. חולין קלט (שבת ח') · אל תזכרו. ברכות יג:

רש"י

הספינה ומייטרה: וכשדים. הוליכו אתכם באניות רנתם. וגם יש לפרשו על בשורות הגאולה: למענכם שלחתי. אשלח מלכי מדי לבבל ואוריד הכשדים בספינות ומשוטין לגולה לארץ מדי. וכשדים אוריד באניות שהיתה רנתם בהם: (טז) הנותן בים דרך. בים סוף ושם הוצאתי מצרים לרדוף אחריכם רכב וסוס וחיל ועזוז וכולם יחדיו ישכבו מתים על שפת הים בל יקומו: (יז) כפשתה כבו. תירגם יונתן כבוצא עמי טפו: (יח) אל תזכרו ראשונות.

מהר"י קרא

אותם הורדתי לפני כורש. וכל זה למענכם בשביל שעתיד לשלח גלותכם: (טז) כה אמר ה' הנותן בים דרך. לישראל: (יז) המוציא רכב וסוס חיל ועזוז. מחזיק את מצרים שירדפו אחריהם כל סוס רכב פרעה ופרשיו וחילו. חיל. חיל פרעה.

אבן עזרא

אורידם מהאניות: (טו) אני ה' קדושכם. שאהיה מלככם להושיעכם: (טז) כה. הנותן בים דרך. לאות כי אניות תבאנה מהאוביים אל בבל וינצלו אניות בבל: (יז) המוציא רכב וסוס חיל. כבד ועזוז ביבשה והם הכשדים היוצאים להלחם עם הפרסיים: דעכו. מהבנין שלא נקרא שם פעלו וטעמו כבו וכן ידעך נרו בלשון חשך: (יח) אל תזכרו.

רד"ק

ובריחית מן הרפים: וכשדים באניות רנתם. וכשדים יברחו באניות וצעקתם כלומר צעקת הבכי וכמוהו קומי רוני בלילה ויש מפרשים בריחים כמו באניות והבי"ת לשמוש וריחים שם האניות לפי שהולכות ברוח וי"ת במשוטין ואני תמה מהחכם רבי אברהם אבן עזרא שכתב פי' שלחתי כאלו הוא קורא אותו שולחתי בקבוץ שפתים השי"ן מבנין פעל שלא נזכר שם פעלו וכך הוא לשון פירושו והנה הטעם בל כך באתי במהרת לגאול אתכם כאלו שלחתי וחכם גדול בספרד אמר כי הכבוד ידבר עם הנביא ושר ישראל הוא המשולח אל בבל לגאול ישראל וזה לשונו ואני מקובל כי קריאתו שלחתי בחיר"ק חש"ין מבנין פעל הדגוש וכן מצאתי בכל הספרים המדוייקים אשר ראיתי והמתרגם ידמה גם כן שכן היה קורא אותו שתרגם בדיל תוביכון אתגלותן לבבל אלא שאין פירושי כפירושינו כי הוא ר"ל שלחתי אתכם בגלות לבבל אבל לפי מה שנמצא בדברי רז"ל ידמה שהם היו קוראין שלחתי בקבוץ שפתים השי"ן שאמרו כל מקום שגלו ישראל שכינה עמהם גלו לבבל שכינה עמהם שנאמר למענכם שלחתי בבלה גלו לעילם שכינה עמהם שנאמר ושמתי כסאי בעילם: (טו) אני ה' קדושכם. שאני מקדיש שמי בכם כמו שאמר כורש כל ממלכות הארץ נתן לי ה' מי בכם מכל עמו יהיה אלהיו עמו ויעל: בורא ישראל. כמו שפירשנו בוראך יעקב: מלככם. הוא מלככם באמת ולא יעזבכם ביד מלכי העמים: (טז) כה אמר ה' הנותן בים דרך. מי שנותן לעמו ישראל דרך בים סוף הוא יושיעכם מהגלות הזה כי הענין דבק למעלה וכפל הענין במלות שונות ואמר במים עזים נתיבה או אמר מים עזים על הירדן: (יז) המוציא. ואחר שזכר הנס שעשה להם בים סוף זכר גם כן הנס שעשה להם בדבר סנחריב. כלומר מי שעשה לכם הניסים האלה יעשה לכם עוד בבבל ואמר המוציא שהוציא חיל מלך אשור ברכב וסוס והביאו לארץ ישראל כמ"ש ישרוק ה' לזבוב אשר בקצה יאורי מצרים ולדבורה אשר בארץ אשור וגו' ואמר אשור שבט אפי והנה הוא הוציאם והוא הפילם בירושלם: יחדו ישכבו בל יקומו. כשישכבו בלילה לא קמו כמ"ש וישכימו בבקר והנה כולם פגרים מתים וזהו שאמר דעכו כפשתה כבו כלומר כי ברגע מתו כמו הפשתה שדולקת שכבה במהרה. ודעכו כמו כבו: (יח) אל תזכרו ראשונות. אמר הנה אלה הנפלאות הראשונות אל תזכרו אותם בקבוץ גליות כ"כ

מצודת דוד

בגולה: (טו) אני ה'. ר"ל את זה עשיתי אני ה' המקודש לכם: בורא. ר"ל אני בורא ישראל ומלככם עשיתי את זה וכפל הדבר במ"ש: (טז) הנותן. אשר נתן דרך בים סוף בצאת ישראל ממצרים: ובמים עזים. זה הירדן שבקע בימי יהושע: (יז) המוציא רכב וגו'. הנותן בלב מצרים להוציא אנשי הרכב וסוסיהם ואנשי החיל עם כל החוזק לרדוף אחר בני ישראל: יחדו. כולם יחד שכבו ולא הוסיפו לקום כי נטבעו במי הים: דעכו. נפשותם קפלה מהם וכבה מהר כפשתה הדולקת הכבה מהרה כי לא תתעכב הרבה בשריפתה: (יח) אל תזכרו ראשונות. אל תזכרו להפליא על הנסי' שעשיתי לכם בימים

מצודת ציון

מנין קול לעקה ויללה כמו קומי רוני בלילה (איכה ב'): (טז) עזים. מל' עוז וחוזק: נתיבה. שביל ודרך: (יז) ועזוז. מל' עוז וחוזק:

takes it as an allusion to the Chaldees who went out to battle the Persians. Thus it is a future prophecy for the people of Isaiah's generation. *Redak* explains it as an allusion to Sennacherib's army, who were inspired by God to attack Jerusalem, only to meet their destruction.

they lay together, they did not rise—They retired for the night and never awoke in the morning.—[*Redak*]

them all with oars, and Chaldees in the ships of their rejoicing.
15. I am the Lord, your Holy One, the Creator of Israel, your
King. 16. So said the Lord, who made a way in the sea, and a
path in the mighty waters. 17. Who drew out chariots and
horses, army and power; they lay together, they did not rise;
they were extinguished, like a flaxen wick they were quenched.
18. Remember not

forefather. We already explained this above 29:23. This expression is used very often in this Book, referring to the Patriarch Jacob. Here it means that in the Babylonian exile, God will be good to Israel in Jacob's merit, as it is said: "(Lev. 26:42) And I will remember My covenant with Jacob."

Because of you I sent to Babylon—For your sake, so that you will return from exile, I sent Cyrus to Babylon to destroy it and to take you out of there and return you to your land.

and I will lower fugitives all of them—(Note the entirely different translation.) I will lower the inhabitants of Babylon from their exalted status and they will flee when Cyrus comes.

and Chaldees in the ships of their cry—They will flee in ships, weeping and crying. Others render: And I will lower all of them in sailboats . . .—[*Redak*]

15. **I am the Lord, your Holy One**—for I sanctify My name through you, as Cyrus announced, "(Ezra 1:2f.) The Lord God of the heaven has given me all the kingdoms of the earth . . . Whoever among you that is of His people, may his God be with him and let him go up . . ."—[*Redak*]

the Creator of Israel—See above v. 1.

your King—He is indeed your King, and He will not leave you in the hands of the kings of the nations.—[*Redak*]

16. **Who made a way in the sea**—*in the Red Sea, and there I drew the Egyptians out to pursue you, with chariots and horses, and an army and power, and all of them lay together dead on the seashore, not to rise.*—[*Rashi*]

and a path in the mighty waters—This may be a repetition of the preceding, and it may refer to the splitting of the Jordan in Joshua's time. Just as God saved His people when they crossed the Red Sea in the face of their Egyptian pursuers and later split the Jordan for them, so will He redeem them from this exile.—[*Redak*]

Alternatively, the Persians and the Medes will come by ship to attack Babylon.—[*Ibn Ezra*]

17. **Who drew out chariots**—As quoted in the preceding verse, *Rashi* explains this passage as a reference to Pharaoh's army pursuing the Israelites in their Exodus. *Ibn Ezra*

ראשנות וקדמניות אל־תתבננו:
יט הנני עשה חדשה עתה תצמח הלוא
תדעוה אף אשים במדבר דרך
בישמן נהרות: כ תכבדני חית
השדה תנים ובנות יענה כי־נתתי
במדבר מים נהרות בישימן להשקות
עמי בחירי: כא עם־זו יצרתי לי תהלתי

ודמן אולא לא
תסתכלון: יט הא אנא
עביד חדתא וכען
תתגלי הלא תידעונה
אף אשוי במדברא
אורח בצדיותא נהרין:
כ ייקרון קדמי כד איתב
מדינן רצדן אתר
דהואה שרן ירודין
ובנת נעמין ארי יהבית
במדברא מיא נהרין
בצדיותא לאשקאה
גלות עמי דאתרעיתי
בה: כא עמא דין

ת"א פנה חדשה. (ברכות ד') : חית השדה. חולין כד : קמץ בז"ק יספרו

מהר"י קרא

יעזוז. זה פרעה. שהוא עוז של מצרים. וכיון שרדפו אחריהם יחד שכבו בל יקומו: דעכו כפשתה. כבו כפשתה. שנוחה [לכבות] לפי שאין בה גחלת: (יט) הנני עושה חדשה עתה תצמח וגו'. לשעבר עשיתי מים יבשה. ועתה אעשה חדשה. שאעשה מיבשה נהרות. הה"ד אשים במדבר דרך. כמו שנתתי לשעבר בישימון נהרות. להשקות: (כא) עם זו יצרתי לי. כדי לספר תהלתי. [ואתה] אי אתה קורא אותי. הה"ד ולא

רש"י

הניסים הללו שאני מזכיר לכם שעשיתי במצרים אל תזכרו אותם מעתה כי בגאולה זו תעסוקו להודות ולהלל: **אל תתבוננו.** אל תסתכלו בהן אל תתנו להם לב: (כ) **תכבדני חית השדה.** מקום שהוא חרב ומרבץ לחיות השדה לתנים ולבנות יענה: **כי נתתי במדבר מים.** כלומר בארץ חריבה אתן ישוב: (כא) **עם זו יצרתי לי.**

רד"ק

תהיה הפליאה ההיא גדולה וכפל הענין במ"ש ואמר וקדמוניות **אל** תתבוננו וכן אמר ירמיהו הנביא לא יאמרו עוד חי ה' אשר העלה וגו' ורז"ל פי' אל תזכרו ראשונות זהו שיעבוד מלכיות וקדמוניות אל תתבוננו זהו יציאת מצרים: (יט) הנני עושה חדשה. הנני עושה פליאה חדשה והוא אומר על קבוץ גליות: עתה תצמח. ובאמרו עתה וענין המלה הזאת על זמן קרוב לפי שהגאולה קרובה לבא אם ישובו ישראל בתשובה וזה כמה הגיע זכנה אם זכו ישראל כמו שאמרו רבותינו ז"ל ובעונותינו שרבו יצאו כהם מה שיצאו או אמר עתה כאלו עתה תצמח כלומר תהיו בטוחים בה כאלו תראו אותה בעיניכם: הלא תדעוה. זאת הישועה הלא תדעוה מקדם כי כתובה בהורת משה שנאמר ושב ה' את שבותך ורחמך ושב וקבצך מכל העמים וגו' וזה לא נאמר על גלות בבל כי לא היו נפוצים בכל העמים ולא יצאו מן הגולה כי אם גולי בבל כי עשרת השבטים לא יצאו מגלותם ועוד כי אמר כי תשוב אל ה' אלהיך בכל לבבך ובכל נפשך. והשבים מבבל לא שבו אל ה' בכל לבבם ובכל נפשם שהרי היו בהם מחללי שבת ונושאי נשים נכריות ומה שאמר בספר ירמיה לפי מלאת לבבל שבעים שנה ואמר ובקשתם אותי ומצאתם על שתי הגליות זכר באותה הפרשה: אף אשים. אמר אף כלומר עוד אעשה עמכם טובה גדולה ופליאה רבה שלא תדעוה מן התורה שאשים במדבר דרך בישימון נהרות כמו שאמר למעלה בפסוק קול קורא וכן אמר למעלה בפרשת חזקו ידים רפות כל הענין: בישימון. מקום שמם שהוא המדבר ושרשו ישם מן והבמות תשמנה: (כ) תכבדני. על דרך משל כמו או שיח לארץ ותורך כמו שאמר למעלה ישושום מדבר וציה כי בהיות במקום ציה מים כאלו המדבר והציה ישישו וכל שכן חית השדה שתבא להם הנאה מן המים שישישו וישמחו וכאלו תכבדני בתהילותיך: עמי בחירי. שבחרתי בו משאר העמים: (כא) עם זו יצרתי לי. יצרתי להיות לי לעם

אבן עזרא

כפה הפלאים הקדמונים: **אל תתבוננו.** בהם במחשבה: (יט) **הנני. חדשה.** לכידת בבל או שימלטו ישראל לבדם והוא הנכון בעיני ועוד שאשים במדבר מים בעבור השבים מהגולה אל ציון: (כ) **תכבדני.** אל הטוב שאני עושה להם והזכיר תנים בעבור שהם דרים בארץ ציה וזה הטוב אעשנו בעבור כבוד עמי: (כא) **עם זו.** כמו זה והטעם זה הוא

מצודת ציון

דעכו. ענין קפילה וכן דעכו כאש קוצים (תהלים קי"ח) על שם שבעת הכבוי קופלת השלהבת: (יח) תתבוננו. ענין הסתכלות בכונת הלב: (יט) בישימון. במקום שממה: (כ) תנים. מין נחש: ובנות יענה. מין עוף המצוי במדבר:

מצודת דוד

הראשונים: וקדמוניות וגו'. כפל הדבר במ"ש: (יט) חדשה. נס חדש אשר לא עשיתי מעולם: עתה תצמח. בזמן קרוב תהיה אם בקולו תשמעו: הלוא תדעוה. את הישועה ההיא כי כתובה היא בתורה שנאמר ושב ה' וגו' ושב וקבצך וגו' (דברים ל'): דרך. לשבי הגולה: נהרות. לרוות הצמאון: (כ) תכבדני חית השדה. אמר דרך משל כאילו חית השדה תכבדני בתהלותיה על אשר ימלאו מים במדבר במקום מדורם: להשקות עמי. בעת בואם מהגולה דרך המדבר: (כא) יצרתי לי. ילדתים לי נעם למען יספרו תהלתי:

in the wasteland, to give drink to the exiles of the people I have chosen.

Redak explains the verse figuratively. Since this land is the habitat of the beasts, the jackals and the ostriches, it is as though they will praise Me for the water I am bringing into this land.

to give My chosen people drink—All this is being done for the sake of Israel, My chosen people.—[*Ibn Ezra*]

the first events, and do not meditate over early ones.
19. Behold I am making a new thing, now it will sprout, now
you shall know it; yea I will make a road in the desert, rivers in
the wasteland. 20. The beasts of the field shall honor Me, the
jackals and the ostriches, for I gave water in the desert, rivers in
the wasteland, to give My chosen people drink. 21. This people
I formed for Myself; they shall recite My praise.

they were quenched—*Jonathan renders: Like flax they dimmed, they were quenched.*—[*Rashi*]

18. **Remember not the first events**—*These miracles that I mention to you, that I performed in Egypt—do not remember them from now on, for you shall be engaged in this redemption, to thank and to praise.*—[*Rashi*]

do not meditate—*Do not ponder about them; do not pay attention to them.*—[*Rashi*]

Ibn Ezra renders: Do not mention the first events, and do not think of the early ones.

The miracles of the ingathering of the exiles will be so great that you will no longer give the marvels of the Exodus any thought. Jeremiah expresses the same idea: "'(23:7f.) Therefore, behold days are coming,' says the Lord, when they shall no longer say, 'As the Lord lives, Who brought up the children of Israel from the land of Egypt' but, 'As the Lord lives, Who brought up and Who brought the seed of the house of Israel from the land of the north and from all the lands, 'where I had driven them, and they shall dwell on their own land.'" The Rabbis explained (*Berachoth* 13a): **Remember not the first events**—This refers to the subjugation by the kingdoms; **and do not meditate on the early ones**—This refers to the Exodus from Egypt.—[*Redak*]

19. **Behold I am making a new thing**—a new wonder, the wonder of the ingathering of the exiles.—[*Redak*] *Ibn Ezra* sees here an allusion to the redemption from Babylon, when only Israel, among all vanquished nations, will be released from exile. Additionally, God will perform wonders by producing water in the wilderness for the benefit of the returnees from Babylonian exile.

20. **The beasts of the field shall honor Me**—*The place that is desolate and a habitat of the beasts of the field, for the jackals and for the ostriches.*—[*Rashi*]

for I gave water in the desert—*I.e. in a desolate land I will place a settlement.*—[*Rashi*]

Rashi, apparently, explains the verse as being elliptical. He follows *Jonathan*'s paraphrase, which reads as follows: They will praise Me when I settle provinces that have become desolate, a place where the jackals and the ostriches live, for I have given water in the desert, rivers

יְסַפֵּרוּ׃ כב וְלֹא־אֹתִי קָרָאתָ יַעֲקֹב כִּי־
יָגַעְתָּ בִּי יִשְׂרָאֵל׃ כג לֹא־הֵבֵיאתָ לִּי
שֵׂה עֹלֹתֶיךָ וּזְבָחֶיךָ לֹא כִבַּדְתָּנִי לֹא
הֶעֱבַדְתִּיךָ בְּמִנְחָה וְלֹא הוֹגַעְתִּיךָ
בִּלְבוֹנָה׃ כד לֹא־קָנִיתָ לִּי בַכֶּסֶף קָנֶה
וחלב

אתקינית לפולחני
בתושבחתי יהון
משתען׃ כב אמיר על
ידי נבייא ולא בפולחני
ערעיתון דבית יעקב
ארי לאיתון באולפן
אוריתי ישראל׃ כג לא
איתיתא קדמי אמרין
לעלתא ונכסת קודשך
לא יקרתא קדמי לא
אסגיתי עלך בקורבנין
ולא אתקפית עלך בלבונתא׃ כד לא זבינתא קדמי בכסף קני בסם ותרב נכסת

ת"א קראת יעקב. יומא יט: שה עלתיך. עקידה שער נו:

רש"י

למען תהלתי יספרו: (כב) ולא אותי קראת. ואתה לא איתי קראת בכנותך אחרי עכו"ם: כי ינעתי בי. נלאיתם מהר בעבודתי: (כג) לא הבאתי לי שה עולותיך. כי אם לעכו"ם: לא העבדתיך. עבודה רבה במנחה קומץ מעט עולה לגבוה וגם הוא לא אמרתי לך להקריב חובה אלא נדבה: (כד) לא קנית לי בכסף קנה. לקטרת לא

אבן עזרא

העם שלי והטעם על אלו השבים ולא הטעם כי זאת הטובה שאעשה עם עמי איננה חיוב כי אפילו ישראל בבבל לא בקשוני והטעם כי ינעת אפילו לא קראת אותי עד שתיגע בשבילי וטעם ישראל קריאה כמו אתה ישראל: (כג) לא הבאתי לי. עולותיך בבבל: ולא כבדתני. בזבחי שלמים ולא בקשתי ממך שתעבדני במנחה: ולא הוגעתיך בלבונה. שתקנה לי: (כד) לא. קנה. הוא קנה בושם:

מהר"י קרא

אותי קראת יעקב: (כב) כי יגעת בי ישראל. כל היום תענת ותעשה כל מלאכתך ואי אתה מתייגע. ולערב בזמן שאומר לך בוא מתפלל. אתה משיב עייף אנכי. זהו לפי מדרשו. ולפי פשוטו. כי יגעת בי. הוגעתני בעונותיך. שכבר נלאיתי נשוא. ולא הבאת לי שה עולותי בין הערבים. צאו ראו מה מגיע לחלק אחד מכם: (כג) ולא הוגעתיך בלבונה. אלא קמץ משם מלא קומצו: (כד) לא קנית לי בכסף קנה. אלא לששים רבוא קנה בושם חמשים ומאתים: אך העבדתני. אני לא

רד"ק

והם יספרו תהלתי על הנסים שאעשה להם בהוציאו אותם מהגלות ועתה החל בפרשה אחרת להוכיח את ישראל שבאותו הדור אמר כי כל הטוב שאני עתיד להטיב לבניכם אחריכם שיהיו בגלות לא במעשיכם הטובים ולא למענכם אעשה ואמר: (כב) ולא אותי קראת יעקב. אפי' לא קראת לי בעת צרתך כל שכן שלא יגעת בי ישראל. ופי' כי יגעת כי תאמר שיגעת בי לא עשית כי אפי' לא קראת לי: בי. ר"ל בעבודתי כלומר לא קראתני ולא יגעת לעבוד אותי ויש לפרש לא די שלא קראתני אלא שהוגעתני לעבוד עכו"ם שהוא עלי לטורח: (כג) לא הביאת לי. וזה היה בימי אחז שבטל עבודת האל מבית המקדש כמו שכתוב עליו ויסגור את דלתות בית ה' ויעש לו מזבחות בכל פנה בירושלם ובכל עיר ועיר בנה בית לקטר לאלהים אחרים וכן התודה עליו חזקיהו בנו ואמר כי מעלו אבותינו ויסבו פניהם ממשכן ה' ויתנו עורף גם סגרו דלתות האולם ויכבו הנרות וקטרת לא הקטירו ועולה לא העלו בקדש לאלהי ישראל: וזבחיך. כמו ובזבחיך חסר בי"ת השמוש וכמוהו רבים: לא העבדתיך. כי אם עבדתני ויגעת בעבורי אני הייתי המעביד והמיגע וכיון שלא יגעת ולא עבדתני אינני מעביד ומיגע: בלבונה. כי לבונה זכה היתה בקטרת והם לא הקטירו: (כד) לא קנית. קנה. קנה הוא קנה בשם שהי' בקטרת ואמר

מצודת דוד

(כב) ולא אותי. אבל אתה יעקב לא קראת אותי כי פנית אחר העכו"ם: כי יגעת. כי נעשית יגע ועיף בעבודתי ובטלת את העבודה: (כג) לא הבאת לי. זה היה בימי אחז שבטל עבודת בה"מ כמ"ש ויסגור את דלתות בית ה' וגו' (דה"ב כ"ח) וכן התודה חזקיהו בנו ואמר כי מעלו אבותינו וגו' גם סגרו וגו' ועולה לא העלו בקדש וגו' (שם כ"ב): וזבחיך. לא כבדתני עם זבחיך כי לא הבאתם לי: לא העבדתיך במנחה. לא הטלתי עליך עבודה קשה והוצאה מרובה בהבאת המנחה כי לא צויתי להקטיר רק הקומץ וכן לא הוגעתיך בלבונה כי לא צויתי להרבות בלבונה: (כד) לא קנית. לא הוצרכת לקנות קנה להקטיר על המזבח כי

מצודת ציון

(כג) וזבחיך. הוי"ו היא במקום עם וכן ויוסף היה במצרים (שמות א') ור"ל עם יוסף שהיה במצרים: הוגעתיך. מל' יגיעה: בלבונה. מין הנתנה על המנחה: (כד) קנה. מין בושם: וחלב.

become weary of serving Me, since you did not even exert yourself to call Me for help.

of Me—I.e. of My worship. You did not call Me, neither did you weary yourself to serve Me.

[23] **You did not bring Me**—This refers to the time of Ahaz, when the Temple service was curtailed, as Scripture states: "(II Chron. 28:24f) And he closed the portals of the House of the Lord, and he made himself altars in every corner in Jerusalem. And in every city of Judah he made high places to burn incense to other gods . . ." His son Hezekiah confessed his father's sins by saying, "(ibid. 29:6f.) For our fathers have dealt treacherously and have done what was displeasing to the Lord our God, and they have forsaken Him and have turned away

22. But you did not call Me, O Jacob, for you wearied of Me, O Israel. 23. You did not bring Me the lambs of your burnt offerings, nor did you honor Me with your sacrifices; neither did I overwork you with meal-offerings nor did I weary you with frankincense. 24. Neither did you purchase cane for Me with money,

My chosen people—Israel, whom I chose out of all nations.—[*Redak*]

21. **This people I formed for Myself**—*so that they recite My praise.*—[*Rashi*]

I created them to be My people and to praise Me for the miracles I will perform for them when I take them out of exile.—[*Redak*]

Rabbi Joseph Kimchi connects this verse to the preceding one that deals with the beasts of the field. The prophet continues to say: This nation, viz. the beasts, I created for Myself, and they, indeed, recite My praise, but *you* did not call Me, O Jacob . . . [*Sepher Hagaluj,* p. 130]

22. **But you did not call Me**—*But you did not call Me in your turning after idolatry.*—[*Rashi*]

for you wearied of Me—*You quickly wearied of My worship.*—[*Rashi*]

Abarbanel explains this as a question: Did you become weary of Me? You did not bring Me the lambs etc. How then could you possibly become weary?

23. **You did not bring Me the lambs of your burnt-offerings**—*but to idolatry.*—[*Rashi*]

neither did I overwork you—*cause you to do much work with the meal-offering; merely a handful would be offered to the Most High, and even that I did not ordain upon you to sacrifice as an obligation but as a free-will offering.*—[*Rashi* from *Pesikta Rabbathi,* 30:4]

24. **Neither did you purchase cane for Me with money**—*for incense. You did not have to purchase it with money, for it was very common in your land. Said Rabbi Abba: Cinnamon grew in the Land of Israel, and goats and deer would eat of it. In Midrash Eichah* (Proem X).—[*Rashi*] Some manuscripts read: **Neither did you purchase cane for Me with money**—*for incense, for you failed to offer to Me what you should have, and you were attracted to idolatry.*—[*Rashi* as quoted by *Parshandatha*]

Redak explains verse 22 as a new section. The prophet commences to castigate the people of his generation. He points out to them that all the good God is destined to perform for them at the time of the redemption is not due to their good deeds and not for their sake.

[22] **You did not call Me, O Jacob**—Even in your time of distress, you did not call Me, surely you did not weary of Me.

that you wearied of Me, O Israel (Note difference in translation)—That you should say that you have

וְחֵלֶב זְבָחֶיךָ לֹא הִרְוִיתָנִי אַךְ הֶעֱבַדְתַּנִי
בְּחַטֹּאותֶיךָ הוֹגַעְתַּנִי בַּעֲוֺנֹתֶיךָ׃
כה אָנֹכִי אָנֹכִי הוּא מֹחֶה פְשָׁעֶיךָ לְמַעֲנִי
וְחַטֹּאתֶיךָ לֹא אֶזְכֹּר׃ כו הַזְכִּירֵנִי
נִשָּׁפְטָה יָחַד סַפֵּר אַתָּה לְמַעַן תִּצְדָּק׃

קוּדְשָׁךְ לָא דְהֵינְתָּא עַל מַדְבְּחֵי בְּרַם אַסְגֵּיתָא קֳדָמַי בְּחוֹבָךְ אַתְקֵיפְתָּא קֳדָמַי בַּעֲוָיָתָךְ׃ כה אֲנָא אֲנָא הוּא שָׁבֵיק לְחוֹבָךְ בְּדִיל שְׁמִי וְחֶטְאָךְ לָא יִדְּכְרוּן׃ כו אֵמַר כְּעַן נִדּוּן כַּחֲדָא אִשְׁתְּעֵי אַתְּ בְּדִיל אִם תִכּוּל

ת"א הוא מוחה . עקדה שער נג:

מהר"י קרא

העבדתיך. אבל אתה העבדתני שאהיה שמש לעובדי פסילים שאני הולך לכבוש את כל העולם כולו לפני נבוכדנצר. כדי שלא יאמרו ביד אומה שפלה מסר הקב"ה את ישראל: (כה) אנכי אנכי הוא מוחה פשעיך למעני. ולא למענך. שהרי הוגעתני בעונותיך: (כו) הזכירני נשפטה יחד. שמא תאמר אם אין אבי כדאי שתמחה פשעינו. הרי שהקדים עצמו לפניך. הזכירני באבותיך שאין לי עליו יותר ממה שיש לו עלי. אם תאמר אברהם שהוא אביך הראשון. הלא חטא שאמר במה אדע. ואם תאמר משה ואהרן שהם מליציך. פשעו בי. שאמרו

רש"י

הוצרכת לקנותה בכסף לפי שהיתה מצויה בארצכם הרבה אמר ר' אבא קינמנית היתה גדילה בארץ ישראל והיו אוכלין אותה עזים וצביים. במדרש איכה: העבדתני בחטאותיך. אתם גרמתם לי להיות שמש לעובדי פסילים כמו שראה יחזקאל והנה רוח סערה באה מן הצפון שהיתה חוזרת מרכבת השכינה מבבל שהלכה לכבוש את כל העולם תחת ידו של נבוכדנצר שלא יאמרו ביד אומה שפל' מסר את בניו. כדאית' בחגיג': (כה) אנכי אנכי. אני הוא שמחיתים מאז ואני מוחה אותם גם עתה: למעני. לא בזכותך ולא בצדקת אבותיך: (כו) הזכירני. כל הגמול שיש לך ולאבותיך

רד"ק

בקנה לא קנית לפי שלא היה הקנה בארץ ישראל כי אם על ידי קנין כי מארץ רחוקה היה בא להם כמו שכתב וקנה הטוב מארץ מרחק: הרויתני. על דרך משל: אך העבדתני. והנה הדבר הזה להפך כי אני לא העבדתיך ואתה העבדתני והטעם שהייתי סובל כעבד סובל טרחו וכן אמר היו עלי לטורח נלאתי נשוא כי החטאים והעונות היו עלי למשא כבד וזה על דרך משל ואני סבלתי משאכם כעבד שאין לו יכולת להקל טרחו והיה מדרך המשפט שאכלה אתכם כרגע על רוב חטאתיכם אך סבלתי שלא כליתי אתכם וזה למעני כי לא למענכם ועל חטאתיכם אני נפרע מעט מעט מכם: (כה) אנכי אנכי הוא. הכפל לחזק ר"ל אנכי הוא שסלחתי פשעם לדור המדבר ואנכי הוא הסולח ומוחה פשעיכם בכל דור ודור: למעני. שלא יחולל שמי בכם אם אכלה אתכם: (כו) הזכירני. ואם תאמר שאני שכחתי צדקותיך ואינם רבות חטאתיך כאשר אני אומר הזכירני כאדם המזכיר לחברו דבר ששכח: נשפטה יחד. אני ואתם אם הכיתיך כפי פשעיך או אם מחיתי אותם לך: ספר אתה למען תצדק. ספר אתה תחילה טענותיך למען תצדק בדין כמו שאמר צדיק הראשון בריבו. ר"ל שאפילו תספר אתה

אבן עזרא

וחלב. זבחי חטאת לא הרויתני בהם והנה הוא חסר בי"ת כמו ששת ימים: אך העבדתני. דברה תורה בלשון בני אדם והטעם כי בעבור חטאותיך שבתי בעיני הגוים כעבד שאין לו כח וכן טעם הוגעתני: (כה) אנכי. והנה למעני שלא יחולל שמי אמחה פשעיך: (כו) הזכירני. ואם תאמר שלא חטאת לי בהיותך בארצך והנה הגליתיך הזכירני: נשפטה יחד. נעמד למשפט: ספר. דבריך אתה למען

מצודת ציון

הוי"ו היא במקום עם: הרויתני. ענין שביעה כמו ורותה מדמם (ירמיה מ"ו): הוגעתני. מלשון יגיעה: (כה) מוחה. ענין מחיקה

מצודת דוד

היתה גדלה בירושלים: וחלב וגו'. לא השבעת אותי עם חלב זבחיך כי לא הקרבתם לפני: אך העבדתני. אני לא העבדתיך אך אתה העבדתני בחטאותיך וזהו מה שהיה שמש לנ"נ לכבוש את כל העולם תחתיו שלא יאמרו תחת יד אומה עכו"ם שפלה מסר ה' את ישראל: הוגעתני. כפל הדבר במ"ש: (כה) אנכי אנכי. ר"ל אני הוא שמחיתי מאז ואני מוחה אותם גם עתה ולא בצדקתך כ"א למעני שלא יחולל שמי בעמים כשאעשה עמכם כלה כחטאותיכם: וחטאתיך לא אזכור. ר"ל מחקתים היטב לבל ישאר רושם כ"כ ולא יזכרו: (כו) הזכירני. אחז דרך משל מהאדם לחבירו לומר הזכיר אותי מה גמול יש לך עלי: נשפטה יחד. נברר דברינו לראות הדין עם מי: ספר אתה. ר"ל ספר אתה תחילה למען תצדק כי

punishment for your sins little by little.—[*Redak*]

25. **I, yea I**—*I am He Who erased them from time immemorial* (lit. *from then*), *and I erase them even now.*—[*Rashi*]

I am He Who erased the sins of the generation that left Egypt, and I erase and forgive their transgressions throughout all generations.—[*Redak*]

for My sake—*Neither in your merit nor in the merit of your forefathers.*—[*Rashi*] Lest My Name be profaned through you, were I to destroy you.—[*Redak*] See the beautiful parable cited in Commentary Digest on Joshua 7:9.

I will not remember—No trace of them will remain.—[*Mezudath David*]

26. **Remind Me**—*all the reward I owe you and your forefathers.*—[*Rashi*]*

nor have you sated Me with the fat of your sacrifices. But you have burdened Me with your sins; you have wearied Me with your iniquities. 25. I, yea I erase your transgressions for My sake, and your sins I will not remember. 26. Remind Me, let us stand in judgment; you tell, in order that you be accounted just.

their faces from the habitation of the Lord and have turned their backs. They have even closed the portals of the porch and have extinguished the lamps and have not burnt incense, nor have they offered up burnt-offerings in the Sanctuary to the God of Israel."

Neither did I cause you to worship with meal-offerings, nor did I weary you with frankincense—Were you to bring meal-offerings and incense of frankincense, it would be said that I caused you to worship and to weary yourself with My incense. Since you did not bring meal-offerings and did not weary yourselves with frankincense, it is said that I did not cause you to worship with meal-offerings and that I did not weary you with frankincense.

[24] **Neither did you purchase cane**—This is sweet calamus mentioned in Exodus 30:23, used as an ingredient of the incense. (Ed. note: Scripture prescribes sweet calamus for the anointing oil, not for the incense. *Rashi* apparently identifies this with cinnamon, which was indeed an ingredient of the incense. In Song of Songs 4:14, however, it is mentioned together with cinnamon, indicating that it was not identical. Moreover, the *Targum,* both here and in the Song of Songs, coincides with *Redak.*) Since it was not found in their land, it had to be imported from distant countries whence it was purchased with money. It is mentioned in Jeremiah 6:20: "And the good cane from a distant land."—[*Redak*]

Nor have you sated Me—This is an anthropomorphism.—[*Redak*]

But you have burdened Me—lit. you have overworked Me. *You have caused Me to be an attendant to pagans, as Ezekiel envisioned:* "(1:4) *And behold a tempest was coming from the north." For the chariot of the Shechinah was returning from Babylon, where it had gone to conquer the whole world under the domination of Nebuchadnezzar, lest they say that He delivered His children into the hands of an inferior nation, as is found in Hagigah* (13b).—[*Rashi*]

Whereas I have not burdened you, you have, so to speak, burdened Me. I was burdened by your sins like a slave bearing his burden. Comp. supra 1:14: "They are a burden to Me; I am weary of bearing [it]." Anthropomorphically speaking, your sins and iniquities are a heavy burden for Me, which I bore like a slave who cannot lighten his load. It would, therefore, be proper for Me to destroy you instantly because of your many sins. Instead, I bore it and did not destroy you. This is the meaning of "for My sake," mentioned in the following verse. This is for My sake rather than for yours, and I will mete out

כז אביך הראשון חטא ומליציך פשעו
בי: כח ואחלל שרי קדש ואתנה לחרם
יעקב וישראל לגדופים: מד א ועתה
שמע יעקב עבדי וישראל בחרתי בו:
ב כה אמר יהוה עשך ויצרך מבטן
יעזרך

תכול ותזכי: כז אבוך
קדמאה חטא ומלפך
מרדו במימרי: כח ואפים
רברבי קודשא ואמסר
לקטלא יעקב וישראל
לחסודין: א וכען שמע
יעקב עבדי וישראל
דאתרעיתי ביה: ב כדנן
אמר יי דעבדך ודאתקנך
ממעין יסעדינך לא

ת"א אביך הראשון. זוהר וישלח: שמע יעקב. עקידה שער סו:

רש"י

עלי: נשפטה יחד. נבוא למשפט: (כז) אביך הראשון חטא. כאומרו במה אדע (בראשית ט"ו): ומליציך פשעו בי. אין לך בכל מליצים שאתה סומך על זכותם שלא מצאתי בו פשע יצחק אהב את שונאי: (כח) ואחלל שרי קודש. בשביל עונותיכם: מד (א) ועתה שמע. לשוב לתורתי יעקב

אבן עזרא

תלדק: (כז) אביך הראשון. הוא ירבעם שבחרו ישראל למלך לא על פי השם: ומליציך. הם השרים מליצי הכהנים ויש אומרים שאביך הם המלמדים כמו אבי אבי רכב ישראל ויפימני לאב לפרעה אבי כל תופש כנור ועוגב והמליצים הם התלמידים והוא מגזרת כי המליץ: (כח) ואחלל. הם הכהנים וכן כתיב כי היו שרי קודש: ואתנה. ועתה זאת הרעה עשיתי לך בעבור מעשיך: מד (א) ועתה. שמע את הטובה: (ב) כה. ויצרך מבטן. רמז ליעקב כטעם בבטן עקב את אחיו ושם אפרשנו או הוא על דרך משל ומבטן מיום היות' לעם

מהר"י קרא

שמעו נא המורים: (כח) ואחלל שרי קודש. הם משה ואהרן: ואתנה לחרם יעקב. בעון העגל דכתיב זובח לאלהים יחרם: וישראל לגידופים. שהיו אומות מוכיחים אותם ומגדפים [אותם]. אומה ששמעו מאלהיהם אנכי ולא יהיה לך. עשו עגל לסוף מ' יום:
מד (ב) ויוצרך מבטן. באפילה מה שאי איפשר לבשר ודם

רד"ק

אם תספר האמת לא תצדק ואפי' לא תספר כל חטאתיך ולא תספר כל צדקותי שעשיתי עמך: (כז) אביך הראשון חטא. ואיך תאמר לא חטאת אתה והנה אביך הראשון חטא והוא׳ אדם הראשון כי האדם מוטבע בחטא כי יצר לב האדם רע מנעוריו: ומליציך פשעו בי. פירוש שריך וגדוליך וכן במליצי שרי בבל כי הענין אחד במ"ש כמו את מספר מפקד העם וזכר השרים שהם היו ראוים להוכיח העם ולהשיב אותם לדרך הטובה והם פשעו בי וי"מ אביך מלכך כמו והיתה יד ה' בכם ובאבותיכם ומפרשים אותו על ירבעם ויותר נכון להיות פירושו על שאול כי הוא מלך ראשונה על כל ישראל: (כח) ואחלל. הוי"ו פתוחה כי אין הענין עבר אלא פירושו בכל דור ודור אני מחלל שרי קדש ואני נותן לחרם יעקב וישראל לגדופים בעונותיהם אבל איני מכלה אותם מכל וכל וזכר שרי קדש לפי שאמר ומליציך פשעו בי אמר כי שרי קדש שיש בישראל הם מחוללים ביד האויב ונספים בעון השרים הפושעים והעם כי הטובים הם נספים בעון הרעים כשהם רבים וכן אמר פן תספה בעון העיר כי לא ימלט האחד בין הרבים אלא על ידי נס וכן אמר נתנו את נבלת עבדיך מאכל לעוף השמים בשר חסידיך לחיתו ארץ הנה היו עבדי האל וחסידיו ונספו בעון הרבים ועל זה אמר כי עד צדק ישוב משפט. ופי' לחרם להרג כמו ואת כל הנשמה החרים: לגדופים. שהם לחרפה וגדופה בין העכו"ם ובדרש ואחלל שרי קדש אלו הלוים: (א) ועתה שמע. אע"פ שאני מחלל אתכם ומכה אתכם בעונותיכם עוד איטיב לכם טובה גדולה ועתה שמע הנחמה הטובה כי אתם עבדי בין שאר העכו"ם ובך בחרתי מכולם והעבד הטוב אע"פ שיחטא לפעמים לא יגרשהו אדוניו אלא מיסרו ובאחרונה אחר שיהית נוסר כמה פעמים וינחם העבד וישוב לעבוד את אדוניו בישרת לבב וייטב לו אדוניו טובה רבה: (ב) כה אמר ה' עושך. כמו אשר עשת את משה ואת אהרן שפירושו אשר הגדילום ולמדם או יהיה פירוש עושך כמו בוראך יוצרך מבטן פי' החכם רבי אברהם אבן עזרא כי רמז ליעקב כמו שאמר בבטן עקב את אחיו כלומר מי שיצר יעקב בבטן בכח שאחזה ידו בעקב עשיו אחיו שלא כדרך שאר העוברים כי אין העובר מוציא ידו מן השליא כל שכן שיתפוש בידו וזה היה מעשה נס ומי שהיה עם אביכם בבטן יהיה עמכם בגלות שהוא מקום צר לכם כמו הבטן לעובר ויתכן לפרש ויוצרך מבטן כמו שפי' בוראך וטעם מבטן כי בעת צאת הבן מן הבטן יכניסהו בברית האל וימול אותו לשמונת ימים: יעזרך. שיעזרך והוא אומר לך אל תירא:

מצודת דוד

לדיק הראשון כריבו וכאומר אף אם אתה תספר בתחילה לא תהיה לדיק עדי: (כז) אביך הראשון חטא. אדם הראשון חטא כי באכלו מעץ הדעת ועם כי היה יליד כפי וכ"ש אתם שנולדתם מאיש ואשה המלאים עון: ומליציך. אף המליצים שאתה סומך עליהם להמליץ טוב בעדך והם הכשרים שבדור הנה גם המה פשעו בי: (כח) ואחלל. בעבור עונותיכם אחלל את השרים הקדושים שבכם: ואתנה. אתנה אתכם לחרם ושממון ולגדוף מפי האויב: מד (א) ועתה. ר"ל ועתה שמע את הטובה המיועדת לבוא: (ב) עושך ויצרך. אשר עשה אותך ויצר אותך ומעת לאתך מבטן יעזור לך: וישרון. כן קרוים ישראל שהם העם הישר:

מצודת ציון

כמו אכלה ומחתה פיה (משלי ל'): (כז) ומליציך. מל' מליץ והיא המטעי' הדבר במיטב הענין: (כח) ואחלל. הוא הפוך הקדש וכן לא יחלל זרעו (ויקרא כ"א): ואתנה. ענין נתינה: לחרם. ענין שממון ואבדון: לגדופים. ענינו כמו חרפה וכן אשר גדפו (לעיל ל"ז):

will again be in the good graces of his master, who will bestow benefits upon him.

2. **your Maker**—This may be interpreted literally, synonymous with 'your Creator,' or it may mean, 'He Who taught you and raised you.'—[*Redak*]

Who formed you from the womb—This may be interpreted literally as an allusion to the Patriarch Jacob, or it may be interpreted fig-

27. Your first father sinned, and your intercessors transgressed against Me. 28. And I profane the holy princes, and I deliver Jacob to destruction and Israel to revilings.

44

1. And now, hearken, Jacob My servant, and Israel whom I have chosen. 2. So said the Lord your Maker, and He Who formed you from the womb

let us stand in judgment—lit. let us be judged together. *Let us come to judgment.*—[*Rashi*]

you tell, in order that you be accounted just—You tell your arguments first, in order that you be accounted just, as King Solomon (Prov. 18:17) puts it, "The first one in a quarrel is just." That is to say, that even if you present your argument first, you will not defeat Me in judgment.—[*Redak*]

27. **Your first father sinned**—*by saying, "How will I know. . .?"* (Gen. 15:8)—[*Rashi*] *Rashi* identifies 'your first father' with Abraham, who sinned by asking God for a sign that he would inherit the Holy Land. *Kara* explains this verse as a continuation of the preceding one, as follows: If you say, Is not my father worthy that you erase our sins for his sake? Did he not go before you of his own accord? I reply that he sinned by saying, "How will I know. . .?"

Redak explains: If you claim that you have not sinned, I remind you that your first father Adam sinned, for man is sunk in sin, as in Gen. 7:21: "For the imagination of man's heart is evil from his youth."

and your intercessors transgressed against Me—*You have none among all the intercessors upon whose merit you rely, in whom I have not found transgression. Isaac loved My enemy* (Esau).—[*Rashi*]*

28. **And I profane the holy princes**—*because of your iniquities.*—[*Rashi*] 'The holy princes,' or 'the princes of the sanctuary,' are variantly identified as the Levites [*Midrash* quoted by *Redak*], the priests [*Ibn Ezra*], Moses and Aaron [*Kara*].*

1. **And now, hearken**—*to return to My Torah, Jacob My servant.*—[*Rashi*]

Ibn Ezra explains: This evil I have already brought upon you. Now hear the good I will bring upon. *Redak* follows this interpretation, and elaborates on it. Even though I profane you and punish you for your sins, I will yet bring great good upon you. Now listen to the consolation, for you are My servant, whom I chose from among the nations. A good servant, even though he may sometimes sin against his master, will not be expelled from his master's house, but will be chastised for his shortcomings, and finally, when the servant repents of his sins, he

יַעְזְרֶךָּ אַל־תִּירָא עַבְדִּי יַעֲקֹב וִישֻׁרוּן
בָּחַרְתִּי בוֹ: ג כִּי אֶצָּק־מַיִם עַל־צָמֵא
וְנֹזְלִים עַל־יַבָּשָׁה אֶצֹּק רוּחִי עַל־זַרְעֶךָ
וּבִרְכָתִי עַל־צֶאֱצָאֶיךָ: ד וְצָמְחוּ בְּבֵין
חָצִיר כַּעֲרָבִים עַל־יִבְלֵי־מָיִם: ה זֶה יֹאמַר
לַיהוָה אָנִי וְזֶה יִקְרָא בְשֵׁם־יַעֲקֹב וְזֶה
יִכְתֹּב יָדוֹ לַיהוָה וּבְשֵׁם יִשְׂרָאֵל יְכַנֶּה:

תִדְחַל עַבְדִּי יַעֲקֹב
וְיִשְׂרָאֵל דְאִתְרְעִיתִי
בֵיהּ: ג אֲרֵי כְמָא
דְמִתְיַהֲבִין מַיָא עַל אֲרַע
בֵית צַחֲוָנָא וּמִתְנַגְדִין
עַל יַבֶּשְׁתָּא כֵּן אֶתֵּן רוּחַ
קוּדְשִׁי עַל בְּנָךְ וּבִרְכָתִי
עַל בְּנֵי בְנָךְ: ד וְיִתְרַבּוּן
צַדִּיקַיָא רַכִּיכִין וּמְפַנְקִין
כְּלַבְלְבֵי עֲסַב כְּאִילָן
דְמַשְׁלַח שָׁרְשׁוֹהִי עַל
נַגְדִין דְמַיִין: ה דֵין יֵימַר
מִדַחֲלַיָא דַיְיָ אֲנָא וְדֵין
יְצַלֵּי בְשׁוּם יַעֲקֹב וְדֵין

רש"י

עבדי: (ג) כי אצק מים על צמא. כמו שאני יוצק מים על צמא כן אצק רוחי על זרעך: (ד) וצמחו בבין חציר. בתוך עמלק על ידי גרים שיתוספו עליהם. בין חציר הוא עמלק שנאמר עליו והיתה נוה תנים חציר לבנות יענה (לעיל ל"ד): (ה) זה יאמר לה' אני. אלו צדיקים גמורים: וזה יקרא בשם יעקב. אלו קטנים בני רשעים: וזה

רד"ק

וישורון. ידוע שהוא ישראל ונקרא כן לפי שהוא ישר בין העמים: (ג) כי אצק. כי כמו שאני יוצק מים על מקום צמא כן אצק רוחי על זרעך וכן אמר יואל אשפוך רוחי על כל בשר וכל בשר אינו ר"ל אלא ישראל לבד כמו שאמר ונבאו בניכם ובנותיכם וכן אצק עליהם ברכתי ובאמרו על זרעך ועל צאצאיך כי הנביא היה מתנבא כנגד דורו והיה מבטיח הישועה על בניהם שתבא הגאולה בימיהם והמשיל דבר המים לשני ענינים לרוחי וברכתי האחד לענין הנפש שישראל צמאים בגלות לדבר הנבואה שפסקה זה כמה שנים וכן אמר לא רעב ללחם ולא צמא למים כי אם לשמוע את דבר ה' והבטיח לרוות את הצמא כמו שהמים מרווים המקום הצמא והיבש ואמר אצק רוחי על זרעך ולענין הגוף שישראל צמאים בגלות לישועה ולכל הטוב שהבטיחם האל בשובם לארצם ועל זה אמר וברכתי על צאצאיך ובאמרו על יבשה ר"ל יבשה וצמאה כי כל הארץ נקראת יבשה על דרך כלל כמו שאמר ויקרא אלהים ליבשה ארץ אבל זהו פרט למקום הצמא והיבש מן הארץ: (ד) וצמחו בבין חציר. בי"ת בבין המשמשת הוא לתוספת באור כי מספיק היה אם אמר בין חציר וכמוהו בי"ת בתוך אמר יצמחו ישראל בטובה כאלו היו נזרעים בין חציר וזה על דרך משל והחציר הוא צומח במהרה ולזה המשילם לחציר לרוב מהירות צמיחתם לא לעמידה כי החציר לא יעמוד כמו שאמר כי כחציר מהרה ימלו לפיכך אמר אחר כך כערבים על יבלי מים שעומדים בלחותם כל הימים: (ה) זה יאמר. כי הנשארים בישראל כולם יהיו קדושים וכולם יקראו שהם לה' ושהם מזרע יעקב כמו שאמר והיה הנשאר בציון והנותר בירושלם קדוש יאמר לו וגו' וכן אמר והיה כל אשר יקרא בשם ה' ימלט: יכתוב ידו לה'. יאמר בפיו ויכתוב בידו לה' ר"ל כי הוא לה'. וי"ת יקרב קרבניה ובאמרו זה וזה לפי שיבא מזה אחד ומזה אחד כמו

אבן עזרא

לשם: וישורון. מגזרת ישר והוא תאר השם ואפס על משקלו: (ג) כי אצק. כמו שאצק מים על המקום צמא כן אצק רוח קדשי או רוח ישעי ונדגש צד"י אצק לחסרון היו"ד וכמוהו בטרם אצרך בבטן: (ד) וצמחו. רוחי וברכתי כמו חציר ורבים אמרו על המלאכים וכן ולמחו כאילו הם יושבים בין החציר והטעם שיפרו וירבו: (ה) זה. יהיו רבים ורבם אוהבי השם לשוב אל ביתו: וזה יקרא בשם יעקב. להתפאר לעיני הגוים שהוא מזרע קודש: וזה יכתוב ידו. הסר בי"ת וכן הוא יכתוב בידו לבא אל מקדש השם: יכנה. כמו יקרא ורבי' פירשוהו על הגרים כטעם והחזיקו

מצודת ציון

מד (ג) אצק. מל' יליקה ושפיכה: ונוזלים. ענין נטיפה כמו יזל מים מדליו (במדבר כ"ד): על יבשה. ר"ל על מקום יבש: רוחי. ענין רלון וכן עד יערה עלינו רוח ממרום (לעיל ל"ב): צאצאיך. הבנים היולאים ממך: (ד) חציר. דשא ועשב: כערבים. שם אילן סרק ערבי נחל: יבלי מים. פלגי מים וכן ועל יובל ישלח שרשיו (ירמיה י"ז): (ה) יכנה. שם שאינו שם העלמי וכן אכנך

מצודת דוד

(ג) כי אצק. כמו שאני יולק מים על ארץ למאה וגו' כן אשפוך רצוני הטוב על זרעך: וברכתי. כפל הדבר במ"ש כי הרלון הוא הברכה: (ד) וצמחו. ילמחו וירבו כאלו היו נטועים בין החציר ודומה לה: כערבים. כערבי נחל השתולים על פלגי מים הלומחים וגדלים מהר: (ה) זה יאמר. הלדיקים שבהם יאמרו אנו מעולם לה' להאמין בו: וזה יקרא בשם יעקב. אלו הקטנים בני רשעים לא יהיו נוטים אחר דעת אביהם הרשעים אלא יקראו א"ע בשם יעקב להיות לדיקים כמוהו: וזהו יכתוב ידו לה'. אלו בעלי תשובה שיחייבו א"ע לשוב לה' כמו המחייב א"ע בכתב ידו: ובשם ישראל יכנה.

Lord's."—*These are the perfectly righteous.*—[*Rashi*]

I.e., I have always been faithful to the Lord and have kept His commandments.—[*Mezudath David*]

Jonathan, too, renders: This one shall say, "I am of the God-fearing." This probably refers to those who were God-fearing all their lives.

and this one shall call himself by the name of Jacob.—*These are the children, the sons of the wicked.*—[*Rashi*]

They will not follow their fathers' ways, but call themselves by the

shall aid you. Fear not, My servant Jacob, and Jeshurun whom
I have chosen. 3. As I will pour water on the thirsty and run-
ning water on dry land, I will pour My spirit on your seed and
My blessing on your offspring. 4. And they shall sprout among
the grass like willows on rivulets of water. 5. This one shall say,
"I am the Lord's," and this one shall call himself by the name of
Jacob, and this one shall write [with] his hand, "To the Lord,"
and adopt the name Israel.

uratively, meaning 'from your very inception as a nation.'—[*Ibn Ezra*] The nation is likened to a child, who, shortly after his birth, is initiated into God's covenant, i.e he is circumcised after eight days.—[*Redak*]

Jeshurun—An adjective derived from יָשָׁר, upright, or straight.—[*Ibn Ezra*] Israel is given this appellation because it is the straightest of the nations.—[*Redak*]

3. **As I will pour water on the thirsty**—*Just as I pour water on the thirsty, so will I pour My spirit on your seed.*—[*Rashi*]

Just as I will pour water on a thirsty place, so will I pour My holy spirit, i.e divine inspiration or the spirit of salvation, on your seed.—[*Ibn Ezra*]

Redak and *Abarbanel* equate this prophecy with that of Joel (3:1): "And it shall come to pass afterwards that I will pour out My spirit upon all flesh, and your sons and daughters and your elders shall prophesy . . ." During the exile, the Jewish people are likened to the thirsty soil and the dry land. They thirst for the spiritual and for the material, for the restoration of prophecy and for God's salvation. The prophet calls these 'the spirit and the blessing.' The prophet assures his generation that future generations will indeed experience the restoration of prophecy and will be redeemed and returned to their land.

4. **And they shall sprout among the grass**—*among Esau* (mss. and *K'li Paz*). The Jewish nation will grow *through the proselytes who will join them.* The expression, *"among the grass" refers to Esau, for it is stated concerning Edom* (supra 34:13): *"And it shall be the habitat of jackals, an abode* (חָצִיר) *for ostriches."*—[*Rashi*] Editions reading, "Amalek," are erroneous cf. reference.

Another explanation is that Israel will increase in goodness as though they were growing among the grass, a plant that grows rapidly. Since grass does not last long, he likens them to the willows that grow by the rivulets of water, which are a much hardier plant and last much longer. —[*Redak*]

Ibn Ezra suggests that the spirit and the blessing shall sprout like grass.

5. **This one shall say, "I am the**

ו כֹּה־אָמַר יְהוָה מֶלֶךְ־יִשְׂרָאֵל וְגֹאֲלוֹ
יְהוָה צְבָאוֹת אֲנִי רִאשׁוֹן וַאֲנִי אַחֲרוֹן
וּמִבַּלְעָדַי אֵין אֱלֹהִים: ז וּמִי־כָמוֹנִי יִקְרָא
וְיַגִּידֶהָ וְיַעְרְכֶהָ לִּי מִשּׂוּמִי עַם־עוֹלָם
וְאֹתִיּוֹת וַאֲשֶׁר תָּבֹאנָה יַגִּידוּ לָמוֹ:
ח אַל־תִּפְחֲדוּ וְאַל־תִּרְהוּ הֲלֹא מֵאָז

השמעתיך

ת״א מלך ישראל. עקרים מ״ב פי״ח:

יְקָרֵיב קוּרְבָּנֵהּ קֳדָם יְיָ וּבִשְׁמָא דְיִשְׂרָאֵל יִתְקְרֵי: ז כִּדְנַן אֲמַר יְיָ מַלְכָּא דְיִשְׂרָאֵל וּפָרְקֵיהּ יְיָ צְבָאוֹת אֲנָא הוּא דְמִלְקַדְמִין אַף עָלְמֵי עָלְמַיָא דִילִי אִינוּן וּבַר מִנִּי לֵית אֱלָהּ: ז וּמַן כְּוָתִי דִין עַרְעִינֵהּ וִיחַוִינֵהּ וִיסַדְרִינֵהּ קֳדָמַי מִשַּׁוְיוּתִי עַמָא דְמִן עָלְמָא וּדְאָתְיָן וּדַעֲתִידִין לְמֵיתֵי יְחַוּוּן לָנָא: ח לָא תִדַחֲלוּן וְלָא תִתַּבְּרוּן הֲלָא מִבְּכֵן בְּסַרְתָּךְ וְחַוֵּיתִי וְאַתּוּן סָהֲדִין קֳדָמַי הַאִית אֱלָהָא בַּר

רש״י

יכתוב ידו לה׳. אלו בעלי תשובה: ובשם ישראל יכנה. אלו הגרים. כך שנויה באבות דרבי נתן: (ז) ומי כמוני יקרא. ומי יקרא שהוא כמוני ויגיד ויערוך לי את כל מה שהיה משומי עם עולם ועד אתה: עם עולם. כל בריות: ואותיות. דבר מופת: ואשר תבאנה. ואת העתידות לבוא יגידו כמו שאני עושה עתה שעדיין לא חרב הבית ולא גליתם ולא נולד כורש ואני מבשר אתכם עליו: (ח) ואל תרהו. אין לו דמיון ופתרונו לפי הענין כמו אל תחתו מלהודיע את שמי לבין העכו״ם: הלא מאז

מהר״י קרא

לצור צורה באופל: (ז) ומי כמוני יקרא. יגזור הדבר: ויגידה ויערכה לי. לתשועה העתידה לבא. כשם שאני עושה משומי עם עולם. מיום שבראתי אדם על האדמה אני הוא שערכתי לישראל והגדתי ארבע מאות שנה עד שלא ירדו ישראל למצרים: ואותיות. שעברו ואשר עתידות לבוא. מי בכל אלהי הארצות שיגידו למו: (ח) אל תפחדו ואל תרהו. בגלות בבל שעתיד לבא כי כמו כן אקיים הבטחתי לפי מלאת לבבל שבעים שנה תדע שכן הוא. הלא מאז מקדם הגדתיך

אבן עזרא

עשרה אנשים: (ו) כה. מלך ישראל. בהיותם בארצם והם גואלם מהגלות: ה׳ צבאות. כי לעולם הוא מלך והעדים לצבאות השמים: אני. מלך ראשון: (ז) ומי. ומי שיאמר שהוא כמוני יקרא כאמ׳ קולו: ויגיד. כל העוברות ויערכם לי: משומי. העם הראשון וטעם עולם בזמן שעבר: ואותיות. פעל שלם: ואשר תבאנה. יגיד לנפשה שידעום: (ח) ואל תרהו. אין לו ריע והמחליפי׳ באל״ף איננו נכון במקום הזה בעבור חסרון היו״ד מהמכתב שהוא שורש. וטעם אל תפחדו כאשר תבאנה אלה הגרות

רד״ק

שכתוב ואתם תלקטו לאחד אחד בני ישראל: יכנה. יכנה עצמו בשם ישראל כי לא יזכר שם עצמו אלא יאמר ישראל אני: (ו) כה אמר ה׳ מלך ישראל וגואלו. כי כשיגאלנו יהיה הוא מלך ישראל לבדו שלא יהיו ברשות מלכי העכו״ם והוא אדון צבאות מטה ומעלה ובידו הכל והיכולת בידו להוציאם מהגלות אני ראשון אף לצבאות מעלה העומדים שלא ישתנו אף להם אני ראשון ואני בראתים ואני אחרון הם יכלו ואני קיים ומבלעדי אין אלהים לבטל אמונת העובדים לשמש ולירח ולככבים אין באחד מהם שהוא אלהים אלא במצותי וברשותי הם מנהיגים מה שמנהיגים: (ז) ומי כמוני. ומי שהוא אלהים כמוני יקרא העוברות והעתידות ויגידה ויערכה לי מה שהיה משומי עם עולם כלומר מבריאת העולם והנה יאמר משומי כלומר כי אני שמתי הנבראים בעת שבראתים כל אחד ואחד בגבולו העליונים למעלה והתחתונים למטה וכן יאמר לי האותיות אשר תבאנה יאינו כפל ל׳ אלא פי׳ האותיות העתידות לבא בזמן קרוב ואשר עתידות לבא בזמן רחוק ולמו תרגם יונתן כמו לנו ויש לפרשו כמשמעו ופי׳ בעבודם כלומר יגידו כדי לצדק עצמם ויש מפרשים ואותיות דברי מופת וה״א יגידה ויערכה על ההוה שעבר מבריאת העולם עד הנה: (ח) אל תפחדו. אמר לישראל אל תפחדו מאלהים אחרים ואל תיראו מהם וכן אמר ירמיהו אל תראו מהם כי לא ירעו וגם היטב אין אותם: ואל תרהו. פי׳ לפי מקומו כמו אל תפחדו

מצודת דוד

ובשם יהיה מי אשר יכנה עצמו בשם ישראל אלו הגרים אשר יתוספו עליהם: (ו) אני ראשון. ר״ל קודם בריאת העולם: ואני אחרון. לאחר שתכלה העולם: (ז) ומי כמוני יקרא. ומי הוא אשר יקרא לומר שהוא כמוני ויגיד ויערוך לפני הדברים הנעשים מעת שומי עם עולם והם כל הבריות: ואותיות. הדברים הבאים בזמן קרוב והדברים אשר תבואנה לזמן רחוק יגידו להם ר״ל בעבור עלמם להצדיק דבריהם חוזר לתחילת המקרא לומר מי הוא אשר יגיד כאלה: (ה) אל תפחדו. מאלהים אחרים: הלוא מאז. כמעמד

מצודת ציון

ולא ידעתי (לקמן מה): (ז) ויערכה. מל׳ עריכה וסדור: ואותיות. הבאות כמו אתא בוקר (לעיל כא): למו. להם: (ה) תרהו. אין לו דמיון ופתרונו לפי ענינו היא ענין פחד. כת״י:

the ancient people—*all the creatures.*—[*Rashi*]

and the signs—*Marvelous things.*—[*Rashi*]

and those that will come—*And those destined to come, let them tell, as I do now, for the Temple has not yet been destroyed and you have not been exiled, and neither has Cyrus been born, but I am reporting it to you.*—[*Rashi*]

and the signs—*Redak* renders: and coming things, i.e. things coming in the near future.

6. So said the Lord, the King of Israel and his Redeemer the Lord of Hosts, "I am first and I am last, and besides Me there is no God. 7. And who will call [that he is] like Me and will tell it and arrange it for Me, since My placing the ancient people, and the signs and those that will come, let them tell for themselves.
8. Fear not and be not dismayed; did I not let you hear it from then,

name of Jacob whose ways they follow.—[*Mezudath David*]

With this name, they will boast to the gentiles that they are of the holy seed.—[*Ibn Ezra*]

and this one shall write [with] his hand, "To the Lord,"—*These are the repentant.*—[*Rashi*]

They pledge themselves to return to God as one signs a contract, taking an obligation upon himself.—[*Mezudath David*]

and adopt the name Israel—*These are the proselytes. So it was taught in Avoth d'Rabbi Nathan* (36:1).—[*Rashi*]

This alludes to the proselytes, whose original name was not Israel, but who adopted this name later in life.—[*Mezudath Zion*] He will no longer use his given name, but will say, "I am an Israelite."—[*Redak*]

Redak equates this verse with 4:3: "And it shall come to pass that every survivor shall be in Zion, and everyone who is left, in Jerusalem; 'holy' shall be said of him, everyone inscribed for life in Jerusalem." He equates it also with Joel's prophecy: "(3:5) And it shall come to pass that anyone who calls in the name of the Lord shall escape."

6. **the King of Israel**—when they were in their land.—[*Ibn Ezra*]

and his Redeemer—from exile.—[*Ibn Ezra*]

the Lord of Hosts—He is always King, and the hosts of heaven are witnesses.—[*Ibn Ezra*]

When He redeems us, He is the only king over Israel, for we will not be subordinate to the gentile monarchs. Since He is the Lord of the hosts of the earth and the heavens, He indeed has the power to redeem us from exile.—[*Redak*]

I am first—even before the unchanging hosts of heaven, for I created them, and I am last, for they will terminate and I will remain in existence.—[*Redak*]

and besides Me there is no God—No heavenly body has any power except what I have delegated to it. God makes this statement to refute the belief of the worshippers of the sun, moon, and stars, prevalent at that time.—[*Redak*]

7. **And who will call [that he is] like Me**—*And who will call that he is like Me and tell and arrange for me all that transpired since I placed the ancient people and until now?*—[*Rashi*]

Alternatively; **He who is like Me shall call**—He who is a god like Me shall call all past and future events.—[*Redak*]

הִשְׁמַעְתִּיךָ וְהִגַּדְתִּי וְאַתֶּם עֵדָי הֲיֵשׁ אֱלוֹהַּ מִבַּלְעָדַי וְאֵין צוּר בַּל־יָדָעְתִּי׃
ט יֹצְרֵי־פֶסֶל כֻּלָּם תֹּהוּ וַחֲמוּדֵיהֶם בַּל־יוֹעִילוּ וְעֵדֵיהֶם הֵמָּה בַּל־יִרְאוּ וּבַל־יֵדְעוּ לְמַעַן יֵבֹשׁוּ׃
י מִי־יָצַר אֵל וּפֶסֶל

מני ולית דתקיף אלהן דמן קדמי מתיהב ליה תקוף: ט עבדי צלמיא כולהון למא ופלחיהון דלא יהנון להון וסהדין אינון בנפשתיהון דלא חזן ולא ידעין בדיל דיבהתון: י מן עבד דחלא וצלמא אתיך בדיל

ת"א יולרי פסל. עכו"ם ח עקדה שער נג: ועדיהם. (ברכות יב עירובין כב עכו"ם לם): נקוד עליו

מהר"י קרא

והשמעתי שאני עתיד לגאול אתכם ממצרים. ואתם עדי שקיימתי הבטחתי: היש אלוה מבלעדי. שיגיד מראשית אחרית כמוני: ואין צור. לא ידעתי צייר בעולם שיודע לצור צורה כמוני. שאני צר את העובר [במעי] אמו כדכתיב ויוצרך מבטן: (ט) יוצרי פסל. כולם בלא רוח: ועידיהם. אין לך עדות גדול מזה שאלהי הארצות מעידים על עצמם שהרי אין רואין ולא יודעין הרי כאילו מעידין על עצמן שאין בהם ממש: למען יבושו. עובדיהם: (י) מי יצר אל ופסל נסך. דע שכל מי שיצר אל ופסל נסך. שאין בהם מועיל:

רש"י

השמעתיך. מהר סיני והגדתי לכם שם שאין אלוה מבלעדי: ואתם עדי. שפתחתי לכם שבעה רקיעים והראיתי אתכם שאין אחר ואתם עדי בדבר הזה שאין אלוה מבלעדי: ואין צור בל ידעתי. ת"י ולית דתקיף אלהן דמן קדמי מתיהב ליה תקוף: בל ידעתי. לשון ואדעך בשם (שמות ל"ג) ידע לכתך (דברי' ב') אני ידעתיך במדבר (הושע י"ג): (ט) ועדיהם המה. עכו"ם הם עדים על בושת עובדיהם שהרי אנו רואין שאינן לא רואין ולא יודעין והיו עובדין להם: למען יבושו. העובדים להם: (י) נסך. לשון יליקה ומסכה והנו"ן בתיבה יסוד הנופל ממנו כגון

רד"ק

ו"ת לא תדחלון ולא תתברון כמו לא תירא ולא תחת הלא מאז שהשמעתיך והגדתי העתידות לבא ובאו ואתם עדי כי לכם שלחתי נביאי ועמכם עשיתי ניסים ונפלאות ואתם יודעים אם יש אלוה מבלעדי כמו שאמר משה רבינו או הנסה אלהים לבא לקחת לו גוי מקרב גוי במסות באותות וגו' לעיניכם כמו שאמר הנה ואתם עדי: ואין צור בל ידעתי. כי אין למעלה ממנו ידוע כי כל הידועים כולם אצלי או פי' אין צור שלא ידעתי והם אינם יודעים אותם על האמת כי אינם אלוה ואמר זה על המלאכים ועל הגלגלים וי"ת ולית דתקיף אלהן דמן קדמי מתיהב ליה תקוף: (ט) יוצרי פסל. האומנים שעושים ויוצרים הפסל כולם תהו כי מעשיהם תהו והפסילים שהם חמודיהם שהם חומדים ואוהבים אותם והם לא יועילו להם למה חומדים אותם: ועדיהם המה. ואם תאמרו אין אנו יודעים שלא יועילו עדיהם המה הפסילים הם עדים בעצמם שלא יועילו כי לא יראו ולא ידעו וכיון שאינם רואים ואינם שומעים ויודעים היאך יועילו לאחרים: למען יבושו. יזכרו זה למען יבושו מעבדתם אותם וי"מ ועדיהם המה ר"ל הם מעידים על עצמם כי אין להם כח כי אם תשרפם לא יוכלו למלט עצמם כל שכן אחרים: (י) מי יצר אל. מי יעשה מעשה תהו כזה שיטרח להתהו וישים כספו להבל היש שגעון כזה: נסך. כסהו או לשון יציקה:

אבן עזרא

אל בכל אל תפחדו אתם הלא אתם הלא מאז הודעתי אתכם ואתם עדי והנה תראו היש אלוה מבלעדי ואין צור שלא אדענו כי הוא תוהו ובוהו ויש אומרים שהוא כמו ויודע בהם כטעם בם אנשי סוכות והנכון שהוא רמז להמון מעלה: (ט) יוצרי פסל כולם תוהו. הם ופסיליהם תוהו: וחמודיהם. שילירום במשכיות עד שיהיו נחמדים לעין והם הפסילים: ועדיהם המה. כי הפסילים לא יראו ולא ידעו: למען יבושו. דבק עם ועידיהם המה: (י) מי. היש שגעון כמו מי שילר אל וקראו כפי מחשבתו: נסך. כמו

מצודת ציון

צור. ענין חוזק: (ט) יוצרי. ענין עשיה וחדוש וכן יולר עמל עלי חוק (תהלים צ"ד): (י) נסך. ענין יליקה והתכה:

מצודת דוד

הר סיני השמעתיך והגדתי שאין אלוה מבלעדי ואתם עדי בדבר זה כי פתח אז שבעה רקיעים והראה להם שאין עוד אחר. כן אחז"ל: היש. וכי יש אלוה מבלעדי: ואין צור. אין חזק בעולם אשר לא ידעתיו אני וכאומר הלא אני הוא הנותן כח לכל החזקים ומכולם ידעתי: (ט) יוצרי פסל. האומנים העושים הפסל כולם תוהו כי מעשיהם תוהו: וחמודיהם. הפסילים שהמה חמודים להם הנה אין בהם תועלת: ועדיהם המה. הפסילים הם עדים בעלמם שלא יועילו כי לא יראו ולא ידעו מאומה ואיך א"כ יועילו לאחרים: למען יבושו. העדות ההיא תועיל למען יבושו החומדים אותם: (י) מי יצר אל. מי עשה שטות כזאת לעשות אל ולנסך פסל לבלי תועלת:

I know that their power is not their own. Their worshippers, however, do not know that they depend on Me. This alludes to the heavenly bodies, believed by the ancients to possess godly powers.

9. **Those who form idols**—The craftsmen who fashion images are all vanity for their handiwork is vanity.—[*Redak*]

and their treasures—The idols, which they treasure and love, are of no avail to them. Why then do they love them?—[*Redak*]

and they are their witnesses—*The idols are witnesses of the shame of their worshippers, for we see that they neither see nor know, yet they were worshipping them.*—[*Rashi*]

If you say, "We do not know that

and I told [it] and you are My witnesses; is there a God besides Me? And there is no rock I did not know. 9. Those who form idols are all of them vanity, and their treasures are of no avail, and they are their witnesses; they neither see nor hear, nor do they know, so that they be ashamed. 10. Who formed a god or molded an image,

and those that will come—at a much later time.—[*Redak*]

for themselves—To justify themselves. *Jonathan* renders: to us.—[*Redak*]

8. **and be not dismayed**—Heb. תִּרְהוּ. *There is no similar word, and its interpretation according to its context is like תֵּחַתּוּ, be not dismayed from making My name known among the heathens* (*nations—K'li Paz* and mss.)

Jonathan, too, interprets the word in this manner. *Redak* explains:

Fear not and be not dismayed—because of other gods. *Ibn Ezra* interprets: Do not fear . . . when the calamities befall Babylon.

let you hear—*from Mount Sinai, and I told you there that there is no God besides Me.*—[*Rashi*]

and you are My witnesses—*that I opened for you seven heavens and showed you that there is no other, and you are My witnesses to this thing that there is no God besides Me.*—[*Rashi*]

Redak explains this in regard to foretelling the future. Did I not let you hear the future events from before, and did they not come about? You are My witnesses, for I sent you My prophets and performed miracles for you, and you know whether there is a God besides Me, as Moses states: "(Deut. 4:34) Or did any god attempt to come, to take for himself a nation from the midst of a nation, with tests, with signs . . . before your eyes?" This is equivalent to the statement, "and you are My witnesses."

and there is no rock I did not know—*Jonathan renders: And there is no strong one unless he is given strength by Me.*—[*Rashi*]

I did not know—Heb. יָדָעְתִּי. *An expression similar to* "(Exodus 33:17) *And I knew you by name* (וָאֵדָעֲךָ)," "(Deut. 2:7) *He knew* (יָדַע) *your going,*" "(Hosea 13:5) *I knew you* (יְדַעְתִּיךָ) *in the desert.*"—[*Rashi*]

Rashi's intention here is quite obscure. In Gen. 18:19, however, he explains ידע as an expression of love, familiarity, and recognition. Here too, there is no strong being that I did not love and upon whom I did not bestow that power. See also *Rashi*'s commentary on the verse from Hosea, where he interprets it as an expression of supplying their needs, as in Targum ad locum.

Redak explains this word in its usual sense: There is no rock I did not know. Everything is known to Me; there is nothing outside the scope of My knowledge. Consequently, there is no rock, no power, that I do not know. Alternatively, there is no being to which they ascribe power, that I do not know, and

נָסֶךְ לְבִלְתִּי הוֹעִיל: יא הֵן כָּל־חֲבֵרָיו
יֵבֹשׁוּ וְחָרָשִׁים הֵמָּה מֵאָדָם יִתְקַבְּצוּ
כֻלָּם יַעֲמֹדוּ יִפְחֲדוּ יֵבֹשׁוּ יָחַד: יב חָרַשׁ
בַּרְזֶל מַעֲצָד וּפָעַל בַּפֶּחָם וּבַמַּקָּבוֹת
יִצְּרֵהוּ וַיִּפְעָלֵהוּ בִּזְרוֹעַ כֹּחוֹ גַּם־רָעֵב
וְאֵין כֹּחַ לֹא־שָׁתָה מַיִם וַיִּיעָף: יג חָרַשׁ

בְּדִיל דְלָא לַהֲנָאָה:
יא הָא כָּל פָּלְחֵיהוֹן
יִבְהֲתוּן וְאוּמָנִין עוֹבְדָנִין
מִבְּנֵי אֱנָשָׁא יִתְכַּנְשׁוּן
כּוּלְהוֹן יְקוּמוּן יִתַּבְרוּן
יִבְהֲתוּן כַּחֲדָא: יב נַפָּחָא
מִפַּרְזְלָא חֲצִינָא עָבֵיד
וְנָפַח נוּר בְּשִׁיחוּרִין
וּבְמַקּוּבִין מַתְקִיף לֵיהּ
וְעָבֵיד לֵיהּ בִּתְקוֹף חֵילֵהּ
דְאִם יִכְפַּן עַבְדֵהּ וְלָא
יֵיכוּל לָא יְהֵי בֵיהּ חֵיל
וְאִם יִצְחֵי וְלָא יִשְׁתֵּי מַיָא יְהֵי מִשְׁלְהֵי: יג נַגַּר אָעִין נְפֵיץ בְּחוּטָא מְסַר לֵיהּ בְּמַשְׁקוֹלְתָּא מְגַנֵּי

רש"י

כו"ן של נסך ושל נגף: (יא) הן כל חביריו. של אותו יוצר ונוסך פסילים המתחברים אליו לעבוד את יצירתו ונסכו יבושו: וחרשים המה. אותם יוצרים ונוסכים ומבני אדם הם ק"ו ליצירתם שהיא הכל: (יב) חרש ברזל. חרש של ברזל: מעצר. הוא אחד מכלי הנפחים: ופעל. הפסל: בפחם. (קרב"ן בלע"ז): ובמקבות. (מרטי"ל בלע"ז): יצרהו. לשון ציר: ויפעלהו בזרוע כחו גם רעב וגו'. גם הוא היוצר חסר כח והלא הוא שאם ירעב אין בו כח או אם לא שתה מים ויעף לאחר ק"ו שפעולתו אין בה תועלת לעזור: (יג) חרש עצים. ואם בא לעשותו של עץ וחרש

מהר"י קרא

(יא) הן כל חבריו יבושו. כל המתחברין אליו יבושו: וחרשים המה מאדם. מעשה חרשים המה (כולם יתקבצו ויעמדו): מאדם. מעשה ידי אדם: יתקבצו כולם יעמדו. כל העובדים וכל היוצרים. אותם כולם יתקבצו ויעמדו ליום הדין ויתנו דין

אבן עזרא

עגל מסכה לבלתי הועיל: (יא) הן כל חביריו. הם כהני הבעל או האומני' והוא הנכון: יתקבצו כלם. ויכלמו: (יב) חרש. כאשר הוא סמוך הוא פתוח הרי"ש ויש במקום מוכרת לעולם הוא בקמץ גדול ואין מלה זרה במקרא: מעצד. כלי ברזל שיחתכו בו: ובמקבות. כלי העושה נקב: יצרהו. מגזרת צורה והנכון מגזרת יצירה: גם רעב. תאר החרש: (יג) חרש. הזכיר פסילי האבן

רד"ק

(יא) הן כל חבריו. המתחברים אליו לעשותו או לעבדו או פי' חבריו כמשמעו שהפסל תהו והמתעסקים בו הם תהו כמוהו כמ"ש יוצרי פסל כולם תהו הנה הם חברים לפסל בדבר תהו: וחרשים המה מאדם. אינם מלאכים ושרפים העושים זה האל אלא אומנים מבני אדם שעושים שאר מלאכות ועושים אותו אל זה דבר תימה: יתקבצו כולם. פירוש כל עובדי הפסל יתקבצו וישאו ויתנו במעשיהם מהו ויסתכלו בו אם יעשו זה יש להם שיפחדו מהאל על מה שעשו ויבושו מעצמם ממעשיהם שהוא תהו שיתבוננו בו: (יב) חרש. סמוך לברזל כי הרי"ש פתוחה ספר עתה במעשה הפסל איך טורחים להבל מי שהוא אומן ברזל יעשה מעצד ויעשה המקבת כי כל אומן צריך לכלי ברזל יעשו הפסל מעץ או מאבן או מברזל או בדיל או כסף או שאר מתכות בכלי ברזל יעשו אותם: מעצד. כלי ברזל שחותך בו חרש עצים והוא שקורין דולודירא בלע"ז או אייש"א: ופעל בפחם ובמקבות. אותו החרש פעל בפחם שנופח בו לחמם הברזל שיעשה ממנו הכלי ופעל במקבות שיעשה אותם שיצור בהם הפסל זהו שאמר יצרהו ופעל במקבות שיצרהו בהם יצרהו שרשו יצר ופ"א הפעל נבלעת בדגש: ויפעלהו בזרוע כחו. בכל כחו הוא פועל בו כי יקוה בפעולתו שכר טוב וענינו בזרוע בכחו ובי"ת בזרוע משמשת במקום שנים או פי' כמו הפוך בכח זרועו וכן מקום שם קבר: גם רעב ואין כח. עד שמרוב חשקו במלאכה כשיגיע עת האכילה לא ירצה לקום מהמלאכה והוא רעב ופועל עד שלא ישאר בו כח וכן צמא ולא יקום אפי' לשתות והנה הוא עיף וצמא ורעב ועם כל זה פועל מרוב חשקו במלאכה: (יג) חרש עצים. גם כן סמוך והרי"ש פתוחה: נטה קו. המדה: יתארהו. יגבלהו כלומר ישים גבול

מצודת דוד

(יא) הן כל חבריו. המתחברים אליו לעבדו: וחרשים. האומנים העושים אותו הלא הם מבני אדם ואיך אפשר שיעשו אל: יתקבצו כולם. האומנים עם עובדי הפסל יתקבצו יחד ויעמדו להשכיל ולבחון בדבר וכולם יחד יפחדו מה' ויבושו במעשיהם: (יב) חרש ברזל. עתה יספר מעשה הפסל ואומר האומן של ברזל יעשה מעצד ופעל אותו ע"י גחלים ובמקבות יעשהו ומחדשו: בזרוע כחו. בזרוע בכחו ובי"ת בזרוע משמשת במקום שתים ור"ל בכל אומן כחו: גם רעב. אף כשירעב לא יעזוב מלאכתו עד שלא נשאר בו כח וכשילמא לא שתה מים עד שנעשה עיף ויגע וכ"ז מרוב חשקו במלאכה ההיא: (יג) חרש עצים. וכשנגמר מלאכת המעצד אז

מצודת ציון

(יא) וחרשים. אומנין: (יב) מעצד. שם כלי גדול עשוי לחתוך בו וכן מעשי ידי חרש במעצד (ירמיה י'): בפחם. גחלת כמו נופח באש פחם (לקמן נ"ד): ובמקבות. הוא הפטיש וכן ותאחז את המקבת בידה

axe and sometimes a saw. See *Shorashim* for details.

and he works—*the image.*—[*Rashi*]

with coal—Heb. פֶּחָם, *charbon in French.*—[*Rashi*]

and with sledge hammers—Heb. מַקָּבוֹת, *marteau in French.*—[*Rashi*]

Ibn Ezra defines it as a borer, an instrument that makes a hole.

he fashions it—Heb. יִצְּרֵהוּ, *an expression of fashioning.*—[*Rashi*]

Redak explains the verse as referring to the manufacture of the tools preliminary to the manufacturer of the idol. He renders: The ironsmith

being of no avail? 11. Behold, all his colleagues shall be ashamed, and they are smiths—of man. Let all of them gather, let them stand, they shall fear, they shall be ashamed together.
12. The ironsmith [makes] an axe, and he works with coal, and with sledge hammers he fashions it; and he made it with his strong arm; yea he is hungry, and he has no strength, he did not drink water and he becomes faint. 13. The carpenter stretched

the idols are of no avail," I will tell you that the idols themselves are witnesses to that fact, for they neither see nor hear nor do they know. How then can they avail others?—[*Redak*]

so that they be ashamed—*Those who worship them.*—[*Rashi*]

This is mentioned so that the idol worshippers be ashamed of their worship. Others explain that they themselves are witnesses of their own futility, for they cannot save themselves from destruction by fire or the like, surely they cannot save others.—[*Redak*]

10. **Who formed a god**—Is there any such insanity as one forming a god?—[*Ibn Ezra*]

Is there any such insanity as one who wastes his work and puts his silver and gold into vanity?—[*Redak*]

molded—Heb. נָסָךְ, *an expression of pouring and a molten image* (מַסֵּכָה). *The 'nun' in the word is a radical sometimes omitted, e.g. the 'nun' of* נשך, *biting, and of* נגף, *plaguing.*—[*Rashi*]

11. **Behold, all his colleagues**—*of that fashioner and molder of graven images, who join him to worship his creation and his molten image, shall be ashamed.*—[*Rashi*]

Redak suggests that they are his colleagues in the manufacture of idols or in their worship, or perhaps they are colleagues of the idol; since the idol is vanity and they engage in its manufacture, they are vanity just like their creation. Hence, they are referred to as colleagues of the idol.

and they are smiths—*those fashioners and molders, and they are of men, surely their creation is vanity.*—[*Rashi*]

They are not angels, but human craftsmen who do other types of work. Yet they make a god. This is astounding!—[*Redak*]

Let all of them gather—Let all the idolaters gather and discuss their deeds. If they would do that, many of them would fear God for what they did and be ashamed of themselves for their worthless work.—[*Redak*]

12. **The ironsmith**—*a smith of iron.*—[*Rashi*] *Rashi* explains that חָרָשׁ is a noun, not a verb, as it appears from its vowels.

an axe—Heb. מַעֲצָד, *That is one of the tools of the blacksmiths.*—[*Rashi*]

Perhaps *Rashi* defines מַעֲצָד as one of the blacksmith's tools, with which he fashions the idol. *Jonathan,* however, renders חֲצִינָא, an axe. *Redak* states that sometimes it means an

עֵצִים נָטָה קָו יְתָאֲרֵהוּ בַשֶּׂרֶד יַעֲשֵׂהוּ
בַּמַּקְצֻעוֹת וּבַמְּחוּגָה יְתָאֳרֵהוּ וַיַּעֲשֵׂהוּ
כְּתַבְנִית אִישׁ כְּתִפְאֶרֶת אָדָם לָשֶׁבֶת
בָּיִת: יד לִכְרָת־לוֹ אֲרָזִים וַיִּקַּח תִּרְזָה
וְאַלּוֹן וַיְאַמֶּץ־לוֹ בַּעֲצֵי־יָעַר נָטַע אֹרֶן*

נון זעירא

תרגום

לֵיהּ בְּאִזְמִילַיָא וּבְנִצּוּרִין מְאַחֵיד לֵיהּ וְעָבֵיד לֵיהּ כִּדְמוּת גְּבַר כְּתוּשְׁבְּחַת אִתְּתָא לְמִיתַּב בְּבֵיתָא: יד לְמִקַּץ לֵיהּ אַרְזִין וּנְסִיב תְּרֵז וּבְלוּט וּמִתְקֵיף לֵיהּ בְּאָעֵי חוּרְשָׁא נְצַב אוֹרְנָא ומטרא

רש"י

עלים הוא כך דרכו: נטה קו. כדרך הנגרים ועל פי הקו יתארהו בשרד מיישר אותו במסור שקורין (דאלאיר"א בלע"ז): יתארהו. ייפהו: יעשהו במקצעות. ומחליק ברהטני ואיזמל. מקצעות תרגם יונתן אזמליא: ובמחוגה יתארהו. לשון ותאר הגבול (יהושע ט"ו) אם בא לעשות בו ציורים עגולים מסבב אותו במחוגה (קונפ"ש בלע"ז): כתפארת אדם. היא אשה שהיא תפארת בעלה: (יד) תרזה ואלון. מיני אילני סרק: ויאמץ לו בעצי יער. עושה לו חיזוקים בין לחיזוק בין לנוי במיני עלים המשונים זה מזה במראיהון: נטע אורן. כשמואל ייחור ונטע הראוי לכך נוטעו לכך והגשם מגדלו: אורן. לשון

מהר"י קרא

וחשבון: (יג) בשרד. בלע"ז שב"א: במקצועות. שצר פנים ואחור: ובמחוגה [יתארהו] ויעשהו כתבנית איש. ופעמים שצר לו כתבנית אשה שהיא תפארת אדם לשבת בית: (יד) ויאמץ לו בעצי היער. יברר לו עץ אמיץ בעצי יער: נטע אורן. ענף וגשם יגדלה:

רד"ק

בעץ בשרד והוא חוט הצבע שמסמן בו הנגר מה שרוצה לכרות מן העץ וכן ותאר הגבול והצבע ההוא יקרא שרד והקו שאמר הוא החוט שצובע אותו בשרד: יעשהו במקצעות. ואחר שסמן אותו יתקנהו במקצעות ומקצעות הם שני כלים דומין במלאכתם לאחד קורין לו פלאנ"א ולאחר סימנ"ם שמקלף בהם הנגר פני העץ ומחליקו והרגום ואת הבית יקציע יקלף ות"י במקצעות באזמילא ואלו הכלים עשויין כמו אזמלים: ובמחוגה יתארהו. מחוגה קונפא"ש בלע"ז ובו יעשו הצורות ותאר הדברים המצויירים יתארהו הראשון אל"ף בחטף פתח והשני האל"ף בחטף קמץ: כתפארת אדם. כי צורתו נאה ומפוארת משאר בעלי חיים ות"י כתפארת אדם כתושבחת אתתא למתב בביתא כלומר כמו שהוא תפארת האשה שתשב בבית שלא תצא לחוץ כן הוא הפסל יושב בבית וכמוהו ונפש אדם מן הנשים וא"א ז"ל פי' כמשמעו והענין כפול ואמר ויעשהו כתבנית איש כתפארת אדם ולמה לשבת בית לא לצורך אחר כי הוא ממקומו לא ימיש: (יד) לכרות לו ארזים. עד הנה ספר מעשה הפסל מעץ הטוב עתה אומר כי עוד יטריח עושה הפסל שהולך אל היער לכרות לו ארזים לעשות מהם פסל. ועוד טורח יותר מזה שנוטע נטיעה ויגדל אותה עד שתהיה ראויה לכרות ממנה עצים לעשות פסל ראו עד היכן הגיע כח עבודתם והכל נקל בעיניהם בחשבם לקבל שכר טוב על זה והם טורחים לתהו ובהו והבל לא יתבוננו במעשיהם ובאמרו ארזים מבקש המשובח שבהם לכרותו: תרזה. אילן מאילני סרק. ופירשו בו שהוא שקורין לו בערבי סנאב"ר: ואלון. הוא ערמון: ויאמץ לו בעצי יער. לבקש מהם הטוב: נטע ארן. שם אילן גם כן טוב למלאכה. ובדרז"ל עצי ארזים

אבן עזרא

והברזל והנה גם פסילי העץ: נטה קו. כי כן משפט': יתארהו. יעשה תארו והנכון שהוא כמו ותאר לכם הגבול כדמות רושם: בשרד. מין ממיני לבעונים ואין ריע לו: יעשהו במקצעות. יתקן ויאמר ר' יונה ז"ל כי המקלוע רמז לשרטוט: במחוגה. מגזרת חוג הוא הכלי שיעשה בו העגול: כתפארת אדם. יש אומרים נקבה ואין צורך רק הטעם כפול: לשבת בית. כאדם שיושב בביתו: (יד) לכרות. הטעם יש מי שיפסול אלהיו מארזים ויש מי שיקח תירזה מין ממיני אילנים: ויאמץ לו. יטעהו: אורן. שם אילן או פירושו שורש: וגשם. גוף גם כן

מצודת ציון

(שופטים ד'): יצרהו. יעשהו ויחדשהו: (יג) קו. הבל המדה: יתארהו. מל' תואר ותמונה: בשרד. הוא שם לצבע מה: במקצעות. הוא מכלי הנגרים מקלף בהם העץ ומחליקו וכוא מל' ואת הבית יקציע (ויקרא י"ד) שהוא ענין קלוף: ובמחוגה. כן שם הכלי שעושים בו העגולים: יתארהו. ענין סבוב וכן ותאר הגבול (יהושע ו): כתבנית. דמות וצורה: (יד) תרזה ואלון. שמות אילני סרק: ויאמץ. ענין התחזקות: אורן. שם אילן סרק ובדרז"ל ארונים

מצודת דוד

אומן העלים יעשה קו המדה על הקורה לחתכו במעלד לפי הראוי: יתארהו בשרד. אח"ז יסמן תואר הפסל בלבע השרד וע"פ הסמוכן יעשהו במקלעות והוא כלי מכלי הנגרים: ובמחוגה יתארהו. ובמחוגה מסבב בו ליורים עגולים לייפותו: כתפארת אדם. ר"ל שלורתו מפוארה משאר בעלי חיים: לשבת בית. ר"ל כל עלמו לא נעשה אלא לשבת בבית כי ממקומו לא ימיש: (יד) לכרת לו ארזים. למעלה סיפר מעשה פסל מעץ קלוב ועתה אמר עוד יש מי אשר יטרח לבוא ביער ולכרות לו ארזים לעשות ממנו הפסל: ויקח תרזה ואלון. יש מי שיקח תרזה ואלון כי העלים ההמה יפים ביותר ועל שאינם חזקים לאלו מחזק אותם במסמרי עלי סיער: נטע אורן. ר"ל ויש מי אשר יטרח עוד יותר שנוטע מתחלה נטיעה של אורן הטוב למלאכה וממתין עד שיגדל ויהיה ראוי לפסל: וגשם יגדל. כאומר עם שכוונת הנוטע הוא לעשות ממנו פסל עכ"ז מגדלו הגשם בשלימות המקום כי עולם כמנהגו נוהג ועתידין

creatures. Therefore, they choose to make their god in his image.—[*Redak*] The highest ideal the imagination of mortal man can make is still only Man.—[*Hirsch*]

Rabbi Joseph Kimchi remarks that the idol is of no use but 'to sit in the house.' Scripture again emphasizes its futility, that it can do nothing but sit in the house.

14. **ilex and an oak**—*kinds of non-fruit-producing trees.*—[*Rashi*] תִּרְזָה

out a line, he beautifies it with a saw; he fixes it with planes, and with a compass he rounds it, and he made it in the likeness of a man, like the beauty of man to sit [in] the house. 14. To hew for himself cedars, and he took an ilex and an oak and he reenforced it with forest trees; he planted a sapling,

[makes] an axe, and he works with coal and with sledge hammers [in order that] he fashion it. I.e. he makes the axe and the sledge hammers in order to fashion the idol. He blows on the coals in order to heat the forge to make these implements.

and he made it with his strong arm; yea he is hungry etc.—*Even he, the fashioner, lacks strength and is weak, for if he becomes hungry he has no strength, or if he does not drink water, he becomes faint immediately. Surely his product has no power to help.*—[*Rashi*]

with his strong arm—Heb. בִּזְרוֹעַ כֹּחוֹ, lit. with the arm of his strength. This may be rendered: With his arm, with his strength, or: with the strength of his arm. The intention is that he works with all his might in expectation of the great reward awaiting him.—[*Redak*]

yea he is hungry, and he has no strength—He works with such enthusiasm that he does not stop his work to eat his meals or to drink water when he becomes thirsty, but continues to work until he becomes hungry and faint.—[*Redak*]

13. **The carpenter**—*And if he comes to make it of wood, and he is a carpenter, the following is his method.*—[*Rashi*]

Alternatively, after he has completed the construction of the axe and the sledge hammers, the carpenter stretches the line to cut it out according to the desired shape.—[*Mezudath David*]

stretched out a line—*as is the custom of the carpenters, and according to the line,* יְתָאֲרֵהוּ בַשֶּׂרֶד, *he straightens it with a saw, which they call doloire in French.*—[*Rashi*]

he beautifies it—Heb. יְתָאֲרֵהוּ—[*Rashi*] By cutting it straight, he beautifies it. *Ibn Ezra* and *Redak* render: He marks its shape with a colored line.

he fixes it with planes—Heb. מַקְצֻעוֹת. *He smooths it with a plane and a blade. Jonathan renders* מַקְצֻעוֹת as אִזְמֵילַיָּא, *knives or blades.*—[*Rashi*]

and with a compass he rounds it—Heb. יְתָאֲרֵהוּ, *an expression similar to:* "(Josh. 15:9) *And the border circled* (וְתָאַר)." *If he comes to make circular drawings, he draws around it with a compass, compas in French.*—[*Rashi*]

like the beauty of a man—*That is a woman, who is the beauty of her husband.*—[*Rashi* and *Kara* after *Jonathan*]

to sit [in] the house—Just as it is complimentary for a woman to sit in the house and not to go out in the street, so will the idol remain in the house.—[*Redak* after *Jonathan*]

Others explain it as a repetition of the previous phrase. It denotes that man is the most beautiful of God's

וְגֶשֶׁם יְגַדֵּל׃ טו וְהָיָה לְאָדָם לְבָעֵר
וַיִּקַּח מֵהֶם וַיָּחָם אַף־יַשִּׂיק וְאָפָה לָחֶם
אַף־יִפְעַל־אֵל וַיִּשְׁתָּחוּ עָשָׂהוּ פֶסֶל
וַיִּסְגָּד־לָמוֹ׃ טז חֶצְיוֹ שָׂרַף בְּמוֹ־אֵשׁ עַל־
חֶצְיוֹ בָּשָׂר יֹאכֵל יִצְלֶה צָלִי וְיִשְׂבָּע
אַף־יָחֹם וְיֹאמַר הֶאָח חַמּוֹתִי רָאִיתִי
אוּר׃ יז וּשְׁאֵרִיתוֹ לְאֵל עָשָׂה לְפִסְלוֹ
יִסְגָּוד־לוֹ וְיִשְׁתַּחוּ וְיִתְפַּלֵּל אֵלָיו וְיֹאמַר

קמץ בז"ק יתיר ואו

וּמִטְרָא יְרַבֵּי׃ טו וִיהֵי
לֶאֱנָשָׁא לְאַדְלָקָא וּנְסֵיב
מִנְהוֹן וּשְׁחֵין אַף אָזֵא
וְאָפֵא לְחֵים אַף עָבְדֵהּ
דַּחֲלָא וּסְגֵיד אִתְּהָה
צַלְמָא וּבָעֵא מִנֵּהּ׃
טז פַּלְגֵהּ אוֹקִיד בְּנוּרָא
עַל פַּלְגֵהּ בִּסְרָא אָכִיל
טְוָא טְוֵי וְסָבַע אַף שְׁחִין
וַאֲמַר אָח שְׁחֵינִית חֲזֵיתִי
נוּר׃ יז וּשְׁאָרֵהּ לְדַחֲלָא
עֲבַד לְצַלְמָא סְגֵיד לֵיהּ
וְאִשְׁתַּעְבֵּד לֵיהּ וּבָעֵא
מִנֵּהּ וַאֲמַר שֵׁיזְבִנִי אֲרֵי
דחלתי

רש"י

כטע יונק (פרלו"ן בלע"ז): (טו) והיה לאדם לבער. והיה אותו עץ מקלתו לצרכי אדם לבער: ויקח. מן העלים ויחם. גופו לנגדם: אף ישיק. מהם תנור ואפה לחם: אף יפעל אל. מן הנותר:

אבן עזרא

תרגום ארמית גם בלשון קדר ויש אומרים הוא יטע אורן והגשם יגדלנו: (טו) והיה. לבער. להדליק והנה פירש יש שיהיה באש ויש מי שישיקנו כמו ואש נשקה כדמות בעור: ויסגוד ׳ ידועה בארמית ובלשון קדר: (טז) חציו. האח. מלה יאמר אדם אותה כאשר ימלא תענוג וכמוהו האח ראתה עינינו: ראיתי אור. כמו אור לו בליון ראיתי כמשמעו ורב סעדיה נ"ע אמר כי טעמו רוחתי בלי רע: (יז) ושאריתו לאל עשה. כפי מחשבתו: לפסלו. פירוש

רד"ק

ארנים וברושים: וגשם יגדל. יש מפרשים גשם גוף ר"ל גוף עץ וכן בארמי גשמי יצטבע והנכון לפרשו כמשמעו וכן ת"י ומטרא ירבי והצ"ל וגשם יגדל כי ידוע הוא כי כל צומח יגדל אותו הגשם אלא אמר שאע"פ שהוא נוטע העץ לשם עכו"ם הגשם יגדל אותו והרי הגשם בשליחות האל יתברך בא ואעפ"כ עולם כמנהגו נוהג כמו שאמרו רבותינו ז"ל בזה הענין הרי שגזל סאה של חטין וזרעה דין הוא שלא תצמח אלא עולם כמנהגו נוהג ושוטים שקלקלו עתידים ליתן את הדין: (טו) והית. כי כשכורת העץ וחושב אותו לפסל החתיכות הנפסלות יהיו לו לבער ולהחם ולאפות באותם פסילי העצים: ויחם. החי"ת נקרא בקמץ חטף והזקף ביו"ד: ישיק. כמו יבעיר כלומר יסיק בהם את התנור: ואפה לחם. כמו וטחני קמח: למו. כמו לו או כמשמעו להם ופי׳ לפסילים אע"פ שלא זכר אלא אחד רבים הם: (טז) חציו. ר"ל מקצתו אמר כי בחציו שמבער יהנה בשני פנים שיצלה בו צלי ויאכל עד שישבע ועוד שיחם בשרו באש: על חציו בשר יאכל. פי׳ יצלה צלי היאך יאכל בשר על חציו שיצלה בו הצלי: ויאמר האח. שמחה וכן האח האח ראתה עינינו יאמר הסכל הזה מתפתה בדבר הפסל וישמח בו לסכלותו בשני פנים בהנאת הגוף לשעה ובחשבו כי יהיה לו שכר טוב בעבודתו יאמר מה טוב לי זה הפסל כי אני נהנה במקצתו בהנאת גופי ומקצתו אעבדנו ויצלני בעת צרתי: חמותי. מלרע: (יז) ושאריתו לאל. פי׳ לפסילו זהו האל שלו: יסגוד לו. ישתחוה כפל ענין במ"ש כי יסגוד כמו ישתחוה בתרגום או פי׳ יסגוד לו כריעה: וישתחו. פשוט ידים ורגלים כמו שפירשו רז"ל וי"ת סגיד ליה ואשתעביד ליה:

מצודת דוד

הם ליתן את הדין וכמ"ש הז"ל בגזל סאה חטים וזרעה וכו׳: (טו) והיה לאדם לבער. מאותו העץ עצמו יהיה מקצתו לצרכי אדם לבער בו את האש: ויקח מהם. מהעלים ההם יקח מה מהם להבעיר אש להתחמם בו ואף מהם יסיק התנור ואפה לחם ואף מהם יקח ויפעל בו אל וישתחוה אליו: עשהו וגו׳. כפל הדבר במ"ש: למו. לפסילים ועם כי לא זכר אלא אחד הנה רבים הם: (טז) חציו. ר"ל מקצתו שרף בתוך האש ע"י מקצתו אכל בשר כי יצלה בו צלי ויאכל וישבע ואף יחמם בשר וישמח ויאמר האח הנה חממתי את עצמי אף נהניתי להיות יושב באור האש: (יז) ושאריתו. הנשאר מהעץ יעשהו אל וחוזר ומפרש יעשהו לפסלו: יסגד לו. ישתחוה לו ויתפלל וגו׳:

מצודת ציון

עשו (ר"ה כ"ג): (טו) לבער. ענין הדלקה: ויחם. מל׳ חמימות: ישיק. כמו יסיק בסמ"ך והוא מלשון היסק והבערה: ויסגד. ענין השתחואה כמו ולדניאל סגיד (דניאל ב׳): (טז) במו. בתוך: האח. הוא ענין ל׳ שמחה כמו האח האח ראתה עינינו (תהלים ל"ה): חמותי. מל׳ חמימה: אור. שלהבת המאיר וכן אור לשבת נגדו (לקמן מ"ז): (יז) ושאריתו. ענין שיור:

he even made a god—*from what was left over.*—[*Rashi*]

to them—to his many idols. Alternatively, to it.—[*Redak*]

16. **Half of it**—I.e. a portion of it. With one half he benefits doubly; he roasts his meat which affords him satisfaction, and he warms himself by the fire.—[*Redak*]

he roasted a roast and became sated—This clause explains the preceding one: He ate meat by roasting it over the fire and thereby became sated.—[*Redak*]

and rain makes it grow. 15. And it was for man to ignite, and he took from them and warmed himself; he even heated [the oven] and baked bread; he even made a god and prostrated himself, he made a graven image and bowed to them. 16. Half of it he burnt with fire, on half of it he ate meat, he roasted a roast and became sated; he even warmed himself and said, "Aha, I am warm, I see fire." 17. And what is left over from it he made for a god, for his graven image; he kneels to it and prostrates himself and prays to it, and he says,

is variantly rendered as ilex, or holm oak, or plane tree. Levitas states that it is a species of cedar.

and he reenforced it with forest trees—*He makes for it types of reenforcements, either for strength or for beauty, with types of trees, one different from the other in their appearance.*—[*Rashi*]

Mezudath David explains that he strengthens them with pegs made of the wood of forest trees, since the ilex and the oak are beautiful but not strong.

Redak explains that he chooses the best of the forest trees.

he planted a sapling—*When he finds a branch or a sapling that is fit for that, he plants it for that and the rain makes it grow.*—[*Rashi*]

a sapling—Heb. אֹרֶן, *a young sapling, ploncon in O.F.*—[*Rashi*]

Others take אֹרֶן as the name of a tree.—[*Ibn Ezra, Redak*] According to Kohut, it is a laurel-tree.

and rain makes it grow—Although he plants it for idolatrous purposes, rain makes it grow. Although rain is an agent of the Almighty, He, nevertheless, allows the world to go on in its natural manner. This is similar to the Rabbinic dictum which states: If one stole a measure of wheat and sowed it, it would be proper that it should not grow, but the world goes on in its customary manner, and the fools who sinned are destined to give an account (*Avodah Zarah* 54b). *Jonathan*, too, renders it in this manner. Others render גֶּשֶׁם as 'a trunk,' deriving it from the Aramaic גִּשְׁמָה and the cognate Arabic, meaning 'a body.' Thus they render: And it grows a trunk. [*Redak*, quoting *Ibn Ezra* for second interpretation]

15. **And it was for man to ignite**—*And part of that very tree was for man's necessities,* viz. *to ignite.*—[*Rashi*]

For, when he hews the trees with the intention of making an idol, he will use the scraps to ignite, to heat, and to bake.

and he took—*from the trees.*—[*Rashi*]

and warmed himself — *his body opposite them.*—[*Rashi*]

he even heated—*an oven with them and baked bread.*—[*Rashi*]

הִצִּילֵנִי כִּי אֵלִי אָתָּה: יח לֹא יָדְעוּ וְלֹא
יָבִינוּ כִּי טַח מֵרְאוֹת עֵינֵיהֶם מֵהַשְׂכִּיל
לִבֹּתָם: יט וְלֹא־יָשִׁיב אֶל־לִבּוֹ וְלֹא דַעַת
וְלֹא־תְבוּנָה לֵאמֹר חֶצְיוֹ שָׂרַפְתִּי בְמוֹ
אֵשׁ וְאַף אָפִיתִי עַל־גֶּחָלָיו לֶחֶם אֶצְלֶה
בָשָׂר וְאֹכֵל וְיִתְרוֹ לְתוֹעֵבָה אֶעֱשֶׂה
לְבוּל עֵץ אֶסְגּוֹד: כ רֹעֶה אֵפֶר לֵב הוּתַל
הֱטָּהוּ וְלֹא־יַצִּיל אֶת־נַפְשׁוֹ וְלֹא יֹאמַר

דְחַלְתִּי אַתְּ: יח לָא יָדְעִין
וְלָא מִסְתַּכְּלִין אֲרֵי
מְטַמְטְמָן מִלְמֶחֱזֵי
עֵינֵיהוֹן מִלְאִסְתַּכָּלָא
בְּלִבְּהוֹן: יט וְלָא מָתֵיב
לְלִבֵּהּ וְלָא מַדַּע וְלָא
סוּכְלְתָנוּ לְמֵימַר פַּלְגַהּ
אוֹקִידַת בְּנוּרָא וְאַף
אֲפֵיתִי עַל גּוּמְרוֹהִי לְחֵם
טְוֵית בִּסְרָא וַאֲכָלִית
וּשְׁאָרָהּ לְתוֹעֵבָא אַעֲבֵיד
לְיִבְלֵי אָעָא אֶסְגּוֹד:
כ הָא דְחַלְתָּא פַּלְגַהּ
קִטְמָא לִבָּהּ שַׁטְיָא
אַטְעֲיֵהּ וְלָא יְשֵׁיזֵיב יָת
נַפְשֵׁהּ וְלָא יֵימַר הֲלָא

מהר"י קרא

(כ)(המשרה)רועה אפר לב הותל הטהו. מי שממנה רועה שאותו רועה עתיד ליעשות אפר. לב הותל הטהו. כלומר מי שמקבלו עליו

רש"י

(יט) ולא ישיב אל לבו. חציו שרפתי כמו אש: ולא דעת ולא תבונה. בו לאמר זאת: לבול עץ. לרקבון עץ: (כ) רועה אפר לב הותל הטהו. לבו אשר הותל הטהו לעשות לו רועה של אפר הדמות שנשרף חציו ונעש' אפר השוטה הזה היה אומר שהוא לו לרועה ולמפרנס. ד"א רועה אפר ל' ריעות עובד עבודת אחרים ומחבר עליו את עבודת אחרים שהיא אפר:

רד"ק

(יח) לא ידעו ולא יבינו. טח. מנחי העי"ן ואם הוא פתח והוא פעל יוצא בחבירו והטח הוא האל על דרך השמן לב העם הזה כמו שפירשנו או יהיה הטח יצרם הרע הגובר על שכלם: (יט) ולא ישיב. וי"ו ולא דעת כוי"ו וישא אברהם את עיניו או הוא כפל ענין אמר ולא ישיב אל לבו אלה הדברים שזכר כי הם דברי תימה ואין בלבו לא דעת ולא תבונת לאמר זה כלומר לחשוב בלבו חציו שרפתי במו אש ואף וגו': אפיתי על גחליו. למעלה אמר אף ישיק כי שניהם יעשה אדם בעצים או ישיק בהם את התנור ויאפה הלחם ע"י הדבקה או יאפה הלחם על הגחלים: ויתרו. הנותר ממנו והוא שם מן יתר הגזם: לתועבה. לדבר שתעב האל ומנע מעבוד אותם: לבול עץ. לענף עץ. וכן כי בול הרים ישאו לו יעקרו בול: (כ) רועה אפר. אמר זה העושה הפסל לעבדו רועה אפר הוא כלומר מתעסק בדבר שלא יועיל לו והוא על דרך אפרים רועה רוח וי"ת הא דחלתא פלגא קטמא: לב הותל הטהו. הותל תאר ואם הוא פתוח ומשפטו להדגש אלא בא קל כמו התל בי אמר יצר הרע שמתתל בו הטהו לדרך רעה והוא לא יבין ולא יציל את נפשו טרם אבדה: ולא

אבן עזרא

לאל עשה: (יח) לא. הדעה בנקבים הקרובים אל המלח והבינה בנקב האמצעי שהוא בתוך הראש: כי טח. כמו וטח את הבית והוא פועל יוצא והפועל הוא השם: עיניהם. כל אחד וכמוהו רבים: (יט) ולא ישוב אל לבו. רמז לשכל שהוא העקר. מ"ם עם וי"ו במו נוסף כמלת כמו: ויתרו. הנותר: לבול. אין רע לו יש אומרים לפסל או לצורה ורבי משה הכהן אמר כי כמהו כי בול הרים והטעם למח: (כ) רעה. כאדם שירעה אפר שיזיק ולא יועיל או טעמו כמו רועה רוח: הותל. תאר השם כי שמות התאר משתנים על משקל ורגל מועדת: לב. הטפש: הטהו. וזאת המלה לנגאי בכל המקרא כי הוא נוטה מהדרך הישרה

מצודת ציון

(יח) טח. ענין מריחה ומשיחה וכן וטח את הבית (ויקרא י"ד): לבותם. מל' לב: (יט) ויתרו. מלשון נותר: לבול. כמו ליבול. וכן כי בול הרים ישאו לו (איוב מ') ועניינו למח ועגף: אסגוד. אשתחוה: (כ) רועה. ר"ל מנהיג: הותל. ענין לעג וכן ויהתל בהם אליהו

מצודת דוד

(יח) לא ידעו. אין בהם לא דעת ולא בינה: כי טח. סילר סרע המסית טח עיניהם מלראות ולבותם מלהשכיל: (יט) ולא ישיב. אינו נותן אל לבו להבין בדבר ואין בו לא דעת ולא תבונה לחשוב הלא מקצתו שרפתי בתוך האש ואף וגו': אפיתי על גחליו לחם. אמר לחם כי אחר שאפה כעשה לחם וכן וטחני קמח (לקמן מ"ז): אצלה. כמו ואצלה: ויתרו. ואיך אעשה הנותר לפסל המתועב בעיני ה'. ואיך אשתחוה לענף מן העץ: (כ) רועה אפר וגו'. ר"ל לבו המהתל ומלעיג בו הסיתו שיקבל לרועה ומנהיג את הדבר אשר תשוב אל האפר כשישרפוהו: ולא יציל. אף האומן העושה הפסל לא יציל נפש עצמו ולא יאמר הלא מה שעשיתי בימיני הוא שקר ואין בו תועלת כי מעשה ידי הוא:

basis for this rendering. It is based purely on context.—[*Ibn Ezra*]

20. [To] **a provider [made] of ashes, a deceived heart has perverted him**— *His heart, which was deceived, turned him aside to make for himself a provider of ashes. The image, half of which was burned and made into ashes, this fool says that it is his provider and patron. Another explanation:* רוֹעֶה אֵפֶר *is an expression of companionship. One who worships idols associates himself with the idol, which is ash.*—[*Rashi*] The second explanation is not found in all mss. *Redak* explains in a manner similar to *Rashi*'s second explanation: The idol worshipper engages in a thing as

"Save me, for you are my god." 18. Neither do they know nor
do they understand, for their eyes are bedaubed from seeing,
their hearts from understanding. 19. And he does not give it
thought, and he has neither knowledge nor understanding to
say, "Half of it I burnt with fire, and I even baked bread on its
coals, I roasted meat and ate. And what was left over from it,
shall I make for an abomination, shall I bow to rotten wood?"
20. [To] a provider [made] of ashes, a deceived heart has per-
verted him, and he shall not save his soul, and he shall not say,

Aha—An expression of joy. This fool rejoices in the twofold benefit he derives from the tree, viz. the physical benefit he derives from the fire he ignites with one part of the wood, and the idol he fashions from the other part, which he expects to save him in his hour of need.—[*Redak*]

I see fire—This is to be understood literally. Rav Saadiah Gaon, however, renders: 'I enjoyed the fire.' He has, however, no similar case on which to base this interpretation.—[*Ibn Ezra*]

17. **he made for a god**—according to his thoughts.—[*Ibn Ezra*]

kneels . . . prostrates—This may be a repetition, using synonyms, since סגד in Aramaic is the translation of השתחוה in Hebrew.—[*Redak*]

Jonathan renders: He prostrates himself to it and subordinates himself to it. Thus, he explains the former term literally and the latter figuratively.

18. **nor do they understand**—*Jonathan* renders: nor do they ponder.

bedaubed—*Jonathan* renders: clogged.

from understanding—*Jonathan* renders: from pondering.

19. **And he does not give it thought**—lit. and he does not return to his heart, *"Half of it I burnt with fire."*—[*Rashi*]

and he has neither knowledge nor understanding—lit. and there is neither knowledge nor understanding *in him to say this.*—[*Rashi*]

Redak renders: And he brings to heart neither knowledge nor understanding.

for an abomination—For something God deems an abomination and interdicts its worship.—[*Redak*]

to rotten wood—Heb. לְבוּל עֵץ, *to decay of wood.*—[*Rashi*]

Rashi, apparently, derives this from the root בלה, *to rot.* Others render it as 'a branch' or 'a plant,' based this on Job 40:20.—[*Redak*; *Rabbi Moshe Hakohen,* quoted by *Ibn Ezra*; *Ibn Janah*]

Targum Jonathan is obscure. His rendering: לְיִבְלֵי אָעָא, which would usually mean 'to grass,' is inappropriate here. It may mean, 'to a bump on a log.' See *Aruch Completum* vol. 3, 265. Others render: to an image, or a statue. There is no etymological

הֲלוֹא־שֶׁקֶר בִּימִינִי׃ כא זְכָר־אֵלֶּה
יַעֲקֹב וְיִשְׂרָאֵל כִּי עַבְדִּי־אָתָּה
יְצַרְתִּיךָ עֶבֶד־לִי אַתָּה יִשְׂרָאֵל לֹא
תִנָּשֵׁנִי׃ כב מָחִיתִי כָעָב פְּשָׁעֶיךָ וְכֶעָנָן
חַטֹּאותֶיךָ שׁוּבָה אֵלַי כִּי גְאַלְתִּיךָ׃ כג רָנּוּ
שָׁמַיִם כִּי־עָשָׂה יְהוָה הָרִיעוּ תַּחְתִּיּוֹת
אֶרֶץ פִּצְחוּ הָרִים רִנָּה יַעַר וְכָל־עֵץ בּוֹ

שִׁקְרָא עֲבָדִית בִּימִינִי׃
כא אִדְכַּר אִלֵּין יַעֲקֹב
וְיִשְׂרָאֵל אֲרֵי עַבְדִּי אַתְּ
אַתְקֵינְתָּךְ לְמֶהֱוֵי עֲבֵיד
פְּלַח קֳדָמַי אַתְּ יִשְׂרָאֵל
לָא תִתְנְשֵׁי דַחֲלְתִי׃
כב מְחֵיתִי כְעֵיבָא חוֹבָךְ
וְכַעֲנָן עֲדֵי כָּל חֶטְאָךְ
תּוּב לְפוּלְחָנִי אֲרֵי
פְרַקְתָּךְ׃ כג שַׁבַּחוּ
שְׁמַיָּא אֲרֵי עֲבַד יְיָ
פּוּרְקָן לְעַמֵּהּ יַבִּיבוּ
יְסוֹדֵי אַרְעָא בּוּעוּ
טוּרַיָּא תּוּשְׁבַּחְתָּא

קמץ בז"ק יתיר ואו מלרע

רש"י

ולא יציל. הנתעה את נפשו לאמר הלא שקר בימיני ויפרד מעליו: (כא) לא תנשני. לא תהיה שכוח מיראתי: (כב) מחיתי כעב פשעיך. במצרים ובמדבר גם עתה שובה אלי: (כג) פצחו. לשון פתחון פה:

מהר"י קרא

לאלוה: חלא שקר. עשתה לי ימיני: (כא) זכר אלה יעקב וישראל. האומות יוצרים את אלוהיהם כשם שאמר למעלה יוצר פסל כולם תוהו. ואלהי ישראל ברא את הבריות שנאמר יצרתיך עבד לי אתה. כדי שתהיה לי לעבד: (כב) שובה אלי כי גאלתיך. אותה שעה כי גאלתיך:

אבן עזרא

ומלת להטות פירשתיה: (כא) זכר אלה. שעשיתי בהיותך בארצי וטעם כי עבדי אתה אחר שאת' היית עבדי הודה פשעיך הקדמונים כי אני הפץ שתהיה לי עבד וטעם אתה לבדך: תנשני. מבנין נפעל ולפי דעתי שהוא כן לא תנש' ממני זכרני ואני אזכרך: (כב) מחיתי כעב. העוברת בצאת השמש איננה: (כג) רנו. דרך משל כי שמחה גדולה תהי' בישראל כי בעבור ישראל שיגאלו תגלה לכל העולם

רד"ק

יאמר הלא שקר בימיני. מה שפעלתי ועשיתי בימיני שקר הוא וכת"י הלא שקרא עבדית בימיני: (כא) זכר אלה יעקב. אם העמים עובדי פסילים לא יבינו אתה זכור הדברים האלה ולא תפותה לעובדי הפסילים: כי עבדי אתה. מאז עבדי עתה ולא עבד הפסילים ועל כן יצרתיך להיות לי עבד. וטעם יצרתיך כמו שפירש בוראך ויוצרך או עת שלקח ישראל לעם והוציאם מבית עבדים הוא עת היצירה וי"ת אתקנתיך למהוי עבד פלח קדמי: ישראל לא תנשני. לא תנשה ממני זכרני אתה ואזכרך: (כב) מחיתי כעב פשעיך. כמו העב שנמחה במים כן מחיתי פשעיך: שובה אלי. ומה שחטאת עד הנה מחיתי והחכם רבי אברהם בן עזרא כתב כעת העוברת בצאת השמש. וכפל הענין במ"ש: שובה. מלרע: גאלתיך. עתה אגאלך מגלות בבל: (כג) רנו שמים. על דרך משל כאלו כל העולם ישכח בצאת ישראל מהגלות: כי עשה ה'. טובה עם עמו וגאלם: תחתיות ארץ. היא הנקודה האמצעית אשר בארץ והנה זכר העגולה והנקודה וזכר הדומם והצומח והחיים לא זכר כי לא ישמחו

מצודת דוד

(כא) זכר אלה יעקב. אם האומות לא יבינו את זאת אתה יעקב זכר אלה הדברים ולא תתפתה אחריהם כי עבדי אתה ולא עבד האליל: יצרתיך עבד לי. בראתיך להיות לי לעבד ולכן אתה ישראל לא תשכחני: (כב) מחיתי כעב. מעולם מחיתי פשעיך כעב הזה הנמחה במים: וכענן וגו'. כפל הדבר במ"ש: שובה אלי. לכן שוב אלי כי אני הוא הגואל אותך: (כג) רנו שמים. הוא דרך משל ור"ל שמחה גדולה תהיה בעולם: כי עשה ה'. ר"ל עשה מה שעליו לעשות ונקיים והוא גאולת ישראל: תחתיות ארץ. היא הנקודה האמצעית מכדור הארצי: יער. מקום עמידת

מצודת ציון

(מ"א י"ה): (כא) תנשני. ענין שכחה וכן נשני אלהים (בראשית מ"א): (כב) מחיתי. ענין מחיקה וכן אנכי אנכי הוא מוחה פשעיך (לעיל מ"ג): כעב. וכענן. הם ענין אחד וכפל במ"ש: (כג) הריעו. מל' תרועה: תחתיות. מל' תחת ומלמטה: פצחו. פתחו פה

then, the glory of God shall be revealed to the entire world.—[*Ibn Ezra*]

ye lowest parts of the earth—The center of the earth.—[*Redak*]

burst out—An expression of opening the mouth—[*Rashi*]

An expression of raising the voice.—[*Redak*]

ye mountains—the main creation of the earth.—[*Redak*]

Scripture mentions that all creatures shall rejoice, viz. animal, vegetable, and mineral. Mankind is not mentioned, since the Babylonians will not rejoice at Israel's redemption.—[*Redak*]

and with Israel shall He be glorified—Taking Israel out of exile means glory for God for the nations praise Him for that. Even Cyrus announced, "(Ezra 1:2) God gave me all the kingdoms of the earth."—[*Redak*]

"Is there not falsehood in my right hand?" 21. Remember
these, O Jacob; and Israel, for you are My servant; I formed
you that you be a servant to Me, Israel, do not forget Me. 22. I
erased your transgressions like a thick cloud, and like a cloud
have I erased your sins; return to Me for I have redeemed you.
23. Sing, ye heavens, for the Lord has done [this], shout, ye
lowest parts of the earth; ye mountains, burst out in song, the
forest and all trees therein;

futile as ashes; his mocking heart has perverted him. His evil inclination, which mocks him, has turned him away from the path of good to the path of evil.

and he shall not save—I.e. *the misled one shall not save his soul, saying, "Is there not falsehood in my right hand?" and separate from it.*—[*Rashi*]

Is there not falsehood in my right hand?—*Jonathan* paraphrases: Has not my right hand made falsehood? I.e. what I made with my right hand is a false thing.—[*Redak*]

21. **Remember these, O Jacob**—If the heathen nations do not understand, you do understand these things; do not become enticed by the heathens.—[*Redak*]

Remember these things that I did when you were in My land.—[*Ibn Ezra*]

for you are My servant—From time immemorial you are My servant, and not the servant of the idols. And for this reason I formed you, viz. to be My servant.—[*Redak*]

I formed you—Comp. supra 43:1. Alternatively, this alludes to the Exodus from Egypt, when God took the Jews to Him for a people. *Jonathan* paraphrases: I established you to serve before Me.—[*Redak*]

Ibn Ezra explains: Since you were My servant, confess your early sins, for I wish you to be My servant. The repetition of *you* for emphasis denotes that only you are My servant.

do not forget Me—*Do not forget My fear.*—[*Rashi, Targum Jonathan*]

The peculiar construction of the word leads *Redak* to render: You shall not be forgotten from Me. You remember Me, and I will remember you.

22. **I erased your transgressions like a thick cloud**—*in Egypt and in the desert. Now too, return to Me.*—[*Rashi*]

like a thick cloud—that passes away; when the sun comes out, it is no longer there.—[*Ibn Ezra*] *Redak* interprets: Like a thick cloud that is erased by water.

for I have redeemed you—This is really the future tense; I will redeem you from the Babylonian exile.—[*Redak*]

23. **Sing, ye heavens**—This is figurative; it is as though the entire world will rejoice when Israel is redeemed from exile.—[*Redak*] For

כי־גאל יהוה יעקב ובישראל יתפאר:
כד כה־אמר יהוה גאלך ויצרך מבטן
אנכי יהוה עשה כל נטה שמים לבדי
רקע הארץ מי אתי: כה מפר אתות
בדים וקסמים יהולל משיב חכמים

מאתי קרי　　אחור

ת״א אותות בדים. עקידה שער נז: משיב חכמים. גטין נו:

תרגום

חורשא וכל אילניא דבה ארי פרק יי יעקב ובישראל ישתבח: כד כדנן אמר יי דפרקך ודאתקנך ממעיין אנא יי עביד כולא תלית שמיא במימרי שכלילית ארעא בגבורתי: כה מבטל אתות בדין וקסומין משגש מתיב חכימיא לאחורא

מהר״י קרא

(כה) מפר אותות בדים. פת׳ גבורים. כמו לא כן בדיו. בדיו בל״ע ברונ״ש. הפר אותות חכמי יועצי פרעה. שהם רואים את ישראל נופלים בחרב במדבר ולא היו יודעין מה הם רואין כסבורין לראות שנטבע [מושיען] במים. וגזרו כל הבן הילוד היאורה תשליכוהו. ואין זה אלא משה רבינו שנטל את שלו במי מריבה על ידי שאמר שמעו נא המורים: משיב חכמים אחור. מצריים

רש״י

(כד) ויוצרך מבטן. מאז ויתרוצצו הבנים בקרבה (בראשית כ״ה) הייתי לך לעזרה ובחרתיך: נוטה שמים לבדי: (כה) מפר אותות בדים. לפי שאני נטיתי שמים לפיכך אני יכול להפר אותותם: בדים. הם החוזים בכוכבים ע״י אותות השמים ועל שם שפעמים הרבה הם מכזבים קורין אותם בדים. שאני מחליף השרים שלמעלה וטועים אלו הנשאלין בהם ולפי שאילטגניני בבל היו הוזים בכוכבים כמו שהוא

רד״ק

כולם כי בבל תאבל: פצחו. ענינו הרמת קול וזכר הרים לפי שעיקר בריאת הארץ ההרים שבה: יתפאר. כי תפארת האל יהיה בהוציא עמו מהגלות והעמים יפארוהו בזה וכן אמר כורש כל ממלכות הארץ נתן לי ה׳: (כד) כה אמר ה׳. ויוצרך מבטן. פירשתיו: עושה כל. עשיתי כל העולם בעת הבריאה ולא היה אלא אני לבדי ובכל יום אני עושה שאני מעמידו בכחי: נוטה שמים. רוקע הארץ. פירשתים ובאמרו לבדי ומאתי ר״ל כי אני ראשון לכל הנבראים ובעת הבריאה לא היה אלא אני לבדי ומאתי ומכחי היה הכל. ובבראשית רבה הכל מודים שלא נבראו מלאכים ביום הראשון שלא יהיו אומרים מיכאל היה מותח בדרומו של רקיע וגבריאל בצפונו והקב״ה ממדד באמצעיתו אלא אני ה׳ עושה כל נוטה שמים לבדי רוקע הארץ: מאתי. מי אתי כתיב לומר מי היה שותף עמי בבריאתו של עולם: (כה) מפר אותות בדים. וכיון שהוא אדון הכל הוא מפר ומבטל כשירצה המעשים מהחכמים שהיו בבבל שהיו כוזבים באותותם שהם אותות השמים כמו שאמר ומאותות השמים אל תחתו או פי׳ אותות שעות היום כמו שאמר והיו לאותות שלא הכירו הרעה שתבוא להם כמו שאמר יעמדו נא

אבן עזרא

תפארת השם: (כד) כה. עשה כל. אני עושה כל חפצי והעד כי נטיתי שמים לבדי: מאתי. מאתי כי אין השם גוף וכתוב מי אתי והנה הוא כמו לבדי ודע כי הכתוב אמר נוטה השמים ורוקע הארץ כי עמידתם תמיד בשם: (כה) מפר. בדים. הם הבודאים מלבם וכמוהו בדיך מתים יחרישו ויותר נכון להיותו מגזרת בדד כי יש נשמות שיש להם כח להתבודד: וקוסמים. הם חכמי המזלות והטעם גוזרי׳ האומרי׳ כן יהיה והנה הבדי׳ הם האומרי׳ כן יהיה לא בדרך חכמה: משיב חכמים. הם רואי

מצודת ציון

בהרמת קול לרנן וכן פצחי רנה וצהלי (לקמן נ״ד): יתפאר. ענין שבח והלול: (כד) רוקע. ענין פריסה ושטיחה כמו לרוקע הארץ על המים (תהלים קל״ו): (כה) מפר. ענין מניעה וביטול כמו אישה הפרם (במדבר ל׳): אותות. מל׳ אות וסימן: בדים. ענין כזב הבדוי מן הלב וכן בדיך מתים יחרישו (איוב י״א) וחוזי הכוכבים יקראו כן כי על פי הרוב ידברו כזב הבדוי מן הלב: וקוסמים. הוא ענין כשוף: יהולל. ענין שטות כמו ושופטים יהולל (שם י״ב):

מצודת דוד

האילנות: ובישראל יתפאר. ע״י גאולת ישראל יתפאר בפי כל: (כד) ויוצרך מבטן. מעת לאתך מבטן אמך ילדתיך לי לעם: עושה כל. כל דבר הנעשה: לבדי. ואין מי יעזור לי: רקע הארץ מאתי. פרישת הארץ היא מאתי ר״ל ממני: (כה) מפר. מבטל האותות של חוזי הכוכבים ולא יהיה כן: וקוסמים יהולל. משטה דעת הקוסמים ולא יועילו בפעולותיהם: משיב חכמים אחור. לפי שדרך החכמים להתחכם בכל פעם יותר אמר שהמקום משיב החכמים לאחור ר״ל במתטפשי׳ ומתאבדים מן

the heavenly princes, and these who ask of them err, and since the astrologers of Babylon were stargazers, as Scripture states "(infra 47:13) *Let them stand now, and let the gazers into the heavens save you." He, therefore, states that He will frustrate the signs of their imposters, for I am He Who frustrated the signs of the imposters of Egypt.—[Rashi]*

Ibn Ezra derives it from the root בדד, *alone*. This refers to people who pretended to emancipate their souls from the influence of their bodies, thereby enabling themselves to receive the Divine Glory and receive new ideas, images, and visions by the word of the Lord. See Friedlander.

diviners—These are astrologers.—[*Ibn Ezra*] *Redak* renders: Stargazers. The two are probably very close in meaning.

wise—Those who divine by the

for the Lord has redeemed Jacob, and with Israel shall He be
glorified. 24. So said the Lord, your Redeemer, and the One
Who formed you from the womb, "I am the Lord Who makes
everything, Who stretched forth the heavens alone, Who spread
out the earth from My power. 25. Who frustrates the signs of
imposters, and diviners He makes mad; He turns the wise

24. **and the One Who formed you from the womb**—*From the time that* "(Gen. 25:22) *the children struggled within her," I was your help and I chose you.*—[*Rashi*] See above verse 2.

Who makes everything—I made all the world at the time of the Creation, and there was no one besides Me, and every day I maintain its existence through My power.—[*Redak*] The belief that nothing continues to exist without God's will is repeated in Nehemiah 9:6: "And You give life to all of them," indicating that the existence of the entire world is constantly dependent on God's will. Were He to cease giving it power to exist, the entire universe would be reduced to nothingness. This theme is discussed by *Rambam* in the first chapter of his opus magnus, *Mishneh Torah.* It is expounded upon at length in *Nefesh Hachaim,* portal 3, chs. 1 and 2. Also in *Shaar Hayichud Vehaemunah* (The Portal of Unity and Faith) by Rabbi Shneur Zalman of Ladi o.b.m., founder of Chabad Chasiduth. This is found in translation in *An Anthology of Jewish Mysticism* pp. 87–98.

Who stretched forth the heavens . . . Who spread out the earth—See above 42:5.

alone—For when I created the world, I was alone; there was nothing else existing. Everything came into existence through My power. In this vein, the Rabbis (*Gen. Rabbah* 1:2) state: All agree the angels were not created on the first day, lest it be said that Michael was stretching at the southern end of the firmament, Gabriel at the northern end, and the Holy One, blessed be He, was measuring from the middle, but "I am the Lord Who makes everything, Who stretched forth the heavens alone."—[*Redak*]

from My power—This follows the *k'ri,* the traditional reading. According to the *kethiv,* the traditional spelling, however, it is to be rendered: Who is with Me? I.e. who was a partner with Me in the Creation?—[*Redak* from aforementioned *Midrash.*]

25. *Rashi* connects the two verses as follows:

Who stretched forth the heavens alone . . . Who frustrates the signs of imposters—*Since I stretched forth the heavens, I can, therefore, frustrate their signs.*—[*Rashi*]

imposters—Heb. בַּדִּים. *They are stargazers,* who predict the future *through signs of the heavens, and since many times they lie, they are called* בַּדִּים, *imposters, for I change*

אָחוֹר וְדַעְתָּם יְסַכֵּל: כו מֵקִים דְּבַר
עַבְדּוֹ וַעֲצַת מַלְאָכָיו יַשְׁלִים הָאֹמֵר
לִירוּשָׁלִַם תּוּשָׁב וּלְעָרֵי יְהוּדָה תִּבָּנֶינָה
וְחָרְבוֹתֶיהָ אֲקוֹמֵם: כז הָאֹמֵר לַצּוּלָה
חֳרָבִי וְנַהֲרֹתַיִךְ אוֹבִישׁ: כח הָאֹמֵר

וְדַעְתְּהוֹן מְקַלְקֵל: כו מְקַיֵּם פִּתְגָמֵי עַבְדוֹהִי צַדִּיקַיָּא וּמְלַךְ שְׁלוּחוֹהִי מַשְׁלִים דַּאֲמַר לִירוּשְׁלֶם תִּתּוֹתַב וּלְקִרְוַיָּא דְּבֵית יְהוּדָה יִתְבַּנְיָן וְחָרְבָתְהָא אֲקוֹמֵם: כז דַּאֲמַר עַל בָּבֶל תֶּחֱרוּב וְנַהֲרָתָא אֵיבֵשׁ: כח דַּאֲמַר עַל

ת"א לצולה. זבחים קיג (ברכות ז): האומר לכורש. עקידה שער נו:

קמץ ברביע

רש"י

אומר (לקמן מ"ז) יעמדו נא ויושיעוך הוברי שמים לכך הוא אומר שיפר אותות בדיהם כי אני הוא שהפרתי אותות בדי מגריס: (כו) מקים דבר עבדו. משה: ועצת מלאכיו. מלאך אחד אמר ליעקב ישראל יהיה שמך (בראשית ל"ב) וקיימתי דבריו אף כאן אקיים עצת נביאי האומר על ירושלי' תושב: (כז) האומר לצולה חרבי. האומר לבבל התיבשי: ונהרותיך אוביש. לפי שהיא יושבת על נהרות מדמה

מהר"י קרא

שאמרו הבה נתחכמה לו. מי שעשה כל אלה. הוא: (כו) מקים דבר עבדו ועצת מלאכיו ישלים. ר' ברכיה בשם ר' לוי אמר ממה שמקים דבר עבדו אני יודע שעצת מלאכיו ישלים. מלאך אחד נגלה ליעקב ואמר לו עתיד הקב"ה ליגלות עליך בבית אל להחליף שמך ואני עומד שם. הה"ד בית אל ימצאנו ושם ידבר עמנו. ידבר עמך אין כתוב כאן אלא ידבר עמנו. ונגלה עליו הקב"ה. בשביל לקיים דבר המלאך. ירושלם שכל הנביאים מתנבאים עליה שתושב ולערי יהודה שתבנה על אחת כמה וכמה: (כז) האומר לצולה חרבי. לארץ בבל שיושבת על מים רבים: ונהרותיך אוביש. אלו חיילותיו של מלך בבל. הדומים למי נהרות עצומות הרבים: (כח) האומר לכורש רעי. רועה שלי שעתיד לרעות את עמי ישראל: וכל חפצי ישלים. ומה חפצי ורצוני זהו שאומר לירושלים תבנה והיכל תוסד. אינו אומר כאן והיכל תבנה לפי שכורש הראשון לא עשה בו אלא היסוד. ועוד שהיה רוצה לבנותו כתבו שטנה על ירושלים בני המן. באדין בטילת עבודת בית אלהא די

אבן עזרא

הכבד והכתף וחכמי העתיד: (כו) מקים. עבדו. הוא הנביא והטעם עצמו ומה הוא דבר הנביא שתושב ירושלם מגזרת ישיב' כמו תורד והרבות כל עיר ועיר או הה"א סימן ירושלם: (כז) האומר לצולה. כמו מצולה במצולת ים וזה הטעם רמז על בבל שהיתה מליאה אדם והון כמצולת ים: (כח) האומר. ולאמר לירושלם תבנה. הנה זאת הראיה גמורה שנבנת' ירושלם בימי כורש ורמז תוסד על בית השם שלא שיבנה וכאשר יסדו ידי זרובבל לוה כורש

רד"ק

ויושיעוך הוברי שמים וגו' וקראם בדים לפי שהם כוזבים במשפט המזלות לפעמים ובדים מן בדיך מתים יחרישו שפי' כזביך. וכן פי' קוסמים הם החוזים כמו בלעם בן בעור הקוסם כי חוזת בכוכבים היה ובדים וקוסמים וחכמים הם כפל ענין במ"ש והחכם רבי אברהם בן עזרא פירש בדים מגזרת בדד כי יש נשמות שיש להם כח להתבודד ויגידו העתידות ולא בדרך חכמה. וקוסמים הם הכמי המזלות. וחכמים הם הרואים בכבד ובכתף: (כו) מקים דבר עבדו. הוא ישעיהו. ומלאכיו שאר הנביאים שנתנבאו על בנין בית שני: לירושלם. בעבור ירושלם וכן ולערי: תושב. שישובו יושביה עליה. תושב שרשו ישב משלא נזכר פועלו מהנוסף: והרבותיה. טעמו על ירושלם שזכר: (כז) האומר לצולה. היא בבל המשיל אותה למצולת ים לשני דברים האחד שהיא מלאה מים והשני לפי שהיתה בקעה: חרבי. כלומר יבשי כלומר שלא ישאר כל טוב בה אלא תחרב על ידי כורש וכן ונהרותיך אוביש דרך משל והנה ביד האל הכל כי הוא אמר לירושלם שהיתה חרבה שתבנה ואומר לבבל שהיתה בנויה שתחרב: (כח) האומר לכורש. בעבור כורש אומר

מצודת דוד

בחכמה ונעשי' סכלים: (כו) מקים דבר עבדו. זה ישעיהו: ועצת מלאכיו. המה יתר הנביאים: האומר. אשר כל אחד מהם ניבא ואמר בעבור ירושלים שתהיה מיושבת מאנשים ובעבור ערי יהודה אמר שתהיה בנויות אחר מפלת בבל: וחרבותיה. כל אחת מהרבותיה אקומם: (כז) האומר לצולה. אשר כ"א מהנביאים אמר על בבל העומדת במצולה שתהי' מהום חורב ר"ל שכל אוכלוסיה יאבדו ולפי שיושבת במצולה המשיל אבדן אנשיה ליבשות המים: ונהרותיך אוביש. כפל הדבר במ"ש: (כח) האומר לכורש. אשר כ"א אמר בעבור כורש שהיא יהיה רועי לרעות לאני והם ישראל והוא ישלים חפצי לאבד את בבל ולשלוח את ישראל מן הגולה:

מצודת ציון

יסכל. מל' סכלות ושטות: (כו) מקים. מל' קיום: מלאכיו. שלוחיו: ישלים. מל' השלמה וגמר: לירושלים. בעבור ירושלים וכן פתח פיך לאלם (משלי ל"א): תושב. מל' ישיבה: תבנינה. מל' בנין: וחרבותיה. מל' חורבה: (כז) לצולה. למצולה וענינו מקום רבוי המים וכן ותשליכני מצולה (יונה ב'): חרבי. ענין יובש כמו חרבו

an elaboration of the beginning of the verse, "and all My desire he shall fulfill."—[*Kara*]

and the Temple shall be founded— During Cyrus' reign, only the foundation was laid, as in Ezra 3:10. As is related in the following verses, through ch. 4, the construction was interrupted because of the harrassment of the hostile neighbors, and permission to build was retracted by Cyrus. This ban was renewed during the reign of his successor, Ahasuerus, and was not repealed until the second year of Darius, king of Persia, as in Ezra 4:24.—[*Redak, Kara*]

It appears that the city of Jerusalem was rebuilt in Cyrus' time. For the calculations, see *Rashi, Ibn Ezra* on Daniel 9:1.

backwards, and makes their knowledge foolish. 26. He fulfills
the word of His servant, and the counsel of His messenger He
completes; Who says of Jerusalem, "It shall be settled," and of
the cities of Judah, "They shall be built, and its ruins I will
erect." 27. Who says to the deep, "Be dry, and I will dry up
your rivers." 28. Who says

liver and the shoulder, and soothsayers.—[*Ibn Ezra*] He does not explain the significance of these organs.

26. **He fulfills the word of His servant**—*Moses.*—[*Rashi*]

and the counsel of His messengers—*One angel said to Jacob, "(Gen. 32:27) Israel shall be your name," and I fulfilled his words. Here too, I will fulfill the counsel of My prophets who say concerning Jerusalem, "It shall be settled."*—[*Rashi*] See *Tanhuma Buber, Bo* 17, *Pesikta d'Rav Kahana* p. 62b, *Ex. Rabbah* 18.

The intention is that God fulfills the word of His servant even if he, the servant, predicts events without His authority, e.g. Moses, who predicted the slaying of the firstborn at midnight, although God had not stated that it would take place at midnight.

Redak (as does *Ibn Ezra*) sees the servant as the prophet himself, and the messengers as the other prophets, all of whom prophesied the fall of Babylon and the return of the Jewish people to Judea.

27. **Who says to the deep, "Be dry**—*Who says to Babylon, "Be dry."*—[*Rashi* following *Jonathan* and *Midrash Ecc. Rabbah,* 12:7]

Babylon is referred to as 'the deep' because it is situated by many waters.—[*Kara*] Moreover, because it is a valley.—[*Redak*] Alternatively, this is figurative of the dense population and the vast riches of the country, which filled it as the water fills the depths of the sea.—[*Ibn Ezra*]

The Rabbis attribute this appellation to the fact that the dead bodies of the generation of the Deluge sank in Babylon.—[*Ecc. Rabbah* 12:7]

and I will dry up your rivers—*Since it is situated on rivers, he compares the slaying of its population to the drying up of rivers.*—[*Rashi*]

This is figurative of armies of the king of Babylon, who resemble the mighty waters of the river.—[*Kara*]

Alternatively, this alludes to the complete exploitation of Babylon, where nothing will remain when it is destroyed by Cyrus.—[*Redak*]

28. **My shepherd**—*My king.*—[*Rashi,* following *Jonathan*] I.e. he will lead My flock, My people Israel.—[*Redak*]

and all My desire—in Babylon and in Jerusalem.—[*Redak*]

I.e., to destroy Babylon and to release Israel from exile.—[*Mezudath David*]

and to say of Jerusalem—This is

לְכוֹרֶשׁ רֹעִי וְכָל־חֶפְצִי יַשְׁלִם וְלֵאמֹר לִירוּשָׁלַם תִּבָּנֶה וְהֵיכָל תִּוָּסֵד׃
מה א כֹּה־אָמַר יְהוָה לִמְשִׁיחוֹ לְכוֹרֶשׁ אֲשֶׁר־הֶחֱזַקְתִּי בִימִינוֹ לְרַד־לְפָנָיו גּוֹיִם

תרגום

כּוֹרֶשׁ לְמִתַּן לֵיהּ מַלְכוּ וְכָל רְעוּתִי יְקַיֵּם וּלְדַאֲמַר לִירוּשְׁלֶם תִּתְבְּנֵי וְהֵיכְלָא יִשְׁתַּכְלַל׃ א כִּדְנַן אֲמַר יְיָ לִמְשִׁיחֵהּ לְכוֹרֶשׁ דְּאַתְקֵפִית בִּימִינֵהּ לְמִמְסַר קֳדָמוֹהִי עַמְמִין וְחַרְצֵי מַלְכִין

ת"א למשיחו לכורש. מגילה יב:

ומתני אשרי

מהר"י קרא

כצ"ל בזרקא

בירושלם והות בטלא עד שנת תרתין למלכות דריוש. שכן הוא אומר בספר עזרא. ויסדו הבונים את היכל ה' וגו'. וכתוב ויהי עם הארץ מרפים ידי עם יהודה ומבהלים אותם לבנות וגו'. ובמלכות אחשורוש בתחלת מלכותו כתבו שטנה על יושבי יהודה וירושלם. דנה פרשגן אגרתא די שלחו עלוהי על ארתחששתא מלכא עבדך אנש עבר נהרה וכענת. ידיע להוא למלכא די יהודיא די סליקו מן לותך עלינא אתו לירושלם קריתא [מרדתא] ובאשתא בניין ושוריא שכלילו ואושיא יחיטו וגו'. באדין בטלת עבודת בית אלהא. למדנו שלא בנו בימי [כורש] הראשון אלא היסוד בלבד:

מה (א) כה אמר ה' למשיחו. כמו ממשיחו. כמו וישאלו אנשי המקום לאשתו. כמו מאשתו. לכורש. כמו מכורש,

רש"י

הריגת אוכלוסיה ליובש נהרות: **(כח) רועי**. מלך שלי:

מה (א) **למשיחו**. כל שם גדולה קרוייה משיחה כמו לך נתתים למשחה (במדבר י"ח) ורבותי' אמרו למלך המשיח אומר הקב"ה קובל אני לך על כורש. כדאיתא במסכת מגילה: **לרד לפניו גוים**. להרקיע ולרדד לפני.

רד"ק

שהוא רועה שלי כלומר שינהג את צאני והוא ישראל: וכל חפצי ישלים. בבבל ובירושלים: והיכל תוסד. הנה נמצא היכל זכר ונקבה כי נמצא והיכל ה' לא יסד ואפשר כי התי"ו תי"ו הנכח. ואמר תוסד כי בימי כרש לא עשו אלא היסוד כי בטלו העמונים את מלאכתם והיתה בטלה עד שנת שתים לדריוש:

(א) כה אמר ה' למשיחו לכורש. כמו שקראו רועי כן קראו משיחי כלומר מלכי כי אני המלכתיו להחריב את בבל והמלך הוא משוח או לפי שהמלוכה היתה על ידי משיחה נקרא המנוי שממנה האדם על איזה דבר בלשון משיחה וכן ומשחת את חזאל. תמשח לנביא תחתיך יען משח ה' אותי. וכן למשיחו לכורש הממונה שלו כי האל מנה אותו למלך: לרד לפניו. מקור מן הקל בשקל כשך יקושים והוא מגזרת הרודד עמי תחתי והוא ענין פרישה ורקיעה כתרגום וירקעו ורדידו: אפתח. שלא

אבן עזרא

שלא יבנה והנה התברר שלא טעה דניאל בחשבונו כאשר פירשתי במקומו:

מה (א) **כה אמר ה'**. יש אומרים כי משיחו הוא הנביא ויש אומר כי הוא כורש ושניהם נכונים כי הנביא אמר יען משח ה' אותי גם מלאכי ומשחת את חזאל: **לרד**: שם פועל מגזרת הרודד עמי תחתי וכמוהו ליוס קומי לעד:

מצודת ציון

שמים (בראשית ח'): אוביש. מלשון יבש: (כח) חפצי. רצוני: תוסד. מל' יסוד:

מה (א) **למשיחו**. היא ענין גדולה ורוממות וכן נתתים למשחה (במדבר יח): החזקתי. ענין אחיזה: לרד. ענין שטיחה כמו הרודד עמי תחתי (תהלים קמ"ד): אפתח. ענין

מצודת דוד

ולאמר. לאות בעבור ירושלים לבנות אותה ואת ההיכל ילוה ליסדם (כי בימיו לא נבנה כ"א היסוד ונשלם בימי דריוש כמ"ש בחגי):

מה (א) למשיחו לכורש. על משיחו על כורש ר"ל על כורש שהגדיל והמשיל אותו: אשר החזקתי בימינו. הוא ענין מלילה ור"ל נתתי הכח בידו: לרד. לשטוח האומות לפניו להיות

translation of the Hebrew וַיְרַקְּעוּ, *and they spread out,* used in conjunction with the gold plates made into thread to the spun for the curtains of the Tabernacle and the priestly raiment.

and the loins of kings I will loosen—*This is an expression of weakness and breaking strength, for girding the loins constitutes arming with strength. Comp.* "(Job 38:3) *Gird up your loins like a mighty man*"; "(Jer. 1:17) *And you gird up your loins.*" "(Job 12:21) *And the belt of the mighty He loosens*" *is an expression of breaking strength.*—[*Rashi*]

I.e. the kings will have no strength to defend themselves against Cyrus.—[*Redak*]

to open ... before him—*the portals of the gates of Babylon. Gates are the space of the opening of the gate; portals are those with which they open and lock the gate.*—[*Rashi*] The dual form דְּלָתַיִם, used also in Deut. 3:5, probably denotes two doors with which the gate was closed.

It will be as though the portals

of Cyrus, "He is My shepherd, and all My desire he shall fulfill," and to say of Jerusalem, "It shall be built, and the Temple shall be founded."

45

1. So said the Lord to His anointed one, to Cyrus, whose right hand I held, to flatten nations before him,

1. **to His anointed one**—*Every title of greatness is called anointing. Comp.* "(Num. 18:8) *To you I have given them for greatness* (לְמָשְׁחָה)." *Our Sages, however, said: To the King Messiah, the Holy One, blessed be He, says, "I complain to you about Cyrus," as it is stated in Tractate Megillah 12a.*—[*Rashi*]

The quotation in its entirety is as follows: Said Rav Hisda: What is the meaning of what is written: "So said the Lord to His Messiah, to Cyrus"? Now was Cyrus the Messiah? Rather, Scripture means: The Holy One, blessed be He, said to the Messiah, "I complain to you about Cyrus. I said that he should build My Temple and gather My exiles, but he said, 'Whoever among you is from all His people, may ascend.'" The Talmud alludes to the two consecutive verses appearing in Ezra 1:2f., and in 2 Chron. 37:23, wherein Cyrus announces that God has commanded him to rebuild the Temple in Jerusalem, but he concludes by merely enabling those who wish to ascend to the Holy Land to do so. God complains to the Messiah, who will, of necessity, complete the redemption of the Jews. Had Cyrus fulfilled his Divine mandate in its entirety and rebuilt the Temple, there would have been no third exile, and the redemption would have been complete in his time.—[*Hidushei Harashba al Aggadoth Hashas,* quoted also by *Hakothev* on *Ein Yaakov*]

Rashi on *Megillah* states that the accents support the *derash* that *His anointed* and *Cyrus* are not connected. Therefore, Rav Hisda separates them and explains *anointed* as referring to the King Messiah. *Redak,* however, explains that, since kings were anointed, the title *anointed* is synonymous with *king,* very much like *shepherd* in the preceding verse. Here, too, God made Cyrus His king to destroy Babylon. Alternatively, any appointment is known as an anointment, as we find in 1 Kings 19:15f. in reference to the appointment of Elisha to succeed Elijah as a prophet, as well as the appointment of Hazael as king of Aram and Jehu as king Israel.

to flatten nations before him—Heb. לְרַד, *to spread out and to flatten nations before him.* לְרַד *is equivalent to* לְרַדֵּד, *to spread out.*—[*Rashi*] *Redak* calls attention to *Targum Onkelos,* Exodus 39:3, where the word וְרַדִּידוּ is used as the Aramaic

ומתני מלכים אפתח לפתח לפניו
דלתים ושערים לא יסגרו: ב אני לפניך
אלך והדורים אושר דלתות נחושה
אשבר ובריחי ברזל אגדע: ג ונתתי
לך אוצרות חשך ומטמני מסתרים
למען תדע כי אני יהוה הקורא בשמך
אלהי ישראל: ד למען עבדי יעקב

אשרי לפתחא קדמוהי
דשין ותרעין לא
יתאחדון: ב מימרי
קדמך יהך ושוריא
אכבש דשין דנחש
אתבר ועברין דברזל
אקציץ: ג ואתן לך
אוצרין דחשוך וסימן
דמטמרן בדיל דתידע
ארי אנא יי דרביתי
בשמך אלהא דישראל:
ד בדיל עבדי יעקב
וישראל בחירי וקרית
לך

אישר קרי

רש"י

גויס. לרד לשטוח: ומתני מלכים אפתח. לשון חלשות הוא זה ושבר כח כי חגורת מתנים הוא זירוז כח כמו אזור נא כגבור חלציך (איוב מ׳) ואתה תאזר מתניך (ירמיה א׳) ומזיח אפיקים ריפה (איוב י"ב) לשון שברון כח: לפתוח לפניו. דלתי שערי בבל. שערים הוא חלל פתח השער דלתים הם הפותחים ונועלין בהן את השער: (ב) והדורים אישר. ת"י ושורייא אכבש כמו הדר הדרנה על שם שסובבת החומה את העיר. ויש לפרש הדורים אורחות עקלקלות אייסר לפניו: (ג) הקורא בשמך. עדיין לא נולדת ואני קורא לך שם כורש: (ד) למען עבדי יעקב.

מהר"י קרא

כלומר מי הוא משיחו. כורש שאני עתיד להחזיק בימינו: (ב) והדורים איישר. הם ארחות עקלקלות. כמו שבילי בית גלגל *). והדורים קורא לשבילים שאדם מקיף סביב סביב. כמו שקורא לבני מעיים הדורא דכנתא. על שם שמונחים בעיגול: (ג) אוצרות חושך. שאין בריה יכולה לחפש אחריהם: למען [תדע] כי אני ה׳ הקורא בשמך. שקורא בשמך טרם תולד. כל זאת כדי שתכיר שלא מכוחך ועוצם ידך יורדים לפניך גוים. ומתני מלכים נפתחים ושעדים אין סגרים לפניך. כי אני הוא אלהי ישראל המחזיק בימינו ואני לפניך (מלך) [אלך] וגו׳: (ד) למען עבדי יעקב וישראל בחירי. שאתה עתיד לשלח

*) בטהרות פ"ו מ"ו.

אבן עזרא

(ב) אני. הטעם עזר השם או רמז לשר פרס ככתוב בספר דניאל: והדורים. הפך אישר ויש אומר מגזרת הרר והטעם ההרים והוא שם התאר או פעול: דלתות נחושה. הם בשערי המדינות: (ג) ונתתי. אוצרות חשך. שיבוזו המדינות: למען תדע. כי בתחילה לא היה ירא השם: (ד) למען. כל זאת הגדולה לא אעשה בשבילך רק בעבור

רד"ק

יהיה בהם כח לפני כורש כי האזור חוזק המתנים: לפתוח. כאלו הם פתוחות. וכן לא יסגרו כאלו לא יסגרו שהרי אמר דלתות נחושה אשבור: (ב) אני לפניך. כלומר עזרי ילך לפניך: והדורים. דרכים עקלקלות אישרם לפניך והוא על דרך משל שלא יכשלו בבאו לבבל בשום ענין. ודומה להדורים בדברי רז"ל הדורא דכנתא: אושר. כתוב בוי"ו וקרי אישר ביו"ד והענין אחד כי אותיות אהו"י מתחלפות: אשבר. אגדע. כי בעזרתי תלכד בבל אף על פי שדלתותיה נחושה ובריחיה ברזל: (ג) ונתתי לך אוצרות חשך. כי מה שאדם אוצר מכסף וזהב ואבנים טובות תחת הקרקע יאצור אדם אותם במקום שהוא חושך ומסתרים ובבבל היו אוצרות רבות כמו שקורא אותה מדהבה׳ כלומר בעלת הזהב: ומטמוני. בשורק המ"ם השניה: למען תדע כי אני ה׳. כי זה הנצות שאתה עושה בארצות להכניע מלכי הארצות תחתיך לא בחיל ולא בכח כי אם ברוחי וברצוני. וכורש הכיר זה בדעתו כי מה׳ היתה לו וכן אמר כל ממלכות הארץ נתן לי ה׳ אלהי השמים ולפי שהמלכים אשר לפניו התגאו ולא הכירו האל עד ששלח ידו בהם כמו מלך אשור שאמר בכח ידי עשיתי ובחכמתי כי נבונותי ונבוכדנצר אמר אעלה על במתי עב אדמה לעליון לפיכך התבונן כורש בעצמו וראה שהראשונים שנתגאו נפלו ביד האל הכיר כי הכח לאל וידע כי בידו הכל והוא המגביה והוא המשפיל: (ד) למען

מצודת דוד

לו למדרך הרגל: ומתני מלכים אפתח. ר"ל אתיש כח הנלחמים עמו ולפי שמי שהוא חגור במתניו הוא מזורז וחזק לכן אמר כאלו אפתח האזור ויותש כחם: דלתים. דלתי שערי בבל: לא יסגרו. יבוא בם כאלו כאילו אינם סגורים: (ב) אני לפניך אלך. תלאה במלחמה כאלו אלך לפניך להלחם בעבורך: והדורים אישר. דרכים המעוקמים אעשה ישרים ושוים ר"ל לא תכשל בדרך מהלכך: דלתות וגו׳. הוא ענין מליצה לומר לא יתחזקו במבצר העיר: (ג) ונתתי לך. אמסור בידך אוצרות בבל: אוצרות חושך. דרך האוצר להטמין במקום חושך: ומטמני מסתרים. דברים הטמונים במקום סתר וכפל הדבר במ"ש: למען תדע. אעשה לך כל זה למען תדע כי אני ה׳ עושה זאת ולא בכח ידיך כי יהיה חוץ מן הטבע: הקורא וגו׳. אשר קורא בשם כורש עד לא נולדת. הוא אלהי ישראל וממנו בא הדבר: (ד) למען עבדי יעקב. ר"ל אעשה בעבור ישראל להוציאם מבבל: ואקרא וגו׳. פעם קראתי עליך

מצודת ציון

התרת הקשר וכן יתרי פתח (איוב ל׳): (ב) והדורים. ר"ל דרך מעוקם ומסובב ובדרז"ל הדורא דכנתא (חולין קי"ג) והם המעיים המעוקמים ומסובבים זה על זה: אישר. מל׳ ישר ושוה: ובריחי. כעין מטה עשוי לשומו אחורי השער לסגרו: אגדע. ענין כריתה כמו שקמים גודעו (לעיל ט׳): (ג) ומטמני. מל׳ הטמנה:

heights of the clouds; I will liken myself to the Most High," Cyrus pondered upon his own lot and realized that his predecessors, who had been haughty, fell by the hand of the Almighty, for all the power is His, and He is the One who exalts and humbles.—[*Redak*]

Prior to his success, Cyrus did not fear God.—[*Ibn Ezra*]

and the loins of kings I will loosen, to open portals before him,
and gates shall not be closed. 2. I will go before you, and I will
straighten out crooked paths; I will break portals of copper and
cut off bars of iron. 3. And I will give you treasures of dark-
ness, and riches hidden in secret places, in order that you know
that I am the Lord Who calls [you] by your name—the Holy
One of Israel. 4. For the sake of My servant Jacob, and Israel

were open and the gates not closed, for he states in the following verse that the copper portals would be broken.—[*Redak*]

2. **I will go before you**—My help will go before you.—[*Redak*] *Ibn Ezra* suggests that it may refer to the heavenly prince of Persia, as is stated in the Book of Daniel 10:20.

and I will straighten out crooked paths—Heb. וַהֲדוּרִים אֲיַשֵּׁר. *Jonathan renders: I will level the walls. Comp.* "(*Shab.* 77b) *the surrounding area*" (הדר הדרנא), *since the wall surrounds the city.* The word *may also be explained as: I will straighten out crooked paths before him.*—[*Rashi*]

In any case, the implication is that God would facilitate Cyrus' invasion of Babylon.—[*Redak*]

Malbim points out that it was customary to make crooked paths before the entrance of the city, to prevent invasion.

Abarbanel suggests: Those who are glorified I will lead straight, i.e. those nations who wholeheartedly accept Cyrus as their king amidst joy and celebration, I will lead straight, i.e. I will cause to prosper. Those who oppose him, however, will be destroyed. He quotes *Ibn Kaspi* as rendering: The beautiful ones I will lead straight, alluding to the Jews returning from exile. This is not found in our edition of *Ibn Kaspi*.

I will break . . . and cut off—With My help he will conquer Babylon, although its portals are copper and its bars iron.—[*Redak*]

3. **And I will give you treasures of darkness**—Treasures of silver, gold, and precious stones are invariably hidden in dark places, e.g. in subterranean vaults. Babylon was known as מַדְהֵבָה (supra 14:4), *the golden kingdom,* the possessor of gold. See above.—[*Redak*]

in order that you know that I am the Lord—that all your conquests are brought about, not by your strength, but by My spirit and My will. Cyrus, indeed, recognized this, and stated, "All the kingdoms of the earth the Lord God delivered to me." Since the kings before him were haughty and did not recognize God until He stretched forth His hand against them, e.g. Sennacherib, king of Assyria, who said, "(supra 10:13) With the strength of my hand I accomplished it, and with my wisdom, for I am clever," and Nebuchadnezzar who said, "(supra 14:14) I will ascend above the

וְיִשְׂרָאֵל בְּחִירִי וָאֶקְרָא לְךָ בִּשְׁמֶךָ
אֲכַנְּךָ וְלֹא יְדַעְתָּנִי׃ ה אֲנִי יְהוָה וְאֵין
עוֹד זוּלָתִי אֵין אֱלֹהִים אֲאַזֶּרְךָ וְלֹא
יְדַעְתָּנִי׃ ו לְמַעַן יֵדְעוּ מִמִּזְרַח־שֶׁמֶשׁ
וּמִמַּעֲרָבָה כִּי־אֶפֶס בִּלְעָדָי אֲנִי יְהוָה
וְאֵין עוֹד׃ ז יוֹצֵר אוֹר וּבוֹרֵא חֹשֶׁךְ
עֹשֶׂה שָׁלוֹם וּבוֹרֵא רָע אֲנִי יְהוָה עֹשֶׂה

תרגום

לָךְ בִּשְׁמָךְ אַתְקֵינְתָּךְ וְלָא יְדַעְתָּא לְמִדְחַל קֳדָמַי׃
ה אֲנָא יְיָ וְלֵית עוֹד וּבַר מִנִּי לֵית אֱלָהָא סַעֲדְתִּיךְ וְלָא יְדַעְתָּא לְמִדְחַל קֳדָמַי׃
ו בְּדִיל דְּיִדְעוּן מִמַּדְנַח שִׁמְשָׁא וּמִמַּעַרְבָא אֲרֵי לֵית בַּר מִנִּי אֲנָא יְיָ וְלֵית עוֹד׃
ז דְּאַתְקֵין נְהוֹר וּבָרֵי חֲשׁוֹךְ עָבֵיד שְׁלָם וּבָרֵי בִישׁ אֲנָא יְיָ עָבֵיד כָּל

ת"א יולר אור. ברכות יא נב עקדס שער פו: עושה שלום. עקרים פ' אחרון:

רש"י

שתוליאהו מגלות בבל: ולא ידעתני. לא עשית רצוני כי אני אמרתי הוא יבנה עירי והוא כשעמד אמר מי בכם מכל עמו רשות נתן להם לילך וכל הטורח פרק מעל צוארו: (ז) יוצר אור. לצדיקים: ובורא חושך לבבל וכן עושה

מהר"י קרא

מגלות בבל: ואקרא לך. כורש בשמך. וגוזרני שתמלוך ותקבל המלכות מיד בלטשאצר: אכנך ולא ידעתני. כמה שנים קודם שתולד אני מכנה לך שם כורש: (ה) אני ה' ואין עוד. הוא המושיע מגיד העתידות. ואין עוד זולתי שמגיד מראשית אחרית: אאזרך ולא ידעתני. הריני מאזרך חיל למלחמה בטרם תולד וקודם שתדעני: (ז) יוצר אור. לישראל בגלות בבל על ידי שממליך את כורש: ובורא חושך. ליושבי בבל שיטול כורש המלוכה מהם: עושה שלום. לישראל שעיבכן כבר בגלות בבל שבעים שנה: ובורא רע. ליושבי כשדים. בורא רע. גוזר רע: אני ה' עושה כל אלה. שבמה שאני ממליך את כורש

אבן עזרא

ישראל שתשלח הגולה גם תבנה ירושלם: אכנך. כמו אקרא בשמך לי אתה: ולא ידעתני. כי עוד לא יִדבר לנכרא: (ה) אני ה'. לבדי שאדע העתידות והעד דבר כורש: אאזרך. אחזק ואף על פי שלא עבדתני: (ו) למען. ועוד אזרתיך להיות שמי נודע בכל העולם כי אני לבדי ואין עוד: (ז) יוצר. הזכיר דבר והפכו: ובורא חשך. מגזרת בריאה כטעם גזירה כי החשך איננו כלום רק העדר' האור: ובורא רע. כמוהו והנה רע מלחמה הפך שלום

רד"ק

עבדי יעקב. זה שאני עושה לא למענך אלא למען עבדי יעקב וכל זה להחריב בבל שהעבידום יותר כדאי והכבידו עולם ולהוציאם מהגלות בעבור זה אני נותן לך הכח הזה: אכנך ולא ידעתני. כי כמה שנים לפני כורש ולפני גלות ישראל התנבא הנביא על חרבן בבל ואמר ואקרא לך בשמך ואמר אכנך כי פ"א היתה בשם כורש כמו בזאת הפרשה ופעם בלא זכר שם כרש וזהו הכנוי: ולא ידעתני. ועדין לא היית יודע אותי כשהייתי קורא על ידי נביאי שאתה תחריב בבל: (ה) אני ה'. אאזרך. אתן אזור במתניך עד שלא ידעתני כי כבר דברתי על ידי עבדי הנבאים עליך שאתן לך כח על ממלכות הארץ ועל בבל: (ו) למען. וממערבה. הה"א רפה ואינה לכנוי אלא הוא שם בלשון נקבה כמו מערב שם בלשון זכר ויתכן להיות הה"א כנוי לשמש כי ימצא בלשון נקבה ואם היא רפה ימצא כמוה וזכר ממזרח ומערב כי ממזרח למערב הוא הישוב השלם ולא כן מצפון לדרום: (ז) יוצר אור ובורא חשך. מלרע: ובורא רע. מלעיל. וזכר אור וחשך ושלום ורע דבר והפכו זכרם למשל כי כן יעשה האל יתן אור ושלום וחשך ורע לבבל ורע הפך שלום כי השלום טוב והמלחמה רע ואמר על אור ושלום יוצר ועשה כי הם מעשה ועל חשך ורע אמר בורא כי אינה דבר כי הסרת האור היא החשך והסרת הטוב והשלום הוא רע: ובורא. ענין גזירה כמו ואם בריאה יברא ה' גזר שיהיה. ואאז"ל פירש

מצודת דוד

בשמך כורש וכו' שתם שמו עד כי ידבר עליו והרי הוא כאלו מזכירו בשם הכנוי: ולא ידעתני. ר"ל הוא בזכותך כי עדיין לא נולדת ולא מלאת זכות א"כ אין זה כ"א למען עבדי יעקב: (ה) זולתי וגו'. כפל הדבר במ"ש: אאזרך. נתתי לך חוזק ועדיין לא ידעת אותי. כי עדיין לא נולדת: (ו) למען ידעו. את זה הודעתי מראש למען ידעו כולם אשר אין אלוה בלעדי לא למחות בידי כא כמלך ב"ו שמכתיר עליו מפחד המוחה: (ז) יוצר אור. ר"ל אני הוא העושה דבר והפכו אני יוצר אור לישראל ואני בורא חושך לבבל אני עושה שלום לישראל

מצודת ציון

(ד) אכנך. ענינו שם שאינו שם העצמי וכן ובשם ישראל יכנה (לעיל מ"ד): (ה) אאזרך. מל' אזור וחגורה והיא ענין החוזק כי האזור במתניו הוא חוזק ואזור: (ו) וממערבה. הוא כמו ממערב

these—By making Cyrus king, I accomplish all these feats, good for Israel and harm for the inhabitants of Babylon.—[*Kara*]

The expression "creates darkness" is understood by the exegetes in the sense of decreeing darkness, i.e. decreeing the downfall of Babylon.—[*Kara, Redak, Ibn Ezra*] Since darkness is merely the absence of light, it is not really a creation, but a decree that the light absent itself.—[*Ibn Ezra, Redak*]

Rabbi Joseph Kimchi interprets this verse as a description of the harmony between the various forces of nature, then believed to be dependent on the balance between the

My chosen one, and I called to you by your name; I surnamed you, yet you have not known Me. 5. I am the Lord, and there is no other; besides Me there is no God; I will strengthen you although you have not known Me. 6. In order that they know from the shining of the sun and from the west that there is no one besides Me; I am the Lord and there is no other. 7. Who forms light and creates darkness, Who makes peace and creates evil; I am the Lord, Who makes all these.

Who calls [you] by your name—*You are not yet born, and I call you by the name Cyrus.*—[*Rashi*]

4. **For the sake of My servant Jacob**—*that you take him out of Babylonian exile.*—[*Rashi*]

I am doing this not for your sake, but for the sake of My servant Jacob. All this is to destroy Babylon since they enslaved them excessively and overtaxed them. For this purpose I give you this power.—[*Redak*]

yet you have not known Me—*You did not do My will, for I said,* "(infra v. 13) *He shall build My city," but he—when he assumed the throne—said, "Whoever among you is from all His people, may ascend." He gave them permission to go, but he cast off all the trouble from upon his neck.*—[*Rashi*]

I surnamed you—For many years before Cyrus and before the Babylonian exile the prophet prophesied the destruction of Babylon and said, "I called you by name," and "I surnamed you." Sometimes he refers to him by name, as in this chapter, and sometimes he refers to him only by a title.—[*Redak*]

yet you have not known Me—When I called you through My prophets, you did not yet know Me.—[*Redak*]

5. **I am the Lord**—alone Who knows the future, as evidenced by the prophecy concerning Cyrus.—[*Ibn Ezra*]

I will strengthen you—lit. I will gird you. I have already spoken through My prophets that you shall have power to vanquish many kingdoms and to destroy Babylon even though you have not yet known Me.—[*Redak*]

6. **from the shining of the sun and from the west**—throughout the entire civilized world from east and from west.—[*Redak*]

7. **Who forms light**—*for the right eous.*—[*Rashi*] I.e. for Israel in exile, by making Cyrus king.—[*Kara*]

and creates darkness—*for Babylon, and the same applies to "Who makes peace and creates evil."*—[*Rashi*] I.e. He makes peace for Israel after having detained them in Babylon for seventy years.—[*Kara*]

creates evil—The opposite of peace, war upon Babylon.—[*Redak*]

I am the Lord, Who makes all

כל אלה: ח הרעיפו שמים ממעל
ושחקים יזלו־צדק תפתח־ארץ ויפרו־
ישע וצדקה תצמיח יחד אני יהוה
בראתיו: ט הוי רב את־יצרו חרש

אלין: ח ישמשון שמיא מלעלא ועננין יגדון טובא תתפתח ארעא ויחון מתיא וזכותא תתגלי כחדא אנא יי בריתינון: ט וי די מדמי

ת"א הרעיפו. תענית ו אהר ויקרא: תפתח ארץ. (ברכות יד): הוי רב. (מגלה י"ט):

רש"י

שלום ובורא רע: (ח) הרעיפו שמים וגו'. לדק האמור במקרא מוסב על הנזל ועל הרעיפה הרעיפו שמים לדק ושחקים יזלו לדק כלומר מאתי יבא הצדק להטיב להם מן השמים: בראתיו. בראתי את הדבר הזה: (ט) הוי רב את יוצרו. נתנבא ישעיה על חבקוק שעתיד לעמוד ולקרוא תגר על אורך הצלחתו של נבוכדנצר עד אנה ה' שועתי וגו' ותעשה אדם כדגת הים (חבקוק א') והקב"ה אמר לישעיה

מהר"י קרא

אני עושה שלום לישראל. ובורא רע ליושבי בבל: (ח) הרעיפו שמים ממעל וגו' אני ה' בראתיו. גזרותי דומין לטל זה ששמים מעריפין שמשעה שירעיפו שמים ממעל ושחקים יזלו יחד. אף כן יהיה דברי אשר יצא מפי שאני גוזר להמליך את כורש ולתפוש המלכות מבבל ושיבנה עירי וגלותי ישלח מכיון שאני שולח אמרתי ארץ. אותה [שעה] תפתח ארץ ויפרו וגו'. אותה שעה תפרח ותצמח ישועה לישראל. וצדקה ומשפט תצמיח יחד לישראל. שיעשה הקב"ה דין ומשפט מבבל: אני ה' בראתיו. לכורש שהגון לדבר: ומדרש רבותינו. כה אמר ה' למשיחו. זה מלך המשיח. שעתיד הקב"ה לקבול על כורש למלך המשיח. ראה כורש זה איך נעשה כפוי טובה שאני החזקתי בימינו לירד לפניו גוים ומתני מלכים פתחתי לפניו וגו'. כסבור הייתי לאחר כל הטובה הזו שעשיתי לו. שגלותי ישלח. והוא מעביר קול ונוזר מי בכם מכל עמו יהי ה' אלהיו עמו ויעל. כלומר מי שרוצה לעלות יעלה והעומד יעמד. ונתתי לך אוצרות חשך ומטמוני מסתרים למען תדע כי אני ה' הקורא בשמך. לבנות עירי וליסד היכלי. ולהוציא כל אשר יצא על הבית. כל דאשכחין יהודאה. לגודרים ולחוצבי עצים (האבן) [ואבן]. לקנות עצים ואבני מחצב. ואתה נותן קצבה. עד מלח בתין מאה ועד משח בתין מאה. ואקרא לך בשמך ולא ידעתני. לא היית מכיר בטובה שעשיתי לך. הרעיפו שמים ממעל. תפתח ארץ ויפרו ישע. אמר ר' לוי המים העליונים זכרים והתחתונים נקבות. וכן אומ'. אנו שלוחיו של מקום ואתם בריותיו. קבלו אותנו. מיד הם מקבלים אותם. הה"ד תפתח ארץ ויפרו ישע. כנקבה שהיא פותחת לזכר. אני ה' בראתיו. ליישובו של עולם ולתיקונו: (ט) הוי רב את יוצרו. היאך יכול אדם להריב את יוצרו. אדם הזה שעלוב כל כך שנברא מחרשי אדמה. מדבר בירמיה שמתרעם על גלות בבל. צדיק אתה ה' כי אריב אליך (גם) [אך] משפטים אדבר אותך. מדוע דרך רשעים צלחה. מדוע נבוכדנצר עומד ומחריב את עירך ומגלה את בניך. ואתה מאריך לו. ומדבר בחבקוק

אבן עזרא

או חולי בגוף בן אדם שהוא נלחם עם התולדות והזכיר זה בפרשה הזאת שהוא יחזק כורש הפך מלך בבל: (ח) הרעיפו. לשון ציווי למלאכים שירעיפו הצדק ויפרו ישע ואמת: אני ה' בראתיו. לדק הוי"ו סימן כורש והטעם שיעשה לדק בעולם: (ט) הוי. לשון קריאה והטעם על אשר לא יאמינו בדברי השם באמר אלה העתידות: רב. יעשה עם יוצרו מריב' וזה היוצר כמו ככלי יוצר תנפצם: חרש. שהוא

רד"ק

ובורא חשך הארץ כי היא הגורמת החשך בעולם כשתשקע השמש הארץ מסך בין השמש ובינינו לפיכך הוא החשך ופי' עושה שלום בין התולדות שהם הפוכות בטבע' ובהסכמת ארבעת תולדות אלה יהיה בריאות הגוף והוא שלום ואם תכבד אחת מהם על חברתה הקרה על החמה או החמה על הקרה או הלחה על היבשה או היבשה על הלחה זהו חלי הגוף שהוא רע וזה יבא ממאכלים רעים לגוף כי אם יהיו חמים ויאכל מהם יותר מדאי תגבר יד תולדות החמה או ההפך כי כל אחת עומדת כנגד חברתה או יבא חחלי מדברים אחרים והבורא ברא הדברים והמאכלים ואע"פ שאדם גורם לעצמו החלאים שהם על המאכלים הבורא ית' בראם זהו ובורא רע ואע"פ שהוא לא בראם לרע. וכתב רבינו סעדיה יחס הטוב והרע לבריאת האל כנגד מחשבת מי שהוא מאמין בשני אלוהות אחד טוב ואחד רע לפיכך אמר אני ה' עושה כל אלה: (ח) הרעיפו שמים ממעל. ענין הזלה וכן מן הקל ושחקים יערפו טל והוא כמו הפוך: ירעפו. אמר זה על דרך משל על התשועה שתבא לישראל כאלו מלאכי שמים באים לעזרתם וכן יושבי הארץ: ויפרו ישע וצדקה תצמיח יחד. פי' ויפרו ישע וצדקה שתצמיח הארץ יחד ואע"פ שהזקף בישע דבק עם וצדקה לפיכך אמר ויפרו לשון רבים: בראתיו. כל אחד מהם הישע והצדקה וי"ת הפסוק על תחית המתים: (ט) הוי רב את יוצרו. אמר זה על הכלך בבל שהיה מתגאה ומתנשא כנגד האל והוציא כלי בית המקדש לשתות בהם והמשיל משל ואמר אם החומר יריב עם היוצר אותו ויאמר לו מה תעשה אני יודע יותר ממך: חרש את חרשי

מצודת דוד

ואני בורא רע לבבל שהוא הפוך השלום והוא כפל ענין במ"ש: (ח) הרעיפו וגו'. ר"ל יבוא לישראל הרבה לדקה וישועה כאלו יזלו מן השמים ממעל וכאלו פתחה הארץ פיה והגדילה פרי הישע: תצמיח יחד. עם הישע תצמיח גם הצדקה: בראתיו. מאז הכנתי להם הישע והצדקה: (ט) הוי רב וגו'. אמר זה על בלשאצר מלך בבל הוי עליו הרב עם היוצר וזהו במה שהיה מתנשא נגד האל והשתמש בכלי בה"מ: חרש את חרשי אדמה. הלא הוא יחשב כחרש עם שאר חרשי האדמה ודומה להם כי ככלי יוצר ינופץ במהרה

מצודת ציון

והזכיר בלשון נקבה: (ח) הרעיפו. ענין הזלה וטיפה כמו ירעפון דשן (תהלים ס"ה): ושחקים. כן יקראו השמים: יזלו. מל' הזלה וטיפה: ויפרו. מל' פרי: (ט) רב. מל' מריבה: יוצרו.

well. The latter, too, complained about the Babylonian exile, "(12:1) You are too righteous, O Lord, that I should contend with you, but I will speak of justice with You. Why has the way of the wicked prospered?" Why does Nebuchadnezzar stand and destroy Your city and exile Your children, and You give him reprieve?

Redak explains that this prophecy is directed against the king of Babylon, who was haughty and arrogant toward God and took out the vessels

8. Cause the heavens above to drip, and let the skies pour down righteousness; let the earth open, and let salvation and righteousness be fruitful; let it cause them to sprout together; I, the Lord, have created it. 9. Woe to him who contends with his Creator, a potsherd

four natures of the person, viz. the cold, the hot, the wet, and the dry. Should one overbalance the others, the person becomes ill. He, therefore, explains: Who forms light and creates the earth which blocks the light when the sun sets, Who makes peace between the different forces and creates the things and the foods that set the body into imbalance, thus constituting evil.

Saadiah Goan sees here an exposition of the relationship between good and evil as regards the Almighty's Creation, in opposition to the then prevalent faith of Zoroastrianism, the belief in dualism, according to which the world is ruled by two antagonistic gods, one good and one evil. He, therefore, states, "I am the Lord, who makes all these."—[*Redak*] See *Malbim*, who expounds on this matter at length.

8. **Cause the heavens to drip**—This is the imperative, a command to the angels to cause righteousness to drip and that salvation and truth be fruitful in the world.—[*Ibn Ezra*]

Righteousness, mentioned in the verse, is the object of the dripping and the pouring. Make the heavens drip righteousness and the skies shall pour righteousness. I.e. from Me shall come the righteousness to benefit them from the heavens.—[*Rashi*]

This is figurative of the salvation that will come to Israel, that it will be as though angels in heaven were coming to their aid, and also, the earth dwellers.—[*Redak*]

created it—*I created this thing.*—[*Rashi*]

I created each of these things, viz. salvation and righteousness. *Jonathan* explains this as an allusion to the resurrection of the dead.—[*Redak*]

Ibn Ezra renders: created him, meaning Cyrus.

9. **Woe to him who contends with his Creator**—This follows *Targum Jonathan*. *Ibn Ezra* explains it as the vocative, thus we would render: Ho! The one who contends with his Creator.

Isaiah prophesied concerning Habakkuk, who was destined to stand and complain about the length of Nebuchadnezzar's success: "(1:2) *How long, O Lord, have I entreated* [You]*?*. . . . (v. 14) *And* [why] *have You made man like the fish of the sea?" And the Holy One, blessed be He, said to Isaiah, "Why does this one come to contend with Me? Does he think that I do not give thought to save My people? When the time lapses, that the land will appease its sabbaths"* (Lev. 26:34).—[*Rashi* from unknown Midrashic source] Comp. *Rashi* supra 21:6, Habakkuk 2:3. *Kara* writes that Isaiah was prophesying concerning Jeremiah as

אֶת־חַרְשֵׂי אֲדָמָה הֲיֹאמַר חֹמֶר לְיֹצְרוֹ
מַה־תַּעֲשֶׂה וּפָעָלְךָ אֵין־יָדַיִם לוֹ: י הוֹי
אֹמֵר לְאָב מַה־תּוֹלִיד וּלְאִשָּׁה מַה־
תְּחִילִין: יא כֹּה־אָמַר יְהוָה קְדוֹשׁ
יִשְׂרָאֵל וְיֹצְרוֹ הָאֹתִיּוֹת שְׁאָלוּנִי עַל־

לְמֵידַן לָקֳבֵל פִּתְגָמֵי
בָרְיֵהּ וְרָחֵיץ דְיוּטְבִינָלֵיהּ
צַלְמֵי פַּחֲרָא דַעֲבִדִין
מֵעֲפַר אַדְמְתָא הַאֶפְשַׁר
דְיֵימַר טִינָא לְעָבְדֵהּ לָא
עֲבַדְתַּנִי וְעוֹבָדָךְ לֵית
יְדִין לֵיהּ: י וַי דְאָמַר
לְאַב מָה תוֹלִיד
וּלְאִתְּתָא מָה תְעָדִין:
יא כִּדְנַן אֲמַר יְיָ קַדִּישָׁא

מהר"י קרא

שצווח ואמר עד אנה ה' שועתי ולא תשמע אזעק אליך חמס ולא תושיע. אין חמס אלא גלות בבל. כמ"ד חמסי ושארי על בבל תאמר יושבת ציון ודמי (על) [אל] יושבי כשדים תאמר ירושלם. למה תראני און ועמל תבים ושוד וחמס לנגדי. כיון שהראת הקב"ה נקמתו לישעיה על ידי כורש במלכות בבל. ומשיב להן תשובה. אתה נביא ראית מימיך שיאמר חמר ליוצרו ופעלך אין ידים לו. פעולתך דומה לפועל שנפעל בלא ידים. כך הנביא מתרעם על הגזירה שגזרתי להעלות את בני לבבל: (י) הוי אומר לאב מה תוליד. כך הוי אומר להקב"ה מה את גוזר על בניך: ולאשה מה תחילין. כחבקוק שאמר על כן תפוג תורה ולא יצא לנצח משפט כי רשע מכתיר את הצדיק. על כן יצא משפט מעוקל: (יא) כה אמר ה' קדוש

רש"י

למה זה כא לריב אתי סבור הוא שאיני שם על לב להושיע את עמי לעת מלאת את אשר תרצה הארץ את שבתותיה (ויקרא כ"ו): אין ידים לו. אין מקום לו: (י) הוי אומר לאב מה תוליד. כסבור הוא להיות מרחם על הבן יותר מאביו. ד"א הוי בן האומר לאב למה הולדת דומה הוא לזה שהוא רב את יוצרו: (יא) האותיות שאלוני וגו'. ה"א נקודה קמץ למדת שאינה תמיהה וכן פירושו אם באתם

רד"ק

אדמה. כי זה המלך חרש יתחשב עם חרשי אדמה כי ככלי יוצר נפץ במהרה כמ"ש ביה בליליא אתקטיל בלשצר מלכא: אין ידים לו. ידמה שלא עשוהו ידים: (י) וכן המשילו לבן שאמר לאב מה תוליד או לאם מה תחילין כי זה דבר שאינו ואיך יתנשא מלך בבל על האל שהוא בידו כחומר ביד היוצר וכן אמר על מלך אשור היתפאר הגרזן על החוצב בו: (יא) כה אמר ה'. האותיות שאלוני. יאמר כנגד העכו"ם שאלו לי העתידות הבאות לישראל אני אגיד לכם לא כאלהיכם שאינם יודעים

אבן עזרא

נחשב כחרש מחרשי אדמה: היאמר חמר ליוצרו מה תעשה. זה לא יתכן רק היוצר יעשה הפלו או יאמר פעלך אין ידים או יאמר ליוצר זה שעשית לא עשוהו ידיך והנכון שהטעם כפול והטעם פעלך בלא ידים נעש' כי אין לך ממשלה בו לעשות רצונך: (י) הוי. או יאמר הבן לאביו קודם שיולד מה תוליד ולאם' שהיא אמו מה תחילין כמו כי חלה גם ילדה ציון: (יא) כה. אני הוא יוצר ישראל: שאלוני. לשון ציווי כמו שמעוני ופגעו לי בעבור אות הגרון: תצוני. בתמיה הלא כאשר יודע היוצר מה יעשה

מצודת ציון

בוראו: חרש. כמו חרס כסמ"ך: חומר. טיט: ליוצרו. אומן בחרס: (י) תחילין. ענין חבלי הלידה וכן לא חלתי ולא ילדתי (לעיל כ"ג): (יא) האותיות. הבאות:

מצודת דוד

כמ"ש ביה בליליא קטיל בלשאצר מלכא כשדאי (דניאל ה'): היאמר. וכי מהראוי שיאמר החומר להיוצר מה תעשה הלא אין ממש במעשיך ר"ל הלא הוא בידי כחומר ביד היוצר ואיך יתנשא למולי: אין ידים לו. נדמה הוא כאלו לא עשאוהו ידים: (י) הוי אומר לאב. חזר והמשילו לבן האומר לאב למה הולדת תולדות ולאם יאמר למה היה לך חבלי לידה וכאומר הלא ידעתם כי יבא יומם וימותו ולמה ילדתם לבהלה וכן יחשוב בלשאצר לומר אם כלי בה"מ ישובו לירושלים למה הוגלה בבלה וה' לא עזרם: (יא) האותיות שאלוני. אמר נגד העכו"ם שאלו לי העתידות לבוא על ישראל ואגידם לכם: על בני. בעבור ישראל שהם בני ופועל ידי אלו בעבורי להנביאים שיאמר

not the interrogative, but this is its explanation: If you have come to ask Me, you and the prophets, ask Me about the signs of the heavens and the wonders that you see coming about on the earth; about them you may ask Me, what they are, but about My children and about the work of My hands, Israel, for whose sake I formed everything, shall you come to command Me and to complain before Me?—[*Rashi*]

do you command Me?—*This is the interrogative. Must you command Me concerning My children? I have already created the salvation for them in the thought that has entered My mind (lit. has come before Me). How so? I aroused him with righteousness. This is stated regarding Cyrus.*—[*Rashi*]

Redak, following his exegesis on the preceding verses, explains that this is directed toward the pagans: Ask Me concerning the future events that will come upon Israel, and I will tell you, not like your gods, who know nothing.

concerning My children—Concerning Israel who are My chil-

among the potsherds of the earth, shall the clay say to its potter, "What do you make? And your work has no place." 10. Woe to him who says to a father, "What do you beget?" and to a woman, "Why do you experience birth pangs?" 11. So said the Lord, the Holy One of Israel, and his Creator, "Ask Me about the signs; concerning

of the Temple to drink with them. The prophet composes an allegory of the clay contending with the potter, saying, "What are you making? I know more than you."

a potsherd among the potsherds of the earth—This king is counted as a potsherd among the potsherds of the earth, for, like an earthenware vessel, he is easily broken. Indeed, Scripture (Dan. 5:30) states: "On that very night was Belshazzar, king of the Chaldees, slain."—[*Redak*]

What do you make?—Is it proper for the clay to say to the potter, "What do you make?" Your handiwork is worthless. This king is in My hands as the clay is in the hands of the potter. How, then, can he be so arrogant to question Me concerning My deeds?—[*Mezudath David*]

has no place—lit. has no hands.—[*Rashi*]

Alternatively, it is as though no hands made it.—[*Redak*] *Ibn Ezra* explains: Your work was not done by your hands.

10. **Woe to him who says to a father, "What do you beget?"**—*He thinks that he has more pity on the son than his father. Another explanation is: Woe is the son who says to his father, "Why have you begotten?" He is analogous to the one who contends with his Creator.*—[*Rashi*]

Why do you experience birth pangs?—I.e. why did you bear children? Did you not know that the day would arrive when they would die? Similarly, Belshazzar thinks that if the vessels of the Temple were intended to be restored to Jerusalem, why were they taken to Babylon? Why did the Almighty *not* prevent it?—[*Mezudath David*]

How can the king of Babylon be so arrogant to question the intent of the Almighty? Similarly, the prophet stated regarding Sennacherib, "Shall the axe boast over him who hews with it?"—[*Redak*] *Kara,* following the Midrash that this prophecy is directed against Habakkuk, explains:

"What do you beget?"—What do You decree upon Your children?

and to a woman, "Why do you experience birth pangs?"—Like Habakkuk (1:4), who said, "Therefore, the Torah will be forsaken, and justice will never come forth, for a wicked man surrounds a righteous man; therefore, a perverted judgment will come forth." This apparently originates from the same unknown Midrashic source as the preceding.

11. **Ask Me about the signs etc.**—Heb. הָאוֹתִיּוֹת. *The 'he' is voweled with a 'kamatz.' This indicates that it is*

בני ועל־פעל ידי תצוני: יב אנכי עשיתי
ארץ ואדם עליה בראתי אני ידי נטו
שמים וכל־צבאם צויתי: יג אנכי
העירתהו בצדק וכל־דרכיו אישר
הוא־יבנה עירי וגלותי ישלח לא
במחיר ולא בשחד אמר יהוה צבאות:
יד כה אמר יהוה יגיע מצרים וסחר־

דישראל ודאתקנה
אתיא דעתידין למיתי
אהון שאלין מן קדמי
על עמי ועל עובד
גבורתי תפקדונני:
יב אנא במימרי עבדית
ארעא ואנשא עלה
בריתי אנא בגבורתי
תלית שמיא וכל
חיליהון שכלילית:
יג אנא איתיניה בגלי
בקשוט וכל אורחתיה
אתקן הוא יבני קרתי
וגלות עמי ישלח לא
בדמין ולא בממון אמר יי צבאות: יד כדנן אמר יי ליאות מצרים ותגרי כוש ואנשי סבא גברין

רש"י

לשאול לי אתם והנביאים שאלוני על אותות שמים ומופתים אשר אתם רואים נולדים בארץ עליהם היו שואלים אותי מה הם אבל על בני ועל פועל ידי ישראל שבשבילם יצרתי את הכל אתם באים לצוותי ולקרוא לפני תגר: **תצוני**. תמוה הוא וכי עליכם לצוות על בני אני כבר בראתי להם הישועה במחשבה שעלתה לפני כילד העירותיהו בצדק על כורש הוא אומר: (יב) **אנכי עשיתי ארץ**. ונתתיה לאשר ישר בעיני: (יד) **יגיע מצרים וגו'**. הרי הודעתי אתכם במה אושיע את בני מיד בבל כי כורש לכך העירותהו בצדקי ועוד אני

מהר"י קרא

ישראל ויוצרו האותיות שאלוני על בני. מה לכם לשאול אותי על הישועות העתידות לבוא. מה לכם לצוות אותי על בני. מי הוא שאוהב את הבן יותר מן האב: (יב) אנכי עשיתי ארץ ואדם עליה בראתי. השלטתי עליה אדם שהמלכתי נבוכדנצר ליפרע מבני: (יג) אנכי העירותיהו בצדק. לכורש שעתיד לגבות נקמתי מבבל: (יד) כה אמר ה' יגיע מצרים וסחר כוש וסבאים אנשי מדה עליך יעבורו וגו'. שכיבשן כורש והוליכן זקוקין לארצו דרך ירושלם. ובלשון הזה היו מקלסין להקב"ה:

אבן עזרא

הלא ישראל הם בני והנה תלוני עם אומות העולם ידבר: (יב) **אנכי**. ואיך תלוני על בני וכל העולם שלי הוא כי אנכי עשיתי ארץ ואדם אני הוא שידי נטו שמים: **וכל צבאם צויתי**. וטעמו הטעם משל לדבור וכן כתיב כי הוא לוה ונבראו: (יג) **אנכי**. וי"ו העירותיהו על כורש: **וכל דרכיו איישר**. ולמה זה כי הוא יבנה עירי: (יד) **כה**. **יגיע מצרים**. גם זאת לאות שכורש יבוז מצרים ויהיו

רד"ק

מאומה: על בני. על ישראל שהם בני ופועל ידי תצוו לנביאים בעבורי שיאמרו לכם דברי והם יגידו לכם מה אני עתיד לעשות בעבור בני והכח בידי לעשות כי אני בראתי הכל: (יב) אנכי. ואדם עליה בראתי. זכר האדם כי הוא ממונה עליה והוא ראש בריאות הארץ וכל הנבראים בה בעבורו. אמר ידי נטו שמים. ואמר וכל צבאם צויתי. כמו שאמר דוד כי הוא צוה ונבראו להודיעך כי המעשה והנטיה לא היה אלא מצוה והמצוה אינה בדבור אלא רצון: (יג) אנכי העירותיהו בצדק. הכנוי על כורש שזכר למעלה. אמר אני הוא שעשיתי כל זה העיר העירותי לכרש שיעשה צדק ויוציא ישראל מהגלות ויחריב שונאיהם **ומעבידיהם**. וזהו צדק: **הוא יבנה עירי**. כי הוא נתן להם כסף וזהב לבנות הבית והעיר: **לא במחיר ולא בשחד**. כי אם **לעשות רצוני** כי ידע בלבו כי אני המלכתיו כמו שאמר נתן לי ה' אלהי השמים. ואמר והוא פקד עלי לבנות לו בית: **וגלותי ישלח**. כמו שאמר מי בכם מכל עמו יהי אלהיו עמו ויעל. והנה זאת אעשה לישראל ועוד ישועה אחרת טרם זאת וטרם גלותם והוא דבר סנחריב ועל זה אמר: (יד) כה אמר ה' יגיע מצרים. וזה הענין כמו שאמר למעלה נתתי כפרך מצרים כוש וסבא תחתיך ושם

מצודת דוד

לכם בשמי מה יהיה בסופם: (יב) **אנכי עשיתי ארץ**. ר"ל הלא הכל שלי ובידי לעשות כחפצי באין מוחה ולזה שאלו ואגידה לכם: **צויתי**. אני צויתי שיהיו נבראים ומידי בא להם הממשלה בארץ: (יג) **אנכי העירותיהו**. על כורש יאמר שהוא הענין יאמר שהוא הערה לבבו לבוא על בבל ולהחריבה וההערה היה בצדק כי ראויה היא לאבדון: **וכל דרכיו אישר**. ר"ל לא יכשל בהליכתן כאלו ילך בדרך ישר ושוה: **הוא יבנה עירי**. ר"ל הוא יתן כסף וזהב לבנותה: **וגלותי**. ישראל שהגליתם לבבל ישלחם הוא לארצם: **לא במחיר**. לא יתן לו מי מחירם ולא יקבל ממי שוחד בעבורם: (יד) **כה אמר ה'**. כאומר הנה השמעתיך הטובה שיבוא ממפלת בבל ועתה אודיעך הטובה שיבוא ממפלת סנחריב בימי חזקיה: **יגיע מצרים וגו'**.

מצודת ציון

(יג) **העירותיהו**. מלשון התעוררת: **במחיר**. ענין חליפת הדבר ושוויו כמו יקחו מקום במחיר (מ"א י'): (יד) **יגיע**.

Seder Olam (ch. 23) *that it is stated concerning Sennacherib.*—[*Rashi*] See above 43:3

men of stature—lit. men of a measure, i.e. a large measure.—[*Ibn Ezra, Redak*]

Ibn Ezra explains this verse as referring to Cyrus, who conquered Egypt and led the Egyptians through the Holy Land on the way to Elam. Friedlander comments that Cyrus himself did not conquer Egypt, but Kambyses, his successor, conquered it in 525 B.C.E.

over to you—*Jerusalem.*—[*Rashi*] The feminine form indicates that it

My children and the work of My hands do you command Me?
12. I made the earth, and I created man upon it; as for
Me—My hands stretched out the heavens, and I ordained their
host. 13. I aroused him with righteousness, and all his ways I
will straighten out. He shall build My city and free My exiles,
neither for a price nor for a bribe," said the Lord of Hosts.
14. So said the Lord, "The toil of Egypt and the merchandise
of

dren and the work of My hands, you shall command the prophets for My sake, that they tell you My words, and they will tell you what I am destined to do for My children, and I have the power, for I created everything.—[*Redak*] Apparently, *Redak* renders: You shall command for My sake. It is the future declarative.

12. **I made the earth**—*and gave it to whoever pleased Me (lit. was straight in My eyes)*.—[*Rashi*]

and I created man upon it—Scripture mentions man, in whose charge God placed the earth. He is the most important creature on earth, the earth being created because of him.—[*Redak*]

My hands stretched out the heavens ... ordained—God's creations all come about through His command, i.e. His will, as the Psalmist expresses himself, (145:5) For He commanded and they were created.—[*Redak*]

13. **I aroused him with righteousness**—I aroused Cyrus that he commit righteous acts, that he free Israel from exile and destroy their enemies and those who enslaved them.—[*Redak*]

He shall build My city—He did indeed give them silver and gold with which to rebuild the city and the Temple.—[*Redak*]

neither for a price nor for a bribe—but to perform My will, for he knew that I made him king, as he stated, "All the kingdoms of the earth the Lord delivered to me (Ezra 1:2)." He also said, "And He commanded me to build for Him a house."—[*Redak*]

and free My exiles—as he said, "Whoever among you is from all His people, may ascend."—[*Redak*]

14. **The toil of Egypt etc.**—I have informed how I will save My children from the hand of Babylon, for I have aroused Cyrus for that purpose with My righteousness. I further inform you of the salvation from Sennacherib that will take place in the days of Hezekiah. When he returns (supra 36:36) *from marching upon Tirhaka, king of Cush, he will return to Jerusalem with all the valuable treasures of Cush, and Egypt, who will go to aid Cush, in his possession, and he will come with those spoils and fall in Jerusalem, and Hezekiah and his people will plunder everything. So is it delineated in*

כּוּשׁ וּסְבָאִים אַנְשֵׁי מִדָּה עָלַיִךְ יַעֲבֹרוּ
וְלָךְ יִהְיוּ אַחֲרַיִךְ יֵלֵכוּ בַּזִּקִּים יַעֲבֹרוּ
וְאֵלַיִךְ יִשְׁתַּחֲווּ אֵלַיִךְ יִתְפַּלָּלוּ אַךְ בָּךְ
אֵל וְאֵין עוֹד אֶפֶס אֱלֹהִים׃ טו אָכֵן אַתָּה
אֵל מִסְתַּתֵּר אֱלֹהֵי יִשְׂרָאֵל מוֹשִׁיעַ׃

תרגום

דִסְחוּרָא עֲלַךְ יִעְדוּן
וְדִילָךְ יְהוֹן בָּתַר פִּתְגָמַךְ
יְהָכוּן בְּשַׁלְשְׁלָן יִעְדוּן
וְלִיךְ יִסְגְּדוּן מִנִּיךְ יִבְעוֹן
וְיוֹדוּן לְמֵימַר בְּקוּשְׁטָא
בִּיךְ אֱלָהָא וְלֵית עוֹד
אֱלָהָא בַּר מִנָּךְ׃
טו בְּקוּשְׁטָא אַתְּ אֱלָהָא
אַשְׁרֵיתָא בִּתְקוֹף רוּמָא
שְׁכִנְתָּךְ אֱלָהָא דְיִשְׂרָאֵל

קמץ בז"ק

מהר"י קרא

ישראל. **אך בך אל ואין עוד אפס אלהים**: (טו) **אכן אתה**. הוא אל יושב בסתר ועין לא תשורך וממקום סתרך אתה עונה לישראל בעת קוראם אליך. הה"ד אלהי ישראל מושיע:

רש"י

מודיעכם תשועת סנחריב שבימי חזקיהו כאשר ישוב (לעיל ל"ז) מעל תרהקה מלך כוש יבוא לירושלים וחמדת כל אוצרות כוש ומצרים שילכו לעזור את כוש בידו ויבא עם אותו השלל ויפול בירושלים וחזקיהו ועמו יבזו את הכל כן מפורש בסדר עולם שעל סנחריב נאמר: **אנשי מדה**. גובהי קומה: **עליך**. ירושלים: **בזיקים יעבורו**. שהביאם שם סנחריב שלולים בקולרי' ולאחר מפלתו עמד חזקיהו ופטר את כל השבוי' ונתגיירו והכירו מלכות שמים: **אך בך אל**. יהיו מודים שאינו אלוה אלא ה' לבדו: (טו) **אכן אתה אל מסתתר**. וכן יאמרו להקב"ה אכן הבנתנו כי לגבות חובותיהן של עמך אתה מסתתר מלהראות נלחוך כביכול

רד"ק

פירשנו הענין וכן פירשנו בפרשת יהיו עוד חמש ערים בארץ מצרים: **וסבאים** אנשי מדה. פי' בדה גדולה וכן אנשי מדות: **עליך יעברו**. כי מלך אשור העבירום שם על ירושלם: **ולך יהיו**. כי לקחו ישראל כל הבזה והם היו בזיקים ובשלשלאות: **ואליך**. ואליך אמר לירושלים: **ואליך ישתחוו**. **ואליך יתפללו** להתירם ממאסרם ויודו לך שאין אל אלא אתה ואין עוזר זולתך **ואפס אלהים** אלא אלהי ישראל: (טו) **אכן**. כן יאמרו הם או הם **דברי** הנביא כי כן יודו העכו"ם וכן הוא באמת שאתה אל **מסתתר** שאינך נראה ואתה אלהי ישראל כי בהם נראה כחך **וגבורתך** בתשועה שתושיעם בעת צרתם: **מסתתר**. פירשו **יונתן** כמו נסתר שתרגם בקושטא את אלהא אשריתא בתקוף רומא שכינתך, והחכם רבי אברהם בן עזרא פירש כמשפט שהוא מבנין התפעל אמת כי אתה אל כסתתר מסתתר מהגוי שאין לך חפץ בו ואתה אלהי ישראל מושיע:

אבן עזרא

נשבים וידוע כי דרכם על ארץ ישראל כי היא אמצעית בין עילם ובין מצרים: **אנשי מדה**. הטעם גדולה כי כל איש מדה יש לו וכמוהו והזקת והיית לאיש ויודו ויאמרו אך בך אל וזה היה אחרי שוב הגולה: (טו) **אכן**. אז יודו לשם ויאמרו אמת כי אתה אל מסתתר מהגוי אשר אין לך חפץ בו ואתה אלהי ישראל מושיעם ומפרשים אמרו כי מסתתר כמו נסתר ונראית בעבור ישראל שהושעתם וזה איננו נכון

מצודת ציון

הוא העושר הבא ביגיעה: **וסבאים**. אנשי סבא: **אנשי מדה**. ר"ל **מדה** גדולה וכן איש המדה (דה"א י"א): **בזקים**. בשלשלאות **וכמו** נתקו בזיקים (נחום ג'): (טו) **אכן**. באמת: **מסתתר**. מל'

מצודת דוד

כי כששב סנחריב מעל תרהקה מלך כוש לבוא לירושלים הביא **עמו** חמדת כל האוצרות שלל מכוש וממצרים ומסבא שהלכו **לעזור** לכוש ומאנשיהם הביא עמו אסורים בשלשלאות וכשנפל **סנחריב** סביב ירושלים בזזו חזקיהו ועמו חמדת כל האוצרות ופטרו **את** האסורים ממאסרם ולזה אמר העושר של מצרים והסחורות של כוש וסבא גבהי הקומה יעבורו דרך עליך וישארו לך: **אחריך וגו'**. ר"ל אותם שעברו עליך אסורים בזקים ילכו אחריך כי יהיה סרים אל משמעתך: **ואליך ישתחוו**. להסירם ממאסרם: **יתפללו**. ר"ל ישאלו ויבקשו על ההתרה: **אך בך אל**. ויאמרו עתה ראינו שאך בישראל יש אל האמתי ואין עוד זולת האלהים אשר בישראל: (טו) **אכן**. באמת באתה האל המסתתר והינו נראה הוא אלהי ישראל המושיע:

Cush and the Sabeans, men of stature, shall come over to you and shall be yours; they shall follow you; they shall come over in chains, and they shall prostrate themselves before you, they shall pray to you, "Only in you is God and there is no other god.
15. Indeed, You are a God Who conceals Himself, the God of Israel, the Savior.

refers to a city, all names of cities and lands being feminine. *Redak,* too, states that the king of Assyria led them over to Jerusalem.

and shall be yours—for Israel took all the spoils, and they were in chains.—[*Redak*]

they shall come over in chains—*For Sennacherib brought them there, with neck-irons fastened to them, and after his defeat, Hezekiah stood and released all those captives, who became converted to Judaism and recognized the kingdom of Heaven.*—[*Rashi* from *Seder Olam,* ch. 23]

to you—to Jerusalem.—[*Redak*]

Only in you is God—*They will acknowledge that there is no god but the Lord alone.*—[*Rashi*] Mss. and *K'li Paz* read: *but to Israel. Parshandatha* accepts this as the correct reading.

15. **Indeed, You are a God Who conceals Himself**—*And so they shall say to the Holy One, blessed be He, "Indeed, You have given us to understand* (*we understand*—Mss. and *K'li Paz*) *that to collect the debts of Your people, You conceal yourself from showing Your victory. So to speak, You have not the ability, and when Your mercy is aroused, You are the God of Israel, the Savior." So it is explained in Mechilta* (Ex. 14:4)—[*Rashi*] Cf. *Midrash Psalms* 94:1.

Ibn Ezra explains: Indeed, You are a God Who conceals Himself from the nation in which You have no desire, but to Israel You are the God of Israel and the Savior.

Jonathan explains it as 'a hidden God,' rendering: Indeed, You are God; You have caused Your Shechinah to rest on high.—[*Redak*]

טז בּוֹשׁוּ וְגַם־נִכְלְמוּ כֻּלָּם יַחְדָּו הָלְכוּ
בַכְּלִמָּה חָרָשֵׁי צִירִים: יז יִשְׂרָאֵל נוֹשַׁע
בַּיהוָה תְּשׁוּעַת עוֹלָמִים לֹא־תֵבֹשׁוּ
וְלֹא־תִכָּלְמוּ עַד־עוֹלְמֵי עַד: יח כִּי־כֹה
אָמַר־יְהוָה בּוֹרֵא הַשָּׁמַיִם הוּא
הָאֱלֹהִים יֹצֵר הָאָרֶץ וְעֹשָׂהּ הוּא כוֹנְנָהּ
לֹא־תֹהוּ בְרָאָהּ לָשֶׁבֶת יְצָרָהּ אֲנִי יְהוָה
וְאֵין עוֹד: יט לֹא בַסֵּתֶר דִּבַּרְתִּי בִּמְקוֹם

פְּרִיק: טז בְּהִיתוּ וְאַף
אִתְכְּנַעוּ כּוּלְהוֹן כַּחֲדָא
הֲלִיכוּ בְּאִתְכְּנָעוּ פָּלְחֵי
צַלְמַיָא: יז יִשְׂרָאֵל
יִתְפְּרִיק בְּמֵימְרָא דַיְיָ
פּוּרְקַן עָלְמַיָא לָא
תִבְהֲתוּן וְלָא תִתְכַּנְעוּן
לְעָלַם וּלְעָלְמֵי עָלְמַיָא:
יח אֲרֵי כְדְנַן אֲמַר יְיָ דִי
בְרָא שְׁמַיָא הוּא אֱלֹהִים
דְשַׁכְלֵיל אַרְעָא וַעֲבְדָהּ
הוּא אַתְקְנָהּ לָא לְרֵיקָנוּ
בְרָהּ אֱלָהֵין לְאַסְגָאָה
עֲלָהּ בְּנֵי אֱנָשָׁא אַתְקְנָא
אֲנָא יְיָ וְלֵית עוֹד: יט לָא
בְסִתְרָא מַלְלֵית בַּאֲתַר

ת"א נושע בה'. מכות כג עקידה שער ט: לא תוהו. פסחים פח מגלה כז חגיגה ב' יבמות סב גטין מא ב"ב יג עדיות ב' בכורות מז ערכין ב':

רש"י

אין כך יכולת וכהתעורר רחמיך אתה אלהי ישראל מושיע. כך מפורש במכילתא: (טז) חרשי צירים. אומני ציורים של עכו"ם שמעובדי כוכבים ומזלות: (יח) לא תהו בראה. כי לשבת יצרה: (יט) לא בסתר דברתי. כשנתתי את התורה ולא אמרתי על תהו על חנם לזרע יעקב

מהר"י קרא

(טז) בושו וגם נכלמו כולם. העובדים בושו וגם נכלמו. אבל ישראל נושע בה' תשועת עולמים. ולא תכלמו עד עולמי עד: (יח) כה אמר ה' בורא השמים הוא האלהים וגו'. צורתו של הקב"ה לא כצורתו של בשר ודם. הנזכרת למעלה שהיא של תהו. שנאמר יוצרי פסל כולם תהו: אני ה'. צר צורה לא תהו בראה לשבת יצרה: (יט) לא בסתר דברתי במקום וגו'. כשאני

אבן עזרא

בדקדוק כי מסתתר מבנין התפעל: (טז) בושו. הלכו בכלימה. החרשים שפסלו הפסילים והם הלכו בכבוד אל המלאכים בעבלם כי צירים שלוחים וכן ציר בגוים שולח וטעם הלכו שילכו אל מקומם: (יז) ישראל נושע בה'. על כן לא יבושו כאשר יבושו החרשים שעשו תהו שלא הושיע בעת צרה עד שלא יוכל אדם לספר: (יח) כי. הוא כוננה. באדם ובבהמה: לא תהו בראה. לשוא: (יט) לא. והנה

רד"ק

(טז) בושו וגם נכלמו. אמר כי הכלימה יותר מן הבשת: חרשי צירים. אומני הפסילים ונקראו צירים שהוא ענין צירים וחבלים יאחזון כמו שנקראו עצבים והנה הלכו בכלימה אומני הפסילים ועובדיהם כי לא הושיעם בעת צרתם הפסילים שהביאו עמהם. אבל: (יז) ישראל. לא יבושו ולא יכלמו. כי הוא נושע בה' תשועת עולמים ופי' עולמים זמנים ארוכים: לא תבשו. דברי הנביא לישראל: עד עולמי עד. כל ימי עולם: (יח) כי כה אמר ה'. אמר כי לפי שזאת הפרשה טעם לאשר עליה שדבר בענין האלילים שלא יושיעו ולא יצילו ואין מושיע אלא האל שהוא ברא הכל: בורא שמים. כבר פירשנו כי זה הענין זכר אותו הנביא כמה פעמים מפני האמונות הרעות שהיו בדורו: הוא האלהים. וכיון שהוא ברא הכל הוא האלהים ר"ל השופט והמנהיג ולא הגלגלים והככבים כי אע"פ שהם מנהיגים התחתונים במציאתי הם עושים ואני אלהים עליהם כמ"ש הוא אלהי האלהים ואמר זה הענין כנגד עובדי האלילים כי אין ראוי לעבוד אלא למי שהוא אדון על הכל וכן הוא אומר יוצר הארץ לקבל כח והנהגת העליונים: ועושה. מתקנה כלומר הוא תקנה להיות יושבים עליה כשהקוה המים אל מקום אחד: הוא כוננה. כונן אותה להיות הנבראים עליה פרים ורבים כמו שאמר להם פרו ורבו ואם הם מתמעטים הוא בפשע בני אדם שיש להם דעת להבין הטוב והרע ובעשותם הרע הם מתמעטים או זה על ידי זה במלחמה או על ידי מגפה מאת האל. כמו שנגף מחנה אשור שזכר ובעונם נגפו ונתמעטו כי האל ברא הארץ לפרות ולרבות לא ברא אותה לתהו להיות תהו מאין אדם ובהמה אלא להיות יושבים עליה ואינם מתמעטים כ"א בעונם: אני ה' ואין עוד. מוחץ ורופא ממית ומחיה אלא אני לבדי: (יט) לא

מצודת דוד

(טז) בושו וגו'. אז יבושו כולם בראותם שאין ממש באלהיהם כי לא היו להם למושיע כאשר הושע המקום לישראל: חרשי צירים. האומנים העושים ציורי הפסילים ילכו להם בכלימה כי יראו שאין ממש במעשיהם: (יז) ישראל נושע בה'. אבל ישראל יהיה נושע בעזר ה' תשועה המתקיימת ולכן לא תבושו כמו שיבושו עובדי הפסילים: עד עולמי עד. כל ימי עולם: (יח) הוא האלהים. וכאומר אבל אין כח מה בצבא השמים הנבראים: יוצר הארץ. מי שיצר את הארץ ותקנה להיות מגולה מן המים הוא הכין כל אשר בה ואין דבר ביד צבא השמים: לא תוהו בראה. כשברא את הארץ לא בראה להיות תוהו כ"א לשבת בה בני אדם א"כ בודאי הכין בה כל הצורך: אני ה'. הבורא את אלה: ואין עוד. מי עומד כמוני: (יט) לא בסתר דברתי. כשדברתי דברי

מצודת ציון

סתר: (טז) צירים. ציורי הצורות: (יח) ועושה. ענין תקון וכן וימהר לעשות אותו (בראשית י"ח): כוננה. מל' הכנה: תוהו. שממון: לשבת. מל' ישיבה:

war, or are punished by the Almighty through a plague, as He did to the Assyrian camp mentioned above, who were annihilated

because of their sins, for God created the world for its creatures to multiply. He did not create it to be a wasteland without inhabitants, but

16. They shall be ashamed, yea disgraced, all of them the mas-
ter painters shall go together in disgrace. 17. Israel shall be
saved by the Lord [with] an everlasting salvation; you shall
neither be ashamed nor disgraced to all eternity. 18. For so
said the Lord, the Creator of heaven, Who is God, Who formed
the earth and made it, He established it; He did not create it for
a waste, He formed it to be inhabited, "I am the Lord and there
is no other. 19. Not in secret did I speak, in a place of

16. **They shall be ashamed, yea disgraced**—Heb. בּוֹשׁוּ וְגַם נִכְלְמוּ. בּוֹשׁוּ denotes being ashamed by oneself; נִכְלְמוּ denotes being disgraced by others.—[*Malbim*] Redak states that נִכְלְמוּ is more intensive than בּוֹשׁוּ.

master painters—Heb. צִירִים חָרָשֵׁי, *the master painters of the idols, from among the pagans.*—[*Rashi*] *Rashi* derives צִירִים from צִיּוּר, *painting. Ibn Ezra* explains צִירִים as messengers. Thus, he renders: Craftsmen of messengers, craftsmen, after whom messengers were sent to order idols made. They will return to their land in disgrace. *Redak* interprets צִירִים as pains. This is a pejorative for the idols, just as they are called עֲצַבִּים, meaning sadness. The manufacturers and the worshippers of the idols shall go in shame because the idols have not saved them. But Israel shall not be ashamed, because

17. **Israel shall be saved by the Lord [with] an everlasting salvation; you shall neither be ashamed nor disgraced**—These are the words of the prophet to Israel.—[*Redak*] They shall not be ashamed as the craftsmen who created things of naught, that did not save them in times of distress.—[*Ibn Ezra*]

18. **For so said the Lord**—This is the reason for the above. He spoke of the idols, that cannot save or rescue, for no one can save but the Lord, Who created everything.—[*Redak*]

the Creator of heaven—The prophet repeats this many times to combat the false beliefs prevalent at that time.—[*Redak*]

Who is God—Since He created everything, He is God, the Judge and the Guide, not the stars and the planets, for, although, they guide happenings on earth, they do so only through My orders, for I am God over everything. He says this against the pagans, for it is not proper to worship any but the Supreme Power, Who rules over everything. Therefore, the prophet continues: Who formed the earth, to receive the power and the guidance of the heavenly bodies.—[*Redak*]

and made it—I.e. prepared it for habitation by gathering the waters into one place and by clearing the dry land.—[*Redak*]

He established it—that the creatures multiply. If they are diminished, it is because of man's sins. They either kill each other through

אֶרֶץ חֹשֶׁךְ לֹא אָמַרְתִּי לְזֶרַע יַעֲקֹב
תֹּהוּ בַקְּשׁוּנִי אֲנִי יְהוָה דֹּבֵר צֶדֶק מַגִּיד
מֵישָׁרִים: כ הִקָּבְצוּ וָבֹאוּ הִתְנַגְּשׁוּ יַחְדָּו
פְּלִיטֵי הַגּוֹיִם לֹא יָדְעוּ הַנֹּשְׂאִים אֶת־
עֵץ פִּסְלָם וּמִתְפַּלְלִים אֶל־אֵל לֹא
יוֹשִׁיעַ: כא הַגִּידוּ וְהַגִּישׁוּ אַף יִוָּעֲצוּ יַחְדָּו

תרגום

אַרְעָא קְבֵל וְלָא אֲמָרֵית
לְזַרְעָא דְבֵית יַעֲקֹב
לְרֵיקָנוּ תְּבַעוּ דַחַלְתִּי
אֲנָא יְיָ מְמַלֵל קְשׁוֹט
כְּחַוֵי כֵּיוָנָן: כ אִתְכְּנִישׁוּ
וְאֱתוּ אִתְקְרָבוּ כַּחֲדָא
מְשֵׁיזְבֵי עַמְמַיָא לָא
יָדְעִין דְנָסְבִין יַת אָעֵי
צַלְמֵיהוֹן וּבָעָן מִן דַחֲלָא
דְלָא יִפְרוֹק: כא חַווֹ
וְאִתְקָרָבוּ אַף אִתְמְלִיכוּ

ת"א מגיד מישרים. זוהר לך: עץ פסלם. עקדה שער לח:

מהר"י קרא

גוזר אין דרכי לאומרה בסתר אבל אני גוזר ומקיים. לפיכך לא בסתר דברתי: לא אמרתי לזרע יעקב תהו בקשוני. לא נתתי לכם מנחתי על מנת שלא לקבל שכר. שאין מצוה בתורה שאין מתן שכרה בצדה: (כ) התנגשו יחדיו פליטי הגוים.

רש"י

בקשוני כי אם לקבל שכר גדול: **אני ה' דובר צדק.** מאחר שפתחתי להם בדבר לדקי להודיעם מתן שכרן אחר כן הגדתי להם מישרים חוקי ותורתי שקודם מתן תורה נאמר להם (שמות י"ט) ועתה אם שמוע וגו' והייתם לי סגולה ממלכת כהנים וגו': (כ) **התנגשו.** לשון הגשה והנו"ן טפילה בו כאשר יאמר התנגפו יתנגפו: **פליטי הגוים.** אשר נשארו מחרבו של נבוכדנצר: **לא ידעו הנושאים את עץ פסלם.** להבין דעת: (כא) **השמיע**

רד"ק

בסתר דברתי. כשדברתי במעמד הר סיני לא היה בסתר ובמקום ארץ חשך שלא ראה ולא שמע אדם כי נגלה נגלתי על הר סיני לזרע יעקב בקולות וברקים וענן כבד וקול שופר חזק מאד ושמעו וראו הקולות המקומות הסמוכים להר סיני ומהם שמעו אחרים ואחרים מאחרים כי אי אפשר לענין גדול כזה שלא היה נודע בכל העולם וכל זה לא עשיתי לתהו אלא לצורך כדי שידעו כי אני הוא האלהים ואמרתי לזרע יעקב שיבקשוני כמו שאמר אנכי ה' אלהיך ולא יבקשו אחר זולתי כמו שאמר לא יהיה לך אלהים אחרים על פני ואמרתי לזרע יעקב והוא הדין לכל בני אדם אלא הם ואבותם היו דבקים בי יותר משאר הגוים ולקחתים סגולה מכל העמים והיה להם לשאר העמים ללמוד מהם ולא לבקש אלהים אחרים כי לא יועילום כמו שזכר כי לא הועילו ולא הושיעו הפסילים שהיו במחנה אשור: **אני ה' דובר.** מה שדברתי והגדתי להם לזרע יעקב צדק ומישרים הוא הכל: (כ) **הקבצו. התנגשו.** תהיו נגשים כלכם אלי: **פליטי הגוים.** הפחותים שבגוים והעם עובדי הפסילים שאי אפשר שאין בגוים חכמים ומבינים כי הבל הוא עבודת הפסילים ואם הם רבים קורא אותם פליטי ר"ל פחותים. וכן פליטי אפרים אתם פירושו הפחותים שבאפרים לא ידעו אלה הנושאים את עץ פסלם לא ידעו ולא יבינו איך הוא אלוה והוא נושא אותו ומתפלל אליו ובאמת הוא אל שלא יושיען: (כא) **הגידו.** איש לחברו והגישו זה את זה לפני גדוליכם ומנהיגיכם: **אף יועצו יחדיו.** הם אם ידעו זה ויאמרו מי מכל אליליהם השמיע זאת מקדם טרם בואה ומי מכל פסיליהם הגידה מאז לפני שתבא זאת הגזירה שהבאתי על מחנה אשור. וכן הגזירה שהבאתי על בבל. ואמר זאת כי על

אבן עזרא

לא בראתי הארץ לתוהו ואיך אומר לזרע ישראל **תהו** בקשוני ורבים פירשוהו לא בסתר דברתי על מעמד הר סיני והנכון בעיני שהוא רמז על אלה העתידות שגילה סודם לנביאו ונביאו לישראל ולגוים על כן אמר מגיד מישרים: (כ) **הקבצו ובאו.** לשון צווי: **פליטי הגוים.** הם הכשדיים והטע' כן קראתי מקדם ולא ידעו זה הנושאים: (כא) **הגידו.** האמת: **והגישו.** הכמיכם: **אף יועצו.** מבנין נפעל:

מצודת ציון

(כ) **התנגשו.** מל' הגשה: **פליטי.** ענין פחות ושפל כמו פליטי אפרים (שופטים י"ג) ופי' הפחותים והנבזים שבאפרים: **פסלם.**

מצודת דוד

על הר סיני הלא לא בסתר דברתי ולא במקום אפל חושך כי הדבר היה מפורסם בכל העולם וא"כ היה להם להעכו"ם לדעת שאני ה' ואין עוד: **לא אמרתי וגו'.** כשאמרתי להם המלות לא אמרתי להם לעשותם אל תוהו ובהנם כ"א לקבל עליהם שכר הרבה וא"כ היה להם לעכו"ם לקבלם גם המה ולקבל שכר ולא לעבוד לעכו"ם ללא יועיל: **דובר צדק.** בתחלה אמרתי הצדק שהעושה בשכר המלות ואח"כ הגדתי מישרים הם חוקותי ותורתי שקודם מתן תורה נאמר להם ועתה אם שמוע וגו' והייתם לי סגולה וגו' (שמות י"ט): (כ) **הקבצו וגו'.** הפחותים שבעכו"ם עובדי העכו"ם הקבצו ובואו אלי התנגשו כולכם יחד להתווכח עמדי אבל הנושאים את עץ פסלם אשר לא ימוש ממקומו והמתפללים אל אל אשר לא יוכל להושיע לא ישימו לב לדעת ולהבין מעשיהם: (כא) **הגידו וגו'.** ר"ל אם יש עמכם טענה הגידו אתם או הגישו את חכמיכם שיאמרו הם ואף

I.e. pray to Me for the restoration of the country and not receive relief. He prefers the interpretation of the verse in reference to the prophecies mentioned above, which God declared to the prophet, who announced to Israel and all the nations. This is the meaning of "declare things that are right." This refers to the predictions of the redemption of the Israelites from exile if they repent. See Friedlander.

20. **approach**—Heb. הִתְנַגְּשׁוּ, *an expression of approaching,* (הַגָּשָׁה) *and the 'nun' is attached to it, as one says, "they were struck* (הִתְנַגְּפוּ)*," "they will be struck* (יִתְנַגְּפוּ)*."*—[*Rashi*] *Rashi* follows the grammatical rules

a land of darkness; I did not say to the seed of Jacob, Seek Me, in vain; I am the Lord, Who speaks righteousness, declares things that are right. 20. Assemble and come, approach together, you survivors of the nations; those who carry their graven wooden image and pray to a god who does not save, do not know. 21. Declare and present, let them even take counsel together;

to be inhabited. Its inhabitants are decimated only because of their sins.—[*Redak*]

He did not create it for a waste—*but He formed it to be inhabited.*—[*Rashi*]

Ibn Ezra renders: He did not create it in vain.

I am the Lord and there is no other—Who wounds and heals, slays and resurrects, only I alone.—[*Redak*]

19. **Not in secret did I speak**—*When I gave the Torah, and I did not say for naught and in vain to the seed of Jacob, "Seek Me," but to receive great reward.*—[*Rashi*]

When I spoke to Israel assembled at Mount Sinai, this was not in secret nor was it in a dark place, where no one heard or saw, but I manifested Myself on Mount Sinai amidst thunder and lightning, with a heavy cloud and a loud blast of a shofar, and all the places neighboring Mt. Sinai heard and saw, telling others, who, in turn, told others, until it was impossible that the news was not known throughout the world. All this I did not do for naught, but in order that everyone know that I am God, and I said to the descendants of Jacob that they seek Me and no other. This was when I commanded them, "You shall have no other gods before Me." Indeed, not only Jacob's seed did I command not to worship other gods, but to all the world. Jacob's seed, however, were devoted to Me more than all the other nations, and I took them to Me as a peculiar treasure. The other nations should have learned from them and not sought other gods, who have not power and cannot save. Similarly, he mentioned above that the gods of Assyria were of no avail to them against the plague God sent to destroy them.—[*Redak*]

I am the Lord Who speaks righteousness—*Since I commenced to speak to them concerning My righteousness, to inform them of the giving of their reward, afterwards I told them things that are right, My statutes and My laws, for before the giving of the Torah it was said to them, "And now, if you heed etc. you shall be for Me a treasure . . . a kingdom of priests etc.* (Ex. 19:5f.).—[*Rashi*]

Ibn Ezra explains: Since I have not made the earth in vain, but that it be inhabited, how could I say to the Israelites, "Seek Me in vain"?

מִי הִשְׁמִיעַ זֹאת מִקֶּדֶם מֵאָז הִגִּידָהּ
הֲלוֹא אֲנִי יְהוָֹה וְאֵין־עוֹד אֱלֹהִים
מִבַּלְעָדַי אֵל־צַדִּיק וּמוֹשִׁיעַ אַיִן זוּלָתִי׃
כב פְּנוּ־אֵלַי וְהִוָּשְׁעוּ כָּל־אַפְסֵי־אָרֶץ כִּי
אֲנִי־אֵל וְאֵין עוֹד׃ כג בִּי נִשְׁבַּעְתִּי יָצָא
מִפִּי צְדָקָה דָּבָר וְלֹא יָשׁוּב כִּי־לִי
תִּכְרַע כָּל־בֶּרֶךְ תִּשָּׁבַע כָּל־לָשׁוֹן׃

כְּחֲדָא מִן בְּסַר דָּא מִלְּקַדְמִין מִכְּבַן חַוְיָהּ הֲלָא אֲנָא יְיָ וְלֵית עוֹד אֱלָהּ בַּר מִנִּי אֱלָהּ דְּכֵי וּפָרִיק לֵית אֶלָּא אֲנָא׃ כב אִתְפְּנוּ לְמֵימְרִי וְאִתְפְּרִיקוּ כָּל דְּבְסַיְפֵי אַרְעָא אֲרֵי אֲנָא אֱלָהָא וְלֵית עוֹד׃ כג בְּמֵימְרִי קַיָּמֵית נְפַק מִן קֳדָמַי בִּזְכוּ פִּתְגָם וְלָא יְבַטֵּל אֲרֵי קֳדָמַי תִּכְרַע כָּל בְּרֵךְ תְּקַיֵּם כָּל לִישָּׁן׃

ת"א כל ברך. נדה ל:

רש"י

זאת מקדם. מי בפסיליכם אשר השמיע מקדם להביא אלהיכם תשועה איש איש לעובדיו: הלוא אני ה' ואין עוד. שאני מודיע מה שאני עתיד לעשות לעמי ואקיים דברי: (כב) פנו אלי. והניחו פסיליכם כל אפסי ארץ וככך תושעו: (כג) בי נשבעתי. ויצא מפי צדקה לקבל כל השבים אלי דבר דברתי ולא ישוב מהו הצדקה אשר יצאתי מפי כי לי תכרע כל ברך ואני אקבלם כענין שנאמר כי אז

מהר"י קרא

שארית הגוים: (כא) מי השמיע זאת מקדם. מי בכל אלת הארצות שהשמיע גאולה לעבדיו. ומטרם שתבוא הגידת כשם שאני עושה שאני מבשר הגאולה על ידי כורש: (כג) בי נשבעתי. יצא מפי צדקה דבר ולא ישוב. שיצא מפי צדקה להביא טובה לאוהבי ולשומרי מצותי כשם שנשבעתי לאברהם דכתיב בי נשבעתי [וגו'] כי ברך אברכך והרבה ארבה את זרעך [וגו'] וירש זרעך: דבר ולא ישוב. איני חוזר בי על הטובה מפני שום חטא. שאע"פ שהיו ישראל עובדין ע"ז בהיותם במצרים. כיון ששלמו ארבע מאות שנה יצאו להם: כי לי

אבן עזרא

(כב) פנו. טעם והושעו ותהיו נושעים והנה הרשות בידכם: (כג) בי. טעם בי שהוא קיים וכל מקום שאם שבוע' היא גזירה שנגזרה ולא תבטל: יצא מפי. דבר צדקה כמו צדקה ממני והטעם דבר אמת: כי לי. והטעם שאלה העתידות אעשה עד שתכרע לי כל ברך תשבע כל לשון להיות' לי כי לי ימשוך אחר עמו כמשפט וכמוהו ובשמו

רד"ק

שתיהן דבר בפרשה של מעלה מזו: הלא אני ה'. אני הוא שהגדתי ע"י עבדי הנביאים הגזרה הזאת טרם בואה: ואין עוד אלהים מבלעדי. שהגידה אני הוא אל צדיק כלומר נאמן בדברי ומושיע שהושעתי ירושלים ממלך אשור והושעתי ישראל מגלות בבל: (כב) פנו אלי. כמו שראיתם ישראל נושעים בי לפי שהם פונים אלי כן אתם כל אפסי הארץ כלומר כל הגוים מקצות הארץ ועד קצות הארץ פנו אלי גם כן ותהיו נושעים בי גם כן ותדעו כי אני אל ואין עוד: (כג) בי נשבעתי. השבועה היא הגזירה שלא תשוב אמר בי נשבעתי שזה יהיה באחרית הימים שיפנו אלי ויושעו כל אפסי ארץ וזהו שאמר יצא מפי צדקה דבר ולא ישוב ר"ל יצא מפי בצדקה ולא ישוב אחור אותו הדבר ומה הוא כי לי תכרע כל ברך תשבע כל לשון כמו שאמר צפניה הנביא כי אז אהפוך אל עמים שפה ברורה לקרא כילם בשם ה' לעבדו שכם אחד: תשבע כל לשון. כמו שאמר ובשמו תשבע ר"ל שלא יזכירו שם אלהים אחרים ולא יכרעו לפניו

מצודת דוד

יועלו יחדיו להשכיל למלוא מענה: מי השמיע זאת. מי מהפסילים השמיע השמועה הזאת קודם בואה והיא מפלת בבל ואשור: מאז הגידה. מוסב על מלת מי לומר מי הגידה מאז עד לא באה וכפל הדבר במ"ש: הלוא אני ה'. הוא המגיד דבר מאז: ואין עוד אלהים. אין עוד אלהים לדעת הנולדות: אל צדיק וגו'. לא יש זולתי אל צדיק ומושיע: (כב) פנו אלי. אתם העכו"ם היושבים בקצות הארץ פנו אלי להאמין בי ואז תהיו נושעי' כי אני אל והכל בידי ואין עוד זולתי: (כג) בי נשבעתי. הריני נשבע בי אשר יצא מפי דבר צדקה ואמת. דבר. מוסב על יצא לומר יצא מפי דבר ולא ישוב הדבר ההוא ר"ל לא אחזור בו והוא כפל הענין במ"ש: כי לי תכרע וזה הדבר שיצא אשר בימים העתידים יכרעו כל הברכים לי ולא לעכו"ם כי כולם יקבלו עול מלכותי עליהם: תשבע.

מצודת ציון

מל' פסל ולורה: (כא) אין. ענינו כמו לא: (כב) פנו. מל' הפנה וסבוב: אפסי ארץ. קצות הארץ כי בקצה הארץ כאלו אפס וכלה: (כג) תכרע. מל' כריעה: ברך. מל' ברכים והם פרקי הרגלים:

22. **Turn to Me**—*and abandon your graven images, all the ends of the earth, and, thereby, you shall be saved.*—[*Rashi*]

Just as you have seen Israel saved by Me since they turn to Me, so will you, all the nations from one end of the earth to the other. Turn to Me, and you will be saved.—[*Redak*]

23. **By Myself I swore**—*and righteousness emanated from My mouth to accept all those who return to Me. I spoke a word, and it will not be retracted. What is the righteousness that emanated from My mouth? That to Me shall every knee kneel, and I will accept them, as the matter is stated:* "(Zeph. 3:9) *For then will I*

who announced this from before, [who] declared it from then? Is it not I, the Lord, and there are no other gods besides Me, a just and saving God there is not besides Me. 22. Turn to Me and be saved, all the ends of the earth, for I am God, and there is no other. 23. By Myself I swore, righteousness emanated from My mouth, a word, and it shall not be retracted, that to Me shall every knee kneel, every tongue shall swear."

adopetd by Menahem, that any letter sometimes absent, is not a radical but a prefix or a suffix. He, therefore, regards גף as the root, rather than נגף as do the later grammarians, e.g. Rabbi Judah Hiug, followed by Ibn Ganah, Redak, and others. Similarly, גש is the root, rather than נגש, as accepted by the later grammarians.

you survivors of the nations—*who survived the sword of Nebuchadnezzar.—[Rashi]*

Others render: you inferior of the nations, those who worship idols. There were, undoubtedly, intelligent people among the nations, who realized the futility of the pagan deities and abandoned their worship.

who carry their graven wooden image . . . do not know—*to understand knowledge.—[Rashi]*

Those who carry their idol do not know how it is a god, yet they carry it and pray to it, and, in fact, it is a god that will not save them.—[*Redak*]

21. **Declare**—to one another and present one another before your great men and your leaders.—[*Redak*]

let them even take counsel together—if they know this and will say which of all their idols announced this before its arrival, and which of all their idols declared it of old, before the decree that I visited upon the Assyrian camp, and similarly, the decree I will bring upon Babylon. These two prophecies were discussed previously in this chapter, hence the pronoun, this.—[*Redak*]

who announced this from before—*Who of your idols is it that announced from before that your god brought salvation, each one to its worshippers?—[Rashi]* *Kara* makes it somewhat clearer: Who is it in all these lands who announced redemption for his servants, and before it came, declared it, as I do, that I announce the redemption by Cyrus?

Is it not I, the Lord, and there are no other—*For I announce what I am destined to do for My people, and I fulfill My words.—[Rashi]*

As above, *Redak* understands this to refer to the decree upon the Assyrian camp, which was predicted by the prophets.

a just and saving God—I am just, true to My word, and I saved Jerusalem from the threat of the Assyrians. So will I rescue Israel from the Babylonians.—[*Redak*]

כד אַךְ בַּיהֹוָה לִי אָמַר צְדָקוֹת וָעֹז עָדָיו
יָבוֹא וְיֵבֹשׁוּ כֹּל הַנֶּחֱרִים בּוֹ: כה בַּיהֹוָה
יִצְדְּקוּ וְיִתְהַלְלוּ כָּל־זֶרַע יִשְׂרָאֵל:
מו א כָּרַע בֵּל קֹרֵס נְבוֹ הָיוּ עֲצַבֵּיהֶם
לַחַיָּה

כד בְּרַם בְּמֵימְרָא דַיָי עֲלַי אֲמַר לְאַיְתָאָה זַכְוָן וּתְקוֹף בְּמֵימְרֵהּ יוֹדוּן וְיִבְהֲתוּן בְּטַעֲוָתְהוֹן כָּל עַמְמַיָא דַהֲווֹ מִתְגָרִין בְּעַמֵהּ: כה בְּמֵימְרָא דַיָי יִזְכּוּן וְיִשְׁתַּבְּחוּן כָּל זַרְעָא דְיִשְׂרָאֵל: א חֲמִיט בַּל אִתְקְטֵף נְבוֹ הֲווֹ

ת"א כרע בל. מגלה כח סנהדרין סג:

מהר"י קרא

תכרע כל ברך. לאלוה כזה ששומר הבטחתו כדאי שתכרע כל ברך תשבע כל לשון. לפנות אליו לעבדו: (כד) אך בה' לי אמר. כך אמר לי לבי וכך יסרוני כליותי אך בה' בלבד תדבק ואחריו תלך. ואין לך צדקות ועוז בכל אלהי הארצות. אלא אך בה' (עדיין) [עדיו] יבואו כל בשר: (כה) בה' יצדקו ויתהללו. שיכולים להתהלל ולומר אשרינו מה נעים גורלנו. שלא עשני כגויי הארצו' כורעי להבל ואנו כורעים לפני מלך מלכי המלכים הקב"ה שהרי אלהי העכו"ם כשנושאין את עץ פסיליהם אם נכשל הנושא ויתנגפו רגליו יכרע למו עמל. כרע (נרעמו) [עמו] אלוהו: מו (א) בל. ונבו. שם אלהות הן. הה"ד. כרע בל קורס נבו. הוא כשאדם שוחה ליפנות: היו עצביהם. של עכו"ם: לחיה ולבהמה. שנושאין אותם על החיה ועל הבהמה: נשואותיכם עמוסות. משאוי שלכם עומסים אותם על החיה

רש"י

אהפוך אל עמים וגו' (צפניה ג'): (כד) אך בה' לי אמר. המקרא זה מסורס וכן פתרונו אך לי בה' אמר צדקות ועוז אע"פ שכל הגוים ישתחוו לפני אך לי לבדי כנסת ישראל בה' הובטח לי צדקות ועוז ולא יבאו מכחישי תורה לכלל כבודי: עדיו יבוא ויבושו וגו'. כל הנחרים בהקב"ה יבאו עדיו להתחרט על מה שטעו בחייה' ויבושו: הנחרים. המתגרים: (כה) בה' יצדקו ויתהללו. בהבטחת משען אהבתו ימצאו צדקה ויתפארו במעוזו: ויתהללו (פרוונטי"ר בלע"ז):
מו (א) כרע בל קורס נבו. אלהותיהם של בבל כרעו קרסו ל' שחוק של עכו"ם הוא כמי שיש לו חולי מעים ואינו מספיק לישב על מושב בית הכסא עד שהוא נתרז: כרע בל קורס נבו. איסקרופי"ד בל קונקיא"ה כנו כך שמעתי משמו של רבינו גרשום מאור הגולה: היו עצביהם. צלמי צורות של בל ונבו היו לחיה ולבהמה נדמו

רד"ק

אלא לפני האל יכרעו ויתפללו ובשמו ישבעו באמת: (כד) אך בה' לי אמר צדקות. המפרשים פירשו הי' אלה דברי הנביא ויש מפרשים אמר הנביא אלה העתידות לא ידעתי בדרך החכמה אך בשם שאמר לי אלהי הצדקות והעוז. והחכם רבי אברהם בן עזרא פירש אך בה' לבדו צדקות ועוז ונכנסה מלת לי והטעם בשם שדבר עמי. ואאז"ל פי' אמר הנביא אני נשבע בה' כי לי אמר צדקות ועוז: עדיו יבא. כלומר בעל צדקות ועוז יקרב אליו ויבשו ויכלמו כל הנחרים בו ר"ל כל הכועסים והקוצפים בו וי"ת ברם במימרא וגו' והנכון אצלי בפי' הפ' הזה כי הוא דבק באשר למעלה מכנו אמר תשבע כל לשון אך בה' לבדו ולא באל אחר והראיה לפירוש זה כי תשבע אין לו קשר באותו הפסוק כי לי שזכר איננו לו קשורה כי לא יקשר ענין שביעה בזה הדרך אלא עם בי"ת לא עם למ"ד כמו בה' נשבעתי בי נשבעתי ובשמו תשבע ואשבע לו בה' וכן כולם. לי אמר. ה' צדקות ועוז. וכן האל אמר לי צדקות ועוז לתתם לאשר עבדוני. עדיו יבא ויבשו כל הנחרים בו. כל העמים שהיו נחרים בו ומאוסים בו ובעבודתו עד היום ההוא אז יבאו עדיו ויתודו לפניו ויבשו על מה שעשו ואמר יבא בלשון יחיד ר"ל כל עם ועם. ואמר במסרה כי יבא זה אחד מן דסברין לשון רבים: (כה) בה' יצדקו. העמים יבשו אבל זרע ישראל יצדקו בעבודתם אותו ויתהללו בו לעיני העמים כי הם דבקו בו אפי' בגלותם כמו שאמר אם שכחנו שם אלהינו ונפרוש כפינו לאל זר: (א) כרע בל. עתה שב לצחוק על הפסילים שזכר הנושאים את עץ פסלם אמר כי כשנלכדה בבל לא די שלא הצילם אלהיהם אלא הוא עצמו כרע ר"ל ששברו אותו וכרע ונפל לארץ וכן נבו קורס והוא כמו כרע. ובל הוא שם פסל שעובדים אותו בבבל

אבן עזרא

תשבע: (כד) אך. אלה דברי הנביא כאומר לא ידעתי אלה העתידות בדרך חכמה אך בה' לבדי שאמר לי אלה הצדקות והעוז והנכון אך בה' לבדו צדקות ועוז ונכנסה מלת לי אמר והטעם בשם שדבר עמי: עדיו. ולא שבתי עדי: (כה) בה' יצדקו. שיהיו מאמינים בשם:
מו (א) כרע בל. עבודה זרה לבבליים גם כן נבו ויש אומרים שהוא כוכב חמה: קורס. מגזרת

מצודת ציון

(כד) ועוז. ענין חוזק: עדיו. אליו כמו תגע עדיך (איוב ד'): הנחרים. מל' חרון וכעס וכן בני אמי נחרו בי (ש"ה א'): (כה) ויתהללו. מלשון הלול ושבח:
מו (א) בל. נבו. שמות עכו"ם של בבל: קורס. ענין כפיפה והוא מל' קרסי זהב (שמות כ"ז) שהיו כפופים בראשיהם

מצודת דוד

מוסב על מלת לי לומר לי תשבע כל לשון לקבל אותי לאלוה ולהאמין בי: (כד) אך בה'. זהו מאמר הנביא שאמר אף שכל העכו"ם יאמינו בה' אך הריני נשבע בה' אשר לי לישראל לבד הבטיח ואמר צדקות ועוז ר"ל הצדקות והעוז שיהיו לישראל יהיו מיוחדים ולא יהיו בערך אחד עם של העכו"ם: עדיו יבא. כ"א מהעכו"ם יבוא לישראל להיות סר למשמעתו וכל הכועסים בו לשעבר יבושו אז: (כה) בה' יצדקו. בהבטחת משען ה' ימצאו ישראל צדקה ויתהללו מפי כולם על שהשכילו לדעת מעולם שה' הוא האלהים ודבקו בו:
מו (א) כרע בל. עתה שב לצחוק על הפסילים ואמר כשנלכדה בבל כרע בל על ברכיו ונפל לארץ ולא הציל את עצמו: קורס נבו. כפף קומתו להיות מוטה לארץ: היו עצביהם. הטעינו את הצלמים על החיות ועל הבהמות להוליכם בגולה: נשואותיכם

all who are incensed—Heb. כֹּל הַנֶּחֱרִים בּוֹ.—[*Rashi*]

Jonathan paraphrases: all the nations who are incensed against His people.

25. **Through the Lord . . . find righteousness and boast**—*Through the promise of the support of His love, they shall find righteousness and boast of His strength.*—[*Rashi*]

boast—Heb. וְהִתְהַלְלוּ, *porvantir in O.F.*—[*Rashi*]

24. But to me did He say by the Lord righteousness and
strength, to Him shall come and be ashamed all who are
incensed against Him. 25. Through the Lord shall all the seed
of Israel find righteousness and boast.

46

1. Bel squats; Nebo soils himself; their idols were

change for the people a pure language, to call all of them in the name of the Lord . . ."—[*Rashi*]

Redak, too, explains the verse as a reference to the future, when all nations will turn to God, and He will accept them. He renders, however, as follows: A word emanated from My mouth [with] righteousness.

every tongue shall swear—Comp. Deut. 10:20. They will no longer mention pagan deities nor kneel before them, but all of them will kneel before God and swear in His name.—[*Redak*]

24. **But to me did He say by the Lord**—Heb. אַךְ בַּה׳ לִי אָמַר, lit. but by the Lord to me He said. *This verse is inverted, and so is its interpretation: But to me did He say by the Lord righteousness and strength. Although all the nations shall prostrate themselves before Him* (correct reading according to Warsaw edition, *K'li Paz,* and mss.), *but to me alone, the congregation of Israel, has been promised by the Lord righteousness and strength, and other nations shall not be included in my glory.*—[*Rashi*]

Others render: But I swear by the Lord that to Me He promised righteousness and strength. Although all the nations will believe in Him, only to Israel did He promise righteousness and strength. His promises to Israel will not be on the same level as His promises to the other nations. —[*Mezudath David,* similar to *Rabbi Joseph Kimchi*]

Alternatively, only through the Lord alone Who told me of this righteousness and strength. Not through wisdom do I know these future events, but only through the Lord do I know of this righteousness and strength.—[Commentators quoted by *Ibn Ezra* and *Redak*]

Ibn Ezra, himself, prefers: Only in the Lord, Who spoke to Me, is there righteousness and strength.

to Him shall come and be ashamed etc.—*All who were incensed against the Holy One, blessed be He, shall come to Him to regret what they did in their lifetimes and be ashamed.* —[*Rashi*]

Redak connects this verse with the preceding one, which ends: Every tongue shall swear but by the Lord; He promised me righteousness and strength for those who served Him.

to Him shall come and be ashamed all who were incensed against Him—All who were incensed against Him and despised His worship until today, shall come to Him and confess their sins and be ashamed for what they did.—[*Redak*]

צַלְמָנֵיהוֹן דְמוּת חֵיוָא
וּבְעִירָא מְטוּלֵי טַעֲוָתְהוֹן
יַקִּירִין עַל נָטְלֵיהוֹן וְאִנוּן
מְשַׁלְהַיָן : ב אִתְקְצִיצוּ
וְאִתְקְטַפוּ כַּחֲדָא וְלָא
יָכִילוּ לְשֵׁיזָבָא נַטְלֵיהוֹן
וּפָלְחֵיהוֹן בְּשִׁבְיָא אֲזָלוּ :
ג קַבִּילוּ לְמֵימְרִי דְבֵית
יַעֲקֹב וְכָל שְׁאָרָא דְבֵית
יִשְׂרָאֵל דִרְחִימִין מִכָּל
עַמְמַיָא וַחֲבִיבִין מִכָּל
מַלְכְּוָתָא : ד וְעַד עַלְמָא
אֲנָא הוּא וְעַד עָלָם

לַחַיָּה וְלַבְּהֵמָה נְשֻׂאֹתֵיכֶם עֲמוּסוֹת
מַשָּׂא לַעֲיֵפָה׃ ב קָרְסוּ כָרְעוּ יַחְדָּו לֹא
יָכְלוּ מַלֵּט מַשָּׂא וְנַפְשָׁם בַּשְּׁבִי הָלָכָה׃
ג שִׁמְעוּ אֵלַי בֵּית יַעֲקֹב וְכָל־שְׁאֵרִית
בֵּית יִשְׂרָאֵל הַעֲמֻסִים מִנִּי־בֶטֶן
הַנְּשֻׂאִים מִנִּי־רָחַם׃ ד וְעַד־זִקְנָה אֲנִי
הוּא

ת״א משא לעיפה, עקידה שער ק׳ : ועד זקנה. סנהדרין לח :

רש״י

להיות כחיה וכבהמה שמזהימין ומלכלכים עלמן ברעי שלהם: נשואותיכם עמוסות משא. ריעי שבמעיהם כבדות הם לעמוס כמשא לאדם עיף לפיכך קרסו כרעו יחדיו הקריסה עם הכריעה: (ב) לא יכלו מלט משא. להפליט הלואה שבמעיהם כשאר המוליאין כהוגן: מלט. לשון הולאה ממקום בלוע וכן (לעיל ל״ד) שמה קננה קפוז ותמלט הוליאה בילתה וכן (לקמן ס״ו) והמליטה זכר ויונתן לא תירגם כן המקראות הללו: (ג) העמוסים מני בטן. מאז נולדתם בבית לבן הארמי עמסתי אתכם על זרועתי כי מאז עמדו עליכם קמים בכל דור ודור ולא כעובדי כוכבים ומזלות שהיו עומסים ונושאים את אלהיהם כמו שאמור למעלה אבל אתם עמוסים ונשואים בזרועתי : (ד) ועד

מהר״י קרא

ועל הבהמה. שאין בהן כח ללכת אם לא ישאום: משא לעיפה. משאוי הם לבהמה שעייפה מפני מלאכה: (ב) קרסו כרעו יחדו לא יכלו. הנושאים מלט משא שלא תפול עליהם: ונפשם בשבי הלכה. ואינם יכולים למלט את נפשם. ואם לעצמן אינם יכולים להציל. וכל שכן לאחרים שאין מצילין לעובדיהם. הרי אמרתי לכם טובה של ע״ז. עכשיו אומר לכם על מה אתם יכולים להתהלל באלהיכם. הה״ד. שמעו אלי בית יעקב וגו׳: (ג) העמוסים מני בטן. הקב״ה עומס אותם משעה שיוצר אותם מבטן אמם. ולא כעכו״ם שעומסין אלהיהם על הבהמות: (ד) ועד זקנה אני הוא. אתכם. שמשעה שיצא אדם מרחם

אבן עזרא

קרסים והטעם ידוע ואין ראוי לכתבו: לחיה ולבהמה. שישא אדם עליהם על כן נשואותיכם עמוסות משא לעיפה תואר הבהמה הנושאת: (ב) קרסו כרעו. הנושאים: לא יכלו מלט. עלביהם: ונפשם. הנשואים כי גם הם נשבו ויש אומרים כי כרעו קרסו כל העלבים שהיו בבבל שלא הזכירם ולא יכלו העלבים למלט משא כי הם בעלמם הלכו בשבי: (ג) שמעו. אלהי בבל היו נשואים ואני אלהי ישראל נשאתי׳: מני בטן. מיום שהיו: (ד) ועד. דרך משל

רד״ק

וכן נבו: לחיה ולבהמה. שנשאו אותם אחר ששברו אותם טענו אותם על הבהמות להוליכם למדי ופרס כי היו מכוסים כסף וזהב ויש חיה שטוענים עליה משא כמו הפיל: נשאותיכם עמוסות. אמר דרך שחוק ולעג מנשאותיכם הם עמוסות הבהמות כלומר טעונות יותר מדאי כי יכבדו המשאות מרי״ב הזהב שבהם עד שיאמרו החמרים והגמלים: משא לעיפה. עיפה. תאר לבהמה שהיא עיפה מכובד משאה: נשואותיכם. כמו משואותיכם והוא תאר ויש לפרש נשואותיכם תאר לבהמות הנרשאות ואמר עמוסות שהם טעונות יתר מדאי וכנוי נשואותיכם כנגד העצבים ללעג הבהמות הנושאות אותם עמוסות הם ועיפות וי״ת חמיט בל אתקטף נבו וגו׳ ועוד שנה הענין ואמר: (ב) קרסו כרעו. מלט משא. למלט עצמם מן המשא שלא ישאו אותם הבהמות. ונפשם הם עצמם הלכו בשבי כל שכן שלא הצילו עובדיהם. ונפשם. עצמם כמו ברזל באה נפשו או אמר נפשם לפי מחשבת עובדיהם וי״ת לא יכלו לשיזבא נטליהון ופלחיהון בשביא אזלו: (ג) שמעו. אמר וכל שארית על גלות בבל שהיו שארית עשרת השבטים שגלו ראשונה והם לא שבו בשוב גלות בבל: העמוסים מני בטן. אתם עמוסים ונשואים עלי מבטן ומרחם אמכם וכן אשא ואסבול אתכם עד שיבה כלומר כל ימיכם לא אטוש אתכם או אמר ועד שיבה שצריך יותר סבל וסעד ר״ל כי בכל עת שתהיו בצרה אני אסבול אתכם וכן אמר דוד עליך השלכתי מרחם: (ד) ואמר ועד זקנה ושיבה אלהים אל תעזבני. שיבה יותר מזקנה וכן אמרו בן

מצודת דוד

עמוסות. הבהמות הנושאות אתכם המה עמוסות יותר מדאי והנכם משא כבד על הבהמה העייפה: (ב) קרסו כרעו יחדו. כל העלבים יחד כפפו קומתם וכרעו על ברכיהם ולא יוכלו למלט את עלמם מן המשא לבל ישאום בגולה ונפשם הם עלמם הלכו בשבי וכאומר ואיך א״כ יוכלו להליל את העובדים להם: (ג) שארית בית ישראל. כי עשרת השבטים כבר גלו והיו רובם: העמוסים. הטעונים עלי מעת לאתם מבטן ולפי שאמר למעלה שהעלבים יהיו עמוסים על הבהמות לזה אמר במשל מהאומן הנושא את היונק שהוא נושאו ואינו נושא ר״ל שהוא מעולם בעזרתם: הנשואים וגו׳. כפל הדבר במ״ש: (ד) ועד זקנה. כמו שנשאתי אותם מעת לאתם מבטן כן אשא אותם

מצודת ציון

לאתכם בלולאות: עצביהם. כן יקראו הפסילים ע״ש שמעליבים לב עובדיהם לועקים אליהם ואינם נענים: עמוסות. ענין הטענת משא כבד וכן אבי העמים עליכם (מ״א י״ב): לעיפה. מל׳ עייפות ויגיעה: (ב) מלט. ענין הללה: ונפשם. כמו וגופם וכן ורקם נפשו (לעיל כ״ט): (ג) שארית. שיור: מני. מן. והיו״ד נוספת:

did the idols not save their worshippers, but they themselves knelt and squatted, i.e. they were broken and they fell to the earth.

Their images were to the beasts **and to the cattle**—After they broke them, they carried them away to Persia and Media on beasts of burden in order to salvage the gold and silver with which they were plated.

to the beasts and to the cattle; what you carry is made a load, a
burden for the weary. 2. They soiled themselves, yea they
squatted together, they could not deliver the burden, and they
themselves have gone into captivity. 3. Hearken to Me, the
house of Jacob, and all the remnant of the house of Israel, who
are borne from birth, carried from the womb. 4. And until old
age I am

Redak renders: Through the Lord they shall be justified—The nations shall be ashamed, but Israel shall be justified through their worship of God, and they shall boast of it before the nations, for they were devoted to Him throughout the years of their exile.

1. **Bel squats; Nebo soils himself**—*The deities of Babylon squatted and soiled themselves. This is an expression of ridicule of the idols, like one who suffers from diarrhea and does not manage to sit down on the seat in the privy before he discharges with a splash.*—[*Rashi*]

Bel squats; Nebo soils himself—Heb. כָּרַע בֵּל קֹרֵס נְבוֹ, *Akropid sei Bel; konkiad sei Nebo. Bel squats; Nebo soils himself. So I heard in the name of Rabbenu Gershom, the Light of the Diaspora.*—[*Rashi*]

their idols were—*The images of the forms of Bel and Nebo were to the beasts and the cattle, compared to the beasts and the cattle, which soil and dirty themselves with their droppings.*—[*Rashi*]

what you carry is made a load, a burden—*The feces in their bowels are heavy to bear like a burden for a weary man. Therefore, they soiled themselves and squatted together, the soiling with the squatting.*—[*Rashi*]

2. **they could not deliver the burden**—*to discharge the feces in their bowels as others discharge, in the normal manner.*—[*Rashi*]

deliver—Heb. מַלֵּט, *an expression of discharging from an imbedded place. Comp.* "(supra 34:15) *There the owl has made its nest, and she has laid eggs* ([וַתְּמַלֵּט])" "*She has discharged her egg. Comp. also* "(infra 66:7) *And she has been delivered* (וְהִמְלִיטָה) *of a male child." Jonathan,* however, *did not render these verses in this manner.*—[*Rashi*]

Jonathan renders: Bel kneels; Nebo is cut off; their idols were the image of beasts and cattle. The burdens of their idols were heavy upon their bearers, and they are weary.

[2] They were cut off, they were broken off together, and they could not save their bearers, and their worshippers went into captivity.

Redak renders as follows: [1] **Bel kneels; Nebo squats.** The prophet resumes his ridicule of the idols he mentioned in the preceding chapter, in which he mentions the idolaters who carry their graven wooden images. Here he declares that when Babylon was conquered, not only

הוּא וְעַד־שֵׂיבָה אֲנִי אֶסְבֹּל אֲנִי עָשִׂיתִי
וַאֲנִי אֶשָּׂא וַאֲנִי אֶסְבֹּל וַאֲמַלֵּט: ה לְמִי
תְדַמְּיוּנִי וְתַשְׁווּ וְתַמְשִׁלוּנִי וְנִדְמֶה:
ו הַזָּלִים זָהָב מִכִּיס וְכֶסֶף בַּקָּנֶה יִשְׁקֹלוּ
יִשְׂכְּרוּ צוֹרֵף וְיַעֲשֵׂהוּ אֵל יִסְגְּדוּ אַף־
יִשְׁתַּחֲווּ: ז יִשָּׂאֻהוּ עַל־כָּתֵף יִסְבְּלֻהוּ
וְיַנִּיחֻהוּ תַחְתָּיו וְיַעֲמֹד מִמְּקוֹמוֹ לֹא

תרגום

עָלְמַיָּא מֵימְרִי קַיָּם אֲנָא
בְּרֵית כָּל אֱנָשָׁא וַאֲנָא
בְּדְרֵית יַתְהוֹן לִבְנֵי
עַמְמַיָּא אַף אֲנָא אֶשְׁבּוֹק
לְחוֹבֵיהוֹן וְאֶסְלַח: ה לְמַן
תְּדַמּוֹן קֳדָמַי וּתְשַׁווֹן
וּתְכַוְנוּן קֳדָמַי בִּקְשׁוֹט:
ו הָא עַמְמַיָּא גָּבַן דְּהַב
מִכִּיס וְכַסְפָּא בְּמֹאזַנְיָא
תַּקְלִין אַגְרִין קֵינָאָה
וַעֲבֵיד לֵיהּ דַּחֲלָא סָגְדִין
אַף מִשְׁתַּעְבְּדִין: ז נָטְלִין
לֵיהּ עַל כַּתְפֵּיהוֹן סָבְלִין
לֵיהּ מַחֲתִין לֵהּ בְּאַתְרֵהּ
וְקָאֵים מֵאַתְרֵהּ לָא

ת"א הזלים זהב. ב"ב כה (כלאים לא סוטה יח יבמות כ קידושין סד ב"ב יז) :על כתף. (ברכות י"ג) :

סהר"י קרא

אמו עד שיזקין אני הוא עמו העומסו. אני עשיתיו ואני עומסו. ולא כעכו"ם שנושאין את פסלם. העכו"ם סובלים את צלמם שנאמר ישאהו על כתף יסבלוהו. אבל אני אסבול את בריותי: ואמלט. לא כע"ז שנאמר בה לא יוכלו מלט משא. לאחר שיש [בי]כח להציל את עובדי ואסבול ונושא אותם: (ה)למי תדמיוני

רש"י

זקנה. אשר זקנתם וכלה כוחכם שאין לכם זכות אני הוא ברחמי ובמדת טובי להושיעכם ולעמוס ולשאת ולמלט לפי שאמר על ירשתם שהיא נסבלת וגם משאה אינה יכולה למלט אמר אבל אני הסובל אחרים ואת משאי אמלט: (ה) ותמשילוני. כמו (איוב ל') ואתמשל כעפר ואפר לשון דמיון: ונדמה. ונהיה אני והוא דומין זה לזה: (ו) הזלים זהב מכים. לשון יזלו מים (תהלים

רד"ק

ששים לזקנה בן שבעים לשיבה: אני הוא. אני הוא עמכם: אני עשיתי. וכיון שעשיתי וגדלתי אתכם עלי לשאת ולסבול אתכם והמשא והסבל עליו יתברך היא דרך משל: ואמלט. אמלט אתכם מגלות בבל: (ה) למי תדמיוני. ונדמה. ואהיה נדמה אמר זה כנגד בני בבל שהיו בוטחים בפסיליהם ומעבידים בישראל ואומרים לא יוכל אלהיהם להציל אותם מידינו כי אלהינו מסרם בידינו לפיכך אמר איך תדמו אותם אלהים לי כי אותם הם מזהב וכסף ומעשה ידי אדם הם: (ו) הזלים. ענין זול בדברי רבותינו ז"ל מוציאין הזהב בזול אע"פ שהזהב ביוקר הם עושים אותו לפסילים כזול ומוציאים הרבה ממנו מכיסם: בקנה. הוא קנה המאזנים: אף ישתחוו. ההשתחואה יותר מהסגידה לפיכך אמר אף כמו שפירש בפסוק יסגוד לו וישתחו: (ז) ישאוהו. אחר שיעשהו הצורף ישאוהו לביתם כי לא ילך ברגליו: תחתיו. במקומו: ויעמוד. יעמוד שם במקום שיניחוהו: לא ימיש. פעל עומד מבנין הפעיל וכן לא ימיש

אבן עזרא

מיום שהיו עם השם עד עולם: **אני עשיתי.** ישראל ולא כאלהי בבל שהבבליים יעשו אלהים ואני אשא ואמלטם ולא כמוהם שלא יכלו למלט משא: (ה) **למי. ותשוו.** אותי ונדמה שנינו: (ו) **הזלים.** עם עובדי עבודה זרה ידבר הזלים רבים הוציאוהו מגזרת אזל מכלינו והוא חסר אל"ף והנכון שאין רע לו כי אזל פיעל עומד וטעמו הכותנים זהב מכיסם והנה כתור' אבנים בכים והנה הוא במאזנים גם קנה כן טעמו ואין רע לו: (ז) **ישאוהו. תחתיו.** במקומו:

מצודת ציון

הנשואים. מל' משא: רחם. כחם הבטן: (ד) שיבה. הוא יותר מהזקנה: אסבול. ענין טעינת משא וכן יסור סובלו (לעיל י'): (ה) תדמיוני. מל' דמיון: ותשוו. מל' השוה: ותמשילוני. ענין דמיון: (ו) הזלים. מל' הזלה ושפיכה וכן יזלו מים (תהלים קמ"ז): מכים. ענין אמתחת ושק: בקנה. הוא כענין מטה ובו תולים מאזני המשקל: ישקולו. מל' משקל: ישכרו. מלשון שכר: יסגדו. ענין השתחואה אלא שקטנה הימנה וכן יסגד לו (לעיל מ"ד): (ז) יסבלוהו. מל' סבל ומשא: תחתיו. במקומו וכן וישבו

מצודת דוד

עד הזקנה ועד ימי השיבה אסבול אותם על שכמי ר"ל כמו שהייתי בעזרתם מאז כן אהיה עד עולם: אני עשיתי וגו'. לא כהפסילים אשר האומנים עשאום ואף המה נושאים אותם וסובלים משאם ובבוא האויב לא יוכלו למלט את עצמם כי אני עשיתי את ישראל ואני אשא אותם ואסבול משאם ר"ל אהיה בעזרתם ואמלטם מן האויב בבואו: (ה) למי תדמיוני. אל מי תדמו אותי ותאמרו שאני שוה לו: ותמשילוני ונדמה. אל מי תמשילו אותי ונהיה דומים אני והוא: (ו) הזלים. אתם העכו"ם השופכים זהב מן הכים ושוקלים כסף בקנה המאזנים ושוכרים צורף ועושים אל וישתחוו אליו: (ז) ישאוהו. כ"א נושא האל וסובל משאו על כתפו: ויניחוהו. ואם מניחו במקומו יעמוד שם ולא יסור ממקומו: אף יצעק. אף אם הוא

5. **To whom shall you liken Me . . . that we may be alike?**—He addresses the Babylonians, who trusted in their gods and enslaved the Israelites, saying that their God could not rescue them from their slavery, for He had already delivered them into their hands. He, therefore, asks them, "How can you liken those gods to Me? They are made of silver and gold and are the handiwork of man."—[*Redak*]

and compare Me—Heb. וְתַמְשִׁלֻנִי. *Comp.* "(Job 30:19) *And I have become like* (וָאֶתְמַשֵּׁל) *dust and ashes.*" *An expression of comparison.*—[*Rashi*]

that we may be alike—*that I and*

the same, and until you turn gray I will carry; I have made and I will bear and I will carry and deliver. 5. To whom shall you liken Me and make Me equal and compare Me that we may be alike? 6. Those who let gold run from the purse and weigh silver with the balance; they hire a goldsmith and he makes it a god, they kneel, yea they prostrate themselves. 7. They bear it, on the shoulder they carry it, and they put it in its place and it stands, from its place it does not move;

The beasts mentioned were elephants. No other beasts, other than cattle, are suitable for bearing burdens.

your bearers are laden—The animals that carry you are overloaded. Here he derisively addresses the broken images.

a burden for a weary one—This is a burden for a weary beast. I.e. this is too much of a burden for a weary beast.

[2] **They squat, they kneel together; they cannot deliver the burden**—The broken idols squat and kneel; they attempt to escape their fate of being carried away by the animals.

they themselves have gone into captivity—Not only have they been unable to save their worshippers, but they themselves have gone into captivity.

3. **and all the remnant of the house of Israel**—Here he addresses the Jews who were exiled to Babylon after the exile of the ten tribes who did not return.—[*Redak*]

who are borne from birth—*Since you were born in the house of Laban the Aramean, I bore you on My arms, for since then, adversaries stand up against you in every generation (and not like the idolaters* (*other nations—K'li Paz* and mss.) *who are laden and carry their gods, as is mentioned above, but you are laden and borne in My arms.)*—[*Rashi*] Parenthetic material does not appear in all mss.

4. **And until old age**—*that you have aged and your strength is depleted, that you have no merit, I am the same with My mercy and with My trait of goodness to save you and to bear you and to carry you and deliver you. Since he says regarding their deity, that it is carried and also that it cannot deliver its burden, he says, "But I bear others, and I will deliver My burden."*—[*Rashi*]

These two terms are used figuratively to denote eternity.—[*Ibn Ezra*]

Literally, זִקְנָה is at age sixty and שֵׂיבָה is at age seventy.—[*Redak*]

I have made—Israel, not like the gods of Babylon who are made by their worshippers, and I will bear you and deliver, not like their gods who cannot deliver their burden.—[*Ibn Ezra*]

יָמִישׁ אַף־יִצְעַק אֵלָיו וְלֹא יַעֲנֶה מִצָּרָתוֹ
לֹא יוֹשִׁיעֶנּוּ׃ ח זִכְרוּ־זֹאת וְהִתְאֹשָׁשׁוּ
הָשִׁיבוּ פוֹשְׁעִים עַל־לֵב׃ ט זִכְרוּ
רִאשֹׁנוֹת מֵעוֹלָם כִּי אָנֹכִי אֵל וְאֵין
עוֹד אֱלֹהִים וְאֶפֶס כָּמוֹנִי׃ י מַגִּיד
מֵרֵאשִׁית אַחֲרִית וּמִקֶּדֶם אֲשֶׁר לֹא־
נַעֲשׂוּ אֹמֵר עֲצָתִי תָקוּם וְכָל־חֶפְצִי
אֶעֱשֶׂה׃ יא קֹרֵא מִמִּזְרָח עַיִט מֵאֶרֶץ

אֶפְשַׁר לֵיהּ דִינוּד אַף
יִבְעֵי מִנֵהּ לָא יְתִיבִינֵהּ
מֵעָקְתֵהּ לָא יִפְרְקִנֵהּ׃
ח אִדְכָּרוּ דָא וְאִתַּקָפוּ
וַאֲתִיבוּ מְרוֹדִין עַל לֵב׃
ט אִדְכָּרוּ קַדְמָיָתָא דְמִן
עָלְמָא אֲרֵי אֲנָא אֱלָהּ
וְלֵית עוֹד אֱלָהּ בַּר מִנִי׃
י מְחַוֵי מִן אוּלָא לְסוֹפָא
וּמִלְקַדְמִין דְלָא
אִתְעֲבִידָא אֲמַר מִלְכִי
יִתְקַיֵם וְכָל רְעוּתִי
אַעְבֵד׃ יא דַאֲמַר לְכַנָשָׁא
גָלְוָתָא מִמַדִינְחָא
לְאַיְתָאָה בִּגְלֵי כְעוֹף

ת״א מגיד מראשית. עקידה שער לה:

רש״י

קמ״ז): בקנה ישקולו. הוא קנה המאזנים שקורין (פליי״ל בלע״ז): (ח) זכרו זאת. אשר אני הפך לומר: והתאוששו. והתחזקו כמו לאשישי קיר חרשת (לעיל ט״ז): השיבו פושעים על לב. ומה אני אומר לכם לזכור ולהשיב על לב: (ט) זכרו ראשונות מעולם. אשר ראיתם כי אנכי אל ואין עוד אני אלהים ואפס כמוני: (י) מגיד מראשית אחרית. גלות מצרים וגאולתה הודעתי בבין הבתרים לפני היותם: (יא) קורא ממזרח עיט. מארץ ארם שהיא במזרח קראתי לי את אברהם להיות נמלך בעצתי: עיט. כמו התיב עיטא וטעים (דניאל ב׳) אתיעטו כל סרכי

מהר״י קרא

ותשוו: ותמשילוני ונדמה. ואהיה נדמה להם. תוכלו לדמותי לאותם הגוים: (ו) הזלים זהב מכיס וכסף בקנה ישקלו. וישכרו צורף ויעשו אל: (ח) זכרו זאת והתאוששו. התחזקו (בצאתו) [באלהותו]. ודומה לו בבראשית רבא. שדורש לפי שהיו ברכות מפוקפקות בידו והיכן נתאששו בידו. אחי יהי לך אשר לך. וכן לאשישי קיר חרשת. אף כאן זכרו כמה זרה עלובה ע״ז. והתאוששו והתחזקו באלהותו: (ט) זכרו ראשונות מעולם. נסים וגבורות שעשיתי לישראל מימי קדם: (י) אומר עצתי תקום. מה שיעצתי שיבא כורש ויחריב את בבל היא

אבן עזרא

לא ימיש. פועל יוצא לא יוכלו להמיש נפשו ממקומו או הוא פועל עומד והראשון הוא הנכון: יצעק. מוסף אחר עמו וכן הוא ומצרתו יצעק: (ח) זכרו. והתאוששו. י״א כמו והוסדו כמו אשיותי׳ ואושיא יהיטו. ורבינו הי׳ גאון ז״ל אמר שהוא מגזרת אש כאילו הוא התחררו. והגאון רב סעדיה ז״ל אמר שהוא משא והטעם הוקדו כטעם והיה בלבי כאש בוערת והשיבו זאת על לב: (ט) זכרו ראשונות. שעברו על כן אמר מעולם אז תדעו כי אני לבדי אל: (י) מגיד. כי הגדתי האחרית מראשית והטעם קודם היותו כי מי יוכל לבט׳ גזרותי כי לעולם עצתי תקום וכל חפצי אעשה: (יא) קורא ממזרח עיט. הוא כורש וקראו עיט כאילו יעוף למלאות רצוני: אף דברתי. זאת הגזירה

רד״ק

מתוך האהל: (ח) זכרו זאת והתאוששו. מבנין איש כלומר היו אנשים ולא בהמות שלא יבינו ולא ישכילו ויש מפרשים התחזקו כענין אשישי קיר חרשת שענינו יסודות שהם חוזק הקיר. וכן ת״י ואתקיפו וא״א ז״ל פירש מענין אש הכוו והשרפו כלומר הכלמו ממעשיכם הרעים: (ט) זכרו ראשונות מעולם. שהוצאתי ישראל ממצרים בעל כרחם ובאלהיהם עשיתי שפטים בזה תוכלו להכיר כי אנכי אל ואין עוד אלהים: ואפס. כמו אין: (י) מגיד. כי כל העתידות האלה הגדתי טרם בואם שיבא כורש ויחריב בבל ואלהיה ויוציא ישראל מתוכה: אומר עצתי תקום. אני אומר ועושה ועצתי שאמרתי תקום ואין מפר וכל חפצי אעשה ואין מוחה בידי: (יא) קורא. אמר זה על כורש שיבא מארצו שהיא מזרחית לבבל ויבא קל מהרה כמו העוף לפיכך

מצודת דוד

צועק אליו בקול גדול לא יענה ולא יושיענו מצרתו וכאומר היש סכלות גדול מזה להאמין בדבר שאין בו ממש: (ח) זכרו זאת. דבר התוהו שיש בעכו״ם: והתאוששו. התחזקו לקנות לב השיבו אתם הפושעים בי תנו לב על הדבר: (ט) זכרו. תנו לב לזכור הנפלאות הראשונות שעשיתי מימות עולם: (י) מגיד. אני מגיד אחרית הדבר מראשיתו: ומקדם. ומלפנים אגיד דברים אשר לא נעשו עדיין אף ראשית הדברים: אומר וגו׳. אומר אני עצתי תתקיים כי אין ביד מי לבטלה: וכל חפצי אעשה. כפל הדבר במ״ש: (יא) קורא. אני הוא הקורא את העיט לבא ממזרח ר״ל העיר לב כורש היושב במזרחה של בבל ומהרה קל יבא כעוף הפורח:

מצודת ציון

תחתם (יהושע ה׳): ימיש. ענין הסרה כמו לא ימוש עמוד הענן (שמות ט׳): יענה. מל׳ עניה ותשובה: (ח) והתאוששו. התחזקו כבנין היסוד כמו לאשישי קיר חרשת (לעיל ט״ז): (ט) ואפס. ענינו כמו לא: (יא) עיט. כן יקרא העוף הדורס כמו וירד העיט (בראשית ט״ו):

happens, for who can annul My decrees, for My counsel shall always stand and all My desire I will do.—[*Ibn Ezra*]

I announce all future events before they come about, viz. that Cyrus will come and destroy Babylon and its gods and release Israel.—[*Redak*]

11. **[I] call from the east a swift bird**—Heb. עַיִט. *From the land of Aram, which is in the east, I called*

yea he cries to it and it does not answer; from his distress it does
not save him. 8. Remember this and strengthen yourselves,
take to heart, you transgressors. 9. Remember the first things
of old, that I am God and there is no other; I am God and there
is none like Me. 10. [I] tell the end from the beginning, and
from before, what was not done; [I] say, 'My counsel shall
stand, and all My desire I will do.' 11. [I] call from the east a
swift bird, from a distant land

he be alike, one to the other.—[*Rashi*]

6. **Those who let gold run from the purse**—Heb. הַזָּלִים, *an expression of* "(Ps. 146:18) *Water runs* (יִזְּלוּ)."—[*Rashi*]

Others derive this from זול, *cheap.* They treat gold as though it were cheap, using so much in the construction of their idols.—[*Redak*]

with the balance—Heb. קָנֶה, *the bar of a scale, called flaél in O.F.*—[*Rashi*]

yea they prostrate themselves—Prostrating themselves is more than kneeling.—[*Redak*]

7. **They bear it**—After the smith completes it, they carry it home since it cannot walk with its feet.—[*Redak*]

and it stands—It stands there, where they put it.—[*Redak*]

8. **Remember this**—*what I wish to say.*—[*Rashi*]

and strengthen yourselves—Heb. וְהִתְאֹשָׁשׁוּ. *Comp.* "(supra 16:7) *For the walls* (לַאֲשִׁישֵׁי) *of Kir-hareseth.*"—[*Rashi*] I.e. strengthen yourselves with fear.—[*Ibn Ganah*]

Redak quotes this interpretation, but he, himself, derives it from אִישׁ, *man.* Be understanding humans, not animals, who do not understand. He quotes his father, who derives it from אֵשׁ, *fire.* Be burnt, ashamed of your evil deeds. See also *Sepher Hagaluj,* p. 73. This coincides with *Rav Hai Gaon* quoted by *Ibn Ezra. Rav Saadiah* derives it from the same root, but explains it as: "be flamed"; comp. "(Jer. 20:9) This word was in my heart like a burning fire."

take to heart, you transgressors—*And what do I say to you remember and to take to heart?*—[*Rashi*] I.e. the following verse answers this question.

9. **Remember the first things of old**—*that you have seen that I am God and there is no other; I am God and there is none like Me.*—[*Rashi*]

Remember that I took Israel out of Egypt against the will of the Egyptians and that I executed judgments upon their gods. Through this, you can recognize that I am God and there is no other.

10. **[I] tell the end from the beginning**—*The Egyptian exile and its redemption I announced* in the Covenant *between the Parts, before they came about.*—[*Rashi*] See Gen. 15:13f.

I announce the event before it

מרחק איש עצתו* אף־דברתי אף־
אביאנה יצרתי אף אעשנה: יב שמעו
אלי אבירי לב הרחוקים מצדקה:
יג קרבתי צדקתי* לא תרחק ותשועתי
לא תאחר ונתתי בציון תשועה
לישראל תפארתי:

קליל מארע רחיקא בני אברהם רחימי אף מלית אף איתינה אף אתקינתא אף אעבדינה: יב קבילו למימרי תקיפי לבא דרחיקין מזכותא: יג קריבא זכותי לא תתרחק ופורקני לא יתעכב ואתן בציון פריק לישראל תושבחתי:

ת"א אבירי לב. ברכות ז זוהר לך (מעשר שני נו סוטה כד): עצתי קרי קמץ בז"ק

מהר"י קרא

הקום: (יב) שמעו. אבירי לב. ישראל המתאמצים ביראת אלהיהם: הרחוקים מצדקה. וממשפט, שעמדתם בגלות בבל לא נעשה לכם משפט מכשדים שהגלו אתכם. רב לכם זה שבעים. מעתה: (יג) קרבתי צדקתי לא תרחק. שיעשה משפט וצדקה בבבל על ידי כורש: ותשועתי לא תאחר. שתאחר להיות נגאלים מבבל. ואותה שעה בשוב ה׳ שבות עמו מבבל:

רש"י

מלכותא (שם ו׳) וגם יש לפותרו בלשון עוף קראתי למהר אחרי כעוף הפורח ונודד ממקומו: ומארץ מרחק. קראתי לאיש עצתי ועמו יעצתי בין הבתרים ד׳ גליות כמו שמפורש בבראשי׳ רבה והנה אימה חשכה גדולה וגו׳: אף דברתי. עמו הגליות וגאולתן אף אביאנה: (יב) אבירי לב. אשר אמצתם לבבכם בין העכו"ם ונדבקתם בי: הרחוקים מצדקה. אשר ארכו לכם הימים ולא הראיתי אתכם צדקתי לגאול: (יג) קרבתי צדקתי. מעתה ולא תרחק:

רד"ק

קראו עיט: איש עצתי. שקיים מה שיעצתי על בבל דברתי זאת הגזרה ואביאנ׳ ובאמרו אף לרבות המעשה על המאמר והראשון לרבות הקריאה שזכר והקריאה היא שהעיר את לבבו כאלו קרא לו והדבור הוא על ידי הנביא. ואדוני אבי ז"ל פי׳ זה הפסוק על מלך המשיח וקראו עיט שיעוף במהרה בזמנו וכן שני הפסוקים שאחר זה על גאולת הגלות הזה וכן ת"י על הדרך הזה דאמר לכנשא גלותא וגו׳: (יב) שמעו. אמר לאנשי בבל שהם אבירי לב ואכזרים לישראל: הרחוקים מצדקה. מעשות צדקה להם: (יג) קרבתי. תפארתי התשועה שאתן להם תהיה

אבן עזרא

אף אביאנה יצרתיה בגזירת שמים אף אעשנה בארץ: (יב) שמעו. אבירי לב. שאינם מאמינים בדברי השם כטעם חזקי לב: (יג) קרבתי צדקתי. להראותה וזה טעם לבא: לא תאחר. עלמה עמו מבוא דרך משל בעבור שהוא פועל יוצא: ונתתי. מושך אחר עמו וכן הוא ונתתי

מצודת דוד

איש עצתי. הוא כורש שיעשה מה שיעלתי על בבל וכפל הדבר כמ"ש: אף דברתי. הדבר הזה דברתי טרם בואה: יצרתי. את הפורעניות הזאת על בבל: (יב) אבירי לב. הם אנשי בבל שהם אבירי לבב ואכזרים על ישראל ורחוקים המה מעשות להם צדקה וחסד: (יג) קרבתי. הנה אני קרבתי צדקתי לישראל ולא תרחק מהם: ותשועתי. קרבתי תשועתי ולא תאחר לבוא: לישראל תפארתי. ר"ל התשועה אתן לישראל שהם עם תפארתי כמ"ש ובישראל יתפאר (לעיל מ"ד):

My righteousness to redeem you.—[*Rashi*]

Kara explains this verse as a reference to the Jews in the Babylonian exile, rendering: **that are far from righteousness**—and justice, for you have stayed in the Babylonian exile and no justice has been executed against the Chaldees who exiled you. These seventy years are sufficient for you.

Others interpret this verse in a derogatory manner, as addressed to the Babylonians who are stouthearted and cruel to Israel, and far from practicing righteous deeds to them.—[*Redak*] Alternatively, to the obstinate, who do not believe in God's word.—[*Ibn Ezra*]

13. **I have brought near My righteousness**—*from now on, and it will not be far off.*—[*Rashi*] For He shall execute justice and righteousness against Babylon through Cyrus.—[*Kara*]

and My salvation shall not delay—You will soon be redeemed from Babylonia.—[*Kara*]

to Israel, My glory—The redemption that I give them shall be glory to Me.—[*Redak*] Alternatively, I will give Israel My glory, or: to Israel, who are My glory.—[*Ibn Ezra*]

the man of My counsel; yea I spoke, I will also bring it; I
formed it, I will also do it. 12. Hearken to Me, you stout-
hearted, that are far from righteousness. 13. I have brought
near My righteousness, it shall not go far, and My salvation
shall not delay, and I will give salvation in Zion, to Israel, My
glory.

Abraham to Me to take counsel with Me.—[*Rashi*]

עֵיט—*Comp.* "(Dan. 2:14) *Answered with counsel* (עֵיטָא) *and discretion.*" "(ibid. 6:8) *All the presidents of the kingdom have taken counsel* (אִתְיָעֲטוּ)." *Alternatively, it can be interpreted as an expression of a bird. I called him to hasten after Me like a bird that flies and wanders from its place.*—[*Rashi*]

from a distant land—*I called My man of counsel, and with him I took counsel between the parts* concerning *the four exiles, as it is explained in Gen. Rabbah* (44:17) *And behold, a fear, great darkness was falling upon him*—'Fear' refers to Babylon . . . 'Darkness' refers to Media, who darkened the eyes of Israel with fasting. 'Great' refers to Greece . . . 'Was falling upon him' refers to Edom . . . etc.—[*Rashi*]

yea I spoke—*with him* concerning *the exiles and their redemption; I will also bring it.*—[*Rashi*]

According to *Rashi*'s first interpretation of עֵיט, it is derived from the Aramaic word for counsel. Consequently, the second part of the verse is a repetition of the first. According to the second interpretation, it is derived from עיט, *to swoop,* denoting a swift bird. *Redak* and *Ibn Ezra,* too, interpret it as a bird. They, however, identify the swift bird with Cyrus, who will come swiftly from his country, situated east of Babylon. He, too, is 'the man of My counsel,' the one destined to fulfill My counsel concerning Babylon.—[*Ibn Ezra, Redak*]

yea I spoke—In addition to inspiring him to come, I informed My prophet of the destruction of Babylon.—[*Redak*]

I will also bring it—the fulfillment of my decree.—[*Redak*]

Rabbi Joseph Kimchi interprets it as a reference to the King-Messiah, who will come swiftly when the time arrives. *Jonathan,* too, renders the verse as a reference to the ingathering of the exiles, which will come about swiftly.—[*Redak*]

12. **stout-hearted**—*You who have strengthened your heart among the heathens* (*the nations*—*Parshandatha, K'li Paz*) *and have clung to Me.*—[*Rashi*] *Kara,* too, renders: **Hearken to Me, you stout-hearted**—Israel, who strengthen themselves in the fear of their God.

that are far from righteousness—*For it has been a long time for you, and I have not demonstrated to you*

לְיִשְׂרָאֵל תִּפְאַרְתִּי: מז א רְדִי | וּשְׁבִי
עַל־עָפָר בְּתוּלַת בַּת־בָּבֶל שְׁבִי־לָאָרֶץ
אֵין־כִּסֵּא בַּת־כַּשְׂדִּים כִּי לֹא תוֹסִיפִי
יִקְרְאוּ־לָךְ רַכָּה וַעֲנֻגָּה: ב קְחִי רֵחַיִם
וְטַחֲנִי קָמַח גַּלִּי צַמָּתֵךְ חֶשְׂפִּי־שֹׁבֶל

א חוּתִי וְתִיבִי עַל עַפְרָא
מַלְכוּ כְּנִשְׁתָּא דְבָבֶל
תִּיבִי לְאַרְעָא לֵית כּוּרְסֵי
יְקַר מַלְכוּת כַּשְׂדָּאֵי אֲרֵי
לָא תוֹסִיפִין דִּיקְרוּן לִךְ
רַכִּיכָא וּמְפַנְּקָא: ב קַבִּילִי
מְרוּעָא וְעוּלִי בְשִׁעְבּוּד
גְּלָא יְקַר מַלְכוּתִיךְ
אִתְבָּרוּ שִׁלְטוֹנַיִךְ
אִתְגַּבְּרוּ עַם מַשִּׁרְיָתִיךְ

גלו ת"א קחי ריחים. סנהדרין לו: בלרע גלי

רש"י

מז (א) אין כסא. אין מלכות: **כי לא תוספי.** שיקראו לך עוד רכה וענוגה: **(ב) קחי רחים.** היא עבודה קשה כלומר השתעבדי מעתה למלכי מדי ופרס. דבר אחר וטחני קמח לצדה לדרך גלותך: **גלי צמתך.** זרועיך ושוקיך דברים המגולות וקשור ומכוסה: **חשפי שובל.** גלי השבילים מן המים שעליהם כי דרך שם תלאו

מהר"י קרא

מז (א) רבי ושבי על עפר בתולת בת בבל. שהיתה דומה בשלותה לבתולה שלא נסתה כף רגלה הצג על הארץ: כי לא תוסיפי. שיקראו לך עוד ענוגה ורכה: (ב) **קחי** רחים וטחני. קמח. כשפחה הטוחנת אחר הרחים. כשהיו שובים אתכם ומוכרין אתכם לעבדים ולשפחות מגוי לגוי והיו מעבידים אתכם בעבודה קשה שבמלאכות: גלי צמתך. שקורין בלע"ז יבל"א. אלו שעל הרגל: חפשי שובל. זו ארכובה: גלי שוק. ירך העליון. לפי שעד עכשיו דמיתך לבתולה בגדלך שלא נסתה

אבן עזרא

לישראל תפארתי או טעמו לישראל שהם תפארתי והוא הנכון אחר כך אתפאר:

מז (א) בתולת בת בבל. הטעם שהיא כמו בתולה שלא ילאו דמי בתוליה בת כמו קהלת: **אין כסא.** לא יהיה לך כסא לעולם: **ענוגה.** שם התאר כמו אדומה: **(ב) קחי רחים.** כי כן מנהג השפחו' והטעם שתלך בשביה: **קמח.** לא יתכן רק נקרא על שם סופו וכמוהו ובגדי ערומי' תפשיט: **גלי צמתך.** הוא השיער שהוא לפנים בראש: **שבל.** הוא השיער היורד על הלחיים ונקרא על דרך משבולת הנהר על דעת ר' משה הכהן והנכון שאין ריע לו ופירושו כפי מקומו בלא ראיה: **עברי נהרות.**

רד"ק

תפארת לי: (א) רדי ושבי. רדי מכסא ממלכה שהיית מולכת על כל הארצות ושבי על עפר לא שתהיה לך מלוכה אפי' בארצך כי על עפר תשבי כלומר שתהי' חרבה וקראה בתולה שהיתה עד עתה כבתולה שלא נבעלה כלומ' שלא שלטה יד אדם עליה וכפל הענין במ"ש ואמר שבי לארץ וגו': כי לא תוסיפי. **בלרע** בפשטא אחד לבד אמר לא תוסיפי שיקראו לך רכה וענוגה **כמו** שהיו קוראים עד עתה שהיית בעלת תענוגים ובעל **התענוגים** יקרא רך וכן אמר האיש הרך בך והענוג הרכה בך והענוגה **כי** לפי התענוג יהיה הרך והחלושה באבריה' כי אנשי העמל והיגיעה שאין להם תענוג ומאכליהם גסים יהיו קשים וחזקים ויסבלו העמל והטורח: (ב) קחי רחים. כדרך השבוים שישימו איתם בבית הסהר ויטחנו שם כמו שאמר עד בכור השבי אשר אחר הרחים וכן אמר בשמשון ויהי טוחן בבית האסורים אמר לה שתלך בשביה: גלי צמתך. הצמה הוא השער שמתקנת אותו האשה על צעדיה מעל פניה ומכסה אותו בצעיף וזהו כבודה. אבל האשה שתלך בגלות תרד כבודה ולא תשים צעיף והנה צמתה מגולה נופלת על פניה כאשה בזויה: חשפי שובל. חשפי כמו גלי מענין מחשוף הלבן וחשופי שת והרגל יקרא שובל מענין שביל שהוא הדרך שבילי עולם. ושבילך במים רבים והאשה אע"פ שמכסה רגליה בלכתה בדרך תגלה אותם ואם תעבור נהר תגלה אפי' השוק ולפי שרמה בבל לאשה רכה וענוגה אמר לה שתהיה עוד שפחה טוחנת ותלך בשבי גליות צמה ותעבור נהרות גליית שוק: חשפי. החי"ת בסגול.

מצודת דוד

מז (א) רדי. אבל אתה בבל רדי מן הכסא ושבי על העפר: **בתולת בת בבל.** קראה בתולה לפי שלא נכבשה עדיין משום אומה לבוא לרשות אחר כמו הבתולה שלא נבעלה ולא באה לרשות הבעל וכן בתולת בת צידון (לעיל כ"ג): **אין כסא.** לא יהיה עוד לך כסא מלוכה: **יקראו לך.** שיקראו לך רכה וענוגה ר"ל לא תהיה בעלי התענוגים כמאז: **(ב) קחי רחים.** כדרך השבוים שעושים מלאכה כבדה: **וטחני קמח.** אמר קמח ע"ש סופו וכן אפיתי על גחליו לחם (לעיל מ"ד): **גלי צמתך.** דרך הנשים המכובדות לכסות פניהם במסוה והוא מכסה דק ולזה אמר כשתלכי גולה תגלי המכסה הסיה על פניך כדרך השפחות הבזויות: **חשפי שובל.** גלי הרגל בלכתך בדרך כי דרך האשה לכסות הרגל ולא כן כשתלך

מצודת ציון

מז (א) בת בבל. עדת בבל: **רכה וענוגה.** ר"ל בעלת תענוג וכן הרכה בך והענוגה (דברים כ"ח): **(ב) צמתך.** הוא המסוה המכסה את הפנים כמו מבעד לצמתך (ש"ה ד'): **חשפי.** ענין גלוי כמו וחשופי שת (לעיל כ'): **שובל.** מל' שביל ויאמר על הרגל ההולך בשביל וכמו שמלת פעם יאמר על הפסיעות כמ"ש פעמי מרכבותיו (שופטים ה') וכן יאמר על הרגלים כמ"ש פעמי דלים

woman who goes into exile and is subjected to hard labor in prison and the indignities of traveling along the roads and crossing rivers with her hair let down and her legs bare.

Ibn Ezra quotes Rabbi Moshe Hakohen, who derives it from שִׁבֹּלֶת, *current*. The hair that hangs down on her cheeks is likened to the current of the river that runs along.

cross rivers—to grind.—[*Ibn Ezra*] He pictures them as being led

47

1. Descend and sit on the dust, virgin daughter of Babylon, sit on the ground without a throne, daughter of the Chaldees, for no longer shall they call you tender and delicate. 2. Take millstones and grind flour, bare your covered parts, uncover the paths,

1. **Descend**—from the royal throne upon which you sat when you ruled over all the kingdoms.—[*Redak*]

sit on the dust—You shall no longer enjoy dominion even over your own country. Sitting on the dust is figurative of destruction and desolation, i.e. Babylon will be destroyed.—[*Redak*]

virgin—Just as a virgin was never possessed by a man, so had Babylon never been conquered.—[*Ibn Ezra, Redak*]

daughter of Babylon—People of Babylon.—[*Ibn Ezra*] This is similar to *Jonathan,* who renders: kingdom of Babylon.

without a throne—*Without a kingdom.*—[*Rashi*]

for no longer—lit. for you shall not continue, *that they call you tender and delicate.*—[*Rashi*]

Until now, the Babylonians were constantly engaged in pleasures. Consequently, they did not exercise and did not develop their muscles. Instead, they became delicate and tender.—[*Redak*]

2. **Take millstones**—*This is hard labor. I.e. subordinate yourself from now on, to the kings of Persia and Media. Alternatively: And grind flour for supplies on the road of your exile.*—[*Rashi*]

and grind flour—This is a prolepsis. Grind wheat into flour.—[*Ibn Ezra*]

It was customary to imprison the captives and put them to work, grinding wheat into flour. We find an instance of this in the Samson episode in Judges 16:21.—[*Redak*]

bare your covered parts—*Your arms and your legs, parts veiled, tied, and covered.*—[*Rashi*]

Others render: **Bare your crown.** This is the hair on the head, which the woman draws over the temples, off the face, and covers it with a veil, thereby appearing dignified. The woman who is driven into exile no longer maintains her dignity, but removes her veil and goes with her hair hanging over her face like a woman of low social status.—[*Redak.* Also *Ibn Ezra* in brief]

uncover the paths—Heb. חֶשְׂפִּי שֹׁבֶל. *Uncover the paths of the water that is upon them, for that way you shall go out into exile, or bare your leg and cross rivers.*—[*Rashi*] *Rashi* derives שֹׁבֶל from שְׁבִיל, *a path. Redak* takes it as the leg, which walks on the path. The prophet predicts Babylon's degradation by comparing it to a noble-

גַּלִּי־שׁוֹק עִבְרִי נְהָרוֹת׃ ג תִּגָּל עֶרְוָתֵךְ
גַּם תֵּרָאֶה חֶרְפָּתֵךְ נָקָם אֶקָּח וְלֹא
אֶפְגַּע אָדָם׃ ד גֹּאֲלֵנוּ יְהוָה צְבָאוֹת
שְׁמוֹ קְדוֹשׁ יִשְׂרָאֵל׃ ה שְׁבִי דוּמָם וּבֹאִי
בַחֹשֶׁךְ בַּת־כַּשְׂדִּים כִּי לֹא תוֹסִיפִי
יִקְרְאוּ־לָךְ גְּבֶרֶת מַמְלָכוֹת׃ ו קָצַפְתִּי
עַל־עַמִּי חִלַּלְתִּי נַחֲלָתִי וָאֶתְּנֵם בְּיָדֵךְ
לֹא־שַׂמְתְּ לָהֶם רַחֲמִים עַל־זָקֵן

הכבדת

ת"א גלי שוק. ברכות כד: | קמץ בז"ק מלרע

תרגום

גְלוֹ כְמֵי נַהֲרָא׃ ג תִּתְגְלֵי בַּהֲתָתִיךְ אַף יִתְחֲזֵי קְלָנִיךְ פּוּרְעֲנוּת גְמִירָא אִתְפְּרַע מִינִיךְ וַאֲשַׁנֵי דִינִיךְ מִבְּנֵי אֱנָשָׁא׃ ד פָּרְקָנָא יְיָ צְבָאוֹת שְׁמֵהּ קַדִישָׁא דְיִשְׂרָאֵל׃ ה תְּבִי שַׁתְקָא וְעוּלֵי בְקִבְלָא יְקַר מַלְכוּת כַּסְדָאֵי אֲרֵי לָא תוֹסִיפִין דִיקְרוֹן לִיךְ תְּקֵיפַת מַלְכְּוָן׃ ו רְגֵיזִית עַל עַמִּי אַפֵּיסִית אַחְסַנְתִּי וּמְסַרְתִּינוּן בִּידָךְ לָא אִתְמַלֵית עֲלֵיהוֹן רַחֲמִין עַל סָבָא אַתְקֵיפְתְּ

מהר"י קרא

כף רגלה הצג על הארץ. מכאן ואילך תלכי בגלות ערום ועריה: (ג) נקם אקח. שהחרבת את עירי ושרפת את היכלי. ומאותה שעה בנקום נקמתי מבבל. גואלנו ה' צבאות שמו: (ו) קפצתי על עמי [וגו'] ואתנם בידך לא שמת להם רחמים. לא שמת אל לבך לאמר. אם אכביד עולי עליהם. אחר ירצו

רש"י

בגולה או גלי שוקך ועברי נהרות: (ג) **ולא אפגע אדם.** לא אבקש פני אדם לקחת נקמתי: (ד) **גואלנו ה' צבאות שמו.** הנביא אומר כל זה הקב"ה עושה לגאלנו משם: (ו) **על זקן הכבדת עולך.** על הזקנים שלא היו יכולים

רד"ק

ובמדרש מפרש שובל כענין שבלת הנהר שאמר במדרש חזית חשפי שובל קלפי שבלתא דנהרא: (ג) תגל ערותך. וכפל ואמר גם תראה חרפתך ר"ל שתראה לכל העולם חרפתה: נקם אקח. מהרעה שעשו לישראל: ולא אפגע אדם. מענין פן יפגענו בדבר או בחרב ואדם חסר כ"ף השמוש כמו לב שמח ייטב גהה פירש כגהה וכן אדם פי' כאדם כלומר לא אפגעם כשאר אדם אלא אקח נקמה שלמה מהם ועל הדרך הזה ת"י ואשני דינך מבני אינשא. ויש מפרשים אפגע מענין בקשה כמו אל תפגעי בי וכאשר הוא בלא בי"ת הוא נופל על הנעתר וכן לא אפגע אדם לא אקבל בקשת אדם עליהם וכן פגעת את שש כמו שאני עתיד לפרש: (ד) גואלנו. מי עשה כל זה בבבל גואלנו ה' צבאות והוא יקרא קדוש ישראל כי בעבור ישראל יראה קדושת שמו בבבל: (ה) שבי דומם. שבי בשתיקה שלא ישמע קולך כמ"ש והיה כאוב מארץ קולך. ודומם שם או תאר כלל זכר כמו לנקבה ריק. וכן עורי לאבן דומם ובאי בחשך שלא תראי כי הדין עליך שתהי' נכלמת ולא ישמעו אותך ולא יראו אותך בני אדם כי היית גברת ממלכות ועתה את שבויה וגולה ואם תאמרי שתשובי עוד לממלכתך: לא תוסיפי יקראו לך גברת ממלכות. לא תוסיפי שיקראו לך והוא מלרע כמו אשר בפסוקים שלמעלה והם במסרה שנים מלרע: (ו) קצפתי. כל זה העונש בא לך בשביל ישראל שקצפתי עליהם והם נחלתי וחלקי מכל שאר האומות וכאשר קצפתי עליהם בעונם לא שמת להם רחמים: על זקן. שדרך העולם לכבדו ולא להטריחו וכן אמר ירמיהו

אבן עזרא

לטחון: (ג) **תגל.** מבנין נפעל: **ולא אפגע אדם.** ולא אקבל פגיע' אדם כמו פיוס כמו ואל תפגעי בי והנה אם היה אחר מלת פגיעת בי"ת יהיה הוא הפועל. ויש אומ' נקום אקח ממך ולא אפגע אדם כמו ויפגעו את משה ואת אהרן שיעמוד לי בדרך או שיאמר לי אל תעשה או לא אפגע אדם שלא אשמח: (ד) **גואלנו.** אז יאמרו ישראל זה הוא גואלינו: (ה) **שבי. יקראו לך.** הקוראים כמו אשר ילדה אותה וכן רבים: (ו) **קצפתי.** הנה הטעם כאשר

מצודת ציון

(לעיל כ"ו): שוק. כן יקרא גובה הרגל ממטל: (ה) תגל. תגלה. ערותך. כן קרא דבר הכלוי להתכסות: אפגע. ענין בקשה ושאלה כמו ואל תפגע בי (ירמיה ז'): (ה) דומם. ענין שתיקה כמו וידום אהרן (ויקרא י'): גברת. ענין שררה ושלטנות: (ו) חללתי. מל'

מצודת דוד

בדרך: גלי שוק. כאשר תעבור הנהרות תגלי גם השוק ולפי שהזכיר את בבל בלשון נקבה אמר ענין דמיון הנקבות: (ג) גם תראה. כולם יסתכלו בגלוי ערותך: חרפתך. ר"ל ערותך כי גלוי הערוה לחרפה תחשב: נקם אקח. לנקום נקמת ישראל: ולא אפגע אדם. ולא אקבל פגיעת אדם לבל עשות בהם נקם: (ד) גואלנו. מוסב על המקראות שלפניו לומר כל אלה יעשה גואלנו אשר שמו ה' צבאות וגו': (ה) שבי דומם. שבי מושתק כאבל ובואי בחשך להטמן: יקראו לך. שיקראו לך מושלת על הממלכות: (ו) קצפתי. כאשר קצפתי על עמי ומסרתים בידך לא רחמת עליהם ואף על זקן מאד הכבדת

heavy your yoke.—[*Rashi*]

Alternatively, on the dignified old men, who are usually respected, you gave degrading work. Cf. Lam. 5:12: "The faces of the aged were not honored."—[*Redak*]

bare [your] leg, cross rivers. 3. Your nakedness shall be un-
covered; yea your shame shall be seen; I will take revenge and I
will not entreat any man. 4. Our redeemer, the Lord of Hosts is
His name, the Holy One of Israel. 5. Sit silently and come into
the darkness, O daughter of the Chaldeans, for they shall no
longer call you mistress of kingdoms. 6. I became wroth with
My people, I violated My heritage, and I delivered them into
your hand; you did not show them mercy; on the aged

across rivers to the prison where they will be enslaved and be forced to grind wheat into flour.

3. **Your nakedness shall be uncovered; yea your shame shall be seen**—This is a repetition, using synonyms. I.e. your shame will be seen by the whole world.—[*Redak*]

I will take revenge—for the harm they did to Israel.—[*Redak*]

I will not entreat any man—*I will ask no man to take My revenge.*—[*Rashi*]

Others render: I will accept no entreaty from any man.—[*Ibn Ezra, Redak*]

Alternatively: I will not plague them like a man. I.e. I will not plague them as I do other people, but I will take complete revenge from them.—[*Redak*] He bases this on *Jonathan,* who renders: I will make their sentence different from other people.

4. **Our redeemer, the Lord of Hosts is His name**—*The prophet states: All this the Lord of Hosts does, to redeem us from there.*—[*Rashi*]

the Holy One of Israel—Because of Israel, the holiness of His name will be manifest in Babylon.—[*Redak*]

5. **Sit silently**—Sit in silence lest your voice be heard. Comp. supra 29:4.

and come into the darkness—Hide in the darkness lest you be seen by people that you have been punished by Me and have lost your status of mistress of kingdoms.—[*Redak*]

they shall no longer call you—lit. you shall not continue they shall call you. I.e. you shall not continue that they call you.—[*Redak*]

6. **I became wroth**—All this calamity shall befall you because of Israel. When I became wroth with them because of their sins. I delivered them into your hands, and you did not show them any mercy.—[*Redak*]

Ibn Ezra renders: When I became wroth with My people.

on the aged you made your yoke very heavy—*On the aged, who were unable to bear hard, work, you made*

הִכְבַּדְתְּ עֻלֵּךְ מְאֹד׃ ז וַתֹּאמְרִי לְעוֹלָם
אֶהְיֶה גְבָרֶת עַד לֹא־שַׂמְתְּ אֵלֶּה עַל־
לִבֵּךְ לֹא זָכַרְתְּ אַחֲרִיתָהּ׃ ח וְעַתָּה
שִׁמְעִי־זֹאת עֲדִינָה הַיּוֹשֶׁבֶת לָבֶטַח
הָאֹמְרָה בִּלְבָבָהּ אֲנִי וְאַפְסִי עוֹד לֹא
אֵשֵׁב אַלְמָנָה וְלֹא אֵדַע שְׁכוֹל׃
ט וְתָבֹאנָה לָּךְ שְׁתֵּי־אֵלֶּה רֶגַע בְּיוֹם
אֶחָד שְׁכוֹל וְאַלְמֹן כְּתֻמָּם בָּאוּ עָלַיִךְ׃

מְרָוָתִיךְ לַחֲדָא׃ ז וַאֲמַרְתְּ
לְעָלַם אֱהֵי תַקִּיפַת
מַלְכְּוָן עַד לָא שַׁוִית
אִלֵין עַל לִבִּיךְ לָא
אִדְכַּרְתְּ לְסוֹפָא׃ ח וּכְעַן
שְׁמַעִי דָא מְפַנְקְתָא
דְיָתְבָא לְרַחֲצָן דְאָמְרָא
בְּלִבָּהּ אֲנָא וְלֵית בַּר
מִנִּי עוֹד לָא אֵיתֵיב
אַרְמְלוּ וְלָא אֵדַע תִּיכְלוּ׃
ט וְיֵיתְיָן לִיךְ תַּרְתֵּין אִלֵין
זְמַן בְּיוֹמָא חַד תְּכַל
וְאַרְמְלוּ כִּדְשַׁלְמָן יֵיתוּן
עֲלָךְ בִּסְגִיאוּת חָרָשָׁךְ
בתקוף

רש"י

לסבול טורח הכבדת עולך: (ז) ותאמרי. בלבבך לעולם אהיה גברת ואין פורענות בא עלי והדבר הזה השיאך עד לא שמת אלה המכות שיבואו עליך אל לבך ולא זכרת אחריתה של רעתך שעשית: (ח) עדינה. ת"י מפנקתא: ואפסי עוד. ואפס מאותי כמו אין זולתי: (ט) שתי אלה. שאמרת שלא תשבי אלמנה ולא תדעי שכול תבאנה לך פתאום: שכול. מיושביך: ואלמון. ממלכך כל קבורת בנים וגלות פני הארץ קרוי שכול: כתומם. כולם שלמים

מהר"י קרא

עונם. ויקשה הקב"ה עול אחרים עלי כאשר הקשיתי עולי עליהם: (ח) לא אשב אלמנה. כשאר אומות שנופלין בחרב ונשותיהן אלמנות מבעליהן. ואני איני כן שאיני יודע מהו שכול ואלמון: (ט) כתומם באו עליך. כמו והנה תומים בבטנה.

אבן עזרא

קלפתי על עמי לא רחמת אותם והזכיר הזקן לחסרון כוחו ובעבור כבודו: (ז) ותאמרי. בלבך והיה ראוי שתשימו אלי שעשיתי לעמי: על לבך לא זכרת אחריתה. של גאותך או לא זכרת מה היתה אחרית נחלתי כאשר קלפתי עליה: (ח) ועתה. עדינה. שם התואר מגזרת היתה לי עדנה: ואפסי. היו"ד נוסף כתוספת יו"ד מני אפרים הבעל הוא המלך: שכול. של על משקל דק ככפור חרב שפוט: (ט) ותבאנה. חסרון המלוכה ומות הבנים: כתומם. כאשר היו הרעת שלמות והוא שם הפועל וכל

רד"ק

פני זקנים לא נהדרו: (ז) ותאמרי. אלה. פי' אלה העתידות לבא עליך לא חשבת שיוכלו לבוא ופירש עוד אמר כל כך חשבת שתהי' לעולם גברת עד שלא שמת שום דבר על לבך מרעת שתבא עליך כי חשבת שתהי' לעולם לא זכרת אחרית גאותך הגדולה שתשפל ויש מפרשים לא זכרת אחרית ירושלים שהיתה גברת ונפלה בידך: (ח) ועתה. עדינה. כמו שקראה גם כן ענוגה: ואפסי. ואפס זולתי בגדולה כמוני: אלמנה. העיר אלמנה במות מלכה שהוא לה כמו בעל לאשה והיא שכולה במות עמה שהם כמו בנים לה: (ט) ותבאנה. הוי"ו בשוא: רגע ביום אחד. כי בלילה נהרג בלשאצר המלך ונכנסו פרס ומדי ולכדו העיר כמ"ש ביה בליליא קטיל בלשצר מלכא כשדאה ודריוש מדאה קביל מלכותא ופי' ביום בעת כמו יום צעקתי בלילה נגדך: שכול ואלמון. שם ר"ל שימותו נערים וגדולים ותהיינה הנשים אלמנות מבעליהן ושכולות מבניהן: כתמם.

מצודת דוד

הטול: (ז) ותאמרי. חשבת לומר עד עולם אהיה מושלת על כולם: עד לא שמת וגו'. על שבעבור המחשבה ההוא לא שמת אלה הדברים על לבך לחשוב שגם לך יקרה כמקדם: לא זכרת אחריתה. אחרית וסוף מעשה הרשע ותשלום גמולה: (ח) שמעי זאת. דבר אשר דברתי: עדינה. אתה בכל התפונקת: אני ואפסי עוד. ר"ל אני הגברת ואין עוד זולתי: לא אשב אלמנה. ר"ל לא יהרג המלך ולא יגלה העם כי במות המלך תחשב המדינה לאלמנה ובהגלות עמה תחשב שכולה מבניה: (ט) שתי אלה. האלמנות והשכול תבאנה ברגע אחת כי מיד כשנהרג בלשאצר נלכדה העיר וגלו אנשיה: ביום אחד וגו'. יפרש בזה מה הם השתים: כתומם. כדרך השלמתם

מצודת ציון

חולין וגנאי: (ח) עדינה. ענין עונג ותפנוק וכן מלא כרסי מעדני (ירמיה נא): ואפסי. כמו ואין: שכול. מי שבניו אבודים קרוי שכול כמו כדוב שכול (הושע י"ג): (ט) כתומם. מל' תם והשלמה:

Any burial of children or exile of the people of a land is called bereavement.—[Rashi]

Alternatively, both young and old will die, leaving the women bereaved of their children and widowed of their husbands.—[*Redak*] Comp. *Redak* verse 8.

in their full measure—*All of them, complete in their decree, the bereave-*

you made your yoke very heavy. 7. And you said, "I will for-
ever be a mistress," until you did not take these to heart, you
did not remember its end. 8. And now, hearken to this, delicate
one, who sits securely, who says to herself, "I am [it], and there
is none besides me; I will not sit [as] a widow; neither will I
know bereavement." 9. And these two shall come to you in a
second in one day, bereavement and widowhood; in their full
measure, they shall come upon you

7. **And you said**—*to yourself, "I will forever be a mistress, and no retribution shall come upon me," and this thing enticed you until you did not take to heart these blows that would come upon you, and you did not remember the end of your evil that you have done.*—[*Rashi*]

these—These events destined to befall you, you thought would never come. You thought that you would always be a ruler of kingdoms.—[*Redak*]

its end—The end of your haughtiness, for you believed that it would never end. Alternatively, the end of Jerusalem, which was once high and later became humbled.—[*Ibn Ezra, Redak*] Comp. *Rashi* above.

8. **delicate one**—Heb. עֲדִינָה. *Jonathan renders:* מְפַנְּקְתָּא, *delicate.*—[*Rashi*]

I am [it]—I am the mistress.—[*Mezudath David*]

and there is none besides me—Heb. וְאַפְסִי. *And there is none outside of me. Like* אֵין זוּלָתִי.—[*Rashi*]

There is no other equal to me in greatness.—[*Redak*]

Ibn Ezra renders: And there is no other. The 'yud' is superfluous.

a widow—The city is a widow when its king dies, for the king is to her like a husband to a woman. It is considered bereaved when its people die, for they are like children to her.—[*Redak*]

9. **these two**—*that you said that you would not sit as a widow and you would not know bereavement, shall suddenly come upon you.*—[*Rashi*]

in a second in one day—For Belshazzar the king was killed at night, and the Persians and the Medes entered and captured the city, as in Dan. (5:30): "On that very night, Belshazzar, king of the Chaldees, was slain. (6:1) And Darius the Mede took over the kingdom . . ."

in one day—I.e. at one time, since it took place at night.—[*Redak*]

bereavement—*of your inhabitants.*—[*Rashi*]

and widowhood—*of your king.*

בְּרֹב כְּשָׁפַיִךְ בְּעָצְמַת חֲבָרַיִךְ מְאֹד׃
י וַתִּבְטְחִי בְרָעָתֵךְ אָמַרְתְּ אֵין רֹאָנִי
חָכְמָתֵךְ וְדַעְתֵּךְ הִיא שׁוֹבְבָתֶךְ
וַתֹּאמְרִי בְלִבֵּךְ אֲנִי וְאַפְסִי עוֹד׃ יא וּבָא
עָלַיִךְ רָעָה לֹא תֵדְעִי שַׁחְרָהּ וְתִפֹּל
עָלַיִךְ הֹוָה לֹא תוּכְלִי כַּפְּרָהּ וְתָבֹא
עָלַיִךְ פִּתְאֹם שׁוֹאָה לֹא תֵדָעִי׃ יב עִמְדִי־

תרגום

בְּתְקוֹף קְסָמַךְ לַחֲדָא׃
י וְאִתְרְחֵיצְתְּ בְּבִישְׁתִּיךְ
אֲמַרְתְּ לֵית דְחָזֵי לִי
חוּכְמְתִיךְ וּמַדְעִיךְ הִיא
קַלְקְלְתִיךְ נַאֲמַרְתְּ
בְּלִבֵּיךְ אֲנָא וְלֵית בַּר
מִינִי עוֹד׃ יא וְתֵיתֵי עֲלָךְ
בִּישְׁתָא לָא תֵדְעִין
לְמִבְעֵי עֲלָהּ וְתִיפּוֹל
עֲלָךְ עָקָא לָא תִיכְלִין
לְאַעְדִיוּתַהּ וְתֵיתֵי עֲלָךְ
בִּתְכֵּיף אִתְרְגוּשָׁא לָא
תִידְעִין׃ יב קוּמִי כְעַן
בְּקִסוּמַיִךְ וּבְסַגִיוּת

מהר"י קרא

יחדיו יבואו עליך: (י) חכמתך [ודעתך] היא שובבתך. היא גרמה לך שמרדת בי (עליך). מה שאמרת בלבך. בלבנון אני מושלת ואפסי אין עוד שימשול: (יא) לא תדעי שחרה. לא תדעי להתפלל עליה. כמו שוחר טוב יבקש רצון: לא תוכלי כפרה. לא תוכלי לקנח את הגזירה ולבטלה: ותבא עליך פתאם שואה. זה כורש [שיבוא] פתאום על בבל וישימה למשואות נצח:

רש"י

בגזרתם השכול והאלמנות: חבריך. לשון כשפים כמו וחובר חבר (דברים י"ח): (י) חכמתך ודעתך. חכמתך ורוע לבבך היא שובבתך הפכו לבך להיות שובבה (איכוויי"א בלע"ז) שובבתך מדרך אחר הבריות: (יא) לא תדעי שחרה. לא תדעין למיבעי עלה את פני מי תשחרי למלטך ממנה: כפרה. לקנחה ולהעבירה וזהו כל לשון כפרה הוא ל' קינוח וסילוק: (יב) עמדי נא. התחזקי נא:

רד"ק

כהשלמתם כלומר רעות שלמות יבאו אליך: ברוב כשפיך. כלומר עם רב כשפיך ועצמת חבריך שלא יועילוך והענין כפול במ"ש: חבריך. מן וחובר חבר והוא ענין כשפים: (י) ותבטחי ברעתך. אמר רעתך על הכשפים שהם רעה והסרת הבטחון מהאל ואת בטחת בהם ולא יועילוך: אין רואני. כי מעשה הכשפים יעשה בלט ובסתר וכן אומר ויעשו כן החרטומים בלטיהם ואע"פ שהיית עושה בסתר אני ראיתי ואל"ף רואני פתח במקום ציר"י ובמקצת ספרים הוא קמוץ וכן להוציאני ממצרים הקמץ במקום ציר"י: חכמתך ודעתך. חכמות חיצוניות שהיו בך החכמה ההיא היא שובבה אותך מלפנות לאל שהיית חושבת שהיא תועילך היא המרידה אותך באל: שובבתך. ענין מרד כמו שובו בנים שובבים והדומים להם: (יא) ובא עליך רעה. ובא לשון זכר ורעה לשון נקבה על כן נאמר כי היא חסר יום או דבר כלומר יום רעה: לא תדעי שחרה. ולא תדעי עת בואה כמו השחר שבא בבקר ברגע וי"מ לצאת ממנה לאור כי הרעה חשך וי"ת לא תדעין למבעי עלה: הוה. כמו שבר: כפרה. להסיר אותה כמו אכפרה פניו במנחה שפירושו אסיר כעסו: שואה. פי' שממה: (יב) עמדי.

אבן עזרא

זה בעבור כשפיך: (י) ותבטחי ברעתך. ודעתך. רמז לחכמה חיצונה מכחדת השם. וקמץ אל"ף רואני בעבור היותו מהגרון: חכמתך. שחשבת שהיא חכמה שובבתך כנוי לנלוה ושלא ירצה לשוב מדרכו: ואפסי. כחברו אני חכמה ואין חכם עוד כמוני: (יא) ובא עליך רעה. יום רעה: שחרה. כלילה שאין לו שחר והטעם אור: הוה. מגזרת ואתה הוה להם לרע שיהיה פתאום וכמוהו והותי במאזנים: כפרה. לתת כופר להסירה או לבטלה כמו ואיש חכם יכפרנה: שואה. כמו שממה: (יב) עמדי נא.

מצודת ציון

בעצמת. ענין חוזק כמו ועלם כחו (דניאל ח'): חבריך. הוא ממין הכשוף כמו וחובר חבר (דברים י"ח): (י) שובבתך. ענין מרד והליכה בדרכי הלב מבלי הבחנה וכן משובת פתים (משלי א'): (יא) שחרה. ענין דרישה כמו שוחר טוב (משלי יא): הוה. ענין שבר ומאורע קשה כמו הוה על הוה (יחזקאל ז'): כפרה. ענין קנוח והעברה וכן וכפר בריתכם (לעיל כ"ח): שואה. ענין שממון

מצודת דוד

באו עליך מבלי מחסור: ברוב. ברוב כשפיך ר"ל אף שאתה מרובים בכשופים לא נגלת מידם: בעצמת. עם חוזקת חבריך אשר חזקו מאד וכפל הדבר במ"ש: (י) ותבטחי ברעתך. כל בטחונך היה בכשפים שהוא רע בעיני ה': אין רואני. כי מעשה הכשפים נעשה בלט ובסתר ולאומר וכי אין נראה גם לפני: חכמתך ודעתך. מה שהיית חכם ובעל דעה זהו עשה אותך שובב ומורד: אני ואפסי עוד. אני מלאתי חכמה ואין עוד זולתי: (יא) ובא עליך. לכן תביא עליך רעה לא תדעי אל מי לדרוש עליה להעבירה ממך ותפול עליך שבר אשר לא תוכלו לקנחה ולהעבירה ממך: לא תדעי. פרס בואה להיות נשמר ממנה: (יב) עמדי נא. עתה התחזק בחבריך וגו': באשר יגעת. ר"ל הואיל ויגעת באלה מעת נעוריך

athan). Whom will you beseech to extricate you therefrom?—[*Rashi*]

Ibn Ezra renders: You shall not know its dawn, i.e. you shall not know the moment you will have light, because there will be no light. *Redak,* too, derives it in this manner, but renders: You will not know when it will suddenly occur. The prophet compares the calamity to dawn, which comes about suddenly. Alternatively, you shall not know how to get to the light, i.e. to extricate yourself from the evil.

to rid yourself of it—Heb. כַּפְּרָהּ, *to wipe it away and to remove it, and*

with the multitude of your sorceries, with the great abundance of your charms. 10. And you trusted in your evil, you said, "No one sees me." Your wisdom and your knowledge—that perverted you. And you said to yourself, "I am [it], and there is none besides me." 11. And evil shall come upon you, you shall not know how to remove it by prayer; and calamity shall befall you, you shall not know how to rid yourself of it; and desolation shall come upon you suddenly, you shall not know. 12. Stand

ment and the widowhood.—[Rashi]

with the multitude of your sorceries—Because of the multitude of your sorceries.—[*Ibn Ezra*] This is the third cause of your destruction.—[*Abarbanel*]

Others render: Despite the multitude of your sorceries. All your sorceries and your charms shall not avail you.—[*Redak*]

As mentioned often in Daniel, the Chaldees were noted for their skill in the occult arts.

your charms—Heb. חֲבָרַיִךְ.—*An expression of sorcery. Comp.* "(Deut. 18:11) *And a charmer* (וְחֹבֵר חָבֶר)."—[*Rashi, Redak*]. *Rashi* ad locum interprets it as one who gathers snakes, scorpions, or other beasts into one place. This is based on *Siphre* ad locum.

10. **your evil**—This alludes to the sorceries, which are evil and take one's trust away from the Almighty. Despite your trust in them, they will not help you.—[*Redak*]

you said, "No one sees me."—It was customary to perform sorcery in secret. Comp. Exodus 7:22 בְּלָטֵיהֶם, *with their secret acts.*—[*Redak*]

your wisdom and your knowledge—*Your wisdom and the evil of your heart that perverted you. They turned your heart to be perverted, envésède in O.F. It perverted you from the way of other people* (*other daughters*—mss. and *K'li Paz*).—[*Rashi*]

Rashi apparently read: וְרָעָתֵךְ, *Your wisdom and your evil.* This reading, however, is not found in any editions.—[*Parshandatha*]

This "wisdom" is the rationalism that denies the existence of God. You consider this wisdom.—[*Ibn Ezra*] These wisdoms perverted you from turning to God, for you thought that they would avail you.—[*Redak*]

I am [it] and there is none besides me—I am wise and there is none comparable to me.—[*Ibn Ezra*]

11. **And evil shall come upon you**—A day of evil shall come upon you. This accounts for the masculine verb and the feminine noun, since 'day,' a masculine noun, is implied.—[*Ibn Ezra, Redak*]

you shall not know how to remove it by prayer—Heb. לֹא תֵדְעִי שַׁחְרָהּ. *You shall not know to pray about it (Jon-*

נָא בַּחֲבָרַיִךְ וּבְרֹב כְּשָׁפַיִךְ בַּאֲשֶׁר
יָגַעַתְּ מִנְּעוּרָיִךְ אוּלַי תּוּכְלִי הוֹעִיל אוּלַי
תַּעֲרוֹצִי: יג נִלְאֵית בְּרֹב עֲצָתָיִךְ יַעַמְדוּ־
נָא וְיוֹשִׁיעֻךְ הֹבְרוּ שָׁמַיִם הַחֹזִים
בַּכּוֹכָבִים מוֹדִיעִם לֶחֳדָשִׁים מֵאֲשֶׁר
יָבֹאוּ עָלָיִךְ: יד הִנֵּה הָיוּ כְקַשׁ אֵשׁ
שְׂרָפָתַם לֹא־יַצִּילוּ אֶת־נַפְשָׁם מִיַּד

חָרָשַׁיִךְ דַּהֲנַיִת
מִתְעַסְקָא בְּהוֹן
מִינְקוּתִיךְ מָאִים תִּכְּלִין
לַהֲנָאָה מָאִים תִּכְּלִין
לְמִתְקַף: יג לָאֵית
בְּסַגִּיאוּת מַלְכַּךְ יְקוּמוּן
כְּעַן וְיִפְרְקוּנִיךְ דִּמְסַכַּן
לְמַזָּלַת שְׁמַיָּא וְדִחְזַן
בְּכוֹכְבַיָּא מְהוֹדְעִין
זִמְנַיָּא מִטְּעַן לִיךְ לְמֵימַר
בֵּן עֲתִיד לְמֵיתֵי עֲלָךְ
יְרַח בְּיַרְח: יד הָא הֲווֹ
חַלָּשִׁין כְּקַשָּׁא עַמְמַיָּא
דְּתַקִּיפִין כְּאֶשָּׁתָא

ת"א מודיעים לחדשים עקרים מ"ג פכ"ח ומ"ד פ' מ"ב: הוברי קרי

רש"י

אולי תערוצי. אולי תכלין למיתקף: (יג) הוברי שמים. י"ת כמו לופי שמים דמסכן למזלת שמיא דימהו לברה כחמה (ש"ה ו') ולברור מללו (איוב ל"ו) וכן חברו מנחם עמהם ממברי הליכות המזלות וכה פתרונו יען אשר לא יוכלו הקוסמים לעמוד על דעת רגעי היום ולילה עד ברור להם השמים לטוהר וגם מיכה אמר בנבוא' (מיכה ג') חשכה לכם מקסום לימד כי ביום מחשך יחתמו הכוכבים ולא יוכלו לקסום: מודיעים לחדשים מאשר יבואו עליך. כי בהתחדש הלבנה רואים בשעת תולדתה מקצת ממה שעתיד לבא ואין יודעין כל הבירור לכך נאמר מאשר וכן הוא אומר במקום אחר (לעיל ח') המצפצפים והמהגים כעופות הללו שמצפצפין ומהגים ואין יודעין על מה: (יד) הנה היו. חוזיך כקש: אין גחלת לחמם. אין שארית להם כקש הזה שאין בדליקתו גחלים להתחמם

מהר"י קרא

(יג) הוברי שמים. פת' בוררי שמים כשהוא בעוצמו לטוהר (שאינו) בהיר. כדי שיוכלו לחזות בכוכבים ומודיעים לחדשים

אבן עזרא

אתה: בחבריך. שם על לשון רבים ומגזרת והובר חבר: הועיל. שם הפועל: אולי תערוצי. מגזרת עריץ: (יג) נלאית. עצתיך. מלה זרה כי התחברו יחד סימן היחיד והרבים וכמוהו והפלא ה' את מכותך ואם הוא הפך: הוברי שמים. אין ריע לו וטעמו חכמי שמים הם חכמי המזלות ויש מי שהוציאו מגזרת ברור והטעם שלא יוכלו לדעת חלקי השעו' אם לא יהיה אויר השמים ברור וזך וזאת היא דרך רחוקה כי הה"א הוא עיקר והוא על משקל שומרי החומות: מודיעים לחדשים. כן חכמתם כי לא יסתכלו לדעת כל הקורות באויר ובמדינות רק מעת התחברות המאורות כי הם עיקר אומנותם וזה טעם לחדשים רק מאשר יבואו עליך איננו דבק עם לחדשים רק עם מלת ויושיעוך ואם היא רחוקה וכמוהו אשר אתם יורשים אותם ואת אלהיהם: (יד) הנה. טעם אש מחנה האויב

רד"ק

מנעוריך כל ימי היותך או פירש שמלמדין הנערים אותם כשפים וחברים: אולי. דרך לעג: תערוצי. תתחזקי והוא פעל עומד מענין עריץ כלומר תהי' ערוצה: (יג) נלאית. כי לא יועילוך עצתיך וכשפיך ונלאת בהם: נלאת. כמו יגעת: עצתיך. ברבוי הזכרים לבד: הוברי שמים. פירושו עמו החוזים בכוכבים ופי' גוזרי משפט העתידות על פי הכוכבים וכתב הוברו כלומר אשר חזו לך עד עתה וקרי הוברי שחוזים עתה ושניהם ענין אחד: מודיעים לחדשים. חלמ"ד בסגול שלא כמנהג וכתב החכם רבי אברהם אבן עזרא מודיעים העתידות בחכמתם: לחדשים. כי לא יסתכלו לדעת כל הקורות באויר ובמדינות רק מעת התחברות המאורות כי הם עיקר אמונתם וזהו טעם לחדשים עליך ופי' כי מאשר יבאו דבק עם ויושיעוך ורז"ל הדביקוהו לחדשים שאמרו מאשר ולא כל אשר כלומר מודיעים מקצת העתידות ולא כולם וטעם הפסוק החוזים שמודיעים הקורות הבאות איך לא הודיעו לך זאת הרעת הבאה עליך טרם בואה אם ידועה ועתה אם יש להם תחבולת להושיעך ממנה יושיעך: (יד) הנה היו. החוזים היו כקש שנשרף מהר מפני האש והנה הם לא יוכלו להציל עצמם מיד

מצודת דוד

התחזק עתה בהם: אולי תוכלו הועיל. להנצל בהם מכף אויביך אולי תוכלו להתחזק בהם ואמר בדרך לעג והתול: (יג) נלאית ברוב עציתיך. מאד נתייגעת בהרבות בעלי עצות וכאומר הנה כל הטורח היה בהנם: יעמדו נא. עתה יעמדו ויושיעך הצופים אל השמים הרואים בכוכבים המודיעים לעת חידוש הלבנה בתולדתה מה מהדברים אשר יבואו עליך כי כן דרך חוזי כוכבים יודעים מה מהעתידות בעת חדוש הלבנה: (יד) הנה היו כקש. כל החוזים היו כקש והאש שרף אותם ולא יוכלו להציל את עצמם מיד הלהב ר"ל החוזי' לא יוכלו להציל אף את עצמם מיד האויב: אין גחלת לחמם. ר"ל אין שארית להם כקש הזה שאחר הדליקה לא נשאר מהם גחלת להתחמם בה:

מצודת ציון

כמו תשאה שממה (לעיל ו'): (יב) נא. עתה: בחבריך. מין כשוף: הועיל. מל' תועלת: תערוצי. ענין חוזק כמו כגבור עריץ (ירמיה כ'): (יג) נלאית. ענין יגיעה כמו ומה הלאתיך (מיכה ו'): הוברי שמים. הצופים אל השמים לדעת רגעי היום והלילה ועל כי לא יכלו לעמוד על דעת הרגעים עד ברור להם השמים לטוהר לכן קרוים הוברי שמים מלשון ברור ומוטהר: החוזים. הרואים וכן ותחז בליון עינינו (שם ד'): (יד) כקש. תבן דק: נפשם.

Ibn Ezra renders: Let . . . stand up and save you from what will come upon you.

14. **Behold they were**—*Your stargazers were like stubble.*—[*Rashi, Redak*]

like stubble—which burns very fast, and they cannot save them-

now with your charms and with the multitude of your sorceries, in which you toiled since your youth; perhaps you will be able to help, perhaps you will gain strength. 13. You have wearied with the multitude of your counsels; let now the astrologers, the stargazers, the monthly prognosticators of what will come upon you, stand up and save you. 14. Behold they were like stubble, fire burnt them, they shall not save themselves from the power of

this is every expression of atonement (כַּפָּרָה). *It is an expression of wiping and taking away.*—[*Rashi*] See also *Rashi* Gen. 32:21, where he elaborates on this theory.

12. **Stand now**—*Strengthen yourself now.*—[*Rashi*]

since your youth—All during your existence. Alternatively, the children were taught the occult arts at an early age.—[*Redak*] Cf. *Ex. Rabbah* 9:6, where Pharaoh is said to call the school children to demonstrate how they convert staffs into serpents through sorcery.

perhaps you will gain strength—Heb. תַּעֲרוֹצִי. *Jonathan* renders: *Perhaps you will be able to become strong.*—[*Rashi*] *Ibn Ezra* and *Redak* concur on this derivation.

The prophet speaks sarcastically to Babylon.—[*Redak*]

13. **astrologers**—Heb. הֹבְרֵי שָׁמַיִם. *Jonathan renders it like 'the gazers of the heavens,' who gaze at the constellations of the heavens. He compares it to* "(Song 6:10) *Clear* (בָּרָה) *as the sun," and to* "(Job 33:3) *Spoke a clear word* (בָּרוּר)." *And so did Menahem associate it with them* (Machbereth Menahem p. 47f.) *those who clarify the orbit of the constellations, and he interpreted it thus because the diviners are unable to determine the seconds of the day and the night until the heaven is perfectly clear to them. Micah, too, said in prophecy,* "(3:6) *It has become too dark for you to divine." This teaches us that on a dark day the stars are sealed, and they cannot divine* (ibid. p. 13).—[*Rashi*]

Ibn Ezra discounts this theory as far-fetched, since the 'he' is a radical. He, therefore, declares it a hapax legomenon, explaining it as 'the wise men of the heavens,' i.e. the astrologers.

Redak explains that the second expression, "the stargazers," explains the first, הֹבְרֵי שָׁמַיִם.

the monthly prognosticators of what will come upon you—*For when the moon is in its first phase* (lit. *renewed*), *they see at the time of its "birth" part of what is destined to come, but they do not know it clearly. Therefore, it is stated, "of what." Similarly, he says elsewhere:* "(supra 8:19) *who chirp and mutter," like these birds who chirp and mutter and do not know why.*—[*Rashi* from *Gen. Rabbah* 85:2]

לֶהָבָה אֵין־גַּחֶלֶת לַחְמָם אוּר לָשֶׁבֶת
נֶגְדּוֹ: טו כֵּן הָיוּ־לָךְ אֲשֶׁר יָגָעַתְּ סֹחֲרַיִךְ
מִנְּעוּרַיִךְ אִישׁ לְעֶבְרוֹ תָּעוּ אֵין
מוֹשִׁיעֵךְ: מח א שִׁמְעוּ־זֹאת בֵּית־
יַעֲקֹב הַנִּקְרָאִים בְּשֵׁם יִשְׂרָאֵל וּמִמֵּי
יְהוּדָה יָצָאוּ הַנִּשְׁבָּעִים | בְּשֵׁם יְהֹוָה

ובאלהי

שֵׁיצִיאוּנוּן לָא יְשֵׁיזְבוּן יַת נַפְשְׁהוֹן מִיַּד קָטוֹלִין לֵית שְׁאָר וּמְשֵׁיזֵיב אַף לָא אֲתַר לְאִשְׁתֵּיזָבָא בֵיהּ: טו כֵּן הֲווֹ בִיךְ עוֹבְדֵי שְׁקָרַיִךְ דַּהֲוֵית מִתְעַסְקָא בְּהוֹן מִנַּנְקוּתִיךְ שִׁלְטוֹנֵי תּוּקְפִּיךְ גְּבַר לָקֳבֵיל אַפּוֹהִי גְּלוֹ לֵית דְּפָרִיק לִיךְ: א שְׁמָעוּ דָא בֵית יַעֲקֹב דְּמִתְקְרָן בִּשְׁמָא דְיִשְׂרָאֵל וּמִזַּרְעִית יְהוּדָא נְפַקוּ דְגָזַר לְהוֹן קְיָם בִּשְׁמָא דַיָי אֱלָהָא דְיִשְׂרָאֵל לָא יִפְסֵיק דְּכָרְנֵיהוֹן הֲלָא קַיָּם

רש"י

לאורס: (טו) איש לעברו תעו. איש לדרכו אל עבר פניו: מח (א) שמעו זאת. שני שבטים העתידין ללכת בגולה לבבל: בית יעקב הנקראים בשם ישראל. הוא שבט בנימן שאינם נקראים על שבט יהודה אלא על שם סתם שבטי ישראל: וממי יהודה יצאו. ושבט יהודה שיצאו ונזלו מימי דליו של יהודה כמה דאת אמר יזל מים

מהר"י קרא

מאשר יבאו עליך: (יד) אין גחלת לחמם אור לשבת נגדו: (טו) סוחריך מנעוריך. שהיו מביאים סחורה: איש לעברו תעו. איש אל עמו יפנו ואין איש מהם שיושיעך: מח (א) וממי יהודה יצאו. מזרע יהודה יצאו: ובאלהי ישראל

אבן עזרא

כמו כי אם יצאה מחשבון: לחמם. שם הפועל מפעלי הכפל והוא שלם על משקל לשכב את בת יעקב והטעם שימותו הם ולא תשאר להם שארית: (טו) כן היו. על אלה החכמי': אשר יגעת. שהיית נותנת להם ממון: וסוחריך. שאינם מארצך שהיו אוהביך בבוא רעתך עזבוך: מח (א) שמעו. וממי יהודה. כמו זרע וכמו עין יעקב: הנשבעים בה'. לא באמת. הטעם

רד"ק

הלהבה ששרפתם והיא הצרה ואיך יושיעך: אין גחלת לחמם. הנה החוזים אינם כמו העץ הנשרף שיש תועלת בגחלתו אלא כמו הקש הנשרף שאין בו תועלת כי אין בו גחלת וגם להבתו לא תעמוד כן אלה החוזים בבא הצרה נבהלו ולא הועילו בחכמתם לא לעצמם ולא לאחרים: לחמם. מקור בפלס לשכב את בת יעקב ר"ל להתחמם בה והלמ"ד פתוחה מפני ההי"ת: אור לשבת נגדו. ואין אור ואין שוכר עומד במקום שנים. ואור הוא הלהבת כלומר הלהבה שרפתם לא שקבלו תועלת בה לשבת נגדה להתחמם כן בבא הצרה לא מצאו לנפשם שום מקום תועלת: (טו) כן היו לך. חכמיך.כן עמדו לך בעת צרה כמו שתראי: אשר יגעת. בהם להיות חכמים בתוכך מכשפים והוברים וחוזים וכולם לא הועילך ולא היו לך בעת צרתך וכן סוחריך מנעוריך שסחרו בארצך זה כמה שנים בעת צרתך ברחו מן העיר והלכו להם: איש לעברו. זה למזרח וזה למערב: אין מושיעך. ואומר תעו. כי ברחו כתועים בדרך הנה והנה מפני הפחד מבולבלים ומבוכים: (א) שמעו זאת. אמר הנביא כנגד אנשים שהיו רעים שמעו זאת העתידה שאמרתי שאחריב בבל בעבורכם אחר שתגלו אליה בעונותיכם ועם כל זה לא נטשתי אתכם ואתם בית יעקב שהיה עבדי והיה לכם ללמד מעשה אביכם הנקראים בשם ישראל וכיון שאתם נקראים בשם ישראל אביכם היה לכם להיות כמוהו: וממי יהודה יצאו. כלומר מזרע יהודה שהיה טוב ועל הדרך הזה עין יעקב ממקור ישראל. וזכר יהודה כי על שבט יהודה נבא כמו שאמר בראש הספר אשר חזה על יהודה וירושלם: הנשבעים בשם ה'

מצודת דוד

אור. מלא אין שמשת בשתים לומר אין אור וגו' ר"ל לא נשאר להם לשבת נגדו ליהנות מאורו: (טו) כן היו לך. ר"ל כקש הזה כן היו לך להכמיך אשר יגעת לאספם אליך וללמדם: סוחריך מנעוריך. החכמים האלה אשר מעת נעוריך היו סוחריך כי נתת להם כסף במחיר חכמתם הנה עתה בבוא הצרה כולם תעו בשכלם כ"א מהם לעבר אחר ואין מי בהם מושיעך כי נסרחה חכמתם ולא מלאו בלבם ועוז: מח (א) שמעו זאת. אל יהודה ובנימין ידבר: הנקראים וגו'. זהו בנימין הנקרא בשם סתם שבטי ישראל: וממי וגו'. זהו שבט יהודה אשר יצאו מזרע יהודה הדומה אל המים ודוגמתו. במקהלות וגו' ממקור ישראל (תהלים ס"ח): הנשבעים וגו'.

מצודת ציון

ר"ל גופם וכן ורקה נפשו (לעיל כ"ט): לחמם. מל' חמימות: אור. שלהבת כמו אשר אור לו בציון (לעיל ל"א): לשבת. מל' ישיבה: (טו) לעברו. מל' עבר וצד: תעו. מי שאין יודע מה לעשות קרוי תועה והושאל ממי שאינו יודע באיזה דרך ילך קרוי תועה כמ"ש והנה תועה בשדה (בראשית ל"ז):

of Judah—*And the tribe of Judah who emanated and ran from the waters of Judah's pail, as Scripture states:* "(Num. 24:7) *Water shall run out of his pails.*"—[*Rashi*]

Redak explains that the prophet is addressing the sinful people of his generation. He exhorts them to hearken to the future events. Hearken to the prophecy of the destruction of Babylon, which I will execute for your sake. You will be exiled because of your sins, yet I will not forsake you. You, who are the house of Jacob, My servant, should learn a lesson to follow in his ways, and

the flame; there is no coal by which to warm oneself, [or] fire
opposite which to sit. 15. So were they to you, those for whom
you toiled; your traffickers since your youth, each one strayed
to his side, no one saves you.

48

1. Hearken to this, O house of Jacob, who are called by the
name of Israel, and who emanated from the waters of Judah,
who swear by the name of the Lord

selves from the flame, i.e. the calamity. How then, can they save you?—[*Redak*]

fire—This is figurative of the camp of the enemy.—[*Ibn Ezra*]

there is no coal by which to warm oneself—*They have no remnant, like stubble, the fire of which does not leave over coals by whose fire one can warm himself.*—[*Rashi*]

The stargazers are not like *wood* that is burnt, that affords benefits with its coals, but like stubble that is burnt up, leaving no coal; even its flame does not last. So are these stargazers. When the calamity arrives, they become confused and can help neither themselves nor anyone else with their wisdom.—[*Redak*]

Ibn Ezra explains that they will die and leave over no remnant.

15. **So were they to you**—So were your wise men to you. So they stood up for you in times of calamity, as you will see.—[*Ibn Ezra, Redak*]

those for whom you toiled—You toiled for them, to have sorcerers, charmers, astrologers, stargazers, and monthly prognosticators in your midst. Yet none of them availed you at the time of your calamity. Likewise, your traffickers from your youth, who conducted business in your land for many years, at the time of your calamity, fled from the city and went away.—[*Redak*]

Ibn Ezra explains that they toiled to pay these savants their wages.

your traffickers—who are not from your land, who were your friends, will desert you when the calamity comes.—[*Ibn Ezra*]

each one strayed to his side—*each one to his way, to the side of his face.*—[*Rashi*] I.e. each one wandered away in the direction he was facing.

One went east and one went west.—[*Redak*]

strayed—They fled in confusion in all directions as though they were lost.—[*Redak*]

1. **Hearken to this**—*The two tribes destined to go in exile to Babylon.*—[*Rashi*]

O house of Jacob, who are called by the name of Israel—*That is the tribe of Benjamin, who are not called by the tribe of Judah, but by the general name of the tribes of Israel.*—[*Rashi*]

and who emanated from the waters

וּבֵאלֹהֵי יִשְׂרָאֵל יַזְכִּירוּ לֹא בֶאֱמֶת וְלֹא
בִצְדָקָה׃ ב כִּי־מֵעִיר הַקֹּדֶשׁ נִקְרָאוּ
וְעַל־אֱלֹהֵי יִשְׂרָאֵל נִסְמָכוּ יְהוָה צְבָאוֹת
שְׁמוֹ׃ ג הָרִאשֹׁנוֹת מֵאָז הִגַּדְתִּי וּמִפִּי
יָצְאוּ וְאַשְׁמִיעֵם פִּתְאֹם עָשִׂיתִי
וַתָּבֹאנָה׃ ד מִדַּעְתִּי כִּי קָשֶׁה אָתָּה וְגִיד

מימרה בקשוט ובזכו:
ב ארי בקרתא דקודשא
חולקהון ועל אלהא
דישראל רוחצנהון יי
צבאות שמו: ג קדמיתא
מכבן חויתי וממימרי
נפקא ומסרתינון
בתכיף עבדתינון
ואתאה: ד גלי קדמי
דאת סרבן וקשי
כברזלא קדלך וכית
עינך

רש"י

מדליו (במדבר כ"ד): **לא באמת.** כמו שאמר (ירמיה ה') ואם חי ה' יאמרו לכן לשקר וגו' כלומר לא הייתם כדי לינאל אלא על כי מעיר הקדש נקראו והיא גרמה להם שלא גלו עם עשרת השבטים בימי סנחריב בחלח וחבור שאין להם גאולה: **(ב) ועל אלהי ישראל נסמכו.** בימי חזקיהו שנאמר בו בה' אלהי ישראל בטח (מלכים ב' י"ח) היא גרמה להם שלא גלו אלא בימי נבוכדנצר שהגלם לבבל ותהי להם גאולה על ידי כורש: **(ג) הראשונות.** שעברו גאולת מצרים ותשועת חזקיהו מיד סנחריב: **מאז הגדתי.** מטרם היותם ופתאום עשיתיו: **ותבאנה.** כמו שהגדתי תחלה על פי נביאי: **(ד) מדעתי כי קשה אתה.** מאשר ידעתי אותך כי קשה אתה ואם יבא הנס ולא הגדתי

מהר"י קרא

יזכירו לא באמת ולא בצדקה: (ב) כי מעיר הקודש נקראו. על צדקתם ועל טובתם שנקראים מעיר הקודש. ירושלים עיר הקודש. וכסבורים לפי שגרים בירושלים ונקראים על שמה שדבר זה יעמוד להם בפני הפורענות: (ג) הראשונות מאז הגדתי. ישועות הראשונות קודם שהראיתם הגדתים לזמן פל' תהיה לכם לישועה. ומאחר שמפי יצאו ואשמיעם: פתאום עשיתי ותבאנה. כאשר הבטחתי. ומה ראיתי להקדים להגיד הישועה בטרם תבא. מחמת שידעתי כי קשה אתה. הה"ד: (ד) מדעתי כי קשה אתה וגיד ברזל ערפך. ואם לא קדמתי

אבן עזרא

שהם אומרים בפה שהם לשם ואינם כן בלב ובמעשה: (ב) כי. נקראו. שהם בני ציון: נסמכו. בפה: (ג) הראשונות. יאמר השם לאלה שאינם מאמינים הלא הגדתי להם כאה הראשונות קודם היותם על כן ותבאנה פעל עבר: (ד) מדעתי. כאשר ידעתי הראשונות כן ידעתי כי קשה לב אתה והוא מדבר למי שאינו מאמין בשם והוא מזרע יעקב וכאילו גיד ברזל ערפך שלא תסור מדרכך

רד"ק

ובאלהי ישראל יזכירו. כפל הענין במ"ש. והנה הם נשבעים בו ומזכירים שמו לא באמת ולא בצדקה. כי אינם עושים מצותיו ואינם יראים אותו ואינם חוששים בהזכרת שמו אם לאמת אם לשוא כי אם ישבע אדם בחי המלך והוא מורד בו ראוי שיענשהו: (ב) כי מעיר הקדש. היא ירושלם שהיא עיר הקדש כי האל בחרה לשכנתו שהוא קדוש ישראל והיה לכם להיות קדושים ולא לטמא העיר אשר אתם נקראים על שמה כמ"ש ובני ציון גילו ישמחו בה' אלהיכם ואינו אומר על ירושלם לבדה כ"א על כל יושבי ארץ יהודה: נסמכו. בפיהם ולא בלבבם והוא ה' צבאות שמו שהוא אדון צבאות מעלה ומטה ובידו הכל לעשות בהם כרצונו ואיך לא יראתם מפניו: (ג) הראשונות. דבר סנחריב. כי זאת התוכחה אחריו נאמרה וכיון שהגדתי ע"י נביאי ובא מה שאמרתי היה לכם להאמין בי ולשמור מצותי כי ראיתם כי פתאום עשיתי בסנחריב מה שגזרתי עליו כמו שאמר ויצא מלאך ה' ויך במחנה אשור. ואמר הראשונות בלשון רבים וכן יצאו ואשמיעם ותבאנה כי פעמים רבות התנבא על דבר סנחריב כמו שכתוב בזה הספר כמו שפירשנו: (ד) מדעתי. כבר ידעתי כי קשה אתה ואע"פ כן אוכיחך כי התשועה הגדולה שראית בימי סנחריב הרי אתה כאלו לא ראית היש קושי לב בעולם כזה וכן אמר משה רבינו ע"ה כי אני ידעתי את מריך ואת ערפך הקשה ואמר ידעתי כי השחת תשחיתון: וגיד ברזל. קשה כגיד ברזל כי

מצודת דוד

סרגילים לשבע בה' ולא יאמתו דבריהם ולא ילדיקו מאמריהם וכן כאמר ואם חי ה' יאמרו לכן לשקר ישבעו (ירמיה ה'): יזכירו. לשבע בו וכפל הדבר במ"ש וכאומר ע"פ מעשיהם אלה לא היו כדאים להיות נגאלים מבבל: (ב) כי מעיר וגו'. אבל מחמת בהם נקראים אנשי ירושלים עיר הקדש בעבור שסמכו על אלהי ישראל ששמו ה' לבאות בעבור שתי אלה יגאלו שלא יחולל שמו באמרם הלא המה מעירו ובטחו בו ומדוע לא גאלם אין זה כ"א מקוצר יד: (ג) הראשונות. זהו מפלת סנחריב: מאז הגדתי. מכבר טרם בואה הגדתיו: ומפי יצאו. הדברים ההם יצאו מפי והשמעתי לכולכם וכפל הדבר במ"ש: פתאום עשיתי. בסנחריב עשיתי פתאום מה שגזרתי עליו כי בלילה אחת נפלו פגרים מתים: ותבאנה. כפל הדבר במ"ש: (ד) מדעתי. מחמת שידעתי שאתה קשה לב

מצודת ציון

מח (ד) וגיד ברזל. ר"ל שבע ברזל ולפי שיש בעורף גיד בשר לזה

Redak explains "the first things" as referring only to the defeat of Sennacherib, since this admonition was recited after that event. Since I predicted that salvation through My prophet, and, indeed, it came about, you should have believed in Me and kept My commandments, since you saw that I suddenly did to Sennacherib what I had decreed, as the prophet relates, "(supra 37:36) And an angel of God went out and slew in the camp of Assyria . . ." The plural form is used although it refers to only one prophecy, because it was repeated many times in this Book.

and make mention of God of Israel, neither in truth nor in righteousness. 2. For they are called [as being] from the Holy City, and they leaned on the God of Israel; the Lord of Hosts is His name. 3. The first things I told from then, and they emanated from My mouth and I let [you] hear them; suddenly I did [them] and they came to pass. 4. Because of My knowledge

since you are called to the house of Israel, you should follow the ways of Israel.

from the waters of Judah—I.e. the seed of Judah.—[*Ibn Ezra, Redak*]

He mentions Judah since the main prophecy was directed toward Judah, as is stated at the beginning of the Book.—[*Redak*]

neither in truth—*As Jeremiah said,* "(5:2) *And if they say, 'As the Lord lives,' surely they swear falsely." I.e. you were unworthy of being redeemed, but since they were called [as being] from the Holy City, and that caused them not to be exiled with the ten tribes in the time of Sennacherib, to Halah and Habor, for they have no redemption.*—[*Rashi*]

nor in righteousness—For they do not keep His commandments, and they do not fear Him, and they do not care, when they mention His name, whether they are swearing truly or falsely. This is analogous to one who swears by the king's name, yet rebels against him. He is surely deservant of punishment.—[*Redak*]

2. **For . . . from the Holy City**—That is Jerusalem, which is the Holy City, since God chose it for His Shechinah, for He is the Holy One of Israel, and you should have been holy and not contaminate the city upon whose name you are called, as the prophet states, "(Joel 2:23) And [you] children of Zion, rejoice and exult with the Lord your God." This does not refer to Jerusalem alone, but to all the inhabitants of the land of Judea.—[*Redak*]

and they leaned on the God of Israel—*in the days of Hezekiah, about whom it is written:* "(2 Kings 18:5) *He trusted in the Lord God of Israel." That caused them not to be exiled except in the days of Nebuchadnezzar, who exiled them to Babylon, and they had a redemption through Cyrus.*—[*Rashi*]

It appears from *Rashi* that the Judeans living at the time of Jeconiah and Zedekiah, who were exiled to Babylon, were redeemed in the merit of the generation of Hezekiah, who were righteous and followed the example of their great teacher. *Redak,* however, explains this entire verse as a critique. They leaned on the God of Israel by giving Him lip service, not sincere devotion. Since He is the Lord of the hosts of heaven and earth, and everything is in His power to do to them according to His will, how could you not fear Him?

3. **The first things**—*that passed,* viz. *the redemption from Egypt and Hezekiah's salvation from the hand of Sennacherib.*—[*Rashi*]

ברזל ערפך ומצחך נחושה: ה ואגיד
לך מאז בטרם תבוא השמעתיך פן
תאמר עצבי עשם ופסלי ונסכי צום:
ו שמעת חזה כלה ואתם הלוא תגידו
השמעתיך חדשות מעתה ונצרות
ולא ידעתם: ז עתה נבראו ולא מאז
ולפני יום ולא שמעתם פן תאמר הנה

אינך חסין כנחשא:
ה וחויתי לך מבכן עד
לא ייתין בסרתך דלמא
תימר דחלתי עבדתינון
וצלמי ומתכי אתכינון:
ו שמעתא הא אתגליאת
לכל עמא מה
דאתגליאת לכון ואתון
הלא תחוון בסרתך
חדתן מכען ונטירן ולא
ידעתינון: ז כען
אתבריאה ולא מבכן
וקדם יום מיתיהון ולא
בסרתינון דלמא תימר

מהר"י קרא

והגדתי הישועה. מאז בטרם תביא. כשאביאנה היית תולה הגאולה בעצמך. ותאמר לא ה' פעל כל זאת. אלא עצבי עשה ופסלי ונסכי ציום: (ו) שמעת הזה כולה. שמעת שהגדתי הראשונות. ומאז בטרם תבואנה חזה שקיימתי כל מה שהבטחתי. ואתם הלא תגידו. אלי אם לא קיימתים כשם שהבטחתים וממה שקיימתי ראשונות תאמינו לי שאקיים חדשות שהשמעתיך מעתה: ונצורות. שמורות שאשמור ידעתם:

רש"י

תחילה תאמר עצבי עשאן ולא מאת הקב"ה הם לפיכך אגיד לך מאז בטרם תבא וגו'. מדעתי מ"ס זו משמשת נתינת טעם כמו לפי שידעתי ודוגמתו כי מאהבת ה' אתכם ומשמרו את השבועה: (ו) שמעת חזה כולה. שמעת הראשונות שהגדתי ראה שבאו כולם: ואתם הלא תגידו. ותעידוני אשר לא נפל דבר: השמעהיך חדשות מעתה. עתה אני חוזר ומשמיעכם חדשות שהם חדשות לכם ולפני הם גלויות מעולם: ונצורות. ושמורות באוצרותי ואתם לא ידעתם: (ז) עתה נבראו ולא מאז. הם: ולפני יום. היותם אני משמיעכם: ולא שמעתם. עד היום ולפני

רד"ק

אחר שהפכת ערפך אלי לא פנית עוד אלי כאלו ערפך גיד ברזל שלא יוכל לחזור כאלו איננו פרקים וכן מצחך הוא כנחושה שלא תבוש מפני. כי העזות יראה במצח ובפנים כי מי שיש בו העזות ירים מצחו ופניו כנגד מוכיחו כאלו מצחו ופניו קשים שלא יוכל להכניעם ולהכלם אלא ירים בעזות מצחו ופניו וכן כתוב חזקו פניהם מסלע: (ה) ואגיד. הגזירה העתידה לבא הגדתי לך אותה מאז בטרם תבא פן תאמרו שאלו לא עשיתי זה שמא היית אומר עצבי עשם עשה אלו הגזרות הבאות ונסכי צוה אותה שיבאו: (ו) שמעת חזה כלה. שמעת אותה הגזרה כמו שהשמעתיך ראה אותה כלה באה: ואתם הלא תגידו. כי כן היא וכי תכחישו מה שראיתם בעיניכם והנה השמעתיך עוד חדשות מעתה העתידות לבא והוא חרבן בבל כמו שיספר: ונצירות. שמורות אצלי ולא ידעתם אותם: (ז) עתה נבראו. העת שיצאו מפי השם הוא עת בריאתם:

אבן עזרא

ומלאך לא תבוש: (ה) ואגיד. הנה הטעם אחר כי הגדתי לך העתידות שלא תאמר בהיותם כי עלביך שהייתה עובד אותם בארצך עשום והם צוו והיו וטעם צום כדרך השם: (ו) שמעת. מה ששמעת ראה הכל בא: ואתם הלא תגידו. כי כן הוא הנה השמעתי' חדשות מעתה: ונצורות. שהם נצורות בצורות והטעם אצל השם: (ז) עתה נבראו. נגזרו: ולפני יום. שהודעתיך לא שמעתה והוי"ו כפ"א

מצודת ציון

אמר לשון גיד: ערפך. רלה לומר אחורי הצואר: ומצחך. מלשון מצח: נחושה. נחושת: (ה) עצבי. כן יקרא העכו"ם ע"ש שמעציב לב עובדיו קורא אליו ואיני נענה: ופסלי. עכו"ם הנפסל מאבן: ונסכי. הנתך ממתכת: (ו) חזה. ענין ראייה: ונצורות.

מצודת דוד

וערפך היא כגיד ברזל מבלי פרקים ולא גיד בשר ר"ל לא פנית פניך אלי כאלו ערפך מגיד ברזל שא"א להחזיר הפנים: ומצחך נחושה. כן יאמר על מי שהוא מעיז ביותר שהוא מריס מצחו ומחזקו כנחושת וכן נאמר חזקו פניהם מסלע (ירמיה ה): (ה) ואגיד לך. בעבור כל אלה הגדתי לך מפלת סנחריב מאז והשמעתיך טרם בואה כי פן תאמר בבואה העכו"ם עשה הדברים האלה ולא ה' פעל כל זאת לכן הקדמתי להשמיעך: צום. צוה את הדברים השמם וכפל הדבר במ"ש: (ו) שמעת. מפי הנביאים שמעת מה שגזרתי על סנחריב ואתה ראה הכל כי כן באה: ואתם הלוא תגידו. אשר לא נפל דבר: השמעתיך. מעתה אשמיע אותך הדבות והוא מפלת בבל: ונצורות. שמורות עמדי ואתם לא ידעתם אותם: (ז) עתה נבראו. כי בעת שילאו הדברים מפי ה' הוא עת בריאתם: ולא מאז ולפני יום. ולא מכבר ולא אפי' לפני יום. היום ולא שמעתם

You have heard the first ones that I told; see that all of them have come about.—[*Rashi*]

and you, will you not tell—*and testify for Me that nothing failed?*—[*Rashi*]

Will you deny what you saw with your own eyes? Now I have let you hear new things that are destined to come about, viz. the destruction of Babylon, as he related.—[*Redak*]

I let you hear new things from now—*Now I come back and let you hear new things that are new to you, but to Me they are revealed from time immemorial.*—[*Rashi*]

and hidden things—*and things guarded in My treasurehouses, and*

that you are obstinate, and your nape is a sinew of iron, and
your forehead is brazen. 5. And I told you from then; when it
had not yet come to pass I let you hear it; lest you say, "My idol
performed them, and my graven image and my molten image
ordained them." 6. You have heard, see all of it; and you, will
you not tell? I let you hear new things from now, and hidden
things that you did not know. 7. Now they have been created
and not from then, and before the day, and you did not hear
them, lest you say, "I knew them."

I told from then—*When they had not yet come about, and suddenly I did it.*—[*Rashi*]

and they came to pass—*as I told before through My prophets.*—[*Rashi*]

4. **Because of My knowledge that you are obstinate.**—Heb. מִדַּעְתִּי. *Because I knew you, that you are obstinate, and if the miracle would come and I had not told* of it *before, you would say, "My idol performed them, and they were not from the Holy One, blessed be He." Therefore, I told you from then; when it had not yet come to pass etc.* מִדַּעְתִּי, although usually translated 'from My knowledge,' in this case, *the 'mem' denotes the giving of a reason, like "Because I knew." A similar form* is found in Deut. 7:8: *"For, because of the Lord's love* (מֵאַהֲבַת) *for you, and because of His observing* (וּמִשָּׁמְרוֹ) *the oath."*—[*Rashi*]

Redak explains: I know already that you are obstinate, nevertheless, I will castigate you, for the great salvation you experienced in the time of Sennacherib was as though you did not experience it. Is there any greater obstinacy than that? Moses, too, stated, "(Deut. 31:29) For I know your rebelliousness and your stiff neck." He says also, "(v. 29) For I know that after my death you will deal corruptly."—[*Redak*]

a sinew of iron—Since you turned your nape to Me and you no longer turned your face toward Me, it is as though your neck has a sinew of iron and cannot turn, since it is not composed of joints.—[*Redak*]

and your forehead is brazen—that you are not ashamed of your deeds before Me. Brazenness is visible on the forehead, for one who is unashamed lifts his forehead and his face toward the one who castigates him, and it is as though his face and forehead are made of brass or copper, that they cannot be humbled.—[*Redak*]

Ibn Ezra explains that the prophet is addressing those who did not believe in God. [This was definitely a minority of the people.]

5. **And I told you**—the decree destined to come, lest you say . . .—[*Redak*]

6. **You have heard, see all of it**—

יִדַעְתִּין: ח גַּם לֹא־שָׁמַעְתָּ גַּם לֹא יָדַעְתָּ
גַּם מֵאָז לֹא־פִתְּחָה אָזְנֶךָ כִּי יָדַעְתִּי
בָּגוֹד תִּבְגּוֹד וּפֹשֵׁעַ מִבֶּטֶן קֹרָא לָךְ:
ט לְמַעַן שְׁמִי אַאֲרִיךְ אַפִּי וּתְהִלָּתִי
אֶחֱטָם־לָךְ לְבִלְתִּי הַכְרִיתֶךָ: י הִנֵּה

תרגום

הָא יְדַעְתִּינוּן: ח אַף לָא שְׁמַעְתְּ לְמִלֵּי נְבִיַּיָא אַף לָא קַבֵּילְתָּא אוּלְפַן אוֹרַיְתָא אַף לְפִתְגָּמֵי בָּרְכָן וּלְוָטִין קְיָמֵי דַאֲקֵמִית עִמְּכוֹן בְּחוֹרֵב לָא אַרְכֵינְתָּא אוּדְנָךְ לְקַבָּלָא אֲרֵי גְלֵי קֳדָמַי דְשַׁקָּרָא תְּשַׁקַּר וּמָרוֹד מִמְּעַיִן יִתְקְרֵי לָךְ: ט בְּדִיל שְׁמִי אַרְחִיק רוּגְזִי וְתוּשְׁבַּחְתִּי אֲקִים לָךְ בְּדִיל דְלָא לְשֵׁיצָיוּתָךְ: י הָא צְרַפְתָּךְ וְלָא

רש"י

יום מוסב על השמעתיך האמור למעלה: (ח) גם לא שמעת וגו'. ת"י אף לא שמעת למילי נבייא אף לא קבילתא אולפן אורייתא אף לפתגמי ברכן ולווטין קיימי דאקימית עמכון בחורב לא ארכינתא אודנך: כי ידעתי בגוד תבגוד. כשירדתי להצילך מיד מצרים גלוי היה לפני שסופך לבגוד ואף על פי כן שמרתי שבועת אבות וזהו שנאמר ראה ראיתי את עני עמי (שמות ג') שתי ראיות אני רואה שסופן לבגוד ומכל מקום ראיתי את עני עמי. כך דרש רבי תנחומא: ופושע מבטן. משהייתם במצרים כמו שמפורש (ביחזקאל כ') ואודע להם בארץ מצרים וגו' ואומר עליהם וגו': (ט) אאריך אפי. לשון הווה: ותהלתי אחטם לך. וזאת היא תהלתי אשר אחטם לך לשון חוטם אפתים חוטמי מלאת עשן נחירי ומקלוף עליך שהכועס יוצא

מהר"י קרא

הבטחתי: (ח) גם לא ידעת. ולא שמעת חדשות שאני משמיעך מעתה: גם מאז. בטרם השמעתים לא פתחת אזניך לשומעה מפי אחרים. ונצורות השמעתיך מעתה על מה אני מקדים להשמיעם בטרם תבואנה: כי ידעתי בגוד תבגוד. ותכפור בכח אלהות כשתבוא הישועה. ותתלה איתה בע"ז שלך: ופושע מבטן קורא לך. ממרים הייתם עם ה' מימיכם: (ט) ותהלתי אחטם לך. פת' בשביל תהלתי אתאפק ואחריש לך כזה שמריח ריח רעה וחוזר חוטמו שלא להריחו: (י) הנה צרפתיך

אבן עזרא

רפה בלי ישמעאל כמו ביו' השלישי וישא אברהם: (ח) גם. באמת שלא שמעת או הטעם ידעת כי לא תשמע שתבגוד בי ולא תאמי' בדברי וטעם מבטן כי ידעתיך מעת היותך והפך זה בטרם אצרך בבטן והנה קראו פושע והטעם על הגזרות ועוד אפרש זה בתחלת ספר ירמיה: לא פתחה אזנך. עלמה דרך קלה: (ט) למען שמי. שתקראו עם השם: אחטם לך. אין לו הבר ובדברי הקדמונים חוטם והנה הוא כן אאריך אפי ואאריך החוטם לך גם למען מושך אחר וכן הוא ולמען תהלתי: (י) הנה צרפתיך.

רד"ק

ולפני יום. ולא לפני היום הזה שאני מגידה שמא תאמר הנה ידעתון זה לא היה כי עתה נבראו ולא ידעתם ולא שמעתם עד עתה: (ח) גם לא שמעת. יש לפרשו דבק בפסוק שלפניו והנכון לפרשו בפני עצמו אמר לו דרך תוכחה גם לא שמעת מה שצויתיך כלומר לא קבלת גם לא ידעת כי סרו המצות מלבבך ושכחתם והנה לא ידעת אותם: גם מאז. לא היה עתה תחילת בוגדך כי גם מאז הדורות שעברו לא פתחה אזנך לקבל דברי וחירק הפ"א מקום שורק וכן ופתחו שעריך פתח הסמדר והנכון שיהיו כמשמעם מבנין פעל והם פעלים עומדים בגוד תבגוד בכל דור ודור יש בך בוגדים: כי. מבטן. ר"ל מעת היותך לי לעם פשעת בי וכן קרא לך פושע כי במדבר פשעת בי כמה פעמים כי מי שהוא פושע פעם אחת לא יקרא פושע אלא מי ששונה תמיד בפשעו יקרא פושע או פי' מבטן כי הרשע יש קצת ממדותיו בטבע יצירתו וכן הצדיק כמ"ש ברשעים זורו רשעים מרחם תעו מבטן דוברי כזב וכן אומר על הצדיק בטרם אצרך בבטן ידעתיך: (ט) למען שמי. שנקרא שמי עליכם שנקראתם עם ה' וכן אמר משה רבינו בתפלתו והם עמך ונחלתך: אאריך אפי. בכל דור ודור כי אתם חייבים כליה במעשיכם הרעים אלא שאני מאריך אפי למען שמי ולמען תהלתי כי תהלה היא לי בהיות לי עם מיוחד מבין העמים דבקים בי כי אם יפשעו בי ישובו אלי: אחטם. כמו אאריך אפי כי האף יקרא חוטם: (י) הנה צרפתיך. לא רציתי

מצודת דוד

סדבריס האלה עד הנה: פן תאמר. שמא תאמר הנה ידעתין וכאומר זה לא היה כי עתה נבראו ואיך א"כ תדעו: (ח) גם לא שמעת. ר"ל עם כי הנך רואה שאני לבד מגיד דבר טרם היותו עכ"ז גם לא שמעת אמרי לקבל אותם גם לא ידעת אותם כי הסרתם מלבך: גם מאז. ר"ל לא עתה תחילת הבגידה כי גם מאז מזמן רב לא פתחת אזניך לשמוע אמרי: כי ידעתי. יודע אני שבכל דור ודור אתה בוגד בי ולך יקרא פושע מבטן כי מעת יצאת מבטן ר"ל מעת שבחרתיך לי לעם אתה פושע בי: (ט) למען שמי. שלא יחולל בעמים לזה אני מאריך לך אפי: ותהלתי. מלת למען משמשת בשתים לומר למען תהלתי ר"ל למען יהיה לי לתהלה לזה אאריך חוטמי לך והוא דוגמת אאריך אפי כי האף והחוטם הוא אחד והוא ענין מליצה כי הכעס כאלו יוצא מן האף כמ"ש עלה עשן באפו (תהלים י"ח) ובהאריך האף יתמהמה הכעס לצאת ולעשות רושם ואמר בלשון הנופל באדם להסביר את האוזן: לבלתי הכריתך.

מצודת ציון

שמורות כמו נוצר תאנה (משלי כ"ז): (ט) אחטם. מל' חוטם ואף:

which effect a person in his later years. [Ed. note: This does not mean that one is coerced to sin because he is born with a sinful nature. It means, merely, that he must strive harder to combat his temptation.]

9. **For the sake of My name**—For My name is called upon you; you are called God's people. Moses, too, said, "And they are Your people and Your heritage."—[*Redak*]

I defer My anger—Heb. אַאֲרִיךְ אַפִּי. Despite the future form, it is *an expression of the present*.—[*Rashi*]

8. Neither did you hearken, neither did you know, nor was your ear opened from then, for I knew that you would deal treacherously, and you were called transgressor from the womb. 9. For the sake of My name I defer My anger, and My praise is that I restrain My wrath for you, not to cut you off.

you did not know them.—[*Rashi, Redak, Ibn Ezra*]

7. **Now they have been created and not from then**—*are they.*—[*Rashi*]

and before the day—*that they take place I let you hear of them.*—[*Rashi*]

and you did not hear them—*until this day.* The words, *"and before the day," refer back to "I let you hear" as stated above.*—[*Rashi*]

Since they were decreed by God today—that is their creation—you cannot say that you knew them before.—[*Redak*]

8. **Neither did you hearken**—*Jonathan renders: Neither did you hearken to the words of the prophets, neither did you accept the teaching of the Torah, nor did you bend your ear to the words of the blessings and the curses of My covenant that I established with you at Horeb.*—[*Rashi*]

Redak, too, interprets it as a separate passage, not related to the preceding verses. He explains it as follows: Neither did you hearken to what I commanded you, neither did you know, since the commandments did not enter your heart and you forgot them, nor was your ear opened to hear My words during the past generations.

for I knew that you would deal treacherously—*When I came down to save you from the hands of the Egyptians, it was revealed to Me that you would eventually deal treacherously. Nevertheless, I kept the oath of the Patriarchs. This is what is stated: "*(Ex. 3:7) *I saw the affliction of My people."* The Hebrew expression for "I saw," is רָאֹה רָאִיתִי, a double verb form, which denotes *two seeings. I see that they will eventually deal treacherously, but, nevertheless, I saw the affliction of My people. Rabbi Tanhuma expounded it in this manner.*—[*Rashi*] Cf. *Tanhuma Shemoth* 20. *Midrash Tanhuma* explains that God saw that the Israelites would worship the golden calf, but He, nevertheless, redeemed them from Egypt. The connection to our verse is not found in *Tanhuma.* It is, apparently, original with *Rashi.*

and . . . transgressor from the womb—*Since you were in Egypt, as it is related in Ezekiel* (20:5): *"And I made Myself known in the land of Egypt etc.* (v. 7) *and I said to them,* "Cast away, each man the abominations of his eyes, and do not contaminate yourselves with the idols of Egypt."—[*Rashi*]

Redak interprets this as an allusion to the many sins the Israelites committed in the desert during their travels to the Holy Land. The term פֹּשֵׁעַ, *transgressor,* denotes a habitual sinner, a rebellious one, not one who committed one sin. He suggests too that the expression "from the womb," alludes to the inborn traits

צרפתיך ולא בכסף בחרתיך בכור
עני: יא למעני למעני אעשה כי־איך
יחל וכבודי לאחר לא־אתן: יב שמע
אלי יעקב וישראל מקראי אני־הוא
אני ראשון אף אני אחרון: יג אף־ידי
יסדה ארץ וימיני טפחה שמים קרא

תרגום

בכסף בחרתך ברחוק
מסכינו: יא בדיל שמי
בדיל מימרי אעביד
דלא יתחל ויקרי
דאתגליתי עליכון לעם
אוחרן לא אתן: יב קבילו
למימרי דבית יעקב
וישראל מזמנא אנא הוא
אנא הוא דמלקדמין אף
עלמי עלמיא דילי אינון
ובר מני לית אלהא:
יג אף במימרי שכלילית
ארעא ובגבורתי תלית

ת"א צרפתיך. חגיגה ט: למעני למעני. פסחים קיז סנהדרין לח: וישראל מקראי. סוטה כח: אף ידי. חגיגה יב כתובות ה מנחות לו (חגיגה טז):

מהר"י קרא

ולא בכסף בחרתיך. בכור עוני. בשיעבוד מלכיות: (יב) שמע אלי יעקב. ושם זה קראו אביו ואמו: וישראל מקוראי. שם זה

רש"י

עשן מנחיריו כמו דאת אמר עלה עשן באפו (תהלים י"ח) וכן כל חרון אף הוא לשון חימום החוטם חרה אפי וכן ועצמי חרה מני חורב (איוב ל') נחר חוטמי מרוב חימום: (י) ולא בכסף. ולא על ידי אור של גיהנם כצרוף הכסף באור: בחרתיך. בחרתי לך כור עוני כנגד כור אור. כור הוא כלי שמתיכין בו כסף וזהב: (יא) למעני. למען שמי הקודש: כי איך יחל. איך יחולל שמי בהכריתי אתכם: וכבודי לאחר לא אתן. שאויביכם יאמרו יד אלהיהם רמה: (יב) שמע אלי יעקב. שם שקרא לך אביך: וישראל מקוראי. מאתי נקראת ישראל ויונתן תירגם

רד"ק

להכריתך בעונותיך אבל צרפתיך ע"י ענויים בחרב ובשבי ובדבר: ולא בכסף. ולא כצורף כסף כי צורף הכסף יסיר כל הסיגים מן הכסף ויכלה אותם ממנו עד שלא ישאר בו אלא כסף צרוף ואני לא עשיתי כן כי מעטים היו הנשארים אם עשיתי כן אבל הרשעים שבכם שהם הסיגים עניתים בחלאים או בשבי או בשכול בנים או בפרי בהמה או בפרי האדמה כמו שכתוב בקללות לא להכריתם מכל וכל וזהו שאמר בחרתיך בכור עוני. ובדרש ולא בכסף ולא ע"י אור של גיהנם כי כצרוף הכסף באור שבחרתי לך כור עוני כנגד כור האור. כור הוא כלי שמתיכין בו הכסף ועוני כולל כל מיני ענויים. יש מפרשים בחרתיך כמו בחנתיך ואין צורך רק הוא כמשמעו כי הצרוף הוא בחירת הכסף מהסיגים: (יא) למעני למעני. הכפל ר"ל למען שמי ולמען תהלתי כמו שאמר כי איך יחל איך יהיה מחולל שמי אם אכריתך: וכבודי לאחר לא אתן. לא אתן לאחר כבודי שיתפארו עובדי אל אחר עלי שיאמרו אלהיהם מסר ישראל ולא היה כח בידו להושיעם מידם: יחל. מבנין נפעל מבעלי הכפל: (יב) שמע אלי יעקב וישראל מקוראי. שאני קראתיו ישראל ואתם נקראים על שמו ישראל: אני הוא. בזמן עומד: אני ראשון. בזמן שעבר: אני אחרון. בזמן עתיד: (יג) אף ידי. לא תאמר כי מראשית הזמן אני לבד כי אף טרם

אבן עזרא

רמז על הגלות: ולא בכסף. הטעם ולא במצרף כסף להסיר הסיגים והם הרשעים: בחרתיך. יש אומרים שהוא כמו בחנתיך ואין רע לו והנכון שהוא כמשמעו בחרתי לך כור עוני לא מצרף כסף: (יא) למעני. כי איך יחל. מבנין נפעל מפעלי הכפל והיו"ד שב למעני כמו ונשאר אני והנני יוסיף על ימיך: (יב) שמע. מקוראי. הנקראים בני השם והטעם יש לך להאמין כי אני ראשון ואחרון והנה תאמין באמת: (יג) אף ידי. השמאל דרך משל והזכיר הימין עם השמים בעבור שהם נכבדים מהארץ. והנה טעם אף כי אני אמת ראשון ואחרון כי אני בראתי הכל. וטעם טפחה אשר טפחתי ורביתי וי"א שמדד השמים בטפח ומזה הכתוב למדו המפרשים כי השמים והארץ נבראו יחד לא זה קודם זה ודרך הפשט שאני עשיתים ובעת שאקרא אליהם

מצודת ציון

(י) בכור. הכלי שצורפים ומזקקים בו הזהב והכסף נקרא כור: (יא) יחל. מל' חלול: (יג) טפחה. מל' טפח והוא כף היד שמודדים

מצודת דוד

את זה אעשה למען לא אכריתך כפי הגמול כאשר יאה הקלף: (י) צרפתיך. להסיר ולמרק סיג העון: ולא בכסף. לא כמצרף כסף שמתיכים בו הכסף לאור לצרוף הסיג: בחרתיך בכור עני. בחרתי לך לבוא אותך בכור עוני תמורת כור כסף הנתון על האש ר"ל אמרק סיג עונך בקושי עינוי השעבוד ולא באש הגיהנם ולפי שאין במשל מלצרף כסף אמר כור עוני: (יא) למעני וגו'. התשועה שאעשה לכם לא בצדקתכם כ"א למען שמי כי איך יחולל בין העמים שיאמרו מבלי יכולת ה' וגו' וכפל מלת למעני כלומר לומר שבעבור זה לבד ולא בהצטרפות עמו עוד דבר: וכבודי. מה שראוי לכבד אותי לא אעזוב לאל אחר לבל יאמרו יד אלהיהם רמה: (יב) מקוראי. כי אביו קרא לו יעקב וה' קראו ישראל: אני הוא. אני האל לבד ואפס זולתי: אני ראשון. קודם בריאת העולם אף אני האחרון אחר שתכלה העולם: (יג) אף ידי וגו'. ר"ל בעוד

meaning: I chose you from the wicked with the crucible of affliction. (Note that *Redak* renders: with the crucible of affliction, whereas *Rashi* renders: *with the crucible of poverty*. Others render: I refined you, בְּחַנְתִּיךָ like בְּחַרְתִּיךָ.—[*Quoted by Ibn Ezra* and *Redak*]

11. **For My sake**—*For the sake of My holy name.*—[*Rashi*]

This phrase is doubled to denote 'My name and My praise.'—[*Redak*]

for how shall it be profaned—*How shall My name be profaned when I utterly destroy you?*—[*Rashi, Redak*]

And My honor I will not give to an-

10. Behold I have refined you, but not as silver; I have chosen for you the crucible of poverty. 11. For My sake, for My sake I will do, for how shall it be profaned? And My honor I will not give to another. 12. Hearken to Me, O Jacob, and Israel, who was called by Me, I am He, I am first, yea I am last. 13. Even My hand laid the foundation of the earth, and My right hand measured the heavens with handbreadths;

I defer My anger in every generation. Although you are deservant of annihilation because of your evil deeds, I defer My anger for the sake of My name and for the sake of My praise, to have a nation, designated from among all nations, devoted to Me, for, even if they sin, they eventually return to Me.—[*Redak*]

and My praise is that I restrain My wrath—Heb. אֶחֱטָם. *And this is My praise, that I restrain My wrath for you.* אֶחֱטָם *is an expression of* חֹטֶם, *a nose. I will close My nose not to allow the smoke of My nostrils to go out and not to be angry with you, for, when one is angry, smoke comes out of his nostrils, as Scripture states:* "(Ps. 18:9) *Smoke rose in His nose." Likewise, every expression of 'kindling of anger'* (חֲרוֹן אַף) *is an expression of the heating of the nose.* "(Job. 42:7) *My anger was kindled* (חָרָה אַפִּי)." *Comp. also* "(ibid. 30:30) *And my bones were burnt* (חָרָה) *from heat." My nose was heated* (נִחַר) *from much heat.*—[*Rashi*]

Other commentators concur with *Rashi* and associate אֶחֱטָם with חֹטֶם, *a nose,* and, in turn, associate the nose with anger, since the anger seems to emanate from the nostrils. The same applies to אַף, used both for 'nose' and for 'anger.'—[*Ibn Ezra, Redak, Mezudoth*]

10. **Behold I have refined you**—This is figurative for the exile.—[*Ibn Ezra*]

I did not wish to destroy you because of your sins, but I refined you with afflictions, through the sword, captivity, and pestilence.—[*Redak*]

but not as silver—lit. but not with silver. *Not with the fire of Gehinnom, as silver is refined through fire.*—[*Rashi, Redak,* based on *Hagigah* 9b, *Gen. Rabbah* 44:21]

I have chosen for you—Heb. בְּחַרְתִּיךָ. *I have chosen for you the crucible of poverty as opposed to the crucible of fire. A crucible* (כּוּר) *is a vessel in which they melt silver and gold.*—[*Rashi*]

Redak, explains: **but not as silver**—Not as one refines silver, for the silversmith removes all the dross from the silver, until nothing remains but pure silver. I did not do so, for the survivors would be very few. Instead, I refined the wicked among you with illness, with captivity, with loss of children, cattle, or produce, as is predicted in the Pentateuch (Deut. 28).

He explains the choosing as choosing the silver from the dross,

שמיא קרית אנא להון
קמו כחדא: יד אתכנשו
כולהון ושמעו מן בהון
חוי ית אלין יי דרחים
ליה לישראל יעביד
רעותיה בבבל ותקוף
דרע גבורתיה יגלי
בכסדאי: טו אנא
במימרי גזרית קים עם
אברהם אבוכון אף
בביתיה אעילתיה לארע בית שכינתי ואצלח ית אורחיה: טז אתקרבו למימרי שמעו דא לא

אני אליהם יעמדו יחדו: יד הקבצו
כלכם ושמעו מי בהם הגיד את־אלה
יהוה אהבו יעשה חפצו בבבל וזרעו
כשדים: טו אני אני דברתי אף־קראתיו
הבאתיו והצליח דרכו: טז קרבו אלי

רש"י

ויתראל מזומני: (יד) ה' אהבו. לזה שיעשה חפצו של הקב"ה בבבל: וזרועו. יראה בארץ כשדים ועל כורש אמר כן: (טו) אני. גאלתי ישראל ממצרים ואני אגאל את כל ישראל מגלות אחרון ומארבע כנפות הארץ: אף קראתיו. לכורש. וי"ת ה' אהבו לישראל אף קראתיו לאברהם וקריאה

מהר"י קרא

קראתיך אני. דכתיב ויאמר לו אלהים שמך יעקב וגו': (יד) מי בהם הגיד את אלה [ה'] אהבו יעשה חפצו בבבל. זה כורש: וזרועו. של הקב"ה יראה בכשדים: (טו) אני דברתי אף קראתיו.

אבן עזרא

למלאת רצוני וחפצי יעמדו שניהם לפני כעבדים וכמוהו למשפטיך עמדו היום כי איך יקרא השם לאשר איננו: (יד) הקבצו. את אלה העתידות: ה' אהבו. סימן כורש: יעשה חפצו. חפץ השם בבבל ויעשה זרועו בכשדים ויתכן היות וי"ו חפצו שב אל כורש גם וי"ו וזרועו: (טו) אני אני. פעמים שלא תשתנה. וי"ו קראתיו שב אל כורש: (טז) קרבו. אלה דברי הנביא: לא מראש. מבתחלה לא

רד"ק

הזמן אני כי ידי יסדה ארץ וימיני טפחה שמים והזמן נברא בבריאתם ואמר יסדה לפי שהארץ כיסוד לבנין לפי שהיא תחתונה והשמים נטוים עליה וזכר היד שהיא שמאל לארץ לפי שהיא נקלה כנגד השמים וזכר הימין לשמים שהשמים נכבדים מהארץ כמו שהימין נכבדת מהשמאל ועוד כי פעולת הימין יותר קיימת מפעולת השמאל כן השמים קיימים באשיהם ואין כן אישי הארץ ופי' טפחה תכן אותם בטפחו כמ"ש ושמים בזרת תכן: קורא אני אליהם יעמדו יחדו. הנה נחלקו רבותינו ז"ל בבריאת שמים וארץ בית שמאי אומרים שמים נבראו תחילה ואחר כך הארץ שנאמר בראשית ברא אלהים את השמים ואת הארץ ובית הלל אומרים הארץ נבראת תחילה ואחר כך השמים שנאמר לפנים הארץ יסדת ומעשה ידיך שמים אמר רבי תנחומא אנא אמרית טעמא לבריאה שמים קדמו שנאמר בראשית ברא אלהים את השמים ואת הארץ ולשכלול הארץ קדמה שנאמר ביום עשות ה' אלהים ארץ ושמים אמר ר' שמעון בן יוחאי תמה אני איך נחלקו אבות העולם בית שמאי ובית הלל על בריאת שמים וארץ אלא שניהם לא נבראו אלא כאלפס וכסויה שנאמר קורא אני אליהם יעמדו יחדו ואדוני אבי ז"ל פירש יעמדו יחדיו כי כאשר ברא הבורא יתברך שמים וארץ הנה הוציאם מאין ליש וטכח הטבע למעשה ומחוברים בראם בראשיתם ועלו השמים בטבעם כדרך העליונים לעלות וירדה הארץ בטבעה כדרך התחתונים לרדת ואלו לא העמידם האל היו עוד היום השמים עולים והארץ יורדת אך כאשר ראה האל יתברך טוב עמידתם העמידם וז"ש קורא אני עליהם יעמדו יחדיו. וחכם רבי אברהם פירש אני עשיתים ובעת שאקרא אליהם למלאת חפצי יעמדו שניהם לפני כעבדים. והנכון בעיני שפירושו כן אני עשיתים בתחילת בריאתם וכל ימי עולם הם עומדים יחדו בכחי ופי' קורא אני אליהם שאני משפיע עליהם כחי בכל עת ובו יעמדו על תכונתם וכאלו אני קורא להם שיעמדו ועומדים: (יד) הקבצו. וכיון שאני עשיתי הכל בידי כל הנבראים ואני אשפיל מלכות זו וארים אחרת כמו שאעשה לבבל להשפילה ולהרים כורש וכשתקבצו כולכם היש בכם בנקבצים מי שידע אלה העתידות שאני עושה: מי בהם. שהגידם: ה' אהבו. פי' כורש וכבר זכרו כמה פעמים שהוא יחריב בבל לפיכך סמך על המבין וזכרו בכנוי ולא זכר שמו ה' אהב אותו כי יעשה חפץ האל בבבל ויראה זרוע האל בכשדים כי הוא לא התפאר בכחו כמו סנחריב ונבוכדנצר אלא אמר כל ממלכות הארץ נתן לי אלהי השמים ומה שאמר הקבצו לנכח ואמר בהם שלא לנכח כן דרך הלשון וכן שמעו עמים כולם וזולתו: כשדים. חסר בי"ת השמוש והוא כמו בכשדים וכן לזונות בית אביה שהוא כמו בבית אביה ורבים כמוהו ויונתן פירש אהבו על ישראל שתרגם ה' דרחים ליה לישראל עביד רעותיה בבבל וגו': (טו) אני אני. הכפל לחזק או פי' אני שהייתי ואני שאהיה וכמו שדברתי על כורש על ידי נביאי כן הביאותיו אל בבל ותצליח דרכו ומה שאמר אף קראתיו קראתיו בשם כמו שאומר למשיחו לכורש: (טז) קרבו. אלה דברי הנביא: לא מראש בסתר דברתי. נבואת סנחריב שהיתה ראשונה לא דברתי בסתר אלא בגלוי אמרתי כי כן יהיה: מעת היותה. מעת היות הגזרה כמו שאמרתי אתם עדי

מצודת דוד

תכן ימיני וטפחה את השמים הנה אף ידי השניה יסדה הארץ כי בכח אחת נבראו: קורא וגו'. בזה יפרש אמריו לומר לא נעשו במעשה כ"א קראתי אני אליהם במאמר פי אשר יעמדו יחדיו כאחד: (יד) הקבצו. האספו ושמעו אמרי מי בכל עובדי הפסל יוכל להגיד את האמור למטה: ה' אהבו. שה' אוהב לזה שיעשה חפצו בבבל וזהו כורש: וזרועו. ותוקף זרועו יעשה בכשדים: (טו) אני אני. ר"ל אני לבד דברתי שכן יעשה: אף קראתיו. ר"ל אני העירותי לבו לזאת: הביאותיו. לבבל: (טז) שמעו זאת. האמור למטה: לא

מצודת ציון

עמו הטפחים: (יד) כשדים. בכשדים ותחסר בי"ת השמוש וכן לזונות בית אביה (דברים כ"ב) ומשפטו בבית אביה: (טז) ורוחו. ומלאכו וכן ורוח על פני יחלוף (איוב ד'):

14. **All of you, gather and hearken**—Since I created everything, all creatures are in My power, and I can humble one kingdom and exalt another, as I will do to Babylon to humble it and to exalt Cyrus. And

the beginning of their creation, and throughout all time, they stand together because of My power, which I constantly bestow upon them. It is as though I call them that they stand, and they do so.

I call them, they stand together. 14. All of you, gather and hearken, who of them told these? The Lord loves him, who shall do His work in Babylon and [show] His arm [upon the] Chaldeans. 15. I, yea I spoke, I even called him, I brought him, and his way prospered. 16. Draw near to Me,

other—*That your enemies shall say that their god is powerful.—[Rashi]*

12. **Hearken to Me, O Jacob**—*The name that your father called you.—[Rashi]*

and Israel, who was called by Me—*You were called Israel by Me* (Gen. 32:29). *Jonathan renders: Israel, My summoned one.—[Rashi]*

I am first—in the past.—[*Redak*]

I am last—in the future.—[*Redak*]

13. **Even My hand laid the foundation of the earth**—Lest you think that I was first only in time, I tell you that I was first even before the existence of time, for My hand laid the foundation of the earth and My right hand measured heavens, the creation of which marked the beginning of time. The earth below is spoken of as the foundation over which the heavens are spread. The heavens, more esteemed than the earth, are spoken of as being established by God's right hand, whereas the earth is spoken of as being founded with His hand, meaning His left hand.

I call them, they stand together—The Rabbis o.b.m. differed concerning the order of the creation of the heaven and earth. Beth Shammai claimed that the heavens were created first, in the order of the first verse of the Torah, viz. "(Gen. 1:1) In the beginning, God created the heavens and the earth." Beth Hillel claimed that the earth was created first, in the order of "(Ps. 102:26) Of old, you founded the earth, and the work of your hands is the heaven."

Said Rabbi Tanhuma, "I will state the grounds [of this opinion]: as regards creation, heaven was first, and it is written, 'In the beginning, God created the heaven and the earth,' whereas in respect to completion, earth took precedence, as it is said, 'On the day the Lord God made earth and heaven.'"

Said Rabbi Simeon ben Yochai, "I am amazed that the fathers of the world engage in controversy over this matter, for surely both were created [like a pot and it lid, as it is said, 'I call them, they stand together.'" [*Gen. Rabbah* 1:15, as quoted by *Redak*]

Rabbi Joseph Kimchi explains: When God created heaven and earth from nothing and from the potential to the realization. From their inception, the heavens and earth were together, but then the heavens commenced to rise and the earth to sink, until God ordered them to stay as they were. These are the words of the prophet, "I call to them, they stand together."

Ibn Ezra explains that God created them, and when He calls them, they stand before Him as slaves to do His bidding.

Redak explains: I made them at

שִׁמְעוּ־זֹאת לֹא מֵרֹאשׁ בַּסֵּתֶר דִּבַּרְתִּי
מֵעֵת הֱיוֹתָהּ שָׁם אָנִי וְעַתָּה אֲדֹנָי יֱהוִֹה
שְׁלָחַנִי וְרוּחוֹ: יז כֹּה־אָמַר יְהוָֹה גֹּאַלְךָ
קְדוֹשׁ יִשְׂרָאֵל אֲנִי יְהוָֹה אֱלֹהֶיךָ
מְלַמֶּדְךָ לְהוֹעִיל מַדְרִיכְךָ בְּדֶרֶךְ תֵּלֵךְ:
יח לוּא הִקְשַׁבְתָּ לְמִצְוֹתָי וַיְהִי כַנָּהָר

ת"א לא מראש. שבת פו מ"ק טז: מלמדך להועיל. מכות י עקדה שער ט לוא הקשבת. ברכות ו עכו"ם ס':

תרגום

מִן אוּלָּא בְּסִתְרָא מַלֵּלִית
מֵעִדָּן דְּאִתְפְּרִישׁוּ
עַמְמַיָּא מִדַּחְלָתְהוֹן תַּמָּן
אַבְרָהָם אֲבוּכוֹן קָרֵיבְתֵּהּ
לְפוּלְחָנִי אֲמַר נְבִיָּא
וּכְעַן יְיָ אֱלֹהִים שַׁלְחַנִי
וּמֵימְרֵהּ: יז כִּדְנַן אֲמַר
יְיָ פָּרִיקָךְ קַדִּישָׁא
דְיִשְׂרָאֵל אֲנָא יְיָ אֱלָהָךְ
מַלֵּיף לָךְ לַהֲנָאָה מַחֲנֵי
לָךְ בְּאוֹרַח דְּתְהָךְ:
יח אִילּוּ אֲצֵיתָא לְפִקּוּדֵי
וַהֲוֵי פוּן כִּשְׁפַע נְהַר

מהר"י קרא

לכורש להיפרע מבבל: (טז) לא מראש בסתר דברתי. כשגזרתי גזירה זו על בבל. שבשר ודם שמדבר דבר. ספק מקיימה ספק אינה מקיימה. ולכך צריך לאומרו בסתר שמא לא יהא ספק בידו לקיימה ונמצא מתבזה. אבל אני לפי שגזירתי מתקיימת. לא מראש בסתר דברתי: מעת היותה שם אני. כך אמר הנביא כשנגזרה גזירה על בבל שתפול ביד כורש. שם הייתי כשהיתה גזירה מלפני הקב"ה: ועתה ה' אלהים שלחני. לאומרה:

רש"י

זו לשון גידול להיות מקורחי כמו אלה קריאי העד' (במדבר א'): (טז) **מעת היותה שם אני.** מעידן דאיתפרשו עממיא מדחלתי תמן אנא קריבתיה לאברהם אבוכון לפולחני: **ועתה ה' אלהים שלחני ורוחו.** אמר נבייא וכען ה' אלהים שלחני ומימריה עירובי דברים מי שאמר זה לא אמר זה. ומדרש אגדה רבי תנחומא פירש שמעו זאת. תורת משה שנאמר בה זאת התורה. לא מראש בסתר דברתי בסיני והנביא אומר מעת היותה לאותו דבר שהוא אומר

רד"ק

וכן עתה אדני אלהים שלחני על הגזרה העתידה לבא והיא חרבן בבל: ורוחו. פירוש מלאכו כלומר ומלאכו בא אלי בשליחות האל יתברך בנבואה והודיעני זאת הגזרה העתידה לבא שלחני אליכם שאודיענה לכם ומה שהוצרך לומר ורוחו כי פעמים ישמע הנביא קול בלא ראית מלאך ופעמים יראה מלאך במראת הנבואה. ואדוני אבי ז"ל פירש לא מראש כאשר נבאתי נבואת סנחריב בגלוי דברתי ומעת היותה אותה הנבואה שאמר את מי אשלח ומי ילך לנו שם אני מזומן ועתה ה' אלהים שלחני ורוחו שם בקרבי להתנבא העתידות. והגאון רב סעדיה פירש כמו ברוחו על דרך ותערבם ברוחך ביד נביאיך וכמוהו דרשו ה' ועזו כמו בעוזו. והחכם רבי אברהם בן עזרא פירש ורוחו ומלאכו הממונה על מלכות פרס כי יש מלאכים ממונים על המלכיות כמו שכתוב בספר דניאל וי"ת מעדן דאתפרשו עממיא וגו': (יז) כה אמר ה' גאלך. מגלות בבל על ידי כורש: מלמדך. אני מלמד בכל יום להועיל לך שתהיה בשלום אם תשמע לי ולא תגלה לבבל ולא תצטרך לתשועה זאת אם תלך בדרך שאני מדריכך: (יח) לוא הקשבת. אלו עשית זה שהקשבת למצותי: ויהי כנהר שלומך. ולא תשלום

אבן עזרא

אמרתי זה הסוד וזאת הגזירה: **בסתר דברתי מעת היותה.** אמר הגאון מכאן רמז כי הנשמה קודם הגוף ולא אמר כלום כי הנה הכתוב אומר בתחילה עתה נבראו ולא מאז והטעם כאשר נגזרה זאת הגזירה שיצאה מפי השם אלה המלאכים הם השרים הממונים על המלכיות: אשר הוא כתוב בספר דניאל שם הייתי גם אני ורוחו. הוא המלאך והגאון אמר כי הוי"ו תחת בי"ת ואמר כי כמוהו דרשו ה' ועזו ואין צורך: (יז) **כה.** והנה זאת הנבואה להודיע שכר השומעים אל דברי השם: (יח) **לוא.** האל"ף במלת

מצודת ציון

(יז) להועיל. מל' תועלת: מדריכך. מלשון דרך: (יח) לוא. היא כמו אם וכן לו החייתם אותם (שופטים ח): הקשבת. ענין שמיעה:

מצודת דוד

מראש וגו'. ר"ל מפלת סנחריב שהיתה ראשונה לא דברתיה בסתר אלא בגלוי כי מעת היות הגזרה היה הייתי שם לקבל הנבואה ונתפרסמה על ידי: ועתה. הנה עתה שלחני ה' ומלאכו ר"ל ע"י מלאכו בא אלי הנבואה להשמיע עוד הדבר והיא מפלת בבל: (יז) מלמדך להועיל. אני הוא המלמד אותך להיות לך לתועלת: מדריכך. המנהיג אותך בדרך אשר תלך: (יח) לוא הקשבת. אם הקשבת

speak in secret," was said by the Shechinah. "From the time it was, there was I," was said by the prophet. It is possible to interpret it so that there should not be intermingling of words, as follows: *Draw near to me, hearken to this—what I prophesy to you regarding the downfall of Babylon and your redemption. In the beginning I did not speak that in secret. From the time it was, that the Holy One, blessed be He, decreed to bring it, there I was. This teaches that from the time of the decree, the Holy One, blessed be He, appoints the prophet who is destined to prophesy regarding the matter in the council of the heavenly household, although it has not yet been created.*—[*Rashi*]

Redak, too, explains that the entire verse was said by the prophet. He explains as follows:

hearken to this; in the beginning I did not speak in secret, from
the time it was, there was I, and now, the Lord God has sent
me, and His spirit. 17. So said the Lord, your Redeemer, the
Holy One of Israel, "I am the Lord your God, Who teaches you
for your profit, Who leads you by the way you should go.
18. Had you hearkened to My commandments, your peace
would be as a river,

when all of you gather, is there anyone among all the assembled who knew these future events that I am going to perform?—[*Redak*]

The Lord loves him—*He who will perform the will of the Holy One, blessed be He, upon Babylon.*—[*Rashi*]

and [show] His arm—*he will show in the land of the Chaldees, and concerning Cyrus he states this.*—[*Rashi*]

Since Cyrus has been mentioned many times in this context, Scripture relies on the reader to understand. The prophet states that God loves Cyrus because he performs *His will* and shows *His power*; he does not boast of his conquests but acknowledges that he is performing God's will and that God gave him the dominion over all the kingdoms.—[*Redak*]

15. **I**—*redeemed Israel from Egypt, and I will redeem all Israel from the last exile and from the four corners of the earth.*—[*Rashi*] This accounts for the repetition. *Redak,* too, explains: It is I Who was, and it is I Who will be, and just as I spoke of Cyrus through My prophet, so will I bring him to Babylon and make his way prosper.

I even called him—I.e., I called *Cyrus. Others say: The Lord loves Israel. I even called him,* i.e. *Abraham. This calling is an expression of exaltation, to be My called one. Comp.* "(Num. 1:16) *These are the called ones of the congregation.*"—[*Rashi*] Cf. infra 51:2.

16. **from the time it was, there was I**—Jonathan paraphrases: *From the time the nations ceased fearing Me, there I brought Abraham your father near to My service.*—[*Rashi*]

and now, the Lord God has sent me, and His spirit—Jonathan paraphrases: *Said the prophet, "And now, the Lord God has sent me, and His word." This is an intermingling of words. The one who said this did not say that.* I.e. the first part of the verse was said by God, and the second part by the prophet. *And the Aggadic Midrash of Rabbi Tanhuma* (Yithro 21) *explains: Hearken to this—This alludes to Moses' Torah, referred to as "This is the Torah." In the beginning, I did not speak in secret—at Sinai. And the prophet says, "From the time that thing was that He says, I was there." And we learned from here that all the prophets stood at Sinai. And now He sent me to prophesy to them. Even in this version there is an intermingling of words. "In the beginning I did not*

שְׁלוֹמֶךָ וְצִדְקָתְךָ כְּגַלֵּי הַיָּם׃ יט וַיְהִי
כַחוֹל זַרְעֶךָ וְצֶאֱצָאֵי מֵעֶיךָ כִּמְעֹתָיו
לֹא־יִכָּרֵת וְלֹא־יִשָּׁמֵד שְׁמוֹ מִלְּפָנָי׃
כ צְאוּ מִבָּבֶל בִּרְחוּ מִכַּשְׂדִּים בְּקוֹל
רִנָּה הַגִּידוּ הַשְׁמִיעוּ זֹאת הוֹצִיאוּהָ עַד־
קְצֵה הָאָרֶץ אִמְרוּ גָּאַל יְהוָה עַבְדּוֹ
יַעֲקֹב׃ כא וְלֹא צָמְאוּ בָּחֳרָבוֹת הוֹלִיכָם

מים

פְּרָת שְׁלָמָךְ וּזְכוּתָךְ
פְּגַלֵּי יַמָּא׃ יט וַהֲווֹ פוֹן
סַגִּין כְּחָלָא דְיַמָּא בְּנָךְ
וּבְנֵי בְנָךְ כְּפֵירוּדוֹהִי
לָא יִפְסוֹק וְלָא יִשְׁתֵּצֵי
שְׁמֵיהּ דְיִשְׂרָאֵל מִן קֳדָמַי
לְעָלַם׃ כ פּוּקוּ מִבָּבֶל
עֲרוּקוּ מִמְּדִינַת אֲרַע
כַּסְדָּאֵי בְּקָל תּוּשְׁבַּחְתָּא
חַווּ וּבַסַּרוּ דָא אַפְּקוּהָא
עַד סְיָפֵי אַרְעָא אֱמָרוּ
פְּרַק יְיָ עַבְדּוֹהִי דְבֵית
יַעֲקֹב׃ כא וְלָא אַצְחֵינוּן
בְּחָרְבָתָא דְבָרִינוּן מַיָא

ת"א כנהר שלומך. עקדה שער נח:

רש"י

שם אני. ולמדנו מכאן שכל הנביאים עמדו בסיני ועתה שלחני להנבא אליהם ואף לשון זה ישנו עירוב דברים לא מראש בסתר דברתי אמרה שכינה מעת היותה שם אני אמר הנביא. ויש לפתור שלא יהו עירובי דברים קרבו אלי שמעו זאת שאני מתנבא לכם על מפלת בבל וגאולתכם לא מראש בסתר דברתי אותה מעת היותה שגזר הקב"ה להביאה שם הייתי לימד (ס"א למדת) שמשעת הגזירה הקב"ה מעמיד הנביא שעתיד להנבא על הדבר בסוד פמליא של מעלה ואע"פ שעדיין אינו נולד: (יט) כמעותיו. של ים כדגי הים לרוב:

מהר"י קרא

(יט) כמעותיו. כמעי הדגה: (כא) ולא צמאו בחרבות הוליכם. בצאתם ממצרים. ומי שעשה להם גבורות הללו לשעבר הוא

אבן עזרא

לו נוסף כאל"ף ההלכות אתו והנה הוי"ו ויהי כס"א רפה בלשון ישמעאל וטעם כנהר שלא יפסוק וככה גלי הים: (יט) ויהי כחול. מספר זרעך: וצאצאי מעיך. כמו בטנך: כמעותיו. כמעות הים והנה הזכיר הגלים והחול ומלת כמעותיו רמז למעי הדגים. וי"ו שמו אל זרעך: (כ) צאו. ידבר עם בני הגולה: הוציאוה. כמו בפרהסיא ולא די שיגאל עמו עד שיחדש להם פלא בשובם אל ציון שלא

רד"ק

בך יד אויב ובא כנהר. ר"ל כמימי הנהר שהם רבים וי"ת כשפע נהר פרת: וצדקתך. וצדקה שהייתי עושה עמך כגלי הים שהם תמידים בלי הפסק זה אחר זה: (יט) ויהי כחול. ויהי כמו כן כחול זרעך שהייתי מברך אותך בפרי בטנך וכפל הענין במ"ש ואמר וצאצאי מעיך כמעותיו ומעותיו הם אבני החול שהם צרורות קטנות והם כדמות מעות הנזכר בדברי רבותינו ז"ל ויש מפרשים כמעותיו כמעי הים והם הדגים. וי"ת כפרודוהי והם אבני החול שהם פרודות קטנות: לא יכרת ולא ישמד שמו. פי' שם זרעך כלומר אע"פ שלא הקשבת למצותי לא אכריתך מכל וכל אלא אגלה אותך לארץ אויביך ואחר כך אגאלך ואומר לך צאו מבבל: מלפני. אלא אושיבך לפני בבית שכינתי ואמר כנוי שמו על זרעך בעבור כי רוב השבי מהגולה היו הבנים כי האבות מתו: (כ) צאו מבבל ברחו מכשדים. אין זה בריחה מפחד כי ביד רמה יצאו ובקול רנה אלא פירושו מהירות ההליכה וכן לברוח תרשיש כי מלפני ה' הוא בורח כמו שפי' א"א ז"ל: הוציאוה. זאת הבשורה: (כא) ולא צמאו.

מצודת דוד

לשלומי היה אז נמשך שלומך כמי הנהר והייתי עושה עמך לדקות מרובות וגדולות כגלי הים: (יט) וצאצאי מעיך. כפל הדבר במ"ש: כמעותיו. כאלו אמעי הים ועל הדגים יאמר כדרך השאלה כאלו הים ילדם: ולא יכרת. ר"ל אף על פי שלא הקשבת למצותי עכ"ז לא יכרת שם זרעך מכל וכל: (כ) צאו מבבל. כי אומר לך לצאת מבבל: ברחו. מהרו ללכת מכשדים: הגידו וגו'. אמרו זאת הבשורה: הוציאוה. הוליאו קול הבשורה להיות נשמע עד קצה הארץ: עבדו יעקב. את עבדו יעקב: (כא) ולא צמאו. לא יצמאו בדרך עם

מצודת ציון

(יט) מעיך. כמו בטנך: כמעותיו. מל' מעים ור"ל בטן: ישמד. ענין כליון: (כ) ברחו. ענין מהירות ההליכה ועם היא מבלי פחד: (כא) בחרבות. מל' חורבה ושממון: הזיל. מלשון הזלה ונטיפה:

foreign domination, and the days of your peace would be many, as the waters of a river. *Jonathan* specifies the Euphrates River.—[*Redak*]

and your righteousness—And the righteous deeds that I would perform for you would be like the waves of the sea, one following close after the other, without a stop.—[*Redak*]

19. **like the sand**—in number.—[*Ibn Ezra, Redak*]

like its innards—*of the sea, like the fish of the sea for multitude.—[Rashi, Ibn Ezra,* also quoted by [*Redak*]

Others render: like its grains, the antecedent being 'the sand.'—[*Redak*]

his name—i.e. the name of your seed.—[*Ibn Ezra, Redak*]

shall neither be cut off—Even though you have not hearkened to My commandments, I will not cut you off or destroy you, but I will ex-

and your righteousness like the waves of the sea. 19. And your
seed would be like the sand and those emanating from your
innards [would be] like its innards; his name shall neither be cut
off nor destroyed from before Me. 20. Leave Babylon, flee
from the Chaldeans; with a voice of singing declare, tell this,
publicize it to the end of the earth; say, "The Lord has
redeemed His servant Jacob." 21. And they did not thirst when
He led them in the wastelands,

In the beginning I did not speak in secret—The prophecy regarding Sennacherib, which was the first one, I did not speak in secret but I said in public that it would come about.

from the time it was—From the time the decree was enacted, as I said, "You are my witnesses," and now the Lord God has sent me regarding the decree that is destined to come, viz. the destruction of Babylon.

and His spirit—His angel came to me as an agent of God with prophecy, and he informed me of this decree that is destined to come. He sent me to you that I inform you of it. This phrase indicates that the prophet saw the angel who delivered the message to him. Sometime, a prophet would hear him but not see him.

Rabbi Joseph Kimchi explains as follows:

In the beginning I did not speak in secret—When I prophesied about Sennacherib I prophesied in public.

from the time it was—From the time of the prophecy of "Whom will I send and who shall go for us?" I was there, prepared.

and now the Lord God has sent me, and His spirit—He has placed within me to predict future events.

Ibn Ezra identifies the spirit as the heavenly prince of Persia, for every nation has its prince among the angels, as is written in the Book of Daniel.

17. **your Redeemer**—Who redeemed you from Babylonian exile through Cyrus.—[*Redak*]

Who teaches you for profit—I teach you every day for your benefit, that you will have peace if you obey Me, and you will not be exiled to Babylon. Consequently, you will not need the redemption if you follow the way I led you.—[*Redak*]

The Talmud (*Makkoth* 10b) deduces from this verse that "whichever way a person wishes to go, he is led." I teach you for your profit, but I lead you in the way you choose to go. If one commences to follow the path of good, he is constantly led along that path. He will find that he has a tendency to continue in this way. The same is true if one commences to follow the path of evil.

18. **your peace would be as a river**—continuing incessantly. The same applies to the waves of the sea.—[*Ibn Ezra*]

You would have peace, without

מַיִם מִצּוּר הִזִּיל לָמוֹ וַיִּבְקַע־צוּר וַיָּזֻבוּ
מָיִם׃ כב אֵין שָׁלוֹם אָמַר יְהוָה לָרְשָׁעִים׃
מט א שִׁמְעוּ אִיִּים אֵלַי וְהַקְשִׁיבוּ לְאֻמִּים
מֵרָחוֹק יְהוָה מִבֶּטֶן קְרָאַנִי מִמְּעֵי אִמִּי
הִזְכִּיר שְׁמִי׃ ב וַיָּשֶׂם פִּי כְּחֶרֶב חַדָּה
בְּצֵל יָדוֹ הֶחְבִּיאָנִי וַיְשִׂימֵנִי לְחֵץ בָּרוּר

תרגום

מִטּוּרָא אַפֵּיק לְהוֹן
וּבְזַע טִינָרָא וּנְגַדוּ מַיָּא:
כב לֵית שְׁלָם אֲמַר יְיָ
לְרַשִׁיעַיָּא: א קַבִּילוּ נַגְוָן
לְמֵימְרִי וְאַצִּיתוּ מַלְכְּוָן
מְרַחִיק יְיָ עַד לָא הֲוֵיתִי
זַמְנַנִי מִמְּעֵי אִמִּי אַדְכַּר
שְׁמִי: ב וְשַׁוִּי פִּתְגָמוֹהִי
בְּפוּמִי כְּחֶרֶב חֲרִיפָא
בִּטְלַל גְּבוּרְתֵּהּ אַגְנַן
עֲלַי וְשַׁוְיַנִי כְּגִיר בְּחִיר
דִּי בְּבֵית אֲזֵינַן מִסְתַּר.

ת"א אין שלום: חגיגה טו:

מהר"י קרא קמץ בז"ק

עתיד לגאול אתכם מגלות בבל להבא: (כב) אין שלום אמר ה' לרשעים. לפי שאמר למעלה. ויהי כנהר שלומך. [לכשרים] חזר ואמר אין שלום אמר ה' לרשעים. (לכשרים). שמדה זו במקרא בכל מקום שאתה מוצא נחמה לישראל אתה מוצא בצידו דוגמת נחמה הפורענות לרשעים:

מט (א) ממעי אמי הזכיר שמי. ישעיה. על שם ישועות תחמות שאני עתיד להתנבאות: (ב) וישם פי כחרב חדה בצל ידו החביאני. הקב"ה. שאני כזה שחגור חרב מצודדת על מתניו. ולעת הצורך שולפה מנדנה ומכה בה. וכזה שמי. ותבטחתי כחצים ברורים שנונים שבכל מקום שמורה עושה רושם. אף אותי נתנני ה' נביא על הגוים ועל הממלכות

רש"י

(כב) לרשעים. לנבוכדנאצר וזרעו:

מט (א) מבטן קראני. משאני בבטן עלתה לפניו במחשבה להיות שמי ישעיה להנבא ישועות ונחמות: (ב) וישם פי כחרב חדה. להוכיח את הרשעים ולהתנבאות עליהם פורענות: בצל ידו החביאני. שלא יוכלו להרע לי: לחץ ברור. ממורט (קלי"ר בלע"ז):

רד"ק

אם נבואה זו על השבי מגלות בבל כמו שהוא בנראה הוא תימה איך לא נכתב בספר עזרא כשספר בצאתם מהגלות שנעשו עמהם נסים אלו שבקע צור בעבורם במדבר: (כב) אין שלום אמר ה' לרשעים. לאנשי בבל וזהו שאמר אמר ה' ושלמטה בפרשת כי כה אמר רם ונשא שוכן עד אמר אלהי והסימן ה' אלהי: (א) שמעו איים. פי' יושבי איים ואלה דברי הנביא על עצמו ואמר שמעו והקשיבו על העמים שהם מרחוק כאלו הם אצלו לפי שהתנבא אליהם פורענות העתידה לבא עליהם שהרי התנבא על סנחריב מלך אשור כמה פעמים והתנבא על בבל ועל מואב ועל דמשק ועל מצרים ועל דומה ועל צור וצידון: ה' מבטן קראני. אל תתמהו עלי אם אני מתנבא רעות עליכם כי אני מזומן לנבואה מן הבטן והוא על הדרך שפירשנו בפסוק ופושע מבטן: (ב) וישם פי. לא אוכל למנוע עצמי מלהתנבאות כי הוא שם פי כחרב חדה לדבר העתידות בחתוך לשון בלא מורא: בצל ידו החביאני. שלא יוכלו להרע לי ישראל אף ע"פ שדברתי עליהם רעות: וישימני לחץ ברור. לירות בלשוני למרחוק לאומות: באשפתו הסתירני. לפי שדמה עצמו לחץ דמה סתרי האל לאשפה שהחצים נסתרים שם ואמר חרב חדה כנגד ישראל שהם קרובים אליו ובחרב יכה אדם לקרוב ולא

אבן עזרא

למאו בחרבות שהוליכם השם שם: (כא) מים מצור. והטעם ממקום שלא היה שם מים: ויזובו. כמו זב מבשרו: (כב) אין. יש אומרים כי אין שלום לרשעים מישר' ויתכן שיהיה רמז לבבליים כי זאת הטובה תהיה לישראל ואין שלום לבבליים:

מט (א) שמעו. אלה דברי הנביא: מרחוק. היושבים בארץ רחוק או מרחוק על דבר העתיד: מבטן קראני. אפרשנו בספר ירמיה: (ב) וישם פי כחרב חדה. לדבר נאות או חדה על נבואתו על בבל והטעם אע"פ ששם פי כחרב חדה החביאני השם בצל ידו ולא יכלו לי הבבליים ורשעי ישראל והנה החביאני כמו נדן

מצודת ציון

ויזובו. מלשון זיבה ונטיפה כמו זב עמקך (ירמיה מ"ט):

מט (ב) חדה. מחודדת ושנונה: החביאני. מלשון מחבואה ומסתור: ברור. נקי מן החלודה: באשפתו. כן

מצודת דוד

כי יוליך אותם במקומות חרבות ושוממות כי יוציא להם מים מן הצור וימלאו לרוות למאוים: ויבקע צור. כפל הדבר במ"ש: (כב) אין שלום וגו'. ר"ל זאת הטובה תהיה לישראל אבל להבבליים הרשעים אין שלום אמר ה' עליהם וכאומר ולזה יגאל כורש את ישראל מהגולה וישמיד את הבבליים כי כן גזרת המקום:

מט (א) שמעו איים. יושבי איי הים: מרחוק. היושבים מרחוק: מבטן קראני. מעת היותי בבטן אמי קרא שמי ישעיה לרמז שאנבא ישועות: ממעי וגו'. כפל הדבר במ"ש: (ב) כחרב חדה. להוכיח את הרשעים ולנבאות עליהן פורעניות: החביאני. בצל ידו החביאני שלא יוכלו להרע לי: לחץ ברור. להוכיח ולנבאות וגו' וכפל הדבר במ"ש: באשפתו הסתירני. ר"ל היה לי למחסה מן הרשעים ולפי

God chose him from his mother's womb to prophesy.—[*Redak*]

called me from the womb—*When I was still in the womb, the thought came before Him that my name should be Isaiah* (יְשַׁעְיָה) *to prophesy salvations* (יְשׁוּעוֹת) *and consolations.* —[*Rashi*]

2. **And He made my mouth like a sharp sword**—*to castigate the wicked and to prophesy retribution upon them.*—[*Rashi*]

I could not restrain myself from prophesying for He made my mouth like a sharp sword to reveal the future with a clear enunciation, without fear.—[*Redak*]

He concealed me in the shadow of

He made water run from a rock for them; He split a rock and water flowed. 23. "There is no peace," said the Lord, "for the wicked."

49

1. Hearken, you islands, to me, and listen closely, you nations, from afar; the Lord called me from the womb, from the innards of my mother He mentioned my name. 2. And He made my mouth like a sharp sword, He concealed me in the shadow of His hand; and He made me into a polished arrow,

ile you to the land of your enemies and then say to you, "Leave Babylon."—[*Redak*]

20. **flee**—This does not denote fleeing in fear, for the Jews were permitted to leave by Cyrus, and they left with great fanfare. It denotes the speed with which they left Babylon.—[*Redak*]

publicize it—this report of the redemption.—[*Redak*]

21. **And they did not thirst**—Not only did God redeem His people from Babylon, but He performed wonders for them on their return to their homeland.—[*Ibn Ezra*]

Redak agrees with other exegetes that these verses refer to Israel's return from Babylon. He is puzzled, however, by the absence of any mention of these miracles in the Book of Ezra, where the return is narrated. Because of this difficulty, Laniado (*K'li Paz*) renders: And they did not thirst in the wastelands, for He led them in a place of water; He made it run from a rock for them; He split a rock and water flowed. I.e. He led them in places prepared beforehand with water flowing. He suggests also: And they did not thirst in the wastelands, for He led them in a place of water. This was like their Exodus from Egypt, when He split a rock and water flowed. *Abarbanel* explains this verse figuratively. He supplied all their needs on their journey. It was as though He split a rock and caused water to flow.

23. **for the wicked**—*For Nebuchadnezzar and his seed.*—[*Rashi*]

Redak and *Ibn Ezra* also interpret this as a reference to the Babylonians. The latter, however, suggests that it may refer to the wicked of Israel.

1. **Hearken . . . to me**—The prophet is speaking for himself.—[*Ibn Ezra, Redak*]

you islands—I.e. you island dwellers. The prophet is speaking to the distant nations of the world as if they were near him. Since he prophesied many calamaties upon various nations, e.g. Assyria, Babylonia, Moab, Damascus, Egypt, Dumah, and on Tyre and Zidon, he tells them not to wonder about his constant prophecies of disaster, because

בְּאַשְׁפָּתוֹ הִסְתִּירָנִי׃ ג וַיֹּאמֶר לִי עַבְדִּי־
אָתָּה יִשְׂרָאֵל אֲשֶׁר־בְּךָ אֶתְפָּאָר׃ ד וַאֲנִי
אָמַרְתִּי לְרִיק יָגַעְתִּי לְתֹהוּ וְהֶבֶל כֹּחִי
כִלֵּיתִי אָכֵן מִשְׁפָּטִי אֶת־יְהוָה וּפְעֻלָּתִי
אֶת־אֱלֹהָי׃ ה וְעַתָּה ׀ אָמַר יְהוָה יֹצְרִי
מִבֶּטֶן לְעֶבֶד לוֹ לְשׁוֹבֵב יַעֲקֹב אֵלָיו
וְיִשְׂרָאֵל לֹא יֵאָסֵף וְאֶכָּבֵד בְּעֵינֵי יְהוָה
וֵאלֹהַי הָיָה עֻזִּי׃ ו וַיֹּאמֶר נָקֵל מִהְיוֹתְךָ

לו קרי

ג וַאֲמַר לִי עַבְדִּי אַתְּ
יִשְׂרָאֵל דִּבָךְ אֶשְׁתַּבַּח׃
ד וַאֲנָא אֲמָרֵית לְרֵיקָנוּ
לָאֵיתִי לִלְמָאוּלָא מִדַּעַם
חֵילִי שֵׁיצֵיתִי בְּרַם דִּינִי
גְלֵי קֳדָם יְיָ וַאֲגַר עוֹבָדִי
קֳדָם אֱלָהִי׃ ה וּכְעַן
אֲמַר יְיָ דְאַתְקְנַנִי
מִמְּעֵין לְמֶהֱוֵי עֲבִיד
פְּלַח קֳדָמוֹהִי לַאֲתָבָא
דְבֵית יַעֲקֹב לְפוּלְחָנֵהּ
וְיִשְׂרָאֵל לְדַחַלְתֵּהּ
יִתְקָרַב וְיִקְרְנָא קֳדָם יְיָ
וּמֵימְרָא אֱלָהִי הֲוָה
בְּסַעֲדִי׃ ו וַאֲמַר הַזְעֵיר

ת"א עבדי אתה. יומא פו זוהר ויקהל: לריק יגעתי. (עכו"ס מב):

רש"י

באשפתו. כלי נרתק החלים שקורין (קוויבר"א בלע"ז): (ד) ואני אמרתי. לריק יגעתי כשראיתי שאני מוכיחם ואינם שומעים: אכן משפטי את ה'. הוא יודע שאינה מאתי אלא מאתם: (ה) לו יאסף. אליו ישוב בתשובה: (ו) נקל מהיותך וגו'. מתנה קטנה היא

מהר"י קרא

ומתנבא עליהם. עכשיו הנביא מדבר בםקום ישראל: (ג) עבדי אתה ישראל אשר בך אתפאר. שלא הגליתם בין האומות אלא כדי לעשות להם נסים וגבורות. כדי שיהא שמי מתפאר בהן: (ד) ואני אמרתי. בגלותי לריק יגעתי: (ה) וישראל לא יאסף. לאסוף נדחי ישראל: (ו) ויאמר נקל מהיותך לי עבד. וכי נקל בעיניך דבר זה שלקחתיך לי לעבד. לצורך דבר זה להקים את

אבן עזרא

להרב והעד ובאשפתו ברור זך נראה: (ג) ויאמר לי. השם: עבדי אתה. הוא מזרע ישראל אשר בך אתפאר או אתה ישראל שאתה נחשב בעיני ככל ישראל והוא הנכון: (ד) ואני. גם אלה דברי הנביא בעד נפשו: אמרתי. בלבי: לריק יגעתי. שהוגעתי נפשי להוכיח את ישראל ולא שמעו: אכן משפטי. אלא השם שיתן לי שכר על יגיעתי וככה ופעולתי כמו ולא תלין פעולת שכיר: (ה) ועתה. השם יצרני להוכיח את ישראל עד שישובו אל השם: לא יאסף. השרש שהוא בוי"ו כאשר הוא קרי וכמוהו הוא עשנו ולו אנחנו והכיריהם והגאון אמר לא יאסף לא ימות כי מנהגו לפ' כדרך קרי וכדרך כתיב והנכון מה שאמרתי רק האל"ף הכתב הוא תחת וי"ו כאשר פירש ר' יהודה המדקדק נ"ע: (ו) ויאמר נקל. הוא בעיני להיותך

רד"ק

לרחוק ואמר חץ כנגד האומות שהם רחוקים ובחץ יורה אדם למרחוק ופי' ברור מרוק ומרוט עד שהוא זך וברור: (ג) ויאמר לי עבדי אתה. שאתה מזומן לשליחותי כעבד לאדון שאמרתי הנני שלחני: ישראל. יאמר בכלל ופרט אתה ישראל שאתפאר בך כאדון המתפאר בעבדו הנאמן: (ד) ואני אמרתי. בראותי כי לא שבו ישראל בתשובה בתוכחתי אמרתי לריק יגעתי וכפל הענין במלות שונות: משפטי. ופעלתי. הם את השם שהוא שלחני אליהם ולא הועלתי ועמו אריב על זה: (ה) ועתה אמר. לשובב יעקב אליו. לפיכך יצרני להיות לו לעבד ולהשיב יעקב אליו בתוכחתי ושיאסף ישראל לו כלומר לעבודתו ואם לא יועיל בדור הזה די לי שאכבד בעיני ה' ויודיעני סודותיו ועתידותיו והוא היה עזי שלא ירעו לי וכתוב ולא יאסף באל"ף ופירוש הכתוב בתמיה: (ו) ויאמר נקל. נפעל עומד והקו"ף

מצודת דוד

שהמשיל עלמו לחץ אמר לשון הנופל בחלים: (ג) עבדי אתה. מזומן אתה לשלוחותי כעבד לאדון: ישראל. הרי אתה לפני ככל המון ישראל אשר אתפאר בך כמו בכולם: (ד) ואני אמרתי. כששייתי מוכיחם ולא הטו אוזן חשבתי מתחילה אשר יגעתי לריק כי הואיל ולא הועלתי א"כ לא אקבל שכר: לתוהו וגו'. כפל הדבר במ"ש: אכן. אבל באמת משפט גמולי הוא עם ה' ובלא יבלם הואיל ועשיתי את שלי: ופעולתי. שכר פעולתי הוא עם אלהי וכפל הדבר במ"ש: (ה) ועתה אמר ה' וגו'. ר"ל ה' אשר מבטן יצר אותי להיות לו לעבד ללכת בשליחותו אמר לי עתה להשיב אליו את יעקב בתשובה ולאסוף אליו את ישראל להאמין בו ובעבור זה אהיה נכבד בעיני ה' ואף היה חזקי לבל יוכלו הרשעים להרע לי וכאומר כאשר חשבתי באחרונה כן אמר לי שאף אם לא אועיל אהיה נכבד בעיניו וכן היה לי למעוז ולחוזק: (ו) ויאמר. ה' אמר לי מתנה קלה היא

מצודת ציון

נקרא נרתק החלים כמו עליו תרנה אשפה (איוב ל"ט): (ה) לשובב. מל' השבה: יאסף. ענין הכנסה: עזי. חזקי: (ו) נקל. מל' קל:

eration to repent, it is enough that I will be honored in God's eyes and that He shall inform me of His secrets and of future events, and that He was my strength to protect me from harm.—[*Redak*]

6. **And He said,**—"It is too light for you to be etc." *In My eyes, it is too small a gift that you should have this alone, that you be My servant to establish Jacob and to bring back to Me the besieged of Israel, and behold I add more to you, "And I will make you a light for the nations," to proph-*

He hid me in His quiver. 3. And He said to me, "You are My servant, Israel, about whom I will boast." 4. And I said, "I toiled in vain, I consumed my strength for nought and vanity." Yet surely my right is with the Lord, and my deed is with my God. 5. And now, the Lord, Who formed me from the womb as a servant to Him, said to bring Jacob back to Him, and Israel shall be gathered to Him, and I will be honored in the eyes of the Lord, and my God was my strength. 6. And He said, "It is too light for you to be

His hand—*that they be unable to harm me.*—[*Rashi*] I.e. so that neither the Babylonians nor the wicked among the Jews be able to harm me.—[*Ibn Ezra*]

into a polished arrow—Heb. בָּרוּר, lit. clear, *polished, kler in O.F.*—[*Rashi*]

He made me like an arrow to shoot with my tongue at the distant nations.—[*Redak*]

in His quiver—*A receptacle used as a case for arrows, called koujjbre in O.F.*—[*Rashi*]

Since he compares himself to an arrow, he compares the protection God affords him to a quiver wherein arrows are hidden. As regards his prophecies concerning Israel, however, he compares himself to a sharp sword since they are near him, and one can strike those near him with a sword, not so the distant ones in whose regard he compares himself to an arrow.—[*Redak*]

3. **You are My servant**—for you are prepared for My mission, as you said, "Here I am, send me (6:8)."—[*Redak*]

Israel—You are esteemed in My eyes as the entire Jewish nation.—[*Ibn Ezra*]

Alternatively, He is now addressing Israel. You are Israel, about whom I will boast.—[*Redak*]

4. **And I said, "I toiled in vain**—*when I saw that I admonish them and they do not obey.*—[*Rashi, Ibn Ezra, Redak*]

Yet surely my right is with the Lord—*He knows that it is not from me but from them.*—[*Rashi*] I.e. He knows that their failure to obey is not due to my laziness, but to their obstinacy.

Redak explains: My right is with the Lord, and I will contend with Him concerning it.

5. **And now, the Lord . . . said to bring Jacob back to Him**—Therefore He formed me to be His servant and to bring Jacob back to Him with my admonition.—[*Redak*]

shall be gathered to Him—*To Him they shall return in* ***repentance.***—**[*Rashi*]**

to Him—to His worship—[*Redak*]

and I will be honored—Even if I do not succeed in bringing this gen-

לִי עֶבֶד לְהָקִים אֶת־שִׁבְטֵי יַעֲקֹב
וּנְצִירֵי יִשְׂרָאֵל לְהָשִׁיב וּנְתַתִּיךָ לְאוֹר
גּוֹיִם לִהְיוֹת יְשׁוּעָתִי עַד־קְצֵה הָאָרֶץ׃
ז כֹּה אָמַר־יְהוָה גֹּאֵל יִשְׂרָאֵל קְדוֹשׁוֹ
לִבְזֹה־נֶפֶשׁ לִמְתָעֵב גּוֹי לְעֶבֶד מֹשְׁלִים
מְלָכִים יִרְאוּ וָקָמוּ שָׂרִים וְיִשְׁתַּחֲוּוּ

לְכוֹן דְאַתּוּן מִתְקְרַן
עַבְדִּי לַאֲקָמָא יָת שִׁבְטֵי
יַעֲקֹב וְגָלְוָת יִשְׂרָאֵל
לַאֲתָבָא וְאֶתְּנִינָךְ
לִנְהוֹר עַמְמִין לְמֶהֱוֵי
פּוּרְקָנִי עַד סְיָפֵי אַרְעָא׃
ז כִּדְנַן אֲמַר יְיָ פָּרְקָה
דְיִשְׂרָאֵל קַדִּישֵׁהּ
לִדְבַסִּירִין בֵּינֵי עַמְמַיָא
לִדְמְטַלְטְלִין בֵּינֵי
מַלְכְוָתָא לִדְהֲווֹ עַבְדִין
לְשָׁלְטוֹנִין לְהוֹן מַלְכִין
יחזון

ת״א ונצורי ישראל. (שבועות לה): גואל ישראל. תענית יד סנהדרין לז: ונצורי קרי כצ״ל

מהר״י קרא

שבטי יעקב: (ז) לבזה נפש. לביזוי נפש: למתעב גוי. הטעם בתי״ו ופת׳ לא יתעב גוי: לעבד. שעבדים מושלים בו. אלו ישראל. הנה יום בא שמלכים יראו וקמו. כל כך למה:

רש״י

בעיני שתהא לך זאת לבדה שתהא לי עבד להקים את יעקב ולהשיב אלי נצורי ישראל והנני מוסיף לך עוד ונתתיך לאור גוים להנבא על מפלתה של בבל שהיא שמחה לכל העולם:

ונצורי ישראל. כמו (משלי ז׳) ונצורת לב שלבם מוקף יצר הרהורי עבירה כעיר נצורת מצור הצרים עליה:
(ז) לבזה נפש. נפש בזויה לישראל שהם בזוים: למתעב גוי. למי שהגוי מתעבו והוא עבד למושלים עליו: מלכים

רד״ק

בצרי ופי׳ בתמיה והוא חסר ה״א התמה כאלו אמר הנקל למה אמרת כי לריק יגעת וכי נקל הוא מהיותך לי עבד לא די לך בזה אע״פ שלא ישמעו אליך אנשי דורך די לך שעשית שליחותי ועוד להקים את שבטי יעקב מנפילתם בגלות בין העמים ולא די לך שהתנבאת על הטובה שאני עתיד להביא עליהם: ונצורי ישראל להשיב. פירוש להשיב אותם לקדמותם. ונצורי פירש חרבות כמו ובנצורים ילינו: ונתתיך לאור גוים. פי׳ כי נבואותיך יהיו לעתיד לאור גוים שיראו שיתקיימו נבואותיך ישובו לדרך טוב ויאירו בך להיות ישועתי עד קצה הארץ כי בתשועת ישראל יהיו נושעים גם כן הגוים אחר מלחמת גוג ומגוג כמו שאמר יבאו כל בשר להשתחוות לפני ואמר והלכו גוים לאורך ומלכים לנוגה זרחך: (ז) כה אמר ה׳. גואל ישראל. מגלות העמים כי עתידות הם אלה הפרשיות הבאות אחר זה: קדושו. שיתקדש בהם בנפלאות שיראה בהוציאו אותם מהגלות:
לבזה נפש. אמר האל בעבור ישראל שהוא בזוי נפש ומתעב אותו כל גוי והוא עבד מכמה מושלים עוד יראה שיראוהו

אבן עזרא

עבד לשוכב ישראל אל ארצם בדבור: ונצורי ישראל. הרבות כמו כעיר נצורה והטעם כי לא תשיב ישראל לבדם רק נתתיך לאור גוים להיות ישועתי להשמיעה קודם היותה: (ז) כה. גם אלה דברי הנביא וככה הוא כה אמר השם לי שאני בזוי נפש אצל הרשעים והנה לבזה נפש שם התאר. למתעב גוי פועל יוצא לשנים פעולים שהנביא ידבר דברי׳ שיתעבוהו בשבילם הגוים או יהיה למתעב גוי שהנביא יתעב כל גוי: לעבד מושלים. והטעם כפי מחשבת גדולי ישראל או רמז על הבבליים והוא הנכון: מלכים יראו וקמו. הנה כבר רמזתי לך זה הסוד בזאת הספר ועל

מצודת ציון

ונצורי. מל׳ מצור והיקף כמו כעיר נצורה (לעיל א׳):

מצודת דוד

בעיני ממש שתהיה לי עבד בדבר זה לבד להקים את שבטי יעקב להיות עומדים באמונתם ולהשיב אלי בתשובה את ישראל המוקפים בטפשת פתויי היצה״ר כעיר נצורה המוקפת בגייסות: ונתתיך. אלא עוד מתנה גדולה אוסיף לך כי אתן אותך מתנבא ומבשר על הגאולה העתידה אשר תהיה לאור כל העמים כי אז כולם ילכו באור ה׳ להאמין בו להיות אז תשועתי מקצה הארץ עד קצהו כי כולם יהיו נושעים בתשועת ה׳: (ז) לבזה נפש. על ישראל שנעשו בזוי בעיני העכו״ם: למתעב גוי. על מי שהוא מתועב לכל גוי: לעבד מושלים. על מי שהוא עבד להרבה מושלים כי כל אומה ולשון מושלים בו: מלכים יראו וקמו. בעת הגאולה כשיראו אותו המלכים

hors—*About him whom the nation abhors, and he is a slave to those who rule over him.*—[*Rashi*]

Kings shall see—*him and rise.*—[*Rashi*]

I.e., at the time of the final redemption, kings will see Israel and rise before him, and princes will see him and prostrate themselves before him.—[*Mezudath David*]

Ibn Ezra explains the verse as a reference to the prophet. The prophet was despised by men, by the wicked whom he castigated. He caused nations to abhor him by his unfavorable prophecies about them. This may also be interpreted as: about one who despises the nations. He was considered a slave by the Jewish nobles, or by the Babylonians.

kings shall see and rise—When kings like Cyrus hear the words of his prophecy, they will rise, and

My servant, to establish the tribes of Jacob and to bring back the besieged of Israel, but I will make you a light of nations, so that My salvation shall be until the end of the earth." 7. So said the Lord, the Redeemer of Israel, his Holy One, about him who is despised of men, about him whom the nation abhors, about a slave of rulers, "Kings shall see and rise, princes, and they shall prostrate themselves,

esy concerning the downfall of Babylon, which will be a joy for the whole world.—[*Rashi*]

Redak explains this verse as a question. God castigates the prophet for his statement, "I toiled in vain." He says, "Is it of little importance for you to be My servant? Is it not sufficient for you to execute My mission even if the people of your generation do not heed your words? Moreover, is it not enough that you are establishing the tribes of Jacob from their fall in exile among the nations and that you have prophesied of the good that I am destined to bring upon them?—[*Redak*]

and the besieged of Israel—Heb. וּנְצוּרֵי. *Comp.* "(Prov. 7:10) With *a heart surrounded by evil thoughts* (וּנְצֻרַת)," *that their heart is surrounded by the inclination of sinful thoughts, like a city besieged by a bulwark of those who besiege it.*—[*Rashi*]

Others render: and to restore the ruins of Israel.—[*Ibn Ezra, Redak*]

a light of nations—Not only will you restore the ruins of Israel, but your prophecy will be a light to the nations.—[*Ibn Ezra*]

Your prophecies will, in the future, be a light to the nations, who, upon witnessing their fulfillment, will repent, and so be enlightened.—[*Redak*]

so that My salvation shall be until the end of the earth—For, with Israel's salvation, the nations, too, shall be saved after the war of Gog and Magog, as Scripture states: "(infra 66:23) All flesh shall come to prostrate themselves before Me, says the Lord." Also, "(infra 60:3) And nations shall go by your light and kingdoms by the brilliance of your shine."—[*Redak*]

Ibn Ezra explains that Isaiah will be a light to the nations by publicizing the salvation to the end of the earth before it takes place.

7. **So said the Lord, the Redeemer of Israel**—from the exile among the nations, for this chapter, as well as the following ones, deals with the future.—[*Redak*]

his Holy One—for He will be hallowed through them with the wonders He will show when He takes them out of exile.—[*Redak*]

about him who is despised of men—Heb. לִבְזֹה נֶפֶשׁ, *a despised soul, about Israel, who are despised.*—[*Rashi*]

about him whom the nation ab-

לְמַעַן יְהוָה אֲשֶׁר נֶאֱמָן קְדשׁ יִשְׂרָאֵל
וַיִּבְחָרֶךָּ: ח כֹּה אָמַר יְהוָה בְּעֵת רָצוֹן
עֲנִיתִיךָ וּבְיוֹם יְשׁוּעָה עֲזַרְתִּיךָ וְאֶצָּרְךָ
וְאֶתֶּנְךָ לִבְרִית עָם לְהָקִים אֶרֶץ
לְהַנְחִיל נְחָלוֹת שֹׁמֵמוֹת: ט לֵאמֹר
לַאֲסוּרִים צֵאוּ לַאֲשֶׁר בַּחֹשֶׁךְ הִגָּלוּ עַל־
דְּרָכִים יִרְעוּ וּבְכָל־שְׁפָיִים מַרְעִיתָם:

ת"א בעת רצון. ברכות ג סנהדרין קב: לאסורים צאו. (סנהדרין כט): לא

יֶחֱזוּן וִיקוּמוּן רַבְרְבִין וְיִסְגְּדוּן בְּדִיל יְיָ דִמְהֵימַן קַדִּישָׁא דְיִשְׂרָאֵל וְאִתְרְעֵי בָךְ: ח כִּדְנַן אֲמַר יְיָ בְּעִדַּן דְּאַתּוּן עָבְדִין רְעוּתִי אֲנָא מְקַבֵּיל צְלוֹתְכוֹן וּבְיוֹם עָקָא אֲנָא מְקַיֵּם פּוּרְקָן וְסָעֵיד לְכוֹן וְאַתְקְנִינָךְ וְאֶתְּנִינָךְ לְקַיָּם עַם לַאֲקָמָא צַדִּיקַיָּא דִשְׁכְבִין בְּעַפְרָא לְאַחְסָנָא יְרוּתָן דְּצָדְיָן: ט לְמֵימַר לִדְאֲסִירִין בֵּינֵי עַמְמַיָּא פּוּקוּ וְלִדְעַגִּינִין בֵּינֵי מַלְכְּוָתָא כַּד בְּקִבְלָא אִתְגְּלוּ לְנֵיהוֹר עַל אוֹרְחָן יְשְׁרוּן וּבְכָל נֶגְדִּין בֵּית מֵישְׁרֵיהוֹן:

רש"י

יראו. אותו וקמו: אשר נאמן. לשמור הבטחתו שהבטיח לאברהם על המלכיות כענין שנאמר והנה תנור עשן וגו' (בראשית ט"ו): קדוש ישראל. הוא ויבחרך: (ח) בעת רצון. בעת תפלה שאתה מתרצה ומתפיים לפני: וביום ישועה. שתהא צריך לישועה: ואצרך. ואשמרך: לברית עם. להיות עם ברית לי: להקים ארץ. ארץ ישראל הבחורה לי מכל הארצות: (ט) לאמר לאסורים צאו. לעת אשר אומר לאסירי גולה צאו: שפיים. ת"י נגדין.

מהר"י קרא

למען [ה'] אשר נאמן. בהבטחתי: (ח) ואתנך לברית עם. לברית שכרת לעם: (ט) שפיים. פת' שבילים:

אבן עזרא

דעת רבים כי המלכים כמו כורש כאשר ישמע דברי הנביא יקום וישתחוה: למען ה'. כי נאמן בדברו. והנה כ"ף ויבחרך לעד על יושר זה הפירוש: (ח) כה. בעת רצון עניתיך. גם זה עד על הרמז ורבים אמרו כי כ"ף עניתיך שב אל כורש והנה אין הפרשה דבקה. ורבי משה אמר כי בי"ת בעת רצון כבי"ת במרחב יה ואיננו רחוק: (ט) לאמר. רמז על ישראל שהתנבא הנביא קודם הגאולה: ובכל

רד"ק

מלכים ויקומו מפניו ושרים וישתחוו לו: למען ה' אשר נאמן. למען ה' שהוא בעזרת ישראל יעשו זה כמו שאמר זכריה יחזקו עשרה אנשים וגו' נלכה עמכם כי שמענו אלהים עמכם: אשר נאמן. בדברו ובהבטחתו שהבטיח את ישראל ולמען קדוש ישראל אשר בחר בך: (ח) כה אמר ה' בעת רצון. יאמר האל לישראל בעת שתעשה רצוני אני עניתיך בזעקך אלי מצרה אם באה עליך: וביום ישועה. פי' וביום שתהיה צריך לישועתי עזרתיך ואצרך וכן אעשה בכל דור ודור שאשמרך מן הכליה אע"פ שאתם חייבים לפעמים מכל מקום אצרך עד שאתנך לברית עם וזה לעתיד לימות המשיח שתהיה צריך להיות לברית עם ר"ל לקיום עם כמו שאמר יקימך ה' לו לעם קדוש: להקים ארץ. פירוש להקים חרבות ארץ ישראל ולהנחילך נחלות שהיו שממות כל זמן הגלות. וכן ת"י בעת רצון כמו שפירש בעדן דאתון וגו' ותרגם להקים ארץ לאקמא צדיקיא דשכבין בעפרא: (ט) לאמר לאסורים צאו. שהם בגלות כמו אסורים שאין להם כח לצאת מתחת ממשלת הגוים וכן דמה

מצודת דוד

יקומו מפניו וכאשר יראוהו השרים ישתחוו לו: למען ה'. ר"ל לא למענכם עשו הכבוד הזה כ"א למען ה' אשר נאמן בהבטחתו שהבטיח להיות עמכם וכמ"ש יחזיקו עשרה אנשים וגו' לאמר נלכה עמכם כי שמענו אלהים עמכם (זכריה ח'): קדוש. למען קדוש ישראל אשר בחר בך וכפל הדבר במ"ש: (ח) בעת רצון. בעת שתעשה רצוני אענה לך בזעקתך בעבור הצרה הבאה: וביום ישועה. וביום שאתה צריך ישועה שאתה בצרה אעזור לך וכפל הדבר במ"ש: ואצרך. בכל דור אשמרך מן הכליה ואתנך להיות עם בריתי להיות בריתי עמך עד עולם ולהקים על תלה את הארץ המיוחדת הוא ארץ ישראל ולהנחיל לך את הנחלות שהיו שוממות בזמן הגולה: (ט) לאמר וגו'. מוסב על ואצרך שבמקרא לפניו לומר אצרך מן הכליה עד יבוא העת לאמר לאסורים בגולה צאו משם: לאשר בחושך. למי שהסתיר עצמו בחושך מפחד האויב: הגלו

מצודת ציון

(ח) עניתיך. מל' עניה והשובה: (ט) הגלו. מל' גלוי: שפיים. כן נקראו המקומות הגבוהים וכן רוח צח שפיים (ירמיה ד'):

9. **To say to the prisoners, "Go out!"**—*At the time I will say to the prisoners of the exile, "Go out!"*—[*Rashi*]

The prophet likens the exile, when the Jews are under the rule of the nations, to a prison. He likens it also to darkness.—[*Redak*]

This may also be interpreted literally, that those hiding in darkness because of fear of the enemy, should no longer fear, but come out of their hiding places and reveal themselves.—[*Mezudath David*]

rivers—*Jonathan renders:* נִגְדִּין, *streams of water.*—[*Rashi*]

Redak renders: High places. The prophet mentions high places, where

for the sake of the Lord Who is faithful, the Holy One of Israel, and He chose you." 8. So said the Lord, "In a time of favor I answered you, and on a day of salvation I helped you; and I will watch you, and I will make you for a people of a covenant, to establish a land, to cause to inherit the desolate heritages. 9. To say to the prisoners, "Go out!" and to the darkness, "Show yourselves!" By the roads they shall graze, and by all rivers is their pasture.

princes will prostrate themselves before God.—*[Ibn Ezra]*

for the sake of the Lord—Who aids Israel they shall do this, as Zechariah states: "(Zech. 8:23) In those days, when ten men of all the languages of the nations shall grasp the skirt of a Jewish man, saying, "Let us go with you, for we have heard that God is with you."—*[Redak]*

Who is faithful—*to keep His promise that He promised Abraham concerning the kingdoms, as the matter is stated:* "(Gen. 15:17) *And behold a smoking stove etc."*—*[Rashi]* *Rashi* alludes to *Gen. Rabbah* on the chapter, that expounds the entire section in Gen. as an allusion to the subjugation of Israel by the kingdoms. See above 46:11.

the Holy One of Israel—*is He, and He chose you.*—*[Rashi]*

I.e. for the sake of the Lord Who is faithful to keep His promise that He promised to Israel and for the sake of the Holy One of Israel Who chose you.—*[Redak]*

8. **In a time of favor**—*In the time of prayer, when you seek My favor and appease Me.*—*[Rashi]*

Redak renders: At a time of will, i.e. when you conformed with My will, I answered you when you cried out to Me in your distress. *Jonathan,* too, renders in this manner.

and on a day of salvation—*When you need salvation.*—*[Rashi]*

and I will watch you—Heb. וְאֶצָּרְךָ.—*[Rashi]* The root is נצר, *to watch. Jonathan,* however, renders: And I will fashion you, from the root יצר.

for a people of a covenant—*to be a people of a covenant to Me.*—*[Rashi]*

I will watch you and protect you throughout all generations, so that you be a party to My covenant.—*[Mezudath David]*

Redak renders: I will guard you from destruction, even though you may sometimes deserve it. Nevertheless, I will preserve you until, in the times of the Messiah, I make you *an everlasting people.*

to establish a land—*The land of Israel, chosen by Me from all lands.*—*[Rashi]*

I.e. to rebuild the ruins of the land of Israel and to make you inherit the heritages that were desolate all during the exile. *Jonathan* renders: To cause the righteous, lying in the dust, to rise.—*[Redak]*

י לא ירעבו ולא יצמאו ולא־יכם שרב
ושמש כי־מרחמם ינהגם ועל־מבועי
מים ינהלם: יא ושמתי כל־הרי לדרך
ומסלתי ירמון: יב הנה־אלה מרחוק
יבאו והנה־אלה מצפון ומים ואלה
מארץ

ת"א לא ירעבו. ב"ק לב ב"מ קז: כי מרחמם. סנהדרין לב: קמץ בפשטא קמץ בז"ק

תרגום

י לא יכפנון ולא יצחון
ולא ילקינון שרבא
ושמשא ארי דעתיד
לרחמא עליהון ידברינון
ועל מבועי מיין ישרינון:
יא ואשוי כל טוריא
כבישין קדמיהון כאורח
וכבשיא ירומון: יב הא
אלין מרחיק ייתון והא
אלין מצפונא וממערבא
ואלין מארע דרומא:

רש"י

נחלי מים: (י) שרב. חום: (יא) ושמתי כל הרי לדרך. כלפי שאמר על ידי הורבנה (לעיל ל"ג) שבת עובר אורח עכשיו ישובו וילכו בו עוברים ושבים: ומסלתי ירומון. כלפי שאמר (שם) נשמו מסילות נתקלקלו אמין מתקן אותם עכשיו ומסילותי ירומון יתקנו קילקול הדרכים ויגביה אותם כמשפט בהלוקי אבנים ועפר: (יב) מארץ

רד"ק

הגלות לחשך: ירעו. שימצאו בכל מקום ספקם בצאתם מהגלות: ובכל שפיים. מקומות הגבוהים וכן וילך שפי וזכר שפיים כי אין דרך למצוא מרעה לבהמות בהרים כי אינם מקום כים כן המקומות שלא ימצא בהם הולך דרך ספקו אבל הם ימצאו בהם ספקם: (י) לא ירעבו. בכל הדרך לא יהיה להם רעב וצמא כי האל יזכין להם כי יפתח להם במדבר מעינות ויצמיח להם גם כן עצי מאכל עם פירותיהם וזה דרך נס ופלא כמו שאמר כימי צאתך מארץ מצרים אראנו נפלאות: שרב. כמו אכלני חרב תרגום שרבא: מבועי. שרשו נבע בכל מקום שילכו במדבר יהיו נובעים להם מים: (יא) ושמתי. כמו שאמר כל גיא ינשא וכל הר וגבעה ישפלו וזה יהיה כמשמעו דרך נס כדי שלא יעלו וירדו בדרכים או הוא דרך משל רוצה לומר שלא יגעו ולא יעפו בדרכים כי העליה והירידה תיגע ההולך והאל יחזק כחם שלא ייעפו. ואמר הרי ומסילתי בכנוי המדבר והוא האל ר"ל שהוא יחדש הדרכים ההם במדברות מקום שאין שם דרך כמ"ש והיה שם מסלול ודרך וגו': (יב) הנה אלה. זכר ארבע הפאות שישראל מפוזרים בכולם ואמר על פאת מזרח מרחוק לפי שארץ ישראל באמצע הישוב בקרוב והיא

אבן עזרא

שפיים. ימלאו מרעיתם: (י) לא. בשובם אל ציון: שרב. כמו חורב והיה שרב והמכה לשמש כמו יומם השמש לא יככה: (יא) ושמתי כל הרי לדרך. שישפלו ההרים והמסלות ירומו והנה הם בשפלה ובאה מלת ירומון עם מסילות כמו אם תמלאו את דודי והעיקר אחר שהכל לשון רבים לא יחושו לאמר על נקבות בלשון זכרים ויש אומרים כי טעם כל הרי שהשבי' יהיו רבים עד שילכו על ההרים ויפרש ירומון על השבים כאילו הוא כן ועל מסלותי ירומון: (יב) הנה. מרחוק יבאו. ממזרח: מצפון. היא בבל: ומים. אשור כאשר הוא כתיב והסב לבב מלך אשור:

מצודת ציון

(י) שרב. ענין התימות ויובש כמו והיה השרב לאגם (לעיל ל"ה): מבועי. ענין מקוה ומעין כמו למבועי מים (שם): ינהלם. ענין הנהגה כמו נהלת בעזך (שמות ט"ו): (יא) ומסלתי. מלשון מסילה ודרך: ירומון. מלשון הרמה והתנשאות: (יב) סינים. נקרא כן ע"ד היושבים שמה כמ"ש ואת הערקי ואת הסיני (בראשית י'):

מצודת דוד

היו מגולים ונראים לאור היום: על דרכים ירעו. עם כי אין המרעה מצויה בדרכים ובגובה ההרים ור"ל עם כי ישובו דרך המדבר לא יחסרו דבר: (י) לא ירעבו. בזה יפרש המקרא שלפניו: ולא יכם. לא יכאיבם חמימות האויר וחום השמש: כי מרחמם. ה' המרחם עליהם מעולם היא ינהגם וינהלם במקום מבועי מים וירוו למאונם: (יא) לדרך. ר"ל לדרך כבושה: ומסילותי. המסילות שאוליך אותם בהם ירומו מקומות העמוקים שבהם למען יהיה שוה וישר ונוח ללכת בהם: (יב) הנה אלה. מקצת הבאים לא"י יבואו ממקום רחוק והוא פאת המזרח לפי שא"י משוכה מקו השוה ולמערב לזה קרא פאת המזרח רחוק: ומים. מפאת המערב:

from afar—from the east.—[*Ibn Ezra*] Since the Holy Land is approximately in the middle of the civilized world, east is far off.—[*Redak*] This probably implies that there will be Jews in the Far East who will return from exile.

from the north—This is Babylon.—[*Ibn Ezra*]

and from the west—Assyria.—[*Ibn Ezra*] *Ibn Ezra* seems to identify Assyria with Ethiopia. See Friedlander on supra 43:5.

from the land of Sinim—Jonathan

10. They shall neither hunger nor thirst, nor shall the heat and
the sun smite them, for He Who has mercy on them shall lead
them, and by the springs of water He shall guide them. 11. And
I will make all My mountains into a road, and My highways
shall be raised. 12. Behold, these shall come from afar, and
behold these from the north and from the west, and these

it is unusual to find pastureland, since there is no water on the mountains. This is figurative of the unusual places where the returnees from the exile will find sustenance.

10. **They shall neither hunger nor thirst**—On their journey to the Holy Land, they shall neither hunger nor thirst, for God shall prepare provisions for them in the desert. He shall open springs for them and cause fruit trees to grow. This will be as miraculous as the Exodus from Egypt.—[*Redak*]

heat—Heb. שָׁרָב.—[*Rashi*] Comp. supra 35:7.

and the sun—Comp. Ps. 121:6: "The sun shall not smite you by day."—[*Ibn Ezra*]

11. **And I will make all My mountains into a road**—*In contrast to what he said concerning the days of its ruin:* (supra 33:8) *"The wayfarer has stopped," now the wayfarers shall return and go therein.*—[*Rashi*]

and My highways shall be raised—*In contrast to what he said:* "(ibid.) *Highways have become desolate," deteriorated with no one to repair them, now My highways shall be raised, theyy shall repair the deterioration of the roads and raise them as is customary, with smooth pebbles and earth.*—[*Rashi*]

Redak draws a parallel between this verse and "(supra 40:4) Every valley shall be raised, and every mountain and hill shall be lowered," in order that the returnees should have the toil of climbing up and down the mountainous terrain of their return to Zion. He suggests also that it may be figurative of the ease with which they will journey home, that God will give them strength, and they will not grow weary on their travels. The expression, "My highways," denotes that God will create the highways in places where no roads existed previously.

Ibn Ezra explains that there will be so many Jews returning from exile that all the mountains will be used as roads, and the people will go up on the highways.

12. **Behold, these**—The prophet enumerates the four directions whence the returnees will come.—[*Redak*]

יג שבחו שמיא ובועי ארעא ודוצו טוריא תושבחתא ארי עתיד יי לנחמא עמיה ועל עניתנוהי ירחם : יד ואמרת ציון סליק שכינתה יי מני ויי רחקני : טו האפשר דתתנשי אתתא ברה מלרחמא על בר מעהא מתיבא כנשתא דישראל ואמרת אם לית קדמוהי אתנשאה דלמא לא מתנשי לי ית דעבדית עגל דדהב אמר לה נביא אף אלין אתנשין מתיבא ואמרה ליה אם אית קדמוהי אתנשאה דלמא מתנשי לי ית דאמרית בסיני נעבד ונקבל מיתיב ואמר לה מימרי לא ירחקינך : טז הא כדעל ידין את צירא קדמי שורך לקבלי תדירא :

מֵאֶרֶץ סִינִים: יג רָנּוּ שָׁמַיִם וְגִילִי אֶרֶץ
*יִפְצְחוּ הָרִים רִנָּה כִּי־נִחַם יְהוָה עַמּוֹ
וַעֲנִיָּו יְרַחֵם: יד וַתֹּאמֶר צִיּוֹן עֲזָבַנִי יְהוָה
וַאדֹנָי שְׁכֵחָנִי: טו הֲתִשְׁכַּח אִשָּׁה עוּלָהּ
מֵרַחֵם בֶּן־בִּטְנָהּ גַּם־אֵלֶּה תִשְׁכַּחְנָה
וְאָנֹכִי לֹא אֶשְׁכָּחֵךְ: טז הֵן עַל־כַּפַּיִם

ת"א ותאמר ציון. ברכות לב: התשכח אשה. זוכר האזינו: על כפים. תענית ד: קמץ בז"ק ופצחו קרי

יוחנן

רש"י

סינים. מארע דרומא: (יג) כי נחם ה'. את עמו: (יד) ותאמר ציון. היא היתה סבורה ששכחתיה: (טו) התשכח אשה עולה. עולל שלה: מרחם בן בטנה. מלרחם על בן בטנה: גם אלה תשכחנה. אפי' אם אלה תשכחנה אנכי לא אשכחך: (טז) על כפים. על כפי רואה אני כאילו את חקוקה על כפי לראותך ולזכרך תמיד. ד"א על כפים מעל ענני כבוד כמו (איוב ל"ב) על

מהר"י קרא

(יג) רנו שמים וגילי ארץ ופצחו הרים רנה וגו': (יד) ותאמר ציון עזבני ה'. ציון אומרת עזבני ה': (טו) התשכח אשה עולה. עולל שלה: מרחם. מלרחם בן בטנה: גם אלה תשכחנה. אפי' אם דברים הללו תשכחנה לפעמים. אנכי לא אשכחך. ומפרש והולך. ומפני מה אי איפשר שאשכחך: (טז) הן על כפים חקותיך. אילו על אחד מאברי שפעמים מגולה ופעמים מכוסה היה

אבן עזרא

מארץ סינים. מפאת מצרים אולי הסנה מזאת הגזירה: (יג) רנו. דרך משל או רננת שמים להיות האויר זך והארץ לתת צמח וכן ההרים: (יד) ותאמר. קודם הגולה היתה אומרת ציון כי ה' שכחה וטעם ציון כנסת ישראל: (טו) השתכח. בעבור שהשם שם בתולדת כל הנקבות לרחם על ילדיהן אמר כן: עולה. כמו עולל וכן עולל ימים וזקן: מרחם בן בטנה. הטעם כפול: גם אלה תשכחנה. גם יש נשים אכזריות שתשכחנה בניהם או עלמן ויתכן שתשכחנה אלה: ואנכי לא אשכחך. וטעם עולה כי על הקטן תרחם יותר כי אין בו כח: (טז) הן.

רד"ק

רחוקה מפאת מזרח יותר כי היא נטה לפאת מערב בארץ לפיכך אמר על מזרח מרחוק: ומים. היא המערב: מארץ סינים. הוא הדרום כמו שתרגם יונתן מארע דרומא כי הסינים שוכנים שם והסינים הוא מבני כנען כמ"ש ופירש רב סעדיה ז"ל אטרא בלפוון: (יג) רנו שמים. דרך משל כאלו כל העולם שמח בצאת ישראל מהגלות: ופצחו. כתיב יפצחו קרי והענין אחד ופי' הרמת קול בשמחה וזכר הרים בפני עצמם ואע"פ שהם בכלל ארץ לפי שהם עיקר בריאת הארץ והחלק הקיים שבה ועוד כי המתכו' בהרים: (יד) ותאמר ציון. זכר ציון לפי שהיא ראש ממלכת ישראל וכאלו העיר מתאוננת על בניה שגלו ממנה וכל ישראל בניה ולא יושביה לבד כי אליה היו באים כל ישראל לעבוד את ה': עזבני. שכחני. אמרה זה לאורך הגלות הזה שידמה שעזבה האל ושכחה: (טו) התשכח אשה עולה. בנה הקטן כי היא מרחמת עליו יותר בעבור שאין לו כח לבקש פרנסתו כמו הגדול וכפל הענין ואמר מרחם בן בטנה וכן אמר גם כן על הקטן כמו עול וכן או בן יגח או בת יגח אם בנים ואם בנות אמר התשכח אשה עולה שלא תרחם בן בטנה זה לא יהיה: גם אלה תשכחנה. פעמים שגם אלה הנשים תשכחנה בניהן כשיש בהן מדת אכזריות כי ימצא בהן אבל הן מעטות אבל אני רחום ולא אשכחך לעולם: (טז) הן על כפים. פירש רב סעדיה ז"ל כמו עננים וכן נשא לבבינו אל כפים והנכון כמשמעו וכן תרגם יונתן כאלו את חקוקה לפני

מצודת דוד

מארץ סינים. הוא פאת הדרום כן ת"י: (יג) רנו שמים וגו'. הוא ענין מליצה ור"ל הרבה שמחה יהיה בעולם: (יד) ותאמר ציון. הנה ציון תהבוב לומר ה' עזב אותי ושכח בי: (טו) השתכח. כאומר הנה לא כן היא כי האם תשכח אשה עולה וכי תקשה לבה מלרחם בן בטנה: גם אלה תשכחנה. אף אם יתכן בנשים פעם שתשכחנה גם אלה אולם אנכי לא אשכחך: (טז) חקותיך. הזר אתם

מצודת ציון

(יג) וגילי. ענין שמחה: ופצחו. ענין פתחון פה בהרמת קול וכן פלחי רנה וצהלי (לקמן נ"ד): (טו) עולה. ענינו ולד קך כמו מפי עוללים ויונקים (תהלים ח'): (טז) כפים. כף היד: חקותיך.

these forget, I will not forget you.—[*Rashi*]

Even if there are cruel mothers who desert their young, I, the Almerciful will not forget you.—[*Ibn Ezra, Redak*]

16. **Behold on [My] hands**—lit. on hands. *I see you as though you are engraved on My hands, to see you and always to remember you. Another explanation is:* עַל־כַּפַּיִם—*from upon the clouds of glory. Comp.* "(Job 36:32) *On the clouds* (כַּפַּיִם) *He covered the rain.*"—[*Rashi*] The second interpre-

from the land of Sinim. 13. Sing, O heavens, and rejoice, O
earth, and mountains burst out in song, for the Lord has con-
soled His people, and He shall have mercy on His poor.
14. And Zion said, "The Lord has forsaken me, and the Lord
has forgotten me." 15. Shall a woman forget her sucking child,
from having mercy on the child of her womb? These too shall
forget, but I will not forget you. 16. Behold on [My] hands

renders: *from the southland.*—[*Rashi*]

Redak adds that the Sinim, descendants of Canaan, dwell there.

Ibn Ezra locates it at the corner of Egypt. He conjectures that the word סְנֶה, *a thorn bush,* may be derived from this root. Friedlander concludes that *Ibn Ezra* locates Horeb, where the thorn bushes grow, in this same area. For further opinions concerning the identity and location of the Sinim, or Sinites, see *The Living Torah,* by Rabbi Aryeh Kaplan, Gen. 10:17.

13. **Sing, O heavens**—This is figurative, as though the whole world will rejoice upon Israel's emancipation from exile.—[*Redak*]

burst out in song—This is an expression of raising the voice with joy. Mountains are singled out since they are the main part of the creation of the earth and the most enduring portion. Moreover, it is the part in which metals are found.—[*Redak*]

for the Lord has consoled—*His people.*—[*Rashi*] *Rashi*'s commentary here is indeed puzzling. We find no indication of what *Rashi* wishes to add, that we would not understand from the verse itself. It is found in all editions except in *K'li Paz.*

14. **And Zion said**—*She thought that I had forgotten her.*—[*Rashi*]

Before the redemption, Zion was saying that the Lord had forgotten her. Zion represents the Jewish people.—[*Ibn Ezra*]

Redak explains this more literally. The prophet mentions Zion since she is the capital of the Jewish kingdom. It is as though the city complains about her children who have been exiled from her. Indeed, all Israel are her children, not only those who lived there, since all Israel came there to worship God.

forsaken me . . . forgotten me—She says this because of the length of this exile, which gives the impression that God has forgotten her.—[*Redak*]

15. **Shall a woman forget her sucking child**—Heb. עוּלָהּ, *similar to* עוֹלֵל.—[*Rashi*]

from having mercy on the child of her womb—Heb. מֵרַחֵם בֶּן־בִּטְנָהּ.—[*Rashi*]

Since God gave women a natural disposition to have mercy on their children, the prophet gives this as an example.—[*Ibn Ezra*]

These too shall forget—*Even if*

חַקֹּתִיךְ חוֹמֹתַיִךְ נֶגְדִּי תָּמִיד׃ יז מִהֲרוּ
בָּנָיִךְ מְהָרְסַיִךְ וּמַחֲרִבַיִךְ מִמֵּךְ יֵצֵאוּ׃
יח שְׂאִי־סָבִיב עֵינַיִךְ וּרְאִי כֻּלָּם נִקְבְּצוּ
בָאוּ־לָךְ חַי־אָנִי נְאֻם־יְהוָה כִּי כֻלָּם
כַּעֲדִי תִלְבָּשִׁי וּתְקַשְּׁרִים כַּכַּלָּה׃ יט כִּי
חָרְבֹתַיִךְ וְשֹׁמְמֹתַיִךְ וְאֶרֶץ הֲרִסֻתֵךְ
כִּי עַתָּה תֵּצְרִי מִיּוֹשֵׁב וְרָחֲקוּ מְבַלְּעָיִךְ׃
כ עוֹד יֹאמְרוּ בְאָזְנַיִךְ בְּנֵי שִׁכֻּלָיִךְ צַר־

יז יוחון בְנִיכִי חָרְבָתִיךְ
מְפַגְרָךְ וּמְחָרְבָךְ מִנִיךְ
יִגְלוּן : יח זְקוּפִי יְרוּשְׁלֵם
סְחוֹר סְחוֹר עֵינָךְ וַחֲזָא
כָּל בְּנֵי עַם גָלְוָתִיךְ
מִתְכַּנְשִׁין וְאָתַן לְגַוִיךְ
קַיָם אֲנָא אֲמַר יְיָ אֲרֵי
כוּלְהוֹן לִיךְ כִּלְבוּשׁ
דִיקָר וְעוֹבָדֵיהוֹן כְּגַוִיךְ
כְּקִישׁוּט כַּלְתָא : יט אֲרֵי
חָרְבָתִיךְ וְצַדְיוּתִיךְ
וְאַרְעָ מְפַגְרוּתִיךְ אֲרֵי
כְעַן תִּדְחֲקִין מְיָתִיב
וְיִתְרַחֲקוּן מְסַלְעָמָךְ :
כ מִכְעַן יֵימְרוּן חַד חַד
בְּגַוִיךְ בְּנֵי עַם גָלְוָתִיךְ

קמץ בלא אסף קמץ בז"ק

מהר"י קרא

איפשר שאשכחך. אבל מאחר שחקותיך על כפי: חומותיך נגדי תמיד. שעל חומותיך הפקדתי שומרים כל היום וגו'. שצויתים אל תתנו דמי לו. עד אכונן עד אשים את ירושלם תהלה בארץ. ואפי' אם היתה שכחה מצויה לפני. הם מזכירים אותי ומתפללים לפני תמיד. אתה תקום תרחם ציון. וציון אומרת עזבני ושכחני: (יז) מהרו בניך. (מהר דברים). שיהיו כל הגליות מתקבצות ובאות לציון: ומהרסיך ומחריביך. שהיו דרים בה עד עכשיו: ממך יצאו. באותה שעה שבניה נכנסין: (יט) כי חרבותיך ושממותיך. נגדי תמיד. כי במקום שהיתה חרבה ושוממה מאין יושב: כי עתה תצרי מיושב. מרוב אדם. ושמא תאמר שתמלא ממהרסיך ומחריביך. ת"ל ורחקו מבלעיך: (כ) בני שכוליך. בנים שהיתה שכולה מהם: נגשה

רש"י

כפיס כסה אור: (יז) מהרו בניך. לשוב: (יט) תצרי מיושב. תהי צרה מרוב יושבים שיבאו לתוכך יהי להם המקום צר מלבנות להם בתים: (כ) בני שכוליך. בנים שהיית שכולה מהם: גשה לי. התקרב לצד אחר בשבילי

רד"ק

שאזכרך תמיד: חומותיך. פי' חומותיך ההרוסות: (יז) מהרו. עבר במקום עתיד כמו ימהרו וכן הוא המנהג בנבואות ברוב: מהרסיך ומחריביך. והם הפושעים יצאו ממך שיכלו שלא יהיה בך עוד רשע ופושע כי הם היו סבת ההריסה והחרבן: (יח) שאי סביב עיניך. כי מכל פאה יבאו כולם כל בניך מכל הפאות: חי אני. זו ההבטחה שלא תשוב אחור כמו כי נשבעתי בהקבץ כל ישראל אליך יהיו לך כמו העדי והקשורים לכלה: (יט) כי חרבותיך ושוממותיך. שאת דואגת עליהם לא תדאגי עוד: כי עתה תצרי מיושב. כל החרבות והשוממות יהיו מיושבות עד שתצרי מרוב יושבים: תצרי. תדחקי: ורחקו מבלעיך. משחיתיך ירחקו בקצה הארץ שלא יבא עוד בגבוליך משחית: (כ) עוד. שכליך. שאת שכולה מהם יהיו

אבן עזרא

אמר הגאון כי על כפים העבים ולפי דעתי שהכתוב דבר על לשון בני אדם כי על כפים חקותיך שאראה אותך תמיד והעד חצי פסוק כמבטא: (יז) מהרו. הנה באו בניך ויצאו ממך כל מהרסיך: (יח) שאי. כלם. המ"ס סימן בניך ויאמר רבי משה הכהן ז"ל כי טע' כלם על בניך ועל מהרסיך והטעם על הרשעים ויפרש יצאו כמו פועל עבר ואין צורך: חי אני. והנה גזרה שלא תבטל כאשר אני חי כי זה יהיה אמת: ותקשרים ככלה. כקישורי כלה באומר: (יט) כי. תחת חרבותיך וכמוהו האתן בכורי פשעי ונשלמה פרים שפתינו או כי עד הנה היו כן: תצרי מיושב. מרוב היושבים והם כלם בניך על כן טעם ורחקו מבלעיך: (כ) עוד. גשה. לשם בשבילי כמו גש הלאה:

מצודת ציון

מל' חקיקה: (יח) כעדי. ענין תכשיט יפה: (יט) הריסותך. מל' הריסה ונתילה: תצרי. מל' צר ודחוק: מבלעיך. ענין השחתה כמו בלע כל ארמנותיה (איכה ב'): (כ) שכוליך. מי שבניו אבודים

מצודת דוד

לפני כאלו חקקתיך על כפי: נגדי תמיד. נזכור בהם לכונגם: (יז) מהרו בניך. יותר מהרה שבאו בני ציון את ארצם משאשבת אני: מהרסיך. המהרסים והמחריבים אותם יצאו ממך ר"ל הרשעים שבקרבך הם שסבבו ההרס' והחורבן ולא מאתי יצאה הרעה: (יח) שאי סביב עיניך. כאלו לציון יאמר ראי איך כל בניך נקבצו באו אליך: כעדי תלבשי. תתפאר בהם כמלבוש של קשוט: ותקשרים. תקשור אותך באוהבך לנוי כקשורי כלה והם חוטי המשי שקושרת בהם שערה: (יט) כי חרבותיך וגו'. ר"ל כי דאגת חרבותיך ושוממותיך וגו' לא תדאגי עוד כי עתה יהיו כולם מיושבות עד שתהיה צרה ודחוקה מרוב יושבים: ורחקו מבלעיך. המשחיתים אותך יהיו מרוחקים בקצה הארץ ולא יבואו בגבולך: (כ) יאמרו באזניך. ר"ל באזניך תשמע אשר יאמרו הבנים אשר היית שכולה

were bereaved—lit. the children of your bereavements. *The children of whom you were bereaved.*—[*Rashi*]

The children returning from exile, of whom you considered yourself bereaved, shall be so numerous that one will say to the other—

in your ears—within your hearing distance.—[*Mezudath David*]

move over for me—lit. approach

have I engraved you; your walls are before Me always.
17. Your sons have hastened; those who destroy you and those
who lay you waste shall go forth from you. 18. Lift your eyes
around and see, all of them have gathered, have come to you; as
I live, says the Lord, that you shall wear all of them as jewelry,
and you shall tie them as a bride. 19. For your ruins and your
desolate places and your land that has been destroyed, for now
you shall be crowded by the inhabitants, and those who would
destroy you shall be far away. 20. Your children of whom you
were bereaved shall yet say in your ears,

tation is found only in two manuscripts and in printed editions. The vast majority of the manuscripts do not have it. It is, however, found in Rav Saadiah Gaon's commentary, quoted by *Ibn Ezra* and *Redak*. For a more thorough derivation of 'clouds' from כַּפַּיִם, see *Rashi* on Job ad loc.

17. **Your sons have hastened**—*to return.*—[*Rashi*]

This past tense is really a future. It is written in the past as are many other prophecies.—[*Redak*]

those who destroy you and those who lay you waste—I.e. the transgressors, who bring ruin upon you, shall be destroyed, so that none shall be left among you.—[*Redak*]

When your children come, those who destroy you and lay you waste shall leave.—[*Ibn Ezra, Kara*]

18. **Lift your eyes around**—for your children will come from all sides.—[*Redak*]

all of them—All of your sons. R. Moshe Hakohen explains that both the children and the destroyers shall return to Israel, thus rendering: that have gone forth from you (v. 17).—[*Ibn Ezra*]

as I live—This denotes a decree that cannot be rescinded, but must be realized, that when all the Jews return to Jerusalem, they shall be to her like jewelry around the neck of a bride and like her ribbons.—[*Redak*]

19. **For your ruins and your desolate places**—about which you are concerned, shall no longer worry you.—[*Redak*]

you shall be crowded by the inhabitants—*You shall be crowded by the multitude of inhabitants that shall come into your midst. The place shall be too narrow for them to build houses for themselves.*—[*Rashi*]

and those who would destroy you shall be far away—Those who seek to destroy you shall be at the end of the land and shall not enter your borders.—[*Redak*]

20. **Your children of whom you**

לִי הַמָּקוֹם גְּשָׁה־לִּי וְאֵשֵׁבָה׃ כא וְאָמַרְתְּ
בִּלְבָבֵךְ מִי יָלַד־לִי אֶת־אֵלֶּה וַאֲנִי
שְׁכוּלָה וְגַלְמוּדָה גֹּלָה ׀ וְסוּרָה וְאֵלֶּה מִי
גִדֵּל הֵן אֲנִי נִשְׁאַרְתִּי לְבַדִּי אֵלֶּה אֵיפֹה
הֵם׃ כב כֹּה־אָמַר אֲדֹנָי יְהוִה הִנֵּה אֶשָּׂא
אֶל־גּוֹיִם יָדִי וְאֶל־עַמִּים אָרִים נִסִּי
וְהֵבִיאוּ בָנַיִךְ בְּחֹצֶן וּבְנֹתַיִךְ עַל־כָּתֵף

עָק לִי אַתְרָא רְוַח לִי
וְאֵיתֵיב׃ כא וְתֵימְרִין
בְּלִבִּיךְ מַן רַבִּי לִי יַת
אִלֵּין וַאֲנָא אִתְכְּלָא וִיחִידָא
גַּלְיָא וּמְטַלְטְלָא וְאִלֵּין
מַן רַבִּי הָא אֲנָא
אִשְׁתְּאָרִית בִּלְחוֹדִי אִלֵּין
הֵיכָא הֲווֹ׃ כב כִּדְנַן
אֲמַר יְיָ אֱלֹהִים הָא אֲגַלֵּי
בְּעַמְמַיָּא גְבוּרְתִּי וְעַל
מַלְכְּוָתָא אֲרִים נִסִּי
וְיֵיתוּן בְּנַיִךְ בִּצְבִין
וּבְנָתִיךְ עַל פַּרְנָן יִתְנַטְלָן׃

ת"א ואני שכולה. סוטה מב: וגלמודה. ר"ה כו:

רש"י

ואשבה: (כא) וגלמודה. (סולד"א בלע"ז): וסורה. מוסרת מכל אדם הכל אומרים עלי סורו ממנה: (כב) ידי. כסי סימן להביא גליות: נסי. (פורק"א בלע"ז) כמו כנס על הגבעה (לעיל ל') והוא סי' קיבוץ ונותנין בראשה כגד: בחוצן. (איישלשי"א בלע"ז) ודומה לו בעזרא וגם אני

מהר"י קרא

לי ואשבה. גש הלאה בשביל שאשב אני: (כא) ואמרת בלבבך. כשתראה ירושלים מלאה צבאות ישראל: מי ילד לי את אלה. ואני עד הנה הייתי שכולה מבני וגלמודת מבעלי. [ואין] דרך אשה שגלמודה מבעלה שתלד רוב בנים: גולה. ואין דרך גולה ממקום למקום לפרות ולרבות: וסורה. כמו סר וזעף. כלומר עצובת רוח. וסורה מיום שמחה. ואין דרך אשה עצובת רוח שתאוה לתשמיש המטה: הן אני נשארתי. אני לבדי ואלה איפוא הם: (כב) כה אמר ה' אלהים הנה אשא וגו'. עכשיו הקב"ה השיב תשובה. מאין יבואו כל האוכלוסין האלו לציון שהיא תמיהה עליהן מי ילד לי אלה. משיב הקב"ה. הנה אשא אל גוים ידי: ואל עמים ארים נסי.

אבן עזרא

(כא) ואמרת. וגלמודה. יושבת בדד וכמוהו ויהי גלמוד ושורש המלה מארבע אותיות והוא תאר השם: סורה. שם התאר שסרה ממקומה ולא יתכן היותו פעול כי סר איננו מהפעלים היוצאים: אלה איפה הם. שתי מלות כטעם אין: (כב) כה. ידי. כאדם שישא ידו ויראהו וכן ארים נסי והטעם שאודיע זאת הישועה: והביאו. הגוים בניך:

רד"ק

רבים בתוכך עד שיאמר כל אחד לחברו צר לי המקום גשה לי ואשבה כלומר גש הלאה בעבורי שאוכל לשבת כל כך יהיו רבים היושבים וי"ת רוח לי ואתיב: (כא) ואמרת. וגלמודה. יחידה: גולה וסורה. מצד בניה שגלו וסרו ממנה וכן כאלה נובלת עליה. וסורה. שם תאר כמו וסורי בארץ יכתבו: איפה הם. מאיפה כלומר מאיזה מקום באו או פי' איפה היו: (כב) כה אמר. בחצן. זרוע או כנף הבגד וכן חצני נערתי:

מצודת דוד

מהם: צר לי המקום. מרוב מרבית העם: גשה לי. האחד יאמר לחבירו גשה הלאה בעבורי שיוכל לשבת גם אני: (כא) מי ילד וגו'. ר"ל מהיכן באו עם רב כזה ואני שכולה הלא זה ימים רבים הייתי שכולה מהם ויחידית: גולה וסורה. הלא בני גלו וסרו ממני: אלה איפה הם. אלה הבאים מאיזה מקום באו: (כב) אשא אל גוים ידי. לרמז להם להביא את ישראל ר"ל אעיר לבם על זאת: ארים נסי. ארומם נס וגם הוא ענין רמז וכפל הדבר במ"ש: בחוצן. ר"ל יביאום בכבוד רב:

מצודת ציון

ממנו קרוי שכול כמו כדוב שכול (הושע י"ג): גשה לי. התרחק בעבורי: (כא) וגלמודה. יחידית מבלי אנשים וכן הלילה ההוא יהי גלמוד (איוב ג'): איפה. כמו מאיפה והמלה ההיא יורה על שאלת המקום כמו איפה הם רועים (בראשית ל"ז): (כב) נסי. היא כלונס זקוף ומשימים עליו מגד לרמז: בחוצן. כן יקרא כנף הבגד כמו

"The place is too narrow for me; move over for me so that I will dwell." 21. And you shall say to yourself, "Who begot these for me, seeing that I am bereaved and solitary, exiled and rejected, and who raised these? Behold I was left alone; these—[from] where are they?" 22. So said the Lord God, "Behold I will raise My hand to the nations, and to the peoples will I raise My standard, and they shall bring your sons in their armpits, and your daughters shall be borne on their shoulder[s].

for me. *Draw closer to another side for me, and I will dwell.*—[*Rashi, Redak, Ibn Ezra*]

Jonathan renders: Make room for me . . .

21. **And you shall say to yourself**—when you see Jerusalem full of the hosts of Israel.—[*Kara*]

and solitary—solede in O.F.

rejected—Rejected by everyone. All say about me, "Turn away from her."—[*Rashi*]

Alternatively, **exiled**—Called so because my children were exiled.

and turned away—My children turned away.—[*Redak*]

these—where are they?—I.e. *from* where are they. This may also be rendered: These—where *were* they? —[*Redak*]

22. **My hand . . . My standard**—*A signal to bring the exiles.*—[*Rashi*]

a standard—*Perka in O.F.,* perche in modern French, *a pole. Comp.* "(supra 30:17) *And like a flagpole* (וְכַנֵּס) *on a hill." It is a signal for gathering, and they place a cloth* (a flag) *on the end of it.*—[*Rashi*]

Jonathan renders: Behold I will reveal among the peoples My might, and over the kingdoms I will raise My standard. *Ibn Ezra,* too, takes this as a symbol of publicizing the salvation.

in their armpits—*Ajjsela* (aisela) *in O.F.,* aisselle in modern French. *Comp. Ezra:* "(Neh. 5:13) *Also I shook out my armpit* (חָצְנִי)."—[*Rashi*]

Redak suggests that it may mean that they will bring them on their arm or in the skirt of their garments.

This is figurative of the great honor the nations will confer on the Jews when they bring them back to the Holy Land.—[*Mezudath David*]

תנשאנה: כג והיו מלכים אמניך
ושרותיהם מיניקתיך אפים ארץ
ישתחוו לך ועפר רגליך ילחכו וידעת
כי אני יהוה אשר לא יבשו קוי:
כד היקח מגבור מלקוח ואם שבי צדיק
ימלט: כה כי כה אמר יהוה גם שבי
גבור יקח ומלקוח עריץ ימלט ואת
יריבך אנכי אריב ואת בניך אנכי

ת"א מלכים אומניך. זבחים יב (ערובין מ): קמץ בז"ק אושיע

כג ויהון מלכיא תורבינך
ומלכותהון ישמשוניך
על אפיהון על ארעא
ישתטחון למבעי מניך
ועפר רגלך ילחכון
ותידעין ארי אנא יי
דלא יבהתון צדיקיא
דמסברין לפורקני:
כד היתנסיב מגברא עדי
ואם דשבו זכאין
ישתזיב: ת"א אמרת
ירושלם האפשר
דיתנסיב מעשו רשיעא
דאמיר עלה על חרבך
תהי עדאה דעדי מני
ואם שביא דשבא
ישמעאל דאמיר עלה
דצדיקיא הוא ישתזיב: כה ארי כדנן אמר יי אף דשבו גברין אתיב ועדו תקיפין אשיזיב וית
פורענותיך אנא אתפרע וית בנך אנא אפרוק: ת"א ארי כדנן אמר יי אף עדאה דעדא מניך עשו
גברא יתנסב מנה ושביא דשבא מניך ישמעאל גיותנא דאמיר עלה ערוד באנשא ישתיזיב וית

מהר"י קרא

נס שלי: והביאו בניך בחוצן. שרמיי"ל בלע"ז: (כד) היקח מגבור מלקוח. כלומר אומות העולם טונין את ישראל וכי אפשר שאקח מגבור מלקוח. כלומר וכי אפשר שימוש מידינו מלקוח שהגלינו מכם: ואם שבי צדיק. שבי שנשבה בצדק ובמשפט דין הוא שימלט. אתמהא. לא כך כתיב בתורתכם. והפיצך ה' בעמים. ומאחר שבצדק ובדין שבינו אותו היאך אפשר שימלט מידינו. מה הקב"ה מבשרם: (כה) כה אמר ה' גם שבי גבור. אין צריך לומר מלקוח, שיוקח מגבור מלקוח. אלא גם שבי צדיק (שנשבע) [שנשבה] למקום קרוב שיוקח. ומה שאתם אומרים אם שבי [צדיק] ימלט. לא נשבה בצדק אלא מלקוח עריץ הוא. בלא צדק ובלא משפט נשבה:

רש"י

חצני נערתי (נחמיה ה'): (כד) היוקח מגבור מלקוח. כסבורים אתם שאי אפשר לקחת מעשו מלקוח שביו של יעקב הצדיק: (כה) ואת יריבך. ועם מריבך אני אריב:

רד"ק

(כג) והיו. אמניך. מגדליך כמו כאשר ישא האומן את היונק: וידעת. אז תדעי כי אני ה' ובידי הכל להשפיל ולהרים ואם היית שפלה ימים רבים תהי' רמה על כל העמים ואני הוא אשר לא יבושו קוי כי אם קויתם אותי ימים רבים בגלות לא אבדה תקותכם ולא יהיה לכם עוד בשת מן האומות שהיו אומרים כי אין לכם תקוה: (כד) היקח מגבור. אלה הם דברי האומות איך יוקח מגבור מלקוח שלקח. ועוד כי הוא שבי צדיק כי בצדק ובמשפט לקחו איך ימלט מידו משני פנים האחד שהוא גבור והאחד שהוא צדיק בשביו כן ישראל איך יצאו מתחת רשותינו: (כה) כי כה. ענה הקב"ה: גם שבי גבור יוקח. כי אני גבור מכם שאקחנה מידכם ומה שתאמרו צדיק אינו כי אם עריץ כי בכח ובעריצות לקחתם אותו לא בצדק ובמשפט כך פירשו אדוני אבי ז"ל: יריבך. שם תאר והיו"ד נוספת כיו"ד יקום

אבן עזרא

בחוצן. כמו גם חצני נערתי: (כג) והיו. אומניך. כמו אומן את הדסה זה דרך משל לרוב הכבוד שיהיה להן: (כד) היוקח. דברי הנביא ידבר בעד ישראל שהיו אומרים איך יצא ישראל מיד הגוים: היוקח מגבור. המלקוח שלקה והוא השבי: ואם שבי צדיק ימלט. בעבור לקחתו אחר שלקחו הגבור: (כה) כי כה אמר ה'. שבי. שלקח הגבור יוקח ממנו: עריץ. כמו גבור והוא תאר השם כמלת אימים הנה הוא יואל ועוד כי אעשה מריבה

מצודת ציון

גם חצני נערתי (נחמיה ה'): על כתף. על השכם: (כג) אומניך. כן נקרא מגדל התינוק כמו כאשר ישא האומן את היונק (במדבר י"א): ילחכו. ענין לקיקה בלשון וכן כלחוך השור (שם כ"ב): קוי. מל' תקוה: (כד) מלקוח. כן נקרא שבי הבהמה כמו את השבי ואת המלקוח (שם ל"א): (כה) עריץ. חזק כמו כגבור עריץ (ירמיה כ'):

מצודת דוד

(כג) והיו מלכים. מלכי העכו"ם יעסקו בגדולי בניך: ושרותיהם. נשי השרים ייניקו את בניך: אפים ארץ. יפלו על פניהם לארץ להשתחוות לך: ועפר רגליך ילחכו. ר"ל יכפפו קומתם עד לארץ ויהיו נראים כאלו מלחכים העפר הנדבק ברגליך והוא כפל ענין במ"ש: וידעת. אז תדע שאני ה' והיכולת בידי: אשר לא יבושו קוי. כי המקוה לדבר ואינו בא תחשב לו לבושה: (כד) היוקח. ר"ל כסבורים אתם לומר וכי אפשר לקחת מיד עשו הגבור את המלקוח שלל: ואם שבי. וכי אפשר להמלט מידו את השבי ששבה את יעקב הצדיק: (כה) כי כה וגו'. ר"ל אבל לא כן הוא כי כה אמר ה' שגם זה אפשר לקחת השבי מיד עשו הגבור ולהמליט המלקוח מיד העריץ:

them from your hands.—[*Redak*]

and the prey of a tyrant shall escape—Heb. עָרִיץ, synonymous with גִּבּוֹר, *mighty*.—[*Ibn Ezra*]

Redak explains according to his interpretation of the preceding verse: What you say that they were captured justly, is untrue, for they were captured by a tyrant, with tyranny and without justice. [*Redak*,

23. And kings shall be your nursing fathers and their princesses your wet nurses; they shall prostrate themselves to you with their face on the ground, and they shall lick the dust of your feet, and you shall know that I am the Lord, for those who wait for Me shall not be ashamed. 24. Shall prey be taken from a mighty warrior, or shall the captives of the righteous escape?"
25. For so said the Lord, "Even the captives of a mighty warrior can be taken and the prey of a tyrant shall escape, and with your contender will I contend, and your sons I will save.

23. **your nursing fathers**—Those who raised you. Comp. Num. 11:12.—[*Redak*]

This is figurative of the great honor they will bestow upon you.—[*Ibn Ezra*]

and you shall know—Then you shall know that I am the Lord, and that I have the power to humble or raise anything, and even though you were humble for thousands of years in exile, you shall be exalted over all nations.—[*Redak*]

for those who wait for Me shall not be ashamed—If you waited for Me during this long exile, your hope is not lost, and you shall not be ashamed before the nations who said that you have no hope.—[*Redak*]

and they shall lick the dust—They shall bend down so far that they will appear to be licking the dust of your feet.—[*Mezudath David*]

24. **Shall prey be taken from a mighty warrior**—*You think that it is impossible to take from Esau those captured from Jacob the righteous one.*—[*Rashi*]

The prophet puts these words into Israel's mouth, for they doubted that they would be freed from the domination of the nations.—[*Ibn Ezra*]

or shall the captives of the righteous escape—because of his righteousness, after the mighty warrior has captured him?—[*Ibn Ezra*]

Others explain that these are the words of the nations who taunt Israel and say, "Is it possible that the prey we exiled from you be taken from our hands?

Or shall the captives of the righteous escape?—Shall captives who were captured justly, escape? Is it not written in your Torah, "(Deut. 28:64) And the Lord shall scatter you among all the nations?" Now since we captured them legally and justly, how can they escape our hands?—[*Kara*]

Redak adds: How can they be freed? The nations who hold them prisoners are both strong and just. Hence, for two reasons they cannot be freed.

25. **Even the captives of a mighty warrior can be taken**—for I am mightier than you, and I can take

פורענותיך אנא אתפרע
ית בנך אנא אפרוק:
כו ואתן ית בסר דהוו
מונן ליך מיכל לכל
עופא דשמיא וכמא
דמתרבן מחמר מרית כן
חית ברא מדמהון
תתרוי וידעון כל בסרא
ארי אנא יי פרקיך
ומשיזביך תקיפא
דיעקב: א כדנן אמר יי
אידא היא אגרת פטורין
דיהבית לכנשתכון ארי
אתרחקת או מן גבר דלה חובא קדמי דזבנית יתכון לה הא בחוביכון אזדבנתון ובמרדיכון אתרחקת

אושיע: כו והאכלתי את־מוניך את־
בשרם וכעסיס דמם ישכרון וידעו כל־
בשר כי אני יהוה מושיעך וגאלך
אביר יעקב: נ א כה | אמר יהוה אי זה
ספר כריתות אמכם אשר שלחתיה
או מי מנושי אשר־מכרתי אתכם לו
הן

ת"א ספר כריתות. סנהדרין קח:

רש"י

(כו) והאכלתי את מוניך. לחית השדה את בשרם. מוניך לשון אל תונו (ויקרא כ"ה) אונאת דברים המקנתרים אותך בגידופיהם: ובעסים. מתק יין: דמם ישכרון. כן ישכרון מדמם אותם הרגילים לשתות דם ומי הם אלו עוף השמים. כן ת"י:

מהר"י קרא

(כו) והאכלתי את מוניך. לעוף השמים את בשרם. עכו"ם המונים ומגדפים את ישראל לומר עזבם אלהים:

נ (א) כה אמר ה' אי זה ספר כריתות. אמר להם לישראל. בני כשיהיו עכו"ם מונים אתכם לומר מכורין אתם בידינו. תשובו להם תשובה זו. אי זו ספר כריתות אמכם אשר שלחתיה הראו אותנו מי הוא מנושיו של הקב"ה שמכרנו לו בשביל חוביו. הן בעונותיכם נמכרתם וגו' כזה שכועס על אשתו ומשלחת לשעה ומתרצה לה למחר ומחזירה. אבל היכן מצאתם שכתבתי לה ספר כריתות שלא להחזירה. אף עכשיו

אבן עזרא

עם אנשי ריבך ורבים אמרו כי שרשו מבעלי היו"ד בראשונה ואחרים אמרו שהוא הפוך ויאמר הירושלמי כי תחסר מלת אשר כאילו אמר ועם אשר יריבך ויסם היו"ד שהוא לעתיד והנה שכח ריבה ה' את יריבי והכלל שהי' מלה זרה: (כו) והאכלתי. מוניך. מגזרת לא תונו איש את עמיתו ואחרים אמרו סופריך כמו על ידי מונה שישראל נמשלו לצאן: דמם. מדמם והוא דרך לאות:

נ (א) כה. כריתות. גט כריתות: אמכם. ובין אשתו והנה זה יכחיש דברי ירמיה ואתן את ספר כריתותיה אליה והתשובה כי ירמיהו דבר על מלכות ישראל

רד"ק

כלומר המריב אותך בגלות ואושיע בניך מתוכם: (כו) והאכלתי את מוניך. אונסיך כמו ולא יונו עוד נשיאי עמי ותרגומו ולא ינסון: את בשרם. על דרך איש בשר זרוע יאכלו: וכעסים. יין ענבים או יין רמונים נקרא כן לפי שיוצא על ידי סחיטה וכתישה מן ועסותם רשעים וכן מעסים רמונים יטפו ההרים עסים: דמם. מדמם ותרגם יונתן ית בשר דהוו מונין לך וגו': (א) כה אמר ה' אי זה ספר כריתות אמכם. הנה אמר ירמיהו שלחתיה ואתן את ספר כריתות אליה פירשו המפרשים כי ירמיה דבר כנגד עשרת השבטים שנתן להם ספר כריתות שלא יהיה מהם עוד מלך כי בקבוץ גליות נאמר ועבדי דוד נשיא להם ואמר ולא יחצו עוד לשתי ממלכות אבל ליהודה לא נתן ספר כריתות אלא כבעל שמוציא אשתו מביתו שקצף עליה אבל לא נתן לה ספר כריתות לפי שעתיד להחזירה אליו כן יהודה עתיד להחזיר המלכות לו ונוכל לפרש גם כן לפי שעשרת השבטים לא שבו בשוב הגלות מבבל ועוד שמשגלו לא יצאו ממקום גלותם וארך להם הגלות מאד הרי הם כאלו נתן להם ספר כריתות ובני יהודה שבו לארצם אחר שבעים שנה וישבו בארצם ארבע מאות ועשרים שנה ואע"פ שיהודה לא גלה עדין הנביא דבר על העתיד ונחמה שמנחם את ישראל שהם בזה הגלות שישובו כי לא נמכרו כי אם בעונותיהם

מצודת דוד

ואת יריבך. עם המריבים בך אריב אני: (כו) והאכלתי. להחיות הראויות לאכול בשר אאכיל את המקנטרים אותך באונאת דברים: את. בשרם. לתוספת ביאור אמר שיאכל את בשרם: וכעסים דמם ישכרון. העופות הראויות לשתות דם ישכרו מדמם כדרך השותה עסים והוא ענין מליצה: וידעו וגו'. אז ידינו הכל אשר ה' עושה כל אלה ולא בא במקרה: וגואלך וגו'. כפל הדבר במ"ש:

נ (א) אי זה ספר וגו'. כאומר אם אמנם נתתי לה גט כריתות כמ"ש ואתן את ספר כריתותיה וגו' (ירמיה ג) אבל איה זה הספר אשר שלחתי' בה ר"ל נראה בה מפני מה שלחתיה הלא היתה בעבור פשעה כמ"ש שם וא"כ כשתשובו נעקר הכריתות: או מי מנושי. מי הלוה לי דבר מה עד שמכרתי אתכם לו בפרעון החוב: הן

מצודת ציון

(כו) מוניך. ענין קנטור והונאת דברים וכן וגר לא תונה (שמות כ"ב) וכעסים. הוא ענין כתישה כמו ועסותם רשעים (מלאכי ג') ונקרא כן יין ענבים או רמונים ע"ש שהמשקה יוצא ע"י סחיטה וכתישה וכן מעסים רמוני (ש"ה ח'): ישכרון. ענין השתיה יותר מכדי המדה הראויה: אביר. ענין חוזק:

נ (א) ספר כריתות. גט הכורת ומפריד: אמכם. כנסיה שלהם: מנושי. ענין מלוה כמו כנושה כאשר נושה בו (לעיל כ"ד):

under the dominion of the house of David, as the prophet Ezekiel states: "(Ez. 37:24) And My servant David shall be king over them." In the same chapter he states: "(v. 22) . . . and one king shall be for all of them as a king, and they shall no longer become two nations, and they shall no longer be divided into two kingdoms." To Judah, however, He did not give a bill of divorcement. This is analogous to a man who becomes angry with his wife and sends her away. He does not

26. And those who taunt you—I will feed their flesh, and as with sweet wine they shall become drunk [from] their blood; and all flesh shall know that I am the Lord Who saves you, and your Redeemer, the Mighty One of Jacob.

50

1. So said the Lord, "Where is your mother's bill of divorcement that I sent her away? Or, who is it of My creditors to whom I sold you?

quoting his father, and *Rabbi Joseph Kara*]

and with your contender—Heb. יְרִיבֵךְ. *And with your contender I will contend.*—[*Rashi*] Since this word is irregular, *Rashi* tells us that it is equivalent to מְרִיבֵךְ, *your contender.* Cf. *Ibn Ezra* and *Redak.*

26. **And those who taunt you—I will feed**—*their flesh to the beasts of the field.* The word מוֹנַיִךְ *is an expression akin to* "(Lev. 25:14) *You shall not taunt* (אַל תּוֹנוּ)." *This denotes taunting with words, those who anger you with their revilings.*—[*Rashi*]

According to *Rashi,* Lev. 25:17, it should read: לֹא תוֹנוּ, referring to verse 17, rather than verse 14, which deals with cheating in sales.

Redak, renders: Those who rob you. *Ibn Ezra*: Those who count you, since Israel is compared to sheep.

and as with sweet wine—Heb. וְכֶעָסִיס. *The sweetness of wine.*—[*Rashi*]

This may refer to grape wine or pomegranate wine, both extracted from the fruits by pressing. Comp. Amos 9:13, Malachi 3:21.—[*Redak*]

they shall become drunk [from] their blood—*So shall those accustomed to drink blood become drunk from their blood. Now who are they? These are the fowl of the heavens. So did Jonathan render this.*—[*Rashi*]

[from] their blood—The word for "from" is absent from the text. This is an ellipsis frequently used in poetry.—[*Ibn Ezra, Redak*]

According to *Rashi,* this verse can be equated with 18:6, in which the fate of the bodies of the armies of Gog and Magog is depicted.

Redak explains that they shall eat their own flesh. He compares this to 9:19, where the implication is that everyone will rob his friend; there will be much strife among the nations.

1. **Where is your mother's bill of divorcement**—The exegetes contrast this verse with Jer. 3:8: ". . . and I gave her bill of divorcement to her." They reply that Jeremiah was addressing the ten tribes, whereas Isaiah was addressing the tribes of Judah and Benjamin. The ten tribes, when they were driven into exile, lost their sovereignty completely. In Messianic times, all Israel will be

הֵן בַּעֲוֺנֹתֵיכֶם נִמְכַּרְתֶּם וּבְפִשְׁעֵיכֶם
שֻׁלְּחָה אִמְּכֶם: ב מַדּוּעַ בָּאתִי וְאֵין אִישׁ
קָרָאתִי וְאֵין עוֹנֶה הֲקָצוֹר קָצְרָה יָדִי
מִפְּדוּת וְאִם־אֵין־בִּי כֹחַ לְהַצִּיל הֵן
בְּגַעֲרָתִי אַחֲרִיב יָם אָשִׂים נְהָרוֹת
מִדְבָּר תִּבְאַשׁ דְּגָתָם מֵאֵין מַיִם וְתָמֹת

תרגום

כְּנִשְׁתְּכוֹן: ב מָא דֵין שְׁלִיחַת נְבִיַי וְלָא תָבוּ אִתְנַבִּיאוּ וְלָא קַבִּילוּ הַאִתְקְפָדָא אִתְקְפַדַת גְּבוּרְתִּי מִלְמִפְרַק וְאִם לֵית קֳדָמַי חֵיל לְשֵׁיזָבָא הָא בְּמִזּוֹפִיתִי אַחֲרֵיב יַמָּא אֲשַׁוֵי נַהֲרִין מַדְבְּרָא יִסְרוֹן נוּנֵיהוֹן מִבְּלִי מַיָּא וִימוּתוּן בְּצַחוּתָא:
אכסי

ת"א מדוע באתי. ברכות ו זוהר תרומה ויקרא תבא:

מהר"י קרא

מאחר שבעונתיכם נמכרתם: (ב) מדוע באתי ואין איש. וקראתי שתשובו לפני בתשובה. ואין עונה: הקצור קצרה ידי מפדות. במקום שנמכרתם: הן בגערתי אחריב ים. בגערה אחת שגערתי (הושבתיו) [הובשתיו] לפני ישראל ושמתי נהרות כמדבר. [הוביש] לפניהם את מי הירדן עד עברם: תבאש דגתם. של מצרים מאין מים. כמו שכתוב והדגה אשר ביאר [וגו'] . ודבר קל וחומר. לפדות את עמי ממקום שנמכרו ולהצילם ממקום שנשבו על אחת כמה וכמה שיש בי כח לפדות.

רש"י

נ (ב) מדוע באתי. להתקרב אליכם ואין איש מכם

רד"ק

ובשובם האל ישיב שבותם ואמר כנגד יהודה אי זה ספר כריתות כלומר כי קרובים אתם לשוב אלי כאשר שבתם פעם אחרת כי אין ביני וביניכם ספר כריתות ובשובכם ישובו גם כן שאר השבטים כי דוד ימלוך על ישראל כלו וכן אמר יחזקאל הנה אני לוקח את עץ יהודה אשר ביד אפרים ושבטי ישראל חביריו ונתתי אותם עליו את עץ יהודה ועשיתם לעץ אחד ואע"פ שנתן להם ספר כריתות כבר היה הכריתות גדול וארך גלות מאד והנה ישיב אותם עם שבט יהודה והאם היא הכנסיה והכלל והבנים הם הפרט והנה לא נמכרתם ואינכם צריכים לכסף בפדותכם אלא עונותיכם היו דמי המכירה והתשובה תהיה כסף הפדות: (ב) מדוע. אתם מעכבים הגאולה כי אני מזומן לקבל אתכם בתשובה אם תשובו ולמה היה זה כי באתי ואין איש עונה אלי: קראתי. שובו אלי ואשובה אליכם: ואין עונה. מכם: הקצור קצרה ידי מפדות. וכי חשבתם לאורך גלותיכם כי לקוצר ידי הוא זה שלא פדיתי אתכם עד עתה אין זה אלא בשבילכם שלא שבתם אלי, והביאה והקריאה הם דברי הנביאים כמו שכתבנו בכמה מקומות כי האל מקבל השבים בכל עת קראם אליו בלב שלם הוא קרוב אליהם ונכון לקבלם: הן בגערתי. איך תחשבו כי מקוצר ידי הוא זה שלא נגאלתם עד עתה והנה אחריב הים בגערתי כמו שעשיתי בים סוף בגערה לבד. וכן כתיב ויגער בים סוף ויחרב. והגערה הוא שהוליך רוח קדים ששם את הים לחרבה: אשים נהרות מדבר. כשארצה אוביש הנהרות

אבן עזרא

שלעולם לא תקום וכמוהו לא תוסיף קום וישעיהו דבר על מלכות דוד שממנו יהיה משיח: (ב) מדוע באתי. רמז לנביאים שהתנבאו אולי ישובו ישראל לשם: הן בגערתי.

מצודת ציון

(ב) הן. באמת: בגערתי. ענין צעקת יפה: אחריב. מלשון חורב

מצודת דוד

בעונותיכם נמכרתם. וא"כ כשתעשו תשובה תפדו נפדין מן האומות: ובפשעיכם. בעבור הפשעים נשלחה הכנסיה שלכם וא"כ בתשובה יהיה נעקר השילוחין: (ב) מדוע באתי. אני באתי להתקרב אליכם ואין איש פונה אלי: קראתי. שתשובו אלי ואין מי משיב לי: הקצור. ר"ל וכי אין בי תועלת וכי קצרה ידי מלפדות אתכם: בגערתי. כשאני גוער בים נעשה חורב ויובש והנהרות נעשות יבשות כמקום מדבר ר"ל אחריב האומות המשולים למים רבים: תבאש דגתם. קבוצת הדגים תבאש מחסרון המים כי תמות בצמא ותבאש ור"ל

deem you? It is your fault that you are not yet redeemed, for you have not yet repented. Coming and calling symbolize the words of the prophets, for God accepts the penitent whenever they call to Him wholeheartedly and sincerely. Then He is near to them and ready to accept them.—[*Redak*]

Behold, with My rebuke . . .—How can you think that I have no power to redeem you? Behold, with My rebuke I can dry up the sea, as I dried up the Red Sea with only a rebuke. Comp. 106:9: "And He rebuked the Red Sea, and it dried up." The rebuke represents sending the east wind which turned the sea into dry land.—[*Redak*]

I make rivers into a desert—When I wish, I dry the rivers as I did to the Jordan when the children of Israel crossed. From the place they crossed all the way to the sea, the river became dry, and all the fish died and became foul. The plural form alludes to the tributaries of the Jordan. The Psalmist, too, states,

behold for your iniquities you were sold, and for your transgressions your mother was sent away. 2. Why have I come and there is no man? [Why] have I called and no one answers? Is My hand too short to redeem, or do I have no strength to save? Behold, with My rebuke I dry up the sea, I make rivers into a desert; their fish become foul because there is no water and die because of thirst.

give her a bill of divorcement, because he intends to take her back. So it is with Judah, whom God intends to reinstate in its position of sovereign over Israel.

It is also possible that the prophet alludes to to the fact that Judah returned to its land after seventy years of exile and remained there for four hundred twenty years. Although they had not yet been exiled, the prophet speaks of the future. The ten tribes, however, did not yet return with Judah after the seventy years of exile. They remained in exile all during this time. It is as though God gave them a bill of divorcement. In our verse, Isaiah consoles Israel in this exile that they will surely return, since they were sold for their sins, and by repenting, God will restore them to their place. The prophet, therefore, addresses Judah and asks them, "Where is your mother's bill of divorcement?" You are close to return to Me as you have before, for there is no bill of divorcement between us, and when you return, all the tribes will return, for David will reign over all Israel. Ezekiel, too, announced, "(37:19) Behold I take the stick of Joseph which is in the hand of Ephraim and the tribes of Israel, his companions, and I will place with them upon it the stick of Judah, and I will make them into one stick, and they shall be one in My hand." Although He gave them a bill of divorcement, since the separation was intense and the exile very long, He shall return them with the tribe of Judah. 'The mother' symbolizes the nation and the children the individuals. Behold you were not sold for money, that you should require money to redeem yourselves. You were sold because of your iniquities, and your ransom is repentance.—[*Redak*]

2. **Why have I come**—*to draw near to you, and none of you turns to Me?*—[*Rashi*]

This is figurative of the prophets who prophesied to Israel, perhaps they would repent.—[*Ibn Ezra*]

Redak elaborates: Why do you detain the redemption? I am ready to accept you if you repent. Why is it, then, that I have come and no one turns to Me?—

[Why] have I called—"Return to Me and I will return to you"?—[*Redak*]

and no one answers—from among you.—[*Redak*]

Is My hand too short to redeem—Do you think, because of the length of the exile, that I am unable to re-

ג אכסי שמיא כדקבלא ובסקא אשוי כסותהון: ד יי אלהים יהב לי לשן דמלפין להודעא אלפא לצדיקיא דמשלהן לפתגמי אוריתא חוכמא בכן בצפר בצפר מקדים לשלחא נביאוהי מאים יתפתחן אודני חיביא ויקבלון אולפן: ה יי אלהים

בַּצָּמָא: ג אַלְבִּישׁ שָׁמַיִם קַדְרוּת וְשַׂק
אָשִׂים כְּסוּתָם: ד אֲדֹנָי יֱהֹוִה נָתַן לִי
לְשׁוֹן לִמּוּדִים לָדַעַת לָעוּת אֶת־יָעֵף
דָּבָר יָעִיר | בַּבֹּקֶר בַּבֹּקֶר יָעִיר לִי אֹזֶן
לִשְׁמֹעַ כַּלִּמּוּדִים: ה אֲדֹנָי יֱהֹוִה פָּתַח
לִי אֹזֶן וְאָנֹכִי לֹא מָרִיתִי אָחוֹר לֹא

ת״א אלביש שמים. ברכות נט: לשון למודים. זוהר אחרי: לעות. (ערובין כבי מכו״ס לט):

רש״י

פונה אלי: (ג) אלביש שמים. לבא השמים שרי העכו״ם כשאני בא ליפרע מן האומה: (ד) נתן לי לשון למודים. ישעיה היה אומר ה׳ שלחני ונתן לי לשון הראוי ללמד כדי לדעת לעות את העייפים ולמאי׳ לשמוע את דברי הקב״ה (דבר): לעות. מנחם חיברו במחלוקת עת לעשות לי״י (תהלים קי״ט) לקבוע להם עתים: יעיר לי אזן. מעורר את אזני ברוח קדשו: לשמוע כלימודים. כמשפט הלמודים האמת והנכוחה: (ה) פתח לי אוזן. והשמיעני את מי אשלח (לעיל ו) שלחתי את עמוס והיו קורין אותו

מהר״י קרא

ולהציל: (ג) אלביש שמים קדרות. תמיד אני נהוג בכך להלביש שמים קדרות, כל מאורי אור בשמים. על אומה שהגיע זמנה לפול. ונתתי חושך על ארצה. ולפדות ולהציל לא הייתי יכול. אתמהא: (ד) ה׳ אלהים נתן לי לשון למודים לדעת לעות את יעף דבר. ללמד את ישראל תשובה שיהיו משיבים לאומות העולם בגלותם: לעות. פת׳ להבין ולהורות: יעיר בבוקר בבוקר. מדי יום ביום מעיר לי אוזן שאשמע מה אומר לך. כתלמודים הלומדים מפי רבם. כמו לימודי ה׳: (ה) פתח לי

אבן עזרא

הנה ראיה גמורה שלא תקצר ידי מפדות: (ג) אלביש שמים. מלבוש: קדרות. הטעם על העבים ויש אומרים על קדרות השמש כאשר תקדר כולה בחצי היום וכאילו שק כסותם בעבור שהשק הוא שחור: (ד) ה׳. אלה דברי הנביא: למודים. מתואר השם והעד למוד מדבר. לשמוע כלמודים ולעות דבוק עם לדעת ומלת לעות מגזרת עת וטעם יעף לב התלמיד כאשר ילמד דברים קילים ויעף וילאה והנה לעות לשון עת או היא מלה זרה אין ריע לה וטעם יעיר כי ה׳ יעיר אותי בבקר בבקר ופירוש יעירני שיעיר אזני שאהיה שומע כלימודים והנה אני תלמיד לשם: (ה) ה׳. אחר שהשם פתח אוזני שגלה סודו לי לא מריתי אני

רד״ק

כמו שעשיתי בירדן שהובשתי אותו עד שעברו ישראל וממקום המעבר עד הים יבש הנהר כמו שאמר והיורדים על ים הערבה ים המלח תמו נכרתו והנה מתה הדגה שהיתה בנהר בישתמי המים ובאשה ומה שאמר על הירדן נהרות והוא אחד משני נהרות אחרים הנשפכים לתוכו וכן אמר על זה אתה הובשת נהרות איתן כמו שפירשתי בספר תהלים: (ג) אלביש. וכן עשיתי במצרים בהפסד האויר להם שהלבשתי להם השמים קדרות שהיה להם חשך שלשת ימים: ושק אנשים כסותם. כאלו שק היה כסותם שלא ראו אור והשק הוא שחור ועם כל זה עשיתי כן אוכל לעשות להוציאכם מהגלות ואע״פ שאתם בתוך עמים רבים. וזכר המים והאויר לפי שהם יסודות ואם ביסודות יעשה חפצו כל שכן בנבראים מהם. ויש לפרש עוד אלביש שמים קדרות על קדרות השמש והירח או על העננים כמו שנאמר עליהם והשמים התקדרו עננים ורוח אלא שנכון הוא לפרש הכל במה שעשה בעבור ישראל ויתכן לפרש הפסוקים האלה דרך משל דמה טובות העמים שהיה להם בשפע כמו הים והנהרות ואמר שיחריב אותם ויביש אותם כלומר שיפסיק טובתם בעבור הרעה שעשו לישראל והענין כמו שפירשנו בפסוק ושמתי נהרות לאיים ואגמים אוביש: (ד) אדני אלהים. אלה דברי הנביא אמרם על עצמו. אמר נתן לי לשון למודים לשון אנשים מורגלים בלשון כמו למוד מדבר וכן אמר למעלה וישם פי כחרב חדה שתקן לשוני לדבר צחות מהרה כאדם הרגיל בדבר לדעת דברי השם ולעות בו את מי שהוא עיף ר״ל צמא לשמוע את דבר ה׳ כמו לשתות היעף במדבר ר״ל הצמא וכן בארץ ציה ועיף בלי מים ופי׳ לעות לאמר דבר בעתו: יעיר בבקר בבקר. אולי היו נבואותיו במראות הלילה והיה כאלו האל מעירו בבקר להנבואה או פי׳ בבקר בבקר יום אחר יום כי לא היתה הפסקה בנבואתו שיהיה בלא נבואה חדש או ימים: יעיר לי אזן. הנה תקן פי לדבר ואזני לשמוע כלמודים כמו שאמר ה׳ אלהים נתן לי לשון למודים: (ה) אדני. אלהים. אמר שני פעמים ה׳ אלהים ועוד אמר וה׳

the teachings, the truth and that which is proper.—[*Rashi*]

Redak explains: God enabled me to hear and comprehend the prophecy just as He gave me fluent speech to deliver His message.

5. **opened my ear**—*and let me hear,* "(supra 6:8) *Whom shall I send?" I sent Amos, and they called him "pesilus." I sent Micah etc., as is*

given his prophetic messages in the morning, in broad daylight, not in visions of the night. "He awakens me every morning He awakens my ear to listen like the pupils."

He awakens my ear—*He awakens my ear with His Holy Spirit.*—[*Rashi*]

to hear according to the teachings—*According to the custom of*

3. I clothe the heavens with darkness, and I make sackcloth their raiment. 4. The Lord God gave me a tongue for teaching, to know to establish times for the faint [for His] word; He awakens me every morning, He awakens My ear, to hear according to the teachings. 5. The Lord God opened my ear, and I did not rebel; I did not turn away backwards.

"(74:15) You dried the powerful rivers," referring to the Jordan in the plural form.—[*Redak*]

3. **I clothe the heavens**—*The host of the heavens, the princes of the heathens* (*nations*—Mss. and *K'li Paz*), *when I come to mete out retribution upon the nations.*—[*Rashi*]

Redak explains: **I clothe the heavens with darkness**—I did this in Egypt; by polluting the air, I made it dark for three days,

and I made sackcloth their raiment—It was as though black sackcloth covered the heavens, for the Egyptians could not see the light. Just as I did in the past, I can do in the future. I can take you out of exile, although you dwell among many nations. He mentions the water and the air, since they are elements. If God can wreak havoc with the elements, He can surely do so with His creatures. The darkness may also be explained as the darkening of the sun and the moon, or the covering of the heavens with thick clouds (*Ibn Ezra*). Alternatively, both verses may be interpreted figuratively, alluding to the benefits God bestows upon the nations. He compares these benefits to the sea and the rivers, whose water is plentiful. He says, therefore, that He will withhold the benefits from the nations for the sake of His people Israel.—[*Redak*]

4. **gave me a tongue for teaching**—*Isaiah was saying, "The Lord sent me and gave me a tongue fit to teach, in order to know to establish a time for the faint and thirsty to hear the words of the Holy One, blessed be He.*—[*Rashi*]

to establish times—Heb. לָעוּת. *Menahem classified it in the group of* "(Ps. 119:126) *It is time* (עֵת) *to do for the Lord." To establish times for them.*—[*Rashi*]

Redak renders: The Lord God gave me a fluent tongue, to know to speak a word to the faint at the proper time. Isaiah declares that God gave him fluent and eloquent speech, in order to know to speak a word to the faint and thirsty for the word of God at the proper time.

He awakens me every morning—Perhaps his prophecies were conveyed to him through visions of the night, and God would awaken hm every morning with prophecy in his mouth. It is also possible that this expression denotes the continuity of his prophecy, that there was no interruption between one prophecy and the next, such as a respite of a month or a year.—[*Redak*]

Abarbanel interprets this in quite the opposite manner. Isaiah was

נְסוֹגֹתִי׃ ו גֵּוִי נָתַתִּי לְמַכִּים וּלְחָיַי
לְמֹרְטִים פָּנַי לֹא הִסְתַּרְתִּי מִכְּלִמּוֹת
וָרֹק׃ ז וַאדֹנָי יֱהֹוִה יַעֲזָר־לִי עַל־כֵּן לֹא
נִכְלָמְתִּי עַל־כֵּן שַׂמְתִּי פָנַי כַּחַלָּמִישׁ
וָאֵדַע כִּי־לֹא אֵבוֹשׁ׃ ח קָרוֹב מַצְדִּיקִי
מִי־יָרִיב אִתִּי נַעַמְדָה יָּחַד מִי־בַעַל
מִשְׁפָּטִי יִגַּשׁ אֵלָי׃ ט הֵן אֲדֹנָי יֱהֹוִה יַעֲזָר־

שְׁלָחַנִי לְאִתְנַבָּאָה וַאֲנָא
לָא סְרֵיבִית לַאֲחוֹרָא לָא
אִסְתַּחֲרִית׃ ו גַבִּי יְהָבִית
לְמָחָן וְלִיסְתֵי לְמָרְטָן
אַפִּי לָא טַמְרֵית
מֵאִתְכְּנָעוּ וְרוֹק׃ ז וַיָי
אֱלֹהִים סָעִיד לִי עַל כֵּן
לָא אִתְכְּנָעִית עַל כֵּן
שַׁוֵיתִי אַפִּי תַּקִיפִין
כְּטִינָרָא וִידַעְנָא אֲרֵי
לָא אִתְבְּהֵית׃ ח קְרִיבָא
זְכוּתִי מַן יְדִין עִמִּי נְקוּם
כַּחֲדָא מַן בְּעֵיל דִּינִי
יִתְקְרֵיב לְוָתִי׃ ט הָא יְיָ

מהר"י קרא

הטעם בגנון

אוזן. שיהא מצרף אותנו על ידי מלכיות: ואנכי לא מריתי. לקבל עלי עול המלכיות: (ו) גוי נתתי למכים וגו'. בגלותי הכל קבלתי עלי ברצון נפשי כדי למרק עונותי ליום הדין. וזאת אשיב אל לבי על כן אוחיל. הנה' אלהים יעזור לי על כן לא נכלמתי: (ז) על כן שמתי פני כחלמיש. שאינו מקבל חרפה. כל זה מדבר הנביא במקום ישראל: (ט) הן כולם. כל המריבים עמי כבגד יאכלם עש. מין תולעת האוכל את הבגד:

רש"י

פסילום שלחתי את מיכה כו' כדאיתא בפסיקתא דנחמו נחמו: ואנכי לא מריתי. מלילך בשליחותו ולא נסוגותי אחור אלא ואומר הנני שלחני (שם): (ו) גוי נתתי למכים. הוא אמר לי ישעיה בני סרבנים הם בני טרחנים הם על מנת שלא תכעס עליהם אמרתי לו על מנת כן: (ז) וה' אלהים יעזור לי. אם יקומו עלי: (ח) קרוב מצדיקי.

רד"ק

אלהים הן ה' אלהים לפי שהיה מדבר על הנבואה והנבואה תבא לנביא באמצעות המלאכים הנקראים אלהים: לא מריתי. ללכת בשליחותו ולא נסוגותי אחור שלא אלך אלא אמרתי הנני שלחני: (ו) גוי. ואע"פ שאתבזה בעבור השליחות לא נמנעתי בעבור זה אלא ברצון הלכתי ואין זה כדברי ירמיה שאמר ואמרתי לא אזכרנו וגו' ומה שאמר גוי נתתי למכים אפשר שהיה זה אבל לא מצאנו זה בכתוב ואפשר שיהיה פי' הפסוק כן אפי' היו מכים ומורטים אותי אני אקבל ברצון לאהבת האל: למרטים. מורטים שער לחייו וזקנו: (ז) ואדני אלהים יעזר לי. אם הכו אותי ואמר יעזור לי שלא יתנני בידם להמיתני ואם לא הכוהו פי' יעזור לי בהקים דברי נבואתי על כן לא נכלמתי באמרי בפרהסיא דברי נבואתי כי ידעתי כי לא אבוש כי יתקיימו דברי: כחלמיש. פי' האבן החזק: (ח) קרוב מצדיקי. שיצדיק דברי וישים אותם אמת וקרוב הוא אלי תמיד הוא מחדש נבואות אלי גם שונה הוא אלי קצת נבואות כמו דבר סנחריב וכיון שהוא שונה אלי תמיד על כל פנים יקיים אותם אם לא יעשו הם תשובה שתשוב אחור דברי וינחם על הרעה. או פי' קרוב כי בקרוב יצדיק דברי: מי יריב אתי. שלא יהיה כמו שנבאתי: (ט) הן ה' אלהים. מי הוא ירשיעני

אבן עזרא

להיות שלוהו: (ו) גוי. לא השגתי אם אני נתתי על שמו גוי למכים: (ז) ואדני ה' יעזור לי על כן לא נכלמתי. והטע' כי השם יקיי' כל דברי נבואתי: (ח) קרוב מצדיקי. קרוב הוא העת שאראה אני לדיק בדברי הנבואות או אומר מי יריב אתי: (ט) הן. ואחר שהשם עזרני מי הוא ירשיעני

מצודת ציון

נסוגותי. ענין ההחזרה לאחור כמו ונסוג מאחר אלהינו (לקמן נ"ט): (ו) גוי. גופי כמו גוית שאול (ש"א ל"א): ולחיי. כן נקרא המקום שאצל העין: למורטים. ענין תלישת השער כמו ואמרטה משער ראשי (עזרא ט'): מכלימות. מל' כלימה וחרפה: ורוק. רוק הפה: (ז) כחלמיש. סלע חזק כמו חלמיש למעינו

מצודת דוד

אחור וגו'. לא חזרתי לאחור למאן בדבר והוא כפול במלות שונות: (ו) גוי נתתי למכים. מסרתי גופי למכים ר"ל לא מנעתי ללכת מחשש פן יכוני: ולחיי למורטים. מסרתי להיי למורטים שערותי: פני לא הסתרתי. ר"ל לא מנעתי ללכת מחשש פן יכלימוני וירוקו בפני: (ז) יעזור לי. ר"ל קרוב היה הדבר שיכלימו אותי אבל ה' עזר לי לכן לא נכלמתי: על כן שמתי פני. ר"ל על כי ראיתי שה' עוזר לי לזה שמתי פני כחלמיש לדבר קשות ואדע שלא אבוא לידי בושה: (ח) קרוב מצדיקי. ה' המצדיק אותי בדין הוא קרוב אלי לכן מי הרוצה לריב עמדי נעמדה יחד אני והוא כאומר הנה בודאי לא יוכל לי: מי בעל משפטי. מי הרוצה לבוא עמי במשפט יגש אלי והוא כפול במ"ש: (ח) הן ה' וגו'. באמת ה' יעזר לי ומי הוא א"כ אשר יוכל להרשיע ולחייב אותי: הן כלם.

come true. He is always near to give me new prophecies and to repeat the old ones, such as the prophecy concerning Sennacherib. Since He repeated it time and time again, it would surely be fulfilled unless they would repent. Alternatively, **He**

Who vindicates me is near—He will soon come and justify my words.—[*Redak*]

whoever wishes to quarrel with me—that my prophecy will not be fulfilled. —[***Redak***]

9. all of them—All those who op-

6. I gave my back to smiters and my cheeks to them that plucked off the hair; I did not hide my face from embarrassments and spitting. 7. But the Lord God helps me, therefore, I was not embarrassed; therefore, I made my face like flint, and I knew that I would not be ashamed. 8. He Who vindicates me is near, whoever wishes to quarrel with me—let us stand together; whoever is my contender shall approach me. 9. Behold, the Lord God shall help

stated in Pesikta of "Nachamu nachamu."—[*Rashi* from *Pesikta d'Rav Kahana,* p. 125, also *Lev. Rabbah* 10:2] For the complete quotation, see above 6:8 Commentary Digest.

and I did not rebel—*going on His mission, neither did I turn away backwards, but I said, "Here I am; send me* (ibid.)."—[*Rashi, Redak*]

6. **I gave my back to smiters**—*He said to me, "Isaiah, My children are obstinate; My children are bothersome.* You may go *on the condition that you do not become angry with them." I said to Him, "On that condition."*—[*Rashi* from aforementioned midrash.]

Although I would suffer humiliation because of my mission, I did not hesitate because of that, but I went willingly. In this way, Isaiah differed from Jeremiah, who said, "(20:9) And I said, 'I will not mention it, and I will no longer speak in His name . . .'" [I.e. Jeremiah felt the oppression and the disgrace inflicted upon him for his prophecy, but he, nevertheless, persevered. Isaiah willingly submitted himself to all kinds of oppression and disgrace.] Perhaps Isaiah suffered humiliation although we do not find any evidence of it in Scriptures. It is also possible that he never suffered humiliation. He states that even if he would suffer harassment and humiliation, he would, nevertheless, accept God's mission as a prophet.—[*Redak*] See the Introduction concerning Isaiah's social status.

7. **But the Lord God helps me**—*if theyy rise up against me.*—[*Rashi*] It appears from *Rashi* that, in fact, no one rose up against Isaiah. He declares that he is confident that if anyone would rise up against him, God would help him.

Redak explains that if Isaiah was attacked, the verse means that God would not let his attackers kill him. If they did not attack him, he means that God would help him by fulfilling his prophecy, so that he would not be embarrassed. He states, "I was not embarrassed" when I recited my prophetic messages in public, for I knew that my words would be realized.

8. **He Who vindicates me is near**—*The Holy One, blessed be He, is near to me to vindicate me in judgment.*—[*Rashi*]

Redak explains: He Who justifies my words, Who will make them

לִי מִי־הוּא יַרְשִׁיעֵנִי הֵן כֻּלָּם כַּבֶּגֶד
יִבְלוּ עָשׁ יֹאכְלֵם׃ י מִי בָכֶם יְרֵא יְהוָה
שֹׁמֵעַ בְּקוֹל עַבְדּוֹ אֲשֶׁר הָלַךְ חֲשֵׁכִים
וְאֵין נֹגַהּ לוֹ יִבְטַח בְּשֵׁם יְהוָה וְיִשָּׁעֵן
בֵּאלֹהָיו׃ יא הֵן כֻּלְּכֶם קֹדְחֵי אֵשׁ מְאַזְּרֵי
זִיקוֹת לְכוּ בְּאוּר אֶשְׁכֶם וּבְזִיקוֹת

ת"א מי בכם. ברכות ו זוהר בלק:

בערתם

אֱלֹהִים סָעִיד לִי מַן הוּא דִי יְחַיְבִינַנִי הָא כוּלְהוֹן כִּלְבוּשָׁא דְבָלֵי וּכְעַשָּׁא אָכִיל לֵהּ : י וַאֲמַר נְבִיָא עָתִיד קוּדְשָׁא בְּרִיךְ הוּא לְמֶהֱוֵי אָמַר לְעַמְמַיָא מַן בְּכוֹן מִדַחֲלַיָא דַיְיָ דִי שָׁמַע בְּקָל עַבְדֵהּ נְבִיָא דַעֲבַד אוֹרַיְתָא בְּעָקָא כִּגְבַר דִמְהַלֵךְ בְּקִבְלָא וְלֵית זְהוֹר לֵהּ מִתְרְחִיץ בִּשְׁמָא דַיְיָ וּמִסְתְּמִיךְ עַל פּוּרְקָנָא דֶאֱלָהֵהּ : יא (מְתִיבִין עַמְמַיָא וְאָמְרִין קֳדָמוֹהִי רִבּוֹנָנָא לָא אֶפְשַׁר לָנָא לְמֶעְסַק בְּאוֹרַיְתָא אֲרֵי כָּל יוֹמָנָא אִתְגְרֵינָא דֵין עִם דֵין בִּקְרָבָא וְכַד נָצְחָנָא דֵין לְדֵין אוֹקֵידְנָא בָּתֵּיהוֹן וּשְׁבֵינָא טַפְלְהוֹן וְנִכְסֵיהוֹן וּבְהָדָא גְוָנָא שְׁלִימוּ יוֹמָנָא וְלָא אֶפְשַׁר לָנָא לְמֶעְסַק בְּאוֹרַיְתָא מְתִיב קוּדְשָׁא בְּרִיךְ הוּא וַאֲמַר

רש"י

הקב"ה קרוב לי לזכותי בדין: (ט) עש. תולעת הבגדים: (י) בקול עבדו. בקול הנביאים: אשר הלך חשכים. אפי' צרה באה עליו יבטח בשם ה' כי הוא יצילהו: (יא) הן כולכם. שאינכם שומעים בקול נביאיו: קודחי אש. עברתו עליכם: מאזרי זיקות. מחזיקי זיקות הן גלין וגחלי אש הנזרקין בקלע ויש לו דוגמא בלשון ארמי זיקוקין דנור כך וכך זיקתא פסיק לן: לכו באור אשכם. לפי

מהר"י קרא

(י) מי בכם ירא ה'. זה התשובה שישראל משיבין לאומות העולם. מי בכם ירא ה' שומע בקול עבדיו הנביאים. מי בכם שהלך חשכים בגלות ואין נוגה לו. כלומר שקיבל עליו דין גלות על חטאיו כמונו שסובלים עול המלכיות והולכים במחשכים ובוטחים בשם ה' ונשענים באלהינו שיוציאנו לאור: (יא) הן כולכם קדחי אש. באפו של הקב"ה. כלומר מעלה אף וחמת

אבן עזרא

ואלה שהם מרשיעים אותי בפה והם כולם כבגד יבלו כטעם יאבדו: (י) מי. ידבר הנביא עם אלה שהלך חשכים שב אל ירא השם שלא יבקש גדולות ותאות העולם יבטח בשם ויש אומר כי כאשר הלך חשכים שב אל ירא השם תאר לעבדו שהוא הנביא והטעם מי גם בכם כמו אין בכם בעבור שראיתם הנביא אין לו מעלה בעולם הזה וזה הוא הנכון בעבור הכתוב כמו אחריו: (יא) הן. מאזרי זיקות.

רד"ק

בדבריו. ולא אמר מי שלא ימצא מי שירשיעהו כי רבים היו מרשיעים אותו אלא אמר מי הוא שירשיענו כבגד יבלה ופי' ירשיעני כמו והרשיעו את הרשע אשר ירשיעון אלהים: כלם. כל העומדים כנגדי לסתור את דברי: (י) מי בכם. אחר שיש מרשיעים אותי מי שהוא בכם ירא את ה' ישמע אלי וגם מאשר הלכו בחשך עד עתה ישוב מדרכו הרעה ויבטח בשם ה' וטוב לו: (יא) הן כלכם. ר"ל רובכם כי באמת יראי האל היו בהם אלא מאותם שהיה קורא להם אשר הלך חשכים שישובו לו אמר ידעתי שלא תשובו כי כלכם אתם שהייתם בדרך רעה עד עתה קדחי אש אתם ר"ל קדחי אש באף האל כמו כי אש קדחה באפי אבל אותו פעל עומד וזה פעל יוצא וכן יוצא כי אש קדחתם באפי: מאזרי זיקות. כפל הענין במלות שונות ומוציאי אש מן העצים ומן האבנים יקראו מאזרי זיקות: זיקות. הם ניצוצי האש וי"ת מגרן באשתא כתרגום והשלחתי

מצודת דוד

באמת כל העומדים עלי ירקבו כבגד הנרקב: עש יאכלם. לפי שהמשילם לבגד אמר לשון הנופל בבגד: (י) ירא ה'. אשר הוא ירא מה' ושומע בקול עבדו הנביא: אשר הלך חשכים. אפילו הלך במבוכת הצרות ועדיין לא מצא הארה ותשועה: יבטח בשם ה'. שתבוא לו התשועה: וישען. כפל הדבר במ"ש: (יא) הן כולכם. אבל באמת כמעט כולכם מבעירים אש חמת ה': מאזרי זיקות. מאזרים את המקום בגלגלי אש וכיא היא וכפל הענין במ"ש: לכו באור אשכם. ר"ל לפי המעשה כן יהיה הגמול: ובזיקות

מצודת ציון

מים (תהלים ק"ד): (ט) יבלו. מל' בליה ורקבון: עש. כן יקרא התולעת האוכל הבגד וכן כבגד יאכלם עש (לקמן נ"א): (י) נוגה. ענין הארה וזוהר כמו מנוגה נגדו (תהלים י"ח): וישען. ענין סמיכה: (יא) קדחי. ענין שריפה כמו אש קדחה באפי (דברים ל"ב): מאזרי. מל' אזור ומחגרת וכן אזרו חיל (ש"א ב'): זיקות. גילולות האש ובדרז"ל ונפקין זיקוקין דנור מפומיה דכל (חולין קל"ז): באור. שלהבת כמו תמותי לאיתי אור (לעיל מ"ד): אשכם. מל' אש: בערתם. מלשון הבערה ושריפה: למעצבה.

the prophet, who engages in the Torah in straits as a man who walks in the dark and has no light; he trusts in the name of the Lord and leans on the salvation of his God."

[11] The peoples reply and say before Him, "Our Lord, it is impossible for us to engage in the Torah, for all our days we provoke each other to war, and when we defeat each other, we burn their houses and capture their children and their property, and in this way our days are up, and it is impossible for us to engage in the Torah." The Holy One, blessed be He, replies and says to them, 'Behold all of you provoke the fire, strengthen the sword; go fall

he that will condemn me, behold all of them shall wear out like a garment, a moth shall consume them. 10. Who among you is God-fearing, who hearkens to the voice of His servant, who went in darkness and who has no light, let him trust in the name of the Lord and lean on his God. 11. Behold all of you who kindle fire, who give power to flames; go in the flame of your fire, and in the flames

pose me, to contradict my words.—[*Redak*]

shall wear out like a garment—Will be destroyed.—[*Ibn Ezra*]

a moth—Heb. עָשׁ, *the worm of the clothing.*—[*Rashi*]

10. **to the voice of His servant**—*To the voice of the prophets.*—[*Rashi*]

who went in darkness—*Even if trouble comes upon him, let him trust in the name of the Lord, for He shall save him.*—[*Rashi*]

Redak explains the concept of going in the dark to mean that they were not enlightened by the Torah, but followed the path of evil and darkness. Not only those who fear God and hearken to the voice of the prophets shall trust in His name, but even those who went in darkness should return to Him and trust in His name.

11. **Behold all of you**—*who do not hearken to the voice of His prophets.*—[*Rashi*]

who kindle fire—*of His wrath upon yourselves.*—[*Rashi*]

and give power to flames—*Who strengthen the flames; they are sparks and burning coals that are cast up with a slingshot. It has a cognate in the Aramaic tongue,* זִיקוּקִין דְּנוּר, *flames of fire* (*Ber.* 58b), *so many slingers* (זִיקָתָא) *are assigned to us* (*Baba Mezia* 94a), *frondeles in O.F., sling.*—[*Rashi*]

Redak explains that the prophet addresses the entire people. Therefore, "all of you" is to be interpreted like "most of you," since there were, indeed, many people who feared God. He is addressing those who walked in the dark, whom he had exhorted to repent and trust in the Lord. He says, "I know that you will not repent, for all of you kindle the fire of God's wrath, you ignite flames. Those who create fires by rubbing stones or sticks together are called מְאַזְּרֵי זִיקוֹת.

go in the flame of your fire—*According to your way, you will be punished.*—[*Rashi*]

You kindled the fire, and the fire shall consume you, for the sins will destroy you.—[*Redak*]

from My hand—*shall this retribution come to you.*—[*Rashi*]

Jonathan presents this as a dialogue between God and the nations of the world, as follows:

[10] Said the Prophet: The Holy One, blessed be He, is destined to say to the peoples, "Who among you is of the God-fearing, who hearkens to the voice of His servant

בערתם מידי היתה־זאת לכם
למעצבה תשכבון: נא א שמעו אלי
רדפי צדק מבקשי יהוה הביטו אל־
צור חצבתם ואל־מקבת בור נקרתם:
ב הביטו אל־אברהם אביכם ואל־
שרה תחוללכם כי־אחד קראתיו

ת״א למעצבה. כתובות קד: צור חולבתם. יבמות סד עקדה שער טז פג: אל אברהם. שם שער כג: כי אחד. שם שער כה:

תרגום

להון) הא כולכון מגרן באשתא מתקפי חרב אזילו פילו באשתא דגריתון ובחרבא דתקיפתון ממימרי הות דא לכון לתקלותכון תתובון: א קבילו למימרי רדפי קושטא דבען אולפן מן קדם יי אסתכלו די כחציבא מטינרא אתחצבתון וכפסולא דמגוב ריקן אתפסלתון: ב אסתכלו באברהם אבוכון ובשרה דאעדיאתכון ארי חד הוה אברהם יחידי בעלמא קריבתה

מהר״י קרא

עליכם בכל יום. מחר שתבוא השנה. לכו באור אשכם. ובזיקות בערתם. אבל אתם ישראל עמי. שמעו [אלי] רודפי צדק:
נא (א) הביטו אל צור חוצבתם. כשאתם מצטערים בגלותכם בבקשה מכם אל תעצבו. שימו נא לבבכם והסתכלו מי הוא הצור שחוצבתם ממנו. אב שלכם דומה לא למים שנוזלים מן הצור שלא יכזבו מימיו. ולא למי שדי שלג לבנון. ולא לאפיק נחלים יעבורו. ומפרש והולך מי הוא הצור שחוצבתם ונוקרתם ממנו. היא שרה. הה״ד ואל שרה תחוללכם: (ב) כי אחד קראתיו. בתחלה נגזרה עליהן שיהיו

רש״י

דרככם תלכו: מידי. תהא גמולכם זאת לכם:
נא (א) אל צור חוצבתם. ממנו: ואל מקבת בור. שנוקבין והולכין בה את הבורות אשר נוקרתם בה. נוקרתם לשון נקרת הצור כמו (שמות ל״ג) יקרוה עורבי נחל (משלי ל׳) ומי הוא הצור הוא אברהם אביכם ומי היא המקבת היא שרה אשר הוללתכם אשר ילדתכם ל׳ כי חלה גם ילדה (לקמן ס״ו): (ב) תחוללכם. אשר תלד אתכם: כי אחד קראתיו. כי אחד היה יחידי בארץ כנען אשר הגליתיו שם מארצו וממולדתו. קראתיו רביתיו וגדלתיו לשון קריאי העדה (במדבר א׳) וכשם שהוא

רד״ק

בכם ואגרי בכון: לכו באור אשכם. אש בערתם ואותו האש תאכלנה כי העון יכלה אתכם: מידי היתה זאת. הרעה לכם שתשכבון למעצבה. והשכיבה הזאת שאמר כמו שכיבת החולי או המות כלומר שלא יהיה בכם כח לקום לפני אויביכם: אשכם. האל״ף בסגול והשי״ן רפה: (א) שמעו. דבר ה׳. כנגד הטובים יראי ה׳: הביטו אל צור חצבתם. פי׳ חצבתם ממנו זה אברהם: ואל מקבת בור נקרתם. נקרתם בור זהו שרה דמה רחם האשה לבור ופירש מקבת נקיבת הבור כאלו אמר אל בור נקובה שנקרתם בה ממנה. והחכם רבי משה בן עזרא פי׳ צור שרה כי היא הנפעלה והמקבת אברהם כי הוא הכלי הפועל בצור: נקרתם. מן העיני האנשים ההם תנקר: (ב) הביטו. עתה פי׳ המשל: תחוללכם. תחולל אתכם ותחולל עתיד במקום עבר כאלו אמר חוללה אתכם וענינו מן חיל כיולדה אמר הביטו אליהם ולכו בדרכיהם וראו מה עשיתי להם: כי אחד קראתיו. ואמרתי לו לך לך מארצך וממולדתך אחד היה ואחר כן ברכתיו והרביתיו. ומה שסמך

אבן עזרא

כמו שביבים מטעם הפרשה הטעם נפשכם: מידי היתה. גזרה: למעצבה תשכבון. בעצבון תמותון כמו וישכב דוד ורבים כן:
נא (א) שמעו. שב לדבר עם הטובים המאמינים בדברי הגביא וטעם והביטו כמו אל תתמהו איך תשוב ציון מלאה בנים כאשר היתה: הביטו אל צור. כמו הנני עומד לפניך שם על הצור שם הצור שנחצבתם ממנו וזהו אברהם: ואל מקבת בור. מגזרת ויקב חור בדלתו: נקרתם. ממנו זאת שרה: (ב) הביטו. אמר רבי יונה כי תחוללכם פועל עתיד כמו תשובבכם תחת פועל עבר

מצודת ציון

מל׳ עצבון ודאגה: תשכבון. כן נקרא המיתה כמו וישכב דוד עם אבותיו (מ״א ב׳):
נא (א) חוצבתם. כן נקרא חתוך וכריתות הסלע בל׳ המקרא וכן וגם יקב חצב בו (לעיל ה׳): מקבת. מלשון נקב ועפ״ז נקרא הפטיש מקבת כי ראשו האחד חד ובו נוקבין הסלע: נוקרתם. ענין בקוע ונקב כמו בנקרת הצור (שמות ל״ג): (ב) תחוללכם. ענין הולדה ולידה כמו ותחולל ארץ (תהלים צ׳): קראתיו. ענין

מצודת דוד

בערתם. כפל הדבר במ״ש: מידי וגו׳. לא במקרה היתה כ״א מידי באה בגזירה למען תמותו בעצבון כי לא אסור העצבון עד כי תמותו:
נא (א) רודפי צדק. המחזירים לעשות צדק: אל צור. אל הסלע אשר נחצבתם ממנו: ואל מקבת. אל נקב הבור אשר יצאתם מנקרים: (ב) הביטו אל אברהם. בזה יפרש המקרא שלפניו ור״ל אברהם הוא הצור אשר נחצבתם ממנו והביטו בו לראות מה נעשה עמו: אל שרה. ר״ל שרה היא נקב הבור וכו׳ כי היא ילדה אתכם: כי אחד קראתיו. עם כי היה יחידי בארץ כנען ולא היה מי שם ממשפחתו להחזיק בידו עכ״ז אני קראתיו וגדלתיו וברכתי

Hakohen, who explains this word as a noun, meaning 'your bearer.'

Look at Abraham and Sarah and follow their ways, and see what I did for them.—[*Redak*]

for when he was but one I called him—*For he was one single person in the land of Canaan where I exiled him from his land and from his birthplace. I called him, meaning that I raised him and exalted him. An expression* similar to "(Num. 1:16) *Those called*

you have kindled; from My hand has this come to you, in grief you shall lie down.

51

1. Hearken to Me, you pursuers of righteousness, you seekers of the Lord; look at the rock whence you were hewn and at the hole of the pit whence you were dug. 2. Look at Abraham your father and at Sarah who bore you, for when he was but one I called him,

into the fire that you have provoked and upon the sword that you have strengthened . . .

in grief you shall lie down—The evil decree is that you shall lie down in grief. This denotes either lying down because of illness or death. I.e. you shall not have the strength to stand up before your enemies.—[*Redak*]

1. **Hearken to Me**—Now he addresses the righteous, who believe the word of the prophet. He exhorts them not to wonder how Zion will again be filled with her children as in bygone years.—[*Ibn Ezra*]

look at the rock whence you were hewn—*from it.*—[*Rashi*] This explanation has been incorporated into the translation.

This expression alludes to Abraham.—[*Ibn Ezra, Redak*]

and at the hole of the pit—Heb. מַקֶּבֶת. *With which they penetrate* (נוֹקְבִין) *and hew the pits.*—[*Rashi*]

you were dug—*with which you were dug.*—[*Rashi*]

you were dug—Heb. נֻקַּרְתֶּם, *an expression similar to* "(Ex. 33:22) *The cleft* (נִקְרַת) *of the rock.*" "(Prov. 30:17) *The ravens of the brook shall pick it* (יִקְּרוּהָ)." *And who is the rock? He is Abraham your forefather. And who is the hole? She is Sarah who bore you,* תְּחוֹלֶלְכֶם means *'who bore you,' an expression* similar to "(infra 66:8) *For* Zion *experienced pangs* (חָלָה) and *also bore.*"—[*Rashi*] *Rashi* apparently renders מַקֶּבֶת as a sledgehammer, or a pickaxe. In that case, Abraham would be the pickaxe and Sarah the rock, as indeed Rabbi Moshe Ibn Ezra explains the verse. See *Redak.* This is inconsistent with *Rashi*'s conclusion that Abraham is the rock and Sarah the hole (or pickaxe). *Redak* too explains that מַקֶּבֶת is the hole of the pit and symbolizes the womb. *Rashi,* however, appears to explain the verse in two conflicting manners.

2. **Look at Abraham your father**—Now the prophet interprets the allegory.—[*Redak*]

who bore you—Heb. תְּחוֹלֶלְכֶם, lit. *shall bear you.*—[*Rashi, Ibn Ezra* quoting *Rabbi Jonah ibn Ganah, Redak*]

Redak adds that this future tense is to be explained as the past.

Ibn Ezra quotes *Rabbi Mosheh*

וַאֲבָרְכֵהוּ וְאַרְבֵּהוּ: ג כִּי־נִחַם יְהוָה צִיּוֹן
נִחַם כָּל־חָרְבֹתֶיהָ וַיָּשֶׂם מִדְבָּרָהּ כְּעֵדֶן
וְעַרְבָתָהּ כְּגַן־יְהוָה שָׂשׂוֹן וְשִׂמְחָה
יִמָּצֵא בָהּ תּוֹדָה וְקוֹל זִמְרָה:
ד הַקְשִׁיבוּ אֵלַי עַמִּי וּלְאוּמִּי אֵלַי
הַאֲזִינוּ כִּי תוֹרָה מֵאִתִּי תֵצֵא וּמִשְׁפָּטִי
לְאוֹר עַמִּים אַרְגִּיעַ: ה קָרוֹב צִדְקִי יָצָא

ישעי
דגש אחר שורק

תרגום

לְפוּלְחָנִי וּבָרֵכְתֵּהּ
וְאַסְגֵיתֵהּ: ג אֲרֵי עֲתִיד
יְיָ לְנַחָמָא צִיּוֹן לְנַחָמָא
כָּל חָרְבָתָהָא וִישַׁוֵי
מַדְבְּרָהָא כְּעֵדֶן
וּמֵישְׁרָאָה כְּגִינְתָא דַיְיָ
בִּיעַ וְחֶדְוָא יִשְׁתְּכַח בַּהּ
מַעֲלֵי תוֹדָתָא וְקָל
דִמְשַׁבְּחִין: ד קַבִּילוּ
לְמֵימְרִי עַמִּי וּכְנִשְׁתִּי
לְפוּלְחָנִי אֲצִיתָא אֲרֵי
אוֹרַיְתָא מִן קֳדָמַי
תִּיפּוֹק וְדִינַי כִּנְהוֹר לְהוֹן
עַמְמִין אֲגַלֵי יִשְׁתַּבְּחוּן:
ה קְרִיבָא זְכוּתִי נְפַק

רש"י

היה יחיד וגדלתיו כן אגדל אתכם שאתם יחידים לי: (ג) וערבתה. אף הוא לשון מדבר כמו בארץ ערבה ושוחה (ירמיה ב') אלא שהערבה כבר היה בה ישוב והוחרבה: תודה. קול הודיה: (ד) כי תורה מאתי תצא. דברי נביאים תורה הוא והמשפטים סופן להיות מרגוע ומנוחה לעמים אשר אהפוך להם שפה ברורה לעובדני: ארגיע.

מהר"י קרא

יחידין ולא יולידו: ואברכהו וארבהו. משברכתיו שאמרתי לו פרה ורבה. אותה שעה הרביתיו. שסוף נתמלא כל העולם כולו ממנו. אע"פ שאתם רואין עכשיו ציון שכולה וגלמודה לפי שעה ינחם ה' ציון נחם כל חרבותיה וגו': (ד) ומשפטי לאור

אבן עזרא

ותחוללכם ויאמר רבי משה הכהן כי הוא תואר השם ואם אין על משקלו: ואברכהו. הוי"ו פתוח כי הוא לעתיד והטעם שאמרתי לו ואברכהו וכך היה וכן כי ניחם ה' ציון: (ג) כי. הנה הוא דבק כטעם נחם כל חרבותיה ברוב הבנים והיושבים: (ד) הקשיבו אלי עמי. אלה דברי השם: תורה. תצא. היא הנבואה: ארגיע. כמו אניח וכמוהו זאת המרגעה ויאמר אחד מן המפרשים כי ארגיע אעשה רגע בלא עיכוב והראשון הוא הנכון: (ה) קרוב צדקי.

רד"ק

לענין זה נחמת ציון פי' אאז"ל בעבור כי בזמן שנואשו שניהם מהיות להם בן לעת זקנתם אז פקדתים ונתתי להם בן כן ישראל אחר שיארך גלותם מאד עד שיהיו נואשים מן הגאולה אז יפקדם האל ויוציאם מן הגלות: ואברכהו וארבהו. עתיד במקום עבר כי וארבהו בשוא וכן ואברכהו פתח הוי"ו שהוא במקום שוא: (ג) כי נחם ה' ציון. זכר ציון כי היא עיקר המלכות: וערבתה. כמו מדברה וכן במדבר בערבה והדומים להם ואמר נחם וישם עבר במקום עתיד כמנהג בנבואות ברוב: (ד) הקשיבו. ולאומי. בוי"ו עם הדגש והדומים לו כתבנו בספר מכלל: כי תורה מאתי תצא. כמו שאמר בתחילת הספר כי מציון תצא תורה כי המלך המשיח יורה העמים ללכת בדרכי ה' וזה יהיה אחר מלחמת גוג ומגוג: ומשפטי. כמו שאמר שם ושפט בין הגוים: לאור עמים. שיאיר עיניהם בדרכי ה' וישפוט ביניהם ויוכיחם שיהיו בשלום זה עם זה כמו שאמר וכתתו חרבותיהם לאתים וגו'. זהו שאמר ארגיע כלומר אניחם ואשקטם מעל חמתי או ממלחמה או פי' לאור העמים לעיני העמים ארגיע להם ומשפטי להם כלומר שאעשה משפט בהם: (ה) קרוב צדקי. אם ישמעו אלי בני הגלות קרוב הוא צדקי לבא: וישעי. הרי הוא כאלו יצא וכן אמר כי קרובה ישועתי

מצודת דוד

אותו והרבה את זרעו וכאומר כמו שעשיתי עם אברהם אעשה עמכם עם שאתם יחידים בין העכו"ם ואין מי יחזיק בידכם: (ג) כי נחם. שמקום ינחם את ציון כי תשוב והכונה כמאז והנה בלשון עבר כדרך הנבואה בהרבה מן המקומות כי הדבר ברור כאלו כבר נעשתה: כל חרבתיה. כל המקומות החרבות: תודה. קול הודאה על הניסים ועל הנפלאות: (ד) ולאמי וגו'. כפל הדבר במ"ש: כי תורה. אשר מאתי הלא תורה וכמ"ש כי מציון תצא תורה (לעיל ב') כי מלך המשיח יורה את העמים ללכת בדרכי ה': ומשפטי לאור עמים. ומשפט משיחי הלא להאיר עיני העמים בדברי ריבותא וכמ"ש ושפט בין הגוים וגו' (שם): ארגיע. בזה אמליא מרגוע והשקט לכל אומה ואומה כי לא תוסף להלחם זו בזו כמ"ש לא ישא גוי אל גוי חרב וגו' (שם): (ה) קרוב צדקי. הצדק שיביא להם קרוב הוא לבוא וכאלו כבר יצא ישעי: ישפוטו. במשפט הכאוי

מצודת ציון

גדולה ורוממות כמו שלישים וקרואים (יחזקאל כ"ג) לפי שדרך הגדולים להיות נקראים לכל דבר חשיבות: (ג) כעדן. הוא אשר הגן נטוע בו כמ"ש ויטע וגו' גן בעדן (בראשית ב'): וערבתה. ענינו כמו מדבר וכפל הדבר במ"ש: (ד) ולאומי. ענינו כמו עמי וכן ולאום מלאום יאמץ (בראשית כ"ה): האזינו. הטו אוזן לשמוע: תורה. מל' הוראה ולמוד: ארגיע. מלשון מרגוע והשקט וכן וזאת

beat their swords into plowshares and their spears into pruning hooks . . ."—[*Redak*]

I will give them rest—This may mean that I will give them rest from My wrath. It may also mean that I will give them rest from war.—[*Redak*]

5. **My righteousness is near**—If the exiles hearken to Me, My righteousness will soon be coming.—[*Redak*]

My salvation has gone forth—It is as though My salvation has already gone forth.—[*Redak*]

shall chasten—Heb. יִשְׁפֹּטוּ, *jostize*

and I blessed him and made him many. 3. For the Lord shall console Zion, He shall console all its ruins, and He shall make its desert like a paradise and its wasteland like the garden of the Lord; joy and happiness shall be found therein, thanksgiving and a voice of song. 4. Hearken to Me, My people, and My nation, bend your ears to Me, when Torah shall emanate from Me, and My judgment [shall be] for the light of the peoples, I will give [them] rest.

5. My righteousness is near, My salvation has gone forth,

of the congregation (קְרִיאֵי)." *And just as he was a single person and I exalted him, so will I exalt you, who are singled out to Me.*—[*Rashi*] I.e. you are a single nation among the gentiles, and there is no one to support you.—[*Mezudath David*]

and I blessed him and made him many—lit. and I will bless him and make him many. This is the future used as the past.—[*Redak*] *Ibn Ezra* renders this literally: I said to him that I would bless him and make him many, and so it was. Similarly, the Lord shall console Zion.

Rabbi Joseph Kimchi explains: When both Abraham and Sarah had despaired of having a child in their old age, I remembered them and granted them a son, so will it be with Israel; although their exile will be so long that they despair of redemption, God will remember them and take them out of exile.

3. **For the Lord shall console Zion**—He mentions Zion, the capital of the country, as representative of the entire land. The verse reads literally in the past tense although the future is meant. This is the prophetic past.—[*Redak*]

and its wasteland—Heb. וְעַרְבָתָהּ. *This too is an expression of a desert. Comp.* "(Jer. 2:6) *In a wasteland* (עֲרָבָה) *and a land of pits," but the wasteland once had a settlement and it was destroyed.*—[*Rashi*]

4. **When Torah shall emanate from Me**—*The words of the prophets are Torah, and the judgments shall eventually mean tranquility and rest for the peoples for whom I will turn a pure language to serve Me.*—[*Rashi*]

I will give [them] rest—Heb. אַרְגִּיעַ.—[*Rashi*]

This alludes to the passage at the beginning of the Book, "(2:3) For from Zion shall the Torah come forth," for the King Messiah will instruct the nations to go in the ways of God. All this will come to pass after the war of Gog and Magog.—[*Redak*]

and My judgment—This alludes to "(ibid. v. 4) And he shall judge among the nations," also referring to the King Messiah.—[*Redak*]

for the light of the peoples—He will enlighten their eyes in God's ways, judge them and admonish them to live peacefully together, as the prophet states, "And they shall

יִשְׁעִי וּזְרֹעַי עַמִּים יִשְׁפֹּטוּ אֵלַי אִיִּים
יְקַוּוּ וְאֶל־זְרֹעִי יְיַחֵלוּן׃ ו שְׂאוּ לַשָּׁמַיִם
עֵינֵיכֶם וְהַבִּיטוּ אֶל־הָאָרֶץ מִתַּחַת כִּי־
שָׁמַיִם כֶּעָשָׁן נִמְלָחוּ וְהָאָרֶץ כַּבֶּגֶד
תִּבְלֶה וְיֹשְׁבֶיהָ כְּמוֹ־כֵן יְמוּתוּן
וִישׁוּעָתִי לְעוֹלָם תִּהְיֶה וְצִדְקָתִי לֹא
תֵחָת׃ ז שִׁמְעוּ אֵלַי יֹדְעֵי צֶדֶק עַם

ת"א כעשן נמלחו . עכו"ם יז עקדה שער לט: יודעי לדק . עקרים מ"ד פי"ד : קמץ בלא אסף

תרגום

פורקני ובתקוף דרע
גבורתי עממיא יתדנון
למימרי נגון יסברון
וליתקוף דרע גבורתי
יכתרון: ו זקיפו לשמיא
עיניכון ואסתכלו
בארעא מלרע ארי
שמיא כתננא דעדי כן
יעדו וארעא כבסותא
דבליא כן תבלי ויתבהא
אף אינון הכן ימותון
ופורקני לעלם יהי
וזכותי לא תתעכב:
ז קבילו למימרי ידעי
קושטא עמא דאולפן

מהר"י קרא

עמים ארגיע. כשאוציא משפטי לאור אניח עמי ישראל. **וישראל נקראו עמים הר יקראו**: (ו) **וישועתי לעולם תהיה**.

רש"י

אניח: (ה) **ישפוטו**. ייסרו (יוסטילא בלע"ז): (ו) **שמים כעשן נמלחו**. שרי לבאות העכו"ם שבשמים: **נמלחו**. נתבלו כמו (ירמיה ל"ח) בלויי הסחבות והמלחים בגד הנסחת. ל"א נמלחו נתבלבלו ל' מלחי הים שמבלבלין המים במשוטות מנהיגי הספינה וכן ממולח טהור קדש (שמות ל"ה): **והארץ**. שלטוני הארץ: **ויושביה**. שאר העם: **וישועתי**. לעמי לעולם תהיה. ד"א שמים וארץ ממש וכה פתרונו שאו עיניכם והביטו אל השמים ואל הארץ

רד"ק

לבא: וזרועי עמים ישפוטו. זהו מלחמת גוג ומגוג ואמר וזרועי בלשון רבים לרוב הנקמה שיעשה בהם כאדם המכה בשתי ידיו: **אלי איים יקוו**. יושבי איים יקוו אלי מהיום ההוא ואילך: **ואל זרועי**. שאסמוך אותם ביד ימיני: (ו) **שאו**. אם הפסוק הזה כמשמעו איך יאמר ותשועתי לעולם תהיה ואם העולם יאבד איך תהיה ישועה וצדקה אם אין העולם נברא. ואאז"ל פירש זה יהיה ולא יהיה זה. והוא על דרך הפלגה כלומר קודם אחריב העולם משאני אבטל ישועתי וצדקתי. וכמו שאלו קיימים כן תהיה ישועתי קיימת וכן אמר ירמיהו הנביא אם ימושו החקים האלה מלפני גם זרע ישראל ישבתו מהיות גוי לפני. והחכם רבי אברהם בן עזרא כתב כן מזה הפסוק למדו אנשי תושיה כי נשמת האדם עומדת ודברם אמת והשמים הוא הרקיע והארץ היא המיושבת וישועת האדם וצדקתו לעולם עומדת ר"ל כי האויר יקרה לו הפסד ושנוי וכן הארץ כמו רעש הארץ ונפול ההרים ויבא מזה הפסד הישוב: **ויושביה כמו כן ימותון**. ואע"פ שהם מד' יסודות זכר השנים כי באויר הם חיי הגוף ויסוד הגוף הוא העפר וכן אמר כי עפר אתה ואל עפר תשוב אבל הנשמה החכמה לעולם תהיה לא תמות והרב הגדול רבי משה בר מיימון ז"ל פי' דרך משל על אבוד האומות והמרעים לישראל אמר ראו איך נחתכו השמים ההם ושממה הארץ ההיא וימות מי שעליה ואתם נעדרים כאלו אמר שהם אשר מלאו את הארץ והיה נחשב בהם העמידה והקיום בשמים על דרך משל וגוזמא אבדו מהר וכלו ככלות העשן ועניניהם הקיימים בקיימות הארץ יאבדו הענינים ההם כאבוד הבגד הבלה: **נמלחו**. ענין השחתה וכן ארץ מלחה לא תשב והוא עבר במקום עתיד: **תחת**. תשבר כמו אל תירא ואל תחת: (ז) **שמעו**. אמר עוד כנגד בני הגלות וכפל הענין במ"ש

אבן עזרא

להראות: **וזרועי**. פועלים וגוים פעולים אז אלי איים יקוו: (ו) **שאו**. מזה הפסוק למדו אנשי תושיה כי נשמת האדם עומדת ודברם אמת לכן אין טעם הפסוק כן והשמים הוא הרקיע והארץ היא מיושבת וישועת השם ואמונתו וצדקתו לעולם עומדת: (ז) **שמעו. חרפת אנוש**. הבבליים ושאר

מצודת ציון

המרגעה (לעיל כ"ח): (ה) **יקוו**. מל' תקוה: **ייחלון**. מל' תוחלת ותקוה: (ו) **והביטו**. ענין ראיה: **נמלחו**. ענין השחתה וכליון כמו ובלו מלחים (ירמיה ל"ח): **תבלה**. מלשון בליה ורקבון:

מצודת דוד

להם: **איים יקוו**. יושבי האיים יקוו אלי לשום בטחונם בי: **ואל זרועי**. כפל הדבר במ"ש: (ו) **שאו לשמים עיניכם**. הסתכלו כלפי השמים וראו שרי מעלה של לבאות העכו"ם כמה הם חזקים ורב ממשלתם והביטו אל שלטוני הארץ אשר מתחת כמה הם מושפעים בטובה הרבה ע"י שריהם של מעלה: **כי שמים**. ר"ל עכ"ז ישחתו שרי מעלה כעשן הכלה והולך לו: **והארץ**. שלטוני הארץ ירקבו כבגד הנרקב: **ויושביה**. שאר העם: **וישועתי**. אבל ישועתי לישראל לעולם תהיה ולא תופסק: **וצדקתי**. הצדקה שאעשה לישראל לא תשבר ותתקיים לעולם: (ז) **יודעי צדק**. המוכנים לב לדעת צדקה: **חרפת אנוש**. מחרפת העכו"ם שמחרפים על איחור הגאולה:

curs with this principle. The heavens are the sky. The earth is that which is settled with humans, and the salvation of man and his righteousness shall exist forever. The intention is that the sky, i.e. the air, can become toxic and change. Likewise, the earth can experience quakes, causing the mountains to fall and destroy civilization, and its inhabitants can likewise die. He mentions but two of the four elements, viz. air and earth, since the body lives from the air and its foundation is the earth. But the soul lives on forever to immortality. See our edition of *Ibn Ezra,* also Friedlander.

Alternatively: Israel, who hoped

and My arms shall chasten peoples; islands shall wait for Me, and on My arm shall they trust. 6. Raise your eyes to heaven and look at the earth from beneath, for the heavens shall vanish like smoke, and the earth shall rot away like a garment, and its inhabitants shall likewise die, and My salvation shall be forever, and My righteousness shall not be abolished. 7. Hearken to Me, you who know righteousness, a people that has

in O.F.—[*Rashi*] See *Rashi* above 32:7.

This alludes to the war of Gog and Magog. The plural form, "arms," is used to denote the magnitude of the vengeance God will wreak upon the nations, like a person who fights and strikes with both hands.—[*Redak*]

islands shall wait for Me—From that day on, the island dwellers shall wait for Me.—[*Redak*]

and on My arm shall they trust—that I will support them with My right hand, so to speak.—[*Redak*]

6. **the heavens shall vanish like smoke**—*The princes of the hosts of the heathens who are in heaven.*—[*Rashi*]

shall vanish—Heb. נִמְלָחוּ, *shall rot away. Comp.* "(Jer. 38:12) *Rags and decayed clothing* (בְּלוֹאֵי הַסְּחָבוֹת)," *a decayed garment. Another explanation of* נִמְלָחוּ *is: shall be stirred. This is an expression similar to* "the sailors of (מַלָּחֵי) the *sea,*" *who stir the water with the oars that guide the ship. Comp. also* "(Ex. 30:35) *Stirred* (מְמֻלָּח), *pure, and holy.*"—[*Rashi*]

and the earth—*the rulers of the earth.*—[*Rashi*]

and its inhabitants—*the rest of the people.*—[*Rashi*]

and My salvation—*for My people shall be forever. Another explanation is:* It refers *actually* to *the heavens and the earth, and this is its explanation: Raise your eyes and look at the heaven and at the earth, and see how strong and sturdy they are, yet they shall rot away, but My righteousness and My salvation shall be forever. Hence, My righteousness is sturdier and stronger than they.*—[*Rashi*]

Redak questions the literal interpretation of this verse. How is it possible for God's righteousness and salvation to exist forever if the world comes to an end and there is no creature existing? He quotes his father's interpretation that even if the former is possible, the latter shall not be. I.e. this is a sort of exaggeration. God says, I would sooner destroy the heaven and earth than to nullify My salvation, and since the heaven and earth will not be destroyed, surely My salvation will not be nullified. Cf. Jer. 31:35: "If these laws [of the sun and the moon] be removed from before Me," says the Lord, "so shall the seed of Israel cease being a nation before all the days."

He proceeds to quote *Ibn Ezra,* who, in turn, quotes the philosophers who deduce from this verse that the soul is immortal. He con-

תורתי בלבם אל־תיראו חרפת אנוש
ומגדפתם אל־תחתו: ח כי כבגד
יאכלם עש וכצמר יאכלם סס וצדקתי
לעולם תהיה וישועתי לדור דורים:
ט עורי עורי לבשי־עז זרוע יהוה עורי
כימי קדם דורות עולמים הלוא את־
היא המחצבת רהב מחוללת תנין:

הלוא מלרע

אוריתי בלבהון לא
תדחלון מחיסודי בני
אנשא ומאתרברבותהון
לא תתברון: ח ארי
בלבושא דאכיל לה
עשא וכעמרא דאחיד
בה רוקבא וזכותי לעלם
תהי ופורקני לדר דרין:
ט אתגלא לבשי תקוף
גבורא מן קדם יי
אתגלא כיומי קדם
דריא דמלקדמין הלא
בדילך כנשתא דישראל
תברית גבריא שיציתי
פרעה ומשריתה דהוו

רש"י

וראו כמה הם חזקים ובריאים אף על פי כן יבלו ולדקתי וישועתי יהיו לעולם הרי שלדקתי בריאה וחזקה יותר מהם: (ח) עש. סס. מיני תולעים הם: (ט) עורי עורי. תפילת הנביא היא: רהב. מלרים שכתוב בה רהב הם שבת (לעיל ל׳): מחוללת. לשון הרג חלל: תנין. פרעה:

מהר"י קרא

ישראל שקיוו לישועתי תתקיימו לעולם: (ט) המחצבת רהב. המחצבת ממשלת של האומות: מחוללת תנין. הורגת פרעה מלך מצרים הנמשל לתנין תרובץ בתוך היאור. כשם שאין התנין הרובץ ביאר יכול להיות בלא יאור. כך אדמת מצרים אינה יכולה להיות בלא יאור. לפי שלא למטר השמים תשתה מים אלא היאור עולה ומשקה אותה. עד כאן פתרתי לי אחר מליצת הנבואה. (ואפריבה) *) עם לבבי אשיחה ויחפש רוחי. ר׳ איבו ור׳ יהודה בר׳ סימון. ר׳ איבו אמר אמרה כנסת ישראל לפני הקב"ה. רבונו של עולם נזכרת אני [שבר שחשברתי בלילן של מלכיות כד"א אשר מגן צריך בידך. ר׳ יהודה בר׳ סימון אמר נזכרת אני] שירים שאמרתי לפניך בלילות כמד"א ונגינותי ננגן כל ימי חיינו. בלילה. לילו של פרעה. שנאמר ויהי בחצי הלילה וגו׳. ולילו של גדעון שכתוב בו ויהי בחצי הלילת ויאמר ה׳ אליו קום רד במחנה. עם לבבי אשיחה ויחפש רוחי. משתעי אנא עם לבי והיא מפשפשת ואומרת הלעולמים יזנח ה׳. חס ושלום לא שבק ולא שביק כי לא יזנח לעולם ה׳ ולא יוסיף לרצות עוד. לשעבר היית מרצה אחרים בשבילי. משה כועס ואתה מרצה אותו בשבילי שנאמר ושב אל המחנה. גמר אומר לדור ודור. ר׳ חנינא בר פפא ור׳ סימון. ר׳ חנינא בר פפא אמר נגמר אותו הדבר שאמרת למשה וחנותי את אשר אחון. ר׳ סימון אמר הא חסילא הא מסמנא**) עם ירמיה. כי אספת את שלומי מאת העם הזה. השכח חנות אל אם קפץ באף רחמיו סלה. השכחת שאתה אל חנון [ורחום] ארך אפים. השכחת חנותיך על פי ה׳. השכחת מחנותיך אוהל מועד ונוב וגבעון ושילה ובית עולמים. אם קפץ באף רחמיו. אע"ג דהוה כעוס ורחמוי קריבין לציון אומרת עזבתני, ותאמר ציון עזבני. וכו׳ כדאי׳ בפסיקתא. ה׳ אלהים נתן לי לשון למודים וגו׳. ה׳ אלהים פתח לי אוזן וגו׳. גיוי נתתי למכים וגו׳. זהו הוא שכתוב אהבת צדק ותשנא רשע על כן משחך אלהים אלהיך שמן ששון מחבריך. ר׳ עזריה בשם ר׳ יהודה בר׳ סימון פתר קרא בישעיה. אמר ישעיה מטייל הייתי בבית תלמודי ואשמע את קול ה׳ אומר את מי אשלח ומי ילך

*) כ"כ בכ"י ואולי הוא ר"ת ואחר פי׳ רבותינו הקדושים. ול"ל ג"כ תחלת הפסוק אזכרה נגינתי בלילה **) בילקוט תהלים רמז תתט"ז איתא מסכינא.

אבן עזרא

הגוים שנשבו שם: (ח) כי. סס. כמו עש ואין ריע לו: וצדקתי. עומדת לעד: (ט) עורי. מלרע וככה רבים: לבשי עז. כי הלבוש תפארת לזרוע: המחצבת רהב. אנשי הגלות וכמוהו לא פנה אל רהבים אזכיר רהב ובבל: מחוללת. מגזרת חיל אחז והטעם על האותות שנעשו במצרים ותנין

רד"ק

אלא שחדש בו קצת הענין: תורתי בלבם. אותם שתורתי בלבם לא בפיהם לבד כי הם יראו הישועה: חרפת אנוש. שמחרפים אותם האומות על איחר הגלות וכן אמר כל היום כלמתי נגדי וגו׳: ומגדופותם. גדופת כמו חרפה: (ח) כי כבגד. זה הפסוק מסייע לפי׳ הרמב"ם ז"ל: יאכלם. הכנוי לרשעים כלומר יאכל אותם הרע הבא עליהם כמו הבגד שיאכל אותו העש וסס הוא אחי עש ובערבי יקרא סוס כי הם יאבדו מן הארץ ואתם תהיו בה לעולם בצדקתי וישועתי שאתן לכם: (ט) עורי עורי. שניהם מלרע: לבשי עוז. דרך משל כמו גאות לבש: עורי. זה מלעיל: כימי קדם. במצרים: עולמים. זה ימים רבים וזמנים ארוכים שעברו: הלא. רהב. זה מצרים וכן אזכיר רהב ובבל ואמר המחצבת שהכה אותם בעשר מכות: מחוללת. מגזרת חיל כיולדה: תנין. זה פרעה. וכן אמר

מצודת דוד

ומגדפותם. כפל הדבר במ"ש: (ח) כי כבגד. העש יאכל את העכו"ם כאשר יאכל את הבגד ר"ל העכו"ם יכלו כבגד שנאכל מהעש ולפי שהמשילם לבגד אמר יאכלם עש לשון הנופל בבגד: וכצמר וגו׳. כפל הדבר במ"ש: וצדקתי. הצדקה שאעשה לישראל תתקיים לעולם: וישועתי. כפל הדבר במ"ש: (ט) עורי עורי. הנביא מתפלל ואמר עורי וכו׳ והוזר ומפרש זרוע ה׳ עורי כבימי קדם וכו׳ ר"ל הראה כח זרועך כמו בימי קדם ומימות עולם: המחצבת

מצודת ציון

תחת. ענין שבירה כמו תחתה קשתותם (שם כ"א): (ז) ומגדפותם. ענין חרפה כמו אשר גדפו (לעיל ל"ז): אל תחתו. אל תשברו: (ח) עש. שם תולעת האוכלת הבגד: סס. שם תולעת האוכלת הצמר ודומה לו כמסוס נוסס (לעיל י׳): (ט) עורי. מל׳ התעוררות והכפל לחזק: המחצבת. זה הל׳ יאמר על הכורת אבנים וכן וגם יקב חצב בו (לעיל ה׳): רהב. כן יקרא מצרים כמ"ש לכן קראתי לזאת רהב (לעיל ל׳): מחוללת. מל׳ חיל וחלחלה: תנין. כן יקרא

Pharaoh as "the great sea monster, who lies in the midst of his rivers (29:3)."—[*Ibn Ezra, Redak*]

Pharaoh is compared to a sea

My Torah in their heart, fear not reproach of man, and from their revilings be not dismayed. 8. For, like a garment, the moth shall consume them, and like wool, the worm shall consume them, but My righteousness shall be forever, and My salvation to all generations. 9. Awaken, awaken, dress yourself with strength, O arm of the Lord, awaken, awaken like days of old, generations of yore; are you not the one that hewed Rahab and slew the sea monster?

and waited for My salvation shall exist forever.—[*Kara*]

shall not be abolished—lit. shall not break.—[*Redak*]

7. **Hearken**—This is again addressed to the exiles. It is a repetition of the aforementioned, with certain matters added.—[*Redak*]

My Torah in their heart—Those who have My Torah in their heart, not only in their mouth, for *they* will experience the salvation.—[*Redak*]

reproach of man—that the nations reproach them because of the delay of the redemption from exile.—[*Redak*]

8. **the moth . . . the worm**—*They are species of worms.*—[*Rashi*]

The evil that befalls the wicked shall consume them as the moth consumes a garment, but you shall live on with My righteousness and My salvation, which I will give you. This appears to parallel the preceding passage concerning the disintegration of the heavens and the earth. Indeed, Maimonides interprets the above as figurative of the nations of the world who oppressed Israel. They regarded themselves as permanent as the heaven and the earth. Just as the prophet predicted their disintegration in the preceding verse, he again predicts it, likening them to a garment being consumed by moths.—[*Redak*]

9. **Awaken, awaken**—*This is the prophet's prayer.*—[*Rashi*]

dress yourself with strength—This is figurative. Cf. Psalms 93:1: "The Lord reigned, He wore pride."—[*Redak*] The garment is the adornment of the arm.—[*Ibn Ezra*]

that hewed—with ten plagues.—[*Redak*]

Rahab—lit. pride. *Egypt, about whom it is written:* "(supra 30:7) *They are haughty* (רַהַב), *idlers.*"—[*Rashi*]

slew—Heb. מְחוֹלֶלֶת, *an expression of slaying,* related to חָלָל.—[*Rashi*]

Other commentators derive it from חִיל, *pain.* This alludes to the wonders performed in Egypt.—[*Ibn Ezra, Redak*]

the sea monster—*Pharaoh.*—[*Rashi, Ibn Ezra, Redak, Jonathan*]

The prophet Ezekiel, too, refers to

י הלוא את־היא המחרבת ים מי תהום
רבה השמה מעמקי־ים דרך לעבר
גאולים: יא ופדויי יהוה ישובון ובאו
ציון ברנה ושמחת עולם על־ראשם
ששון ושמחה ישיגון נסו יגון ואנחה:
יב אנכי אנכי הוא מנחמכם מי־את

תקיפין כתנינא: י הלא בדילך כנשתא דישראל אחריבית ימא מי תהום רבה שויתי עומקי ימא אורח למיגז משיזביא: יא ופריקיא דיי יתכנשון מביני גלותהון ויעלון לציון בתושבחתא וחדות עלם תהי להון דלא פסקה ועגן יקר יהי מטיל על רישיהון ביע וחדוה ישכחון ויסוף מנהון מבית ישראל דווגא ותינחתא: יב אנא אנא הוא מנחמכון ממן אתון דחלין מאנשא

מהר"י קרא

לנו. שלחתי את מיכה והיו מכים אותו הה"ד בשבט יכו על הלחי את שופט ישראל. שלחתי את עמוס והיו קורין אותו פסילום. אמר ר' פנחס למה היו קורין אותו פסילוס שהיה עמום בלשונו. ואומר הנני שלחני. אמר הקב"ה לישעיה בני סרבנים הם טרחנים הם. מקבל אתה עליך להתבזות מבני אמר לו על מנת כן. גוי נתתי למכים ולחיי למורטים. ולואי שהייתי כדאי לילך בשליחותך אצל בניך ולהחזירם למוטב. אמר לו הקב"ה אהבת צדק ותשנא רשע. אהבת לצדק את בני ושנאת מלחייבם. ומשחך ה' אלהיך שמן ששון מחבריך. שכל הנביאים קבלו נביא מפי נביא. יהושע ממשה שנאמר ויאצל מן הרוח אשר עליו. וכן נחה רוח (של) אליהו על אלישע.

רש"י

(יא) ופדויי ה' ישובון. לשון תפלה ומוסב על עורי עורי: (יב) מי את. בת לדיקים כמותך ומלאה זכיות למה

רד"ק

התנין הגדול הרובץ בתוך יאוריו: (י) הלא את היא המחרבת ים. זה ים סוף. כמ"ש וישם את הים לחרבה ושנה הענין ושלש במ"ש: השמה. מלעיל בשני פשטין כי הוא פעל עבר והוא במקום אשר שמה וכן הבאה מצרימה שבעים. אשרבאה. כי לא תבא ה"א הידיעה על העוברים: (יא) ופדויי. כמו שעשית מקדם כן תעשה עוד עם גלות ישראל ועוד כמו שעברו גאולים בים סוף ובאו לארצם כן פדויי ה' ישובו מהגלות: ובאו ציון ברנה. וי"ו ופדויי במקום כן כי יש וי"ו להשוות דברים כמ"ש בספר מכלל וכן וי"ו ושפתי רננות יהלל פי כמו שפירשנו בספר תהלים וכן ושמועה טובה תדשן עצם ובספר משלי כמו אלה הווי"ן רבים: ושמחת עולם על ראשם. דרך משל כי ילכו קוממיות ראש נשוי בשמחה: ישיגון נסו. ושל מעלה מזה בפרשה חזקו ידים ישיגון ונסו ושם כתבנו הסימן שהיא וי"ו נר"ן: (יב) אנכי אנכי הוא מנחמכם. אמר מנחמכם לשון רבים ואמר מי את ותיראי לשון נקבה ואחר כך אמר ותשכח ותפחד לשון זכר כי כן מנהג המקרא כשמדבר כנגד כנסת ישראל וכשמדבר בלשון רבים מדבר כנגד הפרטים וכשמדבר בלשון יחיד מדבר כנגד הכלל וכשמדבר בלשון נקבה מדבר

אבן עזרא

הוא פרעה וכן כתוב בספ' יחזקאל התנין הגדול: (י) הלא. המחרבה ים. על בקיעת ים סוף המהרבת מי תהום: השמה. אשר שמה כמו השבה עם נעמי והטעם כפול: (יא) ופדויי. הטעם עורי זרוע השם ואז ישובון פדויי השם וככר פירשתיו: (יב) אנכי. מנחמכם. סימן לנביא עם ישראל: מי את. על דעת הכל עם ישראל ידבר ולפי דעתי שהנביא ידבר ברוח הקודש עם נפשו והעד ואשים

מצודת ציון

פרעה מלך מלרים כמ"ש התנין הגדול (יחזקאל כ"ט): (י) המחרבת. מל' חורב ויובש: תהום. כן נקרא מקום מים רבים: רבה. גדולה:

מצודת דוד

רהב. אשר חללת את מלרים כהולל באבנים ר"ל שהכה בה מכה רבה: מחוללת תנין. אשר הרעידה את פרעה: (י) המחרבת ים. אשר עשה את הים לחרבה: מי תהום רבה. המחרבת מי תהום רבה וגדולה וכפל הדבר במ"ש: השמה. אשר שמה עומק הים להיות בה דרך שיעברו בו ישראל אשר גאלת ממלרים: (יא) ופדויי וגו'. זהו גמר תפלתו שאמר הן ידעתי אשר ישראל שיפדם ה' מן העכו"ם ישובון לארלם ויבואו לציון ברנה ועל ראשם תהיה השמחה עד עולם כי לא יגלו עוד: ישיגון. כאלו הששון והשמחה רודפת אחריהם וישיגון אותם: נסו. ינוסו ויברחו מהם: (יב) אנכי אנכי. כאלו המקום משיב לומר אנכי הוא המנחם אתכם והם א"כ תנחומין שיש בהם ממש: מי את. ר"ל בת לדיקים כמותך ומלאה

Ibn Ezra explains that the prophet is addressing Israel. "I" refers to the prophet, and "you" refers to Israel.

who are you—*the daughter of the righteous like you and full of merits, why should you fear man, whose end is to die?*—[*Rashi*]

Redak, too, explains that the question is addressed to Israel. *Ibn Ezra,* however, deviates from all other commentators and explains that the prophet is talking to *his own soul.* This is evidenced by verse 16, in which God addresses the prophet.

10. Are you not the one who dried up the sea, the waters of the great deep? Who made the depths of the sea a road for the redeemed ones to pass? 11. And the redeemed of the Lord shall return, and they shall come to Zion with song, and [with] everlasting joy on their heads; gladness and joy shall overtake them; sorrow and sighing shall flee. 12. I, yea I am He Who consoles you; who are you

monster that cannot live without the river; so can Egypt not exist without the Nile River.—[*Kara*]

10. **who dried up the sea**—the Red Sea. This is repeated three times in this verse.—[*Redak*]

Malbim explains that there is, in fact, no repetition. First the prophet states: Was it not you who dried up the sea? Was it not the power of God alone that dried up the Red Sea, without any merit of the children of Israel? Moreover, the miracle of the splitting of the Red Sea was composed of two parts, viz. drying up the Red Sea and making a straight path for the Israelites to traverse in their crossing. The prophet, therefore, states: **who dried up the sea, the waters of the great deep**—This denotes the drying of the water.

Who made the depths of the sea a road for the redeemed ones to pass—This denotes making a straight road for them to cross. They did not have to descend to the deeps to cross, but the water froze, and they crossed at the level of the banks. See *Malbim,* Ex. 14:22.

11. **And the redeemed of the Lord shall return**—This is *an expression of prayer, and it is connected to "Awaken, awaken."*—[*Rashi*]

Just as you did in the past, so shall you do again with the returnees from exile, and just as the redeemed ones crossed the Red Sea and came to their land, so shall the redeemed of the Lord return from exile.—[*Redak*]

[with] everlasting joy on their heads—This is figurative; they shall walk upright, with their heads raised in joy.—[*Redak*]

Jonathan paraphrases: And they shall have everlasting joy, which does not end, and a cloud of glory shall rest on their heads.

gladness and joy shall overtake them—It is as though gladness and joy will pursue them and overtake them.—[*Mezudath David*]

12. **I, yea I am He Who consoles you**—It is as though God replies to the prophet's prayer and says, "I, yea, I am He Who consoles you," i.e. who consoles Israel.—[*Mezudath David*]

דְסָאֵית וּמִבַּר אֱנָשָׁא
דִי כְעִסְבָּא חֲשִׁיב :
יג וְאִתְנְשֵׁיתָא פּוּלְחָנָא
דַיָי דַעֲבְדָךְ דִתְלָא
שְׁמַיָא וְשַׁכְלֵיל אַרְעָא
וּדְחַלְתָּא תְדִירָא כָּל
יוֹמָא מִן קֳדָם חֲמַת
מְעִיקָא כְּמָא דְמִתְקְנִין
לְחַבָּלָא וּכְעַן אָן הִיא
חֲמַת דִמְעִיקָא : יד מוֹחִי
פּוּרְעֲנוּתָא לְאִתְגְלָאָה

וַתִּירְאִי מֵאֱנוֹשׁ יָמוּת וּמִבֶּן־אָדָם חָצִיר
יִנָּתֵן : יג וַתִּשְׁכַּח יְהוָה עֹשֶׂךָ נוֹטֶה שָׁמַיִם
וְיֹסֵד אָרֶץ וַתְּפַחֵד תָּמִיד כָּל־הַיּוֹם מִפְּנֵי
חֲמַת הַמֵּצִיק כַּאֲשֶׁר כּוֹנֵן לְהַשְׁחִית
וְאַיֵּה חֲמַת הַמֵּצִיק : יד מִהַר צֹעֶה
להפתח

ת"א מהר צועה. ברכות נז פסחים קיח : הא' בקמץ סבירין אשר

רש"י

תירחי מחנוש חשר סופו למות : (יג) ותשכח ה' עושך. ולח נשענת עליו : המציק. מושלי העכו"ם המשעבדים בכם : כאשר כונן. נזדמן : ואיה חמת המציק. מחר בח וחיננו : (יד) מהר צועה להפתח. חפי' נקביו קשין עליו וצריך הוח להפתח בהילוך המעים כדי שלח ימות לשחת וכיון שמיהר להפתח צריך למזונות רבים שחם יחסר לחמו חף הוח ימות : צועה. לשון דבר העומד להיות נירוק כמו שחומר במוחב שדימהו הנביח ליין (ירמיה מ"ח) השוקט חל שמריו ולח הורק מכלי חל כלי ונחמר שם ושלחתי לו צועים וצעהו וכליו יריקו. ד"ח מהר צועה חותו החויב המציק שהוח עכשיו חגור מתנים חלוץ כח ימהר להפתח ולהיות חלש : צועה. חוגר כמו (לקמן ס"ג) צועה

מהר"י קרא

אבל אתה רוח אלהים עליך. וכן כל הנביאים נתנבאו נחמות פשוטות אבל אתה מתנבא נחמות כפולות. עורי עורי. התעוררי התעוררי. שוש אשיש. נחמו נחמו : (יב) אנכי אנכי הוא מנחמכם. מאחר שאנכי המנחם אתכם ממה אתה ירא : מאנוש ימות. שעלוב כל כך שעומד למות : [ומבן אדם]. (מיכן) שאדם דומה לחציר שהיום רטוב ומחר יבש : (יג) ותשכח ה' עושך. מאנוש ימות אתה מתיירא שמוראו אינה אלא לשעה. וה' עושך המבטיחך. אתה שכחת הבטחתו : נוטה שמים. שאפי' מעשיו קיימין לעולם : ותפחד תמיד כל היום [וגו'] כאשר כונן להשחית. אפי' משעה שהוא כונן להשחית את עצמו. אתה מתיירא ומתפחד. אע"פ שאין לו כח. כגון המן שהפיל פור להשמיד להרוג ולאבד ובכל מדינת

אבן עזרא

דברי בפיך : חציר. חסר כ' כמו חש חוכלה הוח : (יג) ותשכח. כחילו שכחת ברוח הקודש חל לבו שהוח עושך ויש לו כח גדול שהשמים והחרץ ברשותו : המציק. כחשר חמר גוי נתתי למכים להשחית להרוג וחיה עתה חמת המציק : (יד) מהר צועה. מגזרת צועים וצעוהו והנה צועה כמו יושב במצור ובמצוק וחם הוח פועל עומד והטעם

רד"ק

כנגד הכנסה: ימות. כי בן תמות' הוא ואם יצר לך היום לא יצר לך מחר : חציר. פירוש כחציר וכן גור אריה יהודה והדומים לו רבים : (יג) ותשכח. ואחר שהוא בורא העולם היה לך לחשוב כי יש כח בידו להצילך מיד בן אדם ואיך פחדת מבן אדם ולא זכרת האל שאם תשוב אליו ותבקש מלפניו הוא יצילך מידו : נוטה. ויסד. פירשתי כמה פעמים : כאשר כונן להשחית. ולמה אתה מפחד ממנו שוב לאל ולא תפחד ממנו כי בן אדם אם עלתה חמתו וכונן להשחית לא יעשה ולא יספיק לו כדבר סנחריב ואיה חמתו הלכה כענן : (יד) מהר צועה. לא תזיקך חמת המציק כי עתה ימהר הגולה להפתח מבית גלות והוא ישראל שהוא גולה בין העמים ולשון צועה הוא ענין טלטול

מצודת דוד

זכיות למה תירחי מחנוש חשר סופו למות : חציר ינתן. חשר הוח נתון בעולם כחציר הזה חשר ימולל ויבש והוח כפל ענין במ"ש : (יג) ותשכח ה' עושך. שכחת השגחת ה' המגדל והמרומם חותך והכל שלו כי הוח נוטה שמים וגו' : ותפחד. בכל עת תפחד מפני חמת החויב המציק כחשר הכין מחשבות להשחיתך : ואיה חמת המציק. ר"ל הלח מהר בח וחיננו כי ימות לשחת וח"כ למה שכחת השענת המקום ותפחד ממנו : (יד) מהר צועה להפתח. הנוע

מצודת ציון

השמה. מל' שימה : מעמקי. מל' עומק : (יב) חציר. דשא ועשב : (יג) עושך. ענין הגדלה והרמה כמו הוא עשך ויכוננך (דברים ל"ב) : חמת. מל' חמה וכעס : המציק. מל' צוקה וצרה : כונן. מל' הכנה : (יד) צעה. הוא ענין טלטול הנוע ממקום

from vessel to vessel." And he says there, "(v. 12) *And I will send pourers* (צֹעִים) *upon him and they shall pour him out* (וְצֵעֻהוּ), *and they shall empty his vessels*. This is an illustration of the weakness of man. Consequently, there is no need to fear him. *Another explanation is:* מִהַר צֹעֶה—*That enemy who oppresses you, who is now with girded loins, girded with strength, shall hasten to be opened up and to become weak.* צֹעֶה—*Girded. Comp.* "(infra 63:1) *Girded* (צֹעֶה) *with the greatness of His strength.*"—[*Rashi*]

that you fear man who will die and the son of man, who shall be made [as] grass? 13. And you forgot the Lord your Maker, Who spread out the heavens and founded the earth, and you fear constantly the whole day because of the wrath of the oppressor when he prepared to destroy. Now where is the wrath of the oppressor? 14. What must be poured out hastened

who will die—He is but mortal; if he troubles you today, he will not trouble you tomorrow.—[*Redak*]

[as] grass—lit. will be made grass.—[*Ibn Ezra, Redak*]

Just as grass withers and dies, so does man die.—[*Mezudath David*]

13. **And you forgot the Lord your Maker**—*and you did not rely on Him.*—[*Rashi*]

Since He created the world, you should have realized that He has power to save you from the hand of man. How did you fear man and not remember God? You should have known that if you would return to Him and beseech Him, He would deliver you from the hand of man.—[*Redak*]

the oppressor—*The rulers of the heathens* (*the nations of the world—Parshandatha, K'li Paz*) *who subjugate you.*—[*Rashi*] This is missing in many mss. According to *K'li Paz,* it appears in *Redak.* It was probably omitted in other editions because of censorship.

when he prepared—*Prepared himself.*—[*Rashi, Kara*]

to destroy—you.—[*Kara*] *Kara* points out that really the oppressor prepares to destroy himself, e.g. Haman, who cast lots to annihilate all the Jews in Ahasuerus' kingdom, thereby frightening them, eventually fell into his own trap and was hanged on the gallows he had prepared for Mordecai. Hence, the oppressor is actually preparing for his own destruction.

Why do you fear him? Return to God and you will not need to fear him, for if mortal man arouses his wrath and prepares to destroy, he cannot execute his plans, as is evidenced by Sennacherib's fate.—[*Redak*]

Now where is the wrath of the oppressor—*Tomorrow comes and he is not here.*—[*Rashi*]

14. **What must be poured out hastened to be opened**—Heb. מִהַר צֹעֶה לְהִפָּתֵחַ. *Even if his stools are hard, and he must be opened by walking in order to move the bowels in order that he not die by destruction, and once he hastens to open up, he requires much food, for, if his bread is lacking, even he will die.*—[*Rashi*]

צֹעֶה—*An expression of a thing prepared to be poured, as he says concerning Moab, whom the prophet compared to wine:* "(Jer. 48:11) *Who rests on his dregs and was not poured*

לְהִפָּתֵחַ וְלֹא־יָמוּת לַשַּׁחַת וְלֹא יֶחְסַר
לַחְמוֹ׃ טו וְאָנֹכִי יְהוָה אֱלֹהֶיךָ רֹגַע הַיָּם
וַיֶּהֱמוּ גַּלָּיו יְהוָה צְבָאוֹת שְׁמוֹ׃ טז וָאָשִׂם
דְּבָרַי בְּפִיךָ וּבְצֵל יָדִי כִּסִּיתִיךָ לִנְטֹעַ

תרגום

וְלָא יְמוּתוּן צַדִּיקַיָא לְחַבָּל וְלָא יַחְסְרוּן מְזוֹנֵיהוֹן׃
טו וַאֲנָא יְיָ אֱלָהָךְ דִּנְזֵיף בְּיַמָּא וְהָמוֹ גַלּוֹהִי יְיָ צְבָאוֹת שְׁמֵהּ׃
טז וְשַׁוֵּיתִי פִּתְגָמֵי נְבוּאָתִי בְּפוּמָךְ וּבִטְלַל גְבוּרְתִּי אַגֵּנִית עֲלָךְ לְקַיָּמָא

ת"א ואשים דברי. זוהר בראשית לו. (תענית כא מגלה כד) : ובצל ידי. חגיגה ה סנהדרין לט :

מהר"י קרא

ומדינה שדתו מגיע הייתם יראים ומתפחדים ולא עבר זמן שנפל ותלו אותו ואת בניו על העץ: ואיה חמת המציק. שהיה כונן עצמו להשחית אתכם: (טו) ואנכי ה' אלהיך רוגע הים. הלא אנכי ה' המבטיחך אל תירא: (טז) ואשים דברי בפיך. לומר אל תירא: ובצל ידי כסיתיך. כל ימי נטיעת השמים ויסוד ארץ שהם קיימין לעולם. לאמר לציון עמי אתה ואתה מתיירא. אתמהא: ומדרש רבותינו. אנכי אנכי הוא מנחמכם. ר' אבין בשם ר' שמעון בן לקיש אמר. משל למלך שכעס על מטרונא והורידה והוציאה חוץ מפלטין שלו. לאחר זמן בקש להחזירה. ואמרה לו כפול כתובתי ואחר כך אתה מחזירני. אף כך אמר הקב"ה לישראל בסיני אמרתי לכם פעם אחת אנכי. שנאמר אנכי ה' אלהיך. ולעתיד לבוא אומר לכם ב' פעמים אנכי אנכי הוא מנחמכם. ר' תנחומא בשם ר' אבין אמר מאותה נחמה שניחמתם לי בסיני שאמרתם לי נעשה ונשמע. [אנכי אנכי הוא מנחמכם]. מי את. לא את שאמרת לי בים מי כמוך באלים. ותראי מאנוש ימות וגו'. ר' ברכיה ור' חלבו ור' שמואל*). אמרו. ומה אם יעקב שהבטיחו הקב"ה ואמר לו הנה אנכי עמך ושמרתיך. נתיירא. ואנו על אחת כמה וכמה. הוא שהנביא מקנתרן. ואמר להן מי את ותראי. ותשכח ה' עושך נוטה שמים. אנשיתון מה דאמרית לכון. אם ימדו שמים מלמעלה ויחקרו מוסדי ארץ למטה גם אני אמאס בכל זרע ישראל על כל אשר עשו. כל זמן שאתם **) רואין שמים וארץ שנתמוטטו מה אתם

*) עי' ב"ר פ' ע"ו **) אולי צ"ל שאין אתם.

רש"י

ברוב כוחו: ולא ימות. המסור בידו לשחת אבל הלשון ראשון מדרש אגדה הוא בפסיקתא רבתי: (טו) רוגע הים. לשון עורי רגע (איוב ז') (פרוגנ"א בלע"ז): (טז) לנטוע שמים. לקיימא עמא דאמיר עליהון דיסגון ככוכבי שמיא:

רד"ק

ונוע ממקום למקום יש בטלטול השבי ויש בטלטול אחר וכן לשון גלות כי גולה אתה למקומך אינו טלטול השבי ולשון צועה יש בו פעל עומד כמו זה מהר צועה וכן את צועה זונה ויש שהוא פעל יוצא כמו ושלחתי לו צועים וצעהו צועה ברוב כחו: ולא ימות לשחת. לא ימות בגלות שהוא לו כמו קבר ועל הכלל מדבר כי אם ימותון בגלות יחידים יעלו בתחיית המתים אבל באמרו ולא ימות על הכלל יאמר כלומר שלא ישאר שם כי על כל פנים יצא ויפתח ממאסר הגלות: ולא יחסר לחמ'. בעודו בגלות אף על פי שהוא שבוי האל מזמין לכם בין הגוים אויביהם ושוביהם טרפם וצרכם בכבוד. או פירוש ולא יחסר לחמו בצאתו מהגלות בדרך כמו שאמר לא ירעבו ולא יצמאו ובדרש מפרש הפסוק כן איך תפחד מבן אדם שימות והנה בעודו בחיים הוא דבר חלוש מאד אפי' נקביו קשים עליו צריך למהר הוא ולהפתח בהלוך המעים כדי שלא ימות לשחת כיון שמהר להפתח צריך למזונות שאם יחסר לחמו ימות וי"ת כן מוחי וגו': (טו) ואנכי ה'. שיש בידי כח להוציאך מהגלות ואנכי רגע הים כ"ש שאגער בעמים המחזיקים בכם: רוגע. תרגם יונתן כמו נוער דנזיף בימא ויש לפרשו כמו בוקע וכן עורי רגע וימאס בכחו רגע הים והנה גערתי בים סוף לעברכם: ויהמו גליו. במקום הבקיעה ולא יכלו לעבור עד שעברו ישראל וכן והמו גליו ולא יכלו: ה' צבאות שמו. והוא אדון צבאות מעלה ומטה ובידו הכל: (טז) ואשים. הנה שמתי דברי בפיך להיות לי לעם וכן ודברי אשר שמתי בפיך: ובצל ידי כסיתיך. שלא יוכלו העמים לכלותך בגלות כל זמן שיהיו דברי בפיך ובלבבך כי לא שמתי אותם בפיך אלא להיותם בלבבך לעשותם

אבן עזרא

כמו קשור ומלת להפתח לעד: ולא ימות לשחת. זה הנביא: ולא יחסר לחמו. כמיכיהו וירמיהו שאכלו בלחם לחץ: (טו) ואנכי. רגע. יש אומרים שהוא הפוך כמו גוער ויש אומרים מגיח אחר שהמו גליו לשון מרגוע והוא הישר בעיני או טעמו אגיח אני הים ואני אצוה שיהמו גליו והטעם משל על המליקים: (טז) ואשים. כסיתיך.

מצודת ציון

למקום וכן ושלחתי לו צועים וצעהו (ירמיה מ"א): להפתח. ענין פתיחת המאסר וכן אסיריו לא פתח ביתה (לעיל י"ד): (טו) רוגע.

מצודת דוד

וטלטול הגולה ימהר להפתח וילך לו ואמר בלשון שאלה מן החבוש במאסר ור"ל לא יהיה עוד מטולטל בגולה: ולא ימות לשחת. אף עודו בגולה לא ימות להיות נשחת מכל וכל אף לא יחסר לו די לחמו וספוקו: (טו) ואנכי וגו'. ר"ל ולמה לא תשען עלי הלא אנכי ה' אלהיך והכל בידי פעם בוקע מי הים לבל ילך במהלכו ופעם ילוה שירומו הגלים ויהמו בקול גדול: ה' צבאות שמו. לפי שהוא מושל בצבאות מעלה ומטה: (טז) ואשים דברי בפיך. דברי התורה שמתי בפיך לדבר בה: ובצל ידי כסיתיך. מעולם הגנתי עליך מן האויב בזכות התורה: לנטוע שמים. שיהיו נטועים על

you to talk about them.—[*Mezudath David*]

and in the shadow of My hand I covered you—that the nations be unable to destroy you in exile as long as My words are in your mouth and in your heart, for I placed them into your mouth only so that they should be in your heart, as well as in Deut. 30:14: "In your mouth and in your heart to do it."—[*Redak*]

to plant the heavens—*to preserve*

to be opened, and he shall not die of destruction, and his bread
shall not be wanting. 15. I am the Lord your God, Who wrin-
kles the sea and its waves stir; the Lord of Hosts is His name.
16. And I placed My words into your mouth, and with the
shadow of My hand I covered you, to plant

and he shall not die—*I.e. the one delivered into his hand* shall not die *of destruction. But the first interpretation is a Midrash Aggadah in Pesikta Rabbathi* (34:5)—[*Rashi*]

Redak renders צֹעֶה as "wanderer." **The wanderer has hastened to be released.** I.e., Israel, who is wandering in exile, will hastily be released from its exile.

and he shall not die in the pit—He shall not die in exile, which is like a grave. The prophet refers to the people in general, that Israel will not be left in exile to die out completely. Of course, many individuals will die throughout the generations that Israel is in exile, but they will be resurrected at the time designated by God for the resurrection of the dead.

and his bread shall not be wanting—While they are in captivity among the gentiles, God will supply them with all their needs. It may also refer to the journey back to the land of Israel, as is mentioned above 49:10.—[*Redak*]

15. **I am the Lord**—Who has power to free you from exile just as I have power to rebuke the sea (see below). I surely have power to rebuke the nations and force them to release you.—[*Redak*]

Who wrinkles the sea—Heb. רֹגַע, *an expression similar to* "(Job 7:5) *My skin was wrinkled* (רָגַע)." *Froncir in O.F.* (*froncer* in Modern French, to wrinkle, gather, pucker.)—[*Rashi*]

Jonathan renders: Who rebukes the sea. This is derived by metathesis from the root גער. Others render: Who stills the sea after its waves have stirred. Or, Who stills the sea and commands that its waves stir. This is figurative of the oppressors, whom God sometimes commands to stir and oppress Israel, and sometimes to be still and allow Israel to return to their land.—[*Ibn Ezra*]

Alternatively, it may be rendered: Who splits the sea, and its waves stirred. I split the Red Sea, and its waves stirred to cross the split, but they were unable to do so until the Israelites crossed.—[*Redak*]

the Lord of Hosts is His name—He is indeed the lord of the hosts of heaven and earth, and all are under His power.—[*Redak*]

16. **And I placed My words into your mouth**—I placed My words into your mouth to be My people. Comp. infra 59:21.—[*Redak*] This alludes to the words of the Torah, which I placed into your mouth for

לקימא עמא דאמיר עליהון דיסגון ככוכבי שמיא ולשכללא כנשתא דאמיר עליהון דיסגון כעפרא דארעא ולמימר לדדירין בציון עמי אתון: יז אתרבא אתרבא קומי ירושלם דקבילת מן קדם יי ית

שָׁמַיִם וְלִיסֹּד אָרֶץ וְלֵאמֹר לְצִיּוֹן עַמִּי
אָתָּה: יז הִתְעוֹרְרִי הִתְעוֹרְרִי קוּמִי
יְרוּשָׁלִַם אֲשֶׁר שָׁתִית מִיַּד יְהוָה אֶת־
כּוֹס חֲמָתוֹ אֶת־קֻבַּעַת כּוֹס הַתַּרְעֵלָה

קמץ בז״ק שתית

רש״י

וליסד ארץ. ולשכללא כנישתא דאמיר עליהון דיסגון כעפרא דארעא: (יז) קבעת. תירגם יונתן פיילי והוא שם כוס ולי נראה קבעת אלו השמרים הקבועים בתחתית הכלי ומלית יורה עליו כמה שנאמר שמרים ימצו (תהלים פ״ה): התרעלה. הוא משקה המטמטמת ומתיש כח האדם כאסור וקשור ומעוטף כמו הברושים הרעלו (נחום ב׳) והשרות והרעלות שהוא לשון עיטוף ובמסכת שבת מדיות רעולות מין סרבל נאה להתעטף בו. תרעלה (אינטומישמנ״ט בלע״ז): מצית. (אגוטי״ר בלע״ז):

מהר״י קרא

מתייראים (אליו) נאלאז ותפחד [תמיד] כל היום. מפני חמת המציק. אמר ר׳ יצחק שאין הצרות מצירות זו אחר זו. ואיה חמת המציק הזה. הוא המן אשר כונן להשחית בחודש הראשון הוא חודש ניסן. מיהר צועה להפתח. אמר ר׳ אבהו זה אחד מחמשה דברים שנאמרו סימן יפה לחולה. עיטוש וזיעה שינה קרי חלום. ויש אומרים אף הילוך מעיים. עיטוש מניין דכתיב עטישותיו תהל אור. זיעה מניין דכתיב בזיעת אפיך תאכל לחם. [קרי מניין דכתיב יראה זרע יאריך ימים. שינה מניין דכתיב ישנתי אז יניח לי]. חלום מניין דכתיב ותחלימני והחייני. הילוך מעיים כדרך כל הארץ מניין. שנאמר מיהר צועה להפתח ולא ימות לשחת אמר אני ובלבד שלא יחסר לחמו. ואנכי ה׳ אלהיך רוגע הים ויהמו גליו ה׳ צבאות שמו. מה ראה הים שנקרע וברח. ר׳ יהודה [ור׳ מנחמנא. ר׳ יהודה אמר מקולו של משה] ור׳ מנחמנא אמר שם המפורש ראה שחקוק עליו וברח שנאמר ואנכי ה׳ אלהיך רוגע הים ויהמו גליו ה׳ צבאות שמו. ואשים דברי בפיך ובצל ידי כסיתיך לנטוע שמים וגו׳. תמן תנינן ר׳ שמעון הצדיק היה משירי כנסת הגדולה. הוא היה אומר על שלשה דברים העולם וגו׳ בגמילות חסדים [וכו׳]. ר׳ הונא אמר בשם ר׳ אחא דבר זה עוברי הים אמרוהו. נחית בחסדך עם זו גאלת זה גמילות חסדים. נהלת בעזך זה תורה כמה דמתמר ה׳ עוז לעמו יתן משבאו לנוה קדשך. כולה בפסיקתא: (יז) התעוררי התעוררי קומי ירושלים. כאדם שמתעורר מיינו: אשר שתית מיד ה׳ את כוס חמתו את קובעת כוס התרעלה. הם השמרים הקבועים בקרקעית הכלי שקורין פונדריל״ש: שתית מצית.

אבן עזרא

להלך כי אמר כאשר כונן להשחית: לנטוע שמים. דרך משל שיתנבא על המדינה שתשובנה לקדמותן: וליסוד. שם הפועל ונעלם היו״ד כמשפטו והנה בא כמו השלם וכמוהו מניח לו לישון: (יז) התעוררי. כוס חמתו. דרך משל לאדם שישתכר ולא ידע מה יעשה לו והוא שוכב נרדם: קובעת. אין רע לו ויש אומרים השמרים שיקבעו למטה: התרעלה. כמו והברושים הורעלו כמו רעדה שירעד האדם בראותה: מצית. מגזרת למען תמצו ואם הם שנים

רד״ק

כמו שאמר בפיך ובלבבך לעשותו: לנטוע שמים. וכל זה אכסה עליך בגלות עד שיבא עת לנטוע שמים וליסוד ארץ וזהו קבוץ גליות שיהיו ישראל עולם חדש וכן אמר הנני בורא השמים החדשים והארץ חדשה ולא תזכרנה הראשונות וגו׳: ולאמר לציון עמי אתה. פי׳ לבני ציון וזכר ציון כי היא עיקר המלכות וי״ת לקיימא עמא וגו׳ כבעמוד: (יז) התעוררי. קבעת. שמרי הכוס: התרעלה. הרעדה או פירושו סם המות אמר די לך בגלות כבר שתית כוס התרעלה עד השמרים גם מצית אותה עד שלא נשאר בכוס אפי׳ טפה כלומר כל הרעות הכתובות הגיעו עליך ודי לך קומי מהגלות התעוררי והתעוררי:

מצודת דוד

אדמתם עם ישראל הנמשלים ככוכבי השמים כמ״ש הבט נא השמימה וספור הכוכבים וכו׳ כה יהיה זרעך (בראשית טו): וליסוד ארץ. שיהיו מיוסדים אלו הנמשלים גם לעפר הארץ כמ״ש ושמתי את זרעך כעפר הארץ (שם י״ג): ולאמר לציון. כל העכו״ם יאמרו על בני ציון בהמה עמי כי יהיה נראה בהם שפע טובה מרובה: (יז) התעוררי. זהו מאמר הנביא בבשורה הקילי מתרדמת הצער וקומי: אשר שתית. אשר עד הנה שתית כוס החמה הבאה מה׳ ונתמרק א״כ העון: את קבעת. השמרים הקבועים בתחתיות כוס

מצודת ציון

ענין בקוע כמו עורי רגע (איוב ז׳): (יז) התעוררי. מלשון הערה והקילה משינה: קבעת. מל׳ קבע והם השמרים הקבועים בתחתיות הכוס: התרעלה. יתכן שהוא מל׳ ערל בהיפוך ור״ל כום משקה המטמטם את הלב לרוע תכונתו והוא משל על הפורעניות וכן סף רעל (זכריה י״ב): מצית. מל׳ מלילה כמו למען תמוצו

ful veil in which to enwrap oneself. תַּרְעֵלָה *is 'entoumissant,' in O.F., stiffening, weakening, paralyzing.—[Rashi]*

you have drained—Heb. מָצִית, *égoutter* in French, to drain, exhaust.—[*Rashi*]

Others render תַּרְעֵלָה as a drink that causes one to tremble.—[*Redak*] It causes one to tremble on sight.—[*Ibn Ezra*] *Redak* suggests also that it is a cup of poison. The prophet says: You have had enough of your exile. Not only have you drunk the poison from the cup down to the dregs, but you have also drained the dregs until not even a drop was left. I.e., all the misfortunes written in the Torah have already befallen you, and that suffices.

the heavens and to found the earth and to say to Zion [that] you are My people. 17. Awaken, awaken, arise, Jerusalem, for you have drunk from the hand of the Lord the cup of His wrath; the dregs of the cup of weakness you have drained.

the people about whom it was said that they shall be as many as the stars of the heavens.—[*Rashi* from *Jonathan*]

and to found the earth—*And to found the congregation about whom it is said that they shall be as many as the dust of the earth.*—[*Rashi* from *Jonathan*]

Redak explains this figuratively. I will protect you throughout the years of your exile until the time comes to plant the heavens and to found the earth; i.e. the ingathering of the exiles, when Israel will become a new world. Comp. "(infra 65:17) For behold I create new heavens and a new earth . . ."—[*Redak*]

Ibn Ezra interprets this as a prophecy to the countries that they will return to their former status.

and to say to Zion—To say to the inhabitants of Zion. Zion is mentioned because it is the capital of the country.—[*Redak* based on *Targum Jonathan*]

you are My people—All the gentiles will say this when they see that the Jews are blessed with all sorts of plenty.—[*Mezudath David*]

17. **Awaken, awaken**—This is the call of the prophet, heralding the redemption. He exhorts Israel to awaken from the anguish of the exile and to rise.—[*Mezudath David*]

dregs—Heb. קֻבַּעַת. *Jonathan renders:* פַּיְלֵי, *which is the name of a cup* (phiala in Latin). Perhaps *Jonathan* draws an analogy between קֻבַּעַת and גָּבִיעַ, the 'gimel' and the 'kof' being interchangeable. See *Rashi,* Lev. 19:16. If this is the case, it is a long cup. See *Rashi*, Gen. 44:2. Comp. כּוֹבַע, קוֹבַע, מִגְבַּעַת all three being types of hats or helmets, the third the hat worn by the priests performing the sacrificial service. According to Nachmanides, Ex. 28:31, it was a pointy turban, resembling the pointy hats of the era. He draws the analogy between מִגְבַּעַת and מְקֻבַּעַת. Perhaps they are all derived from גִּבְעָה, a hill. In any case, the גָּבִיעַ, and, probably, the קֻבַּעַת were long pointy cups, perhaps symbolizing the length of the exile. *But it appears to me that* קֻבַּעַת, *these are the dregs fixed* (קְבוּעִים) *to the bottom of the vessel, and the word* מָצִית, *'you have drained,' indicates it, as it is said:* "(Ps. 75:9) . . .*shall drain* (יִמְצוּ) *its dregs.*—[*Rashi*] *Ibn Ezra* and *Redak* concur with *Rashi*. This interpretation is already found in *Sepher Haschoraschim* by *Ibn Ganah*.

weakness—Heb. תַּרְעֵלָה. *That is a drink that clogs and weakens the strength of a person, like one bound, tied, and enwrapped. Comp.* "(Nahum 2:4) *And the cypress trees were enwrapped* (הָרְעָלוּ)." *Also,* "(supra 3:19) *And the bracelets and the veils* (רְעָלוֹת)," *which is an expression of enwrapping, and in Tractate Shabbath* (6:6): "*Median women* (sic) *may go out veiled* (רְעוּלוֹת)," *a kind of beauti-*

שְׁתִית מָצִית: יח אֵין־מְנַהֵל לָהּ מִכָּל־
בָּנִים יָלָדָה וְאֵין מַחֲזִיק בְּיָדָהּ מִכָּל־
בָּנִים גִּדֵּלָה: יט שְׁתַּיִם הֵנָּה קֹרְאֹתַיִךְ
מִי יָנוּד לָךְ הַשֹּׁד וְהַשֶּׁבֶר וְהָרָעָב
וְהַחֶרֶב מִי אֲנַחֲמֵךְ: כ בָּנַיִךְ עֻלְּפוּ שָׁכְבוּ
בְּרֹאשׁ כָּל־חוּצוֹת כְּתוֹא מִכְמָר
הַמְלֵאִים חֲמַת־יְהוָה גַּעֲרַת אֱלֹהָיִךְ:

ת"א עלפו. ב"ק קיז:

לכן

תרגום

כסא דחימתה ית פילי
כסא דלוטא שתית
אערית: יח לית דמנחם
לה מכל בנין דילידת
ולית דמתקיף בידה
מכל בנין דרביאת:
יט תרתין עקן אתאה
עלך ירושלם לא יכלית
למיקם כד ארבע ייתון
עלך ביזא ותברא
וכפנא וחרבא לית די
מנחמיך אלהין אנא:
כ בניך יהון מטרפין
רמן בריש כל שוקיא
כמזרקי מצדן מלן

מהר"י קרא

כמו ונמצה דמו: (יח) אין מנהל לה. נוהג שבעולם כשאדם משתכר בא בנו ומחזיק בידו ומנהל אותו לאט כדי שלא ימוטו פעמיו. ואת שתית כוס התרעלה ואין מנהל לה מכל בנים ילדה ואין מחזיק בידה: (יט) שתים הנה קוריאתיך. כפולות הנה קורותיך. והולך ומפרש היאך הנה כפולות. השוד והשבר. הרעב והחרב: (כ) בניך עולפו שכבו בראש כל חוצות כתוא מכמר. כתוא שנפל למכמורת ואין יכול לעמוד מפני

רש"י

(יט) שתים הנה קוראותיך. צרות כפולות שתים שתים: מי אנחמך. מי אביא לך לנחמך ולומר אף עכו"ם פלונית היא לקתה דוגמתך: (כ) עולפו. לשון עייפות כמו (עמוס ח') תתעלפנה הבתולו' בצמא (פסמי"ר בלע"ז): כתוא מכמר. הפקר כתוא זה שנפל למכמר. תוא כמו

רד"ק

(יח) אין מנהל לה. בעודה בגלות לא היה כח ביד בני הגולה לנהל האחד חברו ולהחזיק בידו ולסמכו מהרעה כי כולם היו שוים בה: (יט) שתים הנה. הרעות הקורות אותך בהיותך בארצך קרוב לגלות שתים רעות היו השוד והשבר והם הרעב והחרב כי השוד הוא החרב והשבר הוא הרעב אלה הרעות היו לך מלבד רעות הגלות שסבלת זה כמה שנים: קראתיך. נביע האל"ף: מי אנחמך. אי זה עם שלקה כמותך שאוכל לנחמך בו: (כ) בניך עלפו שכבו. מענין על ראש יונה ויתעלף ענין עיפות ורסוק האברים עד שלא יוכל לעמוד על עצמו כמ"ש בקינות ירמיה שכבו לארץ חוצות נער וזקן: כתוא מכמר. כתוא שהוא שוכב במכמר שלכדו אותו בו ותוא היא החיה הנזכרת בתורה ותאו וזמר בהפוך האותיות כמו כבש וכשב והוא שור הבר ומכמר הוא רשת וכן יפלו במכמוריו רשעים

אבן עזרא

בנינים והטעם רעה שלמה: (יח) אין. כאשה שאין לה מנהל. והטעם אין מלך או שופט שיושיענה: (יט) שתים. מי ינוד לך. יקונן כמו לנוד לו ולנחמו: השוד והשבר. השוד הוא החרב כי השוד לעולם עם החרב כמו בשברי לכם מטה להם וי"א זוגות באו הרעות: מי אנחמך. חסר בי"ת במי אנחמך כי האדם יתנחם כאשר יאמ' לו מה שאירע לך כבר אירע כן לפלוני: (כ) בניך עולפו. כמו ויתעלף: שכבו. מתי רעב וחרב: כתוא. כמו שוף ואין

מצודת ציון

והתענגתם (לקמן ס"ו): (יח) מנהל. ענין הנהגה כמו נהלת בעזך (שמות ט"ו): מחזיק. אוחז: (יט) קוראותיך. מל' מקרה: (כ) עלפו. ענין חלשות הלב והעדר ההרגשה כמו תתעלפנה הבתולות (עמוס ח'): כתוא. הוא שור הבר והוא בהפוך מן ותאו וזמר (דברים י"ד) וכמו כבש כשב: מכמר. רשת הלוכד כמו ופורשי מכמורת (לעיל י"ט): חמת. מל' חמה וכעס: גערת.

מצודת דוד

התרעלה כבר שתית ומצית את הכל ולא נשאר מאומה ר"ל כל הרעות הכתובות כבר באו עליך ולא תוסף לבוא עוד: (יח) אין מנהל לה. בעודה בגולה לא היה בה מנהיג מי מאנשיה: ואין מחזיק. לא היה מי להחזיק בידה שלא תפול לארץ כי מכולם אפס הכח והממשלה: (יט) שתים. צרה כפולה קרה לך ומי הוא אשר ינודד בראש עליך לנחמך כי כולם קמו עליך: השוד והשבר. עכשיו יפרש מה הם השתים ואמר שהם השוד והשבר: והרעב והחרב. הוא פירש על השוד והשבר כי השבר הוא הרעב וכן אמר בשברי לכם מטה להם (ויקרא כ"ו) והשוד הוא שדידת גייסות הבאים בחרב במלחמה: מי אנחמך. תחסר הבי"ת והוא כמו במי אנחמך ר"ל את מי אביא לראיה ולדוגמא לומר שגם לו קרה כמקרך שיהיה לך להנחם כי כן דרך בני אדם להתנחם בזה וכאומר הנה באמת לא קרה למי כמקרך: (כ) בניך עלפו. מחסרון לחם ומים: שכבו וגו'. מתי רעב וחרב שכבו בחוצות ואין קובר להם: כתוא מכמר. ר"ל נשאר שוכב במקום שהומת כשור הבר הנלכד

18. She has no guide out of all the sons she bore, and she has no one who takes her by the hand out of all the sons she raised.
19. These two things have befallen you; who will lament for you? Plunder and destruction, and famine and sword. [With] whom will I console you? 20. Your sons have fainted, they lie at the entrance of all streets like a wild ox in a net, full of the wrath of the Lord, the rebuke of your God.

Now rise, from your exile and awaken.—[*Redak*]

18. **She has no guide**—As long as Israel was in exile, the exiles had no strength to guide one another or to hold one another by the hand and support one another in the face of calamity, since all of them were in the same predicament.—[*Redak*]

Ibn Ezra explains that she has no king or judge to save her.

19. **These two things have befallen you**—*Twofold calamities, two by two.*—[*Rashi*]

When plunderers loot your possessions from the outside, there is also destruction within the city; when armies besiege you from outside your walls, those inside suffer from hunger. Thus, these four calamities come in pairs.—[*Malbim*]

Others explain that the four calamities mentioned in this verse are, in fact, two. Plunder is synonymous with sword, and destruction is synonymous with famine.—[*Redak*]

who will lament for you—lit. who will shake for you? Who will shake his head in sympathy for your misfortunes?—[*Mezudath David*]

[With] whom will I console you?—*Whom will I bring to you to console you and to say that also that certain nation suffered in the same manner as you?*—[*Rashi, Ibn Ezra, Redak*]

20. **fainted**—Heb. עֻלְּפוּ. *An expression of faintness. Comp.* "(Amos 8:13) *The . . . virgins shall faint* (תִּתְעַלַּפְנָה) *from thirst." Pasmer in O.F.*, pâmer in Modern French.—[*Rashi*]

like a wild ox in a net—*Abandoned like this wild ox that falls into a net.*

Comp. "(Deut. 14:5) *And the wild ox* (וּתְאוֹ) *and the giraffe.*—[*Rashi*]

Ibn Ezra identifies it as a bird mentioned nowhere else in Scriptures.

The intention is that those who died of hunger are left lying in the streets with no one to bury them, just as a trapped beast lies helpless in his net.—[*Abarbanel*]

כא לָכֵן שִׁמְעִי־נָא זֹאת עֲנִיָּה וּשְׁכֻרַת
וְלֹא מִיָּיִן׃ כב כֹּה־אָמַר אֲדֹנַיִךְ יְהוָה
וֵאלֹהַיִךְ יָרִיב עַמּוֹ הִנֵּה לָקַחְתִּי מִיָּדֵךְ
אֶת־כּוֹס הַתַּרְעֵלָה אֶת־קֻבַּעַת כּוֹס
חֲמָתִי לֹא־תוֹסִיפִי לִשְׁתּוֹתָהּ עוֹד׃
כג וְשַׂמְתִּיהָ בְּיַד מוֹגַיִךְ אֲשֶׁר־אָמְרוּ
לְנַפְשֵׁךְ שְׁחִי וְנַעֲבֹרָה וַתָּשִׂימִי כָאָרֶץ

ת"א ושכורת. עירובין סה (ברכות ח):

גוך

חֵימְתָא מִן קֳדָם יְיָ מְזוֹפִיתָא מִן קֳדָם אֱלָהִיךְ׃ כא בְּכֵן שְׁמַעִי כְעַן דָא מְטַלְטַלְתָּא דְרַוְיָא מִן עָקָא וְלָא מִן חֲמַר׃ כב כִּדְנַן אֲמַר רִבּוֹנִיךְ יְיָ וֶאֱלָהִיךְ דַעֲתִיד לְמֶעְבַּד פּוּרְעֲנוּת דִין עַמֵהּ הָא קַבֵּלִית מִן יְדִיךְ יַת כָּסָא דְלוּטָא יַת פַּיְלֵי כָסָא דְחֵימְתִי לָא תוֹסְפִין לְמִשְׁתֵּהּ עוֹד׃ כג וְאֶמְסְרִינָהּ בְּיַד דַהֲווֹ מוֹנַן לִיךְ דַהֲווֹ אָמְרִין לְנַפְשִׁיךְ אַמְאִיכִי וְנֶעְדֵי וְאַמְאֵיכְתְּ כְּאַרְעָא יְקָרִיךְ׃

והוית

רש"י

ותאו וזמר (דברים י"ד): (כא) ושכורת ולא מיין. שכורת מדבר אחר שלא מיין: (כב) יריב עמו. אשר ידין דין עמו: (כג) מוגיך. מניעיך ומטלטליך כמו והנה ההמון נמוג (שמואל א' י"ד) (קריסלי"ה בלע"ז): שחי ונעבורה. על גביך:

מהר"י קרא

כבידו. כתוא מכמר. כמו תאו וזמר: (כא) ושכורת ולא מיין. שיכורה מדבר אחר (מיין) ששכורת כוס התרעלה היא ולא מיין. ושכורת דבוק הוא למעלה וכך פת'. שכורת כוס התרעלה האמור למעלה. בלע"ז איברי"א דאלטר"א צוז"א פלו"ג דוויי"ן: (כב) הנה לקחתי מידך את כוס התרעלה. פת' כוס השבר. כמו והברושים הרעלו. וכמו שתה גם אתה והערל. והערל פת' והשבר: (כג) ושמתיה ביד מוגיך. כמו למען למוג לב. וכן נמוגו כל יושבי כנען: ומדרש רבותינו ושמתיה ביד מוגיך. זש"ה והיה זרעך כעפר הארץ מה עפר הארץ עשוי דייש לבריות, אף בניך עשויין דייש לבריות. הה"ד ושמתיה ביד מוגיך אשר אמרו וגו'. מהו ביד מוגיך אילן דממייגין מחתיך אפילו [כן] לטובתך דמשתכשיך ליך מן חוביך. כדמתימר ברביבים תמוגגנה. אשר אמרו לנפשך שחי ונעבורה. מה היו עושין להן. היו מרביצים להם בפלטריות [ומעבירין] רדים עליהון. ר' עזריה בשם ר' אחא הא סימן טוב. מה פלטריא זו מכלה את העוברים ואת השבים והיא מקיימת לעולם. כך ישראל מכלין את העכו"ם והן קיימין לעולם. הה"ד כי אעשה כלה בכל הגוים אשר הדחתיך שמה וגו':

אבן עזרא

ריע לו והטעם כתוא מכמר והנה הוא סמוך אל מכמר כמו יפלו במכמוריו: נערת. הוא חמתו: (כא) לכן שמעי. זאת הנבואה הכתוב' אחרי הפסוק: ושכורת. סמוך ותהסר מלת חמת או אף או רעות: (כב) כה. יריב עמו. והטעם יקח ריב עמו כמו ריבו אלמנה: (כג) ושמתיה ביד מוגיך. מגזרת יגון והוא מבניין הכבד כמו אשר הוגה: שחי. והשפילי ונעבור עליך: וכחוץ. הטעם כפול:

רד"ק

וכן ופורשי מכמורת: (כא) לכן. ושכורת לא מיין. פי' ושכורת הצרות ולא מיין: (כב) כה אמר אדניך. הוא יהיה אדוניך ולא העכו"ם והוא אלהיך שיקח משפטך מן העכו"ם: יריב עמו. יקח ריב עמו ומשפטם מן הגוים וכן ריבו אלמנה: (כג) ושמתיה ביד מוגיך. שרשו יגה מן כי ה' הוגה: לנפשך. אמר נפשך ואמר גוך כי הנפש מעונה בעינוי הגוף: וכחוץ. פירוש כמו השוק שהכל עוברים עליו וכל זה סבלת לאהבתי לפיכך אמר

מצודת דוד

ברשת שהוא שם במקום שנלכד וא"א לו לזוז ממקומו: (כא) לכן. הואיל וקבלת נ מול עונך שמעי עתה זאת וגו': ושכורת. מבולבלת כשכור ולא משתיית היין כ"א מצרה ויגון: (כב) ואלהיך יריב עמו. אשר יריב ריב עמו לקחת נקמתם מיד המריעים להם: הנה לקחתי מידך וגו'. ר"ל עוד לא יהיו הגלות פקודות אליך: את קבעת. השמרים הקבועים בתחתיות הכוס והוא כפל ענין במ"ש: (כג) ושמתיה ביד מוגיך. את הכוס התרעלה ההיא אשים ביד העכו"ם הממסי' אותך במכאוב ולרות והם ישתו הכוס ההיא ר"ל הם יקבלו פורעניות: שחי ונעבורה. כפוף עלמך להשתטח בארץ ונעבור עליך: ותשימי. עשית גופך כארץ להיות מדרס להם כי סבלת עולם: וכחוץ לעוברים. שמת גופך כחוצות העיר להיות מדרך הרגל לעוברים ושבים והוא כפל ענין במ"ש:

מצודת ציון

ענין לעקת נזיפה: (כג) מוגיך. מל' המגה והמסה: שחי. ענין כפיפה והשפלה כמו וישח אדם (לעיל ב'): גוך. גופך כמו גוי נתתי למכים (לעיל נ'): וכחוץ. הוא השוק מקום הלוך בני אדם וכן מחוץ האופים (ירמיה ל"ז):

for Jews to let their faces be pressed into the mud to avoid "their" soles being befouled. That which the feet of the Aryans fought shy of was still quite good enough for the faces of the "damned Jews."—[*Hirsch*]

21. Therefore, hearken now to this, you poor one, and who is drunk but not from wine. 22. So said your Master, the Lord, and your God Who shall judge His people, "Behold, I took from you the cup of weakness; the dregs of the cup of My wrath—you shall no longer continue to drink it. 23. And I will place it into the hand of those who cause you to wander, who said to your soul, 'Bend down and let us cross,' and you made your body like the earth and like the street for those who cross."

21. **Therefore, hearken now to this**—To the prophecy that follows this verse.—[*Ibn Ezra*]

and who is drunk but not from wine—*Drunk from something else other than wine.*—[*Rashi*]

Since the word וּשְׁכֻרַת, *drunk,* is really in the construct state, the exegetes explain the verse as elliptical. It is as though it said, "And drunk from troubles, but not from wine.—[*Redak*] Alternatively, drunk from wrath, fury, or misfortunes.—[*Ibn Ezra*]

22. **your Master**—He will be your Master, no longer the gentile nations, and He is your God, Who will avenge your cause from the heathens.

Who shall judge His people—*Who shall judge the case of His people.*—[*Rashi*]

Alternatively, Who will plead the cause of His people. Comp. supra 1:23: "Plead the cause of (רִיבוּ) the widow."—[*Redak*]

23. **those who cause you to wander**—Heb. מוֹגַיִךְ. *Those who cause you to wander and those who cause you to move. Comp.* "(I Sam. 14:16) *And the multitude was wandering* (נָמוֹג)," *krosler in O.F.*—[*Rashi*]

Others derive this from the root יגה, *to grieve,* those who cause you grief.—[*Ibn Ezra, Redak*]

Others render: Those who melt you, or torment you—[*Mezudath David*]

Jonathan renders: those who taunt you. He, apparently, read מוֹנַיִךְ.—[*Minchath Shai*]

to your soul—He first says, "your soul," and then, "your body," for the soul suffers with the torture of the body.—[*Redak*]

Bend down and let us cross—on your back.—[*Rashi, Ibn Ezra*]

There is no more horrible, and in spite of its crudeness, no truer picture of the disgraceful treatment which Israel had to agree to at the hands of nations who were supposed to be of a higher culture than they. Israel had to offer their backs as a pavement for their oppressors to walk on; that says everything. For centuries and thousands of years the periods repeated themselves in which the "people of culture" considered it to be "seemly and meet"

גוך וכחוץ לעברים: נב א עורי עורי
לבשי עזך ציון לבשי | בגדי תפארתך
ירושלם עיר הקדש כי לא יוסיף יבא־
בך עוד ערל וטמא: ב התנערי מעפר
קומי שבי ירושלם התפתחו מוסרי
צוארך שביה בת־ציון: ג כי־כה אמר
יהוה חנם נמכרתם ולא בכסף תגאלו:

נהוית כשוק לעדן:
א אתגלא אתגלא לבשי
תוקפך ציון לבשי
לבושי תושבחתיך
ירושלם קרתא דקודשא
ארי לא יוספון ויעדון
ביך עוד ערלין ומסאבין:
ב אתנפצי מעפרא קומי
תבי על כורסי יקרא
ירושלם אתפסקו חנקי
צוריכון שביא כנשתא
דציון: ג ארי כדנן אמר
יי מגן אזדבנתון ולא
בכסף

ת"א ערל וטמא. זוהר וישלח: התנערי. ר"ה לא: חנם נמכרתם. מגלה כד: התפתחי קרי

מהר"י קרא

נב (ב) התנערי מעפר. לפי שאמר למעלה בניך עולפו שכבו

רש"י

נב (ב) התנערי. (אישקור"א בלע"ז) כמנער את הטלית: קומי. מן הארץ מגזרת לארץ תשב (לעיל ג') : שבי. על הכסא: התפתחי. הוי נתרת: מוסרי. (קריגל"ש בלע"ז): שביה. כמו שבויה: (ג) חנם נמכרתם. על עסקי חנם הוא יצר הרע שאינו לכם לשכר:

רד"ק

ותשימי: (א) עורי עורי. עזך. שהיית מופשטת ממנו עד עתה לבשי אותו: ערל וטמא. ערל זה מלכות אדום הם הערלים. וטמא זה מלכות ישמעאל שהם מראים עצמם טהורים ברחיצת גופם והם טמאים במעשיהם הרעים ושתי המלכיות האלה החזיקו בירושלם מיום החרבן ושניהם נלחמים עליה זה זמן רב זה כובשה מזה וזה כובשה מזה ומיום הגאולה ואילך לא יעברו בה עוד כימי עולם. וכן אמר וזרים לא יעברו בה עוד כל ימי עולם: (ב) התנערי מעפר. דמה ישיבתם בגלות כמי שהתפלש בעפר ואומר התנערי מעפר וקום: שבי. כמו את השבי ואת המלקוח וי"ת ענין ישב קומי תבי על כורסי יקרא ירושלם: התפתחי מוסרי צוארך. חסר מ"ם השמוש ממוסרי צואר־ך שהרי היא בגלות כאלו עול מוסרים בצואר: שביה. תאר בפלס עניה: (ג) כי כה אמר ה' חנם. בלא כסף אלא

אבן עזרא

נב (א) עורי. כל המפרשים הסכימה דעתם כי זאת הנבואה עודנה לעתיד אע"פ שישוב להזכיר סורו לאו משם וזאת היא תשובת ר' משה הכהן ז"ל ולא אמר כלום כאשר אפרש כי אם אמרנו שזאת הנבואה היא על גלות בבל ושוב הגולה הנה כתוב לא יוסיף יבא בך עוד ערל וטמא וכתו' כי מי נח זאת לי כן נשבעתי והנה היא גזרה לא תבטל כלל ובא יבא אחרי יוסיף כמו אל תדברו גבוהה ויחסר אות שי"ן והוא דרך צחות בלשון: (ב) התנערי מעפר. דרך משל על כן אמר שבי כי היא הוה שוכבת בעפר: התפתחי מוסרי צוארך. הטעם שלא תהי עוד תחת ממשלת גוי: (ג) כי. חנם נמכרתם. מכרתי אתכם לגוים והטעם בלא כסף וכן אגאלכם חנם כי הטעם כמה רעות עברו אל עמי באו כי בתחלה ירד אל מצרים לגור ושם

מצודת ציון

נב (א) עורי. מל' הערה והקילה: (ב) התנערי. ענין תנועה חזקה להשליך ולהסיר העפר הנדבק כמו גם חצני נערתי (נחמיה ה'): התפתחי. ענינו התרת הקשר: מוסרי. קשורי רצועי

מצודת דוד

נב (א) עורי וגו'. את ציון הקיצי מעתה מתרדמת הצער ולבשי העוז שהיה לך מאז: לבשי וגו'. אתה ירושלים עיר הקודש לבשי בגדי תפארתך והיה שמח: יבוא בך עוד. לבוא עוד בקרבך למשול בך: ערל וטמא. הם העכו"ם: (ב) התנערי מעפר. התרוקני מעפר הארץ אשר ישבת בה בעבור האבל והצער: קומי שבי ירושלים. אתה ירושלים קומי מהארץ ושבי על הכסא: התפתחי וגו'. אתה בת ציון השבויה בגולה התירי מעליך קשורי רצועות העול ר"ל לא תהי עוד משועבדת ונכנעת להעכו"ם: (ג) חנם נמכרתם. מה שנמסרתם ביד העכו"ם הנה לא לקחתי מהם מחיר בשאפדה אתכם בכסף ולכן תגאלו ולא בכסף:

City—restore your sanctity of the days of the First Temple, etc.

2. **Shake yourself**—Heb. הִתְנַעֲרִי, *escourre in O.F., to shake strongly, like one who shakes out a garment.*—[*Rashi*]

He compares their stay in the Diaspora to one wallowing in the dust, to whom he says, "Shake yourself off and rise."—[*Redak*]

arise—*from the ground, from the decree,* "(supra 3:26) *She shall sit on the ground.*"—[*Rashi*]

sit down—*on a throne.*—[*Rashi* after *Jonathan*]

Redak renders: O captive of Jerusalem.

free yourself—*Untie yourself.*—[*Rashi*]

bands of—Heb. מוֹסְרֵי, *cringatro umbriah in O.F., strap.*—[*Rashi*]

You will no longer be subjected to

52

1. Awaken, awaken, put on your strength, O Zion; put on the garments of your beauty, Jerusalem the Holy City, for no longer shall the uncircumcised or the unclean continue to enter
you. 2. Shake yourselves from the dust, arise, sit down, O Jerusalem; free yourself of the bands of your neck, O captive
daughter of Zion. 3. For so said the Lord, "You were sold for nought, and you shall not be redeemed for money."

1. **Awaken, awaken**—You, Zion, awaken from the deep sleep of pain and put on the strength you had in the past.—[*Mezudath David*]

All the exegetes agreed that this prophecy is yet to be fulfilled in the future, although the prophet states, "Turn away, go out of there." This is contrary to the view *Rabbi Moshe Hakohen* [who interprets all the prophecies as referring to the emancipation from Babylon], for if we say that the prophet alludes to the Babylonian exile, and later there was another exile, how can we explain, "For no longer shall the uncircumcised or the unclean continue to enter you"? Also, "(infra 54:9) For this is like the waters of Noah to Me, which I swore not to let the waters of Noah pass anymore upon the earth, so did I swear not to be angry with you and not to rebuke you." Hence this is an irrevocable decree. [Hence, the prophet refers to the redemption after which there will be no exile.]—[*Ibn Ezra*]

your strength—of which you were stripped all these years in exile. Now put it on.—[*Redak*]

the uncircumcised or the unclean—The uncircumcised are the kingdom of Edom, who are uncircumcised. The unclean are the Ishmaelites, who show themselves as being clean and pure with their constant bathing, but who are, in fact, unclean because of their evil deeds. These two kingdoms occupied Jerusalem since the destruction of the Temple, and they are constantly battling over it, first one occupying it and then the other. From the time of the redemption, they shall no longer enter the Holy City.—[*Redak*]

Abarbanel points out that God answers the Jews with the identical expression with which they prayed to Him. See above 51:9. The double expression alludes to the loss of the First Temple and the Second Temple. During the time of the Second Temple, the Jews were remarkably strong, and during the days of the First Temple, the city was very holy. Both these gifts will be returned in Messianic times. The prophet, therefore, announces, "Awaken, awaken, put on your strength"—that you enjoyed during the time of the Second Temple; put on the garments of your beauty, O Jerusalem the Holy

בכסף תתפרקון: ד ארי
כדנן אמר יי אלהים
למצרים נחת עמי
בקדמיתא לאתותבא
תמן ואתוראה בלא
אנסיה: ה וכען עתידנא
למפרק אמר יי ארי
אזדבן עמי מגן עממיא
דשליטו בהון משתבחין
אמר יי ותדירא כל
יומא על פולחן שמי
מרגזין: ו בכן יתרבא
בעממיא שמי בכן

ד כי כה אמר אדני יהוה מצרים ירד־
עמי בראשנה לגור שם ואשור באפס
עשקו: ה ועתה מה־לי־פה נאם־יהוה
כי־לקח עמי חנם משלו יהילילו נאם־
יהוה ותמיד כל־היום שמי מנאץ:
ו לכן ידע עמי שמי לכן ביום ההוא כי־

ת"א מה לי פה. סוכה כב מגלה כד זוהר ואתחנן: משליו קרי אני

רש"י

ולא בכסף תגאלו. אלא בתשובה: (ד) מצרים ירד עמי וגו'. הם המצריים היו להם קצת חוב עליהם שנעשו להם אכסניא וכלכלום אבל אשור באפס ובחנם עשקו: (ה) מה לי פה. למה אני שוהא ומשהא בני כאן: יהילילו. מתפארים לאמר ידינו רמה: מנואץ. מתנאץ וה"ז דוגמת וישמע את הקול מדבר אליו (במדבר ז'): (ו) ידע עמי. כשאגאלם יכירו כי שמי אדון שליט ומושל. כמשמעו: לכן

מהר"י קרא

בואש כל חוצות. חוזר ומנערה מן העפר: (ד) מצרים ירד עמי בראשונה לגור שם. ונעשו להם אכסניא. אין תימה אם שיעבדו בם. אבל אשור באפס עשקו: (ו) לכן ידע עמי. אילו היו מכירין שמי לאחר שגלו: לכן ביום ההוא. שיהיו מכירין שמי. כי אני הוא המדבר כל הנחמות הללו והנני

אבן עזרא

ענה: (ד) ואשור באפס. דבר כמו בלא דבר כמו חנם עשקו הטעם על גלות אשור: (ה) ועתה מה לי פה. עוד דרך משל כלשון בני אדם או מה לי שאחרים: כי לקח עמי חנם. בבבל ובאדום ובכל גוי. ומושליו הם גדולי ישראל והנכון שהם כמו על כן יאמר המושלי' בואו חשבון: יהילילו. בהראות ה"א הבנין: מנואץ. התי"ו מבולע וכן הוא מתנואץ: (ו) לכן ידע עמי שמי. כאשר אומר הנני:

רד"ק

בעונות: ולא בכסף. אלא בתשובה ועוד נאריך בענין זה בפסוק וירא כי אין איש: (ד) כי כה אמר ה' מצרים ירד עמי בראשונה. זכר שתי גליות גלות מצרים וגלות בבל כי מלך אשור הוא מלך בבל ואמר מצרים שירד שם בראשונה לגור שם ואשור כמו כן באפס עשקו כל אחד מהם כי מצרים לא היה לו דין להעבידו בפרך כי לגור בא שם תחילה וכן אשור לא היה לו דין בהם ולא היו בני מלחמתו למה בא סנחריב והגלה עשרת השבטים ונבוכדנצר הגלה יהודה ובנימן והוא באפס בלא משפט ואף ע"פ שהיתה גזרה מהאל הם המצריים העבידום וענו אותם יותר מדאי וכן אשור כמו שאמר אני קצפתי מעט והם עזרו לי לרעה: (ה) ועתה. בזה הגלות שהוא גלות שלישי: מה לי פה. מה לי כל כך בזה הגלות שהארכתי אותם זמן רב בגלות כן יאמר האל בהגיע זמן הגאולה: כי לקח עמי חנם. אינם מתעכבים בגלות בשביל כסף שהם חייבים לשוביהם אלא בעונותם גלו וכבר לקחו עונשם: משלו יהילילו. הגוים המושלים בהם יהילילו אותם בעבודתן הקשה ובאה צעקתם אלי ועוד כי כל היום שמי מנואץ בגלות שהעכו"ם ינאצוהו שהיו הורגים ושוללים אותם על יחוד שמי: לוקח. פתוח כי הוא פעל עבר שלא נזכר פעלו מן הדגוש: יהילילו. שרשו ילל מענין יללה והוא מבנין הפעיל והוא פעל יוצא: מנואץ. מורכב מפועל והתפעל וכבר בארנו דקדוקו היטב בספר מכלל בחלק הדקדוק ממנו בבנין פועל: (ו) לכן ידע עמי שמי. שאינו נודע בגלות אבל הוא מנואץ בעת הגאולה ידעו עמי שמי זהו שאמר ביום ההוא אז ידע עמי שמי. וכן שאר העמים ידעוהו אז ולא זכר עמי כי הם ידעוהו באמת וידעו כי הנבואה לא דברה לשוא וההבטחה שהבטחתים על ידי הנביאים אז ידעו שהיא אמת וידעו כי אני הוא המדבר לא שדברו הנביאים מעצמן אלא הם נבאו בשמי ובראותם

מצודת דוד

(ד) מצרים וגו'. ר"ל מה שנשתעבדו למצרים עם כי היה זמן רב הנה לא על חנם היתה כי מתחילה ירדו לגור במצרים בימי הרעב וכלכלו אותם: ואשור. יאמר על סנחריב וכ"כ כי גם הוא מלך באשור: באפס עשקו. ר"ל עם כי היה בלא דבר הנה לא נשתעבדו בידו זמן רב אלא כעושק את מי ומניחו והולך לו: (ה) ועתה. בגלות עכו"ם: מה לי פה. מה לי להשהות את בני פה זה זמן רב הלא מתחילה נלקח עמי להם על חנם כי מעולם לא גמלו להם טובה: מושליו יהילילו. המושלים בו יתפארו בהצלחתם ויאמרו ידיהם רמה: ותמיד כל היום. הוא כפל לתוספת ביאור: שמי מנואץ. שמי מחולל ומבוזה בעיניהם: (ו) לכן ידע עמי שמי. כשיגאלו יכירו שמי לדעת כי נאה לי שמי המורה שאני אדון ושליט: לכן

מצודת ציון

העול: בת ציון. עדת ציון: (ד) לגור. לדור: באפס. על חנם בלא דבר וכן אפס מעשיהם (לעיל מ"א): עשקו. מל' עושק וגזל: (ה) פה. במקום הזה וכן היש פה איש (שופטים ד'): יהילילו. מל' הלול והתפארות: מנואץ. ענין בזיון כמו נאצו האנשים

"*Our hand was powerful.*"—[*Rashi*] *Rashi* apparently derives the word from the root הלל, *to praise,* as does *Jonathan. Redak,* however, derives it from ילל, *to wail.* His rulers make him wail by forcing him to do hard labor, and his wails have come to Me.

and constantly all day My name is blasphemed—In addition to their mistreating My people, all day they blaspheme My name.—[*Redak*]*

6. **My people shall know**—*When I redeem them, they will recognize that My name is master, monarch, and ruler, as is its apparent meaning.*—[*Rashi*]

therefore, on that day—The day *of*

4. For so said the Lord God, "My people first went down to Egypt to sojourn there, but Assyria oppressed them for nothing."
5. "And now, what have I here," says the Lord, "that My people has been taken for nothing. His rulers boast," says the Lord, "and constantly all day My name is blasphemed.
6. Therefore, My people shall know My name; therefore, on that day, for

the reign of another nation.—[*Ibn Ezra*]

captive—Heb. שְׁבִיָּה, *like* שְׁבוּיָה, *captive.*—[*Rashi*]

3. **You were sold for nought**—*Because of worthless matters, i.e. the evil inclination, which affords you no reward.*—[*Rashi*] I.e, you were sold for following your temptation, for which you receive no benefit.

Ibn Ezra explains: I sold you without money.

Alternatively, not for money but because of your sins.—[*Redak*]

and you shall not be redeemed for money—*but with repentance.*—[*Rashi, Redak*]

4. **My people first went down to Egypt**—*They—the Egyptians—had somewhat of a debt upon them, for they served for them as their hosts and sustained them, but Assyria oppressed them for nothing and without cause.*—[*Rashi*]

He mentions the two exiles, the Egyptian exile and the Babylonian exile, for the king of Assyria was also the king of Babylonia. He says, "My people first went down to Egypt to sojourn there, and similarly, Assyria oppressed them for nothing." Each one of them oppressed them for nothing, for Egypt had no right to enslave them and work hard with them, since they just came there to sojourn at first. Assyria, too, had no claim against them. Why, then, did Sennacherib exile the ten tribes and Nebuchadnezzar exile Judah and Benjamin? Although God had decreed that the Israelites would be enslaved in Egypt, the Egyptians were too harsh with them. Similarly, although God had decreed that Assyria would conquer them, the prophet states, "(Zech. 1:15) I was a little angry, but they helped to do harm," meaning that the gentiles went further than God's decree required.—[*Redak*] Note the difference between *Rashi* and *Redak* as regards the Egyptian bondage.

5. **And now, what have I here**—*Why do I stay and detain My children here?*—[*Rashi*]

What have I here that I keep My children so long in this exile? So will God say at the time of the redemption.—[*Redak*]

that My people has been taken for nothing—They are not detained because they have no ransom money, but because of their sins, and they have already received their punishment.—[*Redak*]

His rulers—the nations that rule over the Jews.—[*Targum Jonathan*]

boast—Heb. יְהֵילִילוּ. *Boast saying,*

אֲנִי־הוּא הַֽמְדַבֵּר הִנֵּֽנִי׃ ז מַה־נָּאווּ עַל־
הֶֽהָרִים רַגְלֵי מְבַשֵּׂר מַשְׁמִיעַ שָׁלוֹם
מְבַשֵּׂר טוֹב מַשְׁמִיעַ יְשׁוּעָה אֹמֵר לְצִיּוֹן
מָלַךְ אֱלֹהָֽיִךְ׃ ח קוֹל צֹפַיִךְ נָשְׂאוּ קוֹל
יַחְדָּו יְרַנֵּנוּ כִּי עַיִן בְּעַיִן יִרְאוּ בְּשׁוּב יְהוָה
צִיּֽוֹן׃ ט פִּצְחוּ רַנְּנוּ יַחְדָּו חָרְבוֹת יְרוּשָׁלָ‍ִם
כִּֽי־נִחַם יְהוָה עַמּוֹ גָּאַל יְרוּשָׁלָֽ‍ִם׃ י חָשַׂף

ת"א נאוו. ברכות ו׳: קול צופיך סנהדרין לח זוהר בשלח פקודי: חשף ה׳. (ברכות יג):

תרגום

בְּעִדָּנָא הַהִיא תֵּידְעוּן אֲרֵי אֲנָא הוּא דְמַלֵּלִית וּמֵימְרִי קַיָם: ז מָה יָאֲיָן עַל טוּרֵי אַרְעָא דְיִשְׂרָאֵל רַגְלֵי מְבַסַּר מַשְׁמַע שְׁלָם מְבַסַּר טַב מַשְׁמַע פּוּרְקָן אָמַר לִכְנִשְׁתָּא דְצִיּוֹן אִתְגְּלִיאַת מַלְכוּתָא דֶאֱלָהָיִךְ: ח קָל פַּרְנָסַיִךְ דִמְרִימִין קָלְהוֹן כַּחֲדָא מְשַׁבְּחִין אֲרֵי בְעֵינֵיהוֹן יֶחֱזוּן גְבוּרָן דִי עֲבַד יְיָ כַּד יָתֵיב שְׁכִנְתֵּהּ לְצִיּוֹן: ט בּוּעוּ וְשַׁבַּחוּ כַּחֲדָא חָרְבַת יְרוּשְׁלֵם אֲרֵי עָתִיד יְיָ לְנַחָמָא עַמֵּהּ פָּרִיק יְרוּשְׁלֵם: י גַלֵּא יְיָ יַת דְרַע קוּדְשֵׁהּ לְעֵינֵי כָּל עַמְמַיָא וְיֶחֱזוּן כָּל דִבְסֵיפֵי

רש"י

ביום. גאולתם יבינו כי אני הוא המדבר והנני קיימתי: (ח) צופיך. צופים שמעמידין על החומות והמגדלים לבשר ולראות מי בא לעיר: (י) חשף. גלה:

רד"ק

שיתקיימו ההבטחות ההם ידעו כי אני הוא שדברתי אותם והנני כמו שהייתי לא שניתי ולא אשנה אלא שהם לא ידעוני כמו שידעוני אז בעת הגאולה: (ז) מה נאוו. שרשו אוה והאל"ף נחה והנו"ן לנפעל וכן נאוו לחייך והוא ענין יופי. ואמר ענין יופי על הרגלים על דרך משל כמו מה יפו פעמיך כלומר מה יהיו נאים ויפים רגלי המבשר שיעלה על ההרים להשמיע קול לבשר שלום וטוב וישועה ולאמר לציון מלך אלהיך כי עד הזמן ההוא לא יראה שהוא מלך אבל אז יאמרו הכל שהוא מלך כמו שאמר והיתה לה' המלוכה. והענין דרך משל כי ידוע הדבר בעולם כלו כאלו אנשים על ההרים משמיעים קול הישועה. וכן דרך העולם לבשר על הטובה הזריז משובח לבשר עליה: (ח) קול צופיך. נביאיך כי הנביא יקרא צופה כמו צופת נתתיך על הגוים לפי שהוא צופה העתידות ואחר כן פירש מה יהיה קול צופיך. ואמר נשאו קול כלומר שיוציאו קול בשמחה: ויחדיו ירננו. כי יראו עין בעין בשוב השם ציון כלומר יראו במראה הנבואה כי שב הכבוד לציון והוא רוח הנבואה שפסקה משמתו חגי זכריה ומלאכי וכעת הישועה תשוב רוח הנבואה לקדמותה ועוד יותר משהיתה וכן אשר עין בעין נראה אתה השם כי כולם היתה בהם רוח הנבואה במעמד הר סיני מלבד הכבוד שראו בחוש העין וי"ת צופיך פרנסיך: (ט) פצחו. ענינו הרמת קול. וכן פצחו רנה: (י) חשף. דרך משל כלומר כי ישועת ישראל

אבן עזרא

(ז) מה. אחר שאושיעך וזה הטעם הנני. מה נאוו מבניין נפעל מגזרת וכי תאוה הוא לעינים והאומ' כי הנו"ן שורש אינו אמת אע"פ שתמצא זאת הלשון בלשון חכמינו: מלך אלהיך. זה הוא הנני: (ח) קול. צופים שיש לך וכלם ישאו קול לבשרך: כי עין בעין. כי כלם יראו בעינים שבב ה' ציון וכמוהו אשר עין בעין נראה אתה ה': (ט) פצחו. לשון צחות וכן בלשון קדר הנה הוא כטעם דיבור: (י) חשף.

מצודת ציון

(ש"א כ'): (ז) נאוו. מל' נאה ויופי: מבשר. כן נקרא המשמיע חדשות: (ח) צופיך. ענין הבטה וראיה: (ט) פצחו. פתחו פה בהרמת קול שמחה וכן פצחי רנה וצהלי (לקמן נ"ד): (י) חשף.

מצודת דוד

ביום ההוא. ר"ל לכן ידע ביום ההוא כי אני הוא המדבר והמבטיח להביא הגאולה והנני קיימתי הבטחתי: (ז) מה נאוו. מה מאד נאים רגלי המבשר העולה על ההרים להשמיע הקול למרחוק ומשמיע שלום וכו' וכפל הדבר פעמים ושלש כמ"ש לפי מרבית השלום והישועה: אומר לציון. המבשר יאמר לציון הנה מלך אלהיך ר"ל הראה מלכותו וממשלתו לכל העולם: (ח) קול צפיך. קול של הצופים העומדים על המגדלים לראות ולבשר מי בא לעיר וחוזר ומפרש מה יהיה הקול ואמר כולם יחדיו ישאו קול וירננו בשמחה: כי עין בעין. ר"ל ראיה וודאית ונאמנה וכן אשר עין בעין נראה אתה ה' (במדבר י"ד): בשוב. כאשר שב ה' אל ציון להשרות שם שכינתו כמאז: (ט) פצחו וגו'. הבתים החרבות אשר בירושלים פתחו פה להרים קול שמחה ורננו יחדיו והוא ענין מליצה: כי נחם. על כי נחם ה' את עמו במה שהביא להם הטובה: גאל ירושלים. מיד העכו"ם המושלים בה: (י) חשף ה'. גלה זרועו להכות בהם ואמר

together they shall sing, for eye to eye they shall see etc.—All the prophets will rejoice because they will see clearly in their prophetic visions that God will shortly return to Zion. This represents the restoration of prophecy prior to the advent of the Messiah. Prophecy had terminated after the last three prophets, Haggai, Zechariah, and Malachi. Before the redemption, it will return on a higher level than it was previously. This is the connotation of "eye to eye."—[*Redak*]

9. **Burst out in song . . . O ruins of Jerusalem**—This is figurative of the great joy at that time.—[*Mezudath David*]

I am He Who speaks, here I am." 7. How beautiful are the feet
of the herald on the mountains, announcing peace, heralding
good tidings, announcing salvation, saying to Zion, "Your God
has manifested His kingdom." 8. The voice of your watch-
men—they raised a voice, together they shall sing, for eye to eye
they shall see when the Lord returns to Zion. 9. Burst out in
song, sing together, O ruins of Jerusalem, for the Lord has con-
soled his people; He has redeemed Jerusalem.

their redemption, they will understand that I am He Who speaks, and behold, I have fulfilled the prophecy.—[*Rashi*]

My name, which was not known during the exile, will then be known, not only by My people, but also by the other nations of the world. The prophet states, "My people," because they will truly know His name, and they will know that the prophecy was not given in vain, but that it is true. Thus, they will know that the prophets did not speak on their own, but that "I am He Who speaks." When they experience the realization of the prophecies, they will know that the prophets truly spoke in God's name.—[*Redak*]

here I am—I am now as I was; I have not changed, neither will I change, only that they did not know Me as they will know Me at the time of the redemption.—[*Redak*]

7. **How beautiful etc.**—How beautiful will the feet of the herald be, when he ascends the mountains to announce the good tidings to Israel, the tidings of peace, good, and salvation, and to report that God's kingdom has become manifest, for until that time His kingdom will not be manifest, but then, all will agree that God reigns. This is figurative of the publicity the matter will receive. It will be well-known, as though heralds were sent to the mountaintops to announce it.—[*Redak*]

Malbim explains the four expressions, as follows:

announcing peace—The first announcement will be that there is peace from the enemies.

heralding good tidings—The rebuilding of the Temple and the restoration of the Davidic dynasty, i.e. the King Messiah.

announcing salvation—The ingathering of the exiles.

saying to Zion etc.—The manifestation of the kingdom of Heaven throughout the land and among all nations.

8. **The voice of your watchmen**—*The watchmen who are stationed on the walls and the towers to report and to see* (*to see and to report*—*Parshandatha*) *who comes to the city.*—[*Rashi*]

they raised a voice—All your watchmen will raise their voices to report to you.—[*Ibn Ezra*]

Redak renders: Your prophets. The prophet is called צוֹפֶה because he sees what is destined to befall the people.

יְהוָה אֶת־זְרוֹעַ קָדְשׁוֹ לְעֵינֵי כָּל־הַגּוֹיִם
וְרָאוּ כָּל־אַפְסֵי־אָרֶץ אֵת יְשׁוּעַת
אֱלֹהֵינוּ׃ יא סוּרוּ סוּרוּ צְאוּ מִשָּׁם טָמֵא
אַל־תִּגָּעוּ צְאוּ מִתּוֹכָהּ הִבָּרוּ נֹשְׂאֵי כְּלֵי
יְהוָה׃ יב כִּי לֹא בְחִפָּזוֹן תֵּצֵאוּ וּבִמְנוּסָה
לֹא תֵלֵכוּן כִּי־הֹלֵךְ לִפְנֵיכֶם יְהוָה

דבסיפי ארעא ית
פורקנא דאלהנא :
יא אתפרשו אתפרשו
פוקו מתמן במסאב
לא תקרבון פוקו מגוה
אתבחרו נטלי מני בית
מקדשא דיי : יב ארי לא
בבהילו תפקון מביני
עממיא ובעירוקי לא
תתובלון לארעכון ארי
מדבר קדמיכון יי
ועתיד לבנשא גלותכון

רש"י

קמץ בז"ק

(יא) צאו מתוכה. מתוך הגלות כי כל נחמות הללו האחרונו' אינן אלא על גלות האחרון: טמא אל תגעו. שקץ יהיו לכם מליגע בהם: הברו. הטהרו: נשאי כלי ה'. הכהנים והלוים שהייתם נושאים כליו של הקב"ה במדבר (מכאן לתחיית המתים): (יב) כי הולך לפניכם. שני דברים שבסוף המקרא הזה מיישבין שני דברים שבראשו. כי לא בחפזון תצאו. מה טעם כי הולך לפניכם ה' לנהותכם הדרך זמי ששלוחו מקדים לפניו לנחותו הדרך אין יציאתו בחפזון. ובמנוסה לא תלכון לפי שמאסיפכם אלהי ישראל הולך מאחריכם לשמור אתכם מכל רודף כמו ונסע דגל מחנה דן מאסף לכל המחנות ההולך אחרי המחנה קרוי מאסף

מהר"י קרא

מזומן לקיים: (יא) הברו נשאי כלי ה'. התבררו נושאי כלי ה'. אלו ישראל שנושאין עול מצותי: (יב) כי לא בחפזון תצאו. ולא פירש מה גורם. חוזר ומפרש כי לא בחפזון תצאו. מה טעם כי הולך לפניכם ה'. ובמנוסה לא תלכון. שמאספכם אלהי ישראל. מאספכם הולך אחריכם. כמו דגל מחנה בני דן מאסף

אבן עזרא

הטעם הראה' גבורתו כגבור שיהרוג בכח זרועו: כל אפסי ארץ. יש אומרים קצות הארץ בלא חסר רק מהטעם ואחרים אמרו כי כמהו ואשור באפס עשקו כאילו אמר באפסו ועוד כמוהו אני ואפסי ויש אומרי' שהאל"ף נוסף כמו פיסת בר והנכון בעיני שהוא כמו מי אפסי' ואל תתמה כי הפסוק ישים יד ורגל ובטן ופה והטעם ידוע שהמדבר הוא בן אדם וכן השומע ישים הדברים בדרך משל כאילו הם על צורות בן אדם להבין השומעים: (יא) סורו. אמר רבי משה הכהן ז"ל צאו מתוכה של בבל והנכון בעיני שמלת סורו סורו טמא על הגולה שהיא בינות הגוים סורו סורו פעמים דרך מהירות כמו סורה אדוני: צאו משם. כל אחד ואחד ממקו' גלותו: טמא אל תגעו. שיבדלו מאומות העולם: צאו מתוכה. כל אחד ממדינת גלותו כי אין בכל הפרשיות למעלה זכר בבל: הברו נושאי. בנין נפעל והיה ראוי להדגש בעבור אות הכפל: נשאי כלי ה'. הם ישראל נושאי התורה ויש אומ' על הלוים שהם נושאי הארון והראשון נכון בעיני: (יב) כי לא בחפזון תצאו. כאשר יצאתם ממצרים: כי הולך לפניכם. כבוד השם וטעם מאספכם בעבור שהם מפוזרים בגלות ולפי דעתי כי השם יסוב אתם כי הכבוד הולך לפניהם ואחריהם כמו מאסף

רד"ק

תהיה בגלוי וכן וזרועך חשופה גלויה: (יא) סורו סורו. הכפל לחזק: משם. ממקום הגלות: מתוכה. מתוך כל עיר ועיר שאתם בה: הברו. הנקו מכל טומאה ומכל עון: נשאי כלי ה'. כלי זיין שלכם יהיו כלי ה' ולא חרב ולא חנית אלא חסדי האל ורחמיו הם יהיו כליכם בצאתכם מהגלות וטעמו לפניו: (יב) כי לא בחפזון. כלומר ביד רמה תצאו אל תפחדו מאדם ולא תהיו צריכים לכלי זיין וי"ת נטלי מאני דבית מקדשא. ולא ידעתי דעתו כי אין בזה הגלות כלי בית המקדש פשו שהיו בגלות בבל שנשאו אותם בצאתם מהגלות: כי הולך לפניכם. לפיכך תצאו בנחת כי לא תיראו מאדם אבל ממצרים יצאו בחפזון לפי שהמצריים היו ממהרים אותם לצאת מפני מכותם אבל משיצאו מן העיר הלכו בנחת ביד רמה:

מצודת דוד

במשל מגבור המגלה זרועו להלחם מול האויב: כל אפסי ארץ. כל היושבים בקצות הארץ: (יא) סורו סורו. הכפל לומר במהירות רב סורו מארץ העמים ולאו משם: טמא אל תגעו. אנשי הארץ עכו"ם טמא יהיה לכם אל תגעו בהם: צאו מתוכה. מתוך כל עיר שאתם בה: הברו נושאי כלי ה'. הנקו מכל טומאה אתם הנושאים כלי ה' ר"ל כלי זיין שלכם יהיה כלי ה' שהם התורה והמצות לא חרב ולא חנית: (יב) כי לא בחפזון. אלא לא תלאו בחפזון ובהלה ר"ל עם כי אמרתי שתסורו משם במהירות מ"מ לא תלאו בבהלה כאדם המפחד ולא תלכון במנוסה וכדיפה כאדם הבורח: כי הולך וגו'. כי ה' הוא ההולך לפניכם והוא המאסף ללכת אחריכם וא"כ תהיו

מצודת ציון

גלה כמו חשפי שובל (לעיל מ"ז): אפסי. קצות כי בקצות הארץ כאלו אפס וכלה: (יא) הברו. מל' ברור ונקי: (יב) כי. אלא: בחפזון. ענין מהירות הבהלה: ובמנוסה. מלשון ניסה ורדיפה: ומאספכם. ההולך אחר המחנה נקרא מאסף וכן מאסף לכל המחנות (במדבר י') וזהו לפי שהוא מאסף כל הנכשלים הנשארים

returned from Rome, where they were taken after being pillaged from the Second Temple.

Redak explains that the vessels of God will be their weapons, i.e. God's kindness and mercy, not swords and spears. God's kindness and mercy will protect them upon their departure from the lands of the Diaspora.

12. **For not with haste shall you go forth**—as you went forth from Egypt.—[*Ibn Ezra*]

for ... goes before you—*Two*

10. The Lord has revealed His holy arm before the eyes of all
the nations, and all the ends of the earth shall see the salvation
of our God. 11. Turn away, turn away, get out of there, touch
no unclean one; get out of its midst, purify yourselves, you who
bear the Lord's vessels. 12. For not with haste shall you go
forth and not in a flurry of flight shall you go, for the Lord
goes before you,

10. **has revealed**—Heb. חָשַׂף.—[*Rashi, Jonathan, Mezudath Zion*]

This is figurative of Israel's salvation, which will be revealed at that time.—[*Redak*]

It is figurative of the revelation of God's power, comparing Him to a mighty warrior, who strikes with the power of his arm.—[*Ibn Ezra*]

God is compared to a mighty warrior who rolls up his sleeves to fight.—[*Mezudath David*]

11. **Turn away, turn away**—The repetition is for emphasis.—[*Redak*]

of there—Of the place of exile.—[*Redak*]

touch no unclean one—*They shall be abominable to you to touch them.*—[*Rashi*]

Abarbanel sees this as an indication that Jerusalem will be in the hands of the Ishmaelites when the Messiah reveals himself. They are referred to above (v. 1) as 'unclean.' It may also allude to all gentiles.

get out of its midst—*Out of the midst of the exile, for all these last consolations refer only to the last exile.*—[*Rashi*]

Redak explains; Out of the midst of every city in which you are found.

Ibn Ezra quotes *Rabbi Moshe Hakohen,* who explains the entire Book as alluding to the redemption from Babylonian exile. He renders: Get out of its midst, out of the midst of Babylon. *Ibn Ezra* objects to this interpretation on the grounds that the prophet exhorts them to turn away and not to touch any unclean one. It appears that he is addressing those exiled among the nations.

purify yourselves—Heb. הִבָּרוּ.—[*Rashi*] I.e., purify yourselves from all the contamination and from all iniquity.—[*Redak*]

you who bear the Lord's vessels—*You, the priests and the Levites, who carried the vessels of the Holy One, blessed be He, in the desert (from here is proof of the resurrection of the dead).*—[*Rashi*] The parenthetic words appear only in printed editions of *Rashi,* not in the manuscripts or in *K'li Paz. Jonathan* paraphrases: You, who carry the vessels of the Temple of the Lord. The intention is probably that the Jews will bring back the vessels taken from the Temple by the Babylonians and the Romans. *Redak* questions this interpretation, since they do not have the vessels of the Second Temple, as we did those of the First Temple in Babylon. Laniado answers that the vessels will be

וּמְאַסִּפְכֶם אֱלֹהֵי יִשְׂרָאֵל׃ יג הִנֵּה
יַשְׂכִּיל עַבְדִּי יָרוּם וְנִשָּׂא וְגָבַהּ מְאֹד׃
יד כַּאֲשֶׁר שָׁמְמוּ עָלֶיךָ רַבִּים כֵּן־מִשְׁחַת
מֵאִישׁ מַרְאֵהוּ וְתֹאֲרוֹ מִבְּנֵי אָדָם׃ טו כֵּן
יַזֶּה גּוֹיִם רַבִּים עָלָיו יִקְפְּצוּ מְלָכִים פִּיהֶם
כִּי

ת"א ישכיל עבדי . זוהר ויצב :

תרגום

אֱלָהָא דְיִשְׂרָאֵל׃ יג הָא יַצְלַח עַבְדִּי מְשִׁיחָא יְרוּם וְיִסְגֵּי וְיִתְקוֹף לַחֲדָא׃ יד כְּמָא דִסְבַרוּ לֵיהּ בֵּית יִשְׂרָאֵל יוֹמִין סַגִּיאִין דַהֲוָה חֲשִׁיךְ בֵּינֵי עַמְמַיָא חֵיזְוֵיהוֹן וְזִיוְהוֹן מִבְּנֵי אֱנָשָׁא׃ טו כֵּן יְבַדֵּר עַמְמִין סַגִּיאִין עֲלוֹהִי יִשְׁתְּקוּן מַלְכִין

ישוון

מהר"י קרא

לכל המחנות : (יג) הנה ישכיל עבדי. ישראל עבדי ירום ונשא וגבה מאוד : ומדרש רבותינו. ירום מאברהם דכתיב ביה הרימותי ידי אל ה' וגו'. ונשא ממשה דכתיב ביה כאשר ישא האומן את היונק. וגבה ממלאכי השרת שכתוב וגביהן וגובה להם: (יד) כאשר שממו עליך רבים כן משחת כאיש מראהו. של עם זה. היאך איפשר דבר זה שבענין זה שאנו רואין יהא משחת מאיש מראהו*) זה ותוארו מבני אדם: (טו) כן יזה גוים רבים. כן עתה גם הוא תגבר ידו וידה את קרנות העכו"ם אשר זירוהו :

*) בנתיים המקום חלק בכ"י כשיעור ג' תיבות .

רש"י

לפי שהוא ממתין את הנחלשים ואת הנכשלים וכן הוא אומר ביהושע והמאסף הולך אחרי הארון : (יג) הנה ישכיל עבדי. הנה באחרית הימי' יצליח עבדי יעקב לדיקים שבו: (יד) כאשר שממו. כאשר תמהו עליהם עמים רבים בראותם שפלותם ואמרו זה אל זה כמה משחת מאיש מראהו (של ישראל) ראו מה תארם השוך משאר בני אדם כן כאשר אנחנו רואים בעינינו : (טו) כן יזה גוים רבים.

רד"ק

(יג) הנה ישכיל עבדי. הפרשה הזאת נאמרה על גלות ישראל וקרא אותו עבדי כמו שאמר ואתם ישראל עבדי יעקב אשר בחרתיך אמר הנה יבא עת שיצליח עבדי וירום ונשא וגבה מאד: ישכיל. יצליח. כמו ויהי דוד בכל דרכיו משכיל וכן ת"י ויצלח ואמר ירום ונשא וגבה אמר לשון המעלה בכל לשון לפי שמעלתו תהיה מעלה יתרה ועתה אפרש הפרשה כמו שפירשה א"א ז"ל בספר הגלוי : (יד) כאשר שממו. ענין תמיה כמו משמים בתוכם. אמר כאשר תמהו מרוב שפלותך. והדין היה עליהם שיתמהו כי היו רואים שהיה משחת יותר מכל איש מראהו ותארו יותר משאר בני אדם ואשר מדבר פעם לנכח כמ"ש עליך ופעם שלא לנכח כמ"ש מראהו ותארו כן דרך המקראות בכמה מקומות כמו שכתבנו. והחכם רבי אברהם פירש כי כן משחת מאיש מראהו דברי הגוים שיתמהו על ישראל ויאמרו כי משחת מאיש מראהו כי כמה עכו"ם יש בעולם שיחשבו כי צורות היהודי משונה מכל הצורות גם יש בהם שישאלו היש להיהודי פה או עין. כן הוא בארץ ישמעאל ובארץ אדום: משחת. בחיר"ק המ"ם והוא תאר וכן הערים המבדלות בחיר"ק המ"ם תאר ותארו בחולם מפני האל"ף : (טו) כן יזה. ענין דביר כמו יטיף שהוא בענין הזיה. וכענין דבור. נטפו מים ל' הזיה.אל יטיפו יטיפון ל' דבור. כן יזה ענין

אבן עזרא

לכל המחנות : (יג) הנה ישכיל עבדי. זאת הפרשה קשה מאד אמרו בעלי פלוגתינו שהוא רמז לאלהיהם ויפרשו עבדי הגוף וזה לא יתכן כי הגוף לא ישכיל ואפי' כשאדם הי' ועוד מה טעם יראה זרע יאריך ימים והוא לא היה לו כך ועוד יאריך ימים ולא היה כן ועוד ואת עצומים יחלק שלל והראיה גמורה כי למעלה כי הולך לפניהם ה' והם ישר' ואחר כך רני עקרה והיא כנסת ישראל והנה טעם עבדי כל מי שהיה בגלות מישראל והוא עבד השם ורבי' פירשוהו על משיח בעבור שאמרו קדמונינו ז"ל כי ביום שחרב בית המקדש נולד משיח והוא אסור בזיקים והנה אין טע' לפסוקי' רבים נבזה וחדל אישים מעוצר וממשפט לוקח ויתן את רשעים קברו ומה טעם יראה זרע יאריך ימים והגאון רב סעדיה ז"ל פירש כל הפרשה על ירמיה ויפה פירש וטעם יזה גוים רבים כפיו בדרך נבואתו גם כתב בתחלת ספרו כיונק לפניו כי קטן הי' כאשר נתנבא וה' הפגיע בו והוא חטא רבים נשא כי כן כתב זכר עמדי לפניך לדבר עליהם טובה כשה לטבח יובל וכן כתב ואני ככבש אלוף יובל לטבח ופירש ואת עצומים יחלק שלל על ארוחה ומשאת שנתן לו רב טבחים. והנכון בעיני כי כל הפרשה דבקה כי מה טעם להזכיר ירמיהו אחר הנחמות ולפני הנחמות והנה ידבר על כל עבד ה' שהוא בגלות או יהיה עבדי כמו ישראל עבדי וזה קרוב מזה והנה ישכיל יבין עבדי כי עוד ירום ונשא מבנין נפעל : (יד) כאשר שממו עליך. כמו ושממו עליה אויביכם והטעם שישתוממו כל מי שיראה עבד השם וטעם רבים הגוים וטעם כן כאילו אמר היה כן : כן משחת מאיש. והנה משחת תאר השם ותארו בא על דרך רחבו וזה דבר ידוע כי כמה גוים יש בעולם שיחשבו כי צורת היהודי משונה מכל הצורות ושאלו היש ליהודי פה או עין כן בארץ ישמעאל ובאדום: (טו) כן יזה. זה הטעם כמו ירום וינשא כאשר היה כן ממתנו שנשחת תוארו בעיני הרואים כן יבא זמן שינקם מהם וטעם

מצודת ציון

אחרונה: (יג) ישכיל. הוא ענין הצלחה כי המצליח בדבר נראה כאלו עשה מעשהו בהשכל וכן ויהי דוד לכל דרכיו משכיל(ש"א י"ח): (יד) שממו. ענין תמיהה כמו פנו אלי והשמו (איוב כ"א) : כן. ענינו כמו אמת כמו כן בנות צלפחד דוברות (במדבר כ"ז) : מראהו. היא זיו קלסתר פנים בלובן ובהירות : ותארו. היא צורת הפרצוף: (טו) יזה. מל' הזאה והטפה כמו ויז מדמה על בגדי (לקמן ס"ג): קפצו. ענין סגירה כמו ועולתה קפצה פיה (איוב ה') : התבוננו.

מצודת דוד

בטוחים ביותר: (יג) הנה ישכיל עבדי. אז יצליח עבדי ישראל וקראו כולם בל' יחיד כדרך המקרא במקומות רבות: ירום וגו'. יהיה רם ונשא וגו' וכפל הדבר במ"ש לפי מרבית הגדולה והממשלה: (יד) כאשר שממו. כפי שיעור מרבית התמהון אשר תמהו רבים על שפלותם באמרו כן אמת נשחת מראהו ממראה איש ותארו משונה מתואר בן אדם ר"ל אין בו לא ממשלה ולא גבורה ולא ממלכות הכל: (טו) כן יזה גוים רבים. כמרבית השיעור הזה

would see that "his appearance is marred more than that of any man and his features more than that of other people."

Ibn Ezra explains that there are many who wonder about the appearance of the Jew and say, "So is his appearance . . ." There are many

and your rear guard is the God of Israel. 13. Behold My servant shall prosper; he shall be exalted and lifted up, and he shall be very high. 14. As many wondered about you, "How marred his appearance is from that of a man, and his features from that of people!" 15. So shall he cast down many nations; kings shall shut their mouths because of him,

things at the end of this verse explain two things in its beginning, viz. *For not with haste shall you go forth. What is the reason? For the Lord goes before you—to lead you on the way, and one whose agent advances before him to lead him on the way—his departure is not in haste. And not in the flurry of flight shall you go, for your rear guard is the God of Israel. He will follow you to guard you from any pursuer. Comp.* "(Num. 10:25) *And the division of the camp of Dan shall travel, the rear guard of all the camps." Whoever goes after the camp is called* מְאַסֵּף, *the rear guard, because he waits for the stragglers and the stumblers. Similarly, Scripture states in Joshua* (6:13): *"And the rear guard was going after the Ark."*—[*Rashi* in printed editions and in *K'li Paz*]

You shall not go forth with haste because you will fear no one, since God will guard you both from the front and from the rear. When Israel left Egypt, however, they left in haste because the Egyptians hastened them out in order to free themselves of the plagues. After they left the city, however, they went slowly, as the Torah relates: "(Ex. 14:8) And the children of Israel were going forth with a high hand."—[*Redak*]

and your rear guard—See *Rashi*. *Ibn Ezra* translates literally: And your gatherer shall be the God of Israel. Since they are scattered throughout the world, God will gather them and bring them back to the land of Israel. He also suggests *Rashi*'s interpretation.

13. **Behold My servant shall prosper**—*Behold, at the end of days, My servant, Jacob,* i.e. *the righteous among him, shall prosper.*—[*Rashi*]

This section refers to the Jews in exile, whom He calls, "My servant." Comp. supra 41:8.—[*Ibn Ezra, Redak*]

shall prosper—Heb. יַשְׂכִּיל. Comp. I Sam. 18:14.—[*Redak*]

he shall be exalted and lifted up, and he shall be very high—He shall be raised to an extremely high status.—[*Redak*]

Ibn Ezra renders: My servant shall understand that he will yet be exalted and lifted up.

14. **As many wondered**—*As many peoples wondered about them when they saw them in their humble state, and said to one another, "How marred is his (Israel's) appearance from that of a man! See how their features are darker than those of other people, so, as we see with our eyes."*—[*Rashi*]

Redak quotes his father, who explains that their bewilderment was indeed warranted, because they

כִּי אֲשֶׁר לֹא־סֻפַּר לָהֶם רָאוּ וַאֲשֶׁר לֹא־
שָׁמְעוּ הִתְבּוֹנָנוּ: נג א מִי הֶאֱמִין
לִשְׁמֻעָתֵנוּ וּזְרוֹעַ יְהוָה עַל־מִי נִגְלָתָה:
ב וַיַּעַל כַּיּוֹנֵק לְפָנָיו וְכַשֹּׁרֶשׁ מֵאֶרֶץ צִיָּה
לא

יְשׁוּוֹן יְדֵיהוֹן עַל פּוּמְהוֹן
אֲרֵי דְלָא אִשְׁתְּעִיאוּ
לְהוֹן חֲזוֹ וּדְלָא שְׁמָעוּ
אִסְתַּכָּלוּ: א מַן הֵימִין
לִבְסוּרְתָנָא דָא וּתְקוֹף
דְּרַע גְּבוּרְתָּא דַיְיָ כְּדוֹן
עַל מַן אִתְגְּלִיאַת:
ב וְיִתְרַבָּא צַדִּיקָא
קֳדָמוֹהִי הָא כְּלַבְלְבִין
דְּפָרְחִין וּכְאִילָן דִּמְשַׁלַּח שׁוֹרְשׁוֹהִי עַל נִגְדִּין דְּמַיִן כֵּן יִסְגּוֹן תּוֹלְדַת קוּדְשָׁא בְּאַרְעָא דַּהֲוַת

רש"י

יקפצו. יסגרו פיהם מרוב תימהון: כי. כבוד. אשר לא סופר להם. על שום אדם ראו בו: התבוננו. הסתכלו: נג (א) מי האמין לשמועתינו. כן יאמרו האומות איש לרעהו אלו היינו שומעים מפי אחרים מה שאנו רואין אין להאמין: וזרוע ה'. כזאת בגדולה והוד על מי נגלתה עד הנה: (ב) ויעל כיונק לפניו. העם הזה לפני בא לו הגדולה הזאת עם שפל היה מאד ועלה מאליו כיונק מיונקות האילנות: וכשורש. עלה מארץ ציה: לא תאר. היה לו מתחל' ולא הדר: ונראהו ולא מראה

מהר"י קרא

רבים. כשם ששממתו כן יגרש וינשל גוים רבים: עליו יקפצו מלכים פיהם. יעצרו במילים וכף ישימו לפיהם: כי אשר לא סופר להם ראו. לא תאמר שכל הנחמות שלא סופר להם לאומות שיתקיימו יראו בישראל: ואשר לא שמעו התבוננו. וטובות שלא שמעתם אזן יתבוננו בהן. ומי האמין לשעבר שהיו ישראל בשפלותן בינותינו שיבואו לגדולה:

נג (א) מי האמין לשמועתנו. כך יאמרו האומות שיהיו רואין את ישראל בגדלותן: וזרוע ה' על מי נגלתה. ומי האמין לשעבר שתגלה זרוע ה' על אומה בזויה כמותם: (ב) ויעל כיונק לפניו. העם שהיה בזוי ושסוי לשעבר. עכשיו עלה כיונק זה שיונקותיו נכנסין היום ומחר עולה ועושין אילן גדול. וכשורש הזה הנשרש בארץ ואחר כך ישא ענף ועשה פרי והיה לארז אדיר. כך עלה מארץ ציה. לשעבר בגלותן לא תואר לו ולא חדר ונראהו ולא מראה. מראה שאנו רואין בו עכשיו לא

אבן עזרא

יזה ישפוך דמיהם אז יקפצו מלכים פיהם והנה עליו כמו בשבילו: אשר לא ספר להם ראו. שלא עלה על לב הגוים שתהיה לישראל תשועה:

נג (א) מי. אז יאמרו הגוים מי האמין מי היה מאמין שתהיה כשמועה הזאת ששמענו: וזרוע ה' על מי נגלתה. לעולם כאשר נגלה על אלה: (ב) ויעל. והנה הוא עבד השם מישראל או כל ישראל לפני השם עולה כיונק כמו ילכו יונקותיו: וכשרש מארץ ציה. שלא יתן

רד"ק

דבור והוא יוצא לשלישי פראל"ר בלע"ז. אמר כמו שיתמהו על שפלותו כן יתמהו על גדולתו וידברו עליה תמיד: עליו יקפצו מלכים פיהם. אפי' למלכים יראה כבודם כבוד גדול. וכן אמר וראו גוים צדקך וכל מלכים כבודך: יקפצו. ל' פתיחת כמו מקפץ על הגבעות שהוא פתיחת המצעד בדלוג ובל' סגירה כמו לא תקפוץ ידך ושניהם יכולים להתפרש על מלת יקפצו יפתחו פיהם לספר בגדולתו או ישימו יד על פה מרוב תמהון: כי אשר לא סופר להם ראו. יותר יראו מגדולתו משסופר להם ויותר מאשר שמעו יתבוננו באותו הזמן מגדולתו: (א) מי האמין. העכו"ם יאמרו אז מי היה מאמין לשמועה שהיינו שומעים עליו מפי הנביאים או מפי האומרים בשמם לא היינו מאמינים מה שאנו רואים עתה בעינינו: וזרוע ה' על מי נגלתה. כמו שנגלתה על זה או יהיה פי' על מי דרך בזיון על מי נגלתה כמו שנגלתה על זה כלומר מי היה שנגלתה עליו זרוע ה': (ב) ויעל כיונק. מן ילכו יונקותיו כמו השרש שהוא בארץ ציה: ויעל כיונק. ממנו שאין לו תאר ולא הדר כן היה זה ולפי דעתי כי פי' עתה עלה זה מן הגלות לפני האל יעלה מהגלות על דרך פלא כמו אם יעלה יונק מארץ ציה או אם ימצא שרש עץ או עשב שצומח בארץ ציה שיהיה פלא

מצודת דוד

בעלמו ימשול ויגבור ידו ויאמן לבבו להזות ולטפטף דמי עמים רבים עובדי האליל: עליו יקפצו מלכים פיהם. על הדבר הזה יסגרו מלכי העכו"ם את פיהם לבלי דבר מאומה מרוב התמהון: כי אשר לא סופר להם ראו. ר"ל בעיניהם ראו הגדולה והממשלה עוד יותר ממה שסיפר להם כי הוסיף על השמועה: ואשר לא שמעו. כפל הדבר במ"ש: התבוננו. הסתכלו בהבנת אמתת הדבר כפי מה שהיא:

נג (א) מי האמין לשמועתינו. אז יאמרו הגוים הנה עד לא ראינו הדבר בעינינו מי מכולנו האמין אל השמועה אשר שמענו ממרבים הגדולה והממשלה הבאה לישראל: וזרוע ה'. חוזק כח זרוע ה' בעבור מי נגלתה מימות עולם לשנאמין שגלה זרוע עוזו בעבור ישראל: (ב) ויעל כיונק לפניו. לפני בא לו הגדולה הזאת עלה כענף היונק מן האילן שאין לו יניקה מן הקרקע אלא מן האילן ר"ל לא היה לו השפעה אחרת כ"א באמצעות העכו"ם: וכשורש מארץ ציה. ר"ל מעט ההשפעה שהיה לו מעצמו כלה ואבד כמעט זמן כשורש היוצא מארץ ציה ושממה תבלי לחלוחית מים שחים מהר יומלל ויבש: לא תואר לו ולא הדר. ר"ל ההשפעה לא היתה

מצודת ציון

ענין הסתכלות יתירה כמו ואתבונן אליו כבוקר (מ"א ג'):

נג (א) על מי. בעבור מי: נגלתה. מל' גלוי: (ב) כיונק. ענף רך היוצא מהאילן כמו מראש יניקותיו (יחזקאל י"ז):

we now see with our own eyes.—[*Redak*]

the arm of the Lord—*like this, with greatness and glory, to whom was it revealed until now?*—[*Rashi*]

Alternatively, this is an expression of derision. Who is this [insignificant nation], to whom the arm of the Lord was revealed.—[*Redak*]

2. **And he came up like a sapling before it**—*This people, before this greatness came to it, was a very hum-*

for, what had not been told them they saw, and [at] what they
had not heard they gazed.

53

1. Who would have believed our report, and to whom was the
arm of the Lord revealed? 2. And he came up like a sapling
before it, and like a root from dry ground,

gentiles who think that a Jew has an unusual shape. They even ask whether a Jew has a mouth or an eye. This is the situation in the land of Ishmael and in the land of Edom.

15. **So shall he cast down many nations**—*So now, even he—his hand will become powerful, and he will cast down the horns of the nations who scattered him.*—[*Rashi*]

Rashi explains יַזֶּה as another form of יַדֶּה, the *zayin* and *daleth* being sometimes interchangeable, especially between Hebrew and Aramaic. He equates this verse with Zech. 2:4, the expressions of which he uses in his commentary.

Redak equates יַזֶּה, literally 'he shall sprinkle,' with יַטִּיף, lit. 'he shall drip.' The latter is used in the sense of speech, letting words drip from the mouth. He theorizes that the same is true of the former. Hence, he renders: He shall cause many nations to talk about him. Just as they were bewildered by his humility, so shall they be bewildered by his greatness, and talk about him constantly.

Ibn Ezra, deriving the word from the same root, renders: He shall shed the blood of many nations.

Jonathan renders: He shall scatter many nations. This, too, is probably related to sprinkling.

shall shut—Heb. יִקְפְּצוּ. *They shall shut their mouths out of great bewilderment.*—[*Rashi*]

Redak renders: kings shall open their mouths. I.e. they shall open their mouths to speak about the greatness of Israel.

for—*honor*—

what had not been told them—*concerning any man, they saw in him.*—[*Rashi*]

they gazed—Heb. הִתְבּוֹנָנוּ.—[*Rashi*]

Ibn Ezra explains that the nations had no idea that Israel would merit salvation. Thus he explains: What was not told them of Israel before the redemption, they saw, and [at] what they did not hear of Israel prior to the redemption, they gazed.

Redak explains that the nations will be bewildered because more than was reported to them concerning Israel's salvation they will see.

1. **Who would have believed our report**—*So will the nations say to one another, "Were we to hear from others what we see, it would be unbelievable."*—[*Rashi*]

Alternatively, **Who believed our report**—Who believed the report we heard from the prophets concerning Israel, or from those reporting in their name? We did not believe what

לֹא־תֹאַר לוֹ וְלֹא הָדָר וְנִרְאֵהוּ וְלֹא־
מַרְאֶה וְנֶחְמְדֵהוּ: ג נִבְזֶה וַחֲדַל אִישִׁים
אִישׁ מַכְאֹבוֹת וִידוּעַ חֹלִי וּכְמַסְתֵּר פָּנִים
מִמֶּנּוּ נִבְזֶה וְלֹא חֲשַׁבְנֻהוּ: ד אָכֵן חֳלָיֵנוּ
הוּא נָשָׂא וּמַכְאֹבֵינוּ סְבָלָם וַאֲנַחְנוּ
חשבנהו

ת"א נבזה. עקרים מ"ד פי"ג: אכן חליינו. סנהדרין לח:

תרגום

צְרִיכָא לֵיהּ לָא חֵיזוּ חוּלָא חָזְוֵיהּ וְלָא אֵימְתֵיהּ אֵימַת הֶדְיוֹט וִיהֵי זִיו קוּדְשָׁא זִיוֵיהּ דְכָל דְיַחְזִינֵיהּ יִסְתַּכַּל בֵּיהּ: ג בְּכֵן יְהֵי לְבוּסְרָן וְיִפְסִיק יְקַר כָּל מַלְכְוָתָא יְהוֹן חַלָשִׁין וְדָוָן הָא כֶּאֱנָשׁ כֵּיבִין וּמְזוּמַן לְמַרְעִין וּכְמָא דַהֲוַת מְסַלְקָא אַפֵּי שְׁכִנְתָּא מִנַּנָא בְּסִירִין וְלָא חֲשִׁיבִין: ד בְּכֵן עַל חוֹבָנָא הוּא יִבְעֵי וַעֲוָיָתָנָא בְּדִילֵיהּ יִשְׁתַּבְקוּן וַאֲנַחְנָא

מהר"י קרא

דומה למראה שהיתה לו לשעבר: (ג) נבזה וחדל אישים. לשעבר היה נבזה וחדל אישים [וגו']. שאין לך אומה בעולם שהגיע אליו מכאובים כמכאובה. ולא חולי כחוליה: וכמסתר פנים ממנו נבזה ולא חשבנוהו. לשעבר כשהסתיר בוראם פניו מהם היה נבזה. ולא חשבנוהו לכלום: (ד) אכן חלינו הוא נשא. אבל עכשיו אנחנו רואין שואלהי אמת היא. [חלי שהיה ראוי לבא עלינו הוא] נשאם. ומכאובינו שאנו ראוין לסבול הוא סבלם: ואנחנו חשבנוהו נגוע מוכה אלהים ומעונה. יאנחנו כשהיינו רואין אותן נגועין ומוכין ומעונין. היינו

רש"י

ונחמדהו. וכשראינוהו מתחלה באין מראה היאך נחמדהו: ונחמדהו · תמוה הוא: (ג) נבזה וחדל אישים. היה. כן דרך הנביא הזה מזכיר כל ישראל כאיש אחד אל תירא עבדי יעקב ואתה שמע עבדי יעקב ואף כאן הנה ישכיל עבדי בבית יעקב אמר ישכיל ל' הצלחה הוא כמו ויהי דוד לכל דרכיו משכיל: וכמסתיר פנים ממנו. מרוב בשתם ושפלותם היו כמסתיר פנים ממנו הבושי פנים בטמון כדי שלא נראה אותם כאדם המנוגע שמסתיר פניו וירא מהביט: (ד) אכן חלינו הוא נשא. אכן ל' אבל בכל מקום אבל עתה אנו רואים שלא מחמת שפלותו בא לו אלא מיוסר היה ביסורין להיות כל האומות מתכפרים ביסוריהן של ישראל. חלי שהיה ראוי לבא עלינו הוא נשא: **ואנחנו חשבנוהו.**

רד"ק

כן היה פלא עלותו מהגלות והענין כפול במ"ש: לא תאר לו. בעוד שהיה בגלות לא היה לו תאר ולא הדר ר"ל פאר יפה: ונראהו ולא מראה. והיינו רואים אותו ולא היה מראהו יפה אלא כעור ומשונה משאר בני אדם: ונחמדהו. ולא היינו חומדים אותו אלא מתעבים אותו ולא שוכר עומד במקום שנים: (ג) נבזה. אין צ"ל שלא היינו חומדים אותו אלא אף נבזה היה בעינינו: וחדל אישים. פחות שמבני אדם היה או פי' חדל הוא מאישים שלא היו מתחברים עמו: איש מכאובות וידוע חולי. המכאובות והחולי הוא צער הגלות ופי' ידוע כי ידוע ורגיל היה לעבור עליו עול הגלות: וכמסתר פנים ממנו. היינו כמסתרים פנים ממנו שלא היינו רוצים להביט בו מרוב מאים שהיינו מואסים אותו ולא חשבנוהו לכלום: (ד) אכן חלינו. הנה כתב יחזקאל הנביא בן לא ישא בעון האב ואב לא ישא בעון הבן כל שכן איש אחד באיש אחר וכל שכן אומה באומה אחרת אם כן מה הוא חלינו הוא נשא מחולל מפשעינו ובחברתו נרפא לנו ואינו דומה לזה מה שאמר ירמיהו בספר קינות אבותינו חטאו ואינם ואנחנו עונותיהם סבלנו כי הוא על דרך פוקד עון אבות על בנים. והוא כשאוחזים הבנים מעשה אבותם בידיהם כמ"ש לשונאי שזהו משפט מאת האל שנושא הבן עונו ועון האב. ומה שאמר ירמיהו אמר על ל'

אבן עזרא

פרי שלא יגדל: לא תאר לו. פירושו כמו ותארו מבני אדם: ונראהו ולא מראה. ולא משרת עצמו ואחר עמו וכן הוא ולא נחמדהו וכמוהו מתן בסתר יכפה אף: (ג) נבזה וחדל אישים. חדל להחשב עם אנשי': איש מכאובות. עבד השם ואם על הכל הטעם כמו איש מלחמה והוא קרוב מטעם עלם והוא סמוך וטעם מכאובו' וחלי לצער הגלות: וכמסתר פנים ממנו. יש עד היום הזה גוי כאשר יראה יהודי יסתיר פניו ממנו והטעם שלא יראנו להושיעו: (ד) אכן. זה הוא ראש הפסוק אנחנו היינו מהליאים והוא היה נושא מכאובינו שהיינו מכאיבים אותו היה סובל ואנחנו

מצודת ציון

ציה. שממה ויבשה: הדר. ענין יופי: ונחמדהו. הוי"ו הוא במקום ה"ן וכן ויקחו לי תרומה (שמות כ"ה) ור"ל שיקחו לי תרומה: (ג) וחדל. ענין מניעה: אישים. אנשים: (ד) נשא.

מצודת דוד

שלימה ומהודרת כשורש היוצא מארץ ציה שאין לו לא תואר ולא הדר: ונראהו ולא מראה. וכאשר הסתכלנו בו ולא מצאנו בו מראה מפואר שנחמדהו על ידו ר"ל לא מצאנו בו לא גבורה ולא מעלות הלב לחמדו בעבור' ולזה היינו מתעבים אותו: (ג) נבזה וחדל אישים. על כי היה נבזה בעיני כל והיה חדל מאנשים כי לא היה מי מעכו"ם מתחבר עמו לגודל שפלתו והיה בעל מכאובות וידוע ומוחזק לכל בבעל חליים ולא היינו יכולים לראות בפניו כאלו הסתיר פניו ממנו לבל נראהו ר"ל שהיה בכל עת מעונה בגלות ביסורין ובשפלות עד שהיינו ממאסים להסתכל בפניו: נבזה ולא חשבנוהו. ר"ל לכן היה נבזה בעינינו ולא היינו מחשיבים אותו כי אמרנו יד ה' עשתה זאת כי מאס בו: (ד) אכן חלינו הוא נשא. אבל באמת לא מאס בו ה' כי כל חלי וכל מכאובי הגלות והשעבוד שסבל הכל בא מפא' עלמינו מה שהיינו מחליאים ומכאיבים אותו ברוע בהירקינו: ואנחנו חשבנוהו. אבל אנחנו טעינו והשבנו

man who hides his face and is afraid to look.—[*Rashi*]

Alternatively, it was as though we hid our faces from him. We did not want to look at him because of our contempt for him, for we counted him as naught.—[*Redak*]

Ibn Ezra remarks that, until this day, there is a nation whose members will hide their faces from a Jew if they see one, lest they be obliged to assist him.

he had neither form nor comeliness; and we saw him that he
had no appearance. Now shall we desire him? 3. Despised and
rejected by men, a man of pains and accustomed to illness, and
as one who hides his face from us, despised and we held him of
no account. 4. Indeed, he bore our illnesses, and our pains—he
carried them, yet we

ble people, and it came up by itself like a sapling of the saplings of the trees.—[*Rashi*]

and like a root—*he came up from dry land.*—[*Rashi*]

neither form—*had he in the beginning, nor comeliness.*—[*Rashi*]

and we saw him that he had no appearance. Now shall we desire him?—*And when we saw him from the beginning without an appearance, how could we desire him?*—[*Rashi*]

Now shall we desire him?—*This is a question.*—[*Rashi*]

Redak renders this in a slightly different manner from *Rashi*, as follows: **And he came up like a sapling before Him**—He came up from exile before God and closer to Him than any other nation (according to *K'li Paz*). He came up from exile in a miraculous manner, like a sapling that sprouts up from a dry land, for if the root of a tree or grass grows in dry ground, it is indeed a miracle. No less miraculous was Israel's ascent from exile.

he had neither form nor comeliness—As long as he was in exile, he did not have a beautiful appearance.—[*Redak*]

and we saw him that he had no appearance—We saw him that he did not have a beautiful appearance, but an ugly one, different from other people.—[*Redak*]

and we did [not] desire him—We did not desire him but we shunned him. The word 'not' in the earlier part of the verse serves for two, i.e. also for the end of the verse.—[*Redak*]

3. **Despised and rejected by men**—*was he. So is the custom of this prophet: he mentions all Israel as one man,* e.g. "(44:2) *Fear not, My servant Jacob,*" "(44:1) *And now, hearken, Jacob, My servant.*" *Here too,* "(52:13) *Behold My servant shall prosper,*" *he said concerning the house of Jacob.* יַשְׂכִּיל is *an expression of prosperity. Comp.* "(I Sam. 18:14) *And David was successful in all his ways* (מַשְׂכִּיל)."—[*Rashi*]

Not only did we not desire him, but he was despised in our eyes.—[*Redak*]

and rejected by men—This may also be rendered: The most inferior of men.—[*Redak*]

Ibn Ezra renders: Ceased to be counted among men.

a man of pains and accustomed to illness—The pains and the illness are figurative of the torments of the exile.—[*Redak*]

and as one who hides his face from us—*Because of their intense shame and humility, they were as one who hides his face from us, with their faces bound up in concealment, in order that we not see them, like a plagued*

חשיבין בתישין מחן מן קדם יי ומענן: ה והוא יבני בית מקדשא דאתחל בחובנא אתמסר בעויתנא ובאולפנה שלמא יסגי עלנא וכד נציית לפתגמוהי חובנא ישתבקון לנא: ו כולנא

חֲשַׁבְנֻהוּ נָגוּעַ מֻכֵּה אֱלֹהִים וּמְעֻנֶּה׃
ה וְהוּא מְחֹלָל מִפְּשָׁעֵנוּ מְדֻכָּא
מֵעֲוֺנֹתֵינוּ מוּסַר שְׁלוֹמֵנוּ עָלָיו
וּבַחֲבֻרָתוֹ נִרְפָּא־לָנוּ׃ ו כֻּלָּנוּ כַּצֹּאן

ת״א והוא מחולל. זוסר ויקטל:

תעינו

רש״י

אנו היינו סבורים שהוא שנאוי למקום והוא לא היה כן אלא מחולל היה מפשעינו ומדוכא מעונינו: (ה) מוסר שלומינו עליו. בא עליו יסורי השלום שהיה לנו שהוא היה מייסר להיות שלום לכל העולם: (ו) כלנו כצאן תעינו. עתה

מהר״י קרא

אומרין עליהן נגע זה ומכה זו מאת אלהים באת להם. לפי שאין תופשין חוקים ומשפטים: (ה) והוא מחולל מפשעינו. והוא אינו כן כאשר דמינו אלא מפשעינו הוא מחולל בין האומות. שאי אפשר לומר עונותיהם גרמו שממה שאנו רואין עכשיו כשהם רמים וגבוהים על כל אדם. ודאי חוקים ומשפטים שמרו. הא מה גרם להן שהיו מחוללין ומדוכאין בעונותינו הרבים: מוסר שלומנו עליו. מוסר שהיה מוטל עליהם. לישא עול המלכיות. באותו המוסר היה לנו שלום. שברא הקב״ה גוי אחד שהוא צדיק בעולם שנשא לו כל עונותיו עליו. כדי שיהא העולם מתקיים: ובחבורתו נרפא לנו. היתה רפואה לנו: (ו) כולנו כצאן תעינו. כך יאמרו האומות עכשיו. שחוקי הבל שמרנו ותורת שוא תפשנו:

אבן עזרא

חשבנו שהוא נגוע מגזרת והנה הנגע עמד בעיניו: מוכה אלהים. סמוך שהשם הכהו ועגהו עד הנכון שהאלהים ראויין לבוא עלינו בעבור כי תורתינו הכל הבל ובאו על ישראל שתורתם תורת אמת והעד כולנו כצאן תעינו: (ה) והוא מחולל. מגזרת חלל ומוסר שיתמיד שלומינו והוא עליו והעד ובחבורתו נרפא לנו וטעם מחולל כי השם יפקוד על הגוים בעבור שצערו ישראל וכתיב ונקיתי דמם לא נקיתי וטע׳ מוסר שלומינו ידוע כי כל זמן שישראל בצער הגלות ויהיה שלום לגוים הלא תראה כתוב על עת הישועה והיתה עת צרה ועוד כתוב כאשר השיבו המלאכים כי כל הארץ יושבת ושוקטת ויענה המלאך עד מתי לא תרחם ירושלם הטעם כי כל זמן שיש לגוים השקט לא תרוחם ירושלם: (ו) כולנו. באחרונה יכירו האמת והנה הוא

רד״ק

הנוחים כי מתוך צערם לא יהיו דבריהם במשפט ובמשקל וזה שיאמרו האומות אכן חלינו הוא נשא והדומים לזה הוא דברי עצמם לא שישראל סבלו עון האומות אלא הם יחשבו זה בדעתם כאשר יראו בעת הישועה כי האמונה שהחזיקו בה ישראל היא האמת והאמונה שהחזיקו הם בה היא שקר ויאמרו אך שקר נחלו אבותינו הבל ואין וגו׳ יאמרו לפי סברתם אם כן מה היה הצער שהיו סובלים ישראל בגלות הנה לא היה בעונם כי הם היו מחזיקים אמונה ישרה ואנחנו שהיה לנו שלום ושלוה והשקט ובטח היינו מחזיקים אמונת שקר אם כן החולי והמכאוב שהיה ראוי לבא עלינו היה בא עליהם והם היו כופר וכפרה לנו ואנחנו חשבנוהו בהיותו בגלות שהוא נגוע ומוכה אלהים ומעונה מיד האלהים בעונו והנה אנו רואים כי לא זה בעונו אלא בעונינו. זה שאמר: (ה) והוא מחולל מפשעינו. מחולל פעל מן הרובע. מענין חיל כיולדה ומשרשו: ומדכא. מן דכא לארץ חיתי: מוסר שלומנו עליו. שלומנו כמו כלנו כמו הגלת שלומים כמו גלות שלומים כלומר גלות שלמה היסורים שהיו ראוים לבא עלינו כולם באו עליו. וי״מ שלומנו מן שלום כלומר כשהיינו בשלום והיה ראוי המוסר לבא עלינו בעונינו והיה בא עליו: ובחבורתו. מן החבורה תחת חבורה אלא שזה דגוש וזה קל והחבורה והנגע הוא משל על צער הגלות: וטעם נרפא לנו. כמו כי אני ה׳ רופאך כלומר נרפא לנו עונשו שהיה ראוי לבוא לנו. או אמר כן על הרע שיבא לעכו״ם ולא יעמוד להם הנה נרפאו הם מאותו הרע וישראל נשארו ברע: (ו) כלנו כצאן תעינו. ר״ל כצאן מבלי רועה לפיכך אמר

מצודת דוד

אותו לנגוע ומוכה מאלהים כי מאס בו ועל ידו הוא מעונה ביסורי׳: (ה) והוא מחולל מפשעינו. או האמת שהוא מה׳ אבל לא בא בעבור מאסו בו ברוע מעלליו אף בעבור פשעינו נתמלא חלחלה להיות פשעי כל העכו״ם מתכפרים ביסורין הבאים עליו: מדוכא מעונותינו. כפל הדבר במ״ש: מוסר שלומנו עליו. היסורין הראויים לבוא עלינו למרק העון להתמיד שלומינו הנה באו עליו: ובחבורתו. עם החבורה שבא עליו נרפא לנו נגעי העון כי בזה נתכפרו והלכו להם והוא כפל ענין במ״ש: (ו) כולנו כצאן תעינו. ר״ל כי כן היה בידינו עון רב כי כולנו תעינו מדרך

מצודת ציון

מל׳ מכה וסבל: נגוע. ענין הכאות וכאבון וכן ויגנעו יהושע וכל ישראל (יהושע ח׳): ומעונה. מל׳ עינוי: (ה) והוא. הוי״ו הוא במקום או: מחולל. מל׳ חיל וחלחלה: מדוכא. ענין שבר וכתיתה: מוסר. מל׳ יסורין: שלומנו. מל׳ שלום: ובחבורתו.

upon him—*The chastisement due to the welfare that we enjoyed, came upon him, for he was chastised so that there be peace for the entire world.*—[*Rashi*]

Redak suggests: The chastisement due all of us.

and with his wound—This is figurative of the torments of the exile.—[*Redak*]

we were healed—lit. it was healed for us. The punishment that should have befallen us was healed; i.e. it was averted by Israel's sufferings. Alternatively, any calamity that befell the gentiles did not last, but was healed, while the Jews remained with those afflictions.—[*Redak*]

6. **We all went astray like sheep**—*Now it is revealed that all the heathens* (*nations*—mss.) *had erred.*—[*Rashi*]

accounted him as plagued, smitten by God and oppressed.
5. But he was pained because of our transgressions, crushed because of our iniquities; the chastisement of our welfare was upon him, and with his wound we were healed.
6. We all went astray like sheep,

4. **Indeed, he bore our illnesses**—Heb. אָכֵן, *an expression of 'but' in all places. But now we see that this came to him not because of his low state, but that he was chastised with pains so that all the nations be atoned for with Israel's suffering. The illness that should rightfully have come upon us, he bore.*—[*Rashi*]

The prophet Ezekiel declares, "(18:20) As son shall not bear the iniquity of the father, neither shall the father bear the iniquity of the son." Surely, one person shall not bear another's sins, and certainly not one nation for another. If so, how do we reconcile this verse and the following one? Jeremiah's plaint in Lamentations 5:6: "Our fathers sinned and they are no more, and we have borne their iniquities," is not relevant. It follows "(Ex. 34:7) He visits the iniquity of the fathers on the sons," meaning that if they continue to sin as their fathers did, they will be punished both for their own sins and their fathers'. Jeremiah, however, quotes the expression of the lamenters, who, because of their extreme anguish, did not word their lamentations properly, but lamented that they were suffering solely because of their parents' sins. Our verse, however, is the statement of the nations who believe that Israel suffers for their sins, not that Israel does, in fact, suffer for them. When they see at the time of the redemption, that their faith is false, they ask, "Why did Israel, the believers in the true faith, suffer in exile all these years? Their suffering was surely not due to their sins, since they adhere to the true religion. Paradoxically, we, who believed in a false religion, live in peace and tranquility. Apparently, the afflictions that rightfully should have befallen us, befell Israel. That was surely for our sins, not for theirs."—[*Redak*]

Ibn Ezra and *Abarbanel* explain as follows: **Indeed, he bore our illnesses**—the illnesses we inflicted upon him; **and our pains**—the pains we inflicted upon him—he carried them.

yet we accounted him—*We thought that he was hated by the Omnipresent, but he was not so, but he was pained because of our transgressions and crushed because of our iniquities.*—[*Rashi*]

plagued—Comp. Lev. 13:5.—[*Ibn Ezra*]

smitten by God—God smote him and afflicted him. Evidently, the illnesses should properly have come upon us, since our religion is false, but, instead, they came upon Israel, whose Torah is true. See following verse.—[*Ibn Ezra*]

5. **But he was pained**—Heb. מְחֹלָל, derived from חִיל, *pain.*—[*Redak*] Others explain: he was slain, from חָלָל.—[*Ibn Ezra*]

the chastisement of our welfare was

תָּעִינוּ אִישׁ לְדַרְכּוֹ פָּנִינוּ וַיהוָה הִפְגִּיעַ
בּוֹ אֵת עֲוֺן כֻּלָּנוּ: ז נִגַּשׂ וְהוּא נַעֲנֶה וְלֹא
יִפְתַּח־פִּיו כַּשֶּׂה לַטֶּבַח יוּבָל וּכְרָחֵל
לִפְנֵי גֹזְזֶיהָ נֶאֱלָמָה וְלֹא יִפְתַּח פִּיו:
ח מֵעֹצֶר וּמִמִּשְׁפָּט לֻקָּח וְאֶת־דּוֹרוֹ מִי

קמץ בז"ק קמץ בז"ק

ישוחח

תרגום

כְּעָנָא אִתְבַּדַּרְנָא גְּבַר לְקָבֵיל אוֹרְחֵיהּ גְּלֵינָא וּמִן קֳדָם יְיָ הֲוָת רַעֲוָא לְמִשְׁבַּק חוֹבֵי כוּלָּנָא בְּדִילֵיהּ: ז בָּעֵי וְהוּא מִתְּתִּיב וְעַד לָא פָתַח פּוּמֵיהּ מִתְקַבֵּל תַּקִּיפֵי עַמְמַיָּא כְּאִמְּרָא לְנִכְסְתָא יִמְסַר וּכְרַחְלָא דְּקֳדָם גָּזְזָהָא שָׁתְקָא וְלֵית לְקִבְלֵיהּ דְּפָתַח פּוּמֵיהּ מְמַלֵּיל מִלָּא: ח מִיסוּרִין וּמִפּוּרְעָנוּת יְקָרֵיב גָּלְוָתָנָא וּפְרִישָׁן דְּיִתְעַבְדָן לָנָא בְּיוֹמוֹהִי

מן

רש"י

נגלה כי כל העכו"ם תעו: הפגיע בו. נעתר על ידו ונתרצ' על עון כולנו שלא החריב עולמו: הפגיע. (אשפריאי"ר בלע"ז) ל' תחנה: (ז) נגש והוא נענה. נגש הנה בנוגשים ודוחקים: והוא נענה. באונאות דברים. (שורפרלדי"ן בלע"ז): ולא יפתח פיו. סובל היה ושותק כמו השה אשר לטבח יובל וכרחל אשר לפני גוזזיה נאלמה: ולא יפתח פיו. מוסב על שה לטבח יובל: (ח) מעוצר וממשפט לוקח. הנביא מבשר ואומר כי זאת יאמרו העכו"ם באחרית הימים כשיראו כשנלקח מן העוצר שהיה עצור בידם וממשפט היסורין שסבל עד עתה: ואת דורו. שנים שעברו עליו: מי ישוחח. את התלאות אשר מצאוהו כי נגזר היה מתחילה וגולה מארץ חיים היא ארץ ישראל

רד"ק

כצאן בפתח הכ"ף לידיעה כי אותו הצאן הוא תועה שאין לו רועה: הפגיע. העון הוא הפוגע בהם והאל הוא המפגיע ששולח להם הרע פי' עון עונש העון כמו כי לא שלם עון האמרי עד הנה: (ז) נגש והוא נענה. נגש בממון כמו נגש את הכסף לא יגוש את רעהו: נענה. בגוף שמענים גופו במכות ועם כל זה לא יפתח פיו לא היה לו רשות לזעק ולהתלונן על מה שהיינו עושים לו אלא היה כמו השה שיובילו אותו לשחוט שלא יפתח פיו ולא יצעק או כמו הרחל שנאלמה לפני גוזזיה ודמיון השה הוא לענוי הגוף ולתמותתו ודמיון הרחל הוא לנגישת הממון שהוא בדמיון הגז ודמה אותו לרחל ולא לכבש לחולשתה יותר כי בכל המינין הנקבה חלושה מהזכר כן ישראל בגלות הם חלושים מאד: נאלמה. מלעיל והוא נפעל עבר: ולא יפתח פיו. לא לגוף ולא לממון: (ה) מעצר. מעצור הגלות שהיה נעצר שם וממשפט השבי שהיו עושים בו שפטים לוקח ונפדה מכל זה: ואת דורו מי ישוחח. מי היה מדבר שיהיה דורו כל כך בגדולה וכמוהו מי מלל לאברהם: ישוחח. ענין דבור וכן במעשה ידיך אשוחח והם מבנין מרובע מנחי

אבן עזרא

דבק עם נגוע ומוכה אלהים וכמוהו אך שקר נחלו אבותינו: הפגיע. מגזרת ויפגע במקום: עון. במקום הזה כמו עונש כמו אם יקרך עון כי לא שלם עון האמרי ויגדל עון בת עמי ויש אומרים מגזרת ואל תפגע בי ויהיה פי' עון כולנו כמשמעו והטעם כי יפגע בעבור היות שלום בעולם כטעם ודרשו את שלום העיר לכן מלת עון תבא קשה עם הפגיע בו: (ז) נגש. מבנין נפעל: ולא יפתח פיו. ואין צורך לפרש זה כי כל יהודה כן הוא בגלות כי בשעה שיעונה לא יפתח פיו לדבר אף כי הוא הצדיק שבהם שלא יתעסק בעולמו כי אם בעבודת השם ולא יכיר שר או גדול שיעמד לו בפרץ בקום עליו אדם ולא יפתח פיו והטעם בכל עת: (ח) מעצר. והנה השם גואל ישראל והאמת לדיקי ישראל: לוקח. השם לקחו מעוצר והוא היה עצור במשפט משפט נקמות: ואת דורו מי ישוחח. כמו או שיח לארץ ותורך והטעם מי היה מגיד לאנשי דורו שיהיה כן והוא כבר היה כמו נגזר מארץ חיים: מפשע עמי. דברי כל גוי וזה

מצודת ציון

מל' חבורה ומכה: (ו) תעינו. מל' תועה: פנינו. מל' פניה: הפגיע. ר"ל הפגיע בו לרעה להכותו וכן גש ופגע בו (ש"ב א'): (ז) נגש. נלחץ ונדחק לקחת עשרו כמו נגש את הכסף (מ"ב כ"ג): והוא. הוי"ו הוא במקום או: ענה. מל' עינוי: לטבח. לשחיטה: יובל. יובא כמו יובל שי (לעיל י"ח): גוזזיה. ענין כריתת הצמר: (ח) מעוצר. מקום המאסר שהיה כלוא ומעוכב שמה וכן הוא

מצודת דוד

האמת וסיפר כדרך הצאן כשאחת מהן תועה מהדרך כולן נמשכות אחריה ותועות עמה ור"ל לפי שאבותינו תעו מדרך האמת לזה נמשכנו גם אנחנו אחריהם: איש לדרכו פנינו. ר"ל והלואי היינו כצאן הזה שהולא בתר רחילא אזלא בדרך המוטעה אבל אנחנו לא כן היינו אלא כל אחד פנה לדרכו לא ראי זה כראי זה וכולם מקולקלים וא"כ יש בידינו עון רב: וה' הפגיע בו. המקום הפגיע בו עם העון של כולנו ר"ל העון שלנו הוא המכה בו ומייסרו בגזירת המקום: (ז) נגש והוא נענה. בעבור זה היה נלחץ לקחת עשרו או היה הוא נענה בעינויי הגוף אם דל הוא ואין ידו משגת: ולא יפתח פיו. להתלונן ולהתרעם על הדבר כי פחד פן יוסיפו סרה: כשה לטבח יובל. והיה כשה המובא אל הטבח וכרחל העומדת לפני הגוזז למרה שהרחל הוא נאלמ' ולא תצעק בקולה והשה לא יפתח פיו וכן לא התלונן המעונ' הנמשל לשה המובל לטבח ולא התרעם המגוזם הנמשל לרחל הגזוזה: (ח) מעוצר וממשפט לוקח. ממקום המאסר שהיה שם עצור וכלוא וממקום המשפט שהיה נדון שם הנה נלקח לנגשו או לענותו ולא פטרוהו בלא כלום: ואת דורו מי ישוחח. מי יוכל לספר כל התלאות אשר עברו עליו בכל ימי

and from the judgment of torments that he suffered until now.—[*Rashi*]

and his generation—*The years that passed over him.*—[*Rashi*]

who shall tell?—*The tribulations*

reports and says that the heathens (*nations*—mss., *K'li Paz*) *will say this at the end of days, when they see that he was taken from the imprisonment that he was imprisoned in their hands*

we have turned, each one on his way, and the Lord accepted his prayers for the iniquity of all of us.
7. He was oppressed, and he was afflicted, yet he would not open his mouth; like a lamb to the slaughter he would be brought, and like a ewe that is mute before her shearers, and he would not open his mouth.
8. From imprisonment and from judgment he is taken, and his generation who

like sheep—without a shepherd.—[*Redak*]

Ibn Ezra explains that they erred in thinking Israel "smitten by God."

accepted his prayers—*He accepted his prayers and was appeased concerning the iniquity of all of us, that He did not destroy His world.*—[*Rashi*]

accepted . . . prayers—Heb. הִפְגִּיעַ, *espriad in O.F., an expression of supplication.*—[*Rashi*]

Others render: made to light on him the punishment for the iniquity of all of us.—[*Redak, Ibn Ezra*]

7. **He was oppressed, and he was afflicted**—*Behold he was oppressed by taskmasters and people who exert pressure.*—[*Rashi*]

and he was afflicted—*with verbal taunts, sorparlec in O.F.*—[*Rashi*]

Others render: oppressed by economic exploitation and afflicted with physical torments.—[*Redak*]

yet he would not open his mouth—*He would suffer and remain silent like the lamb that is brought to the slaughter, and like the ewe that is mute before her shearers.*—[*Rashi*]

and he would not open his mouth—*This refers to the lamb brought to the slaughter.*—[*Rashi*]

Rashi explains that Israel was like a lamb brought to the slaughter that would not open its mouth to complain, and like a ewe that was mute before its shearers.

Redak explains that the nations reminisce of their mistreatment of the Jews and of the Jews' reaction to it. As mentioned above, they speak of their economic exploitation and their physical torments of the Jews. Although subjected to this excruciating torture, the Jews were not permitted to open their mouths to cry out and complain about their mistreatment. Instead, they were like the lamb brought to the slaughter, that does not open its mouth, and like the ewe that is mute before its shearers. The two similes again allude to physical torments and economic exploitation. They are likened to a ewe rather than to a ram because the female is the weaker of the species, and the Jews were a weak people.

8. **From imprisonment and from judgment he is taken**—*The prophet*

יְשׂוֹחֵחַ כִּי נִגְזַר מֵאֶרֶץ חַיִּים מִפֶּשַׁע עַמִּי נֶגַע לָמוֹ׃ ט וַיִּתֵּן אֶת־רְשָׁעִים קִבְרוֹ וְאֶת־עָשִׁיר בְּמֹתָיו עַל לֹא־חָמָס עָשָׂה וְלֹא מִרְמָה בְּפִיו׃ י וַיהוָה חָפֵץ דַּכְּאוֹ הֶחֱלִי אִם־תָּשִׂים אָשָׁם נַפְשׁוֹ

ת"א וה' חפץ. ברכות ו זוהר ויצב:

יראה

מן יכול לאשתעאה אתי יעדי שולטן עממיא מארעא דישראל חובין דחבו עמי עד־לותהון ימטו: ט וימסר ית רשיעיא לגהנם וית עתירי נכסיא דאנסו במותא דאבדנא בדיל דלא יתקימון עבדי חטאה ולא ימללון נכלין בפומהון: י ומן קדם יי הות רעוא למצרף ולדכאה ית שארא דעמה בדיל לנקאה

מחובין

רש"י

אשר מפשע עמי בא הנגע הזה לצדיקים שבהם: (ט) ויתן את רשעים קברו. מסר את עצמו להקבר ככל אשר יגזרו עליו רשעי עכו"ם שהיו קונסין עליהם הריגה וקבורת חמורים במעי הכלבים: את רשעים. לדעת הרשעים נתרצה לקבור ולא יכפור באלהים חיים: ואת עשיר במותיו. ולדעת המושל מסר עצמו בכל מיני מות שגזר עליו על לא רצה לקבל עליו (כפירה) לעשות רעה ולחמוס חמס ככל העכו"ם אשר היה גר ביניהם: ולא מרמה בפיו. לקבל עליו עבודת כוכבים ומזלות: (י) וה' חפץ דכאו החלי. הקב"ה חפץ לדכאו ולהחזירו למוטב לפיכך החלה אותו: אם תשים אשם נפשו וגו'. אמר הקב"ה אראה אם תהא נפשו ניתנת ונמסרת בקדושתי להשיבה לי

אבן עזרא

שהנגע שיהיה לישראל היה מפשעינו כמו מחולל מפשעינו והנכון שהוא כן ומפשע עמי יבא הנגע להם בעבור מלת למו שהוא כמו לכם: (ט) ויתן. יש מפרשים על מתי גלות ויש אומרים שמלת במותיו מגזרת ואתה על במותימו תדרך והטעם בנין שיושם על הקבר והנה יהיה במותיו כמו קברו: ואת עשיר. כמו ואת רשעים וטעם הגוים שהם עשירים כנגד ישראל והנכון בעיני שטעם הפסוק שכל כך היה ישראל בצער בגלות שהיה רוצה שימות עם הגוים כמו תמות נפשי עם פלשתים והכתוב אמר ויתן על מחשבתו כמו וילחם בישראל על בלק והעד כי זה מרוב הצער שאמר על לא חמס עשה כי הגוים יצערו ישראל חנם ולא בעבור מעשה שעשו ולא דבור רע שידברו שהוא נכון להתפרש לשני ענינים ואם טען טוען והלא במות לא תשתנ' במלת על במותימו ומדוע השתנה במלת במותיו יש להשיב כי זאת המלה תבא על שנים משקלים כמו סריסי פרעה וסריסי המלך: (י) וה' חפץ דכאו. כמו דברו לשלום מהבנין הכבד הדגוש: החלי. מבעלי הה"א בא על דרך האל"ף ואף כי שמלאכו תחלואיה אשר חלה ה' בה והנה חפץ דכאו לייסרנו בגלות: אם תשים אשם נפשו. שיתודה ויודה

רד"ק

העי"ן: כי נגזר מארץ חיים. כאשר גלה מארצו שנקראת ארץ חיים כמו אתהלך לפני ה' בארצות החיים ויש לפרש כי בגלות נחשב באמת כאלו נגזר מארץ חיים ואיך היינו חושבים שתהיה לו גדולה כזו: מפשע עמי. כל עם ועם יאמר כן כי מפשעו היה בא להם הנגע לא מפשע עצמם: (ט) ויתן. היו הורגים אותו בגלות כמו שהורגים הרשעים על רשעם והוא לא עשה חמס ולא דבר מרמה בפיו והיו הורגים אותו כאלו עשה רע והם היו מונים אותו עם רשעים וטעם ויתן שהוא היה מוסר עצמו למיתה כי הם היו פוטרים אותו אם היה כופר בתורתו וחוזר לתורתם והיה מוסר עצמו למיתה ולא יכפור בתורתו וכן אמר כי עליך הורגנו כל היום וטעם ואת עשיר במותיו. כי גם העשיר הורגים אותו בעבור עשרו והוא נהרג לא בעבור רשע שהיה בו אלא בעבור עושר שהיה לו וטעם במותיו ל' רבים כי מיתות רבות יעשו לו יש מהם נשרפים ויש מהם נהרגים ויש מהם נסקלים ולכל מוסרים עצמם על יחוד השם: (י) וה' חפץ דכאו החלי. אין אנו רואים במכאוביו ובצרותיו בגלות אלא חפץ האל כי הוא היה מחזיק בתורתו שהוא תורת אמת והיה מוסר עצמו עליה אם כן אין אנו רואים במכאוביו טעם אלא או היה נתפס בעונותינו או היה חפץ האל כך לדכאו ולהחליאו וחפץ האל לא ידענו: החלי. חסר אל"ף שהיא למ"ד הפעל והוא נקרא כבעלי האל"ף ואע"פ שרוב

מצודת דוד

דורו: כי נגזר מארץ חיים. כי סוף הדבר היה אשר נכרת מארץ חיים כי התלאות היו סיבה לקרב מיתתו: מפשע עמי נגע למו. כן יאמר כל אחד הנה לא בא עליהם הנגע בעונם כי בא מפשע עמי או עמי פשעו בהם לענותם ברוע בחירתם או הם היו מנוגעים לכפר פשעי עמי: (ט) ויתן את רשעים קברו. מסר עצמו להקבר עם הרשעים ודומה להם בענין רע ובזיון ר"ל לא רצה לעבור על דת להנצל מזה: ואת עשיר במותיו. מוסב על מלת ויתן לומר שמסר עצמו להסכים עם דעת העשיר המושל בכלי מיני מיתות שגזר עליו למען יעמוד באמונתו: על לא חמס עשה. ר"ל ובחנם גזר עליו המיתה לא על החמס שעשה ולא על המרמה שבפיו כי לא עשה החמס ולא דבר מרמה ובעילה בא: (י) וה' חפץ דכאו החלי. זהו מאמר הנביא כמשיב על דברי העכו"ם שיהיו כמסתפקים אם הצרות הבאות על ישראל היו מגרוע בחירתם ולא

מצודת ציון

עודנו עצור (ירמיה ל"ג): ישוחח. ענין ספור ואמירה כמו במעשה ידיך אשוחח (תהלים קמ"ג): נגזר. ענין כריתה כמו אמרתי נגזרתי (איכה ג'): נגע. ר"ל כשלון וחלשות: למו. להם לפי שכל הענין מדבר בלשון יחידי על כלל האומה לכן אמר למו לגלות שעל הכלל ידבר: (ט) עשיר. ר"ל מושל כי ע"פ רוב ימשול העשיר: במותיו. מלשון מיתה: (י) דכאו. ענין שבר וכתיתה: החלי.

cause their death was voluntary; they could have avoided death by accepting the religion of their oppressors.

although he had done no violence etc.—He was killed although he had done no violence.—[*Redak*]

10. **And the Lord wished to crush him, He made him ill**—*The Holy One, blessed be He, wished to crush*

shall tell? For he was cut off from the land of the living; because of the transgression of my people, a plague befell them. 9. And he gave his grave to the wicked, and to the wealthy with his kinds of death, because he committed no violence, and there was no deceit in his mouth. 10. And the Lord wished to crush him, He made him ill; if his soul makes itself restitution,

that befell him, for from the beginning, he was cut off and exiled from the land of the living—that is the land of Israel—for because of the transgression of my people, this plague came to the righteous among them.—[*Rashi*]

Alternatively, who would tell that his generation would merit such greatness?—[*Redak*]

Others render: Who would speak with his generation that this would take place?—[*Ibn Ezra*]

For he was cut off from the land of the living—He was exiled from his land, which is called the land of the living. Comp. Ps. 116:9. It may also be interpreted more literally. When the Jews were exiled, they were, in fact, regarded as cut off from the land of the living, and how could we think that they would enjoy such greatness?—[*Redak*]

because of the transgression of my people—Each nation will say this. Because of the transgression of my people, they (Israel) were plagued, not because of their own sins.—[*Ibn Ezra, Redak*]

9. **And he gave his grave to the wicked**—*He subjected himself to be buried according to anything the wicked of the heathens* (*nations*—mss., *K'li Paz*) *would decree upon him, for they would penalize him with death and the burial of donkeys in the intestines of the dogs.*—[*Rashi*] Comp. Jer. 22:19, 15:3. The intention is that the Jews were not buried in the normal fashion, but cast to the dogs, who would devour the bodies.—[*Parshandatha*]

to the wicked—*According to the will of the wicked, he was willing to be buried, and he would not deny the living God.*—[*Rashi*]

and to the wealthy with his kinds of death—*and to the will of the ruler he subjected himself to all kinds of death that he decreed upon him, because he did not wish to agree to* (*denial* of the Torah) *to commit evil and to rob like all the heathens* (*nations*—mss., *K'li Paz*) *among whom he lived.*—[*Rashi*]

and there was no deceit in his mouth—*to accept idolatry (to accept a pagan deity as God—Parshandatha).*—[*Rashi*]

Redak renders: **And he gave his grave with wicked**—The gentiles killed the Jews as they would kill the wicked for their crimes.

and with the wealthy—They were killed as people kill the wealthy to rob them of their money, not because of any crime they committed.

with his deaths—With all types of death. Some were burnt, some beheaded, some stoned. The prophets used the term "and he gave," be-

יִרְאֶה זֶרַע יַאֲרִיךְ יָמִים וְחֵפֶץ יְהֹוָה בְּיָדוֹ
יִצְלָח: יא מֵעֲמַל נַפְשׁוֹ יִרְאֶה יִשְׂבָּע
בְּדַעְתּוֹ יַצְדִּיק צַדִּיק עַבְדִּי לָרַבִּים
וַעֲוֺנֹתָם הוּא יִסְבֹּל: יב לָכֵן אֲחַלֶּק־לוֹ
בָרַבִּים וְאֶת־עֲצוּמִים יְחַלֵּק שָׁלָל תַּחַת

ת"א יראה זרע. ברכות נז: אחלק לו. סוטה יד (שקלים מח): קמץ בז"ק אשר

מחובין נפשיהון יחזון במלכות משיחיהון יסגון בנין ובנן יורכון יומין ועבדי אוריתא דיי ברעותיה יצלחון: יא משעבוד עממיא ישיזיב נפשהון יחזון בפורענות סנאיהון יסבעון מבזת מלכיהון בחוכמתיה יזכי זכאין בדיל לשעבדא סגיאין לאוריתא ועל חוביהון הוא יבעי: יב בכן אפליג ליה בזת עממין סגיאין וית נכסי כרכין תקיפין יפלג

רש"י

אשם על כל אשר מעל אגמול לו גמולו ויראה זרע וגו׳ אשם זה לשון כופר שנותן אדם למי שחטא לו (אמינד"א בלע"ז) כענין שנאמר בפלשתים אל תשיבו אותו ריקם כי השב תשיבו לו אשם: (יא) מעמל נפשו. היה אוכל ושבע ולא היה גוזל וחומס: בדעתו יצדיק צדיק. היה שופט עבדי משפט אמת לכל הבאים לדין לפניו: ועונותם. היה סובל כדרך כל הצדיקי׳ שנאמר אתה ובניך תשאו את עון המקדש (במדבר י"ח): (יב) לכן. על עשותו זאת אחלק לו נחלה

רד"ק

חשרש הוא בה"א: אם תשים אשם נפשו. אך זה אנו רואים כי גמול טוב יש לו על הרע שסבל ואם שמה נפשו עצמה במקום אשם כמו שאמר את רשעים עתה יראה זרע רב כמ"ש זכריה הנביא עליהם ורבו כמו רבו ואמר ואל ארץ גלעד ולבנון אביאם ולא ימצא להם ואמר יחזקאל ארבה אותם כצאן אדם: יאריך ימים. כמו שאמר בספר הזה כימי העץ ימי עמי ואמר זכריהו הנביא ואיש משענתו בידו מרוב ימים: וחפץ ה׳ בידו יצלח. הנה היה בגלות חפץ ה׳ לדכאו וגמול זה יצליח בידו חפץ ה׳ שירבה אותו וייטיב לו עד מאד עד כאן דברי האומות מכאן ואילך דברי האל: (יא) מעמל נפשו. מעמל נפשו שסבל בגלות יהיה לו גמול שיראה ישבע כלומר יראה טוב שישבע בו: בדעתו יצדיק צדיק עבדי לרבים. עבדי הוא ישראל כמו שאמרנו בתחילת הפרשה ופירוש בדעתו כמו שכתב כי מלאה הארץ דעה את ה׳ וכתוב כי כלם ידעו אותי והנה עבדי ישראל שהיה צדיק ויודע את ה׳ יצדיק בדעתו גוים רבים כמ"ש והלכו עמים רבים ואמרו לכו ונעלה אל הר ה׳ ואל בית אלהי יעקב ויורנו מדרכיו וגו׳: ועונותם הוא יסבול. הוא בצדקתו יסבול עונות הגוים כי בצדקתו יהיה שלום וטוב בעולם אפי׳ לעכו"ם: (יב) לכן אחלק לו ברבים. רבים ועצומים הם גוג ומגוג והעמים אשר יבאו עמו אל ירושלים כמו שאמר זכריה הנביא ואסף חיל כל הגוים סביב זהב וכסף ובגדים לרוב וזה יהיה לו תחת אשר הערה למות נפשו גמול שמסר עצמו למיתה ביד העכו"ם בגלות יהיה לו כל הכבוד הזה ויהיה ממונם תחת ממונו שלקחו ונפשם תחת נפשו שימותו שם כל חיל גוג ומגוג כמ"ש: הערה. שפך נפשו למות. וכן ותער

אבן עזרא

והטעם אם תשים נפשו אשמתו לנגדו יראת השם יראה בנים ויאריך ימים שיראה הוא ובניו בישועת השם והנה ידבר על הדור שישובו לשם לדת השם בגעת קץ ביאת המשיח: וחפץ ה׳ בידו יצלח. הטעם על התורה שישובו הגוים לדת השם: (יא) מעמל. הטעם השכר שיקבל על אשר סבל יראה הפלו או יראה טוב עד שישבע בעבור כי בדעתו יצדיק רבים והם הגוים שילמדום ישראל לעשות התורה וטעם ועונותם הוא יסבול שישתתף ישראל עם צער הגוים ברוב עונותם לא כאשר עשו הם לישראל או הטעם שיתפלל לשם בעד הגוים כטעם ואם משפחת מצרים לא תעלה וזה הנכון בעיני כי הפסוק הבא אחריו לעד: (יב) לכן. כל המפרשים אמרו כי זה הפסוק דרך משל על המתים על ייחוד השם וטעם רבים כמו גדולים כמו על כל רב ביתו והם הנביאים והעצומים הם האבות הטעם שיהיה חלק מתי הייחוד עם הנביאים וידענו כי זה דבר אמת הוא רק איננו מטעם הפרשה והנכון בעיני כי הוא כן לכן אתן לישראל חלק בו ושלל הגוי׳ רבים: ואת עצומים. כמו בצאתי את העיר:

מצודת ציון

מל׳ חולי: אשם. ענין חטא ופשע: (יא) מעמל. ענין יגיעה וצער: (יב) עצומים. חזקים: שלל. ענין בזה: תחת. במקום ובגמול:

מצודת דוד

בגזרת המקום או באו מיד ה׳ לכפר על עון העכו"ם ואמר להם לא כן הוא אבל ה׳ חפץ לדכאו ובגזרת המקום נעשתה והוא החלי אותו: אם תשים אשם נפשו. ר"ל אולם לא בא לכפר עון העכו"ם כ"א לנסותו להטיבו באחריתו וכאלו אמר הראה אם נפשו תשים את עצמה אשם לומר שהדין בא מה שבא כי חטא ואשם לא יהרהר אחרי אז יהיה גמולו שכל ימי חייו יראה זרעו בעיניו ויאריך ימים ועכ"ז לא ימות מי כחייו: וחפץ ה׳ בידו יצלח. והנה הצליח חפץ ה׳ כי עמד בנסיון ולא הרהר אחר מדת הדין: (יא) מעמל נפשו יראה ישבע. כי מעמל נפשו אשר ראה היה שבע ונהנה ממנה בדעתו יצדיק צדיק. כי בדעתו יחשוב להצדיק את ה׳ הצדיק לומר שבא למרק אשם העון למען לא יקופח שכר מעשה הטוב: עבדי לרבים. ר"ל לא היה עבד של עכו"ם הרבים לשמוע בקולם בדבר האמונה כי היה עבדי אל מול העכו"ם הרבים ולא שמע אליהם ויש שכמו לסבול ומה שעוו בו לייסרו ולהכאיבו בעבור זה: (יב) לכן. הואיל ועמד בנסיון אתן לו חלק בנחלת העמים רבים: ואת עצומים. את העכו"ם החזקים יחלק לעצמו להיות לו לשלל: תחת וגו׳. הגמול אשר שפך נפשו והפקירה למיתה: ואת פושעים

future tense. The following represents God's words.

From the toil of his soul—From his suffering in exile.—[*Ibn Ezra, Redak*]

he shall see, he shall be satisfied—He shall see his desire, or he shall see plenty, until he is satisfied.—[*Ibn Ezra, Redak*]

with his knowledge he brings many to righteousness—Israel will teach the nations to adhere to God's

he shall see children, he shall prolong his days, and God's purpose shall prosper in his hand. 11. From the toil of his soul he would see, he would be satisfied; with his knowledge My servant would vindicate the just for many, and their iniquities he would bear. 12. Therefore, I will allot him a portion in public, and with the strong he shall share plunder, because

him and to cause him to repent; therefore, he made him ill.—[Rashi]

Redak explains: We see nothing in his pains and his distress but God's will, since he adhered to God's Torah and sacrificed his life for it. Therefore, we can find no reason for his suffering other than bearing our iniquities or simply God's will, which we do not comprehend.

if his soul makes itself restitution etc.—*Said the Holy One, blessed be He, "I will see, if his soul will be given and delivered with My holiness to return it to Me as restitution for all that he betrayed Me, I will pay him his recompense, and he will see children etc." This word* אָשָׁם *is an expression of ransom that one gives to the one against when he sinned, amende in O.F.,* to free from faults, *similar to the matter mentioned in the* episode of the *Philistines,* "(I Sam. 6:3) *Do not send it away empty, but you shall send back with it a guilt-offering* (אָשָׁם)."—[*Rashi*]

Ibn Ezra renders: If his soul shall set his guilt before him, i.e. he learns to fear the Lord, he shall see children and live long, so that he and his children shall see God's salvation. This refers to the generation that will return to God's Torah when the Messiah comes.

he shall see children—The Jewish people will increase tremendously. This prophecy is found also in Zech. (10:8) "And they shall multiply as they multiplied . . ." (v. 10) "And I will bring them back from the land of Egypt, and from Assyria I will gather them; to the land of Gilead and Lebanon I will bring them, and it will not suffice for them." Ezekiel, too, (36:37) prophesied, "I will multiply them with men like flocks."—[*Redak*]

and God's purpose shall prosper in his hand—This alludes to the Torah, that the nations will return to God's law.—[*Ibn Ezra*]

Alternatively, God's purpose to crush him in exile prospered, for now God will shower His bounty upon him.—[*Redak*]

11. **From the toil of his soul**—*he would eat and be satisfied, and he would not rob and plunder.—[Rashi]*

with his knowledge . . . would vindicate the just—*My servant would judge justly all those who came to litigate before him.—[Rashi]*

and their iniquities he would bear—*He would bear, in the manner of all the righteous, as it is said:* "(Num. 18:1) *You and your sons shall bear the iniquity of the sanctuary."—[Rashi]* (Comp. *Rashi* ad locum.) *Rashi* explains this verse in the past tense, giving the reasons for Israel's exaltation in Messianic times. Others, however, explain this in the

יפלג עדאה חלף דמסר למותא נפשה וית מרודיא שעבד לאוריתא והוא על חובין סגיאין יבעי ולמרודיא ישתביק בדילה: א שבחי ירושלם דהות כאתתא עקרה דלא ילידת בועי תושבחתא ודוצי דהות כאתתא דלא עדיאת ארי סגיאין יהון בני ירושלם

אֲשֶׁר הֶעֱרָה לַמָּוֶת נַפְשׁוֹ וְאֶת־פֹּשְׁעִים נִמְנָה וְהוּא חֵטְא־רַבִּים נָשָׂא וְלַפֹּשְׁעִים יַפְגִּיעַ:

נד א רָנִּי עֲקָרָה לֹא יָלָדָה פִּצְחִי רִנָּה וְצַהֲלִי לֹא־חָלָה כִּי־רַבִּים בְּנֵי־שׁוֹמֵמָה מִבְּנֵי בְעוּלָה אָמַר יְהוָה:

ת"א רני עקרה. ברכות י:

הרחיבי

רש"י

וגורל ברבים עם האבות הראשונים: **הערה למות נפשו.** לשון ותער כדה (בראשית כ"ד): **ואת פושעים נמנה.** סבל יסורין כאלו חטא ופשע והוא בשביל אחרים נשא חטא הרבים: **ולפושעים יפגיע.** על ידי יסוריו שבאת על ידו טובה לעולם:

נד (א) רני עקרה. ירושלים אשר היתה כלא ילדה: **לא חלה.** לשון לידה הוא שהיולדת ע"י חיל

מהר"י קרא

נד (א) רני עקרה לא ילדה פצחי וגו' וכל גבולך לאבני חפץ. אמר ר' בנימן בר לוי עתידין תחומי ארץ ישראל להיות מלאים אבנים טובות ומרגליות וכל ישראל באין ונוטלין את חפציהן מהם. לפי שבעולם הזה מתחמים במצבות אבל בעולם הבא הם מתחמים באבנים טובות ומרגליות שנאמר וכל גבולך לאבני חפץ:

אבן עזרא

תחת. זה שכר בעבור כי הערה נפשו למות וי"א כמו גלה והטעם בפרהסיא והנכון בעיני שהוא כמו ותער כדה ואם הם שנים בנייני' והעד אל תער נפשי כטעם שפך: **ואת.** ועם פושעים שפשעו בשם כן היו ישראל נחשבים: **והוא חטא רבים נשא.** כי בעבור לערם היה שלום לכל הגוים והחטא שהיו ראויי' הם לשאתו היה ישראל נשאו: **ולפושעים.** בעבור הפושעים יפגע בשם כטעם דרשו את שלום העיר והנה פירוש ולפושעים הגוים. והנה פירשתי לך כל הפרשה ולפי דעתי כי הנה ישכיל עבדי הוא שאמר הנבי' עליו הן עבדי אתמך בו ויאמר לי עבדי אתה וכן כתוב בדעתו יצדיק צדיק עבדי לרבים וכתב גוי נתתי למכים והסוד כאשר רמזתי בחצי הספר והנה כל הפרשיות דבקות זאת עם זאת:

נד (א) **רני עקרה.** כנסת ישראל עקרה לא ילדה והיא עקרה והטעם שמעט מספר ישראל: **פצחי.** גם **צהלי.** פירשתיו: **לא חלה.** מגזרת חיל וכן הוא פצחי רנה וצהלי עקרה אשר לא חלה על דעת ר' משה הכהן ז"ל ועל דרך האמת כל אומה שיש לה בעל והוא מלך:

רד"ק

כדה ענין שפיכה אבל הוא בענין אחר: **ואת פשעים נמנה.** כמו שפירשנו ויתן את רשעים קברו והוא חטא רבים ויתכן לפרשו בגלות ור"ל חטא רבים שחטאו בו העכו"ם והוא נשא וסבל צערם. והוא על דרך וחטאת עמך: **ולפשעים יפגיע.** ואע"פ כן היה מתפלל בעבור הפשעים שהיו פושעים בו והיה מבקש מהם לברך את ארצם כמו שאמר ודרשו את שלום העיר אשר הגלתי אתכם שם וגו' וכמהו מן הכבד בלשון תחנה ובקשה הפגיעו במלך וישתומם כי אין מפגיע גם יש לפרש בעת הגאולה ויהיה פירושו כמו שפירשנו ועונותם הוא יסבל ורבותינו פירשוה על משה רבינו ע"ה ואמרו תחת אשר הערה למות נפשו שמסר עצמו למיתה שנאמר ואם אין מחני נא מספרך אשר כתבת ואת פשעים נמנה שנמנה עם מתי מדבר והוא חטא רבים נשא שכפר על מעשה העגל ולפשעים יפגיע שבקש רחמים על פשעי ישראל. וי"ת הנה ישכיל עבדי יצלח עבדי משיחא ותרגם כאשר שממו כמו דסברו ליה בית ישראל וגו': (א) **רני עקרה.** כתרגומו כי ההרה תחיל קרוב ללדתה וכן חיל כיולדה: **בני שוממה.** אע"פ שהיתה ירושלים ימים רבים שוממה רבים יהיו בניה: **מבני בעולה.** והם העכו"ם שהם כבעולות כלומר כאשה שיושבת עם בעלה ובניה והפכה האלמנה והשכולה שהיא שוממה והיא ירושלם שהיא כאלמנת

מצודת דוד

נמנה. כפי העכו"ם היה מנוי בכלל הפושעים והכופרים וכדי בזיון וקצף: **והוא חטא רבים נשא.** והוא נטה שכמו לסבול מה שחטאו בו עמים רבים לייסרו ולהכאיבו: **ולפושעים יפגיע.** אל העכו"ם הפושעים בו היה מפגיע ומתחנן ועיניו תלויות אליהם כעיני עבדים אל יד אדוניהם ולכן שורת הדין שבמקום מרבית הסכנה ימשול בהם בעת הגאולה:

נד (א) **רני עקרה.** אתה ירושלים אשר היית כעקרה שלא ילדה על כי אנשים גלו ממנה ואינם הנה עתה בזמן הגאולה רני ושמחי: **פצחי.** פתחי פה להרים קול רנה והשמיעו קול גדול אתה ירושלים אשר היית כאשה אשר לא חלה ללדת וכפל הדבר במ"ש:

מצודת ציון

הערה. ענין שפיכה וכן אל תער נפשי (תהלים קמ"א): **נמנה.** מל' מנין ומספר: **נשא.** סבל: **יפגיע.** ענין תחנה ובקשה כמו ואל תפגע בי (ירמיה ז'):

נד (א) **פצחי.** ענין פתיחת הפה בהרמת קול כמו פצחו הרים רנה (לעיל מ"ד): **וצהלי.** ענין השמעת קול גדול כמו צהלי מים (לעיל כ"ד): **חלה.** ענין חבלי לידה כמו כי חלה גם ילדה (לקמן ס"ו): **בעולה.** ר"ל מיושבת וכן ולארצך בעולה

to the time of the redemption, that Israel will pray for the nations at the time of the redemption. See Introduction for alternate interpretations of the entire section.

1. **Sing, you barren woman—** *Jerusalem, who was as though she had not borne.*—[*Rashi* from *Jonathan*] *Ibn Ezra* takes this as referring to the Jewish people, called barren because of their small numbers.

you who have not experienced birth pangs—Heb. חָלָה, *an expression of*

he poured out his soul to death, and with transgressors he was counted; and he bore the sin of many, and interceded for the transgressors.

54

1. "Sing you barren woman who has not borne; burst out into song and jubilate, you who have not experienced birth pangs, for the children of the desolate one are more than the children of the married woman," says the Lord.

Torah.—[*Jonathan, Ibn Ezra, Redak*]

With Israel's knowledge of God, as is stated above 11:9: "For the earth shall become full of knowledge of the Lord as water covers the seabed," they will teach the Torah to the nations of the world, as above 2:3: "And many people shall go etc."—[*Redak*]

and their iniquities he shall bear—He will sympathize with the nations in their suffering for their iniquities, in contrast to the way the nations treated the Jews during their exile. Alternatively, he will pray to God on behalf of the nations who suffer for their iniquities.—[*Ibn Ezra*]

12. **Therefore**—*Because he did this, I will allot him an inheritance and a lot in public with the Patriarchs.*—[*Rashi*]*

he poured out his soul to death—Heb. הֶעֱרָה. *An expression like,* "(Gen. 24:20) *And she emptied* (וַתְּעַר) *her pitcher.*"—[*Rashi, Redak, Ibn Ezra, Menahem,* p. 137, *Ibn Ganah,* p. 385] *Ibn Ezra,* however, suggests: he bared his soul to death, i.e. he risked his life.

and with transgressors he was counted—*He suffered torments as if he had sinned and transgressed, and this is because of others; he bore the sin of the many.*—[*Rashi*]

Redak equates this verse with verse 9. See Commentary Digest ad loc.

and he bore the sin of many—Because of Israel's suffering, the nations of the world enjoyed peace, for the sufferings the nations should have borne because of their sins, were borne by Israel.—[*Ibn Ezra*]

Redak explains that Israel bore the sins the nations committed against them.

and interceded for the transgressors—*through his sufferings, for good came to the world through him.*—[*Rashi*] *Rashi,* apparently, understands this suffering figuratively. Through his sufferings, it is as though he prays for the gentile transgressors who persecute him. *Ibn Ezra* and *Redak* explain that, although Israel suffered at the hands of their gentile oppressors, they, nevertheless, prayed for their welfare, as in Jer. 29:7: "And seek the welfare of the city to which I have exiled you, and pray for it to the Lord." *Redak* suggests that the passage can be interpreted as referring

ב הַרְחִיבִי ׀ מְקוֹם אָהֳלֵךְ וִירִיעוֹת
מִשְׁכְּנוֹתַיִךְ יַטּוּ אַל־תַּחְשֹׂכִי הַאֲרִיכִי
מֵיתָרַיִךְ וִיתֵדֹתַיִךְ חַזֵּקִי׃ ג כִּי־יָמִין
וּשְׂמֹאול תִּפְרֹצִי וְזַרְעֵךְ גּוֹיִם יִירָשׁ
וְעָרִים נְשַׁמּוֹת יוֹשִׁיבוּ׃ ד אַל־תִּירְאִי כִּי־
לֹא תֵבוֹשִׁי וְאַל־תִּכָּלְמִי כִּי־לֹא תַחְפִּירִי
כִּי בֹשֶׁת עֲלוּמַיִךְ תִּשְׁכָּחִי וְחֶרְפַּת

מלא ואו קמץ בז"ק

תרגום

צְדִיתָא מִבְּנֵי בְרַכָא
יָתִיבְתָּא אֲמַר יְיָ׃
ב אַפְתִּי אֲתַר בֵּית
מַשְׁרָךְ וּמַקְרְוֵי אַרְעִיךְ
יְהֲבִי לָא תִמְנְעִין אַסְגָא
עַם מַשְׁרְיָתִיךְ וְשִׁלְטוֹנַיִךְ
תַּקִּיפִי׃ ג אֲרֵי לִדְרוֹמָא
וּלְצִפּוּנָא תִּתְקְפִין וּבְנַיִךְ
עַמְמִין יֵירְתוּן וְקִרְוִין
דְּצַדְיָן יְיַתְּבוּן׃ ד לָא
תִדְחֲלִין אֲרֵי לָא תִבְהֲתִין
וְלָא תִתְכַּנְעִין אֲרֵי לָא
תִתְכַּלְמִין אֲרֵי בַהֲתַת
עוּלֵמוּתִיךְ תִּתְנַשְׁיִן

רש"י

וחבלים יולדת: מבני בעולה. בת אדום: (ב) יטו. למרחוק: מיתריך. הם חבלים דקים התלוי' בשולי אוהלים וקושרים ביתדות שקורין (קביל"ש בלע"ז) ותוקעין בארץ: (ג) תפרוצי. תגברי: (ד) עלומיך. נעוריך:

רד"ק

ואמר כאלמנה ולא אלמנה ממש כי בעלה חי וקיים וי"ת ארי סגיאין וגו' זכר זאת לפי דעתי שהיא מלכות הרביעית כי ישמעאל אע"פ שהיא תקיפה מלכות אדום גוברת עליה: (ב) הרחיבי. מרוב בנים שיבוא לך: מקום אהלך. הוא ירושלם: ויריעות משכנותיך. שאר ערי ישראל: יטו. המטים היריעות וימשכו אותם למרחוק להרחיב האהל והמשכנות כמו שאמר זכריהו הנביא משא דבר ה' בארץ חדרך ודמשק מנוחתו. ואמר וגם חמת תגבל בה צור וצידון ואמר וראמה וישבה תחתיה וגו' ואמר ירמיהו הנביא הנה ימים באים נאם ה' ונבנתה העיר לה' ממגדל חננאל עד שער הפנה ויצא עד קו המדה וגו': (ג) כי ימין ושמאל תפרצי. על דרך ופרצת ימה וקדמה וזכר דרום וצפונה: וזרעך גוים יירש. כולל מזרח ומערב: וערים נשמות. בין מארץ ישראל בין משאר ארצות ישראל יושיבו אותם: (ד) אל תראי. אל תפחדי שיהיה צאתך מגלות זה כצאתך משאר גליות שמצאוך בארצך צרות רבות ורעות בבית ראשון ובבית שני: כי לא תבושי. לעולם אחר שתצאי מזה הגלות לא תהיה לך צרה לעולם כי בעלות האדם לגדולה ותמצאהו שפלות אחר כך יבוש ויכלם: כי בשת עלומיך. הצרות שהיו לך בארצך ובהיות הימים ההם קדמונים קראם עלומים: וחרפת אלמנותיך. הצרות שהיו לך בגליות שהיית כאלמנה ומרוב טובה תשכחי כל הצרות הראשונות כמו שאמר בסוף הספר כי נשכחו הצרות הראשונות: ולא תכלמי. במקום אל

אבן עזרא

(ב) הרחיבי. טעם הרחיבי מקום בעבור רוב הבנים: יטו. שב אל בני שוממה או תחסר מלת נוטים כמו ויאמר ליוסף. וטעם אל תחשוכי כמו אל תמנעי אותם שיטו יריעות אהלך: מיתריך. מיתרי האהל והנה הטעם המדינות והכפרים: (ג) כי. תפרוצי. כמו כי תרבי וכמוהו ופרצת ימה ויש מפרשים שהוציאוהו מגזרת פרץ: וזרעך גוים יירש. פירוש כי ימין ושמאל תפרוצי יושיבו זרעך: (ד) אל. תחפירי. כמו וחפרה הלבנה וטעם אל תיראי בהיותך בגלות: עלומיך. רמז לגלות עלומיך או רמז לבית ראשון וגם שני שהיו רעות רבות לישראל מעורבות

מצודת ציון

(לקמן ס"ב): (ב) ויריעות. הוא הוילון כמו נוטה שמים כיריעה (תהלים ק"ד): משכנותיך. מל' משכן: תחשוכי. ענין מניעה כמו ולא חשכת (בראשית כ"ב): מיתריך. הבלים כמו ואת מיתריהם (שמות ל"ה): ויתדותיך. מל' יתד ומסמר: (ג) תפרוצי. ענין התחזקות כמו מה פרצת (בראשית ל"ח): יירש. מל' ירושה: נשמות. מלשון שממון: (ד) תחפירי. ענין בושה וכלימה כמו וחפרה הלבנה (לעיל כ"ד): עלומיך. נעוריך וכן הקלרת ימי

מצודת דוד

כי רבים. כי עתה יתרבו בני ירושלים שהית' שוממ' מבני אדום שהית' מיושבה בכלת עם: (ב) הרחיבי. להחזיק את כל בנין המרובים: יטו. יהיו נוטים לאורך ולרוחב ולא תחשוכי מלהטותם: האריכי מיתריך. החבלים התלוים בשולי האוהל לקשרם ביתדות האריכי אותם שיהא נוח לקברם היטב: ויתדותיך. היתדות התקועות בארץ חזקי למען לא יזוזו ממקומם והוא ענין מליצה לו' שתתרחב ירושלים מכמות שהיתה ועד עולם תעמוד ולא תחרב עוד: (ג) כי ימין ושמאל תפרוצי. תתחזק על העכו"ם היושבים מימינך ומשמאלך: וערים נשמות. הערים השוממות יתיישבו בבני אדם כי יפרו וירבו: (ד) אל תיראי. אל תפחדי שיהיה לאחך מגלות זה כלאתך משאר הגליות שמלאוך בארלך לרות רבות ורעות כי לא תבושי עוד לעולם להיות משועבדת ונכנעת אל העכו"ם: ואל תכלמי. להרים ראש ולהראות גדולה בהוסבך פן תגלה בוז: כי לא תחפירי. כי תהיה מובטחת שלא תחפירי עוד ללכת גולה: כי בשת עולמיך תשכחי. כי הבושה שהיה לך בימי נעוריך כאשר היית גולה ומטולטלת הבושה הזאת תשכחי כי לא יקרה לך עוד כזאת להזכר על ידה את הראשונות: וחרפת אלמנותיך. החרפה שהיה לך מאז שהיית מבלי מלך כאלמנה מבלי בעל החרפה ההיא

shall never experience any troubles or strife. When a person attains greatness and subsequently is humbled, he experiences great shame and embarrassment.—[*Redak*]

and be not embarrassed—to raise your head and to demonstrate your greatness, thinking that you will again experience exile.—[*Mezudath David*]

Alternatively, be not embarrassed out of *fear* that you will experience exile again. This parallels the beginning of the verse.—[*Redak*]

for you shall not be put to shame—Be assured that you will not be

2. Widen the place of your tent, and let them stretch forth the curtains of your habitations, do not spare; lengthen your cords and strengthen your stakes. 3. For right and left shall you prevail, and your seed shall inherit nations and repeople desolate cities. 4. Fear not, for you shall not be ashamed, and be not embarrassed for you shall not be put to shame, for the shame of your youth you shall forget, and the disgrace of

childbirth, for the woman in confinement gives birth with pains and writhing.—[*Rashi*]

for the children of the desolate one—Although Jerusalem was desolate for many years, its inhabitants will be many.—[*Redak*] *The daughter of Edom.*—[*Rashi*] *Redak* elaborates, as follows:

than the children of the married woman—This refers to the gentiles, compared to a woman living with her husband and her children, as opposed to the bereaved widow, who is desolate, symbolizing Jerusalem, which resembles a widow, although she is not really a widow, but one whose husband has left her. This, apparently, alludes to the fourth kingdom mentioned by Daniel (2:40), which will dominate the world prior to the coming of the Messiah, for, although Ishmael is powerful, Edom will overpower it.—[*Redak*]

2. **Widen**—for your many children, who will come to you.—[*Redak*]

the place of your tent—This refers to Jerusalem.—[*Redak*]

and let them stretch forth—*far off.*—[*Rashi*]

the curtains of your habitations—This alludes to the other cities of Israel.—[*Redak*]

lengthen your cords—*These are thin ropes that hang at the bottom of tents, and that are tied to stakes called 'chevills' in French, which are thrust into the ground.*—[*Rashi*]

Zechariah, too, prophesies concerning the expansion of Jerusalem's borders as far as Damascus, Tyre, and Zidon (2:1f). Jeremiah, too, charts the future borders of the Holy City (31:37 ff).—[*Redak*]

3. **For right and left**—This denotes the enlarging of the boundaries to the south and the north.—[*Redak,* based on *Jonathan*]

shall you prevail—Heb. תִּפְרֹצִי.—[*Rashi,* based on *Jonathan*] Others render: you shall spread, or you shall break forth.—[*Ibn Ezra*]

and your seed shall inherit nations—This explains the preceding.—[*Ibn Ezra*] Alternatively, this includes their spreading east and west.—[*Redak*]

4. **Fear not**—that the departure from this exile will be like the departure from previous exiles, which brought in their wake troubles and strife when they went to settle in their land, both in the time of the first Temple and the time of the second Temple.—[*Redak*]

for you shall not be ashamed—You shall never be ashamed after your redemption from this exile; you

אַלְמְנוּתַיִךְ לֹא תִזְכְּרִי־עוֹד׃ ה כִּי
בֹעֲלַיִךְ עֹשַׂיִךְ יְהוָה צְבָאוֹת שְׁמוֹ
וְגֹאֲלֵךְ קְדוֹשׁ יִשְׂרָאֵל אֱלֹהֵי כָל־הָאָרֶץ
יִקָּרֵא׃ ו כִּי־כְאִשָּׁה עֲזוּבָה וַעֲצוּבַת
רוּחַ קְרָאָךְ יְהוָה וְאֵשֶׁת נְעוּרִים כִּי
תִמָּאֵס אָמַר אֱלֹהָיִךְ׃ ז בְּרֶגַע קָטֹן
עֲזַבְתִּיךְ וּבְרַחֲמִים גְּדוֹלִים אֲקַבְּצֵךְ׃
ח בְּשֶׁצֶף קֶצֶף הִסְתַּרְתִּי פָנַי רֶגַע מִמֵּךְ

וחיסודי ארמלותיך לא
תדכרין עוד : ה ארי
מריך דעבדיך יי
צבאות שמה ופרקיך
קדישא דישראל אלה
כל ארעא יתקרי : ו ארי
כאתא שביקא ועיקת
רוח ערעך שכנתא דיי
וכאתת עולמין
דאתרחקת אמר אלהיך :
ז בשעה זעירא רחקתיך
וברחמין סגיאין אקרב
גלותך : ח ברגז זעיר
סלקית אפי שכנתי זמן
זעירא מניך ובטבות

ת"א כי בועליך. סנהדרין כ' : ברגע קטן. זוהר פרשת נשא :

רש"י

(ו) כי תמאס. כשתמאס פעמים שכועס עליה מעט : (ח) בשצף קצף. מנחם פתר חרי אף ודונש אמר במעט קצף כמו

אבן עזרא

בימי מלכותם : אלמנותיך. חסרון המלכות : (ה) כי. מלת בועליך על לשון רבים וכן עושיך כמו ישמח ישראל בעושיו על דרך מלת אלהים ואדונים כאשר פירשתי בספר בראשית והנה טעם בועליך כמו מלכך ואלהייך כמו אלהי כל הארץ יקרא הטעם כי כל הגוים ישובו לתורת השם וכן כתוב לקרא כלם בשם ה' : (ו) כי. בעבור שאמר וחרפת אלמנותיך שהגוים מחרפים את ישראל שאין להם מלך אמר השם כאשה עזובה היית ועצובת רוח שעזבה בעלה והנה בעלה חי כאשר אמר כי בועליך עושיך ומלת עצובת שם התואר לא פעול ואם הוא על משקלו על כן כתוב קראך ה' ואשת נעורים כי תמאס אמר השם וכן היית : (ז) ברגע. בי"ת ברגע נוסף כבית בתחילה בראשון ויש מפרש שפירש כי הוא מן רוגע הים והעד וברחמים : (ח) בשצף. אין הענין ומלת בשצף פי' מנחם לפי הענין כמו בחרי קצף. וא"א ז"ל פי' במעט קצף וכן תרגם יונתן בשעה זעירא סלקית אפי

רד"ק

תראי שזכר כלומר אל תכלמי מפחד שתפחדי אחר היותך בארצך לא יהיה זה כי לא תחפירי והוא כמו לא תבושי והוא פעל עומד מן תכבד. וכן החפיר לבנון : (ה) כי בועליך. מי שהיה אדוניך הוא עושיך ומי שעשאך וכוננך הוא יהיה בעליך כי בגלות בעלוך אדונים אחרים כמו שאמר בעלונו אדונים זולתך : ה' צבאות שמו. והיכולת בידו כי הוא אדון צבאות מעלה ומטה : אלהי כל הארץ יקרא. אז יקרא כמו שאמר ולעבדו שכם אחד כי כל העמים יודו בו אז. ובעליך ועושיך לשון רבים דרך כבוד כמו מלת אלהים וכן ישמח ישראל בעושיו : (ו) כי כאשה. אין את כמו האשה שמת בעלה כי בעלך חי וקים לעולם אלא הרי את כאשה שקצף עמה בעלה ועזבה ימים רבים : ועצובת רוח. כן קרא שמך ה' אשה עזובה ולא אשה אלמנה ואם תאמר שיעזבך לעולם כי מאס בך והלא את אשת נעורים ולא ימאס אותה בעלה לעולם : (ז) ברגע. אף ע"פ שארכו ימי הגלות כולם יהיו נחשבים כרגע קטן כנגד הרחמים שיהיו גדולים כשאקבצך ובי"ת ברגע ר"ל בימים שעזבתיך אותם הימים הם רגע כנגד ימי הטובה : (ח) בשצף קצף. זה הפסוק כענין הפסוק הראשון אלא שכפל הענין במ"ש לחזק

ובחסד

מצודת דוד

לא תזכרי עוד כי לא תהיה עוד מבלי מלך להזכיר ע"י את הראשונים : (ה) כי בעליך. כי אדונך המגדל והמרומם אותך הנה שמו ה' צבאות על כי הוא מושל בצבאות מעלה ומטה וא"כ מי יעמוד כנגדו לבטל מעשיו : וגאלך. הלא גאלך קדוש ישראל אשר יקרא אלהי כל הארץ וידו בכל מעלה וכפל הדבר במ"ש : (ו) כי כאשה עזובה וגו'. ר"ל ה' קראך לשוב אליו כדרך האשה העזובה מבעלה והיא עצובת רוח שבעלה קורא אותה לשוב אליו : ואשת נעורים. כמו אשת נעורים אם תמאס בעיני בעלה הנה לא תתמיד המיאוס כי ישוב וירחם כן אמר אלהיך לרחם עליך : (ז) ברגע קטן עזבתיך. העזבון שעזבתיך לא היה רק רגע קטן מול הקבוץ שאקבצך כי ברחמים גדולים היה ותתמיד לאורך ימים : (ח) בשצף קצף.

מצודת ציון

עלומיו (תהלים פ"ט) : (ה) בועליך. ענין אדון כמו אם בעליו עמו (שמות כ"ב) : עושיך. ענין הגדלה והרמה וכן ישמח ישראל בעושיו (תהלים קמ"ט) : (ו) ועצובת. מל' עצבון : כי תמאס. אם תמאס : (ח) בשצף. במעט כן ת"י ואין לו דומה :

moment, compared to the manifold mercies God will bestow on Israel during the Messianic era, when they will be gathered in to their land.—[*Redak*]

Also, as compared to the length of the peace and tranquility they will then experience.—[*Mezudath David*]*

8. **With a little wrath**—Heb. שֶׁצֶף. *Menahem* (*Machbereth* p. 179) *interprets this as, "with kindling of wrath," and Dunash* (*Teshuvoth* p. 20) *states, "with a little wrath," paralleling "For a small moment have I forsaken you," and so did Jonathan render.*—[*Rashi*]*

your widowhood you shall no longer remember. 5. For your
Master is your Maker, the Lord of Hosts is His name, and your
Redeemer, the Holy One of Israel, shall be called the God of all
the earth. 6. For, like a wife who is deserted and distressed in
spirit has the Lord called you, and a wife of one's youth who
was rejected, said your God. 7. "For a small moment have I
forsaken you, and with great mercy will I gather you. 8. With a
little wrath did I hide My countenance for a moment from you,

put to shame, for you will never be exiled again.—[*Mezudath David*]

your youth—Heb. עֲלוּמַיִךְ.—[*Rashi*]

the shame of your youth—This is an allusion to the troubles they experienced in their land in the early days of their nationhood.—[*Redak*]

and the disgrace of your widowhood—The troubles you experienced in your exiles, when you were like a widow. Because of the bounty that will be lavished upon you, you will forget all your previous troubles.—[*Redak*]

5. **For your Master**—He Who is your Master is your Maker, and He Who is your Maker will be your Master, for, during your exile, other masters have possessed you. See above 26:13.—[*Redak*]

The term בֹּעֲלַיִךְ, *your Master,* is used instead of מַלְכֵּךְ, *your King,* and עֹשַׂיִךְ, *your Maker,* is used instead of אֱלֹהַיִךְ, *your God.*—[*Ibn Ezra* acc. to Friedlander] These terms are grammatically plural, used as the plural of majesty.—[*Ibn Ezra, Redak*]

the Lord of Hosts is His name—He is all-powerful, since He is the Lord of the hosts of heaven and earth.—[*Redak*]

shall be called the God of all the earth—Then He will be called the God of all the earth, for all nations will believe in Him and return to His law.—[*Ibn Ezra, Redak*]

Then He will bestow His Providence upon the entire world, without the intervention of the heavenly princes of the nations.—[*Abarbanel*]

6. **For, like a wife**—You are not like a woman whose husband has died, for your "Husband" lives on. You are but like a woman whose husband has become wroth with her and has deserted her for a long time.—[*Redak*]

This is said in reference to the expression, "the disgrace of your widowhood," mentioned in the preceding verse. The gentiles deride Israel since they have no king. God, therefore, replies that they are not widows but merely a wife deserted by her husband, who is distressed in spirit.—[*Ibn Ezra*]

who was rejected—*When she is rejected at times that her husband is a little wroth with her.*—[*Rashi*]

God's rejection of Israel is not permanent, for she is like the wife of one's youth, who is never rejected permanently.—[*Redak*]

7. **For a small moment**—All the years of the exile are as but a short

וּבְחֶסֶד עוֹלָם רִחַמְתִּיךְ אָמַר גֹּאֲלֵךְ
יְהוָה׃ ט כִּי־מֵי נֹחַ זֹאת לִי אֲשֶׁר
נִשְׁבַּעְתִּי מֵעֲבֹר מֵי־נֹחַ עוֹד עַל־הָאָרֶץ
כֵּן נִשְׁבַּעְתִּי מִקְּצֹף עָלַיִךְ וּמִגְּעָר־בָּךְ׃
י כִּי הֶהָרִים יָמוּשׁוּ וְהַגְּבָעוֹת תְּמוּטֶנָה
וְחַסְדִּי מֵאִתֵּךְ לֹא־יָמוּשׁ וּבְרִית שְׁלוֹמִי
לֹא תָמוּט אָמַר מְרַחֲמֵךְ יְהוָה׃ יא עֲנִיָּה
סֹעֲרָה לֹא נֻחָמָה הִנֵּה אָנֹכִי מַרְבִּיץ

תרגום

עלם דלא פסקן אנחם
עלך אמר פרקיך יי׃
ט כיומי נח דא קדמי
דקימית במימרי דלא
יעדון מי טופנא דהוו
ביומי נח עוד על ארעא
כן קימית במימרי דלא
יחול רוגזי עלך ולא
אזוף ביך׃ י ארי טוריא
יעדון ורמתא יתפרקון
וטובי מניך ירושלם לא
יעדי וקים שלמי לא
יתרחק אמר דעתיד
לרחמא עלך יי׃
יא חשיבתא מקבלא
עולבן קרתא דאמרין

ת"א מי נח. סוטה יא סנהדרין לט שבועות לו עקדה שער יד זוהר ויקרא (תענית כו)׃ ההרים ימושו. ע"ז יז (סנהדרין כז)׃ מרביץ בפוך. זוהר פקודי׃

רש"י

ברגע קטן עזבתיך וכן תירגס יונתן׃ ובחסד עולם. שיתקיים עד עולם׃ (ט) כי מי נח זאת לי. שבועה בידי והולך ומפרש דברו כאשר נשבעתי מעבור מי נח וגו'׃ (י) כי ההרים ימושו. אף אם תכלה זכות אבות ואמהות חסדי מאתך לא ימוש׃ (יא) סוערה. שלבה סוער ברוחי צרות׃ מרביץ בפוך. רובץ רצפתך באבני נופך׃

רד"ק

שכינתי מינך׃ (ט) כי מי נח. יש מחלוקת בספרים במלה הזאת ברוב הספרים הם שתי מלות ופי' מנחם מי המבול וסמכה לנח שבאו בימיו ונצל מהם ויש ספרים שהיא מלה אחת כמו כימי נדת דותה וכן ת"י כיומי נח מ"מ הענין א' אמר כמו דבר מי המבול שהיו בימי נח שנשבעתי שלא יעברו עוד על הארץ והיא גזרה שלא תבטל כן נשבעתי אחרי צאתך מהגלות מקצוף עליך ומגער בך ופי' זאת הגלות והשביה היא לך כמו מי נח כמו שהם לא יהיו עוד כן לא יהיה לך גלות עוד ושבועת מי נח הוא שאמר שני פעמים ולא יכרת כל בשר עוד ממי המבול ולא יהיה עוד מבול לשחת כל בשר כך פירשו רבותינו ולמדו מזה כי לאו לאו שבועה ומדלאו לאו שבועה הן הן נמי שבועה ויש לפרש כי הברית היא השבועה כמ"ש והקמותי את בריתי אתכם והברית הוא קיום הדבר וכן שבועה היא קיום הדבר׃ מגער בך. העי"ן נקרא בחטף קמץ׃ (י) כי ההרים ימושו. ההרים והגבעות הם הדברים הקיימים אשר בארץ ואע"פ כן פעמים ימושו ותמוטנה ברעש הארץ אבל חסדי ובריתי אתך הוא יותר קיים שלא ימושו לעולם ויש לפרש ההרים והגבעות משל על שרי עכו"ם׃ (יא) עניה סערה. סוערת בסערת הגלות׃ לא נחמה. פי' עד עתה לא נחמה וי"ת חשיכתא מקבלא עולבן קרתא וגו'׃ מרביץ. מושיב או משכיב כלומר שיהיו אבני היסוד אבני פוך שהם כעין חול והם מרגליות ועליהם ארביץ אבני הקיר וכן ויסדתיך בספירים וזה אומר לירושלם. וי"ת

אבן עזרא

רע לו והטעם כמו מעט׃ ובחסד עולם. הפך רגע הנה הטעם שתעמוד מלכות ישראל לעולם כאשר הוא מפורש בספר דניאל והנה יהיו ימי הגלות ואם ארכו כמו רגע כנגד ימי המלכות שלא יפסקו׃ (ט) כי מי נח. המבול שהיה בימי נח הטעם זאת הגזירה שגזרתי והנחמה שאמרתי וכאשר נשבעתי שלא יעבור מבול כמי נח על הארץ והוא הכתוב ולא אוסיף עוד להכות את כל חי וטעם מקצוף עליך בעבור שהמשילה לאשה עזובה׃ (י) כי. טעם יתכן שימושו ההרים רק חסדי מאתך לא תמוש וברית שלומך ביני ובינך והטעם כבעל עם אשתו ביניהם ברית שלום׃ תמוטינה. כמו תשובינה כי לשון נקבות בפעלים השניים הנראים יבואו על שני משקלים׃ (יא) עניה סוערה. כמו הולך וסוער

מצודת ציון

(ט) מעבור. לבל עבור וכן מקצוף כמו מהמטיר עליו מטר (לעיל ה')׃ ובגער. ענין צעקת נזיפה׃ (י) ימושו. ענין הסרה כמו לא ימיש עמוד הענן (שמות י"ג)׃ תמוטינה. מלשון נטיה׃ (יא) מרביץ. מל'

מצודת דוד

במעט קצף הסתרתי פני ממך רק רגע ר"ל אל מול החסד תחשב רק לרגע כי בחסד עולם ארחמך׃ (ט) כי מי נח וגו'. הקצף הזה היא לי כמו מי המבול שהיה בימי נח אשר נשבעתי שלא יהיה עוד מי המבול כן נשבעתי וגו'׃ (י) כי ההרים ימושו. לפעמים יקרה אבל ההרים עם רוב חוזק יסודו ויעתקו ממקומם על ידי רעש וכן הגבעות יוטו לנפול בארץ׃ וחסדי. אבל חסדי הוא דבר המתקיים ולא יסור מאתך והבטחת ברית שלומי וגו' וכפל הדבר במ"ש׃ (יא) עניה סוערה. על ירושלים יאמר שהיא לעניה מרעדת

of which is to confirm the promise, is tantamount to an oath.

10. **For the mountains shall depart**—*Even if the merit of the Patriarchs and the Matriarchs is depleted, My kindness shall not depart from you.*—[*Rashi* from *Yerushalmi, Sanhedrin* 10:1]

The Rabbis explain this verse figuratively, the mountains denoting the Patriarchs and the hills denoting the Matriarchs. See above 9:6, also *Tosafoth Shabbath* 55a. *Ibn Ezra* and *Redak* interpret this literally. Although mountains and hills are very strong, it is possible that they can be

and with everlasting kindness will I have compassion on you," said your Redeemer, the Lord. 9. "For this is to Me [as] the waters of Noah, as I swore that the waters of Noah shall never again pass over the earth, so have I sworn neither to be wroth with you nor to rebuke you. 10. For the mountains shall depart and the hills totter, but My kindness shall not depart from you, neither shall the covenant of My peace totter," says the Lord, Who has compassion on you. 11. O poor tempestuous one, who was not consoled, behold I will set

and with everlasting kindness—*that will exist forever.*—[*Rashi*]

This is in contrast to "a small moment" mentioned above. The implication is that the kingdom of Israel will exist forever, as is related in Daniel (7:27). The days of exile will seem like but a moment compared to the length of the Messianic era.—[*Ibn Ezra*]

9. **For this is to Me [as] the waters of Noah**—I.e., *it is an oath in My hand, and He proceeds to explain His words, "as I swore that the waters of Noah shall never again pass over the earth etc."*—[*Rashi*]

The exile is compared to the "waters of Noah," i.e. the Great Flood that came about in his time. The consolation is compared to God's oath never again to bring about a flood of such world-destroying proportions. Just as God swore never to bring about such a flood upon the earth, so did He swear never to exile Israel again after the redemption from the exile of Edom.—[*Ibn Ezra, Redak*]

Other editions read: For this is to Me as the *days* (כִּימֵי) of Noah. This appears to be *Jonathan*'s reading. The meaning is the same as our reading. I.e., the flood that took place during the days of Noah.—[*Redak*]

The Talmud (*San.* 99a) states that the Messianic era will last as long as the period from the days of Noah until now, meaning from Noah's time until the redemption. For this period of time, God swore not to destroy the world. It appears that this statement is based on *Jonathan*'s reading. In any case, the text is interpreted in that manner. See *Rashi* ad loc., *Rabbenu Yeshayah,* Wertheimer.

as I swore—Nowhere in Genesis is it mentioned explicitly that God swore never to bring a flood upon the world. The Talmud (*Shevuoth* 31a) derives this oath from God's repeated promise never to destroy the earth. If one repeats a statement, whether affirmative or negative, with the intention of swearing, it is deemed an oath. Which verses are intended depends on various readings in the Talmud. See *Rosh, Shevuoth* 4:27; also *Rashi,* Gen. 8:21. *Redak* conjectures that the covenant mentioned in Gen. 9:11, the purpose

בְּפּוּךְ אֲבָנַיִךְ וִיסַדְתִּיךְ בַּסַּפִּירִים׃
יב וְשַׂמְתִּי כַּדְכֹד שִׁמְשֹׁתַיִךְ וּשְׁעָרַיִךְ
לְאַבְנֵי אֶקְדָּח וְכָל־גְּבוּלֵךְ לְאַבְנֵי־
חֵפֶץ׃ יג וְכָל־בָּנַיִךְ לִמּוּדֵי יְהוָה וְרַב
שְׁלוֹם

עֲלָה עַמְמַיָא לָא תִתְנְחַם הָא אֲנָא כָּבֵשׁ בְּצְדִידָא אַבְנֵי רִצְפָּתִיךְ וְאֶשַׁכְלְלִינִיךְ בְּאַבְנִין טָבִין׃ יב וְאֶשַׁוֵי בְּמַרְגְלִין אָעֵךְ וְתַרְעַיִךְ לְאַבְנֵי גְמַר וְכָל תְּחוּמַיִךְ לְאַבְנֵי צְרוֹךְ׃ יג וְכָל בְּנַיִךְ אַלְפִין

ת"א כדכד. ב"ב עה סנהדרין ק: וכל בניך. ברכות סד יבמות קכב נזיר סו כריתות כח תמיד לב עקידה שער לב זוהר תרומה:

רש"י

(יב) כדכד. מין אבן טובה: שמשותיך. יונתן תירגם אעך ומנחם חברו עם ישמשוניה ויש פותרין לשון שמש חלונו' שחמה זורחת בהן ועושין כנגדו מחילה במיני זכוכית צבועים לנוי ומדרש תהלים פותר שמשותיך ושמש ומגן (תהלים פ"ד) שיני החומה: לאבני אקדח. יונתן תירגם לאבני גמר גומרין תרגום גחלים פתר אקדח לשון קדחי אש והם מין אבנים טובות בוערים כלפידים והוא קרבונקל"א לשון

מהר"י קרא

(יא) בפוך. בושם. [כמו] כי תקרעי בפוך עיניך: (יב) אקדח. לשם גחלת. והתרגום מוכיח ותרעך לאבני גמר. אמר ר' לוי עתידין תחומי ירושלים להיות מלאים שמנת עשרת מיל אבנים טובות ומרגליות נוכו' *) והוא נוטל שנים מהן ואומר מן אילן אני חייב לך אף לא נידון הא שרי והא שביק לך הח"ד חשם גבולך שלום: (יג) וכל בניך לימודי

*) עי' ילקוט ישעי' רמז של"ס.

אבן עזרא

או שהיא עומדת בסערה והוא זאת ירושלים: בפוך. אבן יקרה שחורה ויש אומרים שכמוהו מלת נפך ספיר: אבניך. שיכנו בהם: בספירים. אבנים יקרות אדומות כאשר פירשתי במגילת איכה: (יב) ושמתי. אין רע למלת כדכד במקרא והיא אבן יקרה: שמשותיך. מגזרת שמש והן בחלונות ישימו זכוכית וזה מנהג ארמוני המלכים והם משמשות על השער: אקדח. אבן יקרה והאל"ף נוסף והוא מגזרת כי אש קדחה באפי: לאבני חפץ. שיש לאדם חפץ בהם לא ככל האבנים שהם מושלכות אין חפץ בהם: (יג) וכל. למודי. כמו תלמידי והנה המלה תאר השם:

רד"ק

הא אנא כביש וגו': ספיר. פי' הגאון רב סעדיה שהוא אבן לבנה והחכם רבי אברהם כתב שהיא אדומה וי"ת באבני טבן כמו שתרגם אנקלוס לבנת הספיר כעובד אבן טבא: (יב) ושמתי כדכד. תרגם ירושלמי נפך ספיר כדכדינא וספרינא ונפך היא מרגלית שחורה: שמשותיך. החלונות שתכנס בהם השמש אפשר כי פנות החלונות יהיו אבן כדכד או אפשר אויר החלונות יבנה בכדכד כמו שעושין אותו בזכוכית צבועה במיני צבעונים וכשיכה ניצוץ השמש עליהם יהיה המראה יפה מבפנים: לאבני אקדח. הלמ"ד מורה על העצם כלמ"ד לכל כליו תעשה נחשת. הרגו לאבנר. וחשלישי לאבשלום: אקדח. אבן מזהירה כאש וכן בתוך אבני אש התהלכתי לפיכך נקראת אקדח מן קדחי אש. וכן ת"י לאבני גמר כתרגום גחלת גומרא: לאבני חפץ. אבנים שיש חפץ בהם ומה שאמר כל גבולך כלומר לא ירושלים לבדה אלא אף ערי גבולה ויתכן לפרש למ"ד לאבני אקדח לאבני חפץ משמשות כלומר האבנים שהיו בחם מתחילה אשים אותם לאבנים טובות ומרגליות וכן למ"ד ושמתים ליער והדומים להם והדברים האלה אפשר שיהיו כן כמשמעם או אפשר שהם משל לרוב הגדולה שתהיה לישראל ושפע הטובה עד שאם ירצו יעשו בנינם באבנים טובות ומרגליות: (יג) וכל בניך למודי ה'. למודי תאר כמו שפירשנו

מצודת דוד

כמרות סערה ואין מי לנחמה: מרביץ בפוך אבניך. אבני הרצפה ארבין ואשכיב בפוך כי יאסף מתחת רצפת האבנים במקום החול כי כן הדרך לשפוך חול תחת אבני הרצפה להשכיב בהם האבנים: ויסדתיך. אשים היסודות באבני ספיר: (יב) ושמתי כדכד שמשותיך. מחילות החלונות שהשמש זורחת דרך שם אשימם מאבן כדכד הבהיר ביותר: ושעריך. מזוזת השערים יהפכו להיות אבני אקדח המאירים ביותר: וכל גבולך. אבני רצפת כל גבולך יהפכו להיות אבני חפץ ר"ל אבני יקר שהאדם חפץ ורוצה בהם ולא כשאר אבנים המושלכים: (יג) למודי ה'. ר"ל ישכילו

מצודת ציון

רבילה והשכבת האבן: בפוך. הוא הכחול והוא דק כעין הכחול וכו הנשים לובעות עיניהם כמו ותשם בפוך עיניה (מ"ב ב'): הספירים. שם אבן יקר: (יב) כדכד. שם אבן יקר המזהיר וכן ורלמת וכדכד (יחזקאל כ"ז) והוא מלשון כידודי אש (איוב מ"א): שמשותיך. מלשון שמש: אקדח. שם אבן יקר המאיר והוא מל' קודחי אש (לעיל נ'): חפץ. ענין רלון (יג) למודי ה'. תלמידי ס'

Midrash Psalms is not found in our editions. See *Pesikta Rabbathi* 33:4, where שִׁמְשׁוֹתַיִךְ is interpreted as 'walls.' See Commentary. Perhaps this denotes the pinnacles of the walls upon which the sun shines. Our translation follows the second interpretation, which is the view of *Ibn Ezra* and *Redak*.

of carbuncle stones—Heb. אֶקְדָּח. *Jonathan renders: of gomer stones. Gumrin is the Aramaic translation of* גֶּחָלִים*, coals. He interprets* אֶקְדָּח *as an expression similar to* "(supra 50:11) *who kindle fire* (קֹדְחֵי)," *and they are a type of stones that burn like torches, and that is the carbuncle (karbokle in O.F.), an expression of a coal. Others interpret it as an expression of a drill.* I.e., *huge stones of which the entire opening of the doorway is drilled, and the doorposts, the threshold, and the lintel are all hewn from the stone.*—[*Rashi*] See *Rashbam, Baba Bathra* 75a.

of precious stones—*Desirable stones.*—[*Rashi* from *Jonathan*]

Not only Jerusalem will be paved

your stones with carbuncle, and I will lay your foundations with sapphires. 12. And I will make your windows of jasper and your gates of carbuncle stones, and all your border of precious stones. 13. And all your children shall be disciples of the Lord,

destroyed by earthquakes. My kindness, however, shall, under no circumstances, depart from you. *Redak* suggests that the mountains and the hills represent the heavenly princes of the nations.

11. **tempestuous one**—*whose heart storms with many troubles.*—[*Rashi*]

Alternatively, storm tossed by the tempest of the exile.—[*Redak*]

I will set with carbuncle—*I pave your floor with carbuncle stones.*—[*Rashi*]

Rashi identifies פּוּךְ with נֹפֶךְ, one of the stones of the *hoshen,* the breastplate of the high priest. *Redak, Shorashim,* identifies it with the carbuncle, as the *Shiltei Hagibborim* (*Bigdei Kehunnah,* Jerusalem 5724) identifes the נֹפֶךְ. According to *Redak,* the latter is of a bluish black hue, whereas *Num. Rabbah* 2:7, and *Rabbenu Bechayah,* Num. 2:2, describe it as azure. *Ibn Ezra,* too, describes פּוּךְ as black.

Differing from *Rashi, Redak* explains that the stones of the wall will be set into a foundation of carbuncle.

sapphires—*Rav Saadiah* describes it as a white stone; *Ibn Ezra* as a red one.—[*Redak*] *Num. Rabbah* and *Rabbenu Bechayah,* mentioned above, describe it as a bluish black stone.

Shiltei Haggiborim quotes Albertus Magnus, who describes it as a stone found in the Orient and in India, whose hue resembles that of yellow saffron.

In *Shorashim,* he quotes *Rav Saadiah,* who identifies it with the crystal, not rendering 'sapphire' at all. He quotes *Lam. Rabbah,* where it is described as a very hard stone, which split a hammer. He deduces that it is the diamond.

12. **jasper**—Heb. כַּדְכֹּד, *a kind of precious stone.*—[*Rashi*]

Redak quotes *Targum Yerushalmi,* which identifies it with נֹפֶךְ, which he, in turn, identifies as a black pearl. The Talmud (*Baba Bathra* 75a) identifies it with the two stones on the *hoshen,* named שֹׁהַם and יָשְׁפֵה, usually identified as onyx and jasper.

your windows—*Jonathan* renders: your woodwork (See *Aruch Completum,* p. 208), *and Menahem associated it with* "(Dan. 7:10) *ministered to Him* (יְשַׁמְּשׁוּנֵּה). Menahem, apparently renders: your utensils, i.e. the vessels that serve you. This interpretation is echoed by the composer of *Akdamuth* as 'tables.' *And some interpret it as an expression of a sun* (שֶׁמֶשׁ), *windows through which the sun shines, and they make opposite it a barrier of kinds of colored glass for beauty, and Midrash Psalms interprets* שִׁמְשׁוֹתַיִךְ *as well as* שֶׁמֶשׁ וּמָגֵן (Ps. 84:12) *as 'the pinnacles of the wall.'*—[*Rashi*] *Rashi*'s source in

שְׁלוֹם בָּנָיִךְ: יד בִּצְדָקָה תִּכּוֹנָנִי רַחֲקִי
מֵעֹשֶׁק כִּי־לֹא תִירָאִי וּמִמְּחִתָּה כִּי לֹא־
תִקְרַב אֵלָיִךְ: טו הֵן גּוֹר יָגוּר אֶפֶס מֵאוֹתִי
מִי

בְּאוֹרַיְתָא דַיָ וְסַגִי יְהֵי שְׁלָם בְּנָךְ: יד בְּזָכוּתָא תִּתַּקְנִין אִתְרַחֲקִי מֵעוּשְׁקָא אֲרֵי לָא תִדְחֲלִין וּמִתְּבִירָא אֲרֵי לָא יֵעוֹל עֲלָךְ: טו הָא אִתְכַּנְשָׁא יִתְכַּנְשׁוּן לְוָתִיךְ

מהר"י קרא

ה׳ ורב שלום בניך. פתרון ותרבה שלום בניך: (טו) הן גור יגור אפס מאותי. מיכן ואילך כל אומה ולשון שיבא לגור שם אתך שלא מדעתי ושלא מרצוני. כל מי שגר אתך עליך יפלו:

רש"י

גחלת ויש פותרין לשון מקדח אבנים גדולות שכל חלל הפתח קדוח בתוכו והמזוזות והמפתן והסף כולן מתוך האבן הם: לאבני חפץ. לאבני רצון: (יד) רחקי מעושק. כמו (לעיל נ״ב) התנערי מעפר תרחקי מן העושקים אותך (רחקי מעושק. תרחק לעשוק בני אדם כדרך שעושים רשעים שאוספים ממון מגזל אבל אתם לא תצרכו לגזול כי לא תיראו מדלות ועניות וממחתה כי לא תבא ולא תקרב אליך. אברבנאל) (בצדקה. שתעשה תהיה נכונה בגאולת עולם ותהיה רחוקה מעושק בני אדם כי לא תיראי אפי׳ פחד ויראה לא יהיה לך מהם ותהיה רחוקה ממחתה שלא יקרב אליך. אול״ה שלוחה): (טו) הן גור יגור אפס מאותי. הן ירא יירא ויגור מגזירות רעות אותו שאין אני עמו הוא עשו: מי גר אתך. מי אשר נאסף עליך למלחמה. או מי גר שנתגרה בך. ורבותינו פרשוהו בגרים לומר שאין מקבלין גרים לימות המשיח ואף בפשוטו של מקרא

רד"ק

לשמוע כלימודים וזה כענין שאמר ירמיהו הנביא ולא ילמדו עוד איש אל רעהו ואיש את אחיו לאמור דעו את ה׳ כי כולם ידעו אותי למקטנם ועד גדולם: ורב שלום בניך. ר״ל וירבה כי רב פעל עבר מבעלי הכפל מוסב ומורה לעתיד מפני הוי״ו: (יד) בצדקה. בצדקה שתעשי תהיי נכונה בגדולה לעולם ותהיי רחוקה מעשק בני אדם: כי לא תיראי. אפי׳ פחד ויראה לא יהיה לך מהם ותהיה רחוקה ממחיתם שלא תקרב אליך והענין כפול במלות שונות: רחקי. כמו תרחקי וכן ומות בהר כמו ותמות ושים בסלע קנך כמו ותשים: (טו) הן גור יגור. פירושו כתרגומו ענין אסיפה כמו יגורו עלי עזים ודרך פשוטו יתפרש כן הנה יאספו עליך עמים: אפס מאותי. לא במצותי כמו שנאספו עליך פעמים אחרים במצותי כסנחריב ונבוכדנצר אבל אלה הגוים שיאספו עליך והם גוג ומגוג לא במצותי ואין האסיפה ההיא מאתי ואע״פ שאמר בנבואת יחזקאל והעליתיך מירכתי צפון והביאותך אל הרי ישראל ומה שאמר יעלו דברים על לבבך זהו הענין בעצמו כי האל שם בלבו לבא שם לא לרעת ישראל אלא לטובתם ולקחת נקמת ישראל ממנו ומן העכו״ם האחרים שהרעו לישראל ובארץ ישראל יקח נקמתו מהם לכבוד שמו ולכבוד ישראל ולהנאתם שיהיה בזתם ושללם לישראל זהו פי׳ אפס מאותי לא יעלו מאתי להרע לך כמו

אבן עזרא

ורב. פועל עתיד בעבור הוי״ו: (יד) בצדקה תכונני. מבנין התפעל והתי״ו מבולע והטעם שיעשו צדק ישראל בעולם ולא יעשקו הגוים כמשפט המלכים וטעם לא תיראי בעבור העושק והחמס יסיר השם המלכות: (טו) הן. אמר רבי יונה הן גור יגור כמו חבור ואמר כי כמוהו נהרסו ממגורות והטעם היתכן שיתחבר חבור כי אם ברשותי על גוג ומגוג. מי גר אתך פי׳ מי שהתחבר והיה אתך ושב עליך אז יפול והנכון בעיני כי גור יגור כמשפטו וכן הוא היתכן שיגור עמך גר בארץ שהוא שלי כי אם ברשותי. מי שירצה לגור עמך בארצי. עליך יפול כמו אל הכשדים אתה נופל על

מצודת ציון

וכן אתום תורה בלמודי (לעיל ח׳): (יד) תכונני. מל׳ הכנה: כי לא תיראי. אשר לא תיראי: וממחיתה. ענין שבר ופחד כמו ואל תחת (יהושע א׳): (טו) גור יגור. ענין פחד כמו לא תגורו (דברים א׳): אפס. ענין ההעדר כמו באפס עצים (משלי כ״ו): מאותי. ממני: גר. ענין מריבה כמו אל תתגרו בם (דברים ב׳): אתך. עמך: עליך. כמו אליך: יפול. ענין נטיה והשכנה וכן

מצודת דוד

בחכמה כאלו יהיו תלמידי המקום ב״ה: ורב שלום בניך. השלום של בניך יהיה הרבה מאד: (יד) בצדקה. בעבור הצדקה שתעשי תהיה נכונה בכל טובה: רחקי מעשק. תהיה מרוחקת מן העושקים אשר לא תיראי מהם כלל וכלל: וממחיתה. ותהיה מרוחקת ממחיתם כי לא תוכל להתקרב אליך ותהיה א״כ מרוחקת ממנה: (טו) הן גור יגור. באמת יחת ויפחד מי שהוא נעדר ונפרד ומרוחק

of the kings. Therefore, they need not fear, for God removes His Providence only because of oppression and violence.

15. **Behold, the one with whom I am not, shall fear**—Heb. גּוֹר יָגוּר. *Behold, he shall fear and dread evil decrees, he with whom I am not, i.e. Esau.*—[*Rashi*] Mss. read: *the wicked Esau and his ilk.*

whoever mobilizes against you—Heb. גָר. *Whoever mobilizes against you for war. Alternatively,* מִי גָר means: *whoever contends with you* (וְנִתְגָּרֶה). *And our Rabbis explained it as referring to the proselytes* (גֵּרִים), i.e. *to say that we will not accept proselytes in Messianic times. And even according to the simple meaning of the verse it is possible to explain: whoever became sojourners with you in your poverty, shall dwell with you in your wealth. Comp.* "(Gen. 25:18) *In the presence of all his brethren he dwelt* (נָפָל)."—[*Rashi*]

Alternatively, גּוֹר יָגוּר and גָר de-

and your children's peace shall increase. 14. With righteousness shall you be established, go far away from oppression, for you shall not fear, and from ruin, for it will not come near you.
15. Behold, the one with whom I am not, shall fear,

with precious stones, but so will all the cities within your border. All ordinary stones that were in the cities will be converted into precious stones. Alternatively, it may be a prophecy that God will lavish such wealth upon Israel, that, if they desire, they will be able to use gems for building stones.—[*Redak*]

disciples of the Lord—The *Zohar* interprets this to mean that God bestows strength upon all children who strive to learn Torah. Otherwise, they would not have the strength to bear its yoke. They are, therefore, regarded as disciples of the Lord. Also, at times prophecy falls into the mouth of children and they prophesy more than a prophet. They are indeed disciples of the Lord. This is true only of Israel.—[*Zohar Terumah* 169b, 170a]

and your children's peace shall increase—Torah scholars increase peace in the world.—[*Berachoth* 64a] The Talmud takes בָּנַיִךְ, lit. your children, as בּוֹנַיִךְ, *your builders,* as an indication that the Torah scholars build up and preserve the Jewish people.

14. **With righteousness shall you be established**—With the righteousness that you will perform, you will be established, and you will be kept far away from those who seek to oppress you.—[*Redak*]

go far away from oppression—*Although grammatically this is the imperative, here it is the future, like* "(supra 52:2) *Shake yourself from the dust." You will be far away from those who oppress you.*—[*Rashi*] This coincides with *Redak* quoted above.

Printed editions of *Rashi* contain the following addendum:

go far away from oppression—*You will stay far from oppressing other peoples in the manner the wicked do, that they accumulate money through robbery, but you will not need to rob, for you will not fear poverty or straits, or ruin, for it shall neither come nor shall it approach you.*—[*Abarbanel*])

(**With righteousness**—*that you will perform, you will be established with an everlasting redemption* (*Redak*: with greatness forever), *and you will be far from people's oppression for you will not fear; you will not even have terror or fear of them, and you will be far from ruin, for it will not come near you.*—[*Ayalah Sheluchah*])

The second addendum, signed by the copyist with the name *Ayalah Sheluchah,* coincides with *Rashi.* The wording appears to be copied from *Redak,* with several variations. *Abarbanel,* too, follows this interpretation. The first addendum, labeled '*Abarbanel,*' does not coincide with *Abarbanel*'s commentary on our verse. It is closer to that of *Ibn Ezra,* who explains: Israel shall perform righteousness and not oppress the nations as is the custom

מי־גר אתך עליך יפול: טז הן* אנכי
בראתי חרש נפח באש פחם ומוציא
כלי למעשהו ואנכי בראתי משחית
לחבל: יז כל־כלי יוצר עליך לא יצלח
וכל־לשון תקום־אתך למשפט
תרשיעי זאת נחלת עבדי יהוה

גלות עמיך לסופא
מלכי עממיא
דמתכנשין לאעקא ליך
ירושלם בגויך יתרמון:
טז הא אנא בריית נפחא
נפח נור בשחורין ומפיק
מנא לצורכה ואנא
בריית מחבלא לחבלא:
יז כל זין דיתתקן עלך
ירושלם לא יצלח וכל
לישן דיקום עמך לדינא
תחיבינה דא אחסנת
עבדיא דיי וזכותיהון מן

ת"א מי גר. יבמות כד עקידה שם: בראתי חרש, עקדה שער פט: הנה קרי וצדקתם

רש"י

יתכן מי שנעשו גרים אתך בעניותך עליך יפול בעשירותך כמו על פני כל אחיו נפל (בראשית כ"ה): (טז) הנה אנכי. אשר בראתי חרש המתקן כלי ואני אשר בראתי משחית המחבלו כלומר אני הוא שגריתי בך את האויב אני הוא שהתקנתי לו פורעניות: ומוציא כלי למעשהו. לצורך גומרו כל צורכו: (יז) כל כלי יוצר עליך. כל כלי זיין אשר ילטשוהו ויחדדוהו בשבילך להלחם בך: יוצר. לשון חרבות צורים (יהושע ה') אף תשיב צור חרבו (תהלים פ"ט):

מהר"י קרא

(טז) הן אנכי בראתי חרש נופח באש פוחם. הוא המפוח שהחרש נופח בו: ומוציא כלי למעשהו. שהוא רוצה להוציאו: ואנכי בראתי משחית לחבל. התופש בכף כלי זיין שהוציא חרש למעשהו: (יז) כל כלי יוצר עליך. פת' כד"א חרבות צורים. ומתרגמינן איזמלאן חריפין: תרשיעי. תחייבנה בדין:

אבן עזרא

פני כל אחיו נפל והטעם שיפיל עצמו תחת רשותך: (טז) הן. דרך משל: ומוציא כלי. מהאש ויתקנהו וגם אנכי בראתי המשחית שישחית כלי החרש: (יז) כל כלי יוצר. שיוצר. עליך להיותו לא יצלח רק ישבר הנה יוצר מהבנין שלא נקרא שם פועלו על משקל יוסר: וכל לשון. הנה פירוש זה כל כלי: תרשיעי. הטעם שיאמינו הגוים בתורת ישראל וישראל יראום רשעת דתיהם: זאת נחלת עבדי ה'. מהשם. על התורה או על ארץ הצבי:

רד"ק

שתהיה מחשבתם כן: מי גר אתך עליך יפול. מי שיאסוף אתך להלחם עליך יפול כמ"ש על הרי ישראל יפול: (טז) הן. כן כתיב וקרי הנה והענין אחד. אמר אע"פ שכלי המלחמה הם מעשה האדם ויבא גוג ומגוג והעכו"ם אשר עמו בכלי מלחמה לרוב מי שיעשה כלי המלחמה אני עשיתי אותו וכיון שאני עשיתי העושה ובידי לחבל העושה כל שכן המעשה ואם הם באים בכלי מלחמתם אני בראתי משחית לחבל הם וכליהם כמו שאמר והכתי קשתך מיד שמאלך וחציך מיד ימינך אפיל: באש פחם. כי בפחם יפעלו חרשי ברזל וי"ת הפך בית השמוש שתרגם נפח נור בשחורין: ומוציא כלי למעשהו. למה שהוא רוצה לעשות חץ או חרב או חנית או רומח: (יז) כל כלי יוצר. ענינו יפעל כמו שפירשנו ובמקבות יצרהו ושרשו יצר ויוצר מבנין שלא נזכר שם פעלו מהנוסף ואם לא נמצא: לא יצלח. לא יצלח לבעליו ולא יזיק לך: וכל לשון. אם יהיה לך משפט עם גוי אחד תרשיע אותו במשפט ויצא הוא חייב ותהיה טענתו בטלה ואת תצאי מהמשפט זכאי כלומר לא יזיקו לך לא במעשה ולא בדברים וזאת הברכה היא נחלת עבדי ה'

מצודת דוד

ממני: מי גר אתך. מי שהיה לו תגר ומריבה עמך הוא יפול עליך לשכון עמך להיות סר למשמעתך: (טז) נופח באש פחם. מנשב באש הנאחז בגחלים כדויים להבעירם יפה: ומוציא כלי למעשהו. ע"י הפחמים מוליא כלי הראויה לעשות עמו הדבר אשר עשאוהו בעבורו: ואנכי בראתי משחית לחבל. בראתי איש משחית לקלקל את הכלי ההיא ור"ל אני המגרה בך את האויב ואני המשלימו עמך ומשים כמו: (יז) כל כלי זיין המחודדים: עליך לא יצלח. לא יהיה להם הצלחה עליך ר"ל לא יזיקו לך: וכל לשון. כל איש לשון מדבר גדולות אשר תקום עמך למשפט להתווכח עמך: תרשיעי. אתה תרשיעי אותו במשפט ויצא מחויב ותשאר זכאי ר"ל לא יזיקו לך לא במעשה ולא בדיבור: זאת. הברכה הזאת היא לנחלה לעבדי ה' וזאת היא הצדקה אשר תבוא להם מאתי: נאום ה'. כה אמר ה':

מצודת ציון

אל הכשדים אתה נופל (ירמיה ל"ז): (טז) חרש. אומן ברזל: נופח. מל' נפחה ונשיבה: פחם. גחלים כבויים כמו פחם לגחלים (משלי כ"ו): לחבל. ענין השחתה וקלקול כמו וחובל עול (לעיל י'): (יז) יוצר. מחודד ושנון כמו חרבות צורים (יהושע ה'): תרשיעי. מל' רשע וחיוב:

Israel, who will be God's servants from the time of the redemption to eternity.—[*Redak*]

Ibn Ezra explains that the 'tongue' is the weapon mentioned at the beginning of the verse. Israel will prove to the nations the truth of the Torah and the wickedness of their religions.

this—This may refer to the Torah or the Holy Land.—[*Ibn Ezra*]

whoever mobilizes against you shall defect to you. 16. Behold I
have created a smith, who blows on a charcoal fire and pro-
duces a weapon for his work, and I have created a destroyer to
destroy [it]. 17. Any weapon whetted against you shall not suc-
ceed, and any tongue that contends with you in judgment, you
shall condemn; this is the heritage of the servants of the Lord

note gathering or mobilizing. The verse, therefore, reads: Will a gathering be gathered without Me? Whoever gathered against you, shall fall in your midst. This alludes to the gathering of Gog and Magog against Israel in the pre-Messianic era. God asks, Have they the power to gather without My sanction? Although I allow them to gather, whoever gathers against you will fall dead in your midst.—[*Ibn Ganah, Shorashim* pp. 88f., quoted by *Ibn Ezra*]*

16. **Behold I**—*am He Who created a smith who devises a weapon, and I am He Who has created a destroyer that destroys it. I.e. to say: I am He Who incited the enemy against you; I am He Who has prepared retribution for him.—[Rashi*]

and produces a weapon for his work—*For necessity. He completes it according to all that is necessary.* —[*Rashi*]*

on a charcoal fire—Blacksmiths use charcoal to forge iron. *Jonathan* renders: who blows a fire with charcoal.—[*Redak*]

Others render: who blows a fire with a bellows.—[*Kara*]

and produces a weapon for his work—I.e. for whatever he wishes to make, either an arrow, a sword, a spear, or a javelin.—[*Redak*] Note that *Redak* explains this as a direct reference to the armies of Gog and Magog and their weapons. *Rashi* explains it as an allegory, as does *Ibn Ezra.*

17. **Any weapon whetted against you**—*Any weapon that they will whet and sharpen for you,* i.e. *to battle with you.*—[*Rashi*]

whetted—Heb. יוּצָר, *an expression similar to* "(Jos. 5:2) *sharp knives* (חַרְבוֹת צֻרִים)," also "(Ps. 89:44) *You have also turned the edge of his sword* (צוּר חַרְבּוֹ)."—[*Rashi*] This explanation appears in *Rabbi Joseph Kara*'s commentary, as well as *Rabbenu Yeshayah*'s. Other exegetes derive it from יצר, to form or fashion, rendering: will be fashioned.—[*Jonathan, Ibn Ezra, Redak*]

shall not succeed—Shall not succeed for its owner and shall not harm you.—[*Redak*]

and any tongue—If you have litigation with any nation, you will condemn it in judgment, and it will emerge guilty, its claims null and void. You, on the other hand, will emerge innocent. I.e., they will harm you neither with their deeds nor with their speech. This blessing is the heritage of the servants of the Lord; i.e., this will be the heritage of

וצדקתם מאתי נאם־יהוה: נה א הוי
כל־צמא לכו למים ואשר אין־לו כסף
לכו שברו ואכלו ולכו שברו בלוא־
כסף ובלוא מחיר יין וחלב: ב למה
תשקלו־כסף בלוא־לחם ויגיעכם
בלוא לשבעה שמעו שמוע אלי
ואכלו־טוב ותתענג בדשן נפשכם:

תרגום

קדמי אמר יי: א וי כל דצבי למילף ייתי ויליף ודלית ליה כסף אתו שמעו ואליפו ואתו שמעו בלא בדמין ובלא בממון אולפן דטב מחמר ומחלב: ב למא תתקלון כספכון בלא למיכל ולאותכון בלא למשבע קבילו קבלא למימרי ואכולו דטב ותתפנק בדדהין

ת״א כל צמא. סוכה נב תענית ז׳ קידושין לב ב״ב יז ע״ב עכו״ם ה:

מהר״י קרא

נה (א) הוי כל צמא לכו למים. הנביא מכריז ואומר אוי להם לבריות מעלבונה של תורה. לכו לתורה שנמשלה למים: ואשר אין לו כסף: (ב) למה תשקלו כסף. לאומות העולם בלא לחם: ויגיעכם בלא לשבעה. שאתם יגעים ואומות העולם שבעים. ולא מוטב לכם שתשובו אלי ואכלו טוב בלא כסף ובלא מחיר. ותשמעו אלי ותשמרו מצותי משתשקלו כסף

רש״י

נה (א) הוי כל צמא. הוי זה לשון קריאה וזימון וקיבוץ הוא ויש הרבה במקרא (זכריה ב׳) הוי הוי ונוסו מארץ צפון: לכו למים. לתורה: שברו. לשון לשבור בר (בראשית מ״ב) קנו: יין וחלב. לקח טוב מיין וחלב: (ב) למה תשקלו כסף. למה תגרמו לכם לשקול כסף

רד״ק

כלומר בנחלה היא להם לעולם וישראל יהיו עבדי ה׳ מיום הגאולה עד עולם: (א) הוי כל צמא. הוי לשון קריאה וכן הוי ציון המלטי. ואחר מלחמת גוג ומגוג יכירו העכו״ם כי האל הוא מולך על כל ואין זולתו ואז יבאו אל ירושלם ללמוד משפטי האל ותורותיו כמו שאמר בתחילת הספר לכו ונעלה אל הר ה׳ ויורנו מדרכיו ויהיה הענין כאלו קראם לבא וללמוד והמים משל לתורה ולהכמה כמו שאי אפשר לעולם בלא מים כך אי אפשר לעולם בלא חכמה וכמו שהצמא כתאוה למים כך הנפש החכמה מתאות לתורה ולחכמה כמו שנאמר בנבואת עמוס לא רעב ללחם ולא צמא למים כי אם לשמוע את דבר ה׳: ואשר אין לו כסף. לא יחוש כי אינו צריך כי בחנם לו יתנו יין וחלב נמשלה תורה ליין מה יין משמח הלב כמו שנאמר ויין ישמח לבב אנוש אף דברי תורה כן שנאמר פקודי ה׳ ישרים משמחי לב וחלב כמו שהחלב קיום היונק וגדולו כן דברי תורה קיום הנשמה וגדולה שהיא הולכת וגדלה בלמודה במדרגתה כמו שהיא ואמר אכילה על היין והחלב כי הם מאכל ומשקה לגוף: (ב) למה תשקלו כסף. פי׳ החכם רבי אברהם שייגעו עצמם בחכמות נכריות שלא יועילו ויפה פירש וזהו בלא לשבעה וגם הם לא יקראו לחם כי לא יועילו לגוף ולנפש: ואכלו טוב. זה התורה שנאמר כי לקח טוב נתתי לכם תורתי

אבן עזרא

נה (א) הוי. לשון קריאה כמו הוי כל אלה דברי השם לאומות העולם בימים ההם מי שירצה ללמוד תורה: ואשר אין לו כסף. והטעם אם אין לו כסף לקנות שאין לו כסף ללמוד: שברו. הטעם על החכמה כטעם אכול את המגילה הזאת כי החכמה לנשמה כמאכל לגוף: לכו. אלי וטעם ושברו חנם ואכולו בלא כסף וטעם שברו יין וחלב כי שניהם הם כמו מאכל ומשתה וכן יודו חכמי הרפואות וטעם יין וחלב כי התורה נמשלה בהם: (ב) למה. שיוגיעו עצמם בחכמות נכריות שלא יועילו: ואכלו טוב. בדשן. כמו והיה דשן ושמן כטעם תענוג

מצודת ציון

נה (א) הוי. הוא ענין ל׳ קריאה: שברו. ענין קנין כמו לשבור אל יוסף (בראשית מ״א): מחיר. ענין דמי הדבר וערכו כמו ולא רבית במחיריהם (תהלים מ״ד): (ב) ותתענג. מל׳ עונג ותפנוק: בדשן. בשומן כמו ואכל ושבע ודשן (דברים ל״א):

מצודת דוד

נה (א) הוי כל צמא. כל מי שהוא צמא מחסרון המים ילכו אל המים לרוות הצמאון: ואשר וגו׳. ר״ל ואף אם אין לו כסף לקנות המים כי בחנם ימלא כלומר התאב לדבר ה׳ ילך אל הנביא לשמוע דבר ה׳ מבלי מתן כסף: לכו שברו. לכו קנו דבר מאכל ואכלו ועל דברי התורה יאמר וחוזר ועפרש לכו שברו בלא כסף: ובלא מחיר. בזולת מתן מחיר קנו יין וחלב ר״ל כל ענייני חכמת התורה תוכלו ללמוד בזולת מחיר: (ב) למה תשקלו כסף. מה לכם בזה שתשקלו כסף בחנם בלא מאכל לחם ר״ל למה תרבו לתת מחיר בעבור לימוד חכמות נכריות שאין בהם תועלת: ויגיעכם. למה תתנו הון הבאה ביגיעה בעבור דבר שאין משביע ועל החכמות הנכריות יאמר וכפל הדבר במ״ש: שמעו וגו׳. ללמוד

ble spirit. Just as wine and milk can be kept only in the basest of vessels, so can the words of Torah be kept only in one of humble spirit.

2. **Why should you weigh out money**—*Why should you cause yourselves to weigh out money to your enemies without bread?*—[*Rashi*]

and your toil without satiety—For you toil while the nations of the world are satiated. Is it not better that you return to Me and eat what is good, without money and without price, and hearken to Me and observe My commandments, rather than weigh out money without receiving bread?—[*Kara*]

Ibn Ezra and *Redak* explain this

and their due reward from Me, says the Lord.

55

1. Ho! All who thirst, go to water, and whoever has no money,
go, buy and eat, and go, buy without money and without a
price, wine and milk. 2. Why should you weigh out money
without bread and your toil without satiety? Hearken to Me
and eat what is good, and your soul shall delight in fatness.

1. **Ho! All who thirst**—Heb. הוֹי. *This* word הוֹי, *is an expression of calling, inviting, and gathering, and there are many in Scripture,* e.g. "(Zech. 2:10) *Ho! Ho! and flee from the north land.*"—[*Rashi*]

Ibn Ezra and *Redak,* too, interpret this as the vocative. *Kara,* however, explains it as 'woe.' Woe to the people because of the disregard for Torah!

All who thirst—All who wish to learn.—[*Jonathan, Mezudath David*]

go to water—*to Torah.*—[*Rashi*] *Kara* adds, "which is compared to water." This verse is the basis of the Talmudic maxim, "Water means nothing but Torah." This is found in *Baba Kamma* 17a, 82a. *Ibn Ezra* and *Redak,* too, explain our verse as a reference to Torah. They explain that the prophet is addressing the nations of the world after the war of Gog and Magog. Then all peoples will recognize that God alone rules over the earth and that there is no other. They will come to Jerusalem to learn His judgments and statutes, as is depicted above 2:3. Here He calls them to learn Torah and wisdom, which He compares to water. Just as the world cannot exist without water, neither can it exist without Torah. Moreover, just as the thirsty yearn for water, so does the soul yearn for Torah and wisdom, as the prophet Amos words it," (8:11) Neither hunger for bread nor thirst for water, but to hear the words of the Lord."—[*Redak*]

and whoever has no money—need not be concerned, for they will, nevertheless, give him Torah.—[*Redak*]

buy—Heb. שִׁבְרוּ. *Comp.* "(Gen 42:3) *To buy* (לִשְׁבֹּר) *corn," buy.*—[*Rashi*]

wine and milk—*Teaching better than wine and milk.*—[*Rashi*]

Torah has the properties of wine and milk. Just as wine causes the heart to rejoice, as in Psalms 104:15, so does the Torah, as in Psalms 19:9. Just as milk sustains the suckling, so does Torah sustain the soul and nurture it, constantly elevating it from one level to the next. The prophet uses the expression, 'eat' in reference to wine and milk, for they are both food and drink for the body.—[*Redak*]

The Talmud (*Ta'anith* 7a) explains that the Torah is likened to three beverages: Water, wine, and milk. Just as water flows from a high place to a low place, so are the words of Torah preserved only in one of hum-

ג הַטּוּ אָזְנְכֶם וּלְכוּ אֵלַי שִׁמְעוּ וּתְחִי נַפְשְׁכֶם וְאֶכְרְתָה לָכֶם בְּרִית עוֹלָם חַסְדֵי דָוִד הַנֶּאֱמָנִים: ד הֵן עֵד לְאוּמִּים נְתַתִּיו נָגִיד וּמְצַוֵּה לְאֻמִּים: ה הֵן גּוֹי לֹא־

נַפְשְׁכוֹן: ג אַרְכִינוּ אוּדְנֵיכוֹן וְקַבִּילוּ לְמֵימְרִי שְׁמַעוּ וְתִתְקַיַם נַפְשְׁכוֹן וְאֶגְזַר לְכוֹן קְיָם עָלַם טַבְוָת דָוִד דִמְהֵימְנָן: ד הָא רַב לְעַמְמַיָא מַנִיתֵהּ מְלַךְ וְשַׁלִיט עַל כָּל מַלְכְּוָתָא: ה הָא עַם

רש"י

דגש אחר שורק

לאויביכם בלא להם: (ג) חסדי דוד. שאגמול לדוד חסדיו: (ד) עד לאומים. שר וגדול עליהם ומוכיח ומעיד דרכיהם על פניהם: (ה) הן גוי לא תדע תקרא.

מהר"י קרא

בלא לחם: ויגיעכם בלא לשבעה. שאתם יגיעים ואומות העולם [באים] ונוטלים. שמעו שמוע אלי: (ג) ואכרתה לכם ברית עולם [וגו']. כל דבר שאינו פוסק קרוי נאמן. כמו לחמו נתן מימיו נאמנים: (ד) הן עד לאומים נתתיו. אדם שמצוה לאחרים קרוי עד כמו אתה העדותה בנו. וכן העד העיד בנו האיש לאמר. ומדרש רבותי. הן עד לאומים נתתיו. שלא יהא פתחון פה לאומות העולם ליום הדין לומר אילמלא באנו לפתחו ולא קבלנו בתשובה הרי דוד שחטא במעשה דבת שבע. וכיון שאמר חטאתי נאמר לו גם ה' העביר חטאתך לא תמות. אילו שבתם. אלי הייתי מקבל אתכם: (ה) הן גוי לא תדע תקרא. אילו הייתם מקשיבים למצותי. ואם תשמעו לי

אבן עזרא

הנשמה במות הגוף (או טעמו): (ג) הטו. ולכו. ממקומכם אלי כמו סור' אלי אל תירא: ותחי נפשכם. הטעם עמידת הנשמה במות הגוף או טעמו שיחיי' המשיח אחר ששבו לדת השם: ואכרתה לכם ברית עולם. שלא תמוט בברית וחסד שכרתי עם דוד וכתוב לעולם אשמור לו חסדי ויתכן היות חסדי דוד רמז על המשיח שהוא ממשפחתו כאשר נקרא הנביא ישראל וכאילו הוא כי חסדי דוד נאמנים הם והעד על זה הפסוק הבא אחריו: (ד) הן עד. זהו המשיח. לאומים שורש ויתכן היות לטעם כי המשיח לעד כי אין מלך אחר נגיד על העולם: ומצוה. אשר ילוה מה שילוה: (ה)הן גוי לא תדע. גוי לא היית יודעו תקרא שיבוא אליך

רד"ק

אל תעזובו: והתענג בדשן נפשכם. לעולם הבא וכן ותחי נפשכם כי כמו שהדבר שהוא שמן ודשן הוא תענוג הגוף כן התורה והחכמה הוא תענוג הנשמה וחייה: (ג) הטו אזנכם. חסדי דוד הנאמנים. הוא המשיח כי יקרא שמו דוד וכן נאמר עליו ודוד עבדי נשיא להם לעולם: הנאמנים. הקיימים כמו במקום נאמן כלומר כמו שחסדי עם דוד קיימים כן תהיה בריתי עמכם קיימת ועוד זכר דוד בעבור שהוא יהיה המורה לעמים כמ"ש בתחילת הספר ושפט בין הגוים והוכיח לעמים רבים: (ד) הן עד. מזהיר ומעיד בכם כמו העדותי בכם היום העד העיד בנו האיש לאמר והועד בבעליו ואע"פ שאלה והדומים להם ענין התראה לשון עדות הם גם כן כי המתרה מתרה בפני עדים כדי שלא יכחיש בו המותרה וכן אמר העידותי בכם היום את השמים ואת הארץ כאלו אמר בפניהם אני מתרה בכם שיהיו עדים ביני וביניכם ועל המשיח אמר שיהיה מזהיר העם ומוכיחם וי"ת הא רב: לאומים. בוי"ו עם הדגש: נגיד ומצוה. בצר"י שלא כמנהג. אמר כי יהיה נגיד עליהם ומצוה אותם כמו שהאדון מצוה על עבדיו: (ה) הן גוי. אמר

מצודת דוד

חכמת התורה: ואכלו טוב. כן יקרא חכמת התורה כמ"ש כי לקח טוב וגו' תורתי אל תעזובו (משלי ד'): ותתענג וגו'. זהו תענוג הנשמה בעוה"ב: (ג) הטו אזנכם. לשמוע אמרי: ולכו אלי. לכו ממקומכם לבוא אלי ללמוד תורתי: שמעו וגו'. שמעו אלי ותזכו לעמוד בתחיה בימי המשיח: ואכרתה. אז אכרות לכם ברית אשר להיות מתקיימת עד עולם: חסדי. כחסדי ר"ל יהיה כמו החסדים הקיימים אשר הבטחתי לדוד שלא תופסק המלוכה מזרעו: (ד) הן עד לאומים נתתיו. באמת נתתי את דוד להיות לעד ולראיה מול העכו"ם ר"ל ממשלת המלוכה אשר תתמיד בזרעו יקמו לראיה שדבר ה' תקוה לעולם: נגיד ומצוה לאומים. המשיח הבא מזרעו יהיה נגיד ויהיה מצוה על העכו"ם את המעשה אשר יעשון: (ה) הן גוי. ר"ל

מצודת ציון

(ג) הנאמנים. ענין דבר המתקיים וכן במקום נאמן (לעיל כ"ב):
(ד) לאומים. אומות כמו ושני לאומים (בראשית כ"ה): נגיד.

warns before witnesses, lest the person warned denies his warning. *Ibn Ezra* conjectures that the Messiah will be a witness that there is no other king but God.

and a commander of nations—He will command them as a master comamnds his slaves.—[*Redak*]

5. **Behold, a nation you do not know you shall call**—*to your service, if you hearken to Me, to the name of the Lord that is called upon you.*—[*Rashi*]

A nation you do not know, one far from the Holy Land, you will call, and it will come to you, even though you do not know them nor they you. When they hear the wonders God performed for you, they will be awe-stricken by you and will run to your service, to do whatever you bid them. Now, who bestowed

3. Incline your ear and come to Me, hearken and your soul shall live, and I will make for you an everlasting covenant, the dependable mercies of David. 4. Behold, a witness to nations have I appointed him, a ruler and a commander of nations. 5. Behold, a nation you do not know

verse figuratively: Why should you tire yourselves with foreign wisdoms, which are of no avail? The prophet refers to them as 'without bread' and 'without satiety,' since they are of no avail, either to the body or the soul.

and eat what is good—This is the Torah, referred to in Proverbs 4:2, as 'good teaching.'—[*Redak*]

and your soul shall delight in fatness—This refers to the pleasure experienced by the soul after departing the body.—[*Ibn Ezra*]

Just as fat things afford pleasure to the body, so are the Torah and wisdom pleasure for the soul.—[*Redak*]

3. **Incline your ear**—to hear My words.—[*Mezudath David*]

and come to Me—from your place.—[*Ibn Ezra*]

and your soul shall live—This denotes the immortality of the soul after the death of the body, or that you will receive new life through the Messiah when you return to the law of the Lord.—[*Ibn Ezra*]

the dependable mercies of David—*For I will repay David for his mercies.*—[*Rashi*]

I.e., this covenant will never expire, just like the covenant and the lovingkindness I promised to David, as is written: "(Ps. 89:29) My lovingkindness will I keep for him forever." Alternatively, this refers to the Messiah, a scion of David's family, just as the Jews are called 'Israel' after the Patriarch, Israel. In that case, the meaning is, "for the lovingkindness of David are dependable." This interpretation is supported by the following verse.—[*Ibn Ezra*]

Redak adds that the Messiah will indeed be called 'David,' as in Ezekiel 37:25. He notes that 'dependable' has the connotation of permanence; just as My mercies with David are permanent, so will My covenant with you be permanent. Moreover, David is mentioned here since he will be the guide to the nations, as above 2:4.

4. **a witness to nations**—*A prince and a superior over them, and one who will reprove and testify of their ways to their faces.*—[*Rashi*] According to this reading, we render: a witness to nations. Mss., however, read: *One who reproaches them for their ways to their faces.* Accordingly, we render: I have made him a reprover of nations. *Redak,* indeed, renders in the latter manner, bringing evidence from several Scriptural verses. The word עֵד, lit. *a witness,* is used for 'reproving,' since one reproves and

תֵדַע תִּקְרָא וְגוֹי לֹא־יְדָעוּךָ אֵלֶיךָ
יָרוּצוּ לְמַעַן יְהוָה אֱלֹהֶיךָ וְלִקְדוֹשׁ
יִשְׂרָאֵל כִּי פֵאֲרָךְ׃ ו דִּרְשׁוּ יְהוָה
בְּהִמָּצְאוֹ קְרָאֻהוּ בִּהְיוֹתוֹ קָרוֹב׃
ז יַעֲזֹב רָשָׁע דַּרְכּוֹ וְאִישׁ אָוֶן מַחְשְׁבֹתָיו
וְיָשֹׁב אֶל־יְהוָה וִירַחֲמֵהוּ וְאֶל־אֱלֹהֵינוּ
כִּי־יַרְבֶּה לִסְלוֹחַ׃ ח כִּי לֹא מַחְשְׁבוֹתַי

ת"א דרשו ה'. ר"ה יח יבמות מט קה עקדה שער סג זוהר ברא"שית ויקרא (ברכות ט): ואיש און. עקרים מב פ"ג ומ"ד פכ"ו:

תרגום

דלא תידע יפלחינך ועם דלא ידעוך ירהטון לאסקא לך מסין בדיל יי אלהך ולקדישא דישראל ארי שבחך: ו תבעו דחלתא דיי עד דאתון חיין בעו מן קדמוהי עד דאתון קימין: ז ישביק רשיעה אורחה דרשעא וגבר אנים עשתונוהי ויתוב לפולחנא דיי וירחם עלוהי ולדחלתא דאלהנא ארי מסגי לסלחא: ח ארי לא

מהר"י קרא

דרשו ה': (ח) כי לא מחשבותי מחשבותיכם וגו'. בנוהג שבעולם אדם נרדה בפני השוטר כדי שיהא מודה. אם הודה הרי הוא חייב. ואם לא הודה פטור. אבל דין שלי אינו אלא

רש"י

לשמוסך אם אלי תשמעו לשם ה' הנקרא עליך: (ו) **בהמצאו.** קודם גזר דין בעוד שהוא אומר לכם דרשוני: (ח) **כי לא מחשבותי מחשבותיכם.** אין שלי ושלכם שוות לכך אני אומר לכם יעזוב רשע דרכו ויתפוש את דרכי: **ואיש און מחשבותיו.** ויתפוש את מחשבותי לעשות הטוב בעיני ומדרש אגדה כי לא מחשבותי וגו' אין דיני כדיני בשר ודם אתם מי שמודה בדין מתחייב אבל אני מודה ועוזב ירוחם

רד"ק

כנגד ישראל גוי שלא תדע שהוא רחוק מארץ ישראל תקרא אותי ויבא לפניך אע"פ שלא תדעם ולא ידעוך עד היום בשמעם הנפלאות שעשה האל עמך ויראו ממך וירוצו לעבודתך למה שתצום. ומי נתן לך זה התפארת ה' אלהיך: (ו) דרשו ה'. אמר לבני הגלות דרשו ה' בהמצאו. הנכון בפירושו מה שפירש א"א ז"ל דרשוהו בענין שימצא לכם: בהיותו קרוב. בענין שיהיה קרוב וזו היא דרישה בכל לב כמו שכתוב קרוב השם לכל קוראיו לכל אשר יקראוהו באמת ורבותי' ז"ל פירשו בהמצאו קודם גמר דין וי"ת תבעו דחלתא דה' עד דאתון חיין בעו מן קדמוהי עד דאתון קיימין ר"ל שיעשו תשובה קודם מיתה כי אז הוא נמצא וקרוב ולא אחר מיתה כי אחר מיתה אין תשובה לנפש כמו שאמר כי אין מעשה וחשבון ודעת וחכמה בשאול אשר אתה הולך שמה: (ז) יעזוב רשע דרכו. במעשה ובפה. וכן יעזוב מחשבותיו הרעות כי אין תשובת מועילה בנראה אם לא תהיה גם כן בנסתר כי טובות האדם ורעותיו הם תליות ביד ובפה ובלב ומשלשתן צריכה התשובה: כי ירבה לסלוח. אף על פי שהאדם הרבה להרע: (ח) כי לא. כי אם חטא אדם לחברו ינקם ממנו ולא ימחול לו ואע"פ שימחול לו בנראה ישמור לו בלבבו והנראה יקרא דרך כמו שפירשנו והנסתר מחשבה. הנה אני מרבה לסלוח לא ככם וכאשר אני מוחל אני מוחל באמת ולא ישאר אצלי מהעון דבר:

אבן עזרא

כטעם לעבדי קראתי: **אליך ירוצו.** והנה התברר מה שפירשתי: **פארך.** מלה זרה בדקדוק כי אין כמוה בפעלים השלמים רק בנחים כמו בשמעתו ענך: (ו) **דרשו.** לפי דעתי כי זאת הפרשה תוכחה על אנשי דורו הטעם אחר שתדעו כי תגאלו מבבל וגם מכל הגוים פעם שנית דרשו השם. וטעם בהמצאו לדורשים כי ידוע שהשם נמצא בכל מקום ובכל עת הנה הטעם קודם התום הגזרות וכן טעם בהיותו קרוב רמז לשכינה שהיא במקדש: (ז) **יעזוב.** פירוש דרשו השם: **דרכו.** שהוא נהוג ללכת בה ויעזוב איש און מחשבותיו והנה העיקר המחשבה והמעשה: **כי ירבה לסלוח.** העונות: (ח) **כי.** טעמו כי השבתם

מצודת ציון

ענין שרכה: (ה) ירוצו. מל' ריצה ורדיפה: פארך. מל' פאר ויופי: ירוה. ענין שביעה כמו כגן רוה (לקמן נ"ח):

מצודת דוד

כמו שמתקיים החסד שהבטחתי לדוד כן תתקיים החסד שהבטחתי לך כי באמת גוי אשר לא תדע מעולם תקרא נשמש אותך: לא ידעוך. ואשר הם לא ידעוך מעולם: אליך ירוצו. להיות סרים למשמעתך: למען ה'. ר"ל לא למען כח זרועך כ"א למען ה' השוכן בקרבך: ולקדוש וגו'. למען קדוש ישראל אשר נתן לך פאר להשרות שכינתו בקרבך וכפל הדבר במ"ש: (ו) בהמצאו. בעוד הוא מלוי בכם עד לא תגלו מארצכם ועדיין השכינה שורה עמכם: בהיותו קרוב. כפל הדבר במ"ש: (ז) דרכו. דרך הרשע: מחשבותיו. יעזוב מחשבותיו: וישוב. יעשה תשובה אל ה' וירחם עליו: ואל אלהינו. ישוב אל אלהינו ויש תקוה כי ירבה לסלוח: (ח) כי לא וגו'. כי אין מחשבותי כמחשבותיכם כי אתם חושבים שלא יועיל לכם התשובה ולבבי לא כן יחשוב: ולא

and to seek God so that He bring the redemption at an early time.—[*Abarbanel*]

7. **The wicked shall give up his way**—in deed and in speech, and so shall he give up his evil thoughts, for repentance is of no avail if it is only external and not felt sincerely, for the good or evil status of a person depends on three things: his deeds, his speech, and his thoughts, and he must repent of evils committed in these three categories.—[*Redak*]

for He will freely pardon—al-

you shall call, and a nation that did not know you shall run to
you, for the sake of the Lord your God and for the Holy One of
Israel, for He glorified you. 6. Seek the Lord when He is
found, call Him when He is near. 7. The wicked shall give up
his way, and the man of iniquity his thoughts, and he shall
return to the Lord, Who shall have mercy upon him, and to our
God, for He will freely pardon. 8. "For My thoughts are not
your thoughts,

this glory upon you? The Lord your God.—[*Redak*]

6. **Seek the Lord**—This section is addressed to the contemporaries of the prophet. Since you know that you will be redeemed from Babylon and later from all the nations, seek the Lord.—[*Ibn Ezra*]

when He is found—*Before the verdict is promulgated, when He still says to you, "Seek Me."*—[*Rashi* from *Sifre Naso* 42]

Redak quotes his father, who explains: Seek the Lord in a manner that He be found, i.e. seek Him wholeheartedly.

In the Talmud (*Yevamoth 49b*), we find that King Manasseh confronted Isaiah with an accusation that his prophecies contradicted the Pentateuch. One of the alleged contradictions was that Isaiah exhorted the people, "Seek the Lord when He is found," whereas Moses states, "(Deut. 4:7) like the Lord our God, whenever we call to Him." The Talmud reconciles this contradiction by qualifying Moses' statement as referring to a community, whose repentance is always acceptable, whereas Isaiah's statement refers to an individual, whose repentance is acceptable only during the ten days from Rosh Hashanah until Yom Kippur. Both these midrashim interpret בְּהִמָּצְאוֹ as denoting time, 'when He is found.' *Yerushalmi Berachoth* 5:1 interprets it as referring to synagogues and study halls. They apparently interpret this word as meaning, 'where He is found.' It may also be interpreted, 'as long as He is found,' i.e. as long as His presence is still found in the Temple, before its destruction, for then He will withdraw His presence from you. It may also be interpreted, 'in order that He be found, call Him that He be near,' i.e. that the redemption be hastened.

Jonathan paraphrases: Seek fear of the Lord while you are still alive, pray to Him while you are still existing. I.e. while you can still seek Him, and while you can still call Him, not after death, for then it is too late to repent. It may also be interpreted: Seek the Lord so that the redemption be found, call Him so that the redemption be close. This alludes to the times the redemption may occur, the appointed time if the Jews do not repent, and an earlier date if they do repent. See above 60:22. The prophet exhorts the people to repent

מַחְשְׁבוֹתֵיכֶם וְלֹא דַרְכֵיכֶם דְּרָכָי
נְאֻם יְהוָה: ט כִּי־גָבְהוּ שָׁמַיִם מֵאָרֶץ
כֵּן גָּבְהוּ דְרָכַי מִדַּרְכֵיכֶם וּמַחְשְׁבֹתַי
מִמַּחְשְׁבֹתֵיכֶם: י כִּי כַּאֲשֶׁר יֵרֵד הַגֶּשֶׁם
וְהַשֶּׁלֶג מִן־הַשָּׁמַיִם וְשָׁמָּה לֹא יָשׁוּב כִּי
אִם־הִרְוָה אֶת־הָאָרֶץ וְהוֹלִידָהּ
וְהִצְמִיחָהּ וְנָתַן זֶרַע לַזֹּרֵעַ וְלֶחֶם לָאֹכֵל:
יא כֵּן יִהְיֶה דְבָרִי אֲשֶׁר יֵצֵא מִפִּי לֹא־

מַחְשְׁבָתַי מַחְשְׁבָתְכוֹן
וְלָא אוֹרְחָתְכוֹן תַּקְנָן
כְּאוֹרְחַת טוּבִי אֲמַר יְיָ:
ט אֲרֵי כְּמָא דְרָמִין שְׁמַיָא
מִן אַרְעָא כֵּן תַּקְנָן
אוֹרְחָתַי מֵאוֹרְחַתְכוֹן
וּמַחְשְׁבָתַי תַּקְנָן
מִמַּחְשְׁבָתְכוֹן: י אֲרֵי
כְּמָא דְנָחֵית מִטְרָא
וְתַלְגָא מִן שְׁמַיָא וּלְתַמָן
לָא אֶפְשַׁר לֵיהּ דִיתוּב
אֱלָהֵין מְרַוֵי יַת אַרְעָא
וּמְרַבֵּי לָהּ וּמוֹעִילָהּ
וְיָהֵב בַּר זַרְעָא כְּמִסַּת
לְזָרֵעַ וְלַחְמָא כְּמִסַּת
לְמֵיכָל: יא כֵּן הָוֵי פִּתְגָם

ת"א גבהו שמים. עקרים מ"ב פ"ג פירוש נפלא: וירחמהו. מגלה יז (ברכות ד): כאשר ירד. תענית ו: אם הרוה. עקדה שער כב: והולידה. תענית ח:

רש"י

(משלי כ"ה): (ט) כי גבהו שמים וגו'. כלומר כי יש הבדל וחילוק מעלו' ושבח בדרכי יותר מדרכיכ' ובמחשבותי יותר ממחשבותיכם כגבוה שמים על הארץ אתם נותנים לב למרוד בי ואני נותן לב להטיב אתכם: (י) כי כאשר ירד הגשם והשלג. ולא ישוב ריקם אך ייטיב לעולם: (יא) כן יהיה דברי אשר יצא מפי. להודיעכם על ידי הנביאים

מהר"י קרא

מכסה פשעיו לא יצליח ומודה ועוזב ירוחם: (י) ונתן זרע לזורע. את השדה ומוסיף על הזרע לחם לאוכל:

אבן עזרא

שאגמול לכם רע אף על פי שתשובו אלי על כן לא מחשבותי כמחשבותיכם כי במחשבותי להטיב לכם וככה לא דרכיכם דרכי כי דרכי הם ישרים גם מפורש בספר יחזקאל הדרכי לא יתכנו: (י) כי. דרך משל כי הגשם ברדתו מן השמים ירוה את הארץ על כן הורדתי לתת זרע לזורע ולחם לאוכל: (יא) כן יהיה דברי. לא ישוב ריקם. והטעם כי אמלא כל אשר דברתי אל נביאי וזהו כי בשמחה תלאו מהגלות

רד"ק

(ט) כי גבהו. כמ"ש דוד כי כגבוה שמים על הארץ גבר חסדו אל יראיו זהו חסד גדול כשישובו לירא מהאל ימחול להם וייטב להם גם אתם בגלות אם הרעותם וארבה לכם גאולתכם שובו אלי ודרשוני ותמצאוני קרוב לכם כי לא ימוש דברי הטוב שהבטחתי אתכם והמשיל זה הענין לגשם היורד מן השמים ואמר: (י) כי כאשר ירד הגשם. ושמה לא ישוב. כי לא יצאה גשם לבטלה שלא יעשה מעשה וישוב לו זה לא יהיה אלא מה יעשה הרוה את הארץ: ונתן זרע לזורע. והגשם הוא הנותן וכמו ונתנה הארץ את יבולה ומתבואת הארץ יצניע האדם תחילה מה שיצטרך לזרוע בשנה הבאה והשאר הוא למאכלו ופשוטו של פסוק נראה כי אחר שהרוה ישוב הגשם אל השמים פי' א"א כי שוב הגשם הוא חום השמש ששואף אותו ולולי זה לא היתה הארץ צריכה גשם גם נכון הוא מה שפירשנו בו ושמה לא ישוב לעולם אלא יעשה שליחותו והרוה את הארץ: (יא) כן יהיה דברי. שהבטחתי אתכם להוציאכם מהגלות ומפי אמרות הנביאים לא ישוב אלי ריקם אלא באמת

מצודת דוד

דרכיכם דרכי. דרך מלך ב"ו להמית את המורד בו ואין מועיל תשובה ופיוס אבל דרכי לא כן הוא: (ט) כי גבהו. כערך גבהות השמים מן הארץ כן דרכי גבה בהבדל רב מדרכיכם כי דרך מלך בכל ודם שלא ימחול כלל וכלל ודרכי למחול מכל וכל: ומחשבותי ממחשבותיכם. אתם חושבים שאין תשובה מועיל כל עיקר אבל מחשבותי שמועיל הרבה מאד: (י) כאשר וגו'. ר"ל כמו הגשם והשלג היורד מן השמים אשר לא ישוב אל השמים ע"י חום השמש השואב הרטיבות כ"א בתחילה מרוה האדמה וכו' ואח"ז תשוב למעלה בחום השמש: והולידה. הוא הולדת הצמח מהגרעין בעמק הארץ: והצמיחה. הוא הולדת הצמח ממעל לארץ: ונתן. הגשם היא סיבה לגדל תבואה לזרוע ממנה עוד במקום אחר ולהיות למאכל להצריך לאכול: (יא) לא ישוב אלי ריקם. מבלי יעשה הדבר הסוא

essary.—[*Rabbi Joseph Kimchi*, quoted by *Redak*]

and has given seed to the sower and bread to the eater—The farmer stores what he requires to sow for the following year, and the remainder he makes into bread.—[*Redak*]

11. **so shall be My word that emanates from My mouth**—*to inform you through the prophets, will not return empty, but will do good to you if you heed them.*—[*Rashi*]

neither are your ways My ways," says the Lord. 9. "As the heavens are higher than the earth, so are My ways higher than your ways and My thoughts [higher] than your thoughts.
10. For, just as the rain and the snow fall from the heavens, and it does not return there, unless it has satiated the earth and fructified it and furthered its growth, and has given seed to the sower and bread to the eater, 11. so shall be My word that emanates from My mouth;

though the person committed many sins.—[*Redak*]

Ibn Ezra explains "his way" as his customs and habits.

8. **For My thoughts are not your thoughts**—*Mine and yours are not the same; therefore, I say to you, "The wicked shall give up his way," and adopt My way, "and a man of iniquity his thoughts" and adopt My thoughts, to do what is good in My eyes. And the Midrash Aggadah* (*Tanhuma Buber, Vayeshev* 11) explains: *For My thoughts are not etc.—My laws are not like the laws of man* (lit. *flesh and blood*). *As for you, whoever confesses in judgment is found guilty, but, as for Me, whoever confesses and gives up his evil way, is granted clemency* (*Proverbs* 28:13).—[*Rashi*]

Redak explains that if man sins against his fellowman, the latter is likely to take revenge and not to forgive him. Even if he does forgive him overtly, he bears a grudge in his heart. The prophet refers to the overt as "ways" and the hidden as "thoughts." Hence, God says that, unlike humans when He forgives, He forgives completely, leaving no trace of the sin.

Ibn Ezra explains: Not as you think, that I repay you with evil even if you repent, for My thoughts are not your thoughts, but My thoughts are to do good to you; neither are your ways My ways, for My ways are straight.

9. **As the heavens are higher etc.**—*That is to say that there is a distinction and a difference, advantages and superiority in My ways more than your ways and in My thoughts more than your thoughts, as the heavens are higher than the earth; you are intent upon rebelling against Me, whereas I am intent upon bringing you back.*—[*Rashi*]

10. **For, just as the rain and the snow fall**—*and do not return empty, but do good for you.*—**[*Rashi*]**

and does not return there—The heat of the sun evaporates the moisture and returns it to the clouds; otherwise, no rainfall would be nec-

יָשׁוּב אֵלַי רֵיקָם כִּי אִם־עָשָׂה אֶת־
אֲשֶׁר חָפַצְתִּי וְהִצְלִיחַ אֲשֶׁר שְׁלַחְתִּיו׃
יב כִּי־בְשִׂמְחָה תֵצֵאוּ וּבְשָׁלוֹם תּוּבָלוּן
הֶהָרִים וְהַגְּבָעוֹת יִפְצְחוּ לִפְנֵיכֶם רִנָּה
וְכָל־עֲצֵי הַשָּׂדֶה יִמְחֲאוּ־כָף׃ יג תַּחַת
הַנַּעֲצוּץ יַעֲלֶה בְרוֹשׁ *תַּחַת הַסִּרְפַּד
יַעֲלֶה הֲדַס וְהָיָה לַיהוָה לְשֵׁם לְאוֹת
עוֹלָם

ותחת קרי פתח באתנח

ת״א בשמחה תלאו . סוכה מח זוהר בלק : הנעלוץ . מגלה י :

תרגום

טוּבִי דְנָפֵק מִן קֳדָמַי לָא אֶפְשַׁר דִיתוּב לִקְדָמַי רֵיקָן אֱלָהֵן עָבֵד יַת דִרְעֵינָא וּמַצְלַח לִדְשַׁלַחְנָא לֵיהּ׃ יב אֲרֵי בְחֶדְוָא תִפְקוּן מִבֵּינֵי עַמְמַיָא וּבִשְׁלָמָא תִתוּבְלוּן לְאַרְעֲכוֹן טוּרַיָא וְרָמָתָא יְבוּעוּן קֳדָמֵיכוֹן תּוּשְׁבְּחָא וְכָל אִילָנֵי חַקְלָא יִשְׁעֲנוּן בְּעַנְפֵיהוֹן׃ יג חֲלַף רַשִׁיעַיָא יִתְקַיְמוּן צַדִיקַיָא וַחֲלַף חַיָבַיָא יִתְקַיְמוּן דַחֲלֵי חֶטְאָה

רש״י

לא ישוב ריקם אך ייטיב לכם אם תשמעו להם : (יב) כי בשמחה תצאו . מן הגלות : ההרים והגבעות יפצחו לפניכם רנה . שיתנו להם פריים ולמחים ויהנו (וירוננו) יושביהם : (יג) תחת הנעצוץ וגו׳ . רבותינו דרשו תחת הרשעים יעלו לדיקים : נעצוץ וסרפד . מיני קולים הם כלומר הרשעים יאבדו והלדיקים יטלו ממשלתם :

מהר״י קרא

(יג) תחת הנעצוץ. הסרפד. מיני קוצים הם :

אבן עזרא

תובלון אל ארצכם על סוסים ופרדים על גלות בבל כן היה ואם לעתיד גם מפורש בסוף הספר י״א על שתי גליות דיבר : (יב) ימחאו . כטעם יכו וזאת הלשון ידועה בארמית ומגזרת ומחה על כתף ים כנרת : (יג) תחת הנעצוץ . כמו הנעלולים ואין ספק כי הברוש טוב ממנו : הסרפד . מין ממיני למחי החוחים הנה יחדש פלא לשו׳ נהרות במדבר

רד״ק

יעשה מה שחפצתי : והצליח . הענין שלא ימצאהו פגע שיתבטל קצת ממנו אלא הכל יעשה כמו שאמרתי : (יב) כי בשמחה תצאו מהגלות : ובשלום תבלון . לארצכם : ההרים והגבעות . וכל עצי השדה . דרך משל ר״ל שישמחו כל העולם : ימחאו כף . יכו כף לשמחה כמו ויכו כף אל כף ויאמרו יחי המלך תרגם ויך ומחא או יהיה ההרים והגבעות משל על הגדולים וכל עצי השדה משל על העמים : (יג) תחת הנעצוץ . מין ממיני הקוצים וכן סרפד ואלה יגדלו במדבר ואמר שהאל יתן תמורתכם במדבר ברוש והדס כמ״ש למעלה בפרשה העניים והאביונים אתן במדבר ארז שטה והדס וגו׳ : והיה לה׳ לשם . שזה הפלא יהיה עומד כמו שפי׳ למעלה וי״ת

מצודת דוד

ואהז בלשון בן אדם השולח מי לעשות דבר וחוזר לפעמים ריקם ולא גמר השליחות ולפי שאמר במשל ושמה לא ישוב לזה אמר לשון לא ישוב : כי אם עשה . הדבר יעשה וגו׳ ומוסב למעלה לומר שבודאי תתקיים הבטחתי : והצליח וגו׳ . כפל הדבר במ״ש : (יב) כי בשמחה תצאו . וזהו ההבטחה אשר תלאו מן הגולה בשמחה ותובלון לארליכם בשלום : יפצחו וגו׳ . הוא ענין מליצה כי כשהאדם בשמחה דומה לו שכל העולם שמח עמו : ימחאו כף . יכו בכפיהם לשמוח וגם זה ענין מליצה : (יג) תחת הנעצוץ . ר״ל במקום ממשלת הטכו״ם ימשלו ישראל : ותחת הסרפד . כפל הדבר במ״ש : והיה . הדבר הזה יהיה לה׳ לשם גבורה : לאות עולם . ויהיה לאות ולסימן שכן יהיה עד עולם ולא יכרת הדבר הזה :

מצודת ציון

(יב) תובלון . ענין הבאה כמו יובל שי (לעיל י״ח) : יפצחו . ענין פתיחת הפה בהרמת קול כמו פלחו הרים רנה (לעיל מ״ד) : ימחאו . ענין הכאה כף אל כף דרך שמחה כמו מחאך יד (יחזקאל כ״ה) : (יג) הנעצוץ . מין אילן קוץ כמו ובכל הנעלולים (לעיל ז׳) : ברוש . שם אילן סלק חשוב : הסרפד . שם למח גרוע : הדס . שם אילן המריח :

from Babylon, or from all nations of the world at the time of the Messiah.

Redak explains the verse literally, that God will substitute these trees in the desert for the thorns that usually grow there. This will take place when the Jews return from exile. See above 41:19.

and it shall be for the Lord as a name—This miracle shall remain as a permanent monument of the redemption, as explained above.—[*Redak*]

Abarbanel suggests that the thorns symbolize Israel's misfortunes during its exile, and the trees symbolize its prosperity at the time of redemption.

it shall not return to Me empty, unless it has done what I desire and has made prosperous the one to whom I sent it. 12. For with joy shall you go forth, and with peace shall you be brought; the mountains and the hills shall burst into song before you, and all the trees of the field shall clap hands. 13. Instead of the briar, a cypress shall rise, and instead of the nettle, a myrtle shall rise, and it shall be for the Lord as a name, as an everlasting sign, which shall not be discontinued."

This refers to the promise to take Israel out of exile, as is depicted in the following verse.—[*Ibn Ezra*]

and has made ... prosperous—I.e., the prophecy shall be fulfilled in its entirety.—[*Redak*]

For with joy shall you go forth—*from the exile.*—[*Rashi, Ibn Ezra, Redak*]

and with peace shall you be brought—to your land.—[*Redak*]

You will be brought to your land on horses and mules. If this refers to the Babylonian exile, so it was. If this refers to the future redemption, see below 66:20: "And they shall bring all your brethren from all the nations an offering to the Lord on horses, etc." Some maintain that he is referring to both exiles.—[*Ibn Ezra*]

the mountains and the hills shall burst into song before you—*for they will give you their fruit and their plants, and their inhabitants shall derive benefit.*—[*Rashi*] Some editions read: *And their inhabitants shall sing.*

Redak interprets this as being figurative of the joy the entire world will experience at the time of the redemption.

shall clap hands—in joy and declare, "Long live the king!" It is also possible that the mountains and the hills represent the rulers and the trees of the field represent the nations.—[*Redak*]

13. **Instead of the briar etc.**—*Our Rabbis expounded* (Targum Jonathan): *Instead of the wicked, righteous peopled shall arise.*—[*Rashi*]

briar . . . and . . . nettle—*They are species of thorns; i.e. to say that the wicked will be destroyed and the righteous will take their rule.*—[*Rashi*]

Although *Rashi* appears to quote *Targum Jonathan,* who paraphrases the verse: Instead of the wicked, righteous people shall arise, and instead of the sinners people who dread sin shall arise, it is unusual for *Rashi* to refer to *Jonathan* in this manner, without mentioning his name and quoting him verbatim. *Rashi* may be alluding to the Talmudic explanation (*Megillah* 10b) that the briar was Haman, who was replaced by Mordecai, and the nettle was Vashti. This *derash,* however, does not fit the context which deals entirely with the redemption, either

עולם לא יכרת: נו א כה אמר יהוה
שמרו משפט ועשו צדקה כי־קרובה
ישועתי לבוא וצדקתי להגלות:
ב אשרי אנוש יעשה־זאת ובן־אדם
יחזיק בה שמר שבת מחללו ושמר
ידו מעשות כל־רע: ג ואל־יאמר בן
הנכר הנלוה אל־יהוה לאמר הבדל יבדילני

ת"א שמרו משפט. ב"ב י מכות כ"ד זוהר בלק: אשרי אנוש. שבת קיח: ג"א על

תרגום

ויהי קדם יי לשום לאת עלם דלא יפסוק:
א כדנן אמר יי טרו דינא עבידו צדקתא ארי קריב פורקני למיתי וזכותי לאתגלאה:
ב טובי אנש דיעבד דא ובר אנשא דיתקף בה יטר שבתא מאחלותה ויטר ידוהי מלמעבד כל דביש: ג ולא יימר בר עממין דמתוסף על עמא דיי למימר אפרשא יפרשנני יי מעל

רש"י

נו (ב) יעשה זאת. שומר שבת וגו': (ג) הבדל יבדילני ה' מעל עמו. למה אתגייר הלא הקב"ה

מהר"י קרא

נו (ג) הבדל יבדילני ה' מעל עמו. שלא נתנה תורה אלא לישראל בכל התורה צו את אהרן. דבר אל בני ישראל.

אבן עזרא

בשובם אל ציון וזהו והיה לה' לשם לאות עולם וזהו פלא עומד:

נו (א) כה. אחר שתדעון כי השם יגאלכם ויעשה לכם כל אלה הטובות שמרו משפטיו כי קרובה הישועה והנה לעד כי העונות מעכב ביאת משיח: (ב) אשרי. זאת. המלוה שאמר והוא שומר שבת מחללו וידוע כי שבת סימן התי"ו לנקבה אולי זה בא כאילו אמר יום שבת או יהיה וי"ו מחללו חלול השמור כי עם כל פועל שם הוא בכח הלשון ואם לא נכתב כאשר פירש רבי משה הכהן ז"ל במלת ותלפנו שהוא שב ללקח וכמוהו וברב יועצים תקום והטעם עצה ואם לא נכתב: (ג) ואל. בן הנכר. אלה הגרים גירי הצדק: הנלוה. פועל עבר והה"א תחת אשר כה"א ההלכוא אתו:

רד"ק

דרך משל חלף רשיעיא יתקיימון צדיקיא וגו': (א) כה אמר ה'. אמר לבני הגלות שמרו משפט ועשו צדקה כי קרובה ישועתי לבא אם תטיבו דרכיכם מראה כי התשובה מעכבת ביאת המשיח: (ב) אשרי אנוש יעשה זאת. שמירת שבת: יחזיק בה. שנזהר בה כל ימיו: מחללו. שלא יעשה בו שום מלאכה וכן הוא בכלל שמירת שבת לקדשו כמ"ש זכור את יום השבת לקדשו וקדוש שבת להבדילו משאר הימים כי כן כל ל' קדושה הוא ענין הבדלו מאחר במעלה כמ"ש ויבדל אהרן לקדשו קדש קדשים ומבדילו משאר הימים במאכל ובמשתה וכסות נקיה זהו בענין הגוף ובענין הנפש שתהיה נפשו פנויה מעסקי העולם ובדלה מהם ומתעסקת בדברי תורה והחכמה והתבוננת במעשי האל. וזכר ענין השבת בפרט במקום הזה לפי שהוא מדבר לבני הגלות שישיבו דרכיהם ויצאו מהגלות והטובה שבהם הוא שמירת השבת ובעון שבת גלו מארצם ואמרו רז"ל לא חרבה ירושלם אלא בשביל שחללו בה את השבת שנאמר ומשבתותי העלימו עיניהם ואחל בתוכם ואמרו אם משמרים ישראל שתי שבתות מיד נגאלים שנאמר אשר ישמרו את שבתותי וגו' וכתיב בתריה והביאותים אל הר קדשי וגו'. ובזכרו מצות שבת הוא הדין לשאר מצות עשה אבל זכר החמורה ואע"פ שיש בה מצות לא תעשה העשה הוא הכל שאם ישבות לא יעשה מלאכה ואמר אחר כך מעשות כל רע שהוא מצות לא תעשה בכלל ואמר מחללו ל' זכר אע"פ ששבת ל' נקבה ר"ל יום השבת: (ג) ואל יאמר. מה שזכר בן הנכר והסרים מישראל בן הנכר שאין לו ירושה בארץ והסרים שאין לו בן שירשנו אל יאמרו בעבור זה שהם מובדלים מארץ ישראל אני מבטיח אותם טובות אחרות כן פירש אאז"ל והנה מצאנו

מצודת דוד

נו (א) שמרו משפט. שמרו משפטי התורה ועשו צדקה זה עם זה: כי קרובה. ע"י זה תהיה תשועתי קרובה לבוא וצדקתי לכם תהיה קרובה להיות נגלה לעין כל: (ב) יעשה זאת. הם האמור למטה שישמור את השבת מלחללו כי הוא יסוד מוסד על אמונת חידוש העולם וא"כ בזה בודאי ישמור ידו מעשות כל רע הואיל ומאמין שיש בורא: (ג) הנלוה. המתחבר עצמו אל ה' להאמין

מצודת ציון

נו (א) אנוש. שם משמות אדם: יחזיק. יאחז: מחללו. כמו מלחללו: (ג) הנלוה. ענין החברה והריעות כמו ונלוה הגר (לעיל י"ד): הבדל. ענין הפרשה ופירוד: הסרים. כן יקרא

ance as an example of a positive commandment. Actually, all positive commandments are intended, Sabbath observance being the most stringent. Although Sabbath observance includes the negative commandment, the interdiction of the performance of labor, the positive commandment is, nevertheless, the more inclusive one for one who rests on the Sabbath, will, of necessity, refrain from performing labor. Then the prophet mentions, "and guards his hand from doing any evil." This includes all negative commandments.—[*Redak*]

56

1. So says the Lord, "Keep justice and practice righteousness, for My salvation is near to come, and My benevolence to be revealed." 2. Fortunate is the man who will do this and the person who will hold fast to it, he who keeps the Sabbath from profaning it and guards his hand from doing any evil. 3. Now let not the foreigner who joined the Lord, say,

1. **So says the Lord**—Since you know that the Lord will redeem you and bestow upon you all sorts of benefits, keep His laws, for His salvation will then be near to come. This verse teaches us that sins hinder the coming of the Messiah.—[*Ibn Ezra, Redak*]

and My benevolence—to you will soon be revealed to the world.—[*Mezudath David*]

2. **who will do this**—*who observes the Sabbath etc.*—[*Rashi, Ibn Ezra, Redak*]

who will hold fast to it—to be cautious in its observance all his life.—[*Redak*]

from profaning it—I.e. not to do any work on the Sabbath. This includes also the sanctification of the Sabbath, i.e. the obligation to distinguish it from other days, for every expression of sanctification denotes elevation over something else. This is apparent in I Chron. 23:13: "And Aaron was separated to sanctify him as most holy." Thus, the Sabbath must be sanctified over all other days of the week with more elaborate food and drink, and with clean garments. This is its sanctification in the physical sense. In the spiritual sense, one must sanctify the Sabbath by freeing himself from thoughts of mundane matters and by engaging in words of Torah and wisdom and pondering God's wondrous deeds. The prophet mentions Sabbath observance particularly here, since he is addressing the Jews in exile and exhorting them to improve their ways so that they be redeemed from exile. He mentions Sabbath observance since that is the most important, and the Rabbis teach us that Jerusalem was destroyed only because they profaned the Sabbath (*Shabbath* 119b), as the prophet Ezekiel rebukes them, "(22:26) And from My Sabbaths they turned away their eyes, and I became profaned in their midst." The Rabbis also stated: If Israel were to keep two Sabbaths properly, they would immediately be redeemed, as the prophet states below (v. 4–7), "For so says the Lord . . . who will keep My Sabbaths . . . I will bring them to My holy mount etc.," (*Shabbath* 118b). Scripture mentions Sabbath observ-

יבדילני יהוה מעל עמו ואל־יאמר
הסריס הן אני עץ יבש: ד כי־כה | אמר
יהוה לסריסים אשר ישמרו את־
שבתותי ובחרו באשר חפצתי
ומחזיקים בבריתי: ה ונתתי להם
בביתי ובחומתי יד ושם טוב מבנים

תרגום

כעל עמה ולא ימר סריסא הא אנא חשיב כאע יביש: ד ארי כדנן אמר יי לסריסיא דיטרון ית יומי שביא דילי ומתרען בדצבנא ומתקפין בקימי: ה ואתן להון בבית מקדשי ובארע בית שכנתי אתר ושום דטב מבנין

ת"א לסריסים סנהדרין נג זוהר יתרו קדושים : בביתי ובחומותי . סנהדרין לג :

מהר"י קרא

ומאחר שלא נביא עליה אלא ישראל מה אני בא לשמרה : ואל יאמר הסרים הן אני עץ יבש. הלא אני עץ יבש :

רש"י

יבדילני מעל עמו כשישלם שכרם: ואל יאמר הסרים. למה אטיב דרכי ומעללי הן אני כעץ יבש מאין זכרון: (ד) ומחזיקי׳.

רד"ק

ביחזקאל כי הגרים תהיה להם נחלה בארץ ישראל נאמר כי בן הנכר שאמר הנה שלא הוליד בנים אחרי שהתגייר והרי הוא כסרים שאין לו בן. ויחזקאל אמר על אשר הולידו בישראל אחרי שנתגיירו וכן אמר אשר הולידו בתוככם יהיו לכם כאזרח בבני ישראל: יבדילני. פתח הלמ"ד מקום צרי וכן יאהבני אישי והדומים לו שכתבנו בספר מכלל וההבדלה הזאת שיהו חושבים שיאמר בן הנכר אע"פ שנלויתי אל ה׳ ונתגיירתי ואין לי בן בישראל לא אהיה נחשב מעם השם בין בעולם הזה בין בעולם הבא וכן יאמר הסרים מה אני בעולם כיון שלא אניח בן כמותי הרי אני כאלו לא באתי לעולם ולא חפץ בי האל והרי אני כעץ יבש שלא יוציא פרי וענף והנה האל ברא העולם לפריה ורביה כמ"ש פרו ורבו וכתיב לשבת יצרה ואחר שלא זכיתי להניח בן ובמותי יכרת שמי וזכרי מן העולם אין האל רוצה בי ועל ענין זה אמרו רז"ל מי שאינו מניח בן ליורשו הרי הוא כמנודה לשמים לא אמרו מנודה אלא כמנודה שיראה כמנודה ואינו אם מעשיו טובים אמר אל יאמר אל יחשוב זה לא בן הנכר ולא הסרים: (ד) כי כה אמר ה׳ לסריסים. והקדים הסריסים לפי שהשלים בסרים וכן דרך הכתוב לתפוס האחרון כמו את יעקב ואת עשו ואתן לעשו את הר שעיר: אשר ישמרו את שבתותי. פירש א"א ז"ל שבת בראשית ושבת הארץ כי גם בעון שמטת הארץ גלו כמ"ש בבריתי ואע"פ שהיה הכל נכלל בכלל ובחרו באשר חפצתי. זכר הברית בפי׳ כי המצות יותר חזקות לפי שנתנו בברית כמ"ש משה הנה דם הברית אשר כרת ה׳ עמכם על כל הדברים האלה או אמר בבריתי על המילה כי הנה גם היא נתנה בשלש עשרה בריתות : (ה) ונתתי. בביתי ובחומותי. כתרגומו בבית מקדשי ובארע בית שכינתי. ר"ל בבתי ההיכל ובחומותי תוך חומות העזרה כי שם ימצאו החכמים תמיד ויזכרו מעשי החסידים שהם בזמנם ושעברו: יד. מקום כמו ויד תהיה לך. אבל זה אינו מקום גופני אלא במקום מעלה ושבח וכן ברוך ה׳ ממקומו וכענין הנמצא בדברי רז"ל מלא מקום אבותיו והדומים לו: ושם. שאמשיך שמו לדורות הבאים כמ"ש שם עולם אתן לו אשר לא יכרת ומה שאמר ונתתי ואתן כמ"ש לדוד ועשיתי לך שם

אבן עזרא

יבדילני. פתח גדול תחת קמץ קטן וכמוהו כי עתה יאהבני אישי: הן אני עץ יבש. בעבור שלא יוליד : (ד) כי כה אמר ה׳. הזכיר השבתות כי אות היא בינו ובין שומריו בעבור ששבת השם הנה כל שומר שבת הוא לשם :(ה) ונתתי. יד . מקום כמו יד תהיה לך :

מצודת ציון

מי שאינו מוליד : (ה) יד . מקום כמו ויד תהיה לך (דברים כ"ג) :

מצודת דוד

בו : הבדל יבדילני . אהיה נבדל מישראל בעת יקבלו הטובה ולא אקבל עמהם ואם כן למה אצדק : הן אני עץ יבש . כמו עץ יבש שאין מגדל פרי כן אני מבלי זרע ולא ישאר שמי לזכרון ועל מי איישר דרכי : (ד) באשר חפצתי . בהדבר אשר חפצתי אני : ומחזיקים . אוחזים בתורתי אשר כרתי עליה ברית עם ישראל : (ה) בביתי ובחומותי . בבה"מ ומבפנים לחומת כל הבית אשר שמה

their failure to observe the Sabbatical year.—[*Rabbi Joseph Kimchi,* quoted by *Redak*]

Ibn Ezra writes that he chose the Sabbath since it is a sign between God and those who observe it. He calls it God's Sabbath, since He rested on that day.

and hold fast—Heb. **וּמַחֲזִיקִים**.—[*Rashi*] We are at a loss to account for *Rashi*'s explaining this word here instead of above v. 2. In the Oxford ms., this explanation, in fact, does not appear.

to My covenant—The commandments bear more weight since they were given with a covenant. Alternatively, it may refer to the covenant of the circumcision, since this commandment was given with thirteen covenants.—[*Redak*] The word "covenant" appears thirteen times in Gen. 17. See *Nedarim* 3:11, *Tos. Yom Tov.*

5. **in My house and in My walls**—*Jonathan* renders: in My Temple and in the house of My presence; i.e. in the Temple and within the walls of

"The Lord will surely separate me from His people," and let not the eunuch say, "Behold, I am a dry tree." 4. For so says the Lord to the eunuchs who will keep My Sabbaths and will choose what I desire and hold fast to My covenant, 5. "I will give them in My house and in My walls a place and a name, better than sons

3. **the foreigner**—These are the proselytes, the true proselytes.—[*Ibn Ezra*]

"The Lord will surely separate me from His people,"—*Why should I become converted? Will not the Holy One, blessed be He, separate me from His people when He pays their reward?—[Rashi]*

I.e. because he cannot beget children.—[*Ibn Ezra*]

The prophet addresses particularly the proselytes and the eunuchs because neither one will have a share in the Holy Land, the proselyte because he is not of Jewish stock, and the eunuch because he has no children. They should not think that because of this they are separated from the Holy Land, for I will give them other benefits. This explanation is given by *R. Joseph Kimchi.* In fact, we do find in Ezekiel 47:22, that the proselytes will inherit a share of the Holy Land. We must, therefore, interpret our verse as referring to a proselyte who did not beget any children after his conversion. Those begotten prior thereto are not counted as his children. Ezekiel, however, refers to children begotten in Judaism. Hence, such a proselyte resembles a eunuch in this respect.

The proselyte will think that, although he has joined the people of God and has converted, since he has no children in Israel, he will not be regarded as belonging to God's people, either in this world or in the next. Similarly, the eunuch will say, "Of what use is my being in the world? Since I cannot beget a son, it is as though I did not come into the world, and God has no desire for me. I am but a dry tree, that produces no fruit. Indeed, God created the world for people to reproduce. Since I have not merited to leave over offspring, God has no desire for me."—[*Redak*]

Abarbanel explains this verse slightly differently. Since the prophet encouraged the people to strive to bring about the redemption, he fears that perhaps the proselytes will not share this feeling, since, in the Diaspora, their status is equal to that of other Jews. In the Holy Land, however, they fear that they will have no share. The eunuchs, too, since they leave over no heirs to inherit their share, feel that they will be regarded as second-rate citizens.

4. **to the eunuchs**—Since he mentioned the eunuchs last, he commences with God's reply to them.—[*Ibn Ezra, Redak*]

My Sabbaths—The seventh day of the week and the Sabbatical year, since Israel was exiled because of

ומבנות שם עולם אתן־לו אשר לא
יכרת: ו ובני הנכר הנלוים על־יהוה
לשרתו ולאהבה את־שם יהוה להיות
לו לעבדים כל־שמר שבת מחללו
ומחזיקים בבריתי: ז והביאותים אל־
הר קדשי ושמחתים בבית תפלתי
עולתיהם וזבחיהם לרצון על־מזבחי
כי ביתי בית־תפלה יקרא לכל־
העמים: ח נאם אדני יהוה מקבץ נדחי

ומבנן שום עלם אתן
להון דלא יפסוק:
ו ובני עממיא דמתוספין
על עמה דיי לשמשותה
ולמרחם ית שמא דיי
למהוי ליה לעבדין כל
דיטר שבתא לאחלותה
ומתקפין בקימי:
ז ואיתינון לטורא
דקודשי ואחדינון בבית
צלותי עלותהון ונכסת
קודשיהון יתסקון
לרעוא על מדבחי ארי
בית מקדשי בית צלו
יתקרי לכל עממיא:
ח אמר יי אלהים
דעתיד

ת״א הר קדשי. ברכות ז שבת קיח (ברכות ד):

רש״י

מוחזים: (ז) **לכל העמים.** ולא לישראל לבדם כי אף

מהר״י קרא

(ז) כי ביתי בית תפלה יקרא וגו׳. אינו נקרא בית תפלת לישראל בלבד אלא בית תפלה לכל העמים. גם אל הנכר אשר לא מישראל הוא אם יביא עולות וזבחים לשם. עולותיהם וזבחיהם לרצון על מזבחי:

אבן עזרא

(ו) **ובני.** טעם. הזכיר הסריסי׳ קודם בני הנכר בעבור שהשלי׳ בהם כי כן דרך המקרא ואתן ליצחק את יעקב ואת עשו ואתן לעשו: **לשרתו.** פרוש השם לעשות חקיו: (ז) **והביאותים. כי ביתי בית תפלה יקרא לכל העמים.** כדרך תפלת שלמה: (ח) **נאם. מקבץ נדחי ישראל.** כי אם עלו

רד״ק

כשם הגדולים אשר בארץ כי אע״פ שמעשי האדם הישרים והטובים ממשיכים שמו כן הוא אבל בהיות האדם טוב לפני האלהים ומעשיו בכונה טובה האל נותן בלבות בני אדם להזכירו לטוב כל הימים כמו שישמעו מעשיו בן מפי אב וזה קצת גמולו הטוב אחרי מותו מלבד הגמול הגדול השמור לנשמתו ואמר לו אחר שאמר להם ר״ל לכל אחד מן הסריסים וכן דרך המקרא בהרבה מקומות: (ו) ובני הנכר. על ה׳. כמו אל ה׳ וכן ותתפלל על ה׳: כל שומר שבת. זכר את השבת בפי׳ לטעם שפירשנו ועוד כי שמירת שבת יסוד גדול באמונת האל כי לא ישמור שבת אלא מי שיודה שהעולם מחודש ויש לו מחדש בראו מאין ואין זולתו ואם כן אין לשרת ולעבוד זולתו ויאמין כי בו׳ ימים ברא אלהים את העולם וישבות ביום השביעי כמ״ש משה רבינו וצוה לעמו אשר בחר בו לשמור את השבת להיות להם לעדות ולזכרון כי הוא ברא את העולם ובעבור זה נתנה להם קודם מתן תורה כי אחר שהודיעם שהוא אדון ובורא אחר כך היה ראוי לצותם על תורתו ומצותיו כאדון המצוה אל עבדיו ומי שילוה אל ה׳ ראוי שיאמין כי משה ותורתו אמת ובזה ילוה עם ה׳ להיות לעם אחד: (ז) והביאותים. כמו שיכניס אורח בביתו ומקבלו בשמחה כן אמר אצוה לכהנים שיקבלו בשמחה כשיבאו להתגייר: ושמחתים בבית תפלתי. שיהיו שמחים בראותם עצמם בעזרה שהוא בית התפלה שנה בשנה עם ישראל בתפלתם ובעולותיהם ובזבחיהם: לכל העמים. כמו שאמר שלמה בתפלתו וגם אל הנכרי כל שכן לשבים לדת ישראל: (ח) נאם ה׳. עוד אקבץ

מצודת דוד

ישבו כסאות למשפט מושב הסנהדרין והזקנים שם אתן לו מקום וזכרון שם ר״ל שם יהיה מקומו ושם יזכר לטובה והוא דבר הטוב יותר מזכרון הבא מבנים ובנות: שם עולם אתן לו. ר״ל עד עולם יזכר לטובה אשר לא יכרת זכרון שמו: (ו) על ה׳. כמו אל ה׳: כל שומר שבת. כל מי בהם אשר ישמור את השבת מלחללו וכל האוחזים בתורתי הנתונה בברית: (ז) והביאותים. את העושים כל אלה אביא אל הר קדשי הוא בה״מ שוה בשוה עם האזרח בישראל: ושמחתים. אשמחם בבית המוכן להתפלל שם לפני: לרצון. יהיו מקובלים ברצון על מזבחי: יקרא לכל העמים. ר״ל יהיה מוכן לבית תפלה לכל גרי העכו״ם: (ח) מקבץ. המקבץ את ישראל

מצודת ציון

(ו) לשרתו. ענין עבדות ושימוש:

mandments, like a master who commands his slaves. Anyone who joins the Jewish people must believe that Moses and his Torah are true, and only in this manner can he become a part of the Jewish people.—[*Redak*]

7. **I will bring them**—Just as one brings a guest into his home and welcomes him cordially, so will I command the priests to accept cordially all who come to convert.—[*Redak*]

and I will cause them to rejoice—When they see themselves in the forecourt, the house of prayer, together with Israel in their prayers, their burnt offerings, and their sacrifices, year after year, they will rejoice.—[*Redak*]

for all peoples—*Not only for Isra-*

and daughters; an everlasting name I will give him, which will
not be discontinued. 6. And the foreigners who join with the
Lord to serve Him and to love the name of the Lord, to be
His servants, everyone who observes the Sabbath from profan-
ing it and who holds fast to My covenant. 7. I will bring them
to My holy mount, and I will cause them to rejoice in My house
of prayer, their burnt offerings and their sacrifices shall be
acceptable upon My altar, for My house shall be called a house
of prayer for all peoples. 8. So says the Lord God, Who
gathers in the dispersed of Israel,

the forecourt, where the wise men congregate and recount the deeds of the righteous of their generation and of past generations.—[*Redak*]

a place—Heb. יָד, lit. a hand. This is not a physical place, but a status of praise and greatness.—[*Redak*]

and a name—I will extend their names for the coming generations. Although a person's good deeds naturally warrant that his name be mentioned after his death, if he is indeed pleasing to God and all his deeds are performed with good intentions, God puts into people's hearts to recount his praise to *all* generations. This is in addition to the reward in the hereafter.—[*Redak*]

Abarbanel explains "My house" as an allusion to the hereafter, the abode of the souls, and "My walls" as a reference to the Holy Land, for it is God's city, and its boundaries are His walls. They will have a permanent, everlasting place in Heaven, and they will merit a share in the Holy Land, which they will leave as an inheritance for whomever they wish. This will be their name, that will not be discontinued.

6. **who join with the Lord**—*Jonathan* paraphrases: with the people of the Lord.

everyone who observes the Sabbath—He mentions the Sabbath for the aforementioned reasons. Moreover, the Sabbath is fundamental in the belief in God, for no one observes the Sabbath unless he believes that the world was created and that there is one Creator Who created it from nothing, and no other. Consequently, it is improper to serve any other deity. Another prerequisite to the observance of the Sabbath is the belief that God created the world in six days and rested on the seventh, as Moses states in the Torah. He commanded His nation, that He had chosen for Himself, to observe this Sabbath as a testimony and a memorial that He created the world. He, therefore, gave them the commandment of the Sabbath before giving them the rest of the Torah, for only after informing them that He is the Lord and the Creator, was it proper to command them concerning His Torah and His com-

יִשְׂרָאֵל עוֹד אֲקַבֵּץ עָלָיו לְנִקְבָּצָיו׃
ט כֹּל חַיְתוֹ שָׂדָי אֵתָיוּ לֶאֱכֹל כָּל־חַיְתוֹ
בַּיָּעַר׃ י צֹפָו עִוְרִים כֻּלָּם לֹא יָדָעוּ כֻּלָּם
כְּלָבִים אִלְּמִים לֹא יוּכְלוּ לִנְבֹּחַ הֹזִים

צ׳ רבתי צפיו קרי שכבים

בְּעָתִיד לְכַנָשָׁא מְבַדְרֵי
יִשְׂרָאֵל עוֹד אֲקָרֵב
גָלְוָתְהוֹן לְכַנָשָׁא יַתְהוֹן׃
ט כָּל מַלְכֵי עַמְמַיָא
דְמִתְכַּנְשִׁין לְאָעָקָא לִיךְ
יְרוּשְׁלֵם בְּגַוִיךְ יִתְרְמוֹן
יְהוֹן לְמֵיכַל לְחֵיַת בְּרָא
תִשְׂבַּע מִנְהוֹן חֵיוַת
חוּרְשָׁא׃ י סַכְוָאֵיהוֹן
סְמָן כּוּלְהוֹן לָא יָדְעִין מַדַּעַם כּוּלְהוֹן כַּלְבִּין חַרְשִׁין לָא יָכְלִין לְמִנְבַּח נַיְמִין שָׁכְבִין רַחֲמִין

מהר״י קרא

(ח) עוד אקבץ. את כל הגוים: לנקבציו. עם נקבציו. כשאקבץ נדחי ישראל אקבץ על נקבציו את כל הגרים: (ט) כל חיתו שדי. שאין דרכן להזיק אתיו לאכלה עם שונאים אותם: (י) צופיו עורים כולם לא ידעו. מה עתיד לבא עליהם וישיבום ממעליליהם הרעים: כולם כלבים אלמים לא יוכלו לנבוח. דומים הם לכלבים שגנבים נכנסים בבית בעליו. והכלבים ישנים לפי שהמאכל מכבידם ומביאם לידי שינה. ומתוך שישנים לא יוכלו לנבוח להזהיר את בעל הבית: הוזים

רש״י

לגרים: (ח) עוד אקבץ עליו. מן העכו״ם שיתגיירו ונלוו עליהם: לנקבציו. נוספים על קבוצי ישראל: (ט) כל חיתו שדי. כל גרי העכו״ם אתיו והתקרבו אלי ותאכלו את כל חית ביער את גבורי העכו״ם שאמנו את לבם מלהתגייר: חיתו שדי. חית השדה אין כחה רב כחית היער חית השדה חלשה ותשות כח מחית היער ועל שאמר עוד אקבץ עליו אמר המקרא הזה: (י) צופיו עורים כולם. לפי שאמר דרשו ה׳ וכל הענין והם אינם שומעים חוזר ואומר הנה הנביאים צועקי׳ להם ומכריזים על התשובה ותיטיב להם והרי פרנסיהם כעורים כולם ואינם רואין את הנולדות כצופה המופקד לראות אם החרב בא להזהיר את

רד״ק

עליו לנקבציו. פי׳ אדוני אבי ז״ל לאחר שאקבץ נדחי ישראל עוד אקבץ עליהם נקבצים אחרים על נקבציו והם גוג ומגוג והפסוק שאחריו מורה זה הפי׳: (ט) כל חיתו. אמר כל חית השדה וכל חית הארץ אתיו לאכול הפגרים אשר במחנה גוג ומגוג וכן אמר בנבואת יחזקאל אמור לצפור כל כנף ולכל חית הארץ התקבצו ובאו האספו מסביב על זבחי אשר אני זובח לכם: חיתו. הוי״ו נוספת כוי״ו בנו בעור והדומים לו וכן חיתו יער ובא הסמיכות על בי״ת השמוש כמו השכוני באהלים והדומים לו שכתבנו בספר מכלל: אתיו. צווי שלם מנחי חלמ״ד כמו בעיו ובא אלף בצר״י שלא לחטף עליו: (י) צופו. חסר יו״ד הרבים מהמכתב. עתה בהשלימו הנחמה שב הנביא להוכיח ישראל בני דורו שהיו רעים ואמר צופיו עורים הם נביאי השקר שהם מטים אותם לדרך רעה ואמר לא ידעו ולא אמר לא ראו כי פירש עורים עורי הלב: כלבים אלמים. דמה אותם לכלבים לפי שהכלבים שומרים הצאן. וכשירגישו בחיה רעה שבאה אל הצאן ינבחו והחיה הולכת לה ונביאי השקר עושים עצמם כצופים ושומרים ישראל. והנה הם כמו כלבים אלמים שלא יוכלו לנבוח שלא יעילו לצאן כי תבא החיה ותטרוף הצאן כרצונה או הם כמו הכלבים שאוהבים לנום ולא יעורו לקול שאגת החיה ותבא ותטרף והנה הכלבים כמו שאינם ולא יועילום אבל יזיקום כי שומר הצאן ישען עליהם שינבחו ולא תבא החיה לטרוף כן נביאי השקר שעושים

אבן עזרא

מבבל ומעילם ואשור והטעם לנקבציו על הגרים. והנה עוד אקבץ גרים על נקבצי ישראל ולנקבציו שב אל ישראל: (ט) כל. הטעם שהצדיקים גם הגרים ישובו רק המקטרים לע״ז לא ישובו. והנה אתיו לשון ציווי כמו אם תבעיון בעיו שובו אתיו כמו בואו מגזרת ואתא מרבבות קודש והטעם כי השם צוה לאומות העולם הרשעים להרוג רשעי ישראל כמו החיות שתהרוגנה אלה את אלה: (י) צופיו. יאמר אל נביאי השקר שהיו בישראל והיו כצופים עורים והנה דרך משל על היום או על כלבים אלמים בלילה כי לא ישמרו הבית ותועלת אין בהם: לנבוח. זעקת הכלב וכן

מצודת ציון

(ט) חיתו. הוי״ו יתירה: אתיו. בואו כמו שובו אתיו (לעיל כ״א): (י) צופיו. מל׳ צופה הרואה על המגדלים: לנבוח. כן

מצודת דוד

הנדחים בין העכו״ם: עוד אקבץ עליו. על ישראל אקבץ עוד גרים להיות נוספים על הנקבצים מישראל: (ט) כל חיתו שדי. חיית השדה אין כחה רב כחיית היער ואמר העכו״ם הנמשלות לחיו׳ השדה והם אותם שלא אמצו לבם ונתגיירו: אתיו. באו לאכול ולכלות את האומות הנמשלות לחיות אשר ביער והם אותם שאמצו לבם ועמדו במרדם: (י) צופיו עורים. עתה חזר להוכיח את ישראל ואמר הצופים שלהם אשר הועמדו לראות אם השונא בא לעיר הנה המה עורים ואינם רואים וכ״ל שרי העם המדריכים את העם אינם משגיחים לתקן דרך העם ועושים עצמם כאלו לא ידעו בקלקול הדור: כולם כלבים אלמים. כל השרים אינם מזהירים את העם על התשובה ולא יועילו להם והמה ככלבים אלמים אשר

Since he said, "Seek the Lord," and the entire section, and they do not heed, he returns and says, "Behold the prophets cry out to them (Mss.: *to you*) *and announce concerning repentance, so that it will be good for them." Yet their leaders are all like blind men, and they do not see the results, like a lookout appointed to see the approaching army, to warn the people, but he is blind, unable to see whether the army is coming, and dumb, unable to warn the people, like a dog that was appointed to guard the house, but he is dumb, unable to bark. Similarly, the leaders of Israel do not warn them to repent to do good.*—[*Rashi*]*

I will yet gather others to him, together with his gathered ones.
9. All the beasts of the field, come to devour all the beasts in
the forest. 10. His lookouts are all blind, they do not know,
dumb dogs who cannot bark;

el, but also for the proselytes.—[*Rashi*]

Redak and *Ibn Ezra* equate Isaiah's prophecy with Solomon's prayer (I Kings 8:41ff.) that God respond to the prayers the gentiles offer up in the Temple. He will surely respond to the prayer of those who embrace Judaism.

8. **I will yet gather**—*of the heathens* (Mss. and *K'li Paz: of the nations*) *who will convert and join them.*—[*Rashi*]

(**together with his gathered ones**—*In addition to the gathered ones of Israel.*—[*Rashi* not found in *Parshandatha.*]) *Ibn Ezra,* too, interprets this as a reference to the proselytes who will join Israel. *Redak,* however, as well as *Rabbenu Yeshayah,* see these gathered ones as the armies of Gog and Magog and all their allies, who will gather around Jerusalem to destroy Israel, and will fall in that battle. In this manner, those commentators join this verse with the following verses.

9. **All the beasts of the field**—*All the proselytes of the heathens* (Mss. and *K'li Paz: All the nations*) *come and draw near to Me, and you shall devour all the beasts in the forest, the mighty of the heathens* (Mss. and *K'li Paz: the mighty of the nations*) *who hardened their heart* and refrained *from converting.*—[*Rashi*]

the beasts of the field—*(The beast of the field is not as strong as the beast of the forest.) The beast of the field is weaker and of weaker strength than the beast of the forest. Since he stated, "I will yet gather others to him," he stated this verse.*—[*Rashi*] The parenthetic material, which seems redundant, does not appear in many manuscripts. See *Parshandatha. Rashi*'s linking this verse with the preceding can be explained in two ways. If those gathered together with the Jews are the proselytes, they are the ones summoned to devour the hard-hearted nations who refuse to convert. If we do not include the final comment on the preceding verse, but explain the verse as *Redak* and *Rabbenu Yeshayah,* the proselytes are called upon to destroy the hard-hearted nations who will gather with Gog and Magog, those gathered to attack Jerusalem.

Ibn Ezra explains that the righteous of Israel will return, as well as the proselytes. Only those who persevere in the worship of idols will not return. God summons the wicked of the heathens to slay the wicked of Israel, like wild beasts that kill one another.

Redak renders: All beasts of the field, come to eat, all beasts of the forest. God summons all the wild beasts, both those of the field and those of the forest, to come and devour the carcasses of the armies of Gog and Magog. Comp. Ezekiel's prophecy (39:17).

10. **His lookouts are all blind**—

שֹׁכְבִים אֹהֲבֵי לָנוּם: יא וְהַכְּלָבִים עַזֵּי־
נֶפֶשׁ לֹא יָדְעוּ שָׂבְעָה וְהֵמָּה רֹעִים לֹא
יָדְעוּ הָבִין כֻּלָּם לְדַרְכָּם פָּנוּ אִישׁ
לְבִצְעוֹ מִקָּצֵהוּ: יב אֵתָיוּ אֶקְחָה־יַיִן
וְנִסְבְּאָה

לְמִדְמַךְ: יא וְכַלְבַיָּא
תַּקִּיפֵי נַפְשָׁן לָא יָדְעִין
לְמִשְׂבַּע וְאִינוּן מְבָאֲשִׁין
לָא יָדְעִין לְאִסְתַּכָּלָא
כּוּלְהוֹן גְּבַר לְקֳבֵל
אוֹרְחֵהּ גְּלוֹ גְּבַר לְמִבְזַז
מָמוֹנָא דְיִשְׂרָאֵל:
יב אָמְרִין אֱתוֹ וְנִסַּב חֲמַר

ת"א והכלבים. ברכות נו זוהר קדושים: אתיו. תענית יא:

רש"י

העם והוא עור מלראות אם החרב בא ואלם מלהזהיר את העם ככלב שמינוהו לשמור את הבית והוא אלם מלנבוח כך פרנסי ישראל אינם מזהירין אותם לחזור למוטב: **הוזים שוכבים.** פי' דומם נרדמים שוכבין וי"ת ניימין שכבין ואין לו דמיון: (יא) **והכלבים עזי נפש.** רוצים למלאות כריסם (איגר"ש בלע"ז): **והמה רועים.** כמו שהכלבים לא ידעו שבעה כן הרועים לא ידעו הבין מה יהיה באחרית הימים: **כולם.** לדרך הנייתם פנו איש לבצעו לגזול את שאר העם שהם ממונים עליהם: **מקצהו.** כמו (בראשית י"ט) כל העם מקצה. מקצה מניינם ועד קצהו כולם נוהגים כן: (יב) **אתיו אקחה יין.** כך היו אומרים זה לזה: **והיה כזה יום מחר.** במאכל ובמשתה:

מהר"י קרא

שוכבים. משתינים כשהם שוכבים וישנים כמו יזה גוים: (יא) והכלבים עזי נפש לא ידעו שבעה. אינם יודעים לשבוע נפשם שאינם יודעים לאכול במידה אלא ממלאים כריסם אף צופים שבהם מתוך שאין [עוסקים] כי אם במאכל ובמשתה. שאמר זה לזה. אתיו אקחה [יין] ונסבאה שכר והיה כזה יום מחר. כמו שעשינו היום. ומתוך שעוסקין במאכל ובמשתה אין דבר ה' בפיהם שיזהירו את העם. ועורים כולם דאינם [יודעים]. בדור שצדיקי הדור נאספין אינן מכירין שגזירה רעה עתידה לבא עליהן. ומפני הרעה שעתידה לבא על הציבור

אבן עזרא

בלשון קדר: **הוזים.** כמו כלבים ואין ריע לו כי הה"א עיקר כה"א הורים והוגים כי לא יבא הפעל מבנין הפעיל כי אם במ"ס פירש רבי יונה אחר המתרגם ניימין שכבין לפי שהכלבים הם אדוקים בתנומה יותר מאחר כל בעלי חיים והנה הטעם כפול: (יא) **והכלבים עזי נפש.** רוב הנפש הנמלא במקרא על הכח המתאוה לאכל כמו ונפשו מאכל תאוה והטעם כי על אלה הכלבים אין בהם תועלת רק יזיקו כי אם חזקי התאוה וזאת הוא עזות נפש ולא ישבעו לעולם והנה הנמשל: **והמה.** הטעם הכלבים הנזכרים הם רועי ישראל שלא ידעו: **הבין.** שם הפועל: **איש לבצעו.** מה יועיל לו מאומה כמו מה בצע בדמי כל אחד מקצתו: (יב) **אתיו.** וכממון שיקחו חמס יתענגו

רד"ק

עצמם שומרי ישראל והנה יבאו הרשעים שהם כמו חיות רעות וישחיתו בישראל והנה השומרים לא יועילום אבל יזיקום שבעון דרכיהם הרעים שיורו אותם יבא האויב על ישראל. גם כן מנהג הכלבים לנום תמיד לפיכך המשילם לכלבים גם הם הצופים אוהבים לנום. ובמדרש וכי יש כלב אלם אלא מה הוא אלמים מה טיבו של כלב זה אדם משליך לו פרוסה סוכר את פיו כך היו דייני ישראל: הוזים. כתרגומו ניימין שכיבין ואין לו חבר: אוהבי לנום. סמוך על אות השמוש וכן משכימי בבקר. לנביאי מלכם והדומים להם: (יא) והכלבים. ואם תאמר הכלבים האלה לא יאכילום בעליהם לפיכך לא ישמרו הצאן. הנה הם אוכלים אבל אינם שבעים כי עזי נפש הם נפשם המתאוה היא עזה וחזקה לא תשבע כן אלה הצופים כל עסקם במאכל ובמשתה ואינם שבעים כי הם רודפים אחר התאוה ומי שעושה כן לא ישבע לעולם: שבעה. שם או מקור: והמה רועים. רועים את עצמם ולא יחושו על הצאן שהם ישראל: לא ידעו הבין. לא ידעו להבין במעשיהם כי מעשיהם תהו הם ותועים ומתעים את ישראל וכל אחד מהם פונה לדרכו שיוכל להועיל לעצמו במאכל ובמשתה ולבצוע בצע ולא יחושו על העם: מקצהו. כל אחד מקצה שלו ובשכנותו עושים מעשים האלה ומן התימה שתרגם יונתן רעים מבאישים ידמה שהיא קורא המלה בקמץ הרי"ש: (יב) אתיו. אומר כל אחד מנביאי השקר לבני העם בואו אצלי ואקח היין לכם שנשתה ביחד: ונסבאה. מן זולל וסובא: יום מחר. נעשה כמו היום או יותר יהיה גדול יום מחר במשתה מן היום הזה: יתר. שם או תאר

מצודת דוד

לא יוכלו לנבוח להבריח החיות הטורפות מן העדר שאין בהם תועלת: **הוזים שוכבים.** השרים המה נרדמים בשינה עמוקה או שוכבים על המטה להתענג להביאם לידי תנומה היא שינה קלה כי יאהבו את התנומה כדרך המתענגים ולא שמו לב בתקון העם: (יא) והכלבים עזי נפש. כמו שהכלבים המה בטבעם חזקי התאוה ואינם יודעים משביעם כי בכל עת יתאוו תאוה: והמה רועים. וכן השרים ההמה הרועים את עלמם להתענג בתענוגים אינם יודעים בינה להשכיל אשר מי שמשוקע בתענוגים הוא חסר מהם כי בכל עת יתאוה להוסיף ואם כן הוא מאוד מעונה: לדרכם פנו. כל אחד פונה לדרכו במקום שיוכל לענג נפשו: איש לבצעו. ר"ל פונה לבלוע בלע: מקצהו. ר"ל כולם עושין כן מן הקלה אל הקלה והוא מקרא קלר: (יב) אתיו. כל אחד יאמר להבירו בואו עמי ואקח יין: ונסבאה שכר. כפל הדבר במ"ש: והיה כזה. כמשפט

מצודת ציון

נקרא לעקת הכלב: **הוזים.** ענין תרדמה כן ת"י ואין לו דמיון: **לנום.** מל' תנומה והיא שינה קלה: (יא) **עזי.** ענין חוזק: **נפש.** ענין תאוה כמו בנפש לרי (תהלים כ"ז): **רועים.** מלשון מרעה והוא לשון מושאל על האכילת התענוג: **לבצעו.** ענין גזל כמו

the people from the end (מִקָּצֶה),'' *from one end of their number until its other end, they all behave in this manner.*—[*Rashi*]

12. **Come, I will take wine**—*So would they say to one another.*—[*Rashi*]

I.e., with the money they would take from the people unjustly, they would enjoy themselves by drinking, and one leader would say to his fellow, "Come, let us take wine."—[*Ibn Ezra*]

Redak explains: The false prophets would say to the people, "Come to me, and I will take wine

they lie slumbering, loving to slumber. 11. And the dogs are of greedy disposition, they know not satiety; and they are shepherds who know not to understand; they all turned to their way, each one to his gain, every last one. 12. "Come, I will take wine,

they lie slumbering—Heb. הֹזִים *Dunash* (*Teshuvoth Dunash* p. 24) *explained: lying sound asleep, and Jonathan rendered: lying slumbering, and there is no comparable* word in Scripture.—[*Rashi*] *Rashi,* apparently, differentiates between the interpretations of *Dunash* and *Jonathan,* the former interpreting הֹזִים as נִרְדָּמִים, *sound asleep,* whereas the latter interprets it as נַיְמִין *slumbering,* sleeping lightly, in which sense this root is often found in the Talmud. *Dunash* himself, however, quotes *Jonathan* as a basis for his interpretation. Many other interpretations have been offered for this unusual word. *Rabbenu Tam* (*Teshuvoth Dunash* ad loc.) renders: cast. I.e. like dogs cast in the street slumbering. *Redak* (*Shorashim*) explains it as 'talking in their sleep,' i.e. talking nonsense. *Rav Saadiah Gaon* renders: snoring. *Rabbi Menahem ben Shlomo,* as 'nodding.' *Ibn Ezra* interprets it as 'dogs.' *Rabbi Joseph Kara* renders: urinating, because dogs habitually urinate during their sleep. In any case, it symbolizes the lethargy of the false prophets who mislead Israel in the face of impending misfortune and exile. *Yalkut Shim'oni* and *Yalkut Machiri,* quoting *Midrash Yelammedenu,* interpret הֹזִים like חֹזִים, *seers.* They state that the Jews were talented as seers, yet they were asleep. This probably means that they were gifted in foretelling the future although they were not given direct prophecy by God. They were aware of the impending doom, but were too lethargic to do anything to prevent it.

11. **And the dogs are of greedy disposition**—*wanting to fill their stomachs (engroté talent in O.F.), sick with hunger.*—[*Rashi*]

and they are shepherds—*Just as the dogs know no satiety, neither do the shepherds know to understand what will occur at the end of days.*—[*Rashi*]

they all—turned to the way of their benefit, each one to his gain, to rob the rest of the people over whom they are appointed.—[*Rashi*]

Perhaps *Rashi* explains לְבִצְעוֹ as 'to his robbery' from וּבֹצֵעַ (Ps. 10:3).

Redak explains this verse in a slightly different manner: Lest you think that these 'dogs' are not fed sufficiently by their masters, I tell you that 'the dogs are of greedy disposition'; although they have sufficient, they know no satiety. They pasture themselves, i.e. they feed themselves without caring for their flock, Israel.

to their way—Each one has his own interests in mind, eating, drinking, and exploiting the people.—[*Redak*]

every last one—Heb. מִקָּצֵהוּ, lit. from its end. *Comp.* "(Gen. 19:4) *all*

וְנִסְבְּאָה שֵׁכָר וְהָיָה כָזֶה יוֹם מָחָר גָּדוֹל
יֶתֶר מְאֹד׃ נז א הַצַּדִּיק אָבָד וְאֵין אִישׁ
שָׂם עַל־לֵב וְאַנְשֵׁי־חֶסֶד נֶאֱסָפִים בְּאֵין
מֵבִין כִּי־מִפְּנֵי הָרָעָה נֶאֱסַף הַצַּדִּיק׃
ב יָבוֹא שָׁלוֹם יָנוּחוּ עַל־מִשְׁכְּבוֹתָם הֹלֵךְ׃

ת"א הצדיק אבד. סנהדרין קיג זוהר בראשית ויחי: מפני הרעה. ב"ק ע: יבא שלום. שבת קנב כתובות קד (סוטה יז): קמץ בז"ק

תרגום

וְנִתְרְוֵי מִן עֲתִיק וּתְהֵי שֵׁירוּתָנָא דִמְחָר טָבָא מִדְיוֹמָא דֵין רַבָּא סַגִּיאָה לַחֲדָא׃ א צַדִּיקַיָא מֵיתִין וְלֵית אֱנָשׁ דִמְשַׁוֵי דַחֲלְתֵּי עַל לֵב וְגֻבְרֵי גַמְלֵי חִסְדָא מִתְכַּנְשִׁין וְלָא מִסְתַּכְּלִין אֲרֵי מִן קֳדָם בִּישְׁתָא דַעֲתִידָא לְמֵיתֵי מִתְכַּנְשִׁין צַדִּיקַיָא׃ ב יְהָכוּן שְׁלָם

מהר"י קרא

נאסף הצדיק. שנאמר כי מפני הרעה נאסף הצדיק. ולא ראו עיניו את הרעה ומצטער עליה. לפיכך נאספים בשלום מפני הרעה:

נז (ב) יבא שלום. ינוח על משכבו. מי שהולך נכוחו בעמו

רש"י

נז (א) **הצדיק אבד**. כגון יאשיהו: **ואין איש שם על לב**. למה נסתלק: **באין מבין**. אין בנותרים מבין מה ראה הקב"ה לסלקו: **כי מפני הרעה**. העתידה לבוא אל הדור נאסף הצדיק: (ב) **יבוא שלום**. כי כן אמר הקב"ה יבא הצדיק הזה אל אבותיו בשלום ואל יראה ברעה: **ינוחו על משכבותם**. בהיות הרעה זה שהיה

רד"ק

אלה הם הדרכים שמורים נביאי השקר לישראל ומפתים אותם במאכל ובמשתה עד שישמעו להם לכל אשר יצוו אותם ומסירים אותם מדרך ה': (א) הצדיק. הפסוק כפול במ"ש ואינו אומר על צדיק מיוחד אלא על הצדיקים שעברו מן הדור ההוא וכן אמרו אנשי חסד נאספים פי' נאספים אל עמם ובאמרו אבד לא ר"ל שהצדיק אבד במותו כי לעצמו לא אבד אבל נשמתו בחיים ערבים טובים מחיי הגוף אלא אבד מדורו כי להם היא האבידה: ואין איש שם על לב. שיוכיח ישראל על המעשים הרעים האלה או פי' ואין איש שם על לב כפירוש ואין מבין שטעמו דבק עם כי מפני הרעה נאסף הצדיק כלומר הצדיק ואנשי חסד נאספו מן הדור טרם זמנם מפני הרעה העתידה לבא על הדור ההוא ושלא יראו הם ברעה ההיא. כמו שאמרה חולדה הנביאה על פי הדיבור ליאשיהו הנני אוסיפך אל אבותיך ונאספת אל קברותיך בשלום ולא תראנה עיניך בכל הרעה אשר אני מביא על המקום הזה: ואין איש שם על לב. ואין מבין כי מפני הרעה נאסף הצדיק שלא יראה ברעה: (ב) יבא שלום. כשנאסף הצדיק טרם זמנו לטובתו הוא כמ"ש מפני הרעה ועוד כי במותו יבא למנוחה טובה ויבא בשלום כי טרם הרעה ימות בשלום כמו ואתה תבא אל אבותיך בשלום: ינוחו על משכבותם. החסידים שזכר במותם ינוחו

אבן עזרא

בו לשתות ואומר הרועה לחבירו בא ונקחה יין: **ונסבאה שכר**. משכר כמו אל תהי בסובאי יין ולא יעשו יום אחד לבדו רק יום אחר יום: **יתר מאד**. אחר השם שיהיה ליום מחר יתרון על היום בעונג ובמשתה:

נז (א) **הצדיק**. אלה מעשה הרועים הצדיקים אבדו ואין איש שם על לב לאמר מדוע יאבדו הצדיקים ויחיו אלה הרשעים והנה זה פי' הנביא. נאסף הצדיק עד שלא יראה הרע הבא על ישראל ועל עיר הקודש: (ב) **יבוא**. הצדיקים בשלום על קברם כטעם בשלום תמות ואתה תבא אל אבותיך בשלום: **ינוחו על משכבותם**. כל מי שהולך

מצודת ציון

מה תקות הנף כי יבלע (איוב כ"ז): (יב) ונסבאה. ענין שכרות כמו זולל וסובא (דברים כ"א): שכר. יין ישן: יתר. מל' יתרון:

נז (א) נאספים. ענין מיתה כמו יאסף אהרן (במדבר כ'):

(ב) נכוחו. ענין ישר כמו בארץ נכוחות יעול (לעיל כ"ו):

מצודת דוד

היום הזה יהיה יום מחר ועוד יהיה גדול ויתר מאד מהיום ר"ל נעסוק במשתה כמו היום אבל ברוב הכמות:

נז (א) הצדיק אבד. כאשר הצדיק נאבד מן העולם אין איש שם על לב להתבונן בדבר למה הומת מה עשה: ואנשי חסד. עי"ז נאספו הרבה אנשי חסד בעבור שאין מי מבין אשר מפני הרעה נאסף הצדיק הראשון למען לא יראה ברעה המעותדת לבוא כי על כי לא היה מי מרגיש בדבר ולא שב לה' לזה הרבו למות עוד למען ירגישו או למען לא יראו כי גם המה ברעה: (ב) יבא שלום. מוסב למעלה לומר כי כן אמר המקום יאסף הצדיק ויבוא בשלום אל הקבר ולא יראה ברעה: ינוחו. אנשי החסד ישכבו במנוחה על משכבותם בקבר: הולך נכוחו. כי כל אחד היה הולך בדרך

place—*when the evil occurs, he who was walking* נְכֹחוֹ*, in his uprightness. Comp.* "(Amos 3:10) *To act rightly* (נְכֹחָה)."—[*Rashi*]

Redak explains that the righteous gains two advantages by his early demise. One is described by the words, "He shall come in peace." He shall die while there is yet peace, before the evil befalls the people. The second is described by the words, "They shall rest in their resting-place." They shall rest in complete tranquility. For this reason, death is referred to by the term "lying," since it is tranquility for the soul. This is in addition to the fact that the body lies in the grave. The plural refers to the people of kindness mentioned in the preceding verse. The verse ends with the words הֹלֵךְ נְכֹחוֹ, to be rendered: It goes toward him. The aforementioned peace, so to speak, goes toward the righteous man, to

and let us guzzle old wine, and tomorrow shall be like this, [but] greater [and] much more."

57

1. The righteous man has perished, but no one takes it to heart, and men of kindness are taken away, with no one understanding that because of the evil the righteous man has been taken
away. 2. He shall come in peace; they shall rest in their resting-place, whoever walks in his uprightness.

for you, and I will take wine for you, and let us drink together." Thereby, the false prophets would entice the people to obey all that they could command them, and thus draw them away from the way of God.

greater [and] much more—in quantity and in pleasure.

1. **The righteous man**—*such as Josiah.*—[*Rashi*]

but no one takes it to heart—*why he departed.*—[*Rashi*]

with no one understanding—*what the Holy One, blessed be He, saw to take him away.*—[*Rashi*]

that because of the evil—*destined to befall the generation, the righteous man perished.*—[*Rashi* from *Targum Jonathan, San.* 113b]

Ibn Ezra explains this verse in contrast with the preceding verses. The righteous leaders perish, yet no one gives the matter any thought, why these wicked leaders live on and the righteous ones perish. The prophet, therefore, explains that, because of the impending evil, the righteous man is taken away.

Redak, too, explains that no allusion is meant to a particular righteous man, but to all the righteous people who passed away in that generation. Indeed, the prophet continues, "and men of kindness are taken away." When the prophet states, "The righteous man has perished," lit. has been lost, he does not mean that he is literally lost, for his soul experiences a much better and pleasanter life than the life of the body; he means that he is lost to his generation.

but no one takes it to heart—that he should admonish Israel for their evil deeds.—[*Redak*]

that because of the evil the righteous man has been taken away—Lest the righteous see the evil that befalls the people, as Huldah the prophetess said to Josiah in the name of God, "(II Kings 22:20) Behold I gather you in to your forefathers, and you shall be gathered into your graves in peace, and you shall not see any of the calamity that I am bringing upon this place."—[*Redak*]

2. **He shall come in peace**—*for so says the Holy One, blessed be He, "Let this righteous man come to his forefathers in peace, and let him not see the evil."*—[*Rashi*]

they shall rest in their resting-

נְכֹחוֹ׃ ג וְאַתֶּם קְרְבוּ־הֵנָּה בְּנֵי עֹנְנָה
זֶרַע מְנָאֵף וַתִּזְנֶה׃ ד עַל־מִי תִּתְעַנָּגוּ
עַל־מִי תַּרְחִיבוּ פֶה תַּאֲרִיכוּ לָשׁוֹן
הֲלוֹא־אַתֶּם יִלְדֵי־פֶשַׁע זֶרַע שָׁקֶר׃

תרגום: ינוחון על אתר בית משכביהון עבדי אוריתה׃ ג ואתון אתקרבא הלכא עם דרא דעובדיהון בישין דמנצבת קודשא נצבתהון ואינון מנאפין ומזנן׃ ד על מן אתון מתפנקין וקדם כן תפתחון פומכון תסגון למללא רברבן הלא אתון ילדי מרוד זרעא

קמץ בז"ק

רש"י

הולך נכוחו ביושרו כמו עשות נכוחה (עמוס ג׳): (ג) **ואתם קרבו הנה.** הנותרים משנסתלקו הצדיקים ותקבלו פורענותיכם: **בני עוננה.** בני כשפים: **זרע מנאף.** שהזכר מנאף: **ותזנה.** הנקבה: (ד) **על מי התענגו.** מאחר שסבתם מאחרי על מי תשענו להתענג בטובה אילו זכיתם אז תתענגו על ה׳ אבל עכשיו על מי תתענגו: **על מי הרחיבו פה.** כשאתם מתעתעי׳ ומלעיבים בנביאיו:

מהר"י קרא

(קיים): (ג) **ואתם.** הנשארים אחריו התקינו עצמיכם לפורענות כשתלכו בגלות: (ד) על מי תתענגו וגו׳:

אבן עזרא

נוכח השם כטעם אחרי ה׳ אלהיכם תלכו וי"א כי השלום יבא עם השקט וינוחו על משכבותם הולך נכוחו והנה נכוחו תחת נכחו כי משקלי השמות משתים: (ג) **ואתם קרבו.** למשפט עמי בית ישראל יאמר ה׳: **בני עוננה.** כמו ועוננים כפלשתים: **זרע מנאף.** הוא האב ותזנה האם והטעם הבנים והבנות רעות: (ד) **על מי תתענגו.**

רד"ק

בברנע גדול והמיתה תכונה בשכיבה כמו ושכבתי עם אבותי כי אע"פ שיובן ממנו שכיבה כמשמעה והיא שכיבת הגוף בקבר אע"פ כן באותה שכיבה תהיה מנוחה לנפש כי לשון שכיבה גם כן כענין מנוחה כמו לא שכב לבו וערקי לא ישכבו: **הולך נכוחו.** השלום שזכר יבא נכח הצדיק בהאסף כלומר בשלום מת ולשלום יבא במותו. וכאלו השלום יצא לקראתו. והחכם רבי אברהם פירש לכל מי שיהיה הולך בחייו נכח השם יהיה לו במותו השלום והמנוחה: (ג) **ואתם קרבו הנה.** אמר כנגד בני דורו הרעים קרבו הנה למשפט על מעשיכם הרעים: **בני עוננה.** שאמותיכם מעוננות ומכשפות כי הכשוף נמצא ברוב בנשים ואבותיכם מנאפים ואמותיכם זונות ואיך תהיו אתם טובים: **ועוננה.** תאר וכן ועוננים כפלשתים אם שרשם שלם ענן ואם שרשם עונן והוא בינוני: **ותזנה.** ר"ל ותזנה אמכם. כן היו בני הדור ההוא רעים בני רעים. ועל הדרך הזה אמר הושע לא אפקוד על בנותיכם כי תזנינה ועל כלותיכם כי תנאפנה כי הם עם הזונות יפרדו: (ד) **על מי תתענגו.** כמ"ש אתיו אקחה יין וגו׳ שהיו מתענגים במאכל ובמשתה והיו מרחיבים פה ומאריכים לשון על נביאי ה׳ ומתלוצצים עליהם כמו שאמר למעלה בפרשת הוי עטרת גאות ואמר שמעו דבר ה׳ אנשי לצון על עצמכם היה לכם להרחיב פה שאתם ילדי פשע זרע שקר: **ילדי.** היו"ד בחירק

מצודת דוד

הנכוחה ואין מהדין שירא בהרעה: (ג) **ואתם.** הואיל ונסתלקו הצדיקים קרבו אתם הנה למשפט ולקבל הרעה: **בני עוננה.** אתם בני מעוננה כי ברוב נמצא הכישוף בנשים: **זרע מנאף ותזנה.** זרע של מנאף ותזנה כי האב היה נואף והאם היתה זונה: (ד) **על מי.** מאחר שסבתם מעלי על מי תבטחו להתענג בטובה כי אם זכיתם הייתם בוטחים עלי אבל עכשיו על מי תבטחו: **על מי תרחיבו פה.** על מי תשענו להרחיב פה לשחוק כל הלוכך וכפל הדבר פעמים וכלם כמ"ש וכדרך הנבואות:

מצודת ציון

(ג) **הנה.** לפה: **עוננה.** ענין כשוף כמו מעונן ומנחש (דברים ...): **תאריכו לשון.** לשאול כל המחסור:

Redak takes this verse as an allusion to 12:55. He renders: Over whom will you make merry? Against whom etc. He draws a parallel between this verse and 28:14, "Therefore, listen to the word of the Lord, men of scorn." The prophet says to them, "You should open your mouth wide and mock yourselves, for you are children of transgression, seed of falsehood."

Mezudath David renders: Do you not beget transgression, sow falsehood?

3. And you, draw near hither, children of sorcery; children who commit adultery, and played the whore. 4. On whom will you [rely to] enjoy yourselves; against whom do you open your mouth wide; against whom do you stick out your tongue? Are you not children of transgression, seed of falsehood?

welcome him. He dies in peace and achieves everlasting peace in his repose. *Ibn Ezra* renders: Whoever goes toward Him. I.e., whoever follows the way of God during his lifetime, will merit peace and tranquility in the hereafter.

3. **And you, draw near hither**—*The survivors after the righteous have departed, and receive your sentences.*—[*Rashi*]

He addresses the wicked of his generation, "And you, draw near hither for judgment for your evil deeds."—[*Redak*]

children of sorcery—Heb. בְּנֵי עֹנְנָה.—[*Rashi*] *Rashi* apparently understands this expression to mean that the people themselves practice sorcery, not that their parents were sorcerers. The same appears true of the end of the verse.

children who commit adultery—*That the male commits adultery.*—[*Rashi*]

and played the whore—*the female.*—[*Rashi*]

As mentioned above, *Rashi* explains this entire verse as referring to the people themselves. They are children, among whom the males commit adultery and the females play the harlot. *Redak* and *Ibn Ezra* render: children of the sorceress, seed of the adulterer and the mother who played the harlot. Thus they produced children with a tendency to be wicked.—[*Ibn Ezra*] They were wicked children of wicked parents.—[*Redak*]

4. **On whom will you [rely to] enjoy yourselves**—*Since you have turned away from following Me, on whom will you rely to enjoy yourselves with good. Had you merited, you would then enjoy yourselves with the Lord, but now, on whom will you* rely to *enjoy yourselves?*—[*Rashi*]

against whom do you open your mouth wide—*when you scorned and mocked His prophets.*—[*Rashi*]

ה הַנֵּחָמִים בָּאֵלִים תַּחַת כָּל־עֵץ רַעֲנָן
שֹׁחֲטֵי הַיְלָדִים בַּנְּחָלִים תַּחַת סְעִפֵי
הַסְּלָעִים: ו בְּחַלְּקֵי־נַחַל חֶלְקֵךְ הֵם הֵם
גּוֹרָלֵךְ גַּם־לָהֶם שָׁפַכְתְּ נֶסֶךְ הֶעֱלִית
מִנְחָה הַעַל אֵלֶּה אֶנָּחֵם: ז עַל הַר־גָּבֹהַּ
ונשא

שקרא : ה דפלחין
לטעותא תחות כל
אילן עבוף גבסי ינקיא
בנחליא תחות שקיפי
כיפיא: ו בשעיעות כיף
נחלא חולקיך אף תמן
אינון עדבך אף להון
נסיכת נסכין אסיקת
קורבנין העל אלין יתוב
מימרי : ז על טור רם
ומנטל שוית אתר בית

ת"א הנחמים באלים. נדה יג : בחלקי נחל. עכו"ם מג :

מהר"י קרא

(ה) הנחמים באלים. הכהנהגים באלים אי זה אלה ואלון ראויה לע"ז: שוחטי הילדים בנחלים. לשם ע"ז: תחת סעיפי הסלעים. עכשיו הולך וכספר כל המקומות. ומודיעך שלא הניחו ישראל מקום שלא עבדו ע"ז. תחת כל עץ רענן. תחת סעיפי הסלעים. מנין אף בבישור שנאמר בחלקי נחל חלקך. נחל היא בקעה כמו אל נחל איתן. ויש פותר לחלקי נחל. לחלוקי אבנים שבנחל. גם להם שפכת נסך העלית מנחה. שהיו עובדים לעצים. הנחמים באלים וגם באבנים דכתיב בחלקי נחל חלקך הם הם גורלך גם להם שפכת נסך העלית מנחה. ומנין אף על ההרים שנאמר על הר גבוה ונשא שמת משכבך:

רש"י

(ה) הנחמים באלים. המתחממין בשכבת זרע תחת האילים הם אלה ואלון: שוחטי הילדים. לקרבן עכו"ם: סעפי. נקרת הצורים וכן (שופטים ט"ו) אל סעיף סלע: (ו) בחלקי נחל. בחלוקי אבנים אשר בנחל: חלקך. בהם ירגמו אותך: הם הם גורלך. להתעלב בהם למה כי גם להם שפכת נסך: העל אלה אנחם. מלהרע לך:

רד"ק

שלא כמנהג אלא בפתח : (ה) הנחמים. הנה ראינו בספרי הנביאים שהמשילו ישראל ועובדי עכו"ם לאשה שהיא מזנה תחת בעלה ודברי יחזקאל ברוב על זה הדרך וכן תחילת דברי הושע על הדרך הזה ועל הדרך הזה ענין פרשה זו וזהו ענין הנחמים באלים. שמת משכבך. אהבת משכבם. וכל ל' הפרשה: הנחמים. מבנין נפעל שרשו יחם מן בכל יחם הצאן משכב הזכר והנקבה אמר בל' חמימות כמו יחמתני אמי והיה בכל יחם הצאן ויחמו הצאן ליחמנה במקלות : באלים. ופי' אחר כך תחת כל עץ רענן כי אלים כלל לעצים כי כן היה דרכם לעבוד עכו"ם תחת העצים הרעננים שענפיהם ועליהם לחים : שוחטי הילדים. היא עכו"ם שהיו זובחים לה הבנים וכן אמר יחזקאל הנביא ובשחטם את בניהם לגלוליהם והיו עושים זה בנחלים מקום שהיו שם סלעים תחת הסעיפים ופי' סעיפים שנים וכן בסעיף סלע עיטם כמו שן סלע נקרא כן לפי שהוא לסלע כמו הסעיף לאילן: (ו) בחלקי נחל. כשהיו מוצאין אבן חלקה ויפה באבני הנחל היו עובדים לה על דרך שאמרו רבותינו ז"ל זקף לבנה והשתחוות לה: חלקי. שם תואר לאבן חלקה כמו חלוקי אבנים אלא שהם שני משקלים ובשניהם הלמ"ד דגושה הם האבנים חלקך וגורלך הפך ה' מנת חלקי וכוסי אתה תומך גורלי. ואמר חלקי ואמר חלקך לשון נופל על הלשון: אנחם. מבנין נפעל. כמו וינחם ה' על הרעה אמר העל אלה כלומר אם על אלה המעשים הרעים אוכל להנחם על הרעה מלהביאה להם: (ז) על הר גבוה. כמו שאמר על ההרים הגבוהים ותחת כל עץ רענן: משכבך. כבר פירשתיה שהוא

אבן עזרא

לבקש מה שעשה עמנו טוב :(ה) הנחמים. הטוב בפירושים שידבר על ע"ז ויהיה הנחמים על משקל הנלבים מבנין נפעל מגזרת בכל יחם הצאן והנה הוא דבק עם ילדי פשע והנה כתוב ובחטא יחמתני אמי : שוחטי. לע"ז כמו ושחט אותם כמעשה הזונה שתהרג ילדיה : (ו) בחלקי. מגזרת חלוקי אבנים והטעם שיבקשו אבנים חלקות לציירם להיות פסילים: גם להם שפכת נסך. העל אלה אנחם. על הרעה שאעשה לך ויש אומרים שהוא מבנין התפעל כאילו אמר מה תנחומים יהיו לי ואין צורך : (ז) על. שמת משכבך. כזונה שתזנה במקום מגולה

מצודת ציון

י"ח): (ה) הנחמים. מל' חמימה: באלים. שם אילן סרק כמו כי יבושו מאילים וגו' (לעיל א'): רענן. ענין לחות ורטיבות כמו בשמן רענן (תהלים צ"ב): בנחלים. ענין עומק וגיא וכן ויחפרו עבדי יצחק בנחל (בראשית כ"ו): סעיפי. כן נקרא שן הסלע כמו אל סעיף סלע (שופטים ט"ו) והוא מושאל מענף היוצא מן האילן אשר יקרא סעיף כמ"ש וכלה סעיפיה (לעיל כ"ז): (ו) בחלקי נחל. באבני נחל ויקראו כן ע"ש שהמה חלקים כמ"ש חמשה חלקי אבנים מן הנחל (ש"א י"ז) ולקצר לא אמר אבני וסמך על המבין: גורלך. ענינו כמו חלק וכן וגורל לבוזזינו (לעיל י"ז) ע"ש שע"פ

מצודת דוד

ילדי פשע. מולידים פשע וזורעי שקר ר"ל כל מעשיכם פשע ושקר ומהו הזכות הנמצא בכם: (ה) הנחמים. המתחממים עצמן תחת אילן אלה העשוי לעכו"ם: תחת כל עץ רענן. ור"ל שמבלו את עצמן לעכו"ם ולפי שהמשיל המקרא עובדי העכו"ם לזונה אמר לשון הנופל במשכב האשה כמ"ש ובחטא יחמתני אמי (תהלים נ"א): שוחטי הילדים. לפני העכו"ם: בנחלים. כן היה דרכם לשחטם בעמקים אשר תחת סעיפי הסלעים כי העכו"ם העמידו על סעיף הסלע במקום גבוה: (ו) בחלקי נחל חלקך. בחרת לך חלק באבני הנחל לעבדם עבודת אלהות: הם וגו'. כפל הדבר כמ"ש: שפכת נסך. היית מנסך לפניהם יין והעלית להם מנחה: העל אלה אנחם. וכי מהראוי שעל העושים מעשים כאלה יתהפך ממחשבתי מרעה לטובה: (ז) שמת משכבך. עשית משכב לזנות ר"ל שם

lieve have been elevated to the status of gods, *have you poured out libations, you have brought up offerings.*

in the face of these shall I relent—*from doing harm to you?*—[*Rashi*]

In the face of these abominable practices, can I relent from bringing calamity upon them?—[*Redak*]

7. **On a high and lofty mountain**—like a prostitute, who fornicates in an open place, you worshipped idols in public.—[*Ibn Ezra*]

you placed your couch—*The couch of your adultery to idolatry on the high mountains.*—[*Rashi* in printed editions and in certain manuscripts.]

5. You who inflame yourselves among the terebinths, under every green tree, who slaughter the children in the valleys, under the clefts of the rocks. 6. Of the smooth [stones] of the valley is your portion; they, they are your lot; to them too you have poured out libations, offered up sacrifices; in the face of these shall I relent? 7. On a high and lofty mountain

5. **You who inflame yourselves among the terebinths**—*Who stimulate themselves with semen under the* אֵלִים, *they are the terebinth and the oak.*—[*Rashi*]

who slaughter the children—*for a sacrifice to the idols.*—[*Rashi*]

clefts—Heb. סְעִפֵי, *the clefts of the rocks. Comp.* "(Jud. 15:11) *to the cleft of the rock* (סְעִיף)."—[*Rashi*]

Redak and *Abarbanel* explain this verse as symbolizing idolatry. Idolatry is symbolized in many places in the Bible as adultery, the idolater being represented as the adulterous wife, straying after other men. Here, too, the prophet portrays the idolaters as fornicating under the trees, meaning that they worship idols under the trees. Perhaps this is *Rashi*'s interpretation, as well. *Jonathan* renders: Who worship idols, apparently interpreting בָּאֵלִים, *by the gods.*

Malbim renders: You who conceive by the gods under every green tree. The women would claim that they conceived by the gods, who had a lust for human women.

who slaughter the children in the valleys—Then they would claim that the gods commanded them to slaughter the children as sacrifices. Thus, it was as though the gods slaughtered the children.

Ibn Ezra explains that the women would slaughter the children as sacrifices to the idols, much as a prostitute kills her children.

6. **Of the smooth [stones] of the valley**—Lit. of the smooth ones of the valley, i.e. *among the smooth stones that are in the valley.*—[*Rashi*]

your portion—*With them they will stone you.*—[*Rashi*]

they, they are your lot—*to be saddened with them. Why? For to them too you have poured out libations.*—[*Rashi*]

Ibn Ezra and *Redak* explain the beginning of the verse to mean that they would seek smooth, pretty stones in the valley to use for idols, to worship them. We find reference in the Talmud of people setting up bricks and prostrating themselves to them.

It is noteworthy that *Ibn Ezra* renders: who press the children. He, apparently read, שֹׁחֲטֵי, denoting that they would strangle the children as sacrifices to the idols in the valleys.

Malbim, continuing his interpretation of the entire section, renders: *When you allot your portion to the valley,* i.e. when you give your children to the valley, *they, they are your lot,* you imagine that the gods have fallen to your lot, that they will form a covenant with you. *Also to them,* to the children, whom you be-

ונשא שמת משכבך גם־שם עלית
לזבח זבח: ח ואחר הדלת והמזוזה
שמת זכרונך כי מאתי גלית ותעלי
הרחבת משכבך ותכרת־לך מהם
אהבת משכבם יד חזית: ט ותשרי
למלך

ת״א ואחר הדלת. שבת קטו:

מישריך אף לתמן סליקת לדבחא דבח: ח ואחורי דשא ומזוזתא שוית דוכרן טעותיך הוית דמיא לאתתא דרחימא על בעלה ומטעת בתר נוכראין אפתית אתר בית מישרך ונגרת ליך מנהון קים רחימת אתר בית משכבהון אתר בחרת: ט כד עבדת ליך אוריתא אצלחת במלכותא וכדאסגית ליך עובדין טבין

רש״י

(ז) שמת משכבך. משכב ניאוף לעכו״ם על ההרים הרמים: (ח) ואחר הדלת והמזוזה שמת זכרונך. לפי שהוא מדמה אותה לאשה מנאפת אשר נואפיה צופים וממתינים לפני פתח ביתה והיא בשכבה אצל בעלה נבה וזכרונה אל הדלת והמזוזה איך תפתח ותצא עליהם: כי מאתי גלית ותעלי. אצלי היית שוכבת וגלית הכיסוי שהיינו מכוסים יחד ותעלי מאצלי: הרחבת משכבך לקבל בו נואפים הרבה: ותכרת לך. ברית מהם: אהבת משכבם. כשחזית לך יד ומקום להראות להם אהבתך: יד. (איש״ו בלע״ז) וכן ראו חלקת יואב אל ידי (שמואל ב׳ י״ד): (ט) ותשורי למלך בשמן. ואני מתחלה גדלתיך

מהר״י קרא

(ח) ואחר הדלת והמזוזות. [כמו אשה מנאפת] וכשבעלה שוכב עמה במטה היא מגלה הכיסוי ששניהם מכוסין בו והולכת לה אל הנואף שהטמינה לה אחר הדלת ומזנה עמו. אף את אחרי הדלת והמזוזות של בית המקדש שמת ע״ז כמו שנאמר ביחזקאל שנאמר בתתם ספם את ספי ומזוזתם אצל מזוזתי: ותכרת לך. ברית מהם: יד חזית. כלומר ראית מקום ושמת לזנות אחרי הבעלים: (ט) ותשורי למלך בשמן. כענין שאמר הושע וברית עם אשור יכרותו ושמן למצרים יובל: ותשלחי ציריך עד

אבן עזרא

והטעם בפרהסיא: (ח) ואחר. גם כן בסתר: שמת זכרונך. כמו וזכרו כיין לבנון וממנו אזכרתה: כי מאתי. כמו זונה כי גלית עצמך מאתי שהייתי מסתיר אותך ותעלי. לזנות בפרהסיא: הרחבת משכבך הטעם שיכיל המשכב אנשים רבים: ותכרת לך מהם תחת אתכרתי וכמוהו ותעשי הרעות והוכל ותכרתי לך ברית מהם שבחרת להיותם אנשי בריתך אותם שאהבת שישכבו עמך בכל מקום שראית כמו בכל מקום אשר תראה: (ט) ותשורי.

רד״ק

כנוי לעכו״ם שהיו עובדים שם גם שם לא חששת לשורת העליה היה הכל נקל לך לאהבתך העבודה ההיא: (ח) ואחר הדלת והמזוזה שמת זכרונך. שמת דבר ממין העבודה שתזכרי תמיד העבודה הפך וכתבת׳ על מזוזות ביתך ובשעריך אני נתתי לך מצות מזוזה שתזכרי תמיד עבודתי ואת הנחת עבודתי בעבור עבודת אלהים אחרים ישמת להם זכרון אחר הדלת והמזוזה והנחת הזכרון שנתתי לך לזכרני תמיד וי״מ זכרונך מן זכרו כיין לבנון אזכרתה לה׳ כלומר שמת קטרת לעכו״ם אחר הדלת והמזוזות: כי מאתי גלית ותעלי. כי מאתי גלית עצמך אני צויתי לך עבודתי במקום סתר. מזבח אדמת תעשה לי לא בנין אבנים גבוה וצויתי לא תעלה במעלות על מזבחי ואת עשית בהפך לאלהים אחרים במקום מגולה על ההרים הרמים: הרחבת משכבך. אני אמרתי לא תעלה עולותיך בכל מקום אשר תראה כי אם במקום אשר יבחר ה׳ אלהיך באחד שעריך ואת הרחבת משכבך במקומות רבים כי מספר עריך היו אלהיך יהודה: יד חזית. בכל מקום ומקום אשר ראית הפך בכל מקום אשר תראה כי אני צויתי לך זה שלא תלמדי ממעשי הגוים שהם מקריבים בכל מקום ועשית הפך מצותי בכל דבר: (ט) ותשרי למלך בשמן. ותשורי פירש

מצודת דוד

העמדת עכו״ם ולפי שנמשלה לזונה אמר לשון הנופל בזונה: גם שם. על גובה ההר: (ח) ואחר הדלת והמזוזה. לפי שהוא מדמה אותה אל אשה זונה אמר לשון הנופל בזונה שנואפיה צופים וממתינים לה אחר הדלת והמזוזה והיא בשכבה אצל בעלה לבה וזכרונה אל העומדים אחר הדלת והמזוזה ור״ל בעוד היותך במקדש ה׳ שמת זכרונך ללכת אל בית העכו״ם: כי מאתי גלית ותעלי. אצלי היית שוכבת וגלית הכסות שהיינו מכוסים יחד ותעלי מאצלי ללכת אל הנואפים: הרחבת משכבך. עשית לך מקום משכב רחב לקבל בו נואפים הרבה ר״ל עבדת לעכו״ם הרבה: ותכרת. כרתת לך עמהם ברית אהבה: אהבת משכבם. אהבת שישכבו עמך בכל מקום אשר ראית ואף בפרסום רב: (ט) ותשורי. ר״ל נתת די

מצודת ציון

רוב יחולק בגורל: אנחם. ענין הפוך מחשבה: (ח) והמזוזה. הם העומדים אצל חלל הפתח מזה ומזה: גלית. מל׳ גלוי: ותעלי. ענין הסתלקות כמו כעלות גדיש בעתו (איוב ה׳): יד. מקום: חזית. ענין ראיה כמו ותחז בציון עינינו (מיכה ד׳): (ט) ותשורי.

O.F., *a side. Comp.* "(II Sam. 14:30) *See Joab's field is near mine* (עַל יָדִי)."—[*Rashi*] For derivation, see Commentary Digest, I Sam. 19:3.

This again contrasts their pagan practice with that prescribed for Divine worship. I commanded you not to learn from the practice of the heathens who sacrifice in all places.—[*Redak*]

9. **And you brought a gift to the king with oil**—Heb. וַתָּשֻׁרִי. *Originally, I aggrandized you, and you would greet your king with all sorts of delights.* וַתָּשֻׁרִי *is an expression of an audience. Comp.* "(Num. 24:17) *I see him* (אֲשׁוּרֶנּוּ) *but* he is *not near.*" Also, "(I Sam. 9:7) *And there is no present* (תְּשׁוּרָה) *to bring,*" i.e. *a gift for an audience.*—[*Rashi*] This view is shared

you placed your couch; there too you went to slaughter sacri-
fices. 8. And behind the door and the doorpost you have
directed your thoughts, for while with Me, you uncovered [us]
and went up, you widened your couch and made for yourself [a
covenant] with them; you loved their couch, you chose a place.
9. And you brought a gift

As above, adultery is used as a symbol of straying after idols. You worshipped idols on the highest mountains, despite the effort required to climb up there. Even that became easy for you in your love for that worship.—[*Redak*]

8. **And behind the door and the doorpost you have directed your thoughts**—*Since he compares her to an adulterous woman, for whom her paramours look and wait before the door of her house, while she, lying beside her husband,* directs *her heart and her thoughts to the door and the doorpost, how she will open* the door *and come out to them.*—[*Rashi*]

Redak renders: **And behind the door and the doorpost you placed your remembrance**—You placed a token of that worship so that you would always remember it. This was directly contrary to My commandment, "And you shall write them upon the doorposts of your house and upon your gates." I gave you the precept of mezuzah so that you should always remember My worship. Instead, you abandoned My worship for the worship of other deities and made a remembrance for them behind the door and the doorpost, thus forsaking the remembrance I gave you to remember Me always.—[*Redak*]*

for while with Me, you uncovered [us] and went up—*You were lying beside Me, and you removed the cover with which we were covered together, and you went up from beside Me.*—[*Rashi*]

Redak renders: for from with Me you revealed yourself and you went up. Scripture contrasts the idolatrous practices with those prescribed by God for His worship. Wheras I commanded you to build an altar of earth, not a high stone structure, and I commanded you not to ascend on steps on My altar, you built altars to pagan gods in exposed places on lofty mountains.

you widened your couch—*to accomodate many adulterers.*—[*Rashi*]

I ordained, "(Deut. 12:13f) Beware lest you offer up your burnt-offerings every place you see, but in the place that the Lord will choose in one of your tribes, there you shall offer up your burnt-offerings, etc." In contrast, you "widened your couch"; you sacrificed in many places. This corresponds to the prophet Jeremiah's rebuke, "(2:28) for the number of your cities were your gods, O Judah."—[*Redak*]

and made for yourself—*a covenant with them.*—[*Rashi*]

you loved their couch—*when you chose for yourself* יָד, *a place, to demonstrate to them your love.*—[*Rashi*]

a place—Heb. יָד, *aise* or *ajjse* in

לַמֶּלֶךְ בַּשֶּׁמֶן וַתַּרְבִּי רִקֻּחָיִךְ וַתְּשַׁלְּחִי
צִרַיִךְ עַד־מֵרָחוֹק וַתַּשְׁפִּילִי עַד־שְׁאוֹל׃
י בְּרֹב דַּרְכֵּךְ יָגַעַתְּ לֹא אָמַרְתְּ נוֹאָשׁ
חַיַּת יָדֵךְ מָצָאת עַל־כֵּן לֹא חָלִית׃
יא וְאֶת־מִי דָּאַגְתְּ וַתִּירְאִי כִּי תְכַזֵּבִי

סגיאה משריתיך
ושלחת אזגדך עד
מרחיק ואמאיכת
תקיפי עממיא עד
לשאול: י בסגיאות
אורחתיך לאית לא
אמרת למתב נכסין
סגיאין אסגית על כן
לא סברת למיתב:
יא וית מן יציפת וקדם

מהר"י קרא

מרחוק. כשם שאמר יחזקאל. אף כי תשלחנה לאנשים באים ממרחק אשר מלאך שלוח אליהם והנה באו לאשר רחצת כחלת עיניך ועדית עדי: ותשפילי עד (מאוד) [שאול]. מאותה שעה ששלחת ציריך עד מרחוק שיבואו אליך ומשכב דודים השפלת עד שהיה לך [הפך] מן הנשים בתזנותיך. ששאר הזונות המנאפים [שולחים] אחריהם ואת לא עשית כן אלא ותשלחי ציריך למרחוק: (י) חית ידך מצאת על כן לא חלית. כחך מצאת שלא פרעתי מהם שהארכתי אפי להם. חית יד. הוא לשון כח. כמו ויאספו פלשתים לחיה: (יא) ואת מי דאגת

רש"י

והית מקבלת פני מלכך בכל מיני תפנוקים. ותשורי לשון ראיית פנים כמו אשורנו ולא קרוב (במדבר כ"ד) וכן (שמואל א' ט"ו) ותשורה אין להביא דורון של הקבלת פנים: ותשלחי ציריך. שלוחייך למרחוק לגבות מס ממלכי עובדי כוכבים: ותשפילי. את חוקי העכו"ם עד שאול כן תרגומו יונתן: (י) ברוב דרכך יגעת. נתעסקת בצרכייך במלאות תאותך להרבות הונך: לא אמרת נואש. אתייאש מאלו ולא אחוש עוד לעסוק בהן כי בתורה ובמלות אתן לב: חית ידך מצאת. צורך ידך מצאת הצלחת במעשיך: על כן לא חלית. לא נחלה לבך לדאג על עבודתי לעסוק בתורה. חית ל' ערכי הוא צורך: (יא) ואת מי דאגת. ממי נתייראת: כי תכזבי. כי פסקת לך

רד"ק

רב סעדיה ז"ל מענין תשורה שהוא מנחה ואני פירשתיו בספר השרשים כמו ותלכי וכן תשורי מראש אמנה ישור על אנשים וכן שרותיך ומערביך וכן בדברי רבותינו ז"ל שיירא העוברת ממקום למקום: למלך. בפתח הלמ"ד לידיעה ר"ל מלך אשור שהוא היה מושל בכל הארצות בימים ההם אמר לאדי שעבדת אלהים אחרים אלא שסלקת בטחונך ממני ובטחת בזרוע בשר ודם ועל זה נאמר ארור הגבר אשר יבטח באדם ושם בשר זרועו ומן ה' יסור לבו שאלו היו עובדים כוכבים ודעתם לאל שהוא הסבה הראשונה ועובדים השמש והירח לכבודו ועובדים צורותם לעבודת הי' רע. כמו שאמר לא תעשון אתי אלהי כסף וגו' אלא עוד עשו רעה שחסירו לבם ובטחונם מהאל ובטחו במלך אשור ואחר כן נפלו בידו. ואמר בשמן כי שמן היו מוליכים מארץ ישראל כמו שנאמר עליה ארץ זית שמן ואמר יהודה וארץ ישראל המה רוכליך בחטי מנית ופנג ודבש ושמן וצרי נתנו מערבך ואמר ושמן למצרים יובל: ותרבי רקחיך. שהיית שולחת להם למנחת שמן רוקח עשית ממנו הרבה לשלוח למלך אשור להיות לך לעזר: ציריך. שלוחיך. שלחת אותם במנחה עד מרחוק כי ארץ אשור רחוקה היא מארץ ישראל: ותשפילי. השפלת עצמך עד שאול ובזית בשלחך אל ארץ רחוקה לבקש עזר ואפשר שיהיה ותשפילי פעל עומד וכן השפילו שבו כלומר שפלת עד שאול בעבור המעשים הרעים וי"ת הפסוק כן כד עבדת לך אורייתא וגו': (י) ברוב דרכך יגעת. אלו רצית היית נושעת במנוחת בארצך אלו הלכת בדרכי האל יתברך. ועתה כי מרדת בו הוצרכת לבקש עזר ויגעת ברוב דרכים: לא אמרת נואש. כמו האדם היגע בדרכים שיאמר נואש לבי מלכת בדרכים האלה אשב ואנוח לא אמרת את כן אלא ערב היה לך כל הטורח ההוא על כן לא חלית ולא כאבת בטורח ההוא מאהבתך ללכת בדרכי העמים ולסור מדרך ה'. פי' חית ידך חיי כחך כלומר מצאת דבר שהיה ערב לך כמו המזונות שהם חיי האדם וכחו: (יא) ואת מי דאגת. ממי פחדת ותירא: כי תכזבי. אם תרצי לכזב

אבן עזרא

והנה עוד רעה אחרת לא די שעבדת לע"ז עד ששגרת דורון למלך אשור או למצרים להשען עליו והנה ותשורי מגזרת ותשורה אין להביא ויאמר רבי משה הנגיד ז"ל כי ותשורה דמי המראה והגבואה גם נכון הוא להיות ותשורי כמו אשורנו הלכת לראותי בשמן כי מארץ ישראל יוליכו השמן: ציריך. הם השלוחים: ותשפילי. נפשך עד שאול: (י) ברוב. יגעת. מרוב דרכים ששנית והנה יגעת ולא אמרת נואש לבי כמו ונואש ממנו שאול רק אמרת אולי תועיל יגיעתי: חית. כמו כח והטעם דבק עם יגעת על כן לא חלית: (יא) ואת. למה הוצרכת לדאוג מאויב

מצודת ציון

מל' תשורה ודורון כמו ותשורה אין להביא (ש"א י"ט): רקוחיך. בשמים מעשה רוקח וכן רקחי המרקחת (דה"א ט'): ציריך. מלאכיך כמו וציר בגוים שולח (עובדיה א'): שאול. בור הקבר: (י) נואש. מל' יאוש ועזיבת הדבר כמו ואמרו נואש (ירמיה י"ח): חית. ענין כח וכריאות וכן עד חיותם (יהושע ה'): חלית. מל'

מצודת דוד

שעבדת עכו"ם אלא שסלקת בטחונך ממני ושלחת תשורה למלך אשור בדורון של שמן ותרבי לשלוח לו בשמים מעשה רוקח למען יהיה בעזרתך: ותשלחי. שלחת מלאכיך אליו עד אשר מרחוקים מארצך: ותשפילי. השפלת נפשך עד שאול בהראות הכנעה מרובה: (י) ברוב דרכך. במה שהלכת הרבה בדרכי לכך לבקש עזר ממלך אשור הנה נתייגעת הרבה בזה ועכ"ז לא אמרת התייאש עצמי מלבקש עזרה ממנו לפי רוב הטורח: חית ידך מצאת. על כי מלאת ממנו כח ידך כי עזר לך ברכב ובפרשים לכן לא נעשית חולה וכאוב עם כל הטורח כי קבלת בשמחה: (יא) ואת מי דאגת. ר"ל הנה כ"ז היה בחנם כי ממי פחדת ותיראי אשר עזבת בטחונך

and you sent your ambassadors far off—to the land of Assyria, far from the Holy Land.

and you humbled—yourself; i.e. you degraded your name down to the grave, to the utmost. Alternatively, you became humbled down to the grave. You broght about your own downfall, falling into the hands of the Assyrians.—[*Redak* and *Abarbanel*]

10. **With the length of your way**

to the king with oil, and you increased your perfumes; and you
sent your ambassadors far off, and you humbled them to the
grave. 10. With the length of your way you became wearied;
you did not say, "Despair." The power of your hand you
found; therefore, you were not stricken ill. 11. And whom did
you dread and fear, that you failed,

by *Saadiah Gaon,* quoted by *Redak, Ben Bilam, Ibn Ezra. Redak, Ibn Ganah,* and *Ibn Ezra* prefer to render: and you went. *Menahem* conjectures: And you anointed.—[*Mahbereth Menahem,* p. 180]

and you sent your ambassadors—*Your messenger afar to collect tribute from the heathen kings.*—[*Rashi*] Manuscripts and *K'li Paz* read: *the kings of the nations.*

and you humbled—*the laws of the heathens* (*of the nations*—Mss. and *K'li Paz*) *to the grave. Jonathan rendered it in this manner.*—[*Rashi*]

Rashi's commentary here is rather difficult. In addition to the fact that, as it appears in our editions it makes little sense, it does not coincide with *Jonathan*'s rendering, which reads: and you humbled the mighty of the nations to the grave. Consequently, it appears that, instead of חוּקֵי, *the laws of, Rashi* should read: חֲזְקֵי, *the mighty of.* This emendation solves both problems. This reading is indeed found in the Warsaw edition. Surprisingly, this variation has passed unnoticed.

Hence, Rashi explains this verse as referring to the time the Jews were faithful to God, depicting the greatness He bestowed on them. *Redak,* however, explains it as alluding to their spiritual decline.

to the king—This refers to the king of Assyria, who dominated all the countries of that region. Not only have you worshipped other gods, but you have completely removed your faith from Me and have trusted mortal man. Concerning this, the prophet states, "(Jer. 17:5) So says the Lord, 'Cursed is the man who trusts in man and makes flesh his arm, and whose heart departs from the Lord.'" Were they to worship the sun and the moon while bearing in mind that those bodies are God's servants, and that He is the prime mover, the crime would be serious enough, as the Torah states, "(Exodus 20:20) You shall not make with Me; gods of silver or gods of gold you shall not make for yourselves." But now, they have done even worse by removing their trust from God and trusting in the king of Assyria, only to fall into his hands. He mentions oil since that was customarily brought from the Holy Land, as in Ezekiel 27:17: "Judah and the land of Israel, they are your traffickers, with wheat of Minnith . . . and oil and balm."

and you increased your perfumes—For you would send perfumed oil in tribute to the king of Assyria so that he protect you.

ואותי לא זכרת לא־שמת על־לבך:
הלא אני מחשה ומעולם ואותי לא
תיראי: יב אני אגיד צדקתך ואת־
מעשיך ולא יועילוך: יג בזעקך יצילך
קבוציך ואת־כלם ישא־רוח יקח הבל
והחוסה

ת"א בזעקך. ב"ב נח:

מן דחילתא ארי אסגית לשקרא כדבין ופולחני לא אדכרת ולא שוית דחלתי על לבך הלא אנא יהבית ארכא מעלמא דאם תתובין לאוריתא ולקדמי לא תבת: יב אנא חויתי לך עובדין טבין דאינון זכון ליך ואת אסגית ליך עובדין בישין דלא יהנון ליך: יג אצוחי כען אם יפרקוניך עובדי שקרין דהוית מתעסקא בהון מינקותיך וית

רש"י

מעבודתי וכזבת בי כמו לא יכזבו מימיו (לקמן נ"ח) כל אדם כוזב (תהלים קט"ו) (פליינג"ק בלע"ז) וכן כל לשון כזב מי שבוטחין עליו והוא כוזב ובוגד: הלא אני מחשה. שהחשתי על כמה פשעים שפשעת בי: (יב) אני אגיד צדקתך. אני תמיד מגיד לך דברים שאם תעשי אותם תצדקי: ואת מעשיך. שאת עושה שלא ברצוני לא יועילוך בעת רעתך: (יג) בזעקך יצילוך קבוציך. יקומו נא קבוצת אלילים ופסילים ומכחישי תורה אשר קבלת ויצילוך

מהר"י קרא

ותראי כי תכזבי. כשכחשת בי אותי לא זכרת (אלא) [ולא] שמת על לבך הלא אני מחשה מעולם. כשכחשת בי ובגדת ואמרת בלבבך שאני מחשה בחטאתך מעולם שלא שילמתי כמעלליך וכדרכיך והוא גרם לך שאותי לא תיראי: (יב) אני אגיד צדקתך. ברצוני הייתי מגיד צדקתך אילו ידעתי שתפשת מעשים טובים. אבל מעשיך לא יועילוך. לא עשית מעשים טובים שיועילוך: (יג) בזעקך יצילוך קבוציך. כסבורה את

אבן עזרא

ולירא ממני עד שהוצרכת לכזב ולא זכרת אותי: הלא אני מחשה. לפי דעתי שהוא פועל יוצא לשנים פעולים והטעם כי אני אשתיק באמת מי שיכזב כן אני וכן הייתי ויתכן היות את מי דאגת מתי יראת ממני והראשון הוא הנכון ויש אומרים שטעם מחשה כטעם החשיתי שאסבול כאדם שישתוק: (יב) אני אגיד צדקתך. כפה: ואת מעשיך ולא יועילוך. בעבור שמעשיך רעים שבטחת על זולתי ה': (יג) בזעקך יצילוך קבוציך. אלה שקבלת להושיעך והנה קבוליך תחר השם כמו למודי ה': ואת כולם ישא רוח יקח הבל. אותם דרך משל שיאבדו ולא

רד"ק

ולאמר שלא עשית אלה המעשים שזכרתי ממי פחדת כי אותי לא זכרת כשהיית עושה המעשים הרעים ולא שמת על לבך כי לא היית חושבת שאני רואה מעשיך אם כן לא פחדת ממני למה תכזבי טוב הוא שתתודי עליהם: הלא אני מחשה. הלא אני שתקתי לך והארכתי אפי ולא הענשתיך מיד: ומעולם. ומקדם מדתי כן עם בריותי. שאני מאריך אפי עליהם: ואותי לא תיראי. אבל את לא יראת אותי כי אם יראת אותי לא היית עושה המעשים הרעים ואם לא יראת אותי בעת המעשה לא תיראי אותי בעת התוכחה שתכזבי ותאמרי לא עשיתי רע: (יב) אני אגיד. אע"פ שתכזבי את ותאמרי צדיקה אני אני אגיד הצדקה שעשית והם המעשים הנזכרים התאמרי כי הם מעשים טובים: ואת מעשיך. ואגיד מעשיך שעשית ולא יועילוך המעשים שעשית כאשר חשבת אבל יזיקוך: (יג) בזעקך. עתה תראי אם יועילוך מעשיך כשתזעקי מרעת האויבים תראי איך יצילוך קבוציך ר"ל העמים שהיית מקבצת לעזור לך והיית נושאת מנחה להם להיות לך לעזרה עתה תראי אם יצילוך כי הם יחריבוך כי מלך אשור התריב א"י והנה הם לא הצילו עצמם כשבא לירושלים בעם כבד: ואת כולם ישא רוח.

מצודת דוד

כי ולא זכרת אותי ר"ל וכי יש מי שאותה אשר לא תגבר ידי עליו: לא שמת על לבך. כי טוב לחסות בה' וכפל הדבר במ"ש: הלא אני מחשה. באמת אני משתיק את כל הקמים עליך ומעולם כא הדבר ממני ולא מעזר האומות ומכ"ז לא תיראי מפני כ"א מן הקמים עליך: (יב) אני אגיד צדקתך. אני מגיד לך במה תמצא לדקה ממני ואת המעשה אשר תעשי וזהו לחסות בה' ולא בעזר מלכי האומות: ולא יועילוך. אבל כל דברי אינם מועילים לך כי אינך פונה אליהם: (יג) בזעקך. בעת תאספי רכב ופרשים מלכה העמים הבאים לעזרתך מול האויב וכי יצילוך הקבוץ שקבלת בהמיה: ואת כולם וגו'. אבל את כולם ישא הרוח ויפולו ע"פ האדמה והבל יקחם

מצודת ציון

אולי ומכזוב: (יא) דאגת. מל' דאגה ופחד: תכזבי. ענין עזיבת הדבר כמו תהיה לי כמו אכזב (ירמיה ט"ו): מחשה. ענין כמו השתקתי מעולם (לעיל מ"ב): יועילוך. מל' תועלת: (יג) בזעקך. ענין קבוץ ואסיפה על כי באה בזעקת כמאסף וכן מה לך כי נזעקת (שופטים י"ח): הבל. דבר שאין בו ממש: והחוסה.

the sins mentioned above. If you did not fear Me when you committed these sins, you should not fear Me at the time of retribution, that you should lie and deny having committed them.

12. **I tell your righteousness**—*Constantly, I tell you things to do, so that you will be righteous.*—[Rashi]

and your deeds—*that you do against My will shall not avail you at the time of your distress.*—[Rashi]

Redak explains: Although you say you are righteous, I will indeed tell you your "righteous" deeds. Those are the aforementioned. Will you say that they are righteous?

and your deeds—And I will tell your deeds that you have committed. You thought that they would avail you, but, in fact, they will harm you.—[Redak]

and you did not remember Me; you did not lay [Me] to your heart. Indeed, I am silent and from everlasting, but you do not fear Me. 12. I tell your righteousness and your deeds, and they shall not avail you. 13. When you cry out, let your collections save you; wind shall carry all of them off, a breath shall take them,

you became wearied—*You engaged in your necessities, in the filling of your lust, to increase your wealth.—[Rashi]*

you did not say, "Despair."—*I will despair of these and I will no longer care to engage in them, but I will pay my attention to Torah and precepts.—[Rashi]*

The power of your hand you found—Heb. חַיַּת, *the necessity of your hand you have found; you have succeeded in your deeds.—[Rashi]*

therefore, you were not stricken ill—*Your heart was not stricken ill to worry about My service, to engage in the Torah.* חַיַּת *is an Arabic word, meaning necessity.—[Rashi]* See *Rashi,* Num. 35:3.

Ibn Ezra and *Redak* render: **With the length of your way you became wearied**—Through constant traveling to the king of Assyria or Egypt, you became weary, yet **you did not say, "Despair."** I despair of gaining anything from these journeys. You still hoped that your toil would avail you.

The power of your hand you found.—*Redak* renders: You found the life of your strength. You found something as pleasant as food, which is a person's life and strength. Your love to go in the ways of the gentiles was so pleasant to you that you did not despair of it, **neither did you suffer** fatigue from your journeys.

Alternatively, the king of Assyria aided you with horses and riders.—[*Mezudath David*]

11. **And whom did you dread**—*Of whom were you afraid?—[Rashi]*

that you failed—Heb. תְּכַזֵּבִי, *that you ceased to worship Me and you betrayed Me. Comp.* "(infra 58:11) *Whose water shall not fail* (יְכַזְּבוּ)." Comp. also "(Psalms 116:11) *Every man is a traitor* (כֹּזֵב)." *Falajjnc in O.F., to fail. Likewise, every expression of* כָּזָב *means one upon whom* people *rely, and he fails and betrays them.—[Rashi]*

Redak renders: Whom did you dread and fear that you should lie? If you wish to lie and to say that you did not commit the deeds I mentioned, whom did you fear? Surely you did not fear Me, for you did not remember Me; you did not lay it to your heart, for you did not think that I saw your deeds. If so, you did not fear Me. Why, then, did you lie? It would have been better had you confessed your sins.

Indeed, I am silent—*I kept silent in the face of many transgressions that you transgressed against Me.—[Rashi]*

but you do not fear Me—But you did not fear Me, for, had you feared Me, you would not have committed

וְהַחוֹסֶה בִי יִנְחַל־אֶרֶץ וְיִירַשׁ הַר
קָדְשִׁי: יד וְאָמַר סֹלּוּ־סֹלּוּ פַּנּוּ־דָרֶךְ
הָרִימוּ מִכְשׁוֹל מִדֶּרֶךְ עַמִּי: טו כִּי כֹה
אָמַר רָם וְנִשָּׂא שֹׁכֵן עַד וְקָדוֹשׁ שְׁמוֹ
מָרוֹם וְקָדוֹשׁ אֶשְׁכּוֹן וְאֶת־דַּכָּא וּשְׁפַל־
רוּחַ לְהַחֲיוֹת רוּחַ שְׁפָלִים וּלְהַחֲיוֹת

תרגום

כּוּלְהוֹן יִטוֹל רוּחָא יְהוֹן כִּלְמָא וּדְרָחִיץ עַל מֵימְרִי יַחְסִין אַרְעָא וְיֵירַת טוּרָא דְקוּדְשִׁי: יד וְיֵימַר אַלִּיפוּ וְאַזְהָרוּ אַפְנוּ לֵב עַמָא לְאוֹרַח תִּקְנָא סְלִיקוּ תַקְלַת רַשִׁיעַיָא מֵאוֹרַח כְּנִשְׁתָּא דְעַמִי: טו אֲרֵי כִדְנַן אֲמַר רָמָא וּמְנַטְלָא דְשָׁרֵי בִשְׁמַיָא וְקַדִישׁ שְׁמֵהּ בִּרוּמָא שָׁרֵי וְקַדִּישָׁא שְׁכִנְתֵּהּ אֲמַר לְמִפְרַק

ת"א סולו סולו. סוכה נב פ"ק ה: רם ונשא. מגלה יא סוטה שער ו(שבת בשקלים מב): ואת דכא. עקרים מ"א פי"א:

מהר"י קרא

שיצילוך קיבוציך שלא תנחת ע"ז שלא עבדת אותה. את כולם ישא רוח ויקח הבל: (יד) ואמר סולו סולו פנו דרך הרימו מכשול מדרך עמי. הרימו מכשול. זה יצר הרע. סולו סולו כמו מסילה. דרכו דרך הטוב: (טו) מרום וקדוש אשכון ואת דכא כהם הם הרהורי רשע: (טו) מרום וקדוש. אני שוכן

רש"י

בזעקך מלרתך הלא את כולם ישא רוח ולא יקומו ולא יכלו להציל: (יד) ואמר סולו סולו. כה אמר הנביא בשמי לעמי כבשו כבשו מסילה סלולה פנו יצר הרע מדרכיכם: הרימו מכשול. סקלו האבנים שאתם נכשלים רגליכם ומשם אני עם דכא ושפל רוח שאני מרכין שכינתי עליו:

רד"ק

כמו הרוח שישא המוץ קל מהר כן מתו כולם ברגע אחד: והחוסה בי. והוא חזקיהו וסיעתו ינחל ארץ לא כמו שחשב מלך אשור ללכוד ירושלם: ויירש הר קדשי. הוא ירושלם ואע"פ שענין זה על חזקיהו ונכלל בו ג"כ כל האדם וכל קבוץ האדם לא יועיל לו בזעקו מצרתו כי כל קבוצי האדם בעולם הזה הוא רוח והבל ויראת ה' היא אוצרו והחוסה בי ינחל ארץ ויירש הר קדשי העולם הבא נקרא ארץ חיים והר הקדש והעולם הזה מכשול והרמתו היא התשובה: (יד) ואמר סלו סלו. התוספת בי יאמר במגפת האויב סלו סלו פנו דרך כי המכשול שהיה בדרכים הורם והוא האויב שלא היו יכולים ישראל לבא ירושלם מפני האויב. אמר פנו להם הדרך עתה והרימו המכשול אם יש בדרכים אבני מכשול הריבו אותם כי המכשול הגדול והוא האויב כבר הוסר ותצווי אינו לאנשים מיוחדים אלא למי שיהיה וכן ראת ריח בני אמור למלך ולגבירה חזקו ידים רפות והדומים להם. ואמר שיפנו להם דרך ויבא עתה ישראל בהשקט ובבטחה וענין סלו ומסלה שמרימים באבנים שמשימים בדרכים שהם מקולקלות בטיט וי"מ סלו מה שמסירין האבנים מן הדרכים שלא יכשלו בהם בני אדם העוברים בדרכים והבהמות: (טו) כי כה אמר. מאמר הנביא: שוכן עד. שוכן לעולם. וטעם שוכן עד כי כמו שיקרא שוכן מי שמתמיד עמידתו במקום כן יקרא האל ית' שוכן עד לפי שמתמיד השגחתו בנבראים: וקדוש שמו. כמו ששמעתי שהיו קוראים אותו השרפים קדוש ה' צבאות מה יאמר האל מרום וקדוש אשכון: ואת דכא ושפל רוח. ואף ע"פ שאשכון עם מרומים וקדושים והם הגלגלים והמלאכים כן אשכון עם התחתונים: עם מי שהוא בהם דכא ושפל רוח להחיות רוחם ולבם אע"פ שהם בצרה פעמים לא תחשבו שאיני משגיח

אבן עזרא

יראו ישועת השם: והחוסה בי ינחל ארץ ויירש הר קדשי. והנה הוא דבק עם הפרשה הנכתבת למעלה כל שומר שבת: (יד) ואמר. האומר או הקורא או הכרוז: סולו סולו. סקלו המסילה מאבן וטעם פעמים שהקורא יקרא כן פעם אחר פעם: מדרך עמי. שהיו עובדי השם על כן בסוף הפרשה אין שלום אמר ה' לרשעים: (טו) כי. רם ונשא. שמו: שוכן עד. עולמי עד עד שלא יוכל אדם לספור והטעם נלח והטעם שוכן כי כל הנבראים יש להם תנועה גם לכוכבים תנועה כנשמה: מרום וקדוש אשכון. והטעם כי אשכון עם המלאכים למעלה ועם דכא שהוא בארץ וטעם אשכון להחיות רוח שפלים או אשכון מרום

מצודת ציון

כנין כממון: ויירש. מלשון ירושה: (יד) סלו. מל' מסילה ודרך כבו ויסלו עלי ארחות אידם (איוב ל'): פנו. ענין הסרה: הרימו. ענין הפרשה וכן תרומה לה' (שמות ל'): (טו) עד. ענינו נלח וכן בטחו בה' עדי עד (לעיל כ"ו): דכא. כתות ומשובר: ושפל רוח. כן נקרא העניו: נדכאים. כתותים:

מצודת דוד

ר"ל יכלו מן העולם במעט סיבה ואיה א"כ במחוקך: והחוסה בי. מעא"כ החוסה בי סגה אלו ישאר לו לנחלה ועיר ציון הר קדשי ישאר לו לירושה ולא יזיזנו האויב משם ועל חזקיהו נאמר שבטח בה' ולא זז ממקומו לא כמו שחשב סנחריב: (יד) ואמר. חזקיה שחסה בי יאמר: סלו סלו. ר"ל עשו מסילה ודרך כבושה: פנו דרך. מן המכשולות: הרימו. הפרישו אבני מכשול מן הדרך שילכו בו בני עמי כי לא יפחדו עוד מן האויב כי מת ואיננו: (טו) כי כה אמר וגו'. מוסב למעלה לומר טוב לחסות בה' כי הוא משגיח בכל כי כה אמר ה' המרומם והמנושא השוכן נלח כי לא יתואר בו תנועה כאשר בנבראים: וקדוש שמו. שמו מקודש ונבדל ואין ערוך אליו: מרום וגו'. ר"ל וזהו אמריו אשר יאמר אני שוכן במרום במקום קדוש עכ"ז אני עם הדכא ושפל רוח

think that My Providence is not with him. This applies to Israel, too, for, although they are destined to experience a long exile and to be humbled and crushed, I will, eventually, revive them, so to speak, for because of the distress of their exile they are like dead people.—[*Redak*]

and His name is Holy—As I heard the seraphim praising Him, "Holy, holy, holy is the Lord of Hosts." [supra 6:3]—[*Redak*]

humble . . . crushed—*Suffering from poverty and illnesses.*—[*Rashi*] The heading is in accordance with *Parshandatha* and *K'li Paz*. It ap-

but he who trusts in Me shall inherit the land and shall inherit
My holy mount. 14. And he shall say, "Pave, pave, clear the
way; remove the obstacles from the way of My people."
15. For so said the High and Exalted One, Who dwells to eter-
nity, and His name is Holy, "With the lofty and the holy ones I
dwell, and with the crushed and humble in spirit, to revive the
spirit of the humble and to revive the heart of the crushed.

I.e., your reliance on powers other than God.—[*Ibn Ezra*]

13. **When you cry out, let your collections save you**—*Let the collection of your idols and your graven images (and those who deny the Torah) that you collected, rise and save you when you cry out from your distress. Indeed, wind will carry all of them off, and they will not rise, neither will they be able to save.*—[*Rashi*] Parenthetic words do not appear in most manuscripts, neither do they appear in *K'li Paz.**

wind shall carry all of them off—Like the wind that carries off the chaff quickly and easily, so will all of them die in a moment.—[*Redak*]

but he who trusts in Me—Namely, Hezekiah and his company, will inherit the land, not as the king of Assyria thought to capture Jerusalem.—[*Redak*]

and shall inherit My holy mount—I.e., Jerusalem. Although this passage particularly refers to Hezekiah, it, in fact, includes any righteous person. The intention is that no gathering that people have gathered to save them will avail them in times of distress, for it is all wind and nothingness; only the fear of God is one's treasure, and "he who trusts in Me shall inherit the land and shall inherit My holy mount." "The land" refers to the land of the living, i.e. the hereafter and "the holy mount," too, refers to the world to come. The obstacle mentioned in the following verse alludes to this world, and its obstacle is removed by repentance.—[*Redak*]

14. **And he shall say, "Pave, pave**—*so will the prophet say in My name to My people, "Pave, pave a paved highway, clear away the evil inclination from your ways."*—[*Rashi*]

remove the obstacles—*Remove the stones upon which your feet stumble; they are wicked thoughts.*—[*Rashi*, based on *Sukkah* 52a.]*

dwells to eternity—His Providence over His creatures is constant and everlasting.—[*Redak*]

Unlike His creatures, He is unchanging, not moving.—[*Ibn Ezra*]

"With the lofty and the holy ones—*I dwell, and thence I am with the crushed and the humble in spirit, upon whom I lower My Presence.*—[*Rashi*]

Although I dwell with the lofty and the holy ones, with the celestial spheres and the angels, I dwell, too, with the earthly creatures, with those crushed and of humble spirit, to revive their spirit. Although they are sometimes in distress, do not

לֵב נִדְכָּאִים: טז כִּי לֹא לְעוֹלָם אָרִיב
וְלֹא לָנֶצַח אֶקְּצוֹף כִּי־רוּחַ מִלְּפָנַי יַעֲטוֹף
וּנְשָׁמוֹת אֲנִי עָשִׂיתִי: יז בַּעֲוֹן בִּצְעוֹ
קָצַפְתִּי וְאַכֵּהוּ הַסְתֵּר וְאֶקְצֹף וַיֵּלֶךְ
שׁוֹבָב בְּדֶרֶךְ לִבּוֹ: יח דְּרָכָיו רָאִיתִי

לְתַבִּירֵי לִבָּא וּלְמִסְכִּיכֵי
רוּחָא לְקַיָּמָא רוּחַ
מַכִּיכִין וּלְמִסְעַד לֵב
תְּבִירִין: טז אֲרֵי לָא
לְעָלְמָא אִתְפְּרַע בְּדִין
וְלָא לְאַפְרֵשׁ יְהֵי רוּגְזִי
אֲרֵי רוּחֵי מֵתַיָּא אֲנָא
עָתִיד לַאֲתָבָא וְנִשְׁמָתָא
אֲנָא עֲבָדִית: יז בְּחוֹבֵי
מָמוֹנְהוֹן דַּאֲנַסוּ הֲוָה
רוּגְזִי עֲלֵיהוֹן וְאַלְקֵיתִינוּן
סַלֵּיקִית שְׁכִנְתִּי מִנְּהוֹן וְטַלְטֵלְתִּינוּן בִּדְרִית גָּלְוָתְהוֹן עַל דְּטָעוּ בָּתַר הִרְהוּר לִבְּהוֹן: יח אוֹרַח

ת"א לא לעולם. עירובין נד עקרים מ"ד פכ"ח: כי רוח. חגיגה יב יבמות סב סג עכו"ם ה נדה יג זוהר משפטים (ברכות יג): וילך שובב. זוהר משפטים: דרכיו ראיתי. עקרים מ"ד פ"מ:

רש"י

שפלים. נדכאים סובלי עוני וחלאים: (טז) כי לא לעולם אריב. אם אביא יסורין על האדם אין תחרותי עליו לאורך ימים ולא קצפי לנצח: כי רוח מלפני יעטוף. כאשר רוח האדם שהוא מלפני שניתן בו מאתי יעטוף יודה ויכנע על מעלו כמו (איכה ב') העטופים ברעב בעטף עולל (שם) ונשמות שאני עשיתי: כי רוח מלפני. כי זה משמש בלשון כאשר כמו כי תראה כי תבא כלומר כשרוחו נעטפת והוא נכנע אני מבטל ריבי וקצפתי מעליו: (יז) בעון בצעו. גזלתו: קצפתי. תחלה ואכהו הסתר פני תמיד מצרתו ואקצוף ועל כי הלך שובב בדרך לבו וסרס את המקרא וכן פירושו בעון בצעו וילך שובב בדרכי לבו קצפתי

מהר"י קרא

ושפל רוח. עם שמשפיל רוחו לפני ונכנע ושב בתשובת להחיות וגו': (טז) כי לא לעולם אריב ולא לנצח אקצוף. אין רצוני בכך לריב עם מעשי ידי ולא לעולם אקצוף עם האדם: כי רוח מלפני יעטוף.מעשה*) שרוח האדם מלפני יעטוף פתרון נכנע עצמו על הרעה כמו בהתעטף עלי נפשי: ונשמות אני עשיתי. בהכנעם לפני גם אני שב מקצפי וניחם על הרעה. ואם בעון בצעו קצפתי ואכהו. לשעבר הסתר ואקצוף מפני שהלך שובב בדרך לבו: (יח) דרכיו ראיתי וארפאהו. כיון

*) אולי צ"ל מעטה.

אבן עזרא

להחיות אלה השפלים: (טז) כי לא לעולם אריב. עם ישראל: ולא לעולם אקצוף. כי אני בראתי הרוחות והנה ראוי להיות כי רוח מלפני יעטוף ונשמות אני עשיתי כי הטעם כפול והנה יעטוף מגזרת לעני כי יעטוף: (יז) בעון. ואכהו. שב אל עמי הנזכר למעלה או אל דכא ושפל רוח ואכהו פועל יורה על זמן עומד כי אין סימן לו בל' הקדש: הסתר. הסתרתי פני והכיתיהו ביד דרך משל עד שלא ארחם עליו והנה הסתר שם הפועל הוא הלך שובב מתגלה ומתגבר ושב אל דרכו הרעה ומלת שובב לגנאי: (יח) דרכיו ראיתי. הנה זאת לאות על יושר על פירוש

רד"ק

עליהם וכן ישראל שעתידין להיות זמן ארוך בגלות והם שפלים ונדכאים אני עתיד להחיותם כי הם כמו מתים בגלות מרוב הצרות: (טז) כי לא לעולם אריב. מיום היותם לי לעם ועד עתה הייתי במריבה עמהם הם חוטאים ואני קוצף עליהם ולא תהיה זאת המריבה והקצף לעולם כי אסיר לב האבן מהם ועשיתי אשר בחקי ילכו כי רוח מלפני יעטוף. הרוח מלפני הוא והוא יעטוף וילבש הגוף ויכבוש אותו ללכת בדרך הטובה וכפל הענין ואמר: ונשמות אני עשיתי. כמו שאמר מלפני כי אין בנשמה מטבע הארץ כמו הגוף שהוא מטבע הארץ לפיכך הוא חוטא והולך אחר תאות הבהמות וימשוך הרוח אחריו ולא תהיה כן לעולם אלא יכיר האדם כי הנשמות מלפני הם ואני לבדי עשיתי אותם ואין בהם מטבע הארץ ומלאו דעה את ה' וזה מיום שאעלה אותם מהגלות ואחיה אותם מתמותת הגלות וי"ת הפסוק על תחית המתים. ארי לא לעלמא וגו': (יז) בעון בצעו. שהיה חומד ועושק כי עון החמס גדול ואע"פ שאין בו מיתה ומה שלא חייבה עליו תורת מיתה לפי שאין עון זה נמצא ברוב כי הוא מפסיד סדר הישוב לפיכך מועטים אותו בני אדם אבל כשהעון הזה מתפשט במדינה לא תוכל לעמוד ותחרב מפני החמס והמבול בא לעולם מפני החמס כמ"ש כי מלאה הארץ חמס מפניהם: הסתר. פי' הסתר פנים כמ"ש ואנכי הסתר אסתיר פני מהם: וילך שובב. מרד שמרד בי

מצודת דוד

להשגיח להחיות רוח שפלים וגו': (טז) כי לא לעולם אריב. כי המריבה אשר אני עושה עם החוטא להעניש בגמול מעשיו הנה לא תתמיד לעולם: ולא לנצח וגו'. כפל הדבר במ"ש: כי רוח וגו'. כי רוח האדם מלפני בא לו ועטפה אותו והנשמות כולם הלא אני עשיתי ולכן ראוי לי לרחם עליהם: (יז) בעון בצעו. בעבור עון הגזל קצפתי עליו והכתיו ולא על חנם: הסתר ואקצף. הסתרתי פני ממנו לבל ארחם בצרתו ועוד הקצפתי עליו להכביד עליו הצרה: וילך שובב. כי אף בעוד הסתרתי פני היה הולך לפני בסרוב ומרד ובדרכך תאות לבו ולכן הרביתי עוד לקצוף: (יח) דרכיו ראיתי. וכאשר ראיתי דרכיו הרעים לו אשר שב ללכת בהם ונחם על הרעה:

מצודת ציון

(טז) אריב. מל' מריבה: אקצוף. מל' קצף וכעס: יעטוף. מל' עטיפה ולבישה: (יז) בצעו. ענין גזל וחמס כמו בוצעי בצע (שמות י"ח): שובב. ענין מרד וסרוב כמו מדוע שובבה העם הזה (ירמיה ח'): (יח) ואנחהו. ענין הנהגה כמו ולא נחם אלהים (שמות י"ג): נחומים. מל' נחמה: ולאבליו. מל' אבילות וצער:

17. **For the iniquity of his thievery**—Heb. בִּצְעוֹ, *his thievery.*—[*Rashi*]

I became wroth—*at the beginning, and I smote him, always hiding My face from his distress, and I was wroth for he went rebelliously in the way of his heart. Transpose the verse*

however, connects this verse with the resurrection of the dead. He renders: For I will not contend forever to mete out retribution, neither will My anger be to eternity, for the spirits of the dead I am destined to return, and the souls I have made.—[*Redak*]

16. For I will not contend forever, neither will I be wroth to
eternity, when a spirit from before Me humbles itself, and souls
[which] I have made. 17. For the iniquity of his thievery I
became wroth, and I smote him, I hid Myself and became
wroth, for he went rebelliously in the way of his heart. 18. I
saw his ways

pears more accurate than standard printed editions. *Malbim* edition reads as follows:

"With the lofty and the holy ones—*I dwell, and thence I am with the crushed and the humble in spirit, for I lower My Presence upon the humble.*

crushed—*suffering from poverty and illnesses.*—[*Rashi*]

16. **For I will not contend forever**—*If I bring afflictions upon a person, My contention with him is not for a long time, neither is My anger forever.*—[*Rashi*]

Other commentators interpret this passage as a reference to God's ways with His people Israel. God says, "Although I have been constantly quarreling with Israel from their inception as a nation until today, and I am constantly wroth with them for their sins, this quarrel and this anger will not continue forever, for I will remove their heart of stone, and I will cause them to follow My statutes.—[*Redak*]

when a spirit from before Me humbles itself—Heb. יַעֲטוֹף. *When the spirit of man, which is from before Me, humbles itself, confesses and humbles itself because of its betrayal. Comp.* "(Lam. 2:19) *humbled* (הָעֲטוּפִים) *with hunger,*" "*when the small child and the suckling are humbled* (בֵּעָטֵף)." *And the souls which I made.*—[*Rashi*]

when a spirit from before Me—Heb. כִּי. *This* instance of the word כִּי *is used as an expression of* "*when.*" *Comp.* "(infra 58:7) *When you see* (כִּי תִרְאֶה)," "(Deut. 26:1) *When you come* (כִּי תָבוֹא)." *That is to say, when his spirit is humbled, and he is humbled, I terminate My quarrel and My anger from upon him.*—[*Rashi*]

Redak continues in his interpretation of this passage in reference to the termination of the evil inclination at the end of days. He renders: For the spirit indeed emanates from before Me, and it shall envelop (יַעֲטוֹף) the body and subjugate it to follow the path of good.

and souls [which] I have made—This is a repetition of "from before Me." The soul, unlike the body, has nothing of the physical. The body, a physical creation, is drawn into sin. It follows its lusts, like a beast, and draws the spirit after it. This will not continue forever, for man will recognize that the souls emanate from before Me, I created them, and there is nothing physical about them. Then they will be filled with the knowledge of the Lord. This will transpire when I bring them up from exile and I revive them from the death of the Diaspora. *Jonathan,*

וְאֶרְפָּאֵהוּ וְאַנְחֵהוּ וַאֲשַׁלֵּם נִחֻמִים לוֹ
וְלַאֲבֵלָיו: יט בּוֹרֵא נִוב שְׂפָתָיִם שָׁלוֹם
שָׁלוֹם לָרָחוֹק וְלַקָּרוֹב אָמַר יְהוָה
וּרְפָאתִיו: כ וְהָרְשָׁעִים כַּיָּם נִגְרָשׁ כִּי

נ״ב קרי

ת״א בורא ניב. ברכות לד יבה״ק ס (ברכות ט): שלום שלום. סנהדרין נט: כים נגרש. סוטה ס זוהר נח ויצא:

תרגום

תיובתהון גלי קדמי ואשבוק להון וארחם עליהון ואשלם תנחומין להון ולמתאבלין עליהון: יט דברא ממלל ספון בפום כל אנשא אמר נביא שלמא יתעבד לצדיקיא דנטרו אוריתי מלקדמין ושלמא יתעבד לתביא דתבו לאוריתא קריב אמר יי ואשבוק להון: כ ורשיעיא כימא דשריד

רש״י

ואכהו: (יח) דרכיו ראיתי. כשהוא נכנע מלפני שאתתהו צרה: וארפאהו ואנחהו. אוליכהו בדרך מרפא. או ואנחהו לשון הנחה ומרגוע: לו ולאבליו. למצטערים עליו: (יט) בורא ניב שפתים. בורא אני לו ניב שפתים חדש כלפי שאתתהו צרה עד עתה והכל קראו עליו תגר יקראו לו שלום שלום: לרחוק ולקרוב. שניהם שוין מי שנתיישן והורגל בתורתי ועבודתי מנעוריו ומי שנתקרב עתה מקרוב לשוב מדרכו הרע' אמר ה' ורפאתיו מחליו ומחטאיו: (כ) והרשעים. שאין נותנין לב לשוב: כים נגרש. הים הזה גליו מתגאים לרום למעלה ולצאת חוץ לגבול החול אשר

מהר״י קרא

שראיתי דרכיו. ראיתי וארפאהו: ואנחהו. בדרך תשובה: ואשלם נחומים לו ולאבליו. שהתאבלו עליו כשקצפתי עליו ואכהו: (יט) בורא ניב שפתים. חריני בורא לו שם חדש. שיאמרו אומות ראו את פלוני שהוא שב מרשעו ומדרכו כמה מעשיו נאים. עכשיו גם אני קורא לו לשלום: לרחוק. שנתרחק ממני לשעבר ועכשיו נתקרב: ולקרוב. שהיה קרוב לעבירה ונתרחק: אמר ה' ורפאתיו. לכל אחד ואחד: (כ) והרשעים כים נגרש. כים זה שאינו שוקט אפילו עונה של שעה ויגרשו מימיו רפש וטיט. לאותם אין שלום אמר ה' לרשעים:

אבן עזרא

הספר כאשר ראיתי דרכיו או שעשה תשובה או טעמו כמו כי יצר לב האדם רע: וארפאהו. כי כחולה היה כי אין כח לחולה שילך: ואשלם נחומים לו. שאנחמהו על החולי שעבר עליו: ולאבליו. הם אוהביו כדרך האבלים על החולה במותו: (יט) בורא. כל המפרשים אמרו כי השם הוא בורא ותחסר מלת אמר לולי שאין ראוי לחדש כי הייתי אומר שהוא לשון בריאה מגזרת בורא חושך ומלת ניב כמו פרי כמו תנובות שדי והטעם הדיבור וכן פירושו אמרו שלום לרחוק ולקרוב הודיעו שכבר רפא השם את ישראל והטעם ורפאתיו: (כ) והרשעים. והטעם שהשם ירפא לדיקי ישראל ולא הרשעים כי הם כים שהוא נגרש מיד

רד״ק

ובעבודתי ופנה אחרי אלהים אחרים כמו שהתעתו לבי: (יח) דרכיו ראיתי. ראיתי דרכיו כי אינו עומד זמן ארוך בדרך טוב שלא יחטא וישוב וכיון שהכתיו והגלתיו זמן רב. אשוב וארפאהו. ר״ל רפואת הנפש כמו רפאה נפשי. ושב ורפא לו. אסלח לעונו: ואנחהו. בדרך הטוב כלומר איישר לבו שלא יחטא עוד: ואשלם נחמים לו ולאבליו. על הצרות ועל הרעה שסבל בגלות אשלם לו נחומים כלומר טובות שינחם בהם ויותר לאבליו לאותם שהתאבלו בגלות על חרבן ירושלם כמו שאמר שישו אתה משוש כל המתאבלים עליה וי״ת דרכיו ראיתי ארח תיובתהון גלי קדמי ותרגם לו ולאבליו להון ולמתאבלין עליהון: (יט) בורא. ואהיה מחדש דבר שפתים שיאמר בפי הכל שלום שלום ולא יזכר שם מלחמה בעולם וזה יהיה אחר מלחמת גוג ומגוג ופי' לרחוק ולקרוב לרחוק מירושלם ולקרוב לה. ולפי שהמלחמה ההיא תהיה בירושלים סמך השלום אליה: ורפאתיו. שב לישראל כמו שפירשנו וארפאהו ויש מחלוקת בדברי רז״ל בדבר זה. ומקצתם פירשו בהפך זה ופירשו רחוק בעלי תשובה ופירשו קרוב הצדיקים ולמדו מזה ואמרו גדולים בעלי תשובה מצדיקים גמורים שנאמר לרחוק ולקרוב ברישא רחוק והדר קרוב ופירשו רחוק מי שהיה רחוק ונתקרב וקרוב מי שהיה קרוב כבר: (כ) והרשעים. ואז יוספו הרשעים כמו שאמר בנבואת מלאכי והיו כל זדים וכל עושי רשעה קש וגו' ופי' הפסוק נמשך טעמו עד אין שלום לפי שאמר שלום שלום לרחוק ולקרוב אבל הרשעים שהם כים נגרש אין שלום להם אלא יספו כולם או ופי' כים נגרש כמו הים שהוא נגרש אל תשפת כל רגע ורגע כי השקט לא יוכל אלא יבא גל

מצודת דוד

וארפאהו. אז רפאתיו מן המכות הפקודות עליו: ואנחהו. אוליכו בדרך הישר לטוב לו: ואשלם. אתן לו טובה הרבה שיהיה לו תשלומין תנחומין על הרעה שעברה עליו: לו ולאבליו. אשלם לו תנחומין ולכל המתאבלים והמצטערים בצרתו: (יט) בורא ניב שפתים. אחדש אני לו ניב שפתים מחדש לא כמו לשעבר שהכל קנתרו אותו בדברים כי מעתה כולם יאמרו לו שלום שלום והכפל לחזק: לרחוק ולקרוב. בין להרחוק ממנו בין להקרוב לו בשפתי כולם אחדש למולו דברי שלום: אמר ה' ורפאתיו. ר״ל כן אמר ה' וכן היה כי נרפא מן המכות ומן הסעדר השלום (מלת ורפאתיו אמר במקום ה' כאלו הוא המדבר): (כ) והרשעים. אבל הרשעים העומדים במרדם יתמידו בצרה כים הזה אשר בכל עת הוא נגרש מן הרוח ומתנדנד בגליו אל השפה כי לא יוכל להיות בהשקט ובמנוחה

מצודת ציון

(יט) בורא. כל דבר חדש יקרא בריאה: ניב. ענין דיבור כמו ינוב חכמה (משלי י') והוא מלשון תנובת שדי (דברים ל״ב) כי הדיבור הוא פרי הלשון: (כ) נגרש. מל' גרושין ותנודה: השקט.

to the far and to the near—*Both are equal; he who aged and was accustomed to My Torah and My worship from his youth, and he who drew near now, just recently to repent of his evil way. Said the Lord, "I will heal him of his malady and of his sins."*—[*Rashi*]

Rashi explains "to the far," as meaning: to one who became accustomed to observing the precepts in the distant past, when he was young, and "to the near" as meaning: to one who drew near to Torah in the recent past. In the Talmud, however, we find two variant views on this

and I will heal him, and I will lead him and requite with consolations him and his mourners. 19. [I] create the speech of the lips; peace, peace to the far and to the near," says the Lord, "and I will heal him." 20. But the wicked are like the turbulent sea, for

and explain it thus: For the iniquity of his thievery and the fact that he went rebelliously in the way of his heart, I became wroth and smote him.—[*Rashi*]

I was wroth with Israel because of their sins of coveting and stealing. Stealing, although not a capital offense, is a grave sin. The Torah did not make it a capital offense since it is not a common crime. Since it disrupts civilization, it is usually checked immediately by the people. If, however, it spreads throughout the country, that country cannot remain in existence, but will deteriorate and be destroyed because of its violence. The Great Flood is evidence to this, as we find in Genesis 6:13.—[*Redak*]

rebelliously—by turning away from Me and My worship and worshipping pagan deities, as his heart led him astray.—[*Redak*]

18. **I saw his ways**—*when he humbled himself before Me, when troubles befell him.*—[*Rashi*]

and I will heal him, and I will lead him—Heb. וְאַנְחֵהוּ. *I will lead him in the way of healing. Alternatively,* וְאַנְחֵהוּ *is an expression of rest and tranquility.*—[*Rashi*]

him and his mourners—*to those who are troubled over him.*—[*Rashi*]

As explained above, *Rashi* interprets these verses in reference to an individual sinner, whom God punishes for his misdeeds, and whose repentance is accepted, followed by God's curing him of his maladies and redeeming him from his straits. *Redak,* however, explains them in conjunction with the exile and the redemption therefrom. He renders: I saw in his ways—that he does not continue to do good for any length of time, but he reverts to his sinful ways and later repents. Since I punished him and exiled him for a long time, I will return and heal him. I.e., I will heal him spiritually; I will forgive him his iniquity.

and I will lead him—I will lead him in the proper way; i.e., I will make his heart straight and upright, so that he should not sin again.

and requite with consolations him and his mourners—For the troubles and afflictions he suffered during the exile, I will requite him with consolations, with benefits with which he will be consoled for all that he suffered. I will also requite those who mourned during the exile over the destruction of Jerusalem. Comp. "(infra 66:10) Rejoice with her a rejoicing, all those who mourned over her."—[*Redak*]

19. **[I] create the speech of the lips**—*I create for him a new manner of speech. In contrast to the trouble that befell him, and everyone was degrading him, they will call, "Peace, peace."*—[*Rashi*]

הַשְׁקֵט לֹא יוּכָל וַיִּגְרְשׁוּ מֵימָיו רֶפֶשׁ וָטִיט: כא אֵין שָׁלוֹם אָמַר אֱלֹהַי לָרְשָׁעִים: נח א קְרָא בְגָרוֹן אַל־תַּחְשֹׂךְ כַּשּׁוֹפָר הָרֵם קוֹלֶךָ וְהַגֵּד לְעַמִּי פִּשְׁעָם

דְבָעֵי לְמִינַח וְלָא יָכִיל וּמַסְקִין מוֹהִי סִין וְטִין: כא לֵית שְׁלָמָא אֲמַר אֱלָהִי לְרַשִׁיעַיָא: א נְבִיָא אַכְלִי בִגְרוֹנָךְ לָא תִמְנַע כְּקָל שׁוֹפְרָא אֲרִים קָלָךְ וְחַוִי לְעַמִי מָרְדֵיהוֹן ולבית

ת"א אין שלום. שבת קנב כתובות קד מקדים פרשת אחרון. לעמי פשעם. ב"מ לג עקדה שער סח:

קמץ בז"ק

רש"י

שמתי גבול לים וכשמגיע שם הוא נשבר על כורחו וכל זה גל חבירו רואה ואינו חוזר בו כך הרשע רואה את חבירו לוקה ברשעו ואינו חוזר בו ומה הים רפשו וסריותו על פיו כך הרשעים סריותם בפיהם כגון פרעה אמר מי ה' (שמות ה') סנחריב אמר מי בכל אלהי הארצו' (ישעיה ל"ו) נבוכדנצר אמר (שם י"ד) אדמה לעליון: כים נגרש. כים אשר נגרש שגורש כל היום רפש וטיט: (כא) אין שלום. כלפי שאמר לצדיקים ולבעלי תשובה שלום שלום לרחוק וגו' חזר ואמר אין שלום לרשעים:

נח (א) והגד לעמי פשעם. אלו תלמידי חכמים שכל שגגתם פשע ששגגת תלמוד עולה זדון: ולבית

מהר"י קרא

נח (א) קרא בגרון אל תחשוך. כשם שתוקע אדם בשופר. הרם קולך והגד לעמי וגו'. מה גורם להם. שהם צמים ואיני רואה. הם צועקים ואינם נענים לפני בכל יום. ואומרים למה צמנו ולא ראית ענינו נפשנו ולא תדע. אף אתה קרא בגרון אל תחשך והגד לעמי פשעם. מה גורם להם זו היא תשובתו. כי ביום צומכם תמצאו חפץ. הלא ביום צומכם אתם עושים כל חפציכם שכל עבירות שאתם עושים כל ימות השנה.

אבן עזרא

כמו ויגרשו מימיו וקרוב מגזרת הנני גורש מפניך: כי השקט לא יוכל. פירוש כים נגרש הנה תחסר מלת שהוא נגרש כי נגרש תאר השם: ויגרשו מימיו. כמו ימושו: (כא) אין. על כן לא יהיה להם שלום כי הם לא יוכלו השקט:

נח (א) קרא. ידבר השם אל נביאו קרא בגרון אל תחשוך הקריאה כי חשך פועל יוצא: כשופר. שישמעו

רד"ק

אחר גל לעולם לא ינוח ובבאו אל השפה יגרשו מימיו רפש וטיט מקרקע הים אל היבשה ודמה מעשי הרשעים לרפש וטיט כי לעולם לא ינוחו הרשעים מהרגש העולם עד שימותו כמו שאמר שם רשעים חדלו רגז: (כא) אין שלום אמר אלהי. כן הוא והספרים שכתוב בהם אמר ה' טעות הוא כי הראשון אשר בפרשת צאו מבבל הוא אמר ה' וזהו אמר אלהי והסי' ה' אלהי: (א) קרא בגרון. אמר האל לנביא שיקרא בקול לבני דורו שהיו מראים עצמם טובים והיו רעים ויוכיחם על מעשיהם וירים קולו עליהם כמו השופר שישמע קולו למרחוק והקריאה היא בגרון אע"פ שהדבור הוא נחתך בפה הקול יוצא מן הגרון וכן אמר רוממות אל בגרונם. בקראי נחר גרוני: אל תחשך. אלא תמיד קרא להם: לעמי. שהם נקראים עמי. וכפל הענין במ"ש:

מצודת דוד

כי זה קימעא מגרשו ומנדנדו: ויגרשו מימיו. ר"ל בבואו אל השפה יגרשו מימיו להלן את הרפש והטיט המצויים בשפת הים וכן הרשעים שאלה יתמידו ברעה ואם עוד יוסיפו רעה להכעיס לזולת: (כא) אין שלום וגו'. כלפי שאמר למעלה שאלמול השב יחדש אמרי שלום לזה אמר אבל הרשעים האלו אמר אלהי שלא יהיה שלום להם כי כולם יקנתרו אותו בדברי ריב ומצה:

נח (א) קרא בגרון. זהו מאמר ה' אל הנביא קרא בגרון. ר"ל קרא בקול רם ביותר עד שיצא הקול מן הגרון כדרך הצועק להיות נשמע למרחוק: אל תחשוך. אל תמנע הקריאה: כשופר. כהרמת קול השופר: והגד לעמי פשעם. אמור להם במה הם

מצודת ציון

ענין מנוחה ומרגוע: יוכל. מל' יכולת: רפש. הוא עפר לח כעין הטיט ואין לו דמיון במקרא ובדרז"ל לא יצא אלא ברפשו (ב"ק נ'): נח (א) בגרון. בלוע: אל תחשוך. אל תמנע כמו ולא חשכת

mentioned in the preceding verse, and the wicked, who will have no peace. They are compared to the turbulent sea. Just as the sea is constantly driven up to the shore, wave after wave, and it does not rest but casts up mud and dirt upon the shore, so do the wicked constantly cast up "mud and dirt." This symbolizes the deeds of the wicked, who strive constantly to trouble the world until they die, as we find in Job 3:17, "There the wicked cease troubling."—[*Redak*]

21. **There is no peace**—*In contrast to what he said to the righteous and the repentant, "Peace, peace to the far etc.," he returned and said, "There is no peace for the wicked."*—[*Rashi*]

1. **Call with a [full] throat**—God exhorts the prophet to call aloud to his contemporaries, who professed to be righteous, but were, in fact, wicked. The prophet was commanded to castigate them for their deeds and to raise his voice like a shofar so

it cannot rest, and its waters cast up mud and dirt. 21. "There is no peace," says my God, "for the wicked."

58

1. Call with a [full] throat, do not spare, like a shofar raise your voice, and relate to My people their transgression,

verse. Rabbi Abahu maintains that repentant sinners are superior to those righteous from the start. He interprets our verse: "Peace, peace to those who were far from Torah, and then to those who were always near Torah." Thus, the *baal-teshuvah,* the repentant sinner, is mentioned first. Rabbi Jonathan, however, maintains that those righteous from the start are superior to the *baalei teshuvah.* He explains: "Peace, peace to those who were always far from sin and to those who were near to sin." Thus, the ones who were always far from sin are mentioned first.—[*Berachoth* 34b]

Redak, explaining this verse in conjunction with the future redemption, renders: I will create a new speech, that everyone will say, "Peace, peace." War will no longer be mentioned. This will take place after the war of Gog and Magog. They will say peace to those far from Jerusalem and to those near Jerusalem. Since the final war will take place around Jerusalem, that city is mentioned in conjunction with the future peace.

20. **But the wicked**—*who do not give a thought to repent.*—[*Rashi*]

like the turbulent sea—*This sea—its waves raise themselves high and strive to go out of the boundary of sand that I made as a boundary for the sea, and when it reaches there, against its will it breaks. The next wave sees all this, yet does not turn back. Similarly, the wicked man sees his friend being punished for his wickedness; yet he does not turn back. Also, just as the sea has its mud and its offensive matter on its mouth,* i.e. on its surface, *so do the wicked have their offensive matter in their mouth; e.g. Pharaoh said,* "(Exodus 5:2) *Who is the Lord?" Sennacherib said,* "(supra 36:20) *Who are they among all the gods of the lands. . . ?" Nebuchadnezzar said,* "(supra 14:14) *I will liken myself to the Most High."*—[*Rashi* from *Midrash Yelammedenu* and *Midrash Psalms*]*

like the turbulent sea—*Like the sea, which is turbulent, that casts up all day mud and dirt.*—[*Rashi*]

Redak, in accordance with his interpretation of the preceding verses as referring to the redemption in Messianic times, explains as follows:

But the wicked—At that time, the wicked will be destroyed, as we read in Malachi's prophecy, "(3:19) And all the presumptious and all who practice wickedness shall be stubble." This verse introduces the following verse, "There is no peace," says My God, "for the wicked." It draws a contrast between the righteous, who will have peace, as is

וּלְבֵית יַעֲקֹב חַטֹּאתָם: ב וְאוֹתִי יוֹם
יוֹם יִדְרֹשׁוּן וְדַעַת דְּרָכַי יֶחְפָּצוּן כְּגוֹי
אֲשֶׁר־צְדָקָה עָשָׂה וּמִשְׁפַּט אֱלֹהָיו לֹא
עָזָב יִשְׁאָלוּנִי מִשְׁפְּטֵי־צֶדֶק קִרְבַת
אֱלֹהִים יֶחְפָּצוּן: ג לָמָּה צַּמְנוּ וְלֹא רָאִיתָ
עִנִּינוּ נַפְשֵׁנוּ וְלֹא תֵדָע הֵן בְּיוֹם צֹמְכֶם
תִּמְצְאוּ־חֵפֶץ וְכָל־עַצְּבֵיכֶם תִּנְגֹּשׂוּ:

ת"א ואותי יום. חגיגה ה (ר"ה השנה נט): לדקה עשה. עקדה שער פח: .קמץ בז"ק הצ' ברגש

תרגום

וּלְבֵית יַעֲקֹב חוֹבֵיהוֹן: ב וְקֳדָמַי יוֹם יוֹם אוּלְפַן
תָּבְעִין כְּאִלּוּ לְמִידַע
אוֹרְחָן דְּתַקְנָן, קֳדָמַי
צְבַן כְּעַמָּא דְּזַכֵּי עֲבַד
וּמְדִין אֱלָהֲהָא לָא אִתְרַחַק
שָׁאֲלִין מִן קֳדָמַי דִּין
וּקְשׁוֹט כְּאִלּוּ לְאִתְקָרְבָא
לְדַחַלְתָּא דַיְיָ צָבַן:
ג אָמְרִין לְמָא אֲנַחְנָא
צַיְמִין וּקְדָמָךְ גְּלֵי
מְסַגְּפִין נַפְשָׁתָנָא וּקְדָמָךְ
יְדִיעַ נְבִיָּא אֲמַר לְהוֹן
הָא בְּיוֹם תַּעֲנִיתְכוֹן
אַתּוּן תָּבְעִין צָרְכֵיכוֹן

רש"י

יעקב חטאתם. אלו עמי הארץ שאף זדונם שגגה: (ב) ואותי יום יום ידרשון. כענין שנא' ויפתוהו בפיהם (תהלים ע"ח): ודעת דרכי יחפצון. חפצים לשאול הוראות לחכמים כאילו רוצים לקיימם: כגוי אשר צדקה עשה וגו'. כך שואלים אותי תמיד משפט צדק ואין דעתם לקיימם וכשהן צמים ואין נענין אומרים למה צמנו ולא ראית ואני אומר הן ביום צומכם תמצאו חפץ כל חפצי צרכיכם אתם עמלים למצוא ואף בגזל וחמס: (ג) וכל עצביכם. בעלי חוב שלכם הנעצבים על ידכם אתם נוגשים אותם ביום

סהר"י קרא

אתם עושים אף ביום צומכם. ואין אתם מושבים מן העבירות ידיכם: (ג) וכל עצביכם תנגושו. עצביכם פתר' עסק שלכם. כמו בכל עצב יהיה מותר. וכמו ברכת ה' היא תעשיר ולא יוסיף עצב עמה. פת' כל מי שהקב"ה מברכו אינו צריך להתיגע בשום עמל. ולא יוסיף עצב עמה לעמול עמה עם הברכה. אלא ישב ומעצמו הוא מתברך. אף כל עצביכם

אבן עזרא

כולם: (ב) ואותי יום יום ידרושון. בפה ובדעת: ודעת דרכי יחפצון. בדבור שישאלון אלי הם משפטי צדק והם חפילים להיותם קרובים אלי: (ג) למה. הם מתענים ואומרים למה צמנו ולא ראית כאילו לא תראה ולא תדע והטעם לא תושיענו והתשובה הן ביום צומכם ימצא כל איש חפצו מי שיש לו מריבה עם אדם אחר: וכל עצביכם. ממון כמו ועצביך בבית נכרי וקרוב מגזרת עצבון כמו יגיע כפיך יגיע מצרים: תנגושו. הנה הנו"ן

רד"ק

(ב) ואותי. דורשים וחפצים בפה ולא בלב ולא במעשה כי תעשה צדקה ומשפט לו נאה לדרוש ולשאול איך יעשה אבל מי שלא יעשה למה ידרוש הנה בדרשו כפל עונו: (ג) למה צמנו. והם אומרים לי למה צמנו ולא ראית תעניתנו ולא קבלת תפלתינו: ולא תדע. כאלו לא תדע כלומר אין אתה משגיח בנו ואויבינו מושלים בנו. וצמנו ולא ראינו שהושעתנו. והתשובה הן ביום צומכם ואיך אראה צומכם ואינו כי אם למריבה כי ביום התענית יאספו העם ויראה אדם בעל חובו וישאל ממנו חפצו כלומר חובו. כי ימצאנו ביום התענית ואם לא יתן יגגוש אותו וידחקנו עד שיתן וגם יכנו באגרוף רשע אם יענה לו שלא כרצונו הנה כי אין צומכם לאל כי אם לצורכיכם: עצביכם. ממונכם כמו ועצביך בבית נכרי כי הממון יגיע האדם ועצבונו והדגש צד"י עצביכם לתפארת הקריאה כדגש קו"ף מקדש והדומים להם: תנגשו. מן לא יגוש את רעהו ובא בחולם ומן התימה שתרגם אותו יונתן וכל תקלתבון מקרבין

מצודת ציון

(בראשית כ"כ): הרם. מלשון הרמה: (ג) צמנו. ענין תענית: ענינו. מל' עינוי התענית: עצביכם. מל' עצבון:

מצודת דוד

פושעים והוכיחם עליהם: ולבית וגו'. כפל הדבר במ"ש: (ב) ואותי יום וגו'. ר"ל והם מראים עצמן כצדיקים כי בכל יום ידרשו אותי להתפלל עוד: ודעת. חפצים לדעת דרכי תורתי: כגוי וגו'. כאלו היו גוי העושה צדקה בכל עת ולא עזב משפט אלהיו שדרכו לחקור לדעת את המשפט כן ישאלוני הם משפטי צדק וחפצים להתקרב אל אלהים לדעת מצותיו ור"ל כן מראין עצמם כאלו היו חרדים על המצות אבל לא כן הוא: (ג) למה צמנו. ר"ל כאשר ילומו ואינם נענים מתרעמים עלי ויאמרו למה היתה כזאת אשר אנחנו צמנו וכאלו לא ראית להשגיח בדבר ולהסיר מעלינו ממשלת העכו"ם: ענינו וגו'. כפל הדבר במ"ש: הן ביום צומכם. ר"ל התשובה הוא הן ביום צומכם וכו' כלומר כ"א מהם ידרוש וימצא דבר החפץ בו ותאותו אליו ויעסוק בו להשג ממנו לצר התענית ולא שם לבו לשוב לה': וכל עצביכם. כל עצבון התענית

cept our prayers?"—[*Redak*]

and You did not see . . . You do not know—It is as though You did not see and you do not know, since You have not saved us.—[*Ibn Ezra, Redak*]

and [from] all your debtors—Heb. עַצְּבֵיכֶם, lit. your griefs. *Your debtors, who are grieved because of you—you exact payment from them on the day of your fast.*—[*Rashi*]

God replied that on the day of their fast they would gather in public, and every creditor would see his debtors and ask them to pay their debts. Should they refuse, they would be oppressed until they would pay. They would even be struck with

and to the house of Jacob their sins. 2. Yet they seek Me daily and they wish to know My ways, like a nation that performed righteousness and did not forsake the ordinance of its God; they ask Me ordinances of righteousness; they desire nearness to God. 3. "Why have we fasted, and You did not see; we have afflicted our soul and You do not know?" Behold, on the day of your fast you pursue business, and [from] all your debtors you exact [payment].

that it would be heard in the distance. The calling emanates from the throat. Although the speech is from the mouth, it originates deep down in the throat.—[*Redak*]

do not spare—but call them constantly.—[*Redak*]

and relate to My people their transgression—*These are the Torah scholars, whose every inadvertent sin is counted as a transgression, for an error in study is accounted as an intentional sin.*—[*Rashi* from *Baba Mezia* 33b]

The scholars are judged so stringently since they are required to study the halachah thoroughly, to know the reason for every halachah and not to decide the halachah from an unaccepted source.—[*Rashi* ad loc.]

and to the house of Jacob their sins—*These are the ignorant people, whose willful sins, are accounted inadvertent.*—[*Rashi* from *Baba Mezia* 33b] The Rabbis interpret בֵּית יַעֲקֹב as the common people, in contrast with עַמִּי, *My* people, the elite, the Torah scholars. Whereas the sins of the former are referred to as פֶּשַׁע, *transgression,* rebellious sin, those of the latter are referred to as חַטֹּאות, *sins,* inadvertent sins.

2. **Yet they seek Me daily**—*Like the matter that is stated:* "(Ps. 78:36) *And they beguiled Him with their mouth.*"—[*Rashi*]

I.e. they seek Him with their mouth, not with their heart or their deeds. One who does good deeds and keeps God's ordinances has the right to ask for instruction. But why should one who does not keep the ordinances ask for instruction? By asking [and not obeying], his sin becomes much more serious.—[*Redak*]

and they wish to know My ways—*They wish to ask instructions of the wise men as if they wished to fulfill them.*—[*Rashi*]

like a nation that performed righteousness etc.—*In this manner they constantly ask Me ordinances of righteousness, but they do not intend to fulfill them, and when they fast and are not answered, they say, "Why have we fasted, and You did not see?" But I say, "Behold, on the day of your fast you pursue business, all the affairs of your necessities you toil to pursue, even robbery and violence."*—[*Rashi*]

3. **Why have we fasted**—They say, "Why have we fasted, and You did not see our fast, neither did you ac-

ד הֵן לְרִיב וּמַצָּה תָּצוּמוּ וּלְהַכּוֹת
בְּאֶגְרֹף רֶשַׁע לֹא־תָצוּמוּ כַיּוֹם
לְהַשְׁמִיעַ בַּמָּרוֹם קוֹלְכֶם : ה הֲכָזֶה
יִהְיֶה צוֹם אֶבְחָרֵהוּ יוֹם עַנּוֹת אָדָם
נַפְשׁוֹ הֲלָכֹף כְּאַגְמֹן רֹאשׁוֹ וְשַׂק וָאֵפֶר
יַצִּיעַ הֲלָזֶה תִּקְרָא־צוֹם וְיוֹם רָצוֹן

ת"א צום אבחריהו. (תענית טז) : כאגמון ראשו. שבת לד קידושין סב (שבת ז) :

וְכָל פִּקָּלְתְכוֹן אַתּוּן
מְקָרְבִין : ד הֵן לְתַחְרוּ
וּלְמַצוּ אַתּוּן צָיְמִין
וּלְמִמְחֵי בְּכוּרְמֵיזָא
דְרִשְׁעָא לָא תִתְעֲנוּן
תַּעֲנִין כְּאִלֵּין לְאַשְׁמָעָא
בִמְרוֹמָא קָלְכוֹן :
ה הַהֲדָא הוּא תַּעֲנִיתָא
דְרַעֵינָא בַהּ יוֹמָא
דִמְסַגֵּף אֱנָשָׁא נַפְשֵׁהּ
כְּפִיף רֵישֵׁהּ כְּאַגְמוֹן
כְּפִיף וְעַל סַקָּא וְקִיטְמָא
בְּאֵית הַלְדָא אַתּוּן קָרַן

רש"י

צומכם: (ד) לא תצומו כיום. כמשפט היום לשבור לבבכם כדי שישמע קולכם במרום: (ה) הלכוף. ה"א זו תמיהה כלומר שמא לכוף כאגמון ראשו אני צריך אגמון הוא כמין מחט כפוף ולדין בו דגים וקורין לו (אי"ם בלע"ז): הלזה תקרא צום. ל' תמיהה לפיכך הה"א נקודה חטף

מהר"י קרא

תנגושו. כל אדם שיש לו עסק עמכם ויש לו נושים אתם נוגשים אותם ביום צום יותר משאר ימות השנה: (ד) הן לריב ומצה תצומו. ואיך תחשבו שהוא מקבל צומכם. שכל ריב ומצה שיש לכם איש את אחיו. אתם מניחין עד יום צום ואז אתם מריבין זה עם זה. ולהכות באגרוף רשע. ואתם מדמים הכזה צום שתהא נשמעת תפלתכם. ולא תצומו כיום להשמיע במרום קולכם. אתמהא שיהא ראוי: (ה) הכזה יהיה צום אבחרהו [וגו'] הלכוף כאגמון ראשו. כאגמון זה שהוא כפוף וכשאתה נוגע בו אתה נעקץ. אף כאן אדם יענה את נפשו. ויכוף את ראשו כאגמון לומר תם אני. וכיון שאתה משתדל עמו אתה נעקץ. כל זה תקרא צום ויום רצון. אתמהא:

אבן עזרא

כנו"ן כהנדוף עשן תנדוף ויחסר בעל כאילו אמר בן עלבים וכמוהו אשה יראת ה' ורבים כך: (ד) הן. באגרוף רשע. דבר קשה שיוכה בו ובדברי הקדמונים ז"ל בעלי אגרופין וכמוהו באבן או באגרוף וי"א חתיכת עפר קשה כמו מגרפותיהם: לא תצומו כיום. טעמו כיום הזה: (ה) הכזה. יום ענות אדם נפשו. כפול כי הוא הצום: הלכוף. מפעלי הכפל במשקל לקוב אויבי: כאגמון. למה רך שישח את ראשו והוא ידוע: יציע. דגשות הלד"י

רד"ק

תרגם כמו בשי"ן כמו ויגש אליו יהודה שתרגומו וקריב לותיה יהודה: (ד) הן לריב. הנה אין צומכם כי אם לריב ומצה ואיך ארצה אותו: באגרוף. ידוע בדברי רז"ל כאמרם בעלי אגרופים וזולתו: כיום. כמו כהיום והכף כף האמתי כמו כף השבעה לי כיום והדומים לו להשמיע במרום שאתם צועקים בתפלתכם כאלו אתם שופכים נפשיכם לפני ואינו כי אם דרך מרכה כאלו איני יודע לבבכם: (ה) הכזה. אין הצום הנרצה התענית מלאכול ומלשתות וכפיפת הראש כמו האגמון והוא הגומא שכופף ראשו ולא הצעת השק והאפר כי אין המעשים האלה נבחרים ונרצים לפני אם לא בלב נשבר ובמעשים טובים ושוב מדרכים

מצודת דוד

מלהלו להסירו מכל וכל בדברים המשמחים: (ד) הן לריב וגו'. באמת הצום היא סיבה לכם לתגוא לריב ולהתקוטט זה עם זה ולהכות באגרוף כי הדרך להתאסף יחד בימי הצום והאדם מלוי עם שוכאו ומתקוטט עמו ובאים לידי הכאה: באגרוף רשע. כי כשמכה בה קרויה אגרוף רשע: לא תצומו כיום. אינכם צמים כמשפט יום והצום להתפלל לפני להשמיע קולכם אל השמים: (ה) הכזה. וכי בזה הענין ראוי להיות צום שאבחר בו ומוזר ומפרש שהוא יום שהאדם מענה נפשו בתענית: הלכוף. האם מה שהאדם כופף ראשו למטה בהכנעה כלמה הגומא ויציע תחתיו שק

מצודת ציון

תנגשו. תלחצו ותרחקו כמו ונגש העם (לעיל ג') : (ד) ומצה. ענין מריבה כמו בזדון יתן מצה (משלי י"ג) : באגרוף. כן יקרא היד הכפופה באצבעותיה וכן באבן או באגרוף (שמות כ"א): במרום. בשמים הרמים: (ה) הלכוף. מל' כפיפה והשפלה: כאגמון. הוא הסוף מן גמא והוא שם למה רך וכן כפה ואגמון (לעיל ט') : ושק. יריעה עבה : יציע. מל' מצע המשכב :

getes, he appears to explain like *Rashi*. **Is it to bend his head like a fishhook**—Like a fishhook, which is bent over, and when you touch it you are stung, so did these people fast and bend their heads like a fishhook, as though to say, "I am innocent." But if you strive with them, you are stung.

Will you call this a fast—Heb.

4. Behold, for quarrel and strife you fast, and to strike with a
fist of wickedness. Do not fast like this day, to make your voice
heard on high. 5. Will such be the fast I will choose, a day of
man's afflicting his soul? Is it to bend his head like a fishhook
and spread out sackcloth and ashes? Will you call this a fast
and an acceptable day to the Lord?

fists if they would give unfavorable replies to their creditors. Thus we render: Behold, on the day of your fast you find your desire, and all your money you exact.—[*Redak*]

we have afflicted our soul—By fasting and afflicting the body, the soul experiences pain.—[*Redak, Shorashim*]

4. **Behold, for quarrel and strife you fast**—Your fast is only for quarrel and strife. How can I accept it?—[*Redak*]

How can you think that I will accept your fast? Everyone leaves all his quarrels for the fast day and then quarrels with his friend.—[*Kara*]

with a fist—Heb. בְּאֶגְרֹף. This is a common word in the Talmud, where it means a fist. Some render: a clod of earth or a hard thing with which to strike. See *Redak, Shorashim*; *Ibn Ezra*; *Ben Bilam*; *Ibn Janah.*

Do not fast like this day—*like the manner of this day, to break your hearts in order that your voice be heard on high.*—[*Rashi*] If you wish to show remorse for your sins so that God will hearken to your voice, this is not the type of fast acceptable.

to make your voice heard on high—You cry out in your prayer as though you were pouring out your soul before Me, but it is deceitful, as though I were unaware of your thoughts.—[*Redak*]

5. **Will such be the fast I will choose**—The accepted fast is not the abstinence from eat and drink, nor is it the bending the head like a bulrush [See *Rashi*] which bows its head. Neither is it the sackcloth and the ashes, for these deeds are not accepted by Me unless they are accompanied by a broken heart, good deeds, and repentance of evil ways.—[*Redak*]

a day of man's afflicting his soul—This is a repetition of the first expression, for a fast is a day of afflicting the soul.—[*Ibn Ezra*]

Is it to bend—Heb. הֲלָכֹף. *This 'hey' is the interrogative. That is to say, "Perhaps I require bending the head like a fishhook (כְּאַגְמֹן)?" אַגְמֹן is a sort of bent needle with which they catch fish, and they call it ajjm in O.F.*—[*Rashi*] We have already mentioned that *Redak* interprets it as bulrush, as does *Ibn Ezra.*

Kara explains the analogy in a slightly different manner. Although he does not make it clear whether he concurs with *Rashi* or the other exe-

לַיהוָֽה׃ ו הֲל֣וֹא זֶה֮ צ֣וֹם אֶבְחָרֵהוּ֒ פַּתֵּ֙חַ֙
חַרְצֻבּ֣וֹת רֶ֔שַׁע הַתֵּ֖ר אֲגֻדּ֣וֹת מוֹטָ֑ה
וְשַׁלַּ֤ח רְצוּצִים֙ חָפְשִׁ֔ים וְכָל־מוֹטָ֖ה
תְּנַתֵּֽקוּ׃ ז הֲל֨וֹא פָרֹ֤ס לָֽרָעֵב֙ לַחְמֶ֔ךָ
וַעֲנִיִּ֥ים מְרוּדִ֖ים תָּ֣בִיא בָ֑יִת כִּֽי־תִרְאֶ֤ה
עָרֹם֙ וְכִסִּית֔וֹ וּמִבְּשָׂרְךָ֖ לֹ֥א תִתְעַלָּֽם׃

ת"א הלוא פרוס. ב"ב ט י זוהר ויקהל: ומבשרך. כתובות נב שבועות לט (כתובות לד):

תרגום

תַּעֲנִית וְיוֹמָא דְרַעֲוָא
בֵיהּ מִן קֳדָם יְיָ: ו הֲלָא
דָא הִיא תַּעֲנִיתָא
דְרָעֵינָא בַהּ פְּרַדוּ
כְּנִישַׁת רִשְׁעָא שְׁרוֹ
קִטְרֵי כְתָבֵי דִין מִסְטֵי
וּפְטַרוּ דַהֲווֹ אֲנוּסִין בְּנֵי
חוֹרִין וְכָל דִין מִסְטֵי
תְּסַלְּקוּן: ז הֲלָא תְפָרְנֵס
לְכַפְנָא מִלַּחְמָךְ וַחֲשִׁיכִין
מְטַלְטְלִין תָּעֵיל לְגוֹ
בֵיתָא אֲרֵי תֶחֱזֵי
עַרְטִילָאָה וּתְכַסִּינֵהּ

מהר"י קרא

(ו) הלא זה צום אבחרהו פתח חרצובות רשע. שבלב. קשרי רשע שבלב: התר אגודות מוטה. שלא ינוש איש את רעהו ואת אחיו: ושלח רצוצים חפשים. עבד עברי שנשבה רצוץ בעבודתם. שלחוהו בשנה השביעית: וכל מוטה. שיש לכם על חביריכם תנתקו: (ז) הלוא פרס לרעב. שבר לרעב לחמך: כי תראה ערום. תכסנו בגדיך ולא תעלים עיניך מאחיך כי

רש"י

פתח: (ו) חרצובות. לשון קישור ואיסור: מוטה. הטיית משפט: וכל מוטה תנתקו. ת"י וכל דין מסטי תסלקון: (ז) ועניים מרודים. נאנחים ונאנקים על צרתם כגון עניי ומרודי (איכ' ג') אריד בשיחי (תהלים נ"ה): ומבשרך.

רד"ק

רעים: (ו) הלא זה. חרצובות רשע. קשורי רשע וכן כי אין חרצובות למותם כי מעשה הרשע כשיתחזק ידמה לקשר אמיץ שלא יוכל אדם לפתחו ולהתירו כי אם בטורח גדול וכפל הענין במ"ש: ואמר התר אגדות מוטה. כי מוטה כמו רשע שממטי' העניים מן ימיטו עלי און או יהיה המוטה שם העול כמו ויקח חנניה את המוטה דמה דחקם העניים ונגשם אותם כאלו ישימו עול ומוטה על צוארם וי"ת שרי קטרי כתבי דין מסטי: ושלח רצוצים חפשים. הם העבדים שהם רצוצים ושבורים ביד אדוניהם עוברים על לא תרדה בו בפרך ולא ישלחום מקץ שבע שנים כמו שהוכיח ירמיהו הנביא גם כן בני דורו על זה: מוטה. פירשנוהו: (ז) הלא פרוס. הפריסה היא הבציעה ידוע בדברי רז"ל ענין חתיכות הלחם מברך ואחר כך בוצע וזולתו: מרודים. כתרגומו מטלטלין וכן עניים ומרודים עניה ומרודיה ענין טלטול: ומבשרך לא תתעלם. להאכיל הרעב ולכסות הערום הוא חיוב לכל ישראל אבל מי שהוא קרובו הוא חייב יותר זה ואם יראה אותו שהוא עני לא יעלים עיניו ממנו עד שיצטרך לשאול מחיתו אלא חייב להלוות לו ולפתוח לפניו דרכים שירויח בהם: ומבשרך. כמו איש איש אל כל שאר בשרו ומי שעושה המעשים האלה מוחזק הוא שמקיים כל המצות

אבן עזרא

לחסרון יו"ד השרש כמלת אצרך והאלם יציע והטעם ישים מצע ושק ואפר יציע: (ו) הלא. פתח. כמו התר: חרצובות. כמו קשרים וכמוהו כי אין חרצובות למותם: מוטה. כמו מוטות עולכם והנה הטעם להחפים העבדים ככתוב בספר ירמיהו. העשוקים משפט: רצוצים. הם העבדים העשוקים כמו רצוץ משפט כמו ואת מי רצותי ויש אומרים כי חרצובות רשע על המחשבות והראשון נכון בעיני: (ז) הלא פרוס. כמו פורס אין להם וכמוהו פריסת מלכותך והטעם פריסת ככר לחם: מרודים. המ"ם שורש והנה הוא כמו מעונים וכמוהו זכור עניי ומרודי: תביא בית. בית שלך: ומבשרך לא תתעלם.

מצודת ציון

(ו) פתח. ענין התרה: חרצבות. ענין קישור ואיסור וכן אין חרצבות למותם (תהלים ע"ג): אגודות. ענין דבר הקשור יחד וכן אגודת אזוב (שמות י"ב): מוטה. הוא מעלי העול כמו מוסרות ומוטות (ירמיה כ"ז): רצוצים. ענין שבירה וכתיתה כמו הרוצצות אביונים (עמוס ד'): חפשים. ענין חירות כמו יצא לחפשי חנם (שמות כ"א): תנתקו. ענין הנתק והסרה ממקומו: (ז) פרום. ענין שבירה ובליעה וכן פורס אין להם (איכה ד'): מרודים. נאנחים ונאנקים כמו אריד בשיחי (תהלים נ"ה): ומבשרך. מקרובך כמ"ש כי אחינו בשרנו הוא (בראשית ל"ז): תתעלם. מלשון העלם והסתר:

מצודת דוד

ואסר וכי לזה תקרא לה' צום מקובל ויום רצון: (ו) הלוא זה. באמת זהו ענין הצום אשר אבחר בו שיפתחו ביום הצום את קשרי הרשע ר"ל לבטל הקשר לבל ימשוהו: התר אגדות מוטה. התר קשרי אגודות עלי העול אשר הוכנו לתת על צוארי העניים (דימה נגישת העניים ודחקם כאלו ישימו העול על צוארם): ושלח רצוצים חפשים. העבדים הרצוצים ועשוקים בידך שלחם לחפשם בשנה השביעית ויהיו חפשים: וכל מוטה. כל עלי העול אשר שמתם על צוארם תנתקו מהם ר"ל לא תוסיפו לעשות בהם שום עבודה: (ז) הלוא פרום. באמת ביום הצום פרוס לחמך ותן למי שהוא רעב ואין לו מה יאכל: ועניים מרודים. עניים הנאנחים על כי לא ימצאו מקום לחסות בו הביאם אל ביתך: כי תראה. כאשר תראה ערום תכסהו מעלי לבוש שלך: ומבשרך. לא תתכסה

not hide his eyes from him, thereby forcing him to beg from strangers, but he must lend him money and afford him opportunities to earn a livelihood. Whoever performs these deeds will surely keep all the commandments. These commandments are mentioned especially, because they are the opposite of the deeds of Isaiah's contemporaries.

6. Is this not the fast I will choose? To undo the fetters of wickedness, to untie the bands of perverseness, and to let out the oppressed free, and all perverseness you shall eliminate. 7. Is it not to share your bread with the hungry, and moaning poor you shall bring home; when you see a naked one, you shall clothe him, and from your flesh you shall not hide.

הֲלוֹא. *An interrogative form. Therefore, the 'hey' is punctuated with a 'hataf pattah.'*—[*Rashi*]

6. **fetters**—Heb. חַרְצֻבּוֹת, *an expression of tying and binding.*—[*Rashi*]

When one becomes accustomed to performing wicked deeds, the wickedness becomes tied to him, so to speak, and it can be undone only with great difficulty.—[*Redak*]

perverseness—Heb. מוֹטָה, *perversion of justice.*—[*Rashi*] This may also be explained as 'the bands of the yoke.'—[*Ibn Ezra, Redak*]

Redak suggests also 'bands of wickedness,' having the implication of casting down the poor. Break your habit of casting down the poor.

oppressed—Heb. רְצוּצִים, lit. broken. This refers to the slaves who are oppressed and broken by their masters, who transgress the precept, "(Lev. 25:43) You shall not rule over him with rigor," and they do not set them free after serving six years, as prescribed by the Pentateuch. Jeremiah, too, castigated his generation for this sin.—[*Redak*]

and all perverseness you shall eliminate—Heb. וְכָל־מוֹטָה תְּנַתֵּקוּ. *Jonathan renders: And all perversion of justice you shall eliminate.*—[*Rashi*]

Alternatively, and every yoke you shall break.—[*Ibn Ezra, Redak*]

7. **to share your bread**—This denotes breaking bread and giving a portion to the poor.—[*Ibn Ezra, Redak*] *Jonathan* paraphrases: Will you not sustain the hungry with your bread?

moaning poor—Heb. מְרוּדִים. *Sighing and moaning about their distress. Comp.* "(Lam. 3:19) *my affliction and my sighing* (וּמְרוּדִי)," "(Ps. 55:3) *I mourn* (אָרִיד) *in my grief.*"—[*Rashi* from *Lev. Rabbah* 34:12]

Alternatively, this is rendered: wandering [*Redak* after *Jonathan*], afflicted [*Ibn Ezra*], humble [*Redak, Shorashim, Ibn Janah*]

and from your flesh—*And from your kinsman.*—[*Rashi, Jonathan, Ibn Ezra, Redak*]

Redak adds that although it is obligatory to feed and clothe the hungry and naked of all Israel, it is a greater obligation for one to support his own kinsmen. If one sees that his kinsman is impoverished, he may

ח אָז יִבָּקַע כַּשַּׁחַר אוֹרֶךָ וַאֲרֻכָתְךָ
מְהֵרָה תִצְמָח וְהָלַךְ לְפָנֶיךָ צִדְקֶךָ
כְּבוֹד יְהוָה יַאַסְפֶךָ׃ ט אָז תִּקְרָא וַיהוָה
יַעֲנֶה תְּשַׁוַּע וְיֹאמַר הִנֵּנִי אִם־תָּסִיר
מִתּוֹכְךָ מוֹטָה שְׁלַח אֶצְבַּע וְדַבֶּר־אָוֶן׃
י וְתָפֵק לָרָעֵב נַפְשֶׁךָ וְנֶפֶשׁ נַעֲנָה
תַּשְׂבִּיעַ וְזָרַח בַּחֹשֶׁךְ אוֹרֶךָ וַאֲפֵלָתְךָ

וּמְקָרִיב בִּשְׂרָךְ לָא
תִכְבּוֹשׁ עֵינָךְ׃ ח בְּכֵן
יִתְגְּלֵי כִּשְׁפַרְפְּרָא נְהוֹרָךְ
וְאָסוּת מַחֲתָךְ בִּפְרִיעַ
תִּיסַק וִיהָכוּן קֳדָמָךְ
זַכְוָתָךְ בִּיקָר מִן קֳדָם יְיָ
תִּתְכְּנֵישׁ׃ ט בְּכֵן תְּצַלֵּי
וַיְיָ יְקַבֵּל צְלוֹתָךְ תִּבְעֵי
מִן קֳדָמוֹהִי וְיַעְבֵּד
בָּעוּתָךְ אִם תַּעְדֵּי מִבֵּינָךְ
אַסְטָיוּת דִּין מִרְמַז
בְּאֶצְבַּע וּמַלָּלָא מִלִּין
דְאוֹנֵס׃ י וְתִתְפַּח קֳדָם
כַּפְנָא נַפְשָׁךְ וְנֶפֶשׁ
מְסַנְּפָא תַּשְׂבַּע וְיִדְנַח

ת"א והלך לפניך. סוטה ט ב"ב יא מכו"ס ה: אז תקרא. יבמות סג סנהדרין מו: ותפק לרעב. ב"ב ט: חרות כחשך. זוהר תולדות ותרומה:

רש"י

ומקרובך: (ח) יבקע כשחר. כעמוד השחר הבוקע בעבים: וארוכתך מהרה. ורפואתך מהרה כמו תעלה ארוכה לך (ירמיה ל'): (י) ותפק לרעב נפשך.

מהר"י קרא

בשרך הוא: (ט) אז תקרא וה' יענה. ושוב אין אתה צריך

אבן עזרא

כמו קרוב כמו אחינו בשרינו הוא: (ח) אז יבקע כשחר אורך. שכל רגע יוסף האור: וארוכתך. רפואתך והוא שם כמו אעלה ארוכה לך ויש אומרים כן ארוכתך ימי גבול החולי על כן מלת מהרה: והלך לפניך צדקך. יאספך. כמו מאסף לכל המחנות והנה יהיה שמור: (ט) אז. מתוכך. מקרבך והטעם על המחשבה או מתוכך מתוך ישראל וטעם מוטה העבדים: שלח אצבע. שם הפעל משקל כשכב אדוני המלך כאילו אמר לשלוח יד להכות רעו או לקחת הונו גם ודבר און שם הפעל: (י) ותפק. כטעם ויפק רצון מה' והנה נפשך כדרך פעול: ונפש נענה תשביע. לעולם ענוי דבק עם נפש הוא מ"ס ומלת תשביע לעדה: וזרח בחשך. אפילו

רד"ק

אלא זכר מעשים אלו שהם הפך המעשים הרעים שזכר: (ח) אז. אם תעשה מעשים אלו לא תצטרך לצום ולשק ואפר ויבקע כשחר אורך כמו השחר שהולך ואור עד נכון היום: אורך. ר"ל הצלחתך: וארוכתך מהרה תצמח. רפואתך אם בא עד עתה עליך רעה בגופך או בממונך עתה בהטיבך מעשיך תצמח רפואתך מהרה כצמח האדמה שהולך וגדל כן תחיה הצלחתך זו יהיה בעולם הזה ובעולם הבא: והלך לפניך צדקך. כשתמות: כבוד ה' יאספך. אל מקום הכבוד אשר נפשות הצדיקים צרורות שם בצרור החיים ושנה זה הענין ושלש במ"ש לחזק הענין אלא שבפעם שנית פרט דברים שזכר בכלל ובפעם השלישית זכר בפרט שמירת שבת שהוא יסוד גדול לכל המצות כמו שפירשנו למעלה: (ט) אז תקרא. כי עתה בעשותך המעשים הרעים תאמר למה צמנו ולא ראית אבל בהטיבך מעשיך תדע שאענה אותך בקוראך אלי ואראה צומך ואשמע תפלתך: אם תסיר. אם תשוב מהמעשים האלה הרעים ותעשה מעשים טובים: מוטה. פירשתיו: שלח אצבע. מקור כמ"ש למעלת ולהכות באגרף רשע אמר אם תסיר אותו המעשה הרע ואפי' שלח אצבעך תסיר כדרך בני אדם המריבים שישלח אצבעו האחד אל פני חברו לא שיכנו וכן תסיר דבר און שלא תריב עם רעך אפי' בדברים והכל הוא בכלל חרצבות רשע שזכר: (י) ותפק לרעב נפשך. ואלה המעשים הטובים שתעשה שתוציא לרעב נפשך ורצונך כלומר כשתפרוש לו לחמך ברוח נדיבה תעשה בהסברת פנים שיכיר כי ברצון ובלב טוב אתה נותן לו וכן על הכסות שכבר זכרו: ותפק. כמו והוצא וכן ויפק רצון מה' מפיקים מזן אל זן: תשביע. שתהיה פרוסת הלחם שתתן לו כדי שביעה: כצהרים. אם היה לך אפלה וצרה תשוב כמו

מצודת דוד

עלמך מקרובך לבל יראוך: (ח) אז יבקע וגו'. כשתעשה כן אז יאיר אור הצלחתך כעמוד השחר הבוקע בעבים ומאיר לעולם: וארוכתך. רפואתך תצמח מהרה: והלך. הצדקה שעשית תלך לפניך להוליכך אל הג"ע וכבוד ה' יאספך אל המקום אשר שם גנוזות נפשות הצדיקים: (ט) אז תקרא וגו'. כשתעשה כן אז כאשר תקרא לה' הוא ישיב לך למלא שאלתך: תשוע וגו'. כפל הדבר במ"ש: הנני. להשלים הפלך: אם תסיר. אם מכל וכל תסיר מתוכך את עלי הטול שהכבדת על נואשי העניים: שלח אצבע. מוסב על אם תסיר לומר אם גם תסיר מלשלוח אלבעך אל מול פני חברך כדרך בני אדם המריבים וגם תסיר מלדבר לחברך און ודברי קנטור: (י) ותפק. תוליא לרעב את רצונך הטוב לדבר דברי נחומים בעת תתן לו המאכל: ונפש נענה. נפש המעונה ברעב תתן לה די שבעה: וזרח בחושך אורך. בהיות בעולם

מצודת ציון

(ח) כשחר. הוא האור המאיר בפאת המזרח עד לא יצא השמש: ארוכתך. ענין רפואה כמו ארוכת בת עמי (ירמיה ח'): יאספך. ענין הכנסה כמו ואין איש מאסף אותם (שופטים י"ט): (ט) יענה. מל' עניה ותשובה: תשוע. ענין לעקה כמו שועתי שמעת קולי (יונה ב'): הנני. הנה אני: מוטה. ען העול: און. ענינו דבר שאינו הגון: (י) ותפק. ותוליא כמו זממו אל תפק (תהלים ק"מ): נפשך. ענין רלון כמו אם יש את נפשכם (בראשית כ"ג): נענה. מל' ענוי: וזרח. ענין האורה: ואפלתך. מל' אופל וחושך:

move the yoke of the slaves held illegally and to free them.—[*Ibn Ezra*] See above verse 6.

putting forth the finger—I.e. stretching out the hand to hit one's friend or to take his property.—[*Ibn Ezra*]

Others explain: If you repent of your evil deeds, to the extent of not sticking your finger into your friend's face during a quarrel. [This was probably a sign of derision.]—[*Redak*]

Jonathan renders : to hint with the

8. Then your light shall break forth as the dawn, and your healing shall quickly sprout, and your righteousness shall go before you; the glory of the Lord shall gather you in. 9. Then you shall call and the Lord shall answer, you shall cry and He shall say, "Here I am," if you remove perverseness from your midst, putting forth the finger and speaking wickedness. 10. And you draw out your soul to the hungry, and an afflicted soul you sate, then your light shall shine in the darkness, and your darkness shall be like noon.

8. **Then**—If you perform these good deeds, you will not need fasts, sackcloth, and ashes, but your light will break through like the dawn, which becomes progressively brighter until midday.—[*Redak*]

your light—Your prosperity.—[*Redak*]

as the dawn—Like the ray of dawn that breaks through the clouds.—[*Rashi*]

and your healing—Heb. וַאֲרֻכָתְךָ, *and your healing shall quickly sprout. Comp.* "(Jer. 30:17) *I will bring up healing* (אֲרֻכָה) *for you.*"—[*Rashi*]

If any harm has come upon your body or your property, when you repent and improve your deeds, your healing will sprout quickly like the plants of the earth, which continuously grow bigger. So will your prosperity constantly increase. This will take place both in this world and in the next.—[*Redak*]

Others explain אֲרֻכָה as the length of time the malady is to last.—[*Ibn Ezra*]

and your righteousness shall go before you—when you die.—[*Redak*]

shall gather you in—to the place of glory, where the souls of the righteous are "bound in the bundle of life." For emphasis, this passage is repeated three times, the second time elaborating in detail the general terms mentioned the first time. The third time, the prophet adds the observance of the Sabbath since it is a fundamental of Torah. See above 56:2, 6.—[*Redak*]

Ibn Ezra renders: The glory of the Lord shall be your rear guard, thus you will be guarded both in the front and in the rear.

9. **Then you shall call**—Now, that you do bad deeds, you complain, "Why have we fasted and you did not see." If you improve your ways, however, I will answer when you call Me, and I will see your fasts and answer your prayers.—[*Redak*]

Leviticus Rabbah 34:15 explains this to mean that you will remove the paid notes you are holding against your debtors. Since they may lead to perversion of justice, by collecting debts twice, they must be disposed of.

from your midst—This may allude to the thoughts. It is also possible that the meaning is: from the midst of Israel. The intention then is to re-

בַּצָּהֳרָיִם: יא וְנָחֲךָ יְהוָה תָּמִיד וְהִשְׂבִּיעַ
בְּצַחְצָחוֹת נַפְשֶׁךָ וְעַצְמֹתֶיךָ יַחֲלִיץ
וְהָיִיתָ כְּגַן רָוֶה וּכְמוֹצָא מַיִם אֲשֶׁר לֹא־
יְכַזְּבוּ מֵימָיו: יב וּבָנוּ מִמְּךָ חָרְבוֹת עוֹלָם
מוֹסְדֵי דוֹר־וָדוֹר תְּקוֹמֵם וְקֹרָא לְךָ גֹּדֵר
פֶּרֶץ

ת"א ועצמותיך יחליץ. יבמות קב:

בחשוכא נהורך וקבלך
יהי כטיהרא: יא וידברינך
יי תדירא ויסבע בשני
בצורתא נפשך וגופך
יחי בחיי עלמא ותהי
נפשך מליא תפנוקין
כגינת שקיא דמרויא
וכמבוע דמיין דלא
פסקין מוהי: יב ויבנון
מנך חרבת עלם יסודי
דר ודר תקומם ויקרון

מהר"י קרא

לקרוא תגר לומר צמנו ולא ראית: (יא) והשביע בצחצחות בתנחומי דברים טובים:

רש"י

(יא) בצחצחות. בעת למחון ובצורת כך תירגם יונתן: יחליץ. יזיין כמו חלוצי צבא (במדבר ל"א): (יב) משובב נתיבות לשבת. תירגם יונתן מתיב רשיעיא לאורייתא. משובב כמו משיב לשבת

רד"ק

תצהרים שהוא חזק אור היום: (יא) ונחך ה'. כדרך ה' נחני בצדקתיך כלומר תמיד ישגיח עליך בכל אשר תפנה: בצחצחות. ענין יובש כמו צחא צמא בעת שיהיה צמא וחסרון טוב בעולם הוא ישביע נפשך: ועצמותיך יחליץ. ידשן על דרך ושמועה טובה תדשן עצם וזכר העצמות לפי שהם מוסדות הגוף. וכענין זה אמרו רבותינו ז"ל העובר לפני התיבה בי"ט של ראש השנה אומר החליצנו ה' אלהינו כלומר השביענו ודשננו במצותיך או פי' הציתנו כי כן פירשוהו לשון כניחה ואמרו כי בארבע לשונות נשתמשו בלשון הזה ישלף ישזיבן יזין יניח ישלף כמו וחלצה נעלו ישזיב כמו חלצני ה' יזין כמו חלוצים תעברו יניח כמו ועצמותיך יחליץ היך מה דאת אמר רצה והחליצנו: כגן רוה. שיש בו מעינות ישקוהו והוא רוה ושבע תמיד והירקות אשר בו לחים או תהיה כמו מוצא מים והוא המקור אשר לא יכזבו מימיו כי אפי' בעת היובש הוא נובע וכלות הדבר הוא כזב כאלו מכזב בו שלא היה שם מעולם על דרך כחש מעשה זית ותירוש יכחש בה: (יב) ובנו ממך. כי כמו שהמעשים הרעים מחריבים הארץ כן המעשים הטובים מישבים אותם. ופי' ממך המעשים הטובים היוצאים ממך יבנו חרבות העולם שהיו חרבות זמן רב: מוסדי דור ודור. המוסדות שנפלו זה דור ודור אתה במעשיך הטובים תקומם אותם: וקורא לך גודר פרץ. בני העולם יקראו לך כי בזכותך ובמעשיך הטובים יגדרו הפרציות: משובב נתיבות לשבת. כי בחרבן הארץ הנתיבות שוממות אין עובר בהם כמ"ש דרכי ציון אבלות מבלי באי מועד ויאמרו עליך כי אתה המשובב הנתיבות לעבור בהם לשבת כי מפני ישיבת הערים ישובו גם כן הדרכים וי"ת ויקרון

אבן עזרא

בחשך לילה יזרח אורך והטעם כאשר תבוא רעה לעולם אתה תנצל: (יא) ונחך ה' תמיד. והטעם שהוא יהיה עמך בכל מקום שתלך: בצחצחות. כמו צחה צמא הפך הריווי: ועצמותיך יחליץ. יש אומר כמו ידשן בלי חבר ואחרים אמרו יחזק כמו חלוצי צבא ויש אומרים שיחליץ כמו יחלוץ כאשר מצאנו ישליח ישלח ישמיח ישמח וזהו הנכון כי הנה הוא כמו שומר כל עצמותיו והנה יחלצם משבר: לא יכזבו. כמו יכרתו וכזב מגזרתו כי הוא דבר שאינו עומד כי מקרה הוא: (יב) ובנו. הבונים היוצאים ממך: מוסדי דור ודור. שהיה על מוסד שיעמוד לדור ודור: תקומם. כמו משובב: נתיבות

מצודת ציון

בצהרים. הוא עת עמידת השמש בחצי השמים: (יא) ונחך. ענין הנהגה כמו ולא נחם (שמות י"ג): בצחצחות. ענין יובש ולמאון כמו שכנו צחיחה (תהלים ס"ח): יחליץ. יזיין כמו חלוצי צבא (במדבר ל"א) ור"ל יבריא ויחזיק: רוה. שבעה כמו תלמיה רוה (תהלים ס"ה): יכזבו. ענין עזיבת הדבר והפסק כמו תהיה לי כמו אכזב (ירמיה ט"ו): (יב) מוסדי. מלשון יסוד: גודר פרץ. בונה גדר במקום הפרוץ והשבור כמו וגדרו גדר וגו' (יחזקאל

מצודת דוד

חשכת הלילות יזרח אורך ולא תהיה כלל מעופה: ואפלתך. גם תהיה לך האפלה לזה תבוא כמו הצהרים בהזרחם אור ישועה: (יא) ונחך. המקום ינהג אותך תמיד בדרך הטוב לך: והשביע בצחצחות נפשך. בעת יהיה בעולם למאון ויובש ישביע את נפשך ולא תהיה חסר מכל טובה: ועצמותיך יחליץ. יבריא ויחזיק את עצמותיך וזכר את העצמות לפי שהם מוסדי הגוף: והיית. תהיה שבע מטובה כגן השבע מן המים כי הדרך הוא להשקותה בכל עת וכמוצא מים תהיה בכל עת מושפע בטובה כמקור המוצא מים אשר המים המושפין אינם נפסקין: (יב) ובנו ממך. ר"ל המעשים הטובים היוצאים ממך יבנו את חרבות העולם וכמו שהמעשים הרעים מחריבים את העולם כן הטובים יבנו המחרבות: מוסדי דור ודור. היסודות שנפלו בימי הדורות אותם תקומם אותם במעשיך הטובים וכפל הדבר כמ"ש: וקורא לך. כל בני העולם יקראו אותך גודר פרץ שהרי בזכות מעשיך גדרת פרצות העולם: משובב. אתה הוא המשיב את הנתיבות להיות מיושבות באנשים כי בהיות הערים חריבים נשמו הנתיבות ובזכותך נבנו הערים

12. **And [those coming] from you shall build**—The builders coming from you shall build.—[*Ibn Ezra*]

Alternatively, the good deeds emanating from you will be instrumental in destroying the world, so are good deeds instrumental in building it up.—[*Redak*]

Malbim takes this as symbolic of the false beliefs and evil practices prevalent in the world. If you repent and improve your ways, you will rectify all the evils of the world.

foundations of generations — I.e., buildings standing on foundations that will last for many generations.—[*Ibn Ezra*]

Alternatively, those foundations

11. And the Lord shall always lead you, and He shall satisfy your soul in drought, and strengthen your bones; and you shall be like a well-watered garden and like a spring of water whose water does not fail. 12. And [those coming] from you shall build ancient ruins, foundations of generations you shall erect, and you shall be called the repairer of the

finger. So also *Ben Bilam.**

10. **And you draw out your soul to the hungry**—*with consolations of good words.*—[*Rashi*]

you sate—The bread you share with the poor must be enough for his satiety.—[*Redak*]

and your darkness shall be like noon—If you suffered from troubles and darkness, it will become as light as noon, the lightest time of the day.—[*Redak*]

Alternatively, if it is dark for the entire world, it shall be light for you.—[*Ibn Ezra*]

11. **And the Lord shall always lead you**—He shall be with you wherever you go.—[*Ibn Ezra*]

He will guide you in all your undertakings.—[*Redak*]

He will always guide you in the way that is beneficial for you.—[*Mezudath David*]

in drought—Heb. בְּצַחְצָחוֹת, *at the time of thirst and drought. So did Jonathan render.*—[*Rashi*] Comp. supra 5:13.

When there will be drought and thirst in the world, God will, nevertheless, satisfy your soul.—[*Redak*]

strengthen—Heb. יַחֲלִיץ. Lit. arm. Comp. "(Num. 31:5) *Armed* (חֲלוּצֵי) *for war.*—[*Rashi*] Strengthen, fatten, deliver.—[*Ibn Ezra*]

Redak suggests: rest, satisfy, arm. *Ibn Janah* and *Ben Bilam* interpret: satisfy and moisten. The bones are mentioned since they are the foundations of the body.—[*Redak*]

Jonathan paraphrases: And your body He shall cause to live with everlasting life.

like a well-watered garden—A garden watered by fountains, which is always satisfied, and its plants are moist and fresh.—[*Redak*]

does not fail—Heb. יְכַזְּבוּ, *to be cut off.* This denotes anything not permanent, but subject to unexpected dangers.—[*Ibn Ezra,* acc. to Friedlander]*

And the Lord shall always lead you—in the world of the souls, where there is no sorrow or misfortune.

and He shall satisfy your soul with brilliance—This alludes to the delight of the soul in the heavenly paradise. The word צַחְצָחוֹת is not to be interpreted as "drought" as the exegetes interpret it, but as 'brilliance,' alluding to the brilliance of the Shechinah. (See *Lev. Rabbah* 34:15.)

and strengthen your bones—This alludes to the resurrection of the dead, who will be like a well-watered garden and like a spring of water whose water does not fail. I.e., they will experience perpetual delight. *Abarbanel*'s interpretation is very similar to *Zohar, Toledoth* p. 141a.

פֶּרֶץ מְשׁוֹבֵב נְתִיבוֹת לָשָׁבֶת: יג אִם־
תָּשִׁיב מִשַּׁבָּת רַגְלֶךָ עֲשׂוֹת חֲפָצֶךָ
בְּיוֹם קָדְשִׁי וְקָרָאתָ לַשַּׁבָּת עֹנֶג
לִקְדוֹשׁ יְהוָה מְכֻבָּד וְכִבַּדְתּוֹ מֵעֲשׂוֹת
דְּרָכֶיךָ מִמְּצוֹא חֶפְצְךָ וְדַבֵּר דָּבָר:

ת"א אם תשיב. מקדש שער נח זוכר בשלח: לשבת ענג. שבת קיח פסחים סח בילה לד זוכר אמור: וכבדתו. שבת קיג קיט: ממצא חפצך. שבת קג:

לָךְ מְקַיֵּם אוֹרְחָא דְתַקְנָא מְתִיב רַשִׁיעַיָא לְאוֹרַיְתָא: יג אִם תְּתִיב מִשַּׁבְּתָא רִגְלָךְ לְמֶעְבַּד צוֹרְכָךְ בְּיוֹמָא דְקוּדְשִׁי וְתִתְעֲנֵג לְשַׁבְּתָא בְּתַפְנוּקִין לְקוּדְשָׁא דַיְיָ תְּיַקַּר וְתִיקַר קֳדָמוֹהִי מִלְמֶעְבַּד אוֹרְחָךְ מִלְסַפָּקָא צוֹרְכָךְ וּמִלְמַלָּלָא מִלִּין דְאוֹנָס: יד בְּכֵן תִּתְפַּנַּק קֳדָם יְיָ וְיַשְׁרִינָךְ

מהר"י קרא

נפשך. כשהשבעת נפש נענה: (יג) וקראת לשבת עונג:

אבן עזרא

לשבת. אחר שאינם הולכים עליהם בני אדם לשבת תשוכבם: (יג) אם. ה' ינחך תמיד אם תשיב משבת רגליך או הוא דבק עם משובב נתיבות גם הוא נכון וטעם משבת מלכת בשבת: עשות חפציך. הטעם כפול: וקראת לשבת עונג. שלא תעשה בו מלאכה ושתתענג הנפש בשמוע דברי תורה: לקדוש ה' מכובד. הוא יום שבת והנה פירוש מה טעם מכובד והוא וכבדתו מעשות

רד"ק

לך מקים ארח תקנא מתיב רשיעיא לאורייתא: (יג) אם תשיב משבת. מלכת בשבת חוץ לתחום ואמר אם תשיב כלומר אם היית הולך בדרך ונזכרת שהוא שבת והשיבות רגלך אחור מלכת עוד לכבוד שבת כל שכן עשות חפצך שהוא כולל המלאכות שחייבין עליהם מיתה כי אפי' לצאת חוץ לתחום שהוא בלאו חמור עליך ותשמור ממנו: ביום קדשי. שאני קדשתי כמו שאמר ויקדש אותו והקדוש הוא שהבדילו משאר הימים ופי' עשות חפציך מעשות ומ"ם משבת עומדת במקום שנים ורגלך וחפצך חסרים יו"ד הרבים ורבותינו ז"ל פירשו רגלך דרך המקרא לשון רבים שאמרו רגלו אחת בתוך התחום ורגלו אחת חוץ לתחום יכנס שנאמר אם תשיב משבת רגלך רגליך קרינן כלומר אע"פ שכתב רגלך בלא יו"ד יש אם למקרא: וקראת לשבת עונג. אם תשיב משבת מצות לא תעשה וקראת לשבת עונג מצות עשה לענג הגוף ביום השבת במאכלים ערבים וטובים שמתוך שישנהו משאר ימים לטוב יזכור מעשה בראשית וישאל חדשו מאין ושבת ביום השביעי ומתוך כך ישבח לאל ויפארהו בפיו ובלבבו ותתענג נפשו בו ופי' וקראת כמו מקרא קדש: לקדוש ה' מכובד. כפל הענין במ"ש ורבותינו פירשו ביום הכיפורים שאמרו מאי דכתיב לקדוש ה' מכובד זה יום הכפורים שאין בו לא אכילה ולא שתיה אמרה תורה כבדהו בכסות נקיה: וכבדתו מעשות דרכיך. זהו הכבוד שתמנע מעשות כל מלאכה כי פי' דרכיך חפציך ומעשיך כמו דרכי ספרתי ודרכיך למחות מלכין והדומים להם ורז"ל פירשו דרכיך מנהגיך שלא יהא מנהגו של שבת כמנהגו של חול כמו שאמרו וכבדתו שלא יהא מלבושך של שבת כמלבושך של חול וכן שלא יהא הלוכך של שבת כהלוכך של חול וכן שלא יאכל המאכלות והמשתה של שבת כשל חול ופי' לשנות מנהג עת האכילה להקדים או לאחר: ממצוא חפציך. כפל ענין במ"ש כי הוא כמו מעשות דרכיך כמו שפירש על דרך הפשט וכת"י מלספקא צורכך ורז"ל פירשו ממצוא חפצך בדברים שלא ידבר בשבת בחפציו. והם הדברים שצריך לעשותם בחול ודקדקו מחפציך ואמרו חפציך אסור לדבר הא חפצי שמים מותרים כמו שאמרו השבונות של מצוה מותר לחשבן בשבת ואמרו פוסקין צדקה לעניים בשבת ואמרו משדכין על התינוקות ליארס ועל התינוק ללמדו ספר וללמדו אומנות כי כל הדברים האלה אם ידבר בהם הם מצוה ואפי' ללמדו במה שיחיה כדי שלא יהיה גנב ומלסטם את הבריות

מצודת דוד

ונתיישבו הנתיבות: (יג) אם תשיב משבת וגו'. ר"ל אם המזקת בדרך ללכת חוץ לתחום ונזכרת שהוא שבת והשבות רגלך בעבור השבת: עשות. המ"ם של משבת עומדת במקום שתים ור"ל אם תשיב מעשות חפצך אחד מן המלאכות האסורות: ביום קדשי. זהו השבת שקדשו המקום: וקראת לשבת עונג. תקרא את שבת יום עונג ר"ל יהיה מיוחד לך להתענג בו: לקדוש ה' מכובד. ליום השבת שקדשו המקום תקרא יום מכובד מבלי עשות בו מלאכה של חול: וכבדתו. ר"ל לא בקריאת שם בלבד אלא תכבדו מעשות בו ענייניך: ממצוא. מבלי מלוא בו חפצך ר"ל שלא תעשה בו חפצך מדברים האסורים בשבת: ודבר דבר. ומלדבר בו דבר הנאסר

מצודת ציון

(יג): משובב. מל' השבה: נתיבות. שביל ודרך: לשבת. מל' ישיבה: (יג) תשיב. מל' השבה: חפצך. מל' חפץ ורצון: עונג. מל' תענוג ותפנוק: דרכיך. עניינך וכן דרכי ספרתי (תהלים קי"ט):

Torah commands us to honor that day by wearing clean clothing.—[*Redak* from *Shabbath* 119a]

and you honor it by not doing your wonted ways—According to its simple meaning, "your ways" means "your affairs and your deeds." The Rabbis, however, explain it to mean that your customs of the weekdays shall not be your customs on the Sabbath. You shall honor it by not wearing the same attire you wear on weekdays. You shall not walk as you walk on weekdays. [I.e., you shall not take big steps.] Your diet shall be different from that of weekdays, as well as your mealtimes.—[*Redak* from *Shabbath* 113a, 119a]

by not pursuing your affairs—This is, apparently, a repetition of the preceding. *Jonathan,* too, renders: from supplying your needs. Our

breaches, restorer of the paths, to dwell in. 13. If you restrain your foot because of the Sabbath, from performing your affairs on My holy day, and you call the Sabbath a delight, the holy of the Lord honored, and you honor it by not doing your wonted ways, by not pursuing your affairs and speaking words.

that have fallen many generations ago, you will erect.—[*Redak*]

and you shall be called—The people of the world shall call you the repairer of breaches, for in your merit, the breaches shall be repaired.—[*Redak*]

restorer of the paths, to dwell in—Heb. מְשׁוֹבֵב. *Jonathan renders: restorer of the wicked to the Torah.* מְשׁוֹבֵב *is like* מֵשִׁיב, *restores to dwell, to the Torah, which insures the settlement of the world.*—[*Rashi*]

The simple meaning is that the paths which were heretofore abandoned will be restored because the cities leading to them will be rebuilt.—[*Redak*]

13. **If**—The Lord shall always lead you if you restrain your foot because of the Sabbath. It is also possible that it is related to the preceding verse: restorer of the paths to dwell in if you restrain your foot because of the Sabbath.—[*Ibn Ezra*]

restrain your foot because of the Sabbath—Lit. from the Sabbath, from walking on the Sabbath.—[*Ibn Ezra*]

I.e. from going outside the Sabbath limits, viz. two thousand cubits outside the city of your dwelling. The prophet uses the expression, "restrain," or "return" to illustrate a case of one traveling on the road and reminding himself of the Sabbath. He, therefore, says, "If you restrain from continuing your journey because of the Sabbath . . ." surely you will restrain yourself "from performing your affairs on My holy day." This includes all types of work prohibited by the Torah, for which the penalty is death. If you restrain yourself from infracting a minor Sabbath regulation, such as leaving the Sabbath limits, surely you will restrain yourself from infracting major Sabbath laws.—[*Redak*]

on My holy day—On that day that I hallowed, as in Gen. 2:3: "And God blessed the seventh day and hallowed it." It was hallowed by distinguishing it from all other days.—[*Redak*]

and you call the Sabbath a delight—The beginning of the verse refers to the negative precepts of the Sabbath. This segment, however, deals with the positive precepts: the command to enjoy the Sabbath with elaborate fare. By enhancing the enjoyment of the Sabbath, one will recall the Creation, how God created the world from nothing and rested on the seventh day. This will bring him to praise the Lord both with his mouth and in his heart.—[*Redak*]*

the holy of the Lord honored—The simple meaning is that this is a repetition of the preceding. Our Rabbis, however, see here an allusion to Yom Kippur, a day when there is neither eating nor drinking. The

יד אז תתענג על־יהוה והרכבתיך על־
במותי ארץ והאכלתיך נחלת יעקב
אביך כי פי יהוה דבר׃ נט א הן לא־
קצרה יד־יהוה מהושיע ולא־כבדה

על תוקפי ארעא
ויוכלינך פרי אחסנת
יעקב אבוך ארי
במימרא דיי גזיר כן׃
א הא לא מקפידות ידא
מן קדם יי לית אתון
מתפרקין ולא מדיקר

ת"א אז תתענג. שבת קיח זוהר יתרו:

רש"י

לישובו של עולם: (יד) נחלת יעקב אביך. נחלה בלא מצרים כמה שנאמר ופרצת ימה וקדמה וגו' (בראשית כ"ח) לא כאברהם שנא' (שם י"ג) הארץ אשר אתה רואה ויעקב שמר את השבת שנא' (שם ל"ג) ויחן את פני העיר שקבע תחומין עם דמדומי חמה כך פירש ר' שמעו': נט (א) הן לא קצרה. את אשר לא נושעתם לא מקצר

מהר"י קרא / יתיר ואו

(יד) אז תתענג על ה'. מדה כנגד מדה: והאכלתיך נחלת יעקב אביך. שירש נחלה בלי מצרים. כש"ת ביעקב שנה בשבת דכתיב ויחן את פני העיר מלמד שקבע תחומין לשבת. ונאמר לו ופרצת ימה וקדמה צפונה ונגבה:

אבן עזרא

דרכיך שאתה רגיל לעשו' בחול וכן מלאכו ממלא חפצך: ודבר דבר. עתיד או בדברי העולם כי אם בדברי תורה והכלל שאנחנו צריכין לקבלה: (יד) אז תתענג. אם תקרא יום שבת עונג אז תתענג על ה' כבן שמתענג על האב: והרכבתיך על במתי ארץ. על גבהי הארץ והיא ארץ ישראל: והאכלתיך נחלת יעקב. הטעם הנה ידבר עם בני הגולה על כן והרכבתיך גם משוכב נתיבות: נט (א) הן. הנה שב הנביא להוכיח עוד בני הגולה ובאחרונה אמר ואני זאת בריתי והנה כל

רד"ק

ואמרו ודבר. שלא יהיה דבורך של שבת כדבורך של חול כלומר שידבר בשבת בנחת וימעט בדברים ואמר דבר דבור אסור הרהור מותר ואעפ"כ החסידים נזהרים אפי' מהרהור חפציהם אלא בחפצי שמים כמעשה החסיד ההוא שהספר במסכת שבת וי"ת ודבר דבר ובלבללא מלין דאונס פי' ר' אן כי כן מתרגם און אונס וזה אסור אפי' בחול: (יד) אז תתענג על ה'. אם תענג את השבת תתענג על ה' כלומר ישפיע לך טובות עד שתתענג עליו ותודה בו ובטובו כי מאו הכל ובידו והתענגות על ה' הוא תענוג הנפש. והגאון רב סעדיה פירש תענוג הגוף כלומר תענוג גופך יהיה על ה' לא ככסילים שנאמר בהם לא נאה לכסיל תענוג אבל המשכיל לא ירבה בתענוג יותר מדאי כי אם במשפט בעבור כי הוא מתעסק בחכמה ובה יתענג יותר אלא שתענוגי הגוף במשפט ייטיבו שכלו ויחזקו כחותיו השלשה והם כח הזכרונות וכח הבחינה וכח המחשבה: והרכבתיך על במותי ארץ. כמו ירכיבהו על במותי ארץ והיא א"י שהיא גבוה מכל הארצות כלומר אם תגלה ממנה ישליטך עוד עליה בשכר שמירת שבת ושאר המצות והההבטחה הזאת לכל בני הגלות אם הוא קרוב מזמן הגאולה יזכה לישועה ואם הוא רחוק מזמן הגאולה יזכה לתחיית המתים ויזכה לא"י ולטובה: והאכלתיך. כפל הענין במ"ש ואמר יעקב כי בניו הם מיוחדים בנחלה לא ישמעאל בן אברהם ולא עשו בן יצחק וכן אמר ויעמידה ליעקב לחק לישראל ברית עולם לאמר לך אתן את ארץ כנען חבל נחלתכם. ורז"ל דרשו כל המענג את השבת נותנין לו נחלה בלא מצרים שנאמר והאכלתיך נחלת יעקב אביך לא כאברהם שנאמר בו קום התהלך בארץ לארכה ולרחבה ולא כיצחק שנאמר בו כי לך ולזרעך אתן את כל הארצות האל אלא כיעקב שנאמר בו ופרצת ימה וקדמה וצפונה ונגבה: כי פי ה' דבר. וכיון שהוא דבר יקיים דברו: (א) הן לא קצרה. אחר שהשלים להורותם על המעשים הטובים ושיסורו מהמעשים הרעים שב להוכיחם עוד על רוע מעשיהם ואמר כי לשוא יתלוננו על האל ואומרים למה צמנו ולא ראית. ואמר להם זה שלא ראה האל

מצודת ציון

(יד) והרכבתיך. מל' רכיבה והתנשאות: במתי. ענין גובה כמו על

מצודת דוד

בשבת כהשבועות וכיוצא: (יד) אז תתענג על ה'. כשתעשה כן אז ישפיע לך טובה הרבה ותתענג על ה' ור"ל לא תתענג לעדן הגוף כ"א לעמוד הגוף במצב הראוי להשכיל בתורת ה': והרכבתיך. ר"ל תהיה ברום המעלה והממשלה: והאכלתיך. ר"ל לך תהיה הנחלה אשר הנחלתי ליעקב אביך (ואמר יעקב לפי שלו ולבניו נתנה הנחלה לא לישמעאל בן אברהם ולא לעשו בן יצחק וכן נאמר ויעמידה ליעקב לחוק וגו' לאמר לך אתן את ארץ כנען (תהלים ק"ה): כי פי ה' דבר. וכיון שהוא דבר יקיים:
נט (א) הן לא קצרה. זה אמר על בני הגולה מה שהמקום משהה אתכם בגולה לא היא בעבור שקצרה ידו ולא יוכל

ride on the high places of the land." This is the land of Israel, higher than all other lands. If you are exiled, you will be returned to your land in the merit of Sabbath observance and the observance of other precepts. This promise applies to all exiles whether they live shortly before the redemption or long before it. Those living shortly before the redemption will be redeemed when the Messiah arrives, and those living long before the redemption will merit resurrection with the righteous and thereby be restored to the Holy Land and its bounty.—[*Redak*]

the heritage of Jacob your father—*An inheritance without boundaries, as it is said:* "(Gen. 28:14) *And you shall spread to the west and to the east etc.*" *Not like Abraham, about whom it is stated:* "(ibid. 13:15) *The land that you see . . .*" *And Jacob indeed kept the Sabbath, as it is said:* "(ibid. 33:18) *And he encamped before the city.*" *I.e., he established the*

14. Then, you shall delight with the Lord, and I will cause you to ride on the high places of the land, and I will give you to eat the heritage of Jacob your father, for the mouth of the Lord has spoken.

59

1. Behold, the hand of the Lord is not too short to save, neither is His ear to heavy too hear.

Rabbis, however, interpreted this as an interdiction against speaking of one's affairs on the Sabbath; i.e., the things one must do during the week. They deduced from the words, "your affairs," that only one's personal affairs may not be discussed on the Sabbath. Affairs of heaven, i.e., mitzvah matters, however, may be discussed. They permitted computing computations related to precepts, as well as allotting charity to the poor, making matches for young people, arranging for teaching children Torah and even trades, since speaking all these constitutes a mitzvah, even to teach a child a livelihood, so that he will not have to resort to thievery to earn his livelihood.—[*Redak* from *Shabbath* 113a, 150a]

and speaking words—That your speech on the Sabbath shall not be like your speech on weekdays. I.e. to say that you should speak quietly and sparingly. [The *Midrash* (*Lev. Rabbah* 34:16) tells us that when Rabbi Shimon ben Yochai's mother would talk overly much on the Sabbath, he would say to her, "Today is the Sabbath," and she would be quiet.] The Rabbis deduced from this expression that speech concerning mundane affairs is prohibited, but thinking about them is not. Nevertheless, the pious were scrupulous in thinking only of religious matters on the Sabbath. *Jonathan* renders: and speaking words of wickedness. This is forbidden even on weekdays.—[*Redak*]

14. **Then, you shall delight with the Lord**—If you make the Sabbath a delight, you will delight with the Lord. He will lavish goodness upon you until you delight with Him and acknowledge Him and His goodness, for everything emanates from Him and is in His hand. Delight with the Lord denotes spiritual delight. According to *Rav Saadiah Gaon,* however, it refers to physical pleasures. Your physical pleasures shall be for God's sake, not like the fools, about whom it is written, "(Prov. 19:10) Pleasure is not fitting for a fool." The wise man, however, knows how to limit his pleasures since he is engaged in wisdom. A moderate degree of pleasure tends to improve his memory, sharpen his sense of discernment, and enhance his power of thought.—[*Redak*]

and I will cause you to ride on the high places of the land—This resembles "(Deut. 32:13) He made him

אָזְנוֹ מִשְּׁמוֹעַ׃ ב כִּי אִם־עֲוֺנֹתֵיכֶם הָיוּ
מַבְדִּלִים בֵּינֵכֶם לְבֵין אֱלֹהֵיכֶם
וְחַטֹּאותֵיכֶם הִסְתִּירוּ פָנִים מִכֶּם
מִשְּׁמוֹעַ׃ ג כִּי כַפֵּיכֶם נְגֹאֲלוּ בַדָּם
וְאֶצְבְּעוֹתֵיכֶם בֶּעָוֺן שִׂפְתוֹתֵיכֶם דִּבְּרוּ
שֶׁקֶר לְשׁוֹנְכֶם עַוְלָה תֶהְגֶּה׃ ד אֵין
קֹרֵא בְצֶדֶק וְאֵין נִשְׁפָּט בֶּאֱמוּנָה בָּטוֹחַ
עַל־תֹּהוּ וְדַבֶּר־שָׁוְא הָרוֹ עָמָל וְהוֹלִיד

ת"א כיו מבדילים . סנהדרין סה : נגאלו בדם. שבת קלט : יתיר ואו

קֳדָמוֹהִי מִלְמִשְׁמַע לָא מִתְקַבְּלָא צְלוֹתְהוֹן : ב אֱלָהֵן חוֹבֵיכוֹן הֲווֹ מַפְרְשִׁין בֵּינֵיכוֹן לְבֵין אֱלָהֲכוֹן וַחֲטָאֵיכוֹן גְרַמוּ לְסַלָקָא אַפֵּי שְׁכִנְתָּא מִנְכוֹן מִלְקַבָּלָא צְלוֹתְכוֹן : ג אֲרֵי יְדֵיכוֹן שׁוּטְפִין בִּדְם זַכָּאי וְאֶצְבְּעָתְכוֹן בְּחוֹבִין סִפְוָתְכוֹן מְמַלְלִין שְׁקַר לִישַׁנְכוֹן נִכְלִין מְחַשֵּׁב : ד לֵית דִמְצַלֵי בִקְשׁוֹט וְלֵית דְמִתְהַדַן בְּהֵימְנוּתָא מִתְרַחֲצִין עַל לְמָא וּמְמַלְלִין שְׁקַר מוֹחַן וּמַפְּקִין מִלִּבְּהוֹן מִלִין

רש"י

ידו הוא: (ב) הסתירו פנים. גרמו לכם שהסתיר פנים מכם : (ג) נגאלו. לשון טינוף וכן לחם מגואל

מהר"י קרא

נט (ג) [כי כפיכם]. ידיכם בתחלה נגואלו בדם . לפיכך בפרישכם כפיכם אעלים עיני מכם :

אבן עזרא

הפרשיות דבקות וטעם הן לא קצרה דעו כי לא קצרה יד השם מהושיעכם : (ב) כי. לבין אלהיכם. למ"ד עם בין והיא לבדה תספיק או מלת בין: הסתירו פנים מכם. כדרך לשון בני אדם שיסתיר פניו ואזניו שלא יראה ולא ישמע : (ג) כי. נגואלו. מלה מורכבת מבנין נפעל ומבנין שלא נקרא שם פועלו: בדם. שפיכות דם והנה אצבעותיכם בעון בדבר עשוק והנה המעשה והדבור רעים : (ד) אין קורא בצדק. מוכיח : ואין נשפט. תואר השם : בטוח על תוהו. שיאמר איש לרעהו כן אעשה והוא לא ימלט דברו : הרו עמל. משל על המחשבה : והוליד. והוא

רד"ק

צומכם ולא תושיע אתכם מאויביכם לא מפני שקצרה ידו מהושיע ולא מפני שכבדה אזנו משמוע כי הוא שומע צעקתכם ובידו להושיע אתכם אלא שעונותיכם גרמו לכם והם מבדילים ביניכם לבינו והרי הוא כאילו אינו שומע או כאלו אין כח בידו להצילכם ולכה מפני עונותיכם: (ב) כי אם. מפורש הוא : הסתירו. עובר לשלישי : (ג) כי כפיכם נגאלו בדם. בשפיכות דם נקי: ואצבעותיכם בעון. לשלח אצבע ולהכות באגרוף : שפתותיכם. והנה חטאן במעשה ובדבור ומלת נגאלו מורכבת מן נפעל ופעל שלא נזכר שם פועלו וסבת ההרכבה כתבנו בספר מכלל וענינו ענין טנוף מן לחם מגואל : (ד) אין קורא. אחד מהם לחבירו להוכיח בצדק ויונתן תרגם לית דמצלי בקשוט : ואין נשפט באמונה. כי השופט יעות דינו : בטוח על תהו. כשמדבר עם חבירו שוא שאין לבו עמו כפיו על מה הוא בוטח על תהו כי חושב בלבו שלא יגלה לחבירו אם הוא מדבר בשוא והלא הוא גלוי לפני האל גם לחבירו יגלה יום אחד מתוך מעשיו והנה בטחונו בהבל: הרה עמל. דמה

מצודת דוד

להושיע ולא הוא בעבור שכבדה אזנו מלשמוע קול צעקתם ומלרת הטוב: (ב) כי אם. רק העונות שעשיתם הם המבדילים ביניכם לבין אלהיכם ולכן לא יפנה אליכם : הסתירו. הם גרמו להסתיר פני המקום מכם לבל שמוע לצעקתכם : (ג) נגאלו בדם. מטונפים ומלוכלכים בדם נקי אשר שפכתם : בעון. נגאלו בעון כי תכתבו בהן דברי און ומרמה : (ד) אין קורא בצדק. אין מי קורא לס' בצדק ובכוונת הלב : ואין נשפט באמונה. כי הדיינים מעוותים את המשפט : בטוח על תוהו. כל אחד בוטח על תוהו כי כאשר יבטח מי לחבירו לא יקיים ההבטחה : ודבר שוא . כל אחד מדבר שוא : הרו עמל. מדמה המחשבה להריון והמעשה ללידה ור"ל לא

מצודת ציון

במתי עב (לעיל י"ד) : נט (ג) נגאלו. ענין טינוף ולכלוך כמו לחם מגואל (מלאכי א'): תהגה. תדבר כמו ולשוני תהגה (תהלים ל"ה): (ד) תהו. דבר שאין בו ממש : הרו . מל' הריון :

with blood—I.e. by shedding blood of innocent people.—[*Ibn Ezra, Redak*]

and your fingers with iniquity—To stick out the finger and to strike with the fist. See above 58:4, 8.—[*Redak*] Alternatively, with robbery.—[*Ibn Ezra*]

your lips have spoken falsehood—Hence, you have sinned both in deed and in speech.—[*Ibn Ezra, Redak*]

4. **No one calls sincerely**—No one calls his friend to rebuke him with sincerity. *Jonathan* renders: No one prays sincerely.—[*Ibn Ezra, Redak*]

and no one is judged faithfully—for the judge perverts his judgment.—[*Redak*]

trusting in vanity—When one lies

2. But your iniquities were separating between you and between your God, and your sins have caused [Him] to hide [His] face from you that He not hear. 3. For your hands were defiled with blood and your fingers with iniquity; your lips have spoken falsehood, your tongue mutters injustice. 4. No one calls sincerely, and no one is judged faithfully; trusting in vanity and speaking lies, conceiving injustice and begetting wickedness.

Sabbath limits at twilight. So did Rabbi Samsom explain it.—[*Rashi* from *Shabbath* 118] The statement that Jacob kept the Sabbath and the support from Gen. 33:18 is found in *Gen. Rabbah* 11:7, 79:6; *Pesikta Rabbathi* 22:8. Rabbi Samson's identity is unknown. Some theorize that the correct reading is "Rabbi Simon," referring to the author of *Yalkut Shimoni.* However, no manuscripts substantiate that theory.—[*Parshandatha*]

Alternatively, Jacob is mentioned because all his sons were entitled to share the heritage of the land of Israel, unlike Abraham and Isaac, whose offspring include Ishmael and Esau.—[*Redak*]

for the mouth of the Lord has spoken—and He will surely keep His promise.—[*Redak*]

1. **Behold, the hand of the Lord is not too short**—*Your failure to be delivered is not due to the shortness of My hand.*—[*Rashi*]

After completing his instructions of the good deeds they should perform and the evil deeds they should abandon, the prophet again castigates them for these deeds and tells them that their complaints about God are unfounded. They say, "Why have we fasted and you did not see?" The reason God did not see your fast and did not deliver you from your enemies is not that His hand is too short to deliver you, neither is His ear too heavy to hear, for indeed He hears your cry, and He has the power to deliver you, but your iniquities have brought you into this situation, and they create a barrier between Him and you, creating the impression that He does not hear or that He is unable to save you. Why is this so? Because of your iniquities.—[*Redak*]

The prophet again castigates the exiles, ending with the promise to make a covenant with them. Hence, these chapters are connected.—[*Ibn Ezra*]

2. **have caused [Him] to hide [His] face**—*They caused for you that He hid His face from you.*—[*Rashi*]

This is an anthropomorphism, like a person who hides his face and his ears so that he should neither see nor hear.—[*Ibn Ezra*]

3. **were defiled**—Heb. נְגֹאֲלוּ, *an expression of defilement. Comp.* "(Mal. 1:7) *polluted bread* (מְגֹאָל)."—[*Rashi*]

אָוֶן: ה בֵּיצֵי צִפְעוֹנִי בִּקֵּעוּ וְקוּרֵי עַכָּבִישׁ
יֶאֱרֹגוּ הָאֹכֵל מִבֵּיצֵיהֶם יָמוּת וְהַזּוּרֶה
תִּבָּקַע אֶפְעֶה: ו קוּרֵיהֶם לֹא־יִהְיוּ לְבֶגֶד
וְלֹא יִתְכַּסּוּ בְּמַעֲשֵׂיהֶם מַעֲשֵׂיהֶם
מַעֲשֵׂי־אָוֶן וּפֹעַל חָמָס בְּכַפֵּיהֶם:
ז רַגְלֵיהֶם לָרַע יָרֻצוּ וִימַהֲרוּ לִשְׁפֹּךְ דָּם

תרגום

דְאוֹנָס: ח הָא כְּבֵיעֵי חִיוֵי חוּרְמָנִין מַפְרְחִין וּקְקוּין דְעַכּוּבִיתָא מַסְיָא דְמִן דְאָכִיל מִבֵּיעֵיהוֹן מָאִית וּמְשַׁחְנָן וּמַפְקָן חִיוָן חוּרְמָנִין מַפְרְחִין: י הָא קְקוּין דְעַכּוּבִיתָא דְלָא כְשָׁרִין לְאִתְכַּסָאָה בְּגוּלַיִת הָנָאָה בְּעוֹבָדֵיהוֹן דְרַשִׁיעַיָא עוֹבָדֵיהוֹן עוֹבָדֵי אוֹנָס וְלַיאוּת שְׁקַר בִּידֵיהוֹן: ז רַגְלֵיהוֹן

מהר"י קרא

(ה) ביצי צפעוני בקעו. מעשיכם דומין לזה שמחמם ביצי צפעוני. וכשמגיע זמנו של אפרוח לצאת יצא שרף מעופף ומחריב את העולם. אף כאן קוריהם [לא] יהיו לבגד ולא יתכסו במעשיהם:

רש"י

(מלאכי א'): (ה) צפעוני. מין נחש רע: בקעו. (אישקלורש"ט בלע"ז) (הוא עקלארע"ר בלשון אשכנז אויסהעקקן) כלומר מעשים מכוערים שאינם לטובתם עשו: וקורי עכביש. (אירניי"ש בלע"ז) (בל"א איינע שפיננע וכן לועז רש"י וע"ל בסוכה כ"ב א' בד"ה של בוכיא) וקורי (אירסור"ש בלע"ז) (ר"ל אורדי"ר בל"א פלעכטען אנלעטעלן וכן ל"ר בשופטים ט"ז י"ג בד"ה עם המסכת ובשבת ע"ג א' בד"ה המיסך): קורי. הסי כלי האורג שהשתי מוסך בהן ומנחס חברו במחברת קורות על שם שהעכביש מסיך אריגותיו בקורות: והזורה. ת"י משחנן לשון חימוס שקורין (קובי"ר בלע"ז) (קוועט"ר בל"א אויסבריטען) המחממן יוצא מהן כשהוא מבקע הקליפ' ועיקר ל' והזורה לשון עיצור היא להוציא הבליע בתוכו כמו

רד"ק

המחשבה להריון והדבור והמעשה ללידה: והוליד. נכתב ביו"ד המשך: (ה) ביצי. דמה עוד מחשבותם ומעשיהם לביצי צפעוני כשיבקעו יצאו מהם צפעונים כן מחשבותם רעות ומעשיהם רעים ופי' בקעו הצפעונים מבקעים אותם כמו ביצת האפרוח שמנקר בחוטמו ובוקע הקליפה מעט מעט עד שיצא כך הם מפרידים לבם תמיד במחשבות רעות עד שיוציאום למעשה: וקורי עכביש. יריעות שאורג העכביש שאין להם תועלת וקיום והעמדה כן מעשיהם לא יועילום: האוכל מביציהם. שב לביצי צפעוני שזכר אמר כמו האוכל ביצי צפעוני שימות בלא ספק כן המתחבר אליהם ולמעשיהם ימות: והזורה. כמו והזורה בקבץ הרי"ש על משקל ע"פ אבשלום היתה שומה ובא בסגול תחת הקמץ כמו ולנה בתוך ביתו שהוא כמו ולנה בקמץ. וענינו כמו ותשכח כי רגל תזורה והוא אומר על ביצי הצפעוני כשהוא זורה ברגל אמר אם יאכל אדם מביצי הצפעוני ימות וכן אם תזורה רגלו על הביצה תבקע הביצה ויצא האפעה וימיתנו כן כל המתחבר עם הרשעים בכל ענין שיתחבר עמהם ימותוהו ואפעה הוא הצפעוני ושני שמות יש לו וכן ת"י שניהם חיון חורמנין ותרגם והזורה תבקע אפעה ומשחנן ומפקין חיון חורמנין מפרחין: (ו) קוריהם. כמו קורי עכביש שאינם ראוים לעשות מהם בגד ולהתכסות בה כן לא יתכסו הם במעשיהם בבא הרעה עליהם בעבור כי מעשיהם מעשה און: (ז) רגליהם. וימהרו כי אפי' התחייב מיתה

אבן עזרא

הדבור: (ה) ביצי. והנה המשילים שהם כביצי צפעוני כאשר יבקעו: וקורי. ידוע ממעשה העכביש: והאוכל מביציהם. מביצי צפעוני: והזורה. היה ראוי להיות תחת הרי"ש קמץ גדול ובאה מלה זרה כמו ולנה בתוך ביתו והנה הזורה פעולה כמו כי מולים היו סוגה בשושנים היא מגזרת ויזר את הגזה כי מי שיזורנה אז תבקע הצפעוני ויצא אפעה כמו אפעה ושרף: (ו) קוריהם לא יהיו לבגד. והנה דמה כל מעשיהם למעשה העכביש שאיננו עומד: (ז) רגליהם. כי מחשבותם שוד ושבר במסילות

מצודת ציון

(ה) צפעוני. שם מין נחש רע: וקורי עכביש. אריגת השממית קורא בל' קורי על שמיסך אריגותיו בקורות הבית: והזורה. ענין מעוך להוציא הבלוע וכן כי רגל תזורם (איוב ל"ט) והוא מלשון ויזר את הגזה (שופטים ו'): אפעה. הוא הצפעון ובשתי השמות נקרא: (ו) קוריהם. ואריגת השממית המחובר בקורות: (ז) ירוצו. מל' ריצה ורדיפה: שוד.

מצודת דוד

בהזדמן עשה און כ"א חשב עליה מתחילה לעשותה: (ה) ביצי צפעוני בקעו. ר"ל כמו הביצים שלא שעד שלא נתבקעו עדיין אין המזיק בעולם וכאשר יתבקעו אז הצפעון וגם המזיק כן הם חושבים רע בקרבם ואח"ז יעשוהו ויזיקו לבני אדם: וקורי עכביש יארגו. ר"ל אין תועלת וקיום והעמדה במעשיהם כמו שאין תועלת וקיום ביריעות העכביש: האוכל מביציהם ימות. האוכל מביצי הצפעון ימות ר"ל המתחבר עמהם עוד הרעה טמונה בקרבם ישיגהו כמיתה וכאבדון: והזורה. הממעך אותם להוציא הבלוע הנה מן הבקע תצא אפעה ותזיקנו ור"ל וכן המתגרה בו להראות קלונו יפול ברעה ואין תקנה אלא ללכת מנגד: (ו) קוריהם. ר"ל כמו שאין ראוי לעשות בגד מיריעות העכביש כן אין קיום למעשיהם: ולא יתכסו. לפי שהמשיל מעשיהם לקורי עכביש אמר לשון כיסוי הנופל ביריעה ור"ל אין העמדה למעשיהם: ופעל חמס. מעשה עושק וגזל: (ז) לרע ירוצו. ברדיפה ילכו לעשות רע: במסלותם. במקום שהם הולכים ימצא שם שוד ושבר כי הם יעשו אותם בדרכיהם:

larly, if one associates with the wicked in any way, they will kill him. The two words: צִפְעוֹנִי and אֶפְעֶה are synonymous.

6. **Their webs shall not become a garment**—Just as the spider's web cannot be used to make a garment with which to cover oneself, so will the wicked be unable to protect themselves with their evil deeds.—[*Redak*]*

7. **Their feet run to evil**—Even one who is truly guilty of a capital crime must not be judged hurriedly, but

5. They hatched vipers' eggs, and they weave spider webs; whoever eats of their eggs shall die, and what hatches, emerges a viper. 6. Their webs shall not become a garment, neither shall they cover themselves with their deeds; their deeds are works of wickedness, and there is a deed of violence in their hands.
7. Their feet run to evil, and they hasten to shed innocent blood;

to his friend, he trusts that his friend will not detect his lies. The truth is, however, that, just as his lies are known to the Almighty, they may very well become known to his friend. Hence, he trusts in vanity, in nought.—[*Redak*]

conceiving injustice—The prophet depicts thoughts as conception and speech and deed as birth.—[*Redak*]

5. **vipers'**—*a species of harmful snake.*—[*Rashi*]

hatched—Heb. בָּקְעוּ, *eskloterant in O.F. That is to say that they commited ugly deeds, from which they did not benefit.*—[*Rashi*]

The prophet compares their thoughts and their deeds to the eggs of a viper from which vipers emerge. So are both their thoughts and their deeds evil. Moreover, just as the vipers crack the eggs by constantly pecking at the shell until it breaks, so do they constantly concern themselves with finding ways and means of executing their evil thoughts.—[*Redak*]

and ... spider webs—*Irajjne in O.F. spider, and* קוּרֵי *is ordiojjrs in O.F., warp.* קוּרֵי *are the implements of the weaver, those upon which the warp is mounted. Menahem* (*Machbereth Menahem* p. 158) *classifies it in the class of* קוֹרוֹת, *beams, since the spider mounts the warp of his weavings on beams.*—[*Rashi*]

Just as a spider web has neither use nor permanence, so will the works of the wicked not avail them.—[*Redak*]

whoever eats of their eggs—This refers to the vipers mentioned in the beginning of the verse. Just as one who eats viper eggs will surely die, so will one who associates with the wicked and their deeds.—[*Redak*]

and what hatches—Heb. וְהַזּוּרֶה. *Jonathan renders:* וּמְשַׁחְנַן, *an expression of warming, called in O.F. kover (couve), hatching when one warms them, it emerges from them when he cracks the shell. The original meaning of* וְהַזּוּרֶה *is an expression of pressing to extract what is absorbed within. Comp.* "(Jud. 6:38) *And pressed* (וַיָּזַר) *the fleece." The pressing of this one is its hatching.*—[*Rashi*]

viper—Heb. אֶפְעֶה, *a species of snake that is harmful, so will nothing result from their deeds but evil.*—[*Rashi*]

Redak explains it to mean that "if one crushes it, a viper will emerge." This is another example, similar to the first one. If one eats the eggs of a viper, he will surely die. Also, if he crushes the eggs with his foot, a viper will emerge and kill him. Simi-

נְקִי מַחְשְׁבוֹתֵיהֶם מַחְשְׁבוֹת אָוֶן שֹׁד
וָשֶׁבֶר בִּמְסִלּוֹתָם: ח דֶּרֶךְ שָׁלוֹם לֹא
יָדָעוּ וְאֵין מִשְׁפָּט בְּמַעְגְּלוֹתָם
נְתִיבוֹתֵיהֶם עִקְּשׁוּ לָהֶם כֹּל דֹּרֵךְ בָּהּ
לֹא יָדַע שָׁלוֹם: ט עַל־כֵּן רָחַק מִשְׁפָּט
מִמֶּנּוּ וְלֹא תַשִּׂיגֵנוּ צְדָקָה נְקַוֶּה לָאוֹר
וְהִנֵּה־חֹשֶׁךְ לִנְגֹהוֹת בָּאֲפֵלוֹת נְהַלֵּךְ:
י נְגַשְׁשָׁה כַעִוְרִים קִיר וּכְאֵין עֵינַיִם

לְמֶעְבַּד דְבִישׁ רַהֲטִין
וּמוֹחִין לְמִשְׁפַּךְ דַם זַכַּאי
עֶשְׁתּוֹנֵיהוֹן עֶשְׁתּוֹנֵי
אוֹנָס בְּזָא וּתְבָרָא
בְּכִבְשֵׁיהוֹן: ח אוֹרַח
שְׁלָמָא לָא יָדְעִין
וְלֵית דִינָא בְּמַהֲכֵיהוֹן
שְׁבִילֵיהוֹן עַקִימוּ לְהוֹן
כָּל דְדָרִיךְ בְּהוֹן לָא יְדַע
שְׁלָמָא: ט עַל כֵּן אִתְרְחַק
דִינָא מִנָנָא וְלָא מְעַרְעָן
לָנָא זַכְוָן סַבַּרְנָא לִנְהוֹר
וְהָא חֲשׁוֹךְ לְזִיהוֹר וְהָא
כִּדְבְקַבְלָא אֲנַחְנָא
מְהַלְכִין: י נְמַשְׁמֵשׁ
כְּסָמַן כּוּתְלִין וְכִדְלֵית

קמץ בז״ק

רש״י

ויזר את הגזה (שופטים ז׳) ועוצרו של זה היא חימומו : אפעה. מין נחש שהוא רע כך לא ישתלמו במעשיהם אלא רעה : (ח) ואין משפט במעגלותם. כלומר אין במעגל דרכיהם דבר נשפט באמת כמשפטו : נתיבותיהם עקשו להם. הם העוו את דרכם לעצמם : (ט) רחק משפט ממנו. שהיינו צועקים חמס מאויבינו ואין הקב״ה שופט לנקום נקמה : ולא תשיגנו צדקה. הנחמות הטובות

מהר״י קרא

(ח) ואין משפט במעגלותם. (ט) על כן רחק משפט ממנו. הן אינן עושין משפט ביניהן. על כן רחק משפט ממנו. שאין הקב״ה עושה משפט באומות : ולא תשיגנו צדקה. אף צדקה

אבן עזרא

שידרכו בם והנה טעם רגליהם כפול : (ח) דרך. נתיבותיהם. שהיו ידיעות. עקשו׳ ומי ילך בנתיבותיהם וילמד מהם : (ט) על כן. הנביא ידבר על לשון ישראל שיאמרו בגלות : לנגוהות. כפול כטעם : (י) נגששה.

רד״ק

ראוי לדיין לחמץ דינו ולא ימהר בדיני נפשות והם ימהרו לשפוך דם נקי : (ח) דרך שלום לא ידעו. כי לא דרכו בה : עקשו להם. הם עותו נתיבותיהם לעצמם כי יכשלו בם : (ט) על כן. הפסוקים האלה עד וירא כי אין איש הם דברי הנביא על לשון בני הגלות הזה כי בעון האבות עם עון הבנים ארכה הגלות הזאת כי רוב ישראל לא שבו עוד משגלו בגלות ראשונה. וכן אמר ירמיהו הנביא על הלשון בני הגלות אבותינו חטאו ואינם ואנחנו עונותיהם סבלנו ואמר דוד על לשון בני הגלות אל תזכור לנו עונות ראשונים . ואמר על כן שהרבו אבותינו להרע אנחנו עוד היום בגלות והנה האל שופטנו מדה כנגד מדה הם רחקו המשפט והצדקה והשלום על כן רחק המשפט ממנו : ולא תשיגנו צדקה . כי ממדת הבורא הוא לפקוד עון אבות על בנים כשאוחזין מעשה אבותיהם בידיהם : נקוה לאור. יום יום נקוה לאור ולישועה שהיא האור והנה חשך והוא הגלות וכפל הענין במ״ש : (י) נגששה כעורים קיר. כמו נמששה מן ותיית ממשש בצהרים והצרות בגלות הם החשך

מצודת דוד

(ח) לא ידעו. אינם מכירים דרך שלום כי בכל מקום שהולכים אין לומי שלום בסבתם : ואין משפט. אין במעגל דרכיהם דבר העשוי במשפט וביושר : נתיבותיהם. הנתיבות שהולכים בהם העוו אותם ללוכך עצמם ר״ל עשו אותם מעוקל ומעוקם למען יכשלו בם בני אדם ויהיו להם לשלל : כל דורך בה. כל הפוסע בזו הדרך לא ידע מן השלום כי השודדים ילפותו שמה לשלול שלל : (ט) על כן. בעבור זה רחק משפט שאין המקום שופט משפטינו לקחת נקם מיד העכו״ם : ולא תשיגנו צדקה. הצדקה שהבטיח לנו המקום לא השיגו אותנו : נקוה לאור. ר״ל אנו מקווים לישועה ולא עוד לצרה : לנגוהות. אנו מקווים לנגוהות ולא כן הוא כי נהלך בחושך וסוף כפל ענין במ״ש : (י) נגששה. בעבור החושך נמשש הכותל ללכת אלא כדרך העורים והוא ענין מליצה לומר שגבר עליהו חשכת הצרות : ובאין עינים. כמו שממשש מי שאין לו עינים כן נמשש אנו וכפל הדבר במ״ש : כשלנו בצהרים. בעת הצרים כשלנו כאלו מכשול כשו

מצודה ציון

מל׳ שדידה וגזל : במסילותם. מל׳ מסילה ודרך : (ח) במעגלותם. ענין שביל ודרך כמו מעגל לדיק תפלס (לעיל כ״ו) : נתיבותיהם. מלשון נתיב ודרך : עקשו. ענין עקום ומעוקל : להם. לעצמם : דורך. מל׳ דריכה והילוך : (ט) תשיגנו. ענין קריבה : לנגוהות. מלשון נוגה והארה כמו מנוגה נגדו (תהלים י״ח) : באפלות. מל׳ אופל וחושך : (י) נגששה. ענין משוש והנגיעה בדבר ואין לו דמיון במקרא ובדרז״ל בזמן שהספינה גוששת (גטין ז׳) : קיר.

crying that we were robbed by our enemies, yet the Holy One, blessed be He, does not judge to avenge us.—[*Rashi*]

and righteousness does not overtake us—*The good consolations that He promised us are not coming to overtake us.*—[*Rashi*]

It is God's practice to punish the children for the sins of the fathers if the children continue to do as their fathers had done.—[*Redak*]

we hope for light—We hope daily for redemption, which is the light, but instead, we are still in the dark, in exile.—[*Redak*]

for brightness—*we hope, but we walk in gloom.*—[*Rashi*]

their thoughts are thoughts of wickedness; robbery and ruin are
in their paths. 8. The way of peace they do not know, and there
is no justice in their paths; they have made themselves crooked
paths; whoever goes on it knows no peace. 9. Therefore, justice
is far from us, and righteousness does not overtake us; we hope
for light and behold there is darkness, for brightness, but we
walk in gloom. 10. We tap a wall like blind men, and like those
who have no eyes

must be judged with deliberation, but these judges, on the contrary, hasten to shed the blood of innocent people.—[*Redak*]

Abarbanel interprets this verse as a reference to false witnesses, who run to testify falsely against innocent people. They hasten to do evil much as the righteous hasten to perform the will of the Lord.

their thoughts are thoughts of wickedness—This refers to those who advise the litigants what to claim and how to argue.—[*Abarbanel*]

robbery and ruin are in their paths—This refers to the litigants, each of whom strives to cheat his opponent and cause his ruin.—[*Abarbanel*]

8. **The way of peace they do not know**—since they never went on that way.—[*Redak*]

This refers to the judges who do not suggest to the litigants a peaceful solution of their differences by compromise, as judges are required to do.—[*Abarbanel*]

and there is no justice in their paths—*That is to say that in their paths there is nothing judged truly according to its law.*—[*Rashi*]

If the litigants refuse to compromise, the judges must give them a fair trial. These judges, however, have 'no justice in their paths.'—[*Abarbanel*]

they have made themselves crooked paths—*They made their road crooked for themselves.*—[*Rashi*]

I.e., they made their paths crooked for *themselves,* for they themselves will stumble on them.—[*Redak*]

9. **Therefore**—From here until the end of verse 15, the prophet speaks in the name of the people of the Diaspora, for, because of the sins of the children combined with the sins of the fathers, this exile is very long, for many Jews did not repent after the first exile. Jeremiah, too, spoke in the name of the people, when he said, "(Lam. 5:7) Our fathers sinned, and they are no longer here, and we have borne their iniquities." David, too, stated, "(Ps. 79:8) Do not remember for us the early sins." The prophet declares that we are still in exile because of the serious sins of our forefathers. They perverted justice; hence justice is far from us, since God metes out punishment in kind.—[*Redak*]

justice is far from us—*For we were*

נְגַשֵּׁשָׁה כָּשַׁלְנוּ בַצָּהֳרַיִם כַּנֶּשֶׁף
בָּאַשְׁמַנִּים כַּמֵּתִים: יא נֶהֱמֶה כַדֻּבִּים
כֻּלָּנוּ וְכַיּוֹנִים הָגֹה נֶהְגֶּה נְקַוֶּה לַמִּשְׁפָּט
וָאַיִן לִישׁוּעָה רָחֲקָה מִמֶּנּוּ: יב כִּי־רַבּוּ
פְשָׁעֵינוּ נֶגְדֶּךָ וְחַטֹּאותֵינוּ עָנְתָה בָּנוּ
כִּי־פְשָׁעֵינוּ אִתָּנוּ וַעֲוֺנֹתֵינוּ יְדַעֲנוּם:
יג פָּשֹׁעַ וְכַחֵשׁ בַּיהוָה וְנָסוֹג מֵאַחַר

יתיר ואו אלהינו

לְהוֹן עַיְנִין נְמַשְׁמֵשׁ אִתְקִילְנָא בְטִיהֲרָא כְּמָא דְמִתְקְלִין בְּקַבְלָא אִתְאֲחַד בְּאַפְּנָא כְּמָא דְאַחִידִין קִבְרַיָא בְּאַפֵּי מִתַיָא: יא עַמְמַיָא מִן קֳדָם בַּעֲלֵי דְבָבָנָא דְמִתְכַּנְשִׁין עֲלָנָא כְּדוּבִין כּוּלָנָא וּכְיוֹנִין נְהָמָא נְהִימְנָא סְבַרְנָא לְדִינָא וְלֵית לְפוּרְקָנָא אִתְרְחֵק מִנָנָא: יב אֲרֵי סַגִיאִין חוֹבָנָא קֳדָמָךְ וְחֶטְאָנָא אַסְהִידוּ בָנָא אֲרֵי חוֹבָנָא גְלַן לָנָא וְעַוְיָתָנָא יָדְעָנָא לְהוֹן: יג מְרַדְנָא וְכַדִיבְנָא בְּמֵימְרָא דַיְיָ וְאִסְתַּחַרְנָא לְאַחוֹרָא מִבָּתַר פּוּלְחָנָא

מהר"י קרא

לשון דין הוא. שאין נעשה לנו צדקה באומות: (י) כשלנו בצהרים כנשף באשמנים כמתים. אם בצהרים אנו נכשלים כל שכן באשמנים שהוא אישון לילה ואפילה אנו חשובין

רש"י

שהבטיחנו אין משיגות אותנו לבוא: לנגוהות. נקוה ובאפלות נהלך: (י) באשמנים. מנחם פתר ל' מחשכים ורוב הפותרים מודים לו אבל דונש פתר בו לשון שומן והאל"ף נוסף בו כמו אל"ף שבאחותי (איוב י"ג) ושבאכזב (ירמיה ט"ו) ודרך האתרים (במדבר כ"א) אף כאן בין האשמנים בין החיים השמנים אנחנו כמתים ויונתן תירגם לשון מסגר איתאחד באפנא כמא דאחידין קבריא באפי מיתיא: (יא) הגה נהגה. ל' יללה: (יג) דבר עשק. כמו לדבר עשק: הורו והוגו. לירות ולהוציא הורו לשון ירה בים

רד"ק

והעורון: באשמנים כמתים. הרי אני חשובים כאלו אנו נקברים כמו המתים ומלת באשמנים פירשה א"א ז"ל כי הנו"ן נוספת ושרשו אשם כן תאשם שמרון שהוא ענין שממה והקברים הם מקום שממה וי"ת אתאחד באפנא וגו': (יא) נחמה כדובים כלנו. קול הדובים בקול המיה ויללה וכן היונים הוגות בקול יללה כי ההגינה והיללה נמצא בזה הענין בקול יללה וכן אמר כיוני הגאיות כולם הומות וי"ת עמנא מן קדם בעלי דבבנא וגו': למשפט. שיקח האל משפטנו מאויבינו: (יב) כי רבו פשעינו. עם פשעי אבותינו כי בתחילה אמר כי בפשעי האבות היה אריכות הגלות ועתה הוסיף ואמר לא בפשעי האבות לבד ולא בפשעי הבנים לבד אלא אלה ואלה גרמו ואמר נגדך כי אנחנו מתודים בגלות על עונותינו שהם גלוים וידועים לפניך לפיכך אמר נגדך לא כמו האבות שהיו אומרים מקצתם אין השם רואה אותנו: וחטאתינו ענתה בנו. אמר וחטאתינו לשון רבות ואמר ענתה לשון יחידה רוצה לומר כל אחת ואחת מהחטאות העידה בנו כי בעונש העונות באות לנו הצרות וכמוהו לשון יחיד על רבים ועיניו קמה ויבא אלי אנשים נלכדה הקריות לא תמעד אשוריו והדומים להם: אתנו. שאנחנו מכירים בהם ומתודים עליהם. וכפל הענין ואמר ועונותינו ידענום: (יג) פשע וכחש בה'. שניהם מקור וכן נסוג דבר הורו והגו. מקור או יהיה נסוג מנחי העי"ן והנו"ן לנפעל כמו לא נסוג אחור לבנו ופי' וכחש אין זה כמו כחשו בה' ויאמרו לא

אבן עזרא

כמו כמשש ואין ריע לו וי"א מגזרת וגוש עפר: בצהרים. שהוא חצי היו' כאילו היינו בנשף וזה דרך משל: באשמני'. יש אומרים קברים ויתכן שהוא כמו לאהרים או כמו בחיי' והטעם בינות החיים ויתכן היות האל"ף נוסף והטעם בינות השמנים והם הגוים: (יא) נהמה כדובים. והטעם נצעק ואין מושיע ואין מי שיעשה לנו משפט: (יב) כי. אלה דברי הנביא על לשון ישראל שיודו לשם עונותם: ענתה בנו. כמו לא תענה ברעך: כי פשעינו אתנו. הם עוד: (יג) פשוע וכחש. שמות הפעלים והנה פשוע לאות מתחת הרשות: ונסוג. שם הפועל מבנין נפעל על דרך

מצודת ציון

כותל: בצהרים. הוא חצי היום: בנשף. ענינו חשכת הלילה כמו ויקומו בנשף (מ"ב ז'): באשמנים. בקברים השוממים כמו תאשם שמרון (הושע י"ד) והנו"ן נוספת: (יא) נחמה. מלשון המיה: כדובים. שם חיה: הגה נהגה. ענין לצפוף היונים כמו אהגה כיונה (לעיל ל"ח): (יב) ענתה. העידה כמו לא תענה (שמות כ'): (יג) ונסוג. ענין הסרה לאחור כמו הנסוגים מאחרי ה' (צפניה א'):

מצודת דוד

שהדרך נהכשל בחשכת הלילה ר"ל אף שיש שלום בעולם אנו יושבים בצער ובהרדה: באשמנים. כאלו אנו שוכנים בקברים השוממים כמו המתים: (יא) נחמה. מרוב הצרות נהמה כולנו כדובים וכיונים המהגים: נקוה למשפט. שיעשה משפט בהעכו"ם לנקום נקמתינו: ואין. אין משפט: לישועה. נקוה לישועה והנה רחקה ממנו ולא באה: (יב) כי רבו. מה שפשענו נגדך רבו מאד: וחטאתינו. כ"א מהחטאים העידה בנו לקטרג עלינו: אתנו. ר"ל עדיין לא עזבנו: ידענום. ידועים הם לנו ומכירים בהם ולא בלא דעת עשינו אותם: (יג) פשוע. דרכנו לפשוע בה' ולכחש

sions. Unlike our forefathers, some of whom denied Your knowledge of their deeds, we confess that You are aware of our sins.—[*Redak*]

are with us—We are aware of them and confess to them.—[*Redak*]

13. **Rebelling and denying**—Although Israel did not actually deny God's existence or His knowledge, they were guilty of cheating their fellowmen in transactions, such as loans and depositories. In such

we tap; we have stumbled at midday like in the darkness of night; [we are] in dark places like the dead. 11. We all growl like bears, and like doves we moan; we hope for justice but there is none, for salvation [but] it has distanced itself from us. 12. For our transgressions against You are many, and our sins have testified against us, for our transgressions are with us, and our iniquities—we know them. 13. Rebelling and denying the Lord, and drawing away from following

10. **We tap a wall like blind men**—This parallels Moses' prophecy, "(Deut. 28:29) And you shall tap at midday as the blind man taps in the darkness." The troubles of the Diaspora are symbolized by darkness and blindness.—[*Redak*]

in dark places—Heb. בָּאַשְׁמַנִּים. *Menahem* (*Machbereth*, p. 35) *interpreted it as an expression of dark places, and most exegetes concur with him. Dunash, however,* (*Tesuhvoth Dunash*, p. 93) *interprets it as an expression of fat* (שׁוּמָן), *with the 'alef' prefixed to it like the 'alef' that is in* "(Job 13:17) אַחֲוָתִי, *my narrative,*" derived from חוה; *and that is in* "(Jer. 15:18) אַכְזָב, *a failure,*" derived from כזב; and "(Num. 21:1) *the way of the spies* (הָאֲתָרִים), derived from תור. *Here, too, among the* שְׁמֵנִים, *among the lusty living, we are like dead. And Jonathan rendered it as an expression of locking: It is locked before us as the graves are locked before the dead.*—[*Rashi*]

Others see the root as אשם, related to שמם, *desolation.* We are in the desolate graves like the dead. In this case, the 'nun' is a suffix.—[*Rabbi Joseph Kimchi, Sepher Hagaluj,* quoted by *Redak,* commentary and *Shorashim*] *Kara,* too, interprets it as dark places, deriving it from אִישׁוֹן, *darkness.*

11. **We all growl like bears**—We cry out, but no one saves us, and there is no one to do justice for us.—[*Ibn Ezra*]

we moan—Heb. הָגֹה נֶהְגֶּה—*an expression of wailing.*—[*Rashi*]

for justice—That God exact judgment from our enemies.—[*Redak*]

12. **For our transgressions against You are many**—These are the words of the prophet speaking for Israel, exhorting them to confess their sins.—[*Ibn Ezra*]

our transgressions—Not only have our forefathers' transgressions caused the lengthy exile, but our transgressions, as well, have contributed toward it.—[*Redak*]

against You—At the beginning of the chapter, he discussed the sins they committed, each one against his fellowman. Now, he states that "our transgressions against *You* are many." We are guilty, as well, of transgressions against God.—[*Abarbanel, Mezudath David*]

Others render: Our transgressions are many opposite You. We confess that You see our many transgres-

דאלהנא והוינא מסלין שקר וסטיא מוחן ומפקין מלבהון פתגמי שקר: יד ואסתחר לאחורא עבדי דינא ועבדי זכותא מרחיק קמין ארי אתקילו עבדי קושטא ועבדי הימנותא לא יכלין לאתגלאה: טו והוו עבדי קושטא מטמרין ודסטן מביש

אלהינו דבר־עשק וסרה הרו והגו
מלב דברי־שקר: יד והסג אחור משפט
וצדקה מרחוק תעמד כי־כשלה
ברחוב אמת ונכחה לא־תוכל לבוא:
טו ותהי האמת נעדרת וסר מרע
משתולל

ת״א ותהי האמת נעדרת. סנהדרין לז:

רש״י

(שמות ט״ו) ד״א הורו והוגו הרב והתלמיד שם המקור (סא״א) והוגו כאשר הוגה מן המסילה (שמואל ב׳ כ׳) הגו סיגים מכסף (משלי כ״ה): (יד) והוסג אחור משפט. נקמתינו מאויבינו שהיא תלויה בהקב״ה ולדקתו עומדת מרחוק למה כי כשלה אמת ברחובותינו. כיון שהאמת כשלה

מהר״י קרא

כמתים: (יג) והתו מלב דברי שקר. פת׳ והוציא מלב דברי

אבן עזרא

וכשלו: וסרה. מגזרת סורר ומור׳ והורו כמו עושו והורו מגזרת על ברכת הורי ותהר את מרים והנה הוא על משקל הוכו והוי״ו שב על שקר ויש אומרים כי היה ראוי להיותו על משקל בנה בניתי ובאו זרות וטעם מלב מלבם יוציאו דברי שקר: (יד) והסג. מבנין שלא נזכר שם פועלו: וצדקה מרחוק תעמד. דרך משל כי אין לדקתו אמת לשון נקבה והוא חסר נו״ן וימלא מבולע במלת אמתך: ונבוחה. דברים שיאמר אדם לנכח חבירו ראה דבריך טובים ונכוחים: (טו) ותהי. משתולל. יש אומרים

רד״ק

הוא שהרי אמר נגדך כלומר שהוא יודע בנו ובמעשינו אלא פי׳ וכחש בהשם כי כשיכחש איש בחברו כאלו מכחש בה׳ וכן אמר ומעלה מעל בה׳ וכחש בעמיתו וכיון שמכחש בעמיתו שהפקיד אצלו או שהלוה לו בלא עדים הרי הוא כאלו מכחש בה׳ שהרי הוא עד ביניהם או פי׳ בה׳ כמו שתרגם יונתן במימרא דה׳ כלומר כחש במצותו שצותו לא תכחשו ולא תשקרו איש בעמיתו: ונסוג מאחר אלהינו. הפך אחרי ה׳ אלהיכם תלכו ונסוג שרשו נסג ענינו ענין התאחרות כמו ששב לאחור. וכן והוסג אחור משפט: וסרה. רוצה לומר דבר סרה פירוש מעוותת: הרו. כמו הרו עמל הנזכר למעלה ובאה הה״א בחולם והיה משפטו בקמץ וכן והגו כי שרשו הגה ובא הה״א בחולם במקום קמץ ופירושו כמו הרו עמל שפירשנו למעלה ומה שחושבים בלבם ומוציאים מן המחשבה אל הדבור ואל המעשה מחשבותיהם ודבריהם דברי שקר. וא״א ז״ל פירש הרו כמו להורות את בני ישראל ששרשו ירה וי״ת הרו והגו מוחן ומפקן: (יד) והסג. אמר על דרך משל כי המשפט שב לאחור כי אין לו מקום ביניהם וכן הצדקה מרחוק תעמוד ולא תקרב אליהם והמשפט הוא לשפוט בין שני בעלי ריב להצדיק הצדיק ולהרשיע הרשע בדינו: וצדקה. היא לתת לעני ולהלוות לו וגמילות חסדים ותקון המדות בין לעניים בין לעשירים והאמת להיות דובר אמת ולא ישקר בעמיתו בפקדון או בתשומת יד והדומה להם ולא יהיה אחד בפה ואחד בלב וראש האמת שיודה באל ובמצותיו: ונכוחה. הוא היושר שיהיה ישר בדרכיו ובמה שבינו לחבירו ולא יאהב לעצמו יותר מלחברו כמו שנאמר ואהבת לרעך כמוך. ויהיה ישר עם כל אדם מאיזה עם שיהיה ומ״ש ברחוב כי בסתר היו בהם אנשי אמת וכן אמר ירמיהו ובקשו ברחובותיה אם יש איש מבקש אמונה כי אנשי אמת היו נחבאים לא היו מתראים בפני האחרים כי היו נבזים ושפלים בעיניהם וי״ת משפט עבדי דינא וצדקה עבדי זכותא אמת עבדי קושטא ונכוחה עבדי הימנותא: (טו) ותהי האמת נעדרת. שלא היתה נמצאת ביניהם כלל כאילו לא היתה מעולם: וסר מרע משתולל. אינו נמצא כאלו שללו ובזזו אותו מן העולם:

מצודת דוד

בהשגחתו ולחזור לאחור מאחר אלהינו לבל לקבל מלומדיו: דבר עושק. ולדבר דברי עושק וסרה: הורו והוגו. כ״א מורה ומלמד ומוליא מלב דברי שקר: (יד) והוסג. ובעבור זה המשפט הראוי לעשות בעכו״ם הוסג אחור ולא נעשה והצדקה שהבטיח לנו המקום תעמוד מרחוק ולא באה: כי כשלה. על כי האמת נכשלה ונחלשה ברחוב במקום פרסום רב לכן לא תוכל לבוא מן השמים דבר נכוחה הוא המשפט להעכו״ם ולדקה לנו: (טו) נעדרת. הולכת ונחסרת: משתולל. מוחזק הוא בעיני הבריות לשוטה וסכל: וירא ה׳. אף

מצודת ציון

וסרה. ענין עוות ומרד כמו כי דבר סרה (דברים י״ג): הורו. מל׳ הורלאה ולימוד: והוגו. ענין הולאה כמו הגו רשע (משלי כ״ה): (יד) והוסג. ענין החזרה לאחור: כשלה. ענין תשות והחלשות הכח כמו והיה הנכשל בהם (זכריה י״ב): ונכוחה. ענין דבר יושר ורלוי כמו לאלכן נכוחות יעול (לעיל כ״ו): (טו) נעדרת.

depositories, or the like. Also, not to be a hypocrite, saying one thing while thinking another. The main fundmental of truth is acknowledging God and His precepts.—[*Redak*]

straightforwardness—His being straight in his ways as well as in affairs between him and his fellowman, not to love oneself more than his friend, as the Torah commands, "(Lev. 19:18) And you shall love your neighbor as yourself." And he should be honest with everyone.—[*Redak*]

in the street—I.e., there are no truthful people who demonstrate their honesty in public, although there are honest people who demonstrate their truthfulness in secret, hiding from the populace who look with disdain on honest people. Comp. "(Jer. 5:1) Walk through the

our God, speaking oppression and perverseness, sprouting and giving forth from the heart words of falsehood. 14. And justice has turned away backward, and righteousness stands from afar, for truth has stumbled in the street, and straightforwardness cannot come. 15. And truth is lacking, and he who turns away from evil

cases, denying the receipt of the money or the article entrusted to him, it is tantamount to denying the knowledge of God, the only witness to the transaction. Alternatively, it is tantamount to denying His commandment, "(Lev. 19:11) You shall not deny, neither shall you lie."—[*Redak*] *Jonathan,* who renders: And we denied the word of the Lord, apparently explains the verse in this manner.

and drawing away from following our God—The opposite of the Biblical precept, "(Deut. 13:5) You shall follow the Lord your God."—[*Redak*]

speaking oppression—*Like: to speak oppression.*—[*Rashi*]

sprouting and giving forth—Heb. הֹרוֹ וְהֹגוֹ, *to shoot and to give forth.* הֹרוֹ *is an expression of* "(Ex. 15:4) *He shot* (יָרָה) *into the sea." (Another explanation:* הֹרוֹ *means: the teacher and the disciple, a gerund.)* הֹגוֹ *is an expression of* "(II Sam. 20:13) *When he was removed* (הֹגָה) *from the highway"; "*(Prov. 25:4) *Take away* (הָגוֹ) *the dross from the silver."*—[*Rashi*] The parenthetic material is an addendum to *Rashi,* not found in manuscripts.—[*Parshandatha*] Neither is it found in *K'li Paz,* and in printed editions, it is marked with the expression, "Not found in other editions."

Alternatively, conceiving and executing. This denotes making plans to commit acts of falsehood and expressing them in speech and in deed.—[*Redak*]

Rabbi Joseph Kimchi renders: To teach and to mutter words of falsehood.—[*Shorashim*]

14. **And justice has turned away backward** — *Our revenge from our enemies, which depends upon the Holy One, blessed be He, and His righteousness stands from afar. Why? For truth has stumbled in our streets, (and since truth has stumbled from the earth, even from heaven righteousness and justice do not come.)*—[*Rashi*] Parenthetic material does not appear in manuscripts.

Redak explains justice and righteousness as referring to the justice of the people. It is as though justice has turned away backward for it has no place among them, and similarly, righteousness stands from afar. Justice denotes judging two litigants honestly, establishing the true guilt of one and the true innocence of the other. Righteousness denotes giving charity to the poor, lending him money when he needs it, performing deeds of kindness and improving one's character traits in dealing both with the poor and the rich. Truth denotes speaking the truth, not lying in business transactions such as loans,

מִשְׁתּוֹלֵל וַיַּרְא יְהוָה וַיֵּרַע בְּעֵינָיו כִּי
אֵין מִשְׁפָּט: טז וַיַּרְא כִּי־אֵין אִישׁ
וַיִּשְׁתּוֹמֵם כִּי־אֵין מַפְגִּיעַ וַתּוֹשַׁע לוֹ

מִתְבַּזְזִין וּגְלֵי קֳדָם יְיָ
וּבְאִישׁ קֳדָמוֹהִי אֲרֵי לֵית
דִינָא: טז וּגְלֵי קֳדָמוֹהִי
דְלֵית גְבַר דְלֵיהּ עוֹבָדִין
טָבִין וִידִיעַ קֳדָמוֹהִי
וְלֵית אֱנַשׁ דִיקוּם וְיִבְעֵי

מהר"י קרא

שקר. כמו אשר הוגה מן המסלה: (טז) וישתומם כי אין מפגיע. וישתומם לשון צפוי וחפוי הוא. אשתומם כשעה חדא. כלומר כשיהא מחריש כמה ימים בצרתו. ויראה שאין בדור מפגיע

רש"י

מארץ אף משמי' אין הצדק והמשפט באין: (טו) משתולל. מוחזק שוטה על הבריות כמו (מיכה א') אלכה שולל והוא מגזרת שוגג דמתרגמינן שלו וכן (שמואל ב' ו') על השל:

וירע בעיניו כי אין משפט. לפיכך הביא עליהם הפורעניות: (טז) וירא כי אין איש. ועתה בהנחמו על הרעה לעמו רואה כי אין צדיק לעמוד בפרץ: וישתומם. ויחרש לראות אם יש מפגיע בעדם ואין מפגיע. וישתומם לשון אדם העומד ותוהא ושותק בתמהונו ותי"ו וישתומם כתי"ו של משתולל ושניהם כאן משמשות לשון מתפעל וכן דרך התיבה שיסודה הראשון שי"ן או סמ"ך דשהיא נהפכת ללשון מתפעל נתפעל ויתפעל בא התי"ו באמצע אותיות שרש התיבה כמלא וישתומם לשון שמו שמים (ירמיה ב') משמים בתוכם (יחזקאל ג') נשמו אחרונים (איוב י"ח) לשון תמהון: ותושע לו זרועו. ויגקם מאויביו: וצדקתו היא סמכתהו. הוא להשיאו ולאמץ ידיו בנקמתו ואע"פ שאין אנחנו הגונים

רד"ק

יירא ה' וירע בעיניו. כי אין משפט זכר משפט והניח האחרים כי זה קשה מכולם כי אם אין משפט בטל סדר בני אדם ולא יעמוד הישוב ואמרו רבותינו ז"ל גדול כחו של חמס שהרי דור המבול עברו על הכל ולא נחתם עליהם גזר דין אלא על החמס שנאמר כי מלאה הארץ חמס מפניהם: (טז) וירא כי אין איש. הנה מצאנו בתורה ושבת עד ה' אלהיך ושמעת בקולו ואמר ושב ה' אלהיך את שבותך ורחמך וכן אמר יבקשתם משם את ה' אלהיך ומצאת כי תדרשנו בכל לבבך ובכל נפשך הנה ע"י התשובה יהיה קבוץ גליות וישעיה אמר וירא כי אין איש ותושע לו זרועו וגו' וכן אמר ואביט ואין עוזר וכן אמר דרכיו ראיתי וגו' כמו שפירשנו למעלה ואמר יחזקאל לא למענכם אני עושה בית ישראל וגו' ואמר והוצאתי אתכם מן העמים וגו' ואומר וברותי מכם המורדים והפושעים בי מארץ מגוריהם אוציא אותם ואל אדמת ישראל לא יבאו וגם בתורה אמר וזכרתי להם ברית ראשונים וגו' נראה כי בחסד האל ובזכות האבות יצאו לא בזכותם וגם בדברי רז"ל ראינו שהיו נבוכים בזה אם יצאו על ידי תשובה אם לאו ואמרו אמר ר' יוחנן אין בן דוד בא אלא או בדור שכלו זכאי או בדור שכלו חייב בדור שכלו חייב דכתיב וירא כי אין איש וישתומם כי אין מפגיע והדר ותושע לו זרועו.בדור שכלו זכאי דכתיב ועמך כולם צדיקים לעולם ירשו ארץ ועוד אמרו רבי יהושע בן לוי רמי כתיב וארו עם ענני שמיא כבר אינש אתא הוי וכתיב עני ורוכב על החמור הא כיצד זכו עם ענני שמיא לא זכו עני ורוכב על חמור ועוד בדבריהם ר"א אומר אם ישראל עושין תשובה מיד נגאלין שנאמר שובו בנים שובבים אמר לו רבי יהושע והלא כבר נאמר חנם נמכרתם ולא בכסף תגאלו אלא בתשובה ומעשים טובים הנה אנו רואים כי מסופקים היו אם יהיה קבוץ גליות על ידי תשובה או לאו וזה מפני מחלוקת הפסוקים ואפשר לתרץ הפסוקים כי רוב ישראל ישובו בתשובה אחר שיראו סימני הגאולה ועל זה נאמר וירא כי אין איש כי לא ישובו בתשובה עד שיראו תחילת הישועה ועדין יהיו בהם פושעים ומורדים ויצאו מהגלות בכלל רוב ישראל השבים בתשובה ויכלו בדרך שלא יבאו לארץ ישראל ובאמרו וירא כי אין איש ר"ל על כלל ישראל שלא ישובו בתשובה שלמה ולא יפגעו לאל בלב נכון עד שיראו סימני הגאולה ואיש אומר על כלל ישראל כמו ואיש ישראל נשבע במצפה שהיו שם כל ישראל כי לא יתכן שלא יהיה איש ואנשים בישראל צדיקים וטובים שיהיו ראוים לגאולה אבל לא לגאול כל ישראל בזכותם וכן מה שאמרו רבותינו ז"ל דור שכלו חייב ר"ל רובו כי לא היה מעולם בישראל דור שכלו חייב שלא היו בהם אנשים צדיקים וטובים וגם החייבים לא אמר שיהיו חייבים כליה ח"ו אלא שאין ראוין לגאולה: וישתומם. ענין תמהון לבב וכן כאשר שממו עליך רבים אשתומם כשעה חדא: מפגיע. ענין תפילה ובקשה כמו אל תפגע בי: ותושע לו זרועו. כי אין עוזר וסומך עמו כי אם כחו וצדקתו לבדו כי מעשה האיש וצדקתו הם כעוזרים וסומכים למושיע אותו ואמר זרועו ואמר צדקתו כנגד העכו"ם לקחת נקמה מהם כמו שנאמר היוקח מגבור מלקוח כמו שפירשנו ואמר צדקתו כנגד האבות שוכר בריתו עמהם ולזרעם אחריהם ועושה עמהם הצדקה להושיעם מהגלות ובאמרו ותושע לו רוצה לומר לעצמו והטעם לפי שעל האדון מוטל להושיע עבדו מיד המחזיקים בו והמשתעבדים

אבן עזרא

משוגע כמו אלכה ערום ושולל אשתוללו אבירי לב. ויתכן היות הכל מגזרת שולל להסיר הון הנה משתולל שם הפועל מבנין התפעל: (טז) וירא. וישתומם. מגזרת שממה ורבי מנחם שהוליאו מגזרת שתום העין ולא אמר אמת כי לא יכול אדם לאמר מן וישבור וישבורר כפול הלמ"ד: ותושע לו. כלשון בני אדם כי השם הוא המושיע ואיננו נושע והנה הטעם על כבודו להראות גבורתו: מפגיע.

מצודת ציון

ענין חסרון כמו איש לא נעדר (לעיל מ'): משתולל. ענין שוטה וסכל כמו מוליך יועצים שולל (איוב י"ב): (טז) וישתומם. ענין התמהון כמו משמים בתוכם (יחזקאל ג') ואחז במשל מאדם העומד בתמהון ומתבונן בדבר: מפגיע. ענין תפלה ובקשה כמו וילו

מצודת דוד

מעשיהם וירע בעיניו כי אין דבר נעשה במשפט הראוי: (טז) וירא. וכאשר יראה שאין בהם איש כשר והגון להיות נגאלין בזכותו: וישתומם. וכאשר יעמוד בתמהון ויתבונן שאין בהם מי מפגיע ומתפלל על הגאולה: ותושע. וזרוע ה' תושע לו להביא הגאולה

and His arm saved for Him—*and He will take revenge from His enemies.*—[*Rashi*]

and His righteousness, that supported Him—*to entice Him and to strengthen His hands in His revenge, although we are not worthy of being saved.*—[*Rashi*]

We find in the Pentateuch, "(Deut. 30:2) And you return to the Lord your God and you hearken to His voice, according to all that I command you today . . . (v. 3) the Lord will return your captivity and grant you clemency." We find further, "(ibid. 4:29) And you seek the

is considered mad, and the Lord saw and was displeased for there is no justice. 16. And He saw that there was no man, and He was astounded for there was no intercessor, and His arm saved for Him,

streets of Jerusalem and see now and know and seek in its streets, if you will find a man, if there is one who performs justice, who seeks faith, and I will forgive it." There were, indeed, honest people, but they hid from the others.—[*Redak*]

15. **And truth is lacking**—It was not found among them, appearing as though it never existed.—[*Redak*]

Jonathan renders: And performers of truth hid themselves.

is considered mad—Heb. מִשְׁתּוֹלֵל, *considered mad by the people. Comp.* "(Micah 1:8) *I will go as a mad man* (שׁוֹלָל)." *This is equivalent to* שׁוֹגֵג, *inadvertent, which the Targum renders:* שָׁלוּ. *Likewise,* "(II Sam. 6:7) *For his error* (הַשַּׁל)."—[*Rashi*] See *Sanhedrin* 97a.

Ibn Ezra suggests that the root is שלל, *to rob,* rendering: and he who turns away from evil makes himself a prey. Also *Jonathan, Ben Bilam. Redak,* deriving the word from the same root, renders: and he who turns away from evil is robbed away. I.e., it is as though he were taken away from the world since there are no people who turn away from evil. This view is shared by *Ibn Ganah.*

and was displeased for there is no justice—*Therefore, He brought retribution upon them.*—[*Rashi*] The prophet mentions justice and omits the other admirable traits mentioned in the preceding verse because the absence of justice is the most serious, bringing about the destruction of civilization in its wake. Our Rabbis taught that the very serious nature of robbery is evidenced by the Great Flood, which was brought upon the world because of robbery, although the people were guilty of other crimes as well.—[*Redak* from *San.* 108a]

16. **And He saw that there was no man**—*And now, when He repents of the evil to His people, He sees that there is no righteous man to stand in the breach.*—[*Rashi*]

and He was astounded—*He was silent to see whether there was an intercessor, and there was no intercessor.* וַיִּשְׁתּוֹמֵם *is an expression of a man who stands and wonders and remains silent in his wonder, and the 'tav' of* וַיִּשְׁתּוֹמֵם *is like the 'tav' of* מִשְׁתּוֹלֵל, *and both of them serve here as the reflexive, and this is the procedure of the word whose first radical is a 'shin' or a 'samech,' that when it is converted into the form of* מִתְפַּעֵל, *the present reflexive,* נִתְפַּעֵל, *the past reflexive, or* יִתְפַּעֵל, *the future reflexive, the 'tav' comes in the middle of the letters of the radical. The result is that* וַיִּשְׁתּוֹמֵם *is an expression from the same root as* "(Jer. 2:12) *Be admonished* (שֹׁמּוּ), *O ye heavens*"; "(Ezekiel 3:15) *appalled* (מַשְׁמִים) *among them*"; "(Job 18:20) *the later ones will be astonished* (נָשַׁמּוּ)," *an expression of wonder.*—[*Rashi*]

זְרֹעוֹ וְצִדְקָתוֹ הִיא סְמָכָתְהוּ׃ יז וַיִּלְבַּשׁ
צְדָקָה כַּשִּׁרְיָן וְכוֹבַע יְשׁוּעָה בְּרֹאשׁוֹ
וַיִּלְבַּשׁ בִּגְדֵי נָקָם תִּלְבֹּשֶׁת וַיַּעַט כַּמְעִיל
קִנְאָה׃ יח כְּעַל גְּמֻלוֹת כְּעַל יְשַׁלֵּם חֵמָה
לְצָרָיו גְּמוּל לְאֹיְבָיו לָאִיִּים גְּמוּל יְשַׁלֵּם׃
יט וְיִירְאוּ מִמַּעֲרָב אֶת־שֵׁם יְהוָה

ת״א וילבש לדקה. חגיגה יב ב״ב ט: המ׳ רפה ומזרח

עֲלֵיהוֹן וּפַרְקִינוּן בִּדְרַע
תּוּקְפֵהּ וּבְמֵימְרַ רְעוּתֵיהּ
סַעֲדִינוּן׃ יז אִתְגְּלֵי
לְמֶעְבַּד זַכְוָן לְעַמֵּהּ
תְּקוֹף וּפוּרְקָן אַיְתֵי
בְּמֵימְרֵהּ לְדַחְלוֹהִי
וְיִתְגְּלֵי לְמֶעְבַּד
לְאִתְפְּרָעָא בִּתְקוֹף
מְסָנְאֵי עַמֵּהּ וְיָתֵב
נִקְמָא לְבַעֲלֵי דְבָבוֹהִי׃
יח מָרֵי גַמְלַיָּא הוּא גִמְלָא
יְשַׁלֵּם פּוּרְעֲנוּתָא
לְסָנְאוֹהִי גִמְלָא לְבַעֲלֵי
דְבָבוֹהִי לְנַנְוָתָא גִמְלָא יְשַׁלֵּם׃ יט וְיִדְחֲלוּן מִמַּעַרְבָא יָת שְׁמָא דַיְיָ וּמִמַּדְנַח שִׁמְשָׁא יָת

רש״י

להושע: (יז) קנאה. (אינפרימנ״ט בלע״ז) לקנאות לשמו הגדול: (יח) כעל גמולות. כדת להשיב על גמולות

מהר״י קרא

בעדם. ותושע לו זרועו: (יח) כעל גמולות. כאותו הגמול שגמלו לחם האומות: כעל ישלם. כאותו גמול ישלם:

אבן עזרא

כמו ולפושעים יפגיע: (יז) וילבש. דרך משל לגבור שהוא לובש התהרא הוא השריון: תלבושת. השנים תוין נוספין כתי״ו תפארת: ויעט. עטיה כאילו עוטה מעיל: (יח) כעל. כאיש יקנא על גמולו׳ והטעם שישלם חימה לצריו לכל האיים גמול ישלם והנה צריו ואויביו ביבשה גם הזכיר לאייה׳ הים: (יט) וייראו. י״א שהוא מלשון יראה והוא חסר יו״ד וי״א כמשמעו וטעם שמו מעשהו והעד את כבודו:

רד״ק

בו כמו שהיו עושים בנו העכו״ם ובתשועת העבד יושע האדון ר״ל שיגדל שמו וכן הושיעה ימינך ועני: (יז) וילבש צדקה. כליו יהיו שני מינים על דרך משל כלי צדקה וישועה לישראל וכלי נקם לעכו״ם והמשיל כלי הישועה לכלי מלחמה שהם מגן שריון וכובע כשל שיגן על ישראל בגלות ובצאתם מהגלות מהאויבים שלא ירעו להם והשריון והכובע אינם מלבושים אלא לפי שעה בעת המלחמה והתשועה תאריך מעת התחלתה עד שיהיו ישראל בארצם ובשעת מלחמת גוג ומגוג. והמשיל כלי הנקם והקנאה לבגדים והמעיל שילבש האדם אותם כל שעה כי עוד כל ימי עולם יהיו העכו״ם עבדים לישראל ורדו בשונאיהם ובני נכר אכריהם וכורמיהם והוא נקם וקנאה על השעבוד ששעבדו בישראל כל ימי הגלות: תלבשת. שם ואמר השם אחר הפעל לחזק הענין כמו ויצום דוד צום קצף ה׳ על אבותינו קצף ומעלה מעל למען טבוח טבח והדומים להם: כמעיל. המ״ם נקראת רפה שלא כמנהג ברוב אלא שנמצא כמוהו: (יח) כעל גמולות. כמו שלבש קנאה על גמולות שגמל לפרעה ולסנחריב ולשאר צוררי ישראל כן ילבש קנאה כשיוציאם מגלותם וכפל הענין לחזק עוד ואמר כעל ישלם כמו ששלם על אותם גמולות לאויביו כן ישלם ומהו השלם חמה לצריו גמול לאויביו: גמול. הרע שעשו לישראל ישלם להם וכפל עוד ואמר לאיים גמול ישלם לאיי הגוים וזכר איים לפי שישראל מפוזרים בגלות בכל האיים וכולם הרעו לישראל ולכולם ישלם האל גמול: (יט) וייראו. ואחר שישלם הגמול ייראו אותו כל העולם ממערב וממזרח כלומר בכל העולם: כ,

מצודת דוד

מבלי זכות ומבלי מפגיע: וצדקתו. מדת הצדקה תסמוך אותו לעשות לפנים משורת הדין: (יז) וילבש. לפי שיושיע את ישראל ויעשה עמהם צדקה ויעשה נקם בעכו״ם לזה אמר בו לשון הנופל בגבור היורד במלחמה: כשרין. כדרך גבור הלובש שרין: בראשו. ישים בראשו כדרך הגבור המשים בראשו כובע נחושת: בגדי נקם. ר״ל יעשה נקמה בעכו״ם: תלבושת. להיות לו למלבוש: ויעט. יעטוף קנאה כמעיל המעטף את הלובשו: (יח) כעל גמולות. ר״ל כמו שלבש קנאה על תשלום גמולות צוררי ישראל אשר מאז כן עתה ילבש קנאה על אשר ישלם חמה לצריו: גמול לאויביו. כפל הדבר במ״ש: לאיים. אף להיושבים באיי הים ממרחק ישלם גמול מה שהרעו לישראל: (יט) ממערב. כל העולם יפחדו מה׳ ממערב וממזרח: כי יבוא כנהר צר. ר״ל

מצודת ציון

עליה במפגיע (איוב ל״ו): (יז) כשרין. הוא כעין מלבוש עשוי מברזל ולובשים בו במלחמה להציל מהכאת חרב וחנית וכן ושריון קשקשים (ש״א י״ז): וכובע. שם כלי מגן על הראש כמו וכובע נחושת על ראשו (שם): נקם. מל׳ נקמה: תלבושת. מל׳ לבוש ושני התוי״ן נוספין כתוי״ן של תפארת שהוא מל׳ פאר: ויעט. ענין עטיפה כמו כבגד יעטה (תהלים ק״ט): כמעיל. שם מלבוש מה: קנאה. ענין נקמה כמו בקנאו את קנאתי (במדבר כ״ה): (יח) כעל גמולות כעל ישלם. באו שני כפי״ן לדמיון גמור וכן כעמי כעמך (מ״א כ״ב): גמולות. ענין תשלום שכר המעשה: (יט) וייראו.

servant, the master is saved, so to speak. I.e., his name becomes greater.—[*Redak*]

17. **And He donned righteousness**—Figuratively speaking, His garments will be of two kinds: of garments of righteousness and salvation for Israel and garments of vengeance for the nations. The garments of salvation were likened to a coat of mail and a helmet, symbolizing God's protection of Israel, both during the exile and during their departure therefrom, that the nations do no harm to them. The coat of mail and the helmet are not permanent items of apparel, but only through the war, and the salvation will take time from its inception until the Jews are in the Holy Land

and His righteousness, that supported Him. 17. And He donned righteousness like a coat of mail, and a helmet of salvation is upon His hand, and He donned garments of vengeance as His attire, and He was clad with zeal as a cloak. 18. According to their deeds, accordingly He shall repay, fury to His adversaries, recompense to His enemies; to the islands He shall pay recompense. 19. And from the west they shall fear the name of the Lord,

Lord your God from there, you will find Him, if you seek Him with all your heart and with all your soul." This indicates that the ingathering of the exiles will be accomplished through repentance; yet here Isaiah states, "And He saw that there was no man, and He was astounded for there was no intercessor, and His arm saved for Him." Further (infra 63:5) he states, "And I looked and there was no one to aid, and I was astounded and there was no one to support, and My arm saved for Me, and My wrath, that supported Me." See also above 57:18. See also "(Ezekiel 36:22) Not for your sake do I do this, O house of Israel." Also, "(ibid. 20:34) And I will take you out of the nations and I will gather you from the lands where you have been scattered, with a strong hand and with an outstretched arm and with fury poured out." Further he states, "(v. 38) And I will purge out of you the rebels and the transgressors against Me; I will take them out of the land of their sojournings, but to the land of Israel they shall not come." In the Torah, too, we find, "(Lev. 26:44) And I will remember that Israel will be redeemed from the Diaspora through God's kindness and through the merit of the patriarchs, not through their own merit. From Rabbinical works, it appears that the Sages were perplexed with this problem, whether Israel will be redeemed through repentance or not. Concerning this they stated (*San.* 98a): Said Rabbi Johanan: The son of David will not come except in a generation that is completely innocent or in a generation that is completely guilty. In a generation that is completely innocent, as it is written (Isaiah 60:21): "And your people, all of them righteous, shall inherit the land forever." In a generation that is completely guilty, as it is written: "And He saw that there was no man, and He was astounded for there was no intercessor." And Scripture states further: "And His arm saved for Him."*

and His arm saved for Him— There was no help or support for God to redeem His people, except His own strength and righteousness. The prophet states: "saved for Him," since it is incumbent upon the master to save his servant from those who capture him and subjugate him, and, with the saving of the

וּמִמִּזְרַח־שֶׁמֶשׁ אֶת־כְּבוֹדוֹ כִּי־יָבוֹא
כַנָּהָר צָר רוּחַ יְהוָה נֹסְסָה בוֹ׃ כ וּבָא
לְצִיּוֹן גּוֹאֵל וּלְשָׁבֵי פֶשַׁע בְּיַעֲקֹב נְאֻם
יְהוָה׃ כא וַאֲנִי זֹאת בְּרִיתִי אוֹתָם אָמַר
יְהוָה רוּחִי אֲשֶׁר עָלֶיךָ וּדְבָרַי אֲשֶׁר־
שַׂמְתִּי בְּפִיךָ לֹא־יָמוּשׁוּ מִפִּיךָ וּמִפִּי

תרגום: יְקָרֵהּ אֲרֵי יֵיתוּן כִּשְׁפַע
נְהַר פְּרָת מְעִיקִין
בְּמֵימְרָא דַיְיָ יִתַּבְרוּן ׃
כ וְיֵיתֵי לְצִיּוֹן פָּרִיק
וְלַאֲתָבָא מְרוֹדַיָא דְבֵית
יַעֲקֹב לְאוֹרַיְתָא אֲמַר
יְיָ ׃ כא וַאֲנָא דֵין קְיָמִי
עִמְּהוֹן אֲמַר יְיָ רוּחַ
קוּדְשִׁי דַעֲלָךְ וּפִתְגָמֵי
נְבוּאָתִי דְשַׁוֵּיתִי בְּפוּמָךְ
לָא יֶעְדוּן מִפּוּמָךְ וּמִפּוּם
בנך

ת"א כנהר לר. ברכות נו סנהדרין לח: ובא לליון. יומא פו סנהדרין לח: זאת בריתי. ב"מ פה עקדה שער מד עקרים מ"ד פכ"ד:

מהר"י קרא

(כא) ואני זאת בריתי. שאכרות עמהם. לא כברית שכרתי את אבותם. והם הפרו את בריתי. ואני זאת הברית שאכרות עמהם ברית חדשה. לא ימושו מפיהם ומפי זרעם ומפי זרע זרעם. ואותה שעה קומי אורי כי בא אורך וכבוד ה' עליך זרח:

רש"י

האויבים: כעל ישלם. כדת להשיב עליהם ישלם: (יט) כי יבא כנהר. לרה על אויביו: נוססה בו. נפלאת בו לשון נס. ד"א נוססה בו אוכלת בו כתולעת בעץ כמו (לעיל י') והיה כמסוס נוסס: (כ) ובא לציון גואל. כל זמן שציון חריבה עדיין לא בא הגואל (סא"א): (כא) זאת בריתי אותם. בדבר זה כרתי ברית להם ואקיים כי אף בגלותם לא תשכח תורתי מהם:

רד"ק

יבא כנהר צר. פירש אאז"ל יבא לשון שקיעה כמו ובא השמש וטהר. אמר ישקע הצר ולא יראה עוד כמו הנהר שנכנס בים ולא יראה ופי' נוססה ענין ניסה אמר רוח ה' תניס הצר שלא יראה: נססה. מבנין מרובע ושרשו נוס ואז ובא לציון גואל ובדברי רז"ל אם ראית דור שצרות רבות עליו הכה לו שנאמר כי יבא כנהר צר וגו' וכתיב בתריה ובא לציון גואל ויש לפרש כי יבא כנהר צר טעם למה שאמר וייראו ממערב וגו' אמר טעם למה ייראו ה' כי יבא כנהר צר כי יבא גוג ומגוג שהוא הצר בארץ ישראל כמו הנהר הבא במרוצה ואז רוח ה' נוססה בו ותכלנו מן העולם כמו שנאמר בנבואת יחזקאל ובנבואת זכריה ואז ובא לציון גואל כי אע"פ שיהיו ישראל בירושלם קודם שיבא גוג ומגוג כיון שיבא הוא יאמרו כי לא בא להם גואל הואיל והעכו"ם באים ונלחמים עליהם וכשישפטהו האל שם בדבר ובדם וגשם שוטף ואבני אלגביש אז יאמרו כי בא לציון גואל באמת ולשבי פשע ביעקב כי אז ישובו כל ישראל בתשובה שלמה. ונוססה מענין נס כמו כמסוס נוסס כי מנהג העולם כי נושא הנס מכה בראשונה בחיל שכנגדו ורוח ה' תהיה נוססה בו ומכה בחיל גוג ומגוג ועל הדרך הזה תרגם יתתן וייתון כשפע נהר פרת מעיקים ובמימרא דה' יתברן: (כ) ובא לציון גואל. מפורש הוא: ולשבי. מלרע: (כא) ואני זאת בריתי אותם. פירש החכם רבי אברהם בן עזרא זאת הברית שאכרות עמהם רוח הנבואה שיהיה להם זהו שאמר רוחי אשר עליך: ודברי אשר שמתי בפיך. כפל דבר כמ"ש והיה אחרי כן אשפוך רוחי על כל בשר וגו' והנבואה לא תפסק מהם לעולם זהו שאמר לא ימושו מפיך וגו' אמר כנגד ישראל וא"א ז"ל פירש כי בריתי היא התורה שנתנה בברית והבטיחם שלא תמוש מפיהם לעולם ותהיה ברית דבר שהוא קיים כי כל ברית הוא קיום דבר ולפי דעתי כי כן הוא פי' הפסוק. אמר ואני פי' ואני מבטיח אותם בזאת לפי שאמר ולשבי פשע ביעקב שיהיו בלי עון נקיים מכל פשע אמר כי זאת תהיה בריתי

אבן עזרא

כי יבא כנהר צר. כמו לר ומלוק מלאוני והנה הוא שם כן רוח ה' נוססה בו מגזרת נס וזה הטעם קרוב מדברי דניאל והיתה עת לרה לכל העולם אשר לא נהייתה כמוה וישראל לבדם יגללו על כן אחרי זאת ובא ללייון גואל: (כ) ובא לציון גואל. זה המשיח וטעם לשבי פשע כמו כל הנמלא כתוב בספר: (כא) ואני זאת בריתי. הנה אכרות ברית עמהם ומה היא היא רוחי אשר עליך וכ"ף לישראל ידבר וטעם רוחי נבואתי כאשר כתב והיה אחרי כן אשפך את רוחי: ודברי אשר שמתי בפיך. והטעם כפול כי התנבאו ולא תפסק להם הנבואה מזרעם לעולם:

מצודת ציון

מנ' יראה והוא חסר יו"ד: נססה בו. אוכלת בו כתולעת בעץ כמו יהיה כמסס נוסס (לעיל י'): (כ) נאם. ענין אמירה: (כא) רוחי. כן יקרא הנבואה כמו והיה אחרי כן אשפוך את רוחי (יואל ג'): ימושו. ענין הסרה כמו לא ימיש עמוד הענן (שמות י"ג):

מצודת דוד

בעבור זה יפחדו מה' כי יראו אשר יבוא גוג ומגוג שהוא הלר בארץ ישראל ובמרוצה יבוא כנהר ואז רוח ה' נוססה בו ותכלנו מן העולם ולכן יפחדו מה': (כ) ובא לציון גואל. אז יבוא הגואל לציון והוא מלך המשיח: ולשבי פשע ביעקב. ר"ל גם אותם מבני יעקב שילאו מן הכלל וישובו מפשעם גם להם יבוא המשיח ויגאלם: (כא) ואני זאת בריתי. ר"ל הנה אני על זאת אכרות ברית עמהם אמר ה' ופי' על מה היא הברית ואמר רוח הנבואה השורה עליך אתה ישראל ודברי התורה אשר שמתי בפיך ללמדם הנה שתי אלה לא יסורו מפיך וכו' כן אמר ה' שלא ימושו מעתה ועד עולם עד סוף כל הדורות:

is parallel to "(Joel 3:1) And it shall come to pass that afterwards I will pour out My spirit upon all flesh." This explanation follows *Jonathan.*

Redak connects 'the covenant' with the preceding verse, which mentions 'those who repent of transgression.' I promise you that this will be My covenant, that you will always remain pure of sin. This prophecy parallels the prophecies of Jeremiah and Ezekiel. Jeremiah (31:30–33) prophesied, "Behold, days are coming," says the Lord,

and from the rising of the sun, His glory, for distress shall come like a river; the spirit of the Lord is wondrous in it. 20. And a redeemer shall come to Zion, and to those who repent of transgression in Jacob, says the Lord. 21. "As for Me, this is My covenant with them," says the Lord. "My spirit, which is upon you and My words that I have placed in your mouth, shall not move from your mouth or from the mouth of

and through the war of Gog and Magog. The garments of vengeance and zeal are depicted as the cloak that a person always wears, for the gentiles will become the permanent servants of Israel, their farmers and their vinedressers. This will be the vengeance meted out upon them for subjugating the Jews throughout the duration of the Diaspora.

zeal—*enprenmant in O.F., to be zealous for His great name.*—[*Rashi*]

18. **According to their deeds**—*As is fitting to recompense for what the enemies dealt to them.*—[*Rashi*]

accordingly He shall repay—*As is fitting to repay them He shall repay.*—[*Rashi*]

Redak explains: As He attired Himself with zeal for the recompense that He repaid Pharaoh, Sennacherib, and the others adversaries of Israel, so will He attire Himself with zeal when He takes them out of their exile. The expression is repeated for emphasis.

19. **they shall fear**—After He metes out recompense, the whole world shall fear Him, from the west and from the east, i.e. throughout the world.—[*Redak*]

Some render: shall see—[*Ibn Ezra*]

the name of the Lord—His deeds.—[*Ibn Ezra*] This follows the second explanation of יִרְאוּ.

For . . . shall come like a river—*distress upon His enemies.*—[*Rashi*]

is wondrous in it—Heb. נֹסְסָה, *is wondrous in it, an expression of a miracle* (נֵס). *Another explanation:* נֹסְסָה means: *eats into him like a worm in wood. Comp.* "(supra 10:18) *And it shall be as a tree eaten to powder by the worms.*"—[*Rashi*]

There will be distress throughout the world; only Israel will be saved, as the following verse states.—[*Ibn Ezra*]*

20. **And a redeemer shall come to Zion**—*As long as Zion is in ruins, the redeemer has not yet come.*—[*Rashi* in printed editions, appearing neither in manuscripts nor in *K'li Paz*]

This refers to the Messiah.—[*Ibn Ezra*]

and to those who repent of transgression—For then, all Israel with be truly repentant.—[*Redak*]

21. **As for Me, this is My covenant with them**—*In this matter, I made a covenant with them, and I will fulfill it, for even in their exile, My Torah shall not be forgotten from them.*—[*Rashi*]

Ibn Ezra explains this to mean that from the time of the redemption prophecy will never terminate. This

זרעך ומפי זרע זרעך אמר יהוה
מעתה ועד־עולם: ס א קומי אורי כי
בא אורך וכבוד יהוה עליך זרח:
ב כי־הנה החשך יכסה־ארץ וערפל
לאמים ועליך יזרח יהוה וכבודו עליך
יראה: ג והלכו גוים לאורך ומלכים
לנגה זרחך: ד שאי סביב עיניך וראי
כלם נקבצו באו־לך בניך מרחוק
יבאו

בְּנָךְ וּמִפּוּם בְּנֵי בְנָךְ
אָמַר יְיָ מִכְּעַן וְעַד עָלְמָא:
א קוּמִי אַנְהַרִי יְרוּשְׁלֵם
אֲרֵי מְטָא זְמַן פּוּרְקָנִיךְ
וִיקָרָא דַיְיָ עֲלָךְ יִתְגְּלֵי:
ב אֲרֵי הָא חֲשׁוֹכָא יַחְפֵּי
אַרְעָא וְקַבְלָא לְמַלְכְּוָתָא
וּבִיךְ יִשְׁרֵי שְׁכִנְתָּא דַיְיָ
וִיקָרֵהּ עֲלָךְ יִתְגְּלֵי:
ג וִיהָכוּן עַמְמִין לִנְהוֹרִיךְ
וּמַלְכַיָא לְקֳבֵל זְהוֹרִיךְ:
ד זְקוֹפִי יְרוּשְׁלֵם סְחוֹר
סְחוֹר עֵינָךְ וַחֲזִי כָּל בְּנֵי
עַם גָּלְוָתִךְ דְּמִתְכַּנְשִׁין
וְאָתַן לְגַוִיךְ בְּנָךְ מֵרְחִיק
ייתון

ת״א הנה החשך. סנהדרין לט עקדה שער סו: והלכו גויס. ב״ב עה עקרים מ״ב פכ״ט:

רש״י

ס (ד) על צד האמנה. על גססין. כסליס של מלכים.

מהר״י קרא

ס (א) [קומי אורי.] לפי שאמר למעלה נקוה לאור ותנה

אבן עזרא

ס (א) קומי אורי. לשון ליווי כמו בואי בחולם בעבור האל״ף: כי בא אורך. לשבח ולפי דעתי שביאת האור הוא חשך כמו בא ערב ונפסק האור שהיה לך וזרח עליך כבוד ה׳ והעד לא יהיה לך עוד אור השמש לאור יומם וטעם אורי על מלכות או הנבואה: (ב) כי הנה החשך. זהו כטעם כי יבא כנהר צר וערפל תכסה לאומים: ועליך יזרח ה׳. והטעם עליך לבדך: (ג) והלכו גוים לאורך. כי מנהג מי שהוא בחשך לראות היושבים באור: (ד) שאי. כלם. רמז על בניך ובנותיך(צר)שיזכירם ויתכן להיות כלם סימן המלכים: תאמנה. מגזרת ויהי

רד״ק

אותם כמו שאמר ירמיהו וכרתי את בית ישראל ואת בית יהודה ברית חדשה וגו׳ ואמר ונתתי תורתי בלבם וגו׳ ואומר כי כולם ידעו אותי למקטנם ועד גדולם וזהו שאמר רוחי אשר עליך זאת רוח טהרה שאהן בתוכם שלא יחטאו עוד וזהו שאמר יחזקאל ואת רוחי אתן בקרבכם ועשיתי את אשר בחקי תלכו וגו׳ וזהו שאמר ישעיהו רוחי אשר עליך כי זאת הרוח היתה בנביא ואמר לו שאותה הרוח תהיה לישראל אז ודברי כמו שהם סדורים בפיך ואמר כנגד ישראל לא ימושו מפיך אחר שאשים אותם בפיהם לא ימושו עוד לעולם לא מפיך ולא מפי זרעך לעולם: (א) קומי אורי. אמר כנגד ירושלם ואורי ציווי וכבר פירשנו כי האורה משל על השמחה ועל הטובה והחשך בהפכו על הצרה ועל הרעה שיבא: כי בא אורך. הגיע זמן ישועתך שהוא לך אורה גדולה וכפל הענין ואמר וכבוד ה׳ עליך זרח וכן תרגם יונתן ארי מטא זמן פורקנך ויש מפרשים כי בא אורך שקע אורך כמ״ש ובא השמש אמר דרך משל שקע אורך שהוא אור בעולם הזה ויהיה לך תמורתו אור גדול והיא הישועה והשמחה וכן אמר לא יהיה לך עוד השמש לאור יומם והכל דרך משל: (ב) כי הנה החשך. חשך וערפל משל על הצרות: יזרח ה׳. וכבודו עליך יראה. כפל ענין במ״ש כי ה׳ כבוד ה׳ ויש מפרשים כמו בכבודו וכן נראה בכבודו: (ג) והלכו גוים. כמו שאמר והלכו עמים רבים ואמרו לכו ונעלה אל הר ה׳ ואל בית אלהי יעקב ויורנו מדרכיו ונלכה באורחותיו זהו שילכו הגוים לאור ישראל הם ומלכיהם ושריהם: זרחך. שם יאמר ממנו זרח על משקל צמח פרח: (ד) שאי סביב. כולם. פי׳ בניך ובנותיך וכת״י כל עם גלותא ובא הידיעה אחר הכנוי כמו וישנו את טעמו ותפתח ותראהו את הילד והדומים להם שכתבנו בספר מכלל: תאמנה. מענין כאשר ישא האומן את היונק והיתה הנו״ן ראויה להדגש לחסרון נו״ן השרש כי הנו״ן כתובה לרבות וא״א ז״ל כתב כי המלה יחידאה והנו״ן שרש והה״א נוספת כה״א ותקרבנה ותבאנה ואע״פ שאמר

מצודת דוד

ס (א) קומי אורי. אתה ירושלים קומי והאירי כי בא לך הההרה שלך והוא משל על השמחה והטובה: וכבוד ה׳ וגו׳. ר״ל השכינה תגלה עליך ותשרה בך: (ב) יכסה ארץ. ר״ל אף אם לרות יתרבו בעולם: וערפל לאומים. כפל הדבר במ״ש: יזרח ה׳. יאיר לך אור הישועה: וכבודו וגו׳. ר״ל ישרה השכינה עליך: (ג) לאורך. ר״ל ממך ילמדו דרכי ה׳ ואתה תאיר עיניהם: ומלכים וגו׳. כפל הדבר במ״ש: (ד) שאי. אתה ירושלים שאי עיניך מסביב וראי איך כל אנשיך נקבלו ובאו אליך: על צד תאמנה.

מצודת ציון

ס (ב) וערפל. עב הענן: (ג) לנוגה. ענין האורה כמו מנוגה נגדו (תהלים י״ח): זרחך. מל׳ זריחה: (ד) על צד. הדרך לשאת הקטן על לדו: תאמנה. ענין גדול בנים קטנים כמו ויהי

light—For one who sits in darkness sees those sitting in the light.—[*Ibn Ezra*]

This parallels "(supra 2:3) And many peoples shall go, and they shall say, 'Come, let us go up to the Lord's mount, to the house of the God of Israel, and let Him teach us of His ways, and we will go in His paths.'" This is the meaning of the nations going by the light of Israel, they, their kings, and their princes.—[*Redak*]

4. **they all**—Your sons and

your seed and from the mouth of your seed's seed," said the Lord, "from now and to eternity."

60

1. Arise, shine, for your light has come, and the glory of the Lord has shone upon you. 2. For behold, darkness shall cover the earth, and a gross darkness the kingdoms, and the Lord shall shine upon you, and His glory shall appear over you. 3. And nations shall go by your light and kings by the brilliance of your shine. 4. Lift up your eyes all around and see, they all have gathered, they have come to you; your sons shall come from afar,

"and I will make the house of Israel and with the house of Judah a new covenant. Not like the covenant that I made with their forefathers on the day I grasped their hand to take them out of the land of Egypt, for they broke My covenant although I was a lord over them," says the Lord. "But this is the covenant that I will make with the house of Israel after those days," says the Lord; "I will place My Torah in their midst, and upon their heart will I inscribe it, and I will be to them as a God, and they shall be to Me as a people. And they shall not teach each man his friend or each man his brother, saying, 'Know the Lord,' for all of them shall know Me, from their smallest to their greatest," says the Lord . . .

That is the meaning of 'My spirit'; a spirit of purity that I will place within them that they never again sin.*

1. **Arise, shine**—The prophet addresses the Holy City of Jerusalem.—[*Redak*]

for your light has come—Light represents joy and goodness, whereas darkness represents the opposite. Hence, the prophet prophesies the future redemption, which he pictures as a great light. *Jonathan* renders: Rise, shine, Jerusalem, for the time of your redemption has come. Others render it in the opposite sense: Rise, shine, for your light has set, and the glory of the Lord has shone upon you. The physical light has set; instead, the glory of the Lord has shone upon you. This denotes the salvation and the joy accompanying it.—[*Ibn Ezra, Redak*]

2. **darkness . . . gross darkness**—Symbolic of the troubles.—[*Redak*]

upon you—Solely upon you.—[*Ibn Ezra*]

and His glory shall appear over you—Others render: And with His glory, He shall appear over you.—[*Redak*]

3. **And nations shall go by your**

יבאו ובנתיך על־צד תאמנה: ה אז
תראי ונהרת ופחד ורחב לבבך כי
יהפך עליך המון ים חיל גוים יבאו לך:
ו שפעת גמלים תכסך בכרי מדין
ועיפה כלם משבא יבאו זהב ולבונה
ישאו ותהלות יהוה יבשרו: ז כל־צאן
קדר יקבצו לך אילי נביות ישרתונך

ת״א לאן קדר. עכו״ס כג כד : פתח בס״פ קמץ בז״ק יעלו

תרגום

ייתון ובנתך על גססין
יתנסבן: ה בכן תחזין
ותנהרין ותדחלין ויפתי
לביך בדחלת חטאין
ארי יתחליף ליך עותר
מערבא נכסי פלחי
כוכביא יתעלון לגויך:
ו שירת ערבאי תחפי
סחרניך הוגני מדין
והולד כולהון משבא
ייתון דהב ולבונה יהון
טעינין ודאתן עמהון
בתושבחתא דיי יהון
משתען: ז כל עאן
ערבאי יתכנשין לגויך:

מהר״י קרא

חושך. חזר ואמר קומי אורי: (ה) ופחד ורחב לבבך. דרך ארץ כשטובה באה לאדם נופל לו לשון פחד כמד״א ופחדו אל ה׳ ואל טובו וגו׳: ורחב לבבך. וישלום לבבך: (ו) בכרי

רש״י

תהיינה אומנות: (ה) אז תראי ונהרת. ככן תחזין ותנהרין: ופחד ורחב לבבך. ויתמה וירחב לבך: כי יהפך עליך המון ים. ארי יתחלף ליך עותר מערבא: חיל גוים. נכסי עממיא: (ו) שפעת. רוב: בכרי מדין. הוגני מדין הם גמלים בחורים וכן בכרה קלה (ירמיה ב׳): ועיפה. גם הם מבני מדין עיפה ועפר (בראשית כ״ה): (ז) אילי נביות. דכרי נביות:

רד״ק

ובנותיך ר״ל כל אחת ואחת ופי׳ על צד תאמנה על צד המלכות והשרות כמ״ש ושרותיהם מניקותיך: (ה) אז תראי. מן ראה ורבים טעו בזאת המלה שקראו התי״ו בגעיא כמו מן ירא וגם יש ספרים שכתוב ביו״ד וטעות הוא כי מן ראה היא וכן ת״י בכן תחזין ותנהרין ופירש תראי בניך שיבאו מכל צד ויצהבו פניך זהו ונהרת שהוא ענין אורה כמו ואל תופע עליו נהרה הביטו אליו ונהרו: ופחד ורחב לבבך. ופחד כאדם הנבהל בבא אליו טובה רבה פתאום ורחב לרוב הטובה ולרוב העם שיבאו בך כי כמו שיצר הלב בעבור הרעה והצרה והאבל כן ירחב לטובה ולשמחה: כי יהפך עליך המון ים. כי היית חרבה ושממה ועתה תהי׳ בהפך כי יבאו עליך עמים רבים כהמון ים ות״י ותידחלין ויפתי לביך וגו׳: (ו) שפעת. ענין רבוי וכן ושפעת מים תכסך כי שפע ימים ינקו: בכרי. הם גמלים הקטנים עולי ימים וכן בכרה קלה: ותהלות ה׳ יבשרו. כתרגומו כלומר הגמלים והסוחרים והזהב והלבנה יביאו אותם בסחורה גם למנחה למלך המשיח ולבית ה׳ וטעם יבשרו לפי שיהיו האומות העולם חדשים בספור תהלות ה׳ כי עד אותו הזמן ישראל הוא שיתיחדו בספור תהלות ה׳ וכל מספר חדשות יקרא מבשר: (ז) כל צאן קדר. ר״ל רוב כמו וכל הארץ באו מצרימה. קדר ונביות מגדלי צאן לרוב כי הם יושבי אהלים ונוסעים ממקום למקום ומבקשים מקום המרעה: אילי נביות ישרתונך. חסר בית השמוש ופי׳ באילי נביות ישרתונך הגוים

אבן עזרא

אומן את הדסה: (ה) אז תיראי. והטעם כאשר יבאו המלכים אליך ויביאו בניך אז תיראי כאדם שירא בבא לו תשועה ודבר שלא עלה על לב כאשר יקרה למלא אבדה: ונהרת. תרולי פה ופה: ופחד. והנה יהיה פחד מעורב עם שמחה וזאת רחב לב הפך הצרה: כי יהפך עליך המון ים. או טעם תיראי מרוב המון שיהפך עליך חיל גוים ביבשה: (ו) שפעת. חבורה כמו שפעת אני רואה: בכרי. הבי״ת משרת מגזרת שלהו כר ישאו דורון: (ז) כל. ישרתונך. הטעם יהיו לצרכך וכמוהו את בגדי השרד לשרת בקדש הם בגדי הנסיעה: יעלו על רצון. והנה על

מצודת ציון

אמן את הדסה (אסתר ב׳): (ה) תיראי. מל׳ ראיה: ונהרת. ענין הארה כמו ואל תופע עליו נהרה (איוב ג׳): המון. ענין רבוי כמו ומי אוהב בהמון (קהלת ה׳): ים. פאת המערב: חיל. ענין עושר כמו חיל בלע (איוב כ׳): (ו) שפעת. ענין רבוי כמו משפעת סוסיו (יחזקאל כ״ו): בכרי. גמלים בחורים כמו בכרה קלה (ירמיה ב׳): ולבונה. שם מין בושם והוא מסממני הקטורת: יבשרו. ענין ספור חדשות: (ז) נביות. שם מקום ישבו שם מבני ישמעאל כמ״ש בכור ישמעאל נביות (בראשית כ״ה): ישרתונך.

מצודת דוד

כל אחת מהן תהיה מגודלת על צד המלכים ובחיקם וכמ״ש והיו מלכים אומניך (לעיל מ״ט): (ה) אז תיראי. את בניך באים מכל צד ויאיר פניך מרוב השמחה: ופחד. דרך האדם להיות נבהל וכאלו מפחד בבוא אליו טובה פתאום: ורחב. יתרחב לבך בעבור רוב הטובה והשמחה: כי יהפך. המון עושר העכו״ם השוכנים בפאת המערב יתהפך לבוא לך: חיל וגו׳. כפל הדבר במ״ש: (ו) שפעת גמלים. רבוי גמלים יביאו לך למנחה ויכסו הארץ: בכרי מדין. גמלים בחורים הבאים ממדין ועיפה: כולם משבא יבואו. כל בני שבא יבואו אליך וישאו עמהם זהב ולבונה למנחה לה׳ ובבואם לארצם יבשרו ויספרו תהלות ה׳: (ז) כל צאן קדר. הצאן שבארץ קדר המה מובחרים: יקבצו לך. יאספו להביאם

Alternatively, with the swift dromedaries of Midian, they will bring tribute. Thus, the 'beth' of בִּכְרֵי is a preposition.—[*Ibn Ezra*]

and Ephah—*They, too, are of the sons of Midian.* Comp. "(Gen. 25:4) *Ephah and Epher.*"—[*Rashi*]

gold and frankincense they shall carry—for commerce, as well as for gifts for the King Messiah and the Temple.—[*Redak*]

they shall report—*Jonathan* ren-

and your daughters shall be raised on [their] side. 5. Then you
shall see and be radiant, and your heart shall be startled and
become enlarged, for the abundance of the west shall be turned
over to you, the wealth of the nations that will come to you.
6. A multitude of camels shall cover you, the young camels of
Midian and Ephah, all of them shall come from Sheba; gold
and frankincense they shall carry, and the praises of the Lord
they shall report. 7. All the sheep of Kedar shall be gathered to
you, the rams of Nebaioth shall serve you;

daughters mentioned further. *Jonathan* renders: all the children of the people of your exiles.—[*Redak, Ibn Ezra*]

Ibn Ezra suggests that it refers to the kings mentioned in the preceding verse.

shall be raised on [their] side—*Jonathan* renders: *on the flanks, the flanks of the kings, they will be raised.*—[*Rashi*] I.e., they will be adopted and cared for by royalty.—[*Mezudath David*]

5. **Then you shall see and be radiant.**—Heb. וְנָהַרְתְּ from נְהוֹרָא, Aramaic for light.—[*Rashi* according to *Jonathan*]

Ibn Ezra renders: Then you shall fear and run hither and thither. I.e., you will be startled by the sudden, unexpected salvation, as one who finds a lost object. This interpretation is based on the reading, וַתִּרְאִי or וַתִּירְאִי, which, according to *Redak*, is erroneous.

Ibn Ezra renders וְנָהַרְתְּ as "you shall run hither and thither," based on the root נָהָר, *a river.*

and your heart shall be startled and become enlarged—*And your heart shall wonder and become enlarged.*—[*Rashi*]

You will be startled by the abundance of goodness lavished upon you, as well as by the multitudes entering the country. Just as the heart becomes narrow in times of distress, so does it widen and become enlarged in time of joy.—[*Redak*]

Alternatively, there will be fear intermingled with joy.—[*Ibn Ezra*]

Jonathan renders: and you shall fear, and your heart shall become enlarged with fear of sin.

for the abundance of the west shall be turned over to you—[*Rashi* after *Jonathan*]

the wealth of the nations—*The possessions of the nations.*—[*Rashi* after *Jonathan*]

6. **A multitude**—Heb. שִׁפְעַת. *A multiplicity.*—[*Rashi, Redak*]

Alternatively, a caravan or a company.—[*Jonathan, Ibn Ezra*]

the young camels of Midian—Heb. בִּכְרֵי. Jonathan renders: הוּגְנֵי. *They are young camels. Comp.* "(Jer. 2:23) *a swift young camel* (בִּכְרָה).—[*Rashi*] Firstlings of the camels.—[*Ibn Ganah*]

דִּכְרֵי נְבָיוֹת יְשַׁמְשׁוּנִיךְ
יִתַּסְּקוּן לְרַעֲוָא עַל
מַדְבְּחִי וּבֵית תּוּשְׁבַּחְתִּי
אֲשַׁבַּח: ח מַן אִלֵּין דְּאָתָן
בִּגְלֵי כְּעַנְנִין קַלִּילִין
וְלָא אִתְעַכְּבָא גָּלְוָתָא
דְּיִשְׂרָאֵל דְּמִתְכַּנְשִׁין
וְאָתְיָן לְאַרְעֲהוֹן הָא
כְּיוֹנִין דְּתַיְבָן לְגוֹ
שׁוֹבְכֵיהוֹן: ט אֲרֵי לְמֵימְרִי
נְגָוָן יְסַבְּרוּן וְנָחֲתֵי סְפִינֵי
יַמָּא אַיְדָא פָּרְסָא קַלְעָהָא בְּקַדְמֵיתָא לְאַיְתָאָה בְּנַךְ מֵרְחִיק כַּסְפְּהוֹן וּדְהַבְהוֹן עִמְּהוֹן לִשְׁמָא

יַעֲלוּ עַל־רָצוֹן מִזְבְּחִי וּבֵית תִּפְאַרְתִּי
אֲפָאֵר: ח מִי־אֵלֶּה כָּעָב תְּעוּפֶינָה
וְכַיּוֹנִים אֶל־אֲרֻבֹּתֵיהֶם: ט כִּי־לִי | אִיִּים
יְקַוּוּ וָאֳנִיּוֹת תַּרְשִׁישׁ בָּרִאשֹׁנָה לְהָבִיא
בָנַיִךְ מֵרָחוֹק כַּסְפָּם וּזְהָבָם אִתָּם לְשֵׁם
יהוה

ת"א כעב תעופינה. ב"ב עה זוהר משפטים:

רש"י

(ט) בראשונה. כמו כבראשונה בימי שלמה כענין שנאמר (מלכים א' י') כי אני תרשיש למלך בים וגו' אחת לג' שנים תבא אני תרשיש וגו'. תרשיש שם הים: לשם ה' אלהיך. שנקרא עליך כי ישמעו שמעו ושם גבורתו ויבואו: כי

מהר"י קרא

מדין. הוגיני מדין תרגם. ופתר' גמלים בחורים: (ט) ואניות תרשיש בראשונה. בימי שלמה כדכתיב אחת לשלש שנים תבוא אני תרשיש נושאת זהב וכסף. אף עכשיו כשיבואו בניך מרחוק: כספם וזהבם. אשר לא יביאו את צוארם בעול (את) ישראל חרוב יחרבו:

אבן עזרא

ימשוך אחר עמו וכן הוא על מזבחי: (ח) מי אלה. הטעם על הבני' והנה קומי אורי ידבר עם ציון: אל ארובותיה'. הם החלונות שעם קנים: (ט) כי לי איים. שאתן להם שכר טוב: ואניות תרשיש בראשונה. והזכיר תרשיש כי היא קרובה לארץ: כספם וזהבם. והנה הטעם כי

רד"ק

שיביאו לך מנחת מהם: ישרתונך. מלעיל האתנחתא בתי"ו לפיכך הנו"ן בסגול: יעלו על רצון מזבחי. כמו הפוך יעלו על מזבחי לרצון וכן מקום שם קבר כמו מקום קבר שם ופי' יביאו מנחה מהם וכן יעלו מהם על מזבחי שיקריבו מהם קרבן לה'. או ישראל יקריבו מהם. יש מחלוקת בדבר זה בדברי רז"ל כי רבי אליעזר אומר שאין מקריבין מבהמות העכו"ם לא אנחנו ולא הם לפי שחוששין בהם לרביעה והקשו זה הפסוק לר' אליעזר ותירץ כולם גרים גרורים הם לעתיד לבא דכתיב כי אז אהפוך אל עמים שפה ברורה לקרא כולם בשם ה' ולעבדו שכם אחד: אפאר. שיביאו שם הגוים מנחה וקרבנות. וטעם אפאר שאתן בלבם לפארו וכן טעם אהפוך אל עמים: (ח) מי אלה. אמר תעופנה לשון נקבות על קהלות ישראל העולות מהגלות מזה ומזה ותבאנה קל מהרה כמו העב והמשיל מרוצת הקלות לעופפות כי היא התנועה הקלה שבתנועות וכן מחץ יעוף יומם· וכיונים אל ארבותיהם. כי יותר יעופו מהרה בשובם אל קניהם ממה שיעופו בצאתם מהם מפני שממהרות לשוב אל גוזליהם שהניחו להאכילם מאשר בפיהם: ארבותיהם. הם חלונות השובך וכ"ף כיונים פתוחה לידיעה כלומר היונים שיניחו הגוזלים בשובך: (ט) כי לי איים יקוו. פי' שוכני האיים יקוו לי כי ידוע כי אני המטיב ומריע לפיכך יביאו בניך ממקומם ואפי' יהיו רחוק יביאו אותם אל א"י: ואניות תרשיש בראשונה. בחסרון כף הדמיון כבראשונה כמו שהיו באות אניות תרשיש בראשונה בימי שלמה: כספם וזהבם אתם. אפשר כספם וזהבם

מצודת דוד

אליך: אולי נביות. האילים שבנביות המה מובחרים: ישרתונך. יהיו לך לצרכך: יעלו וגו'. הוא כמו הפך יעלו על מזבחי לרצון כמו כל תשא עון (הושע י"ד) ורבים כמוהו: ובית תפארתי. זה בה"מ: אפאר. כי האומות יביאו שמה מנחת כסף וזהב: (ח) מי אלה. כאלו הבריות ישאלו על בני הגולה מי אלה אשר ממהרים לשוב כעפיפת הענן וכיונים הממהרים לעוף אל ארבותיהם הם חלונות השובך: (ט) איים יקוו. יושבי איי הים יאספו לבוא אלי

מצודת ציון

יהיה לצורכך וכמוהו את בגדי השרד לשרת בקודש (שמות ל"ה): (ח) כעב. כענן: תעופינה. מל' עפיפה ופריחה: ארבותיהם. מל' ארובה וחלון כמו וארבות השמים (בראשית ז') ור"ל חלונות השובך והוא מקום מדורם: (ט) יקוו. ענין אסיפה כמו יקוו המים

they are returning home with food for their young than when they fly away from their homes.—[*Redak*]

9. **For the isles will hope for Me**— The island dwellers will know full well that it is in My power to benefit or harm them. They will, therefore, transport all their Jewish inhabitants to the Holy Land, regardless of how far away they are.—[*Redak*]

as in the beginning—*Like 'as in the beginning,' meaning in the days of Solomon, like the matter that is stated* (I Kings 10:22): *"For the king had at sea ships of Tarshish etc.; once in three years, the ships of Tarshish would come etc." Tarshish is the name of the sea.*—[*Rashi*] See Commentary Digest ad loc., supra 2:16, 23:12, appendix.

He mentions Tarshish because it is near the Holy Land.—[*Ibn Ezra*]

their silver and their gold—This may refer to the silver and gold of the Jews, which they will bring back with them to the Holy Land, not leaving any of it in the lands of the Diaspora. It is also possible that the

they shall be offered up with acceptance upon My altar, and I will glorify My glorious house. 8. Who are these that fly like a cloud and like doves to their cotes? 9. For the isles will hope for Me, and the ships of Tarshish [as] in the beginning, to bring your sons from afar, their silver and their gold with them, in the name of

ders: Concerning the praises of the Lord they shall speak. The word יְבַשֵּׂרוּ is used, denoting a report of a recent happening, since it is unusual for non-Jews to discuss God's praises, it is regarded as news.—[*Redak*]

7. **All the sheep**—I.e. most of the sheep. This usage is not uncommon in Scripture.—[*Redak*]

Kedar—*Jonathan* renders: the Arabs. See Gen. 25:13, where Kedar is listed among the sons of Ishmael.

the rams of Nebaioth—Heb. אֵילֵי, rams of Nebaioth.—[*Rashi* after *Jonathan*]

shall serve you—I.e., they shall be used for your necessities.—[*Ibn Ezra*]

Alternatively, with the rams of Nebaioth they shall serve you, i.e. the nations that bring gifts of them. —[*Redak*]

Others render: the princes of Nebaioth shall serve you.—[*Rabbenu Chananel*, quoted by Commentaries on the Book of Isaiah, Vol. 1, p. 284, Jerusalem 5731.

Kedar and Nebaioth are pastoral tribes that raise sheep and travel from place to place seeking pasture.—[*Redak*]

they shall be offered up with acceptance upon My altar—They will bring them as gifts and also to offer up as sacrifices upon My altar. Alternatively, the Jews who receive the sheep will offer them up as sacrifices. In the Talmud (*Avodah Zarah* 24a) there is a dispute between Rabbi Eliezer and the Sages. Rabbi Eliezer prohibits purchasing animals from gentiles for sacrifices or accepting sacrifices from them because they are suspected of sodomy, thus disqualifying the animals for sacrifice. The Sages maintain that they are not suspected. When the Sages confronted Rabbi Eliezer with our verse, he replied that in the future the gentiles will convert to Judaism and observe the precepts scrupulously. Therefore, there will be no suspicion of sodomy. He bases this on "(Zeph. 3:9) For then I will turn to the peoples a pure language, that all of them will call in the name of the Lord to serve Him with one consent."—[*Redak*]

I will glorify—I will inspire the gentiles to glorify My glorious house with their sacrifices.—[*Redak*]

8. **that fly like a cloud**—The Jewish communities that will ascend from the exile to the land of Israel. They will travel with such swiftness, that they are likened to drifting clouds.—[*Redak*]

to their cotes—lit. windows, the windows of the dovecotes where they nest. The doves fly faster when

יְהוָה אֱלֹהַיִךְ וְלִקְדוֹשׁ יִשְׂרָאֵל כִּי
פֵאֲרָךְ: י וּבָנוּ בְנֵי־נֵכָר חֹמֹתַיִךְ
וּמַלְכֵיהֶם יְשָׁרְתוּנֶךְ כִּי בְקִצְפִּי
הִכִּיתִיךְ וּבִרְצוֹנִי רִחַמְתִּיךְ: יא וּפִתְּחוּ
שְׁעָרַיִךְ תָּמִיד יוֹמָם וָלַיְלָה לֹא יִסָּגֵרוּ
לְהָבִיא אֵלַיִךְ חֵיל גּוֹיִם וּמַלְכֵיהֶם
נְהוּגִים: יב כִּי־הַגּוֹי וְהַמַּמְלָכָה אֲשֶׁר
לֹא־יַעַבְדוּךְ יֹאבֵדוּ וְהַגּוֹיִם חָרֹב

דַיְיָ אֱלָהָךְ וּלְקַדִישָׁא
דְיִשְׂרָאֵל אֲרֵי שַׁבְּחָךְ:
י וְיִבְנוּן בְּנֵי עַמְמַיָא שׁוּרָךְ
וּמַלְכֵיהוֹן יְשַׁמְשׁוּנִיךְ
אֲרֵי בְרוּגְזִי אַלְקֵיתִיךְ
וּבִרְעוּתִי אֲרַחֵם עֲלָךְ:
יא וְיִתְפַּתְּחוּן תַּרְעָךְ
תְּדִירָא יְמָם וְלֵילֵי לָא
יִתְאַחֲדוּן לְאָעָלָא לְגַוִיךְ
נִכְסֵי עַמְמַיָא וּמַלְכֵיהוֹן
זְקִיקִין: יב אֲרֵי עַם וּמַלְכוּ
דְלָא יִפְלְחוּנִיךְ יְרוּשְׁלֵם
יֵיבְדוּן וְעַמְמַיָא
אִשְׁתֵּיצָאָה יִשְׁתֵּיצוּן:
יקר

ת"א והגוים חרב. (סוטה כא):

רש"י

פארך. נתן לך פאר: (י) וברצוני. וברלותי לך (אומונ"א פיימנ"ט בלע"ז): (יא) ופתחו שעריך תמיד. לשון פיתוח ממשקולת לשון ככד ע"ס ספתיחתן פתיחת עולס פתיחת תמיד כמו שבר מל' שבירה כך פתחו מלשון פתיחה

רד"ק

של ישראל כלומר עם כל ממונם יבאו לא יניחו ממומונם דבר בארצות הגולה או אפשר כספם וזהבם של העכו"ם כמו שנאמר בעולי בבל ינשאוהו אנשי מקומו בכסף ובזהב וברכוש ובבהמה לשם ה' אלהיך כי ישמעו את שמע כבודו וגדלו שיעשה בהוציאו עמו מהגלות ובעשותו נקמה בשונאיהם: פארך. בקמץ הרי"ש לנקבה כמו בכנוי הזכר בעבור כי כאשר מדבר כנגד כנסת ישראל ידבר פעם בלשון זכר ופעם בל' נקבה ל' זכר כנגד העם ול' נקבה כנגד הכנסה ופי' פארך הוא נתן לך הפאר והכבוד הזה שיעבדוך העכו"ם: (י) ובנו בני נכר. מלבד שיעבדוך במנחות שיביאו לך יעבדוך בארצך שיבנו חומותיך ויעשו מלאכתך: ישרתונך. מלעיל כמו אשר לפניו: כי בקצפי. אז תכירי כי כל עניניך בין הטוב בין הרע הוא מאתי ואינו מקרה כלל כי בעת שהיה קצפי עליך היית אמת לעבדים בגלות ובעת רצוני שיהיה עליך יעבדוך אפי' מלכי העכו"ם כל שכן העם: (יא) ופתחו. מן הדגוש והוא פעל עומד וכן פתח הסמדר פתחה אזניך כלומר יהיו נפתחים תמיד יומם ולילה להביא אליך חיל גוים אמר כנגד העיר ירושלם כמו שהיא כל הפרשה שעריך יהיו נפתחים תמיד בלילה כמו ביום כדי שיכנסו נושאי חיל הגוים אליך למנחה כי יהיה שלום בעולם וילכו בלילה בעת החום וכן תרגם יונתן להביא אליך לאעלא בגוך נכסי עממיא: ומלכיהם נהוגים. יהיו נהוגים אליך שיבאו לפני מלך המשיח כעבדים לפני אדוניהם ומה שאמר נהוגים כי מנהג המלכים כשילכו בדרך ילכו רוכבים או רגלים ינהגו אותם שרים דרך כבוד ויונתן תרגם נהוגים זקוקים רוצה לומר אסורים בזיקים: (יב) כי. והגוים

אבן עזרא

לי איים יקוו כי לא יתנו להם שכר ישראל והנה הוא מפורש לשם ה' אלהיך והנה פארך בא בקמץ גדול תחת קטן בעבור היותו סוף פסוק: (י) ובנו. אפילו בני ישראל לא יבנו חומות ירושלם כאשר לא בנו הבית כי אם הגוים: (יא) ופתחו. יש אומרים החירק תחת שורק ויש אומרים כי ופתחו שב אל בני נכר ואיננו רחוק והנה הטעם ידוע להביא חיל גוים ביום גם בלילה: ומלכיהם. שהיו נהוגים כטעם לאסור מלכיהם בזיקים: (יב) כי. חרוב יחרבו.

מצודת ציון

(בראשית א'): ואניות. ספינות: (י) בקצפי. מל' קלף וכעס: (יב) חרוב יחרבו. מל' חורבן:

מצודת דוד

והאניות ההולכות על ים תרשיש הם יתעוררו בראשונה להאסף ולהביא בניך וכו': כספם וגו'. להביא מנחה לה': לשם ה'. ר"ל יהיה בעבור פרסום שם ה': ולקדוש ישראל. כפל הדבר במ"ש: כי פארך. אשר נתן לך פאר והדר וחשיבות: (י) חומותיך. חומת העריס: ישרתונך. ישמשו אותך: כי בקצפי. ר"ל כל הבאה עליך לא היה בדרך הטבע כי לשעבר הכיתי אותך בקצפי ולזה היית בתכלית השפלות ועתה רחמתי אותך ברצוני הטוב ולזה תמשול ממשל רב: (יא) ופתחו וגו'. יהיו פתוחים ועומדים: יומם וגו'. כפל הדבר במ"ש: חיל גוים. עושר העכו"ס: ומלכיהם. גם להביא את מלכיהם נהוגים אליך בשבי: (יב) והגוים. על כל העכו"ס יהיה חורבן ר"ל לא יהיה בהם עוד ממשלה:

there will be peace, the gates will remain open at night as well as by day, in order to bring in the wealth of the nations as tribute. When the day is hot, they will travel at night.—[*Redak*]

in procession—Lit. led. This is synonymous with "(Ps. 149:8) To bind their kings in fetters."—[*Ibn Ezra*] *Jonathan,* too, renders: chained.

Redak explains that they will be led before the King Messiah as slaves. They will be led by their princes, as is customary with kings.

12. **shall be destroyed**—This is variously explained as being derived from חָרֶב, *a sword,* meaning that they

the Lord your God and for the Holy One of Israel, for He has
glorified you. 10. And foreigners shall build your walls, and
their kings shall serve you, for in My wrath I struck you, and in
My grace have I had mercy on you. 11. And they shall open
your gates always; day and night they shall not be closed, to
bring to you the wealth of the nations and their kings in proces-
sion. 12. For the nation and the kingdom that shall not serve
you shall perish, and the nations shall be destroyed.

silver and gold of the gentiles is meant. They will honor the Jews by bringing them silver and gold, much as in the time of the return from the Babylonian exile.—[*Redak*]

in the name of the Lord your God—*that is called upon you, for they will hear a report of Him and the name of his might, and come.*—[*Rashi*]

Redak elaborates: For they will hear the report of His glory and His greatness that He will perform when He takes His people out of exile and when He wreaks vengeance upon their enemies.

for He has glorified you—*He has given you glory.*—[*Rashi*]

He gave you this glory, that the nations should serve you.—[*Redak*]

10. **And foreigners shall build**—In addition to serving you with the gifts they bring you, they will serve you in your land by rebuilding your walls and doing your work.—[*Redak*]

Just as the Israelites will not build the Temple, neither will they build the walls of Jerusalem, but the gentiles will build them.—[*Ibn Ezra*]

Alternatively, they will build the walls of all the cities.—[*Mezudath David*]

for in My wrath I struck you—All this is obviously not a natural phenomenon, for, in the past, when I was wroth with you, I struck you and humbled you, and now, in My grace, I have exalted and elevated you to the top.—[*Mezudath David*]

11. **And they shall open your gates always**—Heb. וּפִתְּחוּ. *This is an expression of opening in the strong conjugation* (פִּעֵל), *since their opening is a perpetual opening, a constant opening. Just as* שִׁבֵּר *is an expression of breaking,* so is פִּתְּחוּ *an expression of opening. Tresoverts in O.F.*—[*Rashi*] *Rashi* explains וּפִתְּחוּ in the *pi'el* conjugation as being similar to וּפָתְחוּ in the *kal* conjugation. The distinction is only in degree, just as we find the two forms in the root שבר, denoting a slight breakage and a more intense one. *Redak* interprets the *pi'el* here as an intransitive verb, rendering: shall be opened. *Ibn Ezra,* too, quotes exegetes who interpret it as intransitive. They, however, explain it as a variation of the *pu'al,* instead of וּפֻתְּחוּ, the passive of the *pi'el.* He prefers, however, to interpret it as an active verb, with 'foreigners' as the subject.

they shall not be closed—Since

יְחָרְבוּ: יג כְּבוֹד הַלְּבָנוֹן אֵלַיִךְ יָבוֹא
בְּרוֹשׁ תִּדְהָר וּתְאַשּׁוּר יַחְדָּו לְפָאֵר
מְקוֹם מִקְדָּשִׁי וּמְקוֹם רַגְלַי אֲכַבֵּד:
יד וְהָלְכוּ אֵלַיִךְ שְׁחוֹחַ בְּנֵי מְעַנַּיִךְ
וְהִשְׁתַּחֲווּ עַל־כַּפּוֹת רַגְלַיִךְ כָּל־
מְנַאֲצָיִךְ וְקָרְאוּ לָךְ עִיר יְהוָה צִיּוֹן
קְדוֹשׁ יִשְׂרָאֵל: טו תַּחַת הֱיוֹתֵךְ עֲזוּבָה
וּשְׂנוּאָה וְאֵין עוֹבֵר וְשַׂמְתִּיךְ לִגְאוֹן
עוֹלָם מְשׂוֹשׂ דּוֹר וָדוֹר: טז וְיָנַקְתְּ חֲלֵב

יג יְקַר לִבְנָן לְנָוִיךְ יִתְּאַל
בִּירָנַן מוֹרְנַן וְאַשְׁכְּרָעִין
כַּחֲדָא לְשַׁבְּחָא אֲתַר
בֵּית מַקְדְּשִׁי וַאֲתַר בֵּית
אַשְׁרָיוּת שְׁכִנְתִּי אֲיַקַּר:
יד וִיהָכוּן לְנָוִיךְ כְּפִיפִין
בְּנֵי מְשַׁעְבְּדַיִךְ
וְיִשְׁתַּטְּחוּן לְמִבְעֵי מִנִּיךְ
עַל פַּרְסַת רַגְלַיִךְ כָּל
דַּהֲווֹ מַרְגְּזִין לִיךְ וְיִקְרוּן
לִיךְ קַרְתָּא דַּייָ צִיּוֹן
דְּאִתְרְעֵי בַהּ קַדִּישָׁא
דְּיִשְׂרָאֵל: טו חֲלַף
דַּהֲוֵית שְׁבִיקָא
וּמְטַלְטְלָא וְלֵית דְּעָדֵי
וַאֲשַׁוִּינִךְ לִיקַר עָלַם
בֵּית דִּיץ דָּר וְדָר:
טז וְתִסְבְּעִין נִכְסֵי

רש"י

(ט"ס אוכירט"ס בלע"ז): (יג) **ברוש תדהר ותאשור**. מיני עצי יער לבנון: (יד) **ציון קדוש ישראל**. ציון

ציון קדוש ישראל. סמוך ציון של קדוש ישראל: (טו) תחת. עזובה. שנגלה כבוד ה' מעליך: ואין עובר. בהרבנה: משוש דור ודור. לכל דורות העולם תהיה משוש כמו שנקראת יפה נוף משוש כל הארץ: (טז) וינקת חלב גוים. דרך משל כלומר

אבן עזרא

מגזרת הרוב החרב נחרבו המלכים ויש אומרים מלשון חרבן והראשון הוא נכון: (יג) **כבוד הלבנון**. והנה פי' האילני' הנכבדים בלבנון ברוש תדהר ותאשור יחדו: **לפאר**. לבנות בית השם: (יד) **והלכו. שחוח**. שם: **וקראו לך עיר ה'**. והנה לעד קומי אורי שאמר אל ציון. עיר ימשך עלמו ואחר עמו וכן הוא ציון עיר קדוש ישראל כמו אל בהפך תוכיהני: (טו) **תחת. עזובה**. בהיותה הרבה: **משוש דור ודור**. הטעם משוש שלא יפסק: (טז) **ויונקת חלב גוים**. הטעם ממון שיתנו מס: **ושוד מלכים**.

רד"ק

חרוב יחרבו. ענין חרבן ויש מפרשים ענין חרב כלומר יהרגו: (יג) כבוד הלבנון. העצים הטובים שבו ואח"כ מפרש מה הם כמו שהיה משלח מלך צור למלך שלמה: ברוש תדהר ותאשור. כבר פירשנו בפרשת העניים והאביונים: לפאר מקום מקדשי. שיבנו בהם בית המקדש: ומקום רגלי אכבד. כי בהמ"ק מכוון כנגד כסא הכבוד ואם כסא הכבוד מושבו בית המקדש הדום רגליו. אכבד כי הוא יתן בלבם להביא: (יד) והלכו. שחוח. שם בשקל גבוה קומתו מן תחתיו שחחו: בני מעניך. אותם שהיו מעניך בגלות ומתו כבר בזמן הישועה בניהם ילכו אליך שוחחים ומתנפלים לפניך. ור"ל מעניך מעני בניך. כי כנגד ירושלים מדבר: על כפות רגליך. ועל כפות רגלי בניך ור"ל על מדרך הכפות כי הכף מתחת: עיר ה'. כי כבודו יראה בה:

מצודת דוד

(יג) כבוד הלבנון. האילנות הנכבדים שביער הלבנון יביאו אליך והם ברוש תדהר ותאשור כולם יחדיו: לפאר. לבנות בהם מקום מקדשי בנין מפואר: ומקום רגלי אכבד. בה"מ יבנה בנין מכובד ואמר במשל כאלו המקום יושב על הכסא אשר בשמים ורגליו יורדים לנוח בבה"מ כמו והשתחוו להדום רגליו (תהלים צ"ט): (יד) שחוח. בכפיפה ובהכנעה: בני מעניך. המכו"ם שהיו מענים ומלירים אותך בגולה: על כפות רגליך. ר"ל עד סמוך לארץ: כל מנאציך. כל העכו"ם שהיו מבזים אותך: עיר ה'. עיר של ה' ציון של קדוש ישראל וכפל הדבר במ"ש: (טו) תחת. במקום שהיית עזובה מכל העכו"ם ולא היה **מי** מתחבר עמך והיית **שנואה** לכולם ואין מי עובר בדרך לבאו לבקום לך: ושמתיך. במקום זה אשי' אותך להיות מוכלת עד עולם ולהיות מגאה משוש בכל ימי **הדורות**: (טז) וינקת.

מצודת ציון

(יג) הלבנון. שם יער בא"י: ברוש וגו'. שמות מיני אילנות חשובים: (יד) שחוח. ענין כפיפה והשפלה כמו תחתיו שחחו עוזרי רהב (איוב ט'): מעניך. מל' עגוי: כפות רגליך. כמו שנקרא שטחית היד כף היד כן נקרא שטחית הרגל כף הרגל: מנאציך. ענין בזיון כמו נאצו האנשים את מנחת ה' (ש"א ב'): (טו) תחת. במקום: לגאון. ענין ממשל רב: משוש. ענין שמחה: (טז) וינקת. מלשון יניקה: ושד. מל' שדים: תינקי.

greet you.—[*Mezudath David*]

without a passerby—during its desolation.—[*Redak*]

the joy of every generation.—This status will continue, never terminating.—[*Ibn Ezra*]

16. **And you shall suck the milk of nations**—This is figurative for the possessions of the nations.—[*Redak*] For they will pay tribute to you.—[*Ibn Ezra*]

and the breast of kings—Heb. וְשֹׁד,

13. The glory of the Lebanon shall come to you, box trees, firs, and cypresses together, to glorify the place of My sanctuary, and the place of My feet I will honor. 14. And the children of your oppressors shall go to you bent over, and those who despised you shall prostrate themselves at the soles of your feet, and they shall call you 'the city of the Lord, Zion of the Holy One of Israel.' 15. Instead of your being forsaken and hated without a passerby, I will make you an everlasting pride, the joy of every generation. 16. And you shall suck the milk of

will be slain, and from חָרְבָּן, *destruction* or *desolation.*—[*Ibn Ezra, Redak*]

13. **The glory of the Lebanon**—The best trees of the Lebanon forest, those listed further, shall come to you just as Hiram sent to King Solomon.—[*Redak, Ibn Ezra*]

box trees, firs, and cypresses—*Species of trees of the forest of Lebanon.*—[*Rashi*] For identity of these trees, see above 41:19.

to glorify—to build the Temple with them.—[*Ibn Ezra, Redak*]

and the place of My feet I will honor—The Temple is situated opposite the Throne of Glory. Hence, it is, so to speak, God's footstool.—[*Redak*]

I will honor—God will inspire them to bring the timber.—[*Redak*]

Jonathan paraphrases: And the place of the house wherein I will rest My Shechinah, I will honor.

14. **the children of your oppressors**—Those who oppressed you during your exile, will be dead at that time. Their children will come and humble themselves to you. 'Your oppressors' is equivalent to 'the oppressors of your children,' since the prophet is addressing the city of Jerusalem.—[*Redak*]

at the soles of your feet—At the soles of the feet of your children. They will prostrate themselves on their footsteps.—[*Redak*]

and they shall call you 'the city of the Lord'—for His glory will manifest itself there.—[*Redak*] This verse proves that verse 1 is addressed to Jerusalem.—[*Ibn Ezra*]

Zion of the Holy One of Israel—Lit. Zion the Holy One of Israel. Jonathan renders: *Zion desired by the Holy One of Israel, Zion of the Holy One of Israel.*—[*Rashi, Redak*]

Ibn Ezra regards it as an ellipsis: Zion the city of the Holy One of Israel, repeating 'city' of the early part of the verse.

15. **forsaken**—For the glory of God has left you.—[*Redak*]

When you were desolate.—[*Ibn Ezra*]

Forsaken by all the nations, for no one would associate with you.—[*Mezudath David*]

and hated—by all nations, evidenced by the fact that none of them would pass through your land to

גּוֹיִם וְשֹׁד מְלָכִים תִּינָקִי וְיָדַעַתְּ כִּי־אֲנִי
יְהוָה מוֹשִׁיעֵךְ וְגֹאֲלֵךְ אֲבִיר יַעֲקֹב׃
יז תַּחַת הַנְּחֹשֶׁת אָבִיא זָהָב וְתַחַת
הַבַּרְזֶל אָבִיא כֶסֶף וְתַחַת הָעֵצִים
נְחֹשֶׁת וְתַחַת הָאֲבָנִים בַּרְזֶל וְשַׂמְתִּי
פְקֻדָּתֵךְ שָׁלוֹם וְנֹגְשַׂיִךְ צְדָקָה׃ יח לֹא־
יִשָּׁמַע עוֹד חָמָס בְּאַרְצֵךְ שֹׁד וָשֶׁבֶר
בִּגְבוּלָיִךְ וְקָרָאת יְשׁוּעָה חוֹמֹתַיִךְ
וּשְׁעָרַיִךְ תְּהִלָּה׃ יט לֹא־יִהְיֶה־לָּךְ עוֹד

תרגום

עַמְמַיָא וּבְבִזַת מַלְכִין
תִּתְפַּנְקִין וְתֵידְעִין אֲרֵי
אֲנָא יְיָ פָּרְקִיךְ
וּמְשֵׁיזְבִיךְ תַּקִיפָא
דְיַעֲקֹב׃ יז חֲלַף נְחָשָׁא
דְבָזוּ מִנִיךְ יְרוּשְׁלֵם אַיְתֵי
דַהֲבָא וַחֲלַף בַּרְזְלָא
אַיְתֵי כַסְפָּא וַחֲלַף אָעַיָא
נְחָשָׁא וַחֲלַף אַבְנַיָא
בַּרְזְלָא וַאֲשַׁוֵי פַּרְנָסַךְ
שְׁלָם וְשַׁלְטוֹנַיִךְ בִּזְכוּ׃
יח לָא יִשְׁתְּמַע עוֹד
חִטְפָּא בְּאַרְעִיךְ בִּזָא
וּתְבִירָא בִּתְחוּמִיךְ
וִיעַרְעוּן פּוּרְקַן עַל שׁוּרָךְ
וְעַל תַּרְעָךְ יְהוֹן מְשַׁבְּחִין׃
יט לָא תִצְטָרְכִין עוֹד

ת"א תחת הנחשת. ר"ה כג תמורה כז: ונגשיך. ב"ב ט:

רש"י

דאיתרעי בה קדים' דישראל ציון של קדוש ישראל: (טז) ושד מלכים. ל' שדים ותינקי יורה עליו: (יז) תחת הנחשת. שנטלו ממך: ושמתי פקודתך שלום. ואישוי פרנסך שלם ושלטוניך בזכו: פקודתך. פקידים שלך ורבותינו אמרו הפקודים שבאו עליך בגלותך והנוגשים שדחקוך יהיו לך לשלום ולצדקה: (יט) לא יהיה לך עוד. לא תצטרכי

מהר"י קרא

(יז) צדקת. מאומות העולם ששיעבדו בכם ואכלו את עוזרם*) אעשה לכם דין: (יח) וקראת ישועה חומותיך. שישועה ישית

*) אולי צ"ל עוברם.

רד"ק

שתאכלי טוב ארץ העכו"ם: ושד מלכים. בחולם כמו בפתח כמו חלצו שד והוא על דרך משל ר"ל טובם וכן ת"י ותשבעון נכסי עממין ובזת מלכין תתפנקון: (יז) תחת הנחשת. תחת הנחשת שלקחו העכו"ם ממך אביא זהב כלומר אתן בלבם לשלם לך בפלים וכפלי כפלים מאשר לקחו ממך הם ואבותיהם: ושמתי פקדתך שלום. תחת פקודתך שהיו העכו"ם נותנים פקידים על ישראל לגבות מהם מס אשים לך שלום וצדקה ולא יהיו עוד עליך פקידים ונוגשים: (יח) לא ישמע עוד חמס. שיעשו לך העכו"ם לא ישמע עו': וקראת. אז תקראי ישועת חומותיך כי לא תצטרכי עוד לעלות על החומות ולסגור השערים מפני האויב לפיכך תקראי להם ישועה הפך המלחמה שהיתה מקדם בשערים וכן בשערים לא יספרו בהם אלא תהלות ה' וי"ת ויערעון פורקן על שורך ועל תרעך יהון משבחין: (יט) לא יהיה. כבר פירשנו כי ימשיל הישועה והטובה לאורה

אבן עזרא

מגזרת שדים כי משקל השמות משתנים: (יז) תחת הנחשת אביא זהב. אשים בלב הגוים שיביאו הזהב והנכון שאביא לך שכר זהב. ד"א זהב גוים והנה הנחשת נכבד מהברזל על כן תחתיו זהב כנגדו: ושמתי פקודתך. אנשי פקודתך כמו פקיד והם החולקים המס שיקחוהו בשלום ונוגשיך בצדקה: (יח) לא ישמע עוד חמס בארצך שוד ושבר. הטעם כפול: וקראת. יש אומר' כמו וקראת אתכם הרעה ויש אומרים מלשון קריאה כי הישועה תקרא אל חומותיך והנכון שמלת וקראת לנכח ציון כי חומותיך תקראם ישועה והעד ושעריך תהלה והנה וקראת ימשוך אחר עמו כמשפט: (יט) לא. לא תצטרכי

מצודת ציון

מל' יניקה: אביר. ענין חוזק: (יז) פקדתך. מלשון פקיד וממונה: ונגשיך. ענין הלחץ ולקחת הכסף כמו נגש את הכסף (מ"ב כ"ג): (יח) חמס. עושק וגזל: שוד. מל' שדידה וגזל: תהלה.

מצודת דוד

הוא דרך משל לומר שתאכלי טוב העכו"ם: ושוד וגו'. כפל הדבר במ"ש: וידעת. אז תכיר שלא במקרה בא הדבר רק הוא בעבור שאני ה' מושיעך ואביר יעקב הוא גואלך: (יז) תחת הנחשת. במקום הנחושת שנטלו העכו"ם ממך אביא במקומו זהב וגו': ושמתי פקדתך שלום. ר"ל תחת הפקידים שהיו נותנים עליכם לגבות המס אשים עליך שלום כי לא יבואו עוד בתגר לגבות המס כ"א יבואו לשאול בשלומך: ונוגשיך. במקום הנוגשים את הכסף יבואו לעשות עמך לדקה: (יח) לא ישמע וגו'. מן השר השודד כי לא יהיה עוד: שוד וגו'. כפל הדבר במ"ש: וקראת. לא תקראו עוד על חומותיך ובשעריך קול מלחמה כ"א תקראי קול ישועת ה' ותהלתו: (יט) לא יהיה לך. ר"ל לא תהיה לריך לאור השמש להאיר לך ביום: ולנוגה. ולזריחת הירח לא תלטרך להאיר

and you shall call salvation your walls—You will call salvation your walls, for you will no longer have to mount the walls to look out for the enemy. God's salvation will be your walls.—[*Ibn Ezra, Redak*]

and your gates praise—You will call your gates praise since their only use will be to recite God's praises therein.—[*Ibn Ezra, Redak*]

Jonathan renders: And salvation shall come about upon your walls, and on your gates they will praise.

19. **You shall no longer have**—*You shall not require the light of the sun.*—[*Rashi*]

nations and the breast of kings you shall suck, and you shall
know that I am the Lord, your Savior, and your Redeemer, the
Mighty One of Jacob. 17. Instead of the copper I will bring
gold, and instead of the iron I will bring silver, and instead of
the wood, copper, and instead of the stones, iron, and I will
make your officers peace and your rulers righteousness.
18. Violence shall no longer be heard in your land, neither rob-
bery nor destruction within your borders, and you shall call sal-
vation your walls and your gates praise. 19. You shall no
longer have

an expression of breasts (שָׁדַיִם) *and 'you shall suck' proves it.*—[*Rashi Ibn Ezra, Redak*]

Although שד, *a breast,* is usually vowelized שַׁד, this is, nevertheless, the meaning, for nouns sometimes appear in variant forms. *Jonathan,* too, paraphrases: And you shall be sated with the possessions of the peoples, and with the booty of the kings you shall enjoy yourselves.—[*Ibn Ezra, Redak*]

The kings are likened to breasts, into which the 'milk' of all the nations is gathered, and from there you will draw it.—[*Malbim*]

All exegetes avoid explaining שד as *plunder,* since it does not fit the context. (Even *Jonathan* does not explain it in that manner etymologically, but only figuratively.) The only exception is Dr. Mendel Hirsch on the Haphtaroth.

17. **Instead of the copper**—*that they took from you.*—[*Rashi*]

I will bring gold—I will inspire them to bring gold; i.e. I will inspire the nations to pay many times what they took from Israel during the exile.—[*Redak*]

and I will make your officers peace—Jonathan renders: *And I will make your officers peace and your rulers with righteousness.* פְּקֻדָּתֵךְ— *Your appointed officers. Our Rabbis stated: The officers who came upon you in your exile and the rulers who pressed you will be counted for you as peace and charity* (*Baba Bathra* 9a).—[*Rashi*] I.e. the money they have exacted from you will be counted as charity.

Ibn Ezra explains: the officers will collect the taxes in peace and the rulers will exact the taxes with righteousness.

Others explain: Instead of officers and tax collectors who will oppress you, there will be peace and righteousness.—[*Redak*]

Alternatively, instead of officers coming to you to collect taxes, they will come to you to greet you, and instead of rulers coming to exact money from you, they will come to do kind deeds.—[*Mezudath David*]

18. **Violence shall no longer be heard**—The violence done you by the nations shall no longer be heard.—[*Redak*]

הַשֶּׁמֶשׁ לְאוֹר יוֹמָם וּלְנֹגַהּ הַיָּרֵחַ לֹא־
יָאִיר לָךְ וְהָיָה־לָךְ יְהוָה לְאוֹר עוֹלָם
וֵאלֹהַיִךְ לְתִפְאַרְתֵּךְ׃ כ לֹא־יָבוֹא עוֹד
שִׁמְשֵׁךְ וִירֵחֵךְ לֹא יֵאָסֵף כִּי יְהוָה
יִהְיֶה־לָּךְ לְאוֹר עוֹלָם וְשָׁלְמוּ יְמֵי
אֶבְלֵךְ׃ כא וְעַמֵּךְ כֻּלָּם צַדִּיקִים לְעוֹלָם
יִירְשׁוּ אָרֶץ נֵצֶר מַטָּעַו מַעֲשֵׂה יָדַי
לְהִתְפָּאֵר׃ כב הַקָּטֹן יִהְיֶה לָאֶלֶף
וְהַצָּעִיר לְגוֹי עָצוּם אֲנִי יְהוָה בְּעִתָּהּ

לניהור שמשא ביממא
ואף לא לניהור סיהרא
בליליא ויהי ליך יי
לניהור עלם ואלהך
לתושבחתיך : כ לא
תבטל עוד מלכותיך
ויקריך לא יעדי ארי יי
יהי ליך לניהור עלם
וישלמון יומי אבליך :
כא ועמיך כולהון זכאין
לעלם יחסנון ארעא
גיצבא דחדותי עובד
גבורתי לאשתבחא :
כב דזעיר בהון יהי
לאלפא ודחלש לעם
תקיף אנא יי בזמנה

ת"א ועמך. פסחים נג סנהדרין לז לת זוהר נח לך ויתרו : מטעי. סוכה כט סנהדרין ל :

רש"י

לאור השמש : (כ) לא יאסף. לשון אספו נגהם (יואל ב') הכניסו אורם : (כא) להתפאר. שאהיה מתפאר בם (פרוונטי"ר בלע"ז) : (כב) בעתה אחישנה. זכו אחישנה לא זכו בעתה:

מהר"י קרא

מטעי קרי

הקב"ה בחומותיך: (כא) נצר מטעי מעשה ידי להתפאר. לא יצרתי אותם בעולם כ"א לעשות להם נסים וגבורות כדי להתפאר בהם:

אבן עזרא

לאור השמש בעבור אור השכינה: לאור עולם. יומם ולילה: (כ) לא. זה השמש לא יבוא והירח לא יאסף והטעם כי בהתחברו עם השמש אז יעדר אור מהארץ: ושלמו ימי אבלך. כי האבל ישב בחשך: (כא) ועמך. נצר. כמו ונצר משרשיו יפרה: מעשה ידי להתפאר. כדרך בן אדם שישמח במעשיו בהיותם מתוקנים: (כב) הקטן. המשפחה הקטנה שמספרם מעט תהיה לאלף: בעתה.

רד"ק

אמר כל כך יהיה אורך גדול שהוא אור ה' והוא הטובה הגדולה עד שלא יהיה נחשב אור השמש ואור הירח לכלום והכל דרך משל כמו שאמר ואור החמה יהיה שבעתים: לתפארתך. שתתפאר בכבודו וטובו שיגדיל עמך: (כ) לא יבא. גם זה משל כתרגומו לא תבטל עוד מלכותך ויקרך לא יעדי: (כא) ועמך כולם צדיקים. שיצרף אותם האל כמו שכתב וצרפתים כצרוף כסף והנשארים יהיו כולם צדיקים וקדושים כמ"ש והיה כל הנשאר בציון והנותר בירושלם קדוש יאמר לו וגו': לעולם ירשו ארץ. שלא יגלו עוד ממנה לעולם כי יהיו נצר מטעי שיראו במעשיהם כי אני נטעתים לא כבראשונה שנא' עליהם מדוע קויתי לעשות ענבים ויעש באושים ולא היה נראה שהיה מטע ה' אלא זמורת זר: להתפאר. שאתפאר בהם נקרא להם עם ה' כמו שאמר ישראל אשר בך אתפאר: (כב) הקטן. אינו אומר על גוף אחד כי מה ענין קטן וצעיר אלא ר"ל השבט

מצודת דוד

לך בלילה: והיה לך ה'. אבל אור השכינה יהיה לך לאור עולם ביום ובלילה: לתפארתך. התפארי בכבוד ה': (כ) לא יבא. לא ישקע עוד שמשך וירחך לא יכנים אורו לבל יאיר לך ר"ל לא תבטל מלכותך וממשלתך: כי ה' וגו'. ר"ל הואיל ומה' בא הממשלה א"כ יהיה לאור עולם ולא תבוטל עוד: ושלמו. יתמו ויגמרו ימי אבלך כי לא תתאבלי עוד: (כא) ועמך. העם הנשאר בך יהיה כולם צדיקים כי הרשעים יכלו בחבלי משיח: לעולם יירשו ארץ. הם ירשו הארץ לעולם ולא יגלו עוד ממנה: נצר מטעי. הענף אשר נטעתי מעשה ידי היא ויש מה להתפאר בו ר"ל העם אשר בחרתי אתפאר בו כי יהיו צדיקים ותמימים: (כב) הקטן. השבט הקטן יתרבה עד אלף פעמים ככה: והצעיר. כפל הדבר במ"ש: אני ה'.

מצודת ציון

ענין שבת: (יט) ולנוגה. ענין הארה וזריחה: (כ) לא יבוא. לא ישקע כמו כי בא השמש (בראשית כ"ח): יאסף. ענין הכנסה כמו ואין איש מאסף אותם (שופטים י"ט): ושלמו. ענין גמר: (כא) נצר. ענף כמו ונצר משרשיו יפרה (לעיל י"א): מטעי. מל' נטיעה: (כב) והצעיר. הקטן כמו ורב יעבוד צעיר (בראשית כ"ה): עצום. ענין רבוי כמו עצמו לי אלמנותיו (ירמיה ט"ו): בעתה.

people of the Lord, I will be glorified through them.—[*Redak*]

This is anthropomorphic, like a person who rejoices with his works when they are perfect.—[*Ibn Ezra*]

The Talmud takes this verse as an allusion to the World to Come, denoting that all Israel are righteous and will merit a share in the World to Come (*San.* 11:1) The Mishnah proceeds to enumerate certain exceptions, people guilty of denying fundamentals of the faith.

22. **The smallest**—The family with the smallest number shall become a thousand.—[*Ibn Ezra*]

Redak explains that it will be increased thousandfold.

the sun for light by day, and for brightness, the moon shall not give you light, but the Lord shall be to you for an everlasting light, and your God for your glory. 20. Your sun shall no longer set, neither shall your moon be gathered in, for the Lord shall be to you for an everlasting light, and the days of your mourning shall be completed. 21. And your people, all of them righteous, shall inherit the land forever, a scion of My planting, the work of My hands in which I will glory. 22. The smallest shall become a thousand and the least a mighty nation; I am the Lord, in its time I will hasten it.

Scripture likens salvation and plenty to light. The prophet, therefore, states that your light, the light of God, His great salvation, will be so great that, in comparison, the light of the sun and the moon shall be of no significance.—[*Redak*]

for an everlasting light—Both by day and at night.—[*Ibn Ezra*]

for your glory—You will glorify yourself with the praise of God.—[*Mezudath David*]

20. **Your sun shall no longer set**—This sun, the glory of God, shall not set.—[*Ibn Ezra*]

neither . . . be gathered in—Heb. יֵאָסֵף, *an expression similar to* "(Joel 2:10) *gathered in* (אָסְפוּ) *their brightness." Gathered in their light.*—[*Rashi*]

The moon shall not be in one line with the sun so that its light will be visible to the inhabitants of the earth.—[*Ibn Ezra*]

This is figurative, as *Jonathan* paraphrases: Your kingdom shall no longer be curtailed, neither shall your glory be removed.—[*Redak*]

and the days of your mourning shall be completed—for a mourner sits in the dark.—[*Ibn Ezra*]

21. **And your people, all of them righteous**—For God will refine them as Scripture states: "(Zech. 13:9) And I will refine them as silver is refined." The survivors will all be righteous and holy, as above 4:3: "And it shall come to pass that every survivor shall be in Zion, and everyone who is left, in Jerusalem; "holy" shall be said of him, everyone who is left, in Jerusalem."—[*Redak*]

shall inherit the land forever—They will never again be exiled from it, for they will be the scion of My plantings; it will be manifest from their deeds that I planted them. It will not be like in former times, concerning which the prophet stated: "(supra 5:2) And he hoped to produce grapes, but it produced wild berries." Then, God's planting was not manifest, but strange branches sprouted.—[*Redak*]

in which I will glory—*That I will glory with them. Pourvanter in French.*—[*Rashi*]

Since they will be called the

אֲחִישֶׁנָּה׃ סא א רוּחַ אֲדֹנָי יֱהֹוִה עָלָי
יַעַן מָשַׁח יְהֹוָה אֹתִי לְבַשֵּׂר עֲנָוִים
שְׁלָחַנִי לַחֲבֹשׁ לְנִשְׁבְּרֵי־לֵב לִקְרֹא
לִשְׁבוּיִם דְּרוֹר וְלַאֲסוּרִים פְּקַחקוֹחַ׃
ב לִקְרֹא שְׁנַת־רָצוֹן לַיהֹוָה וְיוֹם נָקָם
לֵאלֹהֵינוּ לְנַחֵם כָּל־אֲבֵלִים׃ ג לָשׂוּם
לַאֲבֵלֵי צִיּוֹן לָתֵת לָהֶם פְּאֵר תַּחַת אֵפֶר

אֵיתֵינַהּ׃ א אֲמַר נְבִיָא
רוּחַ נְבוּאָה מִן קֳדָם יְיָ
אֱלֹהִים עֲלַי חֲלַף דְרַבִּי
יְתִי יְיָ לְבַשָּׂרָא עִנְוְתָנַיָא
שַׁלְחַנִי לְתַקָּפָא לִתְבִירֵי
לִבָּא לְמִקְרֵי לְדִשְׁבַן חֵירוּ
וְלִדְאֲסִירִין אִתְגְלוֹ
לִנְהוֹר׃ ב לְמִקְרֵי שְׁנַת
רַעֲוָא קֳדָם יְיָ וְיוֹם
פּוּרְעֲנוּתָא קֳדָם אֱלָהָנָא
לְנַחָמָא כָּל אֲבִילַיָא׃
ג לְשַׁוָאָה לַאֲבִילֵי צִיּוֹן

ת"א אחישנה. סנהדרין לח (תענית כג): משח ה'. עכו"ם כ: לאבלי ציון. תענית יז ב"ב ס':

רש"י

סא (א) יען משח. אין משיחה זו אלא לשון שררה וגדולה: לקרוא לשבוים דרור. כלומר לבשר להם בשורת הגאולה: פקח קוח. פקח את מלקוחם ושבי' והתיר': (ב) שנת רצון. שנת פיוס ורצוי: (ג) אילי

רד"ק

והמשפחה הקטן מהם יהיה לאלף פעמים ממה שהוא עתה וכפל הענין במ"ש כמנהג ואמר הצעיר לגוי עצום: אני ה' בעתה אחישנה. זאת הטובה שאני מבטיחם אני ה' אעשנה שהיכולת בידי ואמר בעתה ואמר אחישנה אמרו רז"ל זכו אחישנה לא זכו בעתה ויש לפרש כשיגיע עתה אחישנה לגמרה מהרה כי לא יארך זמן מעת החל הישועה עד כלותה וי"ת אנא השם בזמנה אייתינה: (א) רוח ה' עלי. אלה הם דברי הנביא על עצמו ר"ל כי הבשורות הטובות שאמר ושעתיד לומר רוח הנבואה מאת ה' היא ששרתה עליו ושלחו האל לבשר בהם ישראל העתידים להיות בגלות זמן ארוך וימצאו אלה הנחמות כתובות ולא יתיאשו מן הגאולה כי מפי ה' הם אלה הנחמות ששלחני לאומרם ולכתבם לבשר בהם בני הגלות שהם ענוים ונשברי לב כי סובלים הגלות לשם ה' ואלו רצו להפרד מיחודו ומתורתו היו כאחד מהעמים אשר הם ברשותם ומעם משח רבה וגדל ומנה אותי להיות שליח באלה הנחמות וכן ומשחת את חזאל תמשח לנביא תחתיך אל תגעו במשיחי ולפי שמנוי המלכים הוא על ידי משיחה נאמר למנוי אחר ל' משיחה ואע"פ שאין שם משיחה ופירוש יען בעבור כי אפשר שתשרה עליו רוח נבואה ולא ימנה אותו להיות שליח לבשר בנבואה ההיא אחרים לפיכך אמר רוח ה' עלי יען משח אותי כלומר מה שאני אומר ברוח נבואה שהיתה עלי בעבור כי האל מנה אותי לזה להיות שליח לבשר ענוים לחבש לנשברי לב: פקח קוח. שתי מלות ועניינם מלה אחת ופירוש פתוח המאסר וי"ש לפרשו כענין שתי מלות ושיקראו לאסירים פקח ר"ל שיפתחו ממאסרם וכן יקראו להם קוח שרשו לקח. ר"ל שילקחו מהגלות ואאז"ל פירש כי שם המאסר קוח לפי שהם נלקחים ונכלאים בו כאלו אמר פתחו בית המאסר ויצאו האסירים וי"ת ולדאסירין אתגלו לנהור: (ב) לקרא שנת רצון. שנת הגאולה שהיא שנת רצון כמ"ש וברצוני נחמתיך אבל שנות הגלות היו שנות קצף כמו שאמר כי בקצפי הכיתיך: ויום נקם. הוא יום גוג ומגוג שינקם ה' בהם ובזה ינחם האל כל אבלים ואח"כ פי' מי הם האבלים ואמר לאבלי ציון: (ג) לשום. פאר תחת אפר. כי מנהג האבל לשום אפר בראשו: שמן ששון. וכן שמן ששון מחבריך וזה גלה על חברו פאר

אבן עזרא

בגעת עת הישועה והנכון שהוא דבק עם הקטן יהיה לאלף והנה אחים לעשות לשום הצעיר לגוי עצום כדרך ואעשך לגוי גדול:

סא (א) רוח. אלה דברי הנביא והם נבואה כמו ויאצל מן הרוח: יען משח ה' אותי. כי הנביאים יקראו משיחי' וכמוהו אל תגעו במשיחי והם האבות ויאמר רבי משה הכהן נ"ע כי תשובת יען משח ה' אותי שום אשים בה' ואין צורך כי יען טעמו הפך מאחרי בעבור שאבשר ענוי': פקח קוח. מלשון אחת ועי"ן ולמ"ד הם כפולים כמו סחרחר אדמדם ירקרק והוא שם: (ב) לקרא שנת רצון. היא שנת הגאולה: לנחם כל אבלים. והנה פרש אחר כן כי הם אבילי ציון: (ג) לשום לאבלי ציון. הוא

מצודת ציון

מלשון עת וזמן: אחישנה. ענין מהירות כמו אחישה מפלט לי (תהלים נ"ה):

סא (א) יען. בעבור: משח. ענין גדולה וכן למשיחו לכורש (לעיל מ"ה): לחבוש. ענין כריכת המטלית על השבר כמו ולנשברת לא חבשתם (יחזקאל ל"ד): דרור. חפשי וחירות כמו וקראתם דרור (ויקרא כ"ה): פקח. ענין פתיחה כמו פקוח אזנים (לעיל

מצודת דוד

אשר היכולת בידי לכן בבוא עת הגאולה אמהר להרבות הקטן לאלף והצעיר לגוי עצום:

סא (א) רוח וגו'. רוח נבואה מה' היתה עלי ר"ל כל התנחומין שאני אומר לא מלבי המה כ"א בדבר ה': יען. בעבור כי ה' משח אותי לבשר את הענוים ושלחני לעשות תחבושת לנשברי לב ר"ל לנבאות נחמה להמצטערים על איחור הגאולה: לקרא. לנבאות על שבויי ישראל שיצאו לחפשי: לאסורים. לנבאות על האסורים בגולה שיפתח מאסרם וילקחו מן הגלות: (ב) לקרוא. לבשר שיבוא מה' שנת רצון לישראל ועת נקמה לעכו"ם: לנחם. נקמת העכו"ם יהיה לתנחומין לאבלי ציון על הצער שסבלו: (ג) לשום וגו'. לשום דבר לאבלי ציון וחוזר ומפרש מהו ואמר

and a day of vengeance—The day of Gog and Magog, when God will wreak vengeance upon them.—[*Redak*]

to console all mourners—In the following verse, he explains that the mourners of Zion are meant.—[*Ibn Ezra, Redak*]

3. **to give them glory instead of ashes**— For it is customary for a mourner to place ashes on his head.—[*Redak*]

61

1. The spirit of the Lord God was upon me, since the Lord
anointed me to bring tidings to the humble, He sent me to bind
up the broken-hearted, to declare freedom for the captives, and
for the prisoners to free from captivity. 2. To declare a year of
acceptance for the Lord and a day of vengeance for our God, to
console all mourners. 3. To place for the mourners of Zion, to
give them glory instead of ashes,

in its time I will hasten it—*If they are worthy, I will hasten it; if they are not worthy, it will be in its time.*—[*Rashi* from *San.* 98a]*

1. **The spirit of the Lord God was upon me**—The prophet declares that all the good tidings that he has already stated, as well as those he will state further, are all the results of the spirit of prophecy that God has caused to rest on him, and that God has sent him to tell the people that there will, indeed, be a long exile, but they will find the consolations written in his Book. They should not despair of the redemption, for God sent him to recite those consolations and to inscribe them, to bring tidings to the exiles, who are humble and broken-hearted for they suffer exile solely for God's sake. Were they to divorce themselves from His Torah and His Unity, they could assimilate with the nations around them and become like them.—[*Redak*]

since the Lord anointed me—*This anointment is nothing but an expression of nobility and greatness.*—[*Rashi*]*

to declare freedom for the captives—*That is to say, to bring them the tidings of the redemption.*—[*Rashi*]

to free from captivity—Heb. פְּקַח-קוֹחַ. *Open their imprisonment and their captivity and release them.*—[*Rashi*] *Rashi* interprets פְּקַח-קוֹחַ as two words, פְּקַח meaning 'open' and קוֹחַ meaning 'captivity,' stemming from לקח, *to take,* since the captive is taken into captivity. This view is shared by *Rabbi Joseph Kimchi,* quoted by *Redak. Redak,* himself, explains it to mean 'open, take out,' i.e. take out of the exile.

Ibn Ezra, Ibn Ganah, Menahem, Rabbenu Hananel, and *Redak* (as an alternate interpretation) explain it as one word, פְּקַחְקוֹחַ, with the second and third radicals, קח, repeated for emphasis. *Redak* and *Ibn Ganah* explain it to mean 'open the prison,' and *Rabbenu Hananel* explains it to mean 'open your eyes' and see God's salvation. See Commentaries on the Book of Isaiah, vol. 1, p. 284. *Jonathan* renders: And to the prisoners, "Reveal yourselves to the light."

2. **a year of acceptance**—*A year of appeasement and good will.*—[*Rashi*]

This is the year of the redemption. The time of the exile, however, were years of wrath.—[*Redak*]

שמן ששון תחת אבל מעטה תהלה
תחת רוח כהה וקרא להם אילי
הצדק מטע יהוה להתפאר: ד ובנו
חרבות עולם שממות ראשנים
יקוממו וחדשו ערי חרב שממות דור
ודור: ה ועמדו זרים ורעו צאנכם ובני
נכר אכריכם וכרמיכם: ו ואתם כהני
יהוה תקראו משרתי אלהינו יאמר
לכם

למתן להון כליל חלף
קטם משח דחדוה חלף
אבלא רוח משבחא
חלף רוחהון דהות עמיא
ויקרון להון רברבי
קושטא עמה דיי
לאשתבחא: ד ויבנון
חרבת עלם צדית
קדמאי יקוממון ויחדתון
קירוין דהואה חרבן
צדיא דר ודר: ה ויקומון
נוכראין וירעון ענכון
ובני עממיא אכריכון
ומפלחי כרמיכון:
ו ואתון כהניא דיי
תתקרון דמשמשין קדם
אלהנא

ת"א ועמדו זרים. ברכות לה פסחים לח סנהדרין לה:

רש"י

הצדק. לשון אילנות כמו (לעיל ב') מאילים אשר חמדתם ומטע ה' יורה עליו: (ה) אכריכם. מנהיגי המחרישה: (ו) כהני ה'. נשיאי הקב"ה: חיל גוים. נכסי עממיא:

מהר"י קרא

סא (ה) ובני נכר איכריכם וכרמיכם. (ו) ואתם. לא תעשו

אבן עזרא

שיפרש פאר תחת אפר שמן ששון תחת אבל כי האבל לא יסוך שמן והתקועית לעדה: רוח כהה. שם התאר מגזרת כהה הנגע יש אומרי' כטעם השך והנכון בעיני שהוא הפך פשה: אילי הצדק. מגזרת אילני' כמו מאילים אשר חמדתם והעד מטע השם: (ד) ובנו חרבות עולם. קדמוניו': שוממות ראשוני'. דורי' שעברו: (ה) ועמדו. לפניכם: זרים. כעבדים: אכריכם. שם התאר והם עובדי האדמה: (ו) ואתם. כבר אמר כי כל כהן לעולם הוא משרת והעד משרתי אלהינו והנה יהיו הגוים כנגד ישראל וישר' כנגד בני אהרן על כן חיל גוים כנגד המעשר.

רד"ק

תחת אפר. מעטה תהלה. הוא משל כי אין מעטה תהלה הפך רוח כהה אם לא יהיה דרך משל כי מצאנו גם כן מעטה ולבישת ברוח כמו ורוח לבשה את עמשי. שמן ששון תחת אבל כי האבל אינו סך שמן כמו שאמר בדבר התקועית: כהה. תאר לנקבה וכן והיא כהה פי' רוח קצרה וחלושה וכן וכהתה כל רוח כי רוח ישראל קצרה בגלות: אילי הצדק. כמו אלני. כמו שאמר מטע ה'. כמו כי יבשו מאלים: להתפאר. כבר פירשנוהו: (ד) ובנו חרבות עולם. בזה אין בו סמך אלא באותו של מעלה בפרשת קרא בגרון ובנו ממך חרבות עולם וכן מתחלף בשאר המלות ופי' ובנו ישראל אילי הצדק שזכר חרבות עולם שהיו חרבות מזמן רב: שממות ראשונים. שהיו שוממות מדורות הראשונים הם יקוממו אותם: וחדשו ערי חרב. אותן הערים שהיו חרבות יחדשו אותם והפסוק כפול במ"ש: (ה) ועמדו זרים. ועמדו מעצמם יקומו ממקומם ויבאו לעבוד אתכם ורעו צאנכם: אכריכם. עובדי שדותיכם: וכורמיכם. עובדי כרמיכם: (ו) ואתם. לא תהיו צריכים לעבוד עבודתכם כי בני נכר יעשו אותם ותהיו פנוים לעבוד את השם כמו הכהנים שהיו מוכנים ומזומנים לעבודת בית המקדש כן

מצודת דוד

לתת להם פאר במקום האפר שהיו מתפלשין בו בזמן האבל: שמן ששון. כי לפעמים מושחים בשמן לרפאות המכה לכן אמר שמן ששון השוי להתענג: מעטה תהלה. עטיפת שבח והלול במקום רוח כהה וחשיכה: וקורא להם. כ"א יקרא אותם אילי הצדק כי יהיו גדולים במעשה הצדק: מטע ה'. אשר ה' נטע אותם להתפאר בהם: (ד) ובנו חרבות עולם. יבנו הערים החרבות מימות עולם ר"ל מזמן רב: שוממות ראשונים. הערים השוממות מימים הראשונים יקומו וכפל הדבר במ"ש: וחדשו. יבנו מחדש הערים החרבות והשוממות מדור ראשון וכפל הדבר פעמים רבות לחזוק רב: (ה) ועמדו זרים. העכו"ם הזרים יעמדו וירעו לאנכם ובני נכר יעבודו אתכם בחרישת השדה ועבודת הכרם: (ו) כהני ה'. משרתי המקום: יאמר לכם. יהיה נאמר עליכם: ובכבודם

מצודת ציון

מ"ח): קוח. מל' לקיחה: (ג) מעטה. ענין עטיפה כמו כבגד יעטה (תהלים ק"ט): תהלה. מל' הלול ושבח: כהה. ענין עכירות וחושך כמו כהה הנגע (ויקרא י"ג): אילי. שם אילן גדול ויפה כמו מאילים אשר חמדתם (לעיל ב'): מטע. מל' נטיעה: (ד) חורב. מל' חורבן: (ה) זרים. נכרים: ורעו. מל' מרעה: אכריכם. כן יקראו החורשים בשדה כמו בושו אכרים (ירמיה י"ד): וכרמיכם. מל' כרם: (ו) כהני. ענין שררה וגדולה כמו ובני דוד

tations are probably identical.

6. **priests of the Lord**—*Princes of the Holy One, blessed be He.*—[*Rashi*] Comp. *Rashi,* Exodus 19:6.

Ibn Ezra explains that every priest is a servant, as in the second segment of the verse, 'servants of our God,' parallel to the first. The nations then will correspond to Israel now, and Israel will correspond to the sons of Aaron. They will receive the possessions of the nations as their tithes.

You shall be free from your work since the foreigners will do it for you. You will, therefore, be like the

oil of joy instead of mourning, a mantle o f praise instead of a
feeble spirit, and they shall be called the elms of righteousness,
the planting of the Lord, with which to glory. 4. And they shall
build the ruins of old, the desolations of the first ones they shall
erect; and they shall renew ruined cities, desolations of all gen-
erations. 5. And strangers shall stand and pasture your sheep,
and foreigners shall be your plowmen and your vinedressers.
6. And you shall be called the priests of the Lord; 'servants of
our God' shall be said

oil of joy instead of mourning—For a mourner may not anoint himself with oil, as we find in the episode of the Tekoite woman (II Sam. 20:2).—[*Redak*]

Since wounds are sometimes anointed with oil for therapeutic purposes, the prophet specifies, "oil of joy," i.e. oil used to afford pleasure.—[*Mezudath David*]

a mantle of praise—You will be enwrapped in praise. Comp. "(I Chron. 12:18) And a spirit enveloped Amasai."—[*Redak*]

feeble spirit—Heb. כֵּהָה, feeble and short, for the Jews have a short spirit, or breath, in exile.—[*Redak*]

Alternatively, a dimmed spirit.—[*Jonathan, Menahem*]

the elms of righteousness—Heb. אֵילֵי. *An expression of trees* (אִילָנוֹת). *Comp.* "(supra 1:29) *of the elms* (מֵאֵילִים) *that you desired.*"—[*Rashi*] This is evidenced by the end of the verse, "the planting of the Lord etc."—[*Ibn Ezra, Redak*] *Jonathan,* however, renders: the great ones of truth, the people of the Lord.

Malbim relates that the ancients had a custom of planting trees and dedicating them to various ideals, such as trees of freedom etc. Similarly, they would plant trees as a sign of righteousness, i.e to behave justly with one's fellowman. They would gather around these trees as a sign that they would, indeed, behave justly. The Jewish people is compared to these trees of righteousness, the planting of the Lord, from which branches will spread out (לְהִתְפָּאֵר), derived from פְּארוֹת, *branches.*

4. **And they shall build**—Israel, mentioned in the preceding verse, the elms of righteousness, shall build the ancient ruins.—[*Redak*]

It will be as though the ruins will be built from the branches of the trees.—[*Malbim*]

desolations of the first ones—That were desolate from the first generations.—[*Redak*]

5. **shall stand**—before you.—[*Ibn Ezra*]

Of their own volition, they will rise, leave their place, and come to serve you and pasture your flocks.—[*Redak*]

your plowmen—Heb. אִכָּרֵיכֶם, *those who lead the plow.*—[*Rashi*] Others render: Those who till the soil.—[*Ibn Ezra, Redak*] The two interpre-

לָכֶם חֵיל גּוֹיִם תֹּאכֵלוּ וּבִכְבוֹדָם
תִּתְיַמָּרוּ: ז תַּחַת בָּשְׁתְּכֶם מִשְׁנֶה
וּכְלִמָּה יָרֹנּוּ חֶלְקָם לָכֵן בְּאַרְצָם מִשְׁנֶה
יִירָשׁוּ שִׂמְחַת עוֹלָם תִּהְיֶה לָהֶם: ח כִּי
אֲנִי יְהוָה אֹהֵב מִשְׁפָּט שֹׂנֵא גָזֵל
בְּעוֹלָה וְנָתַתִּי פְעֻלָּתָם בֶּאֱמֶת וּבְרִית
עוֹלָם אֶכְרוֹת לָהֶם: ט וְנוֹדַע בַּגּוֹיִם

ת"א לכן בארצם, חגיגה טו: שונא גזל. סוכה ל: קמץ בז"ק זרעם

אֱלָהָנָא יִתְאֲמַר לְכוֹן נִכְסֵי פָלְחֵי כוֹכְבַיָא תֵּיכְלוּן וּבִיקָרְהוֹן תִּתְפַּנְקוּן: ז חֲלַף דִבְהָתְהוֹן וְאִתְכְּנָעוּתְהוֹן עַל חַד תְּרֵין בְּטַבְוָן דַאֲמָרִית לְכוֹן אַיְתֵי לְכוֹן וְיִתְבַּהֲתוּן עַמְמַיָא דַהֲווֹ מִשְׁתַּבְּחִין בְּחוּלַקְהוֹן בְּכֵן בְּאַרְעֲהוֹן עַל חַד תְּרֵין יַחְסְנוּן חֶדְוַת עָלַם תְּהֵי לְהוֹן: ח אֲרֵי אֲנָא יְיָ רָחֵים דִינָא מְרַחֵק קֳדָמַי שִׁקְרָא וְאוֹנְסָא וְאֶתֵּן אֲגַר עוֹבְדֵיהוֹן בִּקְשׁוֹט וּקְיָם עֲלַם אֶגְזַר לְהוֹן: ט וְיִתְרַבּוּן בְּעַמְמַיָא בְנֵיהוֹן וּבְנֵי בְנֵיהוֹן בְּגוֹ מַלְכְוָתָא כָּל חֶזְוֵיהוֹן

מהר"י קרא

שום מלאכת. אלא כהני ה' תקראו: ובכבודם תתימרו. שאותו כבוד שהיה להם עד עכשיו יבאו אליכם: (ז) תחת בושתכם משנה. ע"ז כלימת הגוים בנשאתם בושתכם:

רש"י

תתימרו. אתם תכנסו תחתיהם בכבוד שנטלו עד הנה: (ז) תחת בשתכם. שהיה משנה אף הם כלמה ירונו תמיד חלקם כלומר תחת אשר עד הנה תמיד עמי היו רוננים כלמה חלקם יש רנה שהיא אבל כמו (איכה ב') קומי רונו בלילה וכמו (מלכים א' כ"ב) ותעבור הרנה דאחאב: (ח) כי אני ה' אוהב משפט שונא גזל בעולה. לכך איני מקבל עולות מעובדי כוכבים שכולן גזל: ונתתי פעולתם. של

רד"ק

תהיו פנוים מעסקי העולם ותתעסקו בתורת אלהים ובדברי חכמה לדעת את ה': חיל גוים תאכלו. וזה מלבד שיעבדו אתכם בארצם יביאו לכם למנחה זהב וכסף וכל טוב מארצם והחכם ר' אברהם ב"ע פירש והנה יהיו העכו"ם כנגד ישראל וישראל כנגד בני אהרן הכהנים על כן חיל עכו"ם כנגד המעשר: תתימרו. תתגדלו ותתרוממו בכבודם שהוא ממונם: תתימרו. היו"ד תחת אל"ף וכן וה' האמירך היום וי"ת תתפנקון: (ז) תחת בשתכם. שהייתם בגלות לבשת ולחרפה ותחת אותו הבשת יהיה לכם הפכו והוא הכבוד ע"פ שנים שהיה לכם בשת יהיה לכם כבוד וי"ת חלף דבהתהון ואתכנעתון על חד תרין בטבוון די אמרית אייתי לכון: וכלימה ירונו חלקם. תחת שזכר עומד במקום שנים ותחת כלימה שהיה להם בגלות ירונו בחלקם הטוב שאתן להם וי"ת ויתבהתון עממיא דהוו משתבחין בחולקהון: לכן בארצם משנה יירשו. ולא יצטרכו לצאת מארצם לסחורה להרויח ממון כי בארצם יירשו מטוב העולם משנה ממה שהיה להם ואותה השמחה תהיה להם לעולם שלא תפסק: (ח) כי אני ה' אוהב משפט. נותן טעם למה שאמר שיתן להם משנה אמר כי אני אוהב משפט וזה יהיה עול ולא משפט כי ישראל שהם מבחר הגוים ואשר דבקו בה' כל ימיהם וארכו להם ימי הגלות והרעה אם לא יהיה להם עוד תקוה לא יהיה משפט ואני ה' אוהב משפט. אוהב שיעשו אותו בני האדם כ"ש שאעשהו אני כי אפי' בעבודתי אני שונא גזל וזהו בעולה כמ"ש והבאתם גזול אם כן על כל פנים כיון שאני אוהב משפט ושונא הפכו שהוא גזל צריך שאגמול להם תחת גלותם ורעתם רב טובה כפליים מה שהיה להם ברעה כי הכל סבלו לשמי לפיכך ונתתי פעולתם שפעלו ועשו לשמי אתן להם באמת וברית עולם שלא יהיה לו הפסק אכרות להם לא כברית אשר הוצאתי אותם מארץ מצרים שהיה לו הפסק: (ט) ונודע בגוים. כשילכו

אבן עזרא

יו"ד תתימרו. תחת אל"ף מגזרת את ה' האמרת: (ז) תחת בשתכם. תירשו. ותחת כלמה ירנו הלקם. והנה פירש מלת משנה שאמר לכן בארצם משנה יירשו: (ח) כי. הטעם אשלם להם גמול כי אני אוהב צדק שונא גזל אפילו בעולה שהיא קרבה לפני על כן ונתתי פעולתם כמו שכרם כמו ולא תלין פעולת שכיר והנה טע' גזל שלא אגזלם כי אם לא אתם להם שכר הנה גוזלי שכר: (ט) ונודע בגוים:

מצודת ציון

כהנים היו (ש"ב ח'): חיל. עושר: התימרו. ענין גדולה ורוממות כמו את ה' האמרת (דברים כ"ו) ובאה היו"ד במקום האל"ף וכן אשר יומלוך למזמה (תהלים קל"ט): (ז) משנה. כפול כמו וכסף

מצודת דוד

תתימרו. אתם תהיו מרומים בהכבוד שיש עתה אל העכו"ם כי לכם יבוא: (ז) תחת. במקום הבושת שהיה לכם יהיה לכם משנה פי שנים מהכבוד: וכלימה. ותחת הכלימה שהיה להם בגלות ירונו וישמחו בחלקם הטוב שאתן להם: לכן. בעבור הכלימה שהיה להם מן העכו"ם לזה ירשו בארצם ירושה כפולה ומרובה: שמחת עולם. כי לא יגלו עוד מארצם: (ח) אוהב משפט. ולכן נכון הדבר שיקבלו ישראל את הטובות האלה: שונא גזל בעולה. אפי' בהבאת העולה אני שונא אם באה מגזל וכמ"ש והבאתם גזול וגו' באלה אותה (מלאכי א') כ"ל הואיל וכן רע עלי מה שגזלו העכו"ם את ישראל ולזה יקבלו גמולם: פעולתם. שכר פעולתם אתן באמת: וברית עולם. ברית המתקיים לעולם אכרות להם: (ט) ונודע בגוים זרעם. זרע ישראל יהיה ניכר בהשיבות בין העכו"ם:

Paz), *for they are all* results of *robbery*.—[*Rashi*]

Redak explains that God is giving a reason for giving Israel a twofold inheritance. I am the Lord, Who loves justice. If Israel were not given this inheritance, it would be a gross injustice, for Israel is the choice of the nations; they have cleft to Me throughout their history and have

of you; the possessions of the nations you shall eat, and with
their glory you shall succeed [them]. 7.Instead of your shame,
which was twofold, and your disgrace, which they would
bemoan as their lot; therefore, in their land they shall inherit
twofold; they shall have everlasting joy. 8. For I am the Lord,
Who loves justice, hates robbery in a burnt offering; and I will
give their wage in truth, and an everlasting covenant I will make
for them. 9.And their seed shall be known among the nations,

priests, who serve God in the Temple. You will be free from mundane affairs to engage in the study of the Torah and in words of wisdom to know God.—[*Redak*]

the possessions of the nations—Heb. חֵיל גּוֹיִם.—[*Rashi* after *Jonathan*]

In addition to serving you in your land, they will bring you tribute of silver, gold, and other goods from their lands.—[*Redak*]

you shall succeed [them]—Heb. תִּתְיַמָּרוּ, derived from תְּמוּרָה, exchange. *You shall enter in their stead into the glory they have taken until now.*—[*Rashi*]

Yalkut Shim'oni quotes *Midrash Yelammedenu* as deriving the word from the same root. The explanation given is that because of their honor lavished upon you, you will be exchanged, that is, mistaken for others.

Alternatively, you shall be exalted with their glory, meaning their wealth.—[*Ibn Ezra, Redak, Mezudoth*] *Jonathan* renders: You shall revel.

7. **Instead of your shame**—*which was twofold, even they would constantly bemoan their disgrace as their lot. That is to say that instead of until now My people were constantly bemoaning disgrace, their lot . . . There are instances of* רִנָּה *that is an expression of mourning. Comp.* "(Lam. 2:19) *Rise, cry* (רֹנִּי) *at night, and comp. "(I Kings 22:36) A cry* (הָרִנָּה) *passed through the camp" concerning Ahab's death.*—[*Rashi*]

Redak renders: Instead of your shame, you shall inherit twofold the glory, and instead of their disgrace, they shall praise for their lot. *Jonathan* renders: Instead of your shame and you were subjugated, double the bounty that I said to you, I will bring to you, and the nations that were boasting of their lot shall be disgraced.

therefore, in their land they shall inherit twofold—and they shall not be required to leave their land for commerce, to earn money, for in their own land they shall inherit twofold of the good of the world, and the joy shall be everlasting.—[*Redak*]

8. **For I am the Lord, Who loves justice, hates robbery in a burnt offering**—*Therefore, I do not accept burnt-offerings from the heathens (the nations—Parshandatha, K'li*

זרעם וצאצאיהם בתוך העמים כל־
ראיהם יכירום כי הם זרע ברך יהוה׃
י שוש אשיש ביהוה תגל נפשי
באלהי כי הלבישני בגדי־ישע מעיל
צדקה יעטני כחתן יכהן פאר וככלה
תעדה כליה׃ יא כי כארץ תוציא צמחה

ישתמודעינון ארי אינון
זרעא דברכה יי׃
י אמרת ירושלם מחדא
אחדי במימרא דיי
תבוע נפשי בפורקנא
דאלהי ארי אלבשני
לבושין דפורקן מעיל
דזכו עטפני כחתנא
דמצלח בגנונה וככהנא
רבא דמתקן בלבושוהי
וככלתא דמתקשטא
בתיקונהא׃ יא ארי
כארעא דמפקא צמחה

ת"א יכהן פאר. מ"ק כח: שוש אשיש. עקדה שער נא זוכר יתרו: תוליא למחה. שבת פה עקרים פ׳ אחרי (מלאים כז שבת יא):

רש"י

ישראל שתהא באמת או ונתתי את פעולת׳ שפעלו שכר שסבלו גידופי העובדי כוכבים על כבודי באמת: (י) כהן. אשר ילבש לבושי פאר ככהן גדול: וככלה תעדה כליה. תכשיטיה: (יא) כי כארץ תוציא צמחה וגו׳.

מהר"י קרא

משנה. בושת כפול: לכן בארצם. משנה כבוד יירשו בני ישראל. וכלימת עולם תהיה להם לאומות: (י) שוש אשיש בה׳ תגל נפשי באלהי כי הלבישני בגדי ישע. כשם שאמר למעלה ותושע לו זרועו וגו׳] וילבש צדקה כשריון וכובע ישועה בראשו: מעיל צדקה יעטני. דכתיב ויעט כמעיל קנאה:

אבן עזרא

לא יורה זה הכתוב שישראל יהיו עוד מפוזרים רק יודעו בינות הגוים הבאים לחוג את חג הסכות ככתוב בספר זכריה והנותנים מס: (י) שוש. אז יאמר ישראל שוש אשיש: יעטני. פועל עבר מגזרת עוטה אור כשלמה והם שני בניינים: כחתן יכהן פאר. הוא פועל יוצא שהוא מלטרך לפאר נפש כאשר פירשתי במלת ישרתונך: תעדה כליה. הם הקשורים על גרגרותיה: (יא) כי כארץ.

רד"ק

בארצות הגוים לטייל או לסחורה אף על פי שלא יצטרכו יהיו נודעים ונכרים לרוב הכבוד והגדולה שיהיה להם וילכו בבגדי חופש וריקמה יאמרו עליהם אלו בני ישראל הם אלו זרע ברך ה׳ הם וכאמרם ונודע בגוים זרעם וצאצאיהם בתוך העמים כי הם הבחורים הם שילכו לתאותם לראות ארצות העכו"ם: (י) שוש אשיש בה׳. אלה הם דברי ירושלם לדעת המתרגם שתרגם אמרת ירושלים מחדא אחדי במימרא דה׳ או הם דברי ישראל בשובם מהגלות. וכתב א"א ז"ל בה׳ במדת רחמים: באלהי. במדת הדין ועל כן כפול שוש אשיש ועוד כי כאשר זכר מדת רחמים הגוף והנפש שמחים אך במדת הדין תגל הנפש שהיא עליונית ומקבלת יסורין יותר מהגוף: בגדי ישע מעיל צדקה. דרך משל והבגדים הם שילבש אותם האדם והמעיל הוא שיתעטף בו לפיכך אמר יעטני על מעיל: יכהן פאר. יגדיל פארו בלבושים נאים כי הכהן שהוא עובד האל הוא ראש העם וגדולם לפיכך נאמרה הגדולה בלשון כהונה וכן ובני דוד כהנים היו ויונתן תרגם כחתנא דמצלח בגנוניה וככהנא רבא דמתקן בלבושוהי: כליה. כלי תכשיטיה וקשוריה: (יא) כי כארץ. ועוד המשיל ישועת ישראל לארץ שתוציא

מצודת דוד

וצאצאיהם. הבנים היוצאים מהם יהיו נודעים בתוך העמים וכפל הדבר במ"ש: כל רואיהם. כל הרואה אותם יכיר בהם אשר הם זרע המבורך מה׳: (י) שוש אשיש. אז יאמר ישראל שוש אשיש בתשועת ה׳ תגל נפשי בעזר אלהי: כי הלבישני וגו׳. ר"ל סבב אותי בישע ובצדקה כלבוש המסבב את הגוף וכמעיל המעטף את הלובשו: כחתן. כמו החתן אשר ירומם ויגדיל פאריו וכמו הכלה אשר תתקשט כלי תכשיטיה: (יא) כי בארץ. כמו ארץ

מצודת ציון

משנה (בראשית מ"ג): וצאצאיהם. מלשון יציאה והם הבנים: יכירום. מל׳ הכרה: (י) שוש אשיש. ענין שמחה: תגל. מל׳ גילה וששון: ישע. מל׳ תשועה: מעיל. שם מלבוש מה: יעטני. ענין עטיפה: יכהן. ענין גדולה: תעדה. מל׳ עדי וקשוט. כמו

because only the soul, which can endure far more suffering than the body, can appreciate the attribute of justice and rejoice therein. [It, therefore, rejoices when it is purified by the Divine attribute of justice.]—[*Rabbi Joseph Kimchi*]

Abarbanel adds: In exile, only the soul benefited, i.e with the Torah and its precepts, whereas the body suffered from the persecutions.

garments of salvation . . . a robe of righteousness—This is figurative. The garments are those worn by a person. The robe is wrapped around him. Hence, the difference in expression.—[*Redak*]

like a bridegroom—*who dons garments of glory like a high priest.*—[*Rashi*]

Like a bridegroom, who enhances his handsomeness with beautiful garments. He is compared to a priest, the servant of God, who leads the people. *Jonathan* paraphrases: Like a bridegroom, who prospers under his canopy, and like a high priest, who adorns himself with his vestments.—[*Redak*]

and like a bride, who adorns herself

and their offspring among the peoples; all who see them shall recognize them that they are seed that the Lord blessed. 10. I will rejoice with the Lord; my soul shall exult with my God, for He has attired me with garments of salvation, with a robe of righteousness He has enwrapped me; like a bridegroom, who, priestlike, dons garments of glory, and like a bride, who adorns herself with her jewelry. 11. For, like the earth, which gives forth its plants,

suffered a lengthy exile with many calamities. If they were not recompensed for this, it would be unjust and I love justice, that everyone be just with his fellowman, surely I perform justice. Even in My worship, I demand justice, for I hate robbery in a burnt-offering. Therefore, since I love justice and hate its opposite, I must recompense you with twice that you suffered in exile. Therefore—

and I will give their wage—*The wage of Israel, which shall be in truth. Alternatively, I will give the reward for the deeds they performed, for they suffered the derisions of the heathens* (*the nations*—[Mss. and *K'li Paz*]) *for My honor in truth.*—[*Rashi*]

Redak concurs with *Rashi*'s first interpretation.

an everlasting covenant—Interminable, not like the covenant enacted upon the Exodus from Egypt.—[*Redak*]

9. **And their seed shall be known among the nations**—When they go among the nations on journeys, either for commerce, although unnecessary, or for pleasure, to see the lands of the nations, they will be known and recognized by their honor and greatness, for they will wear royal clothing. Everyone shall say of them, "They are the children of Israel. They are children whom the Lord has blessed." The expression, 'seed' and 'offspring' are used since it is the young men who desire these journeys.—[*Redak*]

Alternatively, when the nations come to Jerusalem to celebrate the Succoth festival, as in Zech. (14:16), and bring tribute, they will praise the Jews.—[*Ibn Ezra*]

10. **I will rejoice with the Lord**—According to *Jonathan*, these are the words of Jerusalem. It is also possible that the people are saying this.—[*Redak. Ibn Ezra* follows latter explanation.]

with the Lord—The tetragrammaton is used to denote the Divine attribute of mercy.—[*Rabbi Joseph Kimchi*]

with my God—I.e. with the Divine attribute of justice. As is known, the tetragrammaton denotes the attribute of mercy and the name אֱלֹהִים denotes the attribute of justice. In regard to the former, the verb is double, alluding to both the body and the soul, both of which rejoice with God's mercy. The latter, however, has a single verb form, and only the soul is mentioned. This is

וּכְגַנָּה זֵרוּעֶיהָ תַצְמִיחַ כֵּן אֲדֹנָי יֱהֹוִה
יַצְמִיחַ צְדָקָה וּתְהִלָּה נֶגֶד כָּל־הַגּוֹיִם׃
סב א לְמַעַן צִיּוֹן לֹא אֶחֱשֶׁה וּלְמַעַן
יְרוּשָׁלִַם לֹא אֶשְׁקוֹט עַד־יֵצֵא כַנֹּגַהּ
צִדְקָהּ וִישׁוּעָתָהּ כְּלַפִּיד יִבְעָר׃ ב וְרָאוּ
גוֹיִם צִדְקֵךְ וְכָל־מְלָכִים כְּבוֹדֵךְ וְקֹרָא
לָךְ

תרגום

וּכְגִנַּת שַׁקְיָא דְזֵירוּעָהָא
מְרַבְיָא כֵּן יְיָ אֱלֹהִים
יְגַלֵּי זָכוּתָא וְתוּשְׁבַּחְתָּא
דִירוּשְׁלֵם לְקֳבֵל כָּל
עַמְמַיָא׃ א עַד דַאֲעֲבֵד
פּוּרְקַן לְצִיוֹן לָא אֲנִיחַ
לְעַמְמַיָא וְעַד דְאַיְתֵי
נְחָמָא לִירוּשְׁלֵם לָא
אַשְׁקֵט לְמַלְכְּוָתָא עַד
דְיִתְגְלֵי כִּשְׁפַרְפָּרָא
נְהוֹרָא וּפוּרְקָנָא כְּבָעִיר
יִבְעַר׃ ב וְיֶחֱזוּן עַמְמַיָא
זָכוּתִיךְ וְכָל מַלְכַיָא

מהר"י קרא

סב (ב) וקורא לך שם חדש. כשם אשר פי ה' יקבנו עכשיו. לשעבר היו קורין אותך עזובה. ומיכן ואילך לא יקרא לך עוד עזובה. אשה שנואה על בעלה. כילך יקרא חפצי בה. לשעבר היו קורין לארצך שממה. מיכן ואילך יקרא לך בעולה. מפניםה יקראו לך בעולה. כי כשם שיבעל בחור בתולת יבעלוך בניך. ותרגם יונתן ארי כמה דמתותב עולם עם בתולתא יתותבון בנייך:

רש"י

סב (א) למען ציון. אחשה ולא אחשה על מה שעשו לה: לא אשקוט. לא יהא שלום לפני עד יצא כנוגה

רד"ק

צמחה כי היה הגרגיר בארץ נפסד ונשחת ואחר כך יצמח ויתחדש וישוב למה שהיה ויותר טוב ויפה בחדושו כי ברוב החדש טוב מן הישן ועוד כי מגרגיר אחד יצאו כמה גרגרים כן ישראל היו ימים רבים בגלות נשחתים ונפסדים וכמעט אבדה תקותם ויצמחו בהגיע עת הגאולה ויפרו וירבו ויוסיפו על מה שהיו במספר ובכבוד ובגדולה יותר ממה שהיו כפלי כפליים ועוד המשיל אותם לגנה שתצמיח זרועיה זו אחר זו שאין הירקות צומחין כאחד אלא לפי עתי השנה ויתחדשו בה צמחים לפי עתי השנה כן ישראל תתחדש להם טובה אחר טובה וזת יהיא נגד כל העכו"ם כי כולם ידעו ויכירו בטובתם שהיא גדולה על כל הטובות שבעולם: זרועיה. שם על כל זרע זרוע תואר וא"א ז"ל פירש כי מקצת הטובה הם מאת הבורא יתברך והוא משל כארץ תוציא צמחה מעצמה בלא זריעה ומקצתם שישראל זרעו בטובות שעשו והוא משל כגנה זרועיה תצמיח שזורעים אותה ומצמחת כן יצמיח צדקה מאתו ותהלה מזכיות ישראל: (א) למען ציון. אלה הם דברי ה' בהיות ישראל בגלות ואמר למען ציון אשר נקרא שמי עליה וזכר ציון וירושלם הוא כפל ענין במ"ש וכן לא אחשה ולא אשקוט כן ציון וירושלם עיר אחת אלא שהמצודה נקראת ציון: כלפיד יבער. כלפיד הבוער שיראו אותו מרחוק כן צדקך וישעתך יראו אותו הגוים הרחוקים: (ב) וראו גוים צדקך. הצדק שיעשה האל

אבן עזרא

אשר זרועה תצמיח צדקה הטעם שיגדל הצדק כאילו הוא צמח:

סב (א) למען. אלה דברי ישראל בגלות: כלפיד יבער. שב אל לפיד ותחסר מלת אשר: (ב) וראו. וקורא לך. מהבניין שלא נקרא שם פועלו: יקבנו. כמו

מצודת ציון

ועדית עדי (יחזקאל כ"ג): (יא) וכגנה. מלשון גן: זרועיה. מל' זרעונים:

סב (א) אחשה. ענין שתיקה כמו החשיתי מעולם (לעיל מ"ב): אשקוט. ענין מנוחה: כנוגה. ענין הארה וזריחה: כלפיד. הוא העץ אשר מדלקים בו האש המתייבש מחום האש ומעלה שלהבת רב וכן וכלפיד אש בעמיר (זכריה י"ב): יבער.

מצודת דוד

מוציאה צמחה אחר שנרקב ונפסד הגרגיר הזרע וכמו הגנה המצמחת הדברים הנזרעים בה אחר שהפסד כן יצמח ה' לישראל צדקה והלול בפרסום נגד העכו"ם אחר שהיו בגלותם מושפלים עד לעפר:

סב (א) למען ציון לא אחשה. לא אשתוק מלהפרע להעכו"ם בעבור העלבון שעשו לציון שהחריבו אותה עד היסוד: לא אשקוט. לא יהיה מנוחה לפני עד אשר יצאה הצדקה שאעשה לה כדבר המנהיר ומזריח והישועה שאביא עליה יהיה נראה לכל כלפיד אש הבוער: (ב) צדקך. הצדקה שאעשה לך: וקורא לך. יהיה נקרא לך שם חדש אשר פי ה' יפרשנו והוא חפצי בה דרושה

righteousness of the city. Jerusalem was the residental section where the populace lived and there the exiles will be gathered in.

2. **And nations shall see your righteousness**—The righteousness God will bestow upon Jerusalem.—[*Redak*]

a new name—"My desire is in her," as is explained below.—[*Redak*]

shall pronounce—Heb. יְקֳבֶנּוּ.—

and like a garden that causes its seeds to grow, so shall the Lord God cause righteousness and praise to grow opposite all the nations.

62

1. For the sake of Zion, I will not be silent, and for the sake of Jerusalem I will not rest, until her righteousness comes out like brilliance, and her salvation burns like a torch. 2. And nations shall see your righteousness, and all kings your glory, and you shall be called

with her jewelry—Heb. כֵּלֶיהָ, lit. her utensils, in this case, *her jewelry.*—[*Rashi*]

Redak adds: her jewelry and her ribbons. *Ibn Ezra* states: the ribbons on her neck.

11. **For, like the earth**—He further compares the salvation of Israel to the earth that gives forth its plants, the seeds of which disintegrate in the soil and then sprout, renewed and better than they were originally, for the new is generally better than the old. Moreover, from one seed emanate many kernels. So is it with Israel; they have been in exile for thousands of years, they have been persecuted, and many have perished, yet when the redemption arrives, they will multiply to many times their former number and increase in greatness and in glory. Then he compares them to a garden, in which various seeds are sown, each one maturing in another season. So will Israel experience many benefits, one following the other.—[*Redak*]

opposite all the nations—These miracles will take place before all the nations, who will witness them and recognize that God's benefits to Israel are greater than any benefits in the world.—[*Redak*]

1. **For the sake of Zion**—*I will do, and I will not be silent concerning what they did to her.*—[*Rashi*]

I will not rest—*There will be no peace before Me until her righteousness comes out like brilliance.*—[*Rashi*]

These are the words of God while Israel is still in exile. For the sake of Zion, upon which My name is called. Zion and Jerusalem are one city, but the fortress is known as Zion.—[*Redak*]

Ibn Ezra explains this as the words of Israel in exile, pleading with God to rebuild Jerusalem.

Malbim explains that 'her righteousness' corresponds to 'Zion,' and 'her salvation' corresponds to 'Jerusalem.' Zion was the seat of the Sanhedrin, denoting the justice and the

לָךְ שֵׁם חָדָשׁ אֲשֶׁר פִּי יְהוָה יִקֳּבֶנּוּ׃
ג וְהָיִית עֲטֶרֶת תִּפְאֶרֶת בְּיַד־יְהוָה
וּצְנִוף מְלוּכָה בְּכַף־אֱלֹהָיִךְ׃ ד לֹא־
יֵאָמֵר לָךְ עוֹד עֲזוּבָה וּלְאַרְצֵךְ לֹא־
יֵאָמֵר עוֹד שְׁמָמָה כִּי לָךְ יִקָּרֵא חֶפְצִי־
בָהּ וּלְאַרְצֵךְ בְּעוּלָה כִּי־חָפֵץ יְהוָה בָּךְ
וְאַרְצֵךְ תִּבָּעֵל׃ ה כִּי־יִבְעַל בָּחוּר
בְּתוּלָה יִבְעָלוּךְ בָּנָיִךְ וּמְשׂוֹשׂ חָתָן עַל־
כַּלָּה יָשִׂישׂ עָלַיִךְ אֱלֹהָיִךְ׃ ו עַל־

תרגום

יְקָרִיךְ וְיִקְרוּן לִיךְ שְׁמָא חַדְתָּא דִי בְמֵימְרֵהּ דַייָ יְפָרְשִׁינָהּ׃
ג וּתְהוֹן כְּלִיל דְחֶדְוָא קֳדָם יְיָ וּכְתַר דְתוּשְׁבְּחָא קֳדָם אֱלָהָיִךְ׃
ד לָא יִתְאֲמַר לִיךְ עוֹד שְׁבִיקָא וּלְאַרְעִיךְ לָא יִתְאֲמַר עוֹד צַדְיָא אֲרֵי לִיךְ יִתְקְרֵי עָבְדֵי רְעוּתִי בַהּ וּלְאַרְעִיךְ יָתְבָא אֲרֵי תְהֵי בְעֵוָא מִן קֳדָם יְיָ בִיךְ וְאַרְעִיךְ תִּתְיַתַּב׃
ה אֲרֵי כְּמָא דְמִתְיַתַּב עוּלֵים עִם בְּתוּלְתָא כֵּן יִתְיַתְּבוּן בְּגַוִיכִי בְּנָיְכִי וּכְמָא דְחָדֵי חַתְנָא עִם כַּלְּתָא יֶחְדֵי עֲלָךְ אֱלָהָיִךְ׃
ו הָא עַל עוֹבָדֵי אֲבָהָתָךְ צדיקיא

ת"א והיית עטרת. (שבת ח) : כי יבעל. מ"ק כ : ומשוש. חגיגה ט"ו. סנהדרין לט : חומותיך. מנחות פז :
וצניף קרי

רש"י

לדקה: (ב) יקבנו. יפרשנו: (ד) בעולה. מיושבת: (ה) כי יבעל וגו'. ארי כמה דמתותב עולם עם בתולתא כן יתיתבון בגוייכי בניכי: (ו) על חומותיך ירושלים. רבותינו דרשוהו כמשמעו מלאכים המזכירים את ה' על חורבנה לבנותה מאי אמרי אתה תקום תרחם ציון (תהלים ק"ב) כי בחר ה' בציון (שם קל"ב) כדאיתא במסכת מנחות

אבן עזרא

נקבו בשמות: (ג) והיית עטרת. ביד ה'. כי יש מקומות שיתכנו העטרות בידים: (ד) לא. זה הכתוב יורה כי למען ציון דברי השם ואמר לא אשקוט כלשון בני אדם: חפצי בה. שתים מלות: תבעל. הן יפרשנו כי יבעלוך דרך משל על שוב המלוכה: (ו) על. אלה השומרים. כנוי

רד"ק

עמך צדקך וכבודך אמר כנגד ירושלם: שם חדש. כמו שאמר חפצי בה: יקבנו. יפרשנו כמו אשר נקבו בשמות: (ג) והיית. הענין כפול במלות שונות עטרת וצניף תפארת ומלוכה יד וכף. וטעם ביד ה' בכף אלהיך לומר כי הוא יחזקם לך שלא יפלו לעולם עטרת תפארתך וצניף מלכותך כי תמיד יהיה ידו עמך לסמכה והטעם שתהיה היא עטרת תפארת לעכו"ם שיתפארו בה ובמלכותה: (ד) לא יאמר. ולארצך. שאר ארץ ישראל כי לירושלם ידבר: חפצי בה. כי בירושלם יהיה הכבוד: בעולה. על דרך משל כי הארץ המיושבת דומה לאשה שיש לה בעל וכשהיא שוממה היא כאלמנה שאין לה בעל וכן אמר העיר רבתי עם היתה כאלמנה ות"י בעולה יתבא וכן תרגם תבעל תתיתב: (ה) כי יבעל. כי כמו שיבעל בחור בתולה שהוא דבר נאה ומתקבל בחור שיבעל בתולה יותר משיבעל זקן בתולה או בחור בעולה כן ארץ ישראל כל זמן שלא היו בניה בתוכה אע"פ שהיו יושבים בה אומות העולם לא היתה נקראת בעולה כי לא היו מתקבלים בה ולא היה נאה שבתם בה אלא כמו זקן עם בתולה או בחור עם בעולה אבל כשישובו ישראל בתוכה הרי היא כבעילת בחור בתולה: ומשוש חתן על כלה. בימי חופתה שהוא נקרא חתן והיא כלה ואז הוא הששון והשמחה ביניהם יותר כי אז הם בחדושם כן יהיה שמחת אלהיך עליך כל הימים: (ו) על חומותיך. דרך הדרוש בזה ידוע שהשומרים הם המלאכים והם מתפללים לאל על ירושלים שישיבנה לישובה ויש מפרשים כי השומרים הם אבלי ציון

מצודת דוד

פיר לא נעזבה האמור למעה: (ג) עטרת תפארת. ר"ל תהיה שמורה בידו כעטרת תפארת: וצניף מלוכה. כפל הדבר במ"ש: (ד) לא יאמר לך. לא יאמר עוד עליך שאתה עזובה מס': ולארצך. על ארצך: חפצי בה. לגוני בה ואינה נעזבת ממני: ולארצך בעולה. לארצך יקרא מיושבת ולא שממה: כי חפץ וגו'. לזאת יקרא ירושלים חפצי בה כי חפץ ה' בך ולכל הארץ בכללה יקראו בעולה כי תבעל ותתיישב באנשים: (ה) כי יבעל. כמו כשבחור נושא בתולה מתיישבים יחד מבלי פירוד כן יתיישבו בך בניך ולא יתפרדו ממך: ומשוש. כמו השמחה שיש מהחתן על כלתו כן ישיש וגו': (ו) על חומותיך. על עסקי חומותיך: הפקדתי שומרים. אלה השומרים כינוי על אבלי ציון שאין להם עסק אחר

מצודת ציון

ידלק: (ב) יקבנו. יפרש אותו כמו אשר נקבו בשמות (במדבר א'): (ג) וצניף. מל' מצנפת העשוי לסבב את הראש: (ד) בעולה.

their nuptials, when their joy is at its peak because of its novelty, God will constant rejoice over you.—[*Redak*]

Although Israel is to God as a divorcee, taken back by her former husband, whose wedding is never an occasion of extreme joy since there were differences between the couple, God will rejoice over them as one rejoices over a new bride, with whom

a new name, which the mouth of the Lord shall pronounce.
3. And you shall be a crown of glory in the hand of the Lord
and a kingly diadem in the hand of your God. 4. No longer
shall "forsaken" be said of you, and "desolate" shall no longer
be said of your land, for you shall be called "My desire is in
her," and your land, "inhabited," for the Lord desires you, and
your land shall be inhabited. 5. As a young man lives with a
virgin, so shall your children live in you, and the rejoicing of a
bridegroom over a bride shall your God rejoice over you.

[*Rashi*] Comp. "(Num. 1:17) who were pronounced (נִקְּבוּ) by names."—[*Ibn Ezra, Redak*]

3. **a crown of glory in the hand of the Lord**—The figure of a crown in the hand is peculiar. *Ibn Ezra* states that in some places crowns are affixed to the hands; i.e., ornaments shaped like crowns are worn on the hands. *Redak* explains the hand as the support. The crown of your glory and the diadem of your kingdom shall never fall, for the Lord shall always be with you to support you. The intention is that they shall be the crowning glory of the nations, who will boast of her and her kingdom.—[*Redak*]

4. **of your land**—This denotes the rest of the Holy Land, for the prophet is addressing Jerusalem.—[*Redak*]

"My desire is in her"—For in Jerusalem shall God's glory rest.—[*Redak*] *Jonathan* paraphrases: Those who perform My will are in her.

"inhabited"—Heb. בְּעוּלָה, lit. possessed.—[*Rashi* after *Jonathan*]

This is figurative, for an inhabited land is like a married woman, whereas a desolate land is like a widow, a woman who has no husband, as in Lam. 1:1.—[*Redak*]

Alternatively, your God, or husband, will be close to you.—[*Abarbanel*]

5. **As a young man lives with a virgin, etc.**—As a young man lives with a virgin, so shall your children live in you.—[*Rashi* after *Jonathan*]

Redak explains: As a young man marries a virgin, which is a proper and an accepted match, more than that of an old man marrying a virgin or a young man marrying a woman who was previously married, so shall your children possess you, the land of Israel, for, even though the land was inhabited by other nations, they were not the proper and rightful inhabitants, but like the old man and the virgin. When Israel inhabits the Holy Land, however, that is the proper match, much as the young man with the virgin.—[*Redak*]

and the rejoicing of a bridegroom over a bride—during the days of

חוֹמֹתַיִךְ יְרוּשָׁלִַם הִפְקַדְתִּי שֹׁמְרִים
כָּל־הַיּוֹם וְכָל־הַלַּיְלָה תָּמִיד לֹא יֶחֱשׁוּ
הַמַּזְכִּרִים אֶת־יְהוָה אַל־דֳּמִי לָכֶם׃
ז וְאַל־תִּתְּנוּ דֳמִי לוֹ עַד־יְכוֹנֵן וְעַד־יָשִׂים
אֶת־יְרוּשָׁלִַם תְּהִלָּה בָּאָרֶץ׃ ח נִשְׁבַּע
יְהוָה בִּימִינוֹ וּבִזְרוֹעַ עֻזּוֹ אִם־אֶתֵּן אֶת־

תרגום

צַדִּיקַיָּא קַרְתָּא דִירוּשְׁלֵם מְתַקְּנִין נַטְרִין קֳדָמַי כָּל יְמָמָא וְכָל לֵילְיָא תְּדִירָא לָא פָּסְקִין מִתְאֲמַר דָּכְרָן טַבְוָתִיךְ קֳדָם יְיָ לָא פָּסִיק לְכוֹן׃ ז וְלָא יִפְסוֹק דָּכְרַנְהוֹן מִן קֳדָמוֹהִי עַד דִּיתַקֵּן וְעַד דִּישַׁוֵּי יַת יְרוּשְׁלֵם תּוּשְׁבַּחְתָּא בְּאַרְעָא׃ ח קַיָּם יְיָ בִּימִינֵהּ וּבִדְרַע

ת"א וזרוע עזו. ברכות ו נזיר ג:

רש"י

וי"ת חומותיך אבות הראשונים המגינים עלינו כחומה: הפקדתי שומרים. לכתוב ספר זכרונות שלא ישתכח זכותם מלפני: לא יחשו. מלהזכיר זכותם לפני: המזכירים את ה'. את זכות האבות: אל דמי לכם.

רד"ק

שמתפללים ביום ובלילה על ירושלם וגם יש לפרש על כל ישראל בגלותם שהם שומרים וצופים תמיד בנין ירושלים ומזכירין בונה ירושלים ביום ובלילה בתפילותיהם ובברכותיהם וי"ת על עובדי אבהתך צדיקיא קרתא ירושלים וגו' וכן ת"י אל תתנו דמי לו ולא יפסוק דכרנהון מן קדמוהי עד דיתקן ועד דישווי ית ירושלים תושבחתא בארעא ויש לפרש הפסוק כן על חומותיך ירושלים אמר האל לירושלם אחר שיבנו חומותיך אל תפחדי שיפלו עוד לעולם כי אני הפקדתי עליהם שומרים כל היום וכל הלילה תמיד: לא יחשו. כי שאר שומרי חומות הם ערים בלילה ולא יחשו מלדבר להעיר האחד את חברו וביום הם ישנים אבל שומרי חומת ירושלים יהיו ערים ביום ובלילה תמיד והשומרים הם דרך משל כלומר השגחת האל כמו עיני ה' אלהיך בה מראשית השנה ועד אחרית השנה: המזכירים את ה'. אמר כנגד בני הגלות אתם שעליכם להזכיר את ה': אל דמי לכם. לא יהיה לכם דמי ושתיקה והתפללו לפניו תמיד ושפכו לפניו לבבכם עד יכונן ירושלם בחומותיה ובבנינה וישימה תהלה בארץ. הפך מה שהיא עתה כל ימי הגלות חרפה לגוים וקלסה לכל הארצות ודברים אלה הם דברי האל מראש הפסוק על דרך שובו בנים שובבים ארפא משובותיכם הנני אתאנו לך כי אתה אלהינו שמזרז אותם על התשובה ומה שאמר תחילה הפקדתי ואחר כך אמר המזכירים את ה' ואמר ואל תתנו דמי לו כן דרך הכתוב כמו ואל משה אמר עלה אל ה' והדומים לו ויש לפרש כי המזכירים את ה' הם דברי הנביא כנגד בני הגלות ואמר הואיל וכל ההבטחות הטובות האלה מבטיח אתכם האל הזכירו את שמו תמיד שפכו לפניו לבבכם עד יקבץ הגלות ויכונן ירושלם וישימה תהלה בארץ: (ז) ואל תתנו דמי לו. כפל ענין לחזק ומפורש הוא בפסוק של מעלה ממנו ואמר דמי לכם ואמר דמי לו כי כמו שהמדבר לחברו מתעסק בדברו ומן התמדת דבורו מזקיק את חבירו להיות מאזין לו שיתן את לבו לכל דבריו בלא דמי ובלא הפסק והנה כשיפסוק מלדבר תהיה השתיקה וההפסק לשומע כמו למדבר: (ח) נשבע ה'. כי כאשר יזכור השבועה

אבן עזרא

על אבילי ציון שאין להם עסק כי אם בכי ולא ישנו בלילה כשומרי החומות והוסיף כל היום כן מנהג השומרים לישן ביום וכן כתוב משמרים הבלי שוא והנה פירש הנביא דבריו שהם מזכירים הוא פועל יוצא לשנים פעולים כמו הזכירני נשפטה יחד: (ח) גם נשבע. גם זה יורה לאות כי

מצודת ציון

מיוסדת כמו מכני בעולה (לעיל כ"ד): (ו) הפקדתי. ענין מינוי וגזברות: לא יחשו. לא ישתקו: דמי. ענין שתיקה כמו וידום אהרן (ויקרא י'): (ז) ואל תתנו. ואל תניחו וכן ולא נתן סיחון (במדבר כ"א): יכונן. מל' כן ובסיס: (ח) עוזו. ענין חוזק:

מצודת דוד

כי אם יתמידו בבכי ואבל כשומרי החומות שאינם זזים מן השמירה והוסיף לומר כל היום וכל הלילה כי מנהג שומרי החומות לישן ביום ולא כן המה כי יבכו ויתפללו ביום ובלילה: תמיד לא יחשו. אינם שותקים בשום זמן וכפל הדבר במ"ש: המזכירים את ה'. כאלו הנביא מזרזם לומר להם אתם המתפללים על ציון להזכיר את המקום על בניינה לא יהא שתיקה לכם אלא התפללו והזכירו את ה': (ז) ואל תתנו דמי לו. לא תניחו את ה' לשתוק מלבנותה אלא תפלילו בו עד יכונן את ירושלים על כנה ובסיסה וישים אותה לשם ותהלה בקרב הארץ: (ח) נשבע ה'. הנביא אומר להם בנחמה הן נשבע ה'

the verse, exhorting the people to repent and to pray to Him for the redemption. Although He speaks of Himself in third person at the end of the verse, this is not unusual in Scripture. It is also possible that the end of the verse is the words of the prophet, addressing the exiles and saying to them, "Since God promises you all these good things, be not silent but mention His name constantly, pour out your hearts to Him until He gathers the exiles, establishes Jerusalem, and makes it a praise in the land."—[*Redak*]

7. **And give Him no rest**—This is a repetition for emphasis of what is mentioned in the preceding verse. The intention is that when one speaks to his friend, as long as he talks, he occupies his friend, who must listen to him, so must the exiles constantly pray to God without interruption, thus giving God no rest

6. On your walls, O Jerusalem, I have appointed watchmen; all
day and all night, they shall never be silent; those who remind
the Lord, be not silent. 7. And give Him no rest, until He
establishes and until He makes Jerusalem a praise in the land.
8. The Lord swore by His right hand and by the arm of His
strength; I will no longer give

he was never wroth.—[*Malbim*]

6. **On your walls, O Jerusalem**—*Our Rabbis expounded it according to its apparent meaning* as referring to the *angels who remind the Lord concerning its destruction, to build it. What do they say?* "(Ps. 102:14) *You shall rise, You shall have mercy on Zion.*" "(Ibid. 132:13) *For the Lord has chosen Zion.*" *As is found in the Tractate Menahoth* (87a, *Rashi* ad loc.). *Jonathan,* however, *renders "your walls"—the early forefathers, who protect us like a wall.*—[*Rashi*]

I have appointed watchmen—*to inscribe a book of remembrances, that their merit be not forgotten from before Me.*—[*Rashi*]

they shall never be silent—*not to mention their merit before Me.*—[*Rashi*]

those who remind the Lord—*of the merit of the forefathers.*—[*Rashi*]

be not silent—Heb. אַל־דֳּמִי לָכֶם, lit. let there be no silence to you.—[*Rashi*]

Others explain that the watchmen are the mourners of Zion, who pray day and night for Jerusalem. It may also be a reference to all Israel in the exile, who wait and always yearn for the rebuilding of Jerusalem and mention it their prayers and blessings day and night.

Alternatively, God addresses the city of Jerusalem after its walls have been rebuilt. He says to Jerusalem, Fear not, for "On your walls, O Jerusalem, I have appointed watchmen." These watchmen will see that the city is never again destroyed. They will stand watch both day and night.—[*Redak*]

they shall never be silent—Other watchmen are awake at night and are not silent when it comes time to arouse one another. By day, however, they sleep. In contrast, the watchmen of the city of Jerusalem shall always be awake, both by day and by night. The watchmen symbolize God's Providence over the Holy Land. Comp. "(Deut. 11:12) Always, the eyes of the Lord your God are on it from the beginning of the year until the end of the year."—[*Redak*]

those who remind the Lord—He is addressing this to the exiles, "You, upon whom it is incumbent to remind the Lord."—[*Redak*]

be not silent—Pray to Him constantly and pour out your heart to Him until He establishes the city and makes it a praise in the land. That will be in contrast to its condition throughout the years of the Diaspora, when it is a disgrace and derision to the nations. These are God's words from the beginning of

דְּגָנֵךְ עוֹד מַאֲכָל לְאֹיְבַיִךְ וְאִם־יִשְׁתּוּ
בְנֵי־נֵכָר תִּירוֹשֵׁךְ אֲשֶׁר יָגַעַתְּ בּוֹ:
ט כִּי מְאַסְפָיו יֹאכְלֻהוּ וְהִלְלוּ אֶת־יְהוָה
וּמְקַבְּצָיו יִשְׁתֻּהוּ בְּחַצְרוֹת קָדְשִׁי:
י עִבְרוּ עִבְרוּ בַּשְּׁעָרִים פַּנּוּ דֶּרֶךְ הָעָם
סֹלּוּ סֹלּוּ הַמְסִלָּה סַקְּלוּ מֵאֶבֶן הָרִימוּ
נֵס

תּוּקְפֵּהּ אִם אֶתֵּן יַת עִבּוּרִיךְ עוֹד מֵיכַל לְבַעֲלֵי דְבָבִיךְ וְאִם יִשְׁתּוּן בְּנֵי עַמְמַיָּא חַמְרִיךְ דְּלָאֵית בֵּיהּ:
ט אֲרֵי דְכַנְשׁוּהִי לְעִבּוּרָא יֵיכְלוּנֵהּ וִישַׁבְּחוּן קֳדָם יְיָ וּדְעַצְרוּהִי לְחַמְרָא יִשְׁתּוּנֵהּ בְּדָרַת קוּדְשִׁי:
י אֲמַר נְבִיָא עִבְרוּ וְתוּבוּ בְּתַרְעַיָא אַפְנוּ לֵב עַמָּא לְאוֹרַח תַּקְנָא בְּסָרוּ בְּשׂוּרָן טָבָן וְנֶחָמָן

רש"י

אל תחריטו: (ט) יאכלוהו. מוסב על דגנך: ישתוהו. מוסב על תירושך: (י) עברו עברו בשערים. אמר נביא עברו ותובו בתרעיא אפנו לבא דעמא לאורח תקנא: סולו סולו המסלה. כבשו הדרך (בטי"ן נוקמי"ן בלע"ז) סולו לשון מסילה הוא: סקלו מאבן. סקלו המסילה והשליכו אבני מכשול לצדדין: מאבן. מהיות שם אבן וכנגד יצר הרע הוא אומר ויש עוד לפותרו על תיקון הדרכים לקבוץ הגליות. סקלו (איספירייא"ן בלע"ז): הרימו נס. כלונס

מהר"י קרא

(ט) ומקבציו ישתוהו בחצרות קדשי. ויש לומר שכל הארץ קרוית חצרות קדשו:

אבן עזרא

זאת הנבואה לעתיד כי הנה נשבע השם שהיא גזר' בלא תנאי. וטעם בימינו כמו גבורתו שהיא עומדת לעד. וטעם להזכיר במקום הזה בימינו. שאדם לא יוכל לקחת דגנך בחזקה: (ט) כי. יאכלוהו. שב אל דגנך: ומקבציו. שב אל התירוש: (י) עברו. טעם להזכיר טוב לארץ בעבור אבילי ציון שיתענגו בלא פחד. והנה שב לבאר שתהיה גאולת ישראל מגלותם ושובם אל ארצם בכבוד וכן יאמרו פקידי הגוי'. וטעם עברו בשערים. להכריז בכל שער ושער

רד"ק

הוא קיום הדבר בלא תנאי ואמר נשבע ואמר אתן כמו שפירשנו כמו ואל משה אמר עלה אל ה' ואמר בימינו ובזרוע עזו ר"ל כי הכח והיכולת בידו לקיים השלום ולא ישלטו עוד בהם אויבים: בימינו ובזרוע עזו. הוא כפל ענין במ"ש כי הימין הוא הזרוע העז באדם וכן מדבר האל על דרך משל: כי מאספיו. מן הדגוש והוא מן הקל וכמוהו רבים וטעם והללו את ה' רמז למעשר שני ונטע רבעי וזהו כי מאספיו יאכלוהו שהיו נאכלים לבעלים ונטע רבעי הוא הלולים לה' וכן במעשר שני היה מתודה ומהלל לאל והוא שאמר בחצרות קדשי כי מעשר שני ונטע רבעי לא היה נאכלין אלא בירושלם לפנים מן החומה כמ"ש לפני ה' אלהיך תאכלנו וכל העיר נקרא לפני ה' אלהיך לכן נקראת חצרות קדשי והחצר כלל הבתים: (י) עברו עברו. הצווי כמו שפירשנו במלת סלו סלו והכפל גם כן לחזק הענין: בשערים. על דרך עברו משער לשער במחנה: פנו דרך העם. עם ישראל וענין סלו ומסלה פירשנוהו גם כן שם: סקלו מאבן. לפי' הראשון שפירשנו שם יהיה פי' סקלו מאבן שישליכו במסלות אבנים וזהו פי' סקלו ומה שאמר מאבן ר"ל מאבנים גדולות סקלו אותם ולפירוש השני יהיה פירוש סקלו הסרת האבנים מהדרכים: הרימו נס על העמים. שיבשרו אותם בכל מקום שהם בגלות וכל זה דרך משל לא שירימו נס ויסקלו דרכים אלא דרך משל כאומר פנו דרך לפלוני שבא כי בהגיע

מצודת דוד

בימינו ובזרוע עוזו והוא כפל במ"ש: אם אתן. ענין שבועה הוא וגזם ולא אמר והרי הוא כאדם האומר כך וכך יהיה אם אעשה הדבר הזה וכן אחת נשבעתי בקדשי אם לדוד אכזב (תהלים פ"ט): אשר יגעת בו. בעבודתו ולאספו אל הבית: (ט) כי מאספיו. המאספים אותו אל הבית הם יאכלו את הדגן: והללו את ה'. על השפעת הטובה: ישתוהו. את התירוש: בחצרות קדשי. ר"ל בבתיהם העומדות בחצרות ירושלים עיר הקודש ולא ישתוהו העכו"ם בארצותם: (י) עברו עברו. הוא מאמר הנביא אל העכו"ם עברו בשערי העיר ללכת השדה ופנו ממכשול את הדרך אשר ילכו בו ישראל לשוב לארצם: סלו סלו המסילה. הרימו והגביהו את המסילה להשוות הגומות להיות נוח ללכת: סקלו מאבן. השליכו משם האבנים מהיות נשאר שם אבן מכשול: הרימו נס. הגביהו

מצודת ציון

תירושך. ייך כמו ואספת דגנך ותירושך (דברים י"א): (ט) מאספיו. ענין הכנסה אל הבית כמו ואין איש מאסף אותם (שופטים י"ט): והללו. ישבחו: (י) פנו. מל' הפנה והסרה: סולו. ענין הרמה והגבהה ודוגמתו סלו לרוכב בערבות (תהלים ס"ח): המסילה. ענין שביל ודרך: סקלו. הסירו האבנים וכן ויעזקהו ויסקלהו (לעיל ה'): מאבן. מהיות בה אבן וכן וימאסך ממלך (ש"א ט"ו) ור"ל מהיות מלך: נס. הוא כלונס ארוך ובראשו וילון:

Pave the road, batec lokemin in O.F., beat down the road. סלו *is the same root as* מְסִלָּה.—[*Rashi*]

clear it of stones—*Clear the highway of stones and cast the stumbling blocks to the sides.*—[*Rashi*]

of stones—*of there being there a stone, and he is alluding to the evil inclination. It may also be interpreted as referring to the repairs of the road for the ingathering of the exiles.*—[*Rashi*]

clear it of stones—Heb. סַקְּלוּ, *espedrec in O.F., to rid of stones.*—[*Rashi*]

Alternatively, the officers of the nations will go to every portal to announce that the roads be paved and

your grain to your enemies, and foreigners shall no longer drink your wine for which you have toiled. 9. But its gatherers shall eat it and they shall praise the Lord, and its gatherers shall drink it in My holy courts. 10. Pass, pass through the portals, clear the way of the people, pave, pave the highway, clear it of stones, lift up

from listening to their prayers.—[*Redak*]

8. **The Lord swore**—God's oath denotes an unconditional promise.—[*Ibn Ezra, Redak*]

His right hand . . . the arm of His strength—This is a repetition, since the right hand is the stronger one. This is an anthropomorphism.—[*Redak*]

The right hand represents God's everlasting might.—[*Ibn Ezra*]

Malbim explains that the right hand represents a miraculous Providence through the merit of Israel and the righteous. The arm represents miraculous Providence by God's might, without the aid of any merit or good deeds. Hence, God promises them that if they are worthy, He will redeem them because of their merit. If not, He will redeem them through His grace.

I will no longer give your grain to your enemies—I.e., to your neighbors, those bordering on the Holy Land, who habitually plunder your crops.—[*Malbim*]

and foreigners shall no longer drink your wine—I.e., those of distant countries. They do not eat their grain, but they drink the wine shipped all over the world.—[*Malbim*]

9. **shall eat it**—*This refers back to "your grain."*—[*Rashi, Ibn Ezra*]

shall drink it—*This refers back to "your wine."*—[*Rashi, Ibn Ezra*]

This verse alludes to the second tithe and the vintage of the fourth year, both of which must be eaten in Jerusalem. Both of these are eaten by the owners, who must praise the Lord for their bounty. Regarding the vintage of the fourth year, Scripture states: "(Lev. 19:24) And in the fourth year, all its fruits shall be holy with praises to the Lord." For the second tithe, they would recite the confession dealing with the observance of the rules governing the tithes. See Deut. 26:12–15.—[*Redak*]

in My holy courts—In the holy city of Jerusalem, all of which is called, "before the Lord your God." The courts include the houses as well.—[*Redak*]

Rabbi Joseph Kara explains that the entire land is called "My holy courts." He, apparently, explains the verse as referring to ordinary produce which is eaten throughout the land.

10. **Pass, pass through the portals**—*Said the prophet, "Pass and return in the portals; turn the heart of the people to the proper path."*—[*Rashi* after *Jonathan*]

pave, pave the highway—Heb. סֹלּוּ.

נם על־העמים: יא הנה יהוה השמיע
אל־קצה הארץ אמרו לבת־ציון הנה
ישעך בא הנה שכרו אתו ופעלתו
לפניו: יב וקראו להם עם־הקדש
גאולי יהוה ולך יקרא דרושה עיר לא
נעזבה: סג א מי־זה בא מאדום חמוץ
בגדים

ת"א חמוץ בגדים. מגלה כט מכות יב זוהר אמור:

תרגום

לצדיקיא דסליק הירהור יצרא דהוא כאבן תקלא ארימו אתא על עממיא: יא הא יי אשמע לסיפי ארעא אמרו לכנשתא דציון הא פרקיך מתגלי הא אגר עבדי מימרה עמה וכל עובדיהון גלן קדמוהי: יב ויקרון להון עמא דקודשא פריקיא דיי ולך יתקרי תביעתא קרתא דלא אתרחקת: א מן אמר אלין עתיד לאיתאה מחא על אדום פורענא תקיפא על בצרה למעבד

רש"י

(פירק"א בלע"ז) אות הוא שיקבלו אלי ויביאו לי את הגולי' אללם: (יא) הנה שכרו. שמוכן לתת לעבדיו מוכן אתו: ופעולתו. שכר הפעולה שפעלו עמו לפניו הוא מוכן לתת: סג (א) מי זה בא מאדום. נתנבא הנביא על שאמר הקב"ה שעתיד לעשות נקמה באדום והוא עלמו בכבודו יהרג את שר שלהם תחלה כענין שנאמר כי רותה בשמים חרבי ואחר כך על אדום תרד וככר בזעם פניו שהרגם הרג רב והנביא מדבר בלשון מלחמות בני אדם לבושי בגדים וכהרגם הרג הדם נתז על בגדיהם כי כן דרך הכתובים מדברים בשכינה כדרך בני אדם לשבר את האוזן מה שהיא יכולה לשמוע וכן וקולו כקול מים רבים דימה הנביא קול חזק שלו לקול מים רבים לשבר את האוזן כדרך שאפשר לה לשמוע שאין להבין ולהאזין ברוב גבורות אלהינו להשמיעה כמות שהיא: מי זה בא מאדום. ישראל אומר מי זה וגו' ובא חמוץ בגדים לבושים בדם וכל דבר שהוא מתאלץ בריחו ובמראיתו נופל בו ל' חימוץ:

רד"ק

עת הישועה יאמרו העמים לישראל צאו שובו לארצכם כאלו הרימו להם נס כל כך תגלה הישועה לכל: (יא) הנה ה'. הנה שכרו אתו. שכר טוב שישלם לישראל על הגלות שסבלו בעבור שמו הגדול: ופעלתו לפניו. ושכר פעלתו שכר שזכר עומד במקום שנים ופי' ופעלתו הפעולה הטובה שעשו הם לאל בהחזיקם בגלות בתורתו ובמצותיו עם הצרות הגדולות וכנוי וי"ו ופעלתו שב לאל כי פעלתם היא פעלתו כי לשמו יעשוה וכן ושמחתים בבית תפלתי כמו שפירשנו ולפניו ר"ל עמו כי מה שעמו הוא לפניו ומה שלפניו הוא עמו וי"ת הא אגר עבדי מימריה עמיה וכל עובדיהון גלן קדמוהי: (יב) וקראו. דרושה. הפך שהיו קוראים לך ציון היא דורש אין לה: עיר לא נעזבה. הפך מה שאמרת עזבני ה': (א) מי זה בא מאדום. נבואה זו על חורבן אדום העתיד כמו שפירשנו בפרשת קרבו גוים לשמוע. והמשיל האל יתברך המחריבה לגבור עושה נקמה באויביו ובגדיו אדומים מדם ההרג וכאלו אדם שואל מי הוא זה והוא עונה אני מדבר בצדקה כלומר מה שדברתי אני בצדקתי לישראל עשיתי כי אני רב להושיע כלומר רב כחי להושיע ישראל כי בחורבן אדום תהיה ישועת ישראל כמו שפירשנו באותה פרשה: חמוץ. אדום. לפי ענין הפסוק:

אבן עזרא

לאמר פנו דרך העם סקלו אותה מאבן הרימו נס בעולם: (יא) הנה: לבת ציון. הבת שהולידה: ופעולתו. פרשתיו. וטעם שכרו. שיתן שכר טוב לסובלי הגלות. או טעמו שיתן שכר טוב למי שיכבד ישראל: (יב) וקראו. ולך יקרא. הכ"ף לנכח ציון:
סג (א) מי. יש אומרים כי זה הבא הוא המשיח ויש אומרי' שהוא מיכאל. והנכון שהוא רמז לשם הנכבד: חמוץ בגדים. מגזרת חומץ זה שהיה הדור בלבושו.

מצודת ציון

סג (א) חמוץ. ענין צביעה ואין לו דומה ויתכן שהיא הפוך מן תמחץ רגליך בדם (תהלים ס"ח) שהרגל הצבוע מדם

מצודת דוד

למעלה נס לרמז את העכו"ם להביא את ישראל לאהלם: (יא) השמיע. שבא זמן הגאולה: ישעך בא. ר"ל בא תשועתך: שכרו. גמול השכר שעליו לשלם לישראל הנה מוכן אתו: ופעולתו. שכר הפעולה שעליו לפרוע הוא לפניו ומוכן לתתו והוא כפל במ"ש: (יב) להם. לבני ציון: גאולי ה'. הגאולים של ה': ולך. על ציון יאמר: דרושה. ה' דורש בשלומה ולא נעזבה ממנו:
סג (א) מי זה בא מאדום. הנביא התנבא שעתיד הקב"ה לעשות נקמה באדום והשר של מעלה מאדום יהרג תחלה והנביא מדבר בלשון הנוהג בבני אדם לבושי בגדים אשר בהרגם את מי נתז הדם על בגדיהם ולזה אמר כאלו ישאלו מי הוא זה הבא מאדום

you were called previously, "(Jer. 30:17) She is Zion; no one seeks her."—[*Redak*]

a city not forsaken—In contrast to "(supra 49:14) And Zion said, 'The Lord has forsaken me.'"—[*Redak*]

1. **Who is this coming from Edom**—*The prophet prophesies concerning what the Holy One, blessed be He, said that He is destined to wreak vengeance upon Edom, and He, personally, will slay their heavenly prince, like the matter that is said, "(supra 34:5) For My sword has become sated in the heaven." And after-*

a banner over the peoples. 11. Behold, the Lord announced to the end of the earth, "Say to the daughter of Zion, 'Behold your salvation has come.'" Behold His reward is with Him, and His wage is before Him. 12. And they shall call them the holy people, those redeemed by the Lord, and you shall be called, "sought, a city not forsaken."

63

1. Who is this coming from Edom, with soiled garments,

cleared, to enable the Jews to return to their land.—[*Ibn Ezra*]

lift up a banner—*A staff, perche in French. That is a sign, that they gather to Me and bring Me those exiled beside them.* I.e. those exiled in their land.—[*Rashi*]

I.e., it is not literally a banner, but a staff, although, probably, the intention is the banner.

This is figurative that the gentiles will notify the Jews wherever they are exiled, not that they will actually raise a banner or remove the stones from the highways. It is like saying, "Clear the way for So-and-so, who is coming," for when the time of the redemption arrives, the peoples will say to Israel, "Return to your land." This will be as though they will raise a flag for them, for the redemption will be known universally.—[*Redak*]

11. **daughter of Zion**—*Jonathan* renders: the community of Zion.

Behold his reward—*(that is prepared) to give to His servants is prepared with Him.*—[*Rashi*] Parenthetic words do not appear in manuscripts.

I.e., the good reward that He will pay Israel for the exile they suffered for the sake of His great name.—[*Redak*]

Ibn Ezra, too, explains in this manner. He suggests, however, that it may mean the reward God will pay those who honor Israel.

and His wage—Lit. His deed. *The reward for the deed they did with Him, is before Him, prepared to give.*—[*Rashi*]

Redak, too, states that the antecedent of "His wages," is God. It is to be rendered literally "His deed," meaning the reward for the deed they did for Him, their clinging tenaciously to His Torah and His precepts throughout the years of the Diaspora, despite their afflictions and persecutions.

before Him—This is equivalent to "with Him," for, whatever is before Him is with Him and whatever is with Him is before Him. *Jonathan,* however, renders: Behold the reward for those who perform His word is with Him, and all their deeds are revealed before Him.—[*Redak*]

12. **sought**—In contrast to what

בְּגָדִים מִבָּצְרָה זֶה הָדוּר בִּלְבוּשׁוֹ צֹעֶה
בְּרֹב כֹּחוֹ אֲנִי מְדַבֵּר בִּצְדָקָה רַב
לְהוֹשִׁיעַ: ב מַדּוּעַ אָדֹם לִלְבוּשֶׁךָ
וּבְגָדֶיךָ כְּדֹרֵךְ בְּגַת: ג פּוּרָה דָּרַכְתִּי
לְבַדִּי וּמֵעַמִּים אֵין־אִישׁ אִתִּי וְאֶדְרְכֵם
בְּאַפִּי וְאֶרְמְסֵם בַּחֲמָתִי וְיֵז נִצְחָם עַל־

ת״א ויז נלחם. ברכות נח חולין לב : פתח באתנח בגדי

לְמֶעְבַּד פּוּרְעָנוּת דִּין עַמֵּהּ כְּמָא דְקַיֵּים לְהוֹן בְּמֵימְרֵהּ אֲמַר הָא אֲנָא מִתְגְלֵי כְּמָא דְמַלֵּלִית בִּזְכוּ סַגְיָא קֳדָמַי חֵיל לְמִפְרַק : ב מָא דֵין יִסְמְקוּן טוּרִין מִדַם קְטִילִין וּמֵישְׁרִין יִפְקוּן כַּחֲמַר בְּמַעְצַרָא : ג הָא כְּבִיעוּט דְמִתְבְּעִיט בְּמַעְצְרָא כֵּן יִסְגֵי קְטוֹל בְּמַשְׁרְיַת עַמְמַיָא וְלָא יְהֵי לְהוֹן תְּקוֹף קֳדָמַי וְאֶקְטְלִינוּן בִּרְגְזִי וַאֲדוּשִׁינוּן בְּחֶמְתִי וְאֶתְבַּר תְּקוֹף תַּקִיפֵיהוֹן קֳדָמַי וְכָל חַכִּימֵיהוֹן

רש״י

מבצרה. אמרו רבותינו (מכות י״ב וסם איתא שלש) שתי טעיות עתיד שר של אדום לטעות כסבור הוא שבצרה היא בצר במדבר שהיתה עיר מקלט. וטועה משום שאין קולטת אלא שוגג והוא הרג את ישראל מזיד. ועוד יש מדרש אגדה על שהספיק' בצרה מלך לאדום במות מלכה הראשון וימלוך תחתיו יובב בן זרח מבצרה ובצרה ממואב היא כענין שנא' על קריות ועל בצרה : **זה.** שהיה הדור בלבושו וצעה ונאזר ברב כחו. והקב״ה משיבו אני הוא שעלתה לפני לדבר בצדקת האבות ובצדקת דורו של צרה וצדקתי גם היא עמהם ונגליתי להיות רב להושיע והם אומרים מדוע אדום ללבושך מדוע בגדיך אדומים : **(ג) ומעמים אין איש אתי.** מתילב לפני להלחם : **ויז נצחם.** דמם שהוא תוקפו ונצחונו של אדם: **אגאלתי.** כמו נגאלו בדם (איכה ד׳) :

מהר״י קרא

סג (א) צועה ברוב כחו. מכניע האומות ברוב כחו :

אבן עזרא

והטעם איך התעטף : **צועה.** אחרים כמו ושלחתי לו צועים וצעיהו. והעד ברוב כוחו. ויאמר רבי משה הכהן ז״ל כי צועה כמו מהר צועה להפתח. והוא תאר השם ואיננו פועל יוצא במקום הזה. ובעבור שאמר מי זה. השיב אני מדבר. רב להושיע. גדול. כמו על כל רב ביתו : **מבצרה.** שם מקום כאילו בא משם. והנה הטעם מעם בצרה והם אדום ואשר הם על תורתם בכל מקום שיהיו שם : **(ב) מדוע.** למ״ד ללבושך נוסף כלמ״ד השלישי לאבשלום והטעם הדם הדומה ליין : **(ג) פורה.** והנה זאת התשובה הטעם הריגת אדום והשחתת מלכות תורתם. וטעם לבדי כי אני גזרתי על אדום כן ואדרכם אף על פי שיראה שהוא לעתיד הוא סימן הזמן העומד : **ויז נצחם.** הנה יז כמו ויט משה. נצחם הוא הדם שבו יהיה האדם נצחו והוא מגזרת נצח: **אגאלתי.** האל״ף תחת ה״א הבנין. ולפי דעתי

רד״ק

מבצרה. בצרה היתה עיר גדולה לאדום לפיכך כינת אדום בשם בצרה : **הדור בלבושו.** שלבש בגדי נקם : **צעה ברב כחו.** מניע ומטלטל הגוים מקצה אל קצה וכבר פירשנו המלת בפסוק מהר צועה להפתח : **(ב) מדוע אדום ללבושך.** הלמ״ד כלמ״ד לאמות חמש הרגו לאבנר והשלישי לאבשלום והדומים להם וכל זה דרך משל כמו שפירשו שדמה האל לגבור הורג באויביו ובגדיו אדומים מן הדם וי״ת מה דין יסמקון טורין וגו׳ : **(ג) פורה.** והנה האל כעונה לשואלין ואמר פורה דרכתי לבדי הגת נקראת פורה לפי שמפררים ומרצצים בתוכה הענבים כשדורכים אותם והמשיל הרשעים כאלו הם ענבים בגת והאל דורכם ומה שאמר לבדי ואין איש אתי ר״ל שאין זכות לישראל והוא היה כעוזר לאל אם היה להם זכות וכבר פירשנו זה בפסוק וירא כי אין איש. גם מהעמים אין איש. לעזרתי להנקם באויבי ישראל כי כולם היו אויביהם ובהמה אעשה נקמת לפיכך אדרכם באפי. שיש לי עליהם על שהרעו לישראל

מצודת דוד

מלובש בבגדים בדם מעיר הבצורה היא ככך גדול וכו׳ : **זה הדור בלבושו.** הלא זה היה הדור בלבושו המפואר ומה זה נתלכלכו בדם : **צעה ברב כחו.** הלא ברוב כחו מניע ומטלטל את כל הגולה ממקום למקום ואין מי עומד נגדו ומה זה הדם על לבושו : **אני מדבר בצדקה.** כאלו המקום משיב לומר אני הוא זה המדבר והמבטיח לעשות צדקה לישראל ואני הוא המרבה להושיע כאשר הבטחתי : **(ב) מדוע אדום ללבושך.** כאלו ישאלו גם אותו מדוע כתמים אדומים על לבושיך ובגדיך המה כבגדי הדורך בגת להוציא היין מן הענבים שיש על בגדיו כתמים אדומים מהתזת היין : **(ג) פורה דרכתי לבדי.** כאלו המקום ישיב לומר אני לבדי דרכתי גת הענבים ר״ל לא בזכותם כ״א בצדקתי לבד הרגתי השר להוציא דמו כמו שדורכים בגת להוציא היין : **ומעמים.** אין מי מפאת העכו״ם לעמוד בעזרתם כי הרגשתי השר של מעלה : **ואדרכם.** א״כ אני דורך גם אותם באפי ואני רומס אות׳ בחמתי : **ויז נצחם.**

מצודת ציון

נראה כפלוש : **מבצרה.** מל׳ מבלר : **הדור.** ענין פאר ויופי : **צועה.** מענין הטרוד והטלטול כמו צועה זונה (ירמיה ב׳) : **(ב) ללבושך.** על לבושך : **כדורך.** מל׳ דריכה ורמיסה : **בגת.** כן שם הכלי שדורכים שם הענבים להוציא היין וכן גת דרך ה׳ (איכה א׳) : **(ג) פורה.** הגת נקראת פורה כי שם מפררים הענבים להוציא היין וכן חמשים פורה (חגי ב׳) : **ואדרכם וארמסם.** ענינם אחד וכפל הדבר במ״ש : **ויז.** מל׳ הזאה וטפטוף : **נצחם.** הוא הדם שהוא

tioned above. Others render: causing to wander.—[*Redak*] Who binds.—[*Ibn Ezra*]

2. **Why is your clothing red?**—As though they would ask Him, "Why are there red stains on your clothing, and why are your garments like those of one who treads grapes in a wine press?"—[*Mezudath David*]

Jonathan paraphrases: Why are

from Bozrah, this one [Who was] stately in His apparel, girded with the greatness of His strength? "I speak with righteousness, great to save." 2. Why is Your clothing red, and your attire like [that of] one who trod in a wine press? 3. "A wine press I trod alone, and from the peoples, none was with Me; and I trod them with My wrath, and I trampled them with My fury, and their life blood sprinkled on

ward, "(ibid.) *it shall descend upon Edom," and it is recognizable by the wrath of His face that He has slain* them with *a great massacre, and the prophet is speaking in the expression of the wars of human beings, dressed in clothes, and when they slay a slaying, the blood spatters on their garments, for so is the custom of the Scriptures; they speak of the Shechinah anthropomorphically, to convey to the ear what it can hear. Comp.* "(Ezek. 43:2) *His voice is like the voice of many waters." The prophet compares His mighty voice to the voice of many waters to convey to the ear according to what it is possible to hear, for one cannot understand and hearken to the magnitude of the mighty of our God to let us hear it as it is.*—[*Rashi*]

Who is this coming from Edom—*Israel says, "Who is this etc.?" And He is coming with soiled garments, colored with blood, and anything repugnant because of its smell and its appearance fits to the expression of* חִמּוּץ, *soiling.*—[*Rashi*]

from Bozrah—*Our Rabbis said:* (See *Makkoth* 12a) *The heavenly prince of Edom is destined to commit two errors. He thinks that Bozrah is identical with Bezer in the desert, which was a refuge city. He will also err insofar as it affords refuge only for inadvertent* murder, *but he killed Israel intentionally. There is also an Aggadic midrash* (see above 34:6) *that because Bozrah supplied a king for Edom when its first king died,* as in Gen. 36:33, *"And Jobab the son of Zerah from Bozrah reigned in his stead," and Bozrah is of Moab, according to the matter that is stated:* "(Jer. 48:24) *Upon Kerioth and upon Bozrah."*—[*Rashi*]

Ibn Ezra understands this as figurative of Edom, its people and those who follow its religion.

Mezudath David renders it as a generic term, a fortress.

this one—*Who was stately in His attire,* צָעָה, *and girded with the greatness of His strength. And the Holy One, blessed be He, replies to him, "It is I, upon Whom the time has come to speak of the righteousness of the Patriarchs, and of the righteousness of the generation of religious persecution, and My righteousness, too, is with them, and I have revealed Myself as being great to save." And they say, "Why is your clothing red? Why are your garments red?*—[*Rashi*]

girded—Heb. צֹעֶה. This translation is according to *Rashi,* as men-

בגדי וכל-מלבושי אגאלתי: ד כי יום
נקם בלבי ושנת גאולי באה: ה ואביט
ואין עזר ואשתומם ואין סומך ותושע
לי זרעי וחמתי היא סמכתני: ו ואבוס
עמים באפי ואשכרם בחמתי ואוריד
לארץ נצחם: ז חסדי יהוה אזכיר
תהלות יהוה כעל כל אשר-גמלנו
יהוה ורב-טוב לבית ישראל אשר-

ת"א וחמתי. עקדה שער לג: כצ"ל גמלם

תרגום

אסלעים: ד ארי יום
פורענותא קדמי ושנת
פורקן עמי מטת: ה וגלי
קדמי ולית גבר דליה
עובדין טבין וידיע
קדמי ולית אנש דיקום
ויבעי עליהון ופרקתינון
בדרע תוקפי ובמימר
רעותי סעדתינון:
ו ואקטל עממיא ברוגזי
ואדושינון בחימתי
וארמי לארע ארעיתא
קטילי גבריהון: ז אמר
נביא טיבותא דיי אנא
מדכר תושבחתא דיי
כעל כל דגמלנא יי וסגי
טובה לבית ישראל

מהר"י קרא

(ז) חסדי ה' אזכיר וגו'. אנו חייבין לומר לו תהלות. שגמלנו לא כצדקתינו וכיושר לבבנו אלא כרחמיו וכרוב חסדיו. שהרי

רש"י

(ה) ואביט ואין עוזר. לישראל: ואשתומם. לשון שתיקה וכבר פירשתי למעלה וישתומם כי אין מפגיע: וחמתי היא סמכתני. חמתי שיש לי על עכו"ם אשר אני קצפתי מעט על עמי והמה עזרו לרעה היא סמכתני חיזקה ידי ועוררה את לבי ליפרע מהם ואע"פ שאין ישראל ראויין והגונים לגאולה: (ו) ואבוס. לשון מתגולל בדם ודורך ברגלים כמו מתבוססת בדמיך (יחזקאל ט"ז) וכמו בוססו את חלקתי (ירמי' י"ב): נצחם. גבורת נצחונם: (ז) חסדי ה' אזכיר. הנביא אמר אזכיר את ישראל את חסדי ה':

רד"ק

שהגליתים ביניהם ואני קצפתי מעט והם עזרו לי לרעה: נצחם. דמם יזה על בגדי לפיכך הם אדומים ונקרא הדם נצח לפי שהוא חיי האדם וחזקו: אגאלתי. כמו הגאלתי ואל"ף תמורה ה"א הפעל וכן אתחבר יהושפט כמו התחבר ואגאלתי ענין טנוף ולכלוך וכן לחם מגואל: (ד) כי יום. היה בלבי זמן רב עד שבאה שנת גאולי ואז יהיה יום נקם בעמים: (ה) ואביט. פירשנו זה הענין בפסוק וירא כי אין איש ואמר למעלה זרועו וצדקתו והנה אמר זרועי וחמתי זרועי כמו שפי' שם וחמתי על נקם שיעשה ברשעים בזמן הישועה לפיכך סמך לו ואבוס עמים: (ו) ואבוס. ענין רמיסה ודריכה כמו בוסים בטיט חוצות: ואשכרם בחמתי. אשקם כוס חמתי עד שישכרו: נצחם. חזקם ותקפם: (ז) חסדי ה'. אמר הנביא על החסדים שהראה לו האל שיעשה לעתיד לעמו אזכור לבני אדם החסדים שעשה להם בשעבר כדי שיודו וישבחו שמו ואמר חסדי לבד לפי שהם מרו את דברו והוא הטיב להם בכל דור ודור לפיכך אמר תהלות ה' כי על אותם החסדים ראוי להלל את ה': כעל כל אשר גמלנו ה'. אזכיר אותם החסדים כמו שהיו על כל אשר

אבן עזרא

שהיא מלה מורכבת מפועל עבר ועתיד ופי' אגאלתי כמו טנוף כמו יגאלוהו חשך וצלמות: (ד) כי. אעשה נקמה באויבי ואגאל אוהבי והנה גאולי פעולים והיו"ד סימן המדבר והוא השם: (ה) ואביט. דרך משל כי אין צורך לשם: ואשתומם. כמו וישתומם וכבר פירשתיו: (ו) ואבוס עמים. אחרים לבד אדום: ואוריד לארץ נצחם. כמו אשפוך לארץ דמם: (ז) חסדי. אז יודו משכילי ישראל על רוב החסדים שעשה השם עם ישראל בצאתם ממצרים גם בגלות ושהושיעם והושיבם אל ארצם. וטעם תהלות ה' מזכיר חסדי השם זאת היא תהלתו: ורב טוב. תואר השם שהוא רב טוב:

מצודת ציון

כח האדם וחזקו והוא מל' וגם נצח ישראל (ש"א ט"ו): אגאלתי. ענין לכלוך כמו להם מגואל (מלאכי א') והאל"ף תחת הה"א: (ה) ואשתומם. ענין תמהון והתבוננות וכן וישתומם כי אין מפגיע (לעיל נ"ט): (ו) ואבוס. ענין רמיסה כמו כגבורים בוסים (זכריה י'): ואשכרם. מלשון שכרות ובלבול הדעת: נצחם. דמם: (ז) גמלנו. מל' גמול ותשלום טובה:

מצודת דוד

ודמם מטפטף על בגדי ולכלכתי כל מלבושי וכ"ז הוא דרך משל מלשון הנוהג בבני אדם: (ד) כי יום נקם בלבי. זמן רב היה בלבי יום הנקם לנקום בעכו"ם: ושנת גאולי באה. בא זמן לגאול את עמי ולעשות הנקם: (ה) ואביט. הייתי מסתכל אם אמצא עוזר אבל אין עוזר ר"ל הסתכלתי אם יש זכות בישראל שיהיה עזר וסעד אל הגאולה ולא מצאתי בהם זכות: ואשתומם. עמדתי בתמהון והתבוננותי אם אמצא בהם זכות להיות סומך את הגאולה ואין סומך וכפל הדבר במ"ש: ותושע לי זרועי. הזרוע שלי תושע לי ואם אין בהם זכות: וחמתי. החמה שיש לי על העכו"ם היא תסמוך אותי לגאול את ישראל ולעשות בהם נקם: (ו) ואבוס. ארמוס את העמים באפי ואשכר אותם בכוס חמתי (המשיל חמת המקום ליין המשכר המבלבל דעת האדם): ואוריד לארץ נצחם. את דמם אשפוך לארץ: (ז) חסדי ה' אזכיר. אמר הנביא אזכיר את ישראל חסדי

there was no intercessor."—[*Rashi*]

and My fury—that supported Me—*My fury that I have against the heathens* (*the nations*—mss. and *K'li Paz*), *for I was a little wroth with My people, and they helped to harm them. That strengthened My hand and aroused My heart to mete recom-*

My garments, and all My clothing I soiled. 4. For a day of
vengeance was in My heart, and the year of My redemption has
arrived. 5. And I looked and there was no one helping, and I
was astounded and there was no one supporting, and My arm
saved for Me, and My fury—that supported Me. 6. And I trod
peoples with My wrath, and I intoxicated them with My fury,
and I brought their power down to the earth." 7. The kind acts
of the Lord I will mention, the praises of the Lord, according to
all that the Lord bestowed upon us, and much good to the
house of Israel, which

the mountains red from the blood of the slain and why are the plains red like wine in a press?

3. **A wine press**—This is the reply, the reason for God's vengeance upon Edom and the destruction of the capital city of their religion.—[*Ibn Ezra*]

alone—I alone decreed this on Edom.—[*Ibn Ezra*]

Alternatively, the Jews have no merit to warrant the destruction of Edom. Were they to have merit, that would, so to speak, assist Me in My destruction of Edom, their oppressors.—[*Redak*]

and from the peoples, none was with Me—*standing before Me to wage war.*—[*Rashi*]

Also, from the nations, no one came to My aid to wreak vengeance upon the foes of Israel, for they were all Israel's enemies, and I will wreak vengeance upon them. Therefore, I will tread them with My wrath, for I have a grudge against them; being a little wroth with Israel, I exiled Israel among them, whereas they helped along to harm them.—[*Redak*]

and their lifeblood sprinkled—Heb. נִצְחָם. *Their blood, which is the strength and victory* (נִצָּחוֹן) *of a man.*—[*Rashi*]

Ibn Ezra derives it from נֶצַח, *forever*, for a person lives his life time with his blood.

I soiled—Heb. אֶגְאָלְתִּי. Comp. "(Lam. 4:14) They were defiled (נְגֹאֲלוּ) with blood."—[*Rashi*]

4. **For a day of vengeance was in My heart**—A day of vengeance was in My heart for a long time, until the time of the redemption would arrive, then the day of vengeance would transpire.—[*Redak*]

My redemption—Heb. גְּאוּלַי. This is *Jonathan*'s rendering: the year of the redemption of My people. *Ibn Ezra,* however, renders: the year of My redeemed ones. And I looked, and there was no one helping—*Israel.*—[*Rashi*]

This is anthropomorphic, for God does not need to look.—[*Ibn Ezra*]

5. **and I was astounded**—*An expression of keeping silent, and I have already explained it above* (57:16): *"And He was astounded for*

גְּמָלָם כְּרַחֲמָיו וּכְרֹב חֲסָדָיו׃ ח וַיֹּאמֶר
אַךְ־עַמִּי הֵמָּה בָּנִים לֹא יְשַׁקֵּרוּ וַיְהִי
לָהֶם לְמוֹשִׁיעַ׃ ט בְּכָל־צָרָתָם ׀ לֹא צָר
וּמַלְאַךְ פָּנָיו הוֹשִׁיעָם בְּאַהֲבָתוֹ
וּבְחֶמְלָתוֹ הוּא גְאָלָם וַיְנַטְּלֵם וַיְנַשְּׂאֵם
כָּל־יְמֵי עוֹלָם׃ י וְהֵמָּה מָרוּ וְעִצְּבוּ אֶת־

ת"א בכל צרתם. תענית טז סוטה לא זוהר ויחי: — לו קרי — רוח

דִּגְמָלִינוּן כְּרַחֲמוֹהִי
וּכְסַגִּיאוּת טוּבֵהּ׃ ח וַאֲמַר
בְּרַם עַמִּי אִינוּן בְּנַיָא
דְלָא יְשַׁקְּרוּן וַהֲוָה
מֵימְרֵהּ לְהוֹן פָּרִיק׃
ט בְּכָל עִדָּן דְּחָבוּ קֳדָמוֹהִי
לְאַיְתָאָה עֲלֵיהוֹן עָקָא
לָא אָעִיק לְהוֹן וּמַלְאַךְ
שְׁלִיחַ מִן קֳדָמוֹהִי
פְּרֵיקִינוּן בְּרַחֲמְתֵהּ
וּבְמַחְסֵהּ עֲלֵיהוֹן הָא
שֵׁיזְבִינוּן וְנַטְלִינוּן
וְסוֹבְרִינוּן כָּל יוֹמֵי
עָלְמָא׃ י וְאִינוּן סָרִיבוּ וְאַרְגִּיזוּ עַל מֵימַר נְבִיֵי קוּדְשֵׁהּ וְאִתְהֲפֵךְ מֵימְרֵהּ לְהוֹן לִבְעֵיל דְּבָב הוּא

רש"י

ורב טוב. אזכיר אשר גמל לבית ישראל ברחמיו: (ח) אך עמי המה. אע"פ שגלוי לפני שיבגדו בי מכל מקום עמי הם והרי הם לפני כבני' אשר לא ישקרו: (ט) בכל צרתם. שיביא עליהם: לא צר. לא הצר להם כפי מעלליהם שהיו ראויין ללקות כי מלאך פניו הוא מיכאל שר הפנים ממשמשי לפניו הושיעם תמיד בשליחותו של מקום: (י) והמה

מהר"י קרא

מקציפים לפניו היינו מיום שבאנו לעולם: (ח) ויאמר. בכל עת [שהיו] מכעיסים לפניו: אך עמי המה. ולא גואלם כבני אדם שעתידין לבגוד בו. אלא כבנים שלא ישקרו עולמית: (ט) בכל צרתם לו צר. כשנשתעבדו במצרים תחת יד פרעה מלאך

אבן עזרא

(ח) ויאמר. הטעם כי אמר כדרך בן אדם שחשב שיהיו בנים נאמני' על כן הושיע': (ט) בכל. לא צר. האמת שהוא בוי"ו כטעם ותקצר נפשו דרך משל להבין השומעים כאלו גם הוא היה בצרה על כן מהר להושיעם: ומלאך פניו הושיעם. וכן כתיב וישלח מלאך ויוציאנו ממצרים ואיננו משה כלל: וינטלם. כמו ונטל החול והנה הטעם שגאלם ממצרים ונשאם בארצם על כן אמר כל ימי עולם כל הימים שהיו בארצם: (י) והמה מרו ועצבו. מגזרת אל תעצבו דרך משל ויש אומרים כי

רד"ק

גמלנו: ורב טוב. שעשה לבית ישראל אשר גמלם כרחמיו וכרוב חסדיו לא לפי מעשיהם: (ח) ויאמר. כאשר לקחם לו לעם כשהוציאם ממצרים אמר אך עמי המה. אלה עמי הם שלקחתים מתוך עם אחר ולקחתים לי לבנים ולא ישקרו בי לעולם: ויהי להם למושיע. כיון שהיה להם למושיע שהושיעם ממצרים אמר שלא ישקרו בו לעולם ומלת אך היא לאמת הדבר כמו אך עצמי ובשרי אתה אך טוב לישראל אלהים והדומים להם: (ט) בכל צרתם לא צר. כתוב באל"ף וקרי בוי"ו ופי' הכתוב לא הרבה להם הצרה כי הושיעם ממנה. ופי' הקרי לו לאל צר בצרתם על דרך ותקצר נפשו בעמל ישראל והכל דרך משל ודברה תורה בל' בני אדם וי"ת בכל עידן דחבו קדמוהי וגו' ורז"ל כתבו על הפסוק הן יקטלני לא איחל שהוא קרי וכתיב גם כן אמרו לחזי האי אי בלמ"ד אל"ף כתוב אי בלמ"ד וי"ו כתוב וכל היכא דכתוב למ"ד אל"ף לא הוא אלא מעתה בכל צרתם לא צר דכתיב בלמ"ד אל"ף הכי נמי דלא הוא וכי תימא הכי נמי והא כתיב ומלאך פניו הושיעם אלא משמע הכי ומשמע הכי ומלאך פניו הושיעם מסבב סבות להושיעם והסבות יצאו מלפניו לא שיהו מקרה והסבה תקרא מלאך גאלם מהצרה שהם בה כן יעשה עמהם בכל דור ודור זהו שאמר כל ימי עולם: וינטלם וינשאם. כפל ענין במ"ש: (י) והמה מרו. ענין מרי כמו מריתם פי: ועצבו. ענין הכעסה וכן כמה ימרוהו וגו' אמר אחר שהיה גואל אותם מהצרה המת שבו ומרו את דברו ולא שמעו לקולו ורוח קדשו והוא דברי נביאיו הנאמרים ברוח הקודש וכן ת"י: ויהפך להם לאויב.

מצודת דוד

ה' שעשה עמהם אשר מהראוי לספרות תהלות ה' כפי הראוי להללו על כל הטובה אשר גמלנו ה' ורב הטוב הנתון לישראל אשר גמלם ברחמיו וכרוב חסדיו ולא בצדקותינו: (ח) ויאמר. כשהוציאם ממצרים אמר אך המה לבד עמי והם בחרתי מכל העכו"ם ולבנים יחשבו לי ולא ישקרו בי לעזבני ולכן היה להם למושיע: (ט) בכל צרתם. בכל זמן שהיו בצרה היה לו צר ר"ל לא היה שמחה לפני המקום: ומלאך פניו. מלאך המשמש לפניו הושיעם בשליחות המקום: באהבתו. בעבור אהבתו להם וחמלתו עליהם גאלם הוא מן הצרה ההיא: וינטלם. סבל משאם לתת די מחסורם כל ימי עולם בכל שני הדורות: (י) והמה מרו. ר"ל לא כן היה כפי מה שחשב

מצודת ציון

(ט) ובחמלתו. מל' חמלה ורחמנות: וינטלם. ענין סבל המשא כמו כי נטל עליו (איכה ג') ולתוספת הביאור אמר וינשאם: (י) מרו. מל' מרי ומרד:

that they are all planned by Divine Providence. This procedure repeats itself time and time again. This is the intention of the final segment of the verse: "and He bore them, and He carried them all the days of old."

Ibn Ezra explains:

and He bore them—He redeemed them from Egypt.

and He carried them—in their land.

all the days of old—as long as they were in their land.

10. **But they rebelled**—Heb. מָרוּ. *They angered. Comp.* "(Deut. 9:7) *You were rebellious* (מַמְרִים)."—[*Rashi*]

and grieved—This is an expres-

He bestowed upon them according to His mercies and accord-
ing to His many kind acts. 8. And He said, "They are but My
people, children who will not deal falsely." And He became
their Savior. 9. In all their trouble, He did not trouble [them],
and the angel of His presence saved them; with His love and
with His pity He redeemed them, and He bore them, and He
carried them all the days of old. 10. But they rebelled and
grieved

pense upon them although Israel is not fit and worthy of redemption.—[*Rashi*]

For a lengthy explanation of the "arm" and the "fury" see above 59:16.

6. **And I trod**—Heb. וָאָבוּס. *An expression of wallowing in blood and treading with the feet. Comp.* "(Ezekiel 16:6) *wallowing* (מִתְבּוֹסֶסֶת) *in your blood.*" *Comp. also:* "(Jer. 12:10) *They trod* (בֹּסְסוּ) *My field.*"—[*Rashi*]

their power—Heb. נִצְחָם, *the might of their victory.*—[*Rashi*]

Redak and *Ben Bilam* concur with *Rashi. Ibn Ezra,* however, explains it as in verse 3, "and I shed their lifeblood onto the ground."

7. **The kind acts of the Lord I will mention**—*The prophet says, "I will remind Israel of the kind acts of the Lord."*—[*Rashi*]

and much good—*I will remind Israel of what He bestowed upon the house of Israel with His mercies.*—[*Rashi*]*

the praises of the Lord—The mention of the kindness of the Lord is His praise.—[*Ibn Ezra*]

and much good—*Ibn Ezra* renders: and great in goodness, referring to God.

8. **And He said**—Like, "because He said." This is anthropomorphic, like a person who thought that his children would be faithful; therefore, he saved them.—[*Ibn Ezra*]

They are but My people—*Although it is revealed before Me that they would betray Me, they are, nevertheless, My people, and they are to Me like children who will not deal falsely.*—[*Rashi*]*

9. **In all their trouble**—*that He would bring upon them.*—[*Rashi*]

He did not trouble [them]—*He did not trouble them according to their deeds, that they deserved to suffer, for the angel of His presence—i.e. Michael the prince of the Presence, of those who minister before Him—saved them always as an agent of the Omnipresent.*—[*Rashi*]*

and the angel of His presence saved them—*Jonathan* renders: And an angel sent from before Him saved them. *Redak* understands this figuratively. Israel is saved through a series of incidents, each one brought about by its predecessor, culminating in a salvation for Israel. Lest one think that these incidents are purely coincidental, the prophet calls them, 'the angel of His presence,' denoting

רוּחַ קָדְשׁוֹ וַיֵּהָפֵךְ לָהֶם לְאוֹיֵב הוּא
נִלְחַם־בָּם: יא וַיִּזְכֹּר יְמֵי־עוֹלָם מֹשֶׁה
עַמּוֹ אַיֵּה הַמַּעֲלֵם מִיָּם אֵת רֹעֵה צֹאנוֹ
אַיֵּה הַשָּׂם בְּקִרְבּוֹ אֶת־רוּחַ קָדְשׁוֹ:
יב מוֹלִיךְ לִימִין מֹשֶׁה זְרוֹעַ תִּפְאַרְתּוֹ

תרגום

אַגִיחַ קְרָבָא בְּהוֹן: יא וְחָס
עַל יְקַר שְׁמֵהּ בְּדִיל
דוּכְרָן טַבְוָתֵהּ דְמִן
עָלְמָא גְבוּרָן דַעֲבַד עַל
יְדֵי מֹשֶׁה לְעַמֵּהּ דְלָמָא
יֵימַר אָן דְאַסְקִינוּן מִן
יַמָּא אָן דְדַבְּרִינוּן
בְּמַדְבְּרָא כְּרָעְיָא לְעָנֵהּ
אָן דְאַשְׁרֵי בֵּינֵיהוֹן יַת
מֵימַר נְבִיֵי קוּדְשֵׁהּ:
יב דַבַּר לְימִינָא דְמשֶׁה

ת"א משה עמו. זוהר נח (סנהדרין כח כוטה כ): לימין משה. זוהר וילך: נ"א רעי בוקע

מהר"י קרא

פניו הושיעם. כמד"א וישלח מלאך ויוציאנו ממצרים. וינטלם וינשאם כל ימי עולם: (יא) [ויזכר ימי עולם] משה עמו. עכשיו מזכירים עמו בגלותם ניסים שעשה להם על ידי משה בימי עולם. כלומר בימים מקדם. ואומר איה המעלם מים. שהיה רועה צאנו על ידי משה. ואיה עכשיו השם בקרבו את רוח ישראל את רוח קדשו של הקב"ה ולימדנו חוקים ומשפטים:

רש"י

מרו. הקניטו כמו ממרים הייתם: (יא) ויזכור ימי עולם משה עמו. הנביא מתאונן ואומר בלשון תחינה היום בגולה זוכר עמו את ימי עולם את ימי משה ובצרתו הוא אומר איה משה רועינו המעלנו מים סוף: את רועה צאנו. דמיון רועה המעלה את צאנו איה הוא אשר שם בקרב (יב) מוליך לימין משה זרוע תפארתו. הקב"ה היה

רד"ק

הפך שגאלם מיד אויב הוא נלחם בם והיו עיניהם באים להם בדרך רעה עד שהיו אומרים זה מיד האלהים הוא: (יא) ויזכור ימי עולם. ישראל בגלות בעתות הצרה הוא זוכר ימים מקדם זהו ימי עולם. כששלח משה לעמו ועמו חסר למ"ד השמוש כמו ויבא ירושלים והדומים לו ואמר הנביא בדרך הנבואה כי ישראל זוכר בגלות אותן הימים ואומר הנה ישראל במצרים היו רבים בהם עובדי עכו"ם כמו שמפורש בספר יחזקאל ואף ע"פ כן כיון שראה את עניים רחם עליהם ואמר וישמע אלהים את נאקתם ונגלה למשה ואמר ראה ראיתי את עני עמי אשר במצרים ושלחו להם ועשה עמהם אותות ומופתים והוציאם ממצרים וגאלם ואע"פ כן כשרדפו מצרים אחריהם לא זכרו הנפלאות שעשה עמהם ואמרו המבלי אין קברים במצרים וגו' ואע"פ כן העבירם בים ביבשה והעלם מן הים ויכסו מים צריהם ולפיכך הם תמהים בגלות ואומרים איה המעלם מים: את רועה צאנו. עם רועי צאנו והם משה ואהרן. ואע"פ שאנו חוטאים לפניו הלא גם אבותינו חטאו והיה מושיעם בעת צרתם למה ארך לנו זה הגלות כל כך עד שנצטרך לומר איה הוא המושיע את אבותינו כאלו היום אינו נמצא: איה השם בקרבו את רוח קדשו. שישלח בהם רוח נבואה מלבד משה אהרן ומרים היו שבעים זקנים שנחה עליהם רוח נבואה גם ביום מעמד הר סיני היו כולם נביאים ומי שעשה עמהם כל זה איה הוא עתה והנה עתה נסתלק רוח נבואה משמתו חגי זכריה ומלאכי שאלו היו עמנו נביאים היו מודיעים לנו קץ הגאולה והיה לנו נחת רוח בזה אבל אנחנו זה כמה שנים בגלות ואין לנו נביא ולא אתנו יודע עד מה: המעלם. בצר"י ומנהג הפעל בקמ"ץ עם מ"ם הפעלים כמו איננו רוצה והמפרשים פירשו ויזכר על האל יתברך ועל הדרך הזה תרגם יונתן: (יב) מוליך לימין משה. עתה ספר איך העלם מים ואיך ירדו בתוך הים

אבן עזרא

רוח קדשו הוא מלאך הכבוד: הוא נלחם בם. עד שילאו מארצו: (יא) ויזכור ימי עולם. שעבר ימי משה ועמו כמו שמש וירח עמד ויתכן היות משה פועל כי הוא מושה את ישראל והראשון הוא הנכון: איה המעלם. הטעם עתה יאמ' הגוים איה המעלה אותם מים סוף על משקל משה שהוא רועה את ישראל: איה השם. בקרב משה ויש אומרים על הכבוד שהיה בקרב ישראל: (יב) מוליך. זרוע

מצודת דוד

אשר לא שקרו בו כי המה מרו בו ועצבו לפני רוח קדשו: ויהפך. אז נהפך להם לאויב להביא עליהם הרעות והוא נלחם בם ולא באו במקרה: (יא) ויזכור. בגלות יזכור ישראל את ימי עולם שהיה מקדם כששלח את משה לעמו וחסרה למ"ד השמוש במלת עמו: איה המעלם מים. ר"ל יאמרו איה הוא המעלה אותם מן הים עם רועה צאנו ר"ל ע"י משה שהיה מנהיג את עמו וכאלו יאמרו מדוע לא יעשה עמנו כזאת גם היום: איה השם וגו'. איה השם בקרב משה את רוח הנבואה: (יב) מוליך. מוסב על מלת איה לומר איה

masters. He revealed Himself to Moses, sent him to the people, and performed many miracles through him, culminating with the Exodus. Nevertheless, when the Egyptians pursued them, they did not remember God's miracles, but complained. "Is it because there are no graves in Egypt that you have taken us to die in the desert?" Despite their complaint, God split the Red Sea for them, brought them across on dry land, and drowned the Egyptians in the sea. The Jews in the Diaspora, therefore, wonder: Where is He Who drew them up from the sea?

with the shepherd of His flock— With the shepherds of His flock, viz. Moses and Aaron. Although we sin before Him, so did our ancestors. Yet He saved them in the time of their distress. Why is this exile so long that we should say, "Where is He Who saved our ancestors?" as though He were not here?

where is He Who placed His Holy

His Holy Spirit, and He was turned to be their enemy; He
fought with them. 11. And His people remembered the days of
old, [the days of] Moses; where is he who drew them up from
the sea, [like] a shepherd His flock; where is he who placed
within them His Holy Spirit? 12. He led at Moses' right the
arm of His glory,

sion of angering. After He extricated them from their straits, they reverted to their old ways, rebelled against His word, and did not obey the words of the prophets, which were spoken with the Holy Spirit. *Jonathan* renders in this manner.—[*Redak*]

Some say that the Holy Spirit represents the angel of the Lord.—[*Ibn Ezra*]

and He was turned to be their enemy—Instead of redeeming them from their enemies, He, Himself, became their enemy and fought with them, bringing troubles upon them until they recognized that these troubles were from the hand of God.—[*Redak*]

He fought with them—until they left His land.—[*Ibn Ezra*]

11. **And His people remembered the days of old, [the days of] Moses**—*The prophet laments and says in an expression of supplication, "Today in exile, His people remembers the days of old, the days of Moses, and in its trouble, it says, 'Where is Moses our shepherd, who drew us up from the Red Sea?'"*—[*Rashi*]

[like] a shepherd his flock—*Compared to a shepherd who brings up his flock. Where is he who placed within Israel the Holy Spirit of the Holy One, blessed be He, and taught us statutes and ordinances?*—[*Rashi*]

Because of the difficulty of this verse, many interpretations have been offered. *Ibn Ezra* renders: And he remembered the days of old, [the days of] Moses [and] his people. He further suggests that מֹשֶׁה is a participle, meaning, 'he who brought out.' Hence, we render: And he remembered the days of old, him who brought out his people. This interpretation is found in the commentary of *Ben Bilam*.

Where is He Who drew them up from the sea with the shepherd of His flock?—The nations will ask: Where is He Who drew them up from the Red Sea with Moses, the shepherd of Israel?

Where is He Who placed His Holy Spirit in his midst?—Where is He Who placed His Holy Spirit within Moses? This may also mean: Where is He Who placed His Holy Spirit, His glory, within Israel?—[*Ibn Ezra*]

Redak renders: And he remembered the days of old, [when He sent] Moses [to] His people. The prophet states prophetically that the Jews in the Diaspora will remember the days of old, the days of Egyptian bondage. They will question the delay of our redemption from exile. Did not many Israelites practice idolatry while in Egypt? Yet God heard their cries from their affliction at the hands of their Egyptian task-

בּוֹקֵעַ מַיִם מִפְּנֵיהֶם לַעֲשׂוֹת לוֹ שֵׁם
עוֹלָם: יג מוֹלִיכָם בַּתְּהֹמוֹת כַּסּוּס
בַּמִּדְבָּר לֹא יִכָּשֵׁלוּ: יד כַּבְּהֵמָה
בַּבִּקְעָה תֵרֵד רוּחַ יְהוָה תְּנִיחֶנּוּ כֵּן
נִהַגְתָּ עַמְּךָ לַעֲשׂוֹת לְךָ שֵׁם תִּפְאָרֶת:
טו הַבֵּט מִשָּׁמַיִם וּרְאֵה מִזְּבֻל קָדְשְׁךָ

דְבַע תּוּשְׁבַּחְתֵּהּ בְּזַע
מֵי יַמָּא דְסוּף מִן
קֳדָמֵיהוֹן לְמֶעְבַּד לֵיהּ
שׁוּם עָלַם: יג דְבַרְינוּן
בֵּין תְּהוֹמַיָא כְּסוּסְיָא דִי
בְמַדְבְּרָא לָא מִתְקַל כֵּן
אַף אִינוּן לָא אִתְקִילוּ:
יד כִּבְעִירָא דִי בְמֵישְׁרָא
מַדְבְּרָא מֵימְרָא דַיְיָ
דַּבְּרִינוּן כֵּן דַבַּרְתָּה
לְעַמָךְ לְמֶעְבַּד לָךְ שׁוּם
דְתוּשְׁבְּחָא: טו אִסְתְּכֵי
מִן שְׁמַיָא וְאִתְגְלֵי

ת"א הבט משמים. חגיגה יב: כצ"ל ותפארתך

רש"י

מוליך לימין משה את זרוע גבורתו בכל עת שהיה צריך לעזרתו של הקב"ה היה זרועו מוכן לימינו: (יג) כסוס במדבר. שאינו נכשל לפי שהוא ארץ חלקה כן לא נכשלו בתהום: (יד) כבהמה. אשר בבקעה תרד ובקעה היא ארץ חלקה ואין בה מכשול (קנפניי"א בלע"ז): תרד. תתפשט כמו (לעיל מ"ה) לרד לפניו גוים כן רוח ה' תניחנו לתהום ועשה בו דרך כבושה: כן נהגת עמך. כן היה הכל כמו שאמרנו נהגת עמך: (טו) איה קנאתך.

אבן עזרא

תפארתו. זה הוא מלאך השם ההולך לפני מחנה ישראל: בוקע מים. (יג) מוליכם בתהומות. הים: כסוס במדבר. והוא היבשה: (יד) כבהמה. ואחר לאתם מהים הוליכם השם במדבר כבהמה שהיא יורדה בבקעה לאט כן רוח השם נחה את ישראל והנה תניחנו תחת תניחם והנכון שוי"ו תניחנו שב אל משה והוסיף כן נהגת עמך והנה משה וישראל: (טו) הבט. יספר הנביא תפלת

רד"ק

ואע"פ שהוא ידוע אומר כן להגדיל הספור ולהודות האל יתברך כי בנס גדול ופלא מופלא היה שהיה מוליך זרוע תפארתו לימין משה שהיה בימינו המטה ואיך היה מטה משה בוקע הים אלא שהאל היה מוליך לימינו זרוע תפארתו והיה בוקע הים מפניהם פירוש מפני ישראל כדי שיעברו בתוכו: לעשות לו שם עולם. שיזכרו אותו כל העמים על זה הדבר הגדול וייראו ממנו כמו שאמר שמעו עמים ירגזון כי לא היה צריך זה להעביר ישראל לפאה האחרת כי מאותה הפאה שנכנסו לאותה הפאה עצמה יצאו אלא עשה זה להראות ידו הגדולה ולהראות כי בידו הכל אפי' להפך הטבעיים היסודיים וזהו תפארת לו ושם עולם וכל זה הראה ע"י משה וישראל עמו מאהבתו אותם: (יג) מוליכם. עוד ספר גודל הנס שלא תאמר אע"פ שהיה יבש קרקע הים לא היה כל כך יבש שיהיו יכולים ללכת בו בחזקה או לרוץ בו לפיכך אמר מוליכם בתהומות כסוס במדבר הוליכם באותם התהומות כמו הסוס הרץ במדבר שהיא ארץ המישור ואין שם לא אבן ולא טיט שיהיה לו מכשיל כן היו הם יכולין לרוץ באותו קרקע הים כל כך נתקשה הקרקע בים כרגע ולא נכשלו בו: (יד) כבהמה. והמשיל עוד לכתם בקרקע הים ואמר כי הם ירדו בתוך הים כמו שתרד הבהמה בבקעה בלי עמל כי המורד מעט וההליכה בבקעה נוחה כי היא דרך מישור: רוח ה' תניחנו. הכנוי לעמך שזוכר אחר כן. כמו ותראהו את הילד והדומים לו אמר רוח ה' הניח עמך מצריו והרודפים אחריו ואמר רוח ה' כמו רגזך וכן ואל משה אמר עלה אל ה' ומלת כן מוסב לדמיון כבהמת שזכר וענין הפסוק כן כבהמה בבקעה תרד כן נהגת עמך ורוח ה' תניחנו וי"ת תניחני כמו תנחנו מן נחה את העם כבעירא דבמישרא מדברא מימרא ה' דברינון: שם תפארת. שם שיהיה לך תפארת וכבוד לעולם והנה כל זה עשית בימים הקדמונים ועתה נמשתנו בגלות זה כמה שנים: (טו) הבט. ע"ד כי רם ה' ושפל יראה ובשמים זבול קדשו ותפארתו כי בהם יראה עזו כי הם עומדים לעד לעולם בגבורתם לא ישנו ולא יחליפו: איה קנאתך וגבורתך. שהיית מקנא בראות עוני עמך ומראת גבורתך בעמים איה הם עתה: המון מעיך. ואיה המון מעיך ורחמיך שאמרת המו מעי לו רחם ארחמנו נאם ה' איה המון

מצודת דוד

המוליך לימין משה את זרוע תפארתו ר"ל חוזק ה' היתה מוכנת למשה בכל עת חפצו: בוקע. היא הבוקע מפניהם מי הים והירדן לעשות לעצמו שם גבורה עד עולם: (יג) מוליכם. היא המוליכם בעומק הים כסוס הרץ במדבר במקום ישר ושוה שאינו נכשל במרוצתו כן לא נכשלו כאשר הלכו בעומק הים היה המקום שוה וישר: (יד) כבהמה בבקעה תרד. כמו הבהמה היורדת ללכת בבקעה שנוח לה מאוד עליה ללכת בהר כן רוח ה' הנהיג את ישראל בנחת: כן נהגת עמך. ר"ל כך היה הכל כמו שאמרנו באופן זה נהגת עמך לעשות לך פרסום שם תפארת: (טו) הבט משמים. ר"ל הואיל וכן עשית בימים הקדמונים לכן גם עתה הבט

מצודת ציון

(יג) בתהומות. עומק הים: (יד) תניחנו. ענין הנהגה כמו נחית

Your people.—[*Rashi*]

a glorious name—A name that will be glory and honor for You forever. All this You did in days of old, but now you have left us in exile for many years.—[*Redak*]

15. **Look from heaven**—This is the prayer of the intelligent people in exile. It refers back to verse 10, "and He was turned to be their enemy."—[*Ibn Ezra*]

This verse is in the manner of "(Ps. 138:6) For the Lord is high, and He sees the low, and the Most High chastises from afar."—[*Redak*]

the dwelling of Your holiness and Your glory—In the heavens His might is manifest, for they exist for-

splitting the water before them to make for Himself an everlast-
ing name. 13. He led them in the depths like a horse in the
desert; they did not stumble. 14. As animals spread out in a
valley, the spirit of the Lord guided them, so You guided Your
people to make You a glorious name. 15. Look from heaven
and see, the dwelling of Your holiness

Spirit in his midst?—He placed the spirit of prophecy within them. In addition to Moses, Aaron, and Miriam, the seventy elders were endowed with the spirit of prophecy. Even on the day of the giving of the Torah, they were all prophets. Now, He Who did this, where is He today, that the gift of prophecy has been taken away since the days of Haggai, Zechariah, and Malachi. Were we to have prophets, they would reveal to us the time of the termination of this exile, and we would experience some pleasure. Now, however, we have no prophet, and no one knows anything about the end of the exile.

12. **He led at Moses' right the arm of His glory**—*The Holy One, blessed be He, led at Moses' right the arm of His might. Every time he required the aid of the Holy One, blessed be He, His arm was ready at his right.*—[*Rashi*]*

to make for Himself an everlasting name—That all nations remember Him for this great deed and fear Him, as is mentioned in the Song of the Sea, "Peoples heard and quaked." This miracle was not performed to transport Israel to the other side of the Red Sea, for they, in fact, came out on the same side they had entered. It was primarily to demonstrate His might and to show His Omnipotence, even over the basic forces of nature. This is His glory and His everlasting name. All this He showed through Moses and Israel His people, out of His great love for them.—[*Redak*]

13. **He led them**—He proceeds to relate the magnitude of the miracle, lest one say that, although the ground was dry, it was not so dry that one could traverse it easily or run on it. He, therefore, states that He led them in the depths like a horse in the desert. He led them in those depths like a horse running in the desert, which is flat land without stones or mire upon which to stumble. So were the Israelites able to run on the seabed for it became instantly hard.—[*Redak*]

like a horse in the desert—*which does not stumble since it is smooth land, so they did not stumble in the deep.*—[*Rashi*]

14. **As animals**—*that spread in the valley, and a valley is a smooth land, where there is no obstacle, campagne in French, open country.*—[*Rashi*]

spread out—Heb. תֵּרֵד, *spread out. Comp.* "(supra 45:1) *to flatten* (לְרַד) *nations before him." So did the spirit of the Lord guide them to the deep and make therein a paved road.*—[*Rashi*]*

so You guided Your people—*So was everything as we said; You guided*

וְתִפְאַרְתֶּךָ אַיֵּה קִנְאָתְךָ וּגְבוּרֹתֶךָ
הֲמוֹן מֵעֶיךָ וְרַחֲמֶיךָ אֵלַי הִתְאַפָּקוּ׃
טז כִּי־אַתָּה אָבִינוּ כִּי אַבְרָהָם לֹא יְדָעָנוּ
וְיִשְׂרָאֵל לֹא יַכִּירָנוּ אַתָּה יְהוָה אָבִינוּ
גֹּאֲלֵנוּ מֵעוֹלָם שְׁמֶךָ׃ יז לָמָּה תַתְעֵנוּ

ת"א אתה אבינו . שבת פט עקדה שער קג . זוהר ויגש : יהוה

מִמְדוֹר קוּדְשָׁךְ וְתוּשְׁבַּחְתָּךְ אָן פּוּרְעָנוּתָךְ וּגְבוּרְתָךְ הֲמוֹן טַבְוָתָךְ וְסַגִּיוּת רַחֲמָךְ עֲלַי יִתְחַסְנוּן׃ טז אֲרֵי אַתְּ הוּא דְרַחֲמָךְ עֲלָנָא סַגִּיאִין כְּאַב עַל בְּנִין אֲרֵי אַבְרָהָם לָא אַסְקָנָא מִמִּצְרַיִם וְיִשְׂרָאֵל לָא עֲבַד לָנָא פְּרִישָׁן בְּמַדְבְּרָא אַתְּ הוּא יְיָ וְרַחֲמָךְ עֲלָנָא סַגִּיאִין כְּאַב עַל בְּנִין פָּרְקָנָא מֵעָלַם שְׁמָךְ׃ יז לְמָה תְּרַחֲקִינָנָא יְיָ

מהר"י קרא

קדשו מוליך לימין משה זרוע תפארתו : (טו) איה קנאתך וגבורותיך . שעשית עם הראשונים שגאלתם ברחמיך וברוב חסדיך . כשם שאמר למעלה . ורב טוב לבית ישראל . ולא שהיו ראויין לגאולה אלא ברחמיו וברוב חסדיו גאלם : המון מעיך ורחמיך . שהיית נוהג עם הראשונים : אלי התאפקו . אלי התאצרו שאין אתה מנהג עמנו במדת רחמים . כמו שניהגת עם הראשונים : (טז) כי אתה אבינו . בשיעבוד מצרים : כי אברהם לא ידענו . כשמררו את חיינו . אלא אתה ידעתנו . שנאמר וירא אלהים את בני ישראל : וישראל לא יכירנו . אלא אתה שנאמר כי ידעתי את מכאוביו . ומאחר שכל כך היינו אהובים לפניך לשעבר : (יז) למה תתענו ה' מדרכיך . לא שתתן לפנינו מכשול . אלא שתקשיח לבנו מיראתך . שאין בידך להסיר יצר הרע כמו שנאמר כחומר ביד היוצר וגו' (ירמיה ח') ואומר והסירותי את לב האבן וגו' (יחזקאל

רש"י

הראשונה : המון מעיך . שהיו רגילים להמות עלינו כאשר מאז כענין שנאמר (ירמיה ל"א) על כן המו מעי לו והמון רחמיך הראשונים אלינו עתה התאפקו נתאפקו מהיות הומים עלינו כאשר מאז : התאפקו . כמו ויתאפק ויאמר שימו לחם (בראשית מ"ג) נתאפק ולא הכירו את אשר נכמרו רחמיו אל אחיו : (טז) כי אתה אבינו . ועליך להביט ולראות בצרותינו : כי אברהם לא ידענו . בצרת מצרים : וישראל לא יכירנו . במדבר כי כבר נסתלקו מן העולם : ואתה ה' אבינו . בכולם נעשית לנו אב . ורבותינו דרשו בו כמו שדרשו במסכת שבת : (יז) למה תתענו . כי

רד"ק

המעים ואיה הרחמים : אלי התאפקו . אני רואה שהתאפקו והחזקו רחמיך אלי ולא נכמרו למהר לרחם עלי ואיך היה זה : (טז) כי אתה אבינו . והאב לא יתאפק על הבן אלא מרחם עליו מיד : כי אברהם לא ידענו . על דרך אבי ואמי עזבוני וה' יאספני כי אף על פי שאברהם אבינו הנה כמה דורות שמת ואב בשר ודם לא ידע בנו או בן בנו אלא בהייו אלא אתה אבינו חי וקיים מעולם ועד עולם ואין לנו לצעוק אלא אליך ובכל הדורות שעברו ושיהיו אתה אבינו ואתה גואלנו מכל צרה ומעולם שמך עלינו . וזכר אברהם כי הוא ראש האבות . ועוד שאמר לו האל כי ביצחק יקרא לך זרע ואמר ואתן לו את יצחק ולא אמר את ישמעאל כמו שאמר ואתן ליצחק את יעקב ואת עשו וזכר ישראל כי כל זרעו זרע אמת לא כיצחק שיצא ממנו עשו ואומר ויאהב יצחק את עשו : (יז) למה תתענו ה' . בראותינו שלות הרשעים ואורך הגלות לנו והצרות תמידות עלינו הנה אנו תועים מדרכיך ואומרים אין תקוה עוד וכאלו אתה תתענו בהאריכך גלותינו ובאמרו תתענו תקשיח לבנו אינו אומר על כלם אלא רבים מישראל נתיאשו מהגאולה לאורך הגלות וכיון שיש בהם קצת מדבר בלשון כלל וכן אמר הקב"ה אל משה

אבן עזרא

המשכילים בגלות כי הוא דבק עם והוא נלחם בם : מזבול . כמו דירה וכמהו יזבלני אישי והנ' הטע' כפול : התאפקו . עתה כמו ולא יכול יוסף להתאפק : (טז) כי . הטעם שאתה אבינו ואנחנו בניך ואתה אב שתמלא לעולם והזכיר אברהם שהוא היה הראשון שכרת השם ברית עמו להיות לו לאלהים ולבניו והזכיר גם יעקב שהוא סוף האבו' והוא עקרנו לבדו : יכירנו . כמו הבדל יבדילנו : (יז) למה . בעבור היות

מצודת ציון

כלאן (תהלים ע"ג) : (טו) מזבול . ענין מדור כמו בית זבול לך (מ"א מ') : קנאתך . ענין חימה וכעס כמו בקנאו את קנאתי (במדבר כ"ה) : המון מעיך . הוא ענין הכמרת רחמים והמלה וכן על כן המו מעי לו (ירמיה ל"א) : התאפקו . ענין התחזקות ואמלות הלב וכן ויתאפק ויאמר שימו לחם (בראשית מ"ג) : (יז) תתענו . מל' תועה : תקשיח . היא מלה מורכבת מן קשה ומן

מצודת דוד

משמים וראה ממדור קדשך מה שהעכו"ם עושים לנו : איה קנאתך . איה הקנאה והגבורה שהראת בהעכו"ם בימים הקדמונים : המון מעיך . מה שבימים הראשונים היו מעיך הומים עלי ורחמת אותי הנה עתה התחזקו אלי כי אמלת לבבך ואינך לרחם : (טז) כי אתה אבינו . וראוי לאב לרחם על בנים : כי אברהם לא ידענו . עשה עצמו כאלו לא ידענו עם כי נגלה לו בברית בין הבתרים שעבוד ארבעה מלכיות לא התפלל עלינו : וישראל לא יכירנו . עשה עצמו כאלו לא הכיר אותנו עם כי נגלה לו שעבוד מלכיות בשעה שראה סולם מוצב ארצה ומלאכי אלהים עולים ויורדים בו הם שרי העכו"ם זו עולה וזו יורדת לא שם לבו להתפלל עלינו : אתה ה' אבינו . בכל ימי המלכיות שמת לבך עלינו כדרך האב המשים לבו בתקנת בנו : גואלנו מעולם שמך . מימות עולם שמך הוא גואלנו כי בכל פעם אתה הוא הגואל אותנו : (יז) למה תתענו . ר"ל בעבור שלות

Scripture states elsewhere: "(Ezekiel 36:26) *And I will remove the heart of stone etc.*"—[*Rashi*]

Ibn Ezra explains that since God is the highest, the first cause for everything, the individual attributes his straying to God's leading him astray. Some compare this to the Rabbinic dictum, "(*Aboth* 5:21) He is not enabled to repent." (I.e., when they have sinned to such an extent, God does not assist them to repent. In some cases, they are even prevented from repenting. See *Ram-*

and Your glory; where are Your zeal and Your mighty deeds?
The yearning of Your heart and Your mercy are restrained to
me. 16. For You are our father, for Abraham did not know us,
neither did Israel recognize us; You, O Lord, are our father; our
redeemer of old is your name. 17. Why do You lead us astray

ever without change.—[*Redak*]

where are Your zeal—Your early zeal.—[*Rashi*]

I.e., the zeal that You displayed to the early generations, that You redeemed them with Your mercies and Your kindness, as stated above.—[*Kara*]

You used to vent Your zeal when You saw the affliction of Your people and demonstrate Your might against the nations. Where are they now?—[*Redak*]

the yearning of Your heart—Lit. the stirring of Your innards, *that were wont to stir concerning us, like the matter that was stated,* "(Jer. 31:19) *Therefore, My heart yearns for him." And the stirring of your first mercies toward us have been restrained now. They have been restrained from stirring over us as from then.*—[*Rashi*]

are restrained—Heb. הִתְאַפָּקוּ. *Comp.* "(Gen. 43:31) *And he restrained himself and said, 'Put down food.'" He restrained himself, and they did not recognize that his mercies were stirred toward his brother.*—[*Rashi*]

16. **For You are our father**—*and it is incumbent upon You to look and see our troubles.*—[*Rashi*]

for Abraham did not know us—*in the trouble of Egypt.*—[*Rashi*]

neither did Israel recognize us—*in the desert, for they had already passed away from the world.*—[*Rashi*]

You, O Lord, are our father—*In all of them, You became our father. And our Rabbis expounded this as they expounded in Tractate Shabbath* (89b).—[*Rashi*]*

Redak explains: **For You are our father**—and a father does not restrain himself from having mercy on his children.

for Abraham did not know us—Although Abraham is our father, he is already dead for many generations, and a father has mercy on his children and grandchildren in his lifetime only, but You are our father, living and existing forever, and we have only to cry out to You, and in all generations that passed and that will be, You are our father, and You are our redeemer from all troubles, and Your name is always called on us.

He mentions Abraham since he is the first of the Patriarchs, and he rejected Ishmael from sharing his inheritance with Isaac. He mentions Isarel since his progeny were all holy and pure, unlike Isaac, who begot Esau and who loved him.—[*Redak*]

17. **Why do You lead us astray**—*Since You have the power to remove the evil inclination, as it is said:* "(Jer. 18:6) *Like clay in the potter's hand."*

יְהוָה מִדְּרָכֶיךָ תַּקְשִׁיחַ לִבֵּנוּ מִיִּרְאָתֶךָ
שׁוּב לְמַעַן עֲבָדֶיךָ שִׁבְטֵי נַחֲלָתֶךָ׃
יח לַמִּצְעָר יָרְשׁוּ עַם־קָדְשֶׁךָ צָרֵינוּ
בּוֹסְסוּ מִקְדָּשֶׁךָ׃ יט הָיִינוּ מֵעוֹלָם לֹא־
מָשַׁלְתָּ בָּם לֹא־נִקְרָא שִׁמְךָ עֲלֵיהֶם
לוּא־קָרַעְתָּ שָׁמַיִם יָרַדְתָּ מִפָּנֶיךָ הָרִים
נזלו

לְמִטְעֵי מֵאוֹרְחָן דְתַקְנָן
קֳדָמָךְ כְּעַמְמַיָא דְלֵית
לְהוֹן חוּלָק בְּאוּלְפַן
אוֹרַיְתָךְ לָא יִתְפְּנֵי לִבָּנָא
מִדַחַלְתָּךְ אֲתֵיב שְׁכִנְתָּךְ
לְעַמָךְ בְּדִיל עַבְדָךְ
צַדִיקַיָא דְקַיֵמְתָּא לְהוֹן
בְּמֵימְרָךְ לְמֶעְבַּד בֵּינֵיהוֹן
שִׁבְטֵי אַחְסַנְתָּךְ׃
יח בִּזְעֵיר דִירִיתוּ עַמָא
דְקוּדְשָׁךְ בְּעֲלֵי דְבָבָנָא
דוּשִׁישׁוּ מַקְדְשָׁךְ׃ יט הָא
אֲנַחְנָא עַמָךְ דְמִן עָלְמָא
לָא לְעַמְמַיָא יְהַבְתְּ אוּלְפַן אוֹרַיְתָךְ לָא אִתְקְרֵי שְׁמָךְ עֲלֵיהוֹן לָא לְהוֹן אַרְכֵינְתָּא שְׁמַיָא

רש"י

ל"ו): תקשיח. לשון אימוץ לב: (יח) למצער ירשו עם קדשך. גדולתם וירושתם זמן מועט היתה להם: בוססו. דוששו: (יט) היינו. עתה כעם אשר לא בחרת למשל בם מעולם וכאילו לא נקר' שמך עליהם: לוא קרעת שמים. וירדת להצילנו עתה כאשר ירדת להציל מיד מצרים אז מפניך הרים נזולו ברתת וזיע:

מהר"י קרא

אתה מכוין לבנו אליך: (יט) היינו מעולם. ומשלת באומות. ד"א היינו מעולם שמשלת בנו ועכשיו אנו כמו שלא משלת בנו. וכמו שלא נקרא שמך. ופת' זה עיקר. וכך שמעתי מפי ר' יצחק בר' אשר. ובראשון שגיתי. שלא נפרעת מהם כשם שנפרעת ממנו: לו קרעת שמים. קרעת שמים לישראל כל כך לרדת עליהם. וכן במתן תורה: הרים נזלו. מפניך. ההרים רקדו כאלים גבעות כבני צאן:

אבן עזרא

השם הסבה העליונה היא הראשונה אמר למה התענו ויש משיבים כי זה כטעם מה שאמרו קדמונינו ז"ל אין מספיקין בידו לעשות תשובה ואחרים אמרו כי הכתוב דבר כנגד המחשבות ויש אומרים בעבור שאנחנו בגלות לא נוכל לעשות כל המצות שהם תלויות בארץ: תקשיח. כטעם תסיר וכמוהו הקשיח בניה ללא לה: שוב למען עבדיך. הם אבות ולמען שבטי נחלתך הם השופטי': (יח) למצער. זמן מעט: ירשו עם קדשך. הארץ והנה הצרים בוססו ויש אומרים לדבר מועט ירשו עם היורשים או לזמן מועט והוא נכון: (יט) היינו. כאנשים שלא משלת בם מעולם: לוא קרעת שמים. יש אומרי' על מתן תור' כאילו לוא קרעת שמי' והאמת שהוא כמשמעו כמו לו עמי שומע לי וזה הטעם אילו היית קורע שמים ותרד והטעם על הגזרות אז יהיו ההרים נוטפים מפניך הטעם המלאכי' היושבי' בטח.

רד"ק

עד אנה מאנתם בעבור קצת העם שיצאו בשבת ללקוט מן וכן אמר דניאל חטאנו והרשענו והעוינו ומרדנו: תקשיח. ענין אכזריות ורחוק הלב מהדבר הנאהב וכן תקשיח בניה ללא לה: שוב למען עבדיך. שוב מחרון אפך בנו ואם לא למעננו כי אנחנו חוטאים שוב למען עבדיך והם האבות ולמען שבטי נחלתך והם י"ב שבטים ופי' נחלתך שהיו לך לנחלה כמ"ש יעקב חבל נחלתו: (יח) למצער. לזמן מועט ירשו הארץ עם קדשך שנתת להם הארץ נחלה מעט זמן עמדו בה וגלו ממנה כי לא היו בה אלא ארבע מאות ועשר שנים בראשונה ורוב ישראל לא שבו עוד אליה: צרינו בוססו מקדשך. זמן מצער עמדו ובאו צרינו וגרשונו ממנה ולא עוד אלא שבססו ורמסו מקדשך שהיה מקום כבוד ולא היו נכנסים בו אלא יחידים: (יט) היינו מעולם. היינו אנחנו תחת ממשלתך לא צרינו כי לא משלת בם ולא נקרא שמך עליהם ואיך באו הם תחתינו בארץ ירושתינו: לוא קרעת שמים ירדת. דרך שאלה שמא קרעת שמים וירדת לדבר עמהם כמו שעשית לנו ואם מפניך הרים נזלו בעבורם כמו בעבורנו וזה היה ביום מעמד הר סיני שירד כבודו על הר סיני והיה אש וענן וההר הרד ונזדעזע הוא והאחרים שהיו קרובים אליו כמו הר שעיר והר פארן גם כן נזלו מים מהענן ששכן עליהם אלא שעיקר הדבר היה על הר סיני לפיכך נזכר בתורה הר סיני לבד והנה היה ההר בוער באש ונוזל מים כי האש והענן עליו: קרעת שמים. דרך משל כמו ודלתי שמים פתח ושמים הוא האויר: נזלו. דגש הלמ"ד

מצודת דוד

בעכו"ם ואורך הגלות אנו תועים מיראתך וכאלו אתה מתעה אותנו: תקשיח לבנו. בעבור זה הקשה לבנו וסרה מן היראה וכאלו מידך באה והוא כפל ענין במ"ש: שוב. לכן שוב אלינו להשרות שכינתך בינינו כמאז ואם אין בנו מעשים עשה למען עבדיך הם האבות ולמען השבטים אשר הנחלתם לך לנחלה: (יח) למצער. על מעט זמן ירשו עם קדשך את המקדש ועתה הצרים אותנו הנה בוססו ורמסו את מקדשך: (יט) היינו מעולם. הלא מעולם היינו אנחנו עם ממשלתך ולא משלת בהעכו"ם וחוזר ומפרש לא היה שמך נקרא עליהם כמו שהיה נקרא עלינו להקרא אנשי ישראל: לוא קרעת שמים. האם למענם קרעת השמים להיות נפתח וירדת על הארץ לתת תורה

מצודת ציון

הם ר"ל תקשה ותסיר לבנו וכן הקשיח בניה (איוב ל"ט) ועם כי המם בשי"ן וזהו בעבור מלת קשה: (יח) למצער. למעט זמן כמו הלא מצער היא (בראשית י"ט): בוססו. ענין רמיסה כמו יבוס צרינו (תהלים ס'): (יט) לוא. הוא כמו אם וכן לו החייתם אותם (שופטים ח'): נזולו. ענין הטפה כמו יזל מים מדליו (במדבר כ"ד):

Ibn Ezra takes this as figurative of the kings who sit securely as mountains.

Redak renders: Of old, we, not our adversaries, were under Your rule, for You did not rule over them, neither was Your name called upon them. Did You rend the heavens and descend to speak with them as You did with us? Did mountains drip for them as for our sake? This alludes to the Revelation, when God's glory

O Lord, from Your ways, You harden our heart from Your fear? Return for the sake of Your servants, the tribes of Your heritage. 18. For [but] a short time Your holy people inherited; Your adversaries trampled Your sanctuary. 19. We were [like those] over whom You never ruled, over whom Your name was not called; had You rent the heavens, had You descended, mountains would have dripped from before You.

bam, Hilchoth Teshuvah ch. 4, 6:3.) Others say that Scripture speaks of man's thoughts, not that it is, in fact, so. Others maintain that it deals with the obligations one can fulfill only in the Holy Land. Hence, by exiling us, God has prevented us from fulfilling His precepts.

Redak explains: When we see the prosperity of the wicked and the length of our exile with its accompanying persecutions and troubles, we go astray from Your ways and say that there is no hope. It is as though You lead us astray from Your ways. The prophet is not addressing the entire people, but the numerous Jews who despair of the redemption because of the length of the exile. Since there are some such people among the Jews, the prophet addresses them as the entire people. Comp. "(Ex. 16:28) How long will you refuse to keep My commandments and My statutes?" This was said because of the few people who went out to gather manna on the Sabbath.

You harden—Heb. תַּקְשִׁיחַ, *an expression of hardening the heart.*—[*Rashi*]

Ibn Ezra renders: remove; *Redak*: distance.

Return for the sake of Your servants—Return from Your wrath upon us, and not for our sake, for we are sinners, return for the sake of Your servants, the Patriarchs, and for the sake of the tribes of Your heritage, the twelve tribes, who are Your heritage.—[*Redak*]

18. **For [but] a short time, Your holy people inherited**—*They had their greatness and their inheritance for a short time.*—[*Rashi, Redak, Ibn Ezra*]

They were there but four hundred and ten years before the exile, and most of them did not return.—[*Redak*] I.e., the Temple existed four hundred ten years.

Your adversaries trampled Your sanctuary—Not only did they drive us out of the land. They trampled Your Temple, which was a place of honor, where only certain individuals were allowed entry.—[*Redak*]

19. **We were**—*now like a people whom You did not choose ever to rule over them, and it is as though Your name was not called upon them.*—[*Rashi*]

had You rent the heavens—*and descended to save us now as You descended to save us from the hand of the Egyptians, then, mountains would drip from before You with fear and quaking.*—[*Rashi*]

נזלו: סד א כקדח אש המסים מים
תבעה־אש להודיע שמך לצריך
מפניך גוים ירגזו: ב בעשותך נוראות
לא נקוה ירדת מפניך הרים נזלו:
ג ומעולם לא־שמעו לא האזינו עין לא־

ת"א כקדות. ב"ק מו: עין לא ראתה. ברכות לד שבת סג סנהדרין לט עכו"ם סה עקרים מ"ד פל"ג:

תרגום

אתגליתא מן קדמך טוריא זעו: א כד שלחתא רוגזך כאשתא ביומי אליהו אתמסיא ימא מיא מלהבא אשתא להודעא שמך לסנאי עמך מן קדמך עממיא זעו: ב במעבדך פרישן לא סברנא להון אתגליתא מן קדמך טוריא זעו: ג ומעלמא לא שמעת אודן קל גבורן לא אציתת למלול זיע עין לא חזת מא דחזו עמך שכינת יקרך

מהר"י קרא

סד (א) כקדוח אש המסים. כשישרוף האש דבר הנמסה מפני האש. כמו כן (מים) תבעה אש. אשו של הקב"ה שרף את המים שעשאן אבעבועות ביום מתן תורה בסיני. אשר ירד עליו באש: (ב) בעשותך נוראות לא נקוה. כשהיינו מצפים לישועה במצרים. שהרי עדיין לא שמעו ולא האזינו האומות. ועין של אחד מהם לא ראתה אלהים זולתך יעשה נסים וגבורות למחכה לו לאומה המחכה לו. שיבא אלהיו

רש"י

סד (א) כקדוח אש. את דבר הנימס מלפניו וכאשר המי' תבעה האש כשתתן גחלת או מתכת בוערת במים יעלו המים אבעבועות כל זה עשית במצרים ויהי ברד ואש מתלקחת בתוך הברד (שמות ט') אבל יונתן תירגם כקדוח אש המסים על אליהו בהר הכרמל שנאמר בו גם המים אשר בתעלה לחכה (מלכים א' ט"ו): להודיע שמך לצריך. כענין שנאמר באותה מכה ואולם בעבור זאת העמדתיך וגו' (שם). לו עשית עתה כן אז מפניך גוים ירגזו: (ב) בעשותך. במצרים וכל האויבים נוראות אשר לא היינו מקוים שתעשה לנו כל אותן נוראות שלא היינו הגוני' לכך: ירדת. להר סיני אז מפניך הרים נזולו כך פירש דונש בן לברט: (ג) ומעולם לא שמעו. כאותן

רד"ק

לתפארת הקריאה מפני ההפסק: (א) כקדוח אש המסים. המסים שם שרשו מסס והיתה הסמך ראויה להדגש בחסרון הכפל אלא שבא הנח תמורת הדגש והאחד מן המסים המס. ואש גדול וחזק יקרא אש המסים שממס כל דבר כן היה האש ההוא על הר סיני: כקדוח. ענין בעירה ושריפה כמו כי אש קדחה באפי כי אש קדחתם והיתה אש שתבעה מים כי האש היתה בהר ומים היו בהר הנה היו המים רותחים והיה ההר עשן כולו בין מקום האש בין מקום המים כי המים הרותחין יעלו עשן וכל זה להודיע שמך לצריך שאינם יודעים שמך ולא היו מכירים בך ועל ידי הנוראות הודעת להם כי יש אדון בעולם ומנהיג יעשה בכל כרצונו יבעיר ההרים שלא כמנהג וטבע העולם ובעבור שירגזו גוים מפניך כאשר רגזו ההרים שאותו היום נשמע ונודע בעולם: מים תבעה אש. אש הוא הפועל אף על פי שבא אחרון והמים הוא הפעול אע"פ שבא ראשון כי הדבר מבואר כי האש תרתיח המים ואין לטעות בו לפיכך לא הקפידו בראשון ובאחרון: תבעה. ענין רתיחה לפי שהמים ברתיחתם יעלו אבעבועות נאמר בזה הלשון ויש לפרש הענין הזה כלו דרך משל על המלחמות שנלחם האל בעבור ישראל באויביהם: ואמר קרעת שמים וירדת על דרך הכוכבים ממסולתם נלחמו עם סיסרא וכן ההרים משל על הגדולים. והאש כמו שאמר והיו עמים משרפות סיד: (ב) בעשותך. לא נקוה הנוראות הגדולות שהיית עושה עמנו לא היינו מקוים להם שתעשה בעבורנו כל כך נוראות שתרד בעבורנו ויזלו הרים מפניך: (ג) ומעולם לא שמעו. אומות העולם ולא האזינו הנוראות שעשית עמנו ולא שמעו ולא ראו: אלהים זולתך.

אבן עזרא

ונדגש למ"ד נזולו בעבור שהוא סוף פסוק על משקל ולא יכלו: סד (א) כקדוח. המסים. שמסו ההרים באש היא קודחת וכמים שהאש תבעה אותם מגזרת אבעבועות כן ירגזו גוים מפניך: (ב) בעשותך. הטעם כאשר היית עושה: נוראות. והוא תאר השם כמו על דרך ועשיר יענה עזות ולא היינו מקוים לראות כמוהם וכשהיית יורד אז מפניך נזולו ההרים והטעם כי עשית כבר ככה: (ג) ומעולם לא שמעו. השומעים ולא האזינו גם עין לא

מצודת ציון

סד (א) כקדח. ענין שריפה כמו אש קדחה באפי (דברים ל"ב) המסים. מל' המסה והמגה: תבעה. מל' אבעבועות: ירגזו. ענין תנועת הרעדה כמו רגזו ואל תחטאו (תהלים ד'): (ב) נזולו. נטפו: (ג) האזינו. ענין שמיעה והוא מל' אוזן:

מצודת דוד

להרעיד ההרים ולהחרידם להיות הזיעה מטפטף מהם מגודל החרדה כמו שירדת למעננו לתת לנו התורה לכן גם עתה עשה עמנו כמאז:

סד (א) כקדח אש המסים. ר"ל הנה מאז כלית את הצרים אותנו כמו אש שמקדיח ושורף את הדבר הנמס עד התכלית וכמו חום האש מעלה במים רתיחה ואבעבועות ומוספת והולכת כן הוספת לייסר את הצרים: להודיע. ר"ל לא בצדקותינו כ"א להודיע פרסום שמך אל צריך הם המכחישים בה': מפניך. אז חרדו הגוים מפניך: (ב) בעשותך. בעת עשיית פלאות נוראות אשר לא היינו מקווים להם כי לא היינו כדאים לנפלאות כאלה: ירדת. ר"ל לא היה די באלה כי עוד ירדת למעננו על הר סיני ונתת לנו התורה ואז חרדו ההרים מפניך עד שהיו מטפטפים זיעה מגודל החרדה: (ג) ומעולם. מימות עולם לא שמעו הבריות ולא האזינו

You descended—*to Mount Sinai, then mountains dripped from before You. In this manner, Dunash son of Labrat explained it.*—[*Rashi*] The reference, apparently, is *Teshuvot Dunash*, pp. 50f. *Rashi,* however, deviates from Dunash insofar as the latter interprets the entire passage as referring to the plague of hail in Egypt, with no reference to the giving of the Torah on Mt. Sinai. God's descent, mentioned in our verse al-

64

1. As fire burns materials that melt, fire causes water to bubble, to make Your name known to Your adversaries; nations would quake from before You. 2. When You performed awesome deeds for which we did not hope; [when] You descended, mountains dripped from before You. 3. And whereof no one had ever heard, had ever perceived by ear, no eye

descended on Mt. Sinai, and the mountain quaked. Also other mountains, such as Mt. Seir and Mt. Paran dripped water from the cloud that rested upon them, but the main one was Mt. Sinai; therefore, it alone was mentioned in the Torah.

1. **As fire burns**—*something that melts because of it, and as fire causes water to bubble; when you put a coal or glowing metal into water, the water bubbles. All this You did in Egypt,* as it is written: "(Ex. 9:24) *And there was hail, and fire burning in the midst of the hail." Jonathan, however, renders: "As fire burned materials that melt," in reference to Elijah on Mount Carmel, concerning whom it is stated:* "(I Kings 18:38) *and the water which was in the trench it licked up."*—[*Rashi*]

to make Your name known to Your adversaries—*like the matter that is stated concerning that plague:* "(Ex. 9:16) *But, because of this I preserved You,* in order to show you My strength, and in order to tell of My name throughout the entire land." *Had You done this now, then nations would quake from before You.*—[*Rashi*]

According to *Rashi,* as according to *Ibn Ezra,* this verse is connected to the preceding one.

Redak renders: As a melting fire burned, a fire that bubbled water. This refers to the fire burning on Mt. Sinai at the time of Revelation, when a tremendous fire burned on the mountain, boiling any water found there. The "smoking mountain," mentioned in Exodus 19:18, refers to the steam raised on the mountain by the tremendous fire burning there. All this was to make Your name known to Your adversaries who did not know Your name, neither did they recognize You, but through Your awesome deeds, You made known to them that the world has a Master Who guides it according to His will. In defiance of nature He causes mountains to burn, and in order that "nations quake before You," as the mountains quaked. This may also be interpreted figuratively, of the wars God waged for Israel against their adversaries.

2. **When You performed**—*against the Egyptians and against all the adversaries awesome deeds, that we did not hope You would perform all those awesome deeds, for we were unworthy of them.*—[*Rashi*]

רָאָתָה אֱלֹהִים זוּלָתְךָ יַעֲשֶׂה לִמְחַכֵּה לוֹ: ד פָּגַעְתָּ אֶת־שָׂשׂ וְעֹשֵׂה צֶדֶק בִּדְרָכֶיךָ יִזְכְּרוּךָ הֵן־אַתָּה קָצַפְתָּ וַנֶּחֱטָא בָּהֶם עוֹלָם וְנִוָּשֵׁעַ: ה וַנְּהִי כַטָּמֵא

ת"א פגעת. תענית ח: קמץ ברביע כלנו

יי ארי לית בר מנך דאת עתיד למעבד לעמך צדיקיא דמן עלמא דמסברין לפורקנך: ד מתרעין קדמך עובדי אבהתנא צדיקיא דחדיא למעבד רעותך בקשוט ובזכו באורח טובך ורחמך הוו דכירין לדחלתך הא בכל עדן דהוה רגז מן קדמך עלנא על דחבנא בהון בעובדי אבהתנא צדיקיא דמן עלמא אנחנא מתפרקין: ה והוינא כמסאב כולנא וכלבוש מרחק כל

רש"י

כורחות שנעשות לאחת מכל העכו"ם לפני כן וגם עין לא ראתה אלהים אחר זולתך אשר יעשה האלהים למחכה לו מה שעשית אתה למחכה לך כך שמעתי מרבי יוסי והנאני. אבל רבותינו אמרו כל הנביאים כולם לא נתנבאו אלא לימות המשיח אבל לעולם הבא עין לא ראתה וגו' משמעו עין שום נביא לא ראתה את אשר יעשה הקב"ה למחכה לו זולתי עיניך אתה אלהים: (ד) **פגעת את שש ועושה צדק.** כמו ויפגע בו וימת (שם א' ב') סילקת ממנו והרגת את הצדיקים שהיו ששים לעשות צדק ובדרכי רחמיך היו מזכירים אותך בתפלתם: **הן אתה.** כשקצפת עלינו על כל אשר היינו חוטאים: **בהם.** מעולם נושענו בתפלתם נושענו מעולם: **ונושע.** ל' הווה: (ה) **ונהי כטמא.** מאחר שנסתלקו הצדיקים ממנו: **וכבגד עדים.** וכלבוש מרחק

מהר"י קרא

לקחת לו גוי מקרב גוי כמו שעשית לנו: (ד) **פגעת את שש ועושה צדק.** כשפגעה מדת הדין את שש במצות ועושה צדקה: **בדרכיך יזכרוך.** דרכיך בין במדות הטוב בין במדות הפורענות מברכין לשמך. במדת הטוב. הטוב והמטיב. על מדת פורענות ברוך דיין האמת: **הן אתה קצפת ונחטא.** אם אתה קצפת ואנו גרמנו שחטאנו שקצפת בהן. שבעון הדור פוגעת

אבן עזרא

ראתה אלהים זולתך אשר יעשה למחכה לו אשר יחכה: (ד) **פגעת.** הטעם אם היית כועס היית פוגע את הצדיקי' כטעם עומד בפרץ או יהיה פי' פגעת היית מקבל פיוס הצדיקים כמו לא אפגע אדם וטעם שש הצדיק שהיה שש בך: **בדרכיך יזכרוך.** בדרכים שהורתנו לנאמן בית והנה עתה קצפת אתה ואנחנו חוטאי' היינו או טעמו כשהיי' קוצף ואנחנו כבר חטאנו: **בהם.** בעבור הצדיקים לעולם הספירות הקצף: **ונושע.** והיינו נושעים והנה נושע על זמן עומד: (ה) **ונהי.** ועתה היינו כטמא כולנו: **עדים.** כמו יאכל

רד"ק

ר"ל שום אלוה זולתך שיעשה למחכה לו מה שעשית אתה למחכה לך. וי"ת כן ומעלמא לא שמעת אודן וגו'. ובדברי רבותינו ז"ל אמר שמואל כל הנביאים לא נתנבאו אלא לימות המשיח אבל לעולם הבא עין לא ראתה אלהים זולתך יעשה למחכה לו: (ד) **פגעת את שש ועשה צדק.** י"א פגיעת המיתה כלומר סלקת מן העולם הצדיקים שהיו ששים במצותיך ועושים צדק. יש מפרשים פגעת קבלת תחנת הצדיקים וכן לא אפגע אדם לא אקבל תחינת אדם עליהם ולשני הפי' ענין הפסוק על דרך אבד חסיד מן הארץ. אמר אותם הצדיקים שהיו עושים מצותיך בשמחה אינם בעולם עתה שיעמדו לנו בפרץ כמו שהיו עושים הראשונים: **בדרכיך יזכרוך.** היו זוכרים אותך בדרכיך שהם י"ג מדות כשהיית כועס על עמך בעונותם היו הצדיקים עומדים לפניך כמו שעשה משה בדבר העגל ובדבר המרגלים אמר ה' ארך אפים ורב חסד נושא עון וגו' סלח נא לעון העם הזה וגו': **הן אתה קצפת ונחטא.** כשהיית קוצף עלינו בעבור שחטאנו לפניך: **בהם עולם ונושע.** בהם היינו סומכים כל ימי עולם כלומר בכל דור ודור שהיו בהם צדיקים והיינו נושעים בהם שהיו מתפללין לפניך בעדינו אבל עתה בגלות אפסו החסידים והצדיקים וכלנו אנחנו כטמא אין דבר אלא שתעשה אתה למען שמך: **ונחטא.** אחר שחטאנו וכן וירם תולעים ויבאש אחר שבאש וכן ויבקעו המים אחר שנבקעו המים: (ה) **ונהי כטמא.** **עדים.** מתרגום ספחת עדיא ויש

מצודת דוד

כדברים האלה: **עין לא ראתה.** שום עין לא ראתה אשר אלהים זולתך יעשה כדברים האלה אל מי אשר מחכה לו ומאמין בו: (ד) **פגעת.** הנה עתה סלקת ממנו את הצדיקים אשר כל אחד מהם היה שש לעשות צדק כי היה מצפה שתבוא לידו: **בדרכיך יזכרוך.** בדרכי רחמיך היו מזכירים אותך בתפלתם: **הן אתה קצפת.** באמת כאשר אתה קצפת עלינו והקצף היה בעבור כי נחטא לך ודוגמתו הקילותי ואלאה (ירמיה ל"א) ור"ל הקללה היתה על כי חטאתי: **בהם עולם ונושע.** בכל ימי עולם בטחנו בזכותם ובתפלתם והיינו נושעים על ידיהם והלך לו הקצף עם כי בא על החטא ולא שבנו עליו: (ה) **ונהי.** ועתה בהסתלקם נהיה כולנו כטמא כי אין מי

מצודת ציון

זולתך. בלעדך: **למחכה.** ענין תקוה כמו לכן חכו לי (צפניה ג'). (ד) **פגעת.** ענין פגישה לרעה בהכאת נפש כמו וה' הפגיע בו (לעיל נ"ג): **שש.** ענין שמחה: (ה) **ונהי.** נהיה: **עדים.**

the iniquity of this people etc."—[*Redak*]

behold, ... You—*When You became wroth with us for all that we would sin.*—[*Rashi*]

through them—*of old we were saved; with their prayer.*—[*Rashi* according to *Parshandatha*] Printed editions are erroneous.

we would be saved—*A present tense.*—[*Rashi*] I.e. a continual procedure.

All the days of old, we would rely upon them, i.e. throughout all generations in which there were righteous people, who would pray to You on our behalf, and we would be saved. In this exile, however, there are no more righteous and pious people, and we are all like one un-

had ever seen a god besides You perform for him who hoped
for him. 4. You smote him who rejoiced and worked righteous-
ness, those who mentioned You in Your ways; behold, when
You became wroth for we had sinned; through them, of old, we
would be saved. 5. And we all have become like one unclean,

ludes to His descent to deliver Israel from Egyptian bondage. See *Rabbenu Tam,* who explains the entire passage as alluding to Sinai. Concerning God's descent, He cites: "(Jud. 5:5) Mountains dripped from before the Lord; this is Sinai." Maarsen suggests that this sentence belongs at the end of v. 1.

3. **And whereof no one had ever heard**—*like those awesome deeds performed for one of all the nations before that, and no eye had ever seen another god besides You, that the god would do for him who hoped for him what You did for him who hoped for You. I heard this from Rabbi Jose, and it pleased me.*—[*Rashi*]

Manuscripts yield: **And whereof no one had ever heard**—*like those awesome deeds performed for one of all the nations before that, neither had an eye seen God, besides your eyes, what He would do for one who hoped for Him. Another explanation is:* **No eye had seen**—*that a god besides You should perform miracles for him who hoped for him, as You do for those who hope for You. From Rabbi Joseph I heard this.* This is probably Rabbi Joseph Kara, whose comment on this verse coincides with that quote in the name of Rabbi Joseph. According to the manuscripts, Rashi presents two interpretations. The first one explains "besides you," as addressed to Israel, whereas the second one explains it as addressed to God.

Our Rabbis, however, who stated: "(*Ber.* 34a) *None of the prophets prophesied except regarding the Messianic era, but the World to Come, 'no eye saw etc.,'" expounded its meaning in the following manner: No prophet's eye saw what the Holy One, blessed be He, will do for him who hopes for Him except Your eyes, You, O God.*—[*Rashi*]

4. **You smote him who rejoiced and worked righteousness**—Heb. פָּגַעְתָּ. Comp. "(I Kings 2:34) *and he fell* (וַיִּפְגַּע) *upon him and slew him." You removed from us and slew the righteous, who would rejoice to work righteousness, and with the ways of Your mercies, they would mention You in their prayer.*—[*Rashi*]

Others render: You accepted the supplication of him who rejoiced and worked righteousness. I.e., the righteous people, who could intercede for us, are no longer with us.—[*Redak, Ibn Ezra*]

those who mentioned You in Your ways—They would mention You in Your ways, in the thirteen Divine attributes of mercy. When You were wroth with Your people, they would stand before You as Moses did after the sin of the golden calf and the sin of the spies, when he said, "O Lord, slow to anger and of much kindness, bearing iniquity etc. Forgive now

כלנו וכבגד עדים כל־צדקתינו ונבל
כעלה כלנו ועוננו כרוח ישאנו: ו ואין
קורא בשמך מתעורר להחזיק בך כי
הסתרת פניך ממנו ותמוגנו ביד־עוננו:
ז ועתה יהוה אבינו אתה אנחנו החמר

זכותנא ונתרנא כמתר
טרף כולנא ובחובנא
כרוחא אתנטילנא:
ו ולית דמצלי בשמך
מתרעי לאתקפא
בדחלתך ארי סליקתא
אפי שכנתך מננא
ומסרתנא ביד חובנא:
ז ואת יי רחמך עלנא
סגיאין כאב על בנין
ואתה אנחנא טינא ואת

ת״א וכבגד עדים. כ״כ ט: קורא בשמך. עקרים מ״ד פכ״ג: אבינו אתה. שם מ״ג פל״ג:

חסר י׳ חסר י׳

רש״י

כבגד מאום שהכל אומרים הסר. עידים תרגום של הסרה: ונבל כעלה. וכמוש כעלה (פלייסט״ר בלע״ז): ועוננו כרוח ישאנו. ובחובנא כרוחא איתנטילנא: (ו) מתעורר. כמו מתגבר על יצרו: ותמוגגנו. ותניענו:

מהר״י קרא

מדת הדין בצדיקים שבחר: בהם עולם. בזכותם אנו נושעים בעילם בזכות אותם בני אדם שמצדיקים עליהם את הדין

אבן עזרא

עד כי בגד השלל הוא מגואל בדמים: ונבל. להתחבר נו״ן השורש כי הוא מגזרת נובלת עליה עם נו״ן סימן המדבר חסר נו״ן השורש ואפסו על משקלו: (ו) ואין. מתעורר. נלחם תאר השם: להחזיק. ידו בך: ותמוגגנו. מגזרת נמוגו כל יושבי כנען: (ז) ועתה. הטעם עשה עמנו כרצונך כי

רד״ק

מפרשים כתרגום הרה מעדיא כלומר כשתלד בגדיה מלוכלכים בדם ויש לפרש בגד סמרטוט ובלוי וכן בדברי רבותינו ז״ל המשמשת בעדים עד שהוא נתון תחת הכר והענין אחד כי בגד מלוכלך הוא כוסר מהבריות אמר אנחנו נשארנו בגלות כמו הדבר הטמא או כמו בגד עדים שהוא נמאס כן כל צדקותינו אפי׳ הצדקות שאנו עושים אינן רצויות אלא נמאסות כי אין אנחנו עושים אותם אלא להתפאר בהם ולהתגדל ולקנאת איש מרעהו. ולפיכך ונבל כעלה כלנו כמו העלה שהוא נובל כן אנחנו נובלים כלנו וכמו הרוח שנושא העלה הנופל כן ישיאנו עונותינו לזרותינו בכל פאה. ודקדוק מלת ונבל יש אומרים שהוא מבנין נפעל ומשפטו וננבל ובהעדר פ״א הפעל הוטלה תנועתה על נו״ן איתי״ן וי״א שהוא מבנין הפעיל והיה משפט הבי״ת להדגש ובא הנח תמורת הדגש כמו שבא במלת ויזד יעקב: ועוננו. חסר יו״ד חרבים מחמכתב: (ו) ואין קורא בשמך. כמו שהיו חסידים הראשונים עושים: מתעורר. ואין מתעורר ואין שזכר עומד במקום שנים: להחזיק בך. במצותיך ובדרכיך: כי הסתרת פניך. כי כענין כאשר כמו כי תוליד בנים. אמר כאשר הסתרת פניך ותמוגגינו ביד עונינו אין קורא בשמך: מתעורר להחזיק בך. כמו שהיו עושים הראשונים שהיו עומדים בפרץ לפניך: ותמוגנו. ענין המסיסה ואמר ביד עונינו כי לא אתה עשית אלא עונינו: (ז) ועתה ה׳. אע״פ שחטאנו לפניך אנחנו בניך ואתה אבינו והאב לא יזנח הבן ואע״פ שחטא לו והנה אנחנו החומר ואתה יוצרינו והיוצר

מצודת ציון

ענינו מוספד ובלוי ובדרז״ל המשמשת בעדים (נדה ב׳) ור״ל סמרטוטין: ונבל. ענין כמישה כמו ועלהו לא יבול (תהלים א׳): כעלה. עלי האילן: (ו) מתעורר. מל׳ הערה והתגברות: להחזיק. לאחוז: ותמוגגנו. מל׳ המגה והמסה: ביד. ר״ל בעבור: (ז) החומר. טיט היוצר: יוצרנו. יאמר על יוצר חרס ופל

מצודת דוד

להגן עלינו: וכבגד עדים וגו׳. כל הצדקות שאנו עושים המה כבגד בלוי וסמרטוטין כי אינם מדעת שלימה רק להתיהר: ונבל כעלה כולנו. ולכן כמשנו ותם כחנו כעלה הכמושה: ועוננו. העונות מקטריגים עלינו ונפרעים מאתנו להיות נעים ונדים כרוח הנושא דבר ומנידו: (ו) ואין קורא. לא יש בנו מי אשר יקרא בשמך להתפלל עלינו: מתעורר. מלת ואין משמשת בשתים לומר אין מי מתעורר להחזיק ידו בך להיות כמסך מבדיל להחזיר אותנו למוטב ולשוב אליך: כי הסתרת. כאשר הסתרת פניך ממנו בעבור מעשינו היינו נמסים עבור עונינו כי אין מי להשיב אפך ממנו לא כמו לשעבר שהיה מי להעביר הקצף ולבטל הגזירה: (ז) ועתה ה׳. ר״ל עכ״ז הלא אתה אבינו ודרך האב לרחם על הבן: אנחנו החומר. ר״ל כמו יוצר חרס הוא העושה הכלי מן החומר כן הלא אתה ברצונך

7. **And now, O Lord**—Although we have sinned before You, we are still Your children and You are our father. Now a father does not forsake his son even if he sins against him.—[*Redak*]

we are the clay, and You are our potter—and the potter changes the clay from one vessel into another when it pleases him to do so. So are we in Your hand, unlike the heathen nations, over whom Your guidance is not constant, but we are in Your hand like clay in the hand of the potter, whose eyes are always on the clay, and when he makes a vessel that does not please him, he fashions it into another vessel. So it is with You; Your eyes are constantly on us, and You watch our deeds. Now if we have sinned against You and angered You, we are an inferior vessel. Make us, then, into another vessel.—[*Redak*]

and like a discarded garment are all our righteous deeds, and we all have withered like a leaf, and our iniquities carry us away like the wind. 6. And no one calls in Your name, arouses himself to cling to You, when You hid Your countenance from us, and You caused us to wander through our iniquities. 7. And now, O Lord, You are our father; we are the clay,

clean. The only alternative is that You do for the sake of Your name.—[*Redak*]

5. **And we all have become like one unclean**—*since the righteous have departed from us.*—[*Rashi*]

and like a discarded garment—Heb. עִדִּים. *Jonathan* renders: *and like a discarded garment, like a rejected garment, which all say, "Remove."* עִדִּים *is the Aramaic translation of removal.*—[*Rashi*]

Ibn Ezra associates with עַד, meaning 'booty,' a garment of booty, for the garments of the spoils of war are soiled with blood.

Redak suggests various derivations. The Targum for סַפַּחַת, a type of lesion, is עֲדְיָא. The Targum for 'pregnant' is מְעַדְיָא, since a woman in confinement soils her clothes with blood. Others define it as a worn and ragged garment. This usage is found often in the Talmud. The intention is the same, since this is a soiled garment. The prophet compares our righteous deeds to a soiled, ragged garment, for all our righteous deeds are rejected by God for we perform them only to aggrandize ourselves and to outdo our friends.

and we . . . have withered like a leaf—Heb. וַנָּבֶל, *and we have withered like a leaf. Fletrire in French.*—[*Rashi*]

and our iniquities carry us away like the wind—*Jonathan* renders: *And with our sins we were carried away like the wind.*—[*Rashi*]

Since our good deeds are unacceptable, we have withered; like a leaf that withers, so have we, and as the wind carries away withered leaves, so did our iniquities carry us away to scatter us in all directions.—[*Redak*]

6. **And no one calls in Your name**—as did the pious men of earlier generations.—[*Redak*]

arouses himself—*Like 'overpowers his temptation.'*—[*Rashi*]

to cling to You—To Your commandments and to Your ways as did the pious men of earlier times, who would intercede before You for the generation.—[*Redak*] *Jonathan* renders: to Your fear.

when You hid Your countenance from us—When You hid Your countenance from us, no one arouses himself to cling to You as the earlier ones did.—[*Redak*]

and You caused us to wander—Heb. וַתְּמוּגֵנוּ, *You caused us to wander.*—[*Rashi* after *Dunash* p. 19] *Menahem* renders: You caused us to melt.—[*Machbereth Menahem* p. 115]

Redak follows *Menahem. Jonathan* renders: You delivered us into the hand of our iniquities.

ואתה יצרנו ומעשה ידך כלנו: ח אל־
תקצף יהוה עד מאד ואל־לעד תזכר
עון הן הבט־נא עמך כלנו: ט ערי קדשך
היו מדבר ציון מדבר היתה ירושלם
שממה: י בית קדשנו ותפארתנו אשר
הללוך אבתינו היה לשרפת אש וכל־
מחמדינו היה לחרבה: יא העל־אלה

תתאפק

בריתנא ועובד גבורתך
כולנא: ח לא יהי רגז
מן קדמך יי בנא עד
לחדא לא לעלמא תדכר
חובין הא גלי קדמך
דעמך אנחנא כולנא:
ט קרוי קודשך הואה
מדברא ציון מדברא
הות וירושלם צדיא:
י בית קודשנא
ותושבחתנא אתר
דפלחו קדמך אבהתנא
הוה ליקידת נור וכל
בית רגגנא הוה לחרבא:
יא העל אלין תתחסן

ת"א ערי קדשך. מ"ק כו: מדבר היתה. ר"ה כג מ"ק כו: בית קדשנו (ברכות ד): קמץ בז"ק

רש"י

(יא) תחשה ותענגו. תחריש על העשוי לנו עד כאן תפלת הנביא ותחילתה חסדי ה' אזכיר:

מהר"י קרא

שפוגעת עליהם: (ט) ערי קדשך היו מדבר. (י) בית קדשנו ותפארתנו אשר הללוך אבותינו וגו'. (יא) העל אלה תתאפק. כלומר אם המון מעיך ורחמיך אלי התאפקו. היאך תתאפק על ערי קדשך שהן מדבר ועל בית קדשנו. משיבו הקב"ה בה אני יכול לעשות שהרי נדרשתי ללא שאלו וגו':

אבן עזרא

אין כח בידינו כי אנחנו כחומר: (ח) אל. עד מאד. כי הרבה קצפת עמך אנחנו היום: (ט) ערי. הבט כי אנחנו עמך וראה ערים שקדשת בשמך הם חרבות: (י) בית. הוא בית השם: אשר הללוך אבותינו. הטע' המשוררים: (יא) העל אלה. תחשה. כמו ומה תחריש והטעם לא תמהר להושיענו:

רד"ק

ישנה החומר מכלי לכלי כאשר ישר בעיני היוצר כן אנחנו בידך ולא כן שאר העכו"ם כי אין השגחתך עליהם תמידית אבל אנחנו בידך כחומר ביד היוצר שעיניו תמיד כחומר ועושה כלי ואם לא ישר בעיניו ישוב ועשהו כלי אחר כן אתה עיניך בנו תמיד ופוקד מעשינו ואם חטאנו וקצפת עלינו והנה אנחנו כלי נשחת שוב ועשנו כלי אחר. ואל תזכור לעד עונינו והבט כי עמך כלנו ואע"פ שחטאנו לא יצאנו מתחת רשותך ולא עזבנו שמך הגדול ולא פנינו אל אלהים אחרים לפיכך העבר עונינו ורחם עלינו: (ח) אל תקצוף. מפורש הוא: (ט) ערי קדשך. והבט ערי קדשך שהיו מדבר ציון וירושלם שהיו משכן כבודך הנה הם מדבר ושממה אף ע"פ שאחר חרבנה שבו הגוים ובנו אותה כיון שאין ישראל עליה הרי היא חרבה ושממה מיושביה ועוד כי בידם תחרב מזמן כי יבואו אדומים ויקחוה מיד ישמעאל ויחריבוה הנה היא היתה בזה הענין מיום גלות ישראל ממנה: (י) בית קדשינו. אבותינו הללוך בו והיה לשרפת אש בראשונה ובשניה ועודנו בחרבנו כי לא נבנה מעולם מקום המקדש ביד הגוים: וכל מחמדינו היה. בית המקדש והנה הוא לחרבה זה כמה שנים: (יא) העל אלה. איך תוכל להתאפק על אלה ולא תרחם: תחשה.

מצודת דוד

אותנו וכולנו המה מעשה ידך והיאך תשחית מעשה ידיך: (ח) עד מאד. אל תרבה לקצוף: ואל לעד וגו'. אל תזכור העון עד עולם: הן הבט נא. התבונן עתה בנו וראה אשר כולנו המה עמך ומאמינים בך והין לבב מי פונה מאחריך: (ט) ערי קדשך. הנה ערי קדשך היו הרבות כמדבר וגם ציון היתה כמדבר וירושלים היא שממה: (י) ותפארתנו. אשר היינו מתפארים בו: אשר הללוך. אשר בו הללוך אבותינו: לשרפת אש. להיות נשרף באש: וכל מחמדינו. כל המקומות החמודות שהיה לנו נהפך כל אחד להיות חרבה: (יא) העל אלה. וכי על חורבן אלה הדברים תתאפק

מצודת ציון

הבריאה המוחלטת: (י) הללוך. מל' הלול ושבח: מחמדינו. מל' חמוד ואהוב: לחרבה. מל' חורבן: (יא) תתאפק. ענין התחזקות ואמלות הלב: תחשה. ענין שתיקה כמו עת לחשות (קהלת ג'): ותעננו. מל' עינוי:

and You are our potter, and all of us are Your handiwork.
8. Be not wroth, O Lord, so very greatly, and remember not
iniquity forever; please look, all of us are Your people. 9. Your
holy cities have become a desertt; Zion has become a desert,
Jerusalem a desolation. 10. Our sanctuary and our glory,
wherein our forefathers praised You is burnt with fire, and all
our coveted places have become a waste. 11. Concerning these

8. **all of us are Your people**—Although we have sinned, we have not left Your domain; we have not left Your great name, neither have we turned to pagan deities. Therefore, obliterate our sins and have mercy on us.—[*Redak*]

9. **Your holy cities**—Look at Your holy cities that have become a desert. Zion and Jerusalem, which were the seat of Your glory, are now a desert and a desolation. Although the gentiles rebuilt it after the destruction of the Temple, since Israel is not living there, it is considered a waste, and it is desolate of its inhabitants. Moreover, they have the power to destroy it, for the Edomites will wrest it from the Ishmaelites and destroy it. Jerusalem was in this status from the time of the exile.—[*Redak*]

Even today, part of Jerusalem is occupied by Arabs, as is the Temple Mount.

10. **Our sanctuary**—This is the Temple.—[*Ibn Ezra*]

wherein our forefathers praised You—This refers to the Levites who would sing in the Temple.—[*Ibn Ezra*]

Our forefathers praised You in the Temple when it was standing. Now, however, it was burnt with fire both the first time and the second time. Until this day, the gentiles have not erected an edifice on the exact site of the Temple.—[*Redak* according to *K'li Paz, Abarbanel*]

and all our coveted places—I.e. the Temple, which has been a waste for many years.—[*Redak*]

11. **Concerning these**—How can You restrain Yourself concerning these and not have mercy?—[*Redak*]

will You remain silent and afflict us—*Will You remain silent concerning what is done to us? Until here is the prophet's prayer. Its beginning is* "(supra 63:7) *The kind acts of the Lord I will mention.*"—[*Rashi*]

and afflict us—for we are afflicted in exile by our enemies. *Jonathan* renders: You extend time to the wicked who subjugate us forever.—[*Redak*]

תתאפק יהוה תחשה ותעננו עד־
מאד: סה א נדרשתי ללוא שאלו
נמצאתי ללא בקשני אמרתי הנני
הנני אל־גוי לא־קרא בשמי: ב פרשתי
ידי כל־היום אל־עם סורר ההלכים
הדרך לא־טוב אחר מחשבתיהם:

ת"א נדרשתי. מקדש שער ס: קמץ בז"ק העם

יי ואת יהיב ארכא לרשיעיא דמשעבדין בנא עד עלמא: א אשתאילית במימרי לדלא שאילו מן קדמי תבעית אולפן אוריתי לדלא תבעו דחלתי אמרית הא אנא משתאיל תדירא כל יומא לעם דלא מצלי בשמי: ב שלחית נביאי כל יומא לעמא מסרבנא דאזלין באורח דלא

רש"י

סה (א) נדרשתי ללוא שאלו הקדוש ברוך הוא מסיבו א"א שלא להנקם מהם כי נדרשתי מהם להוכיחם על ידי נביאי והם לא היו שואלים: אמרתי הנני הנני. שובו אלי והנני מוכן לקבל: אל גוי לא קורא בשמי. אשר לא הי' חפץ להיו' נקר' על שמי: (ב) פרשתי ידי. כדי לקבלם בתשובה: סורר. סר מן הדרך:

רד"ק

תשתוק כאלו אין אתה שומע צעקתינו: ותעננו. שאנחנו מעונים בגלות ביד האויבים וי"ת העל אילן תתחסן ה' וגו': (א) נדרשתי. והנה האל משיב לבני הגולה כי בעונות אבותיהם שגברו ועבדו עכו"ם ובעונותם בגלות ועברו על המצות ארך הגלות כל כך. ואמר נדרשתי ללא שאלו נדרשתי לאבותיכם אם ידרשוני ולא שאלוני וכפל הענין במ"ש ושלש הענין ורבע שאמר נמצאתי ואמר אמרתי ואמר פרשתי ידי וכל זה לחזק הענין כי כמה פעמים היה שולח להם ביד הנביאים שובו אלי ואשובה אליכם וכיוצא בענין הזה: לא קורא בשמי. כאלו לא נקרא בשמי עם ה' כן לא פנה אלי: (ב) פרשתי ידי. לקבלם בתשובה אם ירצו וי"ת שלחית נביי וגו': לא טוב. ר"ל דרך רע וכן מנהג הלשון כמו יתיצב על דרך לא טוב אשר לא טהורה היא אשר איננה טהורה והדומים לו:

אבן עזרא

סה (א) נדרשתי. הנה תשוב' השם כי אבותיכ' הכעיסוני ואני נדרשתי הטעם המלאתי עצמי בגר' לעם לא שאלו שאמלא להם: אמרתי הנני הנני. פעם אחר פעם על יד הנביאים: לא קורא. לא היה נקרא בשמי בימים ההם כי אם בשם הבעל: (ב) פרשתי. אמר רבי משה הכהן כי הכתוב הראשון על אומות העולם והטעם כי אפילו לגוים שלא נקראו בשמי נדרשתי ולעמי פרשתי ידי והטעם שאקבל אותם: הדרך. ימשוך עצמו ואחר עמו וכן הוא הדרך

מצודת ציון

סה (ב) סורר. מעוות וכן בן סורר ומורה (דברים כ"א):

מצודת דוד

ותתאמן לבך לבל יכמרו רחמיך: תחשה. וכי תחרש להשכו"ם אשר כל אלה עשו וכי עוד תענה אותנו בידם עד זמן מרובה הלא די במה שעבר: סה (א) נדרשתי. כאילו האל משיב לבני הגולה על תלונתם לומר איך אגאל אתכם הלא המלאתי עצמי להיות נדרש בלרה. אבל היתה בלא תועלת כי היא היתה לעם אשר לא שאלו לדרוש אלי: נמצאתי. הייתי ממליא עצמי והיא היתה מבלי תועלת כי היתה לעם אשר לא בקשו אותי וכפל הדברים פעמים רבות להפלגת הענין והתמדתו כי הרבה לשלוח נביאים להחזירם למוטב ולא הועיל: אמרתי הנני. לקבל תפלתך: אל גוי. ר"ל אבל היתה אל גוי אשר לא רצו לקרוא בשמי: (ב) פרשתי ידי. שיתקרבו אלי ואקבל תשובתם כאדם המרמז לחבירו לבוא אליו: אל עם סורר. אבל היתה אל עם סורר אשר הולכים בדרך לא טוב אחר מחשבות לבם:

first place." When they were delivered to the kingdoms and the nations, they cried, "Why, O Lord, do You stand from afar?"

The Holy One, blessed be He, replied, "When I requested of you, you did not accept. Now that you beg of Me, I do not heed you, a measure for a measure . . ."—[*Yalkut Shim'oni* from *Midrash Psalms* 10:2]

2. **I spread out My hands**—*in order to accept them with repentance.*—[*Rashi*]

Jonathan renders: I sent prophets every day.

contrary—Heb. סוֹרֵר, *turning away from the road.*—[*Rashi*]

Jonathan renders: an obstinate people; *Mezudath Zion*: a crooked people.

that is not good—meaning bad. This is a common style in Scripture.—[*Redak*]

Rabbi Moshe Hakohen interprets the preceding verse as a reference to the gentile nations, from whom God welcomes converts. This verse refers

will You restrain Yourself; will You remain silent and afflict us so very greatly?

65

1. I allowed Myself to be sought by those who did not ask; I allowed Myself to be found by those who did not seek Me, I said, "Here I am; here I am!" to a nation not called by My name. 2. I spread out My hands all day to a contrary people, who go in a way that is not good, after their thoughts.

1. **I allowed Myself to be sought by those who did not ask**—*The Holy One, blessed be He, replies to him, "It is impossible not to avenge Myself on them, for I allowed Myself to be sought by them by reproving them through My prophets, but they did not ask."*—[*Rashi*]

Redak explains: God replies to the people in exile that the length of the exile is due to the sins of the fathers who worshipped idols, and to their own sins, for their transgressing the commandments. He says, "I allowed Myself to be sought by those who did not ask." I allowed Myself to be sought by your forefathers if they would seek Me, but they did not seek Me and did not ask Me. The rest of the verse conveys the same idea in other words.

I said, "Here I am; here I am!"—*Return to Me, and I am ready to accept you.*—[*Rashi*]

I said, time and again, through the prophets.—[*Ibn Ezra, Redak*]

to a nation not called by My name—*That did not wish to be called by My name.*—[*Rashi*]

They were not called by My name in those days but by the name of Baal.—[*Ibn Ezra*]

It was as though they were not called by My name, the people of the Lord, for they did not turn to Me.—[*Redak*]

Jonathan renders: to a nation that does not pray in My name.

The Rabbis explain our verse with a parable of a caravan that was traveling on the road. At nightfall, they came to a station for travelers. Said the proprietor, "Come into the station because of wild beasts and robbers."

Replied the travelers, "We are not accustomed to staying at a station." After they left, it became very dark. They returned to the station and cried and begged that the proprietor open for them. Replied the proprietor, "It is not the custom of a station for travelers to open at night, and it is not our custom to accept guests at this hour. When I offered you lodging, you refused. Now, I cannot open for you." So the Holy One, blessed be He, said to Israel, "(Jer. 3:14, 22) Return, rebellious children." "(Supra 55:6) Seek the Lord when He is found," but none of you attempted to repent. Said the Holy One, blessed be He, "(Hosea 2:9, 5:15) I will go and return to My

ג הָעָם הַמַּכְעִיסִים אֹתִי עַל־פָּנַי תָּמִיד
זֹבְחִים בַּגַּנּוֹת וּמְקַטְּרִים עַל־הַלְּבֵנִים׃
ד הַיֹּשְׁבִים בַּקְּבָרִים וּבַנְּצוּרִים יָלִינוּ
הָאֹכְלִים בְּשַׂר הַחֲזִיר וּפְרַק פִּגֻּלִים
כְּלֵיהֶם׃ ה הָאֹמְרִים קְרַב אֵלֶיךָ אַל־
תִּגַּשׁ־בִּי כִּי קְדַשְׁתִּיךָ אֵלֶּה עָשָׁן בְּאַפִּי

ת״א המכעיסים . ב״מ נט :קרב אליך . שבועות יח : ומרק קרי אש

דְלָא תַקְנָא בָּתַר
עֲשָׁתּוּנֵיהוֹן : ג עַמָא
דְמַרְגְזִין עַל מֵימְרִי
קֳדָמַי תְּדִירָא דְדָבְחִין
בְּגִנַן טַעֲוָתָא וּמַסְקִין
בּוּסְמַיָא עַל לִבְנַיָא :
ד דְיָתְבִין בְּבָתַיָא דְבְנַן
מֵעֲפַר קִבְרַיָא וְעִם פִּגְרֵי
בְּנֵי אֱנָשָׁא דַיְרִין דְאָכְלִין
בְּשַׂר חֲזִירָא וְרֹטַב פִּגוּל
בְּמָנֵיהוֹן : ה דְאָמְרִין
רְחֵיק לְהָלָא לָא תִקְרַב
בִּי אֲרֵי דְכֵינָא מִנָךְ אִלֵין
רוּגְזֵיהוֹן כִּתְנָנָא קֳדָמַי פּוּרְעֲנוּתְהוֹן בְּגֵיהִנָם דְאֶשָׁתָא דְלָקָא בָהּ כָּל

יומא

רש״י

(ג) זובחים בגנות. מעמידים עכו״ם בגנותיהן והם מקטרין בשמים על הלבנים: (ד) היושבים בקברים. שתשרה עליהם רוח טומאה של שדים: ובנצורים. הם פגרי מתים שהם כתונים במגור שאינם יכולין לצאת: ומרק פיגולים. רוטב נתעב כמו ואת המרק שפך (שופטי׳ ו׳): (ה) האומרים. אל הצדיקים קרב אליך עמוד בעצמך ואל תגש בי: כי קדשתיך. כי קדשתי וטהרתי

מהר״י קרא

סה (ד) ובנצורים ילינו. פת׳ בין פגרי האדם. ולאחר שמטמאין באבי אבות הטומאה. פוגעים להם הכהן שיצא מעבודתו מבית המקדש. ואומרין קרב א יך אל תגע בי כי קדשתיך. כי נטמאתי לך. כלומר שלא אהיה טמא ממך: (ה) אלה עשן באפי. של אחד מהן. מטמאין בכל הטמאות ואומרין לזה שיצא מבית המקדש אל תגע בי כי קדשתיך:

אבן עזרא

דרך לא טוב כמו ועץ הדעת טוב ורע: (ג) העם. על פני. כעבד שיכעים אדוניו והוא רואהו בעיניו: זבחים בגנות. ע״ז: (ד) היושבים. לדרוש אל המתים ודברי השדים: ובנצורים. חרבות כעיר נצורה: האוכלים בשר החזיר. להכעיסני: ומרק. ידוע ואת המרק שפוך וכתיב ופרק והם שני שמות לטעם אחד: (ה) האומרים. הם טמאים והם אומרים לאחרים שלא אכלו בשר החזיר: קרב אליך. כמו גשה אליך: כי קדשתיך. פעל עומד כמו בני יצאוני וכן הוא כי קדשתי ממך אני קדוש ממך: אלה. שמו

רד״ק

(ג) העם. על פני. ר״ל בירושלים גם בביהמ״ק עשו תועבות: בגנות. כמו שהיה מנהג תחת כל עץ רענן: על הלבנים. בשעה שהיו שורפין הלבנים היו משימין עליהם קטרו, לעכו״ם: (ד) היושבים בקברים. לדרוש אל המתים וי״ת דיתבין בבתיא וגו׳: ובנצורים ילינו. בחרבות ילינו בלילה שיראו להם השדים לדעתם. כי המזיקים נראים בחרבות למאמינים בהם וכן ונצורי ישראל להשיב ענין חרבות וי״ת ועם פגרי בני אנשא דיירין: בשר החזיר. עוברין על כל הנמנע בתורה: ומרק פיגולים. כולל כל שאר הבהמות טמאות שקצים ורמשים וכלם הם פגילים ונתעבים: ומרק. כמו ואת המרק שפוך כי הוא מרוק הבשר וכליהם נראים באותו השומן הדבק בהם ויכיר אדם כי בשר חזיר ושקצים בשלו בהם אם ירצו לכפור בהם ולומר שלא אכלום וכתוב ופרק והענין אחד: (ה) האומרים. הם טמאים ואוכלים כל טמא ואומרים למי שהוא טהור אני טהור ממך: קרב אליך. כלומר עמוד בעצמך אל תקרב אלי: אל תגש בי כי קדשתיך. אני קדוש ממך: אלה. שעשו המעשים הרעים האלה ולא הכירו בעצמם כי רע עשו הם מעלים עשן באפי: אש יוקדת. באפי כל היום עליהם ועל זרעם אחריהם לפיכך ארכה הגלות לבניהם זמן רב:

מצודת דוד

(ג) העם. הם העם המכעיסים וגו׳: על פני. לפני בירושלים מקום השראת השכינה: זובחים. לעכו״ם: בגנות. דרכם היה להעמיד עכו״ם בתוך הגנות וכן נאמר המתקדשים והמטהרים אל הגנות (לקמן ס״ו): על הלבנים. בשעה שהיו שורפין הלבנים היו משימין עליהם קטורת לשם עכו״ם: (ד) היושבים בקברים. שתשרה עליהם רוח טומאה של שדים: ובנצורים ילינו. היו לנים בין פגרי המתים שאינם יכולים לצאת ממקומם כמו הכתונים במגור והוא כפל ענין במ״ש: ומרק פגולים כליהם. כל כליהם בלוע מרוטב מתועב מדבר טמא: (ה) האומרים. ואלה שאינם אוכלים ממאכלם יאמרו גשה אליך לעמוד במקומך אל תגש לנגוע בי כי

מצודת ציון

(ג) על פני. לפני וכן על פניך יברכך (איוב א׳): הלבנים. עשוים מחומר ושורפן בכבשן לשומם בבנין: (ד) ובנצורים. מל׳ מגור כמו כעיר נצורה (לעיל א׳): ומרק. רוטב מבישול הבשר כמו ואת המרק שפך (שופטים ו׳): פגולים. ענין תעוב כמו פגול הוא לא ירצה (ויקרא י״ט): (ה) עשן. ענין כעס כמו עלה עשן באפו (תהלים י״ח): יוקדת. בוערת כמו אש תמיד תוקד (ויקרא ו׳):

do not come near me."—[Rashi]

for I am holier than you—Heb. כִּי קְדַשְׁתִּיךָ. *For I am holier and purer than you. In this manner Jonathan renders.—[Rashi]*

Although they are unclean and eat all sorts of abominable foods, they say to the ritually clean, "I am holier than you."—[*Redak*]

these—*abominations that they committed are as smoke, wrath in My nostrils.*—[*Rashi*]

Redak explains: Those who did all these evil deeds and did not recognize that they committed evil cause Me to be wroth.

3. The people who vex Me to My face continually; those who
sacrifice in gardens and burn incense on the bricks. 4. They sit
among the graves, and with corpses they lodge; those who eat
swine flesh, and broth of abominations is in their vessels.
5. Those who say, "Keep to yourself, do not come near me for
I am holier than you"; these are smoke in My nostrils,

to Israel, to whom God spread out His hands to accept in repentance.—[*Ibn Ezra*] Indeed, the Rabbis expound the preceding verse as an allusion to Rahab the harlot and Ruth the Moabitess.—[*Yalkut Shim'oni* from *Midrash Ruth Zuta* 1:1]

3. **to My face**—like a slave who provokes his master when he is looking at him.—[*Ibn Ezra*]

This alludes to the Holy City of Jerusalem, even to the Temple itself, where they worshipped idols.—[*Redak*]

The Talmud (*San.* 103b) relates that Ahaz placed an idol on the roof of the Temple. Manasseh became bolder and placed it in the *heichal,* the Temple proper. Amon went still further and placed it in the Holy of Holies.

those who sacrifice in gardens—*They erect idols in their gardens, and there they burn incense on the bricks.*—[*Rashi*] See above 57:7.

It was customary to worship pagan deities in the gardens as it was to do so under green, leafy trees.—[*Redak*]

on the bricks—When they would bake bricks, they would place incense upon them to burn it for the pagan deities.—[*Redak*]

4. **They sit among the graves**—*so that a spirit of defilement of demons should rest upon them.*—[*Rashi*] *Ibn Ezra* and *Redak* explain in the identical manner. This is forbidden by the Torah, as "inquiring of the dead." See Deut. 18:11.

Jonathan renders: Who live in houses built from the earth of graves.

and with corpses—Heb. וּבַנְּצוּרִים. *They are the bodies of the dead, who are as placed in a siege* (מָצוֹר), *unable to get out.*—[*Rashi*]

Others render: in ruins.—[*Ibn Ezra*] *Redak* adds: They lodge in the ruins at night, so that, to their knowledge, the demons will appear to them, for the demons appear in the ruins, according to those who believe in them.—[*Redak*] The Talmud (*Berachoth* 3), indeed, warns against entering ruins because of demons.

those who eat swine flesh—to provoke Me.—[*Ibn Ezra*]

and broth of abominations—Heb. מְרַק, *despicable broth. Comp.* "(Jud. 6:20) *And the broth* (הַמָּרָק) *pour out.*"—[*Rashi*]

The intent is broth of all other creatures prohibited by the Torah. The fat of the broth always adheres to their vessels, so that it is apparent that they have cooked forbidden food therein.—[*Redak*]

5. **Those who say**—*to the righteous,* "קְרַב אֵלֶיךָ, *Keep to yourself and*

אֵשׁ יֹקֶדֶת כָּל־הַיּוֹם׃ ו הִנֵּה כְתוּבָה
לְפָנָי לֹא אֶחֱשֶׁה כִּי אִם־שִׁלַּמְתִּי
וְשִׁלַּמְתִּי עַל־חֵיקָם׃ ז עֲוֺנֹתֵיכֶם וַעֲוֺנֹת
אֲבוֹתֵיכֶם יַחְדָּו אָמַר יְהוָה אֲשֶׁר קִטְּרוּ
עַל־הֶהָרִים וְעַל־הַגְּבָעוֹת חֵרְפוּנִי
וּמַדֹּתִי פְעֻלָּתָם רִאשֹׁנָה עַל־חֵיקָם׃
ח כֹּה ׀ אָמַר יְהוָה כַּאֲשֶׁר יִמָּצֵא
הַתִּירוֹשׁ בָּאֶשְׁכּוֹל וְאָמַר אַל־

ת"א כתובא לפני. עקרים מ"ד פ"ג: אל קרי תשחיתהו

תרגום

יוֹמָא׃ ו הָא כְתִיבָא
קֳדָמַי לָא אֶתֵּן לְהוֹן
אַרְכָּא בְּחַיַיָא אֱלָהֵן
אֲשַׁלֵּם לְהוֹן פּוּרְעֲנוּת
חוֹבֵיהוֹן וְאֶמְסוֹר לְמוֹתָא
תִּנְיָנָא יַת גְוִיַתְהוֹן׃
ז חוֹבֵיכוֹן וְחוֹבֵי
אֲבָהָתְכוֹן גְלַן קֳדָמַי
כַּחֲדָא אֲמַר יְיָ דְאַסִיקוּ
בוּסְמִין עַל טוּרַיָא וְעַל
רָמָתָא חַסִידוּ קֳדָמַי
וְאֶתֵּן אֲגַר עוֹבָדֵיהוֹן
בְּקַדְמֵיתָא עַל חֵיקְהוֹן׃
ח כִּדְנַן אֲמַר יְיָ כְּמָא
דְאִשְׁתְּכַח נֹחַ זַכַּאי
בְּדָרָא דְטוֹפָנָא וַאֲמָרִית
דְלָא לְחַבָּלוּתֵהּ בְּדִיל

מהר"י קרא

(ח) ומדותי פעולתם ראשונה אל חיקם. ומאחר שאמור להם בפעולם *) אשוב ורחמתים. הה"ד: (ח) כה אמר ה' כאשר ימצא התירוש באשכול. ויבא (ארמי) [אדם] לשחתה. ואמר יחדו אשלם לכם:

*) אולי צ"ל ומאחר שאמדוד להם כפעולתם.

רש"י

יותר ממך כן תירגם יונתן: אלה. התועבות אשר עשו הנם לעשן חימה באפי: (ו) הנה כתובה. חטאתם לפני וכבר נגזר דינם וחתם: (ז) עונותיכם. שלכם ושל אבותיכם יחדו אשלם לכם: (ח) כאשר ימצא התירוש באשכול. תירגם יונתן כמה דאשתכח נח זכאי בדרא דטופנא: התירוש. זה נח שהיה מתוק: באשכול. בדור המשוכל ויש לפתור כמשמעו: למען עבדי. למען כל צדיק וצדיק הנמצא

רד"ק

(ו) הנה כתובה. החטאת הגדולה לא נמחית אלא הרי היא כתובה לפני לזכרה תמיד: לא אחשה. לא אשקוט: כי אם שלמתי. עד אשר אשלם להם משלם רעות אבותיהם המצטרף עם עונותיהם הגלות אבל העיקר הוא עונות אבותם שגדלו: ושלמתי על חיקם. אע"פ שאני עתיד לשלם גמולם לבניהם אחריהם מעתה אשלם לעצמם שעשו הרעה וי"ת כן הא כתיבא קדמי וגו': (ז) עונותיכם ועונות אבותיכם יחדיו. כלומר הצטרפו אלה עם אלה והאריכו אתכם בגלות: אשר קטרו. אותו המעשה הרע כפרו בי ועבדו עבודת עכו"ם והוא שאמר חרפוני כי כשעבדו על הגבעות הנה חרפוני ובזוני וכפרו בי כי אני צויתים שלא לעבוד עבודת עכו"ם כי העובד עבודת עכו"ם כופר בעיקר: ומדותי פעולתם ראשונה אל חיקם. תחלה אמדד להם עצמם פעולתם אל חיקם ואחר כך לבניהם הראשון כתוב אל וקרי על חיקם וזה השני על וקרי אל חיקם: (ח) כה אמר ה'. אמר כנגד בני הגלות אל תתיאשו בעבור זה שאמרתי מן הגאולה כי אע"פ שאשלם לכם עון אבותיכם בעונם עם עונותיכם לא אטוש אתכם אלא על כל פנים גלותכם בהאריכי אוציא אתכם מן הגלות ואשיבכם אל ארצכם אחר שישלם עתשכם והמשיל לאשכול ענבים שבשל להוציא ממנו התירוש

אבן עזרא

עשן באפי: (ו) הנה. זאת הרעה שעשו כתוב' היתה לפני ולא שכחתיה: (ז) עונותיכם. והנה אתם הוספתם עונות על עונות אבותיכם וטעם ראשונה שהלכו בגלות אבותיכם בעבור עבודה זרה: (ח) כה. אף על פי כן יהיה בימים ההם כאשר ימצ' התירוש באשכול לאמר אדם לחברו אל תשחיתהו כי ברכה בו כן אעשה למען עבדי הם צדיקי

מצודת ציון

(ו) אחשה. ענין שתיקה: על חיקם. ר"ל על עצמם ובשרם: (ז) חרפוני. מל' חרוף וגדוף: ומדותי. מל' מדידה: (ח) התירוש. היין כמו ותירושך ויצהרך (דברים י"א): באשכול.

מצודת דוד

קדשתי ממך ואל תטמא אותי: אלה. הדברים האלה העלו עשן באפי להיות חמתי בוערת כל היום כאש הבוער: (ו) הנה כתובה לפני. הרעות שעשו כתובה לפני ולא נשכחו: לא אחשה. לא אשתוק עליהם כ"א אשלם גמול והתשלומין יהיה על חיקם ולא לבניהם אחריהם: (ז) עונותיכם. תשלום הגמול יהיה על עונותיכם ועל עונות אבותיכם יחדיו: אשר קטרו. לעכו"ם: חרפוני. כמה שעבדו שמה לעכו"ם בפרסום רב: ומדותי. בראשונה אמדוד אל חיקם גמול פעולתם ואח"ז אפרע מהם עון אבותם הואיל ואחזו במעשה אבותם: (ח) כאשר ימצא. ר"ל עכ"ז אל תתייאשו מן הגאולה כי כמו כאשר ימלא באשכול ענבים גרגרים מבושלים כל צרכם הראויים לעשות מהם יין: ואמר. ר"ל ואם מי רוצה להשחיתו יאמר האומר אל תשחיתהו כי יש בו תירוש שהוא ברכה

the wine—*This is Noah, who was sweet.*—[*Rashi*]

in the cluster—Heb. בָּאֶשְׁכּוֹל. *In the bereft* (הַמְשֻׁכָּל) *generation. This may also be interpreted according to its apparent meaning.*—[*Rashi*]

a burning fire all day long. 6. Behold it is inscribed before Me;
I will not remain silent until I have recompensed, and I will
recompense onto their bosom. 7. "Your iniquities and the
iniquities of your fathers together," said the Lord, "that they
burnt incense on the mountains, and on the hills they blas-
phemed Me, and I will mete out the recompense for their deed
first into their bosom." 8. So said the Lord, "As when wine is
found in the cluster, and one shall say,

6. **Behold it is inscribed**—*Their sin* is inscribed *before Me, and their sentence has already been decreed and sealed.*—[*Rashi*]

Alternatively, this great sin they have committed has not been obliterated, but it is inscribed before Me always, and I will not forget it.—[*Ibn Ezra, Redak*]

until I have recompensed—Until I have recompensed them from the evils of their forefathers, combined with their sins committed during the exile, but the main punishment is for their forefathers' sins, which were graver.—[*Redak*]

onto their bosom—Although I am destined to recompense their children after them, now I will recompense *them,* for *they* committed the evil. *Jonathan* renders: Behold it is inscribed before Me; I will not grant them a reprieve in their lifetime, but I will recompense them the recompense of their sins, and I will deliver their bodies to a second death.—[*Redak*]

7. **Your iniquities**—*Yours and your forefathers' together I will recompense you.*—[*Rashi*]

The combination of these two have lengthened the exile for you.—[*Redak*]

that they burnt incense—This is their sin. They denied Me and worshipped pagan deities. By worshipping on the hills, they blasphemed Me, for I commanded them not to worship idols, and idolatry is tantamount to denying My existence.—[*Redak*]

and I will mete out the recompense for their deed first into their bosom—First I will mete out the recompense to them directly and then to their children.—[*Redak*]

Ibn Ezra renders: I will mete out the recompense for their first deed, meaning the sin of idolatry, for which their forefathers were exiled.

8. **As when wine is found in the cluster**—*Jonathan renders: As Noah was found innocent in the generation of the Flood.*—[*Rashi*]

תַּשְׁחִיתֵהוּ כִּי בְרָכָה בּוֹ כֵּן אֶעֱשֶׂה
לְמַעַן עֲבָדַי לְבִלְתִּי הַשְׁחִית הַכֹּל׃
ט וְהוֹצֵאתִי מִיַּעֲקֹב זֶרַע וּמִיהוּדָה יוֹרֵשׁ
הָרָי וִירֵשׁוּהָ בְחִירַי וַעֲבָדַי יִשְׁכְּנוּ־
שָׁמָּה׃ י וְהָיָה הַשָּׁרוֹן לִנְוֵה־צֹאן וְעֵמֶק
עָכוֹר לְרֵבֶץ בָּקָר לְעַמִּי אֲשֶׁר דְּרָשׁוּנִי׃
יא וְאַתֶּם עֹזְבֵי יְהוָה הַשְּׁכֵחִים אֶת־הַר

תרגום

לְקִיָּמָא עִמָּא מְגִינָּה כֵּן אַעְבֵּיד בְּדִיל עַבְדֵי צַדִּיקַיָּא בְּדִיל דְּלָא לְחַבָּלָא כּוֹלָא׃ ט וְאַפֵּיק מִיַּעֲקֹב זַרְעָא וּמִיהוּדָה יָרֵית טוּרֵי וְיַחְסְנוּנַהּ בְּחִירַי וְעַבְדֵי צַדִּיקַיָּא יִשְׁרוֹן תַּמָּן׃ י וִיהֵי שָׁרוֹנָא לְבֵית מִשְׁרֵי עֶדְרִין דְּעָן וּמֵישַׁר עָכוֹר לְבֵיתָא רַבְעָה בְּקָרִין דְּתוֹרִין לְעַמִּי דִּתְבָעוּ דַחְלְתִי׃ יא וְאַתּוּן בֵּית יִשְׂרָאֵל שְׁבַקְתּוּן פּוּלְחָנָא דַיְיָ

רש״י

בם: (י) השרון. שם מחוז שהיה בארץ ישראל: ועמק עכור. כמשמעו: (יא) עוזבי ה׳. רשעי ישראל שהחזיקו בעכו״ם ומתו ברשעם: העורכים לגד. שם עכו״ם

מהר״י קרא

לו אחיו אל תשחיתהו כי ברכה בו שמן האשכול הזה יצא תירוש שמברכין עליו: כן אעשה למען עבדי. למען הצדיקים שעתידין לצאת מהן לבלתי השחית הכל: (ט) והוצאתי מיעקב זרע. ובשביל אותו זרע שאני עתיד להוציא אשאיר בכם פליטה: (י) ועמק עכור לרבץ בקר. עמק שעכרתי אותו בהוותי הוא ארץ ישראל: (יא) ואתם עוזבי ה׳ השכחים את הר קדשי. שהייתם יכולים להביא שם עולותיכם וזבחיכם. ומניחים את הר קדשי ומושכין ידיכם מע״ז. עדיין כדי בזיון וקצף. על אחת כמה ועורכים לע״ז שולחן. שאילו הייתם שוכחים את הר קדשי ומ

אבן עזרא

ישראל בגלות לבלתי השחית הכל: (ט) והוצאתי. שילאו בגלות והם הצדיקים והעד שאמר בחירי: (י) והיה. עמק עכור. סביב ירושלם וכתב את עמק עכור לפת׳ תקוה ורבי׳ אמרו כטע׳ עוכר ישראל ואין צורך: אשר דרשוני. כי יזכור אשר דרשו זולתו: (יא) ואתם. השכחים. שם

רד״ק

ואם יבא אדם להשחיתו יאמר לו חברו אל תשחיתהו כי ברכה בו כי תירוש יש בו שהוא ברכה וטובה ואע״פ שיש בו חרצנים וזגים שאין בהם ברכה בעבור התירוש שיש בו השאירהו כן ישראל אע״פ שיש בהם חוטאים צדיקים יש בהם שהם ברכה לעולם ובעבור הצדיקים אין ראוי להשחיתו אלא כמו שיעשו באשכול שידרכו אותו ויוציאו ממנו התירוש וישליכו ממנו החרצנים והזגים כן יעשה האל בישראל יוציאם מהגלות בהגיע עתם ויצרפם בדרך כמ״ש בנבואת יחזקאל וברותי מכם המורדים והפושעים בי וגו׳ וי״ת כן כדנן אמר ה׳ כמא דאשתכח וגו׳: (ט) והוצאתי מיעקב זרע. פי׳ זרע ברכה כלומר זרע הראוי ליעקב וכלל בכלל יעקב עשרת השבטים: ומיהודה. כלל בו בנימן כי מלכות אחד היו וגלו כאחד. וזכר שתי הגליות שלא יתיאשו אפי׳ עשרת השבטים שלא שבו משגלו בראשונה מבטיח אותם שישובו עוד לארצם וירשוה ואמר הרי ר״ל הר ציון והר הבית שהוא בחלק יהודה: (י) והיה השרון לנוה צאן. כמו שהיה כי השרון מקום מרעה וכן כתוב ועל הבקר הרעים בשרון: ועמק עכור לרבץ בקר. וכן העמקים ירבצו בהם הבקר וירעו בהם כמו שהיו ויותר טוב כי ירבצו בטח ולא יפחדו מאויב והעמקים מקום מרעה גם כן. ומה שזכר עמק עכור לפי שהיה לו שם גנאי כתחילה אמר עוד לא יזכר אותו השם כי רבץ בקר יקראו עמק ברכה וכן אמר הושע ואת עמק עכור לפתח תקוה ולמי תהיה כל זאת הברכה לעמי אשר דרשוני לא לאשר עזבוני לפיכך אמר אחריו: (יא) ואתם עוזבי השם. אמר כנגד אנשי הדור שהיו עובדים עכו״ם והם יכלו ברשעתם הם ונשמתם ולא יראו בטובת ישראל לעתיד לבא כמ״ש ורבים מישני אדמת עפר יקיצו רבים ולא כלם אלא הצדיקים: השכחים. שם התאר אמר הם השוכחים הר קדשי שהוא בית המקדש מלהקריב עליו קרבן: העורכים לגד שלחן. גד פירושו מזל כלומר מקריבים למזל מן המזלות ואמר ר׳ משה כהן שהוא כוכב צדק כי כן יקרא בל׳ ערבי: והממלאים למני ממסך. וכן ממלאים כלומר משלימים ממסך יין ר״ל נסך למני והוא שם כוכב ויש מפרשים לככבים שהם מנוים והם

מצודת דוד

וטובה ואע״פ שיש בו הרצנים וזגים שאינם ברכה מכל מקום השאירהו בעבור התירוש: למען עבדי. הצדיקים אשר בקרבם: לבלתי השחית הכל. כלא וכלא לא השחית בעבור עבדי הצדיקים: (ט) זרע. ר״ל ברכה הראויה ליעקב: יורש הרי. הר ציון והר הבית: וירשוה בחירי. העם שבחרתי לי הם ירשו את הירושה שהבטחתי להם זו א״י: ישכנו שמה. ולא יגלו עוד ממנה: (י) והיה השרון. מקום המישור והשמן יהיה לנוה לאן כי שמה ירעו כמאז ולא תהיה שממה כמות שהיתה בזמן הגולה: ועמק עכור. אף העמקים העכורים והמקולקלים יהיה לרבץ בקר כי שם ירבצו ושם ירעו מרעה שמן: לעמי. כל הטובה הזה יהיה לעמי אשר דרשוני בהיותם בגולה ולא עזבו את ה׳: (יא) ואתם. אבל אתם העוזבים את ה׳ וזכפרו בו: השכחים. אשר שכחו את בה״מ ולא זכרו שבו לבד ראוי להקריב קרבנות: העורכים. אשר ערכו מאכלים על השלחן להקריב

מצודת ציון

ענף מגרגרי ענבים כמו ואשכול ענבים (במדבר י״ג): ברכה. ר״ל דבר טובה: (י) השרון. מקום מישור ושמן כמו הרועים בשרון (ד״ה א׳ כ״ז): לנוה. ענין מדור: ועמק עכור. עמק מקולקל וכן ואת עמק עכור לפתח תקוה (הושע ב׳): לרבץ. מל׳

shall become a sheepfold—as it was previously. Comp. "(I Chron. 27:29) And over the herds that grazed in Sharon."—[*Redak*]

and the Valley of Achor—*As its apparent meaning*.—[*Rashi*] Perhaps *Rashi* wishes to point out that this is a place name just as the Sharon. *Ibn Ezra* mentions that many exegetes take it to mean the depth of trouble, but he rejects this as unnecessary. This may be *Rashi*'s intention, as

"Destroy it not, for a blessing is in it"; so will I do for the sake
of My servants, not to destroy everything. 9. And I will extract
seed from Jacob and from Judah, the heir of My mountains,
and My elect shall inherit it, and My servants shall dwell there.
10. And the Sharon shall become a sheepfold and the Valley of
Achor a place for cattle to lie, for My people who sought Me.
11. You, who forsake the Lord, who forget My holy mount,

for the sake of My servants—*For the sake of every righteous man found among them.*—[*Rashi*]

This is addressed to the Jews of the Diaspora, urging them not to despair of redemption because of the aforementioned prophecy. God says to them that, although He will punish them for the sins of their forefathers along with their own, and subject them to a long exile, He will not forsake them, but will, in any case, take them out of exile and return them to their land after they have received their punishment. He compares them to a cluster of grapes that has ripened sufficiently to extract wine therefrom. If one attempts to destroy it, his friend says, "Destroy it not, for a blessing is in it." It contains wine, a blessing and a benefit. Although it contains seeds and shells as well, parts containing no blessing, spare it for the sake of its wine. So it is with Israel; although there are sinners among them, there are also righteous men, who are a blessing for the world. For the sake of the righteous, it is not proper to destroy them, but to do as with the cluster, to tread it and extract the wine, discarding the seeds and the shells. So will God do to Israel; He will take them out of exile when the time comes and refine them as is mentioned in Ezekiel's prophecy: "(20:38) And I will remove from you those who rebel and transgress against Me." *Jonathan* renders: So says the Lord, "As Noah was found innocent in the generation of the flood, and I said not to destroy him in order to preserve the world from him, so will . . .—[*Redak*]

9. **And I will extract**—that they will come out during the exile. These are the righteous, whom God calls, 'My elect.'—[*Ibn Ezra*]

seed from Jacob—i.e. seed of a blessing, seed fit for Jacob. Jacob represents the Ten Tribes.—[*Redak*]

and from Judah—This includes Benjamin as well, since they were one nation, and they were exiled together. The prophet mentions the two exiles, to encourage even the Ten Tribes, who did not return after their exile, not to despair of redemption, for they, too, will return to their land and inherit it.—[*Redak*]

the heir of My mountains—Mt. Zion and the Temple Mount, both in Judah's territory.—[*Redak*]

For the sake of this seed, I will leave a remnant.—[*Kara*]

10. **the Sharon**—*The name of a region in the land of Israel.*—[*Rashi*]

קָדְשִׁי הַעֹרְכִים לַגַּד שֻׁלְחָן וְהַמְמַלְאִים
לַמְנִי מִמְסָךְ׃ יב וּמָנִיתִי אֶתְכֶם לַחֶרֶב
וְכֻלְּכֶם לַטֶּבַח תִּכְרָעוּ יַעַן קָרָאתִי וְלֹא
עֲנִיתֶם דִּבַּרְתִּי וְלֹא שְׁמַעְתֶּם וַתַּעֲשׂוּ
הָרַע בְּעֵינַי וּבַאֲשֶׁר לֹא־חָפַצְתִּי
בְּחַרְתֶּם׃ יג לָכֵן כֹּה־אָמַר ׀ אֲדֹנָי יֱהֹוִה
הִנֵּה עֲבָדַי ׀ יֹאכֵלוּ וְאַתֶּם תִּרְעָבוּ הִנֵּה

תרגום

אִתְנְשֵׁיתוּן יָת פּוּלְחַן
טוּרָא דְקוּדְשִׁי דִמְסַדְרִין
לְטַעֲוָן פָּתוֹרִין וּמְמַזְגִין
לְדַחְלָתְהוֹן אַנְגִּין׃
יב וְאֶמְסַר יָתְכוֹן לְחַרְבָּא
וְכוּלְכוֹן לְקַטָּלָא
תִתְמַסְרוּן חֲלַף דִשְׁלָחֵית
נְבִיֵי וְלָא תַבְתּוּן
אִתְנַבִּיאוּ וְלָא קַבֵּילְתּוּן
וַעֲבַדְתּוּן דְבִישׁ קֳדָמַי
וּבִדְלָא צְבִינָא
אִתְרְעֵיתוּן׃ יג בְּכֵן כִּדְנַן
אֲמַר יְיָ אֱלֹהִים הָא עַבְדַי
צַדִּיקַיָא יֵיכְלוּן וְאַתּוּן

ת"א לגד. שבת סז סנהדרין עג לג׃ עבדי יאכלו. שבת קנג׃ קמץ בז"ק קמץ בז"ק עבדי

מהר"י קרא

וכמה שהקצף כפול ומכופל שאתם שוכחים את הר קדשי ועורכים לגד שולחן. כמו לגדא דהר׃ והממלאים למני ממסך. פת׳ והמקריבים. כמו ומלאת ידי אהרן׃ למני. ע"ז שממנים אותו עליהם לאלוה. ואף אני אמנה אתכם לחרב׃ (יג) הנה

רש"י

העשויה על שם המזל ובל׳ משנה יש גד גדי וסינוק לא׃ למני. למניין חשבון הכומרים היו ממלאין אגנות מזג יין׃ ממסך. יין מזוג במים כמשפטו כמו לחקור ממסך (משלי כ"ג) מסכה יינה (שם ט׳) ויש פותרים למני לעכו"ם שמניתם עליכם אבל ומניתי אתכם שלא נקוד ומניתי דגש יורה שהוא לשון מניין׃ (יג) עבדי. הצדיקים (של ישראל)׃

רד"ק

שבעה ככבי לכת׃ (יב) ומניתי. ל׳ נופל על הל׳ והוא דרך צחות כמו גד גדוד יגודנו דן ידין עמו ועקרון תעקר ולפי שאמר לכני אמר ומניתי אתם עובדים למנין הככבים ואני אמנה אתכם לחרב ולא יחסר אחד וכן אמר אחריו כלכם לטבח תכרעו יען כו׳׃ ובאשר לא חפצתי. זה היה מרד להכעים שבחרתם באשר לא חפצתי׃ (יג) לכן כה אמר ה׳. מה שאמר למעלה מזה הוא כנגד אותו הדור שהיה הנביא בו כמו שפירשנו שהיו עובדים עכו"ם ואם כנגדם אמר זאת הפרשה גם כן לא יתכן זה כי כלם גלו כשגלו צדיקים ורשעים גם מהצדיקים מתו בחרב כמ"ש נתנו את נבלת עבדיך מאכל לעוף השמים בשר חסידיך לחיתו ארץ אלא מה שאמר ומניתי אתכם לחרב על הרשעים גמורים המכעיסים האל בעכו"ם אמר שלא נשאר אחד מהם שלא מת בחרב אבל האחרים גלו הצדיקים ושאינם צדיקים גמורים ואע"פ שמתו מן הצדיקים אל אמונה ואין עול ידע מה שעשה אין להרהר אחריו ואם נאמר כי זאת הפרשה כנגד עולי הגולה כמ"ש שיצרפם בעלותם מהגלות אינו דבק במה שכ׳ למעלה ועוד שאמר ואתם תרעבו ולא אמר ואתם אלא לאותם שזכר על כן הנכון בעיני כי אלה הפסוקים נאמרו דרך משל על שכר העה"ב אמר מתחלה ענשם בעה"ז ומניתי אתכם לחרב ועתה אמר ענשם לעה"ב ואמר הנה עבדי יאכלו ר"ל תשיג נפשם המשכלת בחכמה העליונה בידיעת האל וההשגה הזאת תענוג הנפש כמו שהאכילה והשתיה תענוג הגוף וכן נאמר גם כן דרך משל הוי כל צמא לכו למים ואמר לכו שברו ואכלו ואמר שמעו אלי ואכלו טוב כל זה משל לחכמה וכתיב לא רעב ללחם ולא צמא למים כי אם לשמוע דבר השם וכן צמאה נפשי לאלהים וכן בספר משלי הרבה כזה ורבותינו ז"ל משלו גם כן שכר העה"ב וענשו בזה הענין והביאו גם כן אלה הפסוקים לראיה אמרו תנן התם רבי אליעזר אומר שוב יום אחד לפני מיתתך אמרו לו תלמידיו וכי אדם יודע באיזה יום ימות אמר להם כל שכן ישוב היום שמא ימות למחר ונמצא כל ימיו בתשובה. ואף שלמה אמר בחכמתו בכל עת יהיו בגדיך לבנים אלו תשובה ומעשים טובים אמר רבן

אבן עזרא

תאר על משקל יראים׃ לגד. גדוד השמים ויאמר רבי משה הכהן כי לגד הוא כוכב צדק שיורה על כל דבר טוב כי כן לשון קדר ואמר כי אין כמוהו באגד׃ למני. יש אומרים לצורת הגלגל שכל צורה וצורה יש לה מניין ידוע מכוכבים ור׳ משה הכהן אמר שהוא שם כוכב׃ ממסך. מגזרת מסכה יינה׃ (יב) ומניתי. דרך צחות בלשון הקודש לאמר גד גדוד יגודנו דן ידין עמו ובעבור שאמר למני אמר אחריו ומניתי ממספר כמו ע"י מונה׃ (יג) לכן. עבדי. הם השבים אל ציון׃ ואתם. אשר ישארו שלא עבדו השם ישארו

מצודת ציון

רבילה והוא השכינה לנוח׃ (יא) העורכים. ענין סדור׃ לגד. למני. שמות כוכבים׃ ממסך. יין מזוג כמו לחקור ממסך (משלי כ"ג)׃ (יב) ומניתי. מל׳ מנין ומספר׃ לטבח. ענין שחיטה׃ תכרעו. ענין נפילה על הברכים׃ עניתם. מל׳ עניה ותשובה׃

מצודת דוד

לגד והוא כוכב צדק והיו ממלאים יין מזוג לנסך למני וגם הוא שם כוכב׃ (יב) ומניתי אתכם לחרב. במנין אמסר אתכם להרג למען לא יפקוד מי׃ וכלכם לטבח תכרעו. איש לא נעדר מן המנין׃ יען. בעבור אשר קראתי אליכם ביד עבדי הנביאים לעזוב הדרך ההוא ולא עניתם לאמר נעזוב הדרך הרע הזה׃ ובאשר. בהדבר אשר לא חפצתי אני בחרתם אתם׃ (יג) לכן וגו׳. ר"ל מלבד העונש שיהיה לכם בעולם הזה עוד תקבלו עונש בעולם הבא כי עבדי הצדיקים יאכלו ר"ל יהנו מזיו השכינה וכן ויחזו את האלהים ויאכלו וישתו (שמות כ"ד) ור"ל שנהנו מזיו השכינה כאלו אכלו ושתו׃ ואתם

cantation one recites to be lucky. The zodiac is believed to control one's fate and luck.

Ibn Ezra derives it from גְּדוּד, *a troop,* or *host,* thus rendering: who set a table for the host of heaven.

who set a table for Gad and who fill mingled wine for a number. 12. And I will count you out to the sword, and all of you shall kneel to the slaughter, since I called and you did not reply, I spoke and you did not hearken, and you did what was evil in My eyes, and what I did not desire, you chose. 13. Therefore, so said the Lord God, "Behold, My servants shall eat, but you shall be hungry; behold,

well. *Ibn Ezra* locates it in the vicinity of Jerusalem. Comp. Joshua 7:24, 15:7, where it is located near Jericho.

The intention is that the valley will be used for grazing cattle as in days of old, and even more so, for there will be no fear of invading enemies. This particular valley is chosen because of its uncomplimentary name. Since it will become pastureland for the herds, it will be known as a valley of blessing rather than a valley of trouble. Hosea, too, (2:17) prophesies that the Valley of Achor will be a door of hope.—[*Redak*] Laniado and Maarsen, however, identify *Rashi*'s interpretation with the one rejected by *Ibn Ezra*. Comp. *Rashi* ad loc.

for My people who sought Me—For whom will this blessing be? For My people who sought Me.—[*Redak*]

11. **who forsake the Lord**—*The wicked of Israel who adopted paganism and died in their wickedness.*—[*Rashi*]

Now he addresses the wicked of his generation, who worshipped idols and died of their wickedness. Neither their bodies nor their souls will see the benefits lavished upon Israel in the future. Daniel prophesies: "(12:2) And many of those sleeping in the earth will awaken." This refers to the righteous.—[*Redak*]

who forget My holy mount—I.e., who forget My Temple and neglect to offer sacrifices therein.—[*Redak*]

You forget My holy mount for your sacrifices, and, instead, sacrifice to pagan deities. Were you to neglect My Temple, but refrain from idolatry, it would be sufficiently disgraceful. How much more disgraceful is it now that you neglect My Temple and, instead, worship pagan deities?—[*Kara*]

who set a table for Gad—*The name of a pagan deity on the name of the zodiac, and in the language of the mishnah, "*(*Shabbath* 67b) *May my fate be lucky* (גָּד גַּדִּי) *and not fatigued."*—[*Rashi*] This is an in-

verses seem to follow one another, being addressed to the same people. It is, therefore, more likely that these verses are to be explained figuratively of the World to Come. The preceding verse refers to the punishment of the wicked in this world, that they will be "counted out to the sword," and will "kneel to the slaughter." This verse refers to the reward and punishment in the hereafter. He commences: Behold, My servants shall eat, but you shall be hungry. Eating is figurative of the pleasure the soul derives from achieving heavenly wisdom, the knowledge of God. Just as the body derives benefit and pleasure from eating and drinking, so does the soul derive pleasure from its achievement of God's wisdom. See above, 55:1f.: "Ho! All who thirst, go to water . . . go, buy and eat . . . Hearken to Me and eat what is good, and your soul shall delight in fatness." There are many other instances in which the attainment of knowledge of the Most High is represented by eating and drinking, and the yearning for it as thirst and hunger.

The Rabbis of the Talmud, too, (*Shabbath* 153a) compared the reward in the hereafter to eating and drinking and cited our verse. They stated: We learned there (*Aboth* 2:10) Rabbi Eliezer says, "And repent one day before your death." Rabbi Eliezer's disciples asked him, "Does anyone know when he will die?"

He replied, "Then he should surely repent today, for perhaps he will die tomorrow. The results will be that throughout all his days he will be engaged in repentance. Solomon, in his wisdom, stated also, 'At all times your garments shall be white, and oil shall not be lacking upon your head.'"

Said Rabban Jochanan ben Zakkai, "This can be compared to a king who invited his servants to a banquet, but did not set a time. The intelligent ones dressed for the occasion and sat at the entrance to the king's palace. They said, 'Nothing is lacking in the king's palace.' The foolish ones went about their work. They said, 'There is no banquet without work,' i.e. without prior preparation. Suddenly, the king summoned his servants. The intelligent ones came before the king, dressed properly, but the foolish ones came before him with soiled clothes. The king rejoiced to welcome the intelligent ones and was wroth with the foolish ones. He said, 'Those who dressed for the banquet shall sit and eat and drink. Those who did not dress, however, shall stand and watch.'"

Zivai, Rabbi Meir's son-in-law said, "They will appear merely as waiters. Rather, both of them will sit. These will eat, and these will be hungry. These will drink, and these will remain thirsty, as it is stated: 'Therefore, so said the Lord God, 'Behold, My servants shall eat, but you shall be hungry; behold, My servants shall drink, but you shall thirst.'"—[*Redak*]

My servants—*The righteous (of Israel).*—[*Rashi*] Parenthetic words are not found in manuscripts.

Rabbi Moshe Hakohen identifies it with the planet Jupiter, which forebodes only good things.—[*Ibn Ezra, Redak*]

for a number—Heb. לִמְנִי *According to the number of the computation of the priests, they would fill basins of mingled wine.*—[*Rashi*]

Some interpret this as the name of the zodiac, because its constellations have a number of stars. *Rabbi Moshe Hakohen* claims that it is the name of a star.—[*Ibn Ezra*]

It may also refer to the counted stars, namely the seven planets known at that time.—[*Redak*]

mingled wine—Heb. מִמְסָךְ, *wine mingled with water as was customary. Comp.* "(Prov. 23:30) *To search for mingled wine* (מִמְסָךְ)." Also, "(ibid. 9:2) *She mingled* (מָסְכָה) *her wine." Some interpret* לִמְנִי, *to the pagan deities that you appointed* (מְנִיתֶם) *over yourselves, but* וּמָנִיתִי אֶתְכֶם, *which is not punctuated* וּמִנִּיתִי *with a 'dagesh,' indicates that it is an expression of counting.*—[*Rashi*] The root מנה can mean either counting or appointing. The former is true if it appears in the 'kal' conjugation, in which the second radical is not punctuated with a 'dagesh.' The latter is true if it appears in the 'pi'el' conjugation, in which the second radical is punctuated with a 'dagesh.' Since the following verse, which is a play on the word לִמְנִי, is punctuated as the 'kal,' it indicates that counting is meant, rather than appointing.

Redak renders: And complete libations to Meni. See above.

12. **And I will count you out**—Heb. וּמָנִיתִי. As mentioned before, this is a play on words. Comp. Gen. 49:19, ibid. 16. Here, too, וּמָנִיתִי is a play on the word לִמְנִי, appearing at the end of the preceding verse. You serve the counted stars, and I will count you out to the sword, excluding none, as the prophet continues: "And all of you shall kneel to the slaughter."—[*Redak*]

and what I did not desire, you chose—This was your rebelliousness, to choose just what I did not desire, in order to vex Me.—[*Redak*]

13. **Therefore, so said the Lord God**—The above was addressed to the generation in which the prophet was living, many of whom worshipped idols. If this versel, too, is addressed to them, we find a difficulty, for all the Jews were exiled, both the righteous and the wicked. Moreover, many of the righteous were slain during the siege on Jerusalem and the destruction of the Temple. The Psalmist laments: "(79:2) They gave the corpses of Your servants as food to the fowl of the heavens, the flesh of Your pious ones to the beasts of the earth." We must, perforce, conclude that this is addressed to the very wicked only, *all* of whom were slain by the Babylonians. Although many of the righteous were slain as well, not all of them were slain. The Divine wisdom decreed that certain righteous men be slain, we know not why, neither can we question His wisdom. If we interpret this verse as referring to those returning from exile, it will not follow the preceding verses. This will present difficulty, since the

עֲבָדַי יִשְׁתּוּ וְאַתֶּם תִּצְמָאוּ הִנֵּה עֲבָדַי
יִשְׂמָחוּ וְאַתֶּם תֵּבֹשׁוּ׃ יד הִנֵּה עֲבָדַי יָרֹנּוּ
מִטּוּב לֵב וְאַתֶּם תִּצְעֲקוּ מִכְּאֵב לֵב
וּמִשֵּׁבֶר רוּחַ תְּיֵלִילוּ׃ טו וְהִנַּחְתֶּם שִׁמְכֶם
לִשְׁבוּעָה לִבְחִירַי וֶהֱמִיתְךָ אֲדֹנָי יֱהוִה
וְלַעֲבָדָיו יִקְרָא שֵׁם אַחֵר׃ טז אֲשֶׁר

רשיעיא תכפנון הא
עבדי צדיקיא ישתון
ואתון רשיעיא תצחון
הא עבדי צדיקיא יחדון
ואתון רשיעיא תבהתון:
יד הא עבדי צדיקיא
ישבחון מטוב לב ואתון
תצוחון מכאב לב
ומתבר רוח תילילון:
טו והשבקון שומכון
לקימא לבחירי וימיתכון
יי אלהים מותא תנינא
ולעבדוהי צדיקיא יקרי שמא אוחרנא: טז דמברך בארעא יברך באלהא קימא ודמקים

קמץ בטרחא

רש"י

ואתם. הפושעים בי: (טו) שמכם לשבועה. לוקח משמכם קללה ושבועה לדורות אם לא יקרני כאשר אירע לפלוני: והמיתך. מיתת עולם: ולעבדיו יקרא שם אחר. שם טוב וזכר לברכה: (טז) אשר המתברך

מהר"י קרא

עבדי. המקריבים לפני קרבן. הן יאכלו: ואתם. העורכים לגד השולחן. תרעבו: הנה עבדי. המנסכים לפני נסכי יין: ואתם. הממלאים למני ממסך. תצמאו: (טו) והנחתם שמכם לשבועה לבחירי. שכל מי המשביע יהא משביעו כך ימיתך המקום כשם שהמית את פלוני אם אין אתה משיב פקדוני שהפקדתי בידך: ולעבדיו יקרא שם אחר. שכל מי שיבא לברך את בנו יאמר ישימך אלהים כפלוני וכפלוני שעבדו את המקום: (טז) אשר המתברך בארץ. זהו המתברך כי הנער בן מאה שנה ימות.

אבן עזרא

ברעתם: (יד) תילילו. ראוי להיות תחת התי"ו פתח על דרך ייסירו נגדך וכמוהו ממרחק יידע ואלמנה לא ייטיב: (טו) והנחתם. לשבועה. ואלה כמו ישימך כצדקיהו וכאחאב ויאמר אדם לחבירו והמיתך ה': יקר' שם אחר. נכבד: (טז) אשר. אין מלת מתברך כמו ונברכו בו כי הפרש יש ביניהם. וטעם באלהי אמן שיכיר כל העולם כי אין אלוה אמת זולתו כי אמן מגזרת אמונה והוא תאר השם

רד"ק

יוחנן בן זכאי משל למלך שזמן את עבדיו ולא קבע להם זמן פקחים שבהם קשטו את עצמן וישבו על פתח בית המלך אמרו כלום בית המלך חסר כלום טפשים שבהם הלכו ועשו מלאכה ואמרו כלום יש סעודה שאין בה טורח פתאום בקש המלך את עבדיו הללו נכנסין מקושטין והללו נכנסין כשהן מלוכלכים שמח המלך לקראת פקחין וכעס לקראת טפשים אמר הללו ישבו ויאכלו והללו יעמדו ויראו זיואי חתנו של רבי מאיר בשם ר"מ אומר אף הם נראים כמשמשים אלא אלו ואלו יושבים הללו אוכלים והללו רעבים הללו שותים והללו צמאים שנא' לכן כה אמר השם הנה עבדי יאכלו ואתם תרעבו הנה עבדי ישתו ואתם תצמאו וגו': (יד) הנה עבדי. מנהג הסעודה לאחר אכילה ושתיה שהם שמחים ישמחו וירונו וירימו קול בשירים וצעקתם תהיה להפך כי הרמת קול עבדי תהיה מטוב לב והרמת קולכם תהיה מכאב לב ומשבר רוח ויהיה קולכם קול יללה: (טו) והנחתם. על עונש הגוף אמר זה כי עונש הנפש לא ידע אדם בו אלא פי' כשתמותו מיתת הגוף בחרב תניחו אחריכם שמכם לשבועה ולקללה הפך הצדיק שכתוב בו זכר צדיק לברכה אבל אתם יזכר שמכם לקללה כי בחירי יקללו בכם מי שיקללו ויאמרו יהיה כך וכך והמיתך ה' כמו שהמית פלטי ופלוני כמו שאמר על צדקיה ואחאב שקללם מלך בבל שנאמר בהם ולוקח מהם קללה לכל גלות יהודה אשר בבבל לאמר ישימך אלהים כצדקיהו וכאחאב אשר קלם מלך בבל באש: ולעבדיו יקרא שם אחר. בהפך זה שיהיה שמם וזכרם אחריהם לברכה ויתברכו בהם כמ"ש בך יברך ישראל לאמר ישימך אלהים כאפרים וכמנשה: לשבועה. כמו לקללה. וכן אמר בסוטה יתן ה' אותך לאלה ולשבועה כי בשבועת יזכיר האדם קללה כמו שאומר אדם בשבועתו אהיה כך וכך אם עשיתי זה וי"ת והמיתך וימיתכון ה' מותא תנינא: (טז) אשר המתברך. ומתי יהיה זה שיקללו בחירי ה' הרשעים אחר צאת ישראל מהגלות ויבאו הרשעים לעת הזאת לכליון והיו כל זדים וכל עושי רשעה קש כי באותו הזמן המתברך בארץ יתברך באלהי אמן שלא ישאר בעולם שום אמונה ושום יראה שיתברך

מצודת דוד

אבל אתם עוזבי ה' תהיו רעבים מזה הסנאה כי לא תזכו לזה: הנה עבדי ישתו וגו'. כפל הדבר במ"ש: ואתם תבושו. על אשר מעלתם בה': (יד) מטוב לב. מסיבת טוב לב: ומשבר. מסיבת שבר רוח תעשקו ביללה: (טו) והנחתם שמכם. לאחר שתמותון תניחו את שמכם להיות לשבועה לבחירי הצדיקים כי יאמרו בשבועתם אם עשיתי כזאת יקרני כמקרה הרשעים ההם כמו ישמך ה' כצדקיהו וכאחאב וכו' (ירמיה כ"ט): והמיתך. ר"ל מכם ימות מיתת עולם כאבדן הנפש בעוה"ב: ולעבדיו. אבל לעבדיו שדבקו בו יקרא שם אחר לכבוד ולתפארת וכמ"ש ואתם כהני ה' תקראו וגו' (לעיל ס"א): (טז) אשר המתברך בארץ. ר"ל כ"כ יגדל

מצודת ציון

(יד) ומשבר רוח. ר"ל מצער ויגון: תילילו. מל' יללה:

bless them that they be like the righteous. Comp. Gen. 48:20: "With you shall Israel bless, saying, 'May God make you like Ephraim and Manasseh.'"—[*Redak*]

16. **For whoever blesses himself on**

My servants shall drink, but you shall thirst; behold, My ser-
vants shall rejoice, but you shall be ashamed. 14. Behold, My
servants shall sing from joy of heart, but you shall cry out from
sorrow of heart, and from a broken spirit you shall wail.
15. And you shall leave your name for an oath for My elect,
"And the Lord God shall slay you," but to His servants He
shall call another name.

but you—*who rebel against Me.*—[*Rashi*]

14. **Behold, My servants**—It is customary at a banquet that after the repast, when everyone is joyful, they raise their voice in song. The cry of the wicked will be just the opposite. When the righteous raise their voice in song from joy of heart, the wicked will cry from sorrow of heart, and from a broken spirit, they shall wail.—[*Redak*]

15. **your name for an oath**—*From your name shall be taken a curse and an oath for generations, "If it does not befall me as it befell So-and-so."*—[*Rashi*]

and . . . shall slay you—*an eternal death.*—[*Rashi*]

Redak explains that the verse cannot refer to the hereafter, since no one knows anyone's fate in the hereafter. It means, rather, that when "you die by the sword, you shall leave over your name for an oath" an a curse, as opposed to the righteous, about whom Scripture writes, "(Prov. 10:7) The mention of the righteous is for a blessing," but your name shall be for a curse, for My elect shall curse with you whomever they desire to curse, and they will say, ". . . and the Lord shall slay you as He slew So-and-So and So-and-So." The same is found concerning Ahab and Zedekiah, concerning whom the prophet Jeremiah states: "(29:22) And a curse shall be taken from them for the whole exile of Judah that is in Babylon, saying, 'May the Lord make you as Zedekiah and as Ahab, whom the king of Babylon burnt with fire."

An oath, in this context, is synonymous with a curse, for one mentions a curse in his oath by saying, "Such and such a misfortune should befall me if I did such and such a thing." *Jonathan* paraphrases: And the Lord God shall slay you with a second death.—[*Redak*]

Rashi probably follows *Jonathan.*

but to His servants He shall call another name—*A good name and a mention for a blessing.*—[*Rashi*]

They shall leave over a good name and a blessing; when people wish to bless themselves or others, they will

הַמִּתְבָּרֵךְ בָּאָרֶץ יִתְבָּרֵךְ בֵּאלֹהֵי אָמֵן
וְהַנִּשְׁבָּע בָּאָרֶץ יִשָּׁבַע בֵּאלֹהֵי אָמֵן כִּי
נִשְׁכְּחוּ הַצָּרוֹת הָרִאשֹׁנוֹת וְכִי נִסְתְּרוּ
מֵעֵינָי: יז כִּי־הִנְנִי בוֹרֵא שָׁמַיִם חֲדָשִׁים
וָאָרֶץ חֲדָשָׁה וְלֹא תִזָּכַרְנָה הָרִאשֹׁנוֹת
וְלֹא תַעֲלֶינָה עַל־לֵב: יח כִּי־אִם־שִׂישׂוּ
וְגִילוּ עֲדֵי־עַד אֲשֶׁר אֲנִי בוֹרֵא כִּי הִנְנִי

בְּאַרְעָא יְקַיֵם בֶּאֱלָהָא
קַיָמָא אֲרֵי יִתְנַשְׁיָן עָקָתָא
קַדְמָיָתָא וַאֲרֵי מְסַתְּרָן
מִן קֳדָמַי: יז אֲרֵי הָא
אֲנָא בָרֵא שְׁמַיָא חַדְתִּין
וְאַרְעָא חַדְתָּא וְלָא
יִדְכְּרוּן קַדְמָיָתָא וְלָא
יִסְקוּן עַל לִבָּא: יח אֱלָהֵין
יְחֱדוּן וִיבוּעוּן בְּעָלְמָא
עָלְמַיָא דַאֲנָא בָרֵי אֲרֵי
הָא אֲנָא בָרֵי יַת יְרוּשְׁלֵם
ביעא

רש"י

בארץ. כי תהיה יראתי על כולם ומלאה הארץ דעה והמתהלל ומשתבח בארץ יתברך באלהי אמן יתהלל שהוא עבד לאלהי האמת אלהי האמת שאימן ושמר הבטחתו זאת: **כי נשכחו הצרות**. לכן יקראוני אלהי אמן: (יז) **שמים חדשים**. יתחדשו השרים שלמעלה ויהיו שרי ישראל שרי עליונים ושרי העובדי כוכבים ומזלות תחתונים וכן בארץ.

רד"ק

וישבע אדם בה אלא באלהי אמן לבד ואמר בארץ כי בכל העולם תהיה אמונה אחת והיא אמונת אלהי אמן ופי' אלהי אמן כמו אל אמונה כמ"ש כי אז אהפוך אל עמים שפה ברורה לקרא כולם בשם ה' ולעבדו שכם אחד ופי' מתברך מבקש הברכה לעצמו כמו והתברכו בזרעך ולא אמר ונברכו בך והמתברך יאמר אלהי אמן יברכני כמו שברך פלוני ופלוני הצדיקים וכן לא ישבע שום שבועה אלא באלהי אמן כמו שאמר כי לי תכרע כל ברך תשבע כל לשון: **כי נשכחו הצרות הראשונות**. כי עד אותו הזמן לא היה העולם בלא צרות ובלא מלחמות ובאותו זמן יהיה שלום בעולם כמ"ש ודבר שלום לגוים ואמר וכתתו חרבותם לאתים וחניתותיהם למזמרות ולא ישא גוי אל גוי חרב ולא ילמדו עוד מלחמה וכל כך יהיה שלום עד שישכחו הצרות הראשונות. יבאמרו וכי נסתרו מעיני הראה כי הכל היה מאת ה' לכל גוי וגוי לא בדרך מקרה וכן דברו הנביאים מפי ה' על הצרות והמלחמות על כל גוי וגוי טרם בואם: (יז) **כי הנני**. מרוב הטובה שתהיה כאלו יהיה העולם חדש שמים חדשים והארץ חדשה כמ"ש ולא תזכרנה הראשונות פי' הצרות הראשונות כמו שאמרנו. והחכם רבי אברהם פירש שמים חדשים על הרקיע אמר שהאל יחדש אויר טוב שיהיו בני אדם בריאים ויחיו שנים רבות גם יוסיף בכח הארץ והנה היא חדשה ואם כפירושו יהיה זה בכל העמים והנה אמר הכתוב כי כימי העץ ימי עמי לא עמים אחרים: (יח) **כי אם שישו**. יאמר כנגד ישראל יאמר להם האל שישו וגילו עדי עד מרוב הטובה לא יאמר להם דבר אחר. כלומר שום דבר רע כי אם זה הדבר הטוב: **אשר אני בורא**. פי' מחדש כי הדבר החדש יקרא בריאה כמו בראשית ברא אלהים וגו' ואם בריאה יברא ה'. **כי הנני בורא את ירושלים גילה** שיהיה שמה גילה ושם עמה משוש וזכר ירושלים כי אף על פי שיהיה שלום בכל העולם תהיה ירושלים העיקר ומשם יצא השלום לעולם והתורה והדרך הטוב שבעבורו יהיה שלום כמו שאמר על מלך המשיח ודבר שלום לגוים ואמר והלכו עמים

אבן עזרא

והטעם שיודה שזהו אמת או מתפלל שיתאוה להיותו אמת. וטעם **כי נסתרו** הצרות שעברו על הצדיקים עובדי השם כי ברצות הרשעים שהצרות באות עליהם היו מלעיגים בם ובעבודתם: (יז) **כי**. יש אומרים כי הטעם כאילו ורבי יהודה המדקדק נ"ע אמ' כי טעם בריאות שמים והארץ על הפרטי' והנכון כי השמים הם הרקיע והשם יחדש אויר טוב שיהיו בני האדם בריאים בגופם ויחיו שנים רבות וגם יוסיף בכח הארץ והנה היא חדשה והאומר כי זה רמז לעולם הבא איננו דבק בפרשה כי אין לעולם הבא אכילה וכן הורו קדמונינו ז"ל והוא אמת לבדו: **הראשונות**. יש אומרים על הצרות והוא הנכון ואחרים אמרו על השמים וארץ ואין טעם לפירוש זה והעד הפסוק הבא אחריו: (יח) **כי. עדי עד**. שנים ארוכי' כי הנה אחריו ימות והנה בורא את ירושלם יוכיח כי אין הבריא' להוציא יש מאין כאשר אמ'

מצודת ציון

(טז) **המתברך**. ענין התפארות כמו מברך רעהו (משלי כ"ז): **אמן**. ענינו כמו אמת: (יח) **וגילו**. ענין שמחה: **עדי עד**. עד

מצודת דוד

שמם עד אשר שכל המתברך והמתהלל בפי אנשים בכל הארץ לא יתהלל בשום דבר כ"א בזאת יתהלל לומר עליו שנדבק באלהים אמת שאומן ושמר ההבטחה היא לגדל שמות הדבקים בו: **ישבע באלהי אמן**. כי כולם יאמינו בו על שהאמין הבטחתו ולכן ישבעו בו וכמ"ש ונשבעת חי ה' באמת (לעיל י"ט): **כי נשכחו**. ר"ל כ"כ תרבה הטובה עד שיהיו נשכחים כל הצרות הראשונות שסבלו בהיותם בגולה: **וכי נסתרו מעיני**. גם מעיני יהיו נסתרים לרות באלה כי לא יהיה עוד בעולם אם כן לא יהיה כראה: (יז) **כי הנני בורא שמים וגו'**. ר"ל יהיה רוב טובה בעולם כאלו נברא עולם חדש אשר לא ימצא שם צרות. או הדברים כמשמען וכמ"ש כי כאשר השמים החדשים וכו' עומדים לפני (לקמן ס"ו): **ולא תזכרנה הראשונות**. לפי רוב הטובה שיהיה אז לא תזכרנה הצרות הראשונות: **ולא תעלינה על לב**. כפל הדבר במ"ש: (יח) **כי אם שישו**. ר"ל לא יהיה לכם שום דבר כי אם שישו וגילו עד עולם על אשר אני הוא הבורא את השמחה ותהיה מתקיימת

spears into pruning hooks; nation shall not lift the sword against nation, neither shall they learn war anymore." The world will be so peaceful that the people will forget the earlier troubles.—[*Redak*]

and they have been hidden from My eyes—This indicates that when

16. For whoever himself on the earth shall bless himself by the
true God, and whoever swears on the earth shall swear by the
true God, for the first troubles have been forgotten and they
have been hidden from My eyes. 17. For behold, I create new
heavens and a new earth, and the first ones shall not be remem-
bered, neither shall they come into mind. 18. But rejoice and
exult forever [in] what I create, for behold I

the earth—*For My fear shall be over all of them, and the earth shall be full of knowledge, and whoever praises himself or lauds himself on the earth, will bless himself by the true God, he will praise himself that he is a servant of the true God, the God of truth, Who realized and observed this, His promise.*—[*Rashi*]

When will this come about, that God's elect will curse the wicked? After Israel comes out of exile, and the wicked will be destroyed, "and all the wilfully wicked and all those who work wickedness shall be stubble," for at that time, whoever blesses himself on the earth shall bless himself by the true God, for there will not remain in the world any faith or any deity by which anyone will swear, but by the true God only. "On the earth," means throughout the world, that throughout the world there shall be but one faith, that of the true God, for then "I will turn over to the nations a pure language, to call, all of them, in the name of the Lord and to worship Him with one accord (Zeph. 3:9)." The intention of 'whoever blesses himself,' is that whoever seeks a blessing for himself, will say, "May the true God bless me as He blessed So-and-So and So-and-So, who were righteous men." Similarly, no one will swear by any deity but by the true God, as it is said: "(supra 45:23) that to Me shall every knee kneel, every tongue shall swear."—[*Redak*]

for the first troubles have been forgotten—*Therefore, they shall call Me the true God.*—[*Rashi*]

Rashi follows his interpretation of 'the true God,' as meaning the God Who makes His promises come true. *Ibn Ezra* explains that until that time, no one would bless himself by the righteous, since they experienced trouble and distress. Moreover, they suffered derision and ridicule because of it. At that time, however, when there will be no more troubles for the righteous, and the former troubles shall be forgotten and hidden from God's eyes, people will bless themselves that God lavish goodness upon them as He did to the righteous.

Redak explains that, until the Messianic era, there was never a time without troubles or wars. At that time, however, there shall be peace throughout the world, as it is stated: "(Zech. 9:10) And he shall speak peace to the nations." Also, "(supra 2:4) and they shall beat their swords into plowshares and their

בִּיעָא וְעַמַּהּ חָדֵי:
יט וַאֲבוּעַ בִּירוּשְׁלֵם
וְיֶחְדוּן בָּהּ עַמִּי וְלָא
יִשְׁתְּמַע בָּהּ עוֹד קָל
דְּבָכָן וְקָל דִּמְצַוְּחִין:
כ וְלָא יְהֵי מִתַּמָּן עוֹד
יָנִיק יוֹמִין וְסָבָא דְּלָא
יְשַׁלֵּם יַת יוֹמוֹהִי אֲרֵי
דְּחַיֵּיב עוּלֵים בַּר מְאָה
שְׁנִין יְהֵי מָאִית וּדְחָטֵי
בַּר מְאָה שְׁנִין יִתְרְךְ:
כא וְיִבְנוּן בָּתִּין וְיִתְבוּן
וְיִצְבוּן כַּרְמִין וְיֵיכְלוּן
אבהון

בּוֹרֵא אֶת־יְרוּשָׁלַ͏ִם גִּילָה וְעַמָּהּ מָשׂוֹשׂ:
יט וְגַלְתִּי בִירוּשָׁלַ͏ִם וְשַׂשְׂתִּי בְעַמִּי וְלֹא־
יִשָּׁמַע בָּהּ עוֹד קוֹל בְּכִי וְקוֹל זְעָקָה:
כ לֹא־יִהְיֶה מִשָּׁם עוֹד עוּל יָמִים וְזָקֵן
אֲשֶׁר לֹא־יְמַלֵּא אֶת־יָמָיו כִּי הַנַּעַר בֶּן־
מֵאָה שָׁנָה יָמוּת וְהַחוֹטֶא בֶּן־מֵאָה
שָׁנָה יְקֻלָּל: כא וּבָנוּ בָתִּים וְיָשָׁבוּ וְנָטְעוּ

ת"א כי הנער. פסחים סח סנהדרין לא:

רש"י

ויש אומרים שמים חדשים ממש וכן עיקר כי מקרא מוכיח כי כאשר השמים החדשים וגו' (לקמן ס"ו): **(כ) עול ימים.** נער כמו עולל (איכה ב') עול ימים קטן בשנים: **בן מאה** שנה ימות. יהא בן עונשין להתחייב מיתה בעבירה שיש בה מיתה כך מפורש בבראשית רבה: **יקולל.**

מהר"י קרא

זהו שיתברך באלהי אמן. שעבד את המקום ונתברך: (כ) כי הנער בן מאה שנה וגו'. פרשתיו למעלה: ימות. פת' יהיה תם. כלומר יגיע לכל העונשין: (כא) ובנו בתים וישבו. כל

אבן עזרא

כל המפרשים רק הוא מגזרת חדשה: (יט) **וגלתי. קול בכי.** על הלל או מת בלא עתו כי הפסוק הבא אחריו לעד: **(כ) לא.** הנה תורה זאת הפרשה כי השנים אל ציון בימות המשיח יחיו שני' רבות והנה הזקן ימלא את ימי' שהוא בתולדות להיות כמו הקדמונים כאדם ועד נח וכן עול ימים שהוא העולל והמת מת והוא בן ק' שנה ואם מת יקולל כי אם היה פחות מאלה השנים אז יאמרו עליו עדיין לא שלמה דעתו וזה אמר שמת והוא נער והחוטא אם יהיה בן מאה הכתוב לעד כי סוף העולם ישוב כראשיתו: **(כא) ובנו.** הטעם שיהיה לבטח כי אין אויב והפסוק הבא אחריו לעד או טעמו שיבנו בית וישבו בו שנים רבות ולא כמיתי מלחמה:

רד"ק

רבים. ואמרו לכו ונעלה אל הר ה' ואל בית אלהי יעקב ויורינו מדרכיו ונלכה באורחותיו כי מציון תצא תורה ודבר ה' מירושלים ורב הטובה והשלום ואריכות הימים בירושלם ובארץ ישראל יהיה כמ"ש נכון יהיה הר בית ה' בראש ההרים ונשא מגבעות: (יט) וגלתי בירושלם. לפיכך יהיה **שמת** גילה כי אני אשמח בה מפני שיעשה בה רצוני וישכון **בה** כבודי וכן עמה משוש שאשיש בהם שיהיו עבדי ובחירי **ועושי** חפצי: קול בכי וקול זעקה. כי יבכו בני אדם בעיר על מת **בלא** זמנו או על חלל או על שביה ששבו מן העיר וכל זה לא יהיה כי חרב ומלחמה לא יהיה ומיתה טבעית לא תהיה כי **אם** לשנים ארוכים שיהיה האדם מלא ימים כשימות עד שלא יבכו לו. והנה יהיה הפירוש בפסוק שאחריו: (כ) לא יהיה **משם.** מירושלם והוא הדין לכל ארץ ישראל אבל ירושלים היא העקר והיא ראש ממלכת ישראל ופי' משם כי באמרו לא יהיה ר"ל לא יצא משם לקבורה: עול. נער כמו עולל וזקן כי בן ששים לזקנה והנה הוא זקן ולא מלא את ימיו עד שיהיה בן שבעים וזה בזמן הזה אבל באותו הזמן לא יאמרו על זקן **שמלא** את ימיו עד שיהיה בן שלש מאות והמש מאות שנה ויותר כמו שהיו הדורות הראשונים בתחילת בריאת העולם היו החיים ההם בכלל או ביחידים ולעתיד לבא יהיה בכלל ישראל: כי הנער בן מאה שנה ימות. אם ימות אדם בן מאה שנה וזה יהיה בעונו יאמרו עליו נער מת ופירש זה ואמר והחוטא בן מאה שנה יקולל כלומר כי קללת האל תהיה לו וחוטא הוא כשימות בן מאה שנה: (כא) ובנו בתים וישבו. בהם כל ימי עמוד הבנין

מצודת דוד

לעולם: בורא את ירושלים גילה. אחדש שם ירושלים להקרא גילה ואחדש שם עמה להקרא משוש: (יט) וגלתי בירושלים. כי כשהיתה ירושלים הריבה ועמה בגולה לא היה שמחה לפני המקו' לכן אמר כשתהיה בנויה ועמה יהיה בטובה יהיה שמחה לפני המקום: ולא ישמע וגו'. כי לא יבוא עוד עליהם לרות: (כ) לא יהיה משם. לא יצא משם לקבר אדם שהוא קטן בשנים ואף הזקן קלת שלא השלים כל ימיו לא ימות גם הוא כי אז יאריכו ימי האדם באריכות נפלא: כי הנער בן מאה שנה ימות. ר"ל אם ימות מי בן מאה שנה יאמרו עליו נער מת: והחוטא. הנחסר מן העולם כשיהיה בן מאה לקללה תחשב כי עודו נער לפי מרבית חיי האנשים שיהיה אז והוא כפל ענין במ"ש: (כא) ובנו בתים וישבו. ולא ימותו טרם יכלה הבנין עד לא ישבו בה וכן ונטעו כרמים וגו':

מצודת ציון

עולם כמו בטחו בה' עדי עד (לעיל כ"ו): (יט) וגלתי. מל' גילה: (כ) עול ימים. קטן בימים והוא מל' עולל וכן התבכה אשה עולם (לעיל מ"ט): לא ימלא. לא ישלים: והחוטא. ענין החסרון כמו

or crying out. The following verse explains this one.—[*Ibn Ezra, Redak*]

20. **There shall no longer be from there**—I.e., from Jerusalem, as well as from the entire Holy Land, but Jerusalem is mentioned since it is the principal city and capital of the land. The intention is that none who have met an untimely death shall be taken from Jerusalem for burial.—[*Redak*]

a youth—Heb. עוּל יָמִים, *a youth. Comp.* "(Lam. 2:11) *young children* (עוֹלֵל)." Hence, עוּל יָמִים means *young in years.*—[*Rashi*]

an old man—At sixty, one is re-

create Jerusalem a rejoicing and its people an exultation.
19. And I will rejoice with Jerusalem, and I will exult with My
people, and a sound of weeping or a sound of crying shall no
longer be heard therein. 20. There shall no longer be from
there a youth or an old man who will not fill his days, for the
youth who is one hundred years old shall die, and the sinner
who is one hundred years old shall be cursed. 21. And they
shall build houses and inhabit them, and they shall plant

there were troubles, they were brought about by Divine Providence, not by natural means or coincidence. As above, the prophets prophesied the wars and the downfall of each nation.—[*Redak*]

17. **new heavens**—*The princes above shall be renewed, and the princes of Israel shall be the upper princes and the princes of the heathens (the nations—[Parshandatha]) will be lower, and so on the earth.* (*K'li Paz* reads: The princes above shall be renewed, to raise up the humble and to humble the high ones, and so on the earth.) *And some say* that there will *actually* be *new heavens, and that is correct, for Scripture proves it:* "(infra 66:22) *For as the new heavens etc.*—[*Rashi*]*

the first ones—I.e., the first troubles shall not be remembered. Some interpret this as referring to the new heavens and the new earth, but this does not make sense.—[*Ibn Ezra*]

18. **forever**—for many years. See verse 20, "the youth who is one hundred years shall die."—[*Ibn Ezra*]

God says to Israel, Rejoice and exult forever with the plenty that I will lavish upon you. No evil will be said about you, but only good.—[*Redak*]

[in] what I create—The intention is, 'which I renew.'—[*Ibn Ezra, Redak*]

for behold, I create Jerusalem a rejoicing—that its name shall be 'rejoicing.'—[*Redak*]

and its people an exultation—That its name shall be 'exultation.'—[*Redak*]*

19. **And I will rejoice in Jerusalem**—Therefore, its name will be 'rejoicing' since I will rejoice therein, for My will shall be followed therein and My glory shall rest there.—[*Redak*]

and I will exult with My people—Therefore, they will be called 'exultation,' since I will exult in them, for they will be My servants and My elect, and those who do My will.—[*Redak*]

a sound of weeping or a sound of crying—People generally cry over one who dies prematurely, one who is killed, or one who is captured. Since there will be no wars, and people will live to a remarkable age, there will be no causes for weeping

כרמים ואכלו פרים: כב לא יבנו ואחר
ישב לא יטעו ואחר יאכל כי כימי העץ
ימי עמי ומעשה ידיהם יבלו בחירי:
כג לא יגעו לריק ולא ילדו לבהלה כי
זרע ברוכי יהוה המה וצאצאיהם
אתם: כד והיה טרם יקראו ואני אענה
עוד הם מדברים ואני אשמע: כה זאב

תרגום

אבהון: כב לא יבנון
ואחרין יתבון לא יצבון
ואוחרנין יכלון ארי
כיומי אילן חייא יומי
עמי ועובד ידיהון יבלון
בחירי: כג לא יחלון
לריקן ולא ירבון למותא
ארי זרעא דברכיה יי
אינון ובני בניהון
עמהון: כד ויהי עד לא
יצלון קדמי ואנא אקבל
צלותהון עד לא יבעון
מן קדמי אעביד
בעותהון: כה דיבא
ואמרא

ת"א טרם יקראו. (ברכות ה תענית סה ס) קמץ בטרחא

רש"י

(כב) כימי העץ. תירגם בעבירה שהיא לריכה נדוי:

מהר"י קרא

ימי עמידת הבית: ונטעו כרמים ואכלו פרים. כל ימי עמידת הכרם: (כב) לא יבנו ואחר ישב. לא יבנה האב ובן ישב. ולא יטעו האבות ויאכלו הבנים. שלשעבר היו הדורות קצרי ימים אבות בונים ובנים יושבים: כי כימי העץ. אשר יטעו בני אדם. יהיו ימי אדם הנוטעים. ומעשה ידיהם יבלו בחירי: (כד) והיה טרם יקראו ואני אענה. טרם יכלו לקראות אותי ואני אענה: (כה) זאב וטלה ירעו. ואינם מזיקים: ואריה כבקר יאכל תבן. ועכשיו לפי שאינו אוכל תבן מזיק: ונחש עפר

רד"ק

ויותר וכן ונטעו כרמים ואכלו פרים כל ימי היותם נושאי פרי ופירש הענין ואמר: (כב) לא יבנו. כי כימי העץ שיטעו כן יהיו ימיהם כמו שאמר לא יטעו ואחר יאכל ואמר עמי ובחירי כי להם יהיה אריכות הימים לבד ועל דרך מופת לא לשאר העמים וי"ת כי כימי העץ ארי כיומי אילן חייא ואפשר שכוון בזה למה שאמרו רבותינו ז"ל עץ חיים כהלך חמש מאות שנה: יבלו בחירי. שיבלה מעשה ידיהם בימיהם כמ"ש ולא יבנו ואחר ישב: (כג) לא יגעו לריק. הפך מה שאמר בקללה וזרעתם לריק זרעכם ואכלוהו אויביכם אמר להם כי כל יגיעם יהיה לברכה כי לא יבא אויב שיאכל יגיעם ולא שדפון וירקון: ולא ילדו לבהלה. כי לא ימותו בניהם בחייהם שיבהלו במיתתם: וצאצאיהם אתם. כל ימיהם יהיו אתם כי לא ימותו בחייהם וכפל הענין במ"ש: (כד) והיה. הפך מה שנאמר בגלות סכותה בענן לך מעבור תפלה: טרם יקראו. פעמים טרם יקראו ופעמים עוד הם מדברים: (כה) זאב וטלה. כבר פירשנו הענין בפרשת

אבן עזרא

(כב) לא. כימי העץ. שיעמוד שנים רבות כמו החרוב גם אחרים. וטעם ומעש' ידיהם יבלו בחירי כי יש מעשים שיעשה האדם ויזקין והם יראו חדשים כבניין והמכת' והם בחירי הם פועלים: (כג) לא. הטעם לא ימותו בניהם כי השם ברך אותם וכירך בניהם להיותם אתם: (כד) והיה טרם יקראו. לפי דעתי כי טרם כמו עוד ואם בא בתוספ' בי"ת כמו קודם והטעם כל אשר ישאלו ממני אתן להם: (כה) זאב. הטעם השלום ולפי דעת רבים שהשם יסיר

מצודת ציון

מסכרים יתמטאו (איוב מ"א): (כב) יבלו. ענין זוקן כמו יבלו בטוב ימיהם (שם כ"א): (כד) אענה. ענין תשובה:

מצודת דוד

(כב) ואחר ישב. על כי ימותו הם עד לא ישבו בה: כי כימי העץ. כימי משך זמן עמידת העץ המתקיים הרבה כאילן חרוב וכדומה כימי העץ היה יהיה ימי עמי: ומעשה וגו'. כי יש מעשים שיעשה האדם והוא יזקין והם עדיין נראים חדשים כבנין והמכתב לכן אמר עמי בחירי יבלו מעשה ידיהם כי הם יראו בחורים וחזקים ומעשה ידיהם יזקינו ויבלו בימיהם: (כג) לא יגעו לריק. לא יהיה יגיעתם לריק ר"ל לא ימותו בניהם בחייהם: לבהלה. למות בחייהם להבהיל אותם וכפל הדבר במ"ש: כי זרע. כי זרעם המה זרע ברוכי ה' ולא ימותו בקולר שנים: וצאצאיהם אתם. כל ימיהם יהיו לאלהיהם עמהם כי לא ימותו בחייהם וכפל הדבר במ"ש: (כד) והיה טרם יקראו. פעמים אענה להם למלאות

whom you have toiled to raise, will not die in your lifetime, thus making your toil in vain.—[*Mezudath David*]

neither shall they bear for terror—Their children will not die within their lifetime, bringing terror upon them.[*Redak, Abarbanel, Mezudath David*]

and their offspring shall be with them—all their lives. This is a repetition of the preceding clause.—[*Redak*]

24. **And it shall be**—in contrast to Jeremiah's lamentation in the time of exile: "(Lam. 3:44) You have covered Yourself with a cloud, so that no prayer can pass through."—[*Redak*]

when they have not yet called—Sometimes I respond when they have not yet called, and sometimes when they are still speaking in prayer.—[*Redak*]

The intention is that God will grant all they request.—[*Ibn Ezra*]

vineyards and eat their fruit. 22. They shall not build, and another inhabit; they shall not plant, and another eat, for like the days of the tree are the days of My people, and My elect shall outlive their handiwork. 23. They shall not toil in vain, neither shall they bear for terror, for they are seed blessed by the Lord, and their offspring shall be with them. 24. And it shall be, when they have not yet called, that I will respond; when they are still speaking, that I will hearken. 25. A wolf and

garded as an old man, but one has not filled his days until seventy. In those days, it will not be said that one has filled his days unless he has reached the age of three hundred or thereabouts, as in the early generations, when some individuals, or perhaps, the general population, attained such longevity. In Messianic times, all Israel will live that long.—[*Ibn Ezra, Redak*]

who is one hundred years old shall die—*He shall be subject to punishments to be liable to death for a capital sin. So it is explained in Gen. Rabbah* (26:2).—[*Rashi*]

shall be cursed—*for a sin requiring an anathema.*—[*Rashi*]

The Rabbis explain that there will be no natural death. Only those guilty of capital sins will die at the age of one hundred. Similarly, one guilty of a sin punishable by anathema will be punished only from the age of one hundred.

Redak explains that if one dies for his sins at the age of one hundred, it will be said that a young man has died, and that his death is due to God's curse, for he is a sinner.

21. **And they shall build houses and inhabit them**—as long as the houses stand.—[*Kara, Redak*]

and they shall plant vineyards and eat their fruit—as long as they bear fruit, as is explained in the following verse.—[*Redak*]

22. **and another inhabit**—for they will die before inhabiting the house.—[*Mezudath David*]

I.e., the fathers will not build for the sons to inhabit, nor will they plant vineyards for the sons to eat the fruit. In earlier generations, when people did not live so long, the fathers would build the houses, and the sons would occupy them.—[*Kara*]

like the days of the tree—*Jonathan renders: the tree of life.*—[*Rashi*]*

shall outlive their handiwork—Some things that people make look new when their makers have already aged. At that time, however, My elect will still be young when the houses they build will be old and worn.—[*Ibn Ezra*]

23. **They shall not toil in vain**—This is the opposite of the curse in Lev. 27:16: "And you shall sow your seed in vain, and your enemies shall eat it." Here he says that all their toil shall be blessed, for no enemy will eat it, neither will it be destroyed by blast or yellowing.—[*Redak*]

Alternatively, your children for

וְטָלֶה יִרְעוּ כְאֶחָד וְאַרְיֵה כַּבָּקָר יֹאכַל־
תֶּבֶן וְנָחָשׁ עָפָר לַחְמוֹ לֹא־יָרֵעוּ וְלֹא־
יַשְׁחִיתוּ בְּכָל־הַר קָדְשִׁי אָמַר יְהוָה׃
סו א כֹּה אָמַר יְהוָה הַשָּׁמַיִם כִּסְאִי
וְהָאָרֶץ הֲדֹם רַגְלָי אֵי־זֶה בַיִת אֲשֶׁר

וְאִמְּרָא יִרְעוּן כַּחֲדָא וְאַרְיָא כְּתוֹרָא יֵיכוּל תִּבְנָא וְחִוְיָא עַפְרָא מְזוֹנֵיהּ לָא יְבְאֲשׁוּן וְלָא יְחַבְּלוּן בְּכָל טוּרָא דְקוּדְשִׁי אֲמַר יְיָ׃
א כִּדְנַן אֲמַר יְיָ שְׁמַיָּא כּוּרְסֵי יְקָרִי וְאַרְעָא כְּבֵשׁ קֳדָמַי אֵידֵין בֵּיתָא דְּתִבְנוּן קֳדָמַי וְאֵידֵין

ת"א ונחש. יומא עה: השמים כסאי. ברכות נט חגיגה יב יד קידושין לא סנהדרין לח אבות ג עקדה שער כח זוהר פקודי (חגיגה יז): הדום רגלי. חגיגה טו:

רש"י

יונתן עץ החיים: (כה) יאכל התבן. ולא יצטרך להשחית בבהמה: ונחש. הרי עפר לחמו ומלוי לו תדיר. ומדרש אגדה ואריה כבקר יאכל תבן לפי שמצינו שעשו נופל ביד בני יוסף שנאמר בית עשו לקש ובית יוסף להבה וגו' (עובדיה א') אבל ביד בני שאר השבטים שנמשלו להיות לא מצינו לכך נאמר ואריה כבקר יאכל תבן אותם השבטים שנמשלו כאריה כגון יהודה ודן כיוסף שנמשלו כשור יאכלו אותו שנמשל כתבן: סו (א) השמים כסאי. איני צריך לביהמ"ק שלכם: איזה בית. אשר הוא כדאי לשכינתי:

מהר"י קרא

לחמו. כלומר ולנחש כבר תיקנתי מזונותיו עפר: סו (א) כה אמר ה' השמים כסאי והארץ הדום רגלי אי זה בית אשר תבנו לי ואי זה מקום מנוחתי. השמים כסאי. השמים אינם כי אם כסאי. וכל הארץ אינה מחזקת כי אם הדום רגלי. ואי זה בית הייתם יכולים לבנות לי. או אי זה מקום היה יכול [להיות] לבית מנוחתי. והלא השמים ושמי השמים לא יכלכלוני. אף כי הבית הזה שנבנה לשמי לשמוע שם רננות עמי ישראל ואתם חללתם אותו והכנסתם צלם בתוכו.

אבן עזרא

תולדת הזאב והעד כבקר יאכל תבן. וטעם נחש עפר לחמו כתולדתו ולא דבר אחר והטעם שלא יזיק. כל אלה הנבואות עתידות בארץ ישראל לבדה כי כתוב כן בכל הר קדשי:

סו (א) כה. שב הנביא להוכיח הרשעי': השמים כסאי. ידענו כי כבוד השם מלא השמים והארץ והטעם כי מן השמים תבאנה הגזרות על כל העולם כולו כאשר תצאנה מלפני המלך בשבתו על כסאו: הדום רגלי. כי הוא

רד"ק

ויצא חסר: ונחש עפר לחמו. כמו שהיה לא דבר אחר כלומר לא ישוך אדם מישראל כמו שמפרש לא ירעו ולא ישחיתו בכל הר קדשי והיא ארץ ישראל והמשיל התורה כנחש יהיה פי' שלא יהיה מאכלו אלא מין שהוא עפר שנאמר כי עפר אתה כי ישראל נאמר עליו בזמן ההוא כי מלאה הארץ דעה את ה' והנה איננו עפר ולא ישוך הנחש עקבו: (א) כה אמר ה'. עתה חזר להוכיח בני דורו הרשעים והוכיחם על דברי הזבחים עם מעשים רעים כמו שהוכיחם בתחילת הספר גם כן למה לי רוב זבחיכם וגו' אמר השמים כסאי. כלומר וכי סבורים אתם שהבית שאתם מביאים שם הזבחים שאני שוכן בו ושיכילני הבית כמו שמכיל הגוף אין זה כי הנה השמים כסאי והארץ הדום רגלי כמו שאמר שלמה הנה השמים ושמי השמים לא יכלכלוך אף כי הבית הזה אשר בניתי אלא אני לא צויתי על הבית שאשכון אני בו ולא על הזבחים שאוכלם לא צויתי אלא כדי שיכינו ישראל לבם אלי ויהיה להם מקום מיוחד לבא שם להתפלל ולעלות עולות וזבחים לעורר לבם לבער המחשבות הרעות ולשרפם כדמות הדבר הנשרף על המזבח אם כן אם אתם עושים הרע ובאים לביתי וזובחים לפני הפסדתם הכונה ואין זה מצותי ואין אתם עושים בזה רצוני אלא ההפך ואתם מכעיסים אותי בזה לפיכך אמר השמים כסאי ומה שאמר כסאי לא שיהיה הוא יתברך גוף שישב בכסא אלא דרך משל כמלך שיושב על הכסא ורגליו בשרפרף ומצוה על עמו מה יעשו והכסא באמת מכובד משרפרף לפיכך דמה השמים לכסא

מצודת דוד

שאלות לבבם עד לא יקראו להתפלל בפה פעמים כשעוד הם מדברים בתפלה אשמע אני לתת משאלותם: (כה) ירעו כאחד. ולא יטרוף הזאב את הטלה כי אף החיות הטורפות לא יטרפו עוד כמ"ש וגר זאב וגו (לעיל י"א): כבקר. כמו הבקר אוכל תבן כן יאכל האריה: ונחש עפר לחמו. הנה עפר יהיה מאכלו כתולדתו וכטבעו ולא יזיק למי: לא ירעו. לא יעשו רעה למי ולא ישחיתו את מי: בכל הר קדשי. היא א"י: אמר ה'. כן יאמר ה': סו (א) השמים כסאי. עתה שב להוכיחם ואמר הלא השמים הוא מקום המוכן לשבתי. והארץ היא הדום רגלי ואמר במשל מבן אדם היושב על הכסא ורגליו יורדת לנוח על השרפרף: אי זה בית. מהו הבית אשר תוכלו לבנות לי שיהיה הגון לי לפי רוב

מצודת ציון

(כה) ירעו. מל' מרעה: לחמו. מאכלו: ירעו. מל' רעה: סו (א) הדום. הוא שרפרף הכסא הניתן תחת רגלי האדם כשהוא

erected." I did not command you to build this temple so that I could occupy it, neither did I command you to bring sacrifices so that I could eat them. I commanded you only so that Israel would direct their hearts toward Me, and so that they should have a designated place to come, to pray, and to bring sacrifices to Me, to arouse their hearts to eliminate their evil thoughts, to "burn" them like a sacrifice on the altar. Consequently, if you commit evil deeds and then come into My temple and bring sacrifices before Me, you are defeating My purpose. This is not My commandment, and you are not complying with My will. On the contrary, you are vexing Me. Therefore, God says, "The heavens are My throne." Not that the Deity is corporeal, that He should sit on a

a lamb shall graze together, and a lion, like cattle, shall eat straw, and a serpent—dust shall be his food; they shall neither harm nor destroy on all My holy mount," says the Lord.

66

1. So says the Lord, "The heavens are My throne, and the earth is My footstool; which is the house that

25. **A wolf and a lamb**—*Ibn Ezra* understands this as figurative of the peace during the Messianic era. He quotes others who take this to mean that God will, indeed, alter the nature of the carnivores so that they will no longer prey on other animals. The evidence of this interpretation is the statement that "a lion, like cattle, shall eat straw." See above 11:6.

shall eat straw—*and will not have to destroy animals.*—[*Rashi*]

and a serpent—*Indeed, dust is his food, which is always available for him. And the Midrash Aggadah explains: And a lion, like cattle, shall eat straw. Since we find that Esau will fall into the hands of the sons of Joseph, as it is said:* "(Obadiah 18) *The house of Esau shall become stubble, and the house of Joseph a flame etc." But* that they should fall *into the hands of the remaining tribes, who were compared to beasts, we do not find. It is, therefore, stated: "And a lion, like cattle, shall eat straw." Those tribes that were compared to a lion, such as Judah and Dan, like Joseph, who was compared to an ox, shall devour Esau who was compared to straw.*—[*Rashi* from unknown midrashic source]

Ibn Ezra explains that the serpent will eat only dust, nothing else, meaning that it will do no harm.

Redak explains that the serpent will not harm any Israelite. He will harm only those who originate from dust, as God said to Adam, "For dust you are, and to dust you shall return." Israel, at that time, will be elevated above the category of dust. The snake will, therefore, not bite them.

1. **The heavens are My throne**—*I do not need your Temple.*—[*Rashi*]

which is the house—*that is fitting for My Shechinah.*—[*Rashi*]

The prophet returns to rebuke the wicked of his generation. He rebukes them with a rebuke similar to the one at the beginning of the Book. "(1:11) Of what use are your many sacrifices to Me? says the Lord." Corresponding to this, he declares, "The heavens are My throne." Do you think that the edifice in which you bring your offerings is indeed My house and that it contains Me as a house contains a body? This is not so, for "behold, the heavens are My throne, and the earth is My footstool." This parallels Solomon's prayer at the dedication of his temple, "(I Kings 8:27) Behold, the heaven and the heaven of heavens cannot contain You; much less this temple that I have

תבנו־לי ואי־זה מקום מנוחתי: ב ואת־
כל־אלה ידי עשתה ויהיו כל־אלה
נאם־יהוה ואל־זה אביט אל־עני ונכה־
רוח וחרד על־דברי: ג שוחט השור
מכה־איש זובח השה עורף כלב
מעלה מנחה דם־חזיר מזכיר לבנה

תרגום

אתר בית אשריות
שכנתי: ב וית כל אלין
גבורתי עבדת והלא
הואה כל אלין אמר יי
ובדין רעוא קדמי
לאסתכלא ביה
בדענותן ומכיך רוח
ומשתוי לקבל פתגמי:
ג נכים תורא כקטיל גבר
דבח אימר כנקיף כלב
מסקי קורבן דם חזירא
קורבן מתנתהון מתנת

ה״א אביט . פקדס סמר כח : קמץ בז״ק כצ״ל מברך

מהר״י קרא

כמנשה שהכניס צלם בהיכל : (ב) ואת כל אלה . אלה תולדות השמים והארץ. ידי עשתה . ואע״ג שבשמים שמי ואני שוכן מרום . אל זה אביט אל עני ונכת רוח : (ג) שוחט השור מכת איש . כל מי שבכם ששוחט השור ומקריב . מכה בעל השור וגוזל השור ממנו ומקריבו : זובח השה . גונב השה בעדר ועורף כלב השומרו : מעלה כנחה דם חזיר . מעלה אני עליו

רש״י

(ב) ואת כל אלה . השמי׳ והארץ ידי עשת׳ ואת אשר לימלמתי שכינתי בתוככם בהיותכם נשמעים לי שכן דרכי להביט אל עני ונכה רוח וחרד על דברי אבל עתה אין לי חפץ בכם שהרי שוחט השור הכה את בעליו וגזלו ממנו לפיכך זובח השה דומה לפני כעורף את הכלב והמעלה את המנחה הרי הוא לפני כדם חזיר והמזכיר לבונה מקטיר כמו אזכרתה (ויקרא ה׳) והיתה ללחם לאזכרה (שם כ״ד) :

רד״ק

והארץ להדום רגלים שהוא השרפרף וכל מה שבשמים ובארץ הוא סבה לכל והכל נעשה במצותו ובגזרתו מן העליונים אל התחתונים : ואי זה מקום . כפל ענין במלות שונות : (ב) ואת כל אלה . ולא תחשבו לפי שאמרתי השמים כסאי והארץ הדום רגלי כי הם קדומים כמוני לא כן אלא אני הקדמון לבדי וחדשתי ועשיתי את כל אלה השמים וכל צבאם הארץ וכל אשר עליה: ויהיו כל אלה. אני עשיתים והיה כמו שצויתי ועם כל זה שאני רם על כל רמים אני מביט אל השפלים והענוים והחרדים אל דברי לקיים מצותי אע״פ שאין מקריבין קרבן מי שאינו חוטא אין צריך לקרבן אבל המקריבים קרבן ומעשיהם רעים אין קרבנם לרצון אבל הם לעון ועל זה אומר : (ג) שוחט השור . אמר מי שישחט השור להקריבו לפני והוא ברשעו הרי אני חושב אותו בשחטו השור . כאלו מכה איש ומת . וכן זובח השה

אבן עזרא

ברשותי ושלי ואחר שהכל שלי אי זה בית ואי זה מקום כפול בטעם : (ב) ואת . והנה טעם אחר כי הוא ברשותי ושלי כי זה הכסא וההדום אני עשיתים : ויהיו כל אלה . דבק עם ידי עשתה : ואל זה אביט . הטעם אף על פי שהשמים כסאי אביט אל עני ונכה רוח וטעם אביט אשים עיני עליו והנה הפך אעלי׳ עיני מכם : (ג) שוחט . הטעם כי אביט אל הרד אל דברי לא אל המקריבים עולה ומעשיהם רעים והנה שוחט השור כאילו יכה איש הטעם דם יחשב כי אין

מצודת ציון

יושב וכן והשתחוו להדום רגליו (תהלים צ״ט) : (ב) ונכה . ענין שבר וכתות כמו ונכאה לבב (ק״ט) : וחרד . ענין מהירות כב וכן ויחרדו זקני העיר לקראתו (ש״א ט״ז) : (ג) עורף . ר״ל כורת עורף והוא אחורי הצואר כמו ואם לא תפדה וערפתו (שמות י״ג) : מזכיר . כן נקרא הקטרת הלבונה כמ״ש והיתה ללחם לאזכרה

מצודת דוד

גדולתי : ואי זה מקום מנוחתי . כפל הדבר במ״ש : (ב) ואת כל אלה . אף השמים והארץ אינם קדומים כמוני כי ידי עשתה אותם : ויהיו כל אלה . אח״ז היו כל אלה אבל אינם קדומים כמוני : ואל זה אביט . ועם שאני רם על רמים עכ״ז אביט ואשגיח בשפלים אל העני ואל מי שרוחו נשברה בעבור הצער והיגון ואל החרד על דברי לעשותם וכאומר אבל לא על המקריבים קרבנות ולבם רחוק ממני : (ג) שוחט השור . ר״ל כי קרבנות הרשעים אינם מקובלים לפני והשוחט את השור הרי הוא כאלו מכה איש כי דם יחשב ולא לרצון : עורף כלב . נמאס בעיני כאלו ערף את הכלב : דם חזיר . נתעב בעיני כאלו זרק דם חזיר : מזכיר

fore, proceeds to rebuke those who, while adhering to their evil ways, bring sacrifices to the Temple.

3. **Whoever slaughters an ox**—He who slaughters an ox to sacrifice it before Me when he has not yet repented of his sins, is considered as though he is slaying a man, and he who slaughters a lamb for a sacrifice is considered as one who beheads a dog to sacrifice it, and he who offers up a meal-offering is as though he offered up swine blood since his offerings are considered unclean like

you will build for Me, and which is the place of My rest?
2. And all these My hand made, and all these have become,"
says the Lord. "But to this one will I look, to one poor and of
crushed spirit, who hastens to do My bidding. 3. Whoever
slaughters an ox has slain a man; he who slaughters a lamb is as
though he beheads a dog; he who offers up a meal-offering is
[like] swine blood; he who burns frankincense

throne, but this is an anthropomorphism, an allegory of a king on a throne, with his feet on a footstool, directing his people what to do. Since the throne is more esteemed that the footstool, He compares the heavens to the throne and the earth to the footstool. This symbolizes that He is the cause of everything that transpires in heaven and on earth, and everything is performed through His command and decree from the upper worlds to the lower.—[*Redak*]

2. **And all these**—*The heavens and the earth, and for this reason I confined My Shechinah among you when you obeyed Me, for so is My wont, to look at one poor and of crushed spirit, who hastens to do My bidding. But now, I have no desire for you, for whoever slaughters an ox, has smitten its owner and robbed him of it. Therefore, whoever slaughters a lamb seems to Me as one who beheads a dog, and whoever offers up a meal-offering is before Me like swine blood, and* מַזְכִּיר, *he who burns incense. Comp.* "(Lev. 5:12) *its memorial-part* (אַזְכָּרָתָהּ)." *Also,* "*(ibid. 24:7) and it shall be for the bread as a memorial* (לְאַזְכָּרָה)."—[*Rashi*]

Redak explains the sequence of the verses as follows: Do not think that, since I call the heavens My throne and the earth My footstool, that they were forever existing like Me. This is not so, but I am the first, and My hand created and made the heavens and their hosts, the earth and all that is on it.

and all these have become—I made them, and they became as I commanded. Now even though I am above the highest beings, I look to the humble and the lowly, and those who hasten to do My bidding, even though they do not offer up sacrifices, for one who does not sin requires no sacrifice. On the contrary, those who offer up sacrifices but commit bad deeds, do not please Me with their sacrifices, but they are regarded as sins. The prophet, there-

מְבָרֵךְ אָוֶן גַּם־הֵמָּה בָּחֲרוּ בְּדַרְכֵיהֶם
וּבְשִׁקּוּצֵיהֶם נַפְשָׁם חָפֵצָה׃ ד גַּם־אֲנִי
אֶבְחַר בְּתַעֲלוּלֵיהֶם וּמְגוּרוֹתָם אָבִיא
לָהֶם יַעַן קָרָאתִי וְאֵין עוֹנֶה דִּבַּרְתִּי
וְלֹא שָׁמֵעוּ וַיַּעֲשׂוּ הָרַע בְּעֵינַי וּבַאֲשֶׁר
לֹא־חָפַצְתִּי בָּחָרוּ׃ ה שִׁמְעוּ דְּבַר־יְהוָה

תרגום

אוֹנָס אַף אִינוּן
אִתְרְעִיאוּ בְּאוֹרְחָתְהוֹן
וּבְשִׁיקוּצֵיהוֹן נַפְשְׁהוֹן
אִתְרְעִיאַת׃ ד אַף אֲנָא
אֶצְבֵּי בְּתַבְרֵהוֹן וּמִמָּה
דְּיָצְפָן לָא יְשֵׁיזְבוּן
חֲלַף דִּשְׁלָחִית נְבִיַּי וְלָא
תָבוּ אִתְנַבִּיאוּ וְלָא
קַבִּילוּ וַעֲבָדוּ דְּבִישׁ
קֳדָמַי וּבִדְלָא צְבֵינָא
אִתְרְעִיאוּ׃ ה קַבִּילוּ
פִּתְגָמָא דַּיְיָ צַדִּיקַיָּא

ת״א מברך און. עקדה שער קא: כצ״ג   החרדים

רש״י

(ג) מברך און. מברך אותי בתשורת אונס מברך און מתשיר אונס זהו פירושו ולשון ברכה נופל בתשורה שהיא להקבלת פנים כמו קח נא את ברכתי (בראשית ל״ג) עשו אתי ברכה וצאו אלי: גם המה בחרו בדרכיהם. הם חפצים בדרכים הללו הרעים וגם אני אבחר ואחפוץ בתעלוליהם וא״ת מהו גם כן דרך לשון עברי לומר שני גמין זה אצל זה כמו גם בחור גם בתולה (דברים ל״ב) גם לי גם לך (מלכים א׳ ב׳) גם אהבה גם שנאה (קהלת ט׳) לשון ולא ימותו גם הם גם אתם (במדבר י״ח) אף כאן גם הם בחרו וגם אני אבחר: (ד) בהעלוליהם. להתעולל בם ל׳ כי התעללת בי (שם כ״ב): ומגורותם. מה שהם יראים: יען קראתי. שמעו שמוע ושובו אלי: ואין

מהר״י קרא

כאילו מקריב ומעלה דם חזיר: מזכיר לבונה. בקרבן הלבונ׳ נופל בו לשון הזכרה דכתיב ונתת על המערכת לבונה זכה

אבן עזרא

העולה קרבה כהונן או יהיה מכה איש לא מכת נפש רק מכת פצע וחבורה: זובח השה. לפני כאילו הורג כלב והנה עורף שהוא מלרע פועל וטעם לכרות העורף וכן וערפו שם וכאשר הוא שם הוא מלעיל הנו שם: מעלה מנחה. כאילו העלה דם חזיר: מזכיר לבונה. מגזרת אזכרה כאלו מברך און. וטע׳ גם המה תחסר מלת אבותיכ׳ וכן הוא כי אבותיכם גם המה: (ד) גם אני. בתעלוליהם מגזרת עלילות דברים והטעם בעלילו׳ שיבא עליהם או מגזר׳ ויתעללו בה להתעולל: ומגורהם. יראתם כמו ויגר מואב: (ה) שמעו. מנדיכם. מרחיקים אתכם ומתבל

רד״ק

להקריבו כאלו ערף כלב להקריבו לפני וכן מעלה מנחה לפני כאלו מעלה דם חזיר לפני שהם כמו הכלב והחזיר טמאים וכן מזכיר לבונה כאלו מברך און ודבר שוא לפני כלומר גזל שהוא און ושוא: מזכיר. מקטיר כמו אזכרתה לה׳: מברך. מביא מנחה כמו קח נא ברכתי שענינו כמו מנחתי וכן קח נא ברכת מאת עבדך מנחה וכן לשאול לו בשלום ולברכו ולהביא לו מנחה ומה שאמר עורף כלב לפי שאינו בן שחיטה אמר בו לשון עריפה כמ״ש בפטר חמור וערפתו. וכן וערפו שם את העגלה שהיו מכין אותה בקופיץ ממול ערפה ופירושו כריתות הערף וערף קריאתו בשני טעמים והוא פעל כי השם הוא מלעיל ערף ולא פנים וזכר כלב וחזיר לפי שהכלב מפרים פרסה אף על פי שאינו שוסע שסע והחזיר מפרים פרסה ושוסע שסע, והנה שניהם יש בהם צד סימני טהרה והם טמאים כך הם מראים בעצמם צד מעשה טוב בהקריבם הקרבן והם טמאים במעשיהם הרעים ואמר גם המה פי׳ הם ששוחטים השור וזובחים השה גם המה הם כמו עורף כלב ומעלה דם חזיר למת לפי שבחרו בדרכיהם הרעים: ובשקוציהם נפשם חפצה. לא בדרכי ובמצותי שאמרתי להם אל תשקצו את נפשותיכם: (ד) גם אני אבחר בתעלוליהם. כיון שהם משחיתים דרכיהם גם אני אבחר בהשחתת מעשיהם וכן ובעלילותם הנשחתות והדומים להם ענינם מעשה חרם והשחתה: ומגורתם. מה שהם יראים ממנו והוא החרב והרעב אביא להם: יען קראתי. להם על ידי הנביאים להשיבם לדרך הטובה: ואין עונה. כלומר אין מקבל דברי: (ה) שמעו. מנדיכם. מרחיקים אתכם בעבור שאתם חרדים לדבר ה׳ הם שונאים אתכם ומרחיקים אתכם והם אומרים למען שמי יכבד ה׳ כלומר כבד הוא עלינו במצותיו אשר צונו כמו ולא נכבד עליך הם אמרו זה בעבור ה׳ אבל הוא האל יהיה נראה ונגלה בשמחתכם שתשמחו

מצודת דוד

לבונה. המקטיר לבונה הוא מביא תשורה דבר שאינו הגון ולאוי: גם המה בחרו. ר״ל הואיל וגם המה בחרו בדרכיהם ולא הלכו בהם בדרך קרי ונזדמן ונפשם חפצה לעשות שקוצים הנראה להם ולא בלא דעת ובלא לב יעשוה: (ד) גם אני אבחר. לכן גם אני אבחר להתעולל בהם בהבאות הרעות ולא אעזבם אל המקרה כי אם אבחר בהבאות הרעות: ומגורותם. מהדבר אשר הם יראים זה בעצמו אביא עליהם: יען. בעבור כי קראתי אליהם ע״י הנביאים להזהירם ליישר דרכם ואין מי משיב לומר אייטר דרכי מעתה: דברתי וגו׳. כפל הדבר במ״ש: הרע בעיני. הדבר הרע בעיני: ובאשר. בהדבר אשר לא חפצתי אני בחרו הם: (ה) שמעו וגו׳. אתם

מצודת ציון

(ויקרא כ״ד): מברך. הוא ענין תשורה הבאה להקבלת פנים וכן קח נא את ברכתי (בראשית ל״ג): און. ענין דבר שאינו ראוי והגון: ובשקוציהם. מל׳ שקץ ותעוב: (ד) בתעלוליהם. ענין

and no one answered—*saying, "I heard."*—[*Rashi*]

I.e. to say, "No one accepted My words."—[*Redak*]

brings a gift of violence; they, too, chose their ways, and their soul desired their abominations. 4. I, too, will choose their mockeries, and their fears I will bring to them, since I called and no one answered, I spoke and they did not hearken, and they did what was evil in My eyes, and what I did not wish they chose. 5. Hearken to the word of the Lord,

the dog and the swine.—[*Redak*]

brings a gift of violence—Heb. מְבָרֵךְ, *blesses Me with a gift of violence, brings a gift of violence. This is its explanation, and the expression of* בְּרָכָה *applies to a gift that is for a reception. Comp.* "(Gen. 33:11) *Please take my gift* (בִּרְכָתִי)." *Also* "(supra 36:16) *Make peace with me* (בְרָכָה) *and come out to me.*"—[*Rashi*] See *Rashi* on the latter verse.

He who burns frankincense on the altar is as though he presented God with a gift of a stolen or robbed article since he continues with his evil deeds.—[Based on *Jonathan*]

Mezudath Zion renders: an improper gift.

they, too, chose their ways—*They desire these evil ways, and I, too, will choose and desire their mockeries. Now if you ask the meaning of* גַּם, *too, so is the style of the Hebrew language to say twice* גַּם one next to the other. Comp. "(Deut. 32:25) *Both a young man and a virgin* (גַּם בָּחוּר גַּם בְּתוּלָה)"; "(I Kings 3:26) *neither mine nor yours* (גַּם לִי גַּם לָךְ)"; "(Ecc. 9:1) *neither love nor hate* (גַּם אַהֲבָה גַּם שִׂנְאָה)"; "(Num. 18:3) *and neither they nor you shall die* (גַּם הֵם גַּם אַתֶּם)." *Here, too, both they chose and I will choose.*—[*Rashi*]

Alternatively, they, too, those who slaughter the ox and the lamb, are like one who beheads a dog and one who offers up swine blood, since they chose their evil ways.—[*Redak*]

and their soul desired their abominations—rather than My commandments, for I commanded, "You shall not make your souls abominable."—[*Redak*]

4. **their mockeries**—Heb. בְּתַעֲלוּלֵיהֶם, *to mock them, an expression like "(ibid. 22:29) For you mocked* (הִתְעַלַּלְתְּ) *me.*"—[*Rashi*]

Redak explains בְּתַעֲלוּלֵיהֶם as 'their deeds.' He renders the verse: **I, too, will choose their deeds.** Just as they have chosen destructive ways, so will I choose destructive ways and destroy them.

and their fears—*What they fear.*—[*Rashi*]

Redak elaborates: the sword and the famine.

since I called—*Hearken and return to Me.*—[*Rashi*]

I called them through My prophets to bring them back to the good way.—[*Redak*]

החרדים אל־דברו אמרו אחיכם
שנאיכם מנדיכם למען שמי יכבד
יהוה ונראה בשמחתכם והם יבשו:
ו קול שאון מעיר קול מהיכל קול יהוה
משלם גמול לאיביו: ז בטרם תחיל
ילדה

דמשתון לקביל פתגמי רעותיה אמרין אחיכון סנאיכון מרחקיכון בדיל שמי יסגי יקרא דיי ונחזי בחדותכון ואינון יבהתון: ו קל אתרגושא מקרתא דירושלם קלא מהיכלא קל מימרא דיי דמשלים גמלא לבעלי דבבוהי: ז עד לא מיתי עקא

ה"א כחרדים. ב"מ לג זוהר תבא:

מהר"י קרא

והיתה ללחם לאזכרת: (ה) אמרו אחיכם שונאיכם מנדיכם. הם בני אדם הנזכרים למעלה בענין שאומ' בקרוב אליך. אל תגע בי כי קדשתיך. שמנדים אתכם מהם ומחזיקים אתכם בחזקת בנודים. ומה הם אומרים. כך הם אומ' למען שמי יכבד ה'. כל מי שעושה כמעשי והולך בדרכי. בהם מתכבד המקום ובהם הוא חפץ: ונראה בשמחתכם והם יבושו, ואימתי יהיה דבר זה. כשיעלה לפניו קול שאון מעיר. כשיגיע לפניו זעקת בני ישראל שזועקים מחמס שעשו להם אנשי (מרוי) חייב'. ומי מקטרג עליו קול מהיכל. קולות של היכל שהחריבה מקטרג

רש"י

עונה. לאמר שמעתי: (ה) החרדים אל דברו. הצדיקים הממהרים בחרדה להתקרב אל דבריו: אמרו אחיכם. פושעי ישראל הנזכרי' למעלה. ד"א אמרו אחיכם מנדיכם. אשר אמרו לכם סורו טמא (איכ' ד'): שונאיכ' מנדיכם. האומרים קרב אליך אל תגש בי (לעיל ס"ה): למען שמי יכבד ה'. בגדולתינו הקדוש ב"ה מתכבד שאנו קרובים לו יותר מכם: ונראה בשמחתכם והם יבושו. הנביא אומר אבל לא כן הוא כדבריהם כי בשמחתכם נראה והם יבושו למה כי קול שאון שלהם בא לפני הקב"ה ממה שעשו בעירו וקול יוצא מהיכלו ומקטרג על מחריביו ואחר כן קול ה' משלם גמול לאויביו: (ז) בטרם תחיל. ציון חיל היולדת ילדה את בניה כלומר יתקבלו בניה

רד"ק

בישועתו והם יבשו ומתי יהיה זה כאשר יהיה קול שאון מעיר ואם כנגד בני דורו החרדים אל דבר ה' אמר כמ"ש והחרד על דברי יהיה פירושו ונראה בשמחתכם על שכר הנפשות כמו שפירשנו או לפי שהם עתידים לחיות בתחית המתים לימות המשיח ויתכן לפרש כי אמר זה כנגד עולי הגולה החרדים אל דבר ה': (ו) קול שאון מעיר. אז לימות המשיח יצאה קול שאון מעיר ירושלם על גוג ומגוג והם איבי ה' וכן אמר בנבואת זכריה ויצא ה' ונלחם בגוים ההם: (ז) בטרם. ר"ל כי פתאום תבוא הישועה לישראל והמשיל ירושלם לאם וישראל לבנים ואמר זכר כי הוא טוב וחזק מן הנקבה ובו ישמחו יולדיו יותר מן הנקבה כן יהיה אותו הדור שתהיה להם הישועה והנה אמר בטרם תחיל ילדה ואמר אחר כך היוחל ואמר כי חלה הטעם כי הישועה תבא להם פתאם כמו אם תלד הנקבה בטרם יבא חבל לה אבל קודם שתשלם הישועה וטרם שיקבצו כל ישראל בארצם ותשלם שלותם תהיה להם מעט זכן כמו חבלי יולדה כמ"ש חבי כמעט רגע עד יעבור זעם כמו שפירשנו וכן אמר בנבואת זכריהו ונלכדה העיר ונשסו הבתים וגו' ואחר החבלים האלה ויצא ה' ונלחם בגוים ההם ואמר לעת ערב

אבן עזרא

ינידוהו ויש אומרים שאתם חשובים מנודים בעיניה' וטעם אחיכם שהוא יותר קשה: יכבד ה'. אמר רבי משה הכהן כי הוא מלשון כבדות והטע' כי הוא כבד עליו לזכרו ולשמר חוקיו וראייתו כי לא ימצא מלשון כבוד כי אם מבנין נפעל כמו נכב' והנה שכח יכבדו בניו והעד ילעדו והנה על פירושו הטעם ידוע ותחסר מלת זמן כאילו אמר עוד תביא זמן שנרא' בשמחתכם והם יבושו דברי המנדים וכן פירוש הפסוק אמרו אחיכם למען שמי יכבד השם מי יתן ויכבד השם מגזרת כבוד ונראה בשמחתכם ונבוש אנחנו וזה הוא הטעם והם יבושו והטעם שיאמרו שהשם לא יוכל להראות כבודו והנה יהי' זה הכתוב דבק עם הבא אחריו והמפרשים אמרו שאיננו לשון המנדים ואמרו כי הוא דבר השם כדרך נעשה אדם ואחיכם אמרו השם והנביא: (ו) קול שאון מעיר. ציון: קול מהיכל. השם הוא בית השם או השמים כי יקראו היכל הקודש וטעם קול שישמע בכל העולם נקמת השם בהם: לאויביו. הם המנדים: (ז) בטרם תחיל. מגזרת חיל כיולדה הטע' שיבאו בני ציון בלא טורח כיולדה

מצודת ציון

לעג והתול כמו כי התעללת בי (במדבר כ"ב): ומגורותם. ענין פחד כמו ויגר מואב (שם): (ה) החרדים. הממהרים: מנדיכם. מל' הנדה והנעה: (ו) שאון. ענין המייה: (ז) תחיל. הוא

מצודת דוד

הצדיקים החרדים אל דבר ה' לעשותם שמעו דבר ה': אמרו וגו'. פושעי ישראל: אחיכם. השונאים אתכם המנדים להרחיק אתכם כמו שכתוב האומרים קרב אליך וגו' (לעיל ס"ה) הנה הם אמרו למען שמי יכבד ה' רצה לומר בעבור פרסום שמי בא כבוד לה' כי אנו קרובים אליו ומתכבד הוא עמנו: ונראה. אבל לא כן היא כדבריהם כי בעינינו נראה בשמחתכם והרשעים המה יבושו על כי הלכו אחר ההבל: (ו) קול שאון מעיר. אז יצא קול שאון מעיר ציון וחוזר ומפרש שיצא הקול מן היכל ה' העומדת בציון ולתוספת ביאור אמר שזהו קול ה' היוצא לאיים על העכו"ם לשלם גמול לאויביו הם גוג ומגוג כמ"ש ויצא ה' ונלחם בגוים (זכריה י"ד): (ז) בטרם תחיל. על ציון יאמר בטרם תחיל חיל היולדה תלד ר"ל יתקבצו בניה לתוכה כאלו ילדה אותם עכשיו

after, in the world of the souls. It may also refer to the resurrection of the dead in Messianic times. It is also possible that he is addressing those who will come up from exile.

6. **There is a sound of stirring from the city**—Then in Messianic times, a sound of stirring will go forth from the city of Jerusalem about Gog and Magog, who are God's enemies. We find a parallel in the prophecy of Zechariah: "(14:3) And the Lord shall

who quake at His word, "Your brethren who hate you, who
cast you out, said, "For the sake of my name, the Lord shall be
glorified," but we will see your joy, and they shall be ashamed.
6. There is a sound of stirring from the city, a sound from the
Temple, the voice of the Lord, recompensing His enemies.
7. When she has not yet travailed,

5. **who quake at His word**—*The righteous who hasten with quaking to draw near to His words.—[Rashi]*

Your brethren ... said—*The transgressors of Israel mentioned above. Another explanation:* **Your brethren ... who cast you out, said**—*Who said to you,* "(Lam. 4:15) *Turn away, unclean one.—[Rashi]*

who hate you, who cast you out—*Who say,* "(supra 65:5) *Keep to yourself, do not come near me."—[Rashi]*

Because of the confusion, we quote other readings. Some manuscripts, as well as *K'li Paz,* read:

Your brethren ... said—*The transgressors of Israel mentioned above.*

who hate you, who cast you out—*who say,* "(supra 65:5) *Keep to yourself, do not come near me." Another explanation:* Your brethren ... said—*The children of Esau.*

who cast you out—*who said to you,* "(Lam. 4:15) *Turn away, unclean one." Parshandatha* claims that the original *Rashi* text was the second explanation. It was, however, omitted in favor of the first explanation, which originated from Rabbi Joseph Kara. *Rashi*'s commentary on v. 18 does, indeed, indicate that he explains this passage as alluding to the gentiles.

For the sake of my name, the Lord shall be glorified—*With our greatness, the Holy One, blessed be He, is glorified, for we are closer to Him than you are.—[Rashi]*

but we will see your joy—*The prophet says, But it is not so as their words, for "we will see your joy, and they shall be ashamed." Why? For sound a sound of their stirring has come before the Holy One, blessed be He, from what they did in His city, and a sound emanates from His Temple and accuses those who destroyed it, and then the voice of the Lord, recompensing His enemies.—[Rashi]*

Ibn Ezra explains that the transgressors who deride the God-fearing, make the entire statement. For the sake of my name may the Lord be glorified. That is to say, If only the Lord be glorified, and we see your joy, and they—meaning we—be ashamed. This is said sarcastically.

Rabbi Moshe Hakohen and *Redak* render: For the sake of my name, the Lord is heavy. I.e., He has made it too burdensome for us to comply with His precepts. But the Lord will reveal Himself in the midst of your joy, and they, the sinners, will be ashamed. This will transpire when a sound will be heard from the city etc. If the prophet is addressing his generation, the intention is that the righteous will rejoice in the here-

ילדה בטרם יבוא חבל לה והמליטה
זכר: ח מי־שמע כזאת מי ראה כאלה
היוחל ארץ ביום אחד אם־יולד גוי
פעם אחת כי־חלה גם־ילדה ציון את־
בניה: ט האני אשביר ולא אוליד
יאמר יהוה אם־אני המוליד ועצרתי
אמר אלהיך: י שמחו את־ירושלם

עקא לה תתפריק עד
לא ייתי לה זיע כחבלין
על ילידה יתגלי מלכה:
ח מן שמע כחדא מן חזא
כאלין האפשר
דתתעביד ארעא ביומא
חד אם יתכנשון עמא זמן
חדא ארי עתידא
דתתנחם ציון ותתמלי
מעם שבי גלותהא:
ט אנא אלהא ברית
עלמא מבראשית אמר יי
אנא ברית כל אנשא
אנא בדריתיהון לביני
עממיא אף אנא עתיד לכנשא גלותיך אמר אלהיך: י חדו בירושלם ובועו בה כל רחמהא

רש"י

לתוכה אשר היתה שוממה מהם ושכולה והרי הוא כאלו ילדתן עכשיו בלא חבלי יולד׳ כי כל האומות יביאום לתוכה: **והמליטה זכר.** כל יציאת דבר בלוע קרוי המלטה. והמלטה (איסקמולייי״ר בלע״ז): (ח) **היוחל ארץ ביום אחד.** היבוא חיל ליולדת לילד מלא ארץ בנים ביום אחד: (ט) **האני אשביר ולא אוליד.** האני אביא את אשה

מהר"י קרא

עליו: (ט) האני אשביר ולא אוליד יאמר ה׳. האני הצרתי לישראל כאשה היושבת על המשבר. ולא דין הוא שיהא מוליד להם. אתמהא. והלא סימני הישועה הם צרות. כסימן חבלים ללידה: אם אני המוליד. לאומות העולם עכשיו מיכן

אבן עזרא

שילדה בנים בלי טורח: והמליטה. כטעם ילדה וכמוהו שמה קננה קפוד ותמלט ואם הם שנים בניים והטעם שיבואו בני ציון בלי טורח מארבע רוחות פתאום כאילו ציון חלה וילדה בנים ביום אחד והוא דבר פלא: (ט) **האני אשביר.** מגזרת משבר בנים הטעם שיש לי כח לעשות באלה כאילו אני אגיע היולדה על המשבר ולא אוכל להוליד או אני שהייתי מוליד כל העולם ועצרתי: (י) **שמחו. כל**

רד"ק

יהיה אור וזוהו הלידה אחר שחלה ואמר וישבו בה וחרם לא יהיה עוד: והמליטה. הלידה נאמרה בזה הלשון וכן שמה קננה קפוד ותמלט: (ח) מי שמע. היוחל ארץ. בא בל׳ זכר כמו ולא נשא אותם הארץ והוא משלא נזכר שם פעלו מהנוסף והנוסף ימצא כן פעל עומד ויוצא העומד כמו יחילו עמים ולאשה מה תחילין. והיוצא קול ה׳ יחיל מדבר יחילו דרכיו בכל עת ומלת היוחל פעול מהיוצא כי ממנו יבנה שלא נזכרו פועלו: (ט) האני אשביר. אחר שהמשיל ציון לאשה יולדת אמר האני אשביר ולא אוליד כלומר אם אביא האשה על המשבר ולא אוליד אותה כן זה לא יתכן ואם אביא ציון על המשבר במלחמות גוג ומגוג באמת אוליד אותה והלידה היא הישועה: אם אני המוליד ועצרתי. אני הוא המוליד ארצות הגוים עד הזמן ההוא ואז אעצור אותם מלדת כי הגדולה והכבוד יהיה לישראל לבדם וי״ת אנא אלהא ברית עלמא וגו׳: (י) שמחו. כל אוהביה בגלות על דרך כי רצו עבדיך את אבניה ואז בקבוץ גליות תשמחו בה ותשישו בתוכה

מצודת דוד

מבלי חיל וחבלי לידה: בטרם יבוא וגו׳. כפל הדבר במ״ש: והמליטה זכר. ילדה זכר ולפי שתרבה השמחה בלידת זכר מלידת נקבה אמר והמליטה זכר לפי גודל השמחה: (ח) מי שמע כזאת. מי שמע פלא כזאת ומי ראה פלא כאלה האם מעולם בא חיל יולדה לכל נשי הארץ ביום אחד האם מעולם נולד אומה שלימה בפעם אחת: כי חלה. ר״ל כי זה הפלא נעשה בציון כי חלה מבל בנים וגם ילדתם בפעם אחת ר״ל כולם כאחד יבאו ממקום גלותם ובאו לציון באין שטן ובאין פגע רע: (ט) האני אשביר. האני אביא את אשה על המשבר ולא אפתח רחמה שתלד ר״ל שמא אתחיל בדבר ולא אוכל לגמור: אם אני המוליד. אם אמנם הוא שמוליד את כל היולדת ושמא עכשיו אעצור אותך בתמיה ר״ל הלא לכל העכו״ם אני הוא הנותן כח בידםואיך לא אתן הכח בידכם: (י) שמחו. אתם השאים

מצודת ציון

כאב הלידה וכן לא חלתי ולא ילדתי (לעיל כ״ג): חבל. ליריס ומכאובי לידה כמו חבלי יולדה (הושע י״ג): והמליטה. כן נקרא לידת הולד כמו ותמלט ובקעם (לעיל ל״ד): (ח) היוחל. חלה. הם מלשון חיל: (ט) אשביר. מקום מושב היולדת נקרא משבר כמו לא יעמוד במשבר בנים (הושע י״ג): ועצרתי. ענין עכוב ומניעה

woman in confinement, He states, "Will I bring to the birth stool and not cause to give birth?" Just as this cannot be, neither will I bring Israel into the war of Gog and Magog without bringing them to the ultimate salvation, symbolized by the birth.—[*Redak*]

Am I not He Who causes to give birth—Until that time, I am the One Who causes the nations to give birth, i.e. to extricate them from their straits, but now I will shut the womb, i.e I will save no nation but Israel, for the greatness and the glory belong to them exclusively. [Note that *Redak* renders this clause in the declarative sense: and I *will* shut the womb. In this, he differs from *Rashi* and *Ibn Ezra*.]

she has given birth; when the pang has not yet come to her, she
has been delivered of a male child. 8. Who heard [anything]
like this? Who saw [anything] like these? Is a land born in one
day? Is a nation born at once, that Zion both experienced birth
pangs and bore her children? 9. "Will I bring to the birth stool
and not cause to give birth?" says the Lord. "Am I not He who
causes to give birth, now should I shut the womb?" says your
God. 10. Rejoice with Jerusalem

come out and wage war against those nations."—[*Redak*]

7. **When she has not yet travailed**—*When Zion has not yet travailed with birth pangs, she has borne her children; that is to say that her children will gather into her midst, which was desolate and bereft of them, and it is as though she bore them now without birth pangs, for all the nations will bring them into her midst.*—[*Rashi*]

Redak explains that the intention is that the salvation shall come suddenly to Israel. He compares Israel to a mother and Israel to children. The salvation is compared to the birth of a male child because the parents and family rejoice more when a male child is born than when a female child is born. Although Scripture likens the salvation to a painless birth, in verse 8, birth pangs are mentioned. The intention is that the commencement of the salvation will be sudden and painless. Before it is complete and before all the exiles are restored to their land, however, there will be a short time of trouble, which can be likened to birth pangs. Comp. supra 26:20: "Hide but for a moment until the wrath passes." This alludes to the war of Gog and Magog. Zechariah, too, depicts the battle and its tribulations," (14:2–7) And the city shall be captured, and the houses shall be plundered . . . and the Lord shall come out and wage war with those nations . . . at the time of evening there shall be light." This is the birth after the birth pangs mentioned in the preceding verses.

she has been delivered of a male child—Heb. וְהִמְלִיטָה. *Any emerging of an embedded thing is called* הַמְלָטָה. And הַמְלָטָה *is esmoucer, or eschamocier in O.F., to allow to escape.*—[*Rashi*]

8. **Is a land born in one day?**—*Can a pain come to a woman in confinement to bear a land full of sons in one day?*—[*Rashi*]

9. **Will I bring to the birth stool and not cause to give birth**—*Will I bring a woman to the birth stool and not open her womb to bring out her fetus? That is to say, Shall I commence a thing and not be able to complete it? Am I not the One Who causes every woman in confinement to give birth, and now will I shut the womb? This is a question.*—[*Rashi*]

Since He compares Israel to a

וְגִילוּ בָהּ כָּל־אֹהֲבֶיהָ שִׂישׂוּ אִתָּהּ
מָשׂוֹשׂ כָּל־הַמִּתְאַבְּלִים עָלֶיהָ׃ יא לְמַעַן
תִּינְקוּ וּשְׂבַעְתֶּם מִשֹּׁד תַּנְחֻמֶיהָ לְמַעַן
תָּמֹצּוּ וְהִתְעַנַּגְתֶּם מִזִּיז כְּבוֹדָהּ׃ יב כִּי־
כֹה אָמַר יְהוָה הִנְנִי נֹטֶה־אֵלֶיהָ כְּנָהָר
שָׁלוֹם וּכְנַחַל שׁוֹטֵף כְּבוֹד גּוֹיִם וִינַקְתֶּם
עַל־צַד תִּנָּשֵׂאוּ וְעַל־בִּרְכַּיִם תְּשָׁעֳשָׁעוּ׃

תרגום

דוּצוּ עִמַּהּ חֶדְוָא כָּל דַהֲווֹ
מִתְאַבְּלִין עֲלַהּ׃ יא בְּדִיל
דְתִתְפַּנְקוּן וְתִשְׂבְּעוּן
מִבִּזַּת תַּנְחוּמָתַהָא בְּדִיל
דְתִשְׁתּוּן וְתִתְרַוּוּן מֵחֲמַד
יְקָרַהּ׃ יב אֲרֵי כִדְנַן אֲמַר
יְיָ הָא אֲנָא מַיְתֵי לַהּ
כְּשְׁפַע נְהַר פְּרָת שְׁלָם
וּכְנַחַל מַגְבַּר יְקַר עַמְמַיָא
וְתִתְפַּנְקוּן עַל גִּסְסִין
תִּתְנַטְלוּן וְעַל רְכוּבִין
תִתרבון

ת"א וגילו בה. תענית ל ב"ב ס זוהר ויגש במדבר: שישו אתה. (גטין נז): כנהר שלום. ברכות נז:

מהר"י קרא

ואילך. וכצרתי אמר אלהיך: (יא) משוד תנחומיה. שוד

רש"י

על המשבר ולא אפתח רחמה להוציא עוברה כלומר שמא אתחיל בדבר ולא אוכל לגמור והלא אני המוליד את כל היולדת ועכשיו שמא עצרתי בתמיה: (יא) משד. לשון שדים: תמוצו. (שוליי"ר בלע"ז): מזיז כבודה. מכבוד גדול הזז וממשמש לבא לה: זיז. (אישמוביל"ט בלע"ז): (יב) וכנחל שוטף. אני נוטה אליה כבוד גוים: על צד. על לדי אומניכם על גיססין: תשעשעו. תהיו משועשעין כדרך שמשעשעין את התינוק (אושבניי"ר בלע"ז):

רד"ק

שתראו בבנינה כמו שראיתם בהרבנה והתאבלתם עליה כן תשמחו בה ותשישו בתוכה: (יא) למען. התאבלתם עליה למען שתראו בשמחתה ותינקו ושבעתם משוד תנחמיה כי ידעתם כי זה יהיה גמולכם: משוד. כמו ושוד מלכים תינקי והוא כמו שד בפתח והוא על דרך משל ר"ל תענוג: תמצו. ענין מציצה: מזיז. ענינו לפי מקומו כמו זיו וי"ת מחמד יקריה: (יב) כי כה אמר ה'. שלום. שלום הגוים שיבאו מכל פאה לשאול שלומם ומביאים להם מנחה ומה שאמר כנחל שוטף לא שיזיק כמו הנחל השוטף אלא כמו שהנחל השוטף יבא במרוצה כן יבא להם כבודם וממונם במרוצה ועל הדרך הזה בא כוש תריץ ידיו לאלהים: וינקתם. על דרך משל כמו שיינק התינוק החלב מאין עמל כן תאכלו כבוד העכו"ם שלא יגעתם בה ואחר שהמשיל אותם לתינוק ביניקה המשיל אותם גם כן ליונק כמו שנושאת אותו האומנת על זרועית והיא משעשעת אותו על ברכיה וכל זה ממיני גדול היונק כן תהיו אתם מנושאים בעכו"ם ומכובדים בכל מיני כבוד וגדולה: תשעשעו. מבנין פעל שלא נזכר שם פועלו מבנין פועל שממנו

אבן עזרא

המתאבלים. בגלות עליה: (יא) למען. משוד. כמו ושוד מלכים תינקי והנה הטעם שובע שמחות כי התנחומים הפך האבלות: תמוצו. כמו מיץ חלב ואם הם שני' שרשים: מזיז כבודה. אמר רבי יונתן בן עוזיאל מחמד. אמר רבי משה הכהן כמו וזיז שדי והוא מטע רחוק והנכון שאין רע לו: (יב) כי. כנהר. אטה אל ציון שלום: ובנחל שוטף. חיל גויס. כמו עשה לי את החיל הזה: על צד תנשאו. בעת בואכם מהגלות: תשעשעו. כמו ושעשע יונק ובא העי"ן

מצודת ציון

כמו עצרתי ה' מלדת (בראשית י"ז): (י) המתאבלים. מלשון אבלות ולער: (יא) תינקו. מלשון יניקה: משד. כמו משד בפת"ח וכי ושד מלכים תינקי (לעיל ס'): תנחומיה. מלשון נחמה: תמצו. מל' מלילה כמו מצית מלית (לעיל נ"א): והתענגתם. מלשון תענוג: מזיז. מלשון הזזה ממקום למקום וכן וזיז שדי ירעה (תהלים נ'): (יב) שוטף. ענין לדיפה ומהירות המשיכה: כבוד. ענין עושר כמו ומאשר לאבינו עשה את כל הכבוד הזה (בראשית ל"א): תנשאו. מלשון משא וסבל: תשעשעו. ענין התעסקות בשמחה:

מצודת דוד

מן הגולה שמחו את ירושלים בבואכם אליה: כל אוהביה. כל מי שאהב אותה ואהב לראותה בבנינה: כל המתאבלים עליה. בעת חורבנה: (יא) למען תינקו. התאבלתם עליה למען שתראו בשמחתה ותינקו ותשבעו משדי תנחומיה כי ידעתם אשר זה יהיה גמולכם: למען תמוצו. למען תהיו מוללים ומתענגים מן הכבוד הזה וממשמש לבוא לה והוא כפל ענין במ"ש לומר שהרבה טובה תקבלו בבוא עת בנינה: (יב) נוטה אליה. אטה אל ירושלים שלום הרבה כמי נהר וכבוד הגוים ועשרם אטה לה לבוא במרוצה כנחל שוטף: וינקתם. אתם המתאבלים עליה תהיו יונקים את העושר הזה והוא דרך משל לומר כמו התינוק יונק חלב מאין עמל כן תאכלו כבוד העכו"ם אשר לא יגעתם בה: על צד תנשאו. ר"ל תהיו מכובדים מאד בעיני העכו"ם ולפי שהמשילם לתינוק היונק אמר לשון הנופל בתינוק היונק שנושאים אותו על הזרוע בצד הגוף

the raising of the child. So will the nations care for you and honor you with all sorts of glory and greatness.—[*Redak*]

you shall be dandled—*You shall be dandled as they dandle an infant. Esbanier in O.F.*—[*Rashi*]

13. **Like a man whose mother con-**

and exult in her all those who love her; rejoice with her a rejoicing, all who mourn over her. 11. In order that you suck and become sated from the breast of her consolations in order that you drink deeply and delight from her approaching glory. 12. For so says the Lord, "Behold, I will extend peace to you like a river, and like a flooding stream the wealth of the nations, and you shall suck thereof; on the side you shall be borne, and on knees you shall be dandled.

Jonathan paraphrases: "I am God Who created the world from the beginning," says the Lord. "I created all people; I scattered them among the nations. I will also gather your exiles," says your God.—[*Redak*]

10. **Rejoice**—all those who love her in exile. Comp. "(Ps. 102:15) For Your servants take pleasure in her stones and love her earth." Then, when the exiles are gathered, you shall rejoice in her midst when you witness its rebuilding; just as you mourned over its destruction, so will you rejoice over its rebuilding.—[*Redak*]

11. **In order**—You mourned for her in order that you see her joy and that you suck and become sated from the breast of her consolations, for you knew that would be your reward.—[*Redak*]

from the breast—Heb. מִשֹּׁד, *an expression of breasts* (שָׁדַיִם).—[*Rashi*]

you drink deeply—Heb. תָּמֹצּוּ, *sucer in French, to suck.*—[*Rashi*]

from her approaching glory—Heb. מִזִּיז. *From the great glory that is moving and coming nearer to her.* זִיז *means esmoviment in O.F., movement.*—[*Rashi*]

Redak and *Rabbenu Yeshayah* equate this with זִיו, splendor. *Jonathan* renders: the most desirable of her glory.

12. **peace**—The greeting of the nations who will come from all directions to greet them and to bring them tribute.—[*Redak*]

and like a flooding stream—*I extend to her the wealth of the nations.*—[*Rashi*]

The prophet likens the peace to a flooding stream only in respect to its speed, not in respect to the damage done by such a stream.—[*Redak*]

and you shall suck thereof—This is figurative. Just as the infant sucks milk without effort, so will you eat the wealth of the nations for which you did not toil.—[*Redak*]

on the side—*On the sides of your nurses,* in Aramaic, גְּסְסִין.—[*Rashi*]

Since he compares them to a nursing infant, he proceeds to compare them to an infant borne by his nurse on her arms and being dandled on her lap. These are various stages in

יג כְּאִישׁ אֲשֶׁר אִמּוֹ תְּנַחֲמֶנּוּ כֵּן אָנֹכִי
אֲנַחֶמְכֶם וּבִירוּשָׁלִַם תְּנֻחָמוּ׃
יד וּרְאִיתֶם וְשָׂשׂ לִבְּכֶם וְעַצְמוֹתֵיכֶם
כַּדֶּשֶׁא תִפְרַחְנָה וְנוֹדְעָה יַד־יְהוָה אֶת־
עֲבָדָיו וְזָעַם אֶת־אֹיְבָיו׃ טו כִּי־הִנֵּה יְהוָה
בָּאֵשׁ יָבוֹא וְכַסּוּפָה מַרְכְּבֹתָיו לְהָשִׁיב
בְּחֵמָה אַפּוֹ וְגַעֲרָתוֹ בְּלַהֲבֵי־אֵשׁ׃ טז כִּי
בָאֵשׁ יְהוָה נִשְׁפָּט וּבְחַרְבּוֹ אֶת־כָּל־

תתרבון: יג כגבר דאמיה מנחמא ליה כן מימרי ינחים יתכון ובירושלם תתנחמון: יד ותחזון ויחדי לבכון וגויתכון כדתאין יזהרון ותתגלי גבורתא דיי לאוטבא לעבדוהי צדיקיא וייתי לוט לבעלי דבבוהי: טו ארי הא יי באשתא מתגלי וכעלעולין רתיכוהי לאתבא בתקוף רוגזיה ומזופיתיה בשלהובית אשתא: טז ארי באשתא עתיד יי למידן ובחרביה

ת"א באש יבוא. סוטה יא סנהדרין לט: כי באש. סוטה יא זבחים קיז: (ברכות ח'):

רש"י

(יד) ונודעה יד ה'. בעשותו נקמותיו ונוראותיו ידעו עבדיו את כח גבורת ידו: (טו) באש יבוא. בחמת אש יבוא על הרשעי': להשיב. לצריו בחימה את אפו: (טז) כי באש. של גיהנם ה' נשפט עם צריו ולפי שהוא בעל דין ודיין נופל בו ל' נשפט שאף הוא טוען טענותיו למלוא עונש ופשעם וכן ונשפטתי אתו (יחזקאל ל"ח) הנני נשפט אותך (ירמיה כ') לשון וויכוח הוא (דריסניי"ר בלע"ז). ופשוטו כי באש ה' ובחרבו נשפט כל בשר וכן רבים מסורסים

אבן עזרא

בקמץ הטף בעבור היותו סוף פסוק: (יג) כאיש. אשה רחמנו' על הבן: (יד) וראיתם. לבבכם. רמז לנשמה כי היא המרכבת הראשונה כי הם המוסדות: וזעם. פועל ולעולם הפ"א קמוץ והעי"ן פתוח אם היה מלעיל הנו שם ושניהם פתוחים: (טו) כי. באש. לחרות האף והטעם הגזירות ההיות פתע פתאום: וכסופה מרכבותיו. על דרך משל: להשיב בחמה. כאשר יש תשובת חרון או דבק עם מ"ם הוא לשבח ועם בי"ת לגנאי: (טז) כי. דרך משל שיבוא

רד"ק

יוצא זה וכן ושעשע יונק: (יג) כאיש אשר אמו תנחמנו. מצרה שעברה עליו כן אנכי אנחמכם מצרת הגלות: ובירושלים תנוחמו. כי שמה יראה כבודי עליכם ומה שזכר האם ולא האב לפי שהאשה משדלת בדברים יותר מן האיש: (יד) וראיתם. ועצמותיכם כדשא תפרחנה הפך ורוח נכאה תיבש גרם כי כמו שהדאגה והיגון יבשו עצמותיכם בגלות כן כשתשובו לירושלים השמחה והששון יפריחו עצמותיכם: את עבדיו. כמו עם עבדיו שתהיה יד ה' עמהם לטובה ועם אויביו לרעה ולזעם וזה יהיה במלחמת גוג ומגוג: וזעם. מלרע כי הוא פעל לפיכך חציו קמץ וחציו פתח ויו"ת ועצמותיכם כדשא תפרחנה וגויתכון כדתאין יזהירון: (טו) כי הנה ה' באש נשפט. כמ"ש בנבואת יחזקאל אש וגפרית אמטיר עליו ועל אגפיו: מרכבותיו. גזרותיו היורדות מן השמים להשיב בחמה אפו שלא היה עדין גדול על כל עכו"ם עתה ישיבנו בחימה וחימה גדולה מאף כי חימה לשון חמום כי כשיתחמם בעל הכעס בדבר שיכעס בו יהיה כעסו גדול ועל הדרך הזה ת"י לאתבא בתקוף רוגזיה וא"א ז"ל פירש להשיב להבעיר מן שביב אש והוא על משקל להקל כל נכבדי ארץ ואם זה בחיר"ק וזה בצר"י אחד הוא: (טז) כי באש ה' נשפט. נפעל עומד והוא קמוץ. ואמר כי יהיה נשפט עם גוג ומגוג באש כמו שאמר בנבואת יחזקאל ונשפטתי אתו בדבר ובדם וגו' ובחרבו הוא מה שאמר שם חרב איש

מצודת דוד

ומבטשים אותו על הברכים לשמחו: (יג) אשר אמו תנחמנו. דרך האם לנחם את בנה יותר מן האב: ובירושלים תנוחמו. כל התנחומין שלכם תהיה בירושלים כי שם תקבלו הרבה טובה וזה יהא לתנחומין על הצרות שעברו עליכם: (יד) וראיתם. כאשר תראו ירושלים בבנינה ישיש לבכם: כדשא תפרחנה. יפרחו כעשב השדה ר"ל יתחזקו בבריאות ולפי שהדאגה והיגון מייבשים העצמות כמ"ש ורוח נכאה תייבש גרם (משלי י"ז) אמר בעת השמחה יתחזקו העצמות: ונודעה יד ה'. אז ידעו עבדיו כח גבורת ה': וזעם. גם ידעו הזעם אשר זעם את אויביו: (טו) באש יבוא. לאבד בו את חיל גוג ומגוג: וכסופה. כרוח סופה יבוא מרכבותיו ר"ל יבוא בחימה שפוכה: להשיב בחמה אפו. להשיב לצריו גמול אף בחימה רבה: וגערתו. הגערה אשר יגער עליהם תהיה בלהבות אש: (טז) נשפט. יהיה מתווכח עמהם בהבאת אש ובחרבו יהיה מתווכח את כל בשר ויתרבו החללים אשר יהרוג ה' וזה

מצודת ציון

(יד) כדשא. כעשב: תפרחנה. מל' הפרחה וגדול: וזעם. ענין כעס: (טו) וכסופה. רוח סופה וסערה: וגערתו. ענין צעקת נזיפה: (טז) נשפט. ענין ויכוח וכן הנני נשפט אותך (ירמיה ב'):

to render—Heb. לְהָשִׁיב, lit. *to return to His adversaries with fury His anger.*—[*Rashi*]

Since God was never extremely wroth with the nations, He will now render His anger with fury. חֵמָה, *fury,* is more severe than אַף, for חֵמָה is an expression of becoming heated. When one becomes heated in anger concerning a certain matter, his anger escalates. In this manner *Jonathan* renders: to render with the strength (or intensity) of His anger. *Rabbi Joseph Kimchi* derives לְהָשִׁיב

13. Like a man whose mother consoles him, so will I console you, and in Jerusalem, you shall be consoled. 14. And you shall see, and your heart shall rejoice, and your bones shall bloom like grass, and the hand of the Lord shall be known to His servants, and He shall be wroth with His enemies. 15. For behold, the Lord shall come with fire, and like a tempest, His chariots, to render His anger with fury, and His rebuke with flames of fire. 16. For with fire, will the Lord contend, and with His sword with all

soles him—from troubles that befell him, so will I console you from the troubles of the exile.—[*Redak*]

The mother is mentioned, rather than the father, since the mother is more comforting than the father.—[*Redak, Mezudath David*]

and in Jerusalem, you shall be consoled—All your consolations shall be in Jerusalem, for there you will receive much good. This will be regarded as a consolation for your past troubles.—[*Mezudath David*]

14. **and your heart shall rejoice**—The soul is meant, whose primary seat is in the heart.—[*Ibn Ezra*]

and your bones—meaning your body. The bones are mentioned since they are the foundations of the body.—[*Ibn Ezra*]

shall bloom—This is the opposite of "(Prov. 17:22) A crushed spirit dries out the bone." Just as the worries and sadness of the exile dried out your bones, so will the rejoicing of the redemption make your bones bloom.—[*Redak*]

and the hand of the Lord shall be known—*When He wreaks His vengeance and His awesome acts, His servants shall know the strength of the might of His hand.*—[*Rashi*]

Rashi, apparently, renders: to His servants. *Redak* renders: with His servants, explaining: It shall be known that the hand of the Lord is with His servants to do good for them, and He shall be wroth with His enemies, the armies of Gog and Magog.

Jonathan paraphrases the verse as follows: And you shall see, and your heart shall rejoice, and your bodies shall glisten like grasses, and the might of the Lord shall be revealed to do good to His servants, the righteous, and He shall bring a curse upon His enemies.

15. **shall come with fire**—*With the fury of fire He shall come upon the wicked.*—[*Rashi*]

This signifies the divine decrees that come about suddenly.—[*Ibn Ezra*]

Redak interprets this literally, equating it with "(Ezekiel 38:22) Fire and brimstone I will rain down upon him and upon his wings."

His chariots—The decrees that descend from heaven.—[*Redak*]

בָּשָׂר וְרַבּוּ חַלְלֵי יְהוָה׃ יז הַמִּתְקַדְּשִׁים
וְהַמִּטַּהֲרִים אֶל־הַגַּנּוֹת אַחַר אַחַד
בַּתָּוֶךְ אֹכְלֵי בְּשַׂר הַחֲזִיר וְהַשֶּׁקֶץ
וְהָעַכְבָּר יַחְדָּו יָסֻפוּ נְאֻם־יְהוָה׃
יח וְאָנֹכִי מַעֲשֵׂיהֶם וּמַחְשְׁבֹתֵיהֶם בָּאָה
לְקַבֵּץ אֶת־כָּל־הַגּוֹיִם וְהַלְּשֹׁנוֹת וּבָאוּ

אחת קרי

תרגום

יַת כָּל בִּשְׂרָא וְסַגִיאִין
קְטִילַיָא קֳדָם יְיָ׃
יז דְמִזְדַמְנִין וְדִמְדַכָּן לְגִנִּין
דְטַעֲוָתָא סִיעָא בָּתַר
סִיעָא אָכְלֵי בְּשַׂר חֲזִירָא
וְשִׁקְצָא וְעַכְבְּרָא כַּחֲדָא
יְסוּפוּן אֲמַר יְיָ׃
יח וְקֳדָמַי גְלַן עוֹבָדֵיהוֹן
וְעֶשְׁתּוֹנֵיהוֹן עֲתִידְנָא
לְכַנָּשָׁא יַת כָּל עַמְמַיָּא
אוּמַיָּא וְלִישָׁנַיָּא וְיֵיתוּן
ויחזון

מהר"י קרא

כמו שדים נכנו: (יז) אחר אחד בתוך. הילכים לבקש ולחפש אחר עץ אחד בתוך הגן שלא ירקב ועושין אותו לאשירה: אוכלי בשר החזיר. אותם הנזכרים למעלה האוכלים בשר החזיר ומרק פיגולים כליהם: (יח) ואנכי מעשיהם ומחשבותיה׳ באה. שהם סבורים להיות טהורים וקדושים לאחר שמטמאין בכל מיני טמאות. מן משרתי היוצאים מבית מקדשי. שלאחר ששוכבים בקברים ובנצורים ילינו. ואוכלים בשר החזיר שפוגעים באחד ממשרתי אומ׳ לו קרב אליך אל תגע בי כי

רש"י

במקראות: (יז) המתקדשים. המזדמנים אני ואתה נלך ליום פלוני לעבוד עכו"ם פלונית: אל הגנות. שזורעין שם ירק ושם היו מעמידין עכו"ם: אחר אחת. כמה שתירגם יונתן סיעא בתר סיעא מתקדשים ומטהרים לעבוד סיעה אחר שגמרה חבירתה את עבודתה: בתוך. באמצע הגינה כן היה דרכם להעמידה: (יח) ואנכי מעשיהם ומחשבותיהם באה וגו׳ ואנכי מה עלי לעשות מעשיהם ומחשבותיהם באו אלי והיא תזקיקני לקבץ את כל העכו"ם ולהודיע שמעשיהם הבל ומחשבותם שהם חושבין למען (שמי) יכבד ה׳ יבינו שהוא שקר והיכן הוא אותו קיבוץ הוא האסיף שניבא זכריה ואספתי את כל הגוים אל ירושלים

רד"ק

באחיו תהיה והוא חרבו ה׳ את כל בשר כמו שנאמר בנבואת זכריה ואספתי את כל הגוים אל ירושלם למלחמה: (יז) המתקדשים. רוב המפרשים פירשו אלו שהם מתקדשים במעשה ידיהם שעושים וזה קוראים בזה הלשון בלע״ז סנטוג׳ר: והמטהרים. דינו מתטהרים כי הוא מבנין התפעל כמו המתקדשים וכן הוא הענין בענין התפעל כמו והתברך בלבבו כי לא יהיה ברוך אלא מתברך הוא בעצמו שהוא חושב שיהיה ברוך וכן מתכבד וחסר לחם הוא מראה עצמו נכבד ועשיר ואינו כי הוא חסר לחם וכן המתקדשים מראים עצמם כקדושים והם טמאים וכן המטהרים והם הפרסיים שהם מטהרים גופותם ורחצים עצמם תמיד והם טמאים במעשיהם הרעים ומטונפים והנה הם מראים עצמם טהורים ואינם: אל הגנות. בבריכות המים אשר בגנות: אחר אחד בתוך. אחר הבריכה הגדולה המיוחדת שהיא בתוך הגן. הולכים אחריה ושם רוחצים גופם ומעשיהם מכוערים שם בזנות. והכתיב אחד והקרי אחת כלומר יהיה מעין או בריכה כי מעין ל׳ זכר ובריכה ל׳ נקבה ויש מפרשים אחר אחת האשרות בתוך הגן והנה אין עתה עובדי אשרה אולי יש בקצות הארץ: והשקץ והעכבר. אלו הפרסיים שהם אוכלים השקץ והעכבר: יחדיו. יספו במלחמת גוג ומגוג כי המלכיות אלה הגוברות בעה״ז והיא מלכות רביעית במראות דניאל ושתיהן למלכות אחת לפי שלא שלטה אחת לבדה בעולם והמפרשים הפסוק על ישראל אינו נכון כי אינו ענין הפרשה אלא על העתיד בימי גוג ומגוג ואין עתה בישראל אוכלי בשר החזיר ועובדי אשרה וי״ת דמזדמנין ודמדכן לגיני וגו׳: (יח) ואנכי מעשיהם. אנכי אהיה עם מעשיהם ומחשבותיהם של אלה העמים המתקדשים אמר העת הבאה לקבץ את כל הגוים כלומר אני אסבב שיבאו כל העמים עם גוג ומגוג כדי שיראו את כבודי שאכבד בהם כמ״ש בנבואת יחזקאל ונתתי חחים בלחייך והוצאתי אותך. ואמר והעליתיך והביאותך ואמר יעלו דברים על לבבך וחשבת מחשבה רעה כמו שאמר הנה ומחשבותיהם ואמר בנבואת זכריה ואספתי את כל הגוים אל ירושלם נראה כי האל יסבב ויתן בלבבם לפיכך אמר הנה ואנכי מעשיהם ומחשבותיהם ואמר באה על העת כלומר העת ההיא העתידה וכן אמר בנבואת זכריה הנה יום בא לה׳ וכמותו בחסרון עת הנה באה ונהיתה שנאמר בזה

אבן עזרא

במשפט עמס או הוא כמו פועל כדרך נשבע: (יז) המתקדשים. שיתקדשו ללכת לע״ז: והמטהרים. חסר תי״ו התפעל והוא מבלע בטי״ת: אל הגנות. כמו האשרו׳: אחר אחת. אשרה אחת וכתב אחד והנה הוא עץ כי כל אשרה עץ וטעם בתוך שהיו סובבים את האשרה מפה ומפה והנה הוא בתוך או בתוך הגן. ואוכלי בשר החזיר הטעם שהן יקדשו וגופם מלא טומא׳: (יח) ואנכי. כטעם על ה׳ ועל משיחו: באה. תחסר מלת עם והטעם

מצודת ציון

(יז) המתקדשים. מנין הזמנה כמו קדשו עליה מלחמה (שם ו׳): בתוך. באמצע וכן ויבתר אותם בתוך (בראשית ט״ו): והשקץ. ר״ל כל מין שקץ והוא שם כולל לכל השרצים: והעכבר. שם שרץ מה: יספו. ענין כליון כמו אסוף אסיפם (ירמיה ח׳): (יח) והלשונות. כן יקראו אומות חלוקות שיש לכל אחד שפת לשון

מצודת דוד

יחשב לזכות כי בזה יודיע שפשעו לו: (יז) המתקדשים. המזדמנים יוחד ומטהרים עצמם במי טהרה ללכת אל העכו״ם העומדת בגנות: אחר אחת בתוך. סיעה אחר סיעה אחר שגמרה הראשונה את עבודתה נכנסת השני׳ באמצע הגנה מקום מעמד העכו״ם: אוכלי. האוכלים בשר החזיר וכו׳: יחדיו. כולם יחד יתמו מן העולם: (יח) ואנכי מעשיהם ומחשבותיהם. ר״ל ואנכי עם מעשיהם ומחשבותיהם כאלו נמלאתי עמהם: באה. ר״ל לכן באה העת לקבץ את כל הגוים והלשונות כלומר אני אסבב שיבואו כל העכו״ם עם גוג ומגוג למען יראו את כבודי שאתכבד בהם בעשות בהם נקם

indications, the fourth beast represents Rome and Ishmael. This was probably the original reading in *Redak*.

18. **And I—their deeds and their thoughts have come etc.**—*And I—What am I to do? Their deeds and their thoughts have come to Me. And*

flesh, and those slain by the Lord shall be many. 17. "Those who prepare themselves and purify themselves to the gardens, [one] after another in the middle, those who eat the flesh of the swine and the detestable thing and the rodent, shall perish together," says the Lord. 18. And I—their deeds and their thoughts have come to gather all the nations and the tongues, and they shall come

from שְׁבִיב, *a spark,* rendering: to kindle His anger with fury.—[*Redak*]

16. **For with fire**—*of Gehinnom will the Lord contend with His adversaries, and since He is the plaintiff and the judge, the expression of contending is appropriate for Him, for He, too, presents His claim to find their iniquity and their transgression. Comp.* "(Ezekiel 38:22) *And I will contend with him* (וְנִשְׁפַּטְתִּי)"; "(Jer. 2:35) *Behold, I contend with you." It is an expression of debate. Derajjsner in O.F. (And its simple meaning is: For with the fire of the Lord and with His sword, all flesh shall be judged. Similarly, there are many inverted* verses *in Scriptures.)*—[*Rashi*] The parenthetic material appears in no manuscripts, although it does appear in *K'li Paz.* Maarsen deems it to be an addendum since it appears only in printed editions.*

17. **Those who prepare themselves**—[Heb. הַמִּתְקַדְּשִׁים. *Those who prepare themselves, "Let you and me go on such and such a day to worship such and such an idol."*—[*Rashi*]

Rashi follows *Jonathan,* who renders הַמִּתְקַדְּשִׁים: Those who prepare themselves. Cf. Gen. 38:21, Ex. 19:19, Deut. 23:18, Jos. 3:15, Jer. 6:4. *Mezudath Zion,* too, interprets it in this sense.*

to the gardens—*where they plant vegetables, and there they would erect idols.*—[*Rashi*]

Redak explains that they would immerse themselves in the garden pools to achieve their feined purity.

[one] after another —*As Jonathan renders: a company after a company. They prepare themselves and purify themselves to worship, one company after its fellow has completed its worship.*—[*Rashi*]

in the middle—*In the middle of the garden. Such was their custom to erect it.*—[*Rashi*]*

and the detestable thing and the rodent—These are the Persians who eat reptiles and rodents. According to *K'li Paz,* the reading is: the Ishmaelites. He questions it, however, since the Arabs in his time did not eat any of these creatures, but, on the contrary, would interdict any food into which a mouse fell. He suggests that perhaps in *Redak*'s time, they did eat these creatures. *Abarbanel,* too, sees an allusion to the Ishmaelites. *Redak* proceeds to explain that these two kingdoms are represented by the fourth beast in Daniel's dream (ch. 7). From all

וְרָאוּ אֶת־כְּבוֹדִי: יט וְשַׂמְתִּי בָהֶם אוֹת
וְשִׁלַּחְתִּי מֵהֶם ׀ פְּלֵיטִים אֶל־הַגּוֹיִם
תַּרְשִׁישׁ פּוּל וְלוּד מֹשְׁכֵי קֶשֶׁת תֻּבַל
וְיָוָן הָאִיִּים הָרְחֹקִים אֲשֶׁר לֹא־שָׁמְעוּ
אֶת־שִׁמְעִי וְלֹא־רָאוּ אֶת־כְּבוֹדִי וְהִגִּידוּ
אֶת־כְּבוֹדִי בַּגּוֹיִם: כ וְהֵבִיאוּ אֶת־כָּל־
אֲחֵיכֶם ׀ מִכָּל־הַגּוֹיִם ׀ מִנְחָה ׀ לַיהוָה
בַּסּוּסִים וּבָרֶכֶב וּבַצַּבִּים וּבַפְּרָדִים

וְיֶחֱזוּן יַת יְקָרִי: יט וַאֲשַׁוֵי בְהוֹן אָתָא וְאֶשְׁלַח מִנְהוֹן מְשֵׁיזְבִין לִבְנֵי עַמְמַיָא לִמְדִינַת יַמָא פּוּלָאֵי וְלוּדָאֵי דְנַגְדִין וּמָחָן בְּקַשְׁתָּא לִמְדִינַת תּוּבַל וְיָוָן נַגְוָתָא רְחִיקָן דְלָא שְׁמָעוּ יַת שְׁמַע גְבוּרְתִּי וְלָא חֲזוֹ יַת יְקָרִי וִיחַוּוּן יַת יְקָרִי בְּעַמְמַיָא: כ וְיַיְתוּן יַת כָּל אֲחֵיכוֹן מִכָּל עַמְמַיָא קוּרְבְּנָא קֳדָם יְיָ בְּסוּסָון וּבִרְתִּיכִין וּבִרְהֲלִין וּבִבְדַגְוָן ובכרכרן

רש"י

(זכריה י"ד): וראו את כבודי. בהלחמי בהם במכת המק בשרו. ועיניו. ולשונו (שם): (יט) ושמתי בהם אות וגו'. פליטים ינצלו מן המלחמה ואני אשאירם כדי לילך לבשר לאיים הרחוקים את כבודי אשר ראו במלחמה ואף באותם פליטים אשים אחת מן האותות שנידונו חביריהם בהם כדי להודיע לרחוקים במגפה זו נוגפו הלוחמים על ירושלים: (כ) ובצבים. הם עגלות מטוקסות במחילות

אבן עזרא

כאשר יחשבו שיוסדו עלי אז תבא עת לקבץ כל הגוים סביב ירושלים: וראו את כבודי. שאעשה בהן דין עד שיראו כבודי לכל העולם וזה מלחמת גוג ומגוג: (יט) ושמתי. זה האות לנגלי בחסרון עי"ן והאות חדוש שלא נראה כמוהו. וטע' פלטים שימותו רובם כאשר הוא מפורש בספר יחזקאל ובספר זכריה: (כ) והביאו. לה'. לכבוד ה' שיפחדו: ברכב. ברזל: בצבים. הם העגלות שש עגלות צב:

מהר"י קרא

קדשתיך. דבר זה בא וגורם לקבץ אליו את כל הגוים והלשונות בירושלים: (יט) ושמתי בהם אות. [אות] זה בא ישעיה והזכירה ולא פירש. בא זכריה ופירשה. מהו האות. וזאת תהיה המגפה אשר יגוף ה' את כל העמים אשר צבאו על ירושלים המק בשרו והוא עומד על רגליו ועיניו תמקנה בחוריהן ולשונו תמק בפיהם: ושלחתי מהם פליטים אל הגוים. כשיהיו שואלי' אותם ואומ' מה המכות האלו היכן אירע לך כך. והם אומרים בירושלים: (כ) כאשר יביאו בני ישראל את המנחה. בכלי טהור יביאוה. ולא המיטמאין בכל הטמאות ואוכלין בשר חזיר

רד"ק

הענין בנבואת יחזקאל: (יט) ושמתי בהם אות. זהו שאמר בנבואת זכרית ועיניו תמקנה בחוריהם והוא. האות שישים האל ואלה שילכו בגוים יהיו עדות על המעשה הגדול שעשה האל במחנה גוג ומגוג וכן ושלחתי מהם פליטים אל הגוים הוא שנאמר שם והיה כל הנותר מכל הגוים הבאים על ירושלם ועלו מדי שנה בשנה וגו' כי האל יותירם להגיד כבודו בגוים שלא באו לירושלם והם איים רחוקים מירושלם שלא שמעו ואלה הפלטים ובעלי האות ילכו בכל הארצות להגיד ואומר מושכי קשת הם הטורק"ש: תובל ויון. ואע"פ שכתוב כי גוג הוא נשיא משך ותובל אם כן יבאו עמו ואיך יאמר כי להם יגידו המגידים לא יתכן שלא ישארו בארצם רבים מן הגוים אלא בעלי מלחמה ילכו והמגידים יגידו לנשארים בארצות: (כ) והביאו ישראל. שהיו נשארים באיים הרחוקים שלא עלו עם אחיהם אותם הגוים אשר הם בתוכם כשישמעו זה הפלא הגדול שעשה האל במחנה גוג ומגוג יביאו ישראל בסוסים וברכב מנחה לה' ויביאו אותם מלובשים בבגדי תפארת ורוכבים בסוסים וברכב כמו שמביאים ישראל את המנחה בכלי טהור בית ה' כן יביאו הגוים את ישראל בבגדים טהורים ונאים ובמרכבות נאות ונכבדות ופי' בצבים כמו שש עגלות צב שתרגומו כד מחפיין והם כלים מעצים מחוברים שנושאים בהם

מצודת דוד

ויכירו שהכל נקמו: (יט) ושמתי בהם אות. בכל הבאים אשים אות וזהו מ"ש ועיניו תמקנה בחוריהן וגו' (זכריה י"ד): ושלחתי מהם פליטים. כי רובם ימותו סביב ירושלים ופליטים מהם אשלח לנפשם ללכת אל העכו"ם היושבים בתרשיש וגו': מושכי קשת. המלומדים לירות חצים בקשת ולפי שהדרך למשוך יתר הקשת למותחו לכן אמר מושכי קשת: האיים הרחוקים. ואל היושבים באיים הרחוקים: אשר לא שמעו. אשר לא שמעו מעולם שמועת ה' ומעולם לא ראו כבוד ה'. אלה הפליטים אשר בהם האותות יבואו בכל המקומות ההם ויגידו את כבודי בין העכו"ם כי ילמדו את האותות הנעשים בהם: (כ) והביאו את כל אחיכם בני ישראל. הרחוקים שלא עלו עם אחיהם אותם העכו"ם כשישמעו הפלא הגדול שיעשה המקום במחנה גוג ומגוג

מצודת ציון

בפני עצמו: (יט) אות. סימן: פליטים. ענין שארית כמו אל יהי לה פליטה (שם כ'): תרשיש וגו'. שמות ארצות: (כ) ברכב. במרכבות: ובצבים. עגלות מכוסות וכן עגלות צב (במדבר ז'):

the distant islands and did not accompany their brethren in the siege of Jerusalem, upon hearing of God's miraculous annihilation of the armies of Gog and Magog, will bring the Jews living in their land to the land of Israel with horses and chariots as an offering to the Lord.—[*Redak*]

and with covered wagons—Heb. וּבַצַּבִּים. *These are wagons equipped with partitions and a tent. Comp.*

and they shall see My glory. 19. And I will place a sign upon them, and I will send from them refugees to the nations, Tarshish, Pul, and Lud, who draw the bow, to Tubal and Javan, the distant islands, who did not hear of My fame and did not see My glory, and they shall recount My glory among the nations. 20. And they shall bring all your brethren from all the nations as a tribute to the Lord, with horses and with chariots, and with covered wagons and with mules

that forces Me to gather all the heathens (*nations*—[Mss. and *K'li Paz*]), *and to let them know that their deeds are vanity and the thoughts they are thinking, "For the sake of my name, the Lord shall be glorified," let them understand that it is false. And where is the gathering? It is the gathering that Zechariah prophesied:* "(14:2) *And I will gather all the nations to Jerusalem.*"—[*Rashi*]

Redak explains this as alluding to God's manipulating the thoughts and the deeds of the nations gathering around Jerusalem with Gog and Magog, rendering thus: And I am with their deeds and their thoughts; [the time] has come to gather etc.

and they shall see My glory—*when I wage war with them with the plague of* the following description: "(ibid. 14:12) *Their flesh shall disintegrate . . . and their eyes . . . and their tongue.*—[*Rashi*]*

19. **And I will place a sign upon them etc.**—*Refugees will survive the war, and I will allow them to remain in order to go to report to the distant islands My glory that they saw in the war, and also upon those refugees I will place one of the signs with which their colleagues were punished, in order to let the distant ones know that with this plague, those who gathered about Jerusalem were smitten.*—[*Rashi*]*

Tarshish—*Jonathan* renders: to the province of the sea. See above 23:1, Commentary Digest; appendix on 23:12.

Pul—A nation mentioned nowhere else in Scriptures, believed to be a people in northern Africa.

Lud—Lydia, a nation in Asia Minor.—[*Abarbanel,* Gen. 10]

who draw the bow—The Turks.—[*Redak*]

Tubal—A tribe descended from Japeth (Gen. 10:2) that spread to Europe, from whom the Spaniards are descended. They settled in Italy, in the province of Picenum, in France on the River Seine, and in England.—[*Abarbanel* ad loc.]

Although Ezekiel (39:1) describes Gog as the head of Meshech and Tubal, and they naturally will accompany them to war against Israel, the refugees will report to the civilian population who remained in their land.—[*Redak*]

Javan—Greece.—[*Abarbanel*]

20. **And they shall bring all your brethren**—Those who remained in

וּבַכִּרְכָּרוֹת עַל הַר קָדְשִׁי יְרוּשָׁלִַם
אָמַר יְהוָה כַּאֲשֶׁר יָבִיאוּ בְנֵי יִשְׂרָאֵל
אֶת־הַמִּנְחָה בִּכְלִי טָהוֹר בֵּית יְהוָה׃
כא וְגַם־מֵהֶם אֶקַּח לַכֹּהֲנִים לַלְוִיִּם אָמַר
יְהוָה׃ כב כִּי כַאֲשֶׁר הַשָּׁמַיִם הַחֲדָשִׁים
וְהָאָרֶץ הַחֲדָשָׁה אֲשֶׁר אֲנִי עֹשֶׂה
עֹמְדִים לְפָנַי נְאֻם־יְהוָה כֵּן יַעֲמֹד

וּבְכַרְכָּרָן וּבְהוּשְׁבְּחָן עַל טוּרָא דְקוּדְשָׁא אֲמַר יְיָ כְּמָא דְיַיתוּן בְּנֵי יִשְׂרָאֵל יָת קוּרְבָּנָא בְּמָנָא דְכֵי לְבֵית מַקְדְשָׁא דַיְיָ׃ כא וְאַף מִנְהוֹן אֲקָרֵב לְמֶהֱוֵי כַהֲנַיָא וְלֵוָאֵי אֲמַר יְיָ׃ כב אֲרֵי כְּמָא דִשְׁמַיָא חַדְתִּין וְאַרְעָא חַדְתָּא דַאֲנָא עָבֵיד קַיְמִין קֳדָמַי אֲמַר יְיָ כֵּן יִתְקַיְמוּן זַרְעֲכוֹן ושומכון

ת"א את המנחה. (ברכות ח) השמים החדשים: עקדה שער כו עקרים מ"ד פמ"ב זוהר בראשית:

מהר"י קרא

ומרק פיגולין כליהן: (כא) וגם מהם אקח. מן אחיכם המביאין את המנחה מהם אקח לכהנים וללוים:

רש"י

ואהל ודומה לו שש עגלות לב (במדבר ז'): ובכרכרות. בשיר משחקים ומכרכרים כמו ודוד מכרכר (שמואל ב' ו') (טריפי"ר בלע"ז) ומנחם פירשו לשון ככם כמו שלהו כר מושל ארץ (לעיל ט"ז): כאשר יביאו. מנחה בכלי טהור לרצון כן יביאו את אחיכם למנחת רצון: (כא) וגם מהם אקח לכהנים ללוים. מן העמים המביאים אותם ומן המובאים אקח כהנים ולוים שמוטמעים עתה בעכו"ם מחמת אונסין ולפני גלויים הכהנים והלוים שבהם ואברור אותן מתוכן ויהיו משמשין לפני אמר ה' והיכן אמר הנסתרות לה' אלהינו (דברים כ"ט) כך מפורש באגדת תהלים:

רד"ק

בני אדם על גבי בהמה ועושים אותם מבפנים בבגדים נאים: ובכרכרות. הם הגמלים או שאר בהמה שהם כלים בהליכתם עד שמרוב מרוצתם ידמה שהם מרקדים לפיכך נקראו כרכרות כמו ודוד מכרכר שפירשו מרקד וי"ת מכרכר משבח. ובכרכרות ובתושבחן וגו': על הר קדשי. כמו אל וכן ותתפלל חנה על ה' כמו אל ה' וילך אלקנה הרמתה על ביתו כמו אל ביתו והדומים להם: (כא) וגם מהם. כלומר אפי' מאותם שהיו משוקעים בגוים באיים הרחוקים עד שלא נודע זכרם ולא עלו עם אחיהם בית ישראל מן הגולה ואפשר ששנו קצת מן הדת אע"פ כן מהם אקח לכהנים ללוים אותם שהיו כבר ממשפחות כהונה ולויה אקח אותם הכהנים להיות כהנים משרתים לפני והלוים לשרת כמו הלוים לשוררים בשיר בכנורות ובנבלים ובדברי רבותינו ז"ל וגם מהם אקח משהם מביאים אותם ומנחתם והם באים לילך והוא זה ישראל וזה כהן וזה לוי כגון שנמכרו לעבדים ונשתכחו ועל אונם נעשו גוים אמר רבי אליעזר וגם מהם אקח שהם מביאים, את ישראל למלך המשיח כל מי שיהיה בהן ישראל או כהן או לוי גם מהם אקח מן המביאים ומן המובאים. וי"ת ואף מנהון וגו' וא"א ז"ל פירש וגם מהם אקח לכהנים ללוים לצורך הכהנים להיות להם חוטבי עצים ושואבי מים וכן אמר בנבואת זכריה ולא יהיה כנעני עוד בבית ה' ר"ל הגבעונים שהיו חוטבי עצים ושואבי מים כי מגדולי הגוים יהיו עובדים הכהנים: (כב) כי כאשר השמים החדשים. קראם חדשים כי הם עומדים בחדושם ולא יבלו כמו שהיו ביום שנבראו כן הם היום וכן יהיו וכן הארץ עומדת בחדושה לא תבלה אלא שתולדותיה בלים וכן אמר שלמה דור הולך ודור בא והארץ לעולם עומדת ופי' לפני כי אני סבת קיומם ועמידתם. ופי' אשר אני עושה. שאני מעמידם בחדושם וכן יעמד זרעכם ושמכם שלא תחשבו אתם שתהיה בימיכם הגאולה שמא זרעכם אחריכם יגלו מארצם ויאבד שמם בגלות לא יהיה זה כי באותה הטובה שתהיו אתם יעמד זרעכם אחריכם כל ימי עולם כימי השמים על הארץ כי לעולם לא יאבד שם ישראל ולא יגלו עוד מארצם כמו שחשבו אלו הגוים שבאו עם גוג ומגוג להלחם על ירושלם שחשבו להגלות את ישראל ולאבד שמם לפיכך אמר כי כאשר לא יהיה כמו שהם חשבו כי

אבן עזרא

ובכרכרות. כמו שלהו כר והוא מין נכבד מהגמל והמלה כפולה: כאשר. היו מביאים ישראל את המנחה שלא תתגאל: (כא) וגם. אלה שיבואו אקח להיות כהנים לפני ולוים: (כב) כי. החדשים. פירשתיו: עומדים לפני. שלא יבלו כקדמונים וטעם לפני בעבור כי השם עיקר כל עמידה: כן יעמד זרעכם ושמכם. שלא ימחה או שמכם שלא ימחה כמו זרעכם והטעם כפול וכמוהו כעת

מצודת ציון

ובפרדים. הם הנולדים מן הסוס והחמור: ובכרכרות. כלקודים

מצודת דוד

יביאו את ישראל בסוסים וברכב וגו' למנחה לה': על הר קדשי. אל הר קדשי ולתוספות ביאור אמר ירושלים: כאשר יביאו וגו'. בכלי טהור. כמו שמביאים ישראל את המנחה לבית ה' בכלי טהור כן יביאו העכו"ם את ישראל בבגדים טהורים ונאים ובמרכבות נאות ומכובדות: (כא) וגם מהם. גם מהמובאים אקח להיות כהנים ולוים מאותם שיהיו ממשפחת כהונה ולויה עם כי נשכח זכרם בהיותם בארץ רחוקה והיו מחזיקים עלמם בחזקת ישראל הנה לפני גלוי הכל: (כב) אשר אני עושה. בימים ההם: עומדים לפני. אבל יהיו עומדים וקיימים לפני ר"ל שיהיה עמידתם לעולם על ידי ולא יבלו עוד כקדמונים: כן יעמוד. כן יתקיים לעולם זרעכם ושמכם כי לא ימחה שם ישראל עד עולם:

for the Lord our God." In this manner it is explained in the Aggadah of Psalms (87:6).—[*Rashi*] This entire comment is found only in one manuscript and in printed editions, as well as in *K'li Paz.**

22. **the new heavens**—I.e. the heavens that were created and that have not changed but remain in the state of their creation.—[*Redak*] See above 65:17 for other views.

so shall your seed and your name

and with joyous songs upon My holy mount, Jerusalem," says the Lord, "as the children of Israel bring the offering in a pure vessel to the house of the Lord. 21. And from them too will I take for priests and for Levites," says the Lord. 22. "For, as the new heavens and the new earth that I am making, stand before Me," says the Lord, "so shall your seed and your name stand.

"(Num. 7:3) *Six covered wagons* (עֶגְלֹת צָב)."—[*Rashi*] See *Siphre,* Num. 148:3; *Pesikta d'Rav Kahana* 8a, note 143. From *Siphre,* it appears that there are two explanations: equipped and covered. *Rashi,* however, seems to combine them.

Redak defines it as a litter, carried by a beast of burden.

and with joyous songs—Heb. וּבַכִּרְכָּרוֹת. *With a song of players and dancers. Comp.* "(II Sam. 6:14) *And David danced* (מְכַרְכֵּר) *treper in O.F.* [Menahem (p. 109) *explains* it *as an expression meaning a lamb. Comp.* "(supra 16:1) *Send lambs* (כַּר) of the ruler of the land."] — [*Rashi*] Bracketed material is not found in any manuscript. It is, however, found in *K'li Paz.* In fact, *Menahem* does not specify that it is a lamb, but states merely that it is a kind of animal. *Ibn Ezra* and *Redak* identify them as swift camels. The latter suggests that it may be another type of swift animal, deriving it from the same root as *Rashi.*

as . . . bring—*an offering in a pure vessel for acceptance, so will they bring your brethren as an acceptable offering.*—[*Rashi*]

As Israel would bring an offering in a pure vessel lest it become defiled.—[*Ibn Ezra*]

Just as the children of Israel bring an offering in a pure vessel, so will the nations bring the Jews to the Holy Land attired in beautiful, clean clothing and in beautiful wagons.—[*Redak*]

Midrash Tehillim (87:6) explains that each of these vehicles and beasts of burden is suited for one type of rider. The horses are for the young men, the chariots for the students, who are not athletically inclined, the wagons are for the women and children, the mules are for the elderly, and the litters, padded with woolen cushions, for the very old, thus rendering כִּרְכָּרוֹת as litters and cushions (כָּרִים). They will be borne on the shoulders of the gentiles, and supported with their hands. They will all be transported to Jerusalem with great honor and pomp.

21. **And from them too**—*From the peoples bringing them and from those brought, I will take priests and Levites, for they are now assimilated among the heathens* (*nations*—[Mss. and *K'li Paz*]) *under coercion, and before Me the priests and the Levites among them are revealed, and I will select them from among them, and they shall minister before Me, said the Lord. Now where did He say it?* "(Deut. 29:28) *The hidden things are*

זַרְעֲכֶם וְשִׁמְכֶם׃ כג וְהָיָה מִדֵּי־חֹדֶשׁ
בְּחָדְשׁוֹ וּמִדֵּי שַׁבָּת בְּשַׁבַּתּוֹ יָבוֹא כָל־
בָּשָׂר לְהִשְׁתַּחֲוֺת לְפָנַי אָמַר יְהוָה׃
כד וְיָצְאוּ וְרָאוּ בְּפִגְרֵי הָאֲנָשִׁים הַפֹּשְׁעִים
בִּי כִּי תוֹלַעְתָּם לֹא תָמוּת וְאִשָּׁם לֹא
תִכְבֶּה וְהָיוּ דֵרָאוֹן לְכָל־בָּשָׂר׃

וְשׁוּמְכוֹן׃ כג וִיהֵי בִּזְמַן
רֵישׁ יְרַח בִּירַח וּבִזְמַן
שְׁבָא בְּשַׁבָּא יֵיתוֹן כָּל
בִּשְׂרָא לְמִסְגַּד קֳדָמַי
אֲמַר יְיָ׃ כד וְיִפְקוּן
וְיֶחֱזוּן בְּפִגְרֵי גֻּבְרַיָּא
חַיָּבַיָּא דִמְרָדוּ בְּמֵימְרִי
אֲרֵי נִשְׁמָתְהוֹן לָא יְמוּתוּן
וְאֶשַּׁתְהוֹן לָא תִטְפֵי
וִיהוֹן מִתְדָּנִין רַשִׁיעַיָּא
בְּגֵיהִנָּם עַד דְּיֵימְרוּן
עֲלֵיהוֹן צַדִּיקַיָּא מִסַּת
חֲזֵינָא׃

והיה מדי חדש בחדשו ומדי שבת בשבתו יבא כל בשר להשתחות לפני אמר יהוה׃ **חזק**

סכום פסוקים של ספר ישעיה אלף ומאתים ותשעים וחמשה וסימנו אמת **ארצה**. וחציו כי אם שם אדיר ה' לנו וקאפוטלין ששים וששה וסימנו ועוזבי ה' **יכלו**. וסדריו כ"ו והיה **יהוה** למלך על כל הארץ סימן׃

ת"א מדי חדש. מגלה כט סוטה ה זוהר אחרי: כל בשר. זוהר תרומה שלג: בפגרי האנשים. עירובין יט פסחים נד ר"ה טז סנהדרין ק: הפשעים בי. זוהר תרומה:

רש"י

(כד) **תולעתם.** רמה האוכלת את בשרם: **ואשם.** בגיהנם: **דראון.** ל' בזיון וי"ת כמין שתי תיבות די ראייה עד דיימרון עליהון צדיקיא מיסת חזינא:

מהר"י קרא

(כג) והיה מדי חודש בחדשו. (כד) ויצאו וראו בפגרי האנשים. האמורים למעלה. כלומר בפגרי אחיכם מנדיכם הפושעים בי: והיו דראון לכל בשר. והיו מראין לכל בשר. ויונתן פירש. שיאמרו כל בשר די ראינו בהם: והיתה מדי חודש בחדשו ומדי שבת בשבתו יבא כל בשר להשתחות לפני אמר ה':

אבן עזרא

יאמר ליעקב ולישראל: (כג) **והיה מדי.** קרוב מטעם כל עת שיהיה החדש וכמוהו מדי עברו וחדש בחדשו כמו דבר יום ביומו והטעם כל יום ויום בעתו ומזה הכתוב למדו הקדמונים ז"ל שמשפט רשעים בגיהנם י"ב חדש ומטעם מדי שנה. וטעם מדי שבת בשבתו כפי' ז' שבתות: (כד) **ויצאו.** סביב ירושלם כי שם תופת ומזה הכתוב למדו כל החכמים שיהיה יום דין בירושלם. ורבים אמרו כי ואשם לא תכבה רמז לנשמה בהפרדה מעל גוייתה אם לא היתה זוכה לעלו' אל מלאכי השם תשאר אצל גלגל האש והקדמוני' אמרו כי זה אחר תחיית המתים וראייתם שאמר דניאל כל הרשעים אחר שיקיצו שיהיו לדראון עולם והכל אמת אמרו ומלת לדראון כמו גדוף וי"א שהם שתי מלות ויפרשו ראון מגזרת הוי מוראה ונגאלה ומלת לדראון עולם יכחישם:

רד"ק

לעולם יעמד זרעכם כעמוד השמים והארץ: (כג) **והיה מדי חדש בחדשו.** כמו מחדש לחדשים ומלת די מורה על התמדת הדבר בלא הפסק וזכר שני זמנים הקרובים לקרובים והרחוקים לרחוקים כמו משנה לשנה או יותר לפי רחוק הארצות וקרבתם לירושלים: **כל בשר.** ר"ל כל בני אדם ואפי' שאר העמים וכן ויברך כל בשר את שם קדשו והנה ראינו בנבואת זכריה כי כל הנותר מכל הגוים הבאים אל ירושלם יעלו מדי שנה בשנה להשתחוות למלך ה' צבאות ולחוג את חג הסוכות וטעם בחג הסכות כי מלחמת גוג ומגוג תהיה באותה הזמן: (כד) **ויצאו וראו.** אותם הגוים שיבאו להשתחוות מחדש לחדש או משבת לשבת יצאו חוץ מירושלם לעמק יהושפט לראות בפגרי מחנה גוג ומגוג שפשעו באל וחשבו לעשות כנגדו להגלות ישראל מארצם וזה יהיה קרוב ליום המשפט ואע"פ שיקברום בית ישראל כמו שכתוב וקברום בית ישראל למען טהר את הארץ שבעה חדשים אפשר כי באותם שבעה חדשים יראו משפט הרשעים ההם: **כי תולעתם לא תמות ואשם לא הכבה.** והאש תהיה לאות בהם וכן התולעת תהיה גם כן אות שלא תמות מפני האש: **והיו דראון לכל בשר.** לאותם שבאו להשתחוות להשם כמו שאמר יבא כל בשר להשתחות לפני וכשיצאו ויראו בהם משפט הנגזר להם ויראו פגריהם מלאים תולעים אוכלים אותם והאש הבוער בהם יעלה באשם באפם ויהיה מאוס להם וילכו מפניהם אחר שראו משפטם לא יוכלו לעמוד שם שעה מרוב הסרחון ומלת דראון ענין מאוס וכן לדראון עולם ועקר מלת דראון היא תולעת מלשון רבותינו ז"ל הדרא והכנה שבתבואה כשרץ מפני שאין בהם לחה ויש מפרשים שזה יום הדין לפושעי ישראל ויצאו הצדיקים חוץ לירושלים בגיא בן הנום ושם יראו בפושעים זה המשפט ויש מפרשים שזה יהיה אחר תחית המתים ויקוצו גם כן הרשעים ויהיו אחר שיקיצו לדראון עולם כמ"ש בדניאל ואחרים אמרו כי ואשם לא תכבה רמז לנשמה בהפרדה מעל גויתה אם לא היתה זוכה לעלות אל מלאכי האל תשאר אצל גלגלי האש: **ותולעתם לא תמות.** אמר על הגוף שהרי אמר בפגרי האנשים והנכון בעיני מה שפירשנו וי"ת ויפקון ויחזון בפגרי גבריא וגו':

מצודת דוד

(כג) **והיה מדי חדש בחדשו.** מתי שיהיה ראש חדש והוסיף לומר בחדשו ר"ל בראש חדש עצמו ולא יעבור הזמן וכן ומדי שבת בשבתו: **יבוא כל בשר.** ר"ל כל בני אדם אפי' שאר העמים: **להשתחות לפני.** בבית המקדש: (כד) **ויצאו.** העכו"ם הבאים להשתחוות לפני ה' יצאו מירושלים לעמק יהושפט לראות בפגרי מחנה גוג ומגוג שפשעו באל יתברך וחשבו להגלות את ישראל וזה יהיה בתוך אותם שבעה חדשים בעוד שלא קברו אותם וכמ"ש וקברום כו' שבעה חדשים (יחזקאל ל"ט): **כי תולעתם.** הרימה האוכלות בשר ההרוגים ההם לא תמות והאש הבוער בהם לא תכבה: **והיו דראון.** פגרי מחנה גוג ומגוג יהיו לחרפה ולבזיון בעיני כל בשר הבאים להשתחות לפני ה':

מצודת ציון

של שמחה. וכן ודוד מכרכר בכל עוז (ש"ב ו'): (כג) **מדי.** ענינו כמו מתי וכן מדי עברו (לעיל כ"ח): **חדש.** כן יקרא ראש החודש וכן מחר חודש (ש"א כ'): (כד) **בפגרי.** כן יקראו גופות ההרוגים וכן כפגר מובס (לעיל י"ד): **תולעתם.** מל' תולעת ורימה: **ואשם.** מלשון אש: **תכבה.** מלשון כבוי: **דראון.** ענין בזיון וכן לדראון עולם (דניאל י"ב): **לכל בשר.** לכל אדם:

23. And it shall be from new moon to new moon and from Sabbath to Sabbath, that all flesh shall come to prostrate themselves before Me," says the Lord. 24. "And they shall go out and see the corpses of the people who rebelled against Me, for their worm shall not die, and their fire shall not be quenched, and they shall be an abhorring for all flesh."

"And it shall be from new moon to new moon and from Sabbath to Sabbath, that all flesh shall come to prostrate themselves before Me," says the Lord.

stand—Those living at the time of the redemption should not think that, although the redemption will be in their lifetime, their children will again be exiled, and their name will be lost in the Diaspora. It will not be so, but, just as the heavens and the earth will stand forever, so will the children of Israel remain in their land. The plan of Gog and Magog to exile Israel again and to obliterate their name in exile, will not be realized.—[*Redak*]

23. **from new moon to new moon**—This translation follows *Jonathan. Redak* renders: from month to month. The neighbors near Jerusalem will make their pilgrimage every week, and the more distant ones, every month. Hence, the very distant peoples will make their pilgrimage every year so, according to their distance from the Holy City.*

all flesh—All peoples, not only the children of Israel. We read in the Book of Zechariah (14:16) that all the survivors of the nations that marched upon Jerusalem will go up to Jerusalem to celebrate the festival of Succoth. This festival is chosen in particular since the war of Gog and Magog will take place during that season.—[*Redak*]

24. **And they shall go out and see**—The nations that will come to worship from month to month or from Sabbath to Sabbath will go out of Jerusalem to the Valley of Jehoshaphat to view the corpses of the camp of Gog and Magog, who rebelled against God and attempted to exile Israel from their land. This will take place shortly after the Day of Judgment. Although the house of Israel will bury them in order to purify the land (Ezekiel 39:12), perhaps they will be able to view the corpses during the seven months prior to the burial.—[*Redak*]

their worm—*The worm that consumes their flesh.*—[*Rashi*]

and their fire—*in Gehinnom.*—[*Rashi*]

and abhorring—Heb. דֵּרָאוֹן, *an expression of contempt. Jonathan, however, renders it as two words: enough* (דֵּי) *seeing* (רְאִיָּה), *until the righteous say about them, "We have seen enough."*—[*Rashi*]*

In order to end the Book with a joyful note, we repeat the preceding verse.

(כל תיבה אשר אותיותיה נפרדות אליה ירה המחבר אבן פנת רעיוניו)

סדרן של נביאים אחרונים כפי מה שאמרו בבתרא פרק השותפין. ירמיה. יחזקאל. ישעיה. תרי עשר. ונתנו טעמים וסברות נכונות על זה הסדר כדאיתא התם בגמרא. ובעלי המסורת סדרום כפי זמנם כמו שכתב רד"ק בהקדמת ירמיה. והחכם אברבנאל הוסיף טעמים אחרים בהקדמתו לנביאים אחרונים וכתב עוד רד"ק שבנביאים של תרי עשר אף על פי שיש מהם נביאים קדמו לירמיהו ויחזקאל לפי שנבואתם קטנה לא כתבו כל ספר וספר לבד כדי שלא יאבד במיעוטו כמו שאמרו ז"ל איידי דזוטר מרכס. והחכם אבן עזרא בסוף צפניה כתב שקדמונינו ז"ל חברו אלה השנים עשר ספרים ושמוה ספר אחד בחשבון כ"ד ספרים בעבור היות הספרים קטנים והם מטעם א' כי כולם נבואות עתידות ואין ככה החמש מגילות כי איכה הפך שיר השירים:
(א"ה אבל אנחנו סדרנום כפי הנהוג בכל המקראות):

א (א) **חזון**. החי"ת בחטף פתח הזי"ן בחולם וטעם סגולה פשוט: (ח) כסכה בכרם. הכ"ף רפויה מכלול דף ק"ח: (יד) נלאיתי. בדפוסים ראשונים וגם במקצת ס"ס כ"י מלא יו"ד אחר הלמ"ד: (יח) יאדימו. הדל"ת דגושה: (כא) מלאתי משפט. איכה רבתי פסוק בלע ה' ולא חמל רבי פנחס בשם רבי הושעיה אמר ארבע מאות ושמונים בתי כנסיות היו בירושלים מנין מלאתי משפט מלתי כתיב אבל בפתיחתא דאיכה הכי איתא ארבע מאות ושמונים בתי כנסיות היו בירושלים חוץ מבית המקדש מנין מלאתי בגימטריא הכי הוו וגם במדרש חזית פסוק עיניו יונים לא גרסינן מלתי כתיב וכן כתב רש"י בפירוש המקרא בהם פסיקתא וכן הוא בירושלמי ריש פרק בני דייני גזירות ומגלה פ' בני העיר: (כב) לסיגים. בספרים כ"י ובדפוסים ישנים מלא דמלא וכן במסורה סיגים ג' מלאים וסימן הגו סיגים מכסף (משלי כ"ה) כסף סיגים מצפה על חרש (משלי כ"ו) כור סיגים כסף היו (יחזקאל כ"ב) וא' כספך היו לסיגים ועיין בנפוצות יסודה דף קי"ג: (כה) ככר סיגיך. במקצת ספרים מלא יו"ד אחר הסמ"ך: (ל) עלה. בספרים מעטים מלא יו"ד אחר למ"ד וברוב הספרים חסר וכן נמסר עליו לית חסר:

ג (ה) ונגש העם. השי"ן שמאלית וכן פירשו כל המפרשים וכפי המסורת שאכתוב בסימן כ"ט בס"ד: (ח) ע נ י כבודו. חסר יו"ד עי"ן הפעל: (ט) ענתה בם. הבי"ת דגושה: (יג) מאריך מהעים. השי"ן בדגש בכל ספרים כ"י: (טו) מלכם. מה לכם קרי: (טז) נטוות גרון. נטויות קרי: ומשקרות. ברוב ספרי הדפוס כתוב בשי"ן ימנית והשקר הם מעותים עלינו הכתובים כי מלה משקרות בשי"ן שמאלית בכל ספרים כ"י מדוייקים כמו שנראה מדברי המפרשים ובערע בשרשים ומאיר נתיב וכן אמרו בב"ר ולא מן העין והרי היא הקדנית שנאמר ומשקרות עינים ובויקרא רבה ריש פרשת מצורע שהיו משקרות עיניהם בסיקרא והכי איתא באיכה רבתי פסוק סורו טמא. ועיין עוד מה שכתוב למטה על ו ש פ ח: וטפוף. פליגי ביה ספרי אם חסר הוא או מלא: (יז) ושפח. מה שכתוב במקרא גדולה על ומשקרות דלעיל בסמוך לית וכתיב שי"ן אין זה מקומו בספרים כ"י רק על מלת ושפח כמו שנמסר גם ע"פ ו ה נ ה מ ש פ ח שבסימן ה' דכל שאר לשון ספחת נכתב בסמ"ך וכן כתב רד"ק בשני מקומות בפירוש ושרשים ועיין במסורת הושע ב': ושפח אדני. בשם של אדנות: וה' פתהן יערה. בשם הוי"ה: (יח) יסיר אדני. בשם של אדנות: (כג) והגליונים. במקצת ספרים מדוייקים כ"י ודפוסי' קדמונים כתוב והגליונים בוא"ו בתחלת התיבה וכן הוא בתרגום ובפירוש רש"י וראב"ע ורד"ק וברוב הספרים חסר וא"ו אחר יו"ד: (כד) כי תחת יופי. בספרים מדוייקים כי ת ח ת במקף והטפחא במלה ת ח ת ולא מצאתי על זה שום פירוש כפי משמעות הטעמים וזולתי פירוש הגאון שהביא הראב"ע וז"ל אמר הגאון כי הכפך שהוא תחת יותר יפה להם ע"כ. ואולם לפי דרש רז"ל גם כי אינו על דרך הטעמים נ"ל שהוא כאילו אמר תחת יופי כי הסדר הכתוב בכולם תחת בשם מק יהיה וגו' וכן אמרו בפרק במה אשה חלופי שופרא כיבא ורד"ק גורס חלופי שופרא בועה ואין להקפיד בסדור התיבות זו לפני זו שכן דרך לשון הקדש כמו ו ק ר א ו א כ ר א ב ל ומ ס פ ד א ל י ו ד ע י נ ה י שהוא כאילו אמר ויודעי נהי אל מספד וכן אף א ש צ ר י ך ת א כ ל ם (ישעיה כ"ו) שהוא כמו אף צריך אש תאכלם וכמוהם רבים כמו שכתב רד"ק במכלול דף ק"כ קכ"א: (כו) ונקתה. מלעיל בטרחא:

ד (ה) כי על כל כבוד. הס"א כ"י ליכא מלת כל וגם בשני ספרים ישנים ספרדים ליננה ואחר כך כתבו בחוץ ס"א כל משמע דאיכא פסיקא במילתא אמנם כל המפרשים פירשוהו עם מלת כ ל:

ה (ג) ועתה יושב. במקצת ספרים מדוייקים מלא וא"ו וכן נכון ע"פ המסורת כי לא נמנה עם ה' חסרים בסיפרא וסימנם במ"ג ריש סימן ו': (ה) הסר משוכתו. פליגי ביה ספרי ההזק הוא הרפי ואם הסר הוא או מלא ורד"ק בפירוש כתב הסר משוכתו בדגש עם הוא"ו כמשוכת חדק ברפי ובשרשים שרש שוך כתב ופליגי עליה משוכתו רפי וכ"כ בעל הלשון שיש חילוק זה בספרים ורובם בדגש אע"פ שנכתב בוא"ו עכ"ל: (ח) והושבתם. בשורק וכ"כ במכלול דף קי"ו: (יב) והיה כנור ונבל תף וחליל. מלא תף בלא וא"ו בראשית ס מ ל ה והוא חד מן ב' לא נסבין וא"ו ברישׁ תיבותא ומטעין בהון וסימן נמסר במסרה רבתא אות וא"ו אבל מלא וחליל הוא בוא"ו וכן צריך להגיה שם במסורת: (טז) נקדש בצדקה. במקצת ספרים מדוייקים הדל"ת בפתח: (כא) הניהם נבנים. במקצת ספרים כתובי יד חסר וא"ו ומסורה כוותייהו אזלא דבריש סדר אלה הדברים נמסר כלה חסרים בר מן א' כי לא נבונים המה: (כב) הוי גבורים. במקצת ספרים כתובי יד מלא וא"ו ומסורה מסייעא להו דנמסר ז' חסרים ולית דין ביניהון סוק חוי בשיר השירים סימן ג' ויהושע סימן י': (כג) יסירו ממנו. במסורת ריש פרשת תרומה ממנו ט' דמטעים וזה אחד מהם ושם כתבתי מה שעלה על לבי בזה הענין ועיין בפירוש רד"ק: (כח) וכל קשתותיו. בדגש השי"ן ורפי התי"ו. בספרים המדוייקים. וכן דעת רד"ק בשרשים ובמכלול בקל פָעַל שהשי"ן דגושה. או לצורך או להפארה. שאם הוא קבוץ מן קֶשֶׁת הדגש לצורך כמו מן שַׁבָּת שַׁבָּתוֹת ואם הוא קבוץ מן קַשָּׁת בשש נקודות הדגש להפארה שקבוץ קֶשֶׁת קְשָׁתוֹת כמו וְקַשְּׁתוֹת נערים תרטשנה (ישעיה י"ג) ועיין עוד בירמיה נ"א ותהלים ל"ז ונחמיה ד': (כט) ושאג. ישאג קרי:

ו (ג) קדוש קדוש קדוש. חד מן ג' פסוקים דמיין דאית בהון ג' מלין מתולתין וסימנם בירמיה כ"ב במ"ג וחד היכל ה' היכל ה' היכל ה': (ו) ויעף. כאשר העין קמוץ וקרא בחטוף הוא מגזרת עוף וכאשר פתוח הוא מגזרת עיף כמו ויעף העם (שמואל א' י"ד) הראב"ע ורד"ק בפירוש ומכלול דף קל"ט ושרשים: (יג) עשיריה ושבה. בסוף מ"ג נמסר שמא חדא לכל חד וחד מלעיל ולית דכוותיה ואחד מהם ושבה והיתה לבער: אשר בשלכת מצבת בם. ד' כתיבין בם וקריין בה וסימנם במסרה רבתא ועיין מ"ש בסוף סי' ס"ג: השמר והשקט. זה לבדו מלרע כמ"ש במלכים ב' ו':

ז (ג) כובס. מלא ועיין מ"ש מלכים ב' י"ח י"ז: (ו) טבאל. בדפוס ישן הטי"ת בפתח ולא טוב הדבר שבכל שאר ספרים בקמץ ובמקמצין ... בקמץ ויש מהן שהטי"ת במאריך: (יא) העמק שאלה. במקצת ספרים כתובי יד מדוייקים השי"ן בשוא לבדו: (יד) עמנואל. פליגי ביה ספרי אי הוי חדא מלה או תרין מלין וכן כולם שבענין. ובמסכת סופרים פרק ד' מיירי מהדין עניינא ולית אנא שמע מינה מידי משום עטותא דחייסנא התם ויונתן תרגם וקראת שמו עמנואל. עמנואל. כי כשמו כן הוא ובפסוק מלא רחב ארצך עמנואל תרגם מלי פתאי ארעך (ישראל) ונ"ל עמנואל וכן הוא בתרגום שלפניו] ובפסוק עצו עצה וגו' כי עמנו אל תרגם הרי בסעדנא אלהא שמעינן מינה דהליתהם בלחוד קדש ואחריני חול ואי הכי תליתהם נחלק ואינו נמחק ואחריני נמחקין ואינן נחלקים כדכתבינן בספרא דתילים סוף מזמור ק"ד גבי הללויה: (טו) לדעתו מאוס ברע. במקרא גדולה הבי"ת בשוא ואין לחוש עלה כי בכל שאר ספרים בקמץ כחברו שבסמוך: (טז) בטרם ידע הנער מאוס ברע ובחור בטוב. במקצת ספרים כ"י מאס ובחר חסר וא"ו ובספר אחר נגררו הוויו"ן וכן במקרא גדולה סוף היכה נמסר מאוס ג' והחסר אמנם ברוב הספרים מאוס ובחור דהבא כולהון מלאים וגם במסורת כ"י ובמקרא גדולה כאן נמסר מאוס ג' בקריאה ולא הזכירו כלום מלא או חסר עוד במקרא גדולה שמואל א' כ' על ו ב ח ר אותו מכל שבטי ישראל נמסר שם ג' ב' חסר וא' מלא ובמסורת כ"י לא אמרו אלא ג' בקריה: (כה) וכל ההרים. יש ספרים וְכָל ההרים:

ח (ג) ותהר ותלד בן ויאמר. במקצת ספרים מדוייקים אין כאן פיסקא באמצע פסוק: (ח) ארצך עמנואל.
מלה

מלה אחת כמ"ש לעיל בסימן ז' וכן הברו דלקמן בפסוק עונו עלה. (אמר רפ"ל חיים כאזולא שמעתי ולא אבין שמבוהלי דבריו ניכר דסותרין אלו את אלו שהרי לעיל בסימן ז' משמע מהא התרגום דהאי עמנואל דעלו עלה הרי מלין הוו ואילו הכא חדא מלה ואי לאו דקא משהפינא הוה אמינא דלעיל לא הכריע את דעתו אלא כתב דמהא התרגום משמע דנחלקין אבל מ"מ סבירא דכולהו חדא מלה אבל ק"ל דהוה ליה למכתב הכא דהשתא במלת כי כדי להכריע דה"נ חדא מלה ולכך לא בעינא לשנויי מנוסח שאר ספרי ולא חיישינן לדבריו דהכא ושבקיהו להאי הלכתא כהרי מילי ע"כ): (יג) והוא מעריצכם. במקצת ספרים מ ע ר צ כ ם בלא יו"ד ויש מהם במאריך כמ"ש: (יז) והכיתי. בחירק עי"ן הפעל ו ק ו י ת י בצירי ובמגלה פרק הקורא עומד א"ל רבי חייא לרבי שמעון ברבי אלמלא אתה לוי פסול אתה מן הדוכן משום דעבי קלך אתא א"ל לאבוה א"ל זיל אימא ליה כשאתה מגיע הלל וחכיתי לה' לא נמצא מחרף ומגדף במותק פירוש שהיה רבי חייא עלג בלשונו וקורא לחיתי"ן ההי"ן ונראה כאומר והכיתי מכאן למדנו כמה צריך ליזהר בקריאת האותיות שלא תדמה הזיי"ן סמ"ך והסמ"ך זיי"ן ולא אלפי"ן עייני"ן ולא עייני"ן אלפי"ן ולא ההי"ן חתי"ן ולא חתי"ן ההי"ן כי אם לא יזהר ולא יפריד בלשונו ביניהם פעמים יצא לידי חירוף וגידוף ת"ו ממכלול דף צ"ו: (יט) וכי יאמרו אליכם וגו'. רבה סוף פרשת ויקרא א"ר סימון בארי לא נתנבא אלא שני פסוקים ולא היה בהם כדי ספר ונטפלו בישעיה ואלו הן וכי יאמרו אליכם וחברו והכי איתא סוף פרשת תזריע ועיין בפירוש רד"ק: הלוא עם. במקצת ספרים מלא וא"ו ואל"ף וכן נכון כי לא נמנה במסרה דלקמן סימן י' עם ו' החסרים בהאי סיפרא:

ט (ב) לא הגדלת השמחה. לו קרי: (ה) שמו פלא. כתוב במכלול דף רמ"ז ויקרא שמו פלא הפ"א בצירי וכל שאר פלא בסגול. ואמנם בחלק שני מהמכלול שהוא השרשים כתיב שהוא בשש נקודות. ולפי דעתי טעות נפל בשרשים שלנו וצריך לומר בחמש נקודות ודבר הלמד מענינו היא שהרי כבר כתב קודם לכן והשם עשה פלא בשש נקודות וכן בספר בעל הלשון שכל דבריו הם מהשרשים כתיב והתואר ב' נקודות פלא יועץ והוא עצמו כתב גם כן בספר רב פעלים ויקרא שמו פלא לים בב' נקודות וכל שאר בשלש נקודות. אחרי כתבי בא לידי שרשים כ"י ומצאתיהו כמו שאמרתי בחמש נקודות ומכל מקום פלא הוא בעיני כי בכל ספרים שלפני גם זה הוא בשש נקודות ואין לי מה להשיב: (ו) לםרבה. למרבה קרי והוא חד מן ח' מלין דכתיבין הרין וקריין חד בקריאה וסימנם נמסר במקרא גדולה ד"ה ב' ל"ד א"כ היאוה לפי הכתיב צריך להיות ב' מלין אבל לא מצאתי כן בשום ספר ובסנהדרין פרק חלק דרש בר קפרא מפני מה כל מ"ם שבאמצע תיבה פתוחה וזו סתומה בקש הקב"ה לעשות חזקיה משיח וסנחריב גוג ומגוג וכו' עד לכך נסתמה. וכתב בעל מסורת המסורה במאמר א' בגני מתמיה המון גדול על הדרשות שנדרשו על המלה הזאת ואומרים כי המ"ם סתומה באמצע המלה והרי לפי הכתיב אינה באמצע המלה כי הכתיב הוא ב' מלות לם רבה ונוכל לפרש לם כמו להם כמו אראלם צעקו (ישעיה ל"ג) שהוא כמו אראה להם וכן בשלם הבשר (מלכים א' י"ט) בשל להם הבשר וגם לם רבה לפי הכתיב פי' להם רבה המשרה. עד כאן דבריו. ולי נראה שאין מקום לתמיהה זו דאפשר שמדרש סובר דמלה חדא כתיב וכן נראה מפי' רד"ק שכתב למרבה המשרה המ"ם סתומה בכתיב וקרי במ"ם פתוחה והפך זה בעזרא הייני נחמיה ב' המ פרוצים מ"ם פתוחה בסוף תיבה בכתוב ויש בו דרש כאשר יסתמו חומת ירושלים שהם פרוצים כל זמן הגלות ולעת הישועה יסתמו הפרוצים ואז תפתח המשרה שהיא סתומה עד מלך המשיח ע"כ. מדבריו אלו משמע בבדיא דהתם דמפרשים תרתי מילי והיבה למרבה חדא מלה וגם החכם אבן עזרא כתב כי המ"ם סגור בתוך המלה. עוד מצאתי ראיה לדברי ממה שכתב בעל אות אמת בסוף מדרש רות זו לשונו בהגהת המדרש. אחר כך סייעני השם יתברך ויתעלה ומצאתי נוסחא אחרינא מדוייקת והיא זו חזקיה דכתיב למרבה המשרה וגו' למרבה לית כותיה מ"ם סתומה באמצע קריה ולמ"ד שלו גדולה מכל לאדין שבמקרא וכו' אמנם למ"ד זו לא מצאתיה גדולה בשום מקום ולא בשום נוסח מאלפ"א בית"א רבתא ועיין בספר הזוהר ריש פרשת שלח לך: ולסעדה. בספרים כ"י הוא"ו במאריך: (יד) מורה שקר. המ"ם במאריך: (טו) מאשרי. השי"ן דגושה: (טז) אלמנתיו. במקצת מדוייקים חסר וא"ו: (יז) בסבכי היער. במקצת ספרים הבי"ת בחטף פתח ועיין מה שכתבתי בשופטים ס': (יט) ויאכל על שמאל. בספרים כ"י ודפוס ישן מלא בהל"ף וא"ו: איש בשר זרעו. חסר וא"ו בתר רי"ש ובשבת פרק במה מדליקין בעון גזל הגובאי עולה ורעב הוה ובני אדם אוכלים בשר בניהם ובנותיהם וכו' עד דכתיב איש בשר זרועו יאכלו אל תקרי זרועו אלא זרעו ע"כ. ונראה דמייתורא דמלת זרעו יליף לה דהוה מצי למכתב איש בשרו כדכתיב והאכלתי מוניך את בשרם: (כ) ועוד ידו נטויה. שם בשבת מאי ועוד ידו נטויה הכל יודעים וכו' אלא כל המנבל את פיו אפילו חותמין עליו את גזר דין של שבעים שנה לטובה הופכין עליו לרעה ופירוש רש"י ו ע ו ד לשון ועד כל שנותיו של אדם שכן שבעים שנה יד הדין נטויה עליו לבטל זכיותיו לשון זה ע"כ. ובכל הספרים כתיב ו ע ו ד מלא וא"ו ואין להתמיה מזה כמו שאכתוב בסוף מלאכי בס"ד:

י (א) ומכתבים. בספרי ספרד יש מאריך בוא"ו: (ו) ולשימו. ולשומו קרי: מרמס. בס"ס כ"י ובדפוסים אחרונים המ"ם בקמץ כמשפט שהוא מוכרת כמו והיה למרמס אך בספרי' אחרים כ"י ובדפוסים ישנים המ"ם בפתח וכ"כ רד"ק בשרשים וגם במכלול מנאו עם הדומים לו שהאו פתוחים מבלי הסמיכות וכ"כ בעל הלשון: (יג) ועתידתיהם. ועתודתיהם קרי: שושתי. בשני שיני"ן השניה קורין סי"ן והוא כמו סמ"ך. רד"ק: כאביר. יתיר אל"ף: (טו) כהניף שבט את מרימיו. בכולהו נסחי עתיקי דדפוסא וכ"י כתוב ואת בוא"ו וכן משמע מפירוש רש"י וראב"ע וכ"כ החכם לונזאנו שכן הוא בכל ס"ס: (טז) לכן ישלח האדון יהוה צבאות. בנסחי דייקי דכ"י ודפוסא כתוב בשם המיוחד וגם במסרה רבתא לא נחשב במספר שמות של אדנות: (יט) ונער יכתבם. בס"א כ"י הכ"ף בחטף קמץ ובספר א' בחטף פתח וחילוק כזה ראיתי בין ב"א וב"נ על פסוק ועל לבם אכתבנה (ירמיה ל"א) אבל בשאר ספרים זה של ישעיה כתוב בשוא לבדו: (כג) עשה בקרב כל הארץ. במקצת דפוסים ראשונים לא יש מלת כל וגם במקצת ספרים כ"י היה כתוב בתחלה בקרב הארץ ואחר כך הוסיפו מלת כל ואין לי בזה הכרע: (כה) למכתם. המ"ם בקמץ ובספרים כ"י בשי"ן שמאלית כמ"ש בשמואל א' י"ג: (לב) ביה ציון. בת קרי: (לג) גדעים. במקצת ספרים גדועים מלא וא"ו: (לד) סבכי היער. במקצת ספרים כ"י ודפוס ישן הסמ"ך בחטף פתח ועיין לעיל סימן ט' ובשופטים כ' ובתהלים ע"ד על בסבך עץ:

יא (א) ויצא חטר. במקצת ספרים מדוייקים כ"י הטעם ביו"ד וברוב ספרים בצד"י: מגזע. הגימ"ל בסגול לא בצירי: (ד) והכה ארץ. בס"א דפוס ישן כתוב והכה הטעם בכ"ף ובלא מקף בין שתי המלות וחילופים רבים מצאתי בספרים ובמדוייקים כ"י ודפוסים ישנים במקף והה"א במאריך: (ה) והיה צדק. במקצת ספרים כ"י ודפוסים ישנים כתוב והיה מלעיל כמשפטו ובספרים אחרים הטעם ביו"ד וכן חשבו רד"ק במכלול שקל פָּעַל עם דומים אחרים שהם מלרע שלא כמנהג: (יא) יוסיף אדני | שנית. יש פסוק בין השם לשנית וכמוהו בתרי ב' ויהי דבר ה' | שנית אל חגי וטעם אחד לכלם: (יד) ועפו בכתף. הבי"ת רפויה מכלול דף ק"ח: (טו) יש מצרים. במקצת ספרים בפתח ועיין מכלול דף ר"ב משקל פָּל:

יב (א) ותנחמני. בספרים מדוייקים הוא"ו במאריך: (ב) כי עזי. העי"ן בקמץ חטף מפני דגשות הזי"ן: (ג) ממעיני. העין בפתח: (ה) מידעת. מודעת קרי: (ו) יושבת. במקצת ספרים חסר וא"ו ולא נכון לעשות כן כי לא בא במסורת פרשת מצורע וירמיה מ"ח בכלל החסרים:

יג (ב) שאו נס. בגעיא: (ו) הילילו. בדפוס ישן ביו"ד אחר ה"א וגם במקצת ספרים כ"י שבתחלה נכתבו בלא יו"ד הוסיפוה אחרי כן: כשד משדי יבוא. הנגיד פירשו לשון חול ואחרים פירשוה קדש לכן אסור למוחקו וכן וכשד משדי יבוא (יואל א') וכן דרשוהו בספר הזוהר הובא בריקאנטי פרשת לך לך כי כשנפסקה היו"ד משדי אזי היא שדודה ומתמלאת מן הכחות החיצונים אז נקרא חרב לה' מלאה דם: (ח) ונבהלו. הוא"ו בגעיא בספרי ספרד והה"א בקמץ מפני השלשלת כי יש לה משפט ההפסק. רד"ק: (טו) הנספה. הפ"א בסגול: (טז) תשגלנה. תשכבנה קרי: (יט) והיתה בבל. הבי"ת רפויה מכלול דף ק"ח: (כא) ורבצו שם. בספרים כ"י ובדפוסים ישנים הרי"ש במאריך:

יד (ג) ומרגזך. המ"ם בחיר"ק. (א"ה כ"כ רד"ק כאן ובשרשים שרש רגז ואילו בשרש עצב לא כתב מאומה ש"מ שהמ"ם מעצבך בצירי ולא כפי מקראות וויניציאה שכתוב בגליון שנייהם בחיריק ע"כ): (יא) יצע רמה, מצאתי בס' דקדוק ישן כ"י כלשון הזה ובנפעל נוסף (פירש הָפְעַל) העתיד שלו כמו העבר של פעל חזק (פירוש בנין פֻּעַל רק חילוק יש בו שהעבר בנפעל

בנפעל חזק עי"ן הפעל היה דגושה ועי"ן הפעל בנפעל הכפ דעתיד הוא רפויה כמו תתחיך ילע רמה הלד"י רפויה כי היא שהידה והוא"ו היא המורה היו"ד שהיתה הפ"א כי היה דינו יולע מלא וא"ו אלא שחסר ע"פ המסורת ועל עקרו י ו י ל ע ועל מלואו י ה ו י ל ע ומלינו לקבר א ו ב ל על עקרו א ו י ב ל ועל מלואו א ה ו י ב ל אבל י ל ע לרבים הלד"י דגושה כי הוא שלא הוזכר שם פועלו והיו"ד היא פ"א וע"כ הלד"י דגושה כי הוא נפעל חזק ע"כ). ובספרים מדוייקים שלפנינו שניהם בדגש והמסורת תבא עליהם ילע ב'. ומכסיך תולעה. כתב הזקן לונזאנו שבמ"ם חסר י' וגם אני מצאתי כן בקצת ספרים: (יח) שכבו בכבוד. הבי"ת רפויה מכלול דף ק"ח: (כג) וטאטאתיה. כן הוא במדוייקים בב' אלפי"ן ושתי הטיתי"ן בצירי: (לב) ובה יחסו עניי עמו. כאן סיום קאפיטולי י"ד וסימן ט"ו מתחיל משא מואב וגו':

טו (ב) עלה הבית ודיבון. במ"ג בגליון כתוב בספר מוגה ודיבן כתוב עד כאן לשונו וכן מצאתי במקצת ספרים כ"י שנגררה הוא"ו: מואב ייליל. בכל ספרי הדפוס וכ"י יו"ד ראשונה בשוא ושניה בצירי וכן חברו שבסמוך וכתב המכלול בדף קכ"ו שזהו דעת ב"א וכן כי י י ל י ל ו על משכבותם (הושע ז') ומשבר רוח ייליל ו (ישעיה ס"ה) וקשה לי כי בחילופים נראה שזהו דעת ב"נ אבל לב"א הראשונה בצירי והשניה נחה וכן כתב המכלול שם בשם רבי יהודה בפסוק לכן ייליל מואב שבסמוך בסימן ט"ז נחה היו"ד השניה וצירי הראשונה: כל זקן גרועה. כן כתיב כל בלא וא"ו ויונתן שתירגם ובכל אפשר שהוא לתקון הלשון וכמ"ש בירמיה מ"ח וכל זקן ג ר ע ה ובכמה ספרי הדפוס כתוב כאן גדועה בדל"ת בפסוק ובפירוש רד"ק וכן הוא בפירוש רד"ק כ"י אך בכמה ספרים כ"י מדוייקים וגם בדפוס ישן כתוב גרועה ברי"ש וכ"כ החכם אברבנאל שזה היה לבה גרעון גדול בהדרת פנים זקן. וגם אותו דירמיה כתוב ברי"ש בכל הספרים וכן במסורת ב' חד מלא וחד חסר ובספרים מדוייקים דישעיה מלא ודירמיה חסר ואי בעית אימא מילתא דשויא לתרוייהו דהמסורת איכא חלופי טובא בין פסוקי ישעיה לירמיה וחד מינייהו ישעיה כל זקן ירמיה וכל זקן ואילו גרועה לא קא חשיב שמע מינה דכי הדדי נינהו וליכא לאפלוגי בינייהו: (ג) על גגתיה. ס"א גגותיה מלא וא"ו: (ה) לוער. ס"א לער חסר וא"ו: ח ר נ י ם. ס"א חורנים מלא וא"ו קדמאה: (ח) אלים. ס"א אילים מלא דמלא:

טז (א) מושל ארץ. חלוקים הספרים זה מזה רובן של דפוסים בלא מאריך במלת מושל לא במ"ם ולא בשי"ן ובכ"י המאריך במ"ם במקצתם בשי"ן וברובם השי"ן בצירי וכפי הנראה בחילופים בין בדפוס ובין בכ"י המ"ם במאריך והשי"ן בסגול לב"א ולב"נ המאריך בשי"ן ובצירי וכן מצאתי במקצת ספרים המ"ם במאריך והשי"ן בסגול כב"א: (ב) כעוף נודד. אין מאריך בעי"ן: (ג) הביאו עצה. הביאי קרי ביו"ד והכתיב בוא"ו: עשי. עשו קרי בוא"ו והכתיב ביו"ד כ"כ רד"ק וכן מצאתי בספרים מדוייקים כ"י ודפוס ישן: נידד. בספרים ספרדים חסר וא"ו: (ד) הוי סתר למו. כתוב בספר דקדוק ישן במלת הוי בחטף פתח גדול על פי המסורת ולית דכותיה עכ"ל. ובספרים שלנו בחטף סגול: (ו) ועברתו לא כן. עיין מ"ש בירמיה סימן מ"ח: (ח) שרוקיה. בוא"ו עם דגש בקו"ף ובשי"ן שמאלית: תעו מדבר. עיין מ"ש בתילים נ"ח בס"ד: שלחתיה. במקצת ספרים ש ל ו ח ת י ה וי"ס ש ל ח ו ת י ה: (ח) אריוך. מלעיל בשני פשטין שרשים שרש רוה וס' הרכבה: (א"ה קיקך במק"ג הוא ביו"ד גם אחר לד"י ולפי המפרשים שהוא לשון קין צ"ל חסר יו"ד וכן העתיקו רד"ק כאן ובשרשים פ"כ): (י) לא ירנן לא ירעע. כן כתוב לא י ר ע ע בלא וא"ו ופסוק זה הוא אחד מן פסוקים דאית בהון ג' לא לא לא וסימנהון במסרה רבתא:

יז (ו) עללות. חלוקים הספרים במילוי וחיסור וא"ו קדמאה ובתראה: (ט) החרש והאמיר. בדפוסים אחרונים ברי"ש בצירי וטעות הוא כי הוא בסגול ומלעיל כמו ו ח ר ש מצל (יחזקאל ל"א) וכן הוא בכל ספרים כ"י ודפוסים ישנים בסגול: (י) הטעי. בדגש הטי"ת ובמסורה ב' כרמים ור"ל עוד ת ט ע י כרמים (ירמיה ל"ב) ושניהם דגושים כמ"ש בשרשים בשרש נטע: (יא) תשגשגי. בדפוסים אחרונים גימ"ל ראשונה דגושה ובספרים כ"י וגם בדפוסים ראשונים רפה: ביום נחלה. במקצת ספרים החי"ת בשוא לבד ומקצתם בשוא ופתח ובס"א ישן מדוייק נכתב עליו יפה שוא ופתח תחת החי"ת ע"כ וכ"כ רד"ק בשרש חלה: (יג) וכגלגל. בספרי ספרד גימ"ל ראשונה רפה ושנייה דגושה:

יח (ד) אשקוטה. כתיב בוא"ו וקרי בלא וא"ו בחטף קמץ והוא חד מן יתירין וא"ו וחטפין קמצין על פי המסורה וסימן במסרה רבתא: כחם קליר. בבית: (ה) ובסר. הסמ"ך בסגול: גמל. המ"ם בצירי ומלרע וטעה מי שכתבו בסגול ומלעיל: יטיה נלה. לא מפיק ה"א על פי המסורת וחד מפיק עלתה נלה וזהו אחד מן י"א זוגים חד מפיק ה"א וחד לא מפיק: (ו) ולבהמת. הוא"ו מארכין בספרים כ"י:

יט (ד) ימשל בם. השי"ן בקמץ לבד: (ו) קנה וסוף קמלו. כתב בעל ערוגת הבשם בפ"ג מספרו שהלמ"ד דגושה וכן מצאתי בס"א כ"י אמנם בשאר ספרים רפה: (ז) על פי יאור. ליכא למיחש על מאן דמספקא ליה אי כתיב ועל פי בוא"ו דדין הוא חד מן י"ח פסוקי דאית בהון ע ל ע ל וחדא מנהון אינו באמצע וסימנהון במלכים ב' ט"ו: יבש נדף. במקצת ספרים ייבש בשני יודי"ן: (ח) ביאור חכה. עיין מ"ש בזכריה י': (ט) וארגים חורי. עיין מ"ש בשמואל ב' כ"א: (י) כל עשי שכר. כל לשון שכירה כתיב סמ"ך בר מן דין כתיב שי"ן: (יג) נשאו. השי"ן ימנית מלשון הנחש השיאני: התעו את מצרים פנת. במקצת דפוסים אחרונים כתוב והתעו בוא"ו בראשית המלה ואינם אלא טועים אבל והתעו את מצרים בכל מעשהו שבסמוך הוא בוא"ו: (יז) לחגא. החי"ת בקמץ חטוף מפני דגשות הגימ"ל: (יח) עיר ההרס. בס"א לא בחי"ת כמו שנמצא באיזה ספר וכן נמנה במסרה גדולה בשמה מן ל"א קריין ה' וכל חד וחד לית דכותיה והכי איתא בשילהי מנחות מאי עיר ההרס כדמתרגם רב יוסף קרתא דבית שמש דעתידא למיחרב יתאמר היא חדא מנהון ומאי משמע דהאי הרס לישנא דשימשא הוא שנאמר האומר לחרס ולא יזרח וגו' (איוב ט') ע"כ. וכן הוא בתרגום יונתן ורש"י כתב תרגם יונתן לשני הנוסחאות וכו' ועיין מ"ש בדברי הימים ב' ל"ג על ויעתר וכסוף יחזקאל על יעבדיהו:

כ (א) סרגון. הסמ"ך בפתח בכל הספרים מדוייקים ובעל רב פעלים כתבו בקמץ רחב על משקל דרכון וכן מצאתי באיזה ספר: (ד) וחשופי. בס"א בפתח ובקצת דפוסים בצירי והוא טעות חשוף ומגולה:

כא (ג) צירי מדי. בדפוס ישן מלעיל וכן כתב רש"י צירי טעמו למעלה בצד"י אבל רד"ק כתב טעמו מלרע. וכן הוא בספרים כתובי יד ושאר ספרי הדפוס: כל אנחתה. במסורת פרשת וארא חשיב ליה עם ד' כל בלא וא"ו דסבירין וכל. כל אנחתה. לא מפיק ה"א רש"י ורד"ק כאן וביחזקאל סימן ט"ז ובמכלול דף ל"ב ובמסרה רבתא נמנה עם מלין דלא מפקין ה"א בסוף תיבותא ומטעין בהון: (ג) נעויתי. העי"ן בחטף פתח: (ד) חשקי. בספר כ"י החי"ת בסגול ובשאר ספרים בחירק וכ"כ רד"ק: (ו) המצפה. בספרים כתובי יד מדוייקים וגם בדפוסים ישנים הה"א במאריך והמ"ם רפה: וראה רכב. ברוב הספרים מלעיל הטעם ברי"ש: וכן גרני. הגימ"ל בקמץ לבד והוא הטוף: (יב) אתא בקר. במקצת הספרים כ"י אתה בה"א וכן הביא השרשים בשרש אתה ובהגהה שם א"א במסורה אתא בקר לית כתיב אל"ף וחד ואתה מרבבת קדש כתיב ה"א: (יג) משא בערב ביער בערב. בספרים מדוייקים שניהם שבפסוק בשוא לבד: (יז) קשת גבורי. בדפוסים קדמונים וספרים כ"י מלא וא"ו:

כב (א) עלית כלך. כתוב במכלול דף רס"ס כ ל ך בקמץ ובמקצת ספרים הוא בצירי ע"כ. ונ"ל להכריע מן המסורת שהוא בקמץ שכן נמסר על פסוק זה כ ל ך ג' ושנים האחרים הם כ ל ך יפה רעיתי דשיר השירים אסף אאסוף יעקב כ ל ך (מיכה ב') וגם במסרה קטנה נמסר על כל אחד מהם ג' קמץ: (ה) בגי. הוא אחד מן החסרים אל"ף וסימן במסורה גדולה זכריה י"ד: (ז) השערה. העי"ן בשוא לבדו ובכל ברירנא לסא מילתא בפרשת כי תלא סימן כ"ב: אל נשק. במקצת ספרים כ"י הנו"ן בצירי וכן כתוב בשרשים שהוא נחמש נקודות אך ממסרה אחת שהביא אחר כך נראה שהוא בשש נקודות וכן ראיתי בשאר ספרים: (י) ותתצו. תי"ו השרש רפה ומשפטה להדגש כי שרשה נתץ כ"כ רבי יונה בספר הרקמה ורד"ק בפירוש ובמכלול דף ל"ג ובשרשים וכ"כ האפודי: הבתים. בגלגל וזקף קטן: לבצר. הצד"י דגושה: (יג) אכל בשר. במקרא גדולה א כ ו ל מלא וא"ו ונמסר עליו י' מלאים וטעות הוא כי מה שנמסר בפרשת שמיני בכלל המלאים הוא אכול ושתו שבפסוק וזה הראשון הוא חסר בכל המדוייקים: (כא) ואבנטך. בס"א כ"י הטי"ן בסגול

בסגול ובלא מאריך ובשאר ספרים בצירי וברובן במאריך:

כג (ב) דמו. במ"ס דגושה: (ד) רוממתי בתולות. בספרים מדוייקים מלא דמלא ועיין מ"ש באסתר סימן ב': (ז) קדמתה. בה"א במפיק. רד"ק: (יב) המעשקה. בספרים כ"י ודפוס ישן הה"א במאריך וכמ"ס רפה וכן הוא במכלול דף נ"א: כתיים. כתים קרי וכ"כ רד"ק וקשה בעיני כי במילופי המקרא שלנו משמע שכן הוא למדינחאי אבל למערבאי כתים כתיב וקרי: (יג) בחוניו. בחיניו קרי: (יד) מעוזכן. הזי"ן דגושה וכן חדות ה' היא מעוזכם (נחמיה ח') שרשים: (טז) היטיבו. בספרי ספרד מדוייקים כ"י ואף בדפוס ישן מלא יו"ד גם אחר הט"א: (יז) ושבה לאתננה. ב' מלרע על פי המסורת וחברו ושבה אל בית אביה דאמור וחד שבה דאסתר: לאתננה. ה"א השנוי רפה על פי המסורה וכן הוא במכלול דף ל"ב אבל וסיה סחרה ואתננה. שבסמוך במפיק ה"א והוא חד מן י"א זוגים חד מפיק ה"א וחד לא מפיק וסימן במסרה רבתא אות ה"א:

כד (ב) כנשה. בה"א: כאשר נשא בו. באל"ף וכן במסורת ב' כתיב אל"ף וחברו וגם היא אשר נו נשא (שמואל א' כ"ב) וכן כתבם השרשים בשרש נשה: (ו) על כן אלה אכלה ארץ. באיזה ספרים בבי"ת אך הרובן של מדוייקים בכ"ף וכ"כ רד"ק בפי' ובשרשים וגם הראב"ע פירשו ענין אכילה: ויאשמו. בשוא באל"ף ובפי"ן. רד"ק בפ' ובשרשים ומכלול דף קי"ד: (יג) כעללת. במקצת ספרים מלא וא"ו בתרא וחסר וא"ו קדמאה ויש ספרים בהפך וברובהם מלא דמלא: (טז) רזי לי רזי לי. מלת רזי מלעיל מפני מנח ני שהיא נלדה שהיא מלה זעירא רד"ק בפירוש ובמכלול דף רנ"ה ובשרשים ובמאמר המאריך אשר בתחלתי אענה אף אני הלקי באלו המאריכין וכיוצא בהם אם ייטב בעיני ה' להאריך ימי: (יז) ופחת ופח. רפי"ן: (יח) והיה הנס. בספרי ספרד הוא"ו בגעיא: (יט) רעה. ליה מלעיל עיין במסורת במקום הזה ועיין גם כן בשמא חדא דכל חד וחד מלעיל ולית דכוותיה בלא היא כתובה בסוף מסרה גדולה שלנו: (כ) ולא הסיף. במקצת הספרים הסר וא"ו וכן הוא לפי המסורת דפרשה נח. ועיין מה שכתוב בשמות סימן ה': (כב) יכובה. מלרע:

כה (ד) מחסה. בשוא לבדו שרשים: (ו) ממחים. בספרים כתובי יד מדוייקים מ"ס שניה בגלגל וביו"ד בזקף קטן: (ט) ויושיענו. דגש ומלא כמו שכתבתי בשמואל א' ד': (י) במי. במו קרי: (יא) השחה לשחות. בניקס בשי"ן שמאלית וכן מוכח בירושלמי פרק שני דשקלים: ארבות ידיו. כן כתוב ברוב ספרים מדוייקים בקמץ חטוף והבי"ת דגושה: (יב) המגיע. במקצת ספרים מלא וא"ו קדמאה ויש ספרים מלא וא"ו בתראה:

כו (א) חומות וחל. בספרים מדוייקים מלא דמלא וכן הוא במסורת תילים נ"א: (ב) שמר אמונים. אמנים כתיב חסר וא"ו ובפרק כל כתבי אל תקרי אמונים אלא שאומרים אמן: (ח) ולזכרך. בספרי ספרד הוא"ו במאריך: (י) למד צדק. מלרע בלא כמנהג. מכלול דף ו' ושרשים: (יא) ה' רמה ידך. לשון רש"י כל יד רמה שבמקרא טעמו למטה ווה טעמו למעלה עד כאן. ויש לתמוה עליו שהמסורה אומרה רמה ג' מלעיל בקריאה וסימן פן יאמרו ידינו רמה. רמה קרני בה'. רמה ידך: (כ) וסגור. במקצת ספרים כתובי יד הסמ"ך בשוא ופתח וכן כתוב בספר רב פעלים והחוס הספר. חגור חגך בחטף פתח בס"א גרוניות וגם בלי גרוניות וסגר דלתך ועיין מ"ש בשופטים ה': דלתיך. דלתך קרי: יעבור זעם. כתוב בוא"ו וקרי בלא וא"ו בקמץ חטוף מפני המקף והוא חד מן מלין יתירין וא"ו בספר קהלין עפ"ה וסימן במסרה רבתא אות וא"ו: (כא) הרוגיה. עיין מה שכתוב במשלי ז' על פסוק ועצומים כל הרגיה:

כז (ג) פן יפקד עליה. מפירוש רש"י נראה שהיה כתוב בספרו פן אפקד וכן נראה לבאר התרגום אבן כל באר המפרשים פירשוהו כמו שכתוב בספרים שלנו יפקד ובעל מליר נתיב שכתב אפקד כמו לו על רש"י ז"ל ולא נכון עלמא כוותי: אל נה. בקמץ השף הלדי"י במקצת ספרים כן כתב רד"ק בפירוש ובשרשים וכ"כ במכלול דף ב"א על והלרנה עקב תהלים קי"ט) בלא מחלוקת: (ד) שמיר שית. המסורת עליו לית דסמיך ר"ל שבכל המקרא כתיב שמיר ושית עם וא"ו בחבור: אתשעה בה. וספרים בכלו לידי השי"ן בשוא לבדו ובמקרא גדולה כתוב ויש ספרים בחטף קמץ וכן כתב רד"ק בשרשים שהוא בחטף קמץ במקצת הספרים ובמכלול דף כ"ח הביאו עם אחרים שהם בחטף קמץ בלא מחלוקת וגם רב יונה כתב שהוא בחטף קמץ בשי"ן כמו אשקה נא (מלכים א' יט) ועיין מה שכתוב בשמואל א' ב' על פסוק כי השבע בעיני וכין המות: אליפנה יחד. יו"ד יחד דגושה כמ"ש במכלול דף ק"ו: (ה) במעוזי. העי"ן בשלש נקודות והזי"ן דגושה כרוב הספרים ובמקצת כתובי יד העי"ן בוא"ו שורק: (ח) בסאסאה. פירש רש"י באותה מדה נראה מפירושו שהה"א במפיק לכינוי הנקבה אבל בספרים שלפני הה"א רפה וכן פירש רד"ק בפירוש המקרא ובשרשים: (ט) כסי חטאתו. בחירק וחסר יו"ד:

כח (ב) שער קטב. בשי"ן שמאלית בכל ספרים מדוייקים וכן פי' רד"ק לשון סערה. גם המאיר נתיב הניאו עם אותם הכתובים בסי"ן: (ד) והיתה ציצת. הוא"ו בגעיה לבן אשר ולבן נפתלי בלא געיה: כבכורה. יונתן תרגם כבכורא משמע שהה"א אינה לכנוי וכן כתב רד"ק בפירוש ובמכלול דף ל"ב ודף רכ"ח והינה לכינוי רק להסתרת הקריאה ולרש"י מפיק הה"א לכינוי וזהו חד מן י"א זוגים חד מפיק ה"א וחד לא מפיק וחברו כבכורה בתאנה (הושע ט') ועיין מה שכתוב ביחזקאל כ"ב על לא גשמה: (י) כי צו לצו צו לצו. הראשון והשלישי בפתח והשני והרביעי בקמץ וכן קו לקו קו לקו כך הם בספרים מדוייקים אלו והזכירם שבסמוך: (יב) ולא אבוא שמוע. חד מן מלין דכתיב אל"ף בסוף תיבותא ולא קרייא וסימן בדניאל ג' ובריש פרשת שלח לך במסרה גדולה: (טו) שיט. שוט קרי: *עבר. יעבר ק': (טז) יסד. בפתח הסמ"ך בכל ספרים שלפני וכן כתב רד"ק בפירוש ובשרשים והוא חד מן ד' יסד שנמנו במסרה רבתא וכולם פתוחים אבן במכלול דף ר"ב מנה זה עם דומים אחרים שהם קמוצים ואחר כך כתב ובמקצת ספרים מדוייקים הוא פתח: מוסד מוסד. הראשון רפי והשני דגושה וכן כתב הראב"ע ורד"ק בפירוש ובמכלול דף קנ"ו ודף רל"א ובשרשים ולרש"י הראשון פתח והשני קמץ וכן מצאתי בדפוס ישן ובשאר ספרים שניהם קמוצים ועיין דברי הימים ב' ח': (כ) והמסכה צרה. מלעיל כי הוא פועל עבר שרשים שרש צור וכן נמסר עליו לית בטעם מלעיל והוא גם כן בשמא חדא דכל חד וחד מלעיל ולית דכותיה וסימן בסוף מסרה גדולה: (כב) יחזקו. בשוא בחי"ת ובזי"ן. רד"ק בפירוש ומכלול דף מ"ב ושרשים: (כד) הכל היום. לית רפי: יפתח וישדד. בשי"ן שמאלית לשון שדה: (כה) חטה שורה. בכל ספרים מדוייקים בשי"ן שמאלית וכן פירשו רובי המפרשים אבל מפירוש רש"י נראה שהוא קורא בשי"ן ימנית וכן משמע בירושלמי ריש פרקא קמא דחלה עלה דמתניתין דקתני חמשה דברים חייבים בחלה בחטים ובשעורים וכו' ר' שמעון בר נחמן בשם כלכון מן כדא ושם חטה שורה וגו' ושם חטה אלו חטים שורה זו שבולת שועל ולמה נקראת שורה שהוא עשויה כשורה שעורה אלו שעורים נסמן זה שיפון הכוסמת אלו הכוסמין גבולתו עד כאן גבולו של להם לחלה. ולמדין מן הקבלה רבינו שמשון וילקוט ישעיה רמז ש"כ: (כו) על כמן יושב. בוא"ו כם הדגש וכן כתב רד"ק בפירוש אבל במכלול דף ק"פ ובשרשים כתב ושלישי עליש יושב רפי: (כח) יודק. רפה:

כט (ד) והיה כאוב. הוא"ו בגעיה בספרי ספרד: (ה) כהדק. הכ"ף בשוא והדל"ף בקמץ בספרים שלפנינו וכתב רד"ק בשרשים שכן הוא ברוב הספרים ובמצא במקצתן הכ"ף בפתח והדל"ף בחטף פתח: (ו) ומלהבה. בחולם: והמציקים. במקצת דפוסים ישנים הה"א במאריך והמ"ם רפה וכן מצאתי בנסחא כ"י ובשאר ספרים המ"ם דגושה והה"א בלא מאריך: (ט) השתעשעו. בס"א כ"י השי"ן בשוא ובשאר הספרים בפתח: שכרו ולא יין. לדעת רובי המפרשים הוא עבר וכן במקצת ספרים השי"ן במאריך. אך מפירוש רש"י נראה שהוא צווי לדעתו כמלת חרבו מאד (ירמיה ב') וכן בכמה ספרים השי"ן בלא מאריך: (יא) אל יודע הספר. ספר ק': (יג) נגש. בספרים מדוייקים השי"ן ימנית וכן פירש ן' גאנה והאברבנאל והוא אחד מן ד' בשי"ן ימנית וסימנהון במסרא רבתא ורד"ק כתב שכן כתוב ר' יונה וכן במקצת הספרים והמסורה לית כוותיה בספרא ויש בשי"ן שמאלית הנה אחר גמוכו נגש והוא

נענה ונזד מסירה אחר נגש ונגש ד' בסי"ן וסימן ואיש ישראל. ותכרו שמואל א' י"ג וי"ד ירכבו (ישעיה ג') נענה רבה מד . אם כן יטן כי נגש בשי"ן ימנית כי אלה הארבעה לבד שם בסי"ן ובמקצת הספרים נמלא יטן כי נגש בסי"ן וכן דעת בתהרס ורש"י ון' עזרא ועיין ש"לא ושרית שבמקרא גדולה בישעיה כ"ב : (יד) יוסף . בחירק וחסר יו"ד לפי המסורת במקרא גדולה על פסוק זה : (טו) הסככה . הה"א בפתח בכל ספרים מדוייקים כ"י ווס ברוב הדפוסים : (כג) כי בראותו . במקצת ספרים חסר וא"ו בתר א' :

ל (ג) והחכוה . בשורק : (ה) הבאיש . בשני נחין ס"לף וביו"ד כמו הגורל הראשונה (יהושע כא) : (ו) עירים . בספרי ספרד כתיב וקרי ביו"ד ובספרים אחרים עורים כתיב עירים קרי : היליכם . יש ספרים שחסר וא"ו בהרלם ויש ספרים חסר יו"ד לחר בלמ"ד : הוצרוהם . יש ספרים שחסר וא"ו קדמאה : (ח) כתבה על לוח וגו' ועל ספר חקה . ה"א של כתבה ושל חקה במפיק ולדעת יונהן שהיכן בלא מפיק רד"ק בפירוש ובשרשים והרא"בע כתב חקה רפה ויש ספרים שבה"א במפיק : (יא) מני דרך בטו מני ארח . במקצת דפוסים ישנים בנו"ן בחירק בבניכם בבלר דפוסים וגם בכל ספרים כתובי יד שניבם נלד' . וכ"כ רד"ק בפירוש ובשרשים : (יב) מאסכם . במ"ם נקמן רחב והאל"ף בקמן חטוף : (יד) בשבר נבל . בדפוס ישן הטי"ן בסגול וכן כתב רב סעדיה ויש ספרים בבלא נקודות עד כאן . ובשאר ספרים בב' נקודות וכן נראה מהמכלול ושרשים : בתוח . בהי"ו בוא"ו שורק : (כא) זה הדרך לכו בו . במסורת פרשת ואלה שמות נחשב זה עם ו' דסבירין בה : (כו) ביום הנש . עיין מה שכתוב ביחזקאל כ"ד : (כז) משלב . הה"א רפה רש"י ורד"ק : (ל) יש הולכה . במקצת ספרים כתובי יד מדוייקים חסר וא"ו : (לב) מוסדה . שם וה"א מפיק סימני נחה והיא ראויה במפיק : רד"ק בפירוש ומכלול דף ל"ב וכוא הד מן מלין דלא מפקין ה"א בסוף היבוהא ומטעין בהו וסימן במסורה רבתא : נלחם בה . בה קרי ובמסרה גדולה נמנה עם ד' דסבירין בה וקריין בה ועיין מה שכתוב בסוף סימן ס"ג מיה הספר : (לג) מאתמול . בשורק . אבן עזרא ורד"ק : גם הוא . היא קרי : למלך הוכן . בספרים מדוייקים קמן מכלול דף קמ"ג : העמיק . בספרים כתובי יד מדוייקים בשוא בעי"ן ומלא יו"ד : הרחב . בספרים מדוייקים חסר יו"ד :

לא (א) על סוסים ישענו . בספרים מדוייקים כתובי יד על בלא וא"ו וכן הוא במאמר נהיג פרש סוס ופרש שטן . ובספרי הדפוס כתוב ועל : (ב) ויבא רע . מלעיל כמו שכתבתי בפרשת תולדת יצחק : ואת דבריו לא הסיר . ירושלמי פרק ה' דמ"ק ואת דברו לא הסיר כתיב קרי ביה דברו ודריש ליה לשון דֶבֶר והכי איתא בויקרא רבה פרשת ל"ב ואת דבריו לא הסיר ואת דברו לא הסיר ובנ"ל במדבר רבה פ' ס' ועיין מה שכתוב בספר מלאכי אלא ומה כאחד מבי"ש : (ג) אדם ולא אל . בוא"ו בגעיא ואין מאריך בלמ"ד : (ו) העמיקו . בספרים מדוייקים העי"ן בשוא לבדו :

לב (ב) למשפט ישרו . בשי"ן שמאלית : והיה איש . במקצת ספרים הה"א במאריך : (ו) לעשות חנף . בספרים מדוייקים מלעיל כי הוא שם דבר וכן נראה מהשרשים וכן כתב בעל הלבנון שהוא על משקל חָמֵשׁ ורש"י כתב בהדיא חנף שם דבר לכך טעמו למעלה ונקוד פתח פירוש פתח קטן : (ז) וכלי כליו רעים . הכ"ף בצירי אף על פי שהוא בכלי שוכר למעלה : ענוים . ענוים קרי : (ט) בהטחות אמרתי . בספרים כ"י מדוייקים הלמ"ד בשוא לבדו והשי"ן בצירי וכן הוא בדפוס יכן יניד עליו רעו דנשי למן על פי המסורת למימרא דחדא קריאה איה להו ועיין מה שכתבתי בסדר בראשית : (יא) וחגורה . לית מלעיל ומלא וא"ו במדוייקים ונמנה בסוף מסורה גדולה בשטה הדא דכל חד וחד מלעיל ולית דכוותיה : (טו) וכרמל . וכרמל קרי : (יח) ובמשכנות . בספרי ספרד הוא"ו במאריך :

לג (א) כהתמך . הת"יו במאריך במקצת ספרים וכתובי יד וגם במקצת דפוסים חסר יו"ד וכתב רד"ק בפירוש ובשרשו שהוא קל והיה המ"ם ראויה לדגש וכן כתוב במכלול דף קפ"ט : תושך . בוא"ו עם הדגש בשי"ן : כנלתך . נדגש בשי"ן להסרון הכ"ף כי משפטו כהנלותך בחלם לכנלותך מכלול דף קס"ה ובספר הבריכה אות כ"ף : (ג) מרוממתך . במקצת ספרים מלא וא"ו אחר רי"ש : (ז) הן אראלם צעקו חצה . לית חסר וית בו דרש בהיכל רבתי פסוק בכה הנכס בלילה ובב"ר פרשת נ"ו עיין יפה תואר שם סימן ז' ומתרגום כהונה : (ט) קמל . פתח באתנח ועיין מכלול משקל פָּעַל : (טו) מראות ברע . סימן ישעיהו מראות ברע . חבקוק מראות רע . וחד פסוק סימן לא יהלישנו ולא ימיר אותו טוב ברע או רע בטוב : (יז) מרחקים . המ"ם בפתח כמו שאכתוב בירמיה ה' : (יח) יהגה . הגימ"ל בדגש ובלא מאריך ביו"ד בספרים כתובי יד וגם במקצת דפוסים : (כ) בל יסעו : (כא) כי אם שם וגו' . חצי הספר בפסוקים :

לד (א) לאמים . אל"ף ראשונה בחטף סגול : (ג) באשם . הבי"ת בקמן חטוף והאל"ף בשוא נחה וכן ועלה באשו (יואל ב') מכלול דף ר"ה ושרשים שרש באש : (ט) ונהפכו . בסגול הה"א וקל הפ"א . שרשים : (יא) וקפד . במקצת ספרים מלא וא"ו אחר הפ"א : וינשוף . השי"ן בחולם ובספרים מדוייקים וכן כתב רד"ק לא בשורק כמו שנמצא בהיות ספרים : קו תהו . בלא במקף שלשה רפין קו תהו . בלו בה (יחזקאל כג) . ה' בם (תהלים סח) : (טז) וקראו . בספרי ספרד הוא"ו במאריך ויש ספרים שהקו"ף בחטף פתח ועיין מה שכתוב בשופטים כ' : אשה רעותה . במקרא גדולה כתוב בגליון בסר אחד ואשה עד כ"ן לשונו . והתרגום סייע לו אבל לא ראיתי כן לאחד מהספרים :

לה (ד) נקם יבוא . מלא וא"ו בספרים מדוייקים וכן הנרו שבפסוק ונכה לעשות כן כי אין אלו מן ז' הפרים שנזכרים במסורת פרשת בהעלתך : (ז) בנוה תנים רבצה . כתב רש"י שם דבר הוא כמו מרבין שהרי אינו מפיק ה"א עכ"ל ובספרים שלנו הה"א במפיק גם לא נמנה במסורת עם מלין דלא מפקין ה"א בסוף היבותא : (י) ישיגו ונסו . וכן ישיגו ונסו ושלשתם מוזכ בפרשה עורי עורי יסיגון בגון נסו אין וא"ו ברא"ש הפלה וסימן וא"ו בוא"ו נו"ן בנו"ן . עיין רד"ק :

לו (ב) מלכיש ירושלמה . ה' חסרים וחד מלא עיין במסורת על פסוק זה והמלא הוא בד"ה ב' ל"ב אחר זה שלח סנחריב : (ס) אמרתי אך דבר שפתים . סימן דמלכים אמרת דישעיהו אמרתי וחד פסוק סימן ויקרא אבימלך ליצחק *) : (ז) הלוא הוא . לפי המסורת ראוי להיות מלא וא"ו שאין זה ממנין ז' חסרים בספרא שנמסר סימנם במ"ג סימן י' וכן מלאתיו מלא במקצת ספרים : (י) עלה אל הארץ הזאת . בכל ספרים שלנו כתוב אל והימה על המתרגם שתרגם כך על ארעא : (יב) הראיכם . נואתם קרי וכחילופי מלכים וישעיה כתוב במסרת מלכים הריכם ישעיה הראוכם : שיניהם . מימי רגליהם קרי ובכל הספרים כתוב שניהם ביו"ד אחר השי"ן וכן כוה הנרו דמלכים ברוב הספרים וכ"כ המכלול יופי בשני המקומות אתם במסורת כתוב מלכים שיניהם כתיב ישעיה שיניהם כתיב עוד מצאתי בס"א כ"י כי בשני המקומות כתיב בשנים גם מלת מימי והקרי והכתיב אינו אלא על מלת שיניהם ונראה מדברי רש"י שכן היה כתוב בספרו וכ"נ מדבריו בפירוש בגמרא סוף פרק הקורא את המגילה עומד וכן הוא גירסת הרי"ף ורבינו ישעיה הראשון גם אבל הרא"ש והריא"ז אינם גורסים מלת מימי בכתוב וכן היא גירסת רד"ק כמו שכתוב במלכים וכ"כ בעל המסורת במאמר אחד ווה הלוי בנוסחא"וה בגמרא : (יד) ישא . עיין מה שכתבתי במלכים ב' י"ט :

לז (יז) הטה ה' אזנך ושמע . הוא"ו במאריך ובמקצת ספרים בשי"ן בשוא ופתח ובמקצתן בשוא לבדו ועיין מה שכתבתי בפרשת בלק על פסוק קום בלק ושמע : (כד) ביד עבדיך חרפת אדני . יש פסיק בין חרפת לבם כמ"ש במלכים : מרום קצו . סנהדרין פרק חלק רב הונא בר פפא רמי כתיב מרום קצו וכתיב מלון קצו אמר אותו רשע בתחלה אחריב דירה של מטה ואחר כך אחריב דירה של מעלה ופירש רש"י כתוב מרום קצו בישעיה וכתוב מלון במלכים כן צריך להגיה בפירוש רש"י : (כה) כל יארי . בכל ספרי כתובי יד חסר וא"ו בתר הל"ף ועיין מה שאכתוב בזכריה סימן י' : (כו) הלא במעת . מלא וא"ו בספרים מדוייקים ועל פי המסורה שכתבתי למעלה בסימן ל"ג : עתה הבאתים . בספרים מועטים כתוב הביאתים ביו"ד ואל"ף אחר הבי"ת וגם במכלול יופי כתוב על זה בלא

לג מלא

*) ר"ל בפסוק זה כתיב ואין אמרת כי אמרתי והראשון בפסוק מרס על מלכים שהוא לפני ישעיה . דברי המגיה לכהן צאנאק :

מלא בעי"ן השפל ועל אותו דמלכים לא כתב מאומה ונפי דמתי נשתבש בדברי המכלול שכתב בדף ק"ג ובאו מלכים בעי"ן השפל וכו' והנה בכללם עתה הביאותים ונמורה מקום בגליון כתוב ישעיה ל"ז אך אין למדין מהמורה מקום כי אם מהספרים המדוייקים שזה דישעיה חסר ודמלכים מלא וקאת היתה שלא נמנה חילוף זה עם חילופים אחרים שנמנו במסורת שלנו בין מלכים לישעיה ויותר מזה יש לתמוה על בעל המסורת דישעיה סימן מ"ג לא מנה שום אחד מאלו עם אותן שהם מלאים ועיין עוד מה שכתבתי במלכים ב' י"ט: (כט) והאכל. בהמה ספרים כתובי יד וגם בדפוסים ישנים ע"ן ראשונה בקמץ וכן חברו דמלכים וכך הם בשרשים ובבעל הלשון ובמקצת ספרים בפתח כמו שכתוב במלכים: (ל) ואכול. ואכלו קרי ויש ספרים שכתיב ו א כ ל וטעות קמייתא הסי עדיפא דהשתא רבותא תשיב ליה בכדי מלין דכתיבין מוקדם מאוחר פוק חזי כמה כאום וא"ו: (לח) ואדרמלך. בספרי ספרד הוא"ו בגעיא: אסרחדן. במקצת ספרים כ"י ודפוסים קדמונים חדא מלה ויש ספרים תרין מלין כמו שכתוב במלכים ובעזרא ד':

לח (ג) ויאמר אנה. במקצת ספרים כתובי יד בשני טעמים אנה ובשאר ספרים בטעם אחד לבד בגע"ן וה"ה אחד מן ו' דוד"י כתובים בה"א בלשון בקשה ומה שיש לדקדק בזה אכתבנו בתילים קי"ו בס"ד: ובלב שלם. ובספר מלכים כתיב ובלבב וגם מכרתי הסימן ומה שכתוב במקצת גדולה כאן ובלבב טעות הוא מהדפוס שהקדים למ"ד לבי"ת: (יא) יושבי חדל. בכל אתר כתיב חלד והכא כתיב חדל זיל קרי בזוהר פרשת נח סוף דף ס"ה: (יג) כארי. הכ"ף בקמץ וכן במסורת ב' קמצין בתרי לישני מיום עד בקר כארי ידי ורגלי ועיין מ"ש בעל עבודת הקדש בסוף פ"ג מספרו: (יד) כסוס. כן כתיב וק' ואי משכחת ספרי דכתיב כסים וקרי כסוס הם הגיהא דמדינחאי דלא נקטינן כוותייהו אבל בירמיה סימן ח' כתוב וסוס וק' וסיס: דלו. עיין מ"ש באיוב כ"ח: אדני עשקה. (א"ה בת"נ נכתב בי"ד ב"א וטעות גמור הוא שהרי נמסר בערך א"ד במנין קל"ד א ד נ י ולא ידעתי למה הרב המחבר לא העיר על זה ע"כ): עשקה לי. טוי ואף על פי שבעי"ן איננה השורה אלא נקראת במארין הנה כמוהו ש מ ר ה נפשי כי חסיד אני או יכיה הכר לנקבה כ"כ רד"ק בפי' ובשרשים לאפוקי אותן שקוראים בחטף ועיין מ"ש בתילים מזמור פ"ו: (יט) יודיע אל אמתך. פתרנוס ורא"ע פי' אל זה כשני נזירי ורד"ק המה עליהם כי בכל הספרים א ל נקוד סגול וסמוך נמקף עם א מ ת ך כמו בראשון והמפרשים אל אמתך שניהם וכה אלה השנים אשר הם בפסוק כי לא שאול תודך וגו' חי חי:

לט (א) מראדך. באל"ף ברוב הספרים ובקצת הם מ ר ד ך בלא אל"ף: (ד) באוצרתי. כן הוא במקצת ספרים מדוייקים כמ"ש בס' באזוט:

מ (ב) בכל חטאתיה. בבי"ת וכן פי' כל המפרשים: (ו) נבל ציץ. זה וחבירו שבסמוך בשני טעמים כמו ציץ ציץ דוד"י דפרשת קרח עיין שם: נשבה בו. הבי"ת של בו דגושה ועוד אדבר בזה בכלל אהי מרחיק בס"ד: (י) משלה לו. למ"ד של לו רפה: (יג) מי תכן את רוח. בכל הספרים יש פסקא במלת רוח ומלת ה' היא התשובה לשאלה ואינו נסמך רוח אל ה' וכן דעת יונתן ומפרשים אחרים ויש מי שפי' בענין אחר ואינו על דרך הטעמים: (כ) המסכן. המ"ם רפויה והכ"ה סמוכה במארין מכלול: (כה) ואל מי תדמיוני. התי"ו רפה ועיין מ"ש בפרשת כי תצא על לא תהיה בכ' ואראה על אתה תדבר: (כו) מי ברא אלה. סועים פעוזים אותו מלעיל שהמכלול מנאו בדף ו' עם אותם שבאו מלרע בלא המנהג: (כט) עצמה ירבה. חסף ע"פ המסורת ר"ל קמץ הסוף והבירו כוה ע צ מ ה דסוף נחום: (לא) וקוי. היו"ד נזירי וכיא ע"ן הפועל ויו"ד ברבים נעלמת והוסרה היו"ד מהמכתב ונשארה המבטא בפניעת שני יודי"ן אבל ו ק ו י ה' המה יירשו ארץ תילים ל"ז בהנעת וא"ו ע"ן הפועל כן דעת רד"ק במכלול משקל הפעלים ובשרשים ובתהלים מצאתי בספרים מדוייקים ועיין עוד מ"ש בתהלים:

מא (ה) ראו איים וייראו. פליגי סיפרי אם הוא בתרי יודי"ן או בחדא בלחוד ומהמסורת ליכא לאכרועי מידי: ויאתיון. בדפוסים ישנים וגם ברוב ספרים כ"י האל"ף בחטף סגול וכן כתב המכלול יוסי האל"ף נעה ויו"ד זה מהמכליל דף קס"ג ומפרשים שהיא עם אחרים שהאל"ף נעה: (ו) אם לרף. יש מי שכתבו מלא וא"ו ואין לסמוך עליו שזהו א' מן ד' חסר במסורה: (ז) כמחזיקי מקבת. בספרים כ"י מדוייקים הקו"ף רפה וכ"כ רב פעלים: ואמר לו. מלעיל במדוייקים כ"י וגם בדפוסים ישנים: (טו) בעל פיפיות. פ"א שניה רפויה במקצת וכן וחרב פיפיות בידם דתהלים: (יז) נשתה. דגש התי"ו לתפארת המלה מכלול שקל פ ע ל: (כא) קרבו ריבכם. במקצת ספרים הקו"ף בלא מאריך ומ"מ קריאתו בקמץ רחב כי משפט התיבה בשוא נע שהוא צווי מהדגש אלא שהרי"ש איננה מקבלת דגש וכשיטתו אחת הקו"ף שמשפטה בפתח כ"כ רד"ק בפירוש ובשרשים וגם החכם ן' עזרא כת' שהוא צווי מבנין הכבד הדגוש ע"מ ב ר כ ו את ה' ע"כ. ולא יתכן להיות צווי מהקל בקל ח ר ב ו מאד (ירמיה ב') כי שרש קרב מבנין הקל הוא עומד וזה יוצא: (כג) ונשתעה. מלעיל השמט בהי"ו: ונרא* ונראה ק': (כח) וישיבו דבר. במדוייקים מלא יו"ד וכן במסורה ו י ש י ב ו ג' חד חסר וב' מלאים וזהו א' מן המלאים עיין בת"ג סדר דברים:

מב (ו) ואחזק. בצירי והחי"ת בשוא לבדו רד"ק בפי' ומכלול דף ס': (כ) ראות. ראות ק': פקח. במקצת ספרים פקוח מלא וא"ו: (כא) ויאדיר. האל"ף בשוא לבדו: (כב) השב. השי"ן בפתח ובמסורת ב' א' סוף פסוק וא' ריש פסוק ה ש ב ה א ל ת ע ר ה (יחזקאל כא): (כג) יקשיב. במקצת ספרים חסר יו"ד וכן נמסר עליו ליה חסר: (כד) למשיסה. למשסה ק' ועיין מ"ש רש"י בתהלים מזמור מ"ב על מלת ביקרותיך: הלוא ה'. מלא וא"ו בספרים מדוייקים וכן ראוי ע"פ המסורת שאין זה מן ד' החסרים בסיפרה וסימנהון בסימן י': ולא אבו. בפרק בשקין ענה אותו תינוק ואמר הלוא ה' זו חטאנו לו לא אבו וגו' וכתב בעל יפה מראה בפרק ג' דהוריות דלפני גרסת כנוסקין דברים לא אבו י"ל דהשמטה הוא"ו היתה בחכמה וכו' ואף על גב דבירושלמי דהכא גרסינן ולא אבו אולי המעתיק לא דק וחשב לתקן ולא אבו כלשון הכתוב עד כאן לשונו. וכל מה שכתב בזה נ"ל דוחק דהכ' אגדות הגמרא גרים ול"א הוא"ו והכי איתא במדרש איכה רבתי רי"ש אלפ"א ביתא רביעאה והכי גרסיק בזוהר סוף פ' חיי שרה וגם נדרש יפה מהו חטאנו למדברים בעדם ומהו ולא אבו לנכהרים ואין אנו צריכים למה שנדחק היפה מראה ובתוספתא פ' ב' דהוריות נענה אותו תינוק ואמר הלא ה' זו חטאנו לו ע"כ ולא סיים סיפיה דקרא:

מג (א) בשמך. אין בבי"ת געיא: (ח) אקבצך. הכ"ף בדגש: (יד) שלחתי בבלה. במדרש שוחר טוב על מזמור על נהרות בבל באותה שעה נכנסו מלאכי השרת לפני הקב"ה וכו' עד רדו מלפניו ושאר המלאכי עליהם מיד ירדו מלאכי השרת ונטלו מלאכי חבליהם ולא מלאכי השרת בלבד אלא הקב"ה כביכול נטל בעצמו שנאמר למענכם שולחתי בבלה. ובמדרש רבתי סוף פרשת אמור ראיתי והנה מנורת זהב וגולה על ראשה תרין אמוראין חד אמר גולה מ"א גאולה מאן דאמר גולה שגולה לבבל ונגלה שכינה כביכול עמהם כדאמרן למענכם שולחתי בבלה ומאן דאמר גאולה שנאמר גואלינו ה' צבאות שמו. והכי גרסינן שולחתי בספרי סוף פרשת מסעי וגרסת בעלוקו ובמכילתא דהחודש פ' י"ד ובשיר השירים רבה בפסוק אתי מלבנון כלה ובמדרש פסיקתא רבתא בילקוט זכריה רמז תק"ע וישעיה רמז ש"ו. ומדרש איכה פסוק בחורים טחון נשאו רבתא בעירוך ערך ברית אף על פי שאינו כן במדרש המה מגלת רבתא וגם בערך גלה כתב בעירוך בשם מגלת איכה שולחתי בבלה כתיב וכן היא במדרש וויש פסוק הביאמו והטעמו. גם החכם אבן עזרא פירשו כאלו הוא קורא בצי"ן בקבוץ שפתים מבנין פועל שלחתי וכן מצאתי בדפוס ישן ובנוסחה כ"י והחכם אברבנאל פירשו בתחילה בחירק ואחר כך כתב ויש קוראים אותו בשורק ונראה שחז"ל כן כיון קוראים כמו שאמר גלו לבבל וכו' עכ"ל. ובירושלמי פרק קמא דתענית גלו לבבל וגלה שכינה עמהם מאי טעמא למענכם שולחתי בבלה והכי בעל יפה מראה ונראה דמסורת בידם דשולחתי גרסינן אף על פי שאינו כן בספרים ובפרק בני העיר ובשמות רבה פ' ט"ו סימן כ"ג לא גרסינן אלא שלחתי וכו' עד כאן לשונו ע"ש. ורד"ק המה מהחכם אבן עזרא ובסוף דבריו כתב ואני מקובל כי קריאתו ש ל ח ת י בחירק השי"ן מבנין פעל הדגוש וכן מצאתי בכל הספרים המדוייקים אשר ראיתי וכן נראה מהתרגום אבל לפי מה שנמצא בדברי רבותינו ז"ל ידמה שהם היו קוראים שלחתי בקבוץ שפתים השי"ן שאמרו בכל מקום שגלו ישראל שכינה עמהם גלו לבבל שכינה עמהם שנאמר למענכם שלחתי בבלה ע"כ

דבריו. ואני אומר די דגירסת כל המדרשים שלחתי בחירק כמו שכתוב בספרים שלנו וכן הוא בספר הזוהר ריש פרשת ואלה שמות ובמדבר רבה פ' ז' ובאיכה רבתי שילהי אלפ"א בי"תא קדמאה וילמדנו פרשת בהר סיני אלא שאמרו שִׁלַּחְתִּי דרך דרש על דרך אל תיקרי. ויש אם למקרא ולמסורת. דמלינן לעיקרי שלחתי בקמץ השי"ן וכן כתב הרב"ד מההיא דלאקרם בפירוש שערי אורה בשער הראשון ע"ו כמאמר גלו לבבל שכינה עמהם שנאמר למענכם שלחתי בבלה אל תקרי שלחתי אלא שולחתי. וכן יסד הפייט בהושענות קלוא בבלה שלחת רחום למענך שֻׁלַּחַתְּ וכן ייסד בהושענא כהו משוררת ויושע לגוחה מצויינת בְּוְנוֹשָׁע כמו שדרשו בזוהר פרשת אחרי מות דף ס"ט על פסוק צדיק ונושע הוא (זכריה ט) וכן דרשו במדרש תנחומא צדיק ונושע הוא אמר ר' אבהו כביכול שלך ושלנו היא הגאולה דכתיב ולכה לישועתה לנו אמר ר"מ כתיב ויושע ה' ביום ההוא ויושע ה' כתיב כביכול וכו' כמ"ש בפרשת בהעלותך על: ויושע וכן דרשו בשמות רבה פ' ל' על פסוק וירא כי אין איש וישתומם וגו' ובפסוק כי קרובה ישועתי לבא ודומה לזה ייסד הפייט בהושענא מאמר וְהוֹצֵאתִי אֶתְכֶם נָקוּב וְהוּצֵאתִי אִתְּכֶם ונראה לי דהכי פירושה מאמר הקב"ה שאמר והוצאתי אתכם מתחת סבלת מצרים נקוב וְהוּצֵאתִי לשון אשר נקבו בשמות כלומר אל תקרי וְהוֹצֵאתִי אֶתְכֶם אלא וְהוּצֵאתִי אִתְּכֶם כי יש אם למקרא ולמסורה: גם כן כביכול היה עמהם בצרה וז"ל כמו שקימת לוהב בהבטחה כן הושענא אבל פסוק אני ה' אלהיכם אשר הוצאתי אתכם היגו הבטחה שבשעה שנאמר כבר יצאו וביוצא בזה אמרו בשילהי מועד קטן מנין לאבל שמסב בראש שנאמר אבחר דרכם ואשב ראש ואשכון כמלך בגדוד כאשר אבלים יְנַחֵם (איוב כט) קרי ביה יְנֻחָם ר"ל בחירק ביו"ד כמו שכתב בעל נימוקי יוסף שם וכ"כ התוספ' סוף מגילה כ"ש ועיין מה שאכתוב בתילים מזמור פ"ב לסייעתא דשמיא ולקמן על והורדתי ברי חים: והורדתי בריחים. מדרש איכה רבתי בחורים טחון נשאו אם מוצא שלא היה ריחים בבבל וכשעלה נבוכדנאצר הטעינן ריחים והורידן לבבל הה"ד והורדתי בריחים כלם ברחים כתיב ע"כ ובכל ספרים שלנו בריחים מלא דמלא ונראה לי שאין המדרש חולק על הספרים דאף על גב דלא אשכחן בהוליה קריא לישנא דרחיה כי אם חסר יו"ד קדים לחי"ת מ"מ מלינן למימר דקרי ביה ריחים בצירי הרי"ש וביו"ד נחה ויש אם למקרא ולמסורת כמ"ש למעלה: (יט) דרך בישמון. בספרים מדוייקים כ"כ מלא יו"ד קדמאה וחסר יו"ד תניינא ומלא וא"ו: (כ) נהרות בישימון. כ"כ במדוייקי' מלא שרי יודי"ן וחסר וא"ו: (כג) לא הביאות. מלא יו"ד ואל"ף ועיין מ"ש בסימן ל"ז ובמכלול בזוהר שם: לא כבדתני. בכי"ת לשון כבוד:

מד (ד) וצמחו בבין חציר. י"א ויתרבון לדיקיא רביכין ומפנקין כלבלבי עשב כאילן דמשלח שרשוהי על נגדין דמיין. וכדומה לי שהוא היה קורא כבין בכ"ף וכן מראין דברי הרלב"ג שכתב וצמחו רוצה ונרבחו כמו חציר ורבים אמרו על כנאלים וכן וצמחו כאילו הם יושבים בין החציר והטעם שיפרו וירבו עכ"ל. אבל בספרים שלנו בבי"ת וכן כת' רד"ק וכן פירש רש"י ז"ל: (ו) ויערכה לי. במקצת ספרים העיי"ן בפתח ובספרים מדוייקים בשוא וכ"כ בשרשים ובמכלול דף מ"ס: (ט) ועדיהם המה. חד מן ד' נקודות בנביאים וסימן בס' במדבר סיני במ"ג: (י) יצר אל. מלרע שלא כמנהג. מכלול דף ו': (יב) מעצד. דפוס עתיק העי"ן בחטף קמץ ולא סמכינן עליה דכולהו ספרי אחריני בחטף פתח כחבריה דירמיה סימן י': ויפק. במקצת ספרים כהוני יד וגם בדפוס ישן כתיב וי"פ בשני יודי"ן ואין כן בשאר הספרים: (יג) יתארהו בשרד. האל"ף בשוא ופתח ובמתגים יתארהו האל"ף בחטף קמץ. רד"ק בפירוש ומכלול דף כ"ב ובשרשים וכן בספר ישן כתוב בגליון וסי' אאר וכס' אחר כ"י שניהם בחטף פתח ואין לחוש עליו וכתב רביע יונה בס' הרקמה ובמתוגה יתארהו לית דכותיה קמון: (יד) נטעי. מלרע שלא כמנהג. מכלול דף ו': ארן. נו"ן זעירא והיא חד מן ג' נוני"ן זעירין על פי המסורת ויש קורין ארז בזי"ן ומוטין נימוק כ"א בשרשים: (טו) ויחם. החי"ת בקמץ חטוף ובזקף ביו"ד. רד"ק: (טז) חמותי. בספר אחד כ"י מלעיל ובשאר ספרים מלרע וכן כתב רד"ק: (יז) יסגוד לו. חד מן יתירין וא"ו והספין קמצין ע"פ המסורה וסימן במסורה רבתא מערכת אות וא"ו: (כ) הלא שקר. מלא וא"ו ול"ף כי אינו מן השקר בסיפרא: (כא) זכר אלה יעקב וישראל כי עבדי אתה וגו' ישראל לא תנשני. בנביאים עם פירוש אברבנאל כתוב וישראל לא תנשני בוא"ו וכן בדפוס ישן שוניציאה נכתב מבחוץ וישראל גם במקרא ישנה ספרדית היה כתוב בתחלה בוא"ו ואחר כך עברוה ומריה זה אמינא אולי משגה היה למעתיקים בוא"ו בכה כדמוכח כל אולך אמינא שלא דבר היה ואינה למיחש עלה ובתר דאשכחי נמי במסורה רבתא דדפוסה ל"ג וישראל בקריא דכתיב בה זכר אלה יעקב וישראל ב' בו בזוהר לאהמוטעה רגלי לאכרועי כמאן דכתיב בוא"ו אילולי ס' דסעיד לי וזמין בידי מסרה כתיבה ידא דלא חשבה להדין פסיקא אלא חדא בלחוד דהוא קדמאה דפסיק ולבדה שמעינן דאמרי כבלבתא וברובתא דעסקי דיקי ונח"ו וכבן מסרה דדפוסה כד מעיינת בה תשכח דלא סלקא כסונן כל עיקר לגוס אושבנא דהלחין והלת ובלרא לה הלאה פסוקי ובריני מנרבן חד מגבון הוה וישראל ויהודה יושבים בבטוח (שמואל ב' י"א) תניינא וישראל מקראי (ישעיה מח) תליתאה ליהודה וישראל דאשה (בדברי הימים ב' טז) והו הוינא בה טעותה ומשום הכי פרישנא מאי דלריכא לה כתיב שהם וישראל הוא ידע בבוף דשא וכריש דשא אם במרד ואם במעל דמיתוי כתרין פסוקי ובולא חד פסוקא הוא ביהושע כ"ב ותו וישראל חנים בעין דאר ל"ל בעין אשר בשמואל א' ריש סימן כ"ס ותו יולרך מבגון ל"ל יצרי מבגון וסיומא דקרא וישראל לא יאסף ביבעים מ"ש יסא לעותים דמאדי עלמא עם עמיה ישראל לעלם בימנא יתפרקון דבית יהודה וישראל ישרי לרוחהון אמן: (כג) תחתיות. יש ספרים שכתוב בהם תחתיות מלא בוא"ו ואל"ף: שובה. חד מן ה' מלרע על פי המסורה וכן במכלול דף קל"ו: (כד) עשה כל. הכ"ף דגושה: מי אתי. מאתי קרי וכתב חד מן מלין דכתיבין תרין וקריין חד ונסדרו בדף ל"ד ויש בזה דרש בבראשית רבה פ' א' וס' ג' ושוחר טוב מזמור ר"ד מי היה שותף עמי בבריאתו של עולם ובסוד מבואר בספר הבהיר ובזוהר בזוהר פרשת חיי שרה:

מה (א) כה אמר ה' למשיחו לכורש. לית זרקא בלא סגולא: (ב) אושר. אישר קרי: (ו) וממערבה. בספרים מדוייקים הה"א רפה וכן כתב רד"ק ותרגומו וממערבה: (ז) ובורא חשך. מלרע: ובורא רע. מלעיל ועיין מה שכתב בעל נשמת יהודה ריש דרוש מ"ח: (יד) וסחר כוש. ברוב הספרים הוא"ו במאריך והסמ"ך בשוא לבדו ובמקצת ספרים בשוא ופתח כמנהגם בשאר מקומות בכיוצא בזה אמנם כפי הכלל שנתן רד"ק על וא"ו שלא לי על אחרים בשוא נח ולא יקרא כמו שוא ופתח וככר בארכתי בענין זה בהוספים ס': ואליך ישתחוו. בוא"ו: אליך יתפללו. בלא וא"ו: (יט) בקשוני. בספר אחד כ"י וגם בדפוס ישן הבי"ת בחירק ואין לנו לזוז מספרים אחרים שהבי"ת בפתח והקו"ף בדגש: (כג) כל ברך. בס"א כ"י הכ"ת והרי"ש בצירי ובספרים אחרים הכ"ף בצירי והרי"ש בסגול ורד"ק בשרשים כתב שהוא בשתי נקודות: (כד) עדיו יבוא ויבשו. י"ד דסבירין יבואו וקריין יבוא וסימנם נמסר במ"ג סוף פרשת שמיני ועיין עוד מ"ש ביחזקאל סימן כ"ג:

מו (ב) קרסו כרעו. שניהם במאריך במקצת ספרים: (ג) העמוסים. בה"א רפויה כמ"ש בפרשת כי תצא כל לא תתעב ועיין עוד בפרשת וארא על אתה הדבר: ותמשלוני. בספרים מדוייקים חסר יו"ד בתר שי"ן ומלא וא"ו בתר למ"ד: (יא) איש עצתו. עצתי קרי:

מז (א) לא תוסיפי יקראו לך רכה. מלרע בפסקא אחד וכן לא תוסיפי יקראו לך גברת דבסמוך וכן שנים מלרע ע"פ המסורה ובמקצת ספרים שניהם בב' פסטין וקצתן כראשון מלעיל והשני מלרע ויש ספרים בספק ויש שכתבתי בתחלה הוא כמוסכם מרד"ק בפירוש ובמכלול דף ק"י ובשרשים וכן מלאתי בספרים מדוייקים: וטחני קמח. הטי"ת בגלגל בספרי ספרד: (ב) חשפי. השי"ן שמאלית מענין מחשף הלבן והחי"ת בסגול: (ג) נקם אקח. רד"ק בשקל אפעול הפיו"ד עם הזקף קמוצין וכן והוסף אקח (מלכים א' יא) ורב עלים כתב שמלא מסורה אחת אקח ב' זקפין אחד קמן ואוחך אקח ואחד פתח נקם אקח חד בלין לבוע. והמסרה שלנו באלפ"א ביתא מן חד חד קמץ בזקפא לא נמנה רק נקם אקח וסימנם בריש ספר ויקרא ועיין מ"ש במלכים

במלכים א' י"א: (ט) ותכהנה. במקצת ספרי דפוס הוא"ו בפתח וטעות הוא כי הוא וא"ו החבור ולא להיפוך וה"ל בשוא כמו שה"י ויתן וכ"כ רד"ק: (י) אין רואי. במקצת ספרים האל"ף בפתח [illegible] ומקצתן בקמ"ץ וכ"כ רד"ק בפי' ובס' מכלול דף קס"ב כתב שהוא בפתח ובהם ר' יונה בקמץ ובשרשים אמר קמץ גדול תחת קמץ קטן וזה גם דעת הרא"ע שהוא וקמץ האל"ף ראני בעבור היותו מסגרן: (יא) ותפל עליך הוה. שרי לגו מרייהו למדפיסים שכתבו שם הקדש: (יג) הברו. הברי קרי: מודעים. במקצת ספרים כ"י מדויקים ובדפוס ישן חסר יו"ד קדמאה: לחדשים. בלמ"ד בסגול שלא כמשפט וכראוי בקמץ מכלול דף כ':

מח (ט) אחטם לך. במקצת ספרים אחטום בוא"ו יתירה ואין לסמוך עליהם כי בכל ספרים כתובי יד מדויקים ודפוסים ישנים בלא וא"ו גם לא נמנה במסורת עם מלין דיתירין וא"ו וחטפין קמצין: (יב) שמע אלי יעקב וישראל מקראי. בירושלמי דסוטה פרק אלו נאמרין אמר ר' מתניה טעמא דהדין הנייה שמע אלי יעקב עבדי וישראל מקראי חסר וא"ו מה התקרה הזאת עושים דהן גבי קוטנה דהן וגומר וכולהו סיפרי דידן ליכא מלת עבדי בפסוק והכי גרסינן בבבלי ובשמות רבה פ' א' ובויקרא רבה פ' כ"ט ובמדרש תנחומא ריש פרשת ואלה שמות ובאגדת תהלים מזמור י"ד בלא מלת עבדי ונראה דהאגרת ליתן סיה לסמוך עבדי אצל יעקב כמה דאת אמר ועתה שמע יעקב עבדי וישראל בחרתי בו (ישעיה מד) ודמיה לזה דאמרינן בפרק קמא דעכו"ם תנא תוספתא סתרא בגירסא עיין ערוך עיין ספר השני: (יג) וימיני טפחה שמים. כתיב בשרשים שבמקצת ספרים מדויקים טפחה בקמץ חטף וכן מצאתי במקצת ספרי ספרד שנכתב בלדו ס"א טִפְּחָה וקריאה זרה היא עלי: (ד) הקבצו כלכם ושמעו. בספרי ספרד הוא"ו במאריך והשין בשוא לבד ובמקצת ספרים השי"ן בשוא ופתח ועיין שופטים ה' ומה שכתבתי שם בשם ר' אליה המדקדק: (כ) הגידו השמיעו זאת. במקרא גדולה כתוב ס"א והשמיעו וכן מצאתי בנוסחה כ"י אכן בשאר ספרים כתוב השמיעו בלא וא"ו: (כא) ולא צמאו בחרבות. בחטף קמץ הפ"א כמו שכתוב ביחזקאל י"ג בסייעתה דשמיא:

מט (ד) כחי כליתי. הה"א כ"י בלמ"ד בחירק ובשאר ספרים צירי וכ"כ רד"ק בשרשים ולא כליתי את בני ישראל בחירק. לחנם והבל כחי כליתי צירי: (ה) יצרי מבטן. בכמה ספרים כתוב יוצרי מלא וא"ו ובשני ספרים ישנים מספרד היה כתוב בתחלה בו"ו ואחר כך נגרדה וזהו מן התלופים שבין בני ארץ ישראל ובין בני בבל למערבאי חסר ולמדנחאי מלא: לעבד לו. מה שנמסר בישעיה ריש סי' ע' לא ע"ו דכתיבין אל"ף וקריין וא"ו והרין פלוגתא יוצרי מבטן לעבד לו קאי אסיפיה דקרא דכתיב וישראל לא יאסף כדבעינן למימר קמן: וישראל לא יאסף. לו קרי בוא"ו וכתיב באל"ף כן כתבו הרא"ע ורד"ק ובמסורה ישעיה דלעיל כתוב דאיכא פלוגתא בהדין וגם על ואכשי אחי יואב דד"ה א' י"א ואשכחינא נמי מסרה אחריתי דכוותה כ"י בפ' בהר סיני ע"ו כתיבה לא וקריין לו וכו' כמו דכתיבין במסרה דילן פרשת שמיני והכה הכי מסיימה וה' פלוגתא לא יאסף ולא שם קדמאה דד"ה עד כאן. והם השנים האחורים במסורה שלנו וכן מצאתי במקצת ספרים דישעיה כתובים לא באל"ף וקרי לו בוא"ו ובספרים אחרים זה דישעיה כתיב לו וקרי לא ודד"ה כתיב לא באל"ף וקרי לו בוא"ו ומה שכתוב במכלול יופי כ"כ בוא"ו טעות הוא ור"ל כן קרי בוא"ו שהרי בסוף דבריו אמר שכתוב לא יאסף באל"ף וכן כן דברי רד"ק עוד כתוב במסרה כ"י שזכרתי למעלה וב' הילוף כתיב לו וקרי לא בהזקה יעשה ע"כ. והם ג"כ הנזכרים במסורה שלנו בישעיה סימן ע' ואין ביניהם רק שינוי הלשון וזהו פירושה בהזקה שמואל א' ב' שכתוב ואמר לו בוא"ו וקרי לא באל"ף ופי' יעשה הוא ויאמר לו הלילה לא תמות כגה לו עשה אכי דבר גדול וגומר שמואל א' כ' שכתוב לו עשה וקרי לא יעשה: (ו) ונצירי. ונצורי קרי ובירושלמי פרק ד' דשביעית יליף מכאן ר' אלעזר דאפילו נפלין חיין לעתיד לבא וכתב בעל יפה מראה לא ידעתי היכי משמע נצורי נפלים ולי נראה דדריש ליה מלשון ונצר משרשיו יפרה: (ז) למתעב גוי. במקצת ספרים כ"י העי"ן בסגול ואין טעם רק בתי"ו ובספרים מדויקים התי"ו בשופר והעי"ן במאריך ונקודה בצירי בפלס מבוך [illegible] אין דסוף סיפרא וכן נמנה במסורה עם הקמצין בליגנא: ויבחרך. בס"א כ"י וגם בדפוס ישן כתוב ויבחרך בשוא הוא"ו ואין לסמוך עליהם כלל בזה: (ט) לאשר בחשך הגלו. בכל ספרים כ"י ודפוסים ישנים מלרע כתוב וכן כתוב במכלול דף קע"ח: (יג) יפצחו. ופצחי קרי וכן בכל הספרים חוץ מאחד יפצחו כתיב ופצחו קרי וברד"ק כתוב בהפך וכן העתיק לשונו בעל מכלל יופי ופליאה דעתה ממני שזהו אחד מן מלין דכתיבין יו"ד בריש תיבותא וקרי וא"ו וסימן במסרה רבתא וריש הושע וריש דברי הימים: ועניו. במקצת ספרים ועניין בשני יודי"ן: (יח) ותקשרים. הוא"ו במאריך בס"ס: (יט) הרסתך. בספרים מדויקים חסר יו"ד בתר ריש וכן מסור עליו לית וחסר: (כא) אלה איפה הם. בס"א כ"י נכתב בלדו ס"א והלא ע"כ ולא סמכינן עליה מידי:

נ (ח) נעמדה יחד. הטעם בנו"ן וכ"כ בעל מקנה אברהם וביו"ד בדגש: (יא) אשכם. האל"ף בסגול והשי"ן רפה. רד"ק:

נא (ג) תהוללהם. י"ם שבלמ"ד בפתה וברוב המדויקים בסגול וכן כתב רד"ק בשורש הול: ואברכהו. הוא"ו בפתח: וארבהו. הוא"ו בשו"א והשנים שהיד במקום עבר כי הוא"ן הם לחיבור ולא להיפוך ועיין מה שכתבתי בפ"ב הולדות יצחק על בטרם תבא ואברכהו: (ד) ולאומי. בוא"ו עם דגש הה"א כן כתב רד"ק וגם במסור' לית ומלא ובמדרש שה"ש רשב"י את ראב"י עד לא זז מחבבה עד שקר"ה אמי שנאמר ולאומי אלי האזינו ולאמי כתיב. הכי גרסינן בילקוט פ' פקודי ובשיר השירים בשם התנומא ובמדרש רבה פ' נשא פ' י"ב ושיר השירים רבה בפסוק דודי לי ובפסוק לאינה ראינה ובפסוק אתה היא יונתי וכן הביאו רש"י בשיר השירים. ואיתא נמי בזוהר פרשת ואתחנן דף רס"ב וריקאנטי פרשת בא ולאמי אלי האזינו אל יתקרי לאומי אלא לאמי דלא זז הקב"ה מחבבה לכנסת ישראל עד דקראה אמי וכו' אבל בתורת כהנים ריש פרשת שמיני כתוב אין אמו של ישראל שנאמר ולאומי אלי האזינו ע"כ הו לה. ובמדרש רבה גופיה סוף פרשת פקודי הובא מאמר זה וליכא ולאמי כתיב ואף בשיר השירים רבה על פסוק דודי לי ואני לו נדרש ולאומי מלא מלשון ולאם מלאם יאמץ וכבר כתבנו בפ' בא שבמקומות רבים המדרש חולק על המסורת וכמסורת נקיטינן: (ז) ידעי צדק. בספרים מדויקים כתובי יד ודפוס ישן חסר וא"ו: (ט) עורי עורי. שניהם מלרע וכן במכלול דף קל"ז והשלישי שבפסוק מלעיל: המחצבת. בס"א ישן כ"י ההי"ת בשו"א לבדו וכן בדפוסים אחרונים אבל בספרים אחרים כ"י ודפוסים ישנים בשוא ופתח על משקל המחרבת שבסמוך וכן נקוד בשרשים ובעל הלשון: (יא) ישיגון נסו. ושלמעלה מזה בפרשת חזקו ידים רפות ישיגו ונסו וכו' וא"ו נו"ן כמ"ש: (יג) כאשר כונן להשחית. י' דמטעין דסבירין אשר בקריאה וסימן במסורת יונה סימן א': (כ) כמכאים. כמ"ש רפה ובס"א המוכה במאריך: (כג) ביד מוגיך. י"ת ביד דכוו מוגן ליך נראה שהיה קורא מוניך בנו"ן שרשו ינה הנסת שרשים שרש יגה:

נב (ב) התפתחו. התפתחי קרי: (ג) כי כה אמר ה' חנם נמכרתם. בפ' הקורא את המגלה עומד עלה דמתני' דקתני ואם היו שלשתן ג' פרשיות קורים א' א' אמרינן בגמ' כגון כי כה אמר ה' חנם נמכרתם. כי כה אמר ה' מצרים ירד עמי. ועתה מה לי פה וגו'. והכי איתא במס' סופרים פ' י"א ולא מצאתי כן לא' מהספרים: (ה) משלו. משליו קרי: (ו) המדבר הנני. הה"א במאריך והמ"ם רפה: (יד) משחת. המ"ם בחירק:

נג (ד) חליט. ביו"ד אחד לבד: ומכאבינו סבלם. יש ספרים שכתוב ומכאבינו *הוא קרי ולא כתיב ולא ראיתי כן אלא במקצת דפוסים אחרונים ואין זכרון מזה בראשונה גם לא נמנה במסורת עם מלים דקריין ולא כתבן ומלא מכאבינו חסר וא"ו אחר אל"ף למערבאי: מכה אלהים. יפה בצירי כי היא סמוך והנוקדו בסגול טועה טעות גדולה כי אין השם מוכה הלילה וכן במסורת מכה ב' וקמץ חד כתיב ה"א וחד כתיב יו"ד מכי חרב במלחמה (ירמיה יח): (ה) שלומנו. יש גורסאות הלוקות ורובן של מדויקים מלא וא"ו וחסר יו"ד ובספר ישן מלא ביו"ד: (ז) נגש והוא נענה. בשי"ן שמאלית כמ"ש בישעיה כ"ט וכן פירשו רש"י ורד"ק מלשון לא יגוש את רעהו ומהתרגום נראה שהוא בשי"ן ימנית ועיין מאי דשקיל וטרי מסדר המסורת במקרא גדולה על נגש השי"ן שמאלית ואנן כדבנא בכל חד וחד מאי דחזי לן: גזזיה נאלמה. בדפוסים ישנים ובספרים כ"י האל"ף בחטף

בחטף סגול וכן נקוד בשרשים ובעל הלשון וכתב רד"ק שהמלה מלעיל:

נד (א) רני. הרי"ש בגעיא: שוממה. במקצת ספרים חסר ובקצת מדוייקים מלא ואני יושב משומם כראותי רבוי החילופים שנפלו בספרים ורע עלי מאד המעשה כי בכל יום ויום הולכים ומחריבים והמדפיסים הולכים הֲלִיכִים ואין נוגה להם ואין דורש ואין מבקש סיבת חילוף זה נולד ממה שנמצא במסורת שוממה ג' ובמקצתן שוממה ג' ב' חסר וא' מלא וסימן ותשב תמר ושממה (ש"ב יג) נהנני שממה כל היום היכה א' כי רבים בני שוממה ע"כ. ולא נתפרש איזהו המלא: (ט) כי מי נח. יש מחלוקת בספרים במלה הזאת ברוב הספרים הם שתי מלות ויש ספרים שהיא מלה אחת כמו כימי נדת דותה וכן תרגם יונתן כיומי נח. מרד"ק: ומגער בך. העי"ן נקרא בקמץ חטוף כ"כ רד"ק בפי' ובמכלול דף קפ"ט דענין קריאת השוא על שלשה דרכים וא' מהם כשיבא אחריו אחת מאותיות אהח"ע שקריאתו נוטה לקריאת אותה האות כהה וכן על הקמץ חטוף כמו ומגער בך קריאת הגימ"ל נוטה לקמץ חטוף מפני העי"ן ויש ספרים מדוייקים שהגימ"ל נקודה בקמץ חטף ע"כ. וזרות כזה וּטְהָר־ ידים יוסיף אומץ (איוב יז): (י) מאתך. זה לבד נמצא בצירי התי"ו בכל המקרא מכלול ד' ר"ס וכל האחרים בקמץ והם חמשה ע"פ המסו' וסימנם במלכים א' סי' כ': (יב) ושמתי כדכד. הכ"ף ראשונה דגושה ושניה רפה ובספרים מדוייקים כ"ף ראשונה במאריך ומכאן נ"ל ראיה שהמאריך הבא תחת תנועה קטנה אינו מונע השוא הבא אחריו בזהו נח בלי ספק כמו נלאיתי **הכלכל** והם שנים דומים ע"פ המסורת כמ"ב בירמיה כ' ובמאמר פרטי אשר לי בענין המאריך הרחבתי הדיבור וכאן כתרתי בקיצור: (טו) הן. הנה ק':

נה (ב) בלוא לשבעה. ברוב הספרים מלא וא"ו ואל"ף כחברו שבפ' הקודם והם ו' מלאים ע"פ המסורת ושנים אחרים הם ועמי המיר כבודו בלוא יועיל אם ישך הנחש בלוא לחש: (ד) הן עד לאומים. הוא"ו עם דגש במ"ס. רד"ק: נגיד ומצוה. בצירי שלא כמנהג רד"ק וכן נמסר עליו לית: (ח) כי לא מחשבותי. בספר הזוהר ריש סדר ויקרא מחשבתי כתיב חסר בלא וא"ו ודריש ליה התם וכן מצאתי במקצת ספרים כ"י אבל בספרים אחרים כתיב בוא"ו ונמסר עליו לית מלא: דרכיכם דרכי. בספרים כ"י כ"ף ראשונה רפה וכן מדרכיכם שבסמוך: (יא) והצליח אשר שלחתיו. באיזה דפוס והצליח * אשר שלחתיו את קרי ולא כתיב ולא מצאתי כן בשום ספר כ"י גם לא נמנה במסורת עם מלין דקריין ולא כתבן: (יג) * תחת הסרפד. ותחת קרי לכן התי"ו רפה בקריאה:

נו (ד) את שבתתי. במקצת ספרים מלא וא"ו: (ז) והביאותים. ברוב מדוייקים מלא דמלא וכן נכון לפי מסורת ירמיה י"ט ולא משמע הכי בחילופים שבין מערבאי למדנחאי: (י) צֹפו. צפיו קרי והלד"י רבתי ואית דאמרי צופיה הליכות ביתה דסוף משלי וא"ד לא אתה וכל טעם וא"ד הצור תמים פעלו: (יא) והמה רעים. מן התימה שתרגם יונתן מלת רעים מבאשין ידמה שהוא קורא המלה בקמץ הרי"ש רד"ק: (יב) גדול יתר מאד. בס"א כ"י היו"ד בצירי ובכל שאר ספרים שלפני היו"ד בסגול ובמכלול נמנה עם דומים אחרים אשר פ"א הפעל בצירי וכן כתוב בשרשים שהוא בחמש נקודות גם בעל רב פעלים כתב על זה שהוא בב' נקודות ושארה בג' נקודות:

נז (א) באין מבין. בין הבין את אשר לפניך בפירוש רד"ק כי נראה מפירושו דגרים ואין בוא"ו וכן יש להסתפק בתרגום יונתן אמנם בכל הספרים בבי"ת וכן במסורת נמסר י"ג פסוקים דכתיבין בהון ואין ואין באמצעות פסוק ואין זה מהם: נאסף הצדיק. האל"ף בחטף סגול בכל ספרים כ"י ודפוסים ישנים וכן במסורת נאסף ג' ב' פתחים וא' קמץ וסי' אני נאסף אל עמי פרשת ויחי. כאשר נאסף אהרן פרשת פנחס. כי מפני הרעה נאסף הצדיק. קדמאה קמץ ע"כ. וכולם האל"ף בחטף סגול וכן הוכיחו בשרשים: (ב) הלך נכחו. במדרש הנעלם פרשת חיי שרה אמר ר' יצחק הנשמה הולכת נכחה למקום העדן הגנוז לה מאי משמע א"ר יהודה מהאי משמע נכחה כתיב בס"א ובספרים שלנו כתוב נכחו בוא"ו: (ה) שחטי הילדים. בשי"ן ימנית והכי איתא בנדה פ' כל היד ובמסכת כלה המוציא שכבת זרע לבטלה כאלו שופך דמים שנאמר שחטי הילדים בנחלים וגו' אל תקרי שוחטי אלא סוחטי ע"כ.

כלומר דאי משום לישנא דשחיטה לחוד לא הוה משמע מוציא שכבת זרע לבטלה אבל לישנא דסחיטה שהוא לשון עצירה רמוז הכי ודרשינן קרא ומסורת דכל הסוחט כאילו שוחט ומדברי הרא"ע בפי' התורה על פסוק ואשחט אתם אל כוס פרעה נראה שהיה קורא שוחטי הילדים בשי"ן שמאלית שכן כתב שם ואשחט אתם כמו שחטי הילדים ואף כאן כתב שחטי כמו ואשחט אתם אל כוס פרעה ובכן הוסרה תמיהת המדקדק עליו בשרשים שרש שחט זה לשונו. ח"א ותימה גדולה על הרא"ע שפירש ואשחט כמו שחטי הילדים והרי הוא בשי"ן שמאלית בכל הספרים לפי שהוא לשון סחיטה ע"כ. ומשכתבתי כל זה מצאתי בספר מקור חיים שהסכים לדברי וכתב כלשון הזה נראה שהחכם ן' עזרא היה קורא שחטי בסגולת כמו סמ"ך וכן כתב בפירוש ישעיהו וכן אמרו במסכת נדה אל תיקרי שוחטי אלא סוחטי ע"כ. שמח לבי בדבריו: (ח) והכרת לך. בקמץ חטוף מפני המקף: (ט) לירך. במקצת ספרים לריך חסר יו"ד וכן נמסר עליו לית וחסר: מרחק. ברוב הספרים חסר וא"ו ופלוגי עליה במסורת עיין במקרא גדולה בשמואל א' כ"ו: (י) חית ידך מצאת. במקצת ספרי הדפוס כתוב ידך ו"ל ידך כי הוא לנקבה ואם אין בידך הרחיקהו: (יא) מחשה ומעלם. במסורת הדפוס ג' ב' מלא וא' חסר ע"כ ולא פירש יותר. והמדפיסים כתבו זה מלא וא"ו אבל בכמה ספרים מדוייקים כ"י וגם בדפוס ישן חסר וכן מצאתי מפורש במסורת כ"י ומעולם ג' ב' מלא וחד חסר וסימן ומעולם לא שמעו. בטרם הרים. ואת מי דאגת בתראה חסר: (יג) בזעקך. יש ספרים שהעי"ן בשוא לבדו: (יד) ואמר סלו סלו. הלמ"ד דגושה בשניהם: (טו) ואת דכא. עיין מ"ש בפרשת כי תצא על פצוע דכה: (יט) נוב. ניב קרי: (כא) אין שלום אמר אלהי. כן הוא ובספרים שכתוב בהם אמר ה' טעות הוא כי הראשון אשר בפרשה צאו מבבל הוא אמר ה' וזהו אמר אלהי וסימן ה' אלהי רד"ק. (א"ס והמסורת עליו לית ואי כוותייהו דספרי דכתיבין אמר ה' הוו כוו):

נח (ב) קרבת אלהים. כתוב בשרשים שרש קרב זה לשונו והשם קרבת אלהים יחפצון קרבת אלהים לי טוב (תהלים ע"ג) חטף וי"ס קרבת אלהים יחפצון מלעיל וקרבת אלהים לי טוב חטף וי"ס בהפך אבל בספר אכלה ואכלה כתוב שניהם טעמם מלעיל עכ"ל ומה שכתב והשם קרבת אלהים יחפצון קרבת אלהים לי טוב חטף כוונתו לומר שבשניהם אין מאריך בקו"ף והשוא נח ומה שכתב ויש ספרים קרבת אלהים יחפצון מלעיל כוונתו בזה שיש מאריך בקו"ף והשוא נע כי זה הוא דרכו של רד"ק בכמה מקומות להניע השוא הבא אחר מאריך כמו משכו נדרו ודומיהם וקורא אותו מלעיל אע"פ שיש במלה טעם אחר מפני ההעמדה שצריך להעמיד במאריך כמ"ש במאמר המאריך ובספרים ישנים מצאתי אותו דתהילים במאריך ובמקצת' בחטף פתח ובמסרה גדולה נמנה שניהם באלפ"א בית"א מן תרין תרין בחד לישן: (ג) עצביכם תנגשו. דגש הלד"י לתפארת ומן התימה שתרגום יונתן וכל תקלתיכון מקרבין תרגם כמו בשי"ן כמו ויגש אליו יהודה שתרגומו וקריב לותיה יהודה. רד"ק: (ד) באגרף. ברוב ספרים כ"י מדוייקים ודפוסים ישנים חסר וא"ו ובמסורה ב' וחברו באבן או באגרף וגם הוא חסר: (ז) הלא פרס. בפרקא קמא דב"ב אמר רב הונא בודקים למזונות ואין בודקים לכסות וכו' אב"א קרא הלוא פרס לרעב לחמך בשי"ן כתיב הרש ופרי רב ליה וכו' ורב יהודה אמר בודקים לכסות ואין בודקים למזונות וכו' אב"א קרא הכא כתיב הלוא פרס וגו' פרוש לאלתר והדקריגן [illegible] משמע בהדיא דלכ"ע פרש בשי"ן שמאלית כתיב אבל במסורה סוף פרשת במדבר והובאה גם בשרשים שרש פרס כל לשון פריסה כתוב סמ"ך בר מן ב' כתיבין סמ"ך הלא פרס ולא יפרסו להם [illegible] ע"כ. וגם במסורת כ"י על פ' זה כתוב לית וחסר וכתיב סמ"ך ע"כ. וכן הוא בכל הספרים וגם בזוהר פרשת ויקהל מאי פרס למפרס ליה מפה בנהמא ומזונא ד"א הלוא פרס כד"א פרים פריסת דבעי למפרס פריסין דנהמא קמיה בגין דלא לכסוף ויפרוס קמיה בעינא טבא ע"כ. ובויקרא רבה פ' ל"ד הלוא פרס כבר היא פרוסה שמראש השנה נגזר על אדם מה שמשתכר ומה שמתחסר: (ח) כבוד ה' יאספך. חד מן אלפא בית"א מן ב' ב' לא נסבין וא"ו ומטעין בהון וסימן נמסר במסרה רבתא: (יג) לקדוש ה' מכבד. חד מן אלפ"א בית"א לא נסבין וא"ו כמו שכתוב לעיל: (יד) במותי ארץ. וא"ו יתירה והמ"ם בחטף קמץ כמו שכתוב בפרשת האזינו:

נט (א) אזן משמוע. במקצת דפוסים יש מאריך באל"ף וטעות הוא: (ג) שנתיכם. (א"כ חסר וא"ו ועיין מה שכתוב ביחזקאל ל"ו): (ד) הרו עמל. במקצת דפוסים ישנים כתוב ה ר ה בה"א וטעות הוא: והוליד. בצירי וביו"ד השמך: (י) נגששה כעורים. מוקל ובאין עינים נ ג ש ש ה דגושה: (יא) נהגה. הגימ"ל בדגש: (יז) וכובע ישועה. מלעיל. רד"ק: ויעט כמעיל. י"ס שהמ"ם דגושה ורד"ק כתב בפירוש ובמכלול דף נ"א שהיא רפה ובלא מאריך בק"ף וכ"כ רב פעלים וכן הוא בס"ס מדוייקים ודומה לו ויעטו כמעיל בשתם (מזמור קט): (יח) כעל גמלות. יש גרסאות מחולפות והמוסכם מרוב המדוייקות חסר וא"ו קדמאה ומלא וא"ו תניינא: (יט) וייראו ממערב. במקרא גדולה נמסר כאן ה' ד' מלא ודין חסר ע"כ. וכ"כ הרב"ע י"א שהוא מלשון יראה והוא חסר יו"ד וי"א כמשמעו וטעם שמו מעשהו והעד את את כבודו עכ"ל. אמנם עפ"י המסורת האמתית זהו מלא בשני יודי"ן כי בסדר דברים ובס' מיכה הובאו כל המשה וזהו א' מן המלאים והחסר הוא ו י ר א ו ממך דסוף מיכה כמ"ש שם וכן מצאתי במדוייקים ובמסרות כ"י וסימנהון בלשון תרגום עמא ממערבא יפחדון אומיא ויברכון: נססה בו. הני"ת רפה:

ס (ד) ובנתיך. י"ס מלא וא"ו אחר הנו"ן: (ה) אז תיראי. רבים טעו בזאת המלה שקראו הפי"ו בגעיא כמו מן ירא וגם י"ס שכתוב ביו"ד וטעות הוא כי שרשו ראה וכן ת"י בכן תחזין ותנהרין. רד"ק וכן בנסחא כ"י מסור עליו לית חטף אבל לפי דעת הראב"ע הוא מלשון יראה שפירש אז תראי כאדם שירא בבא לו תשועה ודבר שלא עלה על לב כאשר יקרה למוצא אבדה וכן פ' הריא"ם ז"ל דע שבמלת ותראי כפי בספרים המדוייקים אין יוד בין הפי"ו והרי"ש ות"י בכן תחזין ותתנהרין אבל כפי המסורת היא מלשון יראה וכמוהו אצלי בצפניה ג' אך תראי אותי תקחי מוסר שהוא מלשון יראה אף כיוהו חסר יו"ד עכ"ל. ומ"ש על אותו דצפניה שהוא חסר יו"ד לא מצאתי כן בספרים המדוייקים שלפני ובכולם מלא יו"ד: ורחב לבבך. בכל ספרים מדוייקים כתוב ו ר ח ב בחי"ת וכן פירש התרגום ורש"י ורד"ק והרי"א ובעל מאיר נתיב הביאו בשורש רהב בה"א ונמשך אחר דעת רבי יהודה חיוג כמ"ש רד"ק בשרש רהב וזל"ש ותימה אני ממה שמצאתי בס' הנקוד לר' יהודה חיוג שכתב ופחד ו ר ה ב בה"א ואמר כי הרי"ש קמוצה והה"א פתוחה להפריש בינו ובין רהב ובכל שהוא פתוח כוט. ואנחנו קבלנו קריאתו ו ר ח ב בחי"ת וכן כתבו ר' יונה בחי"ת ע"כ. ובהגהת המדקדק א"א ובמסורת רהב הם י"ב בלישנא דכתיבין בה"א ולא מנו זה עמהם משמע שהוא ורחב בחי"ת ע"כ. ומסרה זו הובאה במקרא גדולה תילים פ"ע ואיוב פ' רהב י"ב בלישנא וכו' והובאה ג"כ בישעיה סימן ל' ומסיים בה וא' כ"ל ופחד ורהב לבבך ע"כ. וסיום זה הוא מהמעתיק ומה שנראה לו אינו נראה לרד"ק ושאר מפרשים: (ו) שפעת גמלים. בספרים מדוייקים מאריך בשי"ן: (ותהלות. א"כ ע"פ המסורת דלקמן סימן ס"ג נכון להיות מלא וכן כאן דלקמן סימן ס"ג שהמדפיס שכח מסרא דלקמיה וראוי להיות מלא): (ז) אילי נביות ישרתונך. מלעיל האתנחתא בתי"ו לפיכך הנו"ן בסגול וכן הוא ומלכיהם ישרתונך שבסמוך. רד"ק: (יח) ישועה חומתיך. כן הוא בספרים מדוייקים מלא וא"ו קדמאה וחסר וא"ו בתראה: (כא) יירשו ארץ. כן הוא בשני יודי"ן במדוייקים:

מטע. מטעי קרי:

סא (א) פקח קוח. שתי מלות ועניינם מלה אחת. רד"ק: (ג) לאבלי ציון. לית דחס ליה למאן דכתב לאבילי ביו"ד בתר בי"ת: (ח) שנא גזל. יש ספרים שהזי"ן בסגול והמלה מלעיל ג ז ל אבל בספרים הטובים בצירי ומלרע: (י) מ ע י ל צדקה יעטני. חד מן אלפ"א בית"א מן ב' ב' לא נסבין וא"ו בריש תיבותא ומטעין בהון וסימן נמסר במסרה רבתא:

סב (א) לא אחשה. החי"ת בחטף סגול בספרים מדוייקים כ"י וגם ברוב ספרי הדפוס וכן הביאו רד"ק בשרשים עם הדומים בחטף סגול: (ג) וצנוף. וצניף קרי: (ו) המזכירים. במקצת ספרים חסר יו"ד קדמאה: (ט) מאספיו. במקצת ספרים מדוייקים האל"ף בפתח ובלא מאריך ורד"ק בפירוש ובשרשים כתב שהוא מן הדגוש והוקל ובמכלול ד' ע"ד כתב במקצת ספרים בקמץ ובמקצתם בפתח ובמסרה פליגין עליה יש שקורין בגעיא מְאַסְפָיו ויש שקורין בחטף מְאַסְּפָיו: וכלנו. ברוב ספרי הדפוס הלמ"ד דגושה ובספרים כ"י בלא דגש והכ"ף במאריך: (י) המסלה. המ"ם רפה והס"א במאריך: (יב) נעזבה. ברוב ספרים הע"ין בחטף סגול וכ"כ בשרשים וברב פעלים:

סג (א) רב להושיע. חד מן ב' ב' לא נסבין וא"ו בריש תיבותא ומטעין בהון וסימן במסרה רבתא: (ז) חסדי. הדל"ת דגושה והחי"ת במאריך ברוב המדוייקים ומכאן ראיה שאין המאריך מניע השוא הבא אחריו שאלו היה נע לא יתכן דגש בדל"ת: כל אשר גמלנו. בה"א כ"י ובמקצת דפוסים ראשונים כ ל א ש ר בקמץ ובמקף ובשאר ספרים בחולם: כרחמיו. בס"ס הכ"ף בגעיא: (ט) בכל צרתם. הכי"ת בגעיא: לא צר. לו קרי ודין הוא חד מן ט"ו דכתיבין לא באל"ף וקריין לו בוא"ו וסימן נמסר במ"ג פ' שמיני ונדרש בסוטה סוף פרק ב' ע"ש ובפי' המשנה להרמב"ם ז"ל ובספר תומר דבורה דף ג' ובספר קול בוכים דף ט"ו ודף פ"ב ועיין פי' המאמר בספר ברית הלוי מההקדש אלקבץ בפירוש ההגדה ובספר מטת הלוי מהמחבר על המגילה בהקדמתו דף י"ד ובסי' אימר בזוהר סוף פ' וירא כתיב לא באל"ף וקרי בוא"ו ודרשינן נמי במדרש דכתיב באל"ף דבל צרה שאינה לישראל כאומות אינה צרה והראב"ע כתב האמת שהוא בוא"ו כטעם ותקצר נפשו דרך משל לשכין השומעים כאלו גם הוא היה בצרה על כן מסר להושיעם עכ"ל. ולאו למימרא שהוא כתוב בוא"ו אך לשיטתיה אזיל שהקרי בוא"ו הוא האמת לבדו כמו שכתב בהדיא בריש פ' משפטים על אשר לא יעדה: (יא) את רעי צאנו. במלה זאת יש מחלוקת גדול ועצום בין הספרים והמפרשים כי במקצת ספרים כתוב ר ע ה בה"א ומקצת ביו"ד ואין איש שם על לב בחילוף זה החכם ן' עזרא פירשו בה"א שכתב איה המעלם אותם מים סוף על מקצל משה שהוא רועה את ישראל. גם רש"י כתב את רועה צאנו דמיון רועה המעלם את צאנו איה הוא וכו' וכן ת"י אן דדברינון במדברא כ כ ר ע י א לעניה אבל רד"ק פירשו ביו"ד שכתב את ר ע י צאנו עם רועי צאנו והם משה ואהרן. גם החכם אברבנאל פירשו ביו"ד וכתב בלשון הזה והנה היו זוכרים ואומרים זה את רועי צאנו שהיה כנוי לנביאים ישעיהו והושע ועמוס ומיכה שהיו באותו הזמן שמפני שהיו מוכיחים אותם היו משיבים להם שאינם ראויים להוכיח לפי שלא היו עושים נסים ונפלאות כמו שעשה משה ויהיה שעור הכתוב ויזכור את עמו רעי צאנו שהם הנביאים שהיו רועי ישראל ימי עולמו של משה באמרם אליהם איה המעלם מים שהוא משה איה איה במדרגתו וכו'. ואף על פי שאיני כדאי להכריע בין החכמים האלה נתתי אל לבי היום לנו הכרעה ממסרה אחת והיא זו ר ע ה ד' קמצין כתובים ה"א וסימנם נמסר בפרשת ויגש ובתילים סימן פ' ומדחזינן דכולהו ספרי דסדין דישעיה כתיב בצירי ולא חשיב ליה בעל המסורת בהדי אחריני דכתיבין בה"א וקמצן קטן שמע מינה דכתיב ביו"ד ותימה דחד מן ד' דמסרה זו היא רעה ישראל האזינה והובאה דספרא דידן בסגול ובמקרא עתיקא כ"י אשכחנא הדין דישעיה בה"א ובצירי ונמסר עליו ד' ודילמא ס"ל דהדין חד מן ד' קמצין ורועה ישראל במרעה טוב ירעה אותם: (יב) בוקע. בה"א קדמון מספרד בכ' טעמים וכן נמנה בסוף מסרה גדולה שלנו בשטה חדא דכל חד וחד מלעיל וליה דכוותיה ודכוותיה מנע בר (משלי י"א) בצע בלע (משלי א') ועיין מ"ש לקמן בסי' ס"ו: (טו) מזבל קדשך. ברוב ספרים כ"י הבי"ת בג' נקודות וכן כתוב במ"ג בגליון ברוב הספרים חסר: איה קנאתך וגבורתיך. במקצת ספרים כ"י כתוב וג ב ו ר ת י ך הרי"ש בקמץ והוא טעות כי ברוב הספרים בחולם וכן במסורת ג' בלישנהון בקריא וסימנהון אשר יעשה כמעשיך. איה קנאתך. דור לדור ישבח מעשיך. חד בגבורה וחד בנביאים חד בכתובים ע"כ. ושלשתם בחולם. ובמקרא גדולה ריש פ' ואתחנן הובאה מסרה זו ובסוף כתב כ' קדמאי גבורתך כתיב וא"כ זה דישעיה חסר יו"ד וכן בס' תילים נמסר שם ב' חד מלא וחד חסר ושל תילים מלא יו"ד בספרי דיקי א"כ זה דישעיה חסר וכן הוא במקצת הספרים אבל בספרים ספרדים מלא יו"ד כמו שהוא במקרא גדולה עלמא בפסוק ובמסורת וכ"י מצאתי הוב ג' בלישנא ולא האריכו יותר ואחת מהן אומרת ג' חסר בלישנא וכן נמסר במקרא גדולה פ' ואתחנן וודאי דעל וא"ו בתר רי"ש נאמר וכך הם בלשם חסר וא"ו בתראה בכל הספרים ועיין עוד מ"ש בפרשת ואתחנן: ורחמיך. בוא"ו בגעיא בה"ס: (יט) לא משלת בם. במסרה רבתא מנו זה עם ד' סבירין בה וקריין בם ולא ידענא מאי סבירין שייך הכא לכן נראה שהגרסא הנכונה כמו שמצאתי

במסורה כ"י דמסיר ג' בלחוד וליכא פסוקא הדין בגווייהו : נזלו . דגש הלמ"ד לתפארת רד"ק בפי' ומכלול בקל פָּעַל :

סד (א) כקדח אש המסים . לית דכוותא בכ"א :

(ד) וַנֶּחֱטָא . כן נקוד וליכא הטעת' הכאונה במקרא גדולה : (ה) ועונגו . חסר יו"ד הרבים מהמכתב רד"ק וכן ותמוגנו ביד עונגו שבסמוך בספרים מדוייקים : (י) הלוך . הלמ"ד בשוא לבדו כמנהגנו :

סה (א) נלוה שאלו . מלא וא"ו ואל"ף : ללא בקשני . מלא ללא חסר וא"ו וכן מלא בקשני בשלש נקודות ברוב הספרים : (ג) ומקטרים . בספרים כ"י הוא"ו במאריך : (ד) והרק . ומרק ק' וע' הגהת שרשים שרש מרק : (ז) ראשונם על חיקם . אל חיקם ק' כן הוא בספרים שלנו בדפוס כ"י ושבפסוק שלמעלה כתוב וקרי על אבל בפי' רד"ק שבמ"ג שנת ש"ז כתוב הראשון כתוב אל וק' על וזה השני על וקרי אל חיקם ובמקראות אחרות קדמוניות עם פי' רד"ק כתוב באופן אחר זל"ש הראשון כתוב אל וקרי על וזה השני על חיקם ובעל מכלל יופי כתב גם הוא לשון זה עצמו : (ט) ומיהודה . ובמקצת ספרי הדפוס כתיב ומיסודה ביו"ד בשו"א וטעות הוא כי בספרים מדוייקים כ"י הי' נחה וכן נכון ע"פ המסורת כ"י שנמסר עליו ב' וחברו מהיר מירושלים ומיהודה (ישעיה ג') שגם הוא היה נחה וכן נמסר שם במקרא גדולה ב' בסיפרא : (יא) והממלאים . הה"א במאריך וקלה הלמ"ד ועיין מ"ש באיוב סי' ג' : למני . המ"ם רפה והלמ"ד בלא געיא ר' יונה בספר הרקמה ומכלול דף נ"א ושרשים שרש מנה : (יד) ומשבר רוח . בספרים מדוייקים השי"ן בצירי וכן כתבו בשרשים : (יח) ירושלם גילה . לא מפיק ה"א : (כב) יבלו . ע' מ"ש באיוב כ"א : (כג) לא יגעו לריק . כתב המכלול בדף קכ"ב שבא ביו"ד האיתן לבד ע"כ . וכן הוא ברוב ספרי הדפוס והיו"ד במאריך בספרים כתובי יד ובמקצתם בשני יודי"ן וגם במאריך ואף לספרים שכתוב ביו"ד א' קריאת הגימ"ל בשוא נע לדעת רד"ק וכן וִיגְעוּ עמים בדי ריק ירמיה נ"א ושניהם הובאו במכלול בדף הנ"ל :

סו (ג) מכה איש . הכ"ף בצירי לא בסגול : ערף כלב . קריאתו בשני טעמים והוא פועל עבר כי השם הוא מלעיל ע ר ף ולא פניו רד"ק ועיין מה שאכתוב בשמו ביחזקאל כ"ב על פסוק ג ד ר ג ד ר ומה שכתבתי בפרשת קרח על ויוצא פרח : מזכיר און . בשני טעמים ועיין מה שכתבתי בישעיה מ"ט ובפרשת ואתחנן סימן ד' על השמע עם : (ז) חבל לה . החי"ת בצירי וכל אחרא בסגול בכל לישן מסורת ורד"ק בשרשים ורב פעלים : (ח) מי ראה כאלה . במקרא ישנה מויניציאה נדפס מכיון ומי בוא"ו ולא ידעתי מי הכניס בלב המדפיסים זה הספק וולא שמצא בתרגום ומן חזא כאילין ולא שמעתי ולא ראיתי כן בשום ספר ובמקרא הנזכרת עצמה מתורגם מן כוא בלא וא"ו : אם יולד גוי . בשני טעמים והלמ"ד בצירי כן הוא בספרים כתובי יד מדוייקים ובספר הדפוס בטעם אחד לבד בוא"ו והלמ"ד בסגול : (יא) מזיז כ ב ו ד ה . בזי"ן כמו מזיו לאפוקי מי שכתוב מזיו בוא"ו : (יז) אחד בתוך . אחת ק' : (יט) תובל . במקצת ספרים ת ב ל בשלש נקודות : (כ) והביאו את כל אחיכם . (אמר רפאל חיים המגיה במקרא גדולה נמצא בפסוקא הדין תרי פסיקא חד בתר תיבת ה ג ו י ם וחד בתר מ נ ח ה ואילו בדפוסי ויניציאה נמצאו הלא תרי כמה דכתיבנא והליתאה בתר תיבת אחיכם ולכאורה הוא אמינא דדילמא חדא מינייהו משבשתא היא אבל כדחזינא במסרה רבתא בערך אות פ"א בפסיקתא (נדפסה בשנת רכ"ו) אשכחנא דלא כנסחא דדין ולא כנסחא דדין דהרי התם ליתא אלא תרי חד בתר א ח י כ ם וחד בתר מ נ ח ה והו לא ע"כ) : (כג) יבא כל בשר להשתחות . במסורת סוף פרשת שמיני הסי' ליה עם י"ד דסבירין יבואו וקרינן י ב ו א ויונתן תרגם ייתון הוא למאי דסבירין כפשטא דקרא וכן דרכו ברוב המקומות :

ד' ספרים נגמרים בפסוק שלמעלן וסימנהון יתק"ק *)

*) ועיין בבבלי וירושלמי ריש פ' אין עומדין ויפה מראה שם ואגדת תילים מזמור ד' וספרי ריש פרשת וזאת הברכה :

APPENDIX

APPENDIX

30:20

Redak interprets this verse in an entirely different manner, as follows: And if the Lord gave you scant bread and water of oppression, behold, your rain shall no longer be withheld, and your eyes shall see your *rain.* This alludes to the time of the siege on Jerusalem. The prophet states: If the Lord gave you scant bread and water of oppression during the siege, behold, your rain shall no longer be withheld, and in Hezekiah's time, after the famine, there was plenty, as the prophet states below (37:30): "And this shall be the sign for you, this year you shall eat what grows by itself, and the next year, what grows from the tree stumps, and in the third year, sow and reap, and plant vineyards and eat their fruit." *Redak* suggests further, that the end of the verse may mean: And your rains shall not be confined to a corner, but your eyes shall see your rains. I.e. the rain will not fall in the distant corner of the land, but the inhabitants of the entire land will benefit from the rain. Alternatively, And your teachers shall no longer go to the end of the earth, but your eyes shall see your teachers. Unlike Ahaz, who sent emissaries to the king of Assyria to aid him in his war against Rezin, king of Aram, Hezekiah and his officers will remain in the land, confident of God's protection, and your eyes will always see your teachers in Jerusalem. They will teach you the true way to follow.—[*Redak* and *Ibn Ezra*]

30:25

Mss. yield: In the land of Edom; *K'li Paz*: in the land of Esau. Moreover, they omit the quotation from *Targum Jonathan.* It appears from the context that *Rashi* interprets this entire section as a reference to the downfall of Sennacherib, not to the war of Gog and Magog. See below verse 27. Also, the seemingly unnecessary quotation from *Jonathan* may, in fact, defend the interpretation that we are referring to Assyria. According to the usual meaning of מִגְדָּלִים, *towers, on the day the towers fall,* has no connection with Assyria, since the Assyrian towers did not fall, only the army camped outside Jerusalem was annihilated. *Rashi,* therefore, quotes *Jonathan,* who renders: *When the great ones fall,* alluding to the officers and warriors of Sennacherib's army. *Redak,* too, explains this passage as an allusion to the blessings God bestowed on the Jerusalemites on the day of Sennacherib's defeat. This prophecy matches the account in II Chron. 32:21: "And he cut off every mighty man of valor and leader and captain in the camp of Assyria."

Rabbi Joseph Kara explains it in reference to the war of Gog and Magog, since he explains that the great slaying will take place among the nations and the towers of their fortifications will fall.

Ibn Ezra explains that the rain will be so strong that many people will die because of the falling towers. Yet, this is a consolation, because, if ten people die, myriads will gain nourishment from the plentiful harvest. Because a wall will fall on a widow, God will not keep back the rain that will feed the many, for the rain has no sense to fall on one place and not on another.

30:26

Rashi, Pesachim 68a, explains that the light of the future will be three hundred forty-three times as great as the light of today, explaining "the seven days," as the seven days of the week in this world. In the Messianic era, the light will be so much greater. In the World to Come, however, the sun and the moon will cease to shine, and only the splendor of the Shechinah will light up the world. The Talmud explains further that, according to Samuel, who holds that the Messianic era will not differ from our times except that there will be no subjegation by the nations, this verse refers to the World to Come. In the camp of the righteous, the moon and the sun will become so much stronger, whereas, in the camp of the Shechinah, they will cease to shine altogether because of the splendor of the Shechinah.

Redak rejects the literal interpretation of this verse. He prefers to explain it figuratively, as a description of the bounty destined for Israel in the Messianic era. He considers likewise the possibility that it is referring to the bounty in the days of Hezekiah after the destruction of the Assyrian camp. Just as the prophet refers to the troubles and distress as darkness, so he refers to the salvation as a great light. The prophet takes the light of the seven days of the week as one, adding the light of all seven days together. He compares the salvation to many times this light.

Ibn Ezra, too, states that most exegetes take this prophecy as referring to the future, to the war of Gog and Magog, except Rabbi Moshe Hakohen, mentioned many times in this work, who explains all these prophecies in reference to the downfall of Sennacherib, as the context indicates. See the following chapter.

30:30

Ibn Ezra and *Redak* take this as an expression of lowering. The root is נחת, identical with the Aramaic translation of ירד, *descending.* Perhaps *Rashi* means the same.

30:32

Alternatively, "wars of waving," may allude to Sennacherib's waving his hand (above 10:32) toward Jerusalem. God will wage war against Sennacherib, who waved his hand derisively toward Jerusalem.—[*K'li Paz*]

31:6

Abarbanel explains that the prophet is addressing the people of Judah. "Return to the One against Whom the children of Israel thought deeply to turn away." I.e. repent before you meet the fate of the ten tribes.

31:7

and his chosen ones—Heb. וּבַחוּרָיו — [*Redak, Shorashim*] The vowelization of *Targum Jonathan* is irregular, making it impossible to determine whether he renders: 'his young men,' or 'his heroes.'

shall melt—Heb. לָמַס The heart of the survivors shall melt out of fright of the destroying angel. — [*Redak*] *Ibn Ezra* explains that the survivors of the Assyrian army will be overtaken on the roads. It is not clear whether he explains that they will be overtaken by the plague and 'melt,' i.e. perish, or whether they will be captured by pursuing armies and 'become tributary.' In fact, we do not find that the Judean army pursued the survivors of the Assyrian camp.

31:9

According to others, this is an allusion to the altar in the Temple, implying that God will perform this miracle for the sake of His Sanctuary in Jerusalem.—[*Ibn Ezra, Redak*]

Jonathan renders: Whose splendor is in Zion for those who keep the Torah, and Whose fiery stove burns in Jerusalem for those who transgressed His word.

32:11

Abarbanel explains that the enemies will strip them of their clothing and lead them naked into exile until they take girdles to gird their loins.

32:19

Alternatively, 'and when it hails, it will hail in the forest.' I.e. it will hail in places where it will do no damage. 'And in the valley, the city shall be lowered.' The city of Jerusalem shall not be considered low except in that part of the city that is, in fact, in the valley. No statement will be made concerning the low status, or humility, of Jerusalem.—[*Redak*]

It is noteworthy that many exegetes interpret the word בְּרֶדֶת as from the root ירד, *descending*, 'in the descent of the forest.'—[*Rabbenu Yeshayah, Ibn Kaspi*] *Redak* concurs with *Rashi*. *Ibn Ezra* is not clear on this point. He explains the end of the verse to mean that the city will be in a valley; it will be like the open cities in the valleys, no wall being necessary.

33:3

If the prophet refers to the time of Hezekiah, the roaring is that of the angel who destroyed the Assyrian camp. If he refers to Gog and Magog, it alludes to God's waging war with the nations encamped around Jerusalem, as in Zech. 14:3, "And the Lord shall go out and wage war with those nations."—[*Redak*]

33:4

Redak explains that Israel is being addressed. "Your booty," i.e. the booty you will take from the Assyrians, "shall be gathered," you shall gather it, "like the gathering of the locusts," as the people gather locusts that have settled on the ground.

They take their vessels and gather them up, lest they destroy the grain; so will the Jerusalemites go out and gather the booty of the Assyrian camp.

37:7

Malbim explains that Sennacherib's withdrawal from Jerusalem was, in itself, a series of miracles. First, Sennacherib heard but a rumor, not an official report, that Tirhakah had marched on Assyria. Yet, he believed it. That was the "spirit" with which God imbued him, the thought of lending credulity to the rumor. Second, he returned to his land, taking his entire army with him. He did not leave any portion of his vast army to lay siege to Jerusalem.—[*Malbim*]

38:19

Moreover, the father informs the children of Your truth, as I will do. Even if he already has children, he will live with them and teach and inform them of God's truth. Consequently, it is good that you lengthen a person's life and cure him of his illness so that he can thank You for Your kindness and inform his children after him. This is especially true of Hezekiah, who had no children before his recovery from his illness. Although God gains nothing from people's thanks and praise, nor does He lose anything from their failure to do so, as Eliphaz words it, "(Job 22:2) Does a person avail God when he teaches them wisdom," nevertheless, He created man and desires him to live and go in His ways. He wishes them to understand His kindness and to thank Him for it, for this is the proper way, and when they follow this way, He aids them and assists them to carry on.—[*Redak*]

39:1

Others identify him with Esarhaddon, king of Assyria, who ruled also over Babylonia. In Kings, he is called Berodach-baladan. Since his father was named Baladan, he was called Merodach of Baladan.—[*Redak* ad loc.]

The Talmud (*San.* 96a) relates that King Baladan's face became like that of a dog. His son, Merodach, assumed the throne and reigned as a regent for his father. In honor of his father, he adopted the name Merodach-baladan to indicate that he was merely representing his father Baladan on the throne. The name Merodach the son of Baladan did not suffice to convey that idea, because everyone used such appellations.

Abarbanel places him after Esarhaddon. This view cannot be reconciled with the tradition that Hezekiah was cured of his illness on the day of Sennacherib's defeat, because some time elapsed from then until he fled to Nineveh, was assassinated, succeeded by Esarhaddon, and then for Esarhaddon to be succeeded by Merodach. Even *Redak's* view is difficult to reconcile with this tradition, since Esarhaddon did not assume the throne immediately after Sennacherib's defeat. See 2 Kings 19:37, Commentary Digest.

39:1

The midrashim conclude,—He said to them, "Is Hezekiah's God

greater than our god?" They replied, "Yes, Hezekiah's God is greater than your god." *Tanhuma* words it thus,—"Is there a greater god than mine?" "Yes," they replied, "Hezekiah's God is greater than all the gods in the world." Since Merodach-baladan was a sun worshipper, he was astounded to learn that Hezekiah's God had overruled his god, the sun.—[*Etz Yosef* on *Tanhuma*]

"Is there such a man, and I should not want to send him a greeting?"—[*Sanhedrin* 96a]

Immediately, he sent letters and a gift to Hezekiah.—[*Pesikta* ibid.]

39:7

Jonathan renders: officers. This prophecy alludes to Daniel as well as Hananiah, Mishael, and Azariah, all of whom were chosen to stand in Nebuchadnezzar's court. They were all of royal descent, as is mentioned in Daniel 1:3. According to some, only Daniel was of royal blood, whereas Hananiah, Mishael, and Azariah were of other tribes and were not included in this prophecy.—[*Redak,* 2 Kings 20:18; also *Rashi, San.* 93b]

42:1

It is unclear why *Rashi* commences the heading with the words "whom My soul desires, since those words refer to the preceding clause, and *Rashi* comments only on 'My spirit,' referring to the spirit of prophecy. *Ibn Ezra,* too, interprets 'My spirit' as the spirit of prophecy. The reading in the printed editions, in which the entire heading consist of the words, "My soul desires" is even less comprehensible. More likely, the reading found in *K'li Paz* is the most accurate. This is a continuation of the preceding commentary, not a new heading. It reads: *My soul desired him, I placed My spirit upon him to let etc.*

42:3

Ibn Ezra renders: A broken reed he will not break. This is a prolepsis. The intention is that he will not coerce.

Redak explains it as a reed close to breaking. His governing will be so mild that even the weak will not feel it burdensome. He likens the weak to a breaking reed and to a flaxen wick that is on the verge of being extinguished. Lest you think that he will be easy and weak in his governing, Scripture concludes: With truth shall he execute justice. Nothing will be hidden from him.

42:5

Redak, too, follows this interpretation, explaining that the 'soul' is found only in man, whereas the spirit of life is found in beasts as well. Although the creation of beasts preceded that of man, man is mentioned first, since his creation was the main intention of the entire creation of the world. Interestingly, *Zohar Hadash* (Gen. 17b) interprets this verse in a similar vein, giving the 'soul' to those who rule over the forces of earth. Hence, they merit the soul hewn from above, whereas 'those who walk therein,' who are earthly creatures, partners with the earth in that they follow earthly desires, are given the 'spirit' of life like the beasts, which later leaves the body to descend to earth.

42:6

Others see a reference to the Messiah. God says to the Messiah, "I called you with righteousness," i.e. I called you in truth when I spoke of you to My prophets. "I will grasp your hand" to give you power over all nations. "I will watch you, and I will make you for a covenant for a people," a permanent covenant of peace for Israel, "for a light to nations," to all the nations, who will follow Israel to the Torah and its commandments.—[*Abarbanel, Mezudath David*]

42:8

This is My name alone. Although the heathens use the name אלהים for their deities, *this* name they cannot share with Me, for I am the Master over everything, and I will no longer give My glory to another as I have done until now, that I did not execute judgment upon the wicked, for which reason they did not recognize Me but followed their idols. After I take Israel out of exile, and perform many wonders for them, all nations will recognize Me, that there is none other besides Me, as Malachi prophesies: "(Malachi 3:19) And all the arrogant and all that work wickedness, shall be like stubble, and the coming sun shall set them ablaze etc."—[*Redak*]

42:20

Redak explains it in the future tense: You will witness many troubles, but you will not take them to heart, thinking, "Why have these troubles befallen us?" Your eyes see, but they are like blind, since you do not watch your way. Your ears are open, but no one shall listen. No one will listen, to return to the good way.

42:21

I.e. for the sake of His kindness. Therefore, he magnifies the Torah and strengthens it by sending His prophets to inspire the people to repent.—[*Abarbanel*]

Not for your sake, but because of His righteousness, He will magnify the Torah and strengthen it in the future, as the prophet states above, "(11:9) For the land shall be full of knowledge of the Lord as water covers the seabed."—[*Redak*]

The Rabbis of the Mishnah, however, explain "his righteousness" as "the righteousness of Israel," deducing from this verse that 'the Holy One, blessed be He, wished to bring merit to Israel. Therefore, He gave them a copious Torah and many commandments, as it is said: The Lord wished for his righteousness' sake, He magnified the Torah and strengthened it.'—[*Makkoth* 3:16] *Rav* and *Rivan* explain that the Lord gave a Torah containing many commandments, some of which a person would observe even if the Torah had not ordained it, such as the prohibition of eating insects and reptiles. God incorporated these commandments into the Torah only to reward those who observe them as *His* commandments. In keeping with the context, let us present the commentary of Rabbi Joseph Kara, who also explains the verse in that vein. Since every Jew is, in a way, equal to Moses and Elijah, why did He exile them among the nations? The prophet answers, that He did this in order to make them righteous and meritorious for the Day of Judgment, for the trials and tribulations purify them of their sins. With this same aim in mind, God gave them a great Torah in which to engage, and thereby He would strengthen them for the Day of Judgment.

43:7

Redak suggests that it may refer to all Israel, who are called "the people of God." Scripture makes clear that *everyone* will be gathered, even those scattered all over the world. He suggests further that the verse may refer to the righteous only, the verse meaning: All those of Israel who are called by My name. The Lord will purge them when they emerge from exile, and only the righteous will survive, as above (4:3): "And it shall come to pass that every survivor shall be in Zion, and everyone who is left, in Jerusalem, 'holy' shall be said of him, everyone inscribed for life in Jerusalem." They are those called by the name of the Lord.

43:7

A person must meditate on the formation of man, how the organs of his body were formed and arranged with wisdom, and how all his necessities are prepared for him daily, for this brings him to recognize his Creator, to thank Him, and to praise Him. This is the glory of the Lord. Scripture, therefore, states that Israel was created 'for My glory.' Since they meditate over My deeds and acknowledge My Unity, they deserve to be redeemed from exile.

Alternatively, this verse refers to the entire Creation. Since the preceding verse depicts God commanding the four winds to bring forth the Jews from exile, the prophet continues in the name of God, saying that 'I have the right to command the winds to release My people since I created, formed, and made the world.' It is all called in My name, as Scripture states: "In the beginning, God created the heavens and the earth." I created it for My glory; i.e. I brought it into being from nothing. I formed it; i.e. I made its shapes and its powers. I made it; i.e. I made it in full detail.—[*Redak*] This latter interpretation coincides with the final passage in the sixth chapter of *Avoth*: All that the Holy One, blessed be He, created in His world, He created only for His glory, as it is said: Everything that is called by My name, and that I created for My glory, I formed it, yea I made it.

43:26

If you claim that I have forgotten your merits, or that your sins are not as numerous as I claim, remind Me. This is expressed anthropomorphically, like a person who reminds his friend of something he forgot.—[*Redak*]

43:27

Kara identifies the intercessors as Moses and Aaron, who sinned by saying, "Hearken now, you rebels (Num. 20:10)." See commentaries ad loc.

Redak renders: Your princes.

They should have preached to the people and taught them to repent, but, instead, they themselves sinned. This is similar to *Jonathan,* who renders: Your teachers.

Some identify the 'first father' as the first king, Jeroboam, the first king chosen without divine sanction, and the 'interpreters' as the interpreters of the king, or the Levites, the intepreters of the priests.—[*Ibn Ezra*]

Redak prefers Saul rather than Jeroboam. Perhaps because he was indeed the first king of Israel, whereas Jeroboam was the first king of the Ten Tribes, not of Judah to whom Isaiah prophesies mainly.

Ibn Ezra also suggests 'your teachers' and 'your pupils.'

43:28

Redak explains the verse as a present tense. Throughout every generation I profane the holy princes, and I deliver Jacob to destruction and Israel to revilings, but I do not destroy them completely. The words 'holy princes' corresponds to the 'princes' mentioned in the preceding verse. The holy princes are profaned and slain by the hand of the enemy because of the sins of the sinful princes and the people, for the righteous are sometimes killed along with the wicked if the latter are the vast majority, as we find in the case of Lot in Sodom, and in Psalms 79:2: "They gave the corpses of Your servants as food to the fowl of the heavens, the flesh of Your pious ones to the beasts of the earth." They are only saved through a miracle.

The Midrash (*Lamentations Rabbah* 2:2) explains that the wicked were able to summon the angels who were appointed over fire and water and create a wall around the city. They, therefore, did not fear the enemy and did not heed the warning of the prophet Jeremiah. To their consternation, God transferred the angel appointed over fire to water, etc. The people were, consequently, unable to call upon them for aid. Hence, the holy princes are the angels, who were profaned from their previous stations. According to *Midrash Song Rabbah* 1:2:5, the people who were able to summon the angels are called 'holy princes.' See above 29:11, Commentary Digest.

52:5

is blasphemed—Heb. מְנֹּאָץ. The *dagesh* in the *nun* is irregular. Ordinarily, the *mem* should be vowelized with a *sh'va* and the *nun* should not have a *dagesh,* מְנֹאָץ. *Rashi,* therefore, explains this as a *hithpa'el* form, a reflexive, with the *dagesh* as a substitute for the *tav* of this conjugation. מְנֹּאָץ is the equivalent of מִתְנָאֵץ, *blasphemes itself, and this is an instance* similar to "(Num. 7:89) *And he heard the voice speaking* (מִדַּבֵּר) *to him.*"—[*Rashi*] This too is the reflexive, like מִתְדַּבֵּר. He heard God speaking to Himself, yet the voice was conveyed to him. See *Rashi* ad locum. This explanation is, however, not without difficulty, because, in that case it should be vowelized מְנֻאָץ, like מְדֻבָּר. *Redak,* therefore, maintains that it is a combination of two conjugations: the פֻּעַל, *passive,* and the הִתְפַּעֵל, *reflexive.* God's name is blasphemed by the gentiles, hence the passive, but indirectly, this is caused by Him Himself. He causes this by exiling His people among the gentiles, who kill them and rob them because they unify His name.—[*Redak* in *Machlul*, p. 62b]

53:12

Rashi alludes to the Talmudic passage (*Sotah* 14a) that interprets this verse as an allusion to Moses, to whom God allotted reward equal to that of Abraham, Isaac, and Jacob, referred to as "strong," since they were strong in their observance of mitzvoth. It is difficult to reconcile it with *Rashi*'s interpretation of the entire section as referring to Israel, God's servant. *Rashi* probably explains this verse like *Ibn Ezra*, who interprets it as referring to those who sacrificed their lives for the unification of God's name; i.e. they allowed themselves to be killed by the gentiles rather than acquiesce to their demands that they renounce their religion and accept that of the gentiles. God promises them a share in the World to Come together with the great, viz. the prophets. *Rashi*, basing his exegesis on the Talmud, interprets "the great" as the Patriarchs.

Ibn Ezra himself prefers to interpret this passage as regards Israel, who will divide the spoils of many nations, rendering thus: Therefore, I will allot to him the spoils of many nations, and from the strong he shall divide plunder. *Redak*, too, explains that Israel will divide the spoils of Gog and Magog, who are many and strong. They will be slain to compensate for the Jews who sacrificed their lives at the hands of the gentiles, and their property will be plundered to compensate for their exploiting Jewish property during the years of the Diaspora. Zechariah, too, prophesies concerning the gathering of the spoils of Gog and Magog; "(14:14) And the wealth of all the nations around shall be gathered, gold and silver and garments in great quantity."

54:7

Ibn Ezra quotes exegetes who render: With a little rebuke have I forsaken you. The parallelism of the verse supports this theory.

Abarbanel rejects the interpretation that the entire length of the exile be considered a small moment. He prefers to think that the prophet refers to calamities that come up from time to time during the years of the Diaspora. Each calamity is but a small moment; God always rescues Israel from total annihilation. He further suggests that we render: With little rest have I forsaken you. I.e., the years of the exile have afforded little rest for the people of Israel.

54:8

The word שֶׁצֶף is a hapax legomenon. Its meaning can be determined only from the context. *Menahem* claims that the context indicates that the word be interpreted as "kindling of wrath." *Dunash*, however, parallels this verse with the preceding one, thus rendering, "with a little wrath." The vast majority of exegetes, e.g. *Ibn Ezra, Rabbi Joseph Kimchi, Redak, Ibn Eza, Ibn Ganah,* and *Jonathan*, concur with *Dunash*.

Rabbenu Tam, however, accepts *Menahem*'s interpretation; since the word רֶגַע, *a moment,* already appears in the verse, denoting the short span of God's wrath, בְּשֶׁצֶף must, of necessity, denote something else. He, therefore, interprets it as "kindling of wrath." *Abarbanel,* too, accepts *Menahem*'s interpretation. This follows his interpretation of the preceding verse. *Rabbenu Yeshayah* suggests that שֶׁצֶף be derived from שֶׁטֶף, *a stream of wrath.* This is similar to *Menahem.*

54:15

Redak interprets the verse in the opposite manner, thus: Behold, nations shall gather against you without Me; whoever gathers against you shall fall in your midst. I did not sanction the attack of Gog and Magog on Israel. I merely inspired them to assemble, not to attack you. Unlike Sennacherib and Nebuchadnezzar, who were sent by God to attack Israel, Gog and Magog will be sent merely for the purpose of Israel's avenging themselves on them and on the other nations that oppressed Israel, and in the Holy Land He will avenge Himself upon them for His honor and for the honor of Israel, as well as for the spoils that Israel will gain from them. This is the meaning of 'without Me'; although their intention is to harm you, they do not have My sanction to do so. Whoever gathers against you shall, therefore, fall in your midst. Comp. "(Ezekiel 38:4) On the mountains of Israel shall you fall."

Ibn Ezra interprets the words גּוֹר יָגוּר, גָּר in the usual sense of 'dwelling.' Will anyone live [in your land] without My sanction? Whoever dwells with you shall submit himself to you, i.e. to your authority.

54:16

Redak explains as follows: Although the weapons are the handiwork of man, and Gog and Magog will come with their allies heavily armed, the one who fashioned the weapons is My creature, and I have the power to destroy him, and surely, his handiwork. If they come with implements of war, I have created a destroyer that will destroy them and their weapons, as. Comp. Ezekiel 38:3: "And I will knock your bow out of your left hand, and I will make your arrows fall out of your right hand."

56:10

Ibn Ezra and *Redak* see an allusion to the false prophets of Isaiah's generation. These prophets fail to warn the people of impending misfortune. They are like blind watchmen, who cannot see when danger comes by day, and like dumb dogs, who cannot bark when danger approaches by night.—[*Ibn Ezra*]

Redak interprets the words, "they do not know" as referring to blindness of the heart, rather than blindness of the eyes. This is symbolic of the false prophets, who are spiritually blind. They, therefore, mislead the people. The prophet compares them to dogs who cannot bark and thus allow predators to decimate the flocks. He also compares them to sleepy dogs upon whom the watchman depends to bark and frighten off the predators, but who, instead, sleep and allow the sheep to be devoured. So do these prophets, the self-appointed guardians of Israel, allow the wicked nations to come and destroy their people. Instead of helping Israel, they cause them much harm, for retribution comes as a result of the evil ways they teach them. Also, just as the dogs love to sleep, so do these prophets. The Midrash (*Yelammedenu,* quoted by *Yalkut Shimoni* and *Yalkut Machiri*) explains the analogy to a dog in the following manner: just as a dog, when given a morsel, makes himself dumb and does not bark, so do the judges of Israel.—[*Redak*] *Yalkut Machiri* reads; so were the judges of Jerusalem clever as dogs, but when they would receive bribes, they would shut their mouths. See Commentary Digest, above 1:26, 19:19.

57:8

The Talmud (*Shabbath* 116a) explains this to mean, And behind the door and the doorpost you placed your remembrance of Me. Although you remember Me and are aware of My existence, you have cast your memory of Me behind the door, i.e. in an inconspicuous place; you have disregarded Me.

The Rabbis of the Midrash (*Proem* of *Lamentations Rabbah* 23) point out that there was a gradual escalation of the display of idolatry. At first, the idolaters would hide their idols in their chambers. When they were not castigated for this practice, they became bold enough to place them behind the door. Later, they displayed them on the roofs, and later in the gardens. Later they put them on mountain peaks, and finally in their fields.

Some exegetes interpret זִכְרֵךְ as 'your scent,' alluding to the scent of the incense they burnt in their worship of these idols. A similar form is found in Hosea 14:8, Lev. 2:2.—[*Ibn Ezra,* commentators quoted by *Redak, Ben Bilam*]

Kara states that the idols were placed behind the door of the Temple. Comp. *Sanhedrin* 103b.

57:13

Redak renders: Now you will see whether your deeds will avail you. When you cry out because of the distress caused you by your enemies, you will see how your gatherings will help you. I.e., the nations you gathered to you to help you by giving them tribute. Now you will see whether they will, in fact, help you. The king of Assyria destroyed the land of Israel, and he, himself, fell, when he marched on Jerusalem with a mighty army.

57:14

Redak interprets this verse according to his interpretation of the preceding verses, that the prophet is alluding to the downfall of Sennacherib and his hosts. He who trusts in God will say, "Cast up, cast up, clear the way," for the great obstacle, namely the enemy, has been removed from the roads leading to Jerusalem. The command is not to anyone in particular, but to anyone who hears the announcement. The prophet exhorts the people to elevate the roads by paving the muddy roads with stones. It may also mean to remove the stones from the roads to enable people to pass without the danger of stumbling.

57:20

The first comparison is quoted by *Yalkut Shimoni* as appearing in *Midrash Yelammedenu.* To date, this midrash has not been found. The second comparison appears in *Midrash Psalms* 2:1 with slight variations. *Yalkut Machiri* quotes similar midrashim in the name of *Midrash Tanhuma.* It is not found, however, in any of the known editions of that midrash.

58:9

Leviticus Rabbah ibid. explains this in a positive manner: Point a finger and speak wickedness. Sometimes one must point a finger and speak lies. If a Jew is fleeing a pursuer, who asks someone in which direction he fled, he must point in a different direction and lie to the pursuer in order to save his fellow Jew. Perhaps this is *Jonathan*'s intention as well.

58:11

The righteous is compared to a spring whose water does not fail even in times of drought. The word כָּזָב denotes a lie, something not existing in reality. If the spring fails, it appears as though it never really existed.—[*Redak*]

Abarbanel interprets our verse in a unique manner. The beginning of the verse refers to the hereafter, the abode of the souls, and the end refers to the resurrection of the dead, after which there will be perpetual delight.

58:13

Alternatively, you will call the Sabbath a delight by refraining from work, and the soul will experience delight by hearing words of Torah.—[*Ibn Ezra*]

Zohar (*Beshallach,* p. 47) explains: And you call the Sabbath a delight—It is the delight of all, a delight for the soul and the body, a delight for the celestial beings and the earthly beings . . . What is meant by the expression, "and you call"? That you invite it . . . as one invites a guest to his house . . . that he invite it as he invites a guest, with a set table, in a house set up as befitting, with proper food and drink. Above all, "you shall invite the Sabbath" when it is still daytime, before the onset of the Sabbath.

59:6

The prophet emphasizes the temporary status of the deeds of the wicked by comparing them to the spider's web.—[*Ibn Ezra*]

Abarbanel interprets this passage as referring to the dishonest judges and their scribes. The judges are likened to the vipers, which kill anyone who has any contact with them. The prophet illustrates how no one will go to these judges since he cannot expect a fair trial. It is like eating the eggs of a viper; one will surely die. The scribes are likened to spiders, whose work is of no consequence. So, the documents written by these scribes can bring no benefit. Just as, if one flees (וְהַזּוּרֶה, derived from נָזֹרוּ, *to draw away*) the egg will, nevertheless, hatch, and the viper will pursue him, so will the dishonest judge pursue the litigant. The prophet returns to castigate the scribes of the judges, by saying that "their webs shall not become a garment etc." meaning that no benefit will be achieved from the documents they write.

59:16

The Talmud states further: Rabbi Joshua ben Levi asked: It is written: "(Daniel 7:13) And behold, with the clouds of the heavens, like a man was coming," and it is written: "(Zech. 9:9) . . . a poor man riding on a donkey." If they are worthy, he will come with the clouds of the heavens; if they are not worthy, he will come as a poor man riding on a donkey.

We find further: (ibid. 97b) Rabbi Eliezer says: If Israel repents, they will be redeemed, as it is stated: "(Jer. 3:22) Repent, rebellious children; I will cure your rebelliousness." Said Rabbi Joshua to him, "But is it not already stated, '(Is. 52:3) You were sold for nought, and you shall not be redeemed for money,' not with repentance and good deeds? . . . Rabbi Eliezer remained silent. We see that they were uncertain whether the ingathering of the exiles will be accomplished through repentance or not. This doubt was due to the seeming discrepancy between the various Scriptural verses.

The difficulty may possibly be solved in the following manner: Most of Israel will repent when they see signs of the redemption. Concerning this, our verse states: "And He saw that there was no man," since they will not repent until they see the signs of the beginning of the redemption. There will still be some rebellious Jews, who will leave the exile with the majority who have repented, but they will perish on their way to the Holy Land. Our verse is then to be rendered: And He saw that there was no people. I.e., the people of Israel, as a whole, had not repented before seeing the beginning of the redemption, and they will not intercede with God wholeheartedly. We cannot render it, "there was no man," for there will surely be right eous individuals who are worthy of redemption, although not so that all Israel should be redeemed in their merit. Likewise, the "generation that is completely guilty," mentioned by the Rabbis, is to be understood as a generation whose majority is guilty, for there was never a generation without any righteous people. Also, the intention is not that they will be guilty, to the degree that they are liable to extinction, but that they are not worthy of redemption.—[*Redak*]

59:19

Rabbi Joseph Kimchi explains: For the adversary shall set like the river that sinks into the sea, for the spirit of the Lord has made him flee. The Rabbis derived from the juxtaposition of these verses, that if you see a generation upon which many troubles come, await the Messiah.—[*San.* 98a] This passage may be related to the beginning of the verse: And from the west they shall fear the name of the Lord . . . for the adversary shall come like a river; i.e., Gog and Magog shall invade the Holy Land, attacking swiftly as a river flows. Then the spirit of the Lord will strike him, from the word נֵס, *a banner,* for the one who carries the banner deals the first blow against the enemy. God will strike him and destroy him as is narrated in the prophecies of Ezekiel and Zechariah. Then the redeemer shall come to Zion. Although Jews will be in Jerusalem before Gog's coming, when he comes, they will say that the redeemer has not yet come. When Gog is defeated, however, everyone will recognize that the redeemer has indeed come to Zion.—[*Redak*]

59:21

Ezekiel (36:27), too, prophesied, "And My spirit I will place in your midst, and I will make that you shall walk in My statutes and keep My ordinances and perform them." Here God is addressing the prophet, "My spirit that is upon you,"—God's spirit, that rests upon Isaiah—"and My words that I have placed in your mouth,"—God's words of prophecy that He placed in Isaiah's mouth—"shall not move from your mouth . . . from now and to eternity." Now He addresses Israel; God's spirit of purity and His words of prophecy shall not move from their mouth or from that of their progeny from now and to eternity.—[*Redak*] See also *Ramban* (Deut. 30:6). He explains that, in Messianic times, it will be natural to choose the good and no one will desire to do evil.

6:20

It may also be interpreted: In its time I will hasten to complete it. The salvation will become complete immediately after its commencement, as soon as the time comes. *Jonathan* renders: In its time I will bring it.—[*Redak*]

Ibn Ezra connects it to the beginning of the verse. In its time, the time to make the smallest clan into a thousand, I will hasten it.

61:1

I.e., the Lord appointed me and elevated me to be His messenger to bring the tidings to the humble. . . , We find the same in I Kings 19:15f., where God says to Elijah, ". . . and anoint Hazael to be king over Aram. And Jehu, the son of Nimshi, you shall anoint as king over Israel, and Elisha the son of Shafat from Abel Meholah you shall anoint to be prophet in your stead." Since the coronation of kings is through anointment, other appointments are also referred to by an expression of anointment. The prophet states that 'the spirit of the Lord God was upon me since the Lord anointed me.' Since it is possible for one to be gifted with prophecy without being appointed to bring tidings to the people, he states that God gave him the gift of prophecy only because He appointed him to bring tidings etc.—[*Redak*]

Alternatively, the prophet is speaking for the Messiah who will, indeed, be anointed.—[*Redak, Shorashim*]

63:7

Then the wise of Israel will thank God for the many acts of kindness that He performed with Israel in their departure from Egypt, as well as in exile, and that He saved them and made them settle in their land.—[*Redak*]

63:8

Redak renders: When He took them out of Egypt, He said, "They are but My people, for I took them out in the midst of another nation. I took them to Myself as children, and they shall never betray Me."

This appears to follow *Ibn Ezra*, rather than *Rashi*.

63:9

Rashi explains the verse according to *Jonathan*, who reads לֹא with an 'aleph,' meaning 'not.' *Redak* states that this is the 'kethib.' The 'keri' is לוֹ with a 'vav,' meaning 'to Him.' In all their troubles, He was troubled, so to speak. This is found in *Sotah* 31a.

63:12

Ibn Ezra identifies 'the arm of His glory' with the angel that went before the camp of Israel.

Now the prophet proceeds to elaborates on how God brought Israel up from the sea and how they descended into the sea. Although it is well-known, he does so to enhance the effect of the narrative and to thank God for the great miracles with which He saved them, for He led at Moses' right the arm of His glory and split the water before them, i.e. before Israel, so that they could cross.—[*Redak*]

63:14

Others render: תֵּרֵד *goes down*. They descended into the seabed with the same ease that an animal descends into a valley, since the incline is slight, and the land is level.—[*Redak*]

Ibn Ezra sees this as a description of Israel's travels in the desert after crossing the Red Sea. He explains: You guided him, meaning Moses, so You guided Your people.

63:16

Rashi refers to the following Aggadah: In the future, the Holy One, blessed be He, will say to Abraham, "Your children have sinned before Me."

He will reply, "Let them be destroyed for the sanctification of Your name."

He will say, "I will say this to Jacob, who endured the pain of raising children. Perhaps he will beg mercy for them." He will say to him, "Your children have sinned."

He will reply, "Let them be destroyed for the sanctification of Your name."

He will say, "The elders have no counsel, neither do the young have sense." He will say to Isaac, "Your children have sinned before Me."

Isaac will reply, "Lord of the world! Are they my children and not Your children? When they said, 'We will do,' before 'We will hear,' you called them, 'My firstborn son, Israel,' and now they are my children and not Yours? Moreover, how much did they sin? How many years are there to a person's life span? Seventy years. Subtract twenty, for which You do not punish. There are fifty left over. Subtract twenty-five for the nights. This leaves twenty-five. Subtract twelve and a half for prayer, meals, and physical necessities, which leaves twelve and a half. If You will bear them all, good. Otherwise, I will bear half and You bear half. And if you say that I should bear all of them, I sacrificed myself before You."

They will all commence and say, "You are our father."

"Isaac will say, "Instead of praising me, praise the Holy One, blessed be He." And he will point to the Holy One, blessed be He.

They will presently lift their eyes heavenward and recite, "You, O God, are our father; our redeemer of old is Your name."

65:17

Some explain that because of the great goodness bestowed upon the world, it will seem as though the heavens and the earth are new.—[*Redak,* also quoted by *Ibn Ezra*]

Others explain that the creatures of the heavens and earth will be renewed.—[*Ibn Ezra* quoting *Rabbi Judah Ibn Hiug*]

Ibn Ezra, himself, explains that the atmosphere will be renewed so that people will be healthier and live longer. Also the earth will give forth new strength. In this sense, it will be indeed new.

Redak rejects this interpretation, since the prophet states further, (v. 22), "For like the days of the tree are the days of my people." This denotes longevity for Israel only. According to *Ibn Ezra,* all nations should merit such longevity.

Ben Bilam explains it as a metaphorical expression for the restoration of Israel's dominion.

65:18

Jerusalem is mentioned in particular although there will be peace throughout the world, because Jerusalem will be the central point whence peace will emanate, since the Torah and the good way of life, the cause of peace, will originate there and spread out to the world, as mentioned in Zechariah 9:10, concerning the King Messiah, "And he shall speak peace to the nations." See also above 2:3: "And many people shall go, and they shall say, 'Come, let us go up to the Lord's mount, to the house of the God of Jacob, and let Him teach us of His ways, and we will go in His paths,' for out of Zion shall the Torah come forth, and the word of the Lord from Jerusalem." The great goodness bestowed upon the world and the longevity will be in Jerusalem and in the land of Israel.—[*Redak*]

65:22

In all probability, Jonathan alludes to the Tree of Life in Paradise, taken away from Adam and Eve after their sin. See *Zohar,* Gen. 38a.

Ibn Ezra identifies 'the tree' with the carob and others, known to grow to extremely old ages. *Redak* explains simply that the people will live as long as the tree they plant. He quotes *Jonathan* as does *Rashi.* He associates *Jonathan* with the Rabbinic dictum (*Yerushalmi Berachoth* 1:1) that the diameter of the Tree of Life is the distance one can traverse in five hundred years.

66:16

From all indications, this interpretation does not stem from *Rashi.* The first proof is that *Rashi* never prefaces an interpretation by the word וּפְשׁוּטוֹ, *and its simple meaning is,* unless the preceding one is a midrash, or a midrashic type explanation. In this cases, however, the first explanation is no more midrashic than the second one. In fact, *Jonathan, Ibn Ezra, Redak,* and *Mezudoth* explain in this manner. Moreover, the punctuation of בָּאֵשׁ, with a 'kamatz' proves conclusively that the word is not in the construct state, in which case it would be punctuated בְּאֵשׁ with a 'sh'va.' Thirdly, the word אֶת not preceding a direct object and not meaning 'with,' is awkward.

Redak equates this verse with "(Ezekiel 38:22) And I will contend with him with pestilence and with blood, and flooding rain and hailstones, fire and brimstone I will rain upon him and upon his wings and upon the many peoples that are with him." The 'sword' refers to the preceding verse: "And one man's sword shall be in his brother." This will be upon all flesh, as Zechariah (14:2) prophesies: "And I will gather all the nations to Jerusalem for war."

66:17

Redak, however, understands it in the usual sense of sanctity. The 'hithpa'el' conjugation of הַמִּתְקַדְּשִׁים, as well as of וְהַמִּטַּהֲרִים, denotes 'those who show themselves holy and who show themselves pure.' They show themselves holy and pure, whereas, in reality, they are unclean. This refers to the Persians, who immerse themselves frequently, but who are defiled through their abominable deeds.

66:17

Redak renders: **after one in the middle.** After the large pool, designated for this purpose, in the middle of the garden. They would go after this pool to immerse themselves, and there they would engage in immoral acts. The *kethib* is אֶחָד, the masculine form, whereas the *keri* is אַחַת, the feminine form. The masculine refers to the fountain, or spring, מַעְיָן in Hebrew, which is a masculine noun. The feminine refers to the pool, בְּרֵכָה in Hebrew, which is a feminine noun. Some explain: **after one in the middle**—They went after one asherah in the middle of the garden, to worship it. *Redak* alludes to *Ibn Ganah.* He remarks that in his time there was no more asherah worship, but perhaps it existed in some far corner of the earth. Laniado remarks that in his time it was indeed practiced in the Upper Galilee. *Ibn Ezra,* too, explains this as referring to an asherah in the *middle* of the worshippers, who would surround it. Alternatively, it was in the middle of the garden. Accordingly, the masculine form refers to עֵץ, *a tree,* and feminine to *asherah.*

66:18

When they see My vengeance upon them, they will realize that their heritage is vain and meaningless.—[*Mezudath David*]

66:19

This sign is mentioned by Isaiah and explained by Zechariah. The sign is the plague God will visit upon the armies of Gog and Magog. When the nations ask them where they were smitten with this plague, they will reply that they were plagued in Jerusalem.—[*Kara*]

66:21

Redak quotes the entire passage from *Midrash Tehillim,* which includes the fact that the Jews who had been sold into slavery to the gentiles on the distant islands will be brought back by their captors, who will inform the Messiah of the lineage of each of them. They will say, "This one is a *kohen*; this one is a Levite; this one is an Israelite." The priests will minister in the Temple in the priestly capacity, and the Levites will accompany the sacrificial service with their musical instruments. Rabbi Eleazar adds that even from those who will bring them, God will take for priests and Levites, meaning that their true lineage will be revealed, and they will be restored to their true status in Israel even though they were delinquent in their observance of the tenets of Judaism because of coercion.

Rabbi Joseph Kimchi explains: And also from them will I take for the priests as Levites. I.e., I will take from them to be assistants to the priests, much as the Levites are. They will hew wood and draw water for the Temple. This parallels Zechariah's prophecy, "(14:21) And there shall no longer be a Canaanite in the house of the Lord," meaning that the Gibeonites will be replaced by the prominent of the nations as servants in the Temple.

66:23

The Rabbis deduce from this verse that the punishment of the wicked in Gehinnom lasts twelve months, rendering: And it shall be from one month to its month, meaning 'to the same month in the following year, all flesh will be purified and prostrate themselves before the Lord. See *Eduyoth* 2:10; *Tanhuma* Buber, Gen. 33.

66:24

Redak explains simply that the fire will remain as a sign of the divine retribution executed upon them, as will the worms that will continue to consume their flesh despite the conflagaration and still remain alive. They will be an abhorring for all flesh, i.e. for all the people who have come to prostrate themselves before the Lord in Jerusalem. When they go out of the city, they will see the corpses of the armies of Gog and Magog, covered with worms and burning with fire; their stench will reach their nostrils, and they will be unable to stand there. He derives דֵּרָאוֹן from the Aramaic cognate, meaning *a worm.*

Some explain this as an allusion to the transgressors of Israel. The righteous will go out of Jerusalem into the Valley of Ben Hinnom, where they will see the wicked of Israel being punished. Some explain it as referring to the Day of Judgment after the resurrection of the dead, when the wicked will be resurrected for an everlasting disgrace, as in Daniel 12:2. Still others maintain that 'their fire will not be quenched' alludes to the soul when it leaves the body. If it does not merit to ascend to the angels of God, it remains by the spheres of fire.—[*Redak*]

We mentioned above that the punishment of the wicked in Gehinnom lasts twelve months. By that time, they are purified and ready to enter Paradise. They will go out of Gehinnom and see the bodies of those who denied God's existence or who profaned His name, who will burn there forever.—[*Raabad, Eduyoth* ibid.]

BIBLIOGRAPHY

BIBLIOGRAPHY

I. Background Material

1. Bible with commentaries ("Mikraoth Gedoloth"), commonly known as "Nach Lublin," including Rashi, Ibn Ezra, Rabbi Joseph Kara, contemporary of Rashi, and Redak (R. David Kimchi).

2. Talmud Bavli or Babylonian Talmud. Corpus of Jewish law and ethics compiled by Ravina and Rav Ashi 500 C.E. All Talmudic quotations, unless otherwise specified, are from the Babylonian Talmud.

3. Talmud Yerushalmi or Palestinian Talmud. Earlier and smaller compilation of Jewish law and ethics, compiled by R. Johanan, first generation *Amora* in second century C.E.

4. Midrash Rabbah. Homiletic explanation of Pentateuch and Five Scrolls. Compiled by Rabbi Oshia Rabbah (the great), late Tannaite, or by Rabbah bar Nahmani, third generation *Amora.* Exodus Rabbah, Numbers Rabbah, and Esther Rabbah are believed to have been composed at a later date.

5. Midrash Tanhuma. A Midrash on Pentateuch, based on the teachings of R. Tanhuma bar Abba, Palestinian *Amora* of the fifth century C.E. An earlier Midrash Tanhuma was discovered by Solomon Buber. It is evident than this is the Tanhuma usually quoted by medieval scholars, e.g. Rashi, Yalkut Shimoni, and Abarbanel.

6. Pirke d'Rabbi Eliezer. Eighth century aggadic compilation, attributed to Rabbi Eliezer ben Hyrcanus, early Tannaite of first generation after destruction of second Temple. Also called Baraitha d'Rabbi Eliezer, or Haggadah d'Rabbi Eliezer. Commentary—Radal (R. David Luria) 1798–1855. Om Publishing Co., New York 1946

7. Yalkut Shimoni. Talmudic and Midrashic anthology on Bible, composed by R. Simon Ashkenazi, thirteenth century preacher of Frankfort on the Main. Earliest known edition is dated 1308, in Bodlian Library. Sources traced by Arthur B. Hyman, M.D. in "The Sources of the Yalkut Shimeoni," Mossad Harav Kook, Jerusalam 1965.

8. Pesikta d'Rav Kahana. Homiletic dissertations of special Torah readings and haftorah. Composed by Rav Kahana, early *Amora,* at time of compilation of Talmud Yerushalmi. Solomon Buber, latest edition Jerusalem 5723.

9. Pesikta Rabbathi. Later compilation similar to that of Rav Kahana. Composed 4605. Warsaw, 5673, Jerusalem—Bnei Brak 5729.

10. Yalkut Machiri on Isaiah—Talmudic and Midrashic anthology on Isaiah, by Rabbi Machir ben Abba Mari—Jerusalem, 1974.

11. Midrash Tehillim, Or Shoher Tov. Homiletic explanation of Book of Psalms. Authorship not definitely established. New York 1947

12. Mechilta. Tannaitic work on Book of Exodus. Some ascribe its authorship to Rabbi Ishmael, some to Rabbi Akiva, and others to Rav, first generation *Amora.* Printed with Malbim below text of Exodus.

13. Sifrei. Tannaitic work on Numbers and Deuteronomy. Some attribute its authorship to Rav, first generation *Amora.* Printed with Malbim below text of Numbers and Deuteronomy.

14. Seder Olam. Early Tannaitic work, recording chronology of entire Biblical era. Composed by Rabbi Jose son of Halafta. Jerusalem 5715

15. Midrash Panim Acherim. Homiletic explanation of Book of Esther, published by Salomon Buber, Vilna 1886.

16. Sefer Hayashar. Early history covering period from Creation until after the death of Joshua and the elders who succeeded him. Alter-Bergman, Tel Aviv.

[17] Midrash Asereth Hadibroth. Homiletic explanation of the Decalogue. Found in Otsar Midrashim and reprinted many times.

[18] Midrash Shir Hashirim. Homiletic explanation of Song of Songs, printed from a geniza manuscript. First edition, Grunhut, Jerusalem 1897, second edition, Wertheimer, Jerusalem 1981.

[19] Yalkut Reuveni. Anthology of midrashim and Kabalastic works on Pentateuch, by Rabbi Avraham Reuben Hakohen Sofer, seventeenth century rabbi and preacher, Jerusalem 1962.

II. Medieval Commentaries and Source Material

1. Don Isaac Abarbanel or Abravanel. Commentary on Isaiah, by renowned scholar, onetime finance minister of Spain. 1437–1509

2. Adne Kesef, by Rabbi Joseph Ibn Kaspi, medieval exegete, London 1911

3. Ibn Ezra, critical edition and English translation by Michael Friedlander, New York

4. Rambam, Rabbenu Mosheh ben Maimon, also known as Maimonides. Leading medieval authority on halachah, philosophy, and medicine. After having fled Spain, his native land, he became court physician to

the sultan of Egypt. His works include a commentary on the Mishnah, Sefer Hamitzvoth (a concise presentation of the 613 commandments, of the Torah, together with comments of Ramban), Mishneh Torah or Yad Hachazakah—Rambam's "opus magnum," containing a decision on all problems of Jewish, whether discussed in the Talmud, Midrash, or later Gaonic writings. 1134–1204.

5. Ben Bilam, Yehudah ben Shmuel. Eleventh century Bible exegete and grammarian, who exerted great influence on Ibn Ezra's commentary. Works appear in Arabic, translated into French, Commentaries on the Book of Isaiah, Jerusalem 1970. Lived 1000–1070.

6. Rabbi Isaiah da Trani. Commentary on Early prophets, Isaiah, and Jeremiah, Wertheimer, Jerusalem 1959.

7. Kaftor Vaferach by Rabbi Ishtori Haparchi. Halachic treatise on the laws pertaining to the Holy Land and its boundaries, to Jerusalem and the Temple; by a thirteenth century sage, who spent seven years in the Holy Land in an extensive study. Grossberg, Jerusalem 1959.

8. Siddur Rashi. Compilation of laws, prayers, and their explanation, by Rashi. Freiman, Berlin 1911, Bene Beraq 1980.

9. Rashba on Aggadoth Hashas. Commentary on the aggadoth of the Talmud by Rabbi Shlomo ben Addereth, noted Spanish Talmudist, 1235–1310. Weinberger, Jerusalem 1966.

III. Modern Commentaries

1. R. Chaim Joseph David Azulai. Author of Homath Anach and other commentaries on the Bible by a famous 18th century authority on all fields of Torah study.

2. R. Meir Leibush Malbim. Commentary on Biblical literature, which combines ancient tradition with keen insight into nuances of meanings in the Hebrew language, by a leading nineteenth century scholar. 1809–1879

3. Shem Ephraim on Tanach by the renowned authority, R. Ephraim Zalman Margolis of Brodi, emendations on Rashi text, Munkacz 5673, Eretz Israel 5732

4. K'li Paz Rabbi Sh'muel Laniado, commentary on Isaiah containing comments on early commentaries and original exegesis. Venice (5417) 1637)

5. R. Moshe Alschich, Mar'oth Hazov'oth. Biblical exegesis by renowned scholar in Safed Brooklyn, 1977

6. Mezudath David and Mezudath Zion, by Rabbi Yechiel Hillel Altschuller. Simple and concise 18th century Bible commentary

IV. Other Sources

1. Machbereth Menachem. Lexicon by Menachem ben Saruk, early grammarian, Spain 920–980.

2. Teshuvoth Dunash. Dunash ben Labrat, opponent of Menachem ben Saruk. 920–990.

3. Sefer Hashorashim, Redak. Lexicon of Biblical roots. Berlin, 5607, New York, 5708

4. Sefer Hashorashim, R. Jona ibn Ganah, earlier lexicon of Biblical roots, Berlin (5656) 1896, Jerusalem 5726

5. Aruch, R. Nathan of Rome. Talmudic dictionary by early medieval scholar. Died 4866

6. Otzar Midrashim. Encyclopedia of all Midrashim. J.D. Eisenstein. New York, 1915, 1956

7. Methurgeman. Lexicon Chaldaicum. Aramaic lexicon, comprising all roots found in *Targumim* and in Bible. Composed by Eliia Levita, grammarian and lexicographer. 1541. No date on reprint.

8. Parshandatha. Critical edition of Rashi on Isaiah. I. Maarsen. Jerusalem, 5732

9. Sepher Hagaluj, Rabbi Joseph Kimchi, father of Redak, grammarian and Biblical exegete, decisions of grammatical conflicts between Menachem and Dunash.

10. Aruch Completum, Dr. Alexander Kohut, critical edition of Aruch with elaboration and theories of word origins.

11. Kadmonioth—Antiquities. Aaron Marcus, nineteenth century scholar and archeologist. Records of ancient inscriptions relevant to the period covered in Isaiah.

12. Sifrei d'vei Rav, commentary on Sifrei, David Pardu, early eighteenth century Sephardic scholar, Salonika 1799.

13. Mizrachi, Elijah. Contemporary of Don Isaac Abarbanel. Supercommentary on Rashi's commentary on Torah.

14. Gur Aryeh. Rabbi Lowe of Prague, famed for his profound works, comments of Mizrachi, late sixteenth century.

15. Nefesh Hachaim, Popular Kabbalistic work, Chaim of Wolozhin, disciple of Elijah Gaon of Vilna, 1649–1721.